Alexander Deeg / Markus Schmidt (Hg.)

Spiritualität und Gemeinschaft

Alexander Deeg / Markus Schmidt (Hg.)

Spiritualität und Gemeinschaft

Zugänge zu geistlichem Leben in Beziehungen

Festschrift für Peter Zimmerling zum 65. Geburtstag

wbg Academic

Gesellschaft der Freunde christlicher Mystik e. V.

Diese Open Access Publikation wurde gefördert durch das Landesdigitalisierungsprogramm für Wissenschaftund Kultur des Freistaates Sachsen.

https://doi.org/10.53186/1032134

Die Deutsche Nationalbibliothek verzeichnet diese Publikation
in der Deutschen Nationalbibliografie; detaillierte bibliografische
Daten sind im Internet über www.dnb.de abrufbar.

Erschienen 2023 bei wbg (Wissenschaftliche Buchgesellschaft), Darmstadt

wbg Academic ist ein Imprint der wbg
Die Herausgabe des Werkes wurde durch die
Vereinsmitglieder der wbg ermöglicht.
Satz und eBook: Satzweiss.com Print, Web, Software GmbH
Umschlagabbildung: *psalm 133,1*, 2014, Maria Einert | www.maria-einert.de
Gedruckt auf säurefreiem und
alterungsbeständigem Papier
Printed in Germany

Besuchen Sie uns im Internet: www.wbg-wissenverbindet.de

ISBN 978-3-534-40792-7

Elektronisch ist folgende Ausgabe erhältlich:
eBook (PDF): 978-3-534-40793-4

Inhaltsverzeichnis

V Seelsorge und Diakonie

VI Kommunitäten und Geistliche Gemeinschaften

VII Praktiken, Übung und Mystik

I Begriffe und Trends

Spiritualität und Gemeinschaft als Koordinaten im Werk Peter Zimmerlings

Zugleich eine Einführung in diesen Band

Von Markus Schmidt und Alexander Deeg

1 Spiritualität: Zwischen Einsamkeit und Gemeinsamkeit

Der Begriff „Spiritualität" ist ein „Containerbegriff"[1], wird inflationär verwendet,[2] ist kompatibel sowohl in internationaler, interdisziplinärer als auch ökumenischer Hinsicht, aber bleibt letztlich unscharf.[3] Dutzende[4] Definitionen changieren zwischen Sinnsuche und Sinnfindung, Selbstwahrnehmung und Selbsttranszendenz, Begegnung und Kommunikation mit dem Geistigen (des Selbst, der Natur, des Lebens, des Seins, des Alls etc.), Bezogenheit auf den Geist des Menschen (Immanenz), den Geist Gottes (Transzendenz) oder beides, auf Achtsamkeit gegenüber dem Selbst (Selbstakzeptanz und Selbstentfaltung), gegenüber der Welt (Aufmerksamkeit, Ethik, Verantwortung) und / oder Gott (Hingabe, Gebet) etc. Auffällig ist die dabei in der Regel auf Individuen fokussierte Rolle von Spiritualität, sodass „Spiritualität" mehrheitlich individuell verstanden, im populären Diskurs individualisiert und nicht selten durch Ausblendung ihrer Gemeinschaftsdimension sogar individualistisch enggeführt wird. Dass Spiritualität ein anthropologisches Bedürfnis und eine allgemeinmenschliche Grundkonstante ist, wird allgemein zwar vorausgesetzt, bleibt aber wie der Begriff selbst eher unkonkret.

So ist etwa „eine differenzsensible Theologie gefragt, die im Blick auf die Vielfalt der Lebensformen und Individuen eine Grundlage dafür schafft, jedem Menschen die gleichberechtigte Teilhabe und Teilgabe zuzuerkennen".[5] Doch Inklusion ist mehr, als ein anerkennungstheoretischer Zugang zu beschreiben vermag.[6] Teilhabe meint in theologischer Hinsicht die

---

1 Ruhbach, Geistlich leben, 19; vgl. Zimmerling, Handbuch, 18.

2 Vgl. Köpf, Spiritualität, 1590f.

3 Vgl. Schmidt, Charismatische Spiritualität, 17f.

4 Vgl. Grom, Spiritualität, 15.

5 Eurich, Spiritualität und Inklusion, 29.

6 Bei bisherigen Reflexionen auf das Verhältnis von Spiritualität und Inklusion wird weniger auf die inklusive bzw. inkludierende Bedeutung von Spiritualität als auf den Anspruch des Inklusionsparadigmas gegenüber Spiritualität (d. h. häufig spezifisch christlicher Theologie, kirchlicher Praxis etc.) eingegangen. Vgl. dazu Kunz / Liedke (Hg.), Handbuch Inklusion.

Teilnahme und Teilgabe der Menschen an Gott und aneinander.[7] Inklusion und Teilhabe basieren auf Gemeinschaft und auf der anthropologischen Grundbestimmung des Menschen als sozialen Wesens. Damit Teilhabe gelingt, gilt es, den Menschen als Einheit und in seiner Ganzheit anzusehen. Er ist mehr als die Summe seiner Teile und mehr als die Summe seiner selbst. Dazu muss sowohl dessen spirituelle Dimension als auch seine wesenhaft soziale Bestimmung berücksichtigt werden. Allerdings wird dem im Kontext des Sozial- und Gesundheitssektors derzeit kaum praktische Konsequenz zugemessen, was zu verändern angesichts sozialpolitischer Bedingungen auch Diakonie bzw. Caritas wenig in der Lage sind. Seitdem infolge des Bundesteilhabegesetzes deutliche Schwerpunkte auf ambulante, dezentrale und individualisierte Versorgungslösungen gelegt werden, geht mit der menschenrechtsbasierten Förderung von Partizipationsmöglichkeiten paradoxerweise eine breite Ausblendung gemeinschaftlicher Aspekte einher.

Lediglich die inzwischen[8] etablierten Felder von Palliative und Spiritual Care beziehen die Spiritualitätsdimension konsequent ein. Da Spiritual Care auf Krankheit, Lebensende, Tod und Sterbe- bzw. Trauerbegleitung hin orientiert ist (und in der allgemeinen Wahrnehmung allein auf diese Lebenssituationen beschränkt wird),[9] wird sie allerdings meist auf die Sorge um bzw. für das Individuum bezogen.

Mindestens hinsichtlich der Konstellationen von Beziehungen zwischen Kranken bzw. Sterbenden und deren An- und Zugehörigen wird jedoch die gemeinschaftliche Bedeutung von Spiritualität deutlich. Spiritualität betrifft mehr als einen Teilbereich des Lebens. Peter Zimmerling geht es um eine „spirituelle Sichtweise des Lebens", die entgegen einem rationalistisch-technisierten Zugang „der menschlichen Endlichkeit zu ihrem Recht" verhilft und „Brücken zur Annahme der Endlichkeit des Lebens" zu bauen vermag.[10] Endlichkeit kann wohl am besten angenommen werden, wenn ein gemeinsames Gespräch über sie möglich ist, wenn Generationen voneinander lernen und gemeinsam diesen Weg gehen, wenn es darum geht, gemeinsam „nach Mitteln und Wegen zu suchen, das Trostpotential des Evangeliums aufzuschließen"[11] oder Kraft aus den Erfahrungen anderer zu gewinnen.

Im Blick auf gesamtgesellschaftliche Entwicklungen konstatiert Peter Zimmerling, dass immer mehr Menschen immer weniger in der Lage sind, „zunehmenden Individualismus und kontinuierlich wachsende persönliche Freiheit mit der Bereitschaft zu Gemeinschaft und Bindung zu verbinden. Wachsende Einsamkeit scheint der Preis für die modernen Freiheits-

7 Vgl. Schmidt, Partizipation; Nausner, Theologie der Teilhabe.

8 Peng-Keller, Spiritual Care im Gesundheitswesen des 20. Jahrhunderts.

9 Vgl. Ziemer, Spiritual Care.

10 Zimmerling, Schmerz und Erlösung, 188.

11 A. a. O., 198.

gewinne zu sein."[12] Gemeint ist hier eine gemeinschaftsunfähige Einsamkeit. Es steht außer Frage, dass Spiritualität trotz (und wegen) ihrer Gemeinschaftsdimension Einsamkeit braucht. „Die Einsamkeit ist das notwendige Gegengewicht zur Gemeinschaft."[13] Doch wenn Einsamkeit und Gemeinsamkeit sich gegenseitig ausschließen oder deren Balance in eine Schieflage gerät, entstehen einseitige Verständnisse von Spiritualität. Gemeinschaftsunfähige Einsamkeit führt konsequenterweise zu gemeinschaftsunfähigen Spiritualitäten und gemeinschaftslosen Begriffen. Im derzeitigen wissenschaftlichen wie populären Sprachgebrauch gehen kommunionale und kollektive Dimensionen des Spiritualitätsbegriffs verloren. Dass diese verstärkt in den Blick zu nehmen sind, ist die Grundthese dieses Bandes.

2 „Gott in Gemeinschaft"[14] – Mensch in Gemeinschaft

Doch nicht nur der Spiritualitätsbegriff ist klärungs- und reflexionsbedürftig. Auch der Terminus „Gemeinschaft" hat in der deutschen Sprache ein nicht eindeutiges, zumal historisch und politisch belastetes Bedeutungsspektrum. Gegenläufig zu den genannten Individualisierungsentwicklungen ist der Begriff „Gemeinschaft" „verbreitet, inhaltlich weit, politisch umkämpft und semantisch offen".[15] Er kann deskriptiv oder konzeptionell, ideologisch oder metaphysisch, semantisch oder empirisch verwendet werden. Seine Zentralität und seine schillernde Unschärfe machen ihn hinsichtlich seiner schwierigen Verwendung mit dem Spiritualitätsbegriff vergleichbar – es sei nur an die Problematik deutungsvariabler theologischer Begriffe wie „Glaubens-", „Lebens-" oder „Dienstgemeinschaft"[16] erinnert. Ist dieser Begriff dennoch unverzichtbar, „weil er mit seiner Dimension der emotionalen Nähe und sozialen Unmittelbarkeit einen wichtigen, nicht zu vernachlässigenden Aspekt menschlicher Beziehungsbedürfnisse und -erfahrungen fasst",[17] so muss die theologische Spiritualitätsforschung von ihm weiterhin Gebrauch machen und seine Bedeutungen und Praxisformen untersuchen und entwerfen.

---

12 Zimmerling, Not und Chancen des einsamen Menschen, 101.

13 So Zimmerling, a. a. O., 103, im Anschluss an Bonhoeffers Aussage „Wer nicht allein sein kann, der hüte sich vor der Gemeinschaft" (DBW 5, 65 bzw. in der von Zimmerling herausgegebenen Ausgabe: Bonhoeffer, Gemeinsames Leben, 89).

14 Vgl. Zimmerling, Gott in Gemeinschaft.

15 Heimerdinger, Gemeinschaft, 108.

16 Vgl. Großbölting, „Christliche Dienstgemeinschaft".

17 Heimerdinger, Gemeinschaft, 113.

In seiner Untersuchung „Bonhoeffer als Praktischer Theologe“ stellt Peter Zimmerling an Dietrich Bonhoeffers Seelsorgekonzeption[18] die gemeinschaftliche Dimension der Seelsorge heraus. Für den in der kerygmatischen Poimenik verankerten Bonhoeffer, der dem Verkündigungsparadigma als seinerzeit praktisch einzig gültigem Seelsorgekonzept folgte, sollte es neben der verkündigenden gleichwohl eine „diakonische“ Seelsorge geben.[19] Als Seelsorge der Tat, als Seelsorge zur Hilfe in Nöten, zur Überwindung praktischer Glaubenshindernisse und der situationsbezogenen Beratung ist diakonische Seelsorge nach Bonhoeffer ein gemeinschaftliches Geschehen:

> „Bonhoeffer schwebt nach dem Vorbild der Reformatoren eine seelsorgerliche Gemeinde vor: ‚Sie [die diakonische Seelsorge] ist der Gemeinde als Gabe und Auftrag des Allgemeinen Priestertums gegeben und dem Pfarrer, sofern er an diesem teilhat‘“.[20]

Peter Zimmerling zeigt die Verankerung eines solchen Seelsorgeverständnisses in Bonhoeffers bruderschaftlicher Ekklesiologie.[21] Dem Allgemeinen Priestertum aller Gläubigen eignet ein genuin kommunitäres Moment – dieses wird aber angesichts der typisch protestantischen Fokussierung des Topos „Priestertum der Gläubigen“ auf die individual-soteriologische Frage nach der den jeweils einzelnen Menschen rettenden Gnade Gottes sowohl in der theologischen Reflexion als auch in der kirchlichen Praxis heute überwiegend ausgeblendet. Es „ist die Bedeutung der Gemeinschaft für das evangelische Christsein immer noch kaum erkannt.“[22] Dem entgegen schlussfolgert Peter Zimmerling aus dem Beispiel der letzten überlieferten Worte Bonhoeffers vor dessen Hinrichtung,[23] dass es diesem „um viel mehr als um seine persönliche Auferstehungshoffnung“ gegangen sei, sondern um das „Vertrauen auf den endgültigen Sieg des Reiches Gottes auf Erden über allen Unfrieden und Hass zwischen den Völkern“.[24] Ein etwaiges (durch den Neuprotestantismus nachhaltig befördertes) „Versöhnungsprivatissimum

[18] Zimmerling, Bonhoeffer als Praktischer Theologe, Kapitel 6.

[19] A. a. O., 154–157.

[20] A. a. O., 158. Das Zitat mit von Zimmerling eingefügter eckiger Klammer nach DBW 8, 361.

[21] Zimmerling wendet sich dabei begründet gegen den Schweizer Diakoniker Heinz Rüegger, der die These aufstellte, in den Finkenwalder Seelsorgevorlesungen sei die bruderschaftlich-ekklesiologische Perspektive entfallen. Vgl. Zimmerling, Bonhoeffer als Praktischer Theologe, 159.

[22] Zimmerling, Einführung, in: Stählin, Bruderschaft, 7.

[23] „[…] für mich ist dies das Ende, aber auch der Anfang – mit ihm [dem Bischof von Chichester] glaube ich an den Grundsatz unserer universalen christlichen Brüderlichkeit, der über allem Hass zwischen den Völkern steht, und dass unser Sieg gewiss ist“, Zit. nach: Zimmerling, „Dem Rad in die Speichen fallen“, 20 (dort Beleg) bzw. ders., Mystik, 179. Der Text ders., „Dem Rad in die Speichen fallen“ ist überarbeitet eingegangen in: ders., Mystik, Kapitel 2.8.

[24] Zimmerling, „Dem Rad in die Speichen fallen“, 20.

zwischen Gott und Seele" ist entschieden zurückzuweisen, wie Zimmerling im Rückgriff auf Paul Schütz an Nikolaus Ludwig von Zinzendorfs Trinitätslehre genau herausarbeitet.[25]

Der Mensch ist zur Gemeinschaft mit dem dreifaltigen Gott berufen. Auch Gott kann nicht allein gedacht werden. Ist Gott in sich liebende Gemeinschaft, wie es Augustinus prominent beschrieben und Zinzendorf es mit dem Bild der innertrinitarischen göttlichen Familie gezeichnet hat, steht dies konsequent im Widerspruch zu einer Monadisierung der Spiritualität. Es führt nämlich die „Sozialisierung der Gottheit", die Zimmerling mit Jürgen Moltmann am Beispiel Zinzendorfs feststellt,[26] zur Sozialisierung der Gemeinde. So ist die trinitarische Gemeinschaft als Urbild bzw. Vorbild der Gemeinde[27] und ihrer ökumenischen Einheit[28] zu sehen. Im zweiten Band des von ihm herausgegebenen Handbuches Evangelische Spiritualität bestimmt Zimmerling die „Trinitätslehre als Rahmentheorie evangelischer Spiritualität".[29] Noch deutlicher stellt Zimmerling diese Perspektive in seiner Einleitung zum „Gemeinsamen Leben" in der 2015 begonnenen Gießener Ausgabe zentraler Werke Bonhoeffers heraus, da es Bonhoeffer darum gehe, „zu zeigen, wie die Rechtfertigungslehre einem evangelischen Christen sowohl als Einzelnen als auch in der Gemeinschaft zur Sache der Erfahrung werden kann."[30]

3 Gottesdienst und Gebet als partizipative Formen von Spiritualität

Dies kann mit Zimmerling an einem liturgischen Beispiel gezeigt werden. In seiner kritischen Würdigung der Gottesdienstkultur charismatischer Bewegungen kommt Zimmerling zu dem Schluss, dass deren Stärke in ihrer partizipatorisch ausgerichteten Gottesdienstpraxis liegt und als Korrektiv von gesamtkirchlicher und gesamtgesellschaftlicher Bedeutung gesehen werden könnte:

> „Ein partizipatorisch verstandener charismatischer Gottesdienst könnte über den innerkirchlichen Bereich hinaus *gesellschaftliche* Bedeutung gewinnen. Der in ihm verwirklichte Gedanke der Teilhabe und Anteilnahme stellt ein Alternativmodell zu der in den westlichen Gesellschaften in vielerlei Hinsicht zu beobachtenden Konsumentenhaltung

---

25 Zimmerling, Gott in Gemeinschaft, 184.285 (dort Beleg zu Schütz).

26 A. a. O., 276 (dort Beleg zu Moltmann).

27 Vgl. a. a. O., 284.

28 Vgl. a. a. O., 292f; ders., Vom ökumenischen Potential.

29 Zimmerling, Zur Theologie, 33–35 (Hervorhebung im Original).

30 Zimmerling, Einführung, in: Bonhoeffer, Gemeinsames Leben, 15.

dar. Er könnte zu einem Ort werden, von dem aus die dem Heiligen Geist entsprechende Haltung der Partizipation und damit der Lebendigkeit in die Gesellschaft ausstrahlt."[31]

Ob der charismatische Gottesdienst zu diesem Ort würde, hängt allerdings von weiteren Faktoren ab. Zimmerling benennt kritisch die Verkennung der traditionellen Liturgie durch charismatische Bewegungen, deren Betonung von Lobpreis unter dem Verlust der Klage und außerdem eine Diastase zwischen Gottesdienst und Alltagsgeschehen, womit insgesamt gerade kommunionale Probleme charismatischer Spiritualität angesprochen sind.

In seiner Einleitung zu Bonhoeffers Psalmenauslegung „Das Gebetbuch der Bibel" hebt Zimmerling dessen Gedankengang hervor, dass wir „die Psalmen im Glauben nie allein, sondern immer zusammen mit Jesus Christus beten", der diese bis zu seinem Tod am Kreuz auf den Lippen hatte.[32] Dies ist mehr als ein bloßes Einstimmen in Jesu historisches Beten: Jesus betet auch heute und mit ihm sowie durch ihn auch wir.[33] Entsprechendes gilt für die Seelsorge: „In seinem Geist ist er der unsichtbare Dritte in jedem Seelsorgegespräch."[34] Grundsätzlich ist es das Wort der Bibel, welches Menschen mit Gott und untereinander über alle Grenzen – seien es diachrone Grenzen historischer Epochen oder synchrone Sprachgrenzen, kulturelle, konfessionelle, politische und weitere globale Grenzen – hinweg verbindet, was Zimmerling pointiert anhand der Losungen der Herrnhuter Brüdergemeine zeigt.[35]

„Mystische Erfahrungen haben einen individuell-personalen und einen ekklesiologischen Aspekt, die beide komplementär aufeinander zu beziehen sind."[36] Zimmerling problematisiert „eine subjektivistisch verengte Sicht mystischer Erfahrungen". Evangelische Mystik ist gemäß ihrer reformatorischen Grundlegung eine Glaubensgemeinschaft mit dem menschgewordenen Gott, der in sich Gemeinschaft ist. Die inkarnatorisch begründete spirituelle Gemeinschaft des Menschen mit Gott ist also nicht nur eine jeweils individuelle, sondern auch durch eine kollektive Dimension gekennzeichnet:[37] „Euch ist ein Kindlein heut geborn" dichtete Luther und brachte damit zum Ausdruck, dass der individuelle Zugang der spirituellen Gemeinschaft des Menschen mit Gott in die *communio sanctorum* eingebettet ist.

---

31 Zimmerling, Charismatische Bewegungen, 153; vgl. ders., Eine Liturgische Befreiungsbewegung?, bes. 492f.

32 Zimmerling, Einführung, in: Bonhoeffer, Gebetbuch, 11.

33 Vgl. Thomas, Warum Psalmen beten?

34 Zimmerling, Hirte, Meister, Freund, 137.

35 Zimmerling, Losungen, z. B. 160f.

36 Zimmerling, Mystik, 244.

37 A. a. O., 52.

4 Mystik und Ethik

Indem Zimmerling von der „Demokratisierung der Mystik“ durch Luther spricht,[38] klingt der kommunionale Gedanke, wenngleich nur implizit, immerhin an: Das demokratische Moment reformatorischer Mystik ist, dem Gedanken des Allgemeinen Priestertums gemäß, auf den Zugang aller und dementsprechend auf den Zugang des Einzelnen zum Heil Gottes *sola gratia* bezogen. In der Regel wird dieser Gedanke nicht kollektiv interpretiert. Doch wie Luthers „Euch“ ist auch der „Demos“ der Demokratisierung als sozialer Plural zu lesen – und müsste noch deutlicher herausgearbeitet werden. Immer wieder betont Zimmerling, dass Luther „der reformatorischen Spiritualität Familie und Ortsgemeinde, Beruf und Gesellschaft als primäre Verwirklichungsfelder“ zuordnete und damit den Ort des gemeinschaftlich gelebten Glaubens vom Kloster in die Familie und die Hausgemeinde verlegte.[39] Die evangelische Demokratisierung von Spiritualität und mit ihr der Mystik ist nicht nur als die Ermündigung des geistlich autonomen Subjektes, sondern gerade als Betonung spirituell aktiver Sozialformen zu verstehen.

Dies hat Auswirkungen auf die individuell ausgerichtete Praxis von Kontemplation und Übung. Das geistliche Exerzitium, das bei weitem nicht erst in Hochformen wie den Ignatianischen Exerzitien[40] oder in monastischer Gebetspraxis zum Ausdruck kommt, sondern zu dem zuallererst ein alltäglich zu gestaltendes Glaubensleben zählt, hat trotz seines Bezuges auf das geistlich mündige Individuum, von welchem es verantwortet, gelebt und bestenfalls weiterentwickelt wird, eine gemeinschaftsstiftende sowie gemeinschaftskritische Impulsgeberschaft inne. „Dass Gott nicht zum einzelnen Christen allein redet, sondern zu diesem als Glied der Gemeinschaft der ganzen Kirche, entreißt die Kontemplation der Privatheit.“[41] Zimmerling betont die ethische Relevanz von Spiritualität. Indem sie noch mehr ist als sinnstiftende Selbstpflege, sondern im Gespräch mit dem menschgewordenen Gott kulminiert, soll der gemeinschaftsstiftende sowie gemeinschaftskritische Impuls des Wortes Gottes für verschiedenste Gemeinschaftsformen, für Gemeinden, für die Kirche als ganze und für die gesamte Gesellschaft Auswirkungen haben.

Zu den sechs Kennzeichen evangelischer Spiritualität nach Zimmerling zählen 1) das trinitarische Gottesverständnis mit der Menschwerdung Gottes in Jesus Christus, 2) die Bibel als Inspirationsquelle und Korrekturinstanz des Glaubens, 3) das Rechtfertigungswirken Gottes,

---

38 A. a. O., Kapitel 2.1.5.

39 Zimmerling, Bedeutung der Kommunitäten, 26, ähnlich an vielen anderen Stellen.

40 Dass Bonhoeffer sein „Gemeinsames Leben“ als Exerzitienbuch für die evangelische Kirche verstanden hat, zeigt Zimmerling in ders., Einführung, in: Gemeinsames Leben, 13.

41 Zimmerling, Einführung, in: Bonhoeffer, Schöpfung und Fall, 15.

4) die Zusammengehörigkeit von Individualität und Sozialität, 5) die Dialektik von Aktion und Kontemplation sowie 6) die Kombination von Weltbejahung und mystischer Dimension.[42]

Alle diese Kennzeichen sind davon geprägt, dass in ihnen Individualität und Sozialität miteinander korrespondieren. Eine so verstandene Spiritualität begründet die Sozialität gegenüber Mitmensch und Mitwelt, welche konstruktiv kritisch wirken soll und die gesellschaftliche Gestaltungskraft aus der das Faktische nie nur bestätigenden, sondern dieses immer kritisch begrenzenden Gnade Gottes heraus entwickelt. Wenn nämlich „die Erfahrung Gottes als alles umfassende Wirklichkeit in der mystischen Erfahrung zur Überschreitung des binnenkirchlichen Bereichs in Richtung auf die Gesellschaft" führt,[43] so wird aus ihr ethische Verantwortung[44] begründet und diakonisches, d. h. soziales und sozialpolitisches Handeln[45] motiviert. Evangelische Spiritualität findet als Praxis für jedermann und jedefrau nicht in monadischen Existenz- und Praxisformen Ausdruck, sondern, wie mit Bonhoeffer Jesus als „der Mensch für andere" zu sehen ist,[46] so ist Proexistenz das Kennzeichen einer Spiritualität im evangelischen Sinne. „Der christliche Glaube wird konkret, wenn Menschen einander zum Christus werden."[47]

5 Spiritualität und Gemeinschaft im Plural

Begründet die Sozialität Gottes die Sozialität des Allgemeinen Priestertums, ist zwangsläufig von einem Plural der Spiritualitäten auszugehen, den auch Zimmerling zeitweise verwendet. Je stärker auf das Individuum bezogen eine Definition von „Spiritualität" ausfällt, um so unvereinbarer miteinander wirken die jeweiligen Spiritualitäten. Doch anhand evangelischer Kommunitäten und Geistlicher Gemeinschaften zeigt Peter Zimmerling, dass genau das Gegenteil möglich ist:

---

42 Vgl. Zimmerling, Evangelische Spiritualität, Kapitel 1.2; vgl. dazu die Erweiterung auf neun Kennzeichen in: ders., Zur Theologie, 36–42.

43 Zimmerling, Mystik, 245.

44 Vgl. Zimmerlings Überlegungen zu den Topoi „Verantwortung" und „Schuldübernahme" in Bonhoeffers Ethik: ders., „Dem Rad in die Speichen fallen", 24–26 bzw. ders., Mystik, 183–185; ders., Einführung , in: Bonhoeffer, Bleibt der Erde treu, 21.

45 Vgl. dazu Zimmerlings biographie- und frömmigkeitsgeschichtliche Studien in: ders., Starke fromme Frauen.

46 Zimmerling, Mystik, 169, dort Bezug zu DBW 8, 559.

47 Zimmerling, Vom ökumenischen Potential, 35.

> „Beim Vergleich der unterschiedlichen Kommunitäten zeigt sich, dass ihre Spiritualität pluralistisch ist, ohne deshalb in unverbundene Spiritualitäten zu zersplittern. Die unterschiedlichen kommunitären Spiritualitäten besitzen eine gemeinsame Mitte im christozentrisch geprägten Glauben, in der Liebe zur Bibel, in der Hochschätzung des Gottesdienstes einschließlich der Sakramente und in der Ausrichtung auf Gemeinschaft, Kirche und Gesellschaft. Der Pluralismus der kommunitären Spiritualitäten wirkt dadurch bereichernd und nicht dissoziierend."

Besonders die kommunitären Sozialformen der Kirche lassen die „Ausrichtung des Glaubens auf die Gemeinschaft und – damit verbunden – dessen ekklesiologische Verortung erkennen",[48] was Peter Zimmerling zufolge besonders in der Communauté de Taizé verwirklicht sei, das aber – und genau dies macht es evangelisch – ein Merkmal des christlichen Glaubens und christlicher Lebensformen überhaupt ist bzw. sein sollte.

6 Schwerpunkte und Themen des Bandes

Gegliedert werden die 40 Beiträge dieses Bandes in sieben Sektionen: 1) Begriffe und Trends, 2) Spiritualitäts- und Theologiegeschichte, 3) Kirche, 4) Gottesdienst und Gebet, 5) Seelsorge und Diakonie, 6) Kommunitäten und Geistliche Gemeinschaften, 7) Praktiken, Übung und Mystik. Historische, religionssoziologische, psychologische, systematisch- und praktisch-theologische Zugänge bearbeiten diese Themenschwerpunkte.

(1) Eröffnet wird der Band mit einer Sektion, die grundlegende begriffliche Bestimmungen und Herausforderungen für eine gemeinschaftliche Spiritualität bedenkt. Religionssoziologisch, so zeigt es Gert Pickel, ist „Spiritualität", verstanden als individuelle Frömmigkeitspraxis in einer pluralen Welt des Religiösen, am ehesten dort zu finden, wo Menschen auch (!) gemeinschaftliche religiöse Praktiken pflegen. Nur bei wenigen existiert eine individualisierte Spiritualität unabhängig von solchen gemeinschaftlichen Vollzügen, was auf das In- und Miteinander von Individualität und Sozialität verweist, die zum Menschsein ebenso wie zu Praktiken des Glaubens gehört. Diesen Aspekt unterstreicht auch Michael Herbst und zeigt Wege, wie Gemeinden solche Spiritualität fördern können – etwa durch die Entdeckung und Pflege flexibler Formen gemeindlicher Geselligkeit. Die Chancen christlicher Vergemeinschaftungen, aber auch die Probleme christlichen Miteinanders führt Corinna Dahlgrün vor Augen und illustriert sie am Deutschen Evangelischen Kirchentag, der Iona Community sowie der Kongregation

48 Zimmerling, Die Communauté von Taizé, 208.

der Marientöchter vom evangelischen Marienweg. Deutlich wird dabei, dass es jenseits von Abstraktionen und Idealisierungen nötig ist, konkrete Gemeinschaften und ihre Praktiken wahrzunehmen, um ein realistisches Bild zu erhalten. Das unterstreicht auch der Beitrag von Michael Utsch, der säkulare Gemeinschaftsprojekte (etwa die „Sunday Assemblies") darstellt und vergleichend auf christliche Vergemeinschaftungen bezieht.

Der Kirchenhistoriker Ulrich Köpf stellt einen alternativen terminologischen Vorschlag zur Diskussion und plädiert dafür, den Begriff der „Frömmigkeit" wieder stark zu machen und Spiritualität als eine Sonderform von Frömmigkeit zu verstehen, nämlich als diejenige, die in christlichen Gemeinschaften gepflegt wird. Damit ist die Frage nach einem angemessenen Verständnis von „Spiritualität" grundsätzlich gestellt, mit der sich auch Michael Welker in unmittelbarer Auseinandersetzung mit den Definitionen Peter Zimmerlings beschäftigt und dabei besonders das Problem eines zu weiten und damit unspezifischen Spiritualitätsbegriffs diskutiert. Eine Konturierung wird in trinitätstheologischer und insbesondere christologischer und pneumatologischer Fundierung gesucht.

(2) Auf diesem Hintergrund führen die Beiträge der zweiten Sektion dieses Bandes in die Geschichte. Der Neutestamentler Marco Frenschkowski zerschlägt das nicht selten anzutreffende Bild von einer frühen christlichen Gemeinschaft, in der alle eines Herzens und eines Sinnes gewesen seien. An vielen Beispielen führt er christliche Streitkultur vor Augen und zeigt, dass es die frühen Christen auch nicht unbedingt besser gemacht haben als wir – und was wir dennoch von ihnen lernen können. Zwei Beiträge führen in die Spätantike: Andreas Müller beleuchtet das Leben anachoretischer und semianachoretischer Mönche und zeigt, wie der Rückzug aus der Welt sich bei ihnen mit der Offenheit für die Gemeinschaft mit anderen, mit sozialer Fürsorge, der Einrichtung von Hospizen etc. verband. Jürgen Ziemer führt ebenfalls in die Frühzeit des Mönchtums und stellt Facetten des spirituellen Lebens der sogenannten „Wüstenväter" und „Wüstenmütter" vor Augen. Auch bei ihnen wird deutlich, dass und wie Rückzug und Gemeinschaft (untereinander und mit den in die Wüste reisenden Gästen und Ratsuchenden) gelingen kann (oder sich als problematisch erweist).

Ebenfalls zwei Beiträge beleuchten Zinzendorf näher und nehmen damit einen wichtigen Aspekt der Forschungen Peter Zimmerlings seit seiner Dissertation auf. Für Zinzendorf hingen das Leben des Glaubens und eine neue Entdeckung der „Gemeine" unmittelbar zusammen: Das „Jüngerhaus" wird als Idee, in seiner Realisierung, aber auch in seinen Problemen von Dietrich Meyer vor Augen geführt; und Peter Vogt beleuchtet die Wiederentdeckung des Sabbat in der Relektüre der alttestamentlichen Gebote durch Zinzendorf.

Mit dem Beitrag von Roderich Barth wird das 19. Jahrhundert thematisch. Barth zeigt, wie wenig der an die liberale Theologie gerichtete und bis in die Gegenwart immer wieder formulierte Vorwurf zutrifft, wonach eine das Individuum und die Subjektivität betonende

Theologie die Gemeinschaft aus dem Blick verliere. Im Gegenteil zeigt Barth, wie bereits bei Schleiermacher das Ineinander von Individualität und Sozialität anthropologisch aber auch religions- und christentumstheoretisch unaufgebbar ist.

Ins 20. Jahrhundert springt dann Christiane Tietz und legt eine kritische Relektüre von Bonhoeffers Eheverständnis vor. Sie zeigt, dass und wie mit Bonhoeffer gegen Bonhoeffer argumentiert werden und seine inhaltliche Konturierung der Ehe gegen eine Verengung auf eine traditionell-hierarchische Eheauffassung angeführt werden kann.

(3) Die Beiträge der dritten Sektion beschäftigen sich mit der Kirche, die als „Gemeinschaft der Heiligen" ganz unmittelbar mit Sozialität zu tun hat, wobei die Frage danach, in welche Praktiken diese Gemeinschaft führt, immer wieder und ganz besonders gegenwärtig strittig ist. Die Vorstellung, dass zum Kirchesein vor allem ein dicht geknüpftes soziales Netz intensiven Gemeindelebens gehört, wie sie sich vor gut einhundert Jahren in der Gemeindebewegung entwickelte und seither in vielen Konzepten realisierte, wird seit einigen Jahrzehnten kritisch hinterfragt. Dass umgekehrt aber Kirche nie ohne ein soziales Miteinander gedacht werden kann, erscheint ebenfalls selbstverständlich. Die Beiträge dieser Sektion beleuchten die Spannung von „Gemeinschaft" und „Körperschaft" (Uwe Swarat), zeigen grundlegend kirchentheoretisch, wie Spiritualität in Gemeinschaft gedacht werden kann (Johannes Schütt), und treten in Gespräche mit Theologen und Nicht-Theologen ein: Felix Stütz zeigt, was Dietrich Bonhoeffer und Jürgen Habermas für eine Theorie der Kirche austragen können; Ferenc Herzig tritt in einen Austausch mit dem französischen Philosophen der Dekonstruktion Jean-Luc Nancy und möchte auf dieser Grundlage den Begriff der Kommunikation des Evangeliums durch den der Kommunion des Evangeliums ersetzen. Klaus Raschzok erinnert an die „Gemeinschaft der Ordinierten" und plädiert – in kritischer Auseinandersetzung mit anderen Stimmen der Diskussion – dafür, diese in ihrer spezifischen Bedeutung für die evangelische Kirche nicht aus dem Blick zu verlieren. Und Reinhard Hempelmann blickt über den deutschsprachigen Kontext hinaus auf evangelikale und (neo-)charismatische Frömmigkeiten, in denen sichtbar wird, wie sich Individualisierung und Erfahrung von Gemeinschaft sowie Phänomene der Vergemeinschaftung verbinden.

(4) In besonderer Weise wird im gemeinsamen Gebet sichtbar, was (nicht nur) christliche Spiritualität ausmacht. Die Beiträge der vierten Sektion beschäftigen sich mit unterschiedlichen Facetten liturgischer Praxis. Timotheus Arndt fragt anhand konkreter Beispieltexte, wie sich das Gebet des Einzelnen zur Gemeinschaft der Betenden im jüdischen Kontext verhält. Das tägliche Gebet hat unterschiedlichen Charakter, je nachdem, ob es alleine oder in einer (durch den Minjan quantitativ bestimmten) Gemeinschaft durchgeführt wird; am gemeinsamen Gebet wird so die Verbindung des Einzelnen mit der Gemeinschaft der Betenden deut-

lich. Auf die Anfänge der Abendmahlsfeier in frühchristlichen Gemeinden blickt der Neutestamentler Jens Herzer und zeigt, dass es den einschlägigen Texten zufolge dabei nicht um die Frage nach der Deutung der Elemente, sondern zentral um die realisierte oder eben nicht realisierte Gemeinschaft der Feiernden geht. Mit der Kategorie der Leiblichkeit, die Dorothea Haspelmath-Finatti im Dialog mit Giorgio Bonaccorso entwickelt, wird es möglich, „geistgewirkte" Gemeinschaftserfahrungen (etwa in charismatischen Gottesdiensten) zu beschreiben und gleichzeitig „die Geister" zu unterscheiden. Peter Bubmann legt eine Phänomenologie des gemeinsamen Singens vor und zeigt, wie sich in diesem Eigenresonanz, dialogische Kommunikation und zugesprochene Identität verbinden. Auf eine seit der Corona-Pandemie zunehmend intensiv diskutierte Frage blickt Wilfried Sturm im letzten Beitrag dieser Sektion: Inwiefern ist geistlich-gottesdienstliche Gemeinschaft in der digitalen Begegnung möglich?

(5) In der fünften Sektion sind Beiträge versammelt, in denen Seelsorge und Diakonie thematisch werden. Der poimenische Diskurs kann geradezu exemplarisch dafür stehen, wie sich eine primär auf das Individuum und das Verhältnis eines Seelsorgenden zu *einem* Gegenüber verengte Verständnis von seelsorglichem Gespräch geöffnet hat auf die Wahrnehmung des weiteren Umfelds, des Systems und der Kontexte. Seelsorge hat mit dem „Zeitgeist" zu tun. Davon geht auch Traugott Roser aus, nimmt dies aber zum Anlass für eine grundsätzliche Reflexion über die Zeit in der Seelsorge, über Chronos und Kairos und über das Zeit-Haben bzw. Sich-Zeit-Nehmen. Eine spezifische Entwicklung der Seelsorge ist Gegenstand der Untersuchung von Wolfgang Ratzmann. Anhand von Archivdokumenten blickt er auf die „Gruppenorientierte Gemeindearbeit" in der sächsischen Landeskirche in der Zeit der DDR und verweist vor allem auf die sensible Grenze zwischen Bildungsarbeit, Beratung und Seelsorge. Die Diakonie kommt im Beitrag von Christian Möller in ihren biblischen Wurzeln und den sich daraus ergebenden Herausforderungen für die Gegenwart zur Sprache; Markus Schmidt analysiert diakonische Gemeinschaften in Ostdeutschland, und Anika Christina Albert nimmt den seit einigen Jahren zunehmend geführten Sozialraumdiskurs auf und beleuchtet damit einen nochmals anderen, weiten und offenen Aspekt von Gemeinschaft.

(6) Die sechste Sektion blickt auf das, was Ulrich Köpf als den eigentlichen Gegenstand von „Spiritualität" ansieht: die geistlichen Gemeinschaften und Kommunitäten. Ralph Kunz führt Erfahrungen von Studierenden im Kontext von Taizé vor Augen; Sr. Nicole Grochowina zeigt, wie gegen die Korrumpierung des Gemeinschaftsbegriffs im Nationalsozialismus evangelische Kommunitäten einen Neuansatz versuchten und bis heute versuchen, und Paul Geck untersucht die Regel der „Offensive Junger Christen", die sich selbst als „Grammatik" beschreibt, und lotet die Leistungsfähigkeit dieses Begriffs aus.

(7) In der siebten und letzten Sektion des Bandes sind Beiträge versammelt, die sich mit konkreten Praktiken, mit Fragen der geistlichen Übung und der Mystik beschäftigen. Bei der Wahrnehmung der Sprache des Gebets wird besonders deutlich, dass und wie hochgradig individualisierte Praktiken des Religiösen neben gemeinschaftlichen existieren, wie Christian Lehnert vor Augen führt. Michael Bangert und Mariano Delgado führen zu Heinrich Seuse und Teresa von Ávila zu Ausprägungen mystischer Frömmigkeit im Hochmittelalter und in der frühen Neuzeit. Wie inneres Bild und Gestalt der Frömmigkeit zusammenfinden, zeigt Bangert bei Seuse; bei Teresa wird deutlich, wie sich mystische Frömmigkeit und ein durch Demut gekennzeichnetes Ordensleben verbinden. Dem Diskurs um Spiritualität und Gemeinschaft verleiht Brigitte Enzner-Probst eine nochmalige Weitung, indem sie Übungswege einer kommunikativen kosmischen Spiritualität darstellt und analysiert. Die drei abschließenden Beiträge blicken auf konkrete Praktiken und zeigen deren Relevanz für eine gegenwärtige evangelische Spiritualität: Alexander Deeg beleuchtet Weisen gemeinschaftlicher Bibellektüre und fragt nach den hermeneutischen Konsequenzen, die sich daraus ergeben; Kerstin Menzel geht anhand von Gästebüchern in zwei ausgewählten ostdeutschen, an Pilgerwegen gelegenen Kirchen den Dimensionen von Gemeinschaft beim Pilgern nach; Tatjana Schnütgen schließlich zeigt, wie der Tanz Spielräume der Spiritualität und zwischenmenschliche sowie Gott-menschliche Beziehungsräume schaffen kann.

7 Dank und Gratulation

Diese Festschrift liefert einen konzertierten Beitrag zur theologischen Spiritualitätsforschung. Als Herausgeber danken wir den Autorinnen und Autoren, die als Kolleginnen und Kollegen, Freunde und Freundinnen, Wegfährten und ehemalige Studentinnen und Doktoranden ihre Beiträge dem Jubilar und seinem Forschungsanliegen gewidmet haben. Die Künstlerin Maria Einert hat mit ihrem Werk „psalm 133,1“ dieses Anliegen ins Bild gebracht.

Wir danken den Mitarbeiterinnen und Mitarbeitern der Wissenschaftlichen Buchgesellschaft für die kompetente verlegerische Betreuung. Ein herausragender Dank gilt den Institutionen und Vereinigungen, welche diese Publikation in digitaler und gedruckter Fassung finanziell großzügig gefördert haben: dem Konsortium der sächsischen Hochschulbibliotheken und dem Landesdigitalisierungsprogramm für Wissenschaft und Kultur des Freistaates Sachsen, der Evangelischen Kirche in Hessen und Nassau, der Offensive Junger Christen bzw. der ojcos-Stiftung in Reichelsheim, der Evangelisch-Lutherischen Landeskirche Sachsens, dem Hochstift Meißen und seinem Domkapitel, der Vereinigten Evangelisch-Lutherischen Kirche Deutschlands, der Gesellschaft der Freunde christlicher Mystik e. V., dem Verein für

Geschichte und Gegenwartsfragen der Herrnhuter Brüdergemeine UNITAS FRATRUM e. V. sowie der Stiftung Geistliches Leben.

Die Feier des Geburtstages stellt für Jubilare und Jubilierende ein Schwellenritual dar.[49] Rituale wie Kerzen, Geschenkbänder und herzliche Umarmungen gestalten die Übergangsphasen (Ablösungs-, Zwischen- und Integrationsphase) auf dem Weg des Älterwerdens. Dies gemeinsam zu begehen, will die vorliegende Festschrift auf ihre Weise verwirklichen. In Gemeinschaft und Verbundenheit wünschen wir Peter Zimmerling stets in allem Gottes Segen.

Literatur

Bonhoeffer, Dietrich, Gemeinsames Leben, hg. und mit einer Einführung versehen von Peter Zimmerling, Gießen [3]2023.

Eurich, Johannes, Spiritualität und Inklusion, in: Bundesverband evangelische Behindertenhilfe / Jürgen Armbruster / Nicole Frommann / Astrid Giebel (Hg.), Geistesgegenwärtig begleiten. Existenzielle Kommunikation, Spiritualität und Selbstsorge in der Psychiatrie und in der Behindertenhilfe, Neukirchen-Vluyn 2014, 17–31.

Grom, Bernhard, Spiritualität – die Karriere eines Begriffs. Eine religionspsychologische Perspektive, in: Eckhard Frick / Traugott Roser (Hg.), Spiritualität und Medizin. Gemeinsame Sorge um den kranken Menschen (Münchner Reihe Palliative Care 4), Stuttgart [2]2011, 12–17.

Großbölting, Thomas, „Christliche Dienstgemeinschaft" – Transformationen des religiösen Feldes und Profildebatten von Caritas und Diakonie im Nachkriegsdeutschland, in: Soziale Passagen (8) 2016, 49–63.

Heimerdinger, Timo, Gemeinschaft, in: Brigitta Schmidt-Lauber / Manuel Liebig (Hg.), Begriffe der Gegenwart. Ein kulturwissenschaftliches Glossar, Wien / Köln 2022, 107–114.

Köpf, Ulrich, Art. Spiritualität I. Zum Begriff, in: RGG[4] Bd. 7, Tübingen 2004, 1589–1591.

Kunz, Ralph / Liedke, Ulf (Hg.), Handbuch Inklusion in der Kirchengemeinde, Göttingen 2013.

Nausner, Michael, Eine Theologie der Teilhabe (Reutlinger Beiträge zur Theologie 2), Leipzig 2020.

Peng-Keller, Simon, Spiritual Care im Gesundheitswesen des 20. Jahrhunderts. Vorgeschichte und Hintergründe der WHO-Diskussion um die „spirituelle Dimension", in: ders. / David Neuhold (Hg.), Spiritual Care im globalisierten Gesundheitswesen. Historische Hintergründe und aktuelle Entwicklungen, Darmstadt 2019, 13–69.

Ruhbach, Gerhard, Geistlich leben. Wege zu einer Spiritualität im Alltag, Gießen 1996.

Schmidt, Markus, Charismatische Spiritualität und Seelsorge. Der Volksmissionskreis Sachsen bis 1990 (Kirche–Konfession–Religion 69), Göttingen 2017.

–, Partizipation als Geben und Nehmen im Horizont der Gnade. Zur diakoniewissenschaftlichen Begründung von Teilhabe, in: Kerygma und Dogma 67 (2021), 148–166.

[49] Vgl. Schmidt, „Wie schön, dass du geboren bist".

–, „Wie schön, dass du geboren bist“. Eine kleine Praktische Theologie des Geburtstages. Peter Zimmerling zum 60. Geburtstag, in: Deutsches Pfarrerblatt (119) 2019, 132–135.

Thomas, Günter, Warum Psalmen beten? Dietrich Bonhoeffers christologische Hermeneutik, in: JBTh 32 (2017[2019]): Beten, 251–264.

Ziemer, Jürgen, Spiritual Care. Spirituelle Begleitung im Kontext von Palliative Care, in: Peter Zimmerling (Hg.), Handbuch Evangelische Spiritualität, Bd. 3: Praxis, Göttingen 2020, 616–635.

Zimmerling, Peter, Bonhoeffer als Praktischer Theologe, Göttingen 2006.

–, Charismatische Bewegungen, Göttingen 2009.

–, Das Handbuch Evangelische Spiritualität. Idee und Vorgeschichte, in: ders. (Hg.), Handbuch Evangelische Spiritualität, Bd. 1: Geschichte, Göttingen 2017, 15–21.

–, „Dem Rad in die Speichen fallen“. Mystik und Widerstand bei Dietrich Bonhoeffer, in: Rundbrief der Gesellschaft der Freunde christlicher Mystik e. V. (2011), 11–27.

–, Die Bedeutung der Kommunitäten und geistlichen Gemeinschaften für die evangelische Kirche, in: Johannes Berthold / Markus Schmidt, Geistliche Gemeinschaften in Sachsen. Evangelische Kommunitäten, Geistliche Gemeinschaften und Netzwerke stellen sich vor, völlig überarbeitete und erweiterte Neuausgabe, Norderstedt 2020, 21–33.

–, Die Communauté von Taizé – eine ökumenische Herausforderung an den deutschen Protestantismus, in: Una Sancta 62 (2007), 199–209.

–, Die Losungen. Eine Erfolgsgeschichte durch die Jahrhunderte, Göttingen 2014.

–, Eine Liturgische Befreiungsbewegung? Der Volk-Gottes-Gedanke in (pfingstlich-)charismatischen Bewegungen, in: Stefan Heid / Markus Schmidt (Hg.), Kult des Volkes. Der Volksgedanke in den liturgischen Bewegungen und Reformen. Eine ökumenische Revision, Darmstadt 2022, 485–502.

–, Einführung, in: Dietrich Bonhoeffer, Bleibt der Erde treu. Ausgewählte Predigten, hg. und mit einer Einführung versehen von Peter Zimmerling, Gießen 2020, 11–34.

–, Einführung, in: Dietrich Bonhoeffer, Die Psalmen. Das Gebetbuch der Bibel, hg. und mit einer Einführung versehen von Peter Zimmerling, Gießen [21]2016, 7–21.

–, Einführung, in: Bonhoeffer, Gemeinsames Leben, 7–25.

–, Einführung, in: Dietrich Bonhoeffer, Schöpfung und Fall. Theologische Auslegung von Genesis 1 bis 3, hg. und mit Einführungen versehen von Peter Zimmerling, Gießen 2016, 7–23.

–, Einführung, in: Wilhelm Stählin, Bruderschaft, im Auftrag der Evangelischen Michaelsbruderschaft hg. von Frank Lilie, mit einem Vorwort von Frank Lilie und einer Einleitung von Peter Zimmerling, Leipzig 2010, 7–14.

–, Evangelische Mystik, Göttingen 2015.

–, Evangelische Spiritualität. Wurzeln und Zugänge, Göttingen [2]2010.

–, Gott in Gemeinschaft. Zinzendorfs Trinitätslehre, Gießen / Basel 1991; unverändert wieder abgedruckt und mit einem Nachwort des Verfassers und einem neuen Personenregister ergänzt: Gott in Gemeinschaft. Zinzendorfs Trinitätslehre (Nikolaus Ludwig von Zinzendorf. Materialien und Dokumente, Reihe 2, Bd. 32), Hildesheim / Zürich / New York 2002.

–, Hirte, Meister, Freund. Überrascht von der Seelsorge Jesu, Gießen 2022.

–, Not und Chancen des einsamen Menschen aus seelsorglicher Perspektive, in: Astrid Giebel / Daniel Hörsch / Georg Hofmeister / Ulrich Lilie im Auftrag der Diakonie Deutschland (Hg.), Einsam. Gesellschafliche, kirchliche und diakonische Perspektiven, Leipzig 2022, 97–106.

–, Schmerz und Erlösung. Auf dem Weg zu einer palliativen Spiritualität, in: WzM 60 (2008), 186–199.

–, Starke fromme Frauen. Begegnungen mit Erdmuthe von Zinzendorf, Juliane von Krüdener, Anna Schlatter, Friederike Fliedner, Dora Rappard, Eva von Thiele-Winckler, Ruth von Kleist-Retzow, Gießen [4]2010.

–, Vom ökumenischen Potential gelebter Spiritualität, in: Hermann Schoenauer (Hg.), Spiritualität und innovative Unternehmensführung (Dynamisch Leben gestalten 3), Stuttgart 2012, 31–42.

–, Zur Theologie der Evangelischen Spiritualität. Eine Einführung in Band 2 des Handbuchs Evangelische Spiritualität, in: ders. (Hg.), Handbuch Evangelische Spiritualität, Bd. 2: Theologie, Göttingen 2018, 20–42.

Was ist Evangelische Spiritualität?

Von Michael Welker

Die lange Freundschaft zwischen Peter Zimmerling und mir schließt Differenzen in unseren theologischen Auffassungen nicht aus. Peter Zimmerling sah in meiner Schöpfungstheologie und in meiner Kritik an einem unqualifizierten Allmachtdenken die Gefahr einer „Schwächung Gottes zugunsten anderer Mächte". Ich sah in seiner umfänglichen Aufnahme von Formen der tatsächlichen und vermeintlichen „Spiritualität" eine Schwächung des christlichen Glaubens zugunsten allgemein-religiöser oder quasi-religiöser Einstellungen und Haltungen.

Einig waren wir uns stets darin, dass eine biblische Orientierung der Theologie unverzichtbar ist und dass sich ein christliches Ethos in einer inhaltlich-theologischen Prägung bewähren müsse. Beide Themen nimmt der folgende Beitrag auf.

1 Zwei orientierende Geleitworte zum „Handbuch Evangelische Spiritualität"

Das monumentale „Handbuch Evangelische Spiritualität", von Peter Zimmerling herausgegeben, ist in drei Bänden zwischen 2017 und 2020 im Verlag Vandenhoeck & Ruprecht, Göttingen, erschienen. Die ehemaligen Ratsvorsitzenden der Evangelischen Kirche in Deutschland, Nikolaus Schneider (2010–2014) und Wolfgang Huber (2003–2009), haben Geleitworte zu den Bänden 2 (2018) und 3 (2020) verfasst und sind dabei auch kurz auf das Programm einer evangelischen Spiritualität eingegangen. Nikolaus Schneider schreibt:

> „Der Begriff ‚Spiritualität' verweist darauf, dass Menschen auf das Wirken eines ‚Geistes' vertrauen, der ihr Leben über ihr eigenes, individuelles Denken, Verstehen, Empfinden und Entscheiden hinaus ausrichtet. Christenmenschen bekennen diese ‚Geist-Kraft' als den ‚*Heiligen Geist*', als die je aktuelle Wirkmacht Gottes. Evangelische Spiritualität bindet sich deshalb nicht an einen Geist, der von einem undefinierbaren ‚Irgendwoher', aus einem unbestimmten ‚Numinosen' oder einem philosophischen ‚Weltgeist' bestimmt wird. Evangelische Spiritualität bindet sich an den Geist Gottes, wie er sich in der Heiligen Schrift – und im Besonderen im biblischen Zeugnis von Jesus Christus – manifestiert.
>
> Evangelische Spiritualität weist ihre besondere Fokussierung also darin auf, dass sie nach biblischer Orientierung fragt, wenn es um die geistliche Durchdringung aller Le-

bensbereiche geht. Sie legt Wert darauf, dem freien Wirken Gottes durch seinen Geist Raum zu geben und sich ihm anzuvertrauen."[1]

Nach biblischen Zeugnissen ist der Geist Gottes *ein Geist der Gerechtigkeit* (Röm 8,10), *ein Geist der Freiheit* (2Kor 3,17), *ein Geist der Wahrheit* (2Thess 2,23; Joh passim), ein *Geist des Friedens* (Röm 14,17; Gal 5,22), *ein Geist der Menschenfreundlichkeit und Nächstenliebe* (Mt 22,39 und zahllose andere Belege). In dieser Vielgestaltigkeit ist er eine segensreiche Kraftquelle des Guten und durchdringt tatsächlich alle Lebensbereiche.[2] Er berührt sich mit vielen guten Kräften im familialen Leben, in Bildung und Wissenschaft, im Recht, in Medizin und Gesundheitsvorsorge, in einer Freiheit und Wahrheit hochhaltenden Politik und Zivilgesellschaft sowie in für die Kräfte des guten Geistes aufgeschlossenen Medien.

Evangelische Spiritualität nimmt ernst, dass gerade die Zusammenhänge und Wechselwirkungen zwischen diesen Dynamiken des Geistes für den göttlichen Geist charakteristisch sind. Sie erfreut sich an einer spirituellen Geistes- und Herzensbildung, die Menschen mit dem Geistwirken immer vertrauter werden und sich davon erfüllen lässt. Dieses Geistwirken ist somit kein Alleinbesitz von Kirchen und Religiosität, obwohl biblische Bildung, gottesdienstliche Gemeinschaft, Feier der Sakramente und Engagement in zwischenmenschlicher Fürsorge die Vertrautheit mit dem Geistwirken, die Freude daran und damit die Lebendigkeit der Spiritualität steigern.

Auch wenn das Geistwirken oft schwer greifbar ist – es kann ganz unscheinbar sein, aber manchmal einfach überwältigend –, so handelt es sich nicht, wie Nikolaus Schneider mit Recht betont, um das Wirken eines Geistes, „der von einem undefinierbaren ‚Irgendwoher', aus einem unbestimmten ‚Numinosen' bestimmt wird". Es gibt viele Formen frommer Bewegtheit, die von derartigen Nebelgeistern umgeben sind und sie sogar wertschätzen. Die Fasziniertheit von „der Transzendenz" oder „der Subjektivität", eine diffuse „Sinnsuche" und viele Spielarten der Mystik werden nicht selten als Anzeichen von Spiritualität ausgegeben. Die Begegnung mit der Unbestimmtheit wird als besonders fromm gewürdigt und auch positiv der „Emotionalität" zugeschrieben. Gegenüber kirchlichen und religiösen Organisationen und Institutionen, die durch monohierarchische, patriarchale und gerontokratische Formen bestimmt sind, wird gern die Unbestimmtheit des Geistwirkens als Markenzeichen gerade evangelischer Spiritualität und ihrer Freiheit angesehen. Das ist ein schwerer, ein folgenreicher Irrtum.

Denn Spiritualität ist eine Lebensform, ein Lebensstil, der durch die Kräfte des Geistes bestimmt ist, die Christenmenschen durch die biblischen Überlieferungen und die Orientie-

---

1 Schneider, Geleitwort, 7 (Hervorhebung im Original).

2 Ich habe die Wirksamkeit dieses „multimodalen Geistes" entfaltet in meinen Gifford Lectures 2019/20: Welker, Zum Bild Gottes.

rungskraft Jesu Christi und seines Geistes vermittelt sehen, nicht aber durch ein unbestimmtes Wirken irgendeines Geistes. Das schließt nicht aus, dass die guten Kräfte dankbar in anderen religiösen und auch in säkularen Kontexten wahrgenommen und begrüßt werden können. Eine evangelische Spiritualität sollte diese geistliche Weite anerkennen, ohne die reiche Klarheit der eigenen Orientierung preiszugeben. Nur dann ist die Spiritualität wirklich einladend, anziehungsstark und vorbildgebend.

Wolfgang Huber stellt in seinem Geleitwort zu Band 3 „ein neues Interesse für spirituelle Ausdrucksformen des Glaubens und eine weitverbreitete Gleichgültigkeit ihnen gegenüber" fest. Es bestehe im Bereich der Spiritualität „die wichtigste Aufgabe darin, ihre Formen zugänglich zu machen und Menschen dabei zu helfen, ihre eigene Form zu finden".[3] Nicht bestreiten lasse sich: „Das Wachsen des spirituellen Interesses ist auch von Wildwuchs begleitet. Das ist verständlich, ja sogar zu begrüßen. Denn ungeordnetes Wachstum ist gerade in diesem Fall toter Dürre vorzuziehen." Huber ist der Meinung:

> „Aber auch noch diese vagabundierende Spiritualität enthält Hinweise auf eine Sehnsucht, die Menschen ohne kirchliche Bindung mit solchen verbindet, die kirchlich engagiert sind. Sie suchen nach Erfahrungen, die stärker sind als die verwirrenden und kräftezehrenden Eindrücke des Alltags; sie suchen nach einer Mitte für ihre Lebenspraxis, die zu klarer Orientierung verhilft. Sie halten Ausschau nach Hinweisen dafür, dass das Leben ‚mehr als alles' ist. Jede Spiritualität bezieht sich auf einen ‚Höchstwert', auf etwas Absolutes, auf die Gottheit oder ihre Offenbarung, auf das Nichts oder die Leere, auf das, was die Welt im Innersten zusammenhält."[4]

Man kann diese Aussagen als eine denkbar weit gefasste Einladung an alle Menschen verstehen, die irgendeine „Sehnsucht" empfinden, die irgendeine „Mitte für ihre Lebenspraxis" suchen, die sich auf „einen ‚Höchstwert', auf etwas Absolutes" beziehen wollen, und sei es „das Nichts oder die Leere". Mit dem großen Etikett „Spiritualität" sollen sie eingeladen werden, ihre Suchbewegungen anzunehmen und zu gestalten. Man kann aber auch sehr skeptisch auf solch inflationäre Rede von „Spiritualität" reagieren, die nicht nur Ausdruck der gegenwärtigen – auch von Wolfgang Huber beklagten – Selbstsäkularisierung und Selbstbanalisierung von Religion und kirchlicher Existenz ist, sondern geradezu die Verstärkung dieser Verfallserscheinungen betreibt. Eine unqualifizierte „Mitte der Lebenspraxis", „ein Höchstwert", „etwas Absolutes" – diese Plätze können auch von allerlei Ideologien und üblen Geistern eingenommen werden. So hat der heiße Chauvinismus im Dritten Reich das Land selbst und große

[3] Huber, Geleitwort, 7, dort das folgende Zitat.

[4] A. a. O., 8.

Teile der Welt verpestet und verwüstet, er hat auch die Religion vergiftet und eine vergiftete Religiosität „Deutscher Christen" ausgebreitet.

Heute sehen wir in vielen Ländern – Trumps „America First"-Bewegung ist nur ein Beispiel – ein übles Streben nach „einem Höchstwert", „etwas Absolutem" um sich greifen. Dem sollte nicht die Suche nach einer „je eigenen Form" sogenannter Spiritualität entgegengesetzt werden, sondern eine kritische und selbstkritische Spiritualität der Prüfung und Unterscheidung der Geister im Licht des Geistes der Gerechtigkeit, der Freiheit, der Wahrheit, des Friedens und der Menschenfreundlichkeit. Nun betont Wolfgang Huber, es komme darauf an,

> „dieser neuen Spiritualität eine klare biblische Orientierung zu geben und christliche Existenz in ihrer Ganzheit zu sehen: in der Einheit von Beten, Tun des Gerechten und Warten auf Gottes Zeit, wie Dietrich Bonhoeffer auf unüberholte Weise gesagt hat. Soll so verstandene Spiritualität in der persönlichen Glaubenspraxis wie im Leben der Kirche tiefer verwurzelt werden, um sich breiter entfalten zu können, so muss das Thema auch in der Theologie einen festen Ort gewinnen."[5]

Eine „neue Spiritualität" ohne inhaltliche Konturen und Grenzen, mit „Höchstwerten" wie eben auch „dem Nichts oder der Leere" – wie sollte ihr eine „klare biblische Orientierung" gegeben werden, wie sollte sie „breiter und tiefer" in der persönlichen Glaubenspraxis und im kirchlichen Leben verwurzelt werden? Die goldenen Worte Dietrich Bonhoeffers bieten hier kaum eine hinreichende Orientierung.

Der seit Längerem zu beobachtende Auszug von Christenmenschen aller Konfessionen aus den Kirchen des Westens ist nicht zuletzt auf banale, leere und unglaubwürdige Vorstellungen und Gedanken von Gott zurückzuführen. Die Rufe nach Erneuerung und Vertiefung der Spiritualität wollen dem nicht selten entgegenwirken. Doch unklare und verquaste Formen individueller und geteilter religiöser Emotionalität unter dem Deckblatt „Spiritualität" können geradezu Verstärker der Verfallsentwicklung werden.

2 Peter Zimmerlings Suche nach einer „politisch korrekten" evangelischen Spiritualität

Peters Zimmerlings Beitrag in seinem großen Handbuch hält sich in der Mitte zwischen dem Bemühen um eine inhaltlich-theologisch gegründete und in geistlicher Kommunikation gefestigte evangelische Spiritualität, die diesen Namen verdient, und einer weitherzigen offenen

---

5 A. a. O.

Einladung, alle möglichen religiösen und quasi-religiösen Sehnsuchts- und Suchbewegungen für eine biblische und geistliche Vertiefung zu gewinnen.

Im Kapitel „Zur Theologie der Evangelischen Spiritualität"[6] fällt auf, dass Zimmerling am Ende seiner Ausführungen unter dem Untertitel „Kriterien evangelischer Spiritualität" (36–42) eine klar konturierte evangelische Spiritualität vertreten will. Er insistiert darauf, dass eine etwas wolkig „Spiritualität im Horizont des dreieinigen Gottes" genannte Glaubens- und Lebensform „das nicht zu überbietende Zentrum der Offenbarung des dreieinigen Gottes [...] in Jesu messianischem Leben, seinem Kreuz und seiner Auferstehung" suchen und finden müsse. „Das Ziel evangelischer Spiritualität ist die Gleichgestaltung des Menschen in das Bild Jesu Christ hinein." (36)

Leider werden dann aber die vielen geistigen, geistlichen und ethischen Orientierungskräfte, die im vorösterlichen Leben Jesu, an seinem Kreuz und in seiner Auferstehung erkennbar und erschlossen werden, nicht ernsthaft verfolgt.[7] Vielmehr wird sofort betont: „Evangelische Spiritualität ist offen für eine Vielfalt und Unterschiedlichkeit von Formen." Vordergründig soll die Konzentration auf die Trinität dieser „Vielfalt" den Weg bereiten. Doch dann setzt sich das Bemühen um eine politisch korrekte offene Sicht durch: „Natur und Technik, Sonntag und Alltag, Sinnlichkeit, Emotionalität und Verstand mit ihren unterschiedlichen Ausprägungen sind allesamt potentielle Orte spiritueller Erfahrung." (36) Offen bleibt dabei, ob „Orte" als „Quellen" angesehen werden sollten oder nur als denkbare Berührungspunkte der Spiritualität mit allen möglichen Lebens- und Erfahrungsformen.

Dieser Balanceakt wiederholt sich im Blick auf eine gottesdienstlich geprägte Spiritualität:

> „Die traditionelle evangelische Theologie neigte dazu, die Spiritualität allein an Wort und Sakrament zu binden. Das bedeutete eine Engführung, zumal damit außerordentliche spirituelle Erfahrungen *eo ipso* ausgeschlossen waren. Umgekehrt muss verhindert werden, dass die abstrusesten religiösen Erfahrungen als mit evangelischer Spiritualität vereinbar ausgegeben werden." (37)

Zimmerling möchte die Spiritualität für eine Naturfrömmigkeit und eine religiöse Mystik öffnen: „Damit ist der Weg frei, das Wirken Gottes etwa in der Natur neben Bibelwort und Sakrament theologisch zu würdigen." (37) Mit Ralf Stolina plädiert er dafür, sich Gott „‚wirklich unbedingt'" zu überlassen, „‚mithin unter Preisgabe aller Erfahrungserwartungen und Erkenntniserwartungen in Hinsicht auf Gott und seine Gnade'" (38).[8]

6 Zimmerling, Zur Theologie. Die folgenden Seitenangaben im Text beziehen sich auf diese Einführung.

7 Zu diesen diakonischen, prophetischen und seelsorglichen Ausstrahlungskräften vgl. Welker, Gottes Offenbarung, 219–227.257–292.

8 Stolina, Erfahrungserkenntnis Gottes, 97.

Diese Preisgabe verbindet sich mit der (leider theologisch und erfahrungsmäßig gleichermaßen irrigen) Meinung, zur evangelischen Spiritualität gehöre „das Bewusstsein, es immer und überall mit Gott zu tun zu haben" (38). All dies lässt sich verstehen als ein Bemühen, eine weitherzige, möglichst unanstößige und in diesem Sinne politisch korrekte „Spiritualität" zu empfehlen. Einerseits betont Zimmerling mit Philipp Melanchthon und anderen Reformatoren den unverzichtbaren Zusammenhang von „Frömmigkeit und Bildung" (20). Die Reformation war tatsächlich eine auf biblische Bildung und eine damit verbundene Befreiung und Freiheit konzentrierte Bildungsrevolution.[9] Andererseits spitzt er diese weite und reiche individuelle und gemeinschaftliche Bildung zunächst zu auf die „Ausbildung einer individuellen Identität" und die „Suche nach Antworten auf die Gottesfrage" (21).

Dabei betont er durchgängig die hohe Bedeutung der „Pluralität": „Von Anfang an gab es evangelische Spiritualität nur im Plural." Die Pluralität „unterschiedlicher wissenschaftlicher Zugangsweisen zur Spiritualität", die Pluralität unterschiedlicher Erscheinungsformen von Spiritualität in der Geschichte wird hervorgehoben. „Einerseits ist die Besinnung auf die reformatorischen Wurzeln evangelischer Spiritualität notwendig." Andererseits lobt er ökumenische und symbolpolitische Mischformen bis hin zum „Aufstellen von Lichterbäumen in evangelischen Kirchen" (21f).

Als die weite Öffnung fördernde Lösung empfiehlt Zimmerling:

> „Ich plädiere dafür, evangelische Spiritualität in Zukunft mithilfe eines trinitätstheologischen Ansatzes weiterzuentwickeln, um z. B. neben der Natur die unterschiedlichen Aspekte des Menschseins unter Einschluss von Sinnlichkeit und Emotionalität in der Spiritualität stärker als bisher berücksichtigen zu können." (22)

Natur, Sinnlichkeit, Emotionalität – damit werden viele Menschen heute lange theologisch zu wenig bedachte Themen verbinden. Zugleich klagt Zimmerling aber die „Theologie als Korrekturinstanz der Spiritualität" ein, da „selbst eine intensive Frömmigkeit in Gefahr steht, vom Geist der Zeit überrollt zu werden" (22). Bei aller Freude an Natur und Emotionalität sollen schließlich nicht ein religionskritischer Szientismus und eine illusionäre Naturromantik Theologie und Frömmigkeit überrollen.

Eine ähnlich balancierende Haltung empfiehlt Zimmerling, wenn es um die unverzichtbare „Herausbildung einer persönlichen spirituellen Biographie" geht (23). Als Bollwerke gegen einen steilen Subjektivismus und Fundamentalismus böten sich „Reflexionsfähigkeit für jeden Christen" und „respektvolle interreligiöse Begegnung" an (23f). Wird dann aber als Zielpunkt angegeben „die Fähigkeit, zu erkennen, welche spirituellen Formen zur Persönlichkeit und der

9 Vgl. dazu Welker, Einleitung.

jeweiligen Lebenssituation passen oder nicht" (24), zeigt sich, dass das Einklagen von Reflexionsfähigkeit und Begegnung mit dem Fremden ohne inhaltliche Bestimmungen auf Sand gebaut bleibt.

Nun will Zimmerling dieser Gefahr durch eine Erneuerung des „trinitarischen Gottesverständnisses" (26–33) entgegenwirken. Mit Recht betont er, dass diese trinitätstheologische Orientierung nicht gegen die christologische Konzentration ausgespielt werden darf, die der reformatorischen Theologie und vielen Formen traditioneller evangelischer Spiritualität so wichtig war. Doch statt sich der Frage nach dem trinitarischen Gottesverständnis zuzuwenden, nimmt Zimmerling die Thematik von Emotionalität mitsamt der Sehnsucht nach Naturerfahrungen gegenüber der Intellektualität auf. Das ist höchst ernüchternd.

Eine weitverbreitete emotionalisierte Naturromantik, die sich dem ökologischen Brutalismus entgegenstellen will, hat seit einigen Jahren leider auch wichtige Theologien ergriffen.[10] Die fatale Reduktion von „Schöpfung" auf Natur und Kosmos blendet die geistigen und kulturellen Dimensionen der Schöpfung, aber auch die schwierigen trinitätstheologischen Dimensionen (Schöpfungsmittlerschaft Jesu Christi, Geist und Schöpfung) weitgehend aus.[11]

Als einen Korrekturversuch dieses schöpfungstheologischen Leerlaufs in der Trinitätstheologie könnten die Ausführungen zur „Dimension des Heiligen Geistes" (30–33) und zur „Trinitätslehre als Rahmentheorie evangelischer Spiritualität" (33–35) angesehen werden. Leider aber bleiben diese pneumatologischen und trinitätstheologischen Ansätze weitgehend formal. Der Geist vermittle eine „erfahrungsbezogene Frömmigkeit", und ebendies zeichne die Spiritualität aus, sie sei die „Erfahrungsdimension des evangelischen Glaubens" (31). Zu entdecken sei ferner „die Sozialität", die „Bedeutung der Gemeinschaft für die evangelische Spiritualität" und „die Pluralität der Geisterfahrungen" (32). Auch der Ruf nach einer *„theologisch begründeten Öffnung* [kursiv M. W.] evangelischer Spiritualität für eine Vielfalt spiritueller Formen" bleibt ohne überzeugende Ansätze zu einer theologischen Begründung. Die Frage nach einer Unterscheidung der Geister in der Öffnung für die Vielfalt findet keine Antwort.

---

10 Siehe dazu meine kritischen Bemerkungen zu Moltmann, Der Geist des Lebens, in: Welker, Der Geist der Freiheit und die Freiheit des Geistes, 23.49ff.95ff, sowie zu Boff, Traum von einer neuen Erde, in: Welker, Der Geist der Freiheit und die Freiheit des Geistes, 10f.

11 Dies gilt leider auch für die meisten Beiträge im ersten Teil zur Schöpfungstheologie des Handbuches Evangelische Spiritualität, Bd. 2. Ökologie, Nachhaltigkeit, Partner(in)beziehung, Gesundheit, Therapie, Gefühl beherrschen das Themenspektrum. In den Teilen zwei und drei sind trinitätstheologisch hilfreich: Krötke, Spiritualität im Geiste Jesu Christi; Herzer, Evangelische Spiritualität und das Neue Testament; Etzelmüller, Die Bedeutung des Heiligen Geistes für die evangelische Spiritualität. Zur Auseinandersetzung mit einer Kosmosfrömmigkeit vgl. theologisch: Polkinghorne / Welker (Hg.), The End of the World; naturwissenschaftlich: Wambsganß (Hg.), Universum für alle. Zur Kritik der „moralischen Atemlosigkeit" in Kirche und Religiosität vgl. Thomas, Im Weltabenteuer Gottes, bes. 92ff.

Die Trinitätstheologie bleibt im Formalen stecken. Der Gegenzug gegen die „traditionellen metaphysisch-philosophischen Ansätze der Trinitätslehre" (33) und gegen das „Apathie-Axiom" in der Gotteslehre (34), von vielen zeitgenössischen Theologien vertreten, ist sicher konsensfähig, bietet aber noch keine konstruktiven Ansätze zu einer trinitätstheologisch geprägten Spiritualität. Das m. E. entscheidende und fruchtbare Anliegen Peter Zimmerlings gewinnt erst am Ende seiner Einleitung an Deutlichkeit.

3 Peter Zimmerling über pneumatologisch begründete und christologisch vertiefte Spiritualität

Die alt- und neutestamentlichen Aussagen über die „Ausgießung" des göttlichen Geistes sind schlechterdings grundlegend für jede Form von Spiritualität. Die Geistausgießung oder die Geisttaufe steht auch im Zentrum der größten Frömmigkeitsbewegung der Menschheitsgeschichte, der Pfingstbewegung und der charismatischen Bewegungen, die schon 2006 auf 600 Millionen Anhänger:innen geschätzt wurde. Sie besagt, dass Gottes Geist auf Männer und Frauen, Alte und Junge, Knechte und Mägde ausgegossen wird (Joel 3) bzw. ausgegossen worden ist (Apg 2)[12]. Die Pfingstgeschichte Apg 2,1–16 spricht zugleich von einem Sprach- und Hörwunder, das Menschen der ganzen Welt involviert.[13]

Die Geistausgießung ist geradezu ein Bollwerk gegen monohierarchische, patriarchale, sexistische, gerontokratische, aber auch chauvinistische, xenophobe und klassengesellschaftliche Frömmigkeitsformen und Bewusstseinshaltungen. Sie bezeugt den Geist der Gerechtigkeit, der Freiheit, der Menschenfreundlichkeit und des Friedens. Peter Zimmerlings Bemühen um eine „politisch korrekte Spiritualität" ist zweifellos von diesem Geist berührt.

Eine klare pneumatologische Grundlage ist allerdings noch nicht gewonnen mit der wiederholten Betonung, dass Spiritualität und „Pluralität" zusammengehören. Auch die Versicherung: „Die trinitarische Orientierung evangelischer Spiritualität ist angesichts fortschreitender Pluralisierungsprozesse in unserer Gesellschaft besonders geeignet, den christlichen Gottesgedanken denkerisch in der Postmoderne zu verantworten" (35), wird nur dann nicht als bemühter Anpassungsversuch gelesen werden, wenn die spezifischen Wirkkräfte des Geistes der Gerechtigkeit, der Freiheit, der Wahrheit, des Friedens und der Menschenfreundlichkeit zur Geltung gebracht werden können.

---

[12] Siehe auch Apg 4,31; 8,15ff; 10,44ff; 11,15ff; 15,8; 19,2ff.

[13] Dazu Welker, Gottes Geist, 214–258; Macchia, Baptized in the Spirit; Zimmerling, Charismatische Bewegungen, 83–117; Evangelische Kirche in Deutschland (Hg.), Pfingstbewegung und Charismatisierung.

Dies gelingt Peter Zimmerling in seiner Einleitung abschließend, wenn er die „sozialethische Dimension“ evangelischer Spiritualität als „Inspirationsquelle und Verpflichtung für die Umgestaltung der kirchlichen und gesellschaftlichen Verhältnisse in Richtung auf Gleichheit aller Menschen mit gleichzeitiger Pflege ihrer Unterschiede“ (35) hervorhebt und deutlich macht, dass evangelische Spiritualität zum Erhalt unserer freiheitlichen Gesellschaftsordnung einen wichtigen Beitrag leistet (39f). Er belegt diese Leistung politischer Diakonie an der Gesellschaft aus dem Geist der Gerechtigkeit, Freiheit und Wahrheit u. a. unter Verweis auf die Friedensgebete in der DDR im Herbst 1989 (39–41).

Eine bedeutende christologische Vertiefung im Blick auf eine evangelische Spiritualität bietet Peter Zimmerling in seinem Buch *„Hirte, Meister, Freund. Überrascht von der Seelsorge Jesu“*.[14] In diesem Buch beleuchtet er die vorbildliche Spiritualität Jesu gerade in seiner Seelsorge. Hier wirken Jesu diakonische und pastorale Kräfte (konventionell dogmatisch gesprochen: sein königliches und sein priesterliches „Amt“[15]) zusammen.

In seinem Geist ist er „der unsichtbare Dritte“ in jedem Seelsorgegespräch; sein Geist ist für den Erfolg des seelsorglichen Handelns unerlässlich. Seelsorgerinnen und Seelsorger sollten die Seelsorge Jesu an sich selbst erfahren und deshalb immer auch die seelsorgliche Begleitung durch andere Menschen in Anspruch nehmen.[16]

Die Seelsorge Jesu versteht sich als „Wegbegleitung“, und deshalb sollten sich auch heutige Seelsorger und Seelsorgerinnen nicht als „Wegweiser“ für die Seelsorgesuchenden verstehen, sondern als Wegbegleitende, die sich mit den Suchenden auf den Weg oder die Wege zur Lösung ihrer Probleme machen (vgl. 137f).

Die biblischen Zeugnisse zeigen, dass Jesus als Seelsorger durchaus lernfähig war. Die Seelsorge ist nicht statisch festgelegt und gar bevormundend, sondern dynamisch offen. Sie erfolgt als Wegbegleitung in einem Raum der Freiheit, in dem Seelsorgesuchende und Seelsorgende sich auf Augenhöhe begegnen (138).

> „Seelsorge in der Nachfolge Jesu von Nazareth darf den Seelsorgesuchenden weder auf den Status quo festlegen noch auf seine Selbstheilungskräfte beschränken. Zwar ist die Annahme des Menschen, so wie er ist, für die Seelsorge entscheidend. Sie folgt aus der Liebe Jesu. Zur Liebe Gottes gehört aber gleichzeitig, die Seelsorgesuchenden herauszufordern, ihm und ihr neue Perspektiven zu eröffnen und sie nicht auf die ihr eigenen Möglichkeiten festzulegen, sondern sie auf die Möglichkeiten des Geistes Gottes hinzu-

[14] Zimmerling, Hirte, Meister, Freund.

[15] Vgl. Welker, Gottes Offenbarung, 219ff.257ff.

[16] Die folgenden Seitenzahlen im Text beziehen sich auf Zimmerling, Hirte, Meister, Freund.

> weisen. In der Seelsorge geht es darum, Menschen zu helfen, sich der eigenen Wahrheit zu stellen." (139)

Dies aber ist keine leichte Herausforderung. „Gerade religiöse Menschen scheinen angesichts hoher ethischer Ideale dazu zu neigen, die Augen vor der eigenen, oft beschämenden Wirklichkeit zu verschließen, weil die Wahrheit zu schmerzhaft wäre." Behutsam macht Zimmerling auf die seelsorglichen Gefahren aufmerksam, „Menschen mit unerfüllbaren ethischen Vorschriften oder lebensfernen biblischen Ratschlägen lieblos abzuspeisen" (140, 143).

Wohl geht es in der Seelsorge in der Regel um den einzelnen konkreten Menschen, aber Jesu Seelsorge ist „gleichzeitig auf die Gesellschaft insgesamt bezogen. Seine Reich-Gottes-Verkündigung hat die Veränderung der gesellschaftlichen Verhältnisse, die Umwertung aller Werte, zum Ziel." (141) Dabei ist die Orientierung am Geist der Gerechtigkeit, der Freiheit, der Wahrheit, des Friedens und der Mitmenschlichkeit von höchster Bedeutung. Im Licht dieses Geistes werden vielfältige Sensibilitäten für Gefahren und Verletzungen in den konkreten Situationen geweckt, es werden aber auch Wege aus der Gefahr erkennbar und erschlossen.

Schließlich betont Peter Zimmerling, dass Jesus „den ganzen Menschen als eine Einheit von Leib, Seele und Geist zum Adressaten" hatte (142). Der „ganze Mensch" sollte allerdings noch weiter erfasst werden. Mit Hilfe der großartigen Anthropologie des Paulus lassen sich die nur triadischen, vor allem auch viele konventionelle duale und bipolare Vorstellungen vom Menschen (wie Leib und Seele, Körper und Geist) fruchtbar erweitern. Denn Paulus sieht den Menschen als eine komplexe Einheit der sinnlichen, auf Ernährung und Fortpflanzung angewiesenen „fleischlichen" Existenz und der „leiblichen" Existenz, die nur einerseits fleischlich ist, aber andererseits schon von Psyche und Geist bestimmt wird. Er spricht vom „Herzen" des Menschen mit seinen emotionalen, erkennenden und wollenden Kräften. Er würdigt die Seele als psychosomatische Einheit des Menschen, ohne ihr mit mancher römisch-katholischen Frömmigkeit und Volksfrömmigkeit einen Direktzugang zum ewigen Leben zuzuschreiben. Er sieht die quälende Polyphonie des Gewissens, in der sich viele Stimmen wechselseitig anklagen und verteidigen, und die Notwendigkeit, eine Ruhe ins Gewissen zu bringen, damit es überhaupt ein innerer Dialogpartner werden und sein kann. Er sieht die ungeheure Weite des menschlichen Geistes, einen Ozean, der auf ferne Vergangenheiten und zukünftige Verhältnisse ausgreifen kann, der selbst mit den unsichtbaren Kräften Gottes in Kontakt treten bzw. sich von diesen Kräften ergreifen lassen kann.[17]

Schließlich betont Peter Zimmerling, dass sich Seelsorge an gläubige und nicht glaubende Menschen richtet: „Als Seelsorge im Raum der Freiheit verschweigt sie die Einladung zum Glauben nicht und verzichtet gleichzeitig auf jede Form von Manipulation." (144)

---

17 Siehe dazu Welker, Zum Bild Gottes, 32f.88f.

Die Seelsorge Jesu ist so eine überzeugende Konkretion christologisch orientierter und schriftorientierter Spiritualität. Die in diesem Buch gewonnenen theologischen und pastoralen Erkenntnisse sollten unbedingt in Neuauflagen des *Handbuchs Evangelische Spiritualität* Eingang finden.

Literatur

Boff, Leonardo, Traum von einer neuen Erde – Bilanz eines theologischen Lebens, Münster 2019.

Evangelische Kirche in Deutschland (Hg.), Pfingstbewegung und Charismatisierung. Zugänge – Impulse – Perspektiven. Eine Orientierungshilfe der Kammer der EKD für Weltweite Ökumene, Leipzig 2021.

Etzelmüller, Gregor, Die Bedeutung des Heiligen Geistes für die evangelische Spiritualität, in: Zimmerling (Hg.), Handbuch Evangelische Spiritualität, Bd. 2, 423–442.

Herzer, Jens, Evangelische Spiritualität und das Neue Testament, in: Zimmerling (Hg.), Handbuch Evangelische Spiritualität, Bd. 2, 335–357.

Huber, Wolfgang, Geleitwort, in: Zimmerling (Hg.), Handbuch Evangelische Spiritualität, Bd. 3, 7f.

Krötke, Wolf, Spiritualität im Geiste Jesu Christi, in: Zimmerling (Hg.), Handbuch Evangelische Spiritualität, Bd. 2, 317–334.

Macchia, Frank D., Baptized in the Spirit. A Global Pentecostal Theology, Grand Rapids 2006.

Moltmann, Jürgen, Der Geist des Lebens. Eine ganzheitliche Pneumatologie, Gütersloh 2010.

Polkinghorne, John / Welker, Michael (Hg.), The End of the World and the Ends of God. Science and Theology on Eschatology, Harrisburg 2000.

Schneider, Nikolaus, Geleitwort des ehemaligen Ratsvorsitzenden der EKD Nikolaus Schneider, in: Zimmerling (Hg.), Handbuch Evangelische Spiritualität, Bd. 2, 7f.

Stolina, Ralf, Erfahrungserkenntnis Gottes. Kriterien christlicher Mystik, in: Johannes Schilling (Hg.), Mystik. Religion der Zukunft – Zukunft der Religion?, Leipzig 2003, 89–115.

Thomas, Günter, Im Weltabenteuer Gottes leben. Impulse zur Verantwortung für die Kirche, Leipzig 2020.

Wambsganß, Joachim (Hg.), Universum für alle. 70 spannende Fragen und kurzweilige Antworten, Heidelberg 2012.

Welker, Michael, Der Geist der Freiheit und die Freiheit des Geistes. Theologie im Gespräch – Jürgen Moltmann zum 95. Geburtstag. Symposium der Evangelischen Akademie Bad Boll, Oktober 2021, in: epd-Dokumentation 5/2022, 7–12.

–, Einleitung, in: ders. / Michael Beintker / Albert de Lange (Hg.), Europa reformata. Reformationsstädte Europas und ihre Reformatoren, Leipzig ^{2}2017, 13–23.

–, Gottes Geist. Theologie des Heiligen Geistes, Neukirchen-Vluyn 1992, Göttingen ^{7}2021.

–, Gottes Offenbarung. Christologie, Neuchkirchen-Vluyn 2012, Neukirchen-Vluyn ^{4}2023.

–, Zum Bild Gottes. Eine Anthropologie des Geistes, Leipzig ^{2}2021.

Zimmerling, Peter, Charismatische Bewegungen, Göttingen 2009.

–, Hirte, Meister, Freund. Überrascht von der Seelsorge Jesu, Gießen 2022.

–, Zur Theologie der Evangelischen Spiritualität. Eine Einführung in Band 2 des Handbuchs Evangelische Spiritualität, in: ders. (Hg.), Handbuch Evangelische Spiritualität, Bd. 2, 20–42.

– (Hg.), Handbuch Evangelische Spiritualität, Bd. 2: Theologie, Göttingen 2018.

– (Hg.), Handbuch Evangelische Spiritualität, Bd. 3: Praxis, Göttingen 2020.

Spiritualität – individuelles oder kollektives Phänomen?

Überlegungen eines Kirchenhistorikers

Von Ulrich Köpf

1 Zum gängigen Sprachgebrauch

Das in der zweiten Hälfte des 20. Jahrhunderts aus dem Französischen ins Deutsche übernommene Wort „Spiritualität" konnte sich in der theologischen Literatur nur allmählich durchsetzen. In der evangelischen Theologie wurde es lange gemieden, weil man es als „katholisierend" empfand. Seine Anerkennung begann hier, als der Rat der EKD 1976 eine Arbeitsgruppe einsetzte, die 1979 eine Studie „Evangelische Spiritualität" vorlegte.[1] Seither wurde das Wort auch in der evangelischen Theologie zunehmend salonfähig und fand Aufnahme in die repräsentativen evangelischen Nachschlagewerke.

Inzwischen hat das vor zwei Jahrzehnten als „Modewort" bezeichnete Wort „Spiritualität" eine damals unvorstellbare Karriere gemacht. Zum einen fällt seine quantitative, geradezu explosionsartige Vermehrung auf. Schon 2003 stellte Peter Zimmerling im Blick auf die Formulierung von Buchtiteln fest: „Seit einigen Jahren lässt sich ein regelrechter Spiritualitätsboom auf dem Büchermarkt beobachten".[2] Und die Entwicklung geht weiter. Von einem Begriff Spiritualität kann man dabei allerdings kaum reden; denn bei dem inflationären Sprachgebrauch vermisst man jede begriffliche Klarheit.

Mit der quantitativen Vermehrung ist zum andern eine qualitative Veränderung im Gebrauch des Wortes Hand in Hand gegangen. Wie *spiritualité* wurde auch das deutsche Äquivalent zunächst nur im religiösen Zusammenhang gebraucht. Seit den achtziger Jahren des 20. Jahrhunderts hat sich sein Anwendungsbereich aber immer stärker erweitert. Besaß eine Formulierung wie „Spiritualität des Pilgerns" noch einen deutlichen religiösen Bezug, so hat sich dieser Bezug in der „Spiritualität der Befreiung", der „Spiritualität des Kampfes" oder der „Feministischen Spiritualität" immer weiter verflüchtigt. Heute wird „Spiritualität" in wachsendem Umfang mit allen möglichen Arten der Orientierung im Leben verbunden. Eine kurze und bündige Definition lautet: „Spiritualität ist Sinnstiftung".[3] Das kann sich auf verschiedenste Aspekte der

---

1 Evangelische Spiritualität.

2 Zimmerling, Evangelische Spiritualität, 5.

3 Wagner, Spiritueller Missbrauch, 30f.

Sinnfindung beziehen: „Spiritualität ist zugleich ein Bedürfnis, eine Fähigkeit und eine Technik".[4] Wie eine der jüngsten Neuerscheinungen zum Thema mit den Beiträgen zu einer 2020 in Erlangen veranstalteten Tagung zeigt,[5] hat sich die Verwendung des Wortes inzwischen bis in Soziologie, Psychologie und das Gesundheitswesen hinein ausgedehnt. Von einem Vertreter der neuen Disziplin „Spiritual Care" wird Spiritualität geradezu als „gesundheitswissenschaftlicher Breitbandbegriff" bezeichnet.[6] Kürzlich konnte sogar ein Band mit dem Titel „Spiritualität in der Managementpraxis" erscheinen.[7] Man pflegt jetzt von einem ‚Containerbegriff' zu sprechen, d. h. von einem äußerst merkmalarmen oder gar merkmalfreien Begriff, dessen dehnbaren Umfang man nach Belieben durch irgendwelche Inhalte ausfüllen kann.

Das zentrale Merkmal dieser neuen Entwicklung ist eine entschiedene und oft exklusive Individualisierung des Spiritualitätsbegriffs. War in den Anfängen seiner Rezeption durch den Protestantismus noch bewusst, dass er ursprünglich „in der katholischen Ordenstheologie Frankreichs beheimatet",[8] also durch seinen Bezug auf religiöse Gemeinschaften geprägt war, so wird Spiritualität heute in der Regel als Eigenschaft eines einzelnen betrachtet: „Jeder Mensch hat seine Spiritualität, und die Spiritualität eines jeden Menschen ist anders, je nachdem welchen Charakter, welche Herkunft und welche Erfahrungen ihn prägen."[9]

Ein Symptom dieser Auffassung ist auch die jetzt oft zu beobachtende Aufsplitterung des Gesamtphänomens in seine das Individuum betreffenden Aspekte wie „spirituelle Suche", „spirituelle Angebote", „spiritueller Diskurs", „spirituelle Erfahrungen", „spirituelles Lernen", „spirituelle Bildung", „spiritueller Akt", „spirituelle Praxis (oder: Praktiken)".[10]

Peter Zimmerling meint, der Begriff ‚Spiritualität' besitze „gegenüber ‚Frömmigkeit', ‚Religiosität' und ‚Glaube' verschiedene Vorteile", darunter folgende: „Er ist im Bereich der ganzen Ökumene verständlich"; „er bringt das […] Wirken des Geistes neu zu Bewusstsein; der Aspekt der Gestaltwerdung macht deutlich, dass die soziale Dimension zum Glauben untrennbar dazugehört". Schließlich spreche für seine Verwendung, „dass er […] für junge und ältere Menschen, auch für solche, die dem christlichen Glauben fernstehen, einen positiven Klang" besitze, „auf Unbekanntes" weise, gerade durch seine „häufig konstatierte Vagheit" „neugierig" mache.[11] Solche Erwägungen mögen zwar für die Praxis gelten; für die Wissenschaft sind sie jedoch ohne Gewicht.

---

4 A. a. O., 31.

5 Allolio-Näcke / Bubmann (Hg.), Spiritualität.

6 Frick, Spiritual Care, 76.

7 Warode / Bolsinger / Büssing (Hg.), Spiritualität in der Managementpraxis.

8 Evangelische Spiritualität, 10.

9 Wagner, Spiritueller Missbrauch, 30.

10 Alle Formulierungen finden sich in dem neuen Sammelband: Spiritualität.

11 Zimmerling, Das Handbuch Evangelische Spiritualität, 18.

Der heute so weit verbreitete unscharfe Gebrauch des zum „Containerbegriff" verkommenen Wortes „Spiritualität" ist für den auf eine genaue Terminologie bedachten wissenschaftlichen Theologen unbrauchbar, insbesondere für den Historischen Theologen. Aufschlussreich ist freilich, dass die Erlanger Herausgeber des jüngsten Sammelbandes behaupten: „In der wissenschaftlichen Theologie hat die Reflexion über Spiritualität ihren traditionellen Ort entweder innerhalb der Systematischen Theologie (ev.) / Moraltheologie (kath.) oder der Praktischen Theologie (ev.) / Pastoraltheologie (kath.) mit ihren Unterdisziplinen".[12] Dass auch die an theologischen Fakultäten noch immer als Hauptfach betriebene Disziplin „Kirchengeschichte" sich damit beschäftigt, wird dabei geflissentlich übersehen, obwohl mehrere Beiträge dieses Bandes auf historische Beispiele zurückgreifen und obwohl evangelische Kirchenhistoriker (ich nenne hier nur Gerhard Ruhbach) sich schon früh mit Fragen der Spiritualität befasst haben. Eine rühmliche Ausnahme macht das von Peter Zimmerling herausgegebene „Handbuch Evangelische Spiritualität", an dessen erstem Band zahlreiche Kirchenhistoriker beteiligt sind, deren Beiträge reiches Anschauungsmaterial für die Problematik des gegenwärtigen Sprachgebrauchs bieten.

Im folgenden sollen einige kritische Bemerkungen aus der Sicht des Kirchenhistorikers und ein Vorschlag zum Gebrauch eines präzisen und prägnanten Spiritualitätsbegriffs vorgetragen werden.[13] Natürlich kann es zu unserem Thema keine verbindlichen Sprachregelungen geben. Veränderungen des Sprachgebrauchs sind ein kulturelles Phänomen, in dem sich Wandlungen der Gesellschaft und der Mentalität widerspiegeln, die sich nicht oder nur mit großem manipulatorischem Aufwand steuern lassen. Daher räume ich von vornherein ein, dass meine Ausführungen nur ein Beitrag zur Diskussion sein können, mit dem ich, wie ich gestehen muss, angesichts des heute völlig ungeregelten, ja fast beliebigen Sprachgebrauchs und des weitgehenden Verlusts an sprachlicher Sensibilität keine großen Aussichten auf Erfolg verbinde.

2 Kritische Bemerkungen

Blicken wir noch einmal zurück und fragen wir, wie es zu der angedeuteten Entwicklung kommen konnte. Die Übernahme des Fremdworts „Spiritualität" aus dem Französischen, die eine Bereicherung der deutschen Wissenschaftssprache hätte werden können, hat im Gegenteil

---

12 Allolio-Näcke / Bubmann (Hg.), Spiritualität, 8.

13 Dabei knüpfe ich an verschiedene eigene Aufsätze, die jetzt in dem Band: Köpf, Mönchtum als Lebensform, vereint sind, sowie an meine zusammenfassenden Artikel: Spiritualität I. Zum Begriff – II. Kirchengeschichtlich, an.

zu ihrer Verarmung geführt. Das eigentliche Opfer des „Spiritualitätsbooms" ist der Begriff „Frömmigkeit" geworden, der bis zu Beginn des 20. Jahrhunderts unangefochten als Bezeichnung der individuellen wie der gemeinschaftlichen Religiosität gebraucht wurde. Durch das Verdikt der nach dem Ersten Weltkrieg aufgekommenen Dialektischen Theologie büßte das Wortfeld „fromm" und „Frömmigkeit" an Ansehen ein. Karl Barth charakterisierte Frömmigkeit im Gegensatz zum Wort Gottes als bloß menschliches Bemühen, konnte damit aber den weiterhin positiven Gebrauch des Begriffs nicht verhindern, da damals noch kein Ersatz zur Verfügung stand. Noch im Evangelischen Erwachsenenkatechismus von 1975 findet sich ein Schlussabschnitt „Grundformen der Frömmigkeit". Doch begann der auch durch die evangelische Theologie rezipierte Begriff „Spiritualität" jetzt in wachsendem Maße den Begriff „Frömmigkeit" zu verdrängen.[14] Der Praktische Theologe Volker Drehsen stellte 1988 fest: „Um sich von Kirchlichkeit oder privatist[ischer] Innerlichkeit abzugrenzen, hat es sich in jüngster Zeit eingebürgert, den Begriff der F[römmigkeit] durch den der *Spiritualität* zu ersetzen".[15] 1990 behauptete Erwin Fahlbusch bereits, die Ausdrücke „Spiritualität" und „spirituell" hätten „die der deutschen Sprache eigentümlichen Worte ‚Frömmigkeit' und ‚fromm' verdrängt, die einen positiven Sinngehalt besitzen, jedoch in der Umgangssprache oft in negativer Weise gebraucht werden und somit verkommen sind".[16]

Diese Aussage hat sich allerdings nicht uneingeschränkt bewährt. Aus der Umgangssprache, aus dem humanwissenschaftlichen Diskurs und selbst aus der kirchlichen Praxis mag der inhaltlich gefüllte und positiv besetzte Frömmigkeitsbegriff weithin verschwunden sein. Doch taucht er überall dort wieder auf, wo man sich auch im Protestantismus seiner Wurzeln und seiner Geschichte versichert.

Das mag ein Blick in Peter Zimmerlings „Handbuch Evangelische Spiritualität" zeigen. Der Herausgeber hat die Forderung aufgestellt: „Es wird höchste Zeit, die reichen Traditionen evangelischer Spiritualität wiederzuentdecken".[17] Der erste Band des gehaltvollen, informativen Werks ist mit 41 Beiträgen, die von den spätmittelalterlichen Voraussetzungen der Reformation bis in unsere Gegenwart führen, der Wiederentdeckung dieser heute nicht selten vergessenen Traditionen gewidmet.

Achten wir bei der Betrachtung der ganz verschiedenartigen Beiträge insbesondere auf die in ihnen gebrauchte Terminologie! Vorgegeben war offenbar der Begriff „Spiritualität", der – ab-

[14] Z. B. Fahlbusch, Art. Frömmigkeit, 1397: „Indessen ist zunehmend im dt. Sprachraum an die Stelle des Wortes ‚F.' der Ausdruck ‚Spiritualität' getreten."

[15] Drehsen, Art. Frömmigkeit, 377.

[16] Fahlbusch, Spiritualität statt Frömmigkeit?, 114. Ähnlich ders., Art. Spiritualität, 402: „An Stelle des spezifisch dt. Wortes *Frömmigkeit*, dessen positiver Sinngehalt umgangssprachl. weithin verkommen ist, wird als wiss. Fachausdruck der Begriff *S[piritualität]* [...] bevorzugt."

[17] Zimmerling, Das Handbuch Evangelische Spiritualität, 22.

gesehen von zwei Ausnahmen[18] – auch in den Titeln erscheint. Doch stellt sich sein Gebrauch in den einzelnen Beiträgen sehr unterschiedlich dar. Kaum einmal wird er wirklich konsequent befolgt, auch nicht vom Herausgeber in seiner Studie über „Pfingstlich-charismatische Spiritualität", der etwa von der „Frömmigkeit des Einzelnen"[19] oder von der „Konzentration charismatischer Frömmigkeit auf den Geist"[20] spricht.

Diese Inkonsequenz hängt zuweilen damit zusammen, dass manche Darstellungen an einer bestehenden Forschungslage anknüpfen, in der ganz selbstverständlich der Frömmigkeitsbegriff vorherrscht. So etwa Jan von der Kamp, der unter Berufung auf Winfried Zellers Forschungen über „eine neue Form der Frömmigkeit" spricht,[21] diese „durch ein Aufblühen spiritueller Konzepte, Formen und Medien [...]" gekennzeichnet sieht,[22] aber im folgenden bemüht ist, nur noch von Spiritualität zu sprechen. Ulrike Treusch, die von der „Spiritualität" der Erweckungsbewegung im 19. Jahrhundert handelt,[23] operiert lange ausschließlich mit diesem Begriff, bis beim Blick auf die „Wurzeln erweckter Spiritualität" plötzlich massiv der Frömmigkeitsbegriff durchbricht.[24] In Markus Wriedts Ausführungen über Staupitz stellt sich ebenfalls an entscheidender Stelle der Begriff „Frömmigkeit" ein: „Staupitz war kein Theoretiker der Spiritualität, sondern ein von tiefer, praktisch gewendeter Spiritualität – Frömmigkeit – geprägter Mensch".[25] Auch andere Autoren können trotz aller Bemühtheit, die Rede von „Spiritualität" durchzuhalten, den Frömmigkeitsbegriff nicht vermeiden. So nennt Volker Leppin als Beispiel für die „Spiritualität", gegen die sich Luther wandte, die „Ablassfrömmigkeit" als „Ausdruck der einen Gestalt spätmittelalterlicher Frömmigkeit", der „eine innerlich ausgerichtete Frömmigkeit entgegen" stand, und nennt „Repräsentanten dieser Frömmigkeitshaltung".[26] Die Beispiele dafür, wie sich in dem vom Spiritualitätsbegriff gesetzten Rahmen – nicht nur bei den Beiträgen über einzelne Persönlichkeiten – immer wieder der Frömmigkeitsbegriff aufdrängt, ließen sich in großer Zahl vermehren.

---

18 Meyer, Jakob Böhme; Oermann, Wie und was glaubte Albert Schweitzer?.

19 Zimmerling, Pfingstlich-charismatische Spiritualität, 808.

20 A. a. O., 810.

21 Kamp, Bevorzugte Formen der evangelischen Spiritualität, 299.

22 A. a. O., 299f.

23 Treusch, „Steh auf von den Toten".

24 A. a. O., 555: „Dabei ist zu beachten, dass die deutsche Erweckung zwar Elemente der amerikanischen Revivals, der methodistischen oder pietistischen Frömmigkeit übernimmt, sich erweckte Frömmigkeit aber nicht auf die (bewusste) Rezeption der Frömmigkeitselemente beschränkt, sondern diese [...] zu einer deutschen erweckten Frömmigkeit formt."

25 Wriedt, Johann von Staupitz, 69.

26 Leppin, Martin Luthers Spiritualität, 82.

Eine Reihe von Autoren (keine der beiden Autorinnen) geht auf die grundsätzliche Problematik der Terminologie ein. Mehrfach wird betont, der Begriff „Spiritualität" sei von der behandelten Person nicht gebraucht oder in ihrer Zeit nicht gebräuchlich gewesen.[27] Das ist allerdings kein Argument gegen seine Verwendung in der historischen Darstellung. Durch seine Rezeption aus dem Französischen ist „Spiritualität" ein Begriff der deutschen Wissenschaftssprache geworden, der sinnvoll und nützlich sein kann, wenn er richtig gebraucht wird. Auch in Zeiten, in denen ein heute gebräuchlicher Begriff nicht bekannt war, konnte das damit bezeichnete Phänomen vorhanden sein.

Am deutlichsten zeigt sich das Unbehagen am gestellten Thema in Klaus Fitschens knappen Darlegungen über „Die Spiritualität Adolf von Harnacks", in denen der Verfasser von „Harnacks Frömmigkeit, Religiosität oder Spiritualität" spricht und betont, „dass er sich darüber nicht aussprach".[28] Es gelingt ihm dann aber doch, einige aufschlussreiche Aussagen über „Harnacks Frömmigkeit (oder Spiritualität)"[29] zusammenzutragen. Für den Leser bleibt diese terminologische Offenheit allerdings unbefriedigend. Eine unbefriedigende Lösung bietet auch Armin Kohnle in seinem Überblick über die Entwicklung „Vom Spätmittelalter zur Reformationszeit": Er möchte einen Spiritualitätsbegriff zugrunde legen, „der zu Frömmigkeitsformen jeder Art hin offen ist. Die Begriffe ‚Spiritualität' und ‚Frömmigkeit' werden synonym gebraucht bzw. es wird mit dem Begriffspaar ‚Spiritualität und Frömmigkeit' operiert."[30] Das ist allerdings keine Lösung, sondern ein Ausweichen vor der terminologischen Problematik.

So lehrreich die genannten und alle anderen Beiträge des „Handbuchs Evangelische Spiritualität" sind, so störend wirkt in ihnen die begriffliche Unklarheit als ein Symptom der gegenwärtigen Sprachverwirrung.

3 Weiterführende Überlegungen

Den einzigen Weg aus der Verarmung der theologischen Sprache und der damit verbundenen Problematik sehe ich darin, den Begriff „Frömmigkeit" für die theologische Arbeit wiederzugewinnen, ohne dadurch den neuen Begriff „Spiritualität" zu verlieren. Im Gegenteil – der Spiritualitätsbegriff sollte beibehalten, aber durch begriffliche Klärung sinnvoller als bisher eingesetzt werden. Dabei sollte auch die fatale Entgegensetzung des vermeintlich evangelischen

[27] So betont Jung, Die Spiritualität Philipp Melanchthons, 98: „Den Begriff Spiritualität kannte Melanchthon nicht" und redet – abgesehen vom Titel – durchweg nur von „Frömmigkeit".

[28] Fitschen, Die Spiritualität Adolf von Harnacks, 697.

[29] A. a. O., 700.

[30] Kohnle, Vom Spätmittelalter zur Reformationszeit, Zitat: 39.

Begriffs „Frömmigkeit“ und des vermeintlich katholisch geprägten, weil aus der katholischen Literatur Frankreichs übernommenen Begriffs „Spiritualität“[31] vermieden werden.

Der Weg dahin kann allerdings nicht durch eine Dekretierung gewiesen werden, die der Wissenschaft ohnehin nicht angemessen wäre. Er muss sich im wissenschaftlichen Diskurs bewähren. Um den Sinn der beiden Begriffe und ihr Verhältnis zueinander zu bestimmen, sollte vor allem der herkömmliche Sprachgebrauch, wie er sich auch in den Beiträgen zum „Handbuch Evangelische Spiritualität“ vielfältig niedergeschlagen hat, beachtet und an der geschichtlichen Wirklichkeit auf seine Tauglichkeit geprüft werden.

Bei „Frömmigkeit“ müssen wir nicht auf die Etymologie der Wörter „fromm“ und „Frömmigkeit“ sowie auf Luthers Bibelübersetzung zurückgehen, durch welche die Wörter in die neuhochdeutsche Schriftsprache eingeführt wurden. Ihre dort fassbare primär ethische Bedeutung (im Sinne von Tüchtigkeit, Rechtschaffenheit, die aber zugleich als gottgefällig gilt), hat sich in der Neuzeit zunehmend ins Religiöse verschoben. Von dem zu Beginn des 19. Jahrhunderts erreichten eindeutig religiösen Verständnis des Begriffs können wir heute ausgehen. Dabei ist auch keine subtile Auseinandersetzung mit systematischen Konzepten nötig wie mit Schleiermachers Verständnis der Frömmigkeit: „weder ein Wissen noch ein Thun, sondern eine Bestimmtheit des Gefühls oder des unmittelbaren Selbstbewußtseins“[32] oder gar mit der näheren inhaltlichen Bestimmung ihres „Wesens“: „daß wir uns unsrer selbst als schlechthin abhängig, oder, was dasselbe sagen will, als in Beziehung mit Gott bewußt sind“.[33] Es genügt, festzustellen, dass „Frömmigkeit“ im Sprachgebrauch der letzten zwei Jahrhunderte eine große Bandbreite religiöser Haltungen und Handlungen bezeichnet: von der Gottesbeziehung und religiösen Praxis des einzelnen religiösen Subjekts über die Lebensform und gottesdienstliche Praxis religiöser Gemeinschaften bis zur religiösen Mentalität und dem religiös begründeten Verhalten ganzer Konfessionen oder sozialer Gruppen und Schichten sowie zu den Phänomenen, die man herkömmlicherweise unter dem Begriff „Volksfrömmigkeit“ zu behandeln pflegt. „Frömmigkeit“ deckt demnach ein breites Spektrum individueller und kollektiver Einstellungen, Haltungen und Verhaltensweisen ab, deren verbindendes Merkmal ihr religiöser Charakter ist – im Christentum: ihr in Glauben und Handeln verwirklichter Gottesbezug.

Demgegenüber war der Begriff „Spiritualität“ in dem aus dem Französischen übernommenen Sinn ursprünglich viel enger gefasst. Doch auch hier müssen wir weder auf die Geschichte von *spiritualité* eingehen[34] noch auf die des lateinischen Vorgängers *spiritualitas* oder der Pa-

---

31 Evangelische Spiritualität, 10.

32 Schleiermacher, Der christliche Glaube, Teilbd. 1, 19f (§ 3 Leitsatz).

33 A. a. O., 32 (§ 4 Leitsatz).

34 Tinsley, The French Expressions for Spirituality and Devotion.

rallelbegriffe in anderen modernen Sprachen (italienisch *spiritualità*, spanisch *espiritualidad* oder englisch *spirituality*). Es dürfte genügen, sich an die Anfänge der Rezeption des französischen Begriffs zu erinnern. Sie war bereits 1958 in Hans Urs von Balthasars Argumentation durch die Spannung zwischen Individualität (Spiritualität als „subjektive Seite der Dogmatik") und Gemeinschaft („sofern das Subjekt die Kirche selbst ist und jedes andere Subjekt nur durch Teilnahme an der kirchlichen Subjektivität zu einem christlichen Subjekt wird") gekennzeichnet. Sieht Balthasar durch die Wirklichkeit der Kirche als „universale in rebus" die Bedeutung der einzelnen Personen und die Wirklichkeit „einer nachfolgenden Mannigfaltigkeit" gegeben,[35] so erkennt er in der „Mannigfaltigkeit der ‚Spiritualitäten'"[36] auch gemeinschaftliche Strukturen: in der „Besonderheit der Aufträge und damit der zugeordneten Spiritualitäten",[37] „der Sendungen und Ämter und ihrer Spiritualität",[38] die er freilich nur als „von oben gestiftet und fundiert"[39] oder als „vom Herrn her gespendete Spiritualität"[40] anerkennen möchte.

Mit dem Hinweis auf den gemeinschaftlichen Charakter von Spiritualität weist er auf einen Sachverhalt hin, der dem Kirchenhistoriker besonders ins Auge fällt. In der katholischen Forschung vor und nach der Mitte des 20. Jahrhunderts wird das Phänomen „Spiritualität" nicht so sehr an Individuen als an religiösen Gemeinschaften untersucht.

Für mich ergibt sich als Konsequenz zunächst die Feststellung, dass der Begriff „Frömmigkeit" für ein angemessenes Verständnis des Christentums und seiner Geschichte unentbehrlich ist. Eine große Zahl für den Protestantismus wichtiger, wenn nicht sogar grundlegender Phänomene wird – wie auch aus vielen Beiträgen des „Handbuchs Evangelische Spiritualität" hervorgeht – bis heute mit „Frömmigkeit" verbunden: von der „Abendmahlsfrömmigkeit" über „Bibelfrömmigkeit" und „Christusfrömmigkeit" bis zur „Volksfrömmigkeit". Diese Reihe wird durch weitere ergänzt, die für den Katholizismus wie für die Orthodoxie wesentlich sind: „Marienfrömmigkeit", „Sakramentsfrömmigkeit" und andere. Zu keinem dieser Composita gibt es einen mit „Spiritualität" gebildeten Parallelbegriff. „Frömmigkeit" umfasst hier einen weiten Bereich von Haltungen von der des einzelnen religiösen Subjekts über die einer begrenzten religiösen Gemeinschaft bis zu der einer ganzen Konfession, von der Innerlichkeit des durch persönliche Erfahrung getragenen und zu persönlicher Erfahrung strebenden Glaubens, Hoffens und Liebens bis zu ihren viel-

35 Balthasar, Spiritualität, 341.

36 A. a. O., 344.

37 A. a. O., 347.

38 A. a. O., 351.

39 A. a. O., 350.

40 A. a. O., 351.

fältigen Äußerungen im kultischen und ethischen Handeln, bis hin zu ihrer Vermittlung durch Gegenstände der Erinnerung, der Andacht und Verehrung. „Frömmigkeit" ist die religiöse Mentalität bestimmter Gruppen, Bewegungen und ganzer Zeitalter. Der Begriff umfasst also ebenso sehr präzise durch Gegenstände und Inhalte bestimmbare Gestalten von „Frömmigkeit" wie umfassende, deshalb aber oft nur annähernd umschreibbare Gruppen- und Epochenphänomene und schließlich eine große Vielfalt religiöser Befindlichkeiten, Haltungen und Verhaltensweisen einzelner religiöser Subjekte. Gerade diese Weite und Offenheit macht den Begriff, wie auch die Beiträge zum „Handbuch Evangelische Spiritualität" deutlich zeigen, so brauchbar und unentbehrlich.

Dagegen bezeichnet nach herkömmlichem Sprachgebrauch „Spiritualität" nur einen Ausschnitt aus der unendlichen Fülle von Gestalten der Frömmigkeit. „Spiritualität" ist in meinem Verständnis kein individuelles, sondern ein kollektives Phänomen, wobei stets an ein klar abgegrenztes Kollektiv zu denken ist. Mit gutem Grund wird immer wieder auf die Herkunft des Begriffs aus der Ordenstheologie hingewiesen. „Spiritualität" ist die spezifische Form der in christlichen Gemeinschaften (Konventen, Klosterverbänden, Orden und ähnlichen Instituten) gepflegten Frömmigkeit. Ich habe sie wiederholt als eine „bewußt geformte, regelmäßig gepflegte und methodisch eingeübte Art von Frömmigkeit und rel[igiösem] Verhalten" definiert.[41] Eine solche Spiritualität kann am ehesten in einer religiösen Gemeinschaft gedeihen, und zwar um so besser, je strenger die Ordnungen dieser Gemeinschaft sind. Deshalb habe ich Spiritualität „im strengen Sinne" auch als „elitäres Phänomen in der Gesch[ichte] christl[icher] Frömmigkeit" bezeichnet.[42] Unter „elitär" verstehe ich dabei aber nicht, wie Armin Kohnle in seinem Beitrag zum „Handbuch Evangelische Spiritualität" irrtümlich meint, den kleinen Kreis bedeutender akademisch gebildeter und tätiger Theologen im Gegensatz zur „Bevölkerung in Stadt und Land" einschließlich „der evangelischen Pfarrerschaft oder des Adels".[43] Das Adjektiv „elitär" bezieht sich vielmehr auf die klar abgegrenzte religiöse Gemeinschaft mit einer durch Regeln und Satzungen bestimmten Lebensform. Dagegen halte ich es nicht für angemessen, bei einzelnen Personen, auch bei hervorragenden Gestalten aus der Geschichte der Christenheit, von einer „Spiritualität" zu sprechen – es sei denn von der Spiritualität jener bestimmten Gemeinschaft, der sie angehören.

Wie das gemeint ist, möchte ich zum Schluss an zwei bekannten Persönlichkeiten aus der Geschichte des mittelalterlichen Mönchtums verdeutlichen. Der begrenzte Raum erlaubt mir leider nicht, in die Einzelheiten zu gehen und Nachweise beizufügen.

---

41 Köpf, Art. Spiritualität II. Kirchengeschichtlich, 1591.

42 A. a. O., 1593.

43 Kohnle, Vom Spätmittelalter zur Reformationszeit, 38f.

Der Zisterzienser Bernhard von Clairvaux (1090/91–1153) ist die bedeutendste Gestalt in der Geschichte des ersten christlichen Ordens im Vollsinn. Durch seinen persönlichen Einfluss als Abt der Primarabtei Clairvaux, durch seine nicht mehr im einzelnen verfolgbare Mitwirkung an der Gesetzgebung des werdenden Ordens, vor allem aber durch acht wegweisende Schriften sowie eine Fülle von Predigten und Briefen hat er in der Frühzeit des Zisterzienserordens dessen Spiritualität wohl am stärksten geprägt. Dennoch sollte man nicht von der Spiritualität Bernhards sprechen, sondern von einer zisterziensischen Spiritualität, die das gemeinsame Werk der wichtigsten frühen Äbte ist. Grundlage der zisterziensischen Lebensform ist die schon in der ältesten Abtei, dem unter Robert von Molesme 1098 gegründeten Cîteaux, befolgte Benediktsregel, die auch in deren vier ersten Gründungen (‚Primarabteien') und allen weiteren Tochtergründungen in strikter Auslegung übernommen wurde. Während das ältere benediktinische Mönchtum, das zwar verschiedene Klosterverbände, aber (bis heute!) keinen geschlossenen, alle Klöster umfassenden Orden hervorgebracht hat, zu dieser Regel eine Vielzahl verschiedener „Gewohnheiten" (*consuetudines*) hinzugefügt hat, legten die Zisterzienser größten Wert auf die einheitliche, strenge Befolgung der Regel und der sie ergänzenden Satzungen in sämtlichen Klöstern ihres Ordens. Diese Geschlossenheit ihrer Lebensform sicherten sie in einer schon vor Bernhard unter Stephan Harding, dem dritten Abt von Cîteaux, festgelegten Verfassung (der *Carta Caritatis*). Die zentrale Einrichtung dieser Verfassung, das alljährlich tagende „Generalkapitel" der Äbte, ergänzte die Verfassung durch eine fortlaufende Gesetzgebung und zahlreiche Entscheidungen einzelner Anliegen. In diesem Rahmen, den er selbst in hohem Maß mitgeprägt hat, verfasste Bernhard seine Schriften, die durch ihr denkerisches und schriftstellerisches Niveau eine vollgültige Theologie enthalten, die man in der neueren Forschung als „monastische Theologie" bezeichnet und die an der Formung der zisterziensischen Spiritualität entscheidend mitgewirkt hat. In einem weiteren Sinne kann man daher auch von Bernhards Spiritualität sprechen, d. h. von der Spiritualität seines Ordens, an der auch Bernhard Anteil hat. Schwieriger ist es dagegen, Bernhards individuelle Frömmigkeit zu fassen. Sein Werk ist so stark theologisch durchdacht und literarisch geformt, dass selbst Ich-Aussagen mit Vorsicht behandelt werden müssen. Auch Bernhards Briefe sind in hohem Maße stilisiert. Immerhin wird man den schmerzlichen Ausruf über seine Lebensweise als „Chimäre meines Zeitalters" – d. h. weder als Kleriker noch als Laie, aber auch nicht mehr als rechter Mönch – als Ausdruck seines religiösen Selbstverständnisses verstehen. Die Aussagen über seine auf das Leiden konzentrierte Betrachtung des Lebens Jesu, die in das Bekenntnis zum Gekreuzigten münden, dürfen als Grundpfeiler seiner theologisch untermauerten Jesusfrömmigkeit gelten. Doch schon an der Frage, ob Bernhard „Mystiker" war, ob er persönlich mystische Erfahrungen hatte, stoßen wir an Grenzen. Zwar spielt der Erfahrungsbegriff in Bernhards Theologie eine zentrale Rolle; aber es ist fraglich, ob seine wiederholten Berufungen auf persönliche Erfahrung immer als authentische Zeugnisse seiner Frömmigkeit gewertet werden dürfen. So bleibt seine individuelle Frömmigkeit vielfach durch seine Theologie wie durch die zisterziensische Spiritualität verhüllt.

Anders steht es mit Franziskus von Assisi (1181/82–1226). Er hat bei seiner religiösen Bekehrung (*conversio*) – anders als etwa sein Zeitgenosse Dominikus (um 1175–1221) – keine der vorhandenen monastischen Lebensformen übernommen, sondern ist selbst zum Begründer einer neuen Lebensform und eines neuen Ordens geworden. Als Laie und Nichttheologe hat er, meist mit Hilfe seiner Mitbrüder, eine Reihe von Schriften verfasst, die in hohem Maße seine persönliche Frömmigkeit widerspiegeln. Auch in den zahlreichen biographischen Werken, die nach seiner Heiligsprechung (1228) aufgezeichnet wurden, lassen sich trotz aller hagiographischen Überformung charakteristische Züge seiner Frömmigkeit erkennen. Ich nenne nur die wichtigsten: die Verehrung Gottes, des Schöpfers, in der eine ausgeprägte Ehrfurcht vor allen Geschöpfen und ein sie schonendes Verhalten in Empathie und Friedfertigkeit wurzeln; eine Verehrung Jesu, des leidenden Gottessohns, aus der eine intensive Nachfolge des Menschen Jesu in Armut, Niedrigkeit und Leiden bis hin zur Selbstbeibringung der Stigmata hervorgeht; eine Kirchenfrömmigkeit, die zur Hochschätzung der Sakramente und der Priester als ihrer Verwalter führt. Man sollte nicht von einer „Spiritualität des hl. Franziskus" sprechen. Wohl aber ist nach dem Tod des Stifters eine franziskanische Spiritualität in der von ihm gestifteten Gemeinschaft entstanden. Sie beruht einerseits auf dem Vermächtnis des Poverello in seinen Schriften, allen voran dem Testament und den beiden Regeln (*Regula non bullata* und *Regula bullata*), andererseits auf dem Bild, das sich die Gemeinschaft von ihm machte und das in der ungewöhnlich reichen biographischen (in Wirklichkeit hagiographischen) Literatur sowie in zahllosen davon abhängigen bildlichen Darstellungen festgehalten ist. Dazu gehören neben der biographischen Überlieferung auch theologische Deuteschemata wie das vom „Engel des sechsten Siegels" oder vom „zweiten Christus" (*alter Christus*). Natürlich überliefern auch andere religiöse Gemeinschaften ein Bild ihrer Gründer. Doch in kaum einer von ihnen hat es so grundlegende Bedeutung für die Ausbildung ihrer Spiritualität gewonnen wie in der auf Franziskus zurückgehenden Gemeinschaft. Trotz aller internen Auseinandersetzungen, die noch in die letzten Lebensjahre des Stifters zurückreichten und später zur Aufspaltung in verschiedene Zweige der „franziskanischen Familie" führten, sind diese durch Grundzüge einer gemeinsamen franziskanischen Spiritualität miteinander verbunden.

Was wir an Bernhard von Clairvaux, Franziskus von Assisi und ihren Orden feststellten, lässt sich auch an anderen katholischen Gemeinschaften und selbst an den verschiedenen protestantischen Kommunitäten beobachten. Die kategoriale Unterscheidung zwischen dem weiterhin unentbehrlichen umfassenden Begriff „Frömmigkeit" und dem auf religiöse Gemeinschaften bezogenen Begriff „Spiritualität" bewährt sich bei der Erklärung vergangenen und gegenwärtigen Christentums.

Literatur

Allolio-Näcke, Lars / Bubmann, Peter (Hg.), Spiritualität. Theologische und humanwissenschaftliche Perspektiven, Stuttgart 2022.

Balthasar, Hans Urs von, Spiritualität, in: Geist und Leben 31 (1958), 340–352.

Drehsen, Volker, Art. Frömmigkeit, in: Wörterbuch des Christentums, hg. von Volker Drehsen u. a., Gütersloh / Düsseldorf 1988, 375–377.

Evangelische Spiritualität. Überlegungen und Anstöße zur Neuorientierung. Vorgelegt von einer Arbeitsgruppe der EKD, Gütersloh 1979.

Fahlbusch, Erwin, Art. Frömmigkeit, in: EKL³ Bd. 1, 1986, 1396f.

–, Spiritualität statt Frömmigkeit? Bemerkungen zu einem zeitgenössischen Paradigmawechsel. Frömmigkeitsformen (II), in: MD – Materialdienst des Konfessionskundlichen Instituts Bensheim 41 (1990), 114–117.

–, Art. Spiritualität, in: EKL³ Bd. 4, 1996, 402–405.

Fitschen, Klaus, Die Spiritualität Adolf von Harnacks (1851–1930), in: Zimmerling (Hg.), Handbuch, Bd. 1, 695–701.

Frick, Eckhard, Spiritual Care – Spiritualität ohne Transzendenz?, in: Allolio-Näcke / Bubmann (Hg.), Spiritualität, 63–77.

Jung, Martin, Die Spiritualität Philipp Melanchthons (1497–1560), in: Zimmerling (Hg.), Handbuch, Bd. 1, 98–117.

Kamp, Jan von der, Bevorzugte Formen der evangelischen Spiritualität im deutschen Sprachraum im 17. Jahrhundert, in: Zimmerling (Hg.), Handbuch, Bd. 1, 299–319.

Köpf, Ulrich, Art. Spiritualität I. Zum Begriff – II. Kirchengeschichtlich, in: RGG⁴ Bd. 7, 2004, 1589–1593.

–, Mönchtum als Lebensform. Gesammelte Aufsätze, Tübingen 2021

Kohnle, Armin, Vom Spätmittelalter zur Reformationszeit. Entwicklungslinien und Tendenzen in Spiritualität und Frömmigkeit, in: Zimmerling (Hg.), Handbuch, Bd. 1, 38–62.

Leppin, Volker, Martin Luthers (1483–1546) Spiritualität, in: Zimmerling (Hg.), Handbuch, Bd. 1, 81–97.

Meyer, Dietrich, Jakob Böhme (1575–1624) und seine Schüler. Jakob Böhmes Leben und Schau, in: Zimmerling (Hg.), Handbuch, Bd. 1, 239–260.

Oermann, Nils Ole, Wie und was glaubte Albert Schweitzer (1875–1965), in: Zimmerling (Hg.), Handbuch, Bd. 1, 702–710.

Ruhbach, Gerhard, Theologie und Spiritualität. Beiträge zur Gestaltwerdung des christlichen Glaubens, Göttingen 1987.

Schleiermacher, Friedrich Daniel Ernst, Der christliche Glaube nach den Grundsätzen der evangelischen Kirche im Zusammenhange dargestellt. 2. Aufl. (1830/31), hg. von Rolf Schäfer (Kritische Gesamtausgabe 1. Abt., Bd. 13), Berlin / New York 2003.

Tinsley, Lucy, The French Expressions for Spirituality and Devotion: A Semantic Study (The Catholic University of America. Studies in Romance Languages and Literatures XLVII), Washington, D. C. 1953.

Treusch, Ulrike: „Steh auf von den Toten“. Aspekte einer Spiritualität der Erweckungsbewegung, in: Zimmerling (Hg.), Handbuch, Bd. 1, 549–566.

Wagner, Doris, Spiritueller Missbrauch in der katholischen Kirche, Freiburg i. Br. 2019.

Warode, Markus / Bolsinger, Harald / Büssing, Arndt (Hg.), Spiritualität in der Managementpraxis, Freiburg i. Br. 2019.

Wriedt, Markus, Johann von Staupitz (ca. 1465–1524). Ein Beispiel der Spiritualität spätmittelalterlicher Frömmigkeitstheologie, in: Zimmerling (Hg.), Handbuch, Bd. 1, 63–80.

Zimmerling, Peter, Das Handbuch Evangelische Spiritualität. Idee und Vorgeschichte, in: ders. (Hg.), Handbuch, Bd. 1, 15–21.

–, Evangelische Spiritualität. Wurzeln und Zugänge, Göttingen 2003.

– (Hg.), Handbuch Evangelische Spiritualität, Bd. 1: Geschichte, Göttingen 2017.

„So ist's ja besser zu zweien als allein"

Vom Nutzen der Gemeinschaft – und was es dazu braucht

Von Corinna Dahlgrün

Die titelgebenden Worte aus dem Buch des Predigers sind ein eindrückliches Plädoyer für die bewusste Wahl eines Lebens in Gemeinschaft. Sie können bei Trauungen für Paare Verwendung finden,[1] aber sie sind ebenso aussagestark für Freundschaften und für größere Verbünde von Menschen. Zunächst ist ihre Argumentation ganz diesseitig und ergebnisorientiert darauf ausgerichtet, was der einzelne Mensch in seinem Leben davon hat, gemeinsam mit anderen unterwegs zu sein:

> „So ist's ja besser zu zweien als allein; denn sie haben guten Lohn für ihre Mühe. Fällt einer von ihnen, so hilft ihm sein Gesell auf. Weh dem, der allein ist, wenn er fällt! Dann ist kein anderer da, der ihm aufhilft. Auch, wenn zwei beieinanderliegen, wärmen sie sich; wie kann ein Einzelner warm werden? Einer mag überwältigt werden, aber zwei können widerstehen, und eine dreifache Schnur reißt nicht leicht entzwei." (Pred 4,9–12)[2]

Das ist nicht wenig. Gemeinschaft hält in Notlagen Hilfe und Unterstützung bereit, sie schenkt Wärme, sie verhilft zu Resilienz, während der einzelne Mensch in seiner Schwäche ohne Halt ist, in seiner Einsamkeit friert und Angriffen nicht standhält. Diese Hilfe und Unterstützung sind allerdings – was die biblischen Sätze hier nicht erwähnen – nicht ganz voraussetzungsfrei. Gemeinschaft funktioniert nur, wenn alle einzelnen Menschen, die sich zusammengefunden haben, nicht nur nehmen wollen, sondern auch ihrerseits zu geben bereit sind, dazu bereit sind, einander aufzuhelfen, einander zu wärmen, einander zu stärken.[3] Mit anderen Worten: Gemeinschaft, die gelingen soll, setzt einiges voraus. „Community neither comes naturally nor is it purchased cheaply. Demanding rules must both be learned and followed."[4] Doch selbst wo

---

1 Ehe kann als eine kleine Langzeit-Gemeinschaft zweier Menschen definiert werden, insofern gelten die hier angestellten Überlegungen auch für Paarbeziehungen.

2 Die Bibelzitate sind, wenn nicht anders angegeben, der revidierten Lutherbibel von 2017 entnommen.

3 Und wahrscheinlich hat der US-amerikanische Psychiater und Psychotherapeut M. Scott Peck recht, wenn er dem hinzufügt: „Community requires the ability to expose our wounds and weaknesses to our fellow creatures. It also requires the capacity to be affected by the wounds of others, to be wounded by their wounds" (Community, 69).

4 Peck, Community, 22.

diese Voraussetzungen gegeben sind, wo die Bereitschaft, zu geben und Regeln zu akzeptieren bei allen vorhanden ist, ist noch ein anderer Aspekt zu bedenken, über den der Prediger hier ebenfalls schweigt: Reibung, die Wärme erzeugt, kann zuweilen Funken fliegen lassen, und dann gibt es Streit.[5] Auch die liebsten Menschen können uns auf die Nerven gehen und Aggressionen wecken, leichter wohl noch als die Fernstehenden. Außerdem kann Nähe zu dicht werden, die Bewegungsmöglichkeiten einengen, die Atmung beeinträchtigen, bis nur noch das Verlassen der Nähe als rettende Maßnahme erscheint.

„Man liebt sich nicht immer, aber man bleibt." So sagte mein Vikarsvater bei einer Trauung zum Brautpaar – unvergessliche Worte, bei denen ich damals schon dachte, dass ich sie so apodiktisch ungern stehen ließe. Doch Verbindlichkeit braucht es natürlich, wenn man sich auf ein Zueinander-Gehören einlässt, es braucht das Versprechen zu bleiben, wobei die Dauer des Bleibens eine Sache der Vereinbarung ist. Auch eine Gemeinschaft auf Zeit ist Gemeinschaft. Doch ob auf Zeit oder auf Dauer – damit die Verbindlichkeit in einer Gemeinschaft nicht zum Gefängnis wird, muss Freiheit dazu kommen. Darauf komme ich zurück.

Nun geht es im Miteinander von Christinnen und Christen aber nicht einfach um menschliche Gemeinschaft, sondern, so hoffen wir, um eine Gemeinschaft *coram Deo*, um eine geistliche Gemeinschaft im Angesicht Gottes, die in ihrem Beisammensein und durch ihr Beisammensein Gott näher ist, als es jede und jeder einzelne für sich sein könnte. Diese Hoffnung beruft sich auf die Verheißung Jesu: „Wahrlich, ich sage euch auch: Wenn zwei unter euch einig werden auf Erden, worum sie bitten wollen, so soll es ihnen widerfahren von meinem Vater im Himmel." (Mt 18,19) Doch es ist hier noch mehr zugesagt als ein besonderer Segen für die Gemeinschaft, die sich im Gegenüber zu Gott zusammenfindet. Es geht im Miteinander von Christinnen und Christen immer auch um die Gemeinschaft mit Gott selbst, wie Jesus ebenfalls verheißt: „Denn wo zwei oder drei versammelt sind in meinem Namen, da bin ich mitten unter ihnen." (Mt 18,20)

Im evangelischen Raum fand zwar diese Zusage Gehör und erfreute sich einiger Beliebtheit,[6] doch die daraus folgende Forderung, sich darum nun zu einer Gemeinschaft zusammenzufinden und in ihr zu leben, wurde von Anfang an nur recht bedingt aufgenommen. Dafür gibt es eine Reihe von Ursachen, zu denen unter anderem die nahezu programmatische Betonung des einzelnen Menschen in der Zeit der Reformation gehört, die Betonung des glaubenden Individuums, das sich ohne das Erfordernis eines menschlichen Mittlers Gott nahen

---

5 Auf der anderen Seite gilt auch: „Because a community includes members with many different points of view and the freedom to express them, it comes to appreciate the whole of a situation far better than an individual, couple, or ordinary group can" (Peck, Community, 65).

6 Besonders beliebt wurde sie als Kanon (Melodie: Kommunität Gnadenthal, 1972) – und für dessen gemeinsames Singen war immerhin das Vorhandensein einer Gemeinschaft unverzichtbare Voraussetzung.

und vor ihm stehen kann. Weiterhin ist eine ausgeprägte Institutionenskepsis zu nennen. Diese Skepsis gegenüber einer Kirche, die eine exklusive Heilsmittlerschaft für sich beanspruchte und den Satz des Cyprian von Karthago „*extra ecclesiam salus non est*" im 15. Jahrhundert zum Dogma erhob, stammt nicht ausschließlich aus reformatorischem Denken, doch wurde sie durch dieses wesentlich befördert. Auf Seiten der evangelischen Gläubigen hatte das zur Folge, dass sich die individuelle Frömmigkeit aus den Kirchen in den privaten Raum verlagerte. Und noch mehr: Auch die Antwort auf dezidiert geistliche Fragen wurde nicht mehr unbedingt von Geistlichen erwartet. So entschied für eine große Zahl von Protestanten nicht mehr die Kirche, nicht mehr der Priester, sondern das Gewissen des einzelnen Christen, wo Sünde vorlag. Und der einzelne konnte für diese Sünde in der stummen Zwiesprache mit Gott Vergebung empfangen, ohne das Angebot der Beichte nutzen zu müssen.[7] Diese Tendenz wurde in der Zeit der Aufklärung verstärkt,[8] und mittlerweile liegt den Argumenten gegen die Zugehörigkeit zu einer Gemeinschaft und gegen ihre Bedeutung für die *praxis pietatis* des einzelnen zumeist keinerlei reformatorischer Impuls mehr zugrunde, eher muss man feststellen, dass sie zu Trivialitäten verkommen sind.[9] Die Individualisierung wurde durch die epigonale Rezeption (und darin Reduktion) der Ausführungen Friedrich Schleiermachers zum „frommen Gefühl" des Individuums noch weiter befördert, bei der allerdings meist übersehen wurde, dass für Schleiermacher dieses Gefühl nicht sozusagen selbstwirksam aus dem Menschen heraus entsteht, sondern dass es in ihm zunächst erzeugt wird – und dass in diesem Gefühl die Ureinheit, also Gott selbst, repräsentiert ist.[10] Zudem werde dieses fromme Gefühl der schlecht-

---

7 Vgl. Zimmerling, Beichte; Dahlgrün, Beichte.

8 Diese zunehmende Distanz gegenüber der Kirche ist exemplarisch an der Praxis der Haustaufen zu erkennen: Wichtig war nicht das Sakrament, nicht die christliche Gemeinde, in die hinein getauft wurde, wichtig war die bürgerliche Familie, die ein Fest beging, bei dem der kirchliche Segen hinzukam – mindestens so sehr für die Familie wie für den Täufling. Anschaulich beschrieben findet sich eine solche Taufe, Jahrhunderte später, in Thomas Manns „Buddenbrooks". Hannos Taufe (7. Teil, 1. Kapitel, 297), bei der die Anwesenheit des regierenden Bürgermeisters die Würde erhöht – „und ohne Zweifel: Diese Feier ist aller Würde würdig!" – sie ist ein ebenso gesellschaftliches wie familiäres Ereignis und soll die Stabilität der Kaufmannsfamilie dokumentieren.

9 Ich meine Floskeln wie „Gott ist doch überall zu finden." oder: „Ich spüre ihn in mir, das genügt. Die Gemeinde brauche ich nicht dazu." Diese werden regelmäßig als Begründung dafür angeführt, dass Menschen kein Interesse am sonntäglichen Gottesdienst und an einer Mitwirkung in der Gemeinde hätten.

10 Schleiermacher, GL, s. v. a. §§ 32.43.91. Allerdings ist auch die Kritik von Wolfgang Trillhaas (Predigt, 195f.) nicht gänzlich von der Hand zu weisen, der hinsichtlich der homiletischen Überlegungen Schleiermachers festhält: „Es kennzeichnet Schleiermachers Auffassung der Predigt, daß ihm auf der ganzen Linie das Evangelium zu einem ‚Inneren' und das Wort Gottes zu seinem schriftlichen Ausdruck desselben geworden ist. Die Predigt ist religiöse Rede, weil sie das fromme Bewußtsein ausspricht, freilich nicht das des einzelnen Predigers, sondern durch ihn das werdende christliche Bewußtsein überhaupt. Indem dieses Bewußtsein ausgesprochen wird, und zwar in seiner qualitativen

hinnigen Abhängigkeit,[11] wie Schleiermacher immer wieder betont, durch das Zirkulieren innerhalb der Gemeinschaft gereinigt und intensiviert.[12]

Immerhin ist in etlichen Bereichen der Kirche wie der Praktischen Theologie mittlerweile wieder bewusster geworden, dass es in der Theologie nicht allein um zwischenmenschliche Fragen und nicht allein um das einzelne Individuum geht. Dies ist nicht nur hinsichtlich des Raumes der Spiritualität zu beobachten, es gilt ebenso für die Liturgik, die Homiletik, die Kybernetik und alle anderen Teildisziplinen der Praktischen Theologie. Für die Seelsorge beispielsweise ist diese Verheißung des Mitseins Gottes – nach einer Unterbrechung im Zusammenhang der therapeutischen Seelsorgebewegung – spätestens mit den 1990er Jahren wiederentdeckt worden. Helmut Tacke[13] wurde in der Begeisterung über die „empirische Wende" von seinen Kollegen noch nicht wirklich gehört, Peter Bukowski[14] jedoch betonte, ihm folgend, gegenüber dem allein menschlichen, therapeutisch orientierten Seelsorgeverhältnis das seelsorgliche Proprium mit größerer Wirkung. Später nannte Christoph Morgenthaler noch deutlicher als einen der Eckwerte für eine zukunftsorientierte Seelsorge eine spirituelle Zentrierung des Seelsorgers, der Seelsorgerin.[15] In besonderer Weise hat Manfred Josuttis,

---

Vollkommenheit, wird es im Inneren der einzelnen unvollkommenen Hörer wachgerufen, geklärt, gereinigt und gefördert. Das Wort der Predigt knüpft also immer an schon Vorhandenes an, es bewegt sich durchaus im Bereich des menschlichen Vernunftlebens. Das Wort der Predigt ist ‚analog' dem Bewußtsein, das schon von Natur vorhanden ist. Darum reden wir von Analogie des Wortes und sehen diese Anschauung als das Entscheidende der Predigtauffassung sowohl Schleiermachers als auch derer an, welche seitdem in seinen Spuren gewandelt sind. Gewiß kann man auf die Stellung Christi hinweisen, der das Evangelium, die wahre Entstehung des höheren Selbstbewußtseins, allererst möglich gemacht hat. Aber so sehr auch im ‚Erlöser' für Schleiermacher ein Anfang absolut ‚gesetzt' ist, so tritt der Erlöser doch nirgends aus der Analogie zu dem ganzen philosophischen Projekt des Selbstbewußtseins hinaus."

11 Schleiermacher, GL, §§ 3–4 u. ö.

12 Schleiermacher, PT, 65.76.216f. u. ö.

13 Tacke, Glaubenshilfe.

14 Bukowski, Bibel.

15 Morgenthaler, Seelsorge, 68. Auch seine Überlegungen zur systemischen Seelsorge können in diese Richtung verstanden werden (Systemtherapie, 258), mit der er die individualistische Verengung der therapeutischen Seelsorgebewegung überwinden möchte. Dies tut er unter anderem, indem er dazu ermutigt, die „Gotteskonstrukte" aktiv in die seelsorgliche bzw. therapeutische Arbeit einzubeziehen. Unter der Zwischenüberschrift „Wenn Gott ins System kommt ..." schreibt er: „Therapeutinnen und Therapeuten, aber auch Seelsorgerinnen und Seelsorger können [...] einen Dialog zwischen dem Selbst und dem Gotteskonstrukt anstossen, in dem neue sprachliche Unterscheidungen entstehen, die Quelle neuer Bedeutung und Kreativität werden. Damit ermöglichen sie in der Konversation zwischen dem Selbst und dem Gotteskonstrukt einen Wechsel von einer monologischen zu einer dialogischen Perspektive. Wenn so ein neuer Bereich des Gesprächs zwischen dem Gotteskonstrukt und dem Selbst geschaffen ist, wird ein Kontext aufgebaut, in dem kreative neue Lösungen für Probleme auftauchen können."

im Rückgriff unter anderem auf Johann Christoph Blumhardt, die Forderung einer transpsychologischen Seelsorge vertreten, damit diejenige „Macht, mit der man in der Kirche für die Seele von Menschen sorgt"[16], das Heilige, Gott, heilsame Wirkung entfalten könne. Was für die Seelsorge von Bedeutung ist, ist es für die Spiritualität mindestens ebenso sehr. Abgesehen von einigen „Unternehmensspiritualitäten"[17] gehört eine Öffnung für die Transzendenz zu jeder Form von Spiritualität konstitutiv hinzu. Im Raum der christlichen Spiritualität hat diese Transzendenz einen Namen, und zwar denjenigen Namen, „der über alle Namen ist" (Phil 2,9). Und wo der Name ausgesprochen wird und über einer Gemeinschaft steht, ist zum einen die Gegenwart des lebendigen Gottes verheißen, zum anderen finden sich diese Gemeinde und alle einzelnen Menschen in ihr unter dem Vorzeichen einer Freiheit zusammen (2Kor 3,17), die nicht von Menschen gegeben ist, die darum auch von Menschen nicht genommen werden kann und die das Aneinander-gewiesen-Sein erträglich macht.

Was gibt eine solche Gemeinschaft dem einzelnen? Was fordert sie? Was mutet sie zu? Was ändert sich durch das Dabeisein Gottes? Und wie muss eine Gemeinschaft beschaffen sein, um dem Menschen und seinem Glauben zu nützen? Ich möchte dies anhand einiger konkreter Beispiele bedenken, die ein gelingendes gemeinschaftliches geistliches Leben zeigen. Viele Gemeinschaften wären zu nennen und zu betrachten, viele Gemeinden und christliche Projekte, ich beschränke mich auf drei Beispiele, zumeist etwas weniger prominente, die ich in unterschiedlicher Ausführlichkeit darstelle.[18]

Ein erstes Beispiel ist eine kleine nordeuropäische lutherische Frauengemeinschaft, die *Kongregation der Marientöchter vom evangelischen Marienweg* (nicht zu verwechseln mit der Evangelischen Marienschwesternschaft Darmstadt).[19] Die Schwestern leben nach den evangelischen Räten (Armut, Keuschheit, Gehorsam) jeweils zu dritt in kleinen, als Cella organisierten Haus-

---

16 Josuttis, Segenskräfte, 47.

17 Unternehmensberater haben die spirituelle Dimension als wichtiges Management-Tool schon vor längerer Zeit erkannt, vgl. z. B. https://werteundwandel.de/inhalte/spirit-in-business/ (abgerufen am 2.12.2022).

18 Die Herrnhuter Brüdergemeine wäre, sowohl was ihre Ursprünge wie auch was ihre gegenwärtige Ausprägung angeht, sehr lohnend einzubeziehen, doch ist hier Peter Zimmerling, dem dieser Beitrag gewidmet ist, der wirkliche Experte, dem ich die Deutungshoheit darum selbstverständlich und gern überlasse.

19 Eine ausführliche Darstellung der Gemeinschaft und ihrer Geschichte ist zu finden bei Eilrich, Maria, 252–270, die im Rahmen der Vorarbeiten zu ihrer Dissertation die Marientöchter in Kollund/Dänemark besucht und ausführlich befragt hat. Die letzte Erwähnung der Kollunder Kongregation im Internet stammt aus dem Jahr 2016: https://landfrauen-harrislee.de/2016/08/23/besuch-der-marientoechter-der-kollunder-klostergemeinschaft/ (abgerufen am 24.11.2022); die Gemeinschaft dürfte sich aus Altersgründen aufgelöst haben. Ein Teil der schwedischen Marientöchter war Ende der 1980er Jahre zur katholischen Kirche konvertiert, sie leben nach den benediktinischen Regeln.

gemeinschaften ein klösterliches Leben in der Welt. Ihr gemeinsames Ziel ist es, die Marienfrömmigkeit im protestantischen Raum bekannter zu machen, „to make Mary known and loved in the Protestant Church"[20]. Sie haben eine Regel, doch – nach dem Tod der Gründerin – keine Leiterin, hierarchische Strukturen lehnen sie ab. Alle Entscheidungen, wie etwa die Überarbeitung der Regel, werden einvernehmlich getroffen. Sie verstehen sich als Organismus, nicht als Organisation; ihre Haltung auf dem evangelischen Marienweg ist, im Bemühen um die Entsprechung zu Maria in Lk 1,26–38, das Hören und Gehorchen. In dieser Haltung bemühen sie sich um eine Balance zwischen Kontemplation und Aktion in Form karitativer Fürsorge füreinander. Zugleich sind sie offen für Gäste, die zu einem kurzen Besuch oder einem längeren Aufenthalt zu ihnen kommen. Ein solches Leben in nicht hierarchischen Dreiergruppen, wie die Marientöchter es praktizieren, bringt unweigerlich Spannungen mit sich, die ständige Auseinandersetzung und ständiges Ringen erforderlich machen. Die kontemplative Stille wird von den Schwestern genutzt, um zu erspüren, ob etwas untereinander zu klären ist. Das Ziel ist, die Offenheit für Gott[21] je einzeln und als Gemeinschaft immer neu zu erreichen, und diesem Ziel sollen keine menschlichen Störungen entgegenstehen. Die Lebensform wird geprägt durch die klassischen Tagzeiten und Zeiten der Stille, wobei das tägliche Gebet von den Schwestern als Freude ihres Lebens, nicht als Pflicht erlebt wird. Die gleichbleibende, nicht veränderbare Form der Gebete verbindet die verschiedenen Lebensformen und Mentalitäten und relativiert die Verschiedenheit, die darum gut akzeptiert werden kann – was die Freiheit der einzelnen Schwestern ausmacht.[22]

Fazit: Die Gemeinschaft der Marientöchter ist gekennzeichnet durch ein gemeinsames Ziel (Offenheit für Gott) und ein gemeinsames Tun (Tagzeitenliturgie, Aufnahme von Gästen), gegenseitige Fürsorge, Konfliktbereitschaft und Konfliktfähigkeit, das aktive und immer neue Bemühen um Einmütigkeit sowie die Freiheit der einzelnen, ihr individuelles So-Sein zu leben, das sich in der geprägten Liturgie dem Gemeinsamen einfügt.

Ein zweites Beispiel ist die *Iona Community*, die ökumenische Kommunität Iona, die vor allem durch ihre Lieder bekannt ist.[23] Die Gemeinschaft schreibt über sich selbst: „The Iona Com-

---

Ob es außerhalb Schwedens die Marientöchter als lutherische Gemeinschaft noch gibt, war im Internet nicht zu ermitteln.

20 Birgitta Laghé, wiedergegeben nach Eilrich, Maria, 254.

21 Dies ist die Interpretation der Jungfräulichkeit Mariens durch die Schwestern.

22 So die Auskunft der Kollunder Schwestern im Gespräch mit Christiane Eilrich.

23 Zur Geschichte, den unterschiedlichen Wurzeln der spezifischen Spiritualität Ionas und den abgestuften Formen der Mitgliedschaft vgl. Dahlgrün, Spiritualität, 226–230. Aus diesem Text sind etliche der folgenden Ausführungen übernommen.

munity is an international, ecumenical Christian movement working for justice and peace, the rebuilding of community and the renewal of worship."[24] Die Mitglieder der Kommunität gehören unterschiedlichen Kirchen und Denominationen an und haben verschiedene theologische Überzeugungen und Ekklesiologien. Was sie verbindet, ist die Regel, durch Konsens aller 1966 erstellt und 1987, 2002 und vor Kurzem erneut auf der Basis eines Gesamtkonsenses überarbeitet. Eine frühere Leiterin von Iona, Kathy Galloway, erläuterte dazu:

> „Die Regel hilft uns, unsere Bindung an Gott, unsere Beziehung zu ihm zu vertiefen (wie auch immer wir Gott verstehen oder ihn erleben) durch unser Beten und Lesen, durch ein Teilen unserer Gedanken, unserer Überlegungen zu der Frage, wie wir Gott begegnen können, durch unser persönliches kirchliches Engagement und durch unseren Versuch, ein Leben zu führen, das immer wieder der sorgfältigen Prüfung unterzogen wird. Sie hilft uns, unsere Verbundenheit untereinander zu vertiefen durch gegenseitige Rechenschaft, durch das Teilen von Freude, Kummer und Auseinandersetzungen und durch unsere gemeinsamen Aufgaben. Sie hilft uns, unsere Verbundenheit mit der Gemeinschaft von Iona und allem, was sie betrifft, zu vertiefen durch die Solidarität mit ihren Vorhaben und Angelegenheiten, wie immer diese Solidarität auch ausgedrückt werden mag."[25]

Die aktuelle Fassung der Regel lautet:

> „Our Rule of Life is the commitment which Members affirm annually, and is a common discipline of:
> 1. daily prayer, worship with others and regular engagement with the Bible and other material which nourishes us;
> 2. working for justice and peace, wholeness and reconciliation in our localities, society and the whole creation;
> 3. supporting one another in prayer and by meeting, communicating, and accounting with one another for the use of our gifts, money and time, our use of the earth's resources and our keeping of all aspects of the Rule;
> 4. sharing in the corporate life and organisation of the Community."[26]

---

24 https://iona.org.uk (abgerufen am 30.11.2022).

25 Auskunft von Kathy Galloway in einem längeren Gespräch 2006.

26 https://iona.org.uk/about/our-community/our-rule/ (abgerufen am 25.11.2022).

Die hier formulierten Selbstverpflichtungen werden von den einzelnen Mitgliedern in jedem Jahr neu als verbindlich angenommen. Sie fordern – neben täglicher *praxis pietatis*, sozialem, politischem, ökologischem Engagement und dem Engagement für die Gemeinschaft, gegenseitiger Unterstützung und Fürsorge – eine Offenlegung ihres Umgangs mit dem eigenen Geld und der eigenen Zeit ab; eine in der kapitalistischen westlichen Welt eher unübliche Forderung, die sehr konkret gemeint ist: Die Mitglieder legen einmal im Jahr anhand ihrer Kontoauszüge ihr Einkommen offen, sie beschreiben einander ihre täglichen und wöchentlichen Zeiteinteilungen und berichten über die Wahl, die sie im Umgang mit Zeit und Geld getroffen haben. Kein Mitglied hat dabei die Macht, Weisungen zu erteilen, denn es gibt keine Gütergemeinschaft, und die Entscheidungen liegen in der Freiheit der einzelnen. Aber die einzelnen lassen zu, dass die anderen sie nach den Gründen ihrer Wahl fragen. In der Iona community gibt es, so Galloway, keine wirklich Reichen, nur gut Verdienende, aber ebenso gibt es Arbeitslose und Menschen mit sehr geringem Einkommen. Das Reden über Geld werde so ein Reden über die Beziehungen untereinander. Dabei gebe es schwierige Themen, etwa die finanziellen Aufwendungen für Privatschulen. „Wir können es niemandem verbieten, es geht nur darum, darüber nachzudenken, was wir tun." Die Rechenschaft bringt Transparenz; sie ist eine Frage geistlicher Disziplin. Damit sie möglich werde, seien die Mitglieder der Kommunität bemüht, durch Aufrichtigkeit und Vertraulichkeit einen sicheren Ort zu schaffen, an dem Menschen ihre Bedürfnisse ehrlich aussprechen könnten. Dieser Raum entstehe, weil die Mitglieder tatsächlich dementsprechend handelten. Die gegenseitige Unterstützung ist nicht auf das Gespräch beschränkt. Die Mitglieder jeder „family group"[27] geben den Zehnten ihres verfügbaren Einkommens auf ein Bankkonto für die verschiedenen Aufgaben der Gemeinschaft, und diejenigen, die in großen finanziellen Schwierigkeiten sind, können davon etwas in Anspruch nehmen. In den Gesprächen, vor allem über den Umgang mit dem Geld, können immer wieder Konflikte auftreten, wenn verschiedene Sichtweisen mit gewichtigen Argumenten vertreten werden. Doch, so Galloway, hielte der Zusammenhalt in den Gruppen den Konflikten in der Regel stand: „But mostly people love their family groups – so usually the group is able to hold conflict." Dass jemand die Gruppe wechsele, komme nicht oft vor. Natürlich gebe es immer wieder ein Aufeinanderprallen verschiedener Persönlichkeiten, die Klärung könne durchaus zehn Jahre dauern. Doch nur selten sei es besser, wenn jemand gehe. Konfliktpotential liegt auch in der Interpretation der zweiten Regel. Die hier zu übernehmende Verpflichtung zielt auf konkretes Tun, auf aktives Friedensstiften, auf die Veränderung der Welt. Nun vertritt die Kommunität nicht eine einheitliche politische Linie, sondern überlässt ihren Mitgliedern die Wahl des konkreten Engagements. Viele Mitglieder gehören Parteien an, andere sind Mitglie-

[27] Eine lokale Untergruppe, die persönlichere Strukturen ermöglicht, als es die über die ganze Welt verteilte Gemeinschaft könnte.

der von Bürgerinitiativen; einige engagieren sich für Asylsuchende und Flüchtlinge oder die Wiederbelebung der politischen Gemeinden; manche führen Aktionen in der Friedensarbeit durch oder arbeiten in der Mediation. Für alle gleichermaßen gelten dabei die Prinzipien der Gewaltfreiheit sowie des Widerstandes gegen Nuklearwaffen und Waffenhandel. Allerdings sind nicht alle Kommunitätsmitglieder Pazifisten, so wurden von einigen die Ziele der afrikanischen ANC unterstützt. Manche waren während des Biafra-Krieges in Nigeria verantwortlich für die Hilfskonvois; sie fällten die Entscheidung, die Konvois zum Schutz vor Überfällen zu bewaffnen. Dies führte natürlich zu Auseinandersetzung in der Kommunität, doch wurden die unterschiedlichen Entscheidungen von der Gesamtheit getragen. Für alle gilt schließlich die Verpflichtung, ein einfaches Leben zu führen. Die „Rule of Life" soll praktisch umgesetzt werden, und dies soll sichtbar werden im jeweiligen täglichen Leben. Gerade angesichts der Größe der Aufgaben, die den einzelnen überforderten, sei, so resümiert Galloway, die Gruppe so wichtig.

Fazit: Die Kommunität Iona hat gemeinsame Ziele, die außerhalb der Gemeinschaft liegen und die Mitglieder zur Aktivität rufen – nicht zwingend gemeinsam, doch in innerer Verbundenheit, die durch Gebet und Liturgie ebenso getragen wird wie durch gegenseitige Unterstützung und Aufmerksamkeit. Sie ist in hohem Maße konfliktbereit und konfliktfähig, zugleich offen im Umgang miteinander und offen für alle, die kommen. Sie fordert ihren Mitgliedern ein hohes Maß an Verbindlichkeit ab, doch gewährt sie ihnen zugleich ein hohes Maß an Freiheit: Die Mitgliedschaft gilt immer nur für die Dauer eines Jahres, nicht lebenslang, sie wird von Jahr zu Jahr erneuert, fordert also eine immer neue Entscheidung, in der Gemeinschaft bleiben zu wollen, bietet aber ebenso die Möglichkeit, die Gemeinschaft zu verlassen.[28]

Ein drittes, nur kurz dargestelltes Beispiel bietet schließlich der *Deutsche Evangelische Kirchentag*, und ich meine jetzt weniger die fünf Tage im Juni jeden zweiten Jahres, sondern die Gruppen, die sich zur Vorbereitung treffen, die Projektleitungen. Sie beginnen mit ihrer Arbeit etwa ein Jahr vor dem Kirchentag und treffen sich in der Regel fünfmal. Die Gruppen sind bedachtsam zusammengestellt, Männer und Frauen, Junge und Alte aus verschiedenen Lebensbereichen und Arbeitsfeldern. Meist kennen die Mitglieder einander nicht oder wenig. In den Treffen, die immer mit einem geistlichen Impuls beginnen und enden, müssen sie zueinander finden, auf ein Ereignis hin gemeinsam planen, die vom Kirchentag aufgestellten

[28] Ich halte das für eine durchaus weise Regelung, gerade angesichts der Tatsache, dass der verbindliche Eintritt in eine Gemeinschaft auf Lebenszeit dem gesellschaftlichen Trend gerade unter jüngeren Menschen eher widerspricht. Projekte oder auch Events scheinen beliebter. Und es spricht ja nichts dagegen. Paulus war in keiner „seiner" Gemeinden auf Dauer. Er blieb für eine begrenzte Zeit, teilte ihr Leben in großer Intensität – und zog weiter.

Regeln für die Zusammenarbeit und auch für die Ergebnisse beachten, Ideen austauschen, Kompromisse finden. Die Mitarbeit in einer Projektleitung ist freiwillig, das Ziel der Gruppe ist die Vorbereitung eines überschaubaren Teils eines großen Ereignisses, auf das alle Beteiligten mit Freude vorausschauen, und die Motivation ist entsprechend hoch. Die intensiven inhaltlichen Diskussionen führen in der Regel sehr schnell dazu, dass die Mitglieder Anteil aneinander nehmen. Die Gruppen sind mit Menschen besetzt, die in ihrem jeweiligen Feld besonders fähig, kreativ, erfahren sind, die begeistert sind von dem, was sie tun und begeistert für die Mitarbeit am Gottesreich. Die unterschiedlichen Ausdrucksformen der Begeisterung, die verschiedenen Erfahrungshorizonte und die individuellen Weisen, zu denken und zu arbeiten führen immer wieder einmal zu Konflikten, doch Machtgerangel stört die Arbeit, und das ist allen bewusst. Darum setzt sich am Ende auch nicht die eine oder der andere durch, sondern es wird eine gemeinsame Lösung gefunden, die den einzelnen hilft, darüber hinwegzukommen, wenn sie von einer Lieblingsidee Abschied nehmen mussten. Beim Kirchentag sind sie dann alle dabei, übernehmen Verantwortung, springen füreinander ein, wenn es nötig ist, erleben ein hohes Maß an Gemeinschaft. Projektleitungen sind ein wenig wie das wandernde Gottesvolk, gemeinschaftlich auf dem Weg zu einer Oase, oder wie die Emmausjünger – gemeinsam mit Christus unterwegs zu einem gemeinsamem Mahl, um anschließend wieder aufzubrechen und das Erlebte weiterzutragen.[29]

Fazit: Die Gemeinschaft in einer Projektleitung des Kirchentags ist eine Gemeinschaft auf Zeit. Das gemeinsame Tun hat hier einen stärkeren Akzent als gemeinsame Formen geistlichen Lebens, aber das geistliche Leben der einzelnen liegt der gemeinsamen Arbeit zugrunde. Die Gemeinschaft hat ein Ziel (das Gelingen einer Veranstaltung oder einer Veranstaltungsreihe), sie ist offen für alle ihre Mitglieder in ihrer Besonderheit, sie ist in der Regel fähig, mit aufkommenden Konflikten konstruktiv umzugehen. Die Freiwilligkeit gibt Freiheit, die Achtsamkeit im Umgang miteinander trägt zum Gelingen des Projektes bei und schenkt ein Gemeinschaftsgefühl.

Was ist der *Ertrag der Beispiele* hinsichtlich der Frage, wie eine Gemeinschaft beschaffen sein muss, um ihren Mitgliedern Halt zu geben, um „von Nutzen“ zu sein? Am wichtigsten ist Gottes Mitsein: Wenn Gemeinschaften Gott Raum geben, wird sein Wirken in ihnen spürbar, kann sein Geist sie zusammenführen und zusammenhalten, sie in Bewegung bringen und

29 Die Beschreibung könnte den Verdacht der Schönfärberei aufkommen lassen, doch während meiner Mitarbeit bei verschiedenen Kirchentagen habe ich in mindestens sieben Projektleitungen immer Vergleichbares erlebt. Vielleicht liegt es daran, dass bei Kirchentagen vor allem Menschen mitwirken, die bereit sind, in diesem Sinn miteinander unterwegs zu sein.

ermutigen zu einem Mitwirken am Gottesreich. Aus Gottes Mitsein schöpfen die einzelnen die erforderliche Kraft dazu, und in Konfliktfällen kann ein Konsens gefunden werden, indem sie – wie die Marientöchter – auf Gott zu hören versuchen.[30] Menschliche Aspekte treten hinzu: Scott Peck nennt als „the most salient characteristics of a true community: *Inclusivity, Commitment, and Consensus*"[31]. Damit Gemeinschaft gelingen kann, braucht es mehr als ein Akzeptieren der Individualitäten, es braucht Inklusivität, ein Begrüßen der Verschiedenheit;[32] es braucht Engagement, die verbindliche Bereitschaft, auf ein gemeinsames Ziel hin miteinander zu wirken. Es braucht gemeinsames Tun,[33] eine gemeinsame Aufgabe, und es braucht – immer wieder neu[34] – den Konsens, auch wenn es ein mühsamer Prozess sein kann, dorthin zu gelangen. „Genuine communities may experience lovely and sometimes lengthy periods free from conflict. But that is because they have learned how to deal with conflict rather than avoid it."[35]

Gemeinschaften benötigen also, um zu einem Konsens zu kommen, oft ein hohes Maß an Konfliktbereitschaft, die Bereitschaft, einander die Wahrheit zu sagen und die Wahrheit des oder der jeweils anderen auszuhalten, die Bereitschaft beieinander auszuhalten, auch im Konflikt.[36] Und in dem allen braucht es die Freiheit des Geistes – als Offenheit für neue Menschen, als Offenheit der einzelnen Mitglieder für die individuellen Besonderheiten – die eigenen, wie die der anderen. Auch zu dieser Offenheit verhilft eine gemeinsame *praxis pietatis*, sei sie auch noch so rudimentär, mindestens aber das Wissen, dass alle auf die eine oder andere Weise mit Gott unterwegs sind. Wenn das gegeben ist, ist es tatsächlich „besser zu zweien als allein".

---

[30] Die Berichte über die Entstehung der Societas Jesu zeigen mit der „Beratung der ersten Gefährten" genau dies, vgl. Ignatius, Gründungstexte, 290–297.

[31] Peck, Community, 61 (Hervorhebung im Original). Er fährt fort: „Groups that exclude others because they are poor or doubters or divorced or sinners or of some different race or nationality are not communities; they are cliques – actually defensive bastions against community." Und mit Worten des Begründers einer Fresh-Expression-Kirche in England: „Wenn's ein kleiner heiliger Club wird, muss man's schließen."

[32] Vgl. Peck, Community, 20: „The solution lies […] in learning how to appreciate—yea, celebrate—individual cultural and religious differences and how to live with reconciliation in a pluralistic world."

[33] Vgl. Peck, Community, 40: „ […] the joy of community is a by-product. Simply seek happiness, and you are not likely to find it. Seek to create and love without regard to your happiness, and you will likely be happy much of the time."

[34] „The spirit of community once achieved is not then something forever obtained. It is not something that can be bottled or preserved in aspic. It is repeatedly lost" – und muss dann neu errungen werden (Peck, Community, 66).

[35] Peck, Community, 88.

[36] Es hilft auch, wenn die einzelnen lernen, auf sich selbst zu achten, sich dabei aber nicht zu wichtig zu nehmen.

Literatur

Bukowski, Peter, Die Bibel ins Gespräch bringen. Erwägungen zu einer Grundfrage der Seelsorge, Neukirchen-Vluyn 1994.

Dahlgrün, Corinna, Die Beichte als Kultur der Auseinandersetzung mit sich selbst *coram Deo*, in: Wilfried Engemann (Hg.), Handbuch der Seelsorge. Grundlagen und Profile, Leipzig 2007, 493–507 (³2016, 141–156).

–, Christliche Spiritualität. Formen und Traditionen der Suche nach Gott. Mit einem Nachwort von Ludwig Mödl, Berlin / New York 2009; zweite, überarbeitete und ergänzte Auflage 2018.

Eilrich, Christiane, Gott zur Welt bringen: Maria. Von den Möglichkeiten und Grenzen einer protestantischen Verehrung der Mutter Gottes (Studien zu Spiritualität und Seelsorge 2), Regensburg 2011.

Ignatius von Loyola, Gründungstexte der Gesellschaft Jesu, übersetzt von Peter Knauer, Dt. Werkausgabe Bd. 2, Würzburg 1998.

Josuttis, Manfred, Segenskräfte. Potentiale einer energetischen Seelsorge, Gütersloh 2000.

Mann, Thomas, Buddenbrooks. Verfall einer Familie, Frankfurt a. M. 1982.

Morgenthaler, Christoph, Seelsorge (Lehrbuch Praktische Theologie 3), Gütersloh ²2012.

–, Systemische Seelsorge. Impulse der Familien- und Systemtherapie für die kirchliche Praxis, Stuttgart / Berlin / Köln 1999

Peck, M. Scott, The Different Drum. Community making and peace, Epub 1990.

Schleiermacher, Friedrich, Der christliche Glaube nach den Grundsätzen der evangelischen Kirche im Zusammenhang dargestellt, Kritische Ausgabe [2., umgearb. Ausg. 1830], Leipzig 1910 (= Glaubenslehre = GL).

–, Die praktische Theologie nach den Grundsätzen der evangelischen Kirche, Werke I.13, Berlin 1850 (= PT).

Tacke, Helmut, Glaubenshilfe als Lebenshilfe. Probleme und Chancen heutiger Seelsorge, Neukirchen-Vluyn 1975.

Trillhaas, Wolfgang, Schleiermachers Predigt, Berlin 1975.

Zimmerling, Peter (Hg.), Studienbuch Beichte, Göttingen 2009.

Gemeinschaftliche Spiritualität: Mehr Anspruch als Wirklichkeit?

Von MICHAEL HERBST

„Ich statuiere kein Christentum ohne Gemeinschaft!"[1], bekannte einst Nikolaus Ludwig Graf von Zinzendorf (1700–1760). Er bejahte als Pietist die persönliche, höchst individuelle Gestalt des christlichen Glaubens, hielt aber zugleich daran fest, dass sie den Rückhalt der Gemeinschaft braucht. Die spezielle Herrnhuter Spiritualität lebt darum auch von gottesdienstlichen Versammlungen, Singstunden, Liebesmahlen und Kleingruppen.[2]

Peter Zimmerling hat den Zusammenhang von christlicher Existenz und Gemeinschaft immer wieder durchdacht. Christliche Spiritualität ist für ihn undenkbar ohne Gemeinschaft. Kritisch vermerkt er in einer Aufzählung über die Defizite protestantischer Spiritualität den Mangel an Sozialität und die fast ausschließliche Betonung des frommen Individuums.[3] Im dreibändigen „Handbuch Evangelische Spiritualität" erarbeitet der Jubilar Kriterien für eine angemessene Gestalt evangelischer Spiritualität. Eines der neun Kriterien ist dem Zusammenhang von individueller und gemeinschaftlicher Glaubenspraxis gewidmet: „Evangelische Spiritualität hat einen individuell-personalen und einen ekklesiologischen Aspekt, die beide komplementär aufeinander zu beziehen sind." Wenige Zeilen später hört man fast den Grafen aus der Lausitz sprechen: „Keine evangelische Spiritualität ohne Kirche!"[4]

1 Was können Gemeinden zur Förderung von Spiritualität tun?

Dieser Beitrag soll diesem Zusammenhang im Blick auf die Funktion von christlichen Gemeinden zur Förderung evangelischer Spiritualität nachgehen.[5] Spiritualität soll dabei nicht in einem *weiten und offenen Sinn* verstanden werden, so dass jede Form subjektiver Erfahrung

---

1 https://www.eh-tabor.de/de/nikolaus-ludwig-von-zinzendorf-1700-1760 (abgerufen am 25.11.2022). Zitiert nach: Schmidt, Brüdergemeine, 709.

2 Vgl. Zimmerling, Spiritualität, 94–98.

3 Vgl. a. a. O., 36–39.

4 Beide Zitate: Zimmerling, Theologie, 37.

5 Dabei wird der Begriff der Gemeinde in einem weiten Sinn interpretiert: Es kann sich bei Gemeinden um landeskirchliche Kirchengemeinden handeln, aber auch um kirchliche Erprobungsräume, freie Werke in der Landeskirche oder hausgemeindliche und lebensgemeinschaftliche Formen christlicher Geselligkeit.

von Transzendenz als spirituell betrachtet würde.[6] Sie soll auch nicht als Gegenbegriff zu *Religiosität* interpretiert werden, so dass die subjektive spirituelle Erfahrung in ein Gegenüber zu institutionell verfassten und dogmatisch gebundenen religiösen Vergemeinschaftungen geriete.[7] Vielmehr wird Spiritualität hier dezidiert *evangelisch*, besser noch: *christlich* verstanden. Sie beschreibt das „wahrnehmbare geistgewirkte Verhalten des Christen vor Gott".[8]

Spiritualität unterscheidet sich von *Frömmigkeit* dadurch, dass Spiritualität „Glaube, Frömmigkeitsübung und Lebensgestaltung zusammenschließt."[9] Mit diesem Begriff geht der Anspruch einher, dass Spiritualität als „geistgewirktes Verhalten" das ganze Leben umfasst. Um es mit Paul Zulehners Bonmot auszudrücken: „Wer in Gott eintaucht, taucht neben den Menschen, vorab neben den Armen/den Armgemachten auf."[10] Darum gehören Spiritualität und Solidarität zusammen. So soll das Leben aus Gottes Wort, aus Gebet und Gemeinschaft *alle* Lebensbereiche durchdringen und prägen. Es „ereignet" sich nicht neben dem alltäglichen Leben, sondern mitten in der alltäglichen Existenz als orientierende und motivierende Mitte.[11] So umfasst evangelische Spiritualität die Existenz insgesamt als „konsequentes Christsein" (Wolfgang Huber)[12] oder „lebendiges mündiges Christsein"[13]. Wir fragen also danach, was nötig ist, damit Gemeindeglieder – und Menschen, die dies z. B. als Taufbewerber werden wollen – „Glauben, Frömmigkeitsübung und Lebensgestaltung" einüben und so zu einem „konsequenten Christsein" finden.

Dass dies in *vielfältiger* Weise geschehen wird und nicht zu einer uniformen Christlichkeit führen soll, sei ebenso vermerkt wie die Tatsache, dass *christliche* Spiritualität immer durch den *gemeinsamen* Bezug auf Wort, Wirken und Geschick Jesu Christi bestimmt wird, und dass *evangelische* Spiritualität diesen gemeinsamen Bezug auf Jesus Christus näher durch die Botschaft von der Rechtfertigung des Menschen *allein durch Gnade* auslegt. Und – um mit Corinna Dahlgrün wieder zum Ausgangspunkt zurückzukehren: „Christliche Spiritualität ist seit jeher nicht ohne die Gemeinschaft zu denken, vielmehr ist sie aus ihr erwachsen."[14]

---

[6] Vgl. Hauschildt / Pohl-Patalong, Kirche, 92–94; Benthaus-Apel, Spiritualität, 36–41.

[7] Vgl. Heelas / Woodhead, Revolution, 1–11.

[8] Kirchenkanzlei, Spiritualität, 12.

[9] A. a. O., 10.

[10] Zulehner, Aufbrechen, 47. Steffensky, Schwarzbrot-Spiritualität, 17, führt die Redewendung auf den französischen Bischof Jacques Gaillot zurück.

[11] Nouwen, Leben, 13: „Das geistliche Leben ist nicht ein Leben vor, nach oder hinter unserem Alltagsleben. Nein, das geistliche Leben kann sich nur dann wirklich entfalten, wenn es mitten in den Schmerzen und Freuden des Hier und Jetzt gelebt wird."

[12] Aus dem Vortrag „Nachfolge heute" vor der Internationalen Bonhoeffer-Gesellschaft, Deutsche Sektion in Berlin 2006. Vgl. https://www.ekd.de/060915_huber_berlin.htm (abgerufen 25.11.2022).

[13] Vgl. Herbst, Lebendig, 25–28.

[14] Dahlgrün, Spiritualität, 1.

2 Spiritualität braucht Gemeinschaft

Auf den ersten Blick erscheint dieser Zusammenhang fast banal: Selbstverständlich braucht ein gestalteter Glaube die Gemeinde als Vorbild, Schule und Übungsfeld. Man kann dies *theologisch* plausibilisieren, wie es etwa Roger Mielke tut, wenn er die irdische Gemeinschaft in der Dreieinigkeit Gottes verankert:

> „Der Weg der Nachfolge kann nur gemeinschaftlich begangen werden, so wie er auch im Kern auf Gemeinschaft, auf ‚Koinonia' zielt: Ausgangspunkt ist der innere Beziehungsreichtum des dreieinigen Gottes, der als Vater, Sohn und Heiliger Geist seinen Geschöpfen Anteil gibt an seinem eigenen Leben – und dies auf eine Weise tut, die Gemeinschaft stiftet unter denjenigen, die den von Jesus eröffneten Weg gehen."[15]

Man kann aber auch erfahrungsgesättigt darauf verweisen, dass sich unsere eigene Spiritualität immer in irgendeiner Weise anderen verdankt: Wir haben z. B. in der *Familie* durch das Tisch- oder Nachtgebet Übungen des Glaubens kennengelernt. In der *Gemeinde* haben wir den Glauben kennengelernt: wie eine Sprache, die wir sprechen lernten (Roger Mielke[16]), wie ein Handwerk, das wir einübten (Fulbert Steffensky[17]). Und genau so, indem wir andere beobachteten, von ihnen angeleitet wurden, mit ihnen eingeübt haben, sind wir in den Glauben hineingewachsen. Bevor der Glaube mündig wird,[18] tut er in der Regel in der Gemeinschaft mit anderen seine ersten Schritte.[19] Der Heilige Geist kommt in, mit und unter diesen gemeinschaftlichen Lern- und Übungsvorgängen zum Zuge und ermöglicht eine geistlich geformte Lebensgestalt, bei der Glaube, Frömmigkeitsübung und Lebensgestaltung zusammenwachsen.

Außerdem hat es der christliche Glaube *ohne* Gemeinschaft schwer. Spiritualität in Einsamkeit hat geringere Überlebenschancen. Das gilt in besonderem Maße da, wo die Glaubenden gesellschaftlich in der Minderheit sind. Darauf haben Peter Berger und Thomas Luckmann hingewiesen.[20] Die Pluralität der Überzeugungen bedeutet für die Gläubigen, dass die Selbstverständlichkeit ihres Glaubens verloren geht: Damit ist „die unhinterfragte Gewissheit der religiösen Weltsicht bedroht, sie bedarf zusätzlicher Stützen, um plausibel zu bleiben."[21] Ber-

---

[15] Mielke, Gemeinde, 53.

[16] Vgl. a. a. O., 55.

[17] Vgl. Steffensky, Schwarzbrot-Spiritualität, 20.

[18] Vgl. auch Eph 4,11–14.

[19] Vgl. Mielke, Gemeinde, 54f.

[20] Vgl. bes. Zimmermann, Gemeinde, 344–352.

[21] A. a. O., 345.

ger und Luckmann beschreiben die Notwendigkeit der Unterstützung von Überzeugungen durch „signifikante andere“ als Plausibilitätsstruktur. Glaube bleibt plausibel, wenn er durch „signifikante andere“ geteilt wird und „die Konversationsmaschine gut geölt“ ist,[22] so dass dem „wirklichkeitszersetzenden Zweifel“[23] gewehrt wird. Darum liefert die Gemeinde „die unerlässliche Plausibilitätsstruktur für die neue Wirklichkeit“[24], eben die Vertrauenswürdigkeit des Geglaubten. Während sich ja Zahnschmerzen erfahrungsgemäß selbst plausibilisieren,[25] kann das für das Geglaubte nicht in gleicher Weise gelten, da dem Geglaubten die sinnliche Erfahrung mangelt.[26] Das Gespräch unter Anwesenden bestätigt dennoch die Gültigkeit dessen, was ein Mensch glaubt, – und stärkt den Glauben dadurch. Umgekehrt schwächt der ausbleibende Austausch die Überzeugungen: „Die subjektive Wirklichkeit von etwas, das nie besprochen wird, fängt allmählich an, hinfällig zu werden.“[27] Die beiden Soziologen verdeutlichen dies am Beispiel des Paulus: „Saulus mag in der Einsamkeit seiner religiösen Ekstase Paulus geworden sein. Paulus bleiben aber konnte er nur im Kreis der christlichen Gemeinde, die ihn als Paulus anerkannte und sein ‚neues Sein‘ […] bestätigte.“[28] Darum sagen es Berger und Luckmann aus wissenssoziologischer Perspektive fast wie der Graf aus der Lausitz: „Religion braucht religiöse Gemeinschaft, und Leben in der religiösen Welt braucht Zugehörigkeit zur religiösen Gemeinde.“[29]

Johannes Zimmermann hat in seiner Relektüre dieses Ansatzes zu Recht angemerkt, dass zur religiösen Gemeinschaft bei Paulus noch die „innere Plausibilität“, also die Überzeugung vom Christus-Evangelium hinzukam,[30] aber er bestätigt unter dem Strich die Bedeutung der Plausibilitätsstruktur.[31] Sie gehört sozusagen zur *conditio humana* des Glaubens.[32] Christliche Spiritualität ist demnach in jedem Fall auf den Austausch mit „signifikanten anderen“ angewiesen. Das kann in erster Linie die Gemeinde sein, aber auch Familie, Freundeskreis, Gruppen und Vereine. So entspricht es ja Überlegungen im Neuen Testament, die den einzelnen Christen stets im Verbund mit anderen sehen: „Denn wir sind durch einen Geist alle zu

22 Berger und Luckmann, Konstruktion, 165.
23 A. a. O., 166.
24 A. a. O., 169.
25 Diesen Vergleich verdanke ich Zimmermann, Gemeinde, 334.
26 Vgl. Berger, Spuren, 64.
27 Berger / Luckmann, Konstruktion, 164.
28 A. a. O.
29 A. a. O.
30 Vgl. Zimmermann, Gemeinde, 424–430.
31 Vgl. a. a. O., 323–364.
32 Vgl. a. a. O., 363.

einem Leib getauft" (1Kor 12,13). Plausibilität entsteht, „wo zwei oder drei in meinem Namen versammelt sind" (Mt 18,20).

Die zunehmende Minorisierung der (westlichen) Christenheit verschärft diese Lage: Die selbstverständliche Gewissheit des Geglaubten ist in säkular gestimmten modernen Gesellschaften obsolet. Ob jemand in der Diaspora bei seinem Glauben bleibt, hängt am dünnen Faden der Konversation mit anderen, die gemeinsame Gewissheiten (mit)teilen und stärken.[33] Olaf Müller, Detlef Pollack und Gert Pickel haben zeigen können, dass die säkulare, postchristliche Mehrheitskultur erheblichen (Anpassungs-) Druck auf die religiöse Minderheit in der Gesellschaft ausübt.[34] Dabei ist der Druck auf die, die eher am Rande der kirchliche Konversation stehen, eher also nur bei (kasuellen) Gelegenheiten Glauben kommunizieren, besonders groß, während die intensiv Verbundenen und religiös Aktiven diesem Druck gut standhalten.

Unter dem Strich bleibt es wohl dabei: „Ich statuiere kein Christentum ohne Gemeinschaft!" Um so dringender wird die Frage, inwiefern christliche Gemeinschaften tatsächlich als Plausibilitätsstruktur bereit stehen.

3 Die „Formschwäche" der notwendigen Plausibilitätsstrukturen

Wenn man dem bisherigen Gedankengang folgt, dann wird man sich z. B. von der Idee verabschieden, dass es für das Christsein der Getauften nicht wesentlich sei, ob und inwiefern sie an der Gemeinschaft der Getauften teilhaben. Die Idee eines im Wesentlichen privatisierten neuzeitlichen Christentums, in dem sich die Menschen bestenfalls als Teilzeit-Gemeindeglieder aus Anlass von Lebensübergängen und Jahresfesten in der Gemeinschaft der Gläubigen einfinden, wäre zu verabschieden. Die Hoffnung, man könne auf diese Weise mindestens die Stabilität der Volkskirche langfristig sichern, ist ja bereits seit längerem widerlegt.[35] Kirchliche Verbundenheit, christliche Überzeugung und Teilhabe an den Praktiken des Glaubens korrelieren enger miteinander, als manche wahrhaben wollten.

Freilich ist ebenso die Fixierung mancher evangelikaler Protagonisten auf die „persönliche Beziehung zu Jesus Christus" zu hinterfragen, in der die soziale Seite christlicher Spiritualität

[33] Paas, Pilgrims, 15f.206–209, zeichnet das Bild von Christen in Diaspora-Kontexten als Existenz von ‚Pilgern' und ‚Priestern' und führt dieses Leben als glaubende Minderheit u. a. an der Gestalt des alttestamentlichen Propheten Daniel vor, auch hinsichtlich der Bedeutung, die der Austausch mit den drei Freunden für die Glaubens-Resilienz Daniels hatte.

[34] Vgl. Müller / Pollack / Pickel, Kultur, 123–148.

[35] Vgl. dazu nur die oben genannten Hinweise auf den erfolgreichen Anpassungsdruck der nicht-religiösen Mehrheitskultur auf die nur locker mit der Kirche verbundenen Mitglieder.

unterbestimmt bleibt. „Beim Lesen mancher Bücher zum Thema Spiritualität bekommt man den Eindruck, unsere Gottesfreundschaft sei eine rein persönliche Angelegenheit zwischen Gott und uns.“[36]

Allerdings befinden wir uns damit in einer für die Weitergabe des christlichen Glaubens durchaus prekären Lage. Das hängt damit zusammen, dass die Akteure wesentlicher gemeinschaftlicher Plausibilitätsstrukturen eine – sportlich gesprochen – deutliche Formschwäche an den Tag legen. Das soll an (nur) zwei Beispielen erläutert werden: der Familie und der Gemeinde.

3.1 Erstes Beispiel: Die Familie als christliche Gemeinschaft

In erster Linie muss von der „Formschwäche“ der ersten und für den Aufbau christlicher Spiritualität weichenstellenden Gemeinschaft im Leben von Menschen gesprochen werden: der Familie.

Kaum zu zählen sind die Hinweise, die die Bedeutung der Familie für den Aufbau einer Glaubenshaltung betonen: „Familiäre Prägungen spielen (auch) beim religiösen Lernen eine grundlegende Rolle. Sie bilden gleichsam eine Vorstrukturierung, die von Heranwachsenden im Lernen am Modell erworben wird, eine besondere Tiefe besitzt und alle weiteren Lernprozesse prägt.“[37] Michael Domsgen spricht von „intergenerationaler Transmission“[38], die häufig nicht das Produkt besonderer Anstrengungen sei, sondern sich als Folge des elterlichen (und großelterlichen) Vorbilds einstelle. Dabei sei es folgeträchtig, als wie bedeutsam das Leben im Glauben dargestellt werde. „Nur das, was als wichtig erachtet wird, kann in Transmissionsprozessen in seiner prägenden Kraft hervortreten.“[39] Die anderen Instanzen kindlicher Sozialisation, Erziehung und Bildung (wie z. B. Kindertagesstätte und Schule) treten hinzu und erzeugen günstigenfalls „Synergieeffekte“.[40] Kinder erleben also, wie ihre nächsten Bezugspersonen selbst spirituell leben, und werden so in basale Formen geistlichen Lebens (wie das Gebet, den Gottesdienstbesuch, Segensworte, biblische Geschichten, die Tauferinnerung) eingeführt.

Vor langer Zeit gruppierten sich diese Formen geistlichen Lebens in der Familie um die gemeinsamen Mahlzeiten, so etwa die Tradition der Hausandacht, in der sich die Familie als

---

36 Härry, Kunst, 154. Dementsprechend vermerkt Bird, Spirituality, 159–176 (Zitat 159): „There’s no such thing as a personal relationship with Jesus“ und kritisiert einen privatisierten Glaubensansatz.

37 Domsgen, Religionspädagogik, 393.

38 A. a. O.

39 A. a. O., 394.

40 Vgl. a. a. O., 394f.

„kleine Kirche" darstellte. Das freilich ist weitgehend Vergangenheit.[41] Auch kirchlich verbundene und religiös aktive Familien aus der „Kerngemeinde" tun sich erfahrungsgemäß schwer, zu Formen des gemeinsam gestalteten Glaubenslebens zu finden, die mit dem beschleunigten Alltag zu vereinbaren sind.

Domsgen weist darauf hin, dass derselbe Mechanismus aber auch im Falle des Ausbleibens religiöser Einübung funktioniert. Auch ausgeprägte Nicht-Religiosität wird erfolgreich weitergegeben. Das bedeutet: Der Ausfall des gemeinsamen Lebens im Glauben zeitigt erhebliche und lebensprägende Wirkungen. Auch hier passiert eben eine Vorstrukturierung. Das Ausbleiben gemeinsamer religiöser Praxis in der Familie stellt eher den Normalfall als die Ausnahme dar.

In jüngster Zeit wird die Langzeitwirkung ausbleibender religiöser Erziehung durch eine Studie über „Religionstrends in der Schweiz" belegt.[42] Zunächst belegen die Forscherinnen und Forscher den positiven Zusammenhang: „Wer als Kind regelmäßig Gottesdienste besuchte, wird das mit größerer Wahrscheinlichkeit auch als Erwachsener tun."[43] Damit ist kein Automatismus verbunden, aber eine Erhöhung der Wahrscheinlichkeit.[44] Um so folgenschwerer ist der Rückgang der Teilhabe von Familien an kirchlichen Feiern und Ritualen und an häuslicher Glaubenspraxis. Jörg Stolz und sein Team sprechen vom Scheitern der kirchlichen „Sozialisierungsroutinen".[45] Da religiöse Zugehörigkeit überwiegend familiär tradiert wird und alle späteren, nachgeholten Bemühungen weitaus labiler erscheinen, ist das Nachlassen generationaler Transmission ein Katalysator für das säkulare Driften der vormals reformiert-protestantischen Schweiz. Das Forschungsteam aus der Schweiz spricht von „Kohorten-Säkularisierung":

> Es habe „sich herausgestellt, dass die religiöse Zugehörigkeit der Eltern als wichtigster aller Sozialisationseinflüsse darauf hinwirkt, dass jemand später religionslos ist. Wenn nur schon ein Elternteil nicht religiös zugehörig ist, so ist es sehr wahrscheinlich, dass die befragte Person selbst auch nicht religiös zugehörig werden wird. Die Institution der religiösen Sozialisation zerfällt vor allem dort, wo ein neues Leben seinen Anfang nimmt: in der Familie und in der Eltern-Kind-Beziehung. Wird jemand durch seine Eltern nicht religiös sozialisiert, so ist sie oder er später mit großer Wahrscheinlichkeit

41 Vgl. Dahlgrün, Spiritualität, 456–493: „Die Andacht", mit Verweisen auf Hölscher, Geschichte.

42 Vgl. Stolz u. a., Religionstrends.

43 A. a. O., 125.

44 Domsgen, Religionspädagogik, 291: „Die Wahrscheinlichkeit einer christlichen Lebenspraxis steigt signifikant mit einer entsprechenden religiösen Erziehung in der Familie, ohne dass sie deshalb bereits vorhersagbar wäre."

45 Stolz u. a., Religionstrends, 133.

auch selbst nicht religiös zugehörig. Dies wiederum führt dazu, dass auch die Kinder dieser Person ziemlich sicher keine religiöse Zugehörigkeit haben werden (Kohorten-Säkularisierung)."[46]

Die Einsicht, dass distanzierte Kirchenmitglieder ihren Kindern kaum etwas an spiritueller Erfahrung vermitteln und dass dadurch die Distanz zu Kirche und Glaube im Generationenverlauf massiv zunimmt, wird durch diese Schweizer Studie eindrucksvoll unterstrichen.

Das Dilemma, dass einerseits familiale Gemeinschaft für den Aufbau einer eigenen spirituellen Lebensform entscheidend ist, andererseits gerade die familiale Plausibilitätsstruktur schwächelt,[47] kann zu achselzuckender Resignation führen – oder zu vermehrten Bemühungen, vorhandene kirchliche Ressourcen in die Unterstützung von Familien und ihrer Begegnung mit dem christlichen Glauben zu investieren. Familien brauchen für ihr „doing religion" Unterstützung![48]

3.2 Zweites Beispiel: Gemeinschaftsformen christlicher Gemeinden

Nun sollte man erwarten, dass Gemeinden (in welcher Form auch immer) einspringen und sich als wirkungsvolle Akteurinnen in der Förderung der Spiritualität ihrer Mitglieder hervortun.

Man kann auch nicht bestreiten, dass es intensive Bemühungen in dieser Richtung immer wieder gab. Als in den 1980er Jahren neue Impulse für einen „missionarischen Gemeindeaufbau" aufkamen, war damit das Bemühen um eine *geistliche* Erneuerung im Leben der Getauften verbunden, und im Blick auf das gemeinsame geistliche Leben der Christen wurde neben dem Gottesdienst vor allem der Hauskreis favorisiert.[49] In (weitläufiger, aber oft zitierter) Anlehnung an Luthers Idee einer „dritten Weise" des Gottesdienstes,[50] die die Versammlung derer, die „mit Ernst Christen sein wollen", in den Häusern vorsah, wo im Grunde gottesdienstliches Leben in der Hand der Getauften liegen sollte, galten Hauskreise als Königswege zur persönlichen und gemeinschaftlichen Intensivierung des Glaubens.[51] Durch den persönlichen

---

[46] A. a. O., 79. Vgl. auch a. a. O., 184: „Die wachsende Gruppe der Religionslosen zeichnet sich nicht etwa vor allem durch starke religiöse Sozialisierung aus, von welcher sie sich entrüstet abgewandt hätten. Vielmehr findet man bei ihnen im Durchschnitt eine besonders schwache oder gar keine religiöse Sozialisierung."

[47] Die fünfte Kirchenmitgliedschaftsuntersuchung belegte ähnliche Trends: vgl. Evangelische Kirche in Deutschland, Engagement, 10.

[48] Vgl. Domsgen, Religionspädagogik, 407–409. Vgl. Coenen-Marx, Familie, 665f.

[49] Vgl. Herbst, Gemeindeaufbau, 406–410.

[50] So z. B. Popp / Wolf, Bibelbezogen, 103.

[51] Vgl. z. B. Herbst, Hauskreise, 7–22.

Austausch, gemeinsames Lesen der Bibel und Beten, durch den Dienst der Hauskreis-Teilnehmenden aneinander und an anderen sollte evangelische Spiritualität wachsen und gedeihen: „Hauskreise sind als konviviale und kreative spirituelle Erfahrungsräume ein Stück kirchlicher Zukunft mit neutestamentlicher Herkunft."[52] Dieses Votum aus Bayern klingt vielleicht etwas zu zuversichtlich. Man kann auch beim Blick auf real existierende Hauskreise etwas zurückhaltender formulieren. Demnach haben sich Hauskreise in der Kirche etabliert und sind für viele eine wertvolle Unterstützung der eigenen spirituellen Reise. Sie können aber auch an „Spannkraft" verlieren, den richtigen Zeitpunkt zum Beenden verpassen oder in Routinen erstarren. Sie können als fast schon „intime" Form von Gemeinschaft sowohl manche überfordern als auch andere abstoßen. Darum ist es sinnvoll, Hauskreise nur als *ein* Stück kirchlicher Zukunft zu betrachten.

Nun sind Hauskreise nicht die einzige Form christlicher Geselligkeit, die der Förderung evangelischer Spiritualität dient:

- Kirchliche Gesprächskreise, meditative Andachten, Gemeindeseminare, Chöre, Freizeiten und Tagungen kommen hinzu, dazu natürlich die Gottesdienste und Andachten, deren Anspruch neben anderem die ‚Erbauung' und Glaubensstärkung der Gemeindeglieder ist.
- Auch individuelle Begleitung durch Seelsorge, geistliche Begleitung und Mentoring gehören hierher.
- Viele kirchliche Leitungsgremien haben angesichts der langjährigen Strukturprozesse den Wunsch, ihr Tun *geistlich* zu gestalten und Leitung in der Kirche als Geistliche Leitung wahrzunehmen.[53] Evangelische Leitungsspiritualität bedeutet nicht (allein) mehr Andachten, Gebet und Schriftbetrachtung in den Sitzungen, sondern den Wunsch und das Bemühen, das Leitungshandeln insgesamt für Gottes Zuspruch und Weisung offen zu halten.[54]
- Die vielen Varianten ehrenamtlichen Engagements sollen neben ihrem Dienstcharakter immer auch „Nebenwirkungen" für das persönliche Wachstum der Engagierten hervorbringen.[55]
- Schließlich haben zahlreiche „Kurse zum Glauben"[56] nicht nur eine missionarische Funktion, indem sie den Beteiligten einen (vielleicht ersten) Zugang zur Welt des Glaubens eröffnen. Ihre Eigenart, Glaubensinformationen, erste Erfahrungen mit Formen der Frömmigkeit, erlebte Gemeinschaft und das Nachdenken über eine christliche Lebensgestalt zu

52 Popp / Wolf, Bibelbezogen, 112.

53 Vgl. Böhlemann / Herbst, Leiten.

54 Vgl. Wegner, Leitung, 185–200.

55 Vgl. Sinnemann, Engagement, 20f.

56 Vgl. Sautter, Spiritualität.

verknüpfen, macht sie zu Erprobungsräumen evangelischer Spiritualität. Auch hier kann man festhalten, dass nicht nur die Gäste profitieren, sondern gerade die ehrenamtlich Mitwirkenden von belebenden Auswirkungen berichten. Es kommt vor, dass Ehrenamtliche angeben, z. B. wieder einen Zugang zum Gebet gefunden zu haben oder neue Gewissheit im Glauben zu verspüren.[57]

Insofern scheint es in christlichen Gemeinden ein breites Repertoire an gemeinschaftlicher Unterstützung evangelischer Spiritualität zu geben. Gleichwohl gibt es einige Probleme, die nach einer Nachjustierung rufen:

- Vielfach passiert die Förderung evangelischer Spiritualität eher „nebenbei", sie ergibt sich als erfreuliches Nebenprodukt guter Gemeindearbeit. Seltener haben Gemeinden eine *ausdrückliche Vorstellung* davon, inwiefern (mit welcher „Idee" von Spiritualität) und auf welchem Weg bzw. mit welchen Mitteln sie das geistliche Leben *intentional* fördern wollen, wie sie z. B. helfen wollen, die Trias von Glaubensüberzeugung, Frömmigkeitsübung und Lebensgestaltung zum Thema gemeinsamen Nachdenkens und Übens zu machen. Das könnte z. B. folgende Fragen auslösen: Was sollten wir über unseren Glauben wissen? Wie können wir im Alltag beten? Was bedeutet unsere Nachfolge Christi im Berufsleben? Wenige Gemeinden haben regelmäßige Angebote, die solche Fragen gezielt thematisieren und als Curriculum „Evangelische Spiritualität" fungieren.
- Zudem berührt die Frage nach der Gestaltung gemeinschaftlich gelebter Spiritualität die *grundsätzliche* Kritik an einem gemeinschaftsorientierten Christsein. Es wird dann darauf verwiesen, dass die vereinskirchliche Gestalt kirchlichen Lebens (Gruppen und Kreise im Gemeindehaus) eine recht junge (gut 100 Jahre alte), bürgerliche Erfindung sei, die zudem überhaupt nicht jedermanns Sache sei.[58] So berechtigt dieser Einwand auf den ersten Blick ist, so sehr muss doch zwischen der sozialen Dimension des christlichen Glaubens und einer vereinskirchlichen Gestaltung dieser sozialen Dimension unterschieden werden. Jedenfalls sollte die dem christlichen Glauben eigene Sozialität nicht für das religiöse Hobby von Menschen gehalten werden, die sich gerne in Vereinen treffen. Ebenso wenig dürfen typisch vereinsmäßige Formate zur Messlatte dafür werden, wie jemand an dieser Sozialität des Glaubens teilhat.

---

57 Vgl. Monsees / Witt / Reppenhagen, Kurs, 114–117.

58 Vgl. zur geschichtlichen Einordnung Hermelink, Organisation, 144–151; Pohl-Patalong, Kirche, 46–76. Zur Kritik am Anspruch, möglichst alle Gemeindeglieder vereinskirchlich zu sammeln: Fechtner, Kirche, 13–17.

- Jenseits dieser grundsätzlichen Kritik warten jedoch weitere Probleme. Das gesellige Leben von Kirchengemeinden ist weitgehend an einer regelmäßigen Wochenstruktur orientiert: „Wir treffen uns im Hauskreis mittwochs um 19 Uhr bei Familie Müller!“ Im Klartext: analog, wöchentlich, ortsfest. Solange die Mehrheit der Gemeindeglieder stabil an einem Ort lebt und von montags bis freitags von 9 bis 17 Uhr arbeitet, und solange nicht zahlreiche weitere Verpflichtungen (durch die Kinder, Pflege, andere ehrenamtliche Aufgaben u. v. m.) hinzukommen, mag das funktionieren. Aber auch da, wo Gemeinschaft eigentlich einen hohen Stellenwert hat, fällt es Gemeindegliedern zunehmend schwer, solchem Anspruch gerecht zu werden. Dabei hat das gar nicht immer mit der abnehmenden religiösen Bindung zu tun; es liegt häufig eher an der Beschleunigung des Lebens,[59] die den Einzelnen zur permanenten Neu- und Nach-Synchronisierung seiner Aktivitäten zwingt.[60] Beschleunigung führt ja keineswegs zu mehr Muße, weil alles schneller geht, sondern zu mehr Zeitdruck und Zeitnot. Dazu kommt eine hohe Fluktuation, die die Verweildauer an einem Ort und damit in der Gemeinschaft der Menschen an diesem Ort verkürzt. „Die spätmoderne Gesellschaft ist grundlegend geprägt von transregionaler Mobilität.“[61] Im Ergebnis bedeutet das: „Die für religiöse Praxis verfügbare Zeit an singulären Orten wird knapper.“[62] Markus Hero spricht von einer reduzierten „Zeitsetzungsmacht“ der religiösen Institutionen. Der kirchliche Kalender bestimmt immer weniger, was sich im Alltag und am Feiertag der Menschen – einschließlich der kirchlich Hochverbundenen – ereignet.
- Das gemeinschaftliche Leben hat aber einen nicht ohne weiteres veränderbaren Wesenskern: „Die Mitglieder einer Gemeinschaft stehen in langfristigen, direkten Beziehungen zueinander und teilen gemeinsame Normen und Wertvorstellungen, welche eine gemeinsame Identität generieren. Man kennt sich untereinander, entwickelt ein Zusammengehörigkeitsgefühl und schätzt die stabile zwischenmenschliche Beziehung.“[63] Man kommt also regelmäßig und (möglichst) vollständig zusammen und wird für die anderen verlässlich. Dadurch entsteht der Lebensraum, in dem auch Spiritualität gedeihen kann. Wie soll das angesichts der beschriebenen Probleme möglich sein?

[59] Vgl. Rosa, Beschleunigung.

[60] Hero, Gesellungsformen, 34: „Das spätmoderne Leben ist geprägt von einer Zeitknappheit, von einem noch nie gekannten Druck, möglichst viele Aufgaben innerhalb gegebener Zeit zu verrichten.“

[61] A. a. O., 35.

[62] A. a. O.

[63] A. a. O., 37.

4 Als Gemeinde Spiritualität fördern

Während eingangs die Wichtigkeit von Gemeinschaft für evangelische Spiritualität herausgestellt wurde, hat der vorangegangene Abschnitt die vorfindliche familiäre und gemeindliche Wirklichkeit im Blick auf Spiritualität eher problematisiert. Abschließend sollen drei Hinweise gegeben werden, wie Lösungsansätze *beispielhaft* aussehen könnten.

4.1 Mit Familien den Glauben erkunden: Kirche kunterbunt

Bei jeder Taufe werden Eltern und Paten auf die christliche Erziehung ihrer Kinder angesprochen und versprechen auch, sich darum zu mühen. Wie wir festgestellt haben, steht es aber um die familiale Weitergabe des christlichen Glaubens nicht besonders gut. Die Verpflichtung der Eltern und Paten kommt hier einer schieren Überforderung gleich. Nicht wenige Tauffamilien sind selbst im Blick auf Fragen des Glaubens so unsicher, dass sie kaum in der Lage sind, ihren Kindern überzeugend Glaubenswissen nahezubringen oder mit ihnen Frömmigkeitsübungen zu gestalten. Die meisten kirchlichen Versuche, auf diese Lage zu reagieren, separieren Kinder und Eltern voneinander: Den Eltern wird ein Kurs für Taufeltern angeboten oder ein Gesprächskreis zu Fragen christlicher Erziehung. Die Kinder erleben in der Kindertagesstätte das Kirchenjahr und hören von der Bedeutung der christlichen Feste. Oder sie bringen die Einladung zur Kinderbibelwoche, zur Jungschar oder zu den christlichen Pfadfindern mit nach Hause. Die Idee ist: Kinder hier, Erwachsene dort.

Dass es anders geht, zeigen die „Messy Churches“. Sie gehören zu den neuen gemeindlichen Ausdrucksformen in der Church of England.[64] Die „Fresh Expressions of Church“ sind der Versuch, neue Gemeinschaften des Glaubens in bestimmte Lebenskontexte hinein zu pflanzen.[65] Von allen Modellen haben sich „Messy Churches“ am stärksten in England verbreitet. Die jüngste Studie zum Thema zählt mehrere Hundert „Messy Churches“. Das ist etwa ein Drittel aller untersuchten neuen Gemeindeformen.[66]

Die Eigenart von „Messy Churches“ ist es, in regelmäßigen Abständen (z. B. monatlich) Familien (jeglicher Art) einzuladen, um mit ihnen ein Thema des christlichen Glaubens kennen zu lernen. Eltern und Kinder erleben diese Treffen von Anfang bis Ende gemeinsam. Gemeinsam erkunden sie, was christlicher Glaube ist und welche Ausdrucksformen er haben kann.

---

[64] Vgl. Lings, Church.

[65] Vgl. Müller, Expressions; Pompe / Todjeras / Witt, Fresh X; Moynagh, Church, xiv–xviii.

[66] Vgl. die Studie „Day of Small Things“ (2016) = https://churcharmy.org/wp-content/uploads/2021/04/the-day-of-small-things.pdf (abgerufen am 26.11.2022), 40f.

Nach einer Begrüßung wird in Familiengruppen ein Thema – meist kreativ – bearbeitet. Manches bietet sich an, zu Hause fortgesetzt zu werden (Lieder, Gebete, Segensworte). Es gibt einen kurzen und einfachen Gottesdienst und viel Zeit zum gemeinsamen Essen, das das Treffen immer abschließt.

Inzwischen gibt es eine Variante der „Messy Churches" in einigen deutschen Landeskirchen unter dem Titel „Kirche kunterbunt".[67] Das Wesentliche daran ist – auch angesichts der vielerorts zurückgehenden Kindergottesdienste –, dass Kinder und Eltern gemeinsam Quality Time erleben *und* den Glauben erkunden. Die Idee ist im Grunde relativ einfach, wenn auch die Umsetzung aufwändig erscheint. Aber es ist ein offenbar recht erfolgreicher Versuch, Eltern nicht mit Appellen zu christlicher Erziehung allein zu lassen, sondern sie auf dem Weg zu einer familialen Spiritualität zu begleiten. Ob man ein solches Projekt *als Gemeinde* in Angriff nehmen kann oder sich mit anderen Gemeinden *in der Region* zusammentut, ist eine offene Frage, wenn man die spirituelle Unterstützung von Eltern und Familien als Aufgabe angenommen hat.

4.2 Intentionale Förderung von Spiritualität als Leitungsaufgabe

Wenn der Eindruck stimmt, dass gemeindliches Leben zur Förderung persönlicher Spiritualität beiträgt, dies aber eher „nebenbei" geschieht, dann wäre es ein nächster Schritt, die Förderung von Spiritualität als Daueraufgabe in der Gemeinde zu verstehen. Das legt nicht auf einen bestimmten Frömmigkeitsstil fest und zwingt nicht zu bestimmten Formaten, fordert aber heraus, sich als Gemeinde zu verständigen, was für die nächste Zeit als evangelische Spiritualität verstanden werden kann, d. h. auch: welches Ziel mit welchen Mitteln angesteuert werden soll (immer im Wissen darum, dass letztlich geistliches Wachstum Gabe des Geistes und nicht Machwerk gemeindlicher Steuerung ist):

> Was verstehen *wir* unter geistlichem Wachstum? Welche Mittel erscheinen uns verheißungsvoll, um die Wahrscheinlichkeit solchen Wachstums zu steigern? Wie soll dieses Thema Raum finden in unserer Jahresplanung? Wollen wir thematische Gottesdienstreihen planen, Kurse zu Themen der Spiritualität anbieten,[68] Exerzitien im Alltag einführen oder den Hauskreisen Impulse zu Themen aus der Trias Glaubenswissen, Frömmigkeitsübung, Lebensgestaltung geben?

[67] Vgl. Krebs / Scramek, Kirche.

[68] Vgl. z. B. die ‚Tiefgänger'-Kurse von MacDonald, Tiefgänger.

Sally Gallagher und Chelsea Newton haben zu diesem Thema in einer explorativen qualitativen Studie in vier unterschiedlichen Gemeinden in den USA geforscht.[69] Tatsächlich gab es manche *Überschneidungen* im Blick auf „means and ends" der Förderung von „spiritual growth". Es gab aber deutlich mehr theologisch und kulturell bedingte *Differenzen* zwischen einer liberalen Mainline Church, einer konservativ-evangelikalen Baptistengemeinde, einer orthodoxen Gemeinde und einer Emerging Church. Immerhin konnten Gemeindeglieder aus allen vier Gemeinden angeben, *worin* der Beitrag ihrer Gemeinde zum Bemühen um „spiritual growth" bestand. Die Forscherinnen stellten aber noch etwas fest: „Strong yet flexible core messages create an environment that nurtures spiritual formation and cultivates a sense of community and religious identity."[70] Eine klare, aber flexible Strategie der Gemeinde schafft also einen Sinn für Zusammengehörigkeit und ein Umfeld, in dem „spiritual growth" wahrscheinlicher wird.

4.3 Flexible Formen der gemeindlichen Geselligkeit

Diese letzte Überlegung bleibt zwangsläufig eher abstrakt, da hier kein konkretes Modell in den Blick gerät, sondern eine veränderte Haltung. Auf die beschriebene Zeitnot erwachsener Menschen in einer stark beschleunigten Kultur kann man ja kirchlich verschieden antworten: Man kann im einen Extrem auf die „biblische Norm" beständigen Zusammenkommens verweisen (immer gerne mit Apg 2,42) und einfach von den Gemeindegliedern mehr „Commitment" einfordern. Man kann im anderen Extrem die Sozialität des christlichen Glaubens so schrumpfen lassen, dass es am Ende mit einem Besuch im Weihnachtsgottesdienst getan sein darf.

Eine sinnvolle Alternative bestünde darin, an der Bedeutung verbindlicher und regelmäßiger Gemeinschaft festzuhalten, diese aber hinsichtlich der Rhythmen und Dauer flexibler zu gestalten. Das Modell des wöchentlichen analogen Treffens an einem bestimmten Ort ist ja nicht mehr als eine in einem bestimmten Kulturraum getroffene kontingente Vereinbarung. Was es bedeutet, „beständig zu bleiben" (Apg 2,42), kann je neu justiert werden. Entscheidend ist, dass eine Gruppe von Menschen zu einer Vereinbarung zusammenfindet, die Verlässlichkeit und Flexibilität vereint:

- Dann können sich Zeiten der Verdichtung und Zeiten des „Gemeinschaftsfastens" abwechseln. Vielleicht trifft man sich seltener (z. B. vierteljährlich), aber mit mehr Zeit (an einem langen Wochenende) und verdichteten Begegnungen. Dann wieder hält man eher über

---

69 Vgl. Gallagher / Newton, Growth, 232–261.

70 A. a. O., 236.

WhatsApp-Gruppen, Gruppen-E-Mails oder ein eingestreutes Zoom-Meeting Kontakt, bis es zum nächsten Treffen kommt.

- Dann können sich digitale und analoge Formen der Begegnung ergänzen. Im mitteldeutschen Erprobungsraum „Online-Kirche" ist die Beteiligung vorwiegend digital und ab und an analog. Man kann an zeitlich fixierten Treffen im Netz teilnehmen, die wie analoge Veranstaltungen aufgebaut sind (z. B. als Bibelteilen oder Online-Gottesdienst), man kann auch hochgeladene Angebote im Netz dann nutzen, wenn es gerade passt. Ein Hauskreis könnte häufiger digital stattfinden und gelegentlich analog (oder umgekehrt) und die Möglichkeit digitaler Kommunikation auch zwischen den Treffen nutzen. Wer keine Kinderbetreuung fand oder auf Dienstreise ist, ist nicht automatisch ausgeschlossen. Die Einzelnen werden zusätzlich verschiedene Apps und Podcasts[71] nutzen, die sie spirituell inspirieren und nähren. So sind sie auch in größere, eher anonyme Netzwerke eingebunden. Die Impulse daraus können sie wieder in „ihre" Gemeinschaft einspeisen.

Peter Bubmann regt an, eine „Polyphonie der Zeitrhythmen" zu bejahen.[72] Formen der „Gemeinde auf Zeit" seien nicht defizitär gegenüber der regelmäßig zusammenkommenden Gruppe. Zuzustimmen ist jedenfalls seiner Beschreibung der Aufgabe, vor der Gemeinden stehen, wenn sie gemeinschaftliche Spiritualität fördern und nicht unerfüllbare Vorgaben machen wollen: „Die Herausforderung einer besseren zeitlichen Passung zwischen Ausdrucksformen der Kommunikation des Evangeliums und den Lebensrhythmen spätmoderner Menschen betrifft alle Formen von Gemeindlichkeit gleichermaßen."[73] Je nach eigenem Schwerpunkt wird man eher mit gelegentlichen Begegnungen zufrieden sein oder hoffen, dass aus dem „auf Zeit" Verabredeten mehr erwachsen kann.

Die Bedeutung von Gemeinschaft für eine vitale Spiritualität sollte in diesem Beitrag herausgearbeitet werden. Mit Ralph Kunz teile ich die Hoffnung, dass „neue Gelegenheiten für Kirche [...] bindungslogisch entwicklungsoffen" sind. „Eine Gemeinschaft kann wachsen und sich intensivieren."[74] Das wäre doch wünschenswert, wenn man an das Statement aus Herrnhut denkt: „Ich statuiere kein Christentum ohne Gemeinschaft."

---

[71] Vgl. z. B. die Predigt-Podcasts von Timothy Keller. Auch die Zahl der Spiritualität adressierenden Podcasts nimmt zu, z. B. https://frischetheke-podcast.de/corona-special-17-herz-netz-werk/ (abgerufen am 26.11.2022).

[72] Vgl. Bubmann, Zeit, 61.

[73] A. a. O.

[74] Kunz, Gemeinde, 115.

Literatur

Benthaus-Apel, Friederike, Spiritualität – ein fluider Begriff und seine lebensweltlichen Bezüge in der religiösen Familienbildung, in: Forum Erwachsenenbildung 55,4 (2022), 36–41.

Berger, Peter L., Auf den Spuren der Engel, Freiburg i. Br. [3]1996.

Berger, Peter L. / Luckmann, Thomas, Die gesellschaftliche Konstruktion der Wirklichkeit, Frankfurt a. M. [20]2004.

Bird, Chad, Upside-down Spirituality, Grand Rapids (MI) 2019.

Böhlemann, Peter / Herbst, Michael, Geistlich leiten. Ein Handbuch, Göttingen 2011.

Bubmann, Peter, Die Zeit der Gemeinde als gemeindetheoretische Kategorie, in: Bubmann / Fechtner u. a. (Hg.), Gemeinde auf Zeit, 52–62.

Bubmann, Peter / Fechtner, Kristian u. a. (Hg.), Gemeinde auf Zeit. Gelebte Kirchlichkeit wahrnehmen (Praktische Theologie heute 160), Stuttgart 2019.

Coenen-Marx, Cornelia, Familie als Wiege der Spiritualität, in: Zimmerling (Hg.), Handbuch, Bd. 3, 657–675.

Dahlgrün, Corinna, Christliche Spiritualität, Berlin / New York 2009.

Domsgen, Michael, Religionspädagogik (Lehrwerk Evangelische Theologie 8), Leipzig 2019.

Evangelische Kirche in Deutschland (Hg.), Engagement und Indifferenz. Kirchenmitgliedschaft als soziale Praxis. V. EKD-Erhebung über Kirchenmitgliedschaft, Hannover 2014.

Fechtner, Kristian, Kirche von Fall zu Fall: Kasualien wahrnehmen und gestalten, Gütersloh 2011.

Gallagher, Sally K. / Newton, Chelsea, Defining spiritual growth: congregations, community, and connectedness, in: Sociology of Religion 70,3 (2009), 232–261.

Härry, Thomas, Von der Kunst sich selbst zu führen, Holzgerlingen [9]2021.

Hauschildt, Eberhard / Pohl-Patalong, Uta, Kirche (Lehrbuch Praktische Theologie 4), Gütersloh 2013.

Heelas, Paul / Woodhead, Linda, The spiritual revolution – Why religion is giving way to spirituality, Oxford 2005.

Herbst, Michael, „Bleibt alles anders“. Kirchentheoretische Landmarken für eine Kirche im Wandel, in: Kolja Koeniger / Jens Monsees (Hg.), Kirchen[n]gestalten. Re-Formationen von Kirche und Gemeinde in Zeiten des Umbruchs (BEG 26), Göttingen 2019, 15–38.

—, Missionarischer Gemeindeaufbau in der Volkskirche (BEG 8), Neukirchen-Vluyn [5]2010.

—, Worum kreisen Hauskreise?, in: ThBeitr 47 (2016), 7–22.

Herbst, Michael / Pompe, Hans-Hermann, Regiolokale Kirchenentwicklung, Berlin [5]2022.

Hermelink, Jan, Kirchliche Organisation und das Jenseits des Glaubens, Gütersloh 2011.

Hero, Markus, Religiöse Gesellungsformen in der Spätmoderne – zum Wandel des zeitlichen Horizonts, in: Bubmann / Fechtner u. a. (Hg.), Gemeinde auf Zeit, Stuttgart 2019, 30–39.

Hölscher, Lucian, Geschichte der protestantischen Frömmigkeit in Deutschland, München 2005.

Kirchenkanzlei der EKD (Hg.), Evangelische Spiritualität, Gütersloh 1979.

Krebs, Reinhold / Scramek, Sabine (Hg.), Kirche kunterbunt, Neukirchen-Vluyn 2019.

Kunz, Ralph, Wie entwickelt sich Gemeinde durch „Gemeinde auf Zeit"?, in: Bubmann / Fechtner u. a. (Hg.), Gemeinde auf Zeit, 106–117.

Lings, George (Hg.), Messy Church Theology. Exploring the significance of Messy Church for the wider church, London 2013.

MacDonald, Gordon, Tiefgänger, Asslar 2011.

Mielke, Roger, Gemeinde als Ort von Spiritualität, in: Zimmerling (Hg.), Handbuch, Bd. 3, 43–60.

Monsees, Jens / Witt, Carla J. / Reppenhagen, Martin, Kurs halten (BEG-Praxis), Neukirchen-Vluyn 2015.

Moynagh, Michael, Church for every context. An introduction to theology and practice, London 2012.

Müller, Olaf / Pollack, Detlef / Pickel, Gert, Religiös-konfessionelle Kultur und individuelle Religiosität: Ein Vergleich zwischen West- und Ostdeutschland, in: Köln Z Soziologie 65 (2013), 123–148.

Müller, Sabrina, Fresh Expressions of Church. Ekklesiologische Beobachtungen und Interpretationen einer neuen kirchlichen Bewegung, Zürich 2016.

Nouwen, Henri, In ihm das Leben finden, Freiburg i. Br. [2]1982.

Paas, Stefan, Pilgrims and priests. Christian mission in a post-Christian society, London 2019.

Pohl-Patalong, Uta, Kirche gestalten. Wie die Zukunft gelingen kann, Gütersloh 2021.

Pompe, Hans-Hermann / Todjeras, Patrick / Witt, Carla J. (Hg.), Fresh X. Frisch. Neu. Innovativ: Und es ist Kirche (BEG-Praxis), Neukirchen-Vluyn 2016.

Popp, Thomas / Wolf, Michael, Bibelbezogen und biographienah. Hauskreise als Erfahrungsräume evangelischer Spiritualität, in: Zimmerling (Hg.), Handbuch, Bd. 3, 101–115.

Rosa, Hartmut, Beschleunigung. Die Veränderung der Zeitstrukturen in der Moderne, Frankfurt a. M. 2005.

Sautter, Jens Martin, Spiritualität lernen. Glaubenskurse als Einführung in die Gestalt christlichen Glaubens (BEG 2), Neukirchen-Vluyn 2005.

Schmidt, Martin, Herrnhuter Brüdergemeine, in: Heyer, Friedrich (Hg.), Konfessionskunde, Berlin und Boston 1977, 702–709.

Sinnemann, Maria, Engagement mit Potenzial. Sonderauswertung des vierten Freiwilligensurveys für die evangelische Kirche (SI aktuell), Hannover 2017.

Steffensky, Fulbert, Schwarzbrot-Spiritualität, Stuttgart 2005.

Stolz, Jörg u. a., Religionstrends in der Schweiz. Religion, Spiritualität und Säkularität im gesellschaftlichen Wandel, Wiesbaden 2022.

Wegner, Gerhard, Was ist geistliche Leitung?, in: PTh 96 (2007), 185–200.

Zimmerling, Peter, Evangelische Spiritualität, Göttingen 2003.

– (Hg.), Handbuch Evangelische Spiritualität, Bd. 3: Praxis, Göttingen 2020.

–, Zur Theologie der Evangelischen Spiritualität, in: ders. (Hg.), Handbuch Evangelische Spiritualität, Bd. 2: Theologie, Göttingen 2018, 20–42.

Zimmermann, Johannes, Gemeinde zwischen Individualität und Sozialität (BEG 3), Neukirchen-Vluyn, 2. Aufl. [2]2009.

Zulehner, Paul M., Aufbrechen oder untergehen, Ostfildern 2003.

Spiritualität und Gemeinschaft aus religionssoziologischer Perspektive

Von Gert Pickel

1 Einleitung – Spiritualität und Gemeinschaft als Gegensätze?

Bereits in der frühen Religionssoziologie wurde Religion als wichtiges Element der Vergemeinschaftung angesehen. Emile Durkheim betrachtete die Vergemeinschaftung sogar als die zentrale Funktion der Religion.[1] Aus seiner Sicht kann Religion nur in Gemeinschaft entstehen. Georg Simmel nahm zwar einen anderen Weg, aber kam zu ähnlichen Befunden. Religion benötigt immer die Gemeinschaft oder mehrere Gemeinschaften.[2] In der Gegenwart hat man sich von dieser Position einer großen Relevanz der Gemeinschaft in Religionen eher angewandt. Debatten um ein Verschwinden der Religiosität werden angereichert durch Hinweise auf eine individualisierte Religiosität jenseits der Kirchen oder spirituellen Erfahrungen jenseits von religiösen Gemeinschaften.[3] Zugespitzt wird Spiritualität sogar als Ersatzform, Substitut oder Alternative zu Religiosität markiert.[4] Der Gemeinschaftsaspekt wird in der spirituellen Revolution als eher nachrangig und nicht entscheidend für das Fortbestehen des Religiösen ausgemacht. Auch in der theologischen Literatur finden sich Hinweise auf eine spirituelle, individualisierte Religiosität jenseits von Kirchen. So unterschied Ernst Troeltsch in seinen Sozialformen des religiösen Lebens zwischen den Kirchen, Sekten und der eher individualistischen Gemeinschaftsform der Mystik.[5] Selbst wenn sich die Zugänge der heutigen Bestimmung von Spiritualität als Ersatzform für Religiosität von den frühen Gedanken Troeltschs unterscheiden, stellt sich doch die Frage: *Stehen sich mit „religiöser Gemeinschaft“ und „Spiritualität“ zwei Aspekte des Religiösen naturgemäß gegenüber?*

Nun kann man eine solche Unabhängigkeit von Spiritualität und religiöser Gemeinschaft mit Blick auf die Überlegungen zu einem mehrdimensionalen Konzept von Religiosität, wie

---

1 Durkheim, Die elementaren Formen des religiösen Lebens.

2 Simmel, Die Religion.

3 Luckmann, Unsichtbare Religion; Knoblauch, Populäre Religion, 114–118.

4 Healas / Woodhead, Spiritual Revolution; Healas, Spiritualities; Siegers, Alternative Spiritualitäten; Entricht, Spiritualität.

5 Troeltsch, Die religiösen Formen; Siegers, Spiritualität, 10–14.

es z. B. Charles Glock vorgelegt hat, durchaus annehmen.[6] So unterscheidet Stefan Huber[7] in einer Adaption und Umarbeitung der Überlegungen von Glock zwischen gemeinschaftsbezogenen religiösen Praktiken, privaten religiösen Praktiken, religiösem Wissen, religiösen Erfahrungen sowie Religiosität als Glauben.[8] Am ehesten der individualisiert gezeichneten Spiritualität kommt die Kategorie der religiösen Erfahrungen nahe. Gleichzeitig sieht Huber – wie schon Glock – alle Bereiche als eng miteinander verbunden an. Sie zusammen konstituieren eine Zentralität von Religiosität. Die unterschiedlichen Schwerpunktsetzungen in Wissen, Praktiken und Glauben variieren dann den Typus des religiösen Menschen. Diesen Überlegungen nach existiert also nur eine beschränkte Unabhängigkeit von Spiritualität – und damit auch eine gewisse Nähe zu gemeinschaftlicher Praxis. Dies führt mich zu der These, *dass Spiritualität mit Religiosität und Gemeinschaft verbunden ist und nur selten eine Alternative zu Religiosität und damit auch Gemeinschaft darstellt.* Um diese These zu prüfen, sind empirische Analysen notwendig, welche die Haltungen und Überzeugungen der Bürger und Gläubigen berücksichtigen. Ich verwende in der Folge vornehmlich Umfragedatenmaterial des Bertelsmann Religionsmonitors. Es gehört zu dem wenigen Datenmaterial, welches gezielt Eigenaussagen zu Spiritualität erhebt.[9] Zudem stellt es noch einen breiten Korpus an anderen Aspekten der Religiosität nach dem mehrdimensionalen Konzept von Stefan Huber bereit.

2 Die Existenz von Spiritualität in Europa und Deutschland

Methodisch hat sich der Zugriff empirischer Forscher:innen auf das Phänomen Spiritualität in den letzten Jahren erleichtert. Nicht nur wurden eigenständige Fragen nach Spiritualität formuliert, auch wurde der Blick auf Religiosität differenzierter. Gleichzeitig sind diese Fragen und Ausdifferenzierungen nicht überall zu finden. Ein Ort, wo sie erhoben werden, ist in den wiederkehrenden Befragungen des Bertelsmann Religionsmonitors. 2013 wurde z. B. nach der Wichtigkeit von Religiosität und Spiritualität für das eigene Leben gefragt.

---

6 Glock, On the Study on Religious Commitment.

7 Huber, Zentralität von Religiosität, 18–20.

8 Pickel, Religionssoziologie, 25–47.

9 Für die Überlassung der Daten des Religionsmonitors 2013 und 2017 danke ich der Bertelsmann-Stiftung. Zu Grunddaten des Bertelsmann Religionsmonitors 2017 siehe die Special Section zum Religionsmonitor 2017 in der Zeitschrift für Religion, Gesellschaft und Politik. Vgl. El-Menouar / Pickel, Editorial Religionsmonitor 2017, 1–3.

Abb. 1: Wichtigkeit von Religion und Spiritualität für das Leben in 13 Ländern

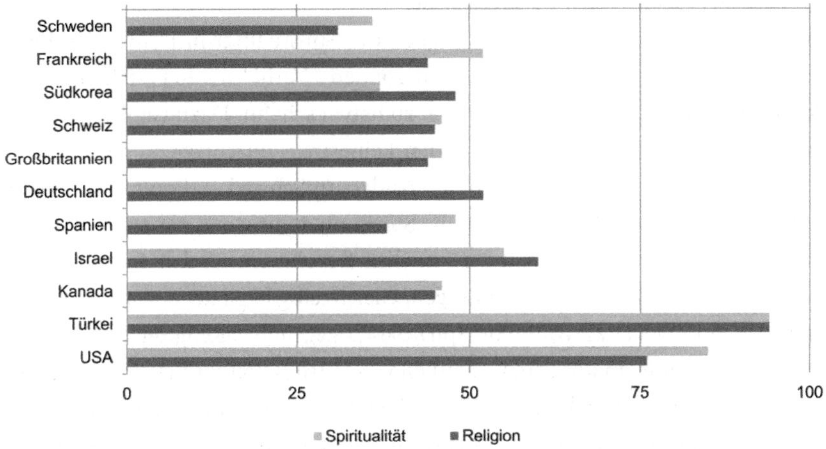

Quelle: eigene Berechnungen; Bertelsmann Religionsmonitor 2013; Frage: „Für wie wichtig erachten Sie folgende Dinge in Ihrem Leben?", zustimmende Aussagen in Prozent.

Das Ergebnis war bestechend. Die Wichtigkeitswerte in allen 13 Untersuchungsländern unterschieden sich nur geringfügig zwischen der Eigeneinschätzung von Religiosität und Spiritualität (Abb. 1). Auch eine Korrelationsanalyse ergibt eine enge Kopplung zwischen beiden Wichtigkeitseinschätzungen (Pearsons r=.49). Das bedeutet, dass nicht unbedingt jeweils andere Leute Spiritualität oder Religion für wichtig halten. Vielmehr sind es oft dieselben Personen, welche Spiritualität und Religion als wichtig ansehen. Dort, wo Religion wichtig ist, ist auch Spiritualität wichtig. Da, wo Spiritualität unwichtig ist, ist es auch Religion und Religiosität.

Mit Blick auf die variierenden Länderverteilungen besitzen kulturelle Differenzen und auch der Modernisierungsstand eines Landes einen beachtlichen Einfluss auf die Relevanz von Religion und Spiritualität.[10] Die höchste Relevanz besitzen Religion und Spiritualität in den USA und in der Türkei, die niedrigste in Schweden, Frankreich und Südkorea. Sind erstere für ihre hohe Religiosität bekannt, unterscheiden sich die drei Schlusslichter: Während das protestantische Schweden scheinbar in den Zeiten des Staatskirchentums seine religiösen und spirituellen Interessen verloren zu haben scheint, dürfte in Frankreich der dort vorherrschende eher religionsfeindliche Laizismus Spiritualität und Religiosität entgegenwirken. Südkorea erweist sich als spezieller – und schwierig zu interpretierender – Fall. Deutlich wird nur, dass es sich nicht um ein christliches Wachstumsland handelt, wie manche vor Jahren angenommen

[10] Pickel, Religiosität in Deutschland, 67–72; Pollack / Rosta, Religion in der Moderne, 437–457.

haben. Alle anderen Nationen befinden sich auf einem mittleren Niveau von ca. 50 Prozent Zustimmung. Allein Israel sticht noch etwas hervor.

Auffällig ist die deutlich geringere Wichtigkeit der Spiritualität in Deutschland gegenüber der Wichtigkeit von Religion. Hier scheint ein besonderes Verhältnis zu bestehen, in dem Spiritualität keinen so guten Ruf unter den Bürgern zu haben scheint. Dazu vergleichbar ist nur die Situation in Südkorea. Hier scheint Spiritualität keineswegs durchgehend als Alternative von Religion und Religiosität gesehen zu werden.[11] Anders in Schweden, Frankreich, Spanien und der USA: Dort finden wir mehr Menschen, die Spiritualität als wichtiger ansehen als Religion. Ob es sich dabei um das Ergebnis einer spirituellen Revolution handelt, kann man an dieser Stelle und ohne weiteres Material schlecht sagen. Gleichzeitig begleitet eine zunehmende Säkularisierung auch ein Relevanzgewinn von Spiritualität gegenüber Religion. So ist das Ergebnis zumindest teilweise konform mit dem Gedanken von Spiritualität als Ersatzform von Religion.

Nun bedeutet einem Lebensbereich Wichtigkeit zuzuweisen nicht unbedingt, dass man selbst religiös oder spirituell ist. So ist es hilfreich, dass auch diese Frage im Religionsmonitor gestellt wurde – und anders als die Wichtigkeit 2013 *und* 2017. Werfen wir zuerst einen Blick auf die Verteilungen 2013, da wir dort einen breiteren Länderkorpus als 2017 haben.

Abb. 2: Eigeneinschätzung Religiosität und Spiritualität 2013

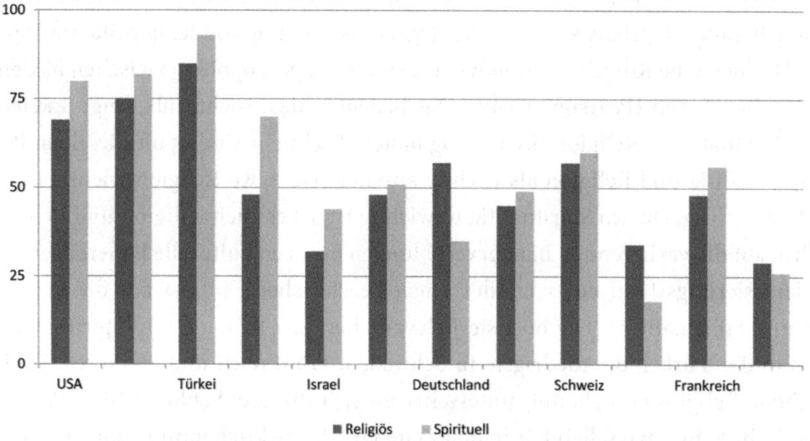

Quelle: Bertelsmann Religionsmonitor 2017;
Frage: „Als wie religiös würden Sie sich bezeichnen? Als wie spirituell würden Sie sich bezeichnen?", fünf Antwortvorgaben, ausgewiesen: sehr + etwas + mittel (Referenz kaum und nicht); Aussagen in Prozent.

11 Pickel, Evangelische Spiritualität, 628f.

So wie sich die Grundstruktur der Wichtigkeit auch in der Eigenbeschreibung von Religiosität und Spiritualität über die Länder in etwa reproduziert, zeigen sich doch Unterschiede. Zuerst einmal liegen die Selbstzuschreibungen etwas unter den Wichtigkeitszuweisungen (siehe Südkorea, Israel und Schweden). Daneben finden sich nur geringe Variationen zur Wichtigkeit: Während in einigen Ländern die Zahl derjenigen, die sich als spirituell einstufen, die derjenigen, die sich religiös einstufen, übersteigt (Türkei, Kanada, Frankreich, USA ...) ist die Situation in Deutschland, Südkorea und Schweden umgekehrt (Abb. 2).

Abb. 3: Wandel von Spiritualität 2013 und 2017

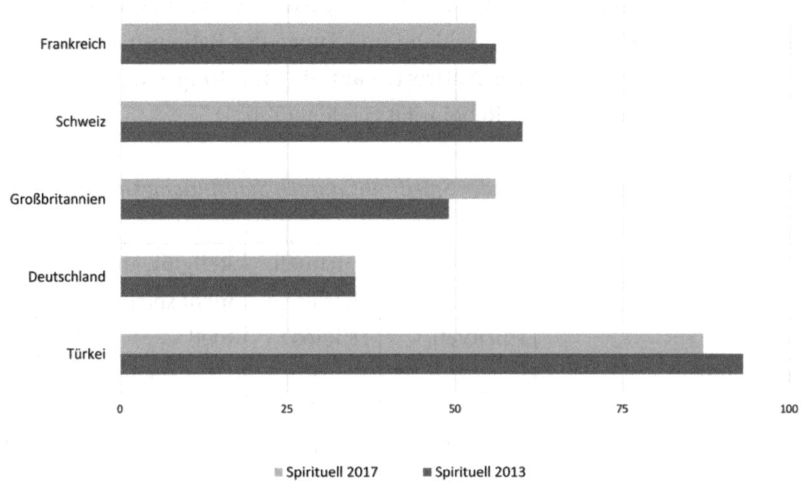

Quelle: Bertelsmann Religionsmonitor 2017;
Frage: „Als wie religiös würden Sie sich bezeichnen? Als wie spirituell würden Sie sich bezeichnen?", fünf Antwortvorgaben, ausgewiesen: sehr + etwas + mittel (Referenz kaum und nicht); Aussagen in Prozent.

In Deutschland schätzen sich mehr Menschen als religiös, aber nicht spirituell ein. Es scheint so, als würden kulturelle Gründe die Verbreitung von und Offenheit gegenüber Spiritualität prägen. Die Eigeneinschätzung der Spiritualität und der Religiosität bleiben allerdings statistisch eng verbunden (Pearsons r=.49). Dies spricht stärker für eine Korrespondenz christlicher und muslimischer Spiritualität, als für Spiritualität als Ersatz für Religiosität.[12] Interessant ist die Entwicklung in den Ländern. Aufgrund der begrenzten Zahl an Ländern 2017 bleibt ein Vergleich eingeschränkt; er zeigt aber zwischen 2013 und 2017 für die meisten der verbleiben-

12 Zimmerling, Handbuch Spiritualität.

den Länder einen Rückgang an Spiritualität (Abb. 3).[13] Allein in Großbritannien finden wir eine Zunahme der selbst angegebenen Spiritualität. Genau genommen folgt somit die eigene Spiritualität der Religiosität. Damit sind wir auf Pfaden der Säkularisierungstheorie unterwegs.[14] Spiritualität scheint auch an dieser Stelle keineswegs der Ersatz zur Religiosität zu sein, sondern sich eher innerhalb der Religionen zu bewegen.[15] Damit ist die gemessene Spiritualität weitgehend eine religiös und kirchlich gebundene Spiritualität im Sinne der Einschätzung von Charles Glock als religiöser Erfahrung und deren Ausleben. Sie ist zwar einerseits eine eigene Teil-Komponente der Religiosität, aber eben mit anderen Formen (wie öffentliche und private Praxis, Glaube, religiöses Wissen) verbunden.

Wo sind nun diese Gruppen in der Gesellschaft angesiedelt? Um dies näher zu betrachten konzentrieren wir uns ab hier auf Deutschland und Typen der Religiosität und Spiritualität. Sie werden aus einer Kombination der Antworten auf die Einzelfragen der Einschätzung der eigenen Spiritualität und der eigenen Religiosität gebildet (Tab. 1).

Tab. 1: Religiosität und/oder Spiritualität nach Selbstaussagen 2017

	Weder religiös noch spirituell	Spirituell, aber nicht religiös	Religiös, aber nicht spirituell	Religiös und spirituell
Westdeutschland	35	9	25	31
Ostdeutschland	69	5	15	11
Gesamt	**42**	**8**	**23**	**27**
Frau	34	7	25	34
Mann	51	10	20	19
Hohes formales Bildungsniveau	47	11	19	23
Religionszugehörigkeit				
Islam	6	6	29	59
Katholiken	28	4	27	42
Protestanten	28	6	37	29
Evangelische Freikirche	0	10	29	61
Konfessionslose	78	14	3	5

Quelle: eigene Berechnungen Religionsmonitor 2017; ausgewiesene Werte in Prozent.

[13] Vgl. auch Liedhegener, Ich-Gesellschaft.

[14] Pickel, Religiöse Vielfalt, 4–10.

[15] Klein u.a, Spirituality, 72f.

Wenig überraschend sind in Ostdeutschland sieben von zehn Personen weder religiös noch spirituell. Hier manifestiert sich die forcierte Säkularität Ostdeutschlands auch in nüchternen Zahlen.[16] Nur eine kleine Minderheit der Ostdeutschen sieht sich als spirituell, und wenn dies so ist, dann sind sie zumeist auch religiös. Die zweitgrößte Gruppe sind in Ostdeutschland Menschen, die sich als nur religiös einordnen. Auch die Zahl der exklusiv spirituellen Westdeutschen ist übersichtlich in ihrer Größe. Deutlich stärker ist die Gruppe derjenigen, die sich sowohl als religiös als auch spirituell bezeichnen. Und immerhin ein Viertel der Westdeutschen sieht sich als exklusiv religiös und kann mit Spiritualität wenig anfangen. Diese Ergebnisse bestätigen die angenommene enge Verbindung zwischen Religiosität und Spiritualität, die sich bereits in den Ländervergleichen zeigte.

Bemerkenswert ist noch ein anderer Befund: So ist unter Frauen die Verkopplung zwischen Religiosität und Spiritualität beachtlich und erheblich größer als unter Männern (Tab. 1). Teilweise trägt die auch deutlich höhere Religiosität der Frauen, teilweise deren leicht höhere spirituelle Offenheit zu diesem Ergebnis bei. Ein wenig ähnlich wie bei den Männern sieht es bei formal höherer Bildung aus. Neben der über dem Bevölkerungsdurchschnitt liegenden Ferne zu Spiritualität und Religiosität fällt die etwas stärkere Verbreitung von Spiritualität als Ersatz von Religiosität auf. Gleichwohl bleibt diese auf 11 Prozent der Hochgebildeten beschränkt. Sollte Spiritualität als Substitut für Religiosität wirken, dann müsste die Zahl der rein Spirituellen unter Konfessionslosen höher als bei den Religiösen sein. Und tatsächlich ist dies der Fall. Mit 14 Prozent finden wir hier den höchsten Anteil der rein Spirituellen unter den Konfessionslosen. Abgesehen natürlich von den 78 Prozent der Konfessionslosen, die weder religiös noch spirituell sind.

Faktisch umgekehrt ist das Bild bei den Mitgliedern der evangelischen Freikirchen und bei Muslimen. So wie sich hier kaum rein Spirituelle finden, existiert in diesen beiden Gruppen im Religionsmonitor 2017 quasi niemand, der nicht religiös oder spirituell ist. Am absolut häufigsten bezeichnen sich Muslime und Mitglieder evangelischer Freikirchen aber als beides. Katholiken und Protestanten bewegen sich zwischen diesen Extremen. Was allerdings selten vorkommt, ist eine reine Spiritualität. Diese wird deutlich von Gläubigen ausgestochen, die sich nur als religiös und nicht als spirituell ansehen. Insgesamt existiert Spiritualität meist im Kontext der Religiosität und wird nur selten als Alternative zu ihr angesehen. Das soll allerdings nicht heißen, dass es dies nicht gibt. Gerade die beachtliche Zahl an Konfessionslosen, die sich als spirituell bezeichnen, zeigt, dass beide Entwicklungsrichtungen existent sind und möglicherweise die Zuschreibung als Spiritualität mir weiter absinkender Kirchenzugehörigkeit eher zu- als abnehmen wird. Bislang dominiert allerdings noch eine stark durch die Reli-

16 Wohlrab-Sahr u. a., Forcierte Säkularität.

gionsgemeinschaften geprägte Spiritualität, was durchaus bemerkenswerte Verbindungen zu Gemeinschaftsaspekten erwarten lässt.

3 Spiritualität und Gemeinschaft in Deutschland

Nachdem wir die Situation der Spiritualität in Deutschland und einigen anderen Staaten Europas betrachtet haben, kommen wir nun zum Verhältnis von Spiritualität und Gemeinschaft. In den vorangegangenen Betrachtungen habe ich mich stark an den Überlegungen von Charles Glock und Stefan Huber orientiert. Die bisherigen Ergebnisse deuteten in die Richtung einer Einbindung der Spiritualität in das Gesamtset an Religiosität. Zu diesem gehören die Identifikation und die religiöse Gemeinschaft. Ein Weg ist die Betrachtung der Zugehörigkeit zu einer Gemeinschaft. Unter den neuen Bedingungen der eigenen und selbständigen Auswahl von Gemeinschaften durch Personen kann man jede Gemeinschaft ja auch verlassen. Entsprechend sagt eine verbleibende Mitgliedschaft durchaus etwas über die Bindung an diese Gemeinschaft aus. Die enge Verbindung zwischen der Zugehörigkeit zu einer islamischen oder christlichen Gemeinschaft und Spiritualität konnte bereits in Tabelle 1 gezeigt werden. Nun ist dies aber nur eine begrenzte Form der Bindung an die Gemeinschaft, wenn auch nicht nichts.

Interessanter sind die aktive Beteiligung an der Gemeinschaft und die Mitwirkung. Diese kann – eher passiv – durch den Besuch des Gottesdienstes, schon aktiver durch die Beteiligung am gemeindlichen Leben und durch freiwilliges Engagement passieren. Alle drei Formen wurden im Religionsmonitor 2017 erhoben und auch genutzt. Betrachten wir jetzt die Beziehungen zwischen einer spirituellen Überzeugung (auch im Vergleich mit der religiösen Überzeugung) und diesen Indikatoren für Gemeinschaft.

Tab. 2: Beziehungen zwischen Religiosität und Spiritualität mit religiöser Vergemeinschaftung und anderen Formen der Religiosität

	Religiös	Spirituell
Gemeinschaftsformen		
Mitgliedschaft christliche Kirche	.59**	.27**
Besuch Gottesdienst	.45**	.27**
Besuch Kirche oder Gemeinde jenseits des Gottesdienstes	.24**	.19**
Aktuelles freiwilliges Engagement	.18**	.17**
Jetziges oder früheres Engagement	.11**	.12**

	Religiös	Spirituell
Andere Elemente der Religiosität		
Persönliches Gebet	.67**	.42**
Häufigkeit des Gefühls mit Gott eins zu sein (theistische religiöse Erfahrung)	.69**	.46**
Häufigkeit des Gefühls mit allem eins zu sein (pantheistische religiöse Erfahrung)	.33**	.37**
Religiöse Sozialisation (Selbst eingeschätzt)	.49**	.49**

*Quelle: eigene Berechnungen Religionsmonitor 2017; **= signifikant <.01; * signifikant < .05; ausgewiesen Pearsons R-Produkt-Moment Korrelationen.*

Die Korrelationsanalyse, welche die Beziehungen zwischen verschiedenen Zuordnungen und Selbstbezeichnungen misst, zeigt durchaus signifikante Beziehungen zwischen einer eigenen Spiritualität und der Mitgliedschaft in einer Kirche, aber auch anderen Gemeinschaftsformen auf. Gemeinschaft und Spiritualität schießen sich also keineswegs aus. Es kann sowohl eine evangelische, katholische, jüdische und muslimische Spiritualität geben.[17] Gleichzeitig sind Spiritualität und Gemeinschaftsformen des Religiösen nur begrenzt stark miteinander verbunden, wenn man den Blick auf andere Elemente der Religiosität und auch auf die Beziehungen der Gemeinschaftsformen zur Religiosität lenkt. Abgesehen vom freiwilligen Engagement sind die Beziehungen zwischen den Abbildungen einer christlichen Gemeinschaft und einer eigenen Religiosität immer, teils deutlich, stärker als die Beziehung zur Spiritualität. Vor allem die hohen Beziehungswerte zwischen Religiosität und Gottesdienstbesuch sowie Mitgliedschaft verweist auf eine enge Kopplung und die wichtige sozialisatorische Wirkung im christlichen Raum. Zu ihr tritt das Erlernen von Interpretationen als religiös.

Nun würde man von der individualistischer gedachten Spiritualität vielleicht auch nicht erwarten, dass sie mit Gemeinschaftsformen am stärksten zusammenhängt.[18] Um einen breiteren Informationsstand zu erhalten, nehmen wir die Grundüberlegungen von Glock hinzu, die religiöse Erfahrungen und die private religiöse Praxis einschließen. Und mit der Vermutung, dass speziell die Erfahrungen der Spiritualität nahe stehen, liegt man, wie Tabelle 2 zeigt, richtig. So sind die Beziehungen zum persönlichen Gebet, wie zu einer religiösen Erfahrung die mit Abstand stärksten (statistischen) Verbindungen, die wir messen konnten. Angesichts des Verständnisses von Spiritualität als Äquivalent religiöser Erfahrung ist dies nicht verwunderlich. Doch gleichzeitig wird eine Differenz deutlich: So fallen die Beziehungen von Religiosi-

[17] Zimmerling, Handbuch Evangelische Spiritualität.

[18] Stolz u. a., Ich-Gesellschaft.

tät mit dem persönlichen Gebet und theistischer religiöser Erfahrung noch einmal deutlich stärker aus als alle anderen Beziehungen. Es ist zu vermuten, dass die Interpretation von persönlichen Erfahrungen als religiös aus anderen religiösen Wissensbeständen abgeleitet wird.[19] Zusammenhänge mit der nicht explizit etwas Religiöses in der Formulierung ansprechenden pantheistischen Erfahrung bleiben insgesamt geringer. Hier übersteigt nun auch, wenn auch nur leicht, die Korrelation mit Spiritualität die Korrelation mit der Religiosität. Deutlich wird allerdings die beachtliche Nähe von individuellen Erfahrungen und Praktiken zur Spiritualität, die deren (auch mystische) Individualität bestätigt.

Insgesamt kann man sagen, dass Spiritualität zwar einem Gemeindeleben und einer Gemeinschaft keineswegs entgegensteht und sich problemlos mit diesen verbinden kann, gleichzeitig repräsentiert Spiritualität für eine gewisse Zahl an Menschen eine eigenständige Form des Glaubens. Diese kann außerhalb der Kirche geschehen, meistens ist sie aber innerhalb und zudem religiös interpretiert und eingebunden. Letzteres zeigen die beachtlichen Zusammenhänge zwischen einer eigenen religiösen Sozialisation und Spiritualität (Tab. 2). Um spirituell zu sein, muss man meist wissen, was das ist und was Religiosität ist. Ohne das Vorwissen der Religiosität scheint es Menschen schwer, eine eigene Spiritualität zu entwickeln.

4 Fazit – Spiritualität und Gemeinschaft als ungleiche Schwestern

Spiritualität kann für manche eine Alternative zu Religion und Religiosität sein, es kann aber auch ein zentrales Merkmal christlicher und islamischer Religiosität darstellen. So finden sich nicht umsonst große Gruppen an Gläubigen, die sich sowohl als religiös als auch spirituell sehen. Nur wenige, aber prozentuell mehr unter den Konfessionslosen, sehen sich als spirituell. Dies soll nicht darüber hinwegtäuschen, dass die meisten Konfessionslosen sich weder für religiös noch spirituell halten. Aber wenn sie dies tun, dann liegt ihnen das Spirituelle näher als das Religiöse. Trotz dieses Kontrapunktes ist Spiritualität eher inner- als außerhalb von Kirchen und Moscheen zu finden, dann aber meist in Verbindung mit Glauben, Religiosität und eben auch Gemeinschaft.

So wie Spiritualität Gemeinschaft nicht ausschließt und sogar eher dort zu finden ist, zeigt sich empirisch doch auch eine individualistischere Form des Religiösen, die auch außerhalb von Kirchen und Religionsgemeinschaften existieren kann. Dies tut sie in Deutschland derzeit noch nicht ganz so häufig, aber sie tut es. Damit bestätigt sich das Bild einer Mischung aus christlicher, muslimischer, aber auch unkirchlicher Spiritualität. Nur für eine Minderheit dient Spiritualität als Alternative zur Religion und Religiosität, eine Form individualistischen,

19 Hamberg, Unchurched Spirituality, 744f.

erfahrungsbasierten Glaubens ist sie aber allemal. Wie sich dies in Zeiten voranschreitender Säkularisierung entwickeln wird, muss sich zeigen. Deutlich wird: Die meisten Unreligiösen sind auch nicht spirituell. Wenn Spiritualität zu einer Alternative wird, dann zu einer in der Größe begrenzten Alternative. Denn bei denjenigen, die Spiritualität und Religiosität als verbunden ansehen und diese in ihrer Kirche und Glaubensgemeinschaft verorten, ist es fraglich, ob gerade die Spiritualität alleine überlebt ohne religiöses Wissen, Gebet und Gemeinschaft.

Literatur

Durkheim, Emile, Die elementaren Formen des religiösen Lebens, Berlin 2020 [1917].

El-Menouar, Yasemin / Pickel, Gert, Editorial: Religionsmonitor 2017, in: Zeitschrift für Religion, Gesellschaft und Politik 6/2 (2022), 1–11.

Endtricht, Rebecca, Die ambivalente Rolle der Spiritualität für die Erklärung von Verschwörungsglauben und Demonstrationsbereitschaft im Kontext der COVID-19-Pandemie, in: Zeitschrift für Religion, Gesellschaft und Politik 6 (2022), https://doi.org/10.1007/s41682-022-00134-z.

Glock, Charles, On the Study of Religious Commitment, Chicago 1973.

Hamberg, Eva, Unchurched Spirituality, in: Peter B. Clarke (Hg.), The Oxford Handbook of the Sociology of Religion, Oxford 2011, 742–757.

Heeals, Paul, Spiritualities of Life, in: Peter B. Clarke (Hg.), The Oxford Handbook of the Sociology of Religion, Oxford 2011, 758–782.

– / Woodhead, Lind, The Spiritual Revolution: Why Religion is Giving Way to Spirituality, Oxford 2005.

Huber, Stefan, Zentralität und Inhalt. Ein neues multidimensionales Messmodell der Religiosität, Opladen 2003.

Jaeckel, Yvonne / Pickel, Gert, Religiöse Atheisten? Eine Standortbestimmung zwischen gesellschaftlicher Säkularisierung und religiöser Individualisierung, in: epd-Dokumentationen 46/2015, 24–36.

Klein, Constantin / Hood, Ralph W. / Silver, Christopher F. / Keller, Barbara / Streib, Heinz, Is „Spirituality" nothing but „Religion"? An Indirect Measurement Approach, in: Streib, Helmut / Hood, Ralph W. (Hg.), Semantics and Psychology of Spirituality. A Cross-Cultural Analysis Comparing Germany and America, Cham 2016, 71–85.

Knoblauch, Hubert, Populäre Religion. Auf dem Weg in eine spirituelle Gesellschaft, Frankfurt a. M. 2009.

Liedhegener, Antonius, Zwischen Ich-Gesellschaft und Wir-Nation. Religionszugehörigkeit, Religiosität und der Umgang mit religiöser Vielfalt in der Schweiz, in: Zeitschrift für Religion, Gesellschaft und Politik 6 (2022), https://doi.org/10.1007/s41682-022-00124-1.

Luckmann, Thomas, Die unsichtbare Religion, Frankfurt a. M. 1991.

Pickel, Gert, Religionssoziologie. Eine Einführung in zentrale Themenbereiche, Wiesbaden 2011.

–, Religiosität in Deutschland und Europa – Religiöse Pluralisierung und Säkularisierung auf soziokulturell variierenden Pfaden, in: Zeitschrift für Religion, Gesellschaft und Politik 1 (2017), 37–74. https://doi.org/10.1007/s41682-017-0008-4.

–, Evangelische Spiritualität und Säkularismus oder Atheismus, in: Zimmerling, Peter, Handbuch Evangelische Spiritualität, Bd. 2: Theologie, Göttingen 2018, 627–647.

–, Religiöse Vielfalt als Bedrohung oder Bereicherung? Ergebnisse des Bertelsmann Religionsmonitors 2017 im Ländervergleich, in: Zeitschrift für Religion, Gesellschaft und Politik 6 (2022); https://doi.org/10.1007/s41682-022-00119-y.

Pollack, Detlef / Rosta, Gergely, Religion in der Moderne, Frankfurt a. M. 2015.

Siegers, Pascal, „Spiritualität": Sozialwissenschaftliche Perspektiven auf ein umstrittenes Konzept, Analyse & Kritik 36, 2014, 5–30.

–, Alternative Spiritualitäten. Neue Formen des Glaubens in Europa. Eine empirische Analyse, Frankfurt a. M. 2012.

Simmel, Georg, Die Religion, Frankfurt a. M. 1906.

Stolz, Jörg / Könnemann, Judith / Schneuwly Purdie, Mallory / Englberger, Thomas / Krüggler, Michael, Religion und Spiritualität in der Ich-Gesellschaft. Vier Gestalten des (Un-)Glaubens, Zürich 2014.

Troeltsch, Ernst, Die Soziallehren der christlichen Kirchen und Gruppen, Tübingen 1994 [1912].

Wohlrab-Sahr, Monika / Karstein, Uta / Schmidt-Lux, Thomas, Forcierte Säkularität. Religiöser Wandel und Generationendynamik im Osten Deutschlands, Frankfurt a. M. 2009.

Wuthnow, Robert, Spirituality and Spiritual Practice, in: Fenn, Richard K. (Hg.), The Blackwell Companion to Sociology of Religion, Oxford 2003, 306–320.

Zimmerling, Peter, Evangelische Spiritualität. Wurzeln und Zugänge, Göttingen 2003.

–, Handbuch Evangelische Spiritualität, Bd. 3: Praxis, Göttingen 2020.

Gemeinschaftsprojekte säkularer und christlicher Spiritualität im Vergleich

Von Michael Utsch

Ein erfolgreicher britischer Komiker hat im Jahr 2013 in London die „Sonntagsversammlung" („Sunday Assembly") gegründet. Die Versammlung hat in erster Linie das Ziel, konfessionslose Menschen zusammenzubringen und ihnen ein positives Gemeinschaftserlebnis zu bieten. Auf Bezüge zu religiösen Vorstellungen und Praktiken wird bewusst verzichtet. Das Motto der Versammlung lautet: „Live better, help often and wonder more". Das Projekt dieser „konfessionsfreien Kirche" ist gewachsen. Sonntags vormittags treffen sich mittlerweile in acht Ländern und etwa 150 Versammlungen Menschen, um miteinander zu singen, Reden zu hören und das Leben zu feiern. Das Netzwerk hat deutsche Ableger in Hamburg und Berlin, die von 2015 bis 2018 Versammlungen durchgeführt haben und vom Bund für Geistesfreiheit und dem Humanistischen Verband gefördert wurden, derzeit aber ruhen. Ganz offen wird in den Versammlungen die Liturgie der christlichen Kirchen kopiert: ein musikalisches Vorspiel, Begrüßung, gemeinsames Singen von Pop- oder Volksliedern, philosophische Ansprache, manchmal ein „Zeugnis", Abkündigungen, ein Verabschiedungsgruß, anschließend Kaffee und Kekse – ein Gottesdienst ohne Gott. Worin unterscheiden sich Gemeinschaftsprojekte säkularer und christlicher Spiritualität? Diese Frage begleitet den Seelsorger Peter Zimmerling schon sehr lange, hat er doch viele Jahre in der südhessischen ökumenischen Kommunität „Offensive junger Christen" (OJC, Bensheim) mit gelebt und als Pfarrer gearbeitet, und ist seit 2005 in Leipzig zu Hause, der größ.

1 Säkulare Spiritualität

Spiritualität trägt viele Gesichter – präziser spricht man besser von Spiritualitäten[1]. Spirituelle Gedanken oder Praktiken werden in menschlichen Grenzsituationen relevant. Sie stellen Antwortversuche auf schmerzliche Fragen der menschlichen Existenz dar, die wissenschaftlich nicht zu lösen sind: Wer bin ich? Warum ich? Woher komme ich? Wohin gehe ich? Auf existentielle Fragen rund um den Sinn im Leben gibt es nicht nur religiöse, sondern auch säkulare Antworten.

1 Vgl. Zimmerling, Handbuch, 20ff.

1.1 *Individuelle Sinn-Antworten*

Nach der Beobachtung von Soziologen wird die gegenwärtige Gesellschaft entscheidend durch Prozesse der Säkularisierung und Individualisierung geprägt. Die Bindungskraft der „großen Erzählungen" religiöser und politischer Traditionen ist gering geworden. Einer politischen oder religiösen visionären Idee nachzufolgen, ist also nicht sehr populär. In Westdeutschland gehörten im Jahr 1951 noch 96 Prozent der Bevölkerung einer christlichen Konfession an. Nach der Wiedervereinigung veränderte sich die konfessionelle Struktur der Bundesrepublik Deutschland beträchtlich. Die Flüchtlingswelle der letzten Jahre hat zu einer weiteren Pluralisierung der Weltanschauungen und kulturell-religiösen Praktiken beigetragen, wie das etwa in den Zahlen vom „Religionsmonitor" nachzulesen ist.[2] Die weltanschauliche Buntheit der Gesellschaft und die rasanten Mitgliederverluste der christlichen Kirchen haben der bewusst vieldeutigen Selbstzuschreibung einer „freien Spiritualität" mehr Zulauf verschafft.

Hinzu kommt, dass in den letzten Jahren die Gruppe der Konfessionslosen stark gewachsen ist. Genaue Zahlen lassen sich bei einer heterogenen Bewegung, die sich primär über die Abgrenzung „-los" definiert, schwer ermitteln. Studien zufolge zählen sich heute in Deutschland 30 bis 40 Prozent zu dieser Glaubensrichtung. Zunehmend ist also ein Patchwork-Glaube vorzufinden, in dem verschiedene religiöse, spirituelle und säkulare Überzeugungen miteinander verwoben sind. Weil die Frage nach Sinn nicht wissenschaftlich-technisch zu beantworten ist, haben sich Versuche säkularer und religiöser Sinngebung herausgebildet.

1.2 *Säkulare und religiöse Sinngebung*

Irgendeine Form des Glaubens scheint nötig zu sein, um die existentielle Unsicherheit des Menschen zu bewältigen und sich nicht dem Absurden und Tragischen seines Lebens ausgeliefert zu fühlen. Glauben – ob er nun säkular-positivistisch, vage spirituell oder traditionell religiös ausgestaltet wird, scheint eine anthropologische Konstante des Menschen darzustellen.[3] Um besser zu verstehen, an welchen Werten und Idealen sich säkulare bzw. religiöse Nachfolge orientiert, hilft die Unterscheidung zwischen dem substanziellen und funktionalen Religionsbegriff. Der substanzielle Religionsbegriff versucht, Religion von ihrer Substanz und ihrem Wesen her zu erfassen, sein Bezugspunkt ist das Heilige oder die Transzendenz. Bei dem funktionalen Religionsbegriff wird eine Religion über ihre Leistungen und Funktionen für die Gesellschaft und den Einzelnen definiert. Eine wesentliche Funktion der Religion besteht

2 Vgl. Bertelsmann-Stiftung (Hg.), Religionsmonitor.

3 Vgl. Rudolf, Wie Menschen sind, 120–146.

darin, eine Lebensdeutung oder Weltanschauung zu konstruieren, mit der das Schicksalhafte und Zufällige der menschlichen Existenz überwunden werden kann. Je mehr Unwägbarkeiten der eigenen Umwelt und besonders der eigenen Person bekannt seien und kontrollierbar erschienen, desto größere Lebenssicherheit – im Sinne von Vertrauen in die eigenen und die sozialen Ressourcen – könne entstehen. Vertrauen scheint eine günstige Haltung gegenüber der Unberechenbarkeit des Schicksals zu sein. In wen oder was kann ich aber vertrauen, wer gibt meiner Unsicherheit Halt? Bei einer materialistischen Weltsicht kann das nur innerweltlich-immanent gelingen – die Sinngebung erfolgt säkular. Bei einer transzendenzoffenen Weltsicht hingegen ist eine religiöse Sinngebung möglich. Folgende Tabelle verbindet die beiden Sinnverständnisse mit religiösen Fragen (Tab. 1).

Tab. 1 Säkulare und religiöse Kontingenzbewältigung[4]

Religiöse oder säkulare Sinngebung	Religiöse Frage oder nicht	
	Konsistenz	Kontingenz
Transzendenz (religiöse Sinngebung)	Religiöse Routine (rel. Antwort ohne rel. Frage)	vitale Religiosität (rel. Frage und rel. Antwort)
Immanenz (säkulare Sinngebung)	Pragmatismus (keine rel. Frage, keine rel. Antwort)	Religiöse Suche (rel. Frage ohne rel. Antwort)

Die verschiedenen Einstellungen sind aber nicht als dauerhafte Haltungen zu verstehen, sondern eher als Momentaufnahmen. Je nach Biografie und Lebenssituation können sich die Einstellungen zur Sinngebung verändern. Im Zeitalter der Individualisierung nehmen subjektive Sinngebungsversuche zu. Werthaltungen werden kritisch überprüft und neuen Lebensbedingungen angepasst. Die Suche wird von manchen permanent erweitert und verändert – den „spirituellen Wanderer“ zeichnet seine „fluide Religiosität“ aus.[5] Diese „Wanderer“ orientieren sich nicht dauerhaft und langfristig an ein bestimmtes Wertesystem, sondern achten darauf, was der aktuellen Situation und den eigenen Bedürfnissen entspricht und gerade „passt“.

Der Wechsel zu einem neuen Orientierungs- und Wertesystem ist häufig konfliktreich. Deshalb gibt es die relative junge psychiatrische Diagnose „religiöses oder spirituelles Problem“

[4] Modifiziert nach Pickel, Religionssoziologie, 22.

[5] Vgl. Lüddeckens / Walthert (Hg.), Fluide Religion.

(V 62.89) im „Diagnostischen und Statistischen Manual mentaler Störungen" (DSM).[6] Dazu zählen belastende Erfahrungen, die den Verlust oder die Kritik von Glaubensvorstellungen nach sich ziehen, Probleme im Zusammenhang mit der Konversion zu einem anderen Glauben oder das Infrage-Stellen spiritueller Werte, auch unabhängig von einer religiösen Institution. Ein besseres Verstehen der subjektiven Empfindungen und Deutungen ist gerade im Gespräch mit Andersglaubenden wichtig. Hierbei sind erstaunliche Übereinstimmungen, aber auch gravierendende Unterschiede festzustellen. Das Wissen darum erleichtert ein verständnisvolles Gespräch.

Im folgenden Abschnitt werden drei Beispiele säkularer Spiritualität mit ihren Werten, Zielen, Lehren und Methoden vorgestellt. In Abschnitt 3 werden diese Ansätze dem Modell christlicher Spiritualität und Nachfolge gegenübergestellt.

2 Beispiele säkularer Spiritualität

2.1 Säkulare Gruppenbildung bei Strukturvertrieben

Im Handel ist es eine Binsenweisheit, dass man neue Kunden mit Hilfe von Empfehlungen gewinnen und langfristig an ein Produkt binden kann. Schon in der Antike nutzten Handelsreisende die ortsansässigen Handwerker und Schreiber für persönliche Empfehlungen ihrer Kunden, um ihre Geschäfte auszuweiten. Eine systematische Umsetzung erfuhr das Empfehlungsgeschäft mit dem Aufkommen der großen Direktvertriebsorganisationen in den USA in den 1950er und 1960er Jahren. Traditionell wurde die industrielle Massenproduktion im klassischen Handelsgeschäft über den Fach- und Einzelhandel abgesetzt. Daneben begannen einzelne Hersteller damit, ihre Produkte ohne Zwischenhandel direkt an den Endkunden mit Hilfe strukturierter, hierarchisch organisierter Vertreter systematisch zu vermarkten.

Strukturvertriebe stellen eine Spezialform des Direktvertriebs dar. In klassischen Direktvertriebsunternehmen sind die Verkäufer fest angestellt und werden nur zum Teil erfolgsabhängig entlohnt. Mitarbeiter im Netzwerk-Marketing tragen dagegen ein weitaus höheres wirtschaftliches Risiko, da ihre Entlohnung ausschließlich vom Verkaufs- oder Anwerbeerfolg abhängt. Während im klassischen Direktvertrieb der Vertreter für verkaufte Waren eine volle Provision erhält, verteilt sich die Provision beim Verkauf im Strukturvertrieb auf verschiedene Ebenen (Level) des Unternehmens. Der besondere Anreiz für den Anwerber liegt in den hohen Prämien für die Gewinne der angeworbenen, untergliederten Verkäufer, die ihm als sogenannte persönliche „downline" zugerechnet werden. Durch Schulungen, indi-

[6] Vgl. Lukoff, Kategorie.

viduelle Förderung und besonders die Vorbildfunktion soll das Gefühl eines einzigartigen, hoch motivierten Verkaufsteams hergestellt werden. Ein Hauptargument für Strukturvertriebe besteht also in der Aussicht auf ein hohes „passives Einkommen" unter der Voraussetzung, dass die eigene „downline" richtig funktioniert. Im Idealfall sollen die Provisionen der untergliederten Verkäufer den Großteil der Einnahmen ausmachen. Die hohen Gehälter im Network Marketing entstehen nicht in erster Linie durch die Absatzmenge, sondern durch die Provisionen aus den Gewinnen der „downline". Die Anzahl und der Erfolg der angeworbenen Neuverkäufer bestimmen den Platz, den ein Mitarbeiter in der hierarchischen Vertriebsstruktur des Unternehmens einnimmt.

Aus diesem Grund ist die Produktbindung und enge Vernetzung zum Vertriebsteam bei Strukturvertrieben erfolgsentscheidend. Durch professionell inszenierte Events, die mit suggestiver Musik und emotionalen Erlebnisberichten über die finanziellen Segnungen teilweise an charismatische Lobpreisgottesdienste erinnern, wird eine quasireligiöse Produktbindung hergestellt. Deshalb müssen potentielle Verkäufer persönlich von der Überlegenheit der Produkte überzeugt sein, weil objektive Kriterien bei den typischen Strukturvertriebsartikeln wie Nahrungsergänzung, Kosmetika und Küchenutensilien schwer ermittelbar sind. Außerdem muss die Bereitschaft bestehen, Berufliches und Privates zu vermischen. Manche Menschen erleben einen Strukturvertrieb als Beziehungsmissbrauch, weil sie ihre Kontaktfähigkeit und ihren Freundeskreis damit belastet und ausgenutzt sehen. Vorsicht ist außerdem geboten, weil oft ein schneller Aufstieg innerhalb des Strukturvertriebs sowie unrealistische Jahresverdienste in Aussicht gestellt werden, ohne dass dabei der Eigenkostenanteil erläutert wird.[7]

2.2 Säkulare Gruppenbildung im Veganismus

Nach Angaben des Vegetarierbundes Deutschland (VEBU) verzichten heute mittlerweile rund 10 Prozent der Deutschen auf den Fleischkonsum. Etwa eine Million ernähren sich laut Schätzungen der Veganen Gesellschaft Deutschland (VGD) und des VEBU vegan. Das sind 25 Prozent mehr als 2013.

Veganismus ist also in kurzer Zeit zum Massentrend geworden[8]. Bahnhofsbuchhandlungen bieten fast ein Dutzend vegetarische und vegane Periodika an, und vegane Restaurants und die Supermarktkette „Veganz" lassen sich in vielen größeren Städten nieder. Die Hälfte der Deutschen drückt die gesellschaftliche Anerkennung des Trends dadurch aus, dass sie

[7] Vgl. Utsch, Strukturvertriebe.

[8] Vgl. Funkschmidt, Erlösung durch Ernährung.

sich selbst als „Teilzeitvegetarier" einschätzt. Längst sind Essgewohnheiten nicht mehr Geschmackssache, sondern werden zum Inhalt hitziger Glaubensgespräche. Die Frage, was man isst, wird von der Kantine bis zur Mensa zum Diskussionsfeld weltanschaulicher Grundsätze. Was ist wichtiger, meine Gesundheit, Tierschutz oder die Umwelt? Klimarettung, Regionalität oder globale Gerechtigkeit?

Ging es beim Essen einst vor allem um überschaubare Fragen wie ausgewogene Nährstoffaufnahme, Körpergewicht und Geschmack, stehen nun weit größere Anliegen im Vordergrund. Kaum eine Lehre verspricht dabei so viel und ist so schnell gewachsen wie der Veganismus, eine soziale Bewegung, die für viele ihrer Anhänger so lebensbestimmend geworden ist wie eine Religion. Dabei werden Tierrechte den Menschrechten gleichgestellt und durch strikte Essensregeln eine bessere, gerechte Welt in Aussicht gestellt.

Aus der Glaubensperspektive drücken Speisegebote Gehorsam gegen Gott aus und dienen dem Heilsgewinn. Religionspsychologisch haben sie eine identitätsstiftende Funktion. Dabei steht nicht das Individuum, sondern die religiöse Gruppe im Vordergrund. Erstens bin ich in gemischter Gesellschaft gezwungen, mich zu meinem Glauben zu bekennen. Zugleich bekomme ich die Chance, ihn nach außen zu bezeugen.

Die Heilsversprechen mancher Veganer sind umfassend. Manche behaupten, durch die Umstellung auf vegane Ernährung von Krebs und schweren Allergien geheilt worden zu sein. Mit dem individuellen Versprechen geht oft eine universale Heilshoffnung einher: Veganer verstehen ihre Lebensweise als Lösung des Welthungers oder als Quelle eines künftigen Weltfriedens. Problematisch ist auch das überzogene Selbstbewusstsein mancher Veganer. Häufig stilisieren sie die Nahrungsaufnahme zur ethisch wichtigsten Frage hoch. Dem entspricht das Gefühl, zu einer Elite zu gehören, die sich von anderen Menschen abgrenzt. Man kann den Veganismus als eine Reaktion auf die moderne Massentierhaltung verstehen. Einer natürlichen Lebensweise entspricht der Veganismus aber keineswegs. Denn wie Funkschmidt treffend festgestellt hat, ist ein veganes Leben nur durch importierte Lebensmittel und Ergänzungsprodukte möglich.[9]

In der überzeugten Veganer-Szene finden sich Züge religiöser Gemeinschaften. Viele Veganer schildern ihre Entscheidung als „Umkehr" und Bekehrungserlebnis, wobei Heilungswunder oder mindestens eine verbesserte Lebensqualität den Anfang machen, bevor man zu den oben genannten globalen Heilsversprechen fortschreitet.

9 Vgl. Funkschmidt, Erlösung durch Ernährung.

2.3 Säkulare Gruppenbildung in sozialutopischen Gemeinschaften

Alternativen Lebens- und Gemeinschaftsformen geht es darum, Utopien und Visionen menschlichen Zusammenlebens zumindest ansatzweise zu verwirklichen. Ein klassisches Beispiel dafür ist die „Utopie der Klöster", die mit ihren Idealen von Armut bzw. Gütergemeinschaft, Ehelosigkeit und Gehorsam auch heute noch provozieren. Die Kibbuz-Bewegung in Israel hat mit ihrer Vision einer egalitären Gemeinschaft, die angeblich ausbeutungsfrei ist, grundlegende Impulse zum Aufbau des jungen Staats beigetragen. Heute ist sie durch die Säkularisierung des Zionismus und den Rückgang sozialistischer Bewegungen primär historisch interessant.

Die konkreten Motive zur Bildung einer sozialutopischen Gemeinschaft sind so verschieden wie ihre weltanschaulichen Hintergründe. Gemeinsam ist ihnen jedoch der Gegenentwurf zur bürgerlichen Gesellschaft mit ihrem auf Besitz und Konsum, persönlichem Wohlstand beruflichem Fortkommen ausgerichteten Wertesystem. Weiter ist den Gruppen gemeinsam, dass sie ihre Vision vom Leben in einer besseren Welt spirituell begründen. Häufig suchen sie deshalb nach einer besseren Anbindung unter sich selber und auch zur Natur. Kommunitäre Lebensformen sollen die bürgerliche Kleinfamilie ersetzen, die als überholt gilt: Die Gruppen verstehen sich als Keimzellen für eine mögliche zukünftig bessere Welt.

Charakteristisch für diese Bewegungen ist, dass die Gemeinschaften auf längere Zeit angelegt sind, und dass es dort verbindliche Strukturen und Regeln gibt. Die örtliche Nähe der Mitglieder zueinander und ihre spezifische Form des Zusammenlebens ermöglicht erkennbare Unterschiede von der Außenwelt, was identitätsstiftend wirkt. In dem von der VELKD herausgegebenen „Handbuch Weltanschauungen" werden folgende Merkmale aufgelistet,[10] die in diesem Milieu anzutreffen sind:

- psychologische Methoden (Methoden der Gruppendynamik),
- politische Absichten (Kapitalismuskritik, soziale Verteilungssysteme),
- ökologische Motive (nachhaltige Landwirtschaft),
- spirituelle Anliegen (Ganzheitlichkeit, Esoterik).

Diese Bewegungen weisen ein hohes Spektrum an weltanschaulicher Vielfalt und spirituellen Zielen auf, die sich von linksliberalen (Kommune Niedertaufungen) bis zu rechtsesoterischen (Königreich Deutschland) Positionen erstrecken. Als typische Ziele können die individuelle Autonomie und möglichst herrschaftsfreie Selbstentfaltung genannt werden. Das VELKD-Handbuch beschreibt Beispiele in den folgenden drei Richtungen: psychosoziale Experimen-

10 Pöhlmann / Jahn (Hg.), Handbuch Weltanschauungen, 786–799.

te, politische Sozialutopien und internationale esoterische Kommunen. In der Sozialstruktur gibt es nach dem VELKD-Handbuch ebenfalls große Unterschiede zwischen einem Stammesverband (Likatien) oder einer esoterischen Stadt (Auroville), zwischen polyamorischen Gruppen zur Befreiung der Sexualität (Tamera) und familienorientierten Bio-Bauern (Ökodorf Siebenlinden).

Anschließende Kontrollfragen im Handbuch dienen dazu, auf kritische Punkte typischer Konfliktquellen sozialutopischer Gemeinschaften aufmerksam zu machen. Hervorzuheben ist dabei die Frage, wie die Autorität des Leiters begründet wird, und ob und wie sie wirksam begrenzt wird. Der besondere Anspruch der Gemeinschaft beinhaltet den latenten Vorwurf an die Außenwelt, dass sie nicht richtig lebe. Deshalb ist zu fragen, wie sich das Verhältnis zur Umgebung darstellt: eher einladend und ausstrahlend oder elitär und ausgrenzend.

Nach dieser exemplarischen Darstellung von Beispielen säkularer Gruppenbildung stellt sich die Frage, was eine Gemeinschaft in der gemeinsamen Nachfolge Christi charakterisiert.

3 Nachfolge Christi aus theologischer Sicht

Im Gegensatz zur anfangs beschriebenen „Sonntagsversammlung“ haben die christlichen Religionsgemeinschaften mindestens einen Vorteil. Der Gemeinschaftsbezug wird um eine transzendente Dimension erweitert. Mit der Botschaft von der Menschwerdung Gottes in der Person Jesu wurde eine weltumspannende Revolution ausgelöst, die sich nachhaltig in den Wissenschaften, den Kulturen und Gesellschaften ausgewirkt hat. In den letzten Jahren ist eine Rückkehr des Religiösen ins öffentliche Bewusstsein festzustellen. Alle bekannten Gesellschaften weisen ein Ensemble von Glaubenssätzen und Annahmen im Sinne religiöser oder spiritueller Überzeugungen auf, die weit über das Leben des Einzelnen hinausweisen. MacGregor hat einen faszinierenden Reisebericht durch die Welt der Götter und Religionen vorgelegt.[11] Quer durch die Kontinente und Kulturen hat der Direktor des British Museums und Intendant des Berliner Humboldt-Forums dokumentiert, wie religiöse Überzeugungen das Leben von Gemeinschaften und das Selbstbild prägen.

Religiöse und spirituelle Werte bilden eine zentrale Säule der Kultur und sind damit identitätsstiftend. Der Deutsche Kulturrat hat im Jahr 2017 Thesen zur kulturellen Integration einer zunehmend pluralistischen Gesellschaft verabschiedet. Sie beschreiben, wie Religionen wichtige Beiträge zur kulturellen Integration leisten, indem sie etwa durch ihre Wertvorstellungen den Gemeinsinn stärken.[12] Religiöse und spirituelle Weltanschauungen können vor

---

11 Vgl. MacGregor, Leben mit den Göttern.

12 Vgl. Zimmermann, Initiative kulturelle Integration.

allem zwei elementare menschliche Bedürfnisse befriedigen, auf die unsere hochtechnisierte, säkulare Gesellschaft keine Antworten weiß:[13] Wie können wir trotz unserer tief verwurzelten egoistischen und gewalttätigen Impulse harmonisch in Gemeinschaften zusammenleben? Und wie können wir unsere Endlichkeit, das ungerechte Leiden und den Schmerz aushalten, ohne zu verzweifeln? Religion und Spiritualität bieten Sinndeutungen, um bohrende existenzielle Fragen zu beantworten und Traumatisierungen, Krankheiten und Begrenzungen besser zu bewältigen.

Allerdings ist die psychologische Erforschung der spirituellen Dimension des Menschseins durch historisch verhärtete Konflikte zwischen konkurrierenden Welt- und Lebensdeutungen belastet. Jürgen Habermas hat in seinem neuen Überblick über die Philosophiegeschichte den Machtkampf der verfeindeten Geschwister des Glaubens und Wissens nachgezeichnet.[14] Selbst in einem nachmetaphysischen Zeitalter sind nach seiner Überzeugung die Religionen auch für religiös Unmusikalische als wichtige Quelle für die persönliche Sinnstiftung und den gemeinschaftlichen Zusammenhalt unverzichtbar. Er benennt vor allem fünf Bereiche, in denen ihm die Ergänzung der säkularen Vernunft durch einen religiösen Umgang mit der Lebenswirklichkeit als sinnvoll erscheint: Solidarität, Moral, Sprache, existentielle Antworten und Transzendenz.

Ob die christlichen Grundwerte auch weiterhin die Zivilgesellschaft prägen werden und damit Hoffnung auf eine gemeinsame friedliche Zukunft besteht, diese Frage ist freilich angesichts des aktuellen Bedeutungsverlustes der Kirchen mehr als berechtigt. Mit der trinitarischen Ordnung evangelischer Spiritualität, wie sie unter der Regie Zimmerlings im zweiten Band seines Handbuchs Evangelische Spiritualität entfaltet wurde, liegt ein zukunftsweisender Ansatz vor, wie christliche Glaubenspraxis zur nachhaltigen Gestaltung und Bewahrung der Schöpfung beitragen kann.[15]

Worin bestehen die Unterschiede zwischen säkularer und christlicher Spiritualität? Auch die christliche Hoffnung antwortet auf das menschliche Bedürfnis nach Sicherheit und Kontrolle. In einem Alltag, der heute von vielen als unübersichtlich und vieldeutig wahrgenommen wird, ist das Bedürfnis nach Sicherheit und Kontrolle besonders ausgeprägt. Technische Hilfsmittel wie eine Wetter- oder Hausgeräte-App können in manchen Alltagsbereichen das menschliche Kontrollbedürfnis stillen. Der bedeutende deutsche Soziologe Niklas Luhmann bezeichnet Vertrauen in seinem gleichnamigen Werk als einen Mechanismus zur Reduktion von Komplexität.[16] Komplexität bezieht sich auf die Unsicherheit von

---

[13] Vgl. Botton, Religion für Atheisten.

[14] Vgl. Habermas, Auch eine Geschichte der Philosophie, Bd. 1–2.

[15] Vgl. Zimmerling, Handbuch.

[16] Vgl. Luhmann, Vertrauen.

Ereignissen, mit denen jeder im täglichen Leben konfrontiert ist. Nach Luhmann sind es vornehmlich vertrauensvolle Erwartungen, die optimistisch in die Zukunft blicken lassen. Vertrauen vermittelt ein Gefühl von Sicherheit angesichts einer potentiell chaotischen Zukunft. Fehlt die Bereitschaft zu vertrauen, ist die Wahrscheinlichkeit hoch, dass sich der Mensch durch das Übermaß an Komplexität überfordert fühlt und Angst entwickelt. Das urmenschliche Bedürfnis nach Vertrauen ist wohl auch der Motor, Halt und Unterstützung in einem Strukturvertrieb, dem „richtigen" Essen – natürlich vegan – oder in einer sozialutopischen Gemeinschaft zu finden.

Ein Markenzeichen des Protestantismus ist die Einsicht, ohne eigene Gegenleistung (*sola gratia*) gerechtfertigt zu sein. Glauben zu können ist ein Geschenk, das ich dankbar annehmen darf. Dass man den Ruf Gottes gehört, verstanden und auf ihn geantwortet hat, ist nicht dem eigenem Vermögen zuzuschreiben. Dennoch will Nachfolge eingeübt werden.[17] Deshalb löst der Gedanke der Übung zunächst vielleicht Unbehagen aus – als solle man sich die Seligkeit verdienen. Aber schon Paulus beklagte sich über die geistliche Unreife seiner Leser; und der Hebräerbrief warb um „durch Gewöhnung geübte Sinne zur Unterscheidung des Guten und des Bösen" (Hebr 5,14). Gerade in der heutigen Zeit audiovisueller Überflutung bedarf es der Übung, um die verborgene Gegenwart Gottes wahrnehmen zu können, und geschulter Sinne, um aus der Vielfalt der Wahlmöglichkeiten den richtigen Weg zu finden. Stille hilft mir, zu mir selbst zu kommen, innere Unruhe zu überwinden und mich wieder an meine innere Quelle – an Gott – anzuschließen. Dazu brauche ich keinen Meister oder ein spezielles Ernährungsprogramm.

Die Bibel und das Hören auf die Stimme meines Gewissens sind entscheidende Richtungsgeber. Allerdings entstehen immer wieder Situationen inneren Zwiespalts, Unsicherheiten und Zweifel. Zimmerling hat in seiner Arbeit über Zinzendorf als Praktischen Theologen und Beispiele der Herrnhuter Brüdergemeine ausgeführt, wie wertvoll und hilfreich das gemeinschaftliche Korrektiv sein kann. Durch ehrliche Rückmeldungen können Auswege aus gedanklichen Sackgassen gefunden werden, gemeinsam Gottes Weg gesucht und Situationen sowie vor allem das Gegenüber realistisch eingeschätzt werden[18]

[17] Vgl. z. B. Zimmerling, Evangelische Mystik.

[18] Zimmerling, Zinzendorf.

Literatur

Bertelsmann-Stiftung (Hg.), Religionsmonitor, Gütersloh 2023.

Botton, Alain de, Religion für Atheisten. Vom Nutzen der Religion für das Leben, Frankfurt a. M. 2013.

Funkschmidt, Kai, Erlösung durch Ernährung. Veganismus als Ersatzreligion, in: Materialdienst der EZW 78 (2015), 403–412.

Habermas, Jürgen, Auch eine Geschichte der Philosophie, Bd. 1: Die okzidentale Konstellation von Glauben und Wissen; Bd. 2: Vernünftige Freiheit. Spuren des Diskurses über Glauben und Wissen, Berlin 2019.

Luhmann, Niklas, Vertrauen. Ein Mechanismus der Reduktion sozialer Komplexität, Konstanz 2014.

Lukoff, David, Die Kategorie „Religiöses oder Spirituelles Problem" im DSM-IV und DSM-5, in: Hofmann, Liane / Heise, Patrizia (Hg), Spiritualität und spirituelle Krisen: Handbuch zu Theorie, Forschung und Praxis, Stuttgart 2017, 32–46.

Lüddenkens, Dorothea / Walthert, Rafael (Hg.), Fluide Religion. Neue religiöse Bewegungen im Wandel, Bielefeld 2010.

MacGregor, Neil, Leben mit den Göttern. Die Welt der Religionen in Bildern und Objekten, München 2018.

Pickel, Gert, Religionssoziologie. Eine Einführung in zentrale Themenbereiche, Wiesbaden 2011.

Pöhlmann, Matthias / Jahn, Christine im Auftrag der Kirchenleitung der VELKD (Hg.), Handbuch Weltanschauungen, Religiöse Gemeinschaften, Freikirchen, Gütersloh 2015.

Rudolf, Gerd, Wie Menschen sind. Eine Anthropologie aus psychotherapeutischer Sicht, Stuttgart 2015.

Utsch, Michael, Strukturvertriebe, in: Materialdienst der EZW 78 (2015), 195–197.

Zimmerling, Peter, Ein Leben für die Kirche. Zinzendorf als Praktischer Theologe. Göttingen 2010.

–, Evangelische Mystik, Göttingen 2017.

– (Hg.), Handbuch Evangelische Spiritualität, Bd. 2: Theologie, Göttingen 2018.

Zimmermann, Olaf (Hg.), Initiative kulturelle Integration, 2017, online: https://www.kulturrat.de/wp-content/uploads/2017/06/Dokumentation-IKI.pdf (abgerufen am 10.12.2022).

Literatur

[illegible] (Hg.): Religionsmonitor. Gütersloh 2013.

[illegible] Von Nutzen der Religion für das [illegible]. Frankfurt a. M. 2013.

[illegible] Wirkung durch Erhaltung [illegible] als Erstarre [illegible]. In: Materialdienst der EZW [illegible].

[illegible] und Wissenschaft [illegible] Spiritualität [illegible]. Berlin 2017.

[illegible]

[illegible] Religiöser oder spiritueller [illegible] und [illegible] Spiritualität [illegible] Forschung und Praxis. Stuttgart [illegible].

[illegible] Religion [illegible]

[illegible] 2008.

[illegible]

[illegible] Auftrag der Kirche [illegible]

[illegible]

[illegible]

[illegible] Göttingen 2008.

[illegible]

[illegible] 2013.

[illegible]

II Spiritualitäts- und Theologiegeschichte

Frühchristliche Streitkultur?

Wenn frühe Christinnen und Christen uneins waren

Von Marco Frenschkowski

1 Frühchristliche Streitkultur? Eine Problemanzeige

Wie alle Menschen, haben sich auch antike Christinnen und Christen gestritten.[1] Wie haben sie das getan, wie waren sie untereinander oder mit ihrer Umgebung uneins? Wir fragen nicht normativ, nach einer christlichen Streitkultur, die wir nachzuahmen hätten, sondern an dieser Stelle zuerst einmal sehr schlicht empirisch und geschichtlich. Was daraus dann zu folgern sein könnte, wird nur gegen Ende sehr kurz in den Blick genommen. Wie lässt sich das, was wir aus dem Neuen Testament und der sonstigen frühchristlichen Literatur über Konflikte hören, als Ausdruck verschiedener Streitstile und Streitkulturen verstehen? Wieviel Gewalt war im Spiel? Indem wir aber auch positiv konnotierte Begriffe wie Streitkultur verwenden, vermeiden wir einen Bewertungsdiskurs, der von vornherein jede Aggression delegitimiert. Der unausgesprochene Streit, die passive Aggression, die unausgesprochene Diffamierung können mehr Unheil anrichten als die ausgesprochenen. Es sind große, mit intensiver Diskussion ausgetragene Konflikte, die wir in den Blick nehmen müssen, aber auch kleinere, scheinbar harmlosere, Alltagsstreitigkeiten, und wie sie im christlichen Bezugsrahmen interpretiert wurden. Das Unausgesprochene ist uns nur in Indizien zugänglich.

Dabei beschränken wir uns hier auf jene Konflikte, die Menschen der Jesusbewegung miteinander hatten, nicht etwa auf solche mit dem Staat oder einer jüdischen Elite; ganz streng wird diese Abgrenzung aber nicht einzuhalten sein.[2] Wir schreiben an dieser Stelle nicht die Geschichte dieser Konflikte, sondern erinnern nur an sie, um sie *kulturgeschichtlich* wahrnehm-

[1] Das Folgende kann als respektvoll-kritische Fußnote zu Peter Zimmerlings dreibändigem Handbuch Evangelische Spiritualität gelesen werden, in der durchaus provokativ (und zuerst einmal eher historisch) auf ein Problemfeld hingewiesen wird, das im Fragehorizont dieses bedeutenden Magnum opus m. E. auch auf Beachtung hoffen darf.

[2] Es ist übrigens ein Fehler, bei Außenkonflikten der Christus-Bewegung allein an die staatlichen Gewalten zu denken. Noch die Apostelgeschichte zeichnet ein Bild, bei dem erhebliche Teile der Gewalt von Volksmengen ausgehen, z. B. in der versuchten Lynchjustiz Apg 14,5 als einer konzertierten Aktion von Juden und Heiden. Darin spiegelt sich, dass offensiv missionierende Gemeinschaften ausnahmslos Aggression in etablierten Strukturen auslösen.

bar zu machen. Dabei ist unsere Fragestellung komparativ und kontextualisierend: Was haben Christen in diesem Bereich ihrer Kultur „anders" gemacht, worin folgen sie definierten Rollendynamiken, kulturell definierten „Skripten"? Was ist sozusagen die Phänomenologie frühchristlicher Streitkultur, zu der eben auch geglückte und missglückte Aggressionsverarbeitung gehören? Wir werden abschließend in einem dritten und vierten Schritt (nach Problemanzeige und kurzer Übersicht) nach dieser Streitkultur als einem „Erbe" fragen, dem wir nicht entgehen können, das aber auch hoffnungsvolle und produktive Impulse bietet.

„Charakteristisch für das Urchristentum war also eine Verringerung von Aggression im Ethos, eine Zunahme von Aggressivität in den Glaubensvorstellungen (Mythos) und eine Verschränkung beider Tendenzen im Ritus"[3], hat es Gerd Theißen auf eine These gebracht, der wir nicht widersprechen werden, die aber genauere Differenzierungen und auch einige Einschränkungen erfordert. Konflikttheorien sind meist auch Gesellschaftstheorien. Hier ist Bescheideneres im Blick. Die Berichte über streitende Christen in der Antike sind für uns Teil eines Erbes. Ob dieses eher ein mühsames Erbe ist, gar eines, von dem wir uns distanzieren müssen, oder auch ein ermutigendes und entlastendes Erbe, wird zu fragen sein. Dabei wird, nehmen wir das schon vorweg, die Antwort nicht einfach ja oder nein lauten können. Wir werden sehen, wie Christinnen und Christen mit ihrem Konfliktpotential ringen und gerungen haben, und auch wenn an dieser Stelle nur exemplarische Erwägungen möglich sind, werden sich einige bemerkenswerte Beobachtungen einstellen.

2 Die Phänomenologie frühchristlicher Streitkultur: eine exemplarische Sichtung

Wir nennen in einem ersten Durchgang einige Typen mit Beispielen, ohne Auflistung aller Belege, als lockere, eher assoziative und durchaus erweiterungsfähige Benennung eines Spektrums dessen, worum es hier gehen kann, als eine kleine und ganz exemplarische Phänomenologie des Sich-Streitens, wie es seine Spuren im Neuen Testament hinterlassen hat.

Paulus ist zur Sache ungemein ergiebig. Öfter hören wir, dass sich der Apostel mit Mitarbeitern überworfen hat (Johannes Markus, Barnabas, Apg 15,37–41; Silas wird nach Apg 18,5 nicht mehr erwähnt und verschwindet aus dem Umfeld des Paulus). Phil 2,20f. kann er sogar inmitten eines Lobes für Timotheus sagen, dass alle seine Mitarbeiter nur an sich selbst denken würden, außer eben Timotheus. Phil 1,14–18 greift er pauschal die Prediger an, die (im Gegensatz zu ihm selbst) Christus nur aus Eigennutz verkündigten. Mit Petrus beginnt er einen öffentlich ausgetragenen Konflikt (Gal 2,14). Andersgearteten Theologien begegnet

[3] Theißen, Aggression und Aggressionsbearbeitung im Neuen Testament, 74.

er mit einer ungeheuerlichen Aggression und buchstäblichen Dämonisierung der Andersdenkenden (2Kor 11,13–15; Phil 3,2; Gal 1,6–9 usw.). Wir übersehen das als theologische Lesende gerne, weil es für uns sozusagen ausgemacht ist, dass Paulus dabei inhaltlich im Recht ist. Wenn diese Sache im jüdisch-christlichen Dialog aber nicht mehr so eindeutig präjudiziert ist, wird die Massivität der paulinischen Verteufelungen konkurrierender Theologien deutlich, für die wir selbst im geschichtlichen Abstand nur schwer Entschuldigungen finden können. Die Pastoralbriefe zeigen ihn am Ende seines Lebens als einen dann auch vereinsamten Menschen, der sich beklagt, von allen verlassen worden zu sein (2Tim 4,10): vielleicht durchaus glaubhaft. Es folgen dann aber doch Grüße auch im Namen anderer. 2Tim 4,16 klagt der Pseudo-Paulus, dass er bei seinem Prozess keine Unterstützung durch irgendwelche anderen Christen fand. Das sind nachpaulinische Passagen, aber sie mögen auf Erinnerung beruhen. Die genannten Namen kennen wir aus den Schlüssen des Philemon- und Kolosserbriefes. Einzig Lukas bietet das Bild des „Getreuen".[4] An und für sich geizt der „echte Paulus" sonst nicht mit Lob für Mitarbeitende[5], aber sein Ton mag im Lauf der Jahre bitterer geworden sein, was dazu passt, dass der soeben zitierte Philipperbrief wohl ein später Brief ist. Es mag auch kein Zufall sein, dass wir über seine späteren Jahre nichts Sicheres mehr wissen, nicht einmal, ob die geplante Spanienreise zustande kam.

Paulus ist aber auch Zeuge für Streitigkeiten, die er für abwegig und vermeidbar hält. Die „Parteien" in Korinth delegitimiert er grundsätzlich: Es wird gar nicht zur Frage, wer hier „recht" haben könnte. Im Grunde haben alle Unrecht, gerade weil sie die Gemeinde in Fanclubs zerbrechen. Sein Appell an die Einheit der Gemeinde findet eine argumentative Untermauerung, die über die Einzelprobleme hinaus reicht. Auch für andere Konflikte findet er versöhnliche Worte (Röm 14; 1Kor 8; Philem u. a.). Aber wo er sein ihm anvertrautes Evangelium auf dem Spiel stehen sieht, wird er bitter, unversöhnlich. Dass auch seine Gegner ein wenig recht haben könnten, wird für keinen Augenblick denkbar. Ist er ein „right man" im Sinne A. E. van Vogts? Das wird man wohl doch nicht sagen können. Ohne Frage war er aber „konfliktfreudig": Fast alle seine Briefe zeigen ihn in Konflikten oder zumindest im aktiven Widerspruch. Weiß er sich in einer argumentativ schwachen Position, kann er schon einmal zum argumentativen Overkill greifen, d. h. zur Überdeterminierung durch eine Kaskade von Argumenten, von denen jedes einzelne bei Lichte besehen unplausibel ist (1Kor 14,33b–36, falls er hier selbst das Wort führt, aber im Grunde auch 1Kor 11,2–16). Einen kompromiss-

4 Über die Personalangaben der Pastoralbriefe vgl. Weiser, Der zweite Brief an Timotheus, 328–338 sowie 316f. Speziell zu 2Tim 4,10 vgl. aber die Problematisierung bei Herzer, Paulustradition und Paulusrezeption, 160f.

5 Ollrog, Paulus und seine Mitarbeiter, 190–202, versucht in hagiographischer Tendenz (aber in einem an und für sich nützlichen Buch), die Konflikte des Paulus mit anderen ausschließlich diesen anderen anzulasten.

bereiteren Paulus zeichnet die Apostelgeschichte (21,18–26 u. a.). 1Kor 6,1–11 fordert er die Gemeinde auf, bei Rechtsstreitigkeiten auf das Anrufen der staatlichen Gerichte zu verzichten, sondern die Konflikte in einer gruppeninternen Parallelrechtsprechung zu lösen. Aus staatlicher Sicht wäre das die problematische Etablierung der neuen religiösen Bewegung als Parallelgesellschaft.

Andere Konflikte kennen wir schon aus der Jesusbewegung. Wieder versuchen wir, die Konflikte ohne vorgängige Bewertung als soziale Ereignisse wahrzunehmen. Auch für die Jesusbewegung wird explizit bezeugt, dass sich eine Mehrheit der Anhängerinnen und Anhänger nach kurzer Zeit wieder abwandte (Joh 6,66f, wo sich ohne Frage auch Erfahrungen des johanneischen Kreises spiegeln, oder der Passionszyklus; vgl. Plinius ep. 10,96 über die große Zahl der Ex-Christen). Ein Konfliktthema blieb das nachlassende Interesse vieler Christen nach anfänglicher Begeisterung, d. h. die hohe Drop-out-Rate der Gemeinden (ein Grundphänomen der meisten neuen religiösen Bewegungen). Davon hören wir sehr oft (Hebr 10,25; Barn 4,10; 10,11; 19,10; Did 16,2; Herm vis. 3, 6, 2; sim. 8, 9, 1–4; 9,26, 3; 1Clem 46,2; IgnEph 13,1; 20,2; Ps.-Clem. ad Iac. 9; constit. Apost. 7, 9, 2, auch Mk 4,3–9 usw.). Leider wissen wir kaum, was die Ex-Christen gegen ihre ehemaligen Gemeinden vorzubringen hatten: dass es massive Verletzungen gab, erhellt daraus, dass sie eine Hauptquelle für Anzeigen gegen die Christen waren. Jak 5,9 spricht vom allgemeinen Unmut der sozialen Milieus in den Gemeinden gegeneinander (5,19 plädiert aber für Versuche, den „Abirrenden" zurückzugewinnen).

Innerhalb der Jüngerschaft thematisieren die Evangelien sonst vor allem Streit in den Familien sowie Rangstreitigkeiten, d. h. Konflikte um Status und Ehre. Jesus erzählt in wunderbarer Anschaulichkeit, welche Rolle das Thema bei Mahlzeiten spielen konnte (Lk 14,10). Grenzüberschreitungen bei diesen Anlässen lösen vielfach Streit aus (Jesus als Gast bei Zöllnern). Mk 9,33–37 berichtet dann (wohl nach realer Erinnerung), wie Jesus (in durchaus freundlicher Form) dem allzu menschlichen Bestreben der Jünger Widerstand leistet, untereinander eine Rangordnung auszuhandeln. Was mögen die Argumente gewesen sein, mit denen Jünger ihren Vorrang plausibel machen wollten? Mk 10,35–45 wird das noch gesteigert.[6] Man hat immer vermutet, dass sich hier (auch?) Fragen der Markus vor Augen stehenden Gemeinde spiegeln. (Wie die tatsächlichen Plätze zur Rechten und Linken Jesu für Markus aussehen, zeigt dann 15,27.)

Der öfter genannte Streit in den Familien, Mutter gegen Tochter usw., hat meist ein eschatologisch-messianisches Vorzeichen: Er entzündet sich also am polarisierenden Potential der Jesusbotschaft. Davon hören wir oft (Mt 10,35; Lk 12,53). Damit bewegt sich Jesus in prophetischer und apokalyptischer Tradition (Mich 7,6; Sach 13,3; äthHen 100,1f; Jubil 23,16.19; 4Esra 6,24 usw.). Das rätselhafte Sondergut-Wort Lk 12,51 vergrundsätzlicht das: Jesus bringt Unfrieden auf die Erde. Ein Rollenkonflikt schwingt in der wunderbaren Erzählung

6 Vgl. zu diesen Texten Guttenberger, Das Evangelium nach Markus, 222–228. 245–252.

vom häuslichen Streit bei Maria und Martha mit, einem der revolutionärsten Texte des Bibel. Der verlorene Sohn wendet sich gegen sein Familie und kündigt ihr sozusagen den Dienst auf, wird aber durch Not zur Rückkehr gezwungen. Die Geschichte hat freilich ein Happy end. Jesus war als wandernder Prediger mit seiner Familie heftig zerstritten, die ihm in vollständiger Verständnislosigkeit begegnete, und der er offenbar geradezu peinlich war: Sie wollen ihn wieder nach Hause holen (Mk 3,20f). Unter dem Kreuz steht dann freilich auch seine Mutter, und seine Brüder finden offenbar durch Ostern einen Zugang zu ihm. Das sind Konflikte, die einen religiösen Anteil haben. Wir hören in Jesu Gleichnissen aber auch von „normalen" Streitigkeiten und Konfliktpotential im Kleinen: Es ist ja der reale Alltag, der in ihnen gleichnisfähig ist für das Reich Gottes. Das Gleichnis vom Unkraut unter dem Weizen erzählt z. B. von einer Gemeinheit unter Nachbarn, die kurios an Stephen Kings Roman „Needful Things" (1991) erinnert. In diesem bringt eine teufelsähnliche Figur eine Kleinstadt an den Rand des Bürgerkriegs, indem er die Bürger durch Gefälligkeiten zu kleinen Gemeinheiten aufstachelt, die in ihrem Zusammenspiel zu einer ungeheuerlichen Gewaltspirale führen. Jesu Gleichnis denkt die Geschichte nicht weiter, aber natürlich sind die Zuhörenden eingeladen, sich vorzustellen, was geschieht, wenn die Aktion im Nachbarsfeld herauskommt. In der späteren christlichen Erzählliteratur ist vor allem das Thema häuslicher Konflikte überaus beliebt. In den apokryphen Apostelakten des zweiten Jahrhunderts sind die urbanen Kleinfamilien erstaunlich dysfunktional, was in realistischen Details vor Augen geführt wird. Der Hass zwischen Familienmitgliedern steigert sich bis zu Mordgelüsten, die in sensationalistischer Ausführlichkeit geschildert werden, aber auch Ehestreitigkeiten, pädagogische Probleme, Trennungen sind ein häufiges Thema.[7] „Familienidyllen" gibt es hier schlechterdings nicht.

Uns interessieren natürlich eher die gemeindlichen Formen des Konfliktes. Kontaktabbruch und andere hilflose Formen des Streites sind im frühen Christentum nicht selten. Der Umgang mit „Häretikern" wird verboten, wie auch die Exkommunikation eine schon im Neuen Testament sichtbare Vorgeschichte hat.[8] Die Johannesbriefe sind interessante Zeugnisse einer Konfliktbearbeitung: Hier hören wir, wie Gruppen sich gegenseitig den Umgang verweigern (3Joh 9f vs. 2Joh 10; auch 1Joh 4,1–6; 5,16 u. a.). Selbst der Gruß dem „anderen" gegenüber wird verboten. Auch 2Tim 3,5; Tit 3,10f wird zum Abbruch sozialer Beziehungen aufgefordert, was auch schon dem genuinen Paulus nicht fremd ist: Mit dem „Unzüchtigen" in der Gemeinde darf kein Umgang gepflegt werden, ja er soll rituell verflucht und völlig ausgestoßen werden

7 Das ist dokumentiert in Frenschkowski, Domestic Religion, Family Life and the Apocryphal Acts of the Apostles.

8 Ihre Geschichte in der Alten Kirche beschreiben z. B. Doskocil, Exkommunikation; Zawadski, Die Anfänge des „Anathema".

(1Kor 5,11.13).[9] Die Apokalypse fordert zu heftigen innerchristlichen Ausgrenzungsprozessen auf, bei denen wir gerne wüssten, wie ihre Umsetzung erzwungen wurde. Insbesondere ist das Essen mit „Häretikern", also Vertretern konkurrierender Theologien, verboten. Das ist im Grunde die Quintessenz des Judasbriefes, der diesen „Anderen" Tod und Verderben androht. Das Thema des gemeinsamen Essens ist auch in anderen religiösen Kontexten in hohem Maße umstritten, z. B. in Indien zwischen Hindus und Muslimen, auch zwischen den Kasten Indiens.[10] Im frühen Christentum und schon in der Jesusbewegung war es einer der häufigsten Streitauslöser. Wer darf mit wem essen, wer verweigert wem die Tischgemeinschaft? Jesus hatte sie demonstrativ für Zöllner und Prostituierte geöffnet: Das schuf selbstverständlich Konflikte. Bald war das Thema aber auch in der Jesusbewegung kontrovers, sozusagen der Aufhänger, an dem religiöse Kontroversen zum Ausdruck kamen, vor allem zwischen Judenchristen und Heidenchristen. Das gemeinsame Essen ist ein wesentlicher Aspekt sozialer Einbindung: Wer sich ihm entzog, konnte schwerer Kritik ausgesetzt sein (wie es etwas später Johannes Chrysostomus erging, weil er lieber alleine aß[11]).

Die bekannte (wohl legendäre) Anekdote bei Irenäus adv. haer. 3, 3, 4 lässt den Evangelisten Johannes ein öffentliches Bad fluchtartig verlassen, als er seinen Gegenspieler Kerinth darin erblickt: Polykarp habe das in hohem Alter erzählt,[12] wie er selbst auch Markion eine ungeheuerliche Beleidigung an den Kopf geschleudert habe, als er diesem zufällig begegnet sei. Er sei sehr stolz auf sein streitbares Verhalten gewesen.

Von passiven Aggressionen hören wir seltener; einige Indizien bedürften eigener Diskussion. Versöhnlich hat es sicher nicht gewirkt, dass der Vertreter einer konkurrierenden Theologie (der „Häretiker") in der kirchlichen Literatur nicht nur Unrecht hat, sondern ausnahmslos als moralisch minderwertiger Mensch imaginiert wird. Der Andersdenkende ist immer auch moralisch verwerflich. Das zieht sich als Konstante der Häresiepolemik bis in die kirchliche Sektenpolemik jüngerer Jahre hindurch. Jak 4,11f kennt das Thema der Verleumdung: Es ist eine vielfache Realität in den Gemeinden.

Ethnische Aggressionen werden gelegentlich sichtbar, vor allem die militante Aggression zwischen Juden und Samaritanern, die sich in Jesu Jugend bis zur Entweihung des jüdischen Tempels durch das Ausstreuen von Menschengebeinen steigern konnte. Das Thema ragt in das Neue Testament herein, da die frühe Samaritanermission so erfolgreich war, dass man Jesus

---

9 Über Flüche im antiken Christentum s. Frenschkowski, Fluchkultur.

10 Vgl. Berner, Kommensalität.

11 Vgl. Tiersch, Johannes Chrysostomus, 160–164. Die Eichensynode 403 n. Chr. warf ihm vor, er lebe „wie ein Zyklop", wenn er allein äße.

12 Euseb ist von der Geschichte so begeistert, dass er sie gleich zweimal erzählt: h. e. 3, 28, 6; 4, 14, 6.

selbst (doch wohl erst nachösterlich) nachsagen konnte, er sei eigentlich gar kein Jude, sondern ein Samaritaner (Joh 8,48).

Die Invektive, die aggressive Rede, begegnet in erstaunlich vielen Formen, deren Intensität und Aggression wir nur im Kontext antiker Rhetoriken abschätzen können. Dabei führt dann kein Weg an der Einsicht vorbei (so irritierend diese im Kontext christlicher Theologie ist), dass der Weheruf neben dem Gleichnis eine der bestbezeugten Redeformen Jesu ist. Jesus selbst spricht seine Gegner mit einer brutalen offensiven Aggression an, zu der es im antiken Judentum kaum Vergleichbares gibt.[13] Dabei bevorzugt er zutiefst verletzende Tierbilder, die im Rahmen orientalischer Beleidigungsrhetorik besonderes Gewicht haben. Ich denke nicht, dass dies erst ein Jesus fiktiver Pseudo-Erinnerung ist. Die Polemik zwischen antiken philosophischen Schulen erreicht nie jene ausfallende Heftigkeit, mit der in der Jesusüberlieferung Gegner angegriffen werden, oder auch nur die Städte, die ihn nicht aufnehmen wollen. Zwar hätte diese Rhetorik die Hinrichtung Jesu nicht juristisch begründen können, aber sie ist doch wohl ein Faktor in der Entstehung jener Aggression, die Jesus unbedingt zu Tode bringen will. (Die Forschung hat hier in einer gewissen Elfenbeinturmargumentation oft viel zu wenig unterschieden zwischen juristischen Anklagepunkten gegen Jesus im römischen Gericht und tatsächlichen Ursachen für die Feindschaft, die ihm auch von jüdischen Eliten entgegengebracht wurde. „Juristische Gründe“ sind ja nicht selten nur vorgeschoben, und jedenfalls nicht einfach identisch mit den wahren Ursachen des Eliminationswunsches gegenüber missliebigen Persönlichkeiten.)

Ein Student meiner Vorlesungen brachte es auf die provokative Formulierung „Wenn Jesus die Feindesliebe gepredigt hat, so hat er sich selbst daran jedenfalls nicht gehalten“. Allerdings ist dabei zu bedenken, dass Jesus in einer prophetischen Tradition aggressiver Invektive steht, also in einer prophetischen Rolle spricht. Das ändert aber an der Polarisierung nichts, die seine Worte offenbar bewusst hervorrufen wollen (Mt 12,30 u. a.). Kann man das als Konfrontationstherapie und paradoxe Intervention hören, oder wird die Sache damit verharmlost? Die dabei geweckte Gegenaggression war mit einiger Sicherheit ein Faktor bei Jesu Hinrichtung, auch wenn diese ausschließlich von römischen Instanzen verantwortet wird, denen innerjüdische Streitigkeit egal gewesen sein mochten.

Das Schimpfwort ist eine Fokussierung der Aggression. Es wird durch Jesus eigentlich verboten (Mt 5,22), wird dann aber doch in ganz erstaunlichem Umfang angewandt, und das setzt sich in der gesamten christlichen Literatur der Antike fort. Gegen Ende dieses kurzen Durch-

[13] Es ist bezeichnend für die Zurückhaltung der theologischen Exegese, dass z. B. bei Schröter / Jacobi (Hg.), Jesus Handbuch, die Weherufe und überhaupt Invektiven Jesu nur ganz marginal zur Sprache kommen (s. Register), und a. a. O., 343, diejenigen gegen die Pharisäer von Bock und Schröter sogar für nachjesuanisch und spät erklärt werden, worin ich nur Apologetik im Interesse des jüdisch-christlichen Dialogs sehen kann.

gangs erinnern wir dazu an die Extremform der verbalen Aggression, die Verteufelung. Sie ist schon ein jüdisches Diffamierungsinterpretament, spielt aber nie eine so beherrschende Rolle wie im Christentum. Dabei waren Christen freilich Täter wie Opfer dieser Form der extremen Delegitimierung. Schon Mk 8,33 parr. wird Petrus metaphorisch als „Satan" angeredet. Er erfüllt also eine „satanische" Funktion (Besessenheit ist sicher nicht gemeint). Unwahrscheinlich ist, das Wort solle unmythologisch „Widersacher" heißen (das diskutiert schon Origenes in Mt 12,21). Für Christen war diese Petrusschelte außerordentlich anstößig; Meist entledigte man sich des Problems, indem man den Text nicht sagen ließ, was er sagt (Jesus habe gar nicht zu Petrus gesprochen, sondern zu dem hinter ihm stehenden Teufel usw.).[14] Dennoch hat man diese Form des frontalen Angriffs rasch auf andere übertragen: Tertullian lässt z. B. in einem fiktiven Dialog Paulus so zu Valentin sprechen (scorp. 15,6): „*recede, satana* [...]". Die Verteufelung von Menschen ist auch sonst schon im Neuen Testament nicht selten (Joh 6,70 von Judas Iskarioth; Apg 13,10 Elymas als Teufelssohn; vgl. auch 1Joh 2,26; 3,7f; Apk 2,24 usw.), sie kann auch ganze Völker (Hunnen als Teufelskinder), Berufsgruppen oder sonstige Gemeinschaften treffen und wird ein zentrales Diffamierungsinterpretament der Alten Kirche, das sofort auch in die Politik wandert, sobald Christen Träger politischer Macht werden.[15] Athanasius apol. Const. 6 (SC 56, 95) nennt den Magnentius einen „Teufel" usw. Wenn man hinter Gegnern ohnehin den Teufel sah, hielt man jede noch so unflätige Beschimpfung für legitim.

Die nüchterne Wahrheit ist, dass es verglichen mit der paganen und jüdischen Literatur im Christentum zu einem explosionsartigen Anwachsen gerade dieser Beleidigungsrhetorik kommt.[16] Allerdings besitzen wir aus diesem auch mehr Konfliktliteratur als aus jedem anderen antiken kulturellen Komplex der Spätantike. Ein besonders unglückliches Nachleben hat die Verteufelung jüdischer Menschen, die im Neuen Testament bereits einsetzt, und sich dann immer mehr steigert (Joh 4,44; Apk 2,9; 3,9 usw.).[17] Nahezu omnipräsent sind die Vergleiche der Gegner mit Schlangen, denen zufolge eine Beeinflussung der Christen durch andere Denkwelten eine Fortsetzung dessen ist, was die „Schlange" im Paradies tat (2Kor 11,3; vgl. Mt 3,7; 23,33; Lk 3,7 usw.). Tertullian Valent. 4,2 nennt seinen Gegner „coluber" (Natter). Epiphanius pan. 51, 8, 1 diffamiert den jüdischen Philosophen Philosabbatios als „gefährliche und betrügerische Schlange" usw. Die staatlichen Autoritäten übernahmen mit der Rezeption des Christentums sofort auch die „satanische" Interpretation abweichender kirchlicher Rich-

14 Weiteres und die Belege bei Frenschkowski, Teufel.

15 Vgl. Speyer, Gottesfeind, 1034–1037; Verheyden, The Demonizing of the Opponent.

16 Eine umfassende, ziemlich bestürzende Dokumentation für den Westen bietet Opelt, Die Polemik in der christlichen lateinischen Literatur.

17 Ihre Geschichte hat schon mitten im Zweiten Weltkrieg Joshua Trachtenberg, The Devil and the Jews. The Medieval Conception of the Jew and Its Relation to Modern Antisemitism beschrieben oder auch später Poliakov, Geschichte des Antisemitismus.

tungen. Ältester Beleg (gegen die Donatisten) ist wohl Konstantins Brief an die „katholischen Bischöfe" 314 n. Chr. (CSEL 26, 208–210).[18]

Paulus und andere Zeugen antiker christlicher Bewertungsdiskurse unterscheiden durchgängig zwischen notwendigen Konflikten, die mit großer Härte ausgefochten werden, einerseits und anderen, die von vornherein delegitimiert werden, also als überflüssig, auf menschlicher Streitlust, Rücksichtslosigkeit oder Statusneid beruhend angesehen werden. Die „notwendigen" Konflikte können sich auf die ethische Reinheit der Gemeinde als ganzer beziehen (d. h. faktisch auf ihre Außengrenzen), führen aber mehrheitlich in das Vorfeld der entstehenden Dichotomie „Häresie" vs. „Orthodoxie" (um spätere Leitbegriffe zu benutzen). Dabei entsteht eine Rhetorik der Diffamierung von überraschender Aggressivität. Die delegitimierten Konflikte (die „Parteien" in Korinth, die Starken und Schwachen in Rom usw.) werden völlig anders behandelt. Hier greifen seelsorgerliche Vorgänge, die aber durchgehend von Paränese getragen sind.

3 Ein mühsames Erbe

Wir können, wenn wir die Theologie als kritische Instanz verstehen, die auch sichten und würdigen muss, doch fragen, an welches Erbe die Kirchen anknüpfen können und welches vielleicht eher mühsame Lasten sind. Wir fragen das im Schlussteil dieser knappen Überlegungen in zwei Durchgängen. Dabei fällt uns sofort auf – eine noch eher schlichte, aber elementare Beobachtung –, dass der „religiöse" Anteil der Konflikte divergiert. 1Kor 5 und 6 z. B. sind von Hause aus private, nicht direkt religiös konnotierte Konflikte, die aber in den Referenzrahmen ekklesialer Ethik einbezogen werden (möglicherweise gegen den Willen der Beteiligten). Andere Konflikte beruhen von vornherein auf Konstellationen und Überzeugungswelten der Gruppen innerhalb des entstehenden *Corpus Christianum* (der Begriff ist natürlich im ersten Jahrhundert anachronistisch, mag hier aber stehen bleiben). Sieht man das Gesagte zusammen, werden bestimmte Konfliktszenarien auch abseits der Alltagsstreitigkeiten rasch deutlich. Gegen klischeehafte Wahrnehmungen waren frühe Christen nicht mehr gefeit als wir. Streitthemen waren nicht etwa nur theologischer Natur, sondern hatten Einflusssphären, Ehre, Status genauso im Blick, wie es zu allen Zeiten war.

Die Botschaft Jesu polarisiert; davon hören wir besonders oft. Bei vielen Konflikten können wir nicht abschätzen, ob sie eher um Inhalte oder um Status und Einfluss geführt wurden (Apg 6: Hellenisten und Hebräer, also griechisch-sprechende Judenchristen und aramäisch-

[18] Die späteren Belege s. in Coleman-Norton, Roman State & Christian Church (vgl. Indices s.v. Devil, Satan).

sprechende Judenchristen). Der Streit zwischen Paulus und den „Jakobus-Leuten" (Gal 2,12) kreist um konkurrierende Theologien, aber auch um Einflusssphären. Wir begegnen dem Allzumenschlichen, nicht zuletzt auch typischen Verteilungs-, Macht- und Anerkennungskonflikten, z. B. Konkurrenzen zwischen frühen Anhängern Jesu einerseits und der Familie der Gründerfigur andererseits (in Jerusalem ausgetragen), eine in höchstem Maße typische Konfliktform in neuen religiösen Bewegungen (Islam, Mormonen).

Eine Diskussionskultur auf dem Niveau der Bildungselite entwickelt sich nur langsam, bei Autoren wie Justin, Clemens, Origenes, Bardaisan. Der „Dialog", die Grundform der klassischen Philosophie, wird nur langsam rezipiert (auch in der eigentlichen Philosophie wird er bald durch den Kommentar verdrängt). Eine freie Diskussion über „Religion", wie in Ciceros „*De Natura deorum*" (Voltaire nannte es das „vielleicht beste Buch der Antike") oder bei Plutarch haben Christen vor der Mitte des 2. Jahrhunderts nicht entwickelt: Es belastet uns z. B., dass es ein Interesse an der weiteren Welt der Religion auch nur in bescheidenen Anfängen bei keinem frühchristlichen Autor gegeben hat (und selbst Clemens und Bardaisan, ein gutes Jahrhundert nach dem Neuen Testament, erreichen bei weitem nicht das Niveau aufgeschlossenen Interesses, das einen Plutarch auszeichnet). Man bleibt hier im Rahmen einer älteren Götzenpolemik, ohne Versuche, das „Andere" zu verstehen. Das alles ist eher ein mühsames Erbe, wie wir es ja auch aus anderen Bereichen kennen, etwa der Verdrängung des emanzipatorischen Impulses, den es ohne Frage gegeben hat.

Mancher Konflikt verdankt sich prekären Situationen, in denen man das Eigene verteidigen zu müssen meint, „weil man in statu confitendi fast stets das Unterscheidende zum Entscheidenden macht und sich aus der Freiheit in die Enge abdrängen lässt"[19] (Ernst Käsemann). Das ist eine recht bittere Beobachtung: Es ist bei weitem nicht zu Ende diskutiert, inwiefern sie schon für das frühe Christentum greift. Ein für die Religionspsychologie stabiler Gruppen dabei außerordentlich interessantes Phänomen ist, dass sie sich in ihrer Polemik auf spezifische andere Gruppen „einschießen", dass sie also bald sozusagen ihre Lieblingsgegner haben.[20] In

---

19 Käsemann, Die Anfänge christlicher Theologie, 89. (zuerst 1960).

20 Wir kennen das rhetorisch-polemische Phänomen des „bevorzugten Gegners" etwa aus der Jesuiten-Polemik der Theosophischen Gesellschaft und anderer Gruppen vor allem im 18.–19. Jahrhundert, der Psychiatrie-Polemik der Church of Scientology, der „Pietistenfresserei" (wie man ehemals tatsächlich sagte) mancher sich als aufgeklärt inszenierenden Theologien der Bultmann-Ära, der römisch-katholischen Modernismus-Diskussion im frühen 20. Jahrhundert, aber auch aus der Dämonisierung der Pfingstbewegung durch die deutsche evangelikale Frömmigkeit („Berliner Erklärung" vom 5. September 1909), aus Swedenborgs Hass gegen die Quäker, und beliebig vermehrbaren weiteren Beispielen (um hier nur an solche aus dem westlichen Kulturkreis zu denken). Tatsächlich gehören die *bevorzugten Gegner* zum Psychogramm religiöser Milieus und Gruppen. In den apokryphen Apostelakten sind die Hauptkonkurrenten des Christentums nicht Priester oder Philosophen, sondern Zauberer und Wahrsager.

gewisser Hinsicht mag das nun auch auf den Umgang der altkirchlichen Häresiographie mit der Gnosis ab Mitte des 2. Jahrhunderts zutreffen. Sie war der bevorzugte „Lieblingsgegner“, den man in Grund und Boden argumentieren zu können meint. Tiefenpsychologisch ist das öfter eine Auswirkung des „Schattens“: Der andere hat Eigenschaften, die man an sich selbst keinesfalls wahrhaben möchte. Etwas schlichter aber führt eine solche Rhetorik zur Überschätzung der Bedeutung und quantitativen Größe des Gegners. (Das ist eine Erkenntnis aus der Erforschung Neuer Religiöser Bewegungen in der Gegenwart: je polemischer die Darstellung, desto massiver werden die Größenverhältnisse verkannt). So mag es auch in Sachen Gnosis gewesen sein. Es waren offenbar nur kleinere, intellektuelle Gruppen, die wir uns als Sozialgestalt der Gnosis im 2. Jahrhundert zu denken haben, vielfach vielleicht auch nur einzelne Lehrer mit einigen Anhängerinnen und Anhängern. Mit dem Manichäismus ändert sich das. Dieser war eine eigene Religion mit einigem Missionserfolg (was auch an seiner Organisiertheit gelegen haben wird). Die Zahl der Häresien wächst in der kirchlichen Literatur immer mehr an (80 bei Epiphanius): Man fühlt sich umzingelt von dämonisierten Falschdenkenden. All das ist ein mühsames Erbe, mit dessen Nachwirkungen wir ringen und ringen müssen (gerade im oft unfairen Umgang mit religiösen Minderheiten). Sobald die Möglichkeiten dazu gegeben waren, hat der Häresiediskurs rasch gewaltsame Formen angenommen. Zwar hat es Hinrichtungen erst gegeben, als kirchliche Ausgrenzungen staatliche Macht instrumentalisieren konnten. Das geschieht bekanntlich zuerst gegen Priszillian, der (auf heute deutschem Boden) der erste Theologe ist, der wegen seiner Theologie hingerichtet wurde (385 n. Chr. in Trier). Aber die Ideologie, die zu diesen Entwicklungen führte, ist, so bitter diese Einsicht ist, im Neuen Testament angelegt. Die Diskussionskultur des frühen Christentums ist leidenschaftlich, aber voller Diffamierungen, Kriminalisierungen und Dämonisierungen. Ein Vorbild kann sie uns insofern nur selten sein. Das ist aber nur eine Seite der Sache.

4 Ein hoffnungsvolles Erbe

Es ist gesagt worden, man streite sich mit denen am meisten, mit denen man sachlich am meisten gemeinsam habe. Friedliche Koexistenz sei am leichtesten da, wo eine gewisse Distanz und vor allem keine institutionelle Konkurrenz herrschten. Das ist eine interessante Behauptung, auch wenn sie nur teilweise zutreffen dürfte. Immerhin erklärt sie, warum die Jesusbewegung z. B. mit den Pharisäern mehr Konflikte hatte als mit der priesterlichen Theologie der Sadduzäer, oder mit den Essenern, mit denen es kaum Berührungen gab. Wie steht es mit Strategien der Konfliktbewältigung? Nur selten hören wir von Zugeständnissen, der „Gegner“ habe in gewissen Fragen eben doch auch recht (im ebengenannten Konflikt kann man an Texte wie Mt 23,23 denken, die dem angegriffenen Gegner immerhin ein kleines Stück Weges entgegenkommen). Der Paulus des Epheserbriefes kann dazu mahnen, nur ἀληθεύοντες δὲ ἐν ἀγάπῃ („in Liebe die Wahrheit praktizierend", Eph 4,15) könne der Leib der Kirche auf Christus als Haupt zuwachsen. Hat sich dieser Wille in konkrete Strategien umgesetzt? Formen der Rücksichtnahme sind Paulus keineswegs fremd, auch wenn seine Ausgrenzungspolemik jedes Maß übersteigt. Wir fragen also nach weiterreichenden Paradigmen einer Konfliktbewältigung, die für uns anknüpfungsfähig sind.

Immerhin Ansätze gibt es zu einer Kultur der Synode, der gemeinsamen Besprechung. Konflikte innerhalb des „Weges" (wie er gerne sagt) harmonisiert Lukas allerdings. Das ist am deutlichsten zum Apostelkonzil, für das wir den autobiographischen Parallelbericht des Paulus besitzen. Julius Wellhausen hatte es schon vor Langem messerscharf auf den Punkt gebracht:

> Apg 15 „glättet die Wogen mit heiligem Öl; Paulus läßt merken, daß es menschlich zuging. Ihm erscheint die Urzeit nicht im Nebel der historia sacra, er erlaubt sich einen ziemlich ironischen Ton über Männer wie Jakobus und Petrus – Zu bemerken ist noch, daß der Streit nicht, wie es in der AG scheint, mit der apostolischen Entscheidung ausgetragen und zu Ende gewesen ist, sondern noch lange fortgedauert hat"[21].

Wie so oft bei Wellhausen, dem scharfsinnigsten aller Bibelwissenschaftler, war damit alles Wesentliche gesagt. Immerhin, geeinigt hatte man sich. Dennoch sind Einschränkungen erforderlich, wenn man von einer entstehenden Synodalkultur sprechen wollte. Ramsay MacMullen hat gezeigt, wie die Entscheidungsfindungen in den altkirchlichen Konzilien tatsächlich stattfanden: Jeder Vergleich mit demokratischen Prozessen muss fernbleiben (Diskussion, Mehrheitsbildung, „Abstimmungen" in unserem Sinn hat es nur in Ansätzen gegeben, und die Unterschriften wurden oft nachträglich durch die kaiserliche Administration erzwungen), während die kaiserliche Machtpolitik ab Nicaea der mit Abstand wichtigste Entscheidungsfaktor gewesen ist.[22] (Über die früheren immer nur regionalen Synoden wie die von Elvira wissen wir leider nur wenig; die Echtheit der Canones von Elvira ist nicht völlig gesichert.) Immerhin hat es einen Konzilsgedanken gegeben, und er setzt sich aus dem Neuen Testament in die Alte Kirche fort. Wie steht es mit dem Kompromiss, dem scheinbaren Allheilmittel der Realpolitik? Er wird an keiner Stelle theoretisch reflektiert, aber Rücksichtnahme auf Minderheiten ist schon für Paulus ein Thema – so lange es nicht um sein theologisches Hauptthema

---

[21] Wellhausen, Kritische Analyse der Apostelgeschichte, 29.

[22] Vgl. MacMullen, Voting about God in Early Church Councils. Dieses Buch hat viele Idealisierungen über die Konsensfindung in Hinsicht auf die altchristlichen Dogmen effektiv widerlegt. Welche Konsequenzen sich daraus für eine heutige Systematische Theologie ergeben müssen, ist noch kaum angedacht.

geht. Apg 16,3; 21, 23–26 zeigt Paulus zu Kompromissen bereit, die er in seinen Briefen ablehnt: eine völlig glaubhafte Inkonsequenz. Man hat z. B. die Entscheidungen Chalzedons als Kompromiss gedeutet, wohl mit einem gewissen Recht.

Ein Text wie Mt 18,1–20 entwickelt sehr deutlich eine Vorgehensweise in Hinsicht auf Konflikte in der Christus-Gemeinde, praxisnah und mutig. Eine Konfliktbewältigungsstrategie der älteren Jesusbewegung selbst ist in gewisser Weise auch die Feindesliebe, als kreativer Sprung aus einem Gewaltsystem und Verhinderung einer Gewaltspirale. Sie radikalisiert Gedanken, die im Judentum zumindest angelegt sind: Man kann sie heute nicht mehr zu einer klischeehaften Entgegensetzung Christentum vs. Judentum missbrauchen. Weniger im Blick ist ihre Nähe zu philosophischen Gedanken, die zeigt, dass sie durchaus in ein weiteres antikes Spektrum von Gewaltverhinderung gehört. Bernhard Lang und andere haben dabei „Feindesliebe“ als Ethos der Kyniker und Teil eines philosophisch-ethischen Traditums präsentieren wollen.[23] Eine solche Sicht wirft jedoch Probleme auf. Epiktet, Gespräche 3, 22, 54 verlangt in einem Porträt, das er von einem idealisierten Kyniker gibt, tatsächlich eine Art Feindesliebe: „Der Kyniker muss geschlagen werden wie ein Esel und, geschlagen, muss er dieselben lieben, die ihn schlagen, als ob er der Vater von allen, der Bruder von allen wäre.“ Man könnte ebenfalls 3, 22, 100 nennen, wo weniger von der Feindesliebe bei den Kynikern als von einem Fehlen jeglicher Rachsucht die Rede ist: „Niemand beleidigt einen Kyniker, niemand schlägt ihn, niemand verletzt ihn“. Bernhard Lang erwähnt im gleichen Sinn Belege aus Musonius Rufus, Seneca und Mark Aurel. Aber all diese Autoren sind Stoiker und eine solche Feindesliebe erscheint also mehr als ein stoisches als ein kynisches Thema. Für die Seite der Kyniker könnte man allerdings einen Diogenes zugeschriebenen Ausspruch zitieren: „Dem, der ihn fragt, wie man sich an seinem Feind rächen könne, antwortet Diogenes: ‚Indem man selbst ein guter/rechtschaffener Mensch ist (καλὸς καὶ ἀγαθός)‘.“ Der Akzent ist hier aber nicht der gleiche: Diogenes möchte sagen, dass der moralische Wert eines Menschen die beste Antwort auf gegen ihn gerichtete Angriffe sei. Man kann sich auch die beiden Anekdoten aus Diog. Laert. 6, 33.89 vergegenwärtigen, in denen sich Diogenes und Krates, nachdem sie geschlagen worden waren, damit begnügen, spazieren zu gehen und damit die Namen derer, die sie geschlagen haben, öffentlich bekannt zu machen; der eine auf einer um seinen Hals hängenden Tafel, der andere auf einem Läppchen auf seiner Stirn.

Betrachtet man die in vieler Hinsicht erweiterungsfähige Auswahl frühchristlicher Konflikte zusammenfassend, so mag es tröstlich sein, dass wir das ganze Spektrum von gruppeninternen Formen des Streites auch bereits im ältesten Christentum sehen können. Christinnen und Christen mussten um die Formen ihres Zusammenlebens nicht weniger ringen, als es

[23] Lang, Jesus der Hund, 132–134. Über die „Kynikerthese“ allgemeiner vgl. Goulet-Cazé, Kynismus und Christentum in der Antike.

heute der Fall ist. Die zusammengetragenen Beobachtungen wollen sich nicht zu einer These verdichten, auch wenn sie vielleicht als provokativ gelesen werden können. Sie wollen aber auf ein Problem hinweisen. Frühe Christinnen und Christen haben es in ihren Konflikten nicht unbedingt besser gemacht als wir. Die Last des Allzumenschlichen war ihnen nicht ferner als uns. Sie mussten darum ringen, die Kraft des Evangeliums auch in konkrete Konflikt- und Aggressionsbearbeitungen umzusetzen, also genau wie wir. Es gelang ihnen nur mühsam, Strategien der Fairness oder des Ausgleichs zu entwickeln, und sie mussten erst Sensibilität dafür entwickeln, wo das überhaupt erforderlich ist, vielfach ohne Erfolg. Und sie mussten sich zu einem Erbe verhalten, das Konfliktpotential und Konfliktüberwindungsideen vereinte. Also genau wie wir.

Literatur

Berner, Ulrich, Art. Kommensalität, in: Hubert Cancik / Burkhard Gladigow / Karl-Heinz Kohl (Hg.), Handbuch religionswissenschaftlicher Grundbegriffe, Bd. 3, Stuttgart 1993, 390–392.

Coleman-Norton, Paul R., Roman State & Christian Church, 3 Bände, London 1966.

Doskocil, Walter, Art. Exkommunikation, in: RAC 7, 1969, 1–22.

Frenschkowski, Marco, Domestic Religion, Family Life and the Apocryphal Acts of the Apostles, in: Archiv für Religionsgeschichte 18/19 (2016/17), 123–155.

–, Fluchkultur. Mündliche Flüche, das Corpus defixionum und spätantike Sichtweisen performativer Sprache, in: Michael Hölscher / Markus Lau / Susanne Luther (Hg.), Antike Fluchtafeln und das Neue Testament. Materialität – Ritualpraxis – Texte (WUNT I 474), Tübingen 2021, 47–91.

–, Art. Teufel, in: RAC 31 (2023), 1181–1242.

Goulet-Cazé, Marie-Odile, Kynismus und Christentum in der Antike, hg. von Marco Frenschkowski, übersetzt von Lena Seehausen (NTOA/StUNT 113), Göttingen 2016.

Guttenberger, Gudrun, Das Evangelium nach Markus (ZBK.NT 2), Zürich 2017.

Herzer, Jens, Paulustradition und Paulusrezeption in den Pastoralbriefen, in: ders., Die Pastoralbriefe und das Vermächtnis des Paulus (WUNT 476), Tübingen 2022, 155–184.

Käsemann, Ernst, Die Anfänge christlicher Theologie, in: ders., Exegetische Versuche und Besinnungen, Bd. 2, Göttingen ^{3}1970, 82–104.

Lang, Bernhard, Jesus der Hund. Leben und Lehre eines jüdischen Kynikers, München 2010.

MacMullen, Ramsay, Voting about God in Early Church Councils, New Haven (CN) 2006.

Ollrog, Wolf-Henning, Paulus und seine Mitarbeiter (WMANT 50), Neukirchen-Vluyn 1979.

Opelt, Ilona, Die Polemik in der christlichen lateinischen Literatur von Tertullian bis Augustin, Heidelberg 1980.

Poliakov, Leon, Geschichte des Antisemitismus, 8 Bände, Worms 1977–1988.

Schröter, Jens / Jacobi, Christine (Hg.), Jesus Handbuch, Tübingen 2017.

Speyer, Wolfgang, Gottesfeind, in: RAC 11, 1981, 996–1043.

Theißen, Gerd, Aggression und Aggressionsbearbeitung im Neuen Testament, in: Thonak, Sylvie / Theißen, Gerd, Militärseelsorge. Das ungeliebte Kind protestantischer Friedensethik? Münster 2020 (Heidenberger Studie zur Praktischen Theologie 25), 73–89.

Tiersch, Claudia, Johannes Chrysostomus in Konstantinopel (398–404) (STAC 6), Tübingen 2000.

Trachtenberg, Joshua, The Devil and the Jews. The Medieval Conception of the Jew and Its Relation to Modern Antisemitism, New Haven 1943 (zahlreiche Nachdrucke).

Verheyden, Joseph, The Demonizing of the Opponent in Early Christian Literature, in: Theo L. Hettema / Arie van der Kooji (Hg.), Religious Polemics in Context, Assen 2004, 330–362.

Weiser, Alfons, Der zweite Brief an Timotheus (EKK XVI/1), Düsseldorf / Neukirchen-Vluyn u. a. 2003.

Wellhausen, Julius, Kritische Analyse der Apostelgeschichte (AGG.PH NF 15, 2), Berlin 1914.

Zawadski, Konrad, Die Anfänge des „Anathema" in der Urkirche, in: Vox Patrum 28 (2008), 1323–1334.

Zimmerling, Peter (Hg.), Handbuch Evangelische Spiritualität, Bd. 1: Geschichte, Göttingen 2017.

– (Hg.), Handbuch Evangelische Spiritualität, Bd. 2: Theologie, Göttingen 2018.

– (Hg.), Handbuch Evangelische Spiritualität, Bd. 3: Praxis, Göttingen 2020.

Asketische Spiritualität versus Gemeinschaft?

Spätantike Ansätze zur Verbindung von Eremitentum und Philanthropie

Von Andreas Müller

Inwiefern bedingen sich Spiritualität und Gemeinschaft? Beziehungsweise gibt es Spiritualität losgelöst von Gemeinschaft? So lauten nicht nur wichtige Forschungsfragen des Jubilars. Sie sind vielmehr auch zentrale Fragen bereits am Anfang einer äußerst spirituellen Bewegung, die die Spätantike stark geprägt hat, nämlich der Bewegung des Mönchtums. Insbesondere bei den Einsiedlern, den „Anachoreten", die durch den Rückzug aus der Welt spirituellen Fortschritt zu machen hofften, stellt sich die Frage, ob für sie die Mitmenschen überhaupt eine Rolle auf ihrem religiösen Weg spielten. Ist die Konzentration auf spirituellen Fortschritt, wie sie in vielen spätantiken Viten beschrieben wird, nicht ein Ausdruck des Egozentrismus? Oder lassen sich auch bei den Einsiedlern Formen von Weltbezug, ja sogar von Philanthropie beobachten, die zunächst einmal ihrer Lebensweise radikal zu widersprechen scheinen?

Selbst radikales, eremitisches Mönchtum bedeutete von seinen Anfängen an keineswegs einfach nur einen radikalen Rückzug aus der „Welt". Mönchtum bzw. religiöse Askese überhaupt ermöglichten es vielmehr, sich in einem neuen Wertesystem zur „Welt" in ein Verhältnis zu setzen.[1] Versteht man monastische Askese im spätantiken Sinn als „engelgleiches Leben", so bedeutet dies nämlich auch, für das Gegenüber der Welt wie Engel zu agieren.[2] In diesem Sinne ist gerade das monastische Ideal der Armut eng mit spätantiker Philanthropie verbunden. Das gilt schon für den Beginn einer asketischen Karriere.

1 Monastisches Armutsideal als Voraussetzung für Philanthropie

In seiner die weitere Geschichte des Mönchtums in der Spätantike prägenden „*Vita Antonii*" schildert Athanasios von Alexandreia in eindrücklicher Weise die Bekehrung des ersten prominenten Anachoreten der ägyptischen Wüste. Mönche wie Antonios zogen sich demnach bewusst in die Wüste zurück, um sich ihren Gedanken und Überlegungen bzw. in der Sprache der damaligen Zeit den Dämonen auszusetzen. Anachoresis, Rückzug aus der Welt, scheint –

---

[1] Vgl. hierzu grundlegend u. a. Nürnberg, Askese.

[2] Vgl. Valantsis, Social Function of Asceticism, 550.

wie bereits festgestellt – mit einer Verantwortung für dieselbe auf den ersten Blick nichts zu tun zu haben. Vielmehr verbindet sich mit dem Verhalten insbesondere der als Einsiedler lebenden Mönche oft das Klischee der Weltflucht. In der neueren Forschung wurde immer wieder betont, dass eine solche Weltflucht keineswegs immer und überall stattgefunden hat – ganz im Gegenteil: Mönche übernahmen auch in ihrer Einsamkeit Verantwortung für andere.[3] Und eben diese Verantwortung auch für andere ist ein Grundimpuls des Mönchtums, der auch in der *Vita Antonii* seinen Niederschlag gefunden hat.[4]

Nach dem Tod seiner Eltern war Antonios zutiefst durch Bibeltexte geprägt worden, die er bei seinen Kirchenbesuchen zu hören bekommen hatte. Unter anderem der Bericht von der urchristlichen Liebesgemeinschaft in Apg 4,34f, aber auch die Verheißung in Kol 1,5 für diejenigen, die ihre Mittel verteilen, sollen dabei von großer Bedeutung gewesen sein.[5] Entscheidend für seine Bekehrung war dann ebenfalls ein Kirchenbesuch, bei dem die Verlesung der Perikope über den Reichen Jüngling (Mt 19,16–26, bes. V. 21) den zentralen Auslöser für Antonios Lebenswandel darstellte. Vollkommenheit als Lebensziel wird in diesem Text bekanntlich nicht nur daran geknüpft, Jesus nachzufolgen, sondern zuvor auch alle Habe zu veräußern und den Erlös den Armen zu geben.[6] Antonios jedenfalls verkaufte tatsächlich 300 Aruren (entspricht etwa 80 Hektar)[7] fruchtbares Land und verteilte den Erlös unter die Dorfbewohner; die Einkünfte aus allen übrigen beweglichen Güter kamen den Armen zugute.[8] Den Rest seines Besitzes verkaufte Antonios schließlich, nachdem er bei einem weiteren Kirchenbesuch die Aufforderung zur Sorglosigkeit mit Mt 6,34 gehört hatte.[9] Bereits der Anfang der radikalen Nachfolge des Antonios, seiner asketischen Praxis, ist also eng mit der Sorge für Bedürftige verbunden. Askese ist nicht nur Selbstzweck zum Erlangen des eigenen Seelenheiles, sondern eben auch Verzicht zugunsten anderer Bedürftiger. Dies gilt nicht nur für den Zeitpunkt der Anachorese. Die Verbindung von Askese und Philanthropie blieb vielmehr ein Grundimpuls asketischer Praxis bereits bei Antonios, aber auch bei den meisten anderen Asketen der Spätantike. Dabei kann Armut zugleich neu interpretiert werden – Reichtum verlor angesichts der asketischen Grundorientierung der Mönche grundsätzlich seinen Wert, und ein Bedürftiger (πένης) konnte

---

3 Vgl. u. a. Elm, „Schon auf Erden Engel".

4 Zu den ersten Kapiteln der *Vita Antonii* vgl. Wipszycka, La conversion de Saint Antoine.

5 Vgl. Athanasios, V.A. 2,2 (Gemeinhardt (Hg.), Athanasius, 110).

6 Vgl. Athanasios, V.A. 2,3 (Gemeinhardt (Hg.), Athanasius, 112). Das Wort Jesu zum reichen Jüngling löste auch im Westen des römischen Reichs Freigiebigkeit von Mönchen aus, so etwa bei Honoratus von Arles, vgl. Hil. Arl. Vit. Honorati 20,3 (Valentin (Hg.), Hilaire d'Arles, 126).

7 Vgl. Gemeinhardt (Hg.), Athanasius, 113 Anm. 27.

8 Vgl. Athanasios, V.A. 2,4 (Gemeinhardt (Hg.), Athanasius, 112). Zu dem Topos des Besitzverzichts beim Eintritt ins Mönchtum unter Verweis auf zahlreiche andere Quellen, vgl. Finn, Almsgiving, 90f.

9 Vgl. Athanasios, V.A. 3,1 (Gemeinhardt (Hg.), Athanasius, 114).

sich angesichts des unter anderem von dem athanasianischen Antonios formulierten asketischen Ideals seiner Armut trösten (παρεμυθεῖτο τὴν πενίαν).[10] Leben in Armut war durch das Mönchtum nämlich selbst zum erstrebenswerten Ethos geworden. Es lässt sich im Sinne der „Armenfrömmigkeit" der christlichen Antike durchaus als Befreiung von den Bindungen an die Welt verstehen.[11] Dass Reichtum den Menschen auf dem Weg zur „Selbstverwirklichung" hinderlich sein kann, ist ein Gedanke, der sich schon bei Stoikern wie Seneca findet.[12]

In der Rede des Antonios an seine Mönche, die in seiner *Vita* überliefert ist, wird dementsprechend auch die Liebe zu den Armen (τὸ φιλόπτωχον) respektive die Barmherzigkeit (τὰς ἐλεημοσύνας) zu den Grundtugenden mönchischen Lebens gezählt, mit denen sogar die Dämonen bekämpft werden können und somit geistlicher Fortschritt erreicht wird.[13] Askese ist demnach nicht nur durch Gebet und Fasten, sondern eben unter anderem auch durch die Fürsorge für die Bedürftigen bestimmt.[14] Die Forderungen des Antonios wurden nach den Angaben in der *Vita* auch tatsächlich von seinen Mönchen umgesetzt. So ist davon die Rede, dass sie sich in der Barmherzigkeit übten (εἰς τὸ ποιεῖν ἐλεημοσύνας).[15] Während Stoiker wie Seneca also den Reichtum, der zwar die Freiheit eines Menschen einschränken kann,[16] dennoch schätzten, weil er die Möglichkeit zum rechten Schenken eröffnete,[17] ging es bei Antonios vielmehr darum, sich des Reichtums mit der Zuwendung desselben an den Nächsten vollkommen zu entledigen, um in Freiheit leben zu können.[18]

Antonios selbst verteilte nicht nur Gelder und Güter, vielmehr zeichnete er sich auch dadurch aus, dass er Kranke heilte. In seiner *Vita* wird diese Tätigkeit allerdings nicht auf seine eigenen Fähigkeiten, sondern auf Gott zurückgeführt. Als Knecht Gottes gibt Antonios faktisch nur dessen Menschenliebe, dessen Philanthropie weiter.[19] Der Wüstenvater ist lediglich

---

10 Vgl. Athanasios, V.A. 87,4 (Gemeinhardt (Hg.), Athanasius, 294).

11 Vgl. zur frühchristlichen Armenfrömmigkeit u. a. Ritter, Christentum, 287f.

12 Vgl. Sen. De beata vita, 26,1–4 (Rosenbach (Hg.), L. Annaeus Seneca. De vita beata, 66–68). Seneca ging allerdings davon aus, dass man den Reichtum nur verachten müsse, um von seiner Knechtschaft frei zu werden, vgl. ep. 18,13 (Rosenbach (Hg.), L. Annaeus Seneca. Ad Lucilium Epistulae morales, 144); dazu auch Ritter, Christentum, 293f.

13 Vgl. Athanasios, V.A. 30,2 (Gemeinhardt (Hg.), Athanasius, 182).

14 Die Alternative Fasten und Almosen wird bei Cassian in dem Sinne gelöst, dass er durch Zitat von Jes 58,6–9 die Sorge für den Nächsten als die von Gott geliebte Askese bezeichnet, vgl. Cass. Coll. 21,14: (Pichery (Hg.), Jean Cassien. Conférences III, 90f).

15 Vgl. Athanasios, V.A. 44,2 (Gemeinhardt (Hg.), Athanasius, 208).

16 Vgl. Sen. ep. 42,8 (Rosenbach (Hg.), L. Annaeus Seneca. Ad Lucilium Epistulae morales, 336).

17 Vgl. u. a. Sen. De beata vita u. a., 23,4–24,3 (Rosenbach (Hg.), L. Annaeus Seneca. De vita beata, 58–60), und dazu Ritter, Christentum, 294f.

18 Vgl. auch Ritter, Christentum, 295.

19 Vgl. Athanasios, V.A. 84,1 (Gemeinhardt (Hg.), Athanasius, 288).

durch Gebet und Askese Gott bereits so nahe gekommen, dass er als Mönch Heilungen durchführen und göttliche Philanthropie vermitteln kann.[20] Auch wegen dieser Annäherung an das Göttliche, wegen der Schau der göttlichen Dinge (τῇ τῶν θείων θεωρίᾳ)[21], vermag ein Mönch besonders gut Philanthropie zu üben – er tut dies sozusagen gottgleich, als radikaler Nachahmer Christi bzw. Gottes als eigentlichem Philanthropen, ja sogar als Theophor.[22]

Der Gedanke, dass Mönchtum keineswegs Abwendung, sondern Zuwendung zur Welt bedeuten sollte, findet sich auch bei zahlreichen weiteren Mönchs- und Kirchenvätern. Ein bedeutendes Beispiel ist Johannes Chrysostomos, der auch Mönche dazu ermutigte, ihr Licht „nicht vor den Bergen“ und „nicht in den Wüsteneien oder an unzugänglichen Orten“ leuchten zu lassen, sondern „vor den Menschen“.[23]

2 Philanthropie von Anachoreten und Semianachoreten

Fast alle monastischen Sozialformen sind von dem philanthropischen Ideal zutiefst geprägt. Im Folgenden soll die Philanthropie der Anachoreten und Semianachoreten betrachtet werden. Im anachoretischen und semianachoretischen Bereich lässt sich entsprechend dem Ideal des Antonios jedenfalls an vielen Stellen philanthropisches bzw. karitatives Engagement beobachten. Zeugnisse davon finden sich in zahlreichen Quellen und können hier nur beispielhaft vorgestellt werden. Dies soll besonders im Blick auf drei Bereiche geschehen: die Aufnahme von Fremden, die Fürsorge für Arme und den Einsatz für Kranke.

Selbst alleine lebende Mönche sind gleichzeitig in mehreren karitativen Bereichen aktiv. So charakterisiert z. B. die „*Vita Charitonis*“ ihren Protagonisten mit zahlreichen entsprechenden Attributen:

> „Er war aber barmherzig, mitleidend, gastfreundlich, Freund der Armen und der Brüder, gütig, ruhig, zornlos, für alle leicht zugänglich, lehrwillig, indem er ein Wort hatte, das durch das Salz des Heiligen Geistes gewürzt war.“[24]

---

20 Vgl. Athanasios, V.A. 84,2 (Gemeinhardt (Hg.), Athanasius, 288).

21 A. a. O.

22 Vgl. Athanasios, V.A. 14,3 (Gemeinhardt (Hg.), Athanasius, 148). Auch diese Tendenz findet sich bei Cassian wieder, vgl. Cass. Coll. 11,9f. (Pichery (Hg.), Jean Cassien. Conférences II, 109–112). und Nürnberg, Askese, 62.

23 Vgl. Chrys. Hom. in Rom 27, PG 60,644.

24 Vit. Charit. 15: ἐλεήμων <ἦν>, συμπαθής, φιλόξενος, φιλόπτωχος, φιλάδελφος, ἤπιος, ἡσύχιος, ἀόργητος, πᾶσιν εὐπρόσιτος, διδασκαλικός, λόγον ἔχων τῷ τοῦ ἁγίου πνεύματος ἠρτυμένον ἅλατι (Garitte, La Vie prémétaphrastique de S. Chariton, 27).

Zuwendung zum Nächsten geschah bei Chariton dementsprechend nicht nur mit der Tat, sondern auch mit dem Wort. Philanthropisches Handeln erstreckte sich nicht nur auf die Bedürftigen vor Ort, sondern selbst bei Anachoreten und Semianachoreten auch auf Fremde.

2.1 Aufnahme von Fremden

Der Weg in die Wüste war meist nicht so weit, dass er durch Hilfe- und Ratsuchende nicht bewältigt worden wäre. Insbesondere semianachoretische Siedlungen wie die Nitria oder auch die Lavren in Palästina verfügten über eigene Hospize, in denen Pilger und Interessierte Unterkunft finden konnten. Gelegentlich wurden solche Hospize nicht nur in unmittelbarer Nachbarschaft der Mönchssiedlung, sondern auch in ferner gelegenen Städten betrieben, so insbesondere in Jerusalem.

In der nitrischen Wüste südlich von Alexandreia unterhielten die nach Palladios[25] insgesamt etwa 5000 in unterschiedlichen Sozialformen lebenden Mönche ein zentrales Hospiz (ξενοδοχεῖον), in dem Gäste untergebracht werden konnten.[26] Dieses hat in der inneren Wüste der Nitria bei der Kirche gelegen. Das Hospiz zeichnete sich besonders dadurch aus, dass Fremde dort auch über zwei oder drei Jahre verweilen konnten.[27] Längere Unterbringung von Pilgern hat es auch anderswo gegeben, etwas in den Klöstern auf dem Jerusalemer Ölberg.[28] Palladios berichtet, dass die Gäste in der Nitria wochentags zur Arbeit im Garten, in der Bäckerei oder der Küche eingesetzt würden.[29]

Selbst Einsiedler bzw. Reklusen nützten – trotz gelegentlicher Ablehnung von Gastfreundschaft[30] – in vielen Fällen den Besuchern. Über Johannes von Lykopolis wird berichtet, dass er – ausschließlich männliche – Besucher durch eine Fensteröffnung segnete und mit ihnen seelsorgliche Gespräche führte.[31] Andere Einsiedler wie Elias waren zwar für Gäste erreichbar,

25 Vgl. Palladios, h. Laus. 7,2 (Hübner (Hg.), Palladius, 112).

26 Solche Gästehäuser hat es auch anderswo im anachoretischen bzw. semianachoretischen Kontext gegeben, vgl. etwa HM 1,16 (Festugière (Hg.), Historia monachorum in Aegypto, 15,1).

27 Vgl. Pall., h. Laus. 7,4 (Hübner (Hg.), Palladius, 112): πρόσκειται δὲ τῇ εκκλησίᾳ ξενοδοχεῖον, εἰς ὃ τὸν ἀπελθόντα ξένον, μέχρις οὗ ἐξέλθῃ αὐθαιρέτως, δεξιοῦνται πάντα τὸν χρόνον, κἂν ἐπὶ διετίαν ἢ τριετίαν μείνῃ.

28 Um fremde Pilger kümmerten sich auch Melania die Ältere und Rufin auf dem Ölberg bei Jerusalem, vgl. Pall., h. Laus. 46,6 (Hübner (Hg.), Palladius, 270).

29 Vgl. Pall., h. Laus. 7,4 (Hübner (Hg.), Palladius, 112–114).

30 Vgl. Gorce, Die Gastfreundlichkeit, 65–69.

31 Vgl. HM 1,5: ηὐλόγει γὰρ μόνον διὰ θυρίδος καὶ ἠσπάζετο τοὺς προσιόντας ἑκάστῳ ὑπὲρ τῆς οἰκείας σπουδῆς διαλεγόμενος (Festugière (Hg.), Historia monachorum in Aegypto, 10,29–31). Er weigerte sich nach HM 1,4 grundsätzlich, Frauen zu empfangen (a. a. O., 10,21–28). Mit den Autoren der HM

aber in diesem Fall nur über einen sehr steilen Pfad.[32] Gelegentlich wird auch davon berichtet, dass die Einsiedler in ihre eigene Mönchszelle einluden und dort sogar eine Mahlzeit zubereiteten.[33] Dabei konnte nach der Darstellung des Johannes Cassian in Ägypten das Fasten gebrochen werden, da der Gast wie Christus, wie der Bräutigam, empfangen würde. Das Werk der Liebe sei notwendig zu erfüllen. Das Fasten könnte nach dem Bewirten der Gäste umso strenger wieder aufgenommen werden.[34]

Die Vorstellung, im Fremden Gott zu begegnen, findet sich immer wieder in der Beschreibung von Semianachoreten. In der „*Historia Monachorum in Aegypto*" fordert Abbas Apollo sogar dazu auf, vor den fremden Brüdern, die zu Gast kommen, niederzuknien. Schließlich könne man in ihnen Christus, ja Gott selbst sehen.[35]

Gästehäuser hat es nachweislich auch an vielen Lavren, also semianachoretischen Mönchssiedlungen der judäischen Wüste gegeben. So verfügte z. B. die Große Lavra des Sabas über ein Hospiz, das sowohl in den literarischen Quellen[36] gut belegt ist als auch archäologisch verortet werden kann.[37] In solchen Einrichtungen gab es auch entsprechende Dienste wie Gastmeister (ξενοδόχος) und Koch (μάγειρος).[38] Lavren und Koinobien in der judäischen Wüste betrieben ihre Hospize nicht nur an bzw. in den Mönchssiedlungen selbst, sondern auch in den nahegelegenen Städten wie Jerusalem[39] und Jericho.[40]

---

sprach er nach HM 1,64 drei Tage lang jeweils bis zur neunten Stunde, dann entließ er sie mit Eulogien (a. a. O., 34,427–429).

32 Vgl. HM 7,2 (a. a. O., 45,7–46,10).

33 Vgl. HM 9,7: Abbas Amun lud demnach von ihm überführte Räuber in seine Zelle (κέλλιον) und bereitete ihnen den Tisch (ἔθηκεν τράπεζαν), a. a. O., 73,44.

34 Vgl. Cass Inst V 24 (Guy (Hg.), Jean Cassien, Institutions Cénobetiques, 232–234).

35 Vgl. HM 8.55 (Festugière (Hg.), Historia monachorum in Aegypto, 68). Moschos, Eschatologie im ägyptischen Mönchtum, 228, spricht in diesem Zusammenhang von einer „‚anthropomorphitischen' Sozialethik" im spätantiken Mönchtum.

36 Vgl. V. Sab. 40 (Schwartz, Kyrillos von Skythopolis, 130f); 81 (Schwarz, Kyrillos von Skythopolis, 186,19.28). Nach Patrich, Sabas, 76f, wurde das Hospiz bereits 491 n. Chr. gebaut.

37 Hirschfeld, The Judean Desert Monasteries, 197, lokalisiert das Gästehaus auf dem Hügel südlich des jetzigen Klosters.

38 Vgl. Vit. Joh. Hesych. 6 (Schwarz, Kyrillos von Skythopolis, 206,1).

39 In Jerusalem hatte die Lavra von Souka nahe dem Davidsturm u. a. ein Hospiz (ξενοδοχεῖον), welches sie den Vätern des Euthymios-Klosters verkaufte. In demselben Textabschnitt wird auch ein Hospiz des Theoktistos-Klosters in Jerusalem erwähnt, vgl. Kyrill Skyth., Vita Kyriak. 7 (Schwarz, Kyrillos von Skythopolis, 226,13–19).

40 Vgl. zum Hospiz von Choziba in Jericho Ant. Chozeb., Vit. Georg. Chozeb. 35 (Houze (Hg.), Sancti Georgii Chozebitae confessoris et monachi vita, 134).

2.2 *Fürsorge für Arme*

Fürsorge für Arme lässt sich in unterschiedlichsten Texten beobachten. Dabei gibt es zwei verschiedene Arten der Generierung von Mitteln für die Bedürftigen. Entweder verkauften die Mönche ihre eigenen handwerklichen Produkte, um damit ihre Fürsorge zu ermöglichen,[41] oder sie verteilten Gelder, die ihnen zugekommen waren.[42]

Johannes Cassian berichtet von einem Abbas Johannes, der wohl im semianachoretischen Milieu im Umfeld der Sketis anzusiedeln ist.[43] Dieser Johannes stand der „Diakonie"[44] der Mönchsgemeinschaft vor („*electus diaconiae praesidebat*"), was eine besondere Ehre gewesen zu sein scheint.[45] Darunter ist die Verwaltung der Güter der Mönchsgemeinschaft zu verstehen.[46] Johannes erhielt reichlich Gaben („*religiosa donaria*") von „Weltmenschen", die er sowohl für die Mitbrüder als auch für Bedürftige einsetzte.[47] Von ihm wird in den *Collationes* geradezu eine Werberede für Almosen wiedergegeben, die die Motive für dieselben insbesondere im Verdienst vor Gott sehen. Wörtlich heißt es bei Cassian:

> „Ich freue mich, teuerste Söhne, über eure fromme Freigebigkeit in Geschenken [*pia vestrorum munerum largitate*] und nehme die Darbringung dieses Opfers, dessen Austeilung [*dispensatio*] mir anvertraut ist, mit Dank an, weil ihr in Treue eure Erstlinge und Zehnten für den Gebrauch der Armen [*indigentum*] als ein Opfer des Wohlgeruches Gott darbringet. Ihr glaubt es ja, dass durch dieses Opfer auch das Ganze eurer Früchte und all eurer Habe, aus welcher ihr das dem Herrn ausgelesen habt, reichlich werde gesegnet werden, und dass ihr auch in diesem Leben mit vermehrtem Reichthum an allen Gütern werdet überhäuft werden nach der Zuverlässigkeit jenes Gebotes: ‚Ehre Gott mit deinen gerechten Mühen und opfere ihm von den Früchten deiner Gerechtigkeit, damit deine

41 Vgl. z. B. Philoromus, der zweihundert Goldstücke durch Handarbeit erworben und den „Krüppeln" geschenkt hatte, Pall., h. Laus. 45,3 (Hübner (Hg.), Palladius, 266). Zum Zusammenhang von Arbeit und Philanthropie vgl. auch Holze, Erfahrung und Theologie, 114f; ferner Finn, Almsgiving, 95.

42 Vgl. bereits Finn, Almsgiving, 92: „The pattern of self-dispossession and almsgiving attracted alms from ordinary Christians for redistribution."

43 Vgl. Stewart, Cassian, 137.

44 Zu der Problematik des Begriffes „Diakonie" bei Cassian, vgl. Sternberg, Ursprung. Sternberg präferiert die Bedeutung „Güterverwaltung" bzw. „Ökonomie eines Kloster oder einer Kirche" für Diakonie, vgl. a. a. O., 198f.

45 Vgl. Cass. Coll. 21,1f. (Pichery (Hg.), Jean Cassien. Conférences III, 76).

46 Vgl. nochmals Stewart, Cassian, 137.

47 Vgl. ähnlich auch Honoratus von Arles, Hil. Arl. Vit. Honorati 20,3 (Valentin, Hilaire d'Arles, 126–128). Honoratus soll sogar Helfer damit beschäftigt haben, mit ihm die ihm zugekommenen Güter zu verteilen, vgl. Hil. Arl. Vit. Honorati 21,2 (Valentin, Hilaire d'Arles 130,14–16).

> Scheunen erfüllt werden von dem Überfluße des Weizens und deine Kelter von Wein überfließe.' Wisset, dass ihr durch treue Übung dieser Opferwilligkeit die Gerechtigkeit des alten Gesetzes zur Vollendung gebracht habt, unter dessen Herrschaft jene, welche es übertraten, sich unvermeidlich eine Schuld zuzogen und jene, welche es erfüllten, nicht zum Gipfel der Vollkommenheit gelangen konnten."[48]

Die Vermittlung von Gaben, die Mönche von Weltmenschen erhalten haben, ist in der spätantiken monastischen Literatur immer wieder belegt. So berichtet die „*Historia Monachorum in Aegypto*" von einem Kaufmann Paphnutios, der sein Vermögen und seine Handelsware explizit für die Unterstützung von Armen[49] und den Mönchen schenkt. Der Kaufmann verstand seine Schenkung als Opfergabe für Gott (εἰς δικαίων ἀνάπαυσιν τῷ θεῷ προσφερόμενοι).[50] Auch Palladios berichtet davon, dass Asketen empfangene Gaben weiterleiteten.[51] Gerade ihre Weltflucht hat die Asketen dazu prädestiniert, Gaben zur Verteilung zu erhalten. Bei ihnen wussten die Geber sie zumindest theoretisch in guten Händen. Andere Mönche delegierten dementsprechend die Aufgabe des Verteilens an solche Brüder, die besser wissen, Gelder ohne Schaden zu verwalten und zum Nutzen der Armen zu verteilen.[52] Auch wenn prinzipiell die Weiterverteilung von Geldern gewährleistet zu sein schien, waren Mönche also wohl doch nicht immer vor der eigenen Habsucht gefeit – in einem Basileios wahrscheinlich fälschlich zugeschriebenen Brief wird genau aus diesem Grund vor der Annahme von Geldern zur Weiterverteilung gewarnt.[53]

Auch in der judäischen Wüste unterstützte Chariton, eine wichtige monastische Gründer-Gestalt vor Ort, die Armen vor allem dadurch, dass er die Besitztümer seiner geistlichen Kin-

---

48 Cass. Coll. 21,2 (Pichery, (Hg.), Jean Cassien. Conférences III, 76). Deutsche Übersetzung: Antonius Abt, Sämmtliche Schriften des ehrwürdigen Johannes Cassianus, BKV 59, Kempten 1879, online: https://bkv.unifr.ch/de/works/cpl-512/versions/vierundzwanzig-unterredungen-mit-den-vatern-bkv/divisions/456 (abgerufen am 17.01.2023).

49 Die Notwendigkeit der Unterstützung von Mönchen durch „Fremde" unterstreicht Sternberg, Ursprung, 180.

50 Vgl. HM 14,19–22 (Festugière (Hg.), Historia monachorum in Aegypto, 108f.). Der Kaufmann hatte einen Umsatz von 2000 Goldstücken und kam mit 100 Schiffen aus der oberen Thebais. Seine Schenkung dürfte dementsprechend enorm umfangreich gewesen sein.

51 Vgl. die Aufforderung zur Versorgung der Armen z. B. Pall., h. Laus. 37 (Hübner (Hg.), Palladius, 234,25–27). Hier wird das Almosen für die Armen (πτωχοῖς) als ἀρραβὼν σωτηρίας bezeichnet.

52 So der Priester Dorotheos, der von Melania der Jüngeren mit fünfhundert Goldstücken beschenkt wurde, vgl. Pall., h. Laus. 58 (Hübner (Hg.), Palladius, 300). Er stellt zu seinem Mitbruder Diokles fest: δύναται αὐτὰ (scil. das Geld) ἀβλαβῶς διοικῆσαι, ἐπιστάμενος τοὺς ὀφείλοντας ἐπικουρηθῆναι εὐλόγως.

53 Vgl. Bas. ep. 42,3 (Courtonne (Hg.), Saint Basile, I 104), dazu Finn, Almsgiving, 93.

der an die Bedürftigen verteilte.[54] Chariton legte ferner fest, dass seine Mönche ihre Zellen um der inneren Ruhe willen möglichst nicht verlassen sollten. Wenn aber bei ihnen ein Bedürftiger an ihrer Tür anklopfen und um Brot bitten würde, sollten sie ihn niemals mit leeren Händen fortschicken. Schließlich könnte – nach Mt 25 – Christus vor ihrer Tür stehen. Chariton bezeichnet dies sogar als den königlichen Weg.[55]

In verschiedenen Stellen wird deutlich, dass Almosen die Geber keineswegs vor existentielle Sorgen stellen – wie durch Wunder füllen sich die Vorräte bei denjenigen, die Almosen geben, z. B. in einer Erzählung der „*Vitae Patrum*" wieder wie von selbst.[56] Solche Texte ermutigen jedenfalls zum sorglosen Umgang mit den eigenen Mitteln zum Überleben.

2.3 Einsatz für Kranke

In seiner „*Historia Lausiaka*" erwähnt Palladios, dass es in der Nitria sogar eigens Ärzte gegeben habe.[57] Er hebt dies hervor, weil es vermutlich im anachoretischen und semianachoretischen Kontext keineswegs immer der Fall gewesen ist. Über die Aufgaben der Ärzte in der Nitria wird allerdings nichts Genaueres berichtet – wahrscheinlich waren sie in erster Linie für die kranken Mönche zuständig.

In semianachoretisch orientierten Lavren, deren Zentren allerdings oft durch ein Koinobion geprägt waren und die daher auch umfangreichere Mittel zur Verfügung hatten, sind öfter auch Krankenstationen für Mönche belegt. So gab es in der Großen Lavra des Sabas ein Hospital (νοσοκομεῖον),[58] das sich noch heute lokalisieren lässt.[59] Ebenda waren auch Ärzte tätig.[60]

Nicht nur Ärzte und Krankenhäuser, sondern auch Brüder, die Kranken Arzneimittel (παντοῖα ἰατρικά) lieferten, werden in der „*Historia Lausiaka*" erwähnt.[61] Der ehemalige Händler Apollonios versorgte seine Mitbrüder demnach bei Krankheiten, indem er unter anderem Lebensmittel wie Rosinen, Granatäpfel, Eier und Weizenbrot verteilte, die er in Alexan-

---

54 Vgl. bes. Vit. Char. 38 (Garitte, La Vie prémétaphrastique de S. Chariton, 43,9–12), ferner auch 13 (25,19–26,1); di Segni, The Life of Chariton, 418.

55 Vgl. Vit. Char. 17 (Garitte, La Vie prémétaphrastique de S. Chariton, 29, 10–16).

56 Vgl. Vitae Patrum 5,13,15.

57 Vgl. Pall., h. Laus. 7,4 (Hübner (Hg.), Palladius, 114). Vgl. zu den Ärzten in monastischen Einrichtungen auch: Crislip, From Monastery to Hospital, 14f.

58 Vgl. Vita Sab. 32 (Schwartz, Kyrillos von Skythopolis, 117,8).

59 Vgl. Patrich, Sabas, 68f.

60 Vgl. Vita Sab. 41 (Schwarz, Kyrillos von Skythopolis, 131,26f.); dazu auch Hirschfeld, The Judean Desert monasteries, 77.184.

61 Vgl. Pall., h. Laus. 13 (Hübner (Hg.), Palladius, 130,3).

dreia mit seinen eigenen Mitteln erworben hatte. Selbst für einen Nachfolger in seiner Tätigkeit über seinen Tod hinaus hat Apollonios gesorgt.

Versorgung von Kranken findet sich auch in semianachoretischen Verbänden wie jener der Sketis. Johannes Cassian berichtet jedenfalls von einem Ökonom der Mönchsgemeinschaft, der Feigen aus der libyschen Mareotis erhalten hatte und diese durch zwei junge Männer an einen kranken Altvater übersandte.[62]

Dabei blieb der Einsatz von Einsiedlern für Kranke und Bedürftige keineswegs auf die mönchische Umgebung beschränkt. Asketen haben sich in Krisenzeiten sogar aktiv in die Welt begeben und größere Institutionen aufgebaut, um zur Linderung der Not beizutragen. Palladios berichtet von Ephraim dem Syrer, der sich aus der „stillen Lebensweise" (τὸν ἥσυχον βίον) 356 n. Chr. nach Edessa begab. Wörtlich heißt es im Kapitel 40 der „*Historia Lausiaka*":

> „Als eine große Hungersnot über die Stadt Edessa gekommen war, jammerte ihn [scil. Ephraim] des ganzen Landes, das dahinsiechte, und so ging er zu denen, die in materiellem Überfluß standen, und sprach zu ihnen: ‚Warum habt ihr kein Erbarmen mit der dahinsiechenden menschlichen Natur, sondern laßt zur Verdammnis eurer Seelen euren Reichtum verfaulen?' Nach einiger Überlegung antworteten sie ihm: ‚Wir haben niemanden, dem wir unser Vertrauen schenken könnten, um den Hungernden Hilfe zu leisten [οὐκ ἔχομεν τίνι πιστεύσομεν πρὸς τὸ διακονῆσαι τοῖς λιμώττουσι], denn alle versuchen mit der gegenwärtigen Lage Geschäfte zu machen!' Da sagte er ihnen: ‚Und was denkt ihr von mir?' Er stand aber bei allen in großem Ansehen, das nicht auf Täuschung, sondern auf Wahrheit beruhte. Sie antworteten ihm: ‚Wir wissen, daß Du ein Mann Gottes bist!' Und er sagte: ‚So schenkt mir denn Vertrauen! Euretwegen also will ich mich selbst zum Betreuer [ξενοδόχον] der Bedürftigen ernennen!' Und nachdem er die Geldmittel erhalten hatte, unterteilte er die Säulenhallen [τοὺς ἐμβόλους] mit Trennwänden, stellte an die dreihundert Betten hinein und sorgte sich um die Ausgehungerten, begrub die Toten und pflegte die, die noch Hoffnung auf Leben haben konnten, kurz, aus den ihm zur Verfügung gestellten Mitteln gewährte er Tag für Tag allen, die der Hungersnot wegen herbeikamen, gastliche Aufnahme und Hilfe. – Als das Jahr vorüber war und in der Folge wieder Überfluß eintrat, zogen alle nach Hause. Da er nun nichts mehr zu tun hatte, kehrte er in seine Zelle zurück, und nach einem Monat verschied er."[63]

[62] Vgl. Cass. Inst. V 40 (Guy (Hg.), Jean Cassien, 254–256). Vgl. hierzu auch Patrich, Sabas, 15, der festhält, dass es kein Krankenhaus in der Sketis gab und der Krankendienst an die Kirche gebunden gewesen sei.

[63] Pall., h. Laus. 40 (Hübner (Hg.), Palladius, 254–256). Die Übersetzung aus: Laager, Palladius, 212–214.

Ephraim übernahm hier – einem Patron gleich – öffentliche Aufgaben, allerdings nur während der Zeit der Not. Er richtete dabei mit Hilfe der Stadtaristokratie eine vorübergehende, größere Institution ein.[64] Seine asketische Grundhaltung, seine Eigenschaft als „Mann Gottes", qualifizierte ihn besonders für diese Aufgabe. Gerade die um Distanz zur Welt bemühte Askese befähigte den Edessener zur Übernahme von diakonisch-karitativem Handeln.

Solche durch den Einsatz von Mönchen errichteten Krankenstationen sind prominent auch in Jerusalem belegt. Der Mönchsvater Sabas hat für Jerusalem bei Kaiser Justinian höchstselbst die Finanzierung eines Krankenhauses für die dorthin kommenden Pilger (νοσοκομεῖον [...] πρὸς τὴν τῶν ἀρρωστούντων ξένων ἐπιμέλειαν) erbeten.[65]

Heilungen wurden nicht nur durch medizinische Einsätze, sondern auch durch – bei historisch-kritischer Betrachtung kaum nachvollziehbare – Wunder bewirkt. Der Asket Benjamin heilte in der Nitria durch Handauflegung oder Ölsalbung alle Arten von Krankheit, sogar als er bereits selber krank war.[66] Makarios der Ägypter benötigte sogar einen eigenen Diener (ὑπηρέτης) „wegen der Menschen, die kamen, um geheilt zu werden".[67]

Die Frage nach der historischen Zuverlässigkeit dieser Berichte zu stellen, ist müßig. Es soll in ihnen vielmehr darum gehen, die besonderen Fähigkeiten der Asketen zur Heilsvermittlung zu unterstreichen. Da sie als Weltflüchtige eben nicht mehr von der Welt waren, vermochten sie in der Welt mit den „jenseitigen" Kräften zu wirken. Wunderheilungen und auch „Dämonenaustreibungen", worunter die Behandlung psychischer Krankheiten zu verstehen ist, zogen in jedem Fall zahlreiche Kranke in die Wüste.[68]

Während in der Regel selbst eremitisch lebende Mönche für die Versorgung von Kranken zuständig waren, wird eine solche Zuständigkeit in einer einzigen Quelle explizit in Frage gestellt. In der bohairischen „*Vita des Pachomios*" wird festgestellt, dass die Sorge für die Kranken nicht dem Mönch obliegt, sondern vielmehr dem Klerus und den gläubigen Ältesten.[69] Möglicherweise sollte mit Aussagen wie dieser vor allem Kritik an der nachlässigen Praxis des Klerus gegenüber Bedürftigen und eben auch Kranken geübt werden.[70]

---

64 Dass diese Institution nicht von Dauer war, konstatiert auch Blum, Rabbula von Edessa, 78.

65 Vgl. Kyrill Skyth. Vit. Sab 72 (Schwartz, Kyrillos von Skythopolis, 175,11–13), Patrich, Sabas, 317.

66 Vgl. Pall., h. Laus. 12 (Hübner (Hg.), Palladius, 128).

67 Vgl. Pall., h. Laus. 17,3 (Hübner (Hg.), Palladius, 142).

68 Vgl. HM 2,6 (Festugière (Hg.), Historia monachorum in Aegypto, 37,35–37 über Abbas Or. Hier ist allerdings explizit nur davon die Rede, dass tausende von Mönchen zu ihm zur Behandlung kamen. Gleichwohl dürften auch andere Bedürftige bei dem Abbas Heilung gesucht haben.

69 Vgl. Vit. Pach. bo. 9 (Lefort (Hg.), S. Pachomii vita, 84.

70 Vgl. auch Finn, Almsgiving, 98.

3 Schluss

Philanthropie war im Mönchtum stark verbreitet, ja sogar in den Konzeptionen von Mönchtum ursächlich verankert. Auffällig ist nicht nur die Tatsache, dass das eher auf Hesychia und Anachorese, also Rückzug aus der Welt, angelegte Mönchtum sich derselben zugleich zuwandte. Auffällig ist auch, wie stark dieser Aspekt des Mönchtums, die Verbindung von Askese und Philanthropie, in spätantiken Quellen hervorgehoben wird. Das Konzept spätantiker Askese basierte jedenfalls keineswegs nur auf dem Ideal eines egozentrischen Rückzugs in die Wüste. Geistlicher Fortschritt wurde vielmehr auch gerade dadurch möglich, dass man Freiheit von aller Bindung an weltliche Güter erwarb. Philanthropische Tätigkeit wurde so ein Element engel-, ja sogar gottgleichen Lebens, da Gott selbst als der philanthropos *par excellence* galt. Konsequente Nachfolge war jedenfalls ohne die Zuwendung zum anderen nicht zu denken, und das nicht nur beim Aufbruch in eine neue, spirituelle Welt.

Literatur

Blum, Georg Günther, Rabbula von Edessa. Der Christ, der Bischof, der Theologe (CSCO 300 Subsidia 34), Louvain 1969.

Courtonne, Yves (Hg.), Saint Basile. Lettres, Paris 1957.

Crislip, Andrew T., From Monastery to Hospital. Christian Monasticism and the Transformation of Health Care in Late Antiquity, Ann Arbor 2005.

Elm, Susanna, „Schon auf Erden Engel". Einige Bemerkungen zu den Anfängen asketischer Gemeinschaften in Kleinasien, in: Historia 45 (1996), 483–500.

Festugière, André-Jean, Historia monachorum in Aegypto (SHG 34), Brüssel 1961.

Finn, Richard, Almsgiving in the Later Roman Empire. Christian Promotion and Practice (313–450) (Oxford Classical Monographs), Oxford 2006.

Garitte, Gérard, La Vie prémétaphrastique de S. Chariton, in: Bulletin de l'Institut Historique Belge de Rome 21 (1941), 5–50.

Gemeinhardt, Peter (Hg.), Athanasius. Vita Antonii (FChr 69), Darmstadt 2018.

Gorce, Denys, Die Gastfreundlichkeit der altchristlichen Einsiedler und Mönche, in: JAC 15 (1972), 66–91.

Guy, Jean-Claude (Hg.), Jean Cassien. Institutions Cénobetiques (SChr 109), Paris 1965.

Hirschfeld, Yizhar, The Judean Desert Monasteries in the Byzantine Period, New Haven / London 1992.

Holze, Heinrich, Erfahrung und Theologie im frühen Mönchtum. Untersuchungen zu einer Theologie des monastischen Lebens bei den ägyptischen Mönchsvätern, Johannes Cassian und Benedikt von Nursia (FKDG 48), Göttingen 1992.

Houze, Charles (Hg.), Sancti Georgii Chozebitae confessoris et monachi vita auctore Antonio eius discipulo, in: AB 7 (1888), 95–144.336–359.

Hübner, Adelheid (Hg.), Palladius. Historia Lausiaca (FChr 67), Freiburg i. Br. 2016.

Laager, Jacques, Palladius. Historia Lausiaca. Die frühen Heiligen in der Wüste, Zürich 1987.

Lefort, Louis Théophile (Hg.), S. Pachomii vita bohairice scripta. Interpretatus (CSCO 107), Louvain 1952.

Moschos, Dimitrios, Eschatologie im ägyptischen Mönchtum. Die Rolle christlicher eschatologischer Denkvarianten in der Geschichte des frühen ägyptischen Mönchtums und seiner sozialen Funktion (STAC 59), Tübingen 2010.

Nürnberg, Rosemarie, Askese als sozialer Impuls. Monastisch-asketische Spiritualität als Wurzel und Triebfeder sozialer Ideen und Aktivitäten der Kirche in Südgallien im 5. Jahrhundert (Hereditas 2), Bonn 1988.

Patrich, Joseph, Sabas. Leader of Palestinian Monasticism. A Comparative Study in Eastern Monasticism, Fourth to Seventh Century (DOS 32), Washington 1994.

Pichery, Emile (Hg.), Jean Cassien. Conférences II (SChr 64), Paris 1959.

– (Hg.), Jean Cassien. Conférences III (SChr 64), Paris 1958.

Ritter, Adolf Martin, Christentum und Eigentum bei Klemens von Alexandrien auf dem Hintergrund der frühchristlichen „Armenfrömmigkeit“ und der Ethik der kaiserzeitlichen Stoa, in: ders., Charisma und Caritas. Aufsätze zur Geschichte der Alten Kirche, hg. von Angelika Dörfler-Dierken u. a., Göttingen 1993, 283–307.

Rosenbach, Manfred (Hg.), L. Annaeus Seneca. Ad Lucilium Epistulae morales I–LXIX, Darmstadt 41995.

– (Hg.), L. Annaeus Seneca. De vita beata, Darmstadt 41993.

Schwartz, Eduard, Kyrillos von Skythopolis (TU IV 4. Reihe, 2. Heft = 49,2) Leipzig 1939.

Segni, Leah di, The Life of Chariton, in: Vincent L. Wimbush (Hg.), Ascetic Behaviour in Greco-Roman Antiquity. A Sourcebook, Minneapolis 1990, 393–421.

Stewart, Columba, Cassian the Monk, Oxford 1998.

Sternberg, Thomas, Der vermeintliche Ursprung der westlichen Diakonien in Ägypten und die Conlationes des Johannes Cassian, in: JAC 31 (1988), 173–209.

Valantsis, Richard, A Theory of the Social Function of Asceticism, in: Vincent L. Wimbush / Richard Valantsis (Hg.), Asceticism, Oxford 1998, 544–552.

Valentin, Marie-Denise, Hilaire d'Arles. Vie de Saint Honorat (SChr 235), Paris 1977.

Wipszycka, Ewa, La conversion de Saint Antoine. Remarques sur les chapitres 2 et 3 du prologue de la Vita Antonii d'Athanase, in: Caecilia Fluck u. a. (Hg.), Divitae Aegypti. Koptologische und verwandte Studien zu Ehren von Martin Krause, Wiesbaden 1995, 337–348.

Nicht zu nah und nicht zu fern

Zur Beziehungskultur im frühen Mönchtum[1]

Von Jürgen Ziemer

1 Lebensformen des frühen Mönchtums

In der Mitte des dritten Jahrhunderts entsteht in dem sich zunehmend kirchlich und gesellschaftlich etablierenden Christentum eine Bewegung für ein tugendhaftes Leben in der Nachfolge Christi. Ihr legendärer Begründer ist der Heilige Antonius, geb. 250 in Unterägypten, der später so genannte „Vater der Mönche". Er war nicht der erste, der sich aus der bewohnten Welt zurückzog in die Einsamkeit der Wüste, um dort als Eremit ein verzichtreiches, auf die Beziehung zu Gott hin ausgerichtetes eremitisches Leben zu führen und so zur „Ruhe" für seine Seele zu gelangen. Aber sein Name ist als erster historisch verbürgt. Dass Antonius zum Urtyp des frühen Mönchtums wurde, hat seinen Grund auch darin, dass der Kirchenvater Athanasius ihm noch zu Lebzeiten eine Darstellung seines Lebens und seiner Wirksamkeit widmete. In dessen „Vita Antonii" wird der Weg des Antonius als Prototyp des heiligmäßigen, biblisch vorgezeichneten Lebens schlechthin dargestellt.[2] Die Vita ist von hoher Bedeutung für unsere Kenntnisse über das frühe Mönchtum in Ägypten. In anderer Weise erschließen sich uns die Denkformen und Lebensweisen dieser „Avantgarde der Gottesnähe"[3] durch die Apophthegmata Patrum, eine frühe Sammlung von Sprüchen und kurzen Erzählungen aus den Mönchsiedlungen. Auf sie beziehe ich mich hauptsächlich.[4] Auch in den Apophthegmata hat Antonius eine besondere Rolle, aber es treten andere „Väter" und gelegentlich auch „Mütter" hinzu.

---

1 Mit diesem Beitrag gratuliere ich meinem Nachfolger im Fach zu seinem 65. Geburtstag. Peter Zimmerling hat die Arbeiten zum Wüstenmönchtum, die ich gemeinsam mit Günther Schulz, Kirchenhistoriker in Naumburg und Münster, unternommen hatte, mit viel Aufmerksamkeit verfolgt. Nun ist Günther Schulz, der vor Jahren mein Interesse am Thema geweckt hat, während der Erarbeitung dieses Textes gestorben. So verbindet sich mit der Ehrung für den Fachkollegen das Gedenken an den Weggefährten und Anreger vieler intensiver Gespräche über die Apophthegmata Patrum.

2 Alles was man zu Antonius wissen muss, findet man bei Gemeinhardt, Der erste Mönch; zur Vita Antonii vgl. a. a. O., 21–26.

3 Gemeinhardt, Geschichte des Christentums, 237.

4 Apophthegmata Patrum (Migne); deutsche Übersetzungen: Miller, Weisung der Väter; Schweitzer, Apophthegmata Patrum. Ich zitiere nach Schweitzer. Die Zählungen beider Ausgaben sind identisch: Name / Nr. in der individuellen Zählung / Nr. in der gesamten Zählung der alphabetischen Sammlung.

Die mit dem Namen Antonius verbundene asketische Herausforderung ist die „Anachorese“: also das völlige Herausgelöst-Sein aus der Alltagswelt, der Weg in die Einsamkeit der „Wüste“, das Ausharren in der Versenkung, die strenge Askese, verbunden mit den Kämpfen gegen die „Dämonen“, die im Modus der „Gedanken“ den unablässigen „Kampf“ notwendig machen.

Zu dem anachoretischen Mönchtum kommt eine Generation später ein anderer bewusst gemeinschaftsorientierter Typ des Mönchtums. Er ist verbunden mit dem Namen Pachomius, geboren 287 in Oberägypten. Während seines Wehrdienstes, zu dem er gezwungen worden war, erlebt er das fürsorgliche Verhalten von Christen. Pachomius lässt sich 308 taufen und entwickelt sogleich den Plan, eine Mönchsgemeinschaft nach dem Vorbild der Urgemeinde zu gründen. Das „Ideal gemeinsamen Lebens und der Bruderliebe“[5] ist Kern der Berufung, wie sie Pachomius für sich spürt. So kam es dann schon zwischen 320 und 330 zur Gründung des ersten koinobitischen Klosters in Tabenesi (Mittelägypten), dem bald weitere Gründungen folgten. Neben die anachoretische Frömmigkeitspraxis tritt nun eine ganz anders gestaltete. Im koinobitischen Kloster spielt die Gemeinschaft eine Hauptrolle, es gibt einen Abt und klare Ordnungen für die Leitung, für das gemeinsame Leben, Regeln für die Zeiten für Gottesdienstes und des Gebets, für die Arbeit und für die Mahlzeiten. Nur die Zelle, die dem Einzelnen als Rückzugort dient, erinnert an die Spiritualität der Wüste.

Beide Formen des frühen Mönchtums, die anachoretische und die koinobitische, sind in den Apophthegmata Patrum präsent. Das Koinobitische eher peripher durch Kontakte Einzelner zu bestimmten Klöstern, das Anachoretische dagegen permanent. Für die Wüstenmütter und Wüstenväter ist die Anachorese das Ideal des gott- und tugendgemäßen Lebens.

Ein zentrales Problem besteht in der Praxis darin, dass die konsequente Anachorese, die absolute Einsamkeit, nicht auf lange Dauer ausgehalten werden kann. Selbst Antonios vermochte das nicht. Es legte sich nahe, nach mittleren Formen zu suchen.

Eine wichtige Rolle spielte dabei, dass immer größere Massen von Mönchen bzw. Mönchsanwärtern[6] kamen und so die Einsamkeit der Wüste nur noch bedingt gegeben war. Sie kamen in Scharen zu Antonios und anderen Anachoreten. Wie sollte man da „Ruhe“ finden? Die Frage galt sowohl für die alten wie für die hinzukommenden neuen Bewohner der Wüsten.[7] Eine Lösung deutet sich in der folgenden Geschichte an, die in den Apophthegmata Patrum überliefert wird:

---

5 Joest, Spiritualität evangelischer Kommunitäten, 101.

6 Zu den Größenordnungen vgl. Schulz / Ziemer, Mit Wüstenvätern, 29f. Man muss von vierstelligen Zahlen ausgehen.

7 Unter ihnen waren naheliegender Weise auch Frauen, die meisten von ihnen in den Quellen unsichtbar. Wie viele es tatsächlich waren, entzieht sich gesicherten Erkenntnissen. Über die drei Wüstenmütter in den Apophthegmata Patrum vgl. Schulz / Ziemer, Sarrha, Synkletika und Theodora.

> „Abbas Antonios besucht einst den Abbas Ammun am Berge Nitria. Und nachdem sie einander getroffen hatten, sagte Abbas Ammun zu ihm: Da durch deine Gebete sich die Brüder vermehrt haben, wollen einige von ihnen ihre Kellien[8] weiter entfernt errichten, damit sie Stille haben (hesychazo). Welchen Abstand von hier befiehlst du, der für die zu gründenden Kellien eingehalten werde? Der aber sagte: Essen wir zur neunten Stunde, gehen wir dann weg, durchqueren die Wüste und suchen dann nach einem Ort. Sie durchwandern dann die Wüste, bis die Sonne unterging. Sodann sagte Abbas Antonios zu ihm: Verrichten wir hier ein Gebet und stellen hier ein Kreuz auf, damit sie hier bauen, wenn sie bauen wollen, damit jene von dort, wenn sie diese (hier) besuchen wollen, ihren kleinen Bissen zur neunten Stunde essen und (dann) ihren Besuch machen (können), und jene, die von hier weggehen, bei ihrem Besuch unabgelenkt bleiben. Es ist der Abstand von zwölf Meilen." (Antonius 34/34)

Die ideale Entfernung der Kellien voneinander wird hier so bemessen, dass ein gegenseitiger Besuch an einem Tag möglich ist, ohne die Gebetszeiten zu tangieren. Das setzt aber voraus, dass die Besucher auch in der Lage sind, in der Nacht wieder zurückzukehren. Zweimal ca. 15 Kilometer – das ist eine beachtliche Leistung! Nicht zu nah und nicht zu fern – das war offensichtlich das Maß der Anachoreten. Dabei geht es nicht primär um äußere Ruhe, sie ist nur eine Unterstützung, um zu der inneren Ruhe zu finden, die das griechische Verb *hesychiazo* bezeichnet.

Die Geschichte hat hohe Symbolkraft. Sie markiert den Bau von Mönchssiedlungen um das Jahr 330 in den unterägyptischen Wüsten – zunächst in der „Kellia", dann auch in der „Nitria" und in der „Sketis", letztere wurde von Makarios gegründet. Die innere Verbindung dieser drei Mönchsiedlungen zu Antonius kann vorausgesetzt werden. Der große Zustrom von jungen Leuten, Männern und gelegentlich auch Frauen, wird es kaum zuglassen haben, immer so große Zwischenräume zwischen den Kellien vorzusehen, wie das gemäß Antonius 34/34 vorausgesetzt wurde. So war etwa in der nitrischen Wüste die Landschaft hügelig, so dass ein dichteres Siedlungsnetz möglich war.

Das Leben in den Mönchssiedlungen unterschied sich von der konsequenten Form der Anachorese, wie sie Antonios in den ersten zwanzig Jahren gemäß der Vita Antonii vollzogen hatte, ebenso wie von der koinobitischen Wohngemeinschaft im pachomianischen Kloster. Es ist sinnvoll, hier von einer eigenen Form monastischer Existenz zu sprechen: der „sketischen Lebensform"[9]. Darin verbinden sich das Bedürfnis nach Einsamkeit und der Wunsch nach

---

[8] *Kellion* (griech.): Hütte oder Höhle, Aufenthaltsort eines Anachoreten, vor allem auch Ort des „Sitzens".

[9] Vgl. dazu: Guillaumont, Geschichte der Mönche in den Kellien, in: ders., An den Wurzeln, 11–30: Schulz / Ziemer, Mit Wüstenvätern, 31f.

gemeinschaftlichem Leben. Die Konturen einer sich daraus ergebenden semianachoretischen Beziehungskultur sollen im Folgenden beschrieben werden.

2 Konturen des spirituellen Lebens in der Wüste

2.1 Keine Regeln – eine Lebensform der Freiheit

Es gibt keine ausdrücklichen Regeln, die das Leben der Mönche normieren. Insofern ist die Zurückhaltung gegenüber der koinobitischen Klosterform zwingend. Für diese ist charakteristisch, dass das heiligmäßige Leben bestimmten Regeln und einer hierarchischen Ordnung folgt. Zwar wird bei den Anachoreten in einer konkreten Situation auf eine Bitte hin eine Weisung erteilt, oft auch autoritativ ausgesprochen: „Geh in Dein Kellion!" „Lass Dich nicht auf den Gedanken ein!" Aber die Weisung gilt eben immer *ad personam* und hier und jetzt. In einer anderen Situation kann genau solch eine konkrete Weisung verweigert werden. „Bin ich denn ein Koinobiarch (Klosterleiter), dass ich ihm anschaffe?", entgegnet der Abbas Isaak einem Kritiker (Isaak 2/373). Manchmal sehnen sich junge Mönchsanwärter nach den klareren Strukturen eines Koinobions. Sie fühlen sich mit der Freiheit überfordert. Die einzige Anregung, die Abbas Paphnutios einem gibt, der sich selbst „fruchtlos" herumsitzen sah, lautet: „Geh, setze dich in dein Kellion. Verrichte ein Gebet am Morgen, eins am Abend und eins in der Nacht. Wenn du Hunger hast, iss, wenn du durstig bist, trink, und wenn du einnickst, schlafe. Und bleibe im Wüstenland." Der Abbas Johannes, den der junge Anachoret danach auch noch konsultiert, ist in dem gleichen Fall knapper: „Verrichte überhaupt kein Gebet, setz dich nur in dein Kellion" (Paphnutios 5/790). Das Kellion ist die einzige verbindliche Struktur. In allem anderen sind die Bewohner der Sketis frei, ihren Weg zu gehen, Ruhe zu finden und ihre Kämpfe führen – gegen die „Dämonen", die eigenen „Gedanken". Die Freiheit ist fundamental für das anachoretische wie auch das semianachoretische Mönchtum.

2.2 Der Weg in die Einsamkeit

Für die sketische Lebensform ist „das Gleichgewicht zwischen Einsamkeit und Gemeinschaft"[10] konstitutiv. Ort der Einsamkeit und zugleich deren Symbol ist das Kellion. Darin lebt jeder und jede für sich. Wenn man so will, ist das „Kellion" die innere Wüste. Sie zu bestehen ist die permanente Herausforderung für die Wüstenbewohner. Der zentrale Imperativ lautet deshalb:

---

[10] Guillaumont, An den Wurzeln, 13.

„Geh, setz dich in dein Kellion und dein Kellion wird dich alles lehren!" (Moses 6/500). Das Sitzen im Kellion ist die Basisübung im anachoretischen Mönchtum der Sketis. Wer da „sitzt" und betet, will dort allein sein. Mitunter wird das deutlich betont: „Man sagte über den Abbas Sisoes: Wenn er im Kellion saß, verschloss er immer die Tür" (Sisoes 24/827).

Manchmal genügte das Kellion nicht. Oder die Situation war für einen Mönch so, dass das Kellion nicht genug Ruhe bot. Dann musste dieser buchstäblich „zurück in die Wüste": Makarios lebte zeitweilig dort. Antonios zog zurück auf den „Berg" (Pispir) und Sisoes tat es ihm gleich. Gerade bei den „großen" Vätern wurde diese Neigung verstärkt durch den starken Besucherandrang. Antonios musste sich dann am Ende noch in den „inneren Berg" (Kolzim)[11] zurückziehen, um ungestört zu sein.

2.3 Wöchentliches „Zusammenkommen" (Synaxis)

In der Woche stand das „Kellion" im Mittelpunkt. Am Wochenende kamen die Wüstenbewohner am Rande der Siedlungen zusammen. „Synaxis" nannten sie ihre Zusammenkunft, wie die frühen Christen in der Urgemeinde es taten. Dort draußen gab es eine Kirche, in der am Sonntag Gottesdienst gefeiert wurde, und daneben Versammlungsräume. Hier befand sich auch eine Bäckerei, es gab Gelegenheit zum Kaufen von Brot und anderen Lebensmitteln. Gäste der Wüstensiedlung konnten hier eine Unterkunft finden.

Da die Wege lang waren, kam man schon am Samstag zusammen. Natürlich nahmen alle am Gottesdienst teil. Es gab dort Priester, und einige der „Väter" waren selbst auch geweihte Priester (Isaak, Makarios). Der Gottesdienst ist im geistlichen Leben der Wüste natürlich von besonderer Bedeutung: Mit den Mönchen sei es wie mit den Hirschen, sagte Poimen unter Bezugnahme auf Ps 42,2, wenn sie in der Einsamkeit leben:

> „Es brennt in ihnen wegen des Giftes der bösen Dämonen, und sie sehnen den Samstag und Sonntag herbei, damit sie zu den Wasserquellen kommen" (Poimen 30/604).

Es wird aber sonst auffallend wenig über den Gottesdienst gesprochen. Zumindest ebenso wichtig war die Synaxis wohl als eine Gelegenheit für die Begegnung der Mönche miteinander, man erfuhr voneinander, nahm Anteil an Erkrankungen, besprach gemeinsame Anliegen, klärte Problemfälle. Es gab eine Agape am Samstagabend, die mehr war als eine symbolische

11 Zu den geographischen Details vgl. Peter Gemeinhardt, in: Athanasius von Alexandrien, Vita Antonii, 49f.

Mahlzeit, für einige die einzige Mahlzeit der Woche. Gelegentlich gab es auch Wein, mit dem manche der strengeren Mönche freilich ihre Probleme hatten.[12]

Das Wochenende mit dem gemeinsamen Gottesdienst ist für die Anachoreten von struktureller Bedeutung als multifunktionale Unterbrechung des Wüstenalltags.[13]

2.4 Demut als Grundhaltung gegenüber Anderen

Demütig zu sein bedeutet primär nicht, sich klein zu machen, viel mehr: andere nicht klein zu machen. Demut heißt, andere nicht übertreffen zu wollen, sondern gelassen davon auszugehen, „dass du ihnen gleich bist" (Motios 1/533). Wer sich demütig verhält, verzichtet überhaupt darauf, sich mit anderen zu vergleichen und erst recht sie zu richten.

So sagt Abbas Mose: Die Hauptsache ist: „den Nächsten nicht zu verurteilen" (Moses 18/512). Daraus ergibt sich praktisch als kategorischer Imperativ in der anachoretischen Frömmigkeit:

> „Es gibt keine andere Tugend als niemanden zu verachten." (Theodor von Pherme 13/280).

Das ist die Voraussetzung, die Basis der Menschlichkeit. Konkreter wird es vom Abbas Moses formuliert:

> „Tue keinem Menschen etwas Böses. Denke nicht Schlechtes gegen jemanden in deinem Herzen. Verachte keinen, der Böses tut. Folge aber nicht dem, der seinem Nächsten Böses antut." (Moses 18/152).

Solche Demut ist nicht Schwäche, sondern Stärke, vor der sogar der Teufel beim Abbas Makarios kapituliert: „durch sie vermag ich nichts gegen dich" (Makarios 11/464). Und von Johannes Kolobos wird gesagt, dass er „durch seine Demut die ganze Sketis an seinem kleinen Finger aufhing" (Johannes Kolobus 37/352).

Die Demut kann zu geradezu paradoxen Aussagen führen, wie in dem Apophthegma des Abbas Or:

> „Es fragte Abbas Sisoes den Abbas Or: Sag mir ein Wort. Und der sagte zu ihm: Hast du Vertrauen in mich? Und er sagte: Ja. Er sagte ihm nun: Geh, und was du mich tun sehen

[12] Vgl. Makarios 10/463.

[13] Vgl. dazu Guillaumont, An den Wurzeln, 19.

> hast, das tu auch du. Und er sagte zu ihm: Was sehe ich an dir, Vater? Und es sagte ihm der Alte: Mein Gedanke (logismos) ist niedriger als (der) aller Menschen.“ (Or 7/940).

Das erscheint uns übertrieben. Aber die Väter sahen sich so – nicht als Ergebnis von Vergleichen mit anderen, sondern als tieferes Wissen um sich selbst. Sie kannten ihre eigenen Abgründe. So waren sie offensichtlich für viele andere vertrauenswürdig.

Für die Beziehungskultur in der sketischen Wüste bedeutet dies: Die „Väter“ überzeugen nicht primär durch ihr Wort, auch nicht durch ihr Tun, sondern durch ihr Sein. Die Demut ist keine antrainierte Tugend der Selbstverkleinerung. Sie ist der Verzicht darauf, sich „einen Namen zu machen“ (Motios 1/512) oder überhaupt aus sich etwas zu machen oder auch nur sich machen zu lassen. Demut ist Selbstgewissheit ganz von innen her. So eröffnet sie den unverstellten Zugang zu Anderen.

2.5 Fremdling-Sein bewahren

Wer in die Wüste geht, wählt einen besonderen Weg. Man verlässt die gewohnten Sicherheiten, lebt auf sich allein gestellt und gibt sich, anders betrachtet, ganz in die Hand Gottes. Das bedeutet Freiheit und Unabhängigkeit und fordert viel Mut.

Die Mütter und Väter bleiben, wenn sie ihrem Weg treu bleiben, auch Fremdlinge nicht nur für andere, sondern auch füreinander. Man weiß in der Wüste, wie schwer das ist:

> „Größer ist es, Fremdling zu sein, als Fremde aufzunehmen.“ (Jakobos 1/395).

Fremdlingschaft (*xeniteia*) ist ein Aspekt der Freiheit wie der Askese.[14] In einem Gespräch erläutert Abbas Sisoes, was das konkret bedeutet:

> „Ein anderer wieder sagte zu ihm: Was ist die Fremdlingschaft, Vater? Und er sagte: Schweige, und sage an jedem Ort, wohin du kommst: Ich habe damit nichts zu tun. Und das ist die Fremdlingschaft.“ (Pistos 1/776).

Das klingt irritierend, aber Fremd-Sein ist kein apathisches Verhalten, es bedeutet vielmehr: sich nicht in Abhängigkeiten zu begeben, die von der Anachorese wegführen.

---

[14] Vgl. Guillaumont, Das Fremdsein als Form der Askese im Alten Mönchtum, in: ders., An den Wurzeln, 154–186, vgl. 1Petr 1,1.17.

Die Fremdlingschaft betrifft Orte und Situationen, aber konkret auch die Beziehungen zu einzelnen Personen, nicht zuletzt auch zu den Gefährten des eigenen Weges. Es gab unter den einzelnen Vätern durchaus auch Freundschaften, z. B. zwischen Abbas Or und Abbas Theodoros. Sie planten sogar, sich zusammen ein Haus aus Lehm zu bauen. Dann jedoch besannen sie sich: Sie weinten, ließen den Lehm „und zogen sich jeder in sein Kellion zurück" (Or 1/934).

Manchmal ereignet sich in der Gemeinschaft der Wüstenbewohner etwas, das die Fremdheit aufzubrechen scheint und doch zugleich die geistliche Existenz gefährdet:

> „(Ein Bruder sprach:) Ich möchte mit Brüdern wohnen. Sage mir, wie ich mit ihnen wohnen soll. Es sagte ihm der Alte: So wie am ersten Tag, wenn du zu ihnen kommst, so bewahre deine Fremdlingschaft alle Tage deines Lebens, damit du nicht vertraulich mit ihnen umgehst." (Agathon 1/83).

Hier bekommt das Thema der Fremdlingschaft noch einmal einen zusätzlichen Aspekt. Die anachoretische Gemeinschaft leide, wenn sie primär menschlich – Paulus würde schreiben: „fleischlich" (Röm 8, 9) – ausgerichtet ist und zu einer grenzüberschreitenden Nähe führen könnte, womöglich zu „großer Hitze" und „Leidenschaften", wie es im zitierten Apophthegma weiter heißt. Was konkret dahinter steht, können wir nur erahnen. Die Wüste war keine Oase der Heiligen. Manchmal finden sich Hinweise auf Gefährdungssituationen wie etwa die Versuchung zur Knabenliebe.[15] Sexuelle Askese war selbstverständliches Gebot für den gewählten Weg der Anachorese.[16]

Der Imperativ der Fremdlingschaft aber reicht viel weiter. Die Wüste sollte nicht „Heimat" sein, und sie sollte nicht dazu werden. Sie war vielmehr der Ort, an dem man nur unterwegs sein konnte. Unterwegs zur Begegnung mit Gott und zur Erfahrung des Heils. Deshalb mussten die Suchenden sich allem entziehen, was sie in ihrem Unterwegs sein aufhielt. Und zwar so schnell und radikal als möglich. Den Abbas Arsenios erreicht aus der kommenden Welt die unbedingte Weisung: „fliehe die Menschen, und du wirst gerettet" (Arsenios 1/39). Das ist nicht naiver Heilsegoismus und keine Abkehr von der Nächstenliebe. Der Nächste ist der „Grundstein", sagt Johannes Kolobus (39/354). Unterwegs sein heißt im Gegenzug nämlich auch: nicht vorübergehen, wenn ein Mensch in Not ist. Zum Unterwegs-Sein gehört die Liebe, die aus der inneren Freiheit und aus dem genauen Hinsehen kommt und die nicht das „Ihre"

---

15 Vgl. etwa den folgenden Imperativ: „Wenn ihr Knaben seht, dann nehmt eure Mäntel und geht weg!" (Makarios 5/458). Vgl. auch die Unheilsdeutung bei Isaak (5/376).

16 Peter Brown hat in seiner großen Studie über die sexuelle Askese im antiken Christentum darauf hingewiesen, dass diese für das Wüstenmönchtum angesichts der übergroßen Herausforderung durch die Nahrungsaskese von untergeordneter Bedeutung war; ders., Die Keuschheit der Engel, 234ff.

suchen muss (vgl. 1Kor 13,5). Aber es gibt kein Verharren am Ort der Liebe. Die geistliche Dynamik der Beziehungen in der Wüste fordert einen sensiblen Umgang mit Nähe und Distanz. Wer in der Wüste lebt, geht einen besonderen Weg. Anachorese bedeutet immer auch Fremdlingschaft in der Welt, im diesseitigen Leben. So ist sie für das frühe Mönchtum geistliche Existenz in Freiheit.

2.6 Präsenz im Gespräch

Will man etwas ausführen zur Beziehungskultur in der Wüste, dann darf das Hauptmedium der Beziehungen untereinander nicht fehlen: das Gespräch. Neben dem „Sitzen im Kellion" ist das die wichtigste Darstellungsform der Wüstenexistenz. Nicht umsonst sind die „Apophthegmata Patrum" praktisch eine Sammlung von Gesprächssequenzen und als solche eine der wichtigsten Quellen für unsere Kenntnisse über das anachoretische Mönchtum in der Alten Kirche. Es war ein Anziehungspunkt in der Wüstensiedlung, dass man dort Menschen traf, die zum Gespräch bereit waren und denen man sich anvertrauen konnte. Inhalt der Gespräche mit den Vätern und Müttern ist das gesamte Spektrum des Alltags in der Wüste: die Herausforderungen der Askese, der Umgang mit den „Gedanken", die Differenzen untereinander, die Grundüberzeugungen des Glaubens, die Hoffnungen und Visionen, die Schwächen und Stärken der Einzelnen. Die Gespräche spiegeln in ihrer überlieferten verdichteten Form Erfahrungen des Vertrauens und der Stärkung in einer kargen, unwirtlichen Umwelt. In ihr sind die vielen Bewohner der Wüste unterwegs nach einem den meisten noch ganz ungewissen Ziel, nach der „Ruhe", wie sie sagen. Sie wird in einem der Sprüche „Mutter aller Tugenden" (Rufos 1/801) genannt. Aus ihr erwächst, wonach sie alle letztlich sich sehnen. Sie zu erlangen ist die Triebkraft, die sie zum Gespräch führt: „sage mir ein Wort!" (Ammonas 1/113 u. ö.). Es ist eine fragende Grundhaltung, die sich in dieser Bitte zeigt. Sie war unbedingt notwendig. wenn man in der Wüste weiter unterwegs sein wollte:

> „Ein Bruder begab sich zu Abbas Poimen und sagte zu ihm: Was soll ich tun? Es sagte ihm der Alte: Geh, pflege Umgang mit einem, der sagte: Was will ich? Und du wirst Ruhe haben." (Poimen 143/717).

Wer sich ohne ein echtes Anliegen an einen der Väter wendet, wird schon mal als „Wichtigtuer" abgewiesen (Theodor von Pherme 3/270). Und auch für frommes Geschwätz hat ein Abbas kein Ohr, solange er spürt, dass damit die eigentlichen Probleme verdeckt werden (Poimen 8/282).

Aber auch die angefragten Autoritäten der Wüste müssen sich fragen lassen, ob sie geeignet sind zu antworten:

> „Sie sagte wiederum: Es ist gefährlich zu lehren, ohne dies durch das praktische Leben ausgeführt zu haben." (Synkletike 12/903).

Theorien ohne Erfahrung sind für die Wüste nicht gefragt. Dafür sind die Sorgen, um die es in der Wüste geht, zu ernst und zu existentiell, und die Wege zueinander sind zu lang und strapaziös. Kein Wunder, dass es Situationen gibt, in denen sie aus eigener Betroffenheit nicht zu antworten vermögen:

> „Ein Bruder sagte zu Abbas Theodoros: Sag mir ein Wort, denn ich bin verloren. Und mit Mühe sagt der ihm: Ich bin selbst in Gefahr, was soll ich dir sagen?" (Theodor 20/287).

Wer einen langen Weg hatte, den kann man nicht mit frommen Phrasen abspeisen. Der um ein „Wort" bittende Bruder mag enttäuscht sein. Aber er wird sich auch ernst genommen fühlen und nicht mehr so allein in seiner Not. Auch das wahrzunehmen, könnte den Weg gelohnt haben.

3 Inspiration aus der Wüste für das Christsein heute

Zwischen dem Wüstenmönchtum des vierten und fünften Jahrhunderts und der kirchlich-religiösen Situation in unserem Land heute liegen Welten. Das gilt nicht nur historisch. Wer in die Wüste strebte, wollte ein heiliges, gottergebenes, ja „engelgleiches" Leben[17] führen, um für die Ewigkeit bereit zu sein. Menschen von heute, die sich zur Kirche halten, versuchen in einer Christentums-kritischen Welt religiös zu leben, mehr oder weniger bewusst. Ich denke, in einer Frömmigkeitsbewegung wie dem anachoretischen Mönchtum des vierten Jahrhunderts werden elementare Aspekte spiritueller Praxis erkennbar, deren inspirierende Kraft nicht vergangen ist. Für mich sind das: der Gottesdienst, das Kellion, das Unterwegs-Sein, das Gespräch und ganz allgemein eine Kultur wechselseitiger Achtung.

Der *Gottesdienst als „Zusammenkommen"* ist zentral. Das gilt in der Wüste, er ist dort Repräsentation der institutionalisierten Kirche. Im Gottesdienst am Sonntag wird Christsein fassbar als Synaxis im doppelten Sinne: als Feier und Begegnung. In der Wüste war er so selbstverständlich, dass nur wenig davon ausdrücklich erzählt wird. Er fand statt und wurde gebraucht,

---

[17] Vgl. Frank, Angelikos Bios.

um sich Woche für Woche neu der Gegenwart Gottes in der Wüstenexistenz zu versichern. Alle notwendigen Reformbemühungen müssen davon ausgehen, dass das so ist und auch so bleiben wird. Dabei lässt sich von der „sketischen Lebensform" lernen: Der Gottesdienst muss nicht ein herausragendes Ereignis im Sinne einer modernen Eventkultur sein, und er kann nicht alle Beziehungswünsche erfüllen. Wichtig ist, dass Gemeindemitglieder und ihre Gäste darin vorkommen und sich ernst genommen fühlen, und dass sich ihnen die Möglichkeit einer Gotteserfahrung bietet. Und besonders wenn die Wege in Zukunft länger werden, sollten Begegnungsmöglichkeiten über den Gottesdienst hinaus immer gegeben sein. Der Gottesdienst ist das wichtigste Strukturelement für ein christliches Leben – einfach dadurch, dass es ihn gibt, unabhängig davon, wo und wie oft eine oder einer an ihm teilnimmt.

Das *„Kellion"* ersetzt den Gottesdienst nicht, aber es ist unerlässlich als Ort und Gelegenheit, um in einer überreizten Umwelt zu sich selbst und darüber hinaus zur „Ruhe" zu kommen. Das Bedürfnis danach geht weit über den Kreis der Kirchenangehörigen hinaus. Nicht umsonst gibt es heute in Krankenhäusern, aber auch in öffentlichen Einrichtungen wie z. B. Museen einen „Raum der Stille", um Erlebtes zu vertiefen und sich selbst dazu in Beziehung zu setzen. Dass große Kirchenräume, die uns oft so leer erscheinen, zum „Kellion" werden können, beginnen viele wieder zu lernen. Und das kommt auch Menschen zu Gute, die bisher nicht gewohnt waren, eine Kirche zu betreten. Gut, wenn dann in einem großen Raum auch ein geschützter Platz ist, um „Ruhe" zu finden. Mancher braucht auch die äußere Gewissheit, im geschützten Raum und allein zu sein – wie Abbas Sisoes, der, wie schon beschrieben, wenn er ins Kellion ging, „immer die Tür schloss".

Das Christsein als *Unterwegssein* (als Anachorese) zu verstehen, ist für uns moderne Christen eine Herausforderung. Wir können die Anachoreten mit ihrer sehr auf die jenseitige Welt bezogenen Frömmigkeit nicht imitieren. Vertraute Orte, vertraute Menschen, vertraute Gegenstände sind lebensnotwendig. Aber die Frage bohrt, wie frei wir wirklich sind und wie unabhängig. Es ist immer wieder eine Herausforderung, Menschen zu sehen, die aus ihrem Glauben heraus mit leichtem Gepäck ihren Weg gehen. Die Metapher von der *Fremdlingschaft* müssen wir uns nicht zu eigen machen. Vielleicht geht es eher darum, etwas von der „Leichtigkeit des Seins"[18] zu lernen im Sinne einer geistlichen Existenz, die sich immer wieder innerlich löst und von Neuem bereit ist zum Aufbruch in verheißenes, noch unbekanntes Gelände. „Lass uns vorwärts in die Weite sehn", dichtet Klaus Peter Hertzsch[19] – so offen wie ahnungsvoll.

Das *„Gespräch"* ist keine Alternative zum „Kellion", sondern ein notwendiges Äquivalent. Wer allein sein kann, entdeckt die offenen eigenen Fragen, die zur Bitte drängen: „Sag mir

---

[18] In Anlehnung an den Titel des Romans von Milan Kundera, Die unerträgliche Leichtigkeit des Seins (1984).

[19] Hertzsch, Laß uns vorwärts in die Weite sehen, 9.

ein Wort!" In einer Gemeinde sollte es Orte und Zeiten und Personen geben, wohin ich mich mit meinem Wunsch wenden kann. Die Anzahl derer wächst, die „keinen Menschen haben" (Joh 5,7). Gesucht wird jemand, der wahrnimmt, wie es mir geht, der hinhört, was ich sage, und vielleicht auch sieht, was mir „fehlt". Die Mütter und Väter in der Wüste waren immer zugleich ganz zugewandt, konnten sich aber auch deutlich abgrenzen. Nicht zu nah und nicht zu fern. Pfarrerinnen und Pfarrer, Mitarbeitende im Verkündigungsdienst sollten fähig und bereit sein für ein persönliches Gespräch, um das sie direkt oder indirekt ersucht werden. Dafür müssen sie weder Anachoreten noch Therapeuten sein, aber bereit und fähig zuzuhören. Das Gespräch ist ein Grundelement der Beziehungskultur in einer christlichen Gemeinde. Ob das auch wirklich so ist, lässt sich daran erkennen, ob Menschen gegebenenfalls Mut und Gelegenheit finden, zu bitten: „Sag mir ein Wort!"

Schließlich ist von grundlegender Bedeutung für die Beziehungskultur in der Gemeinde die *Anerkennung jedes Einzelnen als Person*. Mögen uns heute manche Aspekte des Verständnisses von „Demut" in der monastischen Tradition der Wüste fremd sein, so gilt der daraus abgeleitete Imperativ: „keinen verachten!" doch gerade heute unbedingt. Keinen Menschen zu verachten – das mag uns im ersten Moment selbstverständlich erscheinen, in Wirklichkeit ist es das nicht. Das Gegenteil geschieht jeden Tag. Es gibt offen erkennbare, aber auch subtile Formen der Verachtung bis hin zum vergifteten Lob.

Dagegen stehen in der Tradition des Wüstenmönchtums die Imperative der Menschlichkeit. Sie beruhen darauf, dass der Wert einer Person sich nicht aus dem Vergleich mit anderen ergibt, sondern in ihrer Geschöpflichkeit von Gott her beruht. Oft werden diese Imperative in den Apophthegmata Patrum wiederholt: „Vergleiche dich nicht mit anderen!" (Paphnutios 3/788); „Richte niemand!" (Joseph von Panepho 2/385). Ja, auch: „Schweige und miss dich nicht (mit dir selber)!" (Poimen 79/653). Diesen Imperativen zu folgen, also anderen und auch sich selbst nicht bewertend, sondern wertschätzend zu begegnen, das ist der Weg, um zur „Ruhe" zu finden, die das höchste Ziel des spirituellen Weges in der Wüste darstellt. Wenn man genau hinsieht, dann sind diese Imperative vor allem Abstandsgebote: dem Nächsten nicht zu nahetreten, seine Persönlichkeit, seine Unverletzlichkeit zu schützen; um einen uns aus dem Grundgesetz vertrauten Begriff zu verwenden: die Würde anderer zu achten. Das ist sehr viel. Es hat für das Zusammenleben hohes Gewicht und schützt vor Übergriffigkeit im physischen, emotionalen und auch spirituellen Sinne. Das ist denn auch vielleicht der Hintergrund, vor dem es durchaus etwas für sich hat, für eine spirituelle Gemeinschaft der Regel zu folgen: „nicht zu nah und nicht zu fern".

Literatur

Athanasius von Alexandrien, Vita Antonii. Leben des Antonius – Griechisch. Deutsch, eingeleitet, übersetzt und kommentiert von Peter Gemeinhardt (FC 69), Freiburg / Basel / Wien 2018.

Apophthegmata Patrum, Patrologia Graeca, hg. von Jacques-Paul Migne (MPG 65), Paris 1858, 71–440.

Brown, Peter, Die Keuschheit der Engel. Sexuelle Entsagung, Askese und Körperlichkeit im frühen Christentum, München 1994.

Frank, Karl Suso, Angelikos Bios. Begriffsanalytische und begriffsgeschichtliche Untersuchung zum „engelgleichen Leben" im frühen Mönchtum (Beiträge zur Geschichte des alten Mönchtums und des Benediktinertums 26), Münster 1964.

Gemeinhardt, Peter, Antonius. Der erste Mönch. Leben, Lehre, Legende, München 2013.

–, Geschichte des Christentums in der Spätantike (Neue Theologische Grundrisse), Tübingen 2021.

Guillaumont, Antoine, An den Wurzeln des christlichen Mönchtums. Aufsätze (Weisungen der Väter 4), Beuron 2007.

Hertzsch, Klaus-Peter, Laß uns vorwärts in die Weite sehen. Texte zu meiner Biographie, Stuttgart 2004.

Joest, Franziskus, Spiritualität evangelischer Kommunitäten. Altkirchlich-monastische Tradition in evangelischen Kommunitäten von heute, Göttingen 1995.

Miller, Bonifaz, Weisung der Väter. Apophthegmata patrum, auch Gerontikon oder Alphabeticum genannt, Trier ^{3}1986.

Schweitzer, Erich, Apophthegmata Patrum, Teil I, Beuron 2011.

Schulz, Günther / Ziemer, Jürgen, Mit Wüstenvätern und Wüstenmüttern im Gespräch, Göttingen 2010.

–, Sarrha, Synkletika und Theodora, in: Peter Zimmerling (Hg.), Evangelische Seelsorgerinnen. Biografische Skizzen, Texte und Programme, Göttingen 2005, 19–45.

Zinzendorfs Jüngerhaus und das „Jünger-Amt" in der Brüdergemeine

Von Dietrich Meyer

1 Zinzendorf als Jünger

Spangenberg berichtet in seiner Lebensbeschreibung Zinzendorfs, dass Zinzendorf im Jahre 1751 in Ebersdorf bei Lobenstein eine Konferenz mit seinen Mitarbeitern vom 13. bis 15. Juli gehalten habe, auf der er erklärte, sich fortan ganz auf seinen Beruf als Prediger des Evangeliums zu konzentrieren: „Er wolle als ein Jünger JEsu rathen und helfen." Er sei nach seiner Rückkehr nach England im Juli bedenklich gewesen, trotz des Widerstandes seiner Mitarbeiter seine bisherigen Ämter beizubehalten, und wolle fortan nur als Jünger Jesu dienen. „Von dieser Zeit an wurde er gemeiniglich unter uns nur der Jünger genant" und sein Aufenthaltsort das Jüngerhaus.[1]

Ausführlich über seine Sicht äußerte sich Zinzendorf am Thomastage desselben Jahres, am 21. Dezember: „Es hat sich ein Gerücht ausgebreitet, als würde ich heute meinen Jünger-Stand antreten oder vielmehr bekannt machen." Er stellt zunächst richtig „Eigentlich zu reden ists gar kein Amt, sondern ein Status," und erläutert, dass er diesen Status eigentlich schon seit dem 26. Mai 1736 in Frankfurt angetreten habe.[2] Am 21. April hatte Zinzendorf unterwegs in Kassel die Nachricht von seiner Verbannung aus Sachsen empfangen. Er konnte also an der Untersuchung des religiösen Status der Gemeine Herrnhut durch eine kursächsische Kommission vom 9. bis 18. Mai nicht teilnehmen, bat aber seine Frau, nach Herrnhut zu fahren. Seinen 36. Geburtstag beging er fern von der Gemeinschaft der Gemeine, „da ich ums Heilands und seiner Sache willen nicht nur von Haab und Gut, sondern auch von allen Geschwistern entblöst leben muste, und das bekante Lied schrieb: Lamm und Haupt, es sey geglaubt etc."[3] Seit diesem Geburtstag hatte sein „Pilgerstand" begonnen. Sein jeweiliger Aufenthaltsort wurde nun zu der Zentrale, von wo aus die Aufgaben für die Mitarbeiter und das Leben der Gemeinde in Herrnhut/Berthelsdorf, der Wetterau, in den Niederlanden und der 1732 begonnenen Mission

[1] Spangenberg, Leben, 1875f. und 1884.

[2] So im Jüngerhaus-Diarium (GN.A.16.1751.3, 792).

[3] A. a. O., 792. Das Lied steht in: HG Nr. 1089; auch in: Gesangbuch, Nr. 746.

in Übersee geleitet wurde. Damit entstand die erste Stufe des Jüngerhauses, damals „Pilgerhaus“ genannt.[4]

In der genannten Rede am Thomastag erläutert er im Folgenden das, was ihm sein Jüngersein bedeutet. Dabei erinnert er an seine Kindheit. Schon 1706 habe er eine „Compunction“ erfahren, eine „Verwundung des Herzens über der Leidens-Gestalt Jesu.“ Er nennt es dann „das Elends-Gefühl, die Noth, wodurch man gedrungen wird, dem Heilande nachzugehen und nachzuschreyen, um sich personellen Antheil an seinem Leiden und Verdienst zu gewinnen“. Dieses sei ihm im Zusammenhang mit der Auseinandersetzung um die Theologie Konrad Dippels 1732 „als eine große Weisheit“ erschienen, „daß wir uns als Sünder kennen, und daß wir die Realitaet und den Ernst des Zornes Gottes aus Jesu Leiden haben verstehen lernen.“[5] Damit meinte er nicht so sehr eine theologische Lehre oder Erkenntnis, sondern eher „ein zärtlich Gefühl, eine treue und vertrauliche Freundschaft, die durch nichts mehr gebrochen werden kann.“ Das sei die „eigentliche nota characteristica und diacritica“ der Gemeine, „das Attachement an des Heylands Person“.[6] Und „das characterisirt mich eigentlich zu dem, was ich bin, zu seinem *Jünger.* Darum mögte ichs auch nicht gern als ein Gemein-Amt angesehen haben, das ich von der Gemeine gekrigt, weil ich nemlich schon in Halle, Wittenberg, Dresden, Paris“ ebenso gedacht habe.[7] „Wer in einem solchen Umgange stehet, nicht philosophisch mit Gott, sondern menschlicherweise mit unserm Haus-Vater und Gemein-Aeltesten Jesus Christus“, der wird durch ihn geformt, und Zinzendorf wünscht sich, „wenn wir doch so aussähen wie die Wiedertäufer, Schwenckfelder, Quaker in Ansehung ihrer Ehrbarkeit, Praesence und determinirten Art, aber davon will ich gern abstrahiren, wenn wir *Jünger* werden und uns als solche beweisen.“[8]

Zinzendorf ist sich bewusst, dass seine Art der persönlichen Heilandsfrömmigkeit nicht jedes Herrnhuters Frömmigkeit ist, wünscht sich aber, dass sie in der Gemeine verbreiteter und durchgängiger wäre.

> „Nur darinnen bin ich von andern unterschieden, daß ich den Character nicht auf Wochen und Monathe, sondern *immer* habe. Es wäre mir eine große Freude, wenns ihnen

[4] Spangenberg beschreibt diese Anfänge recht genau: „Von der Zeit an machte sich dann die Pilgergemeine um ihn herum. Denn wo er war, da samleten sich die Brüder und Schwestern, die im Dienst des HERRN gebraucht wurden, gemeiniglich zu ihm, und waren, so zu sagen, bey ihm zu Hause […]. Und so war sein Haus nicht nur in dem Sinn ein Pilgervolk, wie der Apostel alle Kinder Gottes Pilger und Fremdlinge der Erde nennt, sondern in einem ganz eigentlichen Sinn.“ (Spangenberg, Leben, 969).

[5] GN.A.16.1751.3, 794f.

[6] A. a. O., 796 und 799.

[7] A. a. O., 799f. (Hervorhebung D.M.).

[8] A. a. O., 802.

allen über ihren monathlichen und wöchentlichen Repraesentationen so würde, daß sies immer blieben.

Daß man dabey nicht müßig seyn darf, sondern arbeiten kan und muß, zeigt mein Exempel. Denn ob ich auch gleich nicht so viel arbeite, als ich könte, so habe ich doch immer zu thun, und wenn ich noch einmal so viel thäte, so würde mich doch die Arbeit in meinem Character nicht stöhren, vielmehr unterhält sie einen, ist das Assaisonnement[9], gibt der Sache einen haut gout[10] und macht, daß man in den Mann hinein distrahirt wird, der einem zu aller Zeit näher ist als Haut und Hemde, so daß diese seine Nähe durch alle Geschäfte hindurchschimmert. Das heiligt auch die Arbeit, gibt den Worten eine gewiße Unction[11], wenn man was redt oder schreibt."[12]

Dieser Christozentrismus charakterisiert Zinzendorf seit seiner Jugend, als er in der Art des Hohelieds dichtete, in der Nachfolge von Bernhard von Clairvaux und Johann Scheffler. Man mag hier gar von einer Christusmystik sprechen,[13] da Zinzendorf diese äußerste Christusverbundenheit nicht eng genug zu beschreiben vermag:

„da sind wir gleichsam in peaux divines,[14] in eine Art von Unverweßlichkeit eingewickelt und zu lebendigen Mumien gemacht, *Seine Haut voll Pflüger-Zacken über Leib und Seel gespannt,*[15] das ist eine wahre, unfigürliche, unübertriebene, simple, wörtliche idee. *Ziehet an den Herrn Jesus Christus,*[16] heißts in der Bibel."[17]

Doch ist Mystik hier wohl nicht der richtige Ausdruck, da es Zinzendorf nicht um eine Verschmelzung mit Christus, sondern um persönliche Nähe und personelle Lebensgemeinschaft, nicht um Versenkung und Kontemplation, sondern um „Arbeit" und Einsatz für Christus geht.

Es sei hier daran erinnert, dass Zinzendorf von der Gemeine gern mit dem familiären „Papa" und seine Frau Erdmuth mit „Mama" angeredet wurde, während er in den Protokollen immer der „Ordinarius" heißt. Der Titel Papa war ein Beweis der Vertraulichkeit und Zuneigung von

9 Frz. „Würze".
10 Frz. „feiner Geschmack".
11 „Salbung".
12 A. a. O., 801.
13 Vgl. Uttendörfer, Zinzendorf.
14 Frz. „in einer göttlichen Haut oder Hülle".
15 HG Nr. 2345,17 von N. L. von Zinzendorf aus dem Lied: „Hörst du's, Ältster! du incomparabler!" Zum Ältestenfest 1748.
16 Röm 13,14.
17 GN.A.16.1751.3, 797.

Seiten der Gemeine, und Zinzendorf hat es durchaus auch so verstanden. Dennoch äußerte er sich 1749 eher kritisch

> „ueber den unter seinen Haus-Leuten gewöhnlichen Namen Papa, den man aus Separatistischen ideen und gar sehr zur Unzeit attaquiert, da er ihn doch (da Br. Layriz[18] den Namen einmal in einem Carmine gebraucht) nur als ein erwünschtes Mittel angesehen und brauchen lassen, um den Titel gnädigster Herr in der Gemeine ganz abzuschaffen, ob der Heiland gleich Luc 22, 26 nicht mit Grafen redet. Ob nun wohl, da dieser Name so vulgair und von Leuten gebraucht worden, da es nicht wohl einen andern als geistlichen Sinn haben können, der Ordinarius ihn auch abschaffen wollen; so hat es doch nicht wohl eher geschehen können, bis er was anders an die Stelle gehabt, welches er denn erwarten wollen."[19]

1749 hat Zinzendorf noch nicht gewagt, die Anrede „Papa" zu ersetzen, doch schuf er auf einer Konferenz in London die Voraussetzung für seine Bezeichnung als „Jünger". Nannte er noch bis 1747 den Ort seines Aufenthaltes die „Pilgergemeine" oder das „Pilgerhaus" oder 1748 das „Gemeinhaus", so setzte sich seit 1752 bis zu seinem Tod der Begriff „Jüngerhaus" durch.[20] Die Bezeichnung „Jüngerhaus" kam in London in Gebrauch und war vor allem mit der gräflichen Haushaltung im Lindseyhouse, das am 19. März 1753 bezogen wurde, verbunden.[21] 1755 hat er die Frage, was das „Pilger- oder Jünger-Haus sei, so beantwortet: „Es ist die wandernde Hütte und Retraite des jedesmaligen Ordinarii Fratrum und seines Collateral-Raths."[22]

---

[18] Paul Eugen Layritz (1707–1788), Pädagoge, Leiter des brüderischen Schulwesens.

[19] GN.A.6.1749.2, 34f.

[20] Vgl. dazu die jeweiligen Titel des „Diariums" (heute gemäß dem späteren Titel als „Gemeinnachrichten" im Unitätsarchiv bezeichnet).

[21] Vgl. dazu Johannes Plitt, Denkwürdigkeiten (hs.), § 156 (§ 256): „Nun war das neue ‚Jüngerhaus' vollendet, ein Name der schon für die Westminster-Wohnung in Gebrauch gekommen war, der neuen aber völlig eigen worden ist. Denn Zinzendorf wollte seit seiner Rückkehr nach England, entschiedener als zuvor, nur ‚Jünger' seyn und heißen, ‚der Jünger des Meisters, dem dieser das Ohr öffnet und seinen Plan sagt von Tag zu Tag, daß er selbst nur hören darf. Und Anna dachte er als Jüngerin in gleichem Sinn. Denn die Benennung des ‚Papa' und der ‚Mutter' mit den daran hängenden unangenehmen Erinnerungen sollten – darin stimmten Zinzendorf und Spangenberg schon auf der Unitäts-Synode (Barby Sept. 1750) überein – aufhören."

[22] Summarischer Unterricht in Anno 1753. für Reisende Brüder zu einer etwa erforderlichen Informatione in Facto, London 1755, Frage 74, 21. In Frage 75 (S. 1) hat er sich dann auch öffentlich als „Jünger unter den Brüdern" bezeichnet.

2 Zinzendorfs Jüngerhaus

Wer zu diesem Jüngerhaus gehörte, ist nicht ganz einfach zu sagen, da die Mitarbeiter immer wieder wechselten. Genauere Angaben bekommen wir, als er 1755, aus England zurückgekehrt, das Jüngerhaus in seinem Herrenhaus in Berthelsdorf neu einrichtete. Am Festtag des 13. November zog am Abend das „Jüngerhaus" mit dem Kreis der ihm vertrauten und nahestehenden Weggefährten ein.[23] Dieses Jüngerhaus darf man sich nicht als eine Gemeinschaft von leitenden Herrnhuter Arbeitern vorstellen, sondern eher als eine erweiterte Hausgemeinschaft mit unterschiedlichen Gästen. Zu dieser Hausgemeinschaft gehörten seit 1752 die Geschwister David und Dorothea Katharina Henrica Gold,[24] er ein Bedienter Zinzendorfs, sie eine Krankenschwester, die in der Festung Hohen-Neuffen als Tochter eines schwedischen Unteroffiziers geboren wurde. Ferner Geschwister David und Rosina Wahnert,[25] er ein gebürtiger Schlesier, der 1742 Zinzendorf auf der Reise nach Pennsylvanien als Schiffskoch begleitete und seit der Zeit als sogenannter „Schiffs-Diener" zum Jüngerhaus gehörte und Zinzendorf auf seinen Reisen diente. Nach dem Tod seiner ersten Frau heiratete Wahnert Rosina Hückel aus Kunewalde, die 1754 zur Diakonissa eingesegnet wurde.

Neben diesen beiden Ehepaaren zählte eine feste Gruppe von hilfsbereiten Schwestern zum Jüngerhaus: Schwester Louise Müller geb. Pulster,[26] die 1749 in London mit ihrem Mann die Wirtschaft des Jüngerhauses übernahm und bis zu Zinzendorfs Tod leitete, dann Anna Antes,[27] die 1756 Benjamin Latrobe heiratete, und Dorel Hoppe,[28] zwei Schwestern, die offenbar in der Hauswirtschaft eingesetzt waren. Das gilt auch für Juliane Schneider, 1727 in Zauchtenthal geboren[29] und später in der Mission unter den Schwestern auf St. Thomas tätig.

Dazu kam als Hausliturg Johann Nitschmann,[30] ein jüngerer Bruder von Anna verh. Beck. Er diente Zinzendorf als Lakai und Tafeldecker, gehörte seit 1736 zur Pilgergemeine und wurde in demselben Jahr Hofmeister von Christian Renatus von Zinzendorf. 1741 wurde er zum Bischof ordiniert. Eine Woche später kamen noch Johannes von Watteville,[31] Zinzendorfs Schwiegersohn, und Anna Johanna Piesch[32] hinzu, die beide freilich auch Verpflichtungen

23 Vgl. dazu und im Folgenden GN.A.43. 1755.4, 355f.

24 D. K. H. Gold geb. Hentsche (1722–1794), 1752 verh. mit David Gold (gest. 1769).

25 D. Wahnert (1706–1765), 1753 verh. mit Rosina Pfahl, geb. Hückel (1722–1791), bis 1760 im Jüngerhaus.

26 Louise Dorothea Müller geb. Pulster (1720–1785 Herrnhut), 1749 verh. mit Christoph Heinrich Müller.

27 1781 in Ockbrook/England gestorben.

28 1785 in Fairfield/England gestorben.

29 1773 in Neuherrnhut/St. Thomas gestorben.

30 Johann Nitschmann, der Ältere oder der Bischof (1711–1772 in Zeist) war 1752 in London, arbeitete 1756 in Ebersdorf, 1765 in Herrnhut.

31 Johann Michael Langguth, 1744 adoptiert von Friedrich von Watteville (1718–1788).

32 Anna Johanna Piesch (1726–1788 in Nazareth/USA), 1760 verh. mit Nathanael Seidel.

in Herrnhut und Großhennersdorf hatten und darum häufig abwesend waren.[33] Ferner werden die beiden Schreiber David Cranz[34] und Ewald Gustav Schaukirch[35] genannt, die „zum Schreiben“ einzogen, Protokoll bei den Konferenzen führten und die Gemeinnachrichten aus dem Jüngerhaus herausgaben.

Dazu kam eine Reihe von Gästen, die nur zeitweilig am Leben des Jüngerhauses teilhatten. So besuchten damals drei Schlesier Zinzendorf, unter ihnen Kastenhuber[36]. Am 5. Dezember 1755 zogen die Geschwister Wäckler[37] und Sörensen in Berthelsdorf ein. Johann Jacob Martin Wäckler bediente seit 1744 die Diaspora in Berthelsdorf, seit 1750 in Neudietendorf und verließ das Jüngerhaus 1756 wieder. Johann Sörensen[38] aus Jütland arbeitete seit 1746 als Missionar in Grönland und durfte auf seinem Europa-Urlaub 13 Wochen im Jüngerhaus verweilen. Am 20. Dezember zog der wohl bedeutendste Gast ein, Petrus Böhler,[39] der aus Amerika zurückgekehrt war und der in den folgenden Monaten zahlreiche Versammlungen in Berthelsdorf und Herrnhut hielt und sich intensiv mit Zinzendorf über die Missionspläne beriet.

Zinzendorf kehrte am 22. Juli 1757 noch einmal mit dem Jüngerhaus für einige Wochen nach Berthelsdorf zurück.[40] Genannt werden die Geschwister David Nit-

---

33 A. a. O., 506f vom 22.11.1755.

34 D. Cranz (1723–1777), zunächst Protokollist, dann Historiker der Brudergemeine.

35 E. G. Schaukirch (1725–1805), seit 1755 Protokollist im Jüngerhaus. Sein Lebenslauf (R.22.30.6) gibt die Stationen des Jüngerhauses an, 1783 als Missionar in Westindien, 1785 zum Bischof ordiniert.

36 Johann Georg Kastenhuber (1711–1780), Diasporaarbeiter.

37 J. J. M. Wäckler (1711–1782), Diasporaarbeiter, 1741 verh. mit Maria Koch (1707–1776).

38 J. Sörensen (1713–1802), 1749 verh. mit Catharina Paulsen (1720–1793).

39 Petrus Böhler (1712–1775 London), 1731 Theologiestudium, 1737 von Zinzendorf ordiniert, 1738 Coepiscopus, seit 1738 meist in Amerika, 1742 verh. mit Elisabeth Hopson.

40 Bei dieser Gelegenheit gibt er folgende Beschreibung des Jüngerhauses: „Ich wil also vom Jünger-Hause eine kurze Idée geben. Es besteht erstlich aus Personen, die kein Speciales Geschäft in den Gemeinen haben, sondern als general Arbeiter ins Ganze arbeiten. Und das ist eigentlich eine Gesellschaft von Helfern, deren Convenienz oder dermaliger Ruf nicht ist, ein characterisirtes Amt zu führen. Die sind sodales nati, gleichsam Erbgenoßen des Jüngerhauses. So bald einer ein Geschäft im Chor oder in der Gemeine auf sich nimt, das assiduitaet [Ausdauer oder Beharrlichkeit] und residenz erfordert, so kan er gleich nicht im Jüngerhause wohnen. Daher kans geschehen, daß das Jünger Haus manchmal stärker, manchmal schwächer ist.
Die zweite Art der Einwohner vom Jünger-Hause besteht aus den Geschw., die expedirt werden sollen. Die müßen aber in etlichen Wochen oder meistens in ein paar Monaten ihre Expedition krigen, damit keine Stadt- oder Bürger-Sache daraus werde, sondern daß es immer beym Pilger-Gange bleibe.
Die dritte Sorte sind die nothwendigen Domestiquen, die es auch nicht immer bleiben, sondern eben wechseln solten, damit mehr Leute aus den Chören Gelegenheit hätte, von der Jünger-Haus-Luft etwas zu geniessen. Daran ist aber jetzt nicht zu gedenken, weil dieser Sejour gleichsam nur ein Campement ist, davon man nicht weiß, obs etliche Wochen oder wie lange es währet.“ (GN.A.55.1757.3, 15–17 vom 21.07.1757, die folgenden Namen finden sich auf S. 21).

schmann[41] und Jonas Paulus Weiß,[42] die Brüder Lauterbach,[43] Francke,[44] Schaukirch und Millies,[45] Geschwister Hadwigs,[46] die Brüder Proske[47] und David Schmid,[48] Geschwister Gold und die Schwestern Dorothe Hoppe, Juliane Schneider und Charlotte Stärcker.[49] Dazu die engere Familie: Zinzendorf mit seinen Töchtern Marie Agnes[50] und Elisabeth,[51] Johannes und Benigna Watteville und Anne Johanne Piesch. Wenn Zinzendorf mit dem Jüngerhaus eine Reise zu Gemeinden im Ausland unternahm, war es meist nur eine kleinere Gruppe. So erfahren wir, dass der Graf auf der Reise in die Schweiz vom 9. September bis 9. Dezember 1757 begleitet wurde von Johannes und Benigna von Watteville, Anna Johanna Piesch, der jüngsten Tochter Zinzendorfs Elisabeth, Louise Müller, Nathanael Seidel,[52] dem Schreiber Franke,[53] Geschwister Gold und Hans Jürgen Schneider.[54]

Zinzendorf machte 1757 auch einige Anmerkungen über die Finanzierung, die seit 1755 mit der Einsetzung des Administrationskollegiums eine neue Regelung erfahren hatte. Das Jüngerhaus wurde aus dem Etat der Familie Zinzendorf bezahlt, nicht aber eine Konferenz mit Mitarbeitern aus den Gemeinden. Hier müsse man vom „Haus der Arbeiter" oder einem „Gemeinhaus" sprechen.[55] Ferner gibt er einen Hinweis auf die inhaltliche Ausrichtung der Arbeit und Besprechungen im Jüngerhaus, zu dessen liturgischen Versammlungen auch Geschwister aus der Gemeine eingeladen sind, aber zu den Konferenzen „will ich mir ausbitten, daß hier vom Krieg und Frieden so wenig als möglich geredt wird. Das Interesse der großen Herren

41 David Nitschmann Syndikus (1703–1779 Zeist), 1737 in 2. Ehe verh. mit Rosina Fischer (1714–1772).

42 J. P. Weiß (1696–1779), Kaufmann, Ökonom.

43 Johann Michael Lauterbach (1711–1787), Protokollist, Prediger.

44 Johann Friedrich Franke/Francke (1717–1780), Protokollist.

45 Johann Heinrich Millies, geb. 1720.

46 Martin Hadwig (1709–1776 Livland), seit 1751 in Livland, besucht 1758 Berthelsdorf/Herrnhut, verh. mit Elisabeth Giebstein (1719–1788).

47 Proske/Prosky (geb. in Böhmen, gest. 1763 Jamaica oder Georg Proske (1719–1764 in Berlin).

48 David Schmidt (1719–1799 Livland), 1758 verh. mit Charlotte Stärcker (1723–1815 Livland).

49 Verh. Schmidt.

50 Maria Agnes von Zinzendorf; verh. Dohna (1735–1784).

51 Elisabeth von Zinzendorf verh. Watteville (1740–1807).

52 N. Seidel (1718–1782 Bethlehem/USA), 1746 Pilger-Ältester, 1758 zum Bischof ordiniert.

53 Johann Friedrich Francke/Frank (1717–1780), seit 1746 Schreiber Zinzendorfs, 1759 erkrankt.

54 H. J. Schneider (?) (1702–1762).

55 „Das ist ein verstärktes Jünger-Haus, wo die Deputirten aus allen Gemeinen und Haupt-Plätzen beysammen sind. So bald das zu Stande ist, so heists nicht mehr Jünger- oder Pilger-Haus, sondern Gemein-Haus. Darin ist auch der Jünger und die Jüngerin nicht mehr Wirth, sondern einer, der von der Gemeine dazu gesetzt ist, bey dem wir selbst mit den unsern in die Kost gehen." (GN.A.55.1757.3, 17).

wollen wir hier nicht reguliren; wenn einer nichts solides zu reden hat, so schweigt er lieber."[56] Man bedenke, dass seit 1756 der Siebenjährige Krieg die Oberlausitz immer wieder durch Truppendurchzüge und Schlachten in Mitleidenschaft zog.

Vom August 1758 bis Juli 1759 zog Zinzendorf mit seinem Jüngerhaus nach Heerendijk in Holland. Diesmal begleitete ihn neben den Genannten sein Leibarzt Johann Friedrich Hasse,[57] die Brüder Gneuss,[58] Millies und Heinrich XXXIV. Reuss[59] sowie für einige Wochen der Schreiner Christian Nitschmann aus konkretem Anlass. Im Jüngerhaus diente Nicolas von Watteville[60] als Hausvater.[61]

Eine interessante Frage ist es, inwieweit Zinzendorf im Jüngerhaus eigene liturgische Formen einführte. So werden immer wieder die Sabbath-Liebesmahle genannt, die am Samstagabend stattfanden und eine intime Atmosphäre hatten. Ferner hielt er gelegentlich Jüngertage ab, die mit Gemeintagen verbunden sein konnten. Im Schloss von Berthelsdorf bot er englische Predigten an für alle, die Englisch konnten. Grundsätzlich aber hatte das Jüngerhaus keine liturgischen Funktionen, seine Aufgabe bestand in den „Expeditionen und Konferenzen", in der Aussendung von Briefen und Boten und in den Besprechungen der vorliegenden Aufgaben und Sorgen.

3 Die Jüngeridee

Eigentlich ist es erstaunlich, dass Zinzendorf erst Ende 1751 den Titel „Jünger" als Selbstbezeichnung annahm, denn die „Jüngeridee" geht schon auf eine Synode vom September 1749 in London zurück.[62] Zinzendorf wollte dem Ältestenamt Jesu mehr Gewicht geben, indem er Christus als den einzigen und entscheidenden Ältesten der Brüdergemeine bezeichnete und auf diese Weise das Ältestenamt in den Gemeinden ersetzen oder doch zumindest ergänzen wollte. So erklärte Zinzendorf am 21. September auf der Konferenz: „Statt eines beständigen Aeltesten

56 „Der Expeditionen und Conferenzen sind im Jünger-Hause viele; der Wochen-Gang geht in beßerer Ordnung, folglich krigen die Schreiber mehr zu thun, wiewol auch die Reden kürzer sind als in den Gemeinen. In den Haus-Stunden und Zusammenkünften sieht man die Geschwister gern, hats auch gerne, daß alles liturgisch zugeht, auch wegen der Geschwister, die in der Nähe sind, die ein gewißes Recht dazu haben, daß man weiß, wohin sie sich schicken." (GN.A.55.1757.3, 19 vom 21.03.1757).

57 Johann Friedrich Hasse (1717–1789), seit 1751 Physikus in Herrnhut.

58 Tobias Gneuss/Gneiss (1722–1780).

59 1737 geboren in Ebersdorf, 1747 Schüler in Lindheim, gest. 1806.

60 N. v. Watteville (1695 Bern – 1783 Herrnhut), ein Brüder von Friedrich von Watteville, gehörte schon 1752 zum Jüngerhaus in London.

61 Vgl. dazu GN.C.82.1758.6, 27–28.

62 Vgl. dazu jetzt Peucker, Wörterbuch, die Stichworte: Jünger, Jüngerin, Jüngerhaus, Generaljünger, Chorjünger im Druck. In Amerika gab es ferner Landjünger für die Landgemeinden.

und Aeltestin in einer Gemeine sollen künftig deren 24 monatlich roulliren unterm Namen des *Jüngers und der Jüngerin*, die als stille Seelen von einem Abendmahl bis zum andern das Bild des Heilands und der Maria vorstellen." [63] Zinzendorf ersetzte also mit Hilfe von Offb 4,4[64] die Ältesten der Gemeinden durch die 24 Ältesten der Offenbarung, nennt diese aber Jünger. Diese Jünger sollen „aus dem Hauffen" der Gemeine genommen werden, sollen also kein leitendes Amt in der Gemeinde vertreten. Auch soll dieses Amt zeitlich begrenzt sein und nur von einem Abendmahl bis zum nächsten ausgeübt werden, es soll also monatlich wechseln.

Am 30. September 1749 hielt Zinzendorf zum Abschluss der Konferenz in der Brethren Chappel in London eine zusammenfassende Synodalrede, auf der er diese Neuerung so erläuterte:

> Das Nötigste der Konferenz sei „die Veränderung in dem geistlichen Regiment. Es soll kein Aeltester in Speciali, kein personeller Aeltester erkannt werden als der Heiland ganz alleine. Der Heiland ist Aeltester und bleibts. Unsere Bischöffe werden ordinirt durch Handauflegung nach einer feinen Apostolischen Zucht und Ordnung. Aber *die* Ordination, die einen zu einem der 24 Aeltesten macht, zu einem Collegen ums Lamm herum, zu einem senatore ins Heilands immediaten Rath, diese gibt der Heiland noch bis diese Stunde per habitum, durch die Mitteilung seines Geistes […]. Kein Individuum soll mehr Aeltester, sondern *Jünger* heissen, sie sind alle Brüder, Haushalter über Gottes Geheimnisse und Diener."[65]

Wenn wir fragen, was die Charakteristika dieses Jüngeramts sind, so bleibt es bei wenigen Festlegungen. Das Amt wechselt monatlich mit jedem Abendmahl. Der benannte Jünger erhält einen besonderen Platz neben dem Liturgen. Das Amt wird doppelt besetzt mit einem Jünger und einer Jüngerin. Der scheidende Jünger begrüßt den neuen Jünger für den nächsten Monat mit einem Kuss.

Am 26. September 1749 wurde der erste Jünger in London eingeführt: „Zu dem ersten allgemeinen Jünger und Priester von der Art bis zum nächsten Abendmahl ist unter 25 Brüdern das Loos auf unsern Br. Leonhard[66] gefallen, und Morgen werden die beiden Special Jünger von des Ordinarii Hause declarirt werden."[67] Am nächsten Tag wurde Cennick[68] als „collega"

[63] GN.A.6.1749.2, 18 (Punkt 12 der 8. Sessio).

[64] „Und um den Stuhl [Gottes] waren vierundzwanzig Stühle, und auf den Stühlen saßen 24 Älteste, mit weißen Kleidern angetan."

[65] R.2.A.26.5.a.1, 29f. (Hervorhebung D.M.)

[66] Leonhard Dober.

[67] GN.A.6.1749.2, 49.

[68] John Cennick (1718–1755 London), gehörte seit 1737 zu Fetterlane Society, schloss sich 1746 der Brüdergemeine an und evangelisierte in Irland.

von Dober eingeführt. Am 28. September berichtet das Jüngerhaus, dass Zinzendorf damit beschäftigt war, „die Jünger und Jüngerinnen des Heilands ins ganze und in den Theilen“ zu regulieren. Am 23. Oktober fand der erste Jüngerwechsel statt.

Grundsätzlich muss man zwischen den Jüngern ins Ganze oder den Generaljüngern und den Jüngern in den Ortsgemeinden unterscheiden.

Am 5. Oktober wird uns die Liste der Geschwister mitgeteilt, die für das Jüngeramt ins Ganze vorgesehen waren. Diese Liste muss wohl weitgehend der entsprechen, von der schon am 26. September berichtet wird. Dabei setzt sich Zinzendorf selbst als Jünger für die Zeit der Konferenz ein.[69]

> Es „wurden die monatlichen Jünger und Jüngerinnen ins Ganze samt ihren Collegen recensirt, iedoch ohne auf die Zeit-Folge zu reflectiren.

Jünger	Collega	Der Mutter und A. Johanna Gespielen
Leonhard [Dober]	[John] Cennick	Anna Leonhards [geb. Schindler]
Dav. Schneider	Joh. Nitschmann	Susanna [Nitschmann]
[Johann] Toeltschig	[Josef] Anton	Antonin [geb. Haberland]
Fr. Watteville	J[onas] P[aulus] Weiß	[Rosina] Gneussin
[David Siegmund] Krügelstein	[Ernst Julius] Seidliz	[Anna] Krügelsteinin [geb. Gold]
Johannes [Watteville]	Reinhard	Benigna [Watteville]
Joh. Nitschmann	[Petrus] Boehler	Juliane [Nitschmann geb. Haberland ?]
[Andreas] Grasmann	Conr. Lange	[Regina Maria] Langkopfin
Dav. Nitschmann sen.	[Martin] Hadwig	Rosina [Nitschmann, geb. Schindler oder geb. Fischer ?]
Christ. David	[Friedrich Wenzel] Neisser	Marie Lisel [Neisser geb. Hentschel]
Zur Zeit der Synode		
Mai		
Der Ordinarius Zinzendorf	Syn. [David] Nitschmann	Mama [Erdmuth Dorothea Zinzendorf]
Sept.		
Der Ordinarius Zinzendorf	Christel [Christian Ren. Z.]	A. Maria Lawatsch, Esther [Grünbeck verh. Kirchhof], Mariane [Watteville]“

[69] GN.A.6.1749.2, 136.

Es ist aufschlussreich, die Berichte über die Einführung der ersten Jünger in den unterschiedlichen Gemeinden zu lesen. Meist ist es nur eine kurze Erwähnung; ausführlicher geschieht es am 13. November in Gnadenberg für die drei schlesischen Gemeinden Gnadenberg, Gnadenfrei und Neusalz. Der Text sei hier ganz wiedergegeben, weil er zugleich eine Erläuterung über den Sinn dieser neuen Einrichtung bietet.

> „Weil aller Aeltesten-Nahme und Character bey den Geschwistern cessiren, und wenn vom Aeltesten künftig geredet würde, nur aufn Heiland alle ideen geleitet werden und es doch nöthig sey, eine biblische Ordnung, dergleichen ja auch unter den Engeln sey und eine Angewöhnung zur Priesterlichkeit, wozu wir ja alle destinirt sind, durch eine alternirende Amtsführung zu conserviren: so sollen statt zweier beständigen, künftighin 24 Jünger und Jüngerinnen an denen 3 Orten wechseln, mithin alle Monate ein paar hier oder da als stille Seelen mit dem Heilande umgehen und ihm die Gemeinen, Personen und Umstände vortragen, vornehmlich aber sich an seinem Herzen recht stillen und ihm beständig nahe seyn, damit, wenn es ihm [= Christus] etwa beliebte, selbst einmal zu erscheinen, sie es der Gemeine fein zeitig benachrichtigen könten. Dazu wurden vors erste die Geschwister Petschins[70] aufgefordert, Er eingesegnet, geküßt und an seinen Plaz gesezt, und darauf auch diese Gelegenheit selig beschloßen. Es war zu sehen, daß Petschins von der Gemeine geliebt werden, er wuste sich vor Beugung kaum zu laßen, seine Augen wurden den ganzen Nachmittag nicht träuge. Er war ganz unwißend vorher."[71]

Dieses Zitat gibt zugleich Auskunft über die inhaltliche Aufgabe des Jüngers. Es ist die Gemeinschaft mit Christus im Gebet; der Jünger trägt die Freuden und Sorgen der „Gemeinen, Personen und Umstände" Christus vor. Jünger sollen „stille Seelen" sein, also Menschen des Gebets, die Christus „beständig nahe" sind und deren Gemeinschaft mit Christus eine Hilfe für andere sein kann. Sie haben eine priesterliche Aufgabe und zeigen der Gemeine an, wann und wie Christus der Gemeine erscheinen will.

---

70 Friedrich Petschin (1707 Oberpeilau – 1780 Gnadenfrei) und seine Frau, GN.A.7.1749.3, 844. Cranz berichtet für Gnadenfrei, dass sich diese Einrichtung in Schlesien zunächst als Fehlstart erwies. Sie sei am 04.12.1749 eingeführt worden, musste aber am 09.12. wieder aufgelöst und durch andere Personen ersetzt werden, so dass sie erst 1750 ihre geordnete Form fanden (Cranz, Geschichte, 289 und 293).

71 GN.A.7.1749.3, 844.

4 Die Träger des Jüngeramtes

Das Protokoll der Londoner Synode vom September 1749 enthält die ursprünglichere und ältere Fassung des Textes, der im Protokoll des Jüngerhauses geglättet und gekürzt wurde. Das Protokoll zeigt den Versuch der Teilnehmer, Personen zu benennen, die das Jüngeramt in den Gemeinden übernehmen könnten. Da heißt es:[72]

> „Statt eines Aeltesten und Aeltestin wollen wir 24 jährlich alterniren lassen unter dem Namen Jünger und Jüngerin, damits niemand in Kopf steigen kan, sondern die Zeit eine SabbathsZeit vor ein jegliches sey. Wenn eine Gemeine nun nicht 24 solche Glieder hätte, so wärs gleich eine heilsame Beschämung für *die* Gemeine: denn solche Jünger und Jüngerinnen müssen wo möglich nicht andere Aemter haben. So sind ihrer in allen 144.
> 24 Pilger Aeltesten
> 24 Heyden Aeltesten, worzu lauter Heyden Arbeiter, die es einmahl gewesen, genommen werden. Diese Heyden Aeltesten sind: [Johann] Beck, Papa, Fr[iedrich] Martin, Johannes [Watteville], Joseph [=Spangenberg], Leonhard [Dober], [Matthäus] Stach, D[avid] Nitschmann Syn[dicus], C. H. Rauch, [Johann Martin] Mack, [Georg] Schmidt, [Georg] Weber, [Christian] Zander, [Andreas] Grasmann, [Heinrich] Beutel ...
> [Es folgen Vorschlage fur Junger und Jüngerinnen in Herrnhaag und Herrnhut]
> Diese werden ein Monat lang als stille Seelen des lieben Heylands und der Mariae Bild vorstellen und von allen geehrt werden.
> Alle Abendmahle wird's angetretten und das folgende abgetretten. In Lindheim können sies unter sich machen, denn sie haben gewiß 12 Schwestern, so auch in Marienborn 12 Brüder [folgen jeweils 12 Namen von Schwestern und Brüdern].
> Ein Monat ein Bruder, den andern ein Knäbgen."

Im März 1751 konnte Zinzendorf beobachten, dass es in allen Gemeinden und Werken ca. 700 Jünger gebe, „die das Jahr durch in allen Gemeinen abwechseln, des Heylands Person und Amt unter uns vorzustellen und auf eine ganz besondre Weise den Monath im Umgange mit dem Heyland zu seyn."[73] Darum will er diese Einrichtung nun auch in den „ordentlichsten" Chören einführen. Da es aber in den großen Chören so viele Mitglieder gäbe, soll „dieses Sabbaths-Amtgen in den Chören nur auf eine Woche gesezt; so oft also Chor-Tag ist, wird ein neuer Jünger und repraesentant des Brust-Blatt-Jüngers vorge-

[72] R.2.A.26.4.b, 29–32 vom 21.09.1749.

[73] GN.A.14.1751.1 547f.

stellt werden."[74] Es ist erstaunlich, dass Zinzendorf 1751 nicht mehr von der Repräsentanz Christi, sondern von dem Evangelisten Johannes spricht, wohl in Parallele zu Maria. Die Absicht ist auch hier, Menschen aus dem großen Haufen, also nicht die Amtsträger auszuwählen. „Es müßens aber freilich im Anfang solche Geschwister seyn, die es doch ein wenig gewohnt sind, die die eigentliche Idee davon ausdrücken können, die sich dann nach und nach in des Chors sein Herz einschreiben wird und in eins ieden, der vom Heyland erwehlt wird, ein ausgesonderter des Heylands, ein Repraesentant des Jüngers, den er lieb hatte, zu seyn."[75]

Am 14. März, am Sonntag Oculi, wurden Johannes und Benigna von Watteville sowie Reinhardt Schlözer als „General-Jünger dieses Monats" eingeführt, am 17. März Arvid Gradin[76] „als erster Jünger für diese Woche" im ledigen Brüderchor.[77]

Offenbar hatten die Chorjünger und -jüngerinnen auch eigene Versammlungen untereinander und mit der Gemeine, denn Zinzendorf schrieb für sie eine eigene Liturgie, in der Liturg, Gemeine, Chor und gelegentlich ein Solo miteinander abwechselten.[78] Entsprechend dem Titel des Litaneyen-Büchleins könnte unter der „Gemeine" die „Chor-Gemeine", also das gesamte Jünger- und Jüngerinnenchor gemeint sein, während der „Chorus" eine Gruppe von Sängern meint. Da heißt es etwa:

„Gemeine: Wir geben uns darauf die hand
Und ziehn zusammen in alle land
Chorus: Und säen eine gute saat,
Die sein blut eingespenget hat."

5 Der Hintergrund der Jüngeridee

Zum Verständnis des Jüngergedankens mögen hier noch einige Erwägungen folgen. Zinzendorf lebte 1749 ganz in Erwartung des Kommens Jesu in seine Gemeinde. Diese spezielle Erwartung des 1000-jährigen Reichs, sein Kommen *in silentio et pleura* (in der Stille und in

[74] A. a. O., 548f.

[75] A. a. O., 549f.

[76] Arvid Gradin (1704–1757), ein schwedischer Theologe, der sich 1738 der Brüdergemeine anschloss.

[77] GN.C.17.1751.1, 580 und 594. In Herrnhut finden sich Listen der Jüngerinnen des Schwesternchores (R.27.123.6ff).

[78] Den Hinweis auf diese Liturgie gab mir Peter Vogt, dem ich meinen Dank dafür sage. Sie steht in: Der zweyte Anhang zum Litaneyen-Büchlein für die Chor-Gemeinen und Reigen in der Brüder-Kirche, Barby 1758, 60–66.

der Seitenwunde) zu seiner Gemeine, spiegelt sich in den Losungen dieser Jahre und seiner Auslegung.[79] Darauf deuten einzelne Äußerungen im Zusammenhang des Jüngeramts, wie ja überhaupt die Vorstellung der 24 Ältesten dem Buch der Offenbarung entnommen ist und mit dem Jüngeramt auf die Gemeine übertragen wird.[80] Die Jünger in der Sicht Zinzendorfs haben einen so vertrauten und intimen Umgang mit Christus, dass sie, „wenn es ihm [= Christus] etwa beliebte, selbst einmal zu erscheinen, es der Gemeine fein zeitig benachrichtigen könten."[81] Eine solche Erwartung versteht man nur, wenn man Zinzendorfs Sicht der persönlichen Gegenwart Jesu kennt, die an den nachösterlichen Erscheinungen Jesu nach den Evangelien angelehnt ist. Darum kann das Jüngeramt in der Zeit von Ostern bis zur Himmelfahrt ausgesetzt werden, da die ganze Gemeinde nach Ostern in der Vergegenwärtigung und der Vorstellung seiner persönlichen Gegenwart lebt. Diese Vorstellung liegt ja auch der Wahl Jesu Christi zum Ältesten zugrunde. Jesu Menschheit als der Erhöhte wird in der Gemeine ganz ernst genommen und als Auftrag und Sendung, ja als „Ordination", verstanden.

Mit der Einführung des Jüngeramts bezweckte Zinzendorf eine Verinnerlichung und Intensivierung des Glaubens innerhalb der Gemeine. So wie die Jünger mit dem irdischen Jesus von Ort zu Ort gewandert sind, so folgen die Jünger Jesu heute dem erhöhten Herrn, der sich nach Ostern als der Mann mit den Wunden seiner Kreuzigung, als der uns menschlich nahe und verwandte Herr zu erkennen gibt.[82] Als ein Jünger sollte ja gerade nicht der Amtsträger ausgezeichnet werden, sondern der einfache Christ, der treu und gehorsam auf seinen Herrn hört und in der kontinuierlichen Gemeinschaft, in personeller Konnexion und täglichem Umgang mit Christus lebt. Wenn es heißt, dass in Marienborn „[e]in Monat ein Bruder, den andern ein Knäbgen"[83] das Amt des Jüngers darstellen, so hält es Zinzendorf offensichtlich für möglich,

---

79 Die Losung von 1749 trägt den Titel: Der Brüder des Herrn Vor-Sabbath des bevorstehenden Halljahrs im achtzehnten Seculo. Vgl. zu Zinzendorfs chiliastischen Vorstellungen Eberhard, Kreuzes-Theologie, 211–215, und Meyer, Chiliastische Hoffnung, 129–140.

80 „Wenn darnach mein Monath kommt, da ich die Gnade und Ehre habe, unter den 24 Repraesentanten des Circels ums Lamm herum zu seyn, so mögen sie die Consideration, womit sie zuvor meinen Collegen begegnet und begegnen sollen, mir auch bezeugen und mir so viel Ehre und Glück wünschen Kraft meines Amts als zuvor oder darnach meinen Collegis." (Zinzendorfs Verlaßrede am 30.09. 1749, Extract, R.2.A.26.5, 9f).

81 GN.A.7.1749.3, 844.

82 „Ein Jünger aber nach der jetzigen Einrichtung ist ein Jünger des Heilands qua Zimmermann zu Nazareth, qua Mensch wie wir, doch ohne Sünde, qua viri ordinarii eines ordinairen Mannes, qua Concivis als ein Mitbürger, qua Pater familias als ein Haus-Vater." (R.2.A.26.5, 4f).

83 Protokoll der Londoner Synode vom Sept. 1749, R.2.A.26.4.b, s. oben Anm. 25.

dass auch Kinder in dieser personellen Konnexion mit Christus leben und denkt dabei möglicherweise an seine eigene Kindheit.[84]

Es ist gar nicht leicht zu sagen, zu welcher Kategorie von Ämtern das Jüngeramt zählt. Es ist ja weder ein Leitungs-, noch ein seelsorgliches oder diakonisches Amt.[85] Es ist ein geistliches Amt, das in dem lutherischen Verständnis des allgemeinen Priestertums der Gläubigen begründet ist.[86] Zinzendorf unterscheidet hier zwischen den Dienstämtern und den priesterlichen Ämtern und rechnet das Jüngeramt zu den priesterlichen Ämtern.[87] Das habe man gerade in England nur schwer begreifen können, dass das priesterliche Amt dem Amt eines Bischofs übergeordnet sein könne.[88] Das Jüngeramt vergleicht Zinzendorf mit der Funktion des Mose als Stellvertreter für das Volk und Interpret des göttlichen Willens an das Volk.[89] Die Ordination zum Jünger geschieht nicht durch einen äußerlichen Ritus wie die Handauflegung, sondern zu diesem Amt kann nur Christus selbst durch seinen Geist ordinieren.[90]

Höchster Ausdruck für das Jüngeramt ist es, Sabbath halten zu dürfen. „Das ist der Plan, Sabbath Leute zu seyn, die mit ihrem Mann alleine, das ist, *die* Woche im Himmel sind."[91] Die Erfahrung, die ein solcher Jünger macht, besteht also darin, dass er „mit seinem Mann allein seyn und einen himmel, einen Sabbath haben darf, darin er eine ganze Lebens Zeit mit dem Heyland durchgeht, und sich auf eine ganz besondre Art seiner Bekanntschafft und Nähe an-

---

84 „Der Jünger hat sich von Kind an dazu gewöhnt, mit dem Heiland laut zu reden, weil er geglaubt, man müsse mit Ihm wie mit einem andern Bruder conversiren." (GN.C.69.1757.3 vom 08.06.1757, 20).

85 Vgl. dazu die Gliederung bei Wollstadt, Geordnetes Dienen, Inhaltsverzeichnis.

86 Vgl. dazu Vogt, Zinzendorfs Verständnis des geistlichen Amts, 164–170. „Lutherus hat sich nach seiner runden Art so darüber ausgedrückt: Alle Kinder Gottes sind Pfaffen und Pfäffinnen. Johannes hats in der Offenbarung auf eine andre Art gesagt: ‚Er hat uns zu Königen und Priestern gemacht vor Gott und seinem Vater' (Cap. 1,6)." (Zitiert nach Vogt, a. a. O., 165).

87 „Es ist also eine von den Schönheiten unserer Gemeine, daß wir von Anfang dafür gesorgt, daß das Priesterthum und die Dienerschaft von allen Arten auseinander gehalten werde. Wir rechnen unsere Bischöfe und alles, was den Kirchen-Staat bey uns ausmacht, unter die Diaconie. Die Priesterschaft ist ganz was anders; die braucht bey uns keiner ordination, keiner Regel-mäßigen ritualischen Einsegnung wie die andern Dienst-Aemter, sondern bey uns ist ein Herz, das gerade nicht allemal zu den allerweitläuftigsten Dingen aufgelegt ist, das kein Held ist, viel auszustehen, zuweilen so Priesterlich situirt und bey der gemeine auch characterisirt, daß die ganze übrige Gesellschaft selbiges um seiner Connexion und Ähnlichkeit mit dem Heyland und seiner Einfältigkeit willen mit einer gewißen Beugung und reverenz considerirt." (GN.A.14.1751.1, 545f).

88 A. a. O., 547.

89 „Bey Gelegenheit des heutigen Abendmahls erinnerte Ordinarius ferner, daß das Collegium der 24 Alten der ganzen Gemeine, die alle Monat wechseln und des Heilands und des Volks Zwischen-Treter und Interpretes sind, wies vom Mose gesagt wird, zwischen der Gemeine droben und hienieden, heute anfange" (GN.A.6.1749,2, 49f).

90 Vgl. dazu das Zitat im Text zu Anm. 65.

91 GN.A.14.1751.1, 550. Die Losung für das Jahr 1750 trug den Titel: Sabbathum Ecclesiae Fratrum.

maßen kan."[92] Wer für einen Monat Jünger sein darf, erlebt eine „Sabbathzeit", in der er von seiner Arbeit ausruhen und genießen darf.[93]

6 Das Jüngeramt als Leitbild der Gemeinde

Es ist wohl kein Zufall, dass sich Zinzendorf nach dem Wundenkult der Sichtungszeit und den Ausschreitungen auf dem Herrnhaag in London aus seinen Ämtern zurückziehen und schlicht nur noch das eine, ein Jünger Jesu sein wollte. Die – schon immer gelebte – Jüngerschaft Jesu wurde nun zur höchsten Ausdrucksform seiner Spiritualität der Christusgemeinschaft. Aber gerade die intimste „Konnexion" mit Christus durfte nicht die Erfahrung eines einzelnen, besonders sensiblen oder tiefgegründeten Christen sein, wie er es für sich selbst in Anspruch nahm, sondern sollte zur Erfahrung, zum Vorbild aller werden, die Jesus liebhaben. Dies der Gemeine zu vermitteln, war nicht ganz einfach, denn es legte die Gefahr eines Elitechristentums, der Bildung einer besonders hervorgehobenen und sich überlegen fühlenden Kaste nahe. Darum wurde das Jüngeramt nach Zinzendorfs Tod zwar noch auf der Unitäts-Synode von 1764 ausdrücklich bestätigt und in geordnete Bahnen gelenkt, auf der Synode von 1775 aber endgültig aufgehoben.

Literatur

Christliches Gesang-Buch der Evangelischen Brüder-Gemeinen von 1735, ^{3}1741 (= HG).

Cranz, David, Geschichte der evangelischen Brüdergemeinen in Schlesien, insonderheit der Gemeinde zu Gnadenfrei. Eine historisch-kritische Edition, hg. von Dietrich Meyer, Köln 2021.

Eberhard, Samuel, Kreuzes-Theologie. Das reformatorische Anliegen in Zinzendorfs Verkündigung, München 1937.

Gesangbuch der Evangelischen Brüdergemeine, Basel 2007.

Meyer, Dietrich, Chiliastische Hoffnung und eschatologische Erwartung innerhalb der Brüdergemeine und der Mission bei Zinzendorf und Spangenberg, in: Wolfgang Breul / Jan Carsten Schnurr (Hg.), Geschichtsbewusstsein und Zukunftserwartung in Pietismus und Erweckungsbewegung, Göttingen 2013, 129–140.

Peucker, Paul, Herrnhuter Wörterbuch. Kleines Lexikon von brüderischen Begriffen, Herrnhut ^{2}2023.

Spangenberg, August Gottlieb, Leben des Herrn Nicolaus Ludwig Grafen und Herrn von Zinzendorf und Pottendorf, [Barby] 1775.

92 GN.A.14.1751.1, 549.

93 R.2.A.26.4.b.

Uttendörfer, Otto, Zinzendorf und die Mystik, Berlin 1952.

Vogt, Peter, Zinzendorfs Verständnis des geistlichen Amts, in: Peter Zimmerling, Ein Leben für die Kirche. Zinzendorf als Praktischer Theologe, Göttingen 2010, 147–178.

Wollstadt, Hanns Joachim, Geordnetes Dienen in der christlichen Gemeinde, dargestellt an den Lebensformen der Herrnhuter Brüdergemeine in ihren Anfängen (Arbeiten zur Pastoraltheologie 4), Göttingen 1966.

Zinzendorfs Theologie des Sabbats

Von Peter Vogt

In der umfangreichen Forschung Peter Zimmerlings spielen Beiträge zur Theologie des Grafen Nikolaus Ludwig von Zinzendorf eine bedeutende Rolle. Seine Dissertation bei Jürgen Moltmann über die Trinitätstheologie Zinzendorfs bildete den Anfang einer großen Zahl von Buchveröffentlichungen und wissenschaftlicher Aufsätze, mit denen Zimmerling ein weites Feld wichtiger Themen abschritt, darunter Zinzendorfs Sicht der Frauen, seine Gedanken über Erziehung und Seelsorge, die Erfindung der Losungen und die Ausbildung der christozentrischen Herrnhuter Spiritualität. Besondere Aufmerksamkeit hat er dabei der engen Verschränkung von theologischer Reflexion und gelebter Gemeindepraxis geschenkt, die für Zinzendorfs Theologie charakteristisch ist:

> „Theorie und Praxis, gedachter und gelebter Glaube befruchteten sich gegenseitig. Keines davon konnte ein Eigenleben führen. Einerseits erwuchsen Zinzendorf aus den Herausforderungen der Praxis neue theologische Einsichten, andererseits führten theologische Einsichten zu neuen gemeindepraktischen Experimenten. Indem er sich um die praktische Verwirklichung theologischer Überzeugungen bemühte, wurden diese anhand der Praxis auf ihre Tragfähigkeit hin überprüft."[1]

In diesem dynamischen Geschehen verband Zinzendorf Innovation mit Improvisation. Er präsentierte kein fertiges theologisches System, sondern entwickelte seine Ideen und Impulse aus der fortwährenden Begegnung mit dem lebendigen Zeugnis der Schrift und im Blick auf die vielfältigen Erfahrungen und Erfordernisse der Kirche. Sein Wunsch, das Leben der Brüdergemeine in umfassender Weise aus dem christlichen Glauben heraus zu gestalten, führte zu einer Fülle von innovativen Ansätzen. Zimmerling resümiert: „Zu fast allen praktisch-theologischen Handlungsfeldern finden sich bei ihm originelle Gedanken und nachdenkenswerte Praxisversuche, die bis heute nichts von ihrem provozierenden Charakter verloren haben."[2]

Ein faszinierendes Beispiel für Zinzendorfs Experimentierfreudigkeit und seine Bereitschaft, alte Traditionen neu zu interpretieren, ist seine Wiederentdeckung des alttestamentlichen Sabbatgebots für die Frömmigkeit und Gemeindepraxis der Brüdergemeine und damit einhergehend die Entwicklung einer eigenen Theologie des Sabbats.[3] Erste Spuren davon sind

---

[1] Zimmerling, Zinzendorf, 12.

[2] A. a. O., 9.

[3] Vgl. zur folgenden Darstellung Vogt, Theology of the Sabbath.

schon für die frühe Herrnhuter Gemeinde belegt. Eine wichtige Quelle ist die auf Christian David zurückgehende Schrift „Beschreibung und zuverläßige Nachricht von Herrnhut", die ab 1730 als Manuskript zirkulierte und 1735 anonym gedruckt wurde. Im Zusammenhang mit der Erläuterung „Wie der Sonntag bey uns angewendet wird" findet sich hier in einer Fußnote der folgende Hinweis:

> „Man feyret bey uns beydes den Sabbath und Sonntag, nach dem Exempel unsrer ersten Brüder, doch ohne allen Zwang, aus freyem Triebe, insonderheit der Arbeiter und Stundenbeter. Darum halten wir nun auch am Sabbath unsere Bet- und Communion-Tage, wie auch die Stundenbeter-Conferentz."[4]

Zinzendorfs „Eventual-Testament" von 1738 enthält eine ähnlich lautende Aussage:

> „Die Tage, darauf wir halten, sind der Sonntag, als des Herrn Auferstehungs-Tag, der Sabbath oder eigentliche Ruhe-Tag des Herrn, an dem wir die Gemein-Tage und Abendmahle halten, die wichtigen Feste der alten Kirche, da man uns besonderer Gnade des Herrn erinnert, unsere eigene Freuden- und Gedächtniß-Tage."[5]

Beide Quellen halten übereinstimmend fest, dass in Herrnhut neben dem Sonntag als kirchlichem Feiertag auch der Samstag als Sabbat eine besondere Würdigung erfuhr. Dies geschah offenbar in Anlehnung an die Praxis der ersten Christen und beinhaltete die Durchführung von bestimmten gemeindlichen Versammlungen. Allerdings fehlen nähere Details zur konkreten Ausgestaltung die Sabbatfeier im frühen Herrnhut, und auch die Frage, wie und warum es überhaupt dazu kam, dass der Sabbat in Herrnhut an Bedeutung gewann, muss offen bleiben.

Besser informiert sind wir über die Diskussionen zur Einführung des Sabbats in der Gemeinde Bethlehem in Pennsylvanien, die Zinzendorf während seines Aufenthalts in Nordamerika 1742 einrichtete. Die Ereignisse der Gemeindegründung wurden sorgfältig in einem Diarium protokolliert.[6] Unter dem Datum des 24. Juni finden wir nun auch einen Eintrag, der die Einführung des Sabbats betrifft. An diesem Tag fand im Beisein von Graf Zinzendorf, der sich nach Sitte der Quäker als Br. Ludwig anreden ließ, eine Gemeindeversammlung statt, bei

---

4 Beschreibung, 87.

5 Büdingische Sammlung, Bd. 1, 277.

6 Vgl. Hamilton, Bethlehem Diary. Das deutsche Original wird in den Moravian Archives in Bethlehem, PA aufbewahrt und ist online verfügbar unter: bdhp.moravian.edu/community_records/bethlehem_diary (abgerufen am 14.11.2022).

der unter verschiedenen organisatorischen Punkten auch die Frage der Sabbatobservanz angesprochen wurde:

> „Br. Ludwig proponirte: Es wäre nöthig, daß die Gemeine in diesem Lande den Sabbath hielte, weil a.) eine eigene Religion in diesem Lande ist, die denselben hielte, und dadurch würde ihnen eine gewiße Gerechtigkeit wegfallen, der sie sich bisher gemeint allein zu rühmen, b.) Weil er auch unter den Bekehrten Wilden würde eingeführt werden müßen; wenn man noch eigentl. darhinter kommen wird, daß die hiesigen Wilden die zehn Stämme Israel sind."[7]

Interessant ist in diesem Vorschlag die doppelte Begründung. Zuerst verweist Zinzendorf auf eine andere „Religion in diesem Lande", womit er die Gruppe der sogenannten Siebentäger im Blick hat, eine radikalpietistische Kommunität, die sich unweit von Bethlehem in Ephrata angesiedelt hatte und sich streng an das alttestamentliche Gesetz hielt.[8] Nach anfänglichen Sympathien hatte sich im Laufe des Frühjahrs 1742 eine spannungsvolle Konkurrenz zwischen ihr und der Gruppe der Herrnhuter entwickelt. Es erstaunt daher nicht, dass Zinzendorf viel daran lag, sich bei der Befolgung des Sabbatgebots mit ihnen gleichzustellen, um ihnen den Dünkel der strengeren Gesetzestreue zu nehmen. Ebenso bemerkenswert ist die Begründung, der Sabbat müsse auch unter den Bekehrten aus den Indianervölkern eingeführt werden, da es sich bei ihnen um Nachkommen aus den Stämmen des Volkes Israel handeln könnte. Diese bezieht sich auf die damals weit verbreitete Annahme, die amerikanischen Ureinwohner seien aus den verlorenen zehn Stämmen Israels hervorgegangen.[9]

Aus dem Diarium geht hervor, dass Zinzendorfs Vorschlag darauf abzielte, den Sabbat am Samstag als Ruhetag zu halten und zwar *zusätzlich* zu der üblichen Feier des Sonntags. Zinzendorf schwebte also so etwas wie ein langes Wochenende vor, das in Bethlehem eingeführt werden sollte. Soweit möglich, sollten die Gemeindeglieder weder samstags noch sonntags ihrer regulären Berufsarbeit nachgehen. In seinen Ausführungen wies Zinzendorf allerdings darauf hin, dass theologisch und historisch wichtige Unterschiede zwischen dem Sabbat und dem Sonntag existierten. Im Diarium lesen wir, wie er seinen Vorschlag weiter begründete:

> „Der Sabbath solle in aller Stille gehalten und in innigem herzlichen Umgang mit dem Heilande zugebracht werden. Es ist ein Tag, der allen Völkern noch vor dem Gesetz zur

---

7 Eintrag vom 24.6.1742, vgl. Hamilton, Bethlehem Diary, 16.

8 Vgl. Bach, Voices.

9 Zu den Hintergründen dieser bis ins 18. Jahrhundert weit verbreiteten Ansicht vgl. Hertrampf, Indianer-Geschwister, 153–155.

> Ruhe gegeben worden. Denn die Juden halten ihn nicht sowohl als Juden, sondern als Menschen.
>
> Der Sonntag ist der Auferstehung Christi zu Ehren in den ersten Christl. Gemeinen gefeyert worden, zugleich mit dem Sabbath. Dann hat man ihn aus purer Feindschaft gegen die Juden abgeschaft (wie man auch aus gleichem Grunde die Ostern auf eine andere Zeit verlegt hat) und vielleicht auch aus Armuth nicht halten können, denn auf Sonntage wollte man nicht laßen arbeiten."[10]

Im Bethlehemer Gemeindiarium ist vermerkt, dass jemand den Einwand erhob, der Sabbat gehöre doch zu jenen kultischen Geboten, die im Neuen Testament außer Kraft gesetzt worden seien. Darauf antwortet Zinzendorf mit der Feststellung,

> der Sabbat „gehöre nicht zum Gesetz, sondern sey vor dem Gesetz gewesen, und allen Völkern u. Menschen zur leiblichen und Gemüthsruhe gegeben worden, sich zu sammeln, auch sogar den *Thieren*, denen es aber einerley ist, *wann* sie ruhen. Es sey also der Sabbath überhaupt nicht als ein *Gebot*, sondern als eine *Wohlthat* anzusehen."

Mit Verweis auf Hebr 4 und Offb 20 bekräftigte er schließlich, der Sabbat sei auch deshalb von bleibender Bedeutung, weil er eine symbolische Vorwegnahme der ewigen Sabbatruhe am Ende der Zeit sei: „Der eigentliche Antitypus des Sabbaths aber sey der noch künftige Sabbathismus."[11] Laut Diarium fasste der Gemeinrat daraufhin den einmütigen Beschluss, von nun an den Sabbat als einen stillen Tag ohne Versammlungen und den Sonntag als Gedächtnistag der Auferstehung Christi mit gottesdienstlichen Feiern zu halten.

Die hier protokollierte Diskussion bietet faszinierende Einblicke in die Gedankenwelt Zinzendorfs und die sich entwickelnde brüderische Gemeindepraxis. Dass die Gemeinde Bethlehem schon 1742 ihre Version eines „langen Wochenendes" einrichtete, ist eine bemerkenswerte historische Tatsache. Es stellt sich allerdings die Frage, ob dies nur eine zufällige Laune des Grafen war, die ihn in Pennsylvanien anwandelte, oder ob ein tiefergehendes theologisches Anliegen dahinter steckte. Einen wichtigen Hinweis finden wir in der ausführlichen Zinzendorfbiografie, die sein Mitarbeiter und Nachfolger August Gottlieb Spangenberg zwischen 1773 und 1775 veröffentlichte. Im Kapitel mit den Ereignissen des Jahres 1742, wo auch festgehalten ist, dass in Bethlehem der Sabbat eingeführt wurde, gibt es eine längere Fußnote mit folgender Erläuterung zu den biographischen und theologischen Hintergründen:

---

[10] Eintrag vom 24.6.1742, vgl. Hamilton, Bethlehem Diary, 16.

[11] A. a. O., vgl. Hamilton, Bethlehem Diary, 17.

„Der Graf hatte schon lange vorher den siebenten Tag der Woche in besonderer Achtung. Was die Kräfte seines Leibes und Gemüths anstrengte, dessen enthielt er sich, soviel an ihm war, an diesem Tage gern. Was hingegen der Ruhe in GOtt, und dem Frieden JEsu Christi, gemäß und dienlich war, das liebte und suchte er an demselben. Er hielt z. E. gern an dem Tage Abendmahl und andere liturgische Versammlungen. [...] Daß er aber dem siebenten Tage einen Vorzug gab, und ihn als einen Sabbath hielt, geschahe nicht um des mosaischen Gesetzes willen; denn sonst hätte er eben soviel Ursache gehabt, andere Gebote Mosis auch zu halten; sondern weil er einestheils glaubte, der siebente Tag sey gleich nach der Schöpfung geheiligt, und zum Ruhetag eingesetzt worden; anderntheils aber und vornemlich, auf unsers HErrn JEsu Christi Ruhe im Grabe am siebenten Tage, sein Auge richtete. Im übrigen war er nicht der Gedanken, wie einige sogenante Sabbatharians in England und America, die am ersten Tage der Woche an ihre gewöhnliche Arbeit gehen, und sich darüber, weil es den Landesgesetzen zuwider ist, allerhand Strafen und Verdrießlichkeiten zuziehen. Vielmehr erkante er es für eine Wohlthat Gottes, daß die Feyer des Sonntags, nachdem sie in der Kirche, vermuthlich zum Andenken der Auferstehung Christi, eingeführt worden, fortgesetzt würde. [...] Seine Meinung vom Sabbath drang er übrigens niemanden auf. Und wiewol er ihn beym Anfange der Gemeine in Bethlehem angezeigtermassen einführte; so sah er doch nachher die Schwierigkeit ein, daß Leute, die sich mit ihrer Hände Arbeit nähren müßten, zwei Tage in der Woche feyerten; erklärte sich also darüber und stellte die Sache in eines jeden Freyheit. Er selbst aber blieb bis an sein Ende, was sein Haus betrifft, bey der vorhin erwehnten Gewohnheit."[12]

Diese Notiz stellt klar, dass der Sabbat als Ruhetag offensichtlich von großer persönlicher Bedeutung für Zinzendorf war. Interessanterweise konnte Spangenberg bei seiner Darstellung auf mehrere Verteidigungsschriften aus den 1750er Jahren zurückgreifen, die er selbst herausgegeben hatte und die auch die Frage der Sabbatobservanz berührten. In der „Darlegung richtiger Antworten" von 1751 legt Spangenberg dem Grafen die folgende Frage vor: „Warum essen Sie denn die Speisen nicht, die GOtt den Juden verboten hat? Und warum halten Sie den Sabbath, das ist, den siebenden Tag? Man critisirt darüber." Darauf Zinzendorf:

„Ich esse sie nicht, weil ich ein jedes Tittelgen der Schrift so lieb habe, daß ich alles, was darinnen steht, und nicht im Neuen Testamente zur Sünde gemacht ist, wie die sacramentliche Beschneidung u.d.gl., gern à la lettre observire. Es kommt auf etliche Essen mehr oder weniger nicht an. Ich dencke, es hat gute Ursachen, warum etwas verboten

12 Spangenberg, Leben, 1421–1423.

> ist. Der Sabbath aber ist kein Judentag; sondern ein Tag, der dem ganzen menschlichen Geschlechte gegeben ist.
>
> Ich lasse den Leuten ihre Einsicht, wenn GOtt den siebenden Tag heiliget und einsetzt, statt dessen den ersten zu heiligen, und dencke, ich komme am besten zurechte, wenn ich den siebenden, den GOtt der HErr zur Ruhe geheiligt, und an dem mein Schöpfer und Erlöser geruhet hat, zur Erholung, den ersten aber, nach der Erklärung des Catechismi, dem studio des göttlichen Worts widme. Ich arbeite doch wol noch so viel, als ein anders."[13]

Ähnlich äußerte sich Zinzendorf im Rahmen einer Synodalverhandlung 1750, die in Spangenbergs Apologetischer Schluß-Schrift von 1753 wie folgt wiedergegeben ist:

> „[Zinzendorf]: Der Sabbath ist uns wichtig zur Erholung als von GOtt eingesetzt für alle Menschen. Der Sonntag aber, weil er der Tag der Auferstehung des HErrn ist, und wir wissen, daß ihn die ersten Christen gefeyert haben, als grossen Danck-Tag; so dancken wir dem Heiland auch, und feyren ihn auch. [...]
> [Spangenberg]: Man macht die Objection: Sechs Tage solt du arbeiten und wir haben nur fünfe.
> [Zinzendorf]: Wir arbeiten auch 6. Tage, nur einen Tag ganz für den Heiland und sein Wort."[14]

Diese Stellen sind ein Hinweis, dass Zinzendorf die Frage nach der Einhaltung des Sabbatgebot offenbar sehr gründlich durchdacht hat und dabei zu recht unkonventionellen Ergebnissen kam. Wenn wir diese Spuren weiterverfolgen, entfaltet sich vor unseren Augen ein umfassendes Bild seiner Vorstellungen einer Theologie des Sabbats und seiner praktischen Umsetzung. Hierfür lassen sich eine ganze Anzahl wesentlicher Textquellen finden, die den Entwicklungsgang von Zinzendorfs Vorstellungen zwischen 1725 und 1758 recht gut dokumentieren.

Das erste relevante Dokument ist ein Katechismus, den Zinzendorf unter dem Titel „Gewisser Grund christlicher Wahrheit" im Jahr 1725 zum Gebrauch in der lutherischen Gemeinde seines Gutes Berthelsdorf herausgab.[15] Das Werk basiert auf Martin Luthers Kleinem Katechismus und versieht jeden Abschnitt von Luthers Text mit einer Reihe zusätzlicher Fragen und Antworten, um die jeweilige Aussage durch biblische Bezüge zu untermauern und zu vertiefen. Alle Antworten sind der Heiligen Schrift entnommen, wobei sich Zinzendorfs Inter-

13 Spangenberg, Darlegung, 140.

14 Spangenberg, Schluß-Schrift, 481.

15 Jetzt abgedruckt in Meyer, Zinzendorf Katechismen, 83–236.

pretation durchaus in der Auswahl der Bibelstellen zeigt. Zum Dritten Gebot – „Gedenke des Sabbath-Tages, daß du ihn heiligest" – gibt Zinzendorf folgende Erklärung ab:

> „95. Was war denn die Ursache des Gebots vom Sabbath?
> In sechs Tagen hat der HErr Himmel und Erde gemacht, und das Meer, und alles, was darinnen ist, und ruhete am siebenden Tage, darum segnete der HErr den Sabbath-Tag, und heiligte ihn, 2. B. Mos. 20,11.
> 96. Wie muste er bey dem Volck Israel gefeyert werden?
> Am siebenden Tage ist der Sabbath des HErrn deines GOttes, da solt du kein Werck thun, v. 10.
> 97. Sollen sich auch die Christen ein Gewissen über bestimmte Sonn- und Feyertage machen?
> Nein. So lasset nun niemand euch Gewissen machen über Speise, oder über Tranck, oder über bestimmte Feyertage, oder Neumonden, oder Sabbather, Col. 2,16. [...]
> 99. Wie urtheilet Christus vom bestimmten Sabbath?
> Er sprach: Der Sabbath ist um des Menschen willen gemacht, und nicht der Mensch um des Sabbaths willen, Marc. 2,27.
> 101. Mögen die Christen alle Tage gleich halten?
> Einer hält einen Tag für den andern, der andere aber hält alle Tage gleich. Und welcher nichts darauf hält, der thuts auch dem HErrn, Rom. 14,5.6. [...]
> 104. Was macht man mit den eingeführten Ordnungen der Sonn- und Feyertage?
> Seyd unterthan aller menschlichen Ordnung um des HErrn willen, 1. Petr. 2,13.
> 105. Wie aber, wenn man von GOtt hierinnen Freyheit bekommen hat?
> Sehet zu, daß diese eure Freyheit nicht gerathe zu einem Anstoß der Schwachen, 1. Cor. 8,9."[16]

Obwohl dieser frühe Text nicht auf die Frage eingeht, ob der Sabbat am Samstag gehalten werden soll, bietet er wichtige Einblicke in Zinzendorfs Gedanken zur Frage der Einhaltung religiöser Feiertage. Zunächst einmal ist es bemerkenswert, dass in der Formulierung des Dritten Gebots nicht „Feiertag", sondern „Sabbat" steht. Diese Wortwahl, die von Luthers Kleinem Katechismus abweicht, scheint Zinzendorfs Absicht widerzuspiegeln, dem biblischen Sinn so eng wie möglich zu folgen. Zweitens bringt Zinzendorf den Sabbat mit der Schöpfungsordnung in Verbindung, unterscheidet aber zwischen jüdischer und christlicher Sabbatobservanz. Christen sind nicht an die Einhaltung des Sabbatgebots in seiner vollen und ursprünglichen Form gebunden. Vielmehr sollen sie, wie Zinzendorf auf

[16] A. a. O., 113–114.

Grundlage des paulinischen Konzepts der christlichen Freiheit argumentiert, unterschiedliche Praktiken zulassen und bei der eigenen Praxis ihrem Gewissen folgen. Das entscheidende Kriterium für die richtige Einhaltung des Sabbats ist letztlich nicht der Zeitpunkt, sondern ob sie aus Glauben „dem Herrn" getan wird und den Schwachen keinen Anstoß gibt. Schließlich wird die etablierte Ordnung der Sonn- und Festtage als gültig anerkannt, auch wenn die Möglichkeit anderer Regelungen nicht ausgeschlossen sind. Diese Passage legt nahe, dass Zinzendorfs Auffassung vom Sabbat von Anfang an durch ein gewisses Maß an Offenheit und Flexibilität geprägt war.

Die Frage nach der richtigen Einhaltung des Sabbats, der hier offenbar noch im allgemeinen Sinn als sonntäglicher Feiertag verstanden wird, griff Zinzendorf 1730 erneut auf, diesmal im Rahmen einer Auslegung der Zehn Gebote für die Herrnhuter Gemeinde. Die für uns relevante Passage, die einen Zug von Innerlichkeit anklingen lässt, lautet wie folgt:

> „Den wöchentlichen Sabbath, den der HErr allen Völckern zur Ruhe verordnet, müssen wir nicht so wohl ceremonialisch begehen, aus Gewohnheit, und als einen Dienst Gottes ansehen; als vielmehr, wie es sein Wille und Zweck ist, allemahl dazu anwenden, daß die etwa zerstreute Sinnen, aus der Vielheit in das Einige nothwendige gekehret, neuen Raum gewinnen, gantz von GOtt erfüllet zu seyn, nach D. Luthers herrlichem Ausdruck *Du solt von deinem Thun lassen ab / daß GOTT sein Werck in dir hab.*"[17]

In den 1740er Jahren erfolgt dann eine dezidiert christologische Wendung in Zinzendorfs Verständnis des Sabbats. Die Grabesruhe Christi tritt nun als Kriterium für die Wertschätzung des Sabbats in den Vordergrund. Der vielleicht prägnanteste Ausdruck dieser Deutung findet sich in einer Predigt Zinzendorfs von 1746 über die zehn Gebote:

> „Gedenk des Sabbaths, daß du ihn heiligest: Gläube an den HErrn JEsum. Gläube du, daß der HErr JEsus am Sonnabend im grabe gelegen; so wird der Sonnabend dein feyertag seyn bis in ewigkeit, ein ruhe tag seyn bis in ewigkeit. Gläube du nur, daß der HErr JEsus an dem tag geruhet hat von aller seiner arbeit, von aller seiner schweren und sauren mühe; sein jammer, trübsal und elend ist kommen zu einem selgen end. Gläube daß er geschlaffen hat an dem tage; so wirst du auch gerne schlaffen und ruhen und dein herz bewahren wollen."[18]

---

[17] Büdingische Sammlung Bd. 1, 336. Das Liedzitat stammt aus Martin Luthers Lied „Das sind die heiligen zehn Gebote" (EG 231,4).

[18] Zinzendorf, Reden an den Synodum in Zeyst, 326.

Ein ähnlicher Gedankengang zeigt sich auch in einer Lieddichtung Zinzendorfs von 1745, die im zwölften Anhang des Herrnhuter Gesangbuchs überliefert ist. Indem der Sabbat als „Ruhetag des Lamms" verstanden wird, enthüllt sich seine wahre Bedeutung als heilsgeschichtlicher Segenstag:

> „INdem man uns das wort erzehlt, das unser Lamm vom sabbath redte,
> daß GOtt, der diesen tag erwehlt, ihn uns zum dienst gesegnet hätte:
> 2. Der mensch sey nicht ums sabbaths willn, der sabbath sey ums menschen halben,
> von zeit zu zeit den sinn zu stilln, und sich dem Bräutigam zu salben;
> 3. So war es uns besonders schön, die glosse bey dem text zu sehen:
> daß, die mit JESU schlaffen gehn, mit freuden wieder auferstehn.
> 4. Der Schöpfer aller Zebaoth, den wir mehr Lamm als schöpfer nennen,
> weil wir uns ohne seinen tod der schöpfung nicht erfreuen können,
> 5. Der lag an diesem segens-tag, und ruhete von seinen schweissen,
> so daß man nun den sabbath mag den ruhe-tag des Lammes heissen."[19]

Mit der christologischen Deutung verbindet sich für Zinzendorf der Gedanke, dass die Gläubigen die Sabbatruhe nicht aufgrund des Zwangs einer von außen auferlegten Pflicht befolgen sollen, sondern weil sie eine Wohltat Gottes ist, die sie freudig und frei annehmen. Dazu führt Zinzendorf in einer Predigt 1747 folgendes aus:

> „Der Schöpfer der Welt hatte den ersten Sabbath selbst solennisirt. GOtt ruhete am siebenden Tage von allen seinen Werken, die er gemacht hatte: das machte aber bey den Menschen noch nicht die Impression, daß sie den Sabbath recht gehalten hätten; sondern er wurde unter das Jüdische Volk relegirt, und auch von denen so so gehalten, ja es muste eine Criminal-Sache draus gemacht werden, sonst wärs auch da nicht gegangen.
>
> Itzt hätten wir nichts lieber als Sabbath. Es ist uns dabey zu Hülfe gekommen, daß das Lamm an dem Tage in der Erde geschlaffen hat: und darum ists kein Wunder, daß seinen Herzen auch schläfrig ist. Er ruhete von seiner Arbeit, von der Arbeit, damit er unsere Seelen errungen und erstritten hatte, als er uns unsre Wahl in Manns-Person erbeten hat. Nun ist der Sabbath kein Gebot-Tag mehr, sondern ein Freuden-Fest aller Christen."[20]

Im Jahr 1748, auf dem Höhepunkt der sogenannten Sichtungszeit mit ihrer überschwänglichen Sprache, formulierte Zinzendorf eine sehr persönlich gehaltene „Catechisation über die zehn

[19] Herrnhuter Gesangbuch, Nr. 2016.

[20] Zinzendorf, Homiliae über die Wundenlitanei, 104.

Gebote mit mir selbst“, die auch eine Passage zum Sabbatgebot enthält. Im Gegensatz zu seinem vorherigen Katechismusentwurf stehen bei den Antworten nun anstelle von Bibelstellen kurze Liedzitate aus dem Herrnhuter Gesangbuch.

> „Weißt du auch was vom Sabbath?
> Antw. Es wird davon geredt, gedacht, gesungen und gespielt, noch vielmal seliger gefühlt.
> Ich dachte, die Glaubens-Bücher hielten nicht viel auf die alten Feyertage?
> Antw. Es ist wahr, Christi Schlaf machts Passah-Schaaf zu einem Adiaphoro.
> Was kan doch den Sabbath vor allen andern Festen so bey Ehren erhalten?
> Antw. Christus schuf mit Todes-Müh seine unsterbliche Sie, und so lang der Sabbath währt', hielt er Ruh in kühler Erd.
> Was ist dein Gebet zum Sabbath?
> Antw. Ach mein herzliebes JEsulein, mach dir ein rein sanft Bettelein, zu ruhn in meines Herzens Schrein!“[21]

Bei einer Rede 1758 kam Zinzendorf schließlich wieder auf die Frage zurück, welcher Tag der rechte Sabbat ist. Mit Blick auf die unterschiedlichen Zeitzonen der Erdkugel hält er fest, dass man gar nicht genau sagen kann, welcher Tag als der siebte Tag zählt.

> „Man kann niemanden dafuer stehen, daß unser itziger Sonnabend, nicht der fünfte oder achte Tag ist. Man findet, daß nicht in der ganzen Welt der siebente Tag zu Einer Zeit ist, denn es differiret nicht nur halbe Tage gegen Osten und Westen, sondern wenn man an gewissen Orten reiset, so kann man einen ganzen Tag verlieren, und kommt am Sonntage nach Hause, wenn man gedacht, man kommt auf den Sonnabend. Wenn die Pensylvanier den Sonnabend Nachmittag und Sonntag Vormittag feyren, so ist nach Europaeischer Rechnung der Sabbath complet. Alles das zusammen genommen macht, daß man auf die Zahl gar nicht sehr sehen kann.“

Die so entstehende Unsicherheit hinsichtlich der korrekten Datierung wird aber dadurch abgemildert, dass Jesus über den Sabbat gesagt hat, er sei um des Menschen willen da.

> „Es kommt nur darauf an, daß wir Einen Tag von den Sieben haben, vom ersten Tage der Arbeit anzurechnen. Wenn wir sechs Tage gearbeitet haben in allerley Geschäften, so

---

[21] Zinzendorf, Peri Eautoi, 108; zu den Liedzitaten vgl. Herrnhuter Gesangbuch Nr. 2279,3; 2326,1; 2244,5; und 64,13.

> hören wir am siebenten auf und lassen unser Gemüth ruhen. Indessen, weil der Heiland an dem Tage, der für den siebenten paßirt, im Grabe gelegen und geruhet hat von Seinem Werke, welches Seine Schöpfungs-Ruhe gar sehr relevirt [zur Geltung bringt]; so haben wir den Sabbath in besondern Ehren, und feyern am grossen Sabbath, da Er wirklich in der Erde gelegen, ein Fest."[22]

Die angeführten Stellen machen deutlich, dass sich Zinzendorf sein Leben lang intensiv mit dem Sabbatgebot auseinandergesetzt hat und bestrebt war, es in passender Weise für die Frömmigkeitspraxis der Brüdergemeine fruchtbar zu machen. Viele Äußerungen nehmen Bezug auf konkrete Gemeindesituationen, gleichwohl stehen sie nicht unverbunden nebeneinander, sondern lassen ein kohärentes Gesamtbild hervortreten, das wir als Zinzendorfs Theologie des Sabbats bezeichnen können. Diese lässt sich in sieben Punkten zusammenfassen:

1. Zinzendorf ist der Meinung, dass das biblische Sabbatgebot von grundsätzlicher Bedeutung auch für die Christen ist. Es ist ein Tag, den Gott selbst als geheiligten Ruhetag eingeführt hat und dessen Feier in der Heiligen Schrift vorgeschrieben ist. Christen sind dabei nicht in gleicher Weise an das Mosaische Gesetz gebunden wie die Juden, sondern haben die Freiheit, den Sonntag als ihren Feiertag zu begehen. Jedoch hält Zinzendorf fest, dass der christliche Sonntag die volle geistliche Bedeutung des Sabbats nicht ausschöpft. Der Samstag als siebter Wochentag besitzt eine besondere Dignität, die sowohl in der Schöpfungsordnung als auch in der Heilgeschichte verankert ist.

2. Nach Zinzendorf hat der Sabbat als Ruhetag eine doppelte theologische Begründung. Zunächst ist er ein integraler Bestandteil der Schöpfungsordnung. Gott ruhte am siebten Tag und heiligte ihn. Das Ruhen Gottes ist Vorbild und Norm für das Ruhen der Menschen. Darüber hinaus besitzt der Sabbat eine spezifische heilsgeschichtliche Komponente durch den Umstand, dass Jesus Christus nach seiner Kreuzigung am Karsamstag im Grab gelegen hat. Zinzendorf interpretiert diesen Sachverhalt als eine typologische Wiederholung des Schöpfungsgeschehens: Der siebte Tag als Gottes Ruhetag nach dem Werk der Schöpfung ist auch der Ruhetag Christi nach dem Werk der Erlösung. Für Zinzendorf ist diese christologische Interpretation der Schlüssel zum wahren Verständnis des Sabbats.

3. Zinzendorf betont, dass der Sabbat als Teil der Schöpfungsordnung nicht nur den Juden gehört, sondern im Grunde alle Menschen betrifft. „Der Sabbath […] ist kein Judentag; sondern

[22] Clemens (Hg.), Auszüge, 45f.

ein Tag, der dem ganzen menschlichen Geschlechte gegeben ist."[23] Sein Ursprung ist im Paradies zu suchen, lange vor der Offenbarung des mosaischen Gesetzes am Sinai.[24] Die jüdischen Sabbatgebote sind der besondere Ausdruck einer Ordnung, die prinzipiell einen universalen Anspruch erhebt. Es wäre also falsch, den Sabbat als eine rein jüdische Angelegenheit abzutun, „denn die Juden halten ihn nicht sowohl als Juden, sondern als Menschen."[25]

4. Zinzendorf betrachtet die alttestamentlichen Sabbatgebote als ehrwürdige Anordnungen, die den Respekt vor dem Sabbat ausdrücken, aber für die christliche Gemeinde nicht mehr bindend sind. Sie gehören einer heilsgeschichtlichen Periode an, die mit der Erscheinung Christi zu Ende gegangen ist. Seitdem gilt eine neue Freiheit im Umgang mit den Sabbatgebot, die sich an der Lehre Christi orientiert, dass der Sabbat für den Menschen und nicht der Mensch für den Sabbat da ist (Mk 2,27). So gelangt Zinzendorf zu einer wichtigen inhaltlichen Akzentverschiebung: „Es sey also der Sabbath überhaupt nicht als ein *Gebot*, sondern als eine *Wohlthat* anzusehen."[26] Dieser Gedanken sollte die christliche Praxis bestimmen.

5. Bei aller Wertschätzung des Sabbats lehnt Zinzendorf es ab, die Einführung des Sabbats auf Kosten des Sonntags vorzunehmen. Eine Abschaffung des Sonntags, wie sie von einzelnen radikal-pietistischen Randgruppen gefordert und praktiziert worden war, kam für ihn nicht in Frage. Stattdessen betont er, dass sich die beiden Tage gegenseitig ergänzen, und erinnert daran, dass die Urgemeinde den Sonntag als Auferstehungstag Christi zusätzlich zum Sabbat gefeiert hat. Aus seiner Sicht hat jeder Tag seinen spezifischen Charakter: Der Sabbat ist ein wirklicher Ruhetag für Körper und Geist, der Sonntag hingegen ist ein Arbeitstag, der den vielfältigen Aufgaben im geistlichen Bereich gewidmet ist, wie z. B. Predigen, Gottesdienst halten, Gottes Wort studieren usw. Entsprechend weist er die Kritik, er würde nur fünf Tage arbeiten, vehement zurück: „Wir arbeiten auch 6. Tage, [aber davon] einen Tag ganz für den Heiland und sein Wort."[27]

6. Zinzendorf sieht die Bedeutung des Sabbats für das geistliche Leben darin, dass Gott Gelegenheit erhält, in der menschlichen Seele zu wirken. Christen sollen den Sabbat nicht „ceremonialisch" begehen, sondern vielmehr dazu anwenden, „daß die etwa zerstreute Sinnen, aus der Vielheit in das Einige nothwendige gekehret, neuen Raum gewinnen gantz von GOtt erfüllet

---

23 S. oben Anm. 13.

24 Spangenberg, Declaration, 73.

25 S. oben Anm. 10.

26 S. oben Anm. 11.

27 S. oben Anm. 14.

zu seyn, nach D. Luthers herrlichem Ausdruck; *Du solt von deinem Thun lassen ab / daß GOTT sein Werck in dir hab.*"[28] Daher ist beim Sabbat nicht das Moment einer eigenen Leistung entscheidend, etwa im Sinne einer strengen Befolgung des Gesetzes, sondern das Moment der Wirksamkeit Gottes. Damit sucht Zinzendorf der Gefahr der Werkgerechtigkeit vorzubeugen und rückt die Sabbatobservanz in die Nähe einer mystisch geprägten Spiritualität.

7. Prägend für Zinzendorfs Verständnis des Sabbats ist schließlich die eschatologische Perspektive, d. h. der Ausblick auf die eigentliche Sabbatruhe der Gläubigen bei Gott im Himmel. Dieser Gedanke kommt in einer Liedstrophe zum Ausdruck, die Zinzendorf in das Herrnhuter Gesangbuch aufnahm:

> „Ich sinne schon auf dank- und lobe-lieder,
> vor mich, dreyeinger GOTT, und meine brüder;
> daß du mit mir durch tod und hölle dringst
> und endlich mich zum wahren sabbath bringst".[29]

Der „wahre Sabbath" bezeichnet hier offensichtlich das Ausruhen der Seele in der Ewigkeit, wie überhaupt der Sabbat eine Chiffre darstellt für die Ewigkeit als Ziel und Bestimmung des gläubigen Menschen. So lag es nahe, im Vokabular der Brüdergemeine den Moment des Sterbens als „Sabbaths-stündgen" oder auch als „grossen augenblik des sabbaths der glieder"[30] zu bezeichnen und für die erwartete endzeitliche Vereinigung der Gläubigen mit Christus das Bild eines himmlischen Sabbath-Liebesmahls zu gebrauchen.[31]

Zinzendorfs Wiederentdeckung des Sabbats gehört zu den faszinierenden Facetten seines Versuchs, gemeindliches Leben aus den Quellen des biblischen Zeugnisses heraus neu zu gestalten. Vielleicht hat auch der Wunsch nach Annäherung an die jüdische Praxis eine Rolle gespielt, um für das Gespräch mit Menschen jüdischen Glaubens Brücken zu bauen.[32] Jedenfalls ist bemerkenswert, wieviel Wertschätzung Zinzendorf als christlicher Theologe dem Sabbat entgegengebracht hat und bestrebt war, ihn als ein gemeinsames Gut von Juden und Christen anzuerkennen und in der Brüdergemeine zur Geltung zu bringen. Spuren davon finden sich vielfältig im Bereich des gottesdienstlichen Lebens: An Samstagen wurden häufig Sabbat-Aga-

28 S. oben Anm. 17.

29 Herrnhuter Gesangbuch, Nr. 679,5.

30 Kleines Brüdergesangbuch, Nr. 1015,3 und 2089,2.

31 Vgl. Herrnhuter Gesangbuch, Nr. 2244, 9f.

32 Vgl. Dithmar, Nonkonformistische Haltung, 221–227.

pen gefeiert, der Karsamstag wurde als „Großer Sabbat“ bezeichnet und als wichtiger Festtag gefeiert. Zinzendorf selbst hat sich in seinem persönlichen Leben um eine schriftgemäße Einhaltung des Sabbats bemüht, wohl nicht zuletzt auch darum, um bei der Begegnung mit Juden, die er immer wieder gesucht hat, Anstoß zu vermeiden. Gleichwohl setzt Zinzendorf eigene theologische Akzente, indem er den Sabbat christologisch und anthropologisch deutet. Sein volles theologisches Gewicht erhält der Sabbat durch die Erinnerung, dass Jesus Christus am Karsamstag im Grab ruhte. Seine universale Bedeutung liegt darin, dass der Sabbat eine Wohltat ist, die – wie Zinzendorf es ausdrückte – allen Menschen vom Paradies her zukommt, dass also das menschliche Leben nach Gottes Willen nicht nur Arbeit und Mühe umfasst, sondern auch Zeiten zum Ausruhen und Feiern.

Literatur

Bach, Jeff, Voices of the Turtledoves. The Sacred World of Ephrata, Pennsylvania State University 2003.

Beschreibung und Zuverläßige Nachricht von Herrnhut in der Oberlausitz, Leipzig 1735; reprint Hildesheim 2000.

Christliches Gesang-Buch der Evangelischen Brüder-Gemeinen, Herrnhut [3]1741; reprint Hildesheim 1981.

Clemens, Gottfried (Hg.), Auszüge aus des Seligen Ordinarii der Evangelischen Brüder-Kirche sowol ungedrukten als gedrukten Reden über biblische Texte. Bd 1, Barby 1763; reprint Hildesheim 2010.

Das kleine Brüder-Gesang-Buch, in einer harmonischen Samlung von kurzen Liedern, Versen, Gebeten und Seufzern bestehend, Barby [2]1761.

Hertrampf, Stefan, Unsere Indianer-Geschwister waren lichte und vergnügt. Die Herrnhuter als Missionare bei den Indianern Pennsylvaniens 1745–1765, Frankfurt a. M. / New York 1997.

Dithmar, Christiane, Zinzendorfs nonkonformistische Haltung zum Judentum (Schriften der Hochschule für Jüdische Studien Heidelberg 1), Heidelberg 2000.

Meyer, Dietrich (Hg.), Nikolaus Ludwig Graf von Zinzendorf, Katechismen, Bd. 1, Göttingen 2008.

Spangenberg, August Gottlieb, Darlegung richtiger Antworten [...], Leipzig / Görlitz 1751; reprint Hildesheim 1965.

–, Declaration über die zeither gegen uns ausgegangene Beschuldigungen [...], Leipzig / Görlitz 1751, reprint Hildesheim 1965.

–, Schluß-Schrift, Worinn über tausend Beschuldigungen gegen die Brüder-Gemeinen und Ihren zeitherigen Ordinarium nach der Wahrheit beantwortet werden, Leipzig / Görlitz 1752, reprint Hildesheim 1964.

–, Leben des Herrn Nicolaus Ludwig Grafen und Herrn von Zinzendorf und Pottendorf. Bd. 5, Barby 1774, reprint Hildesheim 1971.

Vogt, Peter, Zinzendorf's Theology of the Sabbath, in: The Distinctiveness of Moravian Culture. Essays and Documents in Moravian History, hg. v. Craig D. Atwood / Peter Vogt, Nazareth, PA 2003, 205–231.

Zimmerling, Peter, Ein Leben für die Kirche. Zinzendorf als Praktischer Theologe, Göttingen 2010.

Zinzendorf, Nikolaus Ludwig von, Büdingische Sammlung einiger in die Kirchen-Historie einschlagender sonderlicher neuerer Schriften. Bd. 1, Büdingen 1742, reprint Hildesheim 1965.

–, Die an den SYNODUM der Brüder in Zeyst [...] gehaltenen Reden, o. O. 1747, reprint Hildesheim 1963.

–, Vier und Dreyßig HOMILIAE über die Wunden-Litaney der Brüder, gehalten auf dem Herrnhaag in den Sommer-Monathen 1747, o. O. o. J.; reprint Hildesheim 1963.

–, PERI EAUTOU Das ist: Naturelle Reflexiones über allerhand Materien, o. O. 1747–1748, reprint Hildesheim 1964.

Individuum est ineffabile

Individualität und Gemeinschaft bei Schleiermacher

Von Roderich Barth

1 Individualität vs. Gemeinschaft?

Dem liberalen Protestantismus geht der Ruf nach, in seiner Hochschätzung der Individualität die Bedeutung der Gemeinschaftsdimension für das menschliche Leben im Allgemeinen, die christliche Religion im Besonderen zu übersehen. Als schönes Beispiel für die Behauptung, dass der liberale Protestantismus in seiner Betonung des Einzelnen die konstitutive Rolle des Sozialen übersehe, kann der Ende 2022 verstorbene, deutsche Papst dienen. In seinem Jesus-Buch aus dem Jahre 2007 wirft Joseph Ratzinger alias Benedikt XVI. dem von Adolf von Harnack vertretenen Jesusbild eine fatale „Entgegensetzung [...] von Kollektiv und Individuum" vor. „Während im Judentum alles auf das Kollektiv, auf das Volk der Erwählung abgestellt sei, sei Jesu Botschaft" – so legt es Ratzinger in Harnacks Mund – „streng individualistisch: Er richte sich an den Einzelnen und habe eben den unendlichen Wert des Einzelnen erkannt und zur Grundlage seiner Lehre gemacht."[1]

Ratzinger hat hier offensichtlich die Spitzenformel aus Harnacks berühmten Vorlesungen über „Das Wesen des Christentums" im Sinn.[2] Der Sache nach handelt es sich bei diesem Individualismusvorwurf allerdings um eine bösartige, wenn auch nicht nur in römisch-katholischen Kreisen weit verbreitete Unterstellung aus der Feder des gelernten Generalinquisitors. Dies dämmert spätestens dann, wenn man sich bemüßigt, einmal bei dem Gescholtenen selbst nachzulesen.

Am Original kann man nicht nur entdecken, dass das zuletzt in der Slenczka-Debatte diskutierte Verhältnis von Judentum und Jesus bei Harnack nicht ganz so simpel liegt, wie landauf landab vermeint. Denn bei aller Entgegensetzung zum Judentum trägt Harnacks Jesusbild doch zugleich ganz und gar die Züge des Prophetenbildes von Julius Wellhausen. Auch die These von der angeblichen Entgegensetzung von Individuum und Kollektiv entpuppt sich als das Gegenteil dessen, was Harnack im Sinn hatte. Schon in der ersten Auflage seines großen „Lehrbuchs der Dogmengeschichte" von 1886 kann man nämlich lesen:

1 Ratzinger, Jesus, 80f.

2 Vgl. dazu jetzt die vorzügliche Edition von C.-D. Osthövener: Harnack, Das Wesen des Christentums.

> „Der Gedanke des unschätzbaren Werthes, den jede einzelne Menschenseele besitzt, tritt in der Verkündigung Jesu deutlich hervor und bildet das Complement zur Botschaft von dem in der Liebe sich verwirklichenden Reiches Gottes. In diesem Sinne ist das Evangelium im tiefsten individualisitsch und socialistisch zugleich."[3]

Man sieht also, es lohnt sich nicht nur, verbreitete Vorurteile einmal zu überprüfen, sondern vor allem zeigt das Zitat Harnacks, dass Gegensatzbildung zwar unserem Denken eigentümlich ist, dass aber Gegensätze gleichwohl zur adäquaten Beschreibung eines Sachverhalts nicht zwingend exklusiv prädiziert werden müssen. Für das Evangelium Jesu jedenfalls wäre es nach Harnack verfehlt, wollte man Individualität und Gemeinschaft in einen Gegensatz bringen. Und um noch einmal kurz auf Ratzinger zurückzukommen – seine kritische Würdigung von Harnacks liberaler Interpretation der Botschaft Jesu schließt durchaus mit einem relativierenden Hinweis: „Allerdings gab es gerade im protestantischen Bereich auch entschiedene Gegenpositionen: Nicht der Einzelne als Einzelner stehe unter der Verheißung, sondern die Gemeinde, als deren Glied der Einzelne das Heil erlange."[4]

Hier freilich darf man dem deutschen Papst Recht geben: Der Individualitätsgedanke war selbst im Protestantismus niemals besonders populär. Auf Harnacks religiöse Hochschätzung des Individuums jedenfalls folgten in den Zwanziger Jahren bekanntlich dominante Gegenströmungen von lutherischer Obrigkeitsaffirmation über religiöse Sozialismusphantasien bis hin zu offenbarungstheologisch-kerygmatischer Kirchentheologie. Und auch in der Gegenwart denkt eine kirchlich tonangebende „Öffentliche Theologie" beim Stichwort Individuum wohl eher an den beargwöhnten und als Bedrohung für die gesellschaftlich-normative Funktion der Kirche empfundenen Rückzug des modernen Menschen ins Private als an eine bereichernde Komplementarität von Individualität und Sozialität.[5]

Auch die Spiritualität oder, mit Sokrates könnte man auch sagen, die religiöse Sorge um die Seele,[6] die das organisierende Zentrum der Forschungsbiographie des in diesem Bandes geehrten Jubilars ausmacht,[7] steht spätestens seit Albrecht Ritschl im Ruf, den sittlichen Gemeinschaftsgedanken einer quietistischen Mystik zu opfern.[8] Im Folgenden soll es also darum gehen, den theologisch offenbar so in Diskredit geratenen Individualitätsgedanken bei dem Denker etwas genauer in den Blick zu nehmen, der biographisch im Unterschied

---

3 Harnack, Lehrbuch der Dogmengeschichte, Bd. 1, 53.

4 Ratzinger, Jesus, 81.

5 Vgl. z. B. Bedford-Strohm, Öffentliche Theologie und Kirche, 7.

6 Zur theologischen Bedeutung des Seelenbegriffs vgl. R. Barth, Religiöse Innerlichkeit.

7 Vgl. z. B. Zimmerling, Gott in Gemeinschaft; ders., Die charismatischen Bewegungen; ders., Evangelische Spiritualität; ders., Evangelische Mystik, sowie ders. (Hg.), Handbuch Evangelische Spiritualität.

8 Ritschl, Pietismus.

zu dem aus dem baltischen Luthertum abstammenden Ritschlianer Harnack selbst der inkriminierten Frömmigkeitskultur, der Herrnhuter Brüdergemeine, entstammt. Gerade weil sich Schleiermacher in seiner eigenen Intellektuellenbiographie durchaus kritisch mit seiner Herkunft auseinandergesetzt hat, deren Erbe aber im Durchgang durch das Denken der Antike, der Aufklärung und des Idealismus in einer neuzeitlichen Transformationsgestalt beibehalten und fortführen konnte und sich daher weiter als ein Herrnhuter „nur von einer höheren Ordnung" verstand, eignet er sich für eine Untersuchung des fraglichen Themas.[9]

Dass wiederum für Schleiermachers Denken der Individualitätsgedanke eine herausragende Rolle spielt, kann nicht zuletzt dem Urteil eines Gegenwartsphilosophen entnommen werden, der sich des Themas Individualität in besonderer Weise verschrieben hat und in ihr förmlich das metaphysische Grundprinzip oder eben „das Element der Welt" erblickt. Die Rede ist von Volker Gerhardt, der zudem vor einem anderen Vorurteil, nämlich der verbreiteten Auffassung, dass Individualität gleichsam eine Erfindung der Neuzeit sei, gewarnt hat. Auch wenn es freilich Dynamiken in der Geschichte des Individualitätsdenkens und seiner kulturellen Voraussetzungen gebe, wobei der Moderne ebenso wie der christlichen Antike durchaus eine besondere Stellung einzuräumen sei, so stehe das Thema bei Lichte besehen doch bereits im Zentrum der griechischen Philosophie seit Sokrates, Platon und Aristoteles. Schaut man nun in Gerhardts Durchmusterung der Geschichte des Individualitätsdenkens nach seiner Platzanweisung für Schleiermacher, so zeigt sich erneut ein überraschender Befund. Während Gerhardt die verschlungenen Wege des Individualitätsthemas spielend durch die Jahrtausende der *theoretischen* Philosophie verfolgen kann, so sei der *praktischen* Philosophie ein vollständiges Desinteresse am Individuum zu attestieren. Erst „Außenseiter wie Schleiermacher, Schopenhauer, Kierkegaard, Nietzsche und Simmel" hätten den Begriff des Individuums in der Ethik zum Thema gemacht, was aber dann „im ethischen Diskurs des 20. Jahrhunderts weitestgehend folgenlos" geblieben sei. Die Ethik der Moderne handele „zwar von der ‚Würde' des Menschen und hält sich heute viel darauf zugute, das ‚Glück' und das ‚gute Leben' wieder entdeckt zu haben. […] ‚Gesetz' und ‚Prinzip', ‚Wert' und ‚Gut' […] werden immer von neuem analysiert; aber das Individuum, das allen diesen Begriffen erst ihren Sinn verleiht, bleibt unbeachtet. […] Individualität scheint in unüberwindlicher Opposition zur Solidarität zu stehen" – so sein abschließender Eindruck mit Bezug auf die Erfolgsgeschichte des antiliberalen Kommunitarismus in der politischen Philosophie.[10]

---

9 Aus der Fülle der Literatur vgl. z. B. Gräb, Ein Herrnhuter – höherer Ordnung.

10 Gerhardt, Individualität, 19f.

2 *Coincidentia oppositorum*

Dass Gerhardts These von einer ethischen Entdeckung des Themas Individualität durch Schleiermacher zutreffend ist, lässt sich nicht zuletzt an dessen individualitätstheoretischer Hauptschrift zeigen. Gemeint sind die im Jahre 1800 erschienen „Monologen“.[11] Sie entfalten freilich keine Theorie im strengen Sinne, sondern ein im rhetorischen Stil und poetisierender Sprache gehaltenes Selbstgespräch über die Bestimmung des Menschen. Mit ihrem deutlichen, bisweilen gar etwas manieriert anmutenden autobiographischen Zuschnitt führen sie zugleich den Charakter der berühmten Gattung der „Confessiones“ fort und verbinden so schon auf stilistischer Ebene das allgemeine Thema mit einer Individualität, die damit als *exemplarisch* zu gelten hat.

Dass die Individualität exemplarischen Charakter hat, ist auch daran zu erkennen, dass der eigentliche Leitbegriff der Abhandlung eben nicht der der Individualität selbst ist, sondern vielmehr das große Thema des Aufklärungszeitalters: Von Johann Joachim Spaldings „Betrachtung über die Bestimmung des Menschen“ (1748) über Johann Gottfried Herders „Auch eine Philosophie der Geschichte der Menschheit“ (1774) oder seinen späten „Briefen zur Beförderung der Humanität“ (1793–1797), Gotthold Ephraim Lessings „Erziehung des Menschengeschlechts“ (1780) bis hin zu der im gleichen Jahr wie die „Monologen“ erschienenen „Bestimmung des Menschen“ von Johann Gottlieb Fichte kreiste das aufgeklärte Denken um die sittlich-religiöse Vervollkommnung der Menschheit, um nur einige berühmte Beispiele zu nennen, die im Unterschied zu Schleiermachers „Monologen“ das Thema im Titel tragen.[12] Schon von dieser Leitfragestellung her ist also Schleiermachers Individualitätsverständnis rückgebunden an die sittlich-religiöse Bestimmung der Gattung Mensch. Dass er wiederum diese Frage des Zeitalters nach der Bestimmung der Menschheit mit der Individualitätsfrage verknüpft, ist die besondere Pointe seiner Durchführung, die man daher schon vor Gerhardt als „Manifest einer Ethik der Individualität“ hat bezeichnen können.[13]

Betrachtet man das Verhältnis von Schleiermachers Entwurf zu den aufgeklärten Beiträgen zur Frage nach der Bestimmung des Menschen, so wird allerdings deutlich, dass seine Originalität nicht etwa so zu verstehen ist, dass er gleichsam etwas ganz Anderes als die Zeitgenossen zu entfalten suchte. Vielmehr bestehen an vielen Punkten Kontinuitäten zum Humanitätsdiskurs der Aufklärung, worin freilich eine indirekte Bestätigung von Schleiermachers Konzept selbst zu erkennen sein wird. Dessen Aufbauelemente sind also durchaus dem enge-

[11] Schleiermacher, Monologen. Zitiert wird im Folgenden nach der Originalpaginierung der 1. Aufl. von 1800.

[12] Zur Geschichte des Spaldingschen Programms vgl. Macor, Bestimmung.

[13] Birkner, Einleitung, VII.

ren und weiteren Diskurskontext seiner Zeit entnommen. Im Folgenden kann ich nur einige Grundlinien davon ausziehen.

Ganz deutlich erkennbar ist zunächst eine Kontinuitätslinie zur praktischen Philosophie kantisch-fichtescher Provenienz. Der damit verbundene subjektivitätstheoretische Zugang bildet gleichsam den Einstieg in die Selbstgespräche, was bereits der Titel des ersten Monologs deutlich macht: *Reflexion*. Individualität ist nach Schleiermacher wesentlich an den Vollzug von Freiheit gebunden, der ausschließlich in intellektueller Anschauung zugänglich wird. Von daher durchzieht die „Monologen" von der ersten bis zur letzten Seite ein prinzipieller Perspektivendualismus, den Schleiermacher als „inneres" vs. „äußeres Leben" bzw. „Handeln", als „Geist" vs. physikalisch-biologischen „Körper", als „geistige Selbstanschauung" vs. „sinnliche Anschauung", als „mess- und teilbare Zeit" vs. „Ewigkeit" im Sinne von radikaler Zeitenthobenheit oder in ähnlichen Schemata ausdrücken kann. Dem Leser wird gleichsam zugemutet, eine Standpunktversetzung von der phänomenalen in eine noumenale Welt mitzuvollziehen – eine Standpunktversetzung, die bereits für Kants Freiheitstheorie konstitutiv war und dann von Fichte für den Standpunkt der Wissenschaftslehre reklamiert wurde. Das Kantische „Du kannst, denn Du sollst" oder Fichtes „absolutes Sollen", die sich beide in der reinen Selbstbezüglichkeit offenbaren und gegen den Anschein des Determinismus absolute Geltung erheischen, klingen als normativer Grundton daher auch durch Schleiermachers „Monologen". Die Bestimmung der Menschheit hat ihre normative Basis somit in der Autonomie der reinen praktischen Vernunft oder in Schleiermachers poetischen Worten: „So bist du Freiheit mir in allem das ursprüngliche, das erste und innerste. Wenn ich in mich zurückgeh, um dich anzuschaun, so ist mein Blik auch ausgewandert aus dem Gebiet der Zeit".[14]

Mit diesem subjektivitäts- und freiheitstheoretischen Zugang zur Frage nach der Bestimmung des Menschen sind für das Individualitätsverständnis Schleiermachers sowohl Ausschlusskriterien als auch schon ein erstens Konstitutionsmerkmal benannt. Was zunächst die damit ausgeschlossenen Optionen betrifft, so kann Individualität nicht mehr im Sinne der ontologischen Tradition seit der Antike als eine quasi objektive Voraussetzung eines materiellen Substrats gedacht werden, das dem geistigen Bestimmungsvollzug immer schon voraus läge.[15] Es kann aber ebenso wenig im Sinne einer empirischen Bestimmtheit vorgestellt werden, die das Individuum lediglich auf die jeweilige raum-zeitliche Singularität reduziert.[16] Während

14 Schleiermacher, Monologen, 19. Zur argumentationsanalytischen Rekonstruktion der Schrift vgl. U. Barth, Individualitätskonzept.

15 Einen ebenso prägnanten wie instruktiven Überblick über die Problemgeschichte von Individuation und Individualität bietet Pieper, Individuum.

16 Vgl. Schleiermacher, Monologen, 12: „Wer statt der Thätigkeit des Geistes, die verborgen in seiner Tiefe sich regt, nur ihre äussere Erscheinung kennt und sieht, wer statt sich anzuschaun nur immer

ersteres sich unter transzendentalphilosophischen Bedingungen in den erkenntnistheoretischen Grenzbegriff eines „Ding-an-sich" verflüchtigt, konnte letzteres bei Kant zwar zum Modell eines aposteriorischen Verständnisses von Individuation dienen, scheidet damit aber als ethisches Prinzip aus. Wird so bereits eine Bruchlinie gegenüber Kant sichtbar, so besteht jedoch hinsichtlich der Einheitsfunktion der reinen Selbstanschauung geistiger Tätigkeit noch eine Gemeinsamkeit. Der Vollzug von Spontaneität ist auch für Schleiermacher das formale Identitätsprinzip eines menschlichen Individuums und konstituiert in seiner praktischen Bedeutung die allgemeine „Menschheit in mir" im Sinne Kants.[17]

Doch dieses Kantische Verständnis von Personalität oder „Menschheit in mir" ist für Schleiermacher zwar ein notwendiges Aufbaumoment, aber kein hinreichendes Verständnis der religiös-sittlichen Bestimmung des Menschen. Im stilisierten Schuldbekenntnis blickt er zurück:

> „Lange genügte es auch mir nur die Vernunft gefunden zu haben, und die Gleichheit des Einen Daseins als das Einzige und Höchste anbetend, glaubte ich es gebe nur Ein Rechtes für jeden Fall, es müsse das Handeln in Allen dasselbe sein, und nur weil Jedem seine eigne Lage, sein eigner Ort gegeben sei, unterscheide sich Einer vom Andern. Nur in der Mannigfaltigkeit der äussern Thaten offenbare sich verschieden die Menschheit; der Mensch, der Einzelne sei nicht ein eigenthümlich gebildet Wesen, sondern nur ein Element und überall derselbe."[18]

Diese Selbstanschauung „schwebe" gleichsam noch in „unbestimmter Mitte" zwischen sittlicher Bestimmung und der „unwürdige[n] Einzelheit des sinnlich thierischen Lebens".[19] Noch also sei die „hohe Selbstbetrachtung" nicht erreicht.[20] Dazu bedarf es vielmehr einer individualitätstheoretischen Anreicherung des Verständnisses der „Menschheit in mir". Menschheit darf demzufolge nicht nur als das Identische in allen Individuen gedacht werden, wie das mit Bezug auf die reine praktische Vernunft, das formale Sittengesetz in mir im Sinne Kants der

von fern und nahe her ein Bild des Lebens und seines Wechsels sich zusammenholt, der bleibt der Zeit und der Nothwendigkeit ein Sklave". A. a. O., 23: „So seith der Sinnliche mit seinem äussern Thun und äussern Denken auch Alles einzeln nur und endlich. Er kann sich selbst nicht anders fassen als einen Inbegriff von flüchtigen Erscheinungen, da immer eine die andere aufhebt und zerstört, die nicht zusammen zu begreifen sind; ein volles Bild von seinem Wesen zerfliesst in tausend Widersprüchen ihm".

17 In Schleiermachers Worten sichert das „Gefühl der Freiheit allein […] mir die Persönlichkeit und die Einheit des fliessenden vergänglichen Bewusstseins in mir" (a. a. O., 39).

18 A. a. O., 38.

19 A. a. O., 38f.

20 A. a. O., 24.

Fall ist, sondern ist vielmehr selbst als eigentümliches Wesen zu denken. Ich zitiere die im Stile einer pietistischen Bekehrungsschilderung vorgetragene Hauptthese der „Monologen":

> „Es genügte mir nicht, die Menschheit in ungebildeten rohen Massen anzuschaun, welche innerlich sich völlig gleich, nur äusserlich durch Reibung und Berührung vorübergehende flüchtige Phänomene bilden.
>
> So ist mir aufgegangen, was jezt meine höchste Anschauung ist, es ist mir klar geworden, dass jeder Mensch auf seine Art die Menschheit darstellen soll, in einer eigenen Mischung ihrer Elemente, damit auf jede Weise sie sich offenbare, und wirklich werde in der Fülle der Unendlichkeit Alles was aus ihrem Schoosse hervorgehen kann."[21]

Dieses Konzept der Menschheit und das damit verbundene Individualitätsverständnis wird gegenüber der Zugangsbedingung, also der Selbstanschauung des geistigen Freiheitsvollzuges, von mehreren Voraussetzungen und Erweiterungen getragen. *Zunächst* ändert sich das Freiheitsverständnis selbst. Freiheit geht nicht mehr in der Selbstevidenz von Spontaneität auf, aber auch nicht in der bloß formalen Autonomie des kantisch-fichteschen Sittengesetzes. Sittlichkeit muss sich, so Schleiermachers vor allem aus dem Studium der Ethik der Antike gewonnene Einsicht, *materialiter* bestimmen. Daher ist auch die Freiheit und mit ihr die Menschheit in uns als ein inhaltlicher Bestimmungsvollzug zu denken. Freiheit wird so zur „Selbstbildung",[22] womit das Schlüsselkonzept der anthropologischen Kulturphilosophie Johann Gottfried Herders in Schleiermachers Interpretation der Bestimmung des Menschen eingeht. Der Mensch ist von Natur aus – so lautete die Grundthese von Herders erfolgreicher Preisschrift zum „Ursprung der Sprache" – das nicht umweltangepasste Tier, das sich seine Welt erst bilden muss, beginnend mit den leiblichen Organen und vermittels derer dann im Medium sprachlicher Symbole in der Bildung einer ‚inneren Außenwelt', so eine Formulierung von Novalis.[23] Herder selbst spricht von der Bildung einer „Sphäre der Bespiegelung" durch und für den menschlichen Geist.[24] Und so sehen wir auch Schleiermacher mit deutlichen Anklängen, die wohl kein Zufall sind, das Verhältnis zwischen einzelnem Menschen und Welt förmlich umdrehen:

> „Mir ist der Geist das erste und das einzige: denn was ich als Welt erkenne, ist sein schönstes Werk, sein selbstgeschaffener Spiegel."[25]

---

21 A. a. O., 39f.

22 A. a. O., 57; vgl. 50.53.65 u. ö.

23 Darauf verweist Gehlen in seiner Fortführung von Herders Gedanken, vgl. Gehlen, Der Mensch, 258f.

24 Herder, Ursprung, 271.

25 Schleiermacher, Monologen, 15.

Nicht die Welt also bestimmt den Menschen, sondern der freie Geist erschafft sich eine Welt als „Leib der Menschheit".[26] Während dieser Idealismus bei Herder jedoch – um die treffend-paradoxe Formulierung von Marion Heinz zu verwenden – sensualistisch ausfällt,[27] trägt Schleiermachers Idealismus stärker noch die kantisch-fichteschen Züge, von denen er sich doch zugleich mit dem Konzept einer eigentümlichen Realisierung der Menschheit zu lösen sucht. Das Leiblich-Sinnliche tritt jedenfalls bei Schleiermacher zurück und die durch Selbstbildung geschaffene Welt wird bestimmt als „Gemeinschaft freier Geister" oder „All der Geister".[28]

Spätestens an dieser Stelle wird nun aber auch deutlich, dass Individualität und Gemeinschaft auch für Schleiermacher keine ausschließende Alternative darstellen, wie dies die eingangs genannten Vorurteile gegenüber dem liberalen Protestantismus suggerierten. Vielmehr ist gerade die Idee einer individuellen Darstellung der Menschheit auch bei Schleiermacher notwendig mit der Idee der Gemeinschaft, genauer der Gemeinschaft freier Geister, verbunden. Denn Schleiermacher denkt Individualität – wie schon aus dem Schlüsselzitat deutlich wird – mit einem aus seinen Spinoza-Studien gewonnenen Mischungs- oder Konstellationskonzept.[29] Individualität wird bestimmungslogisch also nicht als eine exklusive Anzahl an Merkmalen gedacht, sondern setzt vielmehr voraus, dass Individuen nicht nur die allgemeinen Gattungsbestimmungen der Menschheit teilen, sondern sich durchaus in ihren besonderen Merkmalen mit anderen Individuen kreuzen müssen. Nicht exklusiver Besitz, sondern eigentümliche Mischung heißt Schleiermachers spinozanische Formel, deren plakativste Veranschaulichung m. E. die konfessionstheoretische Unterscheidung von Katholizismus und Protestantismus mit Hilfe einer unterschiedlichen Anordnung der identischen Wesensmerkmale des Christentum in der „Glaubenslehre" darstellt.[30]

Doch zurück zu den „Monologen", denn mit diesem bestimmungslogischen Modell wird noch nicht die freiheitstheoretische Pointe sichtbar, derzufolge die eigentümliche Mischung das Resultat eines Selbstbildungsprozesses sein soll. Dessen Bezogenheit auf eine Gemeinschaft freier Geister ist nach Schleiermacher näherhin so vorzustellen, dass uns in der Wechselwirkung mit anderen freien Geistern allererst der Bestimmungshorizont begegnet, aus dem wir

---

[26] A. a. O., 16.

[27] Heinz, Sensualistischer Idealismus.

[28] Schleiermacher, Monologen, 21.17. Zur Kritik an einer Unterbestimmung der Leiblichkeit vgl. auch die instruktive Rekonstruktion bei Dierken, Individualität und Identität, 195.

[29] Vgl. dazu Ellsiepen, Anschauung.

[30] Schleiermacher, Der christliche Glaube, Bd. 1,163f. (§ 24): „Sofern die Reformation nicht nur Reinigung und Rükkehr von eingeschlichenen Mißbräuchen war, sondern eine eigenthümliche Gestaltung der christlichen Gemeinschaft aus ihr hervorgegangen ist, kann man den Gegensaz zwischen Portestantismus und Katholizismus vorläufig so fassen, daß ersterer das Verhältniß des Einzelnen zur Kirche abhängig macht von seinem Verhältniß zu Chriso, der leztere aber umgekehrt das Verhältniß des Einzelnen zu Christo abhängig von seinem Verhältniß zur Kirche."

unsere eigentümliche Bildung durch Auswahl, Aneignung und Abgrenzung gewinnen. Dass dabei die Tätigkeiten der Reflexionssubjektivität Fichtes, also Position, Negation und Limitation, in Anspruch genommen werden, versteht sich nach dem einleitend Gesagten von selbst:

> „Nur das unendliche All der Geister, sez ich mir dem Endlichen und einzelnen entgegen. Dem nur verstatt ich zu verwandeln die Oberfläche meines Wesens, um auf mich einzuwirken."[31]

Doch mit diesem Konzept einer Bezogenheit und Wechselwirkung freier Geister wird nicht nur die individuelle Freiheit verendlicht und individualisiert, sondern es kommt auch die mit der Reflexion vollzogene Wendung in die Innerlichkeit an eine strukturelle Grenze. Selbstbildung bleibt zwar wesentlich ein inneres Projizieren, ein gedanklich-imaginatives Entwerfen eines Selbst-„Bildes" vor dem Hintergrund eines unendlichen Bestimmungshorizontes und insofern wird die Selbstbezüglichkeit auch nicht sistiert. Gleichwohl wird das Selbstbilden aber auch ein *Sichdarstellen*. Selbstbildung ist ein Darstellungsprozess, der eine Ausdrucks- oder Bezeichnungsfunktion hat oder der – um noch einmal Schleiermachers poetisches Bild zu verwenden – unserem individuellen Geist eine „Oberfläche" schafft. Das Resultat aller Selbstbildung ist also eine Darstellung und weil das nur in einem über das eigene Ich hinausgehenden Möglichkeitsspielraum möglich ist, kann Schleiermacher auch von der Notwendigkeit einer „Öffnung des Sinns" sprechen.[32]

> Ich, so eine enthusiastische Formulierung, „muss hinaus in mancherlei Gemeinschaft mit den andern Geistern zu schauen, was es für Menschheit giebt, und was davon mir fremde bleibt, was mein eigen werden kann, und immer fester durch Geben und Empfangen das eigne Wesen zu bestimmen."[33]

In dieser intersubjektiven Bedeutung hat die zum Selbstbildungsprozess gehörende Darstellung daher eine kommunikative Dimension. Darstellung wird zur „Mittheilung des Innern",[34] auch wenn der kommunikative Mitteilungsbegriff in den „Monologen" nicht

---

31 Schleiermacher, Monologen, 17. Oder in einer anderen Formulierung: „und nur wenn er [der einzelne Mensch] von sich beständig fordert die ganze Menschheit anzuschaun, und jeder andern Darstellung von ihr sich und die seinige entgegen zu sezen, kann er das Bewusstsein seiner Eigenheit erhalten: denn nur durch Entgegensetzung wird das Einzelne erkannt" (a. a. O., 50f).

32 A. a. O., 50ff.

33 A. a. O., 47.

34 A. a. O., 48.

ganz so signifikant ist wie etwa in der vierten „Rede".[35] Bevor ich auf ein darin liegendes Problem zu sprechen komme und meine Beobachtungen zu den Monologen abschließe, sei noch einmal Schleiermachers individualitätsethisches Humanitätskonzept zusammengefasst.

Der individuelle Selbstbildungsprozess stellt einen unendlichen Entwicklungs- und Anreicherungsprozess sowie zugleich einen Vereinzelungs- und Verendlichungsprozess mit Bezug auf die von der Gemeinschaft freier Geister repräsentierte Totalität der Realisierungsmöglichkeiten von Menschheit dar. Mit seinem individualitätstheoretischen Verständnis des Humanitätsgedankens und seiner spinozanischen Integrationsformel der „Mischung" verschränkt Schleiermacher kongenial die kantisch-fichtesche Freiheitsphilosophie mit der Kulturanthropologie Herders. War für letztere bereits der Individualitätsgedanke signifikant, so wird dieser in Schleiermachers Synthese erst subjektivitätstheoretisch aufgeklärt, wodurch umgekehrt aber das pflichtethische Konzept der Menschheit grundlegend verändert wird. Den *kategorischen Imperativ* der Individualitätsethik Schleiermachers könnte man gleichsam so formulieren: „Handle so, dass die Gesamtheit deines Handelns als Darstellung einer eigentümlichen Gestalt der Menschheit kann gelten können." Auch Schleiermacher kann dabei Freiheit und Notwendigkeit zusammen denken. Die Notwendigkeit, die bei Kant aus der strikten Allgemeinheit des Sittengesetzes folgt und sich im kategorischen Gebieten ausdrückt, resultiert bei Schleiermacher jedoch aus der intersubjektiven Wechselbestimmung der Freiheit. Die Wechselwirkung wurde freilich bereits von Fichte zur materialen Konkretion des Sollens vorausgesetzt,[36] aber eben noch nicht wie bei Schleiermacher als Bestimmung des Menschen gedacht:

> „Hier, und nur hier ist der Nothwendigkeit Gebiet […]. Es stösst die Freiheit an der Freiheit sich, und was geschieht, trägt der Beschränkung und Gemeinschaft Zeichen."[37]

Und so tritt schließlich an die Stelle einer deontologischen Begrenzung von Freiheit durch die Freiheit Anderer bei Kant und Fichte eine individualitätstheoretische Version der Toleranz bei Schleiermacher, die gleichsam ein intrinsisches Interesse am Anderen impliziert:

---

[35] Schleiermacher, Über die Religion, 178f. [zitiert wird nach der Originalpaginierung der 1. Aufl.]: „Bei keiner Art zu denken und zu empfinden hat der Mensch ein so lebhaftes Gefühl von seiner gänzlichen Unfähigkeit ihren Gegenstand jemals zu erschöpfen, als bei der Religion. […] Darum intereßirt ihn jede Äußerung derselben, und seine Ergänzung suchend, lauscht er auf jeden Ton den er für den ihrigen erkennt. So organisiert sich *gegenseitige Mitteilung*, so ist Reden und Hören Jedem gleich unentbehrlich" [Hervorhebung R. B.].

[36] Vgl. dazu U. Barth, Individualitätskonzept, 304f.

[37] Schleiermacher, Monologen, 17.

> „Nur wenn der Mensch im gegenwärtigen Handeln sich seiner Eigenheit bewusst ist, kann er sicher sein, sie auch im Nächsten nicht zu verlezen; und nur wenn er von sich beständig fordert die ganze Menschheit anzuschaun, und jeder andern Darstellung von ihr sich und die seinige entgegen zu sezen, kann er das Bewusstseins seiner Eigenheit erhalten."[38]

Der individuelle Selbstbildungsprozess hat demnach ein Interesse an Alterität und Pluralität, weil er ohne sie gar nicht seine Eigenheit entwickeln könnte. Dass in diese Individualitätsethik noch viele weitere Motive eingehen, wie beispielsweise Wackenroders Bild eines tosenden Zeitrades samt Versetzung in eine fiktionale Gegenwelt oder Leibniz' prästabilierte Harmonie, die hier als „Harmonie"[39] in der Gemeinschaft freier Geister wiederkehrt, kann hier nicht weiter ausgeführt werden.

Kommunikation freier Geister ist also die notwendige Voraussetzung für den Vollzug des intersubjektiven Selbstbildungsprozesses, der die adäquate Realisierungsform der Gattungsbestimmtheit Mensch darstellt. Nur im Vollzug der permanenten Anregung, Auswahl und Integration aus dem Reservoir von kommunikativ präsentierten Bestimmungselementen der Menschheit kann sich Individualität entwickeln. Dementsprechend stellen Darstellung und Mitteilung zentrale Aufbaumomente des Individualitätsverständnisses der „Monologen" dar. Schleiermacher lässt aber zugleich durch alle fünf Monologe auch eine strukturelle Problematik dieses kommunikativen Vermittlungsgeschehens deutlich werden: Kommunikation ist notorisch bedroht von der Möglichkeit des Missverstehens und damit auch des Verfehlens des *inneren Wesens*. Dieser Begriff durchzieht in zahlreichen Variationen bis hin zur „Wesensnatur" die „Monologen" und ist natürlich nicht substantiell zu verstehen.[40] Aber er changiert zwischen dem noch unbestimmten, letztlich auf einen ersten Entschluss zurückgehenden Freiheitscharakter der Selbstbildung einerseits, und dem Ziel einer vollständigen Entwicklung einer individuellen Mischungsgestalt aus den Elementen der Menschheit andererseits. Und dieses „innerste Wesen" markiert nicht nur eine Grenze für den kommunikativen Vermittlungsprozess, sondern es gilt schon für die eigene Selbstbetrachtung. Das innerste Wesen, so kann es Schleiermacher in Fortführung gradueller Bewusstseinsmodelle formulieren, liegt „noch dunkel und ungebildet in mir".[41] Um so mehr gilt das dann für das wechselseitige Verständnis selbst unter Freunden, da wir hier immer auf Deutungen und Interpretationen der

[38] A. a. O., 50f.

[39] A. a. O., 17. Zum Durchschimmern Wackenroderscher Motive vgl. 14.102. Vgl. U. Barth, Ästhetisierung.

[40] Vgl. z. B. Schleiermacher, Monologen, 17.24.44.47.101.105.122 u. ö.

[41] A. a. O., 59.

Ausdrucksgestalten angewiesen sind. Insbesondere die Sprache scheint für Schleiermacher der wechselseitigen Mitteilung entgegenzustehen:

> „Uns ist sie noch roh und ungebildet, ein schweres Mittel der Gemeinschaft. Wie lange hindert sie den Geist zuerst, dass er nicht kann zum Anschaun seiner selbst gelangen! Durch sie gehört er schon der Welt eh er sich findet, und muss sich langsam erst aus ihren Verstrikungen entwinden."[42]

Obwohl also Schleiermachers Individualisierungskonzept intrinsisch auf Darstellung, Ausdruck und Kommunikation angelegt ist, setzt diese hermeneutische Opakheit gegenläufige Überlegungen frei, wie etwa die zu dem Grenzbegriff einer Individualsprache oder zur Inversion einer imaginierten Kommunikation in die Selbstanschauung des Subjekts.[43] Ich werde auf diese Problematik in meiner Schlussreflexion noch einmal zurückkommen. Zuvor soll aber kurz ein Blick auf die religionstheoretischen Implikationen geworfen werden.

3 Religiöse Implikationen des Individualitätskonzepts

Natürlich zeichnet schon die „Monologen" ein religiöser Subtext aus, der etwa dann zu greifen ist, wenn die sich in der Selbstanschauung eröffnende Dimension der Freiheit mit Epitheta wie „heilig" oder „göttlich" bezeichnet wird, die Gottesvorstellung gar als ein individualitätstheoretischer Abschlussgedanke dient oder sich Schleiermacher mit seinem Ewigkeitskonzept kritisch an einer eschatologischen Vulgärvorstellung von Unsterblichkeit nach dem Tod abarbeitet.[44] Doch gerade im Vergleich zu anderen Bestimmungsschriften der Aufklärung zwischen Spalding und Fichte überrascht, wie wenig explizit die Religion für die individualitätsethische Bestimmung des Menschen bei Schleiermacher auftritt. Der Hauptgrund dafür dürfte darin liegen, dass die etwa ein dreiviertel Jahr zuvor, ebenfalls zunächst anonym veröffentlichten „Reden" dieses Thema bereits publizistisch abgearbeitet hatten, nicht ohne dabei dem Individualitätsgedanken eine herausragende Funktion einzuräumen. Es handelt sich gleichsam um individualitätstheoretische Schwesterschriften, wobei in der ersten die religionstheoretischen Aspekte, in der zweiten die ethischen Fragen im Vordergrund stehen. Nach der ausführlichen Würdigung der „Monologen" muss eine ebensolche

---

42 A. a. O., 92f.

43 Vgl. a. a. O., 95f.

44 Vgl. a. a. O., 28f, vgl. 24f.

mit Bezug auf die „Reden" nun unterbleiben.[45] Ich möchte lediglich drei Hauptgesichtspunkte herausheben.

Zunächst wird die religiöse Valenz der Vorstellung einer „Gemeinschaft freier Geister" bzw. eines „Alls der Geister" aus den „Monologen" explizit. Denn diese Idee steht im direkten Bezug zum spinozanisch-pantheistischen Leitkonzept der frühen Religionstheorie, d. h. der Idee des „Universums", die bekanntlich von Schleiermacher auch noch mit anderen Begriffen bezeichnet werden kann, allem voran als „das Unendliche" oder der „Weltgeist".[46] Allerdings handelt es sich nicht um eine schlichte Identität beider Größen, wie in der zweiten Rede deutlich wird. Denn nachdem Schleiermacher mit dem Konzept einer intellektuellen Anschauung des Universums seine religiöse Epistemologie eingeführt hat, folgen bekanntlich konkrete Beispiele für diese Grundstruktur. Schleiermacher unterscheidet dabei grob zwischen zwei konkreten Formen der Anschauung des Universums, einmal in der Natur, einmal in der Menschheit, insbesondere in ihrem Bildungsprozess, der Geschichte. Schon in dieser Duplizität ist impliziert, dass eine direkte Identifizierung zwischen Universum und der Menschheit bzw. dem All der Geister nicht möglich ist. Und Schleiermacher drückt das auch, wiederum mit spinozanischen Motiven spielend, explizit aus:

> „Vielmehr verhält sie [sc. die Menschheit] sich zu ihm [sc. dem Universum] wie die einzelnen Menschen sich zu ihr verhalten; sie ist nur eine einzelne Form desselben, Darstellung einer einzigen Modifikation seiner Elemente, es muß andere solche Formen geben, durch welche sie umgrenzt, und denen sie also entgegengesetzt wird."[47]

Die Totalität der Menschheit, die in der organischen Harmonie der unendlichen Vielfalt menschlicher Individualität besteht und sich in einem geschichtlichen Entwicklungsprozess unendlich bildet, ist also eine Darstellung oder Offenbarung des Universums und steht dabei in einem analogen Verhältnis zu ihm wie der individuelle Mensch zur Totalität der Menschheit. Nach Schleiermacher ist die Geschichte der Menschheit gar „der höchste Gegenstand der Religion", höher jedenfalls als die Anschauungen des Universums in der Natur, die nicht einen „allgemeinen Zusammenhang" konkreter Individuen erscheinen lassen, sondern das Universum vielmehr abstrakt in „ewigen Gesetzen" darstellen.[48] Ist also das Durchsichtigwerden eines Einzelnen als Teil eines unendlichen Verweisungszusammenhangs die spezifisch

---

45 Monographisch ist dieser Zusammenhang von den „Reden" bis zur „Philosophischen Ethik" behandelt bei Jiang, Religion und Individualität.

46 Schleiermacher, Über die Religion, 55.29.80.

47 A. a. O., 104f.

48 A. a. O., 100.102.

religiöse Reflexionsform, so ist diese Figur verschieblich – die Totalitätsidee der Menschheit bildet den Unendlichkeitshorizont für die einzelne Individualität, wird aber in der religiösen Weltsicht ihrerseits als ein Einzelnes angeschaut, in dem sich das Universum offenbaren kann. Die religiöse Reflexionsform macht also nicht nur die Totalitätsdimension der geschichtlich-individuellen Menschheit thematisch, sondern zugleich auch deren strukturelle Verborgenheit in ihren phänomenalen Darstellungen. Auch an der religiösen Vertiefung von Individualität bestätigt sich dabei, dass der eingangs erwähnte Individualismusvorwurf völlig verfehlt ist:

> „Umsonst ist alles für denjenigen da, der sich selbst allein stellt; denn um die Welt anzuschauen und um Religion zu haben, muß der Mensch erst die Menschheit gefunden haben, und er findet sie nur in Liebe und durch Liebe."[49]

Damit ist schon der *zweite* individualitätstheoretische Hauptpunkt der „Reden" angedeutet. Zunächst war von der gegenstandstheoretischen Seite des religiösen Bewusstseins die Rede, also den Darstellungen des Universums. Aber auch auf der subjektiven Seite desselben zeigt sich die Relevanz des Individuellen. Denn was für die Individualität im Allgemeinen gilt, ihre Bedingtheit durch spontane Selbstbildung einerseits, durch kommunikativ-intersubjektive Vermittlung eines universalen Entdeckungshorizontes andererseits, das gilt auch für die Religiosität im Sinne der einzelnen Anschauungen des Universums. Das zeigt sich nicht nur an der auch hier wiederkehrenden und durch das Endlichkeitsbewusstsein noch einmal gesteigerten Toleranz,[50] sondern auch an den zeitkritischen Reformideen zur antiautoritären „Bildung von Religion" und zur „wahren religiösen Geselligkeit" als „gegenseitiger Mitteilung" und „Anregung" religiöser Individualität.[51] In einer enthusiastischen Umformung pietistischer Bekehrungsobservanz kann Schleiermacher daher fordern:

> „Erinnert Euch der verschiedenen Wege auf denen der Mensch von der Anschauung des Endlichen zu der des Unendlichen übergeht, und daß dadurch seine Religion einen eigenen und bestimmten Charakter annimmt; denkt an die verschiedenen Modifikationen unter denen das Universum angeschaut werden kann und an die tausend einzelnen Anschauungen und die verschiedenen Arten wie diese zusammengestellt werden mögen um einander wechselseitig zu erleuchten."[52]

---

49 A. a. O., 89.

50 A. a. O., 62: „Jeder muß sich bewußt sein, daß die seinige [sc. Religion] nur ein Teil des Ganzen ist, daß es über dieselben Gegenstände, die ihn religiös affizieren, Ansichten gibt, die eben so fromm sind und doch von dem seinigen gänzlich verschieden."

51 A. a. O., 193.188.

52 A. a. O., 220f.

Wie aber schon in der Gegenstandsdimension des religiösen Bewusstseins *sub specie aeternitatis* die phänomenale Endlichkeit der Menschheit aufleuchtet, so tritt auch auf der subjektiven Seite ein Gegenmoment zur prinzipiellen Affirmation von Individualität auf. Gerade als Anschauung des Universums kann ihr Telos nicht wie im Menschheitskonzept der „Monologen" in der ewigen Selbstbildung von Individualität aufgehen. Sondern in den „Reden" wird der religiöse Selbstbildungsgedanke über die Individualität in ein mystisches Vollendungsmodell hinausgeführt:

> „Erinnert Euch wie alles darauf hinstrebt, daß die scharf abgeschnittenen Umrisse unsrer Persönlichkeit sich erweitern und sich allmählich verlieren sollen ins Unendliche, daß wir durch das Anschauen des Universums so viel als möglich eins werden sollen mit ihm; […] Versucht doch aus Liebe zum Universum Euer Leben aufzugeben. Strebt darnach schon hier Eure Individualität zu vernichten, und im Einen und Allen zu leben."[53]

Der *dritte* Gesichtspunkt ist der Wichtigste, da er nicht nur eine religionstheoretische Anwendung der Individualitätstheorie bedeutet, sondern ihr noch einen wichtigen Gedanken hinzufügt. Er findet sich in der fünften Rede und ihrer Frage nach der Bedeutung und Bestimmung der historischen Religionen selbst. Auch sie werden individualitätstheoretisch entfaltet, worin, unbeschadet aller normativen Implikationen in christentumstheoretischer Hinsicht, großes Potential für den Religionsdiskurs der Moderne liegt. Das Wesen der Religion ist – so die Grundthese – nicht von einem normativen Allgemeinbegriff her zu verstehen,[54] sondern es zeigt sich nur in der unendlichen Pluralität ihrer Darstellungen in der Religionsgeschichte. Daraus resultiert dann aber das hermeneutische Problem, wie sich religiöse Individualität und individuelle Religionen verstehen lassen können.[55] Den Hauptteil der Antwort kennen wir bereits als das Mischungsmodell aus den „Monologen". Allein die Identität der Mischung

53 A. a. O., 133f. Gegenüber dieser religiösen Depotenzierung der Individualität zu einem Vorletzten weist Schleiermacher in den „Monologen" lediglich auf die Paradoxie hin, die eine Vollendung der individuellen Selbstbildung darstellen würde, und belässt es angesichts dessen bei der Spannung zwischen dem Ideal ‚ewiger Jugend' und heroischer Todesbejahung. Zum Ideal „ewiger Jugend" vgl. den fünften Monolog. Zur Paradoxie des Vollendungsgedankens vgl. Schleiermacher, Monologen, 128f: Wer „am Ziele der Vollendung seiner Eigenthümlichkeit angelangt, von der reichsten Welt umgeben, in sich nichts mehr zu handeln hätte; ein ganz vollendetes Wesen ist ein Gott, es könnte die Last des Lebens nicht ertragen, und hat nicht in der Welt der Menschheit Raum. Nothwendig also ist der Tod, und dieser Nothwendigkeit mich näher zu bringen sei der Freiheit Werk, und sterben wollen können mein höchstes Ziel!"

54 Gleichwohl ist die Arbeit an einem solchen unverzichtbar und wird von Schleiermacher ja auch in der zweiten Rede geleistet.

55 Schleiermacher, Über die Religion, 249f: „Wodurch werden nun diese Individuen bestimmt und wodurch unterscheiden sie sich voneinander? was ist das Gemeinschaftliche in ihren Bestandteilen, was

war dort formal durch den identischen Freiheitscharakter gedeckt. Dem fügt Schleiermacher in den „Reden" ein inhaltliches Individuationsprinzip hinzu, das er „Zentralanschauung" oder „Zentralpunkt" nennt,[56] von der oder dem aus gleichsam alle anderen Elemente der Mischung perspektiviert werden. Da diese Individualität geschichtlich zu denken ist, ist diese Zentralanschauung zugleich als „ursprüngliche", „Grund-" oder „Fundamentalanschauung" zu denken,[57] was in der individuellen Biographie die Bedeutung der Bekehrung und der Mittlerfiguren, in der geschichtlichen Religion die Bedeutung der Anfänge, der sogenannten religiösen Genies oder Religionsstifter begründet. Dieser Gedanke einer die individuelle Identität konstituierenden Perspektivierung der eigentümlichen Konstellation von Elementen, die verschiedene Individuen durchaus teilen können, erlaubt es also, nicht nur die Identität trotz geschichtlicher Entwicklung zu denken, sondern eben auch verschiedene Individuen einer gemeinsamen historischen Religion unterzuordnen.

Freilich kehrt auch hier ein Problem wieder, das uns ins in den Monologen unter dem Problem des Nichtverstehens begegnet war: Schleiermacher scheint einerseits davon auszugehen, dass sich diese Zentralanschauung in einem „bestimmten Begriff"[58] angeben lassen kann – gleichsam ein Vorgriff auf die Wesensbestimmung des Christentums als Prinzip der „Glaubenslehre". Andererseits handelt es sich ja bei der epistemologischen Struktur der Anschauung des Universums zumal in ihrer Korrelation zum Gefühl um eine vorprädikative Gestalt des Mentalen, die daher zumindest nicht mit ihrer begrifflichen Konstruktion identisch ist. Das kommt in der fünften Rede nicht zuletzt daran zum Ausdruck, dass Schleiermacher mit Bezug auf die Zentralanschauung Jesu vom „heiligen Bild […] in den verstümmelten Schilderungen seines Lebens" spricht oder mit Bezug auf das korrelative religiöse Gefühl auffordert, „aus einzelnen Zügen das Innere eines Gemüts nachzubilden".[59]

4 Darstellung des Undarstellbaren

„*Individuum est ineffabile.* (Individualität ist unaussprechlich) Goethe an Lavather im Oktober 1780" – so lautet das Motto, das Wilhelm Dilthey seinem berühmten, die Gattung der Biographie im Zeitalter des Historismus exemplarisch entfaltenden „Leben Schleiermachers"

sie zusammenhält, oder das Anziehungsprinzip dem sie folgen? wornach beurteilt man zu welchem Individuo ein gegebenes religiöses Datum gehören muß?"

[56] A. a. O., 260.

[57] A. a. O., 291.281.265.

[58] A. a. O., 241.

[59] A. a. O., 301.299f.

aus dem Jahre 1870 vorangestellt hat. Genauer dient das Zitat als Motto des „Ersten Buches. Jugendjahre und erste Bildung (1768–1796)“, das mit der Darstellung von Entwürfen und Vorarbeiten zu den Monologen, die zum Teil im Anhang der Biographie erstmals veröffentlich wurden, endet.[60] Ob dieses Motto von Dilthey als demütige Selbstreflexion auf Grenzen der eigenen Arbeit als Biograph gemeint ist oder eher als Reflexion auf Lebenseinsichten Schleiermachers oder vielleicht sogar in beiderlei Sinn, das ist eine Frage für sich. Die innere Verwandtschaft von Schleiermachers Konzept einer ethischen Individualität mit Diltheys Aufgabenbestimmung einer lebensphilosophisch fundierten Biographie, die das „Verhältnis des einzelnen zu der Gesamtheit, in welcher er sich entwickelt und auf die er zurückwirkt“,[61] darstellen will, ist jedenfalls offensichtlich. Blickt man jedoch im Lichte dieses Motivs abschließend noch einmal auf das frühe Individualitätsverständnis Schleiermachers zurück, so springt das Unaussprechlichkeitsmotiv darin keineswegs ins Auge. Vielmehr zielte die Arbeit des Frühromantikers ganz auf eine reflexive Bildung und das begriffliche Bestimmen von Individualität.

Das ethische Individualitätsverständnis der „Monologen“ vollzog sich zwar in einer kommunikativ-intersubjektiven Überschreitung der Reflexionssubjektivität. Aber die vermittelte Selbstbildung stand doch ebenso unter der Prämisse der reflexiven Innerlichkeit, die durch Position, Negation und Limitation eine eigentümliche Konstellation zu entwickeln suchte. In den religionshermeneutischen Passagen der „Reden“ wurde dieses Konzept gar zur begrifflichen Bestimmung von Individualität weiter ausgezogen. Da sich die individuelle Mischung einer organisierenden Leitperspektive verdanke, lasse sich das Identitätsprinzip eines religiösen Individuums sowie einer historischen Religion auf den „Begriff“ bringen. Die christentumstheoretische Durchführung in den „Reden“ mündet zwar noch in ein recht unspezifisches Konzept von Erlösungsreligion, doch die späte Dogmatik wird dann mit ihrer Wesensbestimmung des Christentums diese Schwächen überwinden.

Gleichwohl lassen sich daran auch die Kehrseiten einer begrifflichen Fixierung von Individualität deutlich erkennen. Die historische Individualität Jesu wird vollständig aufgelöst in die subjektivitätstheoretische Konstruktion eines Urbildes, das nur so als abstraktes und statisches Identitätsprinzip einer historischen Religion dienen kann. Die dogmatische Anreicherung dieses „überindividuellen Individuums“ erlaubt es dann zwar, das dynamische Verhältnis von Individualität und kirchlicher Gemeinschaft pneumatologisch zu rekonstruieren, mangelt dann aber umgekehrt daran, dass in der Vollendungsgestalt dieses komplexen Bildungsprozesses „die Individualität der Christen und die Sozialität der Kirche nicht zur Deckung“ kommen können.[62]

60 Dilthey, Leben Schleiermachers, Erster Bd., 1.

61 A. a. O., XXXIII.

62 Dierken, Individualität und Identität, 197.202.

Das Motiv einer Unaussprechlichkeit von Individualität, das sich wenn auch nicht wörtlich so doch im Sinne einer dem Ideellen unverrechenbaren Materie oder einer *ousia prote* bis in die Antike zurückverfolgen lässt,[63] ließe sich im Lichte der bisher ausgewerteten Quellen höchstens an zwei Punkte des freiheitstheoretischen Konzepts von Individualität anknüpfen. Zum einen an das Problem einer inter-, aber auch intrasubjektiven Möglichkeit des Missverstehens, zum anderen an die aus der Freiheitsdynamik folgende prinzipielle Unabschließbarkeit oder Unendlichkeit des Selbstbildungsprozesses. Beides koinzidiert im Begriff des „inneren Wesens" im Kontext der „Monologen". Doch so randständig das Motiv der Unaussprechlichkeit in der frühen Individualitätstheorie ist, so zentral wird es für die weitere Entwicklung derselben. Schleiermachers *terminus technicus* dafür wird der Begriff der „Unübertragbarkeit", der sich m. E. in den frühen Texten nicht findet, dann aber sowohl in der „philosophischen Ethik", der „Psychologie" und der „Ästhetik" förmlich zum Inbegriff von Individualität wird.[64] „Denn" – so heißt es etwa in der „Ästhetik" von 1819 – „Eigenthümlichkeit als unübertragbar und Mittheilung widersprechen einander. Sie sind auch wirklich Gegensäze".[65] Und schon im „Brouillon" von 1805/06 begegnet der Begriff der Unübertragbarkeit an einer Schlüsselstelle, die zugleich auch einen Hinweis auf die Motive dieser Akzentverschiebung enthält:

> „Das Erkennen tritt aber auch hervor auf der anderen Seite mit dem Charakter der Eigenthümlichkeit, d. h. der Unübertragbarkeit. Das nennen wir nun im eigentlichen Sinne Gefühl."[66]

Die förmliche Identifikation von Individualität und Unübertragbarkeit ist also innerlich mit dem Gefühlsbegriff verbunden. Allerdings ist hier gerade nicht die Aufwertung des Gefühlsbegriffs in religionstheoretischer Hinsicht und schon gar nicht seine transzendentalphilosophische Funktion gemeint.[67] Denn beide stehen gerade für allgemeine Strukturmomente von Subjektivität und haben insofern eine Identitäts- und keine Individuationsfunktion. Gemeint ist vielmehr das empirische Gefühl, das die eigentümliche Bestimmtheit der Subjektivität repräsentiert. Diese individuelle Bestimmtheit resultiert aber aus der leiblichen Situiertheit und Rezeptivität in der Welt.

Man könnte auf den ersten Blick den Eindruck gewinnen, dass hier nun an die Stelle des freiheits- und humanitätstheoretischen Individualitätskonzepts der „Monologen" das tritt,

---

63 Vgl. Pieper, Individuum, 729–731.

64 Vgl. dazu Moxter, Arbeit am Unübertragbaren.

65 Schleiermacher, Ästhetik, 29.

66 Schleiermacher, Brouillon, 21.

67 Vgl. dazu R. Barth, Religion und Gefühl; ders., Frömmigkeit.

was dort noch als „unwürdige Einzelheit des sinnlichen thierischen Lebens“ bezeichnet und der Freiheit ethischer Individualität entgegengesetzt wurde.[68] Doch dieser Schein trügt. Von einem grundlegenden Bruch kann nicht die Rede sein, eher von einer Akzentverschiebung in Richtung auf ein ganzheitliches Verständnis von Individualität, das sich von den Erörterungskontexten und Leitbegriffen der oben genannten Systemteile her aufdrängt: der Sinnlichkeit als Medium in der „Ästhetik“, dem Leben als Ausgangspunkt in der „Psychologie“ und der Natur als Komplement zum Handeln der Vernunft in der „Ethik“.[69]

Gerade aber die Situierung der Individualitätsthematik in der „Ethik“ kann verdeutlichen, dass es sich tatsächlich nicht um einen Bruch, sondern um eine Akzentverschiebung im Individualitätsverständnis handelt. Denn auch wenn hier die organisch-naturhaften Aspekte von Individualität in den Vordergrund rücken, so erfolgt dies zugleich unter der Perspektive eines Vernunfthandelns auf die Natur – der Gegensatz zwischen Vernunft und Natur ist also nur ein relativer oder, wie es in der „Ästhetik“ an der oben bereits zitierten Stelle zum Gegensatz von Eigentümlichkeit als Unübertragbarkeit und Mitteilung weiter heißt:

> „Aber wie das Leben überall ein Binden von Gegensäzen ist, so sind auch diese in der Wirklichkeit immer, nur in verschiedenen Verhältniß, vereint.“[70]

Die Betonung der radikalen Unübertragbarkeit eines im Gefühl repräsentierten individuellen Zustands führt also bei Schleiermacher nicht in einen Solipsismus, sondern zur Ausweitung des Konzepts der Identität und Kommunizierbarkeit der humanen Vernunftnatur. Kristallisationspunkt dieser Einheit von Gegensätzen ist das scheinbar paradoxe Konzept des „individuellen Symbolisierens“, also der symbolischen Vermittlung oder eben Mitteilung des Unübertragbaren. Mit Lyotard kann man von einer „Darstellung des Undarstellbaren“[71] sprechen oder eben mit Goethe von einem „Aussprechen des Unaussprechlichen“. Im Zentrum der genannten Werkkontexte, insbesondere aber unter besagtem Titel des „individuellen Symbolisierens“ in der „Ethik“, geht es Schleiermacher also darum, gerade diese Möglichkeit als eine ethische Notwendigkeit zu begreifen. Entscheidend ist dabei ein Argument, das dann später in der Einleitung zur „Glaubenslehre“ in Anspruch genommen wird, um den Kirchenbegriff einzuführen. Kirche ist Schleiermacher zufolge genau deswegen ein notwendiges Komplement des Frömmigkeitsgefühls, weil die in ihm repräsentierte unübertragbare Individualbestimmt-

68 Schleiermacher, Monologen, 38.

69 Vgl. dazu und zum Folgenden die rationale, die unterschiedlichen methodischen Zugänge von Psychologie, Ethik und Ästhetik souverän reflektierende Rekonstruktion bei Lehnerer, Kunsttheorie, v. a. Teil B, 93–384.

70 Schleiermacher, Ästhetik, 29.

71 Lyotrard, Analytik.

heit des Subjekts ein Darstellen werden will, um die in ihm angelegte Gattungsallgemeinheit zu erkennen.[72] Diese These ist aber nur dann kein Widerspruch, wenn das Gefühl selbst als Darstellung bereits über das rein Subjektive hinausweist und insofern zumindest in einem gewissen Sinne übertragbar wird. Die mit dem Gefühl verbundene Darstellung hat zwar noch keine objektiv bestimmte Bedeutung und bleibt insofern „unübertragbar", aber sie ist gleichsam schon die ästhetische Verobjektivierung einer subjektiven Bedeutung. Genau in diesem Sinne ist sie Gefühlsausdruck.[73] Auch für die Ethik gilt also das, was bereits in den „Monologen" über den Darstellungsbegriff miteinander verbunden wurde: Individualität ist notwendig auf Mitteilung und damit auf Gemeinschaft bezogen.

Wie diese Darstellung des Gefühls, die Symbolisierung individueller Bestimmtheit konkret zu denken ist, und dass es dabei nicht etwa nur um einen „thierischen" Gefühlsausdruck, sondern um eine geistige Tätigkeit im Sinne der „Monologen" zu tun ist, das entfaltet Schleiermacher dann vor allem in der Kunsttheorie seiner „Ästhetik". Sie buchstabiert die einzelnen Schritte von der an sich selbst unübertragbaren Erregung zur Stimmung, über das Urbilden im freien Spiel der Phantasie zum sinnlich-besonnenen Symbol der Kunstwerke in ihrer medialen Differenzierung in Musik, Mimik, bildende Künste und Poesie durch.[74] Die Symbolwelten der Kunst sind also Darstellungen von Individualität und machen diese kommunikabel für die ethische Selbstbildung der Menschheit, ohne die Individualität durch begriffliche Bestimmtheit in ihr Gegenteil, d. h. in Allgemeinheit aufzulösen. In den notwendig deutungsbedürftigen Objektivationen der Kunst begegnet uns somit der Bedeutungshorizont von Menschheit zur individuellen Reflexion und Bildung – noch einmal: Bedeutung nicht im Sinne begriffslogischer Bestimmtheit, die auf Objektivität zielt, sondern im Sinne einer Logik, die man mit Susanne Langers Theorie *präsentativer Formen* als Logik der „Lebenssymbole" bezeichnen könnte.[75]

---

72 Schleiermacher, Der christliche Glaube, 55 (§ 6.2): „Gefordert nun wird dieses [sc. dass das fromme Selbstbewusstsein Gemeinschaft wird] durch das jedem Menschen einwohnende Gattungsbewußtsein, welches seine Befriedigung nur findet in dem Heraustreten aus den Schranken der eigenen Persönlichkeit und in dem Aufnehmen der Thatsachen anderer Persönlichkeiten in die eigene."

73 Vgl. dazu etwa schon die Unübertragbarkeit und Identität in das Bewusstseinsleben selbst zurückversetzende Fortsetzung der bereits zitierten Stelle aus Schleiermacher, Brouillion, 97f: „In dem Maaß, als in jeder einzelnen Lebensoperation Gefühl ist, ist auch Unübertragbarkeit darin. Diese Unübertragbarkeit gilt aber nicht nur zwischen mehreren Personen, sondern auch zwischen mehreren Momenten desselben Lebens. Die Einheit des Lebens und die Identität der in die Einzelnen vertheilten Vernunft würde also ganz aufgehoben, wenn das Unübertragbare nicht wieder ein Gemeinschaftliches und Mittheilbares werden könnte. Und hier ist also der Grund von der nothwendigen Einpflanzung des entgengesetzten Charakters."

74 Vgl. dazu Lehnerer, Kunsttheorie, v. a. 187–285.

75 Langer, Philosophie auf neuen Wegen, 146.

Zeigt sich in dieser kunsttheoretischen Pointe nicht aber zuletzt doch noch ein Bruch gegenüber dem ethischen Individualisierungsprogramm der „Monologen"? Schleiermacher hatte dort in den autobiographischen Passagen die Bedeutung der Einsicht in seine mangelnde Eignung zum Künstler für den Weg zu sich selbst bekannt und bedauert mit dem damit einhergehenden Sich-in-sich-selbst-Abschließen viele seiner Freunde enttäuscht zu haben.[76] Lediglich im Kontext der „Aussicht" auf eine mögliche Vollendung und den Tod kehrt noch einmal diese Ausdrucksmöglichkeit in den Blick:

> „Es ist das höchste für ein Wesen wie meines, dass die innere Bildung auch übergeh in äussere Darstellung, denn durch Vollendung nähert jede Natur sich ihrem Gegensaz. Der Gedanke in einem Werk der Kunst mein innres Wesen, und mit ihm die ganze Ansicht, die mir die Menschheit gab, zurükzulassen, ist in mir die Ahndung des Todes."[77]

Schleiermacher hat dieses Kunstwerk, gleichsam den Vollendungsroman seines inneren Wesens zwar bekanntlich nicht geschrieben. Zufolge seiner späteren Theorie des individuellen Symbolisierens gehört zur Kunst im weiteren Sinne aber eben auch der kollektive Vollzug von Religion. Insofern könnte man immerhin seine Homilien als ein solches „Werk" seines inneren Wesens lesen.

Literatur

Barth, Roderich, „Frömmigkeit nannten sie all diese Gefühle". Schleiermacher und die moderne Emotionsdebatte, in: Arnulf von Scheliha / Jörg Dierken (Hg.), Der Mensch und seine Seele. Bildung – Frömmigkeit – Ästhetik. Akten des Internationalen Kongresses der Schleiermacher-Gesellschaft in Münster, September 2015, Berlin / Boston 2017, 257–275.

–, Religion und Gefühl. Schleiermacher, Otto und die aktuelle Emotionsdebatte, in: Lars Charbonnier / Matthias Mader / Birgit Weyel (Hg.), Religion und Gefühl. Praktisch-theologische Perspektiven einer Theorie der Emotionen. Festschrift für Wilhelm Gräb zum 65. Geburtstag, Göttingen 2013, 15–48.

–, Religiöse Innerlichkeit. Zur Aktualität des Seelenbegriffs für die evangelische Theologie, in: Jörg Dierken / Malte Dominik Krüger (Hg.), Leibbezogene Seele? Interdisziplinäre Erkundungen eines kaum noch fassbaren Begriffs, Tübingen 2015, 315–328.

Barth, Ulrich, Ästhetisierung der Religion – Sakralisierung der Kunst. Wackenroders Konzept der Kunstandacht, in: ders., Aufgeklärter Protestantismus, Tübingen 2004, 225–256.

---

[76] Schleiermacher, Monologen, 59: „Ja, auch jezt, indem ich tief in mein Inneres schaue, bestätigt sich aufs neue mir, dass dies der Trieb sei der am stärksten mich bewegt. So ists, wie oft mir auch gesagt wird, ich sei verschlossen und stosse der Lieb und Freundschaft heiliges Anerbieten oft kalt zurük."

[77] A. a. O., 129f.

–, Das Individualitätskonzept der „Monologen". Schleiermachers ethischer Beitrag zur Romantik, in: ders., Aufgeklärter Protestantismus, Tübingen 2004, 291–327.

Bedford-Strohm, Heinrich, Öffentliche Theologie und Kirche. Abschiedsvorlesung an der Universität Bamberg am 26. Juli 2001, in: Nachrichten der Evangelisch-Lutherischen Kirche in Bayern 2011, 1–16.

Birkner, Hans-Joachim, Einleitung, in: Schleiermacher, Brouillon, VII–XXXIV.

Dierken, Jörg, Individualität und Identität. Schleiermacher über metaphysische, religiöse und sozialtheoretische Dimensionen eines Schlüsselthemas der Moderne, in: ZNThG 15 (2008), 183–207.

Ellsiepen, Christof, Anschauung des Universums und Scientia Intuitiva. Die spinozistischen Grundlagen von Schleiermachers früher Religionstheorie, Berlin / New York 2006.

Gehlen, Arnold, Der Mensch. Seine Natur und seine Stellung in der Welt, Wiesbaden [13]1986.

Gerhardt, Volker, Individualität. Das Element der Welt, München 2000.

Gräb, Wilhelm, Ein Herrnhuter – höherer Ordnung. Die Spiritualität Friedrich Daniel Ernst Schleiermachers (1768–1834), in: Zimmerling (Hg.), Handbuch Evangelische Spiritualität, Bd. 1, 529–548.

Harnack, Adolf von, Das Wesen des Christentums, hg. von Claus-Dieter Osthövener, Tübingen [3]2012.

–, Lehrbuch der Dogmengeschichte. Erster Band. Die Entstehung des Kirchlichen Dogmas, Freiburg i. Br. 1886.

Heinz, Marion, Sensualistischer Idealismus. Untersuchungen zur Erkenntnistheorie und Metaphysik des jungen Herder (1763–1778), Hamburg 1994.

Herder, Johann Gottfried, Über den Ursprung der Sprache, in: ders., Werke, Bd. 2: Herder und die Anthropologie der Aufklärung, hg. von Wolfgang Pross, München / Wien 1987, 251–357.

Jiang, Manke, Religion und Individualität bei Schleiermacher (Schleiermacher-Archiv 30), Berlin / Boston 2020.

Langer, Susanne K., Philosophie auf neuem Wege. Das Symbol im Denken, im Ritus und in der Kunst, aus dem Amerikanischen übers. von Ada Löwith, Frankfurt a. M. 1965.

Lehnerer, Thomas, Die Kunsttheorie Friedrich Schleiermachers, Stuttgart 1987.

Lyotard, Jean-François, Die Analytik des Erhabenen. Kant-Lektionen, Kritik der Urteilskraft §§ 23–29, aus dem Französischen übers. von Christine Pries, Bonn 1994.

Macor, Laura Anna, Die Bestimmung des Menschen (1748–1800). Eine Begriffsgeschichte, Stuttgart-Bad Cannstatt 2013.

Moxter, Michael, Arbeit am Unübertragbaren. Schleiermachers Bestimmung des Ästhetischen, in: Niels Jørgen Cappelørn / Richard Crouter / Theodor Jørgensen / Claus-Dieter Osthövener (Hg.), Schleiermacher und Kierkegaard: Subjektivität und Wahrheit / Subjectivity and Truth. Akten des Schleiermacher-Kierkegaard-Kongresses in Kopenhagen Oktober 2003 / Proceedings from the Schleiermacher-Kierkegaard Congress in Copenhagen October, 2003, Berlin / New York, 2006, 53–72.

Pieper, Annemarie, Individuum, in: Handbuch Philosophischer Grundbegriffe, hg. von Hermann Krings / Hans Michael Baumgartner / Christoph Wild, Studienausgabe Bd. 3, München 1973, 728–737.

Ratzinger, Joseph, Benedikt XVI., Jesus von Nazareth, Bd. 1: Von der Taufe im Jordan bis zur Verklärung, Freiburg i. Br. 2007.

Ritschl, Albrecht, Geschichte des Pietismus, 3 Bde, Nachdruck der Ausgabe Bonn 1880–1886, Berlin 1966.

Schleiermacher, Friedrich Daniel Ernst, Ästhetik (1819/25). Über den Begriff der Kunst (1831/32), hg. von Thomas Lehnerer, Hamburg 1984.

–, Brouillon zur Ethik (1805/06). Auf der Grundlage der Ausgabe von Otto Braun hg. und eingeleitet von Hans-Joachim Birkner, Hamburg 1981.

–, Der christliche Glaube nach den Grundsätzen der evangelischen Kirche im Zusammenhange dargestellt. 2. Aufl. (1830/31), 2 Teilb., hg. von Rolf Schäfer (= Kritische Gesamtausgabe Bd. 13, 1–2), Berlin / New York 2003.

–, Monologen. Nebst den Vorarbeiten, 3. Aufl., kritische Ausgabe hg. von Friedrich Michael Schiele, erweitert und durchgesehen von Hermann Mulert. Im Anhang: Neujahrspredigt von 1792. Über den Wert des Lebens (Auszug), Hamburg 1978.

–, Über die Religion. Reden an die Gebildeten unter ihren Verächtern (1799), hg. von Günter Meckenstock, Berlin / New York 2001.

Zimmerling, Peter, Die charismatischen Bewegungen. Theologie, Spiritualität, Anstöße zum Gespräch (Kirche – Konfession – Religion 42), Göttingen 2001.

–, Evangelische Mystik, Göttingen 2015.

–, Evangelische Spiritualität. Wurzeln und Zugänge, Göttingen 2003.

–, Gott in Gemeinschaft. Zinzendorfs Trinitätslehre, Gießen / Basel 1991.

– (Hg.), Handbuch Evangelische Spiritualität, 3 Bde., Göttingen 2017–2020.

Um Christi willen.

Ein Vorschlag für eine gendersensible Lektüre von Dietrich Bonhoeffers Eheverständnis

Von Christiane Tietz

Allan und Barbara Peases Buch „*Why Men Don't Listen and Women Can't Read Maps*" (deutsch: „Warum Männer nicht zuhören und Frauen schlecht einparken") war jahrelang auf den Bestsellerlisten. Das Autorenehepaar vertritt darin die These, dass sich die Gehirne von Frauen und Männern in der Menschheitsgeschichte unterschiedlich entwickelt haben. Frauen kümmerten sich um die Nachkommen und zogen sie in der Gemeinschaft anderer Frauen in der Höhle auf. Deshalb mussten Frauen eine Sensibilität für das Verhalten derjenigen entwickeln, mit denen sie auf engem Platz zusammenlebten. Männer hingegen, die in der endlosen Steppe nach wilden Tieren jagten, brauchten ein ausgeprägtes Orientierungsvermögen. Weil Frauen nie jagen gingen, wurden sie nicht fähig, sich in der Wildnis der Natur – oder heute: in den Straßen des Großstadtdschungels – zu orientieren. Weil Männer nie in der Höhle auf die Kinder aufpassten, wurden sie nicht fähig, mit der Horde – oder heute: mit Frau und Familie – zu kommunizieren. Die unterschiedlichen sozialen Rollen führten zu unterschiedlichen hirnphysiologischen Charakteristika:

> „Über Jahrmillionen hinweg bildete sich [...] die Gehirnstruktur von Männern und Frauen unterschiedlich aus. Wir wissen inzwischen, daß die beiden Geschlechter Informationen unterschiedlich verarbeiten. Sie denken auf unterschiedliche Weise, haben unterschiedliche Überzeugungen und Wahrnehmungen, Prioritäten und Verhaltensweisen."[1]

Würde man der Argumentation von Pease und Pease folgen, dann würde sich fast zwangsläufig ergeben, dass die sozialen Rollen zwischen den Geschlechtern auch heute noch festgelegt wären, weil man der uralten Prägung der menschlichen Natur nicht entrinnen könnte.[2]

---

[1] Pease / Pease, Warum Männer nicht zuhören, 27f.

[2] Es gibt zahlreiche Studien, die der These von Pease / Pease widersprechen und zeigen, dass die Differenzen *innerhalb* eines Geschlechtes größer sind als die von Pease / Pease behaupteten Differenzen *zwischen* den Geschlechtern. Vgl. dazu z. B. Walz, Und Gott schuf sie, 72; Schreiber, Geschlecht außer Norm, 30.

Auf den ersten Blick scheint *Dietrich Bonhoeffers* Konzept der Beziehung zwischen Mann und Frau von einer ähnlich festen, unabänderlichen Rollenstruktur auszugehen. Mehr noch: Während das Ehepaar Pease den Anschein erwecken will, nur deskriptiv unterwegs zu sein, dekretiert Bonhoeffer normativ. Im Gefängnis schrieb er eine Predigt anlässlich der Hochzeit seines besten Freundes Eberhard Bethge mit seiner Nichte Renate Schleicher im Mai 1943. In ihr heißt es:

> „Der Ort, an den die Frau von Gott gestellt ist, ist das Haus des Mannes. […] Es ist die Berufung und das Glück der Frau, diese Welt in der Welt dem Manne aufzubauen und in ihr zu wirken."[3] Bonhoeffer fügt hinzu: „Eine Frau, die über ihren Mann herrschen will, tut sich selbst und ihrem Manne Unehre […]. Es sind ungesunde Zeiten und Verhältnisse, in denen die Frau ihren Ehrgeiz darin sieht, zu sein wie der Mann […]."[4]

In dem neuen Haus, das durch die Eheschließung gegründet wird, ist nach Bonhoeffer eine feste Ordnung unverzichtbar: „In allem seid ihr frei bei der Gestaltung eures Hauses, nur in einem seid ihr gebunden: die Frau sei dem Manne untertan, und der Mann liebe seine Frau."[5] Bonhoeffers Zitation aus Kolosser 3 macht zwar deutlich, dass es in seinen Augen auch für den Mann eine Pflicht in der Ehe gibt: Er soll seine Frau lieben. Aber die Beziehung zwischen Mann und Frau ist nicht symmetrisch. Entsprechend ist auch die Verantwortung für die Ehe asymmetrisch verteilt: „[…] dir, Eberhard, ist die ganze Verantwortung für das Gelingen eures Vorhabens mit all dem Glück, das eine solche Verantwortung in sich schließt, auferlegt, und du, Renate, wirst deinem Mann helfen und es ihm leicht machen, sie zu tragen, und darin dein Glück finden."[6]

In einem Text aus dem Jahr 1938 – um nur ein weiteres Beispiel zu geben[7] – argumentierte Bonhoeffer ähnlich: Für Paulus sei „die Ordnung klar": Die Frau hat „einen andren Beruf als der Mann. Der Schmuck der Frau sei nicht in der Öffentlichkeit zu suchen, sondern in der Scham und im Maßhalten, d. h. gerade in der Verborgenheit des Nichtauffallenden."[8] Sie

---

3 Bonhoeffer, Widerstand und Ergebung, DBW 8, 76f.

4 A. a. O., 76. Bonhoeffer ergänzt an den ausgelassenen Stellen: „ebenso wie ein Mann durch mangelnde Liebe zu seiner Frau sich selbst und seiner Frau Unehre zufügt, und beide verachten die Ehre Gottes, die auf dem Ehestand ruhen soll. Es sind ungesunde Zeiten und Verhältnisse, in denen […] der Mann in der Frau nur das Spielzeug seiner Herrschsucht und Freiheit erblickt" (a. a. O.).

5 A. a. O.

6 A. a. O., 73f.

7 Für weitere Beispiele siehe McBride, Bonhoeffer and Feminist Theologies, bes. 366–370.

8 Bonhoeffer, Übung zu den Pastoralbriefen, DBW 15, 313.

dürfe lernen, aber nur in Unterordnung. Bonhoeffer fügt hinzu: „Das ist nicht einfach Konservativismus, sondern biblische Ordnung".[9]

Für diese eheliche Ordnung und Rollenverteilung argumentiert Bonhoeffer in der Regel,[10] anders als Allan und Barbara Pease, nicht mit einer seit Jahrmillionen bestehenden Verfasstheit der Geschlechter, mit einer insofern eingeschriebenen Natur. Auch verwendet er keine schöpfungstheologischen Figuren. In letzterem unterscheidet er sich deutlich von den theologischen Ideologien, die damals den nationalsozialistischen Staat unterstützten. Diese vertraten die Ansicht, dass gewisse durch Gott geschaffene, natürliche Gegebenheiten existierten, aus denen bestimmte Verhaltensweisen normativ folgten. Sie argumentierten z. B.: „weil die Völker nun einmal verschieden geschaffen seien, so sei ein jeder verpflichtet, seine Eigenart zu erhalten und zu entfalten".[11] In einem Vortrag in Ciernohorské Kúpele macht Bonhoeffer deutlich, was das Problem an dieser Argumentationsweise ist:

> „Die Gefahr dieses Arguments liegt darin, daß sich von hier aus grundsätzlich alles rechtfertigen läßt. Man braucht ein Daseiendes nur als Gottgewolltes, Gottgeschaffenes auszugeben, und jedes Daseiende ist für Ewigkeit gerechtfertigt, die Zerrissenheit der Menschheit in Völker, nationaler Kampf, der Krieg, die Klassengegensätze, die Ausbeutung der Schwachen durch die Starken"[12]

---

9 A. a. O., 313. Vgl. zu Bonhoeffers Eheverständnis auch Lehrveranstaltung zu: Trauung. 1939/40, DBW 15, 368–370, insbes. 369: „Die Ordnung Gottes – nicht allein sein. Ehe unauflöslich. Über- und Unterordnung Die Gnade dieser Ordnung." Ähnlich auch seine Vorlesung „Sichtbare Kirche im Neuen Testament", DBW 14, 440ff.

10 In „Schöpfung und Fall" findet sich allerdings eine Argumentation, die von einer grundlegenden Ergänzungsbedürftigkeit beider Geschlechter ausgeht. Bonhoeffer macht zunächst stark, dass Menschen so geschaffen sind, dass sie in Beziehungen zu anderen Menschen existieren müssen (vgl. DBW 3, 60: im „*Angewiesensein auf den anderen besteht seine Geschöpflichkeit*"; die Geschöpflichkeit ist das „Gegenüber-Miteinander-Aufeinander-angewiesen-sein der Menschen"). Diese Beziehungen sind bei Bonhoeffer dann aber durch den Geschlechterdual bestimmt: „[…] das Geschaffene [ist] bezogen […] auf das andere Geschaffene, der Mensch frei […] für den Menschen. Und er schuf sie einen Mann und ein Weib." (A. a. O.) Dass Mann und Frau einander gehören, sei „auf ihrem von einander Verschiedensein begründet" (a. a. O. 91). Gegen Bonhoeffer kann man fragen: Ist es denn zwingend, hier einen statischen Geschlechterdual zu denken? Das Angewiesensein auf einen anderen Menschen kann auch in der Dialogizität und Begrenztheit des Menschen begründet sein.

11 So Bonhoeffers Zusammenfassung dieser Position in seinem Vortrag „Zur theologischen Begründung der Weltbundarbeit" in DBW 11, 335. Vgl. dazu den sogenannten Ansbacher Ratschlag: Das Gesetz Gottes „verpflichtet uns auf die natürlichen Ordnungen, denen wir unterworfen sind, wie Familie, Volk, Rasse (d. h. Blutzusammenhang)." (Der „Ansbacher Ratschlag" zu der Barmer „Theologischen Erklärung", zitiert nach Schmidt (Hg.), Die Bekenntnisse und grundsätzlichen Äußerungen zur Kirchenfrage, Bd. 2, 103).

12 DBW 11, 336.

– und, was von Bonhoeffer hier nicht genannt wird, aber damals von den Nationalsozialisten auch im Blick war, die Hierarchie zwischen den Geschlechtern.

In Bonhoeffers Augen hat eine solche Position einen entscheidenden Fehler: Sie identifiziert die gegebenen Zustände mit Gottes guter Schöpfung. Sie versteht das, was ist, als durch Gott geschaffen und als deshalb „sehr gut" im Sinne von Genesis 1,31. Aber aus theologischer Sicht können die gegebenen Zustände nicht einfach mit der guten Schöpfung in eins gesetzt werden. Denn jene sind auch durch die Sünde bestimmt. Eine ungebrochen schöpfungstheologisch argumentierende Sicht ignoriert die Realität der Sünde, die so eng mit der Schöpfung „verflochten" ist, dass es nicht mehr möglich ist, „irgendwelche Gegebenheiten als solche als Schöpfungsordnungen anzusprechen und in ihnen *unmittelbar* den Willen Gottes zu vernehmen".[13]

Bonhoeffer versteht deshalb die von ihm behauptete Hierarchie und „Ordnung" zwischen den Geschlechtern nicht als „Schöpfungsordnung", sondern als „Erhaltungsordnung". Erhaltungsordnungen sind, wie Bonhoeffer in „Schöpfung und Fall" sagt, „allein um der Erhaltung des Lebens willen da [...]. Die Erhaltung des Lebens aber [...] richtet sich für uns allein auf – Christus."[14] Erhaltungsordnungen sind dazu da, die sündige Menschheit für die Begegnung mit Gott zu bewahren. Deshalb haben sie keinen ewigen oder absoluten Sinn, sondern sie werden von Gott nur erhalten, weil sie Menschen helfen, für das Evangelium offen zu werden.[15]

Entsprechend schlussfolgert Bonhoeffer in seiner Traupredigt für Eberhard und Renate Bethge: Dass der Mann als „das Haupt der Frau" bezeichnet wird, diese, seine „Würde" „liegt nicht in seinen persönlichen Fähigkeiten und Anlagen".[16] Es gibt keine Qualitäten in seiner *Natur*, die den Mann zum Haupt der Frau machen würde; hier gibt es nichts, weshalb er sich der Frau überlegen fühlen sollte. Vielmehr liegt, dass er „das Haupt der Frau" ist, nur „in seinem Amt, das er mit seiner Ehe empfängt".[17] Analog: Wenn Bonhoeffer schreibt: „Nicht das Neue, sondern das Bleibende, nicht das Wechselnde, sondern das Beständige, nicht das Laute, sondern das Stille, nicht die Worte, sondern das Wirken, nicht das Befehlen, sondern das Ge-

---

13 A. a. O.

14 DBW 3, 129. Vgl. DBW 11, 337: „*Erhaltungsordnungen* [...] bekommen ihren Wert ganz von außen her, von Christus her [...] Ihr Wert ruht nicht in ihnen selbst; d. h. aber sie sind nicht als Schöpfungsordnungen anzusprechen, die als solche ‚sehr gut' sind, sondern sie sind Erhaltungsordnungen Gottes, die nur solange Bestand haben, als sie offen bleiben für die Offenbarung in Christus. [...] Die Erhaltungsordnungen sind Formen der Zweckgestaltung gegen die Sünde in der Richtung auf das Evangelium." (DBW 11, 337).

15 Vgl. DBW 11, 237: „Erhaltungsordnung bedeutet im Unterschied von Schöpfungsordnung, daß die geschichtlichen Ordnungen als solche keine Daseins- oder Soseinswertigkeit im absoluten Sinne besitzen, sondern nur um ihrer Offenheit für das Evangelium, für die Hoffnung der Neuschöpfung willen von Gott erhalten werden."

16 DBW 8, 78.

17 A. a. O.

winnen, nicht das Begehren, sondern das Haben […] ist das Reich der Frau“[18], dann spricht er nicht von weiblichen *Eigenschaften*, sondern, wie der Satz direkt davor deutlich macht, von der in seinen Augen gegebenen Beauftragung, „Bestimmung und Aufgabe“ der Frau.[19] Das bedeutet: Nicht gewisse „natürliche Unterschiede“, sondern Gottes Auftrag ist in Bonhoeffers Sicht die Begründung der Rollen.

Warum hält Bonhoeffer diese „durch ein klares Oben und Unten bestimmte […] Ordnung“[20] für so wichtig? Weil, so befürchtet er, „ohne sie alles aus den Fugen ginge“[21]. Analysiert man die Bilder, mit denen Bonhoeffer in seiner Traupredigt das neu gegründete eheliche Haus beschreibt, dann bekommt man den Eindruck, dass der Gedanke der ehelichen Ordnung von ihm wegen der Erfahrung von Chaos und der Bedrohung im Krieg für so wichtig gehalten wird. In diesem Chaos, in dem die „große Maskerade des Bösen […] alle ethischen Begriffe durcheinandergewirbelt“[22] hat, scheint die Familie der einzige Ort zu sein, an dem man Ruhe und vertrauensvolle Gemeinschaft finden kann – und nicht mehr kämpfen muss:

> „Was ein Haus bedeuten kann, ist heute bei den Meisten in Vergessenheit geraten, uns anderen aber ist es gerade in unseren Zeiten besonders klar geworden. Es ist mitten in der Welt ein Reich für sich, eine Burg im Sturm der Zeit, eine Zuflucht […]; es steht nicht auf dem schwankenden Boden der wechselnden Ereignisse des äußeren und öffentlichen Lebens. […] Nicht das Neue, sondern das Bleibende, nicht das Wechselnde, sondern das Beständige, nicht das Laute, sondern das Stille“[23] machen das Haus aus.

Bonhoeffer war zum Zeitpunkt des Schreibens selbst verlobt und dachte vielleicht auch an seine zukünftige eigene Ehe. Vielleicht wünschte er sich (in Spannung zu seiner eigentlichen theologischen Argumentation, auf die noch genauer einzugehen ist) sein künftiges Haus und die Ruhe des Familienlebens als stabilen Kontrapunkt zu den ständigen Veränderungen und Kämpfen, die er in seinem öffentlichen Leben hatte bewältigen müssen. Die von ihm geforderte Rollenverteilung scheint für ihn die Hoffnung auf ein ruhiges, geordnetes, haltgebendes Leben zu verkörpern. Wenn Bonhoeffer sich in einem Gefängnisbrief an seine Eltern beispielsweise zu der Frage äußert, ob seine Verlobte Maria von Wedemeyer besser Laute als Geige lernen

18 A. a. O., 77.

19 A. a. O. Anders Kuhlmann, Ethik, 110.

20 Bonhoeffer, Ethik, DBW 6, 395. Vgl. dazu Kuhlmann, Ethik, 112.

21 DBW 8, 76.

22 A. a. O., 20. Vgl. dazu auch DBW 6, 118f: „Die losgelassenen Gewalten toben sich aneinander aus. Alles Bestehende ist mit Vernichtung bedroht. Es handelt sich dabei nicht um eine Krise unter anderen, sondern um eine Auseinandersetzung von letztem Ernst.“

23 DBW 8, 76f.

solle,[24] dann scheint dies wieder ein wenig Normalität und Geordnetheit in sein Leben bringen zu sollen – in ein Leben, das durch die politische Situation, durch den Krieg und durch seine Verhaftung völlig auf den Kopf gestellt worden war.

Diese Annahme, dass Bonhoeffers Argumentation für diese Ordnung in besonderer Weise durch seine eigene Erfahrung des Entwurzeltseins[25] motiviert ist, wird unterstützt durch die Beobachtung, *warum* Bonhoeffer in seiner „Ethik" noch *gegen* die Verwendung des Begriffs „Ordnung" (den er nun, 1943, wieder benutzt) argumentiert hatte. In der „Ethik" argumentierte Bonhoeffer, dass man bei Kirche, Ehe und Familie[26], Kultur und Obrigkeit rechtverstanden auch den Terminus „Ordnung" verwenden könne. Er wolle dies aber nicht machen und stattdessen lieber von „Mandaten" sprechen.[27] Denn dem Begriff der „Ordnung" wohne „die Gefahr inne [...], den Blick stärker auf das *Zuständliche* der Ordnung als auf die die Ordnung allein begründende göttliche Ermächtigung, Legitimierung, Autorisierung zu richten".[28] Wie gesehen, betont Bonhoeffer in der Tat, wenn er in seiner Traupredigt zum Ordnungs-Begriff zurückkehrt, wieder stärker das Moment des Zuständlichen in der Situation des Chaos.

Damit – so muss kritisch eingewandt werden – tritt Bonhoeffer in eine Spannung zu der von ihm behaupteten Ausrichtung der Ehe auf Jesus Christus hin,[29] insofern „das Wissen um Jesus Christus [...] etwas lebendiges ist und nicht etwas ein für allemal Gegebenes, Feststehendes, Inbesitzgenommenes"; es „entsteht mit jedem neuen Tag die Frage, wie ich heute und hier und in dieser Situation in diesem neuen Leben mit Gott, mit Jesus Christus bleibe und bewahrt werde"[30]. Diese Orientierung an Christus ist nicht etwas, was mit festen Werten oder Rollen identisch wäre, sondern muss die jeweilige lebensweltliche Situation in Betracht ziehen.[31]

---

24 Vgl. a. a. O., 110. Vgl. Bonhoeffer – Wedemeyer, Brautbriefe, 21.

25 In den Gefängnisbriefen beschreibt Bonhoeffer immer wieder, wie sehr er in der Familientradition und den familiären Werten verwurzelt ist. Auch das Schreiben eines Dramas und eines Romans in der Haft (erschienen als Fragmente aus Tegel, DBW 7) sind eine Auseinandersetzung damit (vgl. z. B. DBW 8, 135). Gleichzeitig war er – wie freilich nur die Briefe an Bethge zeigen (vgl. dazu Tietz, Eberhard Bethges Anteil, 49ff.) – durch die Gefängnissituation existenziell erschüttert.

26 Bonhoeffer spricht in DBW 6, 54 nur von der Ehe, in a. a. O., 392 von „Ehe und Familie".

27 Eine weitere kritische Auseinandersetzung mit Bonhoeffers Mandatenlehre bietet Guth, To See from Below. Sie setzt den Schwerpunkt auf eine Korrektur der Mandate als Kontexte für „genuine communit[ies] of argument", so dass sie Ungerechtigkeiten bekämpfen können, statt sie zu vertiefen (a. a. O., 132).

28 DBW 6, 393 (Hervorhebung CT).

29 Vgl. Guth, To See from Below, 134f.

30 DBW 6, 325; Zitat bei Guth, To See from Below, 134f.

31 Vgl. dazu auch Bonhoeffers kontextuelles Verständnis von „die Wahrheit sagen", wie er es in seinem Aufsatzfragment in Tegel entfaltet; dazu Tietz, Korrespondenztheorie, 248–260.

Wie genau sollen gemäß göttlicher Ermächtigung Ehe und Familie, d. h. verbindliche Beziehungen mit intergenerationaler Verantwortung, die Welt für Christus bewahren? Die Ehe hat nach Bonhoeffer ihre Bedeutung darin, dass hier zwei Menschen „eins [werden] vor Gott, wie Christus mit seiner Kirche eins wird", und dann – wie Bonhoeffer etwas befremdlich schreibt – in ihr „Menschen erzeugt [werden] zur Verherrlichung und zum Dienste Jesu Christi und zur Mehrung seines Reiches."[32] „[…] in der Ehe [werden] neue Menschen geschaffen zum Dienst Jesu Christi"[33]. Die Ehe zwischen Mann und Frau dient also der Erzeugung und Erziehung von Kindern, die Christen werden sollen.

Damit ist deutlich: Die von ihm behaupteten unterschiedlichen Geschlechterrollen existieren nach Bonhoeffer nicht um ihrer selbst willen oder für die Bewahrung der Welt als solcher. Sie sind in seinen Augen durch Gott eingerichtet, um die Welt für die Wirklichkeit Gottes in Jesus Christus zu erhalten und zu bewahren.[34] Sie sollen sich an etwas ausrichten, orientieren, nämlich daran, wie die Welt am besten für Christus bewahrt werden kann.[35] Ich werde darauf zurückkommen.

Feministische Theologie hat Bonhoeffer zu Recht für seine patriarchale Weltsicht kritisiert.[36] Sie argumentiert, dass Bonhoeffer das Rollenverständnis von diskriminierenden biblischen

---

32 DBW 6, 58.

33 A. a. O.

34 Was ändert sich am Verständnis ehelicher Hierarchie und bestimmter familiärer Rollen, wenn sie nicht als Schöpfungsgegebenheiten, sondern als Erhaltungsordnungen verstanden werden, die ihren Wert nur darin haben, dass sie die Welt für die Wirklichkeit Gottes in Jesus Christus zu erhalten helfen? Diese Rollen haben dann keinen intrinsischen Wert. Die Ehe ist nicht als solche „heilig" oder wertvoll. Sie hat ihre Bedeutung nur durch diesen ihr von Gott gegebenen Auftrag (vgl. a. a. O., 56).

35 A. a. O., 164 spricht Bonhoeffer vom „natürlichen Leben" und von „relativen Unterschiede[n] innerhalb des menschlich-Natürlichen", die notwendig seien gegen „Willkür und Unordnung". Argumentiert Bonhoeffer hier doch für natürliche, relative Unterschiede zwischen den Geschlechtern? Der Kontext ist ein anderer, denn es geht darum, nicht „alles menschlich-Natürliche in der Nacht der Sünde" (a. a. O., 164) versinken zu lassen; deshalb solle es relative Unterschiede in der Beurteilung des Natürlichen geben, um eine ethische Identifikation zwischen dem Natürlichen und dem Sündigen auszuschließen. Bonhoeffer will dazu des Begriff des Natürlichen wiedergewinnen: „So muß also der Begriff des Natürlichen vom Evangelium her wiedergewonnen werden. Wir sprechen vom Natürlichen im Unterschied zum Geschöpflichen, um die Tatsache des Sündenfalls mit einzuschließen, wir sprechen vom Natürlichen im Unterschied zum Sündhaften, um das Geschöpfliche mit einzuschließen. Das Natürliche ist das nach dem Fall auf das Kommen Jesu Christi hin Ausgerichtete. Das Unnatürliche ist das nach dem Fall dem Kommen Jesu Christi Sich Verschließende." (A. a. O., 165). Insofern geht es bei diesen „relativen Unterschieden" um etwas ganz Anderes als um eventuelle Unterschiede zwischen den Geschlechtern.

36 Vgl. z. B. Kuhlmann, Ethik, 110. Eine weitere Übersicht über diese Kritik findet sich bei Guth, To See from Below, 132, sowie McBride, Bonhoeffer and Feminist Theologies.

Texten übernommen und insofern indirekt die nationalsozialistische Geschlechterpolitik unterstützt hat, die die Aufgabe der Frau bei Haus und Kindern gesehen hat. Selbst Renate Bethge war, als sie Bonhoeffers Traupredigt erhielt, wie sie später häufig erzählt hat, überrascht und irritiert, weil sie eine solche Haltung bei ihrem Onkel bisher nicht wahrgenommen hatte. Sie machte sich nur dadurch einen Reim darauf, dass sie dachte, dies sei eben das, was man in der Kirche sagen müsse.[37]

Von manchen Strängen der feministischen Theologie wird mit einem „komplementären[n …] Denkmuster"[38] am Unterschied der Geschlechterrollen festgehalten. Dann wird beispielsweise herausgestrichen, dass der Mann „eine größere Affinität zum rationalen Bewußtsein [zeigt] und […] dazu zu neigen [scheint], das Emotionale in sich zu verdrängen und unterentwickelt zu lassen. […] Bei der Frau liegt das Umgekehrte vor. Sie zeigt eine größere Affinität zur Emotionalität und wird durchweg erst in zweiter Instanz ihre Rationalität entwickeln."[39] Der Grund hierfür sei ein biologischer: „Die Frau als die sexuell-körperlich offene, empfangende, hat eine natürliche, biologische Verwandtschaft mit dem emotionalen Bewußtsein, das das offene, empfangende, […] mehr passive […] Erfahrungsbewußtsein ist".[40] Um die Marginalisierung weiblicher Erfahrungen in Kirche und Theologie zu beenden, hat diese an Differenz orientierte Form feministischer Theologie den Wert spezifisch „weiblicher" Charaktereigenschaften wie „Sorge, Beziehungsfähigkeit, Friedfertigkeit, Sinnlichkeit, Empathie" und ähnliches „aufzuwerten" versucht.[41] Zwar soll dadurch eine Hierarchie zwischen den Geschlechter vermieden werden. Aber gleichzeitig werden so ‚natürlich gegebene' Geschlechtercharakteristika und Rollen festgeschrieben.[42]

Andere Formen feministischer Theologie arbeiten nicht mit der Komplementaritätsfigur.[43] Stattdessen wird davon ausgegangen, dass das „soziale[…] oder kulturelle[…] Geschlecht (gender)"[44] nicht eine Naturgegebenheit ist, sondern je und je durch die konkrete Gesellschaft geschaffen wird. Was es bedeutet, ein Mann oder eine Frau zu sein, ist nicht biologisch festgelegt, sondern durch die Kultur gegeben, in der ein Mensch lebt.[45] Berühmt ist die Pointierung

---

37 Vgl. Bethge, Bonhoeffer and the Role of Women, 177.

38 Walz, Und Gott schuf sie, 70 Anm. 32.

39 Oostra-van Moosel, Der Mensch, 81.

40 A. a. O., 82.

41 Walz, Und Gott schuf sie, 70 Anm. 32.

42 Vgl. Maaßen, „Mensch ist nicht gleich Frau und Mann?", 218, mit Bezug auf die Einleitung zu: Beiträge zur feministischen Theorie und Praxis 1 (1978), 10.

43 Vgl. Walz, Und Gott schuf sie, 71.

44 A. a. O., 71.

45 Vgl. Pohl-Patalong, Art. Gender, 216.

dieser Sicht durch Simone de Beauvoir: „Man kommt nicht als Frau zur Welt, man wird es."[46] De Beauvoir erläutert: „Keine biologische, psychische oder ökonomische Bestimmung legt die Gestalt fest, die der weibliche Mensch in der Gesellschaft annimmt. Die gesamte Zivilisation bringt dieses als weiblich qualifizierte Zwischenprodukt zwischen dem Mann und dem Kastraten hervor."[47]

Die Einsicht, dass Genderrollen gesellschaftlich festgelegt werden,[48] bedeutet, dass *sex*, d. h. das „biologisch-natürliche [...] Geschlecht"[49], und *gender* unterschieden werden müssen. Damit ist eine *biologische* Argumentation für unterschiedliche *Rollen* von Mann und Frau und also eine Kausalbeziehung von biologischen und sozialen Sachverhalten unmöglich.[50] Bonhoeffer würde dieses Argument, wie wir gesehen haben, wohl unterstützen. Die von Bonhoeffer behaupteten unterschiedlichen Rollen von Mann und Frau leiten sich nicht von irgendwelchen „natürlichen" Differenzen ab, sondern werden von ihm konstruiert.

Vielleicht sehnte sich Bonhoeffer in seiner Zeit der umstürzenden Veränderungen und des Chaos nach einem festen Konzept von weiblichen und männlichen Rollen, die eine statische Zuständlichkeit unterstützten und Ruhe und Frieden daheim versprachen. Aber sein Konzept der Mandate meint recht besehen gerade nicht statische, unveränderliche Strukturen, sondern hat seine Bedeutung in dem mit den Mandaten verbundenen *Auftrag*. Dies lässt durchaus die Möglichkeit offen, dass traditionelle Strukturen verändert werden können, wenn der Auftrag heute anders besser erfüllt werden kann.[51]

Insofern kann man – mit Bonhoeffer, gegen Bonhoeffer – fragen: Wie sollten heute partnerschaftliche Beziehungen mit intergenerationaler Verantwortung gestaltet werden, damit sie auf die Wirklichkeit Gottes hin orientiert sind und dazu beitragen, dass Kinder Hilfe erhalten, Christenmenschen zu werden?

---

46 De Beauvoir, Das andere Geschlecht, 334.

47 A. a. O.

48 Vgl. dazu auch Zimmerling, Seelsorge und Gender, 186f, der dort die „Erkenntnis von der Bedeutung der gesellschaftlichen Rahmenbedingungen für die Konstituierung der Geschlechtsidentität und die Sensibilisierung für die vielfältigen Ausprägungen und Nuancen, aber auch die Wandelbarkeit dieser Identität" würdigt, gleichzeitig aber aufgrund „des Tenors der biblischen Aussagen" der Überzeugung ist, „dass die Bipolarität der Geschlechter und die Ehe zwischen Mann und Frau schon allein um der Generativität willen auch in Zukunft für die kirchliche Seelsorge orientierende Kraft behalten sollte". Zimmerling verweist auf seine Ausführungen in Abschnitt 4 seines Beitrages (a. a. O., 191ff.), bei dem diese Bipolarität – zumindest in Bezug auf Geschlechter*rollen* – aber nicht mehr vorkommt.

49 Walz, Und Gott schuf sie, 71.

50 Vgl. Pohl-Patalong, Art. Gender, 216.

51 So auch Guth, To See from Below, 134f.

Kinder werden heute in ganz unterschiedliche Konstellationen hineingeboren. Für ihre Entwicklung sind „Verlässlichkeit und Heimat"[52] entscheidend, die selbstverständlich auch durch andere Formen als die von Bonhoeffer vorausgesetzte traditionell-hierarchische Ehe gewährleistet werden können. Dass Kinder dabei an die Möglichkeit herangeführt werden, Christenmenschen zu werden, hängt nicht an einer Ehe mit traditioneller Rollenverteilung, mit „einem irdischen Autoritätsverhältnis, [...] einer durch ein klares Oben und Unten bestimmten Ordnung"[53]. Kinder können selbstverständlich – und vermutlich sogar besser – auch in einer nicht-hierarchischen Konstellation zu einer Offenheit auf Christus hin ermutigt werden. Das Gleiche gilt in einer verlässlichen Ehe oder Partnerschaft von Menschen des gleichen Geschlechts. Das einzige Kriterium ist also – um Bonhoeffers eigene Worte für das Mandat der Ehe hier aufzugreifen –, ob zwei Menschen eins werden vor Gott wie Christus und die Kirche und das Kind so zu erziehen versuchen, dass es für Christus offen werden kann. Auch ist klar, dass Kinder, um deren Offenheit für Christus es gehen soll, nicht notwendig die Kinder des Paares sein müssen, sondern dass diese Offenheit für Christus auch durch Stiefeltern, Patinnen und Paten oder andere nahestehende Erwachsene weitergegeben werden kann.

Kurz und knapp: Wenn Bonhoeffer das Mandat der Ehe (und Familie) auf der Suche nach einer stabilisierenden Ordnung auf die traditionelle, hierarchische Ehe beschränkt und mit festen Rollen versieht, gerät er in die von ihm selbst festgestellte Gefahr, dieses Mandat als zuständliche Gegebenheit zu präsentieren. Orientiert man sich aber an dem von ihm behaupteten *theologischen* Kriterium, der Erhaltung für und Ausrichtung auf Christus, dann erfüllen auch andere Beziehungs- und Familienformen das Mandat der Ehe und Familie.

Literatur

Beiträge zur feministischen Theorie und Praxis 1 (1978).

Bethge, Renate, Bonhoeffer and the Role of Women, in: Geffrey B. Kelly u. a. (Hg.), Reflections on Bonhoeffer, in: The Covenant Quaterly 57, 2/4 (1999), 169–184.

---

52 Vgl. Kirchenamt der EKD (Hg.), Zwischen Autonomie und Angewiesenheit, 69. Wichtig sind dabei Verbindlichkeit und Verlässlichkeit, die durch „vielfältige Formen der Sorge für andere über die Generationen hinweg" (a. a. O., 13) garantiert werden können. Familien können dann im weiten Sinne „auf Dauer angelegte Verantwortungs- und Fürsorgebeziehungen" (a. a. O., 22) sein. Nur durch diese Verbindlichkeit und Verlässlichkeit gibt es Adressaten, denen das Mandat gelten kann und auf die der Gedanke von „Ursprung, [...] Bestand und [...] Ziel in Jesus Christus" (DBW 6, 57) angewandt werden kann. – Auf dieser Linie liegt die Interpretation von Bonhoeffers Mandatenlehre, die Robin Lovin vorgelegt hat, wenn er diese als „contexts of responsibility" versteht (Lovin, Christian Realism and the New Realities, 84; vgl. a. a. O., 204; vgl. den zustimmenden Verweis auf Lovin bei Guth, To See from Below, 142f.).

53 DBW 6, 394f.

Bismarck, Ruth-Alice von / Kabitz, Ulrich (Hg.), Brautbriefe Zelle 92. Dietrich Bonhoeffer – Maria von Wedemeyer 1943–1945, München 1992.

Bonhoeffer, Dietrich, Ethik, hg. von Ilse Tödt / Heinz Eduard Tödt / Ernst Feil / Clifford Green (DBW 6), München 1992.

–, Fragmente aus Tegel, hg. von Renate Bethge / Ilse Tödt (DBW 7), Gütersloh 1994.

–, Lehrveranstaltung zu: Trauung, in: ders., Illegale Theologenausbildung: Sammelvikariate 1937–1940, hg. von Dirk Schulz (DBW 15), Gütersloh 1998, 368–370.

–, Schöpfung und Fall, hg. von Martin Rüter / Ilse Tödt (DBW 3), München 1989.

–, Übung zu den Pastoralbriefen, in: ders., Illegale Theologenausbildung: Sammelvikariate 1937–1940, hg. von Dirk Schulz (DBW 15), 303–328.

–, Vorlesung „Sichtbare Kirche im Neuen Testament", in: ders., Illegale Theologenausbildung: Finkenwalde 1935–1937, hg. von Otto Dudzus / Jürgen Henkys in Zusammenarbeit mit Sabine Bobert-Stützel / Dirk Schulz / Ilse Tödt (DBW 14), Gütersloh 1996, 422–466.

–, Vortrag in Ciernohorské Kúpele: Zur theologischen Begründung der Weltbundarbeit, in: ders., Ökumene, Universität, Pfarramt 1931–1932, hg. von Eberhard Amelung / Christoph Strohm (DBW 11), Gütersloh 1994, 327–344.

–, Widerstand und Ergebung. Briefe und Aufzeichnungen aus der Haft, hg. von Christian Gremmels / Eberhard Bethge / Renate Bethge in Zusammenarbeit mit Ilse Tödt (DBW 8), Gütersloh 1998.

De Beauvoir, Simone, Das andere Geschlecht. Sitte und Sexus der Frau, Reinbek 1992.

Goertz, Stephan, Aufgaben der Freiheit. Thesen zum Ende gesicherter Geschlechtsidentitäten, in: Thomas Hoppe (Hg.), Körperlichkeit – Identität. Begegnung in Leiblichkeit, Fribourg 2008, 175–186.

Guth, Karen V., To See from Below. Dietrich Bonhoeffer's Mandates and Feminist Ethics, in: Journal of the Society of Christian Ethics 33 (2013), Heft 2, 131–150.

Karle, Isolde, „Da ist nicht mehr Mann noch Frau …". Theologie jenseits der Geschlechterdifferenz, Gütersloh 2006.

Kirchenamt der EKD (Hg.), Zwischen Autonomie und Angewiesenheit. Familie als verlässliche Gemeinschaft stärken. Eine Orientierungshilfe des Rates der Evangelischen Kirche in Deutschland, Gütersloh 2013.

Kuhlmann, Helga, Die Ethik Dietrich Bonhoeffers – Quelle oder Hemmschuh für feministisch-theologische Ethik?, in: ZEE 37 (1993), 106–120.

Lovin, Robin W., Christian Realism and the New Realities, New York 2008.

Maaßen, Monika, „Mensch ist nicht gleich Frau und Mann?". Zur Entwicklung Feministischer Wissenschaft, in: Christine Schaumberger / Monika Maaßen (Hg.), Handbuch Feministische Theologie, Münster 1986, 214–224.

McBride, Jennifer M., Bonhoeffer and Feminist Theologies, in: Michael Mawson / Philip G. Ziegler (Hg), The Oxford Handbook of Dietrich Bonhoeffer, Oxford 2019, 365–382.

Oostra-van Moosel, Johanna C., Der Mensch nach Gottes Bild: Mann und Frau, in: Catharina J. Halkes / Dan Buddingh (Hg.), Wenn Frauen ans Wort kommen. Stimmen zur feministischen Theologie, Reinbek 1987, 79–87.

Pease, Allan / Pease, Barbara, Warum Männer nicht zuhören und Frauen schlecht einparken, München [11]2001.

Pohl-Patalong, Uta, Art. Gender, in: Gössmann, Elisabeth u. a. (Hg.), Wörterbuch der Feministischen Theologie, Gütersloh ²2002, 216–221.

Schmidt, Kurt Dietrich (Hg.), Die Bekenntnisse und grundsätzlichen Äußerungen zur Kirchenfrage, Bd. 2: Das Jahr 1934, Göttingen 1935, 102–104.

Schreiber, Gerhard, Geschlecht außer Norm. Zur theologischen Auseinandersetzung mit geschlechtlicher Vielfalt am Beispiel von Intersexualität, in: Julia Koll / Jantine Nierop / Gerhard Schreiber (Hg.), Diverse Identität. Interdisziplinäre Annäherungen an das Phänomen Intersexualität (Schriften zu Genderfragen in Kirche und Theologie 4), Hannover 2018, 27–45.

Tietz, Christiane, Eberhard Bethges Anteil an Bonhoeffers Gefängnistheologie, in: dies., „Die Spiegelschrift Gottes ist schwer zu lesen". Beiträge zur Theologie Dietrich Bonhoeffers (Dietrich Bonhoeffer Studien 2), Gütersloh 2021, 47–65.

–, Eine Korrespondenztheorie besonderer Art. Bonhoeffers Wahrheitsbegriff im Horizont traditioneller Bestimmungen von Wahrhaftigkeit und Lüge, in: dies., „Die Spiegelschrift Gottes ist schwer zu lesen", 248–260.

Walz, Heike, Und Gott schuf sie – jenseits von Frau und Mann? Geschlechtsreflexive theologische Anthropologie, in: Christina Aus der Au (Hg.), Menschsein denken. Anthropologien in theologischen Perspektiven, Neukirchen-Vluyn 2005, 63–86.

West, Candace / Zimmerman, Don H., Doing Gender, in: Judith Lorber / Susan A. Farrell (Hg.), The Social Construction of Gender, Newbury Park / London / New Delhi 1991, 13–37.

Zimmerling, Peter, Seelsorge und Gender, in: Jantine Nierop (Hg.), Gender im Disput. Dialogbeiträge zur Bedeutung der Genderforschung für Kirche und Theologie (Schriften zu Genderfragen in Kirche und Theologie 3), Hannover 2018, 185–195.

III Kirche

Die christliche Kirche als Gemeinschaft und Körperschaft

Von Uwe Swarat

Die christliche Kirche hat eine doppelte Natur: Sie ist sowohl Personengemeinschaft als auch Institution, sowohl Genossenschaft als auch Körperschaft. Im Folgenden soll diese These begründet und entfaltet werden.

1 Gemeinschaft der Gläubigen

1.1 Kirche als Gemeinde

Um das Wesen der Kirche zu verstehen, muss man beim Heilshandeln Gottes insgesamt beginnen. Dieses Gotteshandeln wird uns in der Heiligen Schrift bezeugt und ist darum auch das Zentralthema der christlichen Lehre. Alles Handeln Gottes in Schöpfung und Geschichte – auch sein erwählendes, führendes und bewahrendes Handeln am Volk Israel – hat zum Ziel, eine Menschheit zu schaffen, mit der er in personhafter Gemeinschaft leben kann. In letztgültiger Weise offenbar wird der Gemeinschaftswille Gottes in der Sendung seines Sohnes, durch die er die gott-feindliche Menschheit mit sich versöhnt hat. Das Gegenüber Gottes ist dabei immer die Menschheit insgesamt, auch wenn er im Laufe der Geschichte einzelne oder Gruppen erwählt, um an ihnen stellvertretend zu handeln. Die Gemeinschaft, die Gott sucht, ist nicht die mit verstreuten Einzelnen, sondern die mit allen Menschen, denn Gott hat den Menschen nicht als isoliertes Individuum, sondern als ein Gemeinschaftswesen geschaffen. So wie Gott in sich selbst Liebe ist und sich darum einem Gegenüber mitteilen will, ist auch der Mensch auf ein Gegenüber hin angelegt und zur Liebe geschaffen. Der Bruch in der Beziehung zwischen Gott und Menschen durch die Sünde musste sich dementsprechend sofort auch auf die Beziehungen der Menschen untereinander auswirken: Als die Menschen die Liebe zu Gott verloren, wurden sie auch untereinander nicht mehr im vollen Sinne liebesfähig, sondern kreisten letztlich um sich selbst als Mittelpunkt.

Die Wiederherstellung der Gemeinschaft mit Gott führt somit auch zur Wiederherstellung der Gemeinschaft unter den Menschen. Das Heilshandeln Gottes ist, weil es auf Gemeinschaft zwischen Gott und Mensch ausgerichtet ist, zugleich auf die Gemeinschaft von Menschen untereinander ausgerichtet. Darum stiftet Gott in Christus eine neue Menschheit innerhalb der alten – eine neue Menschheit, in der Gemeinschaft mit Gott und untereinander gelebt wird. Diese neue Menschheit ist die Kirche. Darum ist Kirche wesenhaft *Gemeinschaft*.

Weil das geschichtliche Heilshandeln Gottes, das Menschen zur Gemeinschaft verbindet, nicht sofort an allen Menschen wirksam geworden ist, sondern auf ganzheitliches Vertrauen zielt und die Menschen deshalb zum Glauben ruft, ist die Kirche wesenhaft die Gemeinschaft *der Gläubigen.* Wir können auch sagen: Kirche ist die Sozialgestalt des christlichen Glaubens. Sie gehört wesensmäßig zum Glauben, weil der Mensch ein Sozialwesen ist, dem Gott durch die Gemeinschaft mit sich auch die Gemeinschaft mit anderen Menschen schenkt. Da der Mensch als Ebenbild Gottes wesenhaft in Beziehung zu anderen existiert, entsteht aus dem Geschenk des Glaubens an den einen Menschen unmittelbar dessen Gemeinschaft mit anderen Glaubenden. Indem Gott der Heilige Geist Menschen durch das verkündigte Wort zum Glauben führt, fügt er sie sogleich in die Gemeinschaft der Gläubigen ein. Die wesenhafte Zusammengehörigkeit der Gemeinschaft mit Gott und der Gemeinschaft der Gläubigen untereinander, der vertikalen und der horizontalen Ebene menschlichen Existierens, führt zur Erkenntnis, dass die Kirche ihren Platz im Heilshandeln Gottes in erster Linie dadurch hat, dass sie eben diese Gemeinschaft der Gläubigen ist.

Klassisch formuliert wurde dieses Kirchenverständnis von Martin Luther. „Kirche" ist für ihn ihrem Wesen nach „Gemeinde", nämlich Versammlung derer, die durch den Glauben heilig sind. Deshalb sagt er statt „Kirche" lieber „die heilige Christenheit". Kirche bedeutet für Luther eben „ein christliches, heiliges Volk, das da an Christus glaubt".[1] In der besonders berühmt gewordenen Formulierung der Schmalkaldischen Artikel (III, Art. 12) heißt das: „Es weiß, Gott Lob, ein Kind von sieben Jahren, was die Kirche ist: nämlich die heiligen Gläubigen und die ‚Schäflein, die ihres Hirten Stimme hören'" (nach Joh 10,3). Das ist für evangelisches Kirchenverständnis grundlegend.[2]

Auch ein Blick ins Neue Testament zeigt, dass „Kirche" dort als „Gemeinde" existiert.[3] Das griechische ἐκκλησία bedeutet „Versammlung" von einzelnen Menschen – auch in der Septuaginta. Dort ist es in der Regel Übersetzung des hebräischen *qahal*, das als „Aufgebot (des Herrn)" gleichfalls eine Menschenmenge meint. Paulus spricht deshalb synonym zu ἐκκλησία von „Geheiligten in Christus Jesus" und „berufenen Heiligen" (1Kor 1,2; vgl. auch Phil 1,1). Er kennt eine Mehrzahl von ἐκκλησίαι, weil ἐκκλησία zunächst die Ortsgemeinde meint. Dass er aber auch die Gesamtheit aller Gläubigen an allen Orten als ἐκκλησία versteht, wird z. B. in 1Kor 1,2 deutlich, wo er seine Adressaten als „die ἐκκλησία Gottes, die in Korinth ist" anspricht. Die „ἐκκλησία Gottes" bzw. „ἐκκλησία Christi" versammelt sich an bestimmten Orten, besteht aber aus „allen, die den Namen unsres Herrn Jesus Christus anrufen an jedem Ort". Lokalität und Universalität sind im neutestamentlichen Gemeindebegriff miteinander verbunden. Der

1 Luther, Von den Konzilien, 30.

2 Siehe auch Swarat, Kennzeichen.

3 Vgl. Öhler, „Kirche"; Coenen, ἐκκλησία; Roloff, Kirche, 316; Schweizer, Gemeinde, 172.

personale Charakter der neutestamentlichen ἐκκλησία wird u. a. auch dadurch deutlich, dass sie im 1. Petrusbrief (2,17; 5,9) als ἀδελφότης „Bruderschaft“ bezeichnet wird. Es war also eine kongeniale Entscheidung Luthers, dass er das neutestamentliche ἐκκλησία in seiner Bibel immer mit „Gemeinde“ übersetzt hat.

Was auch immer sonst von der Kirche zu sagen ist, und wir werden darauf noch zu sprechen kommen, es muss festgehalten werden, dass wir, wenn wir „Kirche“ sagen, nicht ein unpersönliches Etwas meinen, sondern immer einen Kreis von Menschen. Der Begriff „Kirche“ bezeichnet, wenn er sachgemäß gebraucht wird, nicht eine irdische Institution oder eine himmlische Größe, die den Gläubigen als etwas anderes gegenübertritt, sondern eben die Gläubigen in ihrer Gemeinschaft mit Christus und untereinander. Dieser Kreis von Menschen, der auf Deutsch „Kirche“ heißt, ist eine Ortsgemeinde, zugleich aber auch eine räumlich und zeitlich universale Größe. Da er der Anfang einer neuen Menschheit ist, umschließt er die an Christus Glaubenden an allen Orten und zu allen Zeiten. Zur Kirche gehören alle, die gegenwärtig an Christus glauben, wie alle, die bereits im Glauben verstorben sind.

Die Art der Zusammengehörigkeit der Gläubigen in der Kirche ist durch den Begriff „Gemeinschaft“ bestimmt. Theologisch bedeutet „Gemeinschaft“ immer mehr als ein bloßes Zusammensein, nämlich ein Anteilnehmen und Anteilgeben an dem, was das Miteinander trägt, d. h. an dem, woran man miteinander Anteil hat. Die Gemeinschaft der Gläubigen ist keine direkte, unvermittelte Zusammengehörigkeit, sondern eine vermittelte Beziehung. Die Beziehung der Gläubigen untereinander gründet in etwas, das außerhalb ihrer Beziehung liegt. Alle Gläubigen sind dadurch miteinander verbunden, dass jeder und jede von ihnen durch den Glauben Anteil hat am Heilswerk Jesu Christi und am Heiligen Geist. Mit lateinischen Begriffen gesprochen: Die *communio* (Gemeinschaft) ist in der gemeinsamen *participatio* (Anteilhabe) begründet.

1.2 Kirche als communio sanctorum

Als Beleg dafür, dass die christliche Kirche wesentlich als Gemeinde zu verstehen ist, hat man auch auf die Formel „Gemeinschaft der Heiligen“ im Apostolischen Glaubensbekenntnis zurückgegriffen. Sie lautet auf Lateinisch *sanctorum communio.* Die Urfassung des Apostolikums, nämlich das Bekenntnis, das Marcell von Ancyra 337 dem römischen Bischof vorgelegt hatte,[4] enthielt diese Formel noch nicht. Sie ist als Bestandteil des Apostolikums erst seit Ende des 4. Jahrhunderts bezeugt. Welches ihr ursprünglicher Sinn war, ist nicht völlig klar.[5]

---

4 Vgl. Hahn, Bibliothek, § 17.

5 Vgl. Swarat, Communio Sanctorum.

Das Wort *sanctorum* kann nämlich Genitiv von *sancti* sein oder auch von *sancta*. Grammatisch ist beides möglich, nur der Sinn ist jeweils ein anderer: Steht *sancti* im Hintergrund, sind Personen gemeint, also die Gemeinschaft der Heiligen als Genossenschaft von Personen. Steht *sancta* im Hintergrund, sind Gegenstände oder Güter gemeint, also die gemeinsame Teilhabe an heiligen Gütern, etwa an den beiden Gestalten des Altarsakraments Brot und Wein. Die personale Deutung lässt noch einmal zwei unterschiedliche Möglichkeiten zu: Die Heiligen, mit denen man Gemeinschaft hat, können alle Glieder der Kirche sein. Dann ginge es hier um die christliche Gemeinde, die aus Heiligen besteht. Als die Heiligen können aber auch im engeren Sinn die verstorbenen vorbildlichen Christen angesehen werden, so wie sie in der katholischen und orthodoxen Kirche verehrt werden. Gemeinschaft der Heiligen hieße dann die enge Verbindung der irdischen Gläubigen mit den bereits vollendeten Heiligen. Bei der Frage, welches der ursprüngliche Sinn der Klausel *sanctorum communio* ist, sind in der Forschung alle genannten Möglichkeiten vertreten worden.

Blicken wir auf die traditionellen Verständnisse der Formel, so kann festgestellt werden, dass sowohl in der römisch-katholischen als auch in der lutherischen und in der reformierten Tradition die *communio sanctorum* im Apostolikum in der Regel als Apposition zur „heilige[n] katholischen Kirche“ gedeutet, also personal verstanden wurde. Für die katholische Theologie und Frömmigkeit bezeichnete die Gemeinschaft der Heiligen traditionell die übernatürliche Lebensgemeinschaft der Kirchenglieder, und zwar vor allem die Gemeinschaft der auf Erden kämpfenden Kirche mit den Heiligen im Himmel und den armen Seelen im Fegfeuer.[6]

Für Luther war die Formel *communio sanctorum* vor allem für das Verständnis der Kirche auf Erden wichtig. Er übersetzte sie mit „Gemeine der Heiligen“, verstanden als „eine Gemeinde, darin lauter Heilige sind“.[7] Sie besagt für ihn also dasselbe wie „heilige Kirche“. *Communio* wird im Sinne von *congregatio* verstanden. Darin eingeschlossen ist aber Gemeinschaft als gegenseitiges Anteilgeben und Anteilnehmen der Gläubigen. Gemeinde ist Gütergemeinschaft in dem Sinne, dass wir als Christen nicht nur unsere irdischen Güter dem anderen Gläubigen zur Verfügung stellen, sondern auch, dass wir seinem Inneren durch Lehre, Zuspruch und Fürbitte dienen und dass wir sogar die Schwachheit und die Sünden des anderen wie unsere eigene Last tragen. Umgekehrt wird uns der Glaube, die Reinheit, das Gebet des anderen zur persönlichen Hilfe, so dass es in der heiligen Christenheit zu einem vollen Austausch aller Güter und aller Lasten kommt. In diesem doppelten Sinn als Gemeinde (*congregatio*) und als

6 Vgl. Ott, Grundriss, 378–389. In der Zeit nach dem II. Vatikanischen Konzil (1962–1965) erweiterte die römisch-katholische Theologie ihr traditionelles Verständnis. So nennt z. B. der Katechismus der Katholischen Kirche von 1993 für „Gemeinschaft der Heiligen“ die beiden Bedeutungen: Gemeinschaft an den heiligen Dingen, vor allem der Eucharistie, und Gemeinschaft mit den heiligen Personen auf Erden, im Himmel und im Fegfeuer.

7 Luther, Großer Katechismus, 1062.

wechselseitige Mitteilung (*communicatio*) ist Gemeinschaft (*communio*) für Luther Zentralinhalt des Kirchenbegriffs.[8]

Luthers Verständnis von Kirche als Gemeinschaft war zunächst nicht in die Theologie des Luthertums eingegangen und ist erst seit 1915 im Zuge der Luther-Renaissance wiederentdeckt worden. Den wichtigsten Beitrag dazu erbrachte Paul Althaus' Untersuchung „*Communio Sanctorum*" von 1929.[9] Den ursprünglichen Sinn der *communio sanctorum* im Apostolikum lässt Althaus offen und konzentriert sich wie Luther ganz auf das zwischenmenschliche Anteilnehmen und Anteilgeben in der christlichen Gemeinde. Dass Luther diese wechselseitige Mitteilung vor allem als Barmherzigkeit mit den Nöten und Sünden der anderen Gläubigen verstand, hält Althaus für eine Einseitigkeit. Die Gemeinschaft der Heiligen schließe nämlich auch die Freude an den Gaben des Bruders und die Dankbarkeit für sie mit ein. Auch bei der Abendmahlsfeier steht für Althaus der Aspekt der Gemeinschaft der Gläubigen untereinander im Vordergrund; das Abendmahl sei „das rechte Sakrament der Kirche als Gemeinde".[10] Der sakramentale Sinn der *communio sanctorum* tritt dahinter zurück.

Johannes Calvin versteht die *communio sanctorum* ebenfalls personal und bezieht sie auf das Miteinander der Kirchenglieder. Im Genfer Katechismus von 1545 erklärt er, dieses Bekenntnisstück solle verdeutlichen, „daß unter den Gliedern der Kirche Einheit besteht. Es weist auch darauf hin: Was Gott der Kirche an Wohltaten spendet, soll allen gemeinsam zugute kommen, da sie alle untereinander Gemeinschaft haben."[11] In Calvins Ekklesiologie steht der Gemeinschaftsgedanke jedoch nicht im Vordergrund, sondern die verfasste Körperschaft. Die Kirche, sagt er 1559 in seiner „*Institutio Christianae Religionis*", gehört zu den „äußerlichen Hilfsmitteln", mit denen Gott in uns den Glauben erzeugt und uns erzieht. Mit dieser Kirche müssen wir als Gläubige die Einheit halten und insofern in der Gemeinschaft der Heiligen stehen.[12] Der Heidelberger Katechismus von 1563 dagegen definiert Kirche als „Gemeinde", vom Sohn Gottes versammelt, geschützt und erhalten (Frage 54).[13] In der Frage 55 greift er die zwei Möglichkeiten für den Sinn der altkirchlichen Formel „Gemeinschaft der Heiligen" insofern auf, als er die sächliche und die personale Bedeutung von *sanctorum* nebeneinander stellt: *Communio sanctorum* bedeute sowohl das gemeinsame Anteilhaben an Christus, an seinen Gütern und Gaben, als auch das gegenseitige Anteilgeben der Gemeindeglieder.

---

[8] Vgl. Barth, Theologie Luthers, 392–395; Althaus, Theologie Luthers, 254–278.

[9] Althaus, Communio sanctorum.

[10] A. a. O., 75 Anm. 95, und 78. Vgl. auch Althaus, Lutherische Abendmahlslehre, 59–62.

[11] Calvin-Studienausgabe 2, 45.

[12] Calvin, Institutio, IV, 1, 1 + 3.

[13] Reformierte Bekenntnisschriften, 2/2, 167–212.

Die Auslegungsgeschichte von „Gemeinschaft der Heiligen" nötigt zu eigenen Entscheidungen, was den Sinn der Formel betrifft. Eine dogmatische Prüfung der verschiedenen Deutungsmöglichkeiten muss vom Neuen Testament ausgehen. Die Formel selbst taucht dort zwar nicht auf. Es werden aber die Gemeindeglieder oft als „Heilige" bezeichnet, und zwar alle, nicht nur Märtyrer oder besonders herausragende Gläubige.[14] Heilig sind nach gesamtbiblischem Sprachgebrauch alle Menschen, die von Gott berufen und in den Dienst genommen sind.[15] Die später aufgekommene Beschränkung des Begriffs auf Menschen, die ihren Glaubensweg vorbildlich vollendet haben, raubt den übrigen Christen diesen Ehrentitel und verschiebt seine Bedeutung von der göttlichen Indienstnahme hin zu besonderer moralischer Qualität der betreffenden Menschen, stellt somit eine Fehlentwicklung dar.

Der neutestamentliche Begriff κοινωνία, der gewöhnlich mit „Gemeinschaft" übersetzt wird, hat vom antiken Griechisch her die Grundbedeutung „Teilhabe" und „Teilgabe".[16] In den Paulusschriften des Neuen Testaments wird er durchgehend gebraucht, um die Gemeinsamkeit mit jemandem durch gemeinsame Teilhabe an etwas Drittem zu bezeichnen. Die Verbindung der Gläubigen untereinander entsteht demnach nicht durch ihr eigenes Handeln, sondern durch die gemeinsame Teilhabe an Christus und seinen Gaben; Christengemeinschaft ist wesentlich Christusgemeinschaft (1Kor 1,9). Dabei spielt das Abendmahl eine besondere Rolle: Im Teilen von Kelch und Brot untereinander erhalten die Gläubigen Anteil an Blut und Leib Christi und werden dadurch auch miteinander zur Einheit in Christus („ein Leib") verbunden (1Kor 10,14–22). Ähnlich sagt der 1. Johannesbrief: Die Gemeinschaft mit Gott schafft die Gemeinschaft der Gläubigen untereinander (1,6f).

Das neutrische bzw. sakramentale Verständnis der *communio sanctorum* hat darin bleibende Bedeutung, dass es die gemeinsame Teilhabe am Heil in Christus als Grundlage jeder christlichen Gemeinde festhält. Diese Teilhabe an Christus wird durch Wort und Glaube vermittelt und gewinnt in Taufe und Abendmahl sichtbar gemeindegründende und -bauende Gestalt. Die Gemeinschaft der Gläubigen ist „vertikal" begründet in der gemeinsamen Anteilhabe an Christus und wird „horizontal" verwirklicht durch gegenseitiges Anteilgeben und -nehmen. Sowohl die personale als auch die neutrische Bedeutung des Genitivs *sanctorum* hat also für das Verständnis von christlicher Kirche wesentliche Bedeutung. Die neutrische darf man aber nicht dinglich auffassen und dann auf die beiden Abendmahlselemente beschränken, sondern man muss sie auf die Gesamtheit der Heilsgaben Christi beziehen, die uns im Abendmahl verbürgt wird, vor allem auf die Vergebung der Sünden, die Auferstehung der Toten und das ewige Leben. Die eigentliche Gabe des Abendmahls

14 Vgl. Öhler, „Kirche", 372–377.

15 Vgl. Seebass, heilig/rein; Balz, ἅγιοι.

16 Vgl. Popkes, κοινωνία.

besteht ohnehin nicht in dinglichen Gütern himmlischer Art, also nicht in Blut und Leib Christi als geistlichen Stoffen. In und mit den irdischen Elementen Brot und Wein schenkt sich vielmehr Christus selbst in seinem Sterben und Auferstehen. Auch die sakramentale Bedeutung der *communio sanctorum* ist also eine personale; hier aber auf die eine Person Jesus Christus bezogen. Für das Verhältnis der Gläubigen untereinander folgt daraus, dass sie das, was sie mit Christus empfangen haben und immer wieder neu empfangen, nicht für sich behalten, sondern als gemeinsames Eigentum aller Gläubigen betrachten und darum mit anderen zu teilen bereit sind. Da das Leben im Glauben allerdings nicht nur in geistlichem Reichtum und Überfluss besteht, sondern auch in Mangel und Armut, teilen die Gläubigen miteinander auch die Last des Entbehrens und des Versagens, und da das Leben im Glauben sich im leiblichen Dasein vollzieht, im Mühen um Nahrung, Kleidung, Arbeit und Gesundheit, teilen die Gläubigen nicht nur geistliche, sondern nach Kräften auch leibliche Güter miteinander und stehen sich in den irdischen Nöten bei. Dieses gegenseitige Anteilgeben und -nehmen ist Ausdruck der Liebe, durch die persönliche Gemeinschaft Wirklichkeit wird.

2 Verfasste Körperschaft

2.1 Die institutionelle Kirche als Gestalt und Instrument der Gemeinschaft der Gläubigen

Um in der Welt zu existieren, braucht die Gemeinschaft der Gläubigen eine äußere Struktur, d. h. eine wie auch immer geartete Ordnung. Deshalb gehört es zum Wesen der Kirche, dass sie in der einen oder anderen Weise als irdisch sichtbare und greifbare Körperschaft verfasst ist. Wenn man die Gemeinschaft der Gläubigen nicht als bloß gedankliches Ideal, sondern als geschichtliche Wirklichkeit meint, und anders kann sie keinen Platz im geschichtlichen Heilshandeln Gottes haben, dann muss man anerkennen, dass sie nicht nur eine Personengemeinschaft, sondern auch eine gesellschaftliche Institution ist. Bei einer geistgewirkten Gemeinschaft lassen sich Gehalt und Gestalt wohl unterscheiden, aber nicht trennen. Den inneren Gehalt der Gemeinschaft der Gläubigen gibt es nur in der äußeren Gestalt der Kirche als verfasster Körperschaft.

Die Kirche als geistliche Versammlung verwirklicht sich somit geschichtlich als leibliche Versammlung, als Zusammenkunft von Menschen in Raum und Zeit. Dieses Zusammenkommen geschieht nicht einfach spontan und zufällig, sondern bewusst und geplant; es muss also organisiert werden. Die Zusammenkünfte finden auch nicht nur dann und wann statt, sondern regelmäßig. Damit ist bereits eine Institution entstanden, denn „Institution“

bezeichnet im soziologisch weitesten Sinn ein gemeinschaftliches Handeln, über das nicht immer wieder neu entschieden werden muss, sondern das auf Dauer gestellt wurde.[17] Die Zusammenkünfte der Gläubigen finden regelmäßig statt, und sie enthalten, selbst wenn sie ganz schlicht gestaltet sind, immer ein Hören auf Gottes Wort und ein Beten und damit rituelle Elemente. Taufe und Abendmahl, auf deren Feier keine christliche Versammlung auf Dauer verzichten kann, sind – selbst, wenn sie in einfachster Weise gefeiert werden – ebenfalls Rituale und damit feste, äußere Formen. Die einzelnen Gläubigen übernehmen zum Wohl des Ganzen unterschiedliche Aufgaben und erhalten unterschiedliche Zuständigkeiten. Immer gibt es jemanden, der für alle spricht, wenn die Gemeinde insgesamt gefragt ist, und damit eine Leitungsperson. So ist die Kirche, selbst wenn sie sich als Stubenversammlung von zweien oder dreien organisiert, unweigerlich auch Institution und, wenn sie sich eine Ordnung gegeben hat, verfasste Körperschaft.

Die Kirche ist Institution aber auch deshalb, weil sie nur so ihren Auftrag erfüllen kann, das Evangelium weiterzugeben, das sie selber empfangen hat. Da die Kirche als Gemeinschaft der Gläubigen der Anbruch einer neuen Menschheit ist, will und muss sie so viele Menschen wie möglich für den Glauben gewinnen und an ihrer Gemeinschaft Anteil geben. Das kann aber nicht geschehen ohne kontinuierliche Verkündigung des Wortes Gottes, ohne Verbreitung der Bibel und ohne gemeinsamen Gottesdienst. Die institutionelle Kirche ist also nicht nur Gestalt der geistlichen Gemeinschaft, sondern auch ihr Werkzeug. Kirche ist ihrem Wesen nach Sendung oder – mit dem lateinischen Fachwort – Mission. Weil das so ist, darum ist die Kirche auch Institution, denn ohne dauerhafte Formen der Verkündigung und des Zusammenkommens kann die Kirche weder entstehen noch bestehen.

Kirche ist somit ihrem Wesen nach sowohl Sammlung als auch Sendung, sowohl Gemeinschaft als auch Körperschaft. Die äußere, leibliche Versammlung mit allen daraus erwachsenen Strukturen ist nicht nur Ausdruck und Gestalt der geistlichen Gemeinschaft, sondern auch das Mittel oder Instrument, durch das Gott diese Gemeinschaft immer wieder neu wirkt. Das Kirchenverständnis bekommt deshalb eine bedenkliche Schlagseite, wenn man sich das Wesen der Kirche nur in Form von Alternativen erschließen kann: Gemeinschaft oder Körperschaft, Organismus oder Organisation, Ereignis oder Institution, Geist oder Recht, Charisma oder Amt, Heilsgemeinschaft oder Heilsanstalt, Gemeindekirche oder Amtskirche. Diese Pole sind keine Alternativen, sondern gehören zusammen, denn die Kirche ist wesenhaft zugleich persönliche Gemeinschaft und verfasste Körperschaft.

---

17 Vgl. Swarat, Institution; Preul, Kirchentheorie, 129–140; Hillmann, Wörterbuch, 381f.

2.2 Ekklesiologien mit Schlagseite

Ein Zugang zum Wesen der Kirche einseitig über ihren Körperschaftscharakter war lange Zeit in der römisch-katholischen Kirche üblich und bleibt immer eine Versuchung, wenn man geneigt ist, die *ecclesia catholica* des Apostolikums mit der heutigen Papstkirche zu identifizieren. Das II. Vatikanische Konzil (1962–1965) hat versucht, eine direkte Identifizierung zu vermeiden, indem es in der Dogmatischen Konstitution *Lumen Gentium* (Art. 8) erklärte, die Kirche des Glaubensbekenntnisses sei in dieser Welt „in der katholischen Kirche verwirklicht" (*subsistit in Ecclesia catholica*). Damit sollte berücksichtigt werden, dass es auch außerhalb der vom Papst geleiteten Kirche „Elemente der Heiligung und der Wahrheit" gibt. Die katholische Kirche wird vom Konzil ausdrücklich nicht nur als sichtbare Versammlung beschrieben, sondern als zugleich sichtbare und unsichtbare Wirklichkeit, als gesellschaftliches Gefüge und geistliche Gemeinschaft in einem. Damit ist die herkömmliche Schlagseite jedenfalls im Prinzip vermieden.

Auch innerhalb des Protestantismus kann die christliche Kirche einseitig institutionell verstanden werden. Der in der evangelischen Theologie zunehmend gebräuchlicher werdende Begriff „Kirchentheorie" z. B. nimmt die Kirche als soziologisch beschreibbares und funktional zu bewertendes Phänomen in den Blick, meint also im Kern Kirchensoziologie.[18] Auch wo liberale Theologen die Kirche nur als gesellschaftliche Bildungsinstitution zur Erlangung einer autonomen, vom Wort Gottes unabhängigen Religiosität für nötig erachten, ist ekklesiologisch vor allem die Körperschaft relevant. Hans-Peter Großhans hat dem mit Recht entgegnet: „Die Kirche ist dem Glauben nicht äußerlich. Sie ist aus der Sicht des Glaubens eben nicht nur Mittel und Instrument, sondern Vollzug des Heils."[19] Das stimmt mit einem gewichtigen Teil der römisch-katholischen Theologie seit dem II. Vatikanischen Konzil überein, der von der Kirche lehrt, dass sie nicht nur Heilsmittel ist, sondern auch Heilsfrucht.[20]

Auf der anderen Seite hat es in der evangelischen Theologie auch einseitige Betonungen des Gemeinschaftscharakters der Kirche gegeben. Die beiden klassischen Vertreter dieser Schlagseite sind der lutherische Kirchenrechtler Rudolf Sohm (1841–1917) und der reformierte Systematiker Emil Brunner (1889–1966).

---

18 Vgl. Becker. Dass der Begriff auch in die freikirchliche Theologie eingewandert ist, zeigt der an der Theologischen Hochschule Ewersbach erarbeitete Text von Heiser / Iff / Schroth, Frei-evangelische Kirchentheorie. Der Baptist Ralf Dziewas tritt schon seit Jahren mit soziologisch orientierten Veröffentlichungen zur Ekklesiologie hervor, bisher jedoch ohne den Begriff Kirchentheorie zu verwenden (vgl. z. B. Dziewas, Konfessionelle Identität).

19 Großhans, Kirche, 404.

20 Vgl. Wagner, Dogmatik, 89.

Sohms These lautete:[21] Das Kirchenrecht steht mit dem Wesen der Kirche in Widerspruch; die geistliche Kirche, der Leib Christi, darf deshalb nicht als rechtlich verfasste Organisation angesehen werden. Sohm hielt dies für eine Konsequenz aus Luthers Lehre von der Unsichtbarkeit der Kirche. Der große Dogmengeschichtler Adolf Harnack (1851–1930) hat Sohm nachdrücklich widersprochen.[22] Wenn man schlechthin alles Irdische vom Wesen der Kirche fernhält, sagte Harnack, dann wird die Kirche zu einer bloßen Idee, an die jeder einzelne Christ in seiner Vereinzelung glaubt. Es gehört aber zum Wesen der Kirche, dass sie als Volk Gottes, dessen Heimat im Himmel ist, doch hier auf Erden in der Form einer Gemeinschaft oder Genossenschaft auftritt, also als eine Verbindung von Menschen. Dieses korporative Element fordert, so Harnack, irgendeine Ordnung des Zusammenlebens, und diese Ordnung muss sich grundsätzlich auch ohne Zustimmung des Betroffenen durchsetzen lassen. Das aber ist nichts anderes als Recht. Damit hatte Harnack Wesen und Wirklichkeit der christlichen Kirche deutlich besser getroffen als Sohm.

Emil Brunner zeigte sich mit seiner Studie „Das Missverständnis der Kirche" 1951 als *Sohm redivivus*.[23] Wie Sohm machte Brunner den unbiblischen Charakter der existierenden Kirchen vor allem an ihrer Rechtsnatur fest. Die Ekklesia des Neuen Testaments habe keine rechtliche Organisation gekannt, sondern nur spontane, vom Heiligen Geist frei geschaffene Ordnungen des bruderschaftlichen Umgangs miteinander. Die Christusgemeinde sei keine Institution, kein Apparat, kein Etwas, also keine „Kirche", sondern nichts anderes als eine Gemeinschaft von Personen.

Die berechtigten Widerreden Harnacks gegen Sohm hat Brunner anscheinend bewusst ignoriert, der Überzeugungskraft seiner Konzeption damit aber nicht wenig geschadet. Man könnte meinen, der rein gemeinschaftliche Ansatz von Brunners Ekklesiologie habe sich notwendig aus dem Personalismus seiner gesamten Theologie ergeben. Im Glauben verschwindet laut Brunner der Subjekt-Objekt-Gegensatz, und es entsteht eine Begegnung von Person zu Person.[24] Diesen personalen Ansatz verabsolutierte Brunner allerdings in der Regel nicht, denn er wusste um ein relatives Recht des Subjekt-Objekt-Gegensatzes. Gottes Wort ist nicht nur persönliche Anrede, heißt es 1938 in seinem programmatischen Werk „Wahrheit als Begegnung", sondern auch Lehre, denn Gott sagt immer auch „etwas", wenn er zum Menschen spricht. Dementsprechend ist der Glaube nicht nur personhafte Antwort in Form des Gebets, sondern auch Lehrglaube und Fürwahrhalten. Beim Kirchenbegriff verabsolutierte Brunner dann allerdings doch den personalen Ansatz, indem er erklärte, die Ekklesia sei „rein und aus-

[21] Sohm, Katholizismus.

[22] Harnack, Kirchenverfassung.

[23] Brunner, Missverständnis.

[24] Vgl. Brunner, Wahrheit.

nahmslos" personale Gemeinschaft und keine Institution.[25] Das ist im Sinne seines personalistischen Konzepts inkonsequent. Wenn man im Kirchenverständnis nämlich nur den Objektivismus bekämpft, verfällt man unweigerlich dem Subjektivismus, verfehlt also den Kern des personalistischen Denkens, das jenseits von Objektivismus und Subjektivismus stehen will.[26]

Es hat den Anschein, als habe Brunner, als er die Ekklesia als Persongemeinschaft ohne allen institutionellen Charakter beschrieb und sie mit den verfassten Kirchen kontrastierte, die sog. Gruppenbewegung um Frank Buchman (1878–1961)[27] vor Augen gehabt. Dieser erweckliche Aufbruch hatte Brunner stark beeindruckt durch seine missionarisch-seelsorgliche Wirkung, die die Kirche nicht hatte.[28] Vielleicht noch stärker hat ihm der CVJM, in dessen Weltbund er jahrelang als offizieller „Berater" mitarbeitete, die Ekklesia im Sinne des Neuen Testaments veranschaulicht.[29] Das Bild, das er sich von diesen Gruppen machte, hat er in seiner Beschreibung der neutestamentlichen Ekklesia gewissermaßen dogmatisiert. Darum gab er der Ekklesia die Züge einer „Bewegung" und kontrastierte sie mit den „Kirchen".

In den 70er und 80er Jahren des 20. Jahrhunderts wurde Brunners Ekklesiologie vom Herner Superintendenten Fritz Schwarz (Evangelische Kirche von Westfalen) und seinem Sohn Christian übernommen und zur theologischen Grundlage ihres Gemeindeaufbauprogramms gemacht.[30] Für sie war besonders wichtig, dass Brunner trotz des Gegensatzes zwischen der Ekklesia und den institutionellen Kirchen durchaus auch zu einer positiven Beurteilung der Letzteren kommen konnte: Was einerseits eine Wesensdifferenz ist, gehöre andererseits doch zusammen wie Kern und Schale.[31] Obwohl also zwischen Kirchen und Ekklesia ein unüberbrückbarer Gegensatz besteht, sind die Kirchen doch für die Ekklesia notwendig; theologisch stellen sie eine Katastrophe dar, praktisch haben sie aber erheblichen Nutzen. Aufgabe der institutionellen Kirchen ist es laut Brunner zwar nicht, Ekklesia zu werden, weil das unmöglich ist, aber doch als *externa subsidia*, „äußere Hilfsmittel", dem Werden der Ekklesia zu dienen.

Bei aller Wertschätzung für missionarischen Gemeindeaufbau muss man allerdings an Brunner und die Schwarzens die Frage stellen, ob die institutionelle Kirche wirklich auf ihre Nützlichkeit für das Werden der Ekklesia reduziert werden kann. Hat die institutionelle Kirche keine andere Bedeutung? Ist sie nicht gerade darum Instrument der Gemeinschaft der Gläubigen, weil sie zugleich deren geschichtliche Gestalt ist? Mit dem Satz, dass die Kirchen

---

25 A. a. O., 168.

26 Vgl. Swarat, Dialog, 221–226.

27 Vgl. Pahl / Thieme, Buchman. Zur Wirkung Buchmans und der Oxford-Gruppenbewegung vgl. auch den Beitrag von Markus Schmidt in diesem Band.

28 Vgl. Brunner, Begegnung; ders., Kirchen; McGrath, Brunner, 85–87.199–204.

29 Vgl. Jehle, Brunner, 499–514.

30 Vgl. Schwarz, Gemeinde; Schwarz / Schwarz, Theologie; Lüdke, Brunners Kirchenverständnis.

31 Brunner, Missverständnis, 134.

die Kontinuität der Verkündigung und Lehre gewährleisten,[32] deutet Brunner immerhin an, dass die Institution vielleicht doch wesenhaft zur Ekklesia gehört. Oder ist kontinuierliche Verkündigung und Lehre etwas für die Ekklesia nur „Äußerliches", das wie eine Schale vom Kern abgestreift werden kann? Wenn nicht, dann stellt sich die Frage, warum diese Kontinuität nicht durch die Ekklesia selbst hergestellt werden kann. Es scheint, als sei die Ekklesia in dieser Welt aus eigenen Kräften nicht überlebensfähig, sondern bräuchte etwas ihr Wesensfremdes, um geschichtlich zu existieren. Die Kirche, so wird gesagt, beruht auf einer „Wesensveränderung" der Gemeinde Jesu,[33] ist aber offenbar trotzdem fähig, der Gemeinde Jesu zum Entstehen und Bestehen zu verhelfen. Das ist in sich widersprüchlich.[34]

Bei Brunner und seinen Adepten zeigt sich also deutlich, dass der Ansatz, Gemeinschaft und Körperschaft als gegensätzliche Größen zu betrachten, zu einer falsch vergeistigten Ekklesiologie führt. Die institutionelle Dimension darf einfach nicht aus dem Begriff der Gemeinde Jesu ausgeklammert werden. Und natürlich gilt auch umgekehrt: Die personelle Dimension darf aus dem Begriff der Kirche nicht ausgeklammert werden. Die Kirche ist nämlich institutionell und personell in einem.[35] Sie ist nicht nur Mittel zum Zweck (wie auch immer man diesen „Zweck" bestimmt), sondern als *communio sanctorum* auch Selbstzweck. Sie ist sowohl Mittel als auch Frucht der göttlichen Gnade: Als Körperschaft Mittel, als Gemeinschaft Frucht. Sie ist nicht nur Werkzeug des Heiligen Geistes, sondern auch sein Werk. Als Gemeinschaft ist sie der Gehalt der Institution, als Körperschaft die Gestalt der Gemeinschaft und ihr Instrument.

Literatur

Althaus, Paul, Communio sanctorum. Die Gemeinde im lutherischen Kirchengedanken. I. Luther, München 1929.

–, Die lutherische Abendmahlslehre in der Gegenwart, München 1931.

–, Die Theologie Martin Luthers, Gütersloh [5]1980.

–, Die christliche Wahrheit. Lehrbuch der Dogmatik. Gütersloh [8]1972.

Balz, Horst, Art. ἅγιοι, in: EWNT[2], Bd. I, Stuttgart 1992, 38–48.

Barth, Hans-Martin, Die Theologie Martin Luthers. Eine kritische Würdigung, Gütersloh 2009.

Barth, Karl, Die kirchliche Dogmatik, Bd. IV/2, Zürich 1955.

[32] A. a. O., 127.

[33] A. a. O., 114.

[34] An dieser Stelle (und nicht nur hier) hatte Karl Barth mit seiner Kritik an Brunners Ekklesiologie einfach Recht (Kirchliche Dogmatik IV/2, 774–777).

[35] Vgl. Althaus, Christliche Wahrheit, 500.

Becker, Dieter, Kirchentheorie. Geschichte und Anforderungen eines neueren theologischen Begriffs, in: Pastoraltheologie 96 (2007), 274–290.

Brunner, Emil, Meine Begegnung mit der Oxforder Gruppenbewegung (1932), in: ders., Ein offenes Wort, Bd. 1, Vorträge und Aufsätze 1917–1934, Zürich 1981, 268–288.

–, Die Kirchen, die Gruppenbewegung und die Kirche Jesu Christi, Berlin 1936.

–, Wahrheit als Begegnung, Zürich 1938, [2]1963 [= [3]1984].

–, Das Missverständnis der Kirche, Zürich [1/2]1951 [= [3]1988].

Calvin, Johannes, Institutio Christianae Religionis / Unterricht in der christlichen Religion (1559), übersetzt von Otto Weber, bearbeitet von Matthias Freudenberg, Neukirchen-Vluyn 2009.

Calvin-Studienausgabe, hg. von Eberhard Busch u. a., Bd. 2, Neukirchen-Vluyn 1997.

Coenen, Lothar, Art. ἐκκλησία, in: Theologisches Begriffslexikon zum Neuen Testament, Bd. 2, neubearb. Aufl. Wuppertal / Neukirchen 2000, 1136–1150.

Dziewas, Ralf, Konfessionelle Identität in Freikirchen. Eine soziologische Analyse ihrer Entstehung und ihrer Wandlungsprozesse, in: Burkhard Neumann / Jürgen Stolze (Hg.), Christsein zwischen Identität und Wandel. Freikirchliche und römisch-katholische Perspektiven, Paderborn / Göttingen 2017, 31–66.

Großhans, Hans-Peter, Die Kirche – Sozialform versöhnten Lebens, in: Anne Käfer u. a. (Hg.), Die Rede von Gott Vater und Gott Heiligem Geist als Glaubensaussage. Der erste und der dritte Artikel des Apostolischen Glaubensbekenntnisses im Gespräch zwischen Bibelwissenschaft und Dogmatik, Tübingen 2020, 385–410.

Hahn, August, Bibliothek der Symbole und Glaubensregeln der Alten Kirche, Breslau [3]1897 [= Hildesheim 1962].

Harnack, Adolf von, Entstehung und Entwickelung der Kirchenverfassung und des Kirchenrechts in den zwei ersten Jahrhunderten, Leipzig 1910 (= Darmstadt 1980).

Heiser, Andreas / Iff, Markus / Schroth, Michael, Frei-evangelische Kirchentheorie. Ein Werkstattbericht, in: Theologisches Gespräch 44 (2020), 3–37.

Hillmann, Karl-Heinz, Wörterbuch der Soziologie, 5., vollständig überarbeitete und erweiterte Aufl., Stuttgart 2007.

Jehle, Frank, Emil Brunner. Theologe im 20. Jahrhundert, Zürich 2006.

Katechismus der Katholischen Kirche, München 1993.

Lüdke, Frank, Emil Brunners Kirchenverständnis in seiner Bedeutung für die Konzeption des Gemeindeaufbaus bei Fritz und Christian A. Schwarz, in: ders. / Norbert Schmidt (Hg.), Alter Wein in neuen Schläuchen? Gemeinschaftsbewegung und Gemeindeaufbau seit den 1970er Jahren, Berlin 2020, 165–202.

Luther, Martin, Von den Konzilien und der Kirche, in: Luther deutsch, hg. von Kurt Aland, Bd. 6: Kirche und Gemeinde, 2., erw. und neubearb. Aufl., Stuttgart 1966.

–, Der Große Katechismus, in: Die Bekenntnisschriften der Evangelisch-Lutherischen Kirche. Vollständige Neuedition, hg. von Irene Dingel, Göttingen 2014, 912–1162.

McGrath, Alister E., Emil Brunner. A Reappraisal, Chichester 2014.

Öhler, Markus, Von „Kirche“, Gemeinschaft und Heiligem Geist, in: Anne Käfer u. a. (Hg.), Die Rede von Gott Vater und Gott Heiligem Geist als Glaubensaussage. Der erste und der dritte Artikel des Apostolischen Glaubensbekenntnisses im Gespräch zwischen Bibelwissenschaft und Dogmatik, Tübingen 2020, 357–383.

Ott, Ludwig, Grundriss der katholischen Dogmatik, Freiburg i. Br. [10]1981.

Pahl, Stefan / Thieme, Hartwig, Art. Buchman, Frank Nathan Daniel, in: ELThG[2], Bd. 1, Holzgerlingen 2017, 1080–1085.

Popkes, Wiard, Art. κοινωνία, in: Theologisches Begriffslexikon zum Neuen Testament, Bd. 1, neubearb. Aufl., Wuppertal / Neukirchen 1997, 712–718.

Preul, Reiner, Kirchentheorie. Wesen, Gestalt und Funktionen der Evangelischen Kirche, Berlin / New York 1997.

Reformierte Bekenntnisschriften, hg. von Andreas Mühling / Peter Opitz, Bd. 2/2: 1562–1569, Neukirchen-Vluyn 2009.

Roloff, Jürgen, Die Kirche im Neuen Testament, Göttingen 1993.

Schwarz, Fritz, Überschaubare Gemeinde. 1. Grundlegendes. Ein persönliches Wort an Leute in der Kirche über missionarischen Gemeindeaufbau, Herne 1979; 2. Aufl. Gladbeck 1980.

–, / Schwarz, Christian A., Theologie des Gemeindeaufbaus. Ein Versuch, Neukirchen-Vluyn [3]1987.

Schweizer, Eduard, Gemeinde und Gemeindeordnung im Neuen Testament, Zürich 1959.

Seebass, Horst u. a., Art. heilig/rein, Theologisches Begriffslexikon zum Neuen Testament, Bd. 1, neubearb. Aufl. Wuppertal / Neukirchen 1997, 886–912.

Sohm, Rudolf, Wesen und Ursprung des Katholizismus, Leipzig 1909, wieder abgedruckt: Sonderausgabe Darmstadt 1967.

Swarat, Uwe, Art. Communio Sanctorum, in: ELThG Bd. 1, Wuppertal 1992, 388f.

–, Art. Institution, ELThG[2], Bd. 2, Holzgerlingen 2019, 1392–1396.

–, Die Kennzeichen der wahren Kirche (notae ecclesiae), in ders., Gnade und Glaube, Leipzig 2021, 115–134.

–, Im Dialog stehen. Ein Blick auf klassische Konzepte des Personalismus in Philosophie und Theologie, in: Esther Brünenberg-Bußwolder u. a. (Hg.), Neues Testament im Dialog. Festschrift für Thomas Söding zum 65. Geburtstag, Freiburg i. Br. 2021, 208–238.

Wagner, Harald, Dogmatik, Stuttgart 2003.

Skizze für eine „Theorie des ekklesialen Daseins"

Ein Gespräch mit Dietrich Bonhoeffer und Jürgen Habermas

Von Felix Stütz

1 Einleitung

Die Kirche hat ein Problem – vor allem die evangelische Kirche. Seit der reformatorischen Bestimmung der Kirche als *„congregatio sanctorum et vere credentium"*[1] (CA VIII) und der gleichzeitigen Vorordnung dieser Definition vor die soziologische Beschreibung der Kirche besteht ein Spannungsverhältnis, an dem sich seither vorrangig die Ekklesiologie abarbeitet. Es stellt sich mitunter nicht nur die Frage, was die Kirche ist, sondern auch, wie sie zu begründen ist und wie ein Verhältnis von theologischer und soziologischer Bestimmung auszutarieren ist. Demzufolge ergibt sich die Herausforderung, einen theoretischen Rahmen zu finden, in dem die Kirche sowohl in ihrem Wesen als auch in der Sozialgestalt erfasst werden kann. Diese Herausforderung erweist sich als dringend zu bearbeitende Aufgabe, da in jüngster Zeit die Frage nach der (Sozial-)Gestalt von Kirche nicht selten mit Alarmismus verbunden wird. Ein ernsthaftes Gespräch, welchen Beitrag neben der Sozialraumforschung oder Transformationsstudien respektive der Kirchentheorie im Allgemeinen auch die Dogmatik beizutragen hat, ist deshalb notwendig. Die beteiligten Perspektiven schließen sich keineswegs aus. Vielmehr erscheint ein theoretischer Rahmen notwendig, um das Gespräch in fruchtbarer Art und Weise zu führen. Es ist das Ziel dieser Ausführungen, die Frage nach dem Verhältnis von Wesen und Gestalt der Kirche als eine dezidiert dogmatische Frage herauszustellen. Zudem wird ein theoretischer Rahmen angeboten, um die Frage der Verhältnisbestimmung zu diskutieren und der notwendigen Multiperspektivität gerecht zu werden.

Deshalb soll im Folgenden diese Problemstellung einer solchen Verhältnisbestimmung anhand Dietrich Bonhoeffers ekklesiologischen Ausführungen durchgespielt und der Versuch gewagt werden, mit Jürgen Habermas' *„Theorie des kommunikativen Handelns"* einen Transmissionsriemen für eine produktive dogmatische Verhältnisbestimmung zwischen der Kirche als Sozialgestalt und ihrem Wesen als geistlicher Größe zu finden. Abschließend soll dieser Gedankengang in eine Skizze münden, die zeigt, wie eine *Theorie des ekklesialen Daseins* for-

---

[1] BSLK, 103.

muliert werden kann, in der das lebendige Wechselspiel von kontextueller Ausgestaltung und intrinsischem Wesen berücksichtigt und reflektiert wird.

2 Es ist (nicht), was es ist: Die Problemstellung von Wesen und Gestalt der Kirche

2.1 Christus als Gemeinde existierend

Die Theologie Bonhoeffers changiert in ihren großen zentralen Themen zwischen der Christologie, der Ekklesiologie und der Ethik, wobei der Ekklesiologie eine Zwischenposition zukommt und sie gegenüber den beiden anderen Topoi eine transmissive Rolle innehat. Sie bildet den theoretischen Rahmen, was Bonhoeffer bereits in seiner Dissertation als Vorschlag für die Dogmatik im Allgemeinen äußert.[2] Bonhoeffer arbeitet sich seit seiner Dissertation „*Sanctorum Communio*" (1927) an der Frage des Verhältnisses von Wesen und Gestalt der Kirche ab. Inwiefern diese Fragestellung der rote Faden in der Beschäftigung Bonhoeffers mit der Kirche ist, soll im Folgenden aufgezeigt werden.

Wie der Untertitel der Dissertation „Eine dogmatische Untersuchung der Sozialgestalt der Kirche" es nahelegt, ist es Bonhoeffers Ansinnen, die dogmatische Beschreibung der Kirche unter Zuhilfenahme der Sozialphilosophie und Soziologie präziser zu bestimmen. Das interdisziplinäre Gespräch beginnt er, weil die Soziologie die „konstituierenden Strukturgesetze"[3] aufdeckt und die Sozialphilosophie „nach den ‚Ursprüngen' der Sozialität"[4] fragt. Für Bonhoeffer ist die Intersubjektivität ein grundlegendes Moment,[5] weshalb sich diese Disziplinen als gewinnbringende Gesprächspartnerinnen für die Dogmatik respektive die Ekklesiologie erweisen, die nach dem „Wesen der Kirche"[6] fragt. Jenes Wesen lässt sich nach Bonhoeffer – im Gegensatz zu Barth[7] – soziologisch bestimmen, weil die Kirche auch eine „geschichtliche

2 Vgl. DBW 1, 85.

3 A. a. O., 16.

4 A. a. O.

5 Es war einerseits die Gedankenreihe der ontischen personalen Grundbezogenheit der Menschen aufeinander, andererseits die Entdeckung der vorwillentlichen Sozialität des menschlichen Geistes und die schließlich darauf aufbauende Untersuchung über die Formen der empirischen realen Gemeinschaftsbeziehungen, die immer der willentlichen Sozialakte bedürfen, um sich als personale Sozialbeziehungen zu dokumentieren (vgl. a. a. O., 79).

6 A. a. O., 18.

7 Für Barth gilt die Kirche als „irdisch-geschichtliche Existenzform" (KD IV/3, 790. 834) und wird in seiner Versöhnungslehre christologisch aus dem prophetischen Amt Jesu Christi heraus verstanden.

Gemeinschaft"[8] ist. Als solche ist sie jedoch gleichzeitig und ursprünglich „gottgesetzt"[9]. Dem Anspruch von Kirche gerecht zu werden, bedeutet insofern nach Bonhoeffer, die Kirche von innen her zu verstehen. Das heißt, „die in der Offenbarung in Christus gegebene Wirklichkeit einer Kirche Christi sozialphilosophisch und soziologisch strukturell zu verstehen."[10] Mit der Soziologie und Sozialphilosophie findet Bonhoeffer das geeignete Instrumentarium, um die inhärente Intersubjektivität der Kirche aufzugreifen und über eine deskriptive Morphologie hinaus der „Realität der Kirche" als einer „Offenbarungsrealität"[11] gerecht zu werden.

Die Beschreibung der Kirche kulminiert sodann in der Formel „Christus als Gemeinde existierend"[12], womit Bonhoeffer die neutestamentliche Leibmetapher (1Kor 3,16; 2Kor 6,16; Eph 5,30)[13] und eine Formulierung Hegels – Gott als Gemeinde existierend – interpretiert. Während eine totalisierende Identifikation von Christus und Gemeinde ausgeschlossen wird,[14] versucht Bonhoeffer, den Weg zwischen einer einerseits historisierenden und andererseits religiösen Betrachtung zu finden.[15] Das Resultat ist ein oszillierender Kirchenbegriff, der den Ausgangspunkt von Kirche sowie ihre Wesensbegründung in der Offenbarung Gottes in Jesus Christus findet und gleichwohl gerade aufgrund dieser und dem „Geschichtegewordensein"[16] der Offenbarung die Gestalt der Kirche auch zu fassen vermag.

Wegen dieser Wesensbegründung gehören unsichtbare und sichtbare Kirche zusammen.[17] Damit ist jedoch nicht gesagt, dass die faktisch existierende Kirche jeglicher Kritik enthoben wäre. Vielmehr ist von der recht steil anmutenden Begründung ausgehend eine Kritik an der Sozialgestalt legitim.[18] Die christologische Figur der Stellvertretung wird für Bonhoeffer zum

Jedoch lässt diese Begründungsfigur nur zu, dass die Kirche als „Reflex und Replik" (KD IV/3, 908) erfasst wird. Eine dogmatische Perspektive auf die Sozialgestalt wird folglich unterminiert.

8 DBW 1, 80.

9 A. a. O.

10 A. a. O., 18.

11 A. a. O., 80 [im Original kursiv].

12 A. a. O., 76. 87. 126 und an vielen anderen Stellen.

13 Vgl. a. a. O., 87.

14 Vgl. a. a. O., 86.

15 Vgl. a. a. O., 79.

16 A. a. O., 89.

17 Vgl. a. a. O., 150 Anm. 92.

18 Dass Bonhoeffer sich in seiner Dissertation mit Kritik selbst nicht zurückhielt, sei hier nur am Rande bemerkt. Die spitze Kritik an der Kirchensteuer wurde dann für die Druckfassung vorerst gestrichen. Vgl. a. a. O., 287, Anm. 385. In diesem Anliegen der Kritik sieht Kirsten Busch Nielsen die Aufnahme der frühen Ekklesiologie Luthers. Die Verknüpfung der Kritik an Kirche und Religion ist eine fundamentale Kritik, weil sie vom Ansatz der Kirche herkommt, gleichwie eine „constructive critique" (Busch Nielsen, Critique of Church, 332).

Interpretament für die Struktur der Kirche, weshalb deren Sozialgestalt in der Struktur des Füreinander konkretisiert wird.[19] Es bleibt die Frage, ob dogmatisch mehr als diese formal-strukturelle Bestimmung gesagt werden kann. Nach Bonhoeffer ist dies der Fall: „In ihm [dem christlichen Prinzip der Stellvertretung; F. S.] besteht die materiale Besonderheit der christlichen Grundbeziehungen."[20] Diese formale Struktur gilt es zu realisieren. Sie findet in der tätigen Liebe ihre Aktualisierung – *in concreto* in der Nächstenliebe, dem Fürbittengebet und der gegenseitigen Sündenvergebung.[21] Wenngleich der Wesensbegriff der Kirche epistemologisch den Vorrang besitzt, so korreliert dieser Wesensbegriff mit der empirischen Gestalt, weil die Offenbarung selbst geschichtliche Gestalt gewinnen will. Ferner kann diese empirische Gestalt auf ihre Struktur hin befragt werden, denn von dort her baut sie sich auf.[22] Kirche als ‚Christus existierend' realisiert sich im ‚Für-die-Welt-Sein'.[23] Eine Kritik an der Sozialgestalt ist dann notwendig, wenn die empirische Gestalt die formale Struktur des Für-Seins nicht mehr realisiert.

2.2 Kirche zwischen Akt und Sein

Die Frage nach der Kirche nimmt Bonhoeffer in seiner Habilitationsschrift *„Akt und Sein"* (1930) erneut auf und bestimmt die Kirche dort als „Akt-Seinsheit".[24] In der dortigen Behandlung der Frage, wie der glaubende Mensch und die Offenbarung strukturell zusammenhängen, versucht Bonhoeffer Ansätze zu kombinieren, die einerseits den Akt und andererseits das Sein betonen.[25] Die Einheit von Akt und Sein gibt es ausschließlich in der Kirche. Bonhoeffer

19 Vgl. DBW 1, 117.

20 A. a. O., 100.

21 Vgl. a. a. O., 121f.

22 Vgl. Abraham, Wort und Sakrament, 144f. Dennoch bleibt die „empirische Realität der Kirche [...] ein zweideutiges Geschehen" (Soosten, Die Sozialität der Kirche, 234). Zudem bleibt die empirische Gestalt methodisch unterbelichtet, so die Kritik von Soosten, der hervorhebt, dass Bonhoeffer dem eigenen Ansatz nicht gerecht wird (Soosten, Die Sozialität der Kirche, 263–266).

23 Für Barth ein undenkbarer Gedanke, der der Kirche lediglich ein Mit-Sein, ein Für-Sein in Ableitung von Christus' Für-Sein zugesteht. Vgl. KD IV/3, 906. Das hängt bei ihm mit der christologischen Konzeption zusammen, weshalb er auch nicht die Sozialgestalt fassen kann. Immer wieder greift er das Diktum Calvins auf: *finitum non capax infiniti.* Das Für-Sein wird Christus zugeschrieben, während die Gemeinde sich im Mit-Sein mit der Welt formiert und demnach nur als Gleichnis vorwegnimmt, was in Jesus Christus für die ganze Welt realisiert ist.

24 DBW 2, 115. Vgl. auch Green, Freiheit zur Mitmenschlichkeit, 103f.

25 In einer Analyse der seinerzeit gegenwärtigen theologischen Landschaft ordnet Bonhoeffer die unterschiedlichen Ansätze in zwei Parteien ein. Die einen betonen den Akt (u. a. Barth und Bultmann) und die anderen das Sein (u. a. Althaus und Hirsch), vgl. hierzu: a. a. O., 75–105. Der Akt gilt

begründet dies damit, dass zum einen in der Kirche die Offenbarung von außen auf die Menschen trifft. Man könnte umgekehrt auch sagen, dort, wo die Offenbarung auf die Menschen trifft, ereignet sich Kirche. Zum anderen gibt es in der Kirche jedoch auch eine auf die Offenbarung bezogene Kontinuität, weil es die *promissio* der Präsenz Gottes gibt. Explizit kann hier Bezug auf die sogenannten *notae ecclesiae* genommen werden, wobei auch diesbezüglich die reformatorische Formulierung *ubi et quando visum est deo* (CA V) Geltung besitzt. Zwar wird hier der „evangelische Kirchengedanke personhaft gedacht“[26], allerdings kommt Bonhoeffer über eine formalistische Beschreibung der Gläubigen, die sich im Glauben als Teil der Kirche verstehen und dadurch den sich aktual aufgrund der Offenbarung ereignenden Glauben als Ausdruck ihres Seins in der Kirche erkennen,[27] nicht hinaus. Insofern bleibt die Kirche in ihrer weltlichen Sozialgestalt unberührt. Dennoch erweist sich die präzise Beschreibung als gewinnbringend, da sie die Fragestellung des Verhältnisses von Wesen und Gestalt der Kirche noch verschärft. Der Problemhorizont einer Vermittlung respektive produktiven Verhältnisbestimmung erscheint dadurch deutlicher.

2.3 Die Ortlosigkeit der Kirche

Die Problemstellung nimmt Bonhoeffer in einer Vorlesung zum „*Wesen der Kirche*“ (1932) erneut auf.[28] Im Anschluss an die Berliner Kontroverse zwischen Barth und Dibelius[29] widerspricht Bonhoeffer Dibelius’ Aussage, dass die Kirche ihren Ort seit 1918 gefunden habe.[30] Pointierter als zuvor geht Bonhoeffer auf die empirische Sozialgestalt der Kirche ein und spricht von einer Ortslosigkeit der Kirche. Der eigentliche Ort der Kirche ist in Christus. Daraus wird ein Auftrag der Kirche abgeleitet, der Implikationen für ihren Ort und ihre Sozialgestalt hat: „Kirche muß da sein, wo Gott redet.“[31] Es scheint, dass die Sozialgestalt damit gar nicht mehr fassbar wird, allzumal Bonhoeffer den Spitzensatz aus seiner Dissertation – Chris-

„seinsfremd als die reine Intentionalität“ (a. a. O., 23) und existiert in Diskontinuität, wohingegen der Aspekt des Seins das „In-sich-bleiben, […] die Kontinuität“ (a. a. O., 24) herausstellt.

26 A. a. O., 108.

27 Vgl. a. a. O., 125f.

28 Die Vorlesung Bonhoeffers ist lediglich durch studentische Mitschriften erhalten, was allerdings an den Kerngedanken der Vorlesung nichts ändern dürfte.

29 Auf den Berliner Vortrag von Barth zur „Not der evangelischen Kirche“ (1931) reagierte Dibelius mit dem Vortrag über „Die Verantwortung der Kirche“ (1931) noch im selben Jahr. Vgl. Barth, Die Not der evangelischen Kirche, 22–62.

30 Vgl. DBW 11, 247.

31 A. a. O., 248, Anm. 64.

tus als Gemeinde existierend – nochmal zuspitzen kann und Christus und die Kirche zusammenrücken lässt: „Die Kirche selbst ist der gegenwärtige Christus! Die Gegenwart Gottes auf Erden ist Christus, die Gegenwart Christi auf Erden ist die Kirche."[32] Mit der Aussage, dass Christus der Kirche zugleich gegenüber ist, wird die Kehrseite der Medaille ergänzt.[33] Daran anknüpfend differenziert Bonhoeffer zwischen einer horizontalen und einer vertikalen Dimension. Die vertikale (und begründende) Dimension greift den aktualen Aspekt der Habilitation auf. Die horizontale Dimension markiert das Sein der Kirche in Versammlung und Verkündigung.[34] Dabei gilt, dass „Glaube und Liebe […] für die Kirche strukturierend in der horizontalen Line"[35] wirken. Von innen her lässt sich die Kirche dann in ihrer Weltlichkeit zum Staat einerseits und in ihrer sogenannten Christlichkeit zum Reich Gottes andererseits ein- und abgrenzen.[36]

Als *Kirche* in der Welt verzichtet sie nach Bonhoeffer „auf alles außer Christi Wort"[37] und ist „obdachlos".[38] Kirche kann sich voll in der Struktur des Für-Seins entfalten. Sie ist nicht für sich, sondern für die Welt und wird dabei vom Reich Gottes abgegrenzt. Die Struktur des Für-Seins bleibt nicht abstrakt, sondern wird aus der Offenbarung abgeleitet. Dementsprechend wird die Existenz der Kirche explizit im Für-die-Welt-Sein realisiert. Als Kirche *in der Welt* ist sie vom Staat abgegrenzt, und in ihrer Sichtbarkeit existiert sie in einer Vorläufigkeit und besitzt Geheimnischarakter. Die horizontale und die vertikale Dimension sind nicht gegeneinander auszuspielen, weil Kirche als die Einheit von Akt und Sein verstanden wird. Die Sozialgestalt *von Kirche* zu erfassen impliziert folglich, nicht abstrakt die Kirche in ihrer empirischen Gestalt zu erfassen, sondern die Kirche *in ihrer Sozialgestalt* zu erfassen. Das heißt, die Kirche wird in ihren existierenden Zusammenhängen erfasst und nicht abstrahiert als ein Gegenstand unter anderen.

Letztlich ist die doppelte Abgrenzung charakterisierend, denn die Kirche ist ortlos, weil sie Kirche ist und nichts Weltliches sie begründen kann. Gleichwohl ist sie Kirche und deshalb in der Welt, weil sie nicht das Reich Gottes ist. Sie gilt für Bonhoeffer als die „kritische Mitte der Welt"[39], wobei er zugleich Gott als die Krisis bezeichnet – so der Nachhall der Dialektischen Theologie.[40] Insofern ergibt sich ein Wechselspiel zwischen Konstruktion und Kritik. Denn

---

32 A. a. O., 271.

33 Vgl. a. a. O., 272.

34 Vgl. a. a. O., 285f.

35 A. a. O., 289.

36 Vgl. a. a. O., 298–303.

37 A. a. O., 299.

38 A. a. O., 298.

39 A. a. O., 248 [im Original kursiv].

40 Vgl. a. a. O., 248.

die Entfaltung der Struktur des Für-Seins in Form der Konstruktion einer Sozialgestalt unter kontextuellen zeitgeschichtlichen Bedingungen ist zeitgleich auf die ihr zugrundeliegende Struktur des Für-Seins durchsichtig zu machen und steht damit unter einer fundamentalen Kritik – einer Kritik, die christologisch begründet auf Gottes Für-die-Welt-Sein verweist. Das eine Moment verweist unabdingbar auf das andere Moment, weil Kirche weder Reich Gottes noch Staat[41] ist.

Die Frage nach einer Verhältnisbestimmung von Wesen und Gestalt der Kirche ist für Bonhoeffer eine zentrale Frage, die nicht nur aus dem zeitgeschichtlichen Kontext deduziert werden kann, sondern eminent sachliche Gründe hat. In der Moderne lässt sich eine Gestalt der Kirche nicht unmittelbar aus einem metaphysischen Wesen der Kirche ableiten. Die Moderne ist durch Säkularität gekennzeichnet, was an dieser Stelle meint, dass sich der Fragehorizont verschoben hat.[42] Selbstverständlich war der christliche Glaube an einer gewissen Desakralisierung der Gegenwart nicht ganz unbeteiligt. Aber der Grund für die Dringlichkeit der Frage nach der Verhältnisbestimmung liegt tiefer: Die offenbarungstheologische Fundierung der Kirche zeigt einen inhärenten Zug zur Darstellung des Geglaubten auf, gleichwie sie unmittelbar die Darstellung mit einem Vorzeichen der Negativität und der Vorläufigkeit markiert. Mit dieser Ambivalenz muss die Kirche umgehen – in der jeweiligen Formation einer Sozialgestalt und in der jeweiligen Reflexion dieser.[43]

Als Grundlage für eine produktive Verhältnisbestimmung weist Bonhoeffer *erstens* die Intersubjektivität als basale Struktur der Kirche sowie der theologischen Begriffe im Allgemeinen[44] nach. Unter Einbezug der Sozialphilosophie und Soziologie gelingt es Bonhoeffer, die Struktur des Für-Seins aufzuzeigen. Damit geht *zweitens* einher, dass er – die fundamentale Erkenntnis der Intersubjektivität anwendend – selbst aus einer teilnehmenden Perspektive schreibt und eine monologische Struktur der Verhältnisbestimmung durchbricht, weil das Wesen der Kirche nur adäquat von innen beschrieben werden kann und nicht von unbe-

41 Die Gegenüberstellung von Kirche und Staat müsste eigentlich differenzierter dargestellt werden, da die Kirche in der Moderne ein Teil der Gesellschaft ist und – in der Praktischen Theologie weitgehend im Dreiklang von Institution, Organisation und Bewegung verstanden – eine Institution unter zahlreichen anderen Institutionen, eine Organisation zwischen vielen anderen Organisationen ist.

42 Charles Taylor bringt dies in seiner Untersuchung der Moderne und ihrer Genese in einer Frage folgendermaßen auf den Punkt: „Warum war es in unserer abendländischen Gesellschaft beispielsweise im Jahre 1500 praktisch unmöglich, nicht an Gott zu glauben, während es im Jahre 2000 vielen von uns nicht nur leichtfällt, sondern geradezu unumgänglich vorkommt?“ (Taylor, Das säkulare Zeitalter, 51; in anderer Formulierung auch 899, 927).

43 Huber betont, es sei Bonhoeffers Verdienst, diese Spannung nicht aufgelöst zu haben. Vgl. Huber, Wahrheit und Existenzform, 128.

44 Vgl. DBW 1, 13.

teiligter Seite.[45] *Drittens* verwehrt sich Bonhoeffer eines verdinglichenden Zugriffes auf die Kirche. Die Kirche ist kein monolithischer Block oder ein starrer Begriff, sondern (Liebes-) Gemeinschaft, ein Geschehen.

3 Die Suche nach einer Theorie der Verhältnisbestimmung

Die Ausführungen zu dieser Verhältnisbestimmung drängten sich bei Bonhoeffer aufgrund sachlicher Gründe auf. Daran anknüpfend stellt sich die Frage, ob diese in einem theoretischen Rahmen fassbar sind und weiter, ob aus diesen Ausführungen eine *Theorie des ekklesialen Daseins* extrapoliert werden kann. Um einen solchen Versuch zu wagen, wird das Gespräch mit der Sozialphilosophie fortgesetzt und nun auf Habermas' „*Theorie des kommunikativen Handelns*" (1981) zurückgegriffen.

Habermas betrachtet dieses Werk als den „Anfang einer Gesellschaftstheorie, die sich bemüht, ihre kritischen Maßstäbe auszuweisen"[46]. Mit einer solchen soll auf der einen Seite eine instrumentelle Vernunftauffassung und auf der anderen Seite eine funktionalistische Vernunftauffassung (Parsons, Luhmann) überwunden werden. Überdies geht es darum, mittels des Begriffs des kommunikativen Handelns, welchen er sprachphilosophisch fundiert, ein Instrumentarium zu gewinnen, um innerhalb der Gesellschaft die gesellschaftliche Entwicklung bewerten zu können sowie durch begründete Kritik an ihrer Verbesserung teilzunehmen. Dadurch formuliert er eine Theorie, die in der Suche nach einer Grundlegung ihrer Kritik zunächst eine basale intersubjektive Struktur nachweist. Damit geht einher, wie gezeigt werden soll, dass diese Theorie einen geeigneten Rahmen bietet, um fundierte Kritik zu äußern und gleichzeitig dem prozessualen Charakter des Gegenstandes gerecht zu werden.

Zuerst wird in einer rekonstruktiven Analyse der Rationalität zwischen der kognitiv-instrumentellen und der kommunikativen Rationalität unterschieden. Diese beiden Modi der Rationalität stützen sich trotz aller Unterschiede auf ein grundlegendes verständigungsorientiertes Handeln, welches als „Originalmodus"[47] bezeichnet wird. Das kommunikative Handeln ist ein solches, das reflexiv Geltungsansprüche auf ihre Rationalität hin überprüfen kann und insofern zentrifugal angelegt ist. Im Detail unterscheidet er dann drei sich ausdifferenzierende Weltbezüge, drei Handlungstypen und drei idealtypische Geltungsansprüche. Das kommunikative Handeln und die erfolgreiche Verständigung bleiben für ihn stets an die Lebenswelt zurückgebunden. Denn der lebensweltliche Hintergrund bildet ein „in [den]

45 Vgl. a. a. O., 18.

46 Habermas, Theorie des kommunikativen Handelns I, 7 [Im Folgenden: ThK].

47 A. a. O., 388.

Kommunikationsprozessen gemeinsam unterstelltes Bezugssystem“[48] und somit das „Korrelat zu den Verständigungsprozessen“[49]. Insofern ist die teilnehmende Perspektive unhintergehbar und das Subjekt immer bereits im Spiel der Kommunikationsprozesse. Um dennoch eine Basis für das kritische Potential zu finden, befragt Habermas die Kommunikationsprozesse auf ihre tieferliegende Struktur. Die Verständigung wird sodann als Teil der menschlichen Sprache angesehen, sie ist ihr inhärent.[50] Diese intersubjektive Struktur ist maßgeblich für jedes Handeln. Anhand der drei Handlungstypen des verständigungsorientierten Handelns (Konversation, normenreguliertes Handeln und dramaturgisches Handeln) zeigt Habermas auf, wie sich Verständigung idealiter vollzieht. Diese drei Handlungstypen bilden „Grenzfälle“[51] jenes Handelns. An ihnen kann Habermas aufzeigen, dass Handeln jeweils einen spezifischen Weltbezug aufweist und eine diese Welt betreffende Aussage auf ihren Geltungsanspruch befragt werden kann. Dieser Geltungsanspruch – ausgedrückt in einem Sprechakt – wird nach Habermas verstanden, wenn man weiß, „was ihn akzeptabel macht“[52]. Es ist die Pointe der Habermas'schen universalpragmatischen Rekonstruktion, an dieser Stelle die Bedeutungstheorie pragmatisch zu interpretieren und von einer „Gebrauchstheorie der Bedeutung“[53] zu sprechen. Über die intersubjektive Struktur greift Habermas zur Sprache, deren universalpragmatische Analyse[54] eine Tiefenstruktur aufzeigt, die auf Verständigung hin angelegt ist. In seiner Theorieanlage betrachtet Habermas den illokutionären Sprechakt als den grundlegenden Sprechakt und definiert das kommunikative Handeln über diesen.[55] Anhand der Analyse explizit illokutionärer Sprechakte wird deutlich, dass jeder Sprechakt eine interpersonale und eine propositionale Ebene hat.[56] Mit dieser Struktur wird für Habermas evident, wo kommunikatives Handeln seinen ursprünglichen Sitz im Leben hat: In einer interpersonalen Struktur mit Sachbezug. Die rekonstruktive Analyse kann diese Struktur erst im Nachhinein aufzeigen. Dennoch ist anzunehmen, dass diese Struktur, auf die sich kommunikativ Handelnde stützen, als Bedingung der Möglichkeit

---

48 A. a. O., 126.

49 A. a. O. 107.

50 Vgl. a. a. O., 387.

51 A. a. O., 438 [im Original kursiv].

52 A. a. O., 400 [im Original kursiv].

53 A. a. O., 374. Den Weg zu einer solchen Theorie über das Organonmodell von Karl Bühler, die Sprechakttheorie und die formale Semantik findet man in der ersten Zwischenbetrachtung unter: a. a. O., 369–452.

54 Vgl. hierzu: Habermas, Was ist Universalpragmatik?, 353–440.

55 Vgl. Habermas, ThK I, 395.

56 Ein expliziter illokutionärer Sprechakt ist ein solcher, der auf der syntaktisch-grammatikalischen Ebene das eigene Ziel widerspiegelt. Vgl. auch: Habermas, Rationalität der Verständigung, 110–112.

von kommunikativem Handeln zu gelten hat. So zeigt sich, dass einerseits Handeln per se auf intersubjektive Strukturen zurückgreift und andererseits das monologisch-instrumentelle Handeln nur eine Form des Handelns ist, die letztlich ebenfalls auf intersubjektiven Strukturen basiert. Indem Habermas einerseits die intersubjektive Struktur aufzeigt, kann er andererseits auch die teilnehmende Perspektive aufgreifen. Denn die Theorie kann erfassen, dass die Position der Kritik eine solche ist, die sich auf die intersubjektiven Strukturen stützt und Geltungsansprüche diskursiv überprüft. Dementsprechend kann Kritik auf ihre kommunikative Struktur hin durchleuchtet selbst wieder theoretisch erfasst werden. Mit dem teilnehmenden und intersubjektiven Aspekt sind bereits zwei wesentliche Momente erwähnt, die auch für Bonhoeffer relevant sind.

Mit dieser Grundlegung seiner Theorie und der Analyse der Verständigung wird die Theorie zu einer Beobachtung des kommunikativen Handelns – sie wird selbstreflexiv. Durch die rekonstruktive Herangehensweise konnte sie die handlungstheoretischen Strukturen aufdecken. Der Gegenstand der Theorie ist ein Geschehen: das kommunikative Handeln als fundamentale Struktur. Ferner ist die Theorie damit die ständige Begleitung und Reflexion dieses Geschehens, welches Habermas als Prozess der Rationalisierung charakterisiert. Warum für Habermas damit auch die Revitalisierung der Kritischen Theorie einhergeht, ist damit zu begründen, dass die Theorie in den Verständigungsstrukturen eine Grundlage für Kritik findet. Wo diese Strukturen nicht zur Geltung kommen können, wird Verständigung und damit der Prozess der Rationalisierung torpediert.

Jener Rationalisierungsprozess wird bei Habermas so erklärt: Die Rationalisierung ist primär ein prozessuales Geschehen. Den dialogisch-prozessualen Grundzug der Rationalisierung weist Habermas anhand des symbolischen Interaktionismus von George H. Mead[57] nach und begründet den verpflichtenden Charakter dieser Verständigungsstrukturen mit Émile Durkheims Idee der Versprachlichung des Sakralen.[58] Dabei spielt die Versprachlichung des Sakralen eine Schlüsselfigur: „Der religiöse Glaube ist immer ein Glaube eines Kollektivs; er geht aus einer Praxis hervor, die er zugleich auslegt."[59] Im religiösen Ritual sind nach Habermas und Durkheim die subjektiven, objektiven und sozialen Momente noch verbunden, wohingegen diese in der Auslegung desselben auseinandertreten und diese Geltungsansprüche auf ihre Geltung hin überprüft werden können. Für die Überprüfung des jeweiligen Geltungsanspruchs bildet sich ein zugehöriger Diskurs heraus.[60] Mit der Aufnahme von Mead und

57 Vgl. Habermas, ThK II, 11–68; ferner: ders., Individuierung durch Vergesellschaftung, 187–241.

58 Vgl. a. a. O., 69–97.

59 A. a. O., 83.

60 Nach Habermas gibt es (1) den auf die Wahrheit von Propositionen bezogenen theoretischen Diskurs, (2) den die Richtigkeit von Handlungsnormen anvisierenden praktischen Diskurs sowie (3) den ästhetischen Diskurs, der die Angemessenheit von Wertstandards thematisiert, und (4) den

Durkheim geht es weniger um eine Ausführung zum anthropologischen Evolutionsprozess als vielmehr darum, exemplarisch den prozessualen und intersubjektiven Charakter des kommunikativen Handelns darzustellen.

Als Resultat bleibt: Der Diskurs ist unabdingbar. Finale Geltungsansprüche können nicht erhoben werden, weil auch jene auf ihren Geltungsanspruch wieder hin überprüft werden können. Somit geht mit der diskursiven Begründung auch eine Formalisierung der Begründungsstruktur einher, da die lebensweltlichen Gründe auf ihre „formalen Aspekte der Sollgeltung“[61] befragt werden und damit weniger der materiale Aspekt im Vordergrund steht. Dabei gilt in genetischer Hinsicht, dass kommunikatives Handeln immer an vorangegangene Kommunikation anschließt. Als ein solches Handeln stützt es sich dabei auf die Präsuppositionen (implizite Voraussetzungen kommunikativen Handelns) – Habermas spricht auch von „formalen Gemeinsamkeitsunterstellungen“[62], die er universalpragmatisch aufgedeckt hat. Folglich ist der Diskurs nicht von seinem Ende her, sondern nur in seinem Modus greifbar – der grundlegenden verständigungsorientierten Struktur, die universalpragmatisch durchsichtig gemacht wurde.

Die *Theorie des kommunikativen Handelns* kann die Wirklichkeit in ihrem prozessualen Charakter erfassen. Das gelingt ihr, indem sie über die grundlegende intersubjektive Struktur (der Sprache) die Präsuppositionen herausarbeitet, auf die sich alle Interagierenden stützen. Indem sie diese Struktur aufdeckt, findet sie ihr Potential für Kritik, denn diese verständigungsorientierte Struktur ist es, auf welche die Wirklichkeit zu befragen ist. Wird die Wirklichkeit dieser grundlegenden Struktur gerecht oder nicht? Deshalb gelangt diese Theorie über die Beschreibung von systeminternen Zusammenhängen hinaus,[63] weil sie von dem Verweis auf die verständigungsorientierten Strukturen die Wirklichkeit in ihrer Gestalt stets versucht zu verflüssigen. Auf diese Weise wird die Gestalt des Letztgültigen zu etwas Utopischem, weil auch dessen Geltungsanspruch be- und hinterfragt werden kann. Die Lebenswelt bleibt für Habermas dabei der zentrale Ort, an dem Verständigung stattfindet und vorangegangene Verständigungsleistungen abgespeichert werden. Dass diese Verständigungsleistungen in ihrer Gestalt wieder verflüssigt werden können (und sollen), ist ein Anliegen dieser Kritischen Theorie von Habermas. Es ist hierbei ein Grundzug seiner Theorieanlage, das kritische Potential von der verständigungsorientierten Struktur her zu schöpfen und auf diese hin die Wirklichkeit durchsichtig zu machen.

therapeutischen Diskurs, der auf die Wahrhaftigkeit von Expressionen bezogen ist, und letztlich (5) den explikativen Diskurs, der auf Verständlichkeit überhaupt bezogen ist. Vgl. Habermas, ThK I, 45.

61 Habermas, ThK II, 113.

62 A. a. O., 82.

63 Vgl. a. a. O., 276f.

4 Theorie des ekklesialen Daseins: *ecclesia semper reformanda*

Diese Ausführungen führen die Frage nach der Verhältnisbestimmung von Wesen und Sozialgestalt einen großen Schritt weiter. Während mit Bonhoeffer die Struktur der Kirche im Für-Sein deutlich wurde, war es Habermas, der die verständigungsorientierte Struktur herausstellte. Das Potential für Kritik an der empirischen Gestalt – der Kirche bzw. der sozialen Wirklichkeit – schöpfen beide aus der von ihnen herausgestellten Struktur. Für Bonhoeffer ist die Nicht-Entsprechung der Kirche mit dieser Struktur kritikwürdig, weil die Kirche ohne diese Struktur – wie er offenbarungstheologisch begründet – nicht existierte. Für Habermas ist die Nicht-Entsprechung der sozialen Wirklichkeit mit der verständigungsorientierten Struktur ein echtes Problem, weil der Prozess der Rationalisierung aufgehalten wird – was gleichbedeutend mit lebensweltlicher Entfremdung und der Verabsolutierung systeminterner Zwänge ist.[64] Will man nun die Kirche auch in ihrer Sozialgestalt erfassen, dann bietet sich Bonhoeffer im Gespräch mit Habermas an, denn die Kirche wird dann in ihrem Geschehenscharakter erfasst. Berücksichtigt man die intersubjektive Struktur, die nach Bonhoeffer in Bezug auf das Wesen wie die Gestalt der Kirche relevant ist, so ergibt sich die Möglichkeit einer Verhältnisbestimmung. Denn die Gemeinschaft, die in Jesus Christus bereits realisiert ist, wird durch den Heiligen Geist in der empirischen Kirche aktualisiert[65] – dabei ist die Beobachtung dieser Aktualisierung durch eine *Theorie des ekklesialen Daseins* zu begleiten und zu interpretieren. Das heißt, dass die Struktur der Sozialgestalt der Kirche durch die intersubjektive Struktur des Wesens der Kirche zu interpretieren ist. Des Weiteren ist damit die Einsicht verbunden, dass die Fragestellung einer Verhältnisbestimmung von Wesen und Gestalt der Kirche, die theoretisch erfasst werden soll, keineswegs in eine abschließende Definition überführt werden kann. Weil der Diskurs nur in seinem Modus erfasst werden kann, ist es einer *Theorie des ekklesialen Daseins* daran gelegen, orientierend mitzuwirken und dabei die verschiedenen Facetten von Kirche zu ihrem Recht kommen zu lassen.

Von ihrem Selbstverständnis gründet sich die Kirche auf der Offenbarung der Liebe Gottes in Jesus Christus. Bonhoeffer leitet aus der Interpretation des Offenbarungsereignisses die Figur der Stellvertretung ab, die er für die Struktur der Kirche als maßgeblich erachtet. Diese Struktur soll sich in den empirischen Strukturen der Kirche widerspiegeln, erst dann findet sie ihren Ort.

Als eine *Theorie des ekklesialen Daseins* könnte man also folgendes bezeichnen: Eine Theorie, die *erstens* die fundamentalen intersubjektiven Strukturen aufgreift, die *zweitens* die eigene Beteiligung nicht verwischt, sondern aufdeckt und mitreflektiert, die *drittens* dem prozes-

64 Vgl. a. a. O., 485ff.

65 Vgl. Welker, Ekklesiologie, 94; Huber, Wahrheit und Existenzform, 93f.

sualen Charakter gerecht wird und *viertens* die Kritik begründen kann. Letzteres ist zentral. Dogmatisch fundiert ist die Kritik, wenn sie die Kirche auf die Struktur ihres Für-Seins durchleuchtet. Die Kirche auf diese Wesensstruktur zu durchleuchten, bedeutet unmittelbar auch die Kirche in ihrer Sozialgestalt auf diese Struktur hin durchsichtig zu machen. Dafür eignet sich jedoch nicht das dogmatische Instrumentarium, sondern vielmehr diakoniewissenschaftliche, sozialwissenschaftliche, postkoloniale, feministische, intersektionale, ökonomische Perspektiven u. v. m. Die dogmatische Aufgabe ist nicht das additive Aneinanderreihen von Merkmalen, was unbedingt zu Kirche gehört. Eher geht es darum, die Kirche in ihrem Sozialgestalt-Werden kritisch zu begleiten und auf die ihr grundlegende Struktur zu durchleuchten.[66] Es geht darum, vorangegangene Sozialgestalten zu verflüssigen und auf ihre grundlegende Struktur zu befragen. Insofern gilt: „Kirche […] hat nur dann eine Zukunft, wenn sie sich als lernende Kirche versteht.“[67]

Literatur

Abraham, Martin, Wort und Sakrament. Oder: Wovon die Kirche lebt, in: Klaus Grünwaldt / Christiane Tietz / Udo Hahn (Hg.), Bonhoeffer und Luther. Zentrale Themen ihrer Theologie, Hannover 2007, 123–154.

Barth, Karl, Die Kirchliche Dogmatik. Die Lehre von der Versöhnung (IV/3), Zollikon-Zürich 1959.

–, Die Not der evangelischen Kirche, in: Michael Beintker / Michael Hüttenhoff / Peter Zocher (Hg.), Vorträge und kleinere Arbeiten 1930–1933 (Karl Barth Gesamtausgabe III), Zürich 2013, 64–122.

Bonhoeffer, Dietrich, Sanctorum Communio. Eine dogmatische Untersuchung zur Soziologie der Kirche, hg. von Joachim von Soosten (DBW 1), München 1986.

–, Akt und Sein. Transzendentalphilosophie und Ontologie in der systematischen Theologie, hg. von Hans-Richard Reuter (DBW 2), München 1988.

–, Ökumene, Universität, Pfarramt 1931–1932, hg. von Eberhard Amelung / Christoph Strohm (DBW 11), Gütersloh 1994.

Busch Nielsen, Kirsten, Critique of Church and Critique of Religion in Bonhoeffer's Late Writings, in: John de Gruchy / Stephen Plant / Christiane Tietz (Hg.), Dietrich Bonhoeffers Theologie heute. Ein Weg zwischen Fundamentalismus und Säkularismus?, Gütersloh, 319–334.

Dingel, Irene (Hg.), Die Bekenntnisschriften der Evangelisch-Lutherischen Kirche, hg. im Auftrag der Evangelischen Kirche in Deutschland, Göttingen 2014.

---

[66] Dass es keine protestantische Lehre der Kirche gibt, die als gültiger Maßstab an die Sozialgestalt Kirche angelegt werden kann, zeigt Hans-Peter Großhans in einem theologiegeschichtlichen Exkurs. Vor der Lehre steht das Leben, das es kritisch zu begleiten gilt. Gestaltwerdungen von Kirche sind zu überprüfen, ob sie tatsächlich eine Gestalt von Kirche sind. Vgl. Großhans, Die Kirche – irdischer Raum, 118–138.

[67] Manemann, Revolutionäres Christentum, 26.

Dibelius, Otto, Die Verantwortung der Kirche: Eine Antwort an Karl Barth, Berlin 1931.

Green, Clifford J., Freiheit zur Mitmenschlichkeit. Dietrich Bonhoeffers Theologie der Sozialität, übers. von Ilse Tödt, Gütersloh 2004.

Großhans, Hans-Peter, Die Kirche. Irdischer Raum der Wahrheit des Evangeliums, Leipzig 2003.

Habermas, Jürgen, Ein anderer Ausweg aus der Subjektphilosophie: Kommunikative vs. subjektzentrierte Vernunft, in: ders., Der Philosophische Diskurs der Moderne. Zwölf Vorlesungen, Frankfurt a. M. 2016, 344–379.

–, Rationalität der Verständigung. Sprechakttheoretische Erläuterungen zum Begriff der kommunikativen Rationalität, in: ders., Wahrheit und Rechtfertigung, Frankfurt a. M. 1999, 102–137.

–, Theorie des kommunikativen Handelns. Bd. I: Handlungsrationalität und gesellschaftliche Rationalisierung, Frankfurt a. M. 1995.

–, Theorie des kommunikativen Handelns. Bd. II: Zur Kritik der funktionalistischen Vernunft, Frankfurt a. M. 1995.

–, Was ist Universalpragmatik?, in: ders. (Hg.), Vorstudien und Ergänzungen zur Theorie des kommunikativen Handelns, Frankfurt a. M. 1984, 353–440.

Huber, Wolfgang, Wahrheit und Existenzform. Anregungen zu einer Theorie der Kirche bei Dietrich Bonhoeffer, in: Ernst Feil / Ilse Tödt (Hg.), Konsequenzen. Dietrich Bonhoeffers Kirchenverständnis heute (Internationales Bonhoeffer Forum 3), München 1980, 87–139.

Manemann, Jürgen, Revolutionäres Christentum. Ein Plädoyer, Bielefeld 2021.

Soosten, Joachim von, Die Sozialität der Kirche. Theologie und Theorie der Kirche in Dietrich Bonhoeffers „Sanctorum Communio" (Öffentliche Theologie 2), München 1992.

Taylor, Charles, Ein säkulares Zeitalter, Frankfurt a. M. 2009.

Welker, Michael, Bonhoeffers wegweisende frühe Ekklesiologie, in: ders. (Hg.), Theologische Profile. Schleiermacher – Barth – Bonhoeffer – Moltmann, Frankfurt a. M. 2009, 83–102.

Kommunion des Evangeliums

Überlegungen zur Kirche als Gemeinschaft im Anschluss an Jean-Luc Nancy

Von Ferenc Herzig

1 Der Begriff „Gemeinschaft" und sein gefährlicher Charme

Nicht nur „gibt es" keinen Gott, den es „gibt", es gibt auch *neuerdings* – d. h. seit dem Ende der Neuzeit und der Hochzeit der Moderne – keine Gemeinschaft, die es nicht ohne ihr soziologisch konstruiertes Gegenteil geben könnte. Auf die populärste Binarität hat den Begriff der Gemeinschaft der norddeutsche Philosoph und Soziologe Ferdinand Tönnies (1855–1936) gebracht, der zu Beginn seines Hauptwerks „Gemeinschaft und Gesellschaft" über die Beziehungen von Menschen einen gewagten Dreisprung von der Gruppe zur Verbindung und schließlich zur titelgebenden Gabelung vollführt:

„Verbindung wird entweder als reales und organisches Leben begriffen – dies ist das Wesen der *Gemeinschaft*, oder als ideelle und mechanische Bildung – dies ist der Begriff der *Gesellschaft*."[1]

„Gemeinschaft" meint, Tönnies zufolge, den Bereich des Vertrauten, Intimen und Exklusiven, während „Gesellschaft" auf den öffentlichen Bereich bzw. die Welt bezogen ist. In eine Gemeinschaft wird man hineingeboren und an sie in Freud und Leid gebunden. In die Gesellschaft hingegen geht man „wie in die Fremde".[2] Wie stark beide sozialen Sphären voneinander abgegrenzt sind, lässt sich mit Tönnies schon an der (Umgangs-)Sprache ablesen:

> „Der Jüngling wird gewarnt vor schlechter Gesellschaft, aber schlechte Gemeinschaft ist dem Sprachsinne zuwider. […] Ebenso wissen wohl die Getrauten, dass sie in die Ehe als vollkommene Gemeinschaft des Lebens (κοινωνία παντὸς τοῦ βίου, *communio totius vitae*) sich begeben; eine Gesellschaft des Lebens widerspricht sich selber. Man leistet sich Gesellschaft; Gemeinschaft kann Niemand dem Anderen *leisten*."[3] Mit anderen Worten:

1 Tönnies, Gemeinschaft und Gesellschaft, 3.

2 A. a. O., 4.

3 A. a. O.

> „Gemeinschaft der Sprache, der Sitte, des Glaubens; aber Gesellschaft des Erwerbens, der Reise, der Wissenschaften."[4]

Für den genuin theologischen Zusammenhang interessant ist Tönnies' religions- bzw. kirchensoziologische Beobachtung:

> „In die religiöse Gemeinschaft wird man aufgenommen; Religions-*Gesellschaften* existiren nur, gleich anderen Vereinigungen zu belibigem Zwecke, für den Staat und die Theorie, welche außerhalb ihrer stehen. […] Im allgemeinsten Sinne wird man wohl von einer die gesammte Menschheit umfassenden Gemeinschaft reden, wie es die Kirche sein will. Aber die menschliche Gesellschaft wird als ein blosses Nebeneinander von einander unabhängigen Personen verstanden."[5]

Alles läuft auf die idealisierende Pointe hinaus: „Gemeinschaft ist alt, Gesellschaft ist neu, als Sache und Namen."[6] Das aber stimmt nur, wenn man den Begriff selbst idealisiert. Sein Ursprung geht auf sein griechisches Äquivalent zurück, das spätestens aus dem Neuen Testament geläufig ist: κοινωνία. Philosophiehistorisch hat es seinen Ursprung in Platons Ideenlehre, genauer in der: κοινωνία τῶν γενῶν respektive εἰδῶν und dort sowohl pejorative als auch positive Konnotationen, meint aber in jedem Fall die Gemeinschaft der abstrakten „Dinge" und die Art ihres Verwandtschaftsverhältnisses zueinander.[7]

Überhaupt ist nur dieser Gegensatz zwischen einer organischen, realen Gemeinschaft und einer abstrakten, technischen Gesellschaft philosophiehistorisch neu. Für Aristoteles, auf den sich nicht nur die mittelalterliche bis frühneuzeitliche Philosophie diesbezüglich beruft, meint κοινωνία grundsätzlich die Verbindung mehrerer Individuen in ihren aufeinander bezogenen sozialen Handlungsvollzügen und ist die Grundform jedes politischen Miteinanders – vom Hausstand mit selbstverständlichen Sklaven bis zur Polis unter Gleichberechtigten (Männern).[8] Aber die Gegenüberstellung einer „guten" Gemeinschaft und einer „verderbten" Gesellschaft, also einer intimen, organischen Beziehung der Individuen im Vergleich zur tech-

---

4 A. a. O.

5 A. a. O., 4f.

6 A. a. O., 5.

7 Vgl. Politeia 476a und 531 c–d. Eine ethische Pointe gewinnt der Gemeinschaftsbegriff ausgehend von der Erörterung über „Gerechtigkeit" und „Besonnenheit" im Gorgias-Dialog, wenn Sokrates sagt, „daß auch Himmel und Erde, Götter und Menschen nur durch Gemeinschaft bestehen bleiben und durch Freundschaft und Schicklichkeit und Besonnenheit und Gerechtigkeit" (Gorg 508a, zitiert in der Übersetzung Schleiermachers mit der Stephanus-Nummerierung).

8 Vgl. Politik 1, 1252a–1253b.

nokratischen, dem Individuum fernen und feindseligen Staatsstruktur, die sich schon bald aus der Idee zur Ideologie entwickeln sollte, hat ihren Grund in dieser Gegenüberstellung, die Ferdinand Tönnies 1887 vornimmt.

Ich streife die Entwicklung sehr knapp mit zwei Beispielen: Etwa Max Scheler konnte nur wenige Jahre vor dem Ausbruch des Ersten Weltkrieges als erstem fatalen Kulminationspunkt dieser im Kern vor allem als Ausgrenzungskonzeption fungierenden Binaritätskonstruktion formulieren, dass der Begriff der Gesellschaft keinesfalls ein „Oberbegriff“ zu den verschiedenen Gemeinschaftsbegriffen von „Blut, Tradition, Geschichtlichkeit des Lebens“ sei, im Gegenteil nämlich „alle Gesellschaft nur der *Rest*, der *Abfall* ist, der sich bei den inneren *Zersetzungsprozessen* der Gemeinschaften ergibt.“[9] Und Helmuth Plessner hat schon 1924 das Verhängnis dieser Gegenüberstellung von „Gesellschaft“ und „Gemeinschaft“ im Zuge des Ersten Weltkriegs und der sozialen Stimmung dieser Zeit(en) vielleicht als erster scharfsinnig erkannt,[10] auch wenn es erst spät tatsächlich verstanden wurde und es dafür weiterer Verhängnisse in Form totalitaristischer Gesellschafts- als Gemeinschaftssysteme, namentlich des Nazi-Faschismus und des Stalin-Kommunismus bedurft hatte.

Nun ist „Gesellschaft“ nicht das genuine Thema dieses Essays, auch wenn ihr Begriff als „Ärgernis“ und „Tatsache“[11] in der (nicht nur religions-)soziologischen Diskussion immer wieder, teils ausgesprochen populär (etwa in der Dahrendorfschen Fassung als Kritik der gesellschaftlichen Rollennormen bei den Student:innen der 1968er-Revolution) eine „lebend-tote“ Relevanz hat(te) im Sinne einer „Zombie-Kategorie[ ]“, „die in unseren Köpfen herumspuk[t] und unser Sehen auf Realitäten einstell[t], die immer mehr verschwinden.“[12] Indes: Ohne „Gesellschaft“ kommt auch die kirchliche Rede von „Gemeinschaft“ nicht aus, wie später gezeigt wird.

2 Jean-Luc Nancy und eine „Gemeinschaft, die sich nicht verwirklicht“

Zuvor aber eine Vorbemerkungen und eine Ausführung zum Hauptbezugspunkt meiner Überlegungen: „*La Communnauté désœuvrée*“ ist der Titel eines Aufsatzes aus dem Jahr 1986, den der 2021 verstorbene französische Philosoph Jean-Luc Nancy veröffentlichte und der zu seinen Hauptwerken zählt, und gleichzeitig seine Antwort auf das Problem, das mit jeder Idealisierung von „Gemeinschaft“ verbunden ist. Man könnte das eigentümliche französische Wort *désœuvrement* in zwei Richtungen übersetzen: einmal in einen Zustand: Werklosigkeit;

9 Scheler, Ressentiment, 106.

10 Vgl. Plessner, Grenzen der Gemeinschaft.

11 Dahrendorf, Homo Sociologicus, 14.

12 Beck, Freiheit oder Kapitalismus, 16.

einmal in eine Tätigkeit: Entwerkung.[13] Es ist ein paradoxer Neologismus, den Esther von der Osten in der Neuübersetzung aus dem Jahr 2018 m. E. treffend mit „Von einer Gemeinschaft, die sich nicht verwirklicht" wiedergibt. Ich gebe im Folgenden die Kerngedanken wieder und gehe ihnen nach.

2.1 Der Gedanke einer Gemeinschaft und die darin versteckten Gefahren

„Bis zu uns heute ist die Geschichte vor dem Hintergrund einer verlorenen Gemeinschaft gedacht worden – die es wiederzufinden oder wiederherzustellen galt"[14], schreibt Nancy als Ausgangspunkt seiner Kritik dieser und anderer Arten oben vorgestellter romantisierender Idealisierung des Gemeinschaftsbegriffs:

> „Die verlorene oder zerbrochene Gemeinschaft lässt sich auf alle möglichen Arten und an etlichen Paradigmen veranschaulichen: natürliche Familie, athenische Polis, römische Republik, urchristliche Gemeinde, Kooperationen, Kommunen oder Bruderschaften – stets geht es um ein verlorenes Zeitalter, in dem sich die Gemeinschaft aus engen, harmonischen und unzerreißbaren Banden webte und in ihren Institutionen, in ihren Riten und ihren Symbolen vor allem sich selbst die Repräsentation, ja die lebendige Darbietung ihrer eigenen Einheit und der ihr immanenten Identität und Autonomie gab."[15]

Es hat sich also, Nancy zufolge, in der Geschichte des Abendlands ein Verlust-Bewusstsein manifestiert, das wesentlich mit den Unbehagnissen der gegenwärtigen Gesellschaft(en) zusammenhängt. Die Gemeinschaft, als verlorenes Paradies idealisiert, ist so verstanden eine Sozialform, in der die Mitglieder in engen, harmonischen und unzerbrechlichen Banden lebten, in größtmöglicher Einheit und Intimität, was sich in ihren Institutionen, Riten und Symbolen niederschlug. Ihr Status wird von der Gesellschaft abgesetzt, die bloß eine Zusammenfassung von Kräften und Bedürfnissen darstellt, und deren Zugriff als einer der Herrschaft, die die Gemeinschaft auflöst, als Unterwerfung verstanden. Besser verstanden aber kennzeichnen nicht nur gerechte Verteilung von Aufgaben und Gütern oder ein glückliches Gleichgewicht von Kräften und Autoritäten diese Gemeinschaft – Verwaltung und mehr … – sondern vor allem das *Teilen* und d. h. *Mit-Teilen* einer Identität in einer Pluralität, die vor jeder Identität imprägniert ist.

---

13 Vgl. Sagert, minderheitlich werden, 116.

14 Nancy, Gemeinschaft, 20.

15 A. a. O.

„Dem zurückblickenden Bewusstsein vom Verlust der Gemeinschaft und ihrer Identität gegenüber ist nun aber Argwohn angebracht“[16], und zwar aus zwei Gründen. Zum einen bietet die Suggestivität, mit der das Narrativ vom Gemeinschaftsverlust als literarisches ebenfalls bis in die Antike weit verbreitet ist, für Nancy deutliche Anzeichen zur Skepsis.

> „Das wirkliche Bewusstsein vom Verlust der Gemeinschaft allerdings ist christlich“ und „als Kommunion gedacht. [...] Die Gemeinschaft könnte somit zugleich der älteste Mythos des Abendlandes und das ganz moderne Denken des *partage*, des Teilens, der Mit-Teilung sein, in der die Menschen das göttliche Leben teilen: das Denken des Menschen, das in die reine Immanenz eindringt.“[17]

Es gab sie nicht und konnte sie nie gegeben haben, die ideale Gemeinschaft, in der alle Menschen Geschwister waren und in Einheit und Identität miteinander lebten, und so musste sie erfunden und verklärt werden. Mit anderen Worten: Wenn früher nicht alles, aber doch die Gemeinschaft besser gewesen sein soll, dann aus dem simplen Grund des Gefühls eines drohenden Verlusts von Identität in der Gegenwart.

Die Form der Antwort dieses Narratives als *unio mystica* und der eigentlich dahinterstehende Verlust, auf den diese Form antwortet, ist Nancy zufolge der der Transzendenz. Die Nostalgie im Klang der archaischen, familiären und verlorenen Gemeinschaft steht für Identität und als Abwehrmittel gegen die sonst notwendige Einsicht der absoluten Immanenz, die mit dem Fortgang Gottes oder mit seiner Offenbarung als Abwesender, als *deus absconditus* bedrohlich plausibel würde.

Das ist der zweite, wesentlichere Punkt, an dem die Kritik am Ideal einer Gemeinschaft – sei es für sich in der Verklärung, sei es in Abgrenzung zur als mechanistisch karikierten Gesellschaft – ansetzt: Sie selbst repräsentiert, *nolens volens*, eine sich stets aktualisierende Form der Totalität und des Absoluten, also die Form der reinen Immanenz. Die idealisierte Gemeinschaft, hätte sie jemals stattgefunden oder würde der Versuch ihrer Verwirklichung noch einmal unternommen (und zwei Mal gab es mehr als nur diesen Versuch allein im 20. Jahrhundert allein in [Mittel-]Europa), wäre eine Toten- und Todesgemeinschaft:

> „Die Gemeinschaft der menschlichen Immanenz aber, ein sich selbst oder Gott, der Natur oder seinen Werken gleich gewordener Mensch, ist eine solche Todesgemeinschaft – oder Totengemeinschaft. Der vollendete Mensch des Humanismus, ob Individualist oder Kommunist, ist der tote Mensch.“[18]

---

16 A. a. O.

17 A. a. O., 21.

18 A. a. O., 25.

Gemeinschaft in diesem politischen oder ideologischen Sinn ist ein fatales Projekt, Projektion eines gegenwärtigen gesellschaftlichen Verlorenheitsgefühls in Gemeinschaften, die den Begriff nicht zu verdienen scheinen, oder, was schlimmer wiegt, ihn durch falsche Versprechungen aus der verlorenen Vergangenheit in der Gegenwart imitieren wollen. Es gab sie nie, diese idealen Gemeinschaften, und darin liegt der Trost:

> „Nichts ist also verloren worden, und deshalb ist nichts verloren. Verloren sind nur wir selbst, auf die das ‚soziale Band' (die Bezüge, die Kommunikation), unsere eigene Erfindung, schwer niederfällt wie das Netz einer ökonomischen, technischen, politischen, kulturellen Falle. Verstrickt in seine Maschen haben wir uns das Phantasma der verlorenen Gemeinschaft ausgedacht."[19]

2.2 Gemeinschaft als Mit-Teilung

Das Denken der Gemeinschaft bleibt defizitär und ist tendenziell gefährlich, wenn es als die Summe der Verbindung von Individuen oder Subjekten gedacht wird. Denn *das In-dividuum* als das „Un-teilbare" ist sich selbst überlassen und an seine eigene Totalität gebunden, es ist

> „das Residuum der Erfahrung der Auflösung der Gemeinschaft. Seine Natur – es ist ja, wie sein Name sagt – das Atom, das Unzerteilbare – offenbart das Individuum als abstraktes Resultat einer Zerlegung. Es ist eine weitere, analoge Figur der Immanenz: das absolut abgelöste, als Ursprung und Gewissheit genommene Für-Sich."[20]

Und genau in diesem Sinne kann Nancy sagen: „Der Individualismus ist ein inkonsequenter Atomismus, der vergisst, dass es, wenn es ums Atom geht, um eine Welt geht."[21] Aber auch mit dem Subjektbegriff löst man das Dilemma der Unmöglichkeit einer Gemeinschaft nicht, sondern verschärft es eher: Jedenfalls dann, wenn man jedes Subjekt im strengen Sinne als ein Objekt, als ein Unter-worfenes begreift, und zwar nun unter ein idealisiertes „soziales Band" und seine Herrschaft (der Ökonomie oder der Anerkennung).[22]

Mit dem Begriff der Singularität, genauer: der pluralen Singularität respektive der singulären Pluralität, zeigt Nancy eine Lösung an, die in einem neuen Denken der Ontologie gründet.

---

[19] A. a. O., 23.

[20] A. a. O., 10.

[21] A. a. O., 11.

[22] Vgl. a. a. O., 52.

Im Weiterdenken des Seins als „Da-Sein", das für Heidegger so zentral war,[23] aber defizitär bleibt, wenn es solitär und absolut gedacht wird, kommt der ontologische Neuansatz bei Nancy auf das Konzept „singulär plural sein" [so der Titel eines entsprechenden Sammelbandes von diesbezüglichen Essays, auch im Deutschen klein geschrieben]:

> „*Être singulier pluriel*: Diese drei hintereinandergereihten Worte ohne bestimmte Syntax – ‚être' ist Verb oder Hauptwort, ‚singulier' und ‚pluriel' sind Hauptworte oder Adjektive, alles lässt sich [im Französischen] kombinieren – markieren zugleich eine absolute Äquivalenz und ihre offene Artikulation, die sich unmöglich wieder zu einer Identität verschließen lässt."[24]

Nancy denkt ein Sein als Mitsein, das jedem Sein zugrunde liegt. Die (französische) Syntaxlosigkeit des „singulär plural seins" markiert genau dies: Sein ist immer auf das Singuläre und Plurale zugleich angewiesen, das Plurale ebenso auf das Sein wie (auf) das Singuläre und *vice versa*.

Ontologisch bedeutet das ganz grundsätzlich:

> „*Singuläres plurales Sein* heißt: Das Wesen des Seins ist, und ist nur, als Mit-Wesen [*co-essence*]. Aber ein Mit-Wesen oder *Mit-sein* – das Sein-mit-mehreren – bezeichnet seinerseits das Wesen des Mit-, oder auch, oder vielmehr, das *Mit-*, (das *cum*) selbst in der Position oder Art des Wesens."[25]

So verstanden besteht Gemeinschaft nicht aus der Summe ihrer Individuen, sondern jedes individuelle Sein ist immer schon Mit-Sein neben oder eben: mit anderen. Nichts ist der Gemeinschaft vorläufig, das sie erst bilden könnte. Sie selbst, die Gemeinschaft, ist die wahre Singularität, die aus der *cum*ulativen Pluralität ihrer Singularien gebildet wird: „Also nicht das Sein zuerst, dem dann ein Mit hinzugefügt wird, sondern das Mit im Zentrum des Seins."[26]

Darin liegt die Pointe der Mit-Teilung, die aus dem Mit-Sein einen Akt und aus der Ontologie eine Aktualisierung macht. Die Mit-Teilung ist entscheidend, um das je Ähnliche der Singularitäten vor ihrer Gleichheit zu bewahren, indem sie im je anderen und im je von sich selbst Unterschiedenen die eigene Andersartigkeit setzt. Mit Betonung auf die *Teilung* in der *Mit*-Teilung bleibt die Differenz der Identitäten bewahrt, diese aber darin zugleich aufeinander

---

23 Vgl. Heidegger, Sein und Zeit, §§ 33 und 34.

24 Nancy, singulär plural sein, 57.

25 A. a. O., 59.

26 A. a. O.

bezogen. Gemeinschaft ohne bzw. jenseits der Identität ist nicht(s) für sich selbst, sondern nur in Bezug auf etwas anderes, wenn sie nicht ab-solut, d. h. total ohne Bezug und Beziehung sein will. „Es braucht ein *clinamen*. Es braucht eine Neigung oder eine Zuneigung des einen zum anderen."[27] Damit ist mehr impliziert als der Bezug eines Ich auf ein Du:

> „Die Gemeinschaft ist das, was stets durch den anderen und für den anderen statthat. Es ist nicht der Raum der ‚*Ich*' [‚moi'] – Subjekte und Substanzen […] – sondern derjenige der *ich* [je], die stets *andere* [des autrui] sind (oder aber nichts sind)."[28]

Damit ist die Grenze selbst gemeint, die das Gemeinsame aller Individuen im Raum der Gemeinschaft konstituiert, und die ‚Neigung', die „clinamen" bedeutet: Über-sich-selbst-hinaus-Neigen, bis über die Grenzen der eigenen Existenz (im wörtlichen, nicht im metaphorischen Sinn: im Tod und in der Geburt). Und diese Zuneigung über die Grenze ist notwendig, weil es diesseits der Grenze nichts gibt, was Halt vermitteln könnte, trotz aller Versprechen der Immanenz in Form der idealisierten, nie gewesenen Gemeinschaft als einendem, sozialen Band der sich verloren fühlenden Singularitäten. Dieses Band, die Immanenz ist zerrissen.

In diesem Sinne kann Nancy von Ekstase schreiben und bezeichnet damit (neben anderem) die Aufgabe, sich zu exponieren, sich auszusetzen:

> „Der ‚Riss', die ‚Zerrissenheit' besteht nur in die Exposition auf das Außerhalb. […] Es gibt Zerreißen von nichts, mit nichts; aber es gibt Mit-Erscheinen vor nichts (und vor nichts kann man nur mit-erscheinen). Noch einmal: weder das Sein noch die Gemeinschaft sind zerrissen, sondern das Sein der Gemeinschaft *ist* die Exposition der Singularitäten."[29]

So gesehen, ist Gemeinschaft – mit einem viralen Wort der jüngsten Vergangenheit – vor allem *ansteckend* in allen Facetten des Begriffs.

2.3 Gemeinschaft als Nicht-Werk

Die bei Nancy titelgebende These von einer Gemeinschaft, die sich nicht verwirklichen lässt, hat ihren Grund in der Erfahrung dieser Zerrissenheit, die sich nur durch Neigung, Ekstase

---

27 Nancy (Anm. 14), 11.

28 A. a. O., 29.

29 A. a. O., 53.

und Exposition der Einen zu den Anderen erleben lässt, sich nur im Aussetzen erfahrbar macht: „Deshalb", schreibt Nancy, „kann die Gemeinschaft nicht dem Bereich des *Werks* angehören." D. h., Gemeinschaft kann nicht „gemacht" werden, nicht hergestellt, nicht produziert. Denn:

> „Die Gemeinschaft als Werk oder die Gemeinschaft durch die Werke würde unterstellen, dass das gemeinsame Sein als solches objektivierbar und produzierbar ist (in Orten, Personen, Gebäuden, Diskursen, Institutionen, Symbolen: kurz, in Subjekten). Die Produkte der Operationen solcher Art, so großartig sie auch sein wollen und bisweilen sogar sind, haben niemals mehr gemeinschaftliche Existenz als die Gipsbüsten der Marianne"[30] – und seien sie auch in Form von Brigitte Bardot gegossen.

Es geht also weder um Erstellen oder Erzeugen noch um ein Ziel. Es geht um die Unabgeschlossenheit jeglicher Prozesse oder Aktivitäten, um das Zerbrechen jeder Bemühungen um Gemeinschaft in dem Moment, in dem sie, auch nur am Horizont sichtbar, in sich zusammenfallen. Gemeinschaft im Sinne Nancys wäre das Maß der größtmöglichen Entfernung aller nun durchaus auch gesellschaftlichen, d. h. zwanghaften teleologischen Operationen:

> „Diesseits oder Jenseits des Werks, das, was sich vom Werk zurückzieht, was nichts mehr mit der Produktion oder der Vollendung zu tun hat, sondern was in Richtung Unterbrechung, Fragmentierung, Schwebe oder Einhalt geht. Die Gemeinschaft ist aus der Unterbrechung der Singularitäten gemacht, oder aus dem Einhalt, der die singulären Daseine *sind*. Sie ist nicht ihr Werk und sie hat sie nicht als ihre Werke, genauso wenig wie die Kommunikation ein Werk ist, ja nicht einmal eine Operation singulärer Daseine: denn sie ist einfach ihr Sein – ihr Sein, das auf seiner Grenze innehält. Die Kommunikation ist die Entwerkung des gesellschaftlichen, ökonomischen, technischen, institutionellen Werks."[31]

Werklosigkeit – *le désœuvrement* – ist der Begriff, den Nancy bei Maurice Blanchot entlehnt und der auf der Schwelle zur (Praktischen) Theologie für den kirchlichen Diskurs Naheliegendes markiert, dem das Folgende exemplarisch gilt.

---

[30] A. a. O., 55.

[31] A. a. O.

3 Kirche als Werk und ihr rhetorisches Problem

Zunächst aber noch eine Zusammenfassung: Eine Gemeinschaft, die sich selbst ins Werk setzen will, steht, im Anschluss an Nancy, vor drei Problemen: ihrem Drang zur Institutionalisierung, d. h. Pseudo-Immanentisierung; ihrem Hang zur Individualisierung statt Singularisierung; und ihrer Selbstromantisierung als Verlustinszenierung.

In reformatorischer Tradition wird der Gedanke der Gerechtigkeit ohne Werke nun aber nicht nur ekklesiologisch, sondern kirchentheoretisch fundamental, wenn er nicht individualistisch existenziell gedacht, sondern als Modus des Mit-Seins kommunal verstanden wird. „Gemeinschaft", auch und zumal im Gegenüber zu „Gesellschaft", ist entsprechend ein zentrales kirchliches „Leitwort" zur Entwicklung und Darstellung ihrer Perspektiven in der Welt und auf ihre Zukunft.

Für die EKD-Programmschrift „Kirche der Freiheit"[32] aus dem Jahr 2006 hat Patrick Ebert aus systematisch-theologischer Perspektive die Begriffe und ihre Bedeutungen analysiert, wie darin kirchenamtlich Gemeinschaft beschworen wird, und kommt zu dem Schluss: „Das Impulspapier vermittelt uns also ein Verständnis von Gemeinschaft, das auf Identität und Heimat aufbaut."[33] Mehr noch und angelehnt an das oben skizzierte, romantisierte Verlust-Denken, kann Ebert feststellen:

> „Die hier verwendeten Metaphern deuten auf ein Identitätsdenken, auf ein Einheitsdenken hin. Eine Kirche, die Heimat, Schutz und Wärme bietet, die als Residuum vor der kalten, offenen, ungewissen Gesellschaft angeboten wird für diejenigen, die sich in ebendieser kalten, offenen Gesellschaft verloren und heimatlos fühlen. Die Kirche soll zu dem werden, was sie immer sein sollte."[34]

Ähnliches ließe sich für die „Kirche auf gutem Grund" und ihre 12 Leitsätze des „Z-Teams" der Synode der EKD zeigen. Ich beschränke mich auf den Begriff der Gemeinschaft als den darin tragenden Begriff, der durchgängig, insgesamt 34 mal, vorkommt und als Bestimmungsgegenstand für Analyse und Orientierung dient. Analyse: „Die Kirche als Gemeinschaft der Gläubigen verliert für viele Menschen an Attraktivität und ihre gesellschaftliche Bedeutung nimmt ab."[35] Für die Orientierung ist die Hintergrundfolie von Individualisierung und Pluralisierung entscheidend: „Die evangelische Kirche nimmt die Bedingungen einer von Individualisierung

---

32 Kirchenamt der EKD (Hg.), Kirche der Freiheit.

33 Ebert, Kirche als entwerkte Gemeinschaft, 103.

34 A. a. O., 112.

35 Kirchenamt der EKD (Hg.), Hinaus ins Weite, 7.

und Pluralisierung geprägten Gesellschaft ernst"[36], bzw. im positiven Verlust-Duktus: „Unsere Gesellschaft wird immer individualisierter, aber die Sehnsucht nach Gemeinschaft bleibt."[37] Eine Antwortmöglichkeit, Kirche in dieser Problemlage „hinaus ins Weite" zu denken, sieht das Zukunfts-Team darin, „neue Formen von Gemeinde und Gemeinschaft zu erproben"[38] (wie das etwa auch in den „Erprobungsräumen" der Evangelischen Kirche in Mitteldeutschland seit Juli 2015 geschieht). Auch die Leibmetaphorik, die Ebert schon in dem Leuchtfeuer-Impulspapier kritisch bemerkt hat, bleibt in der kirchenamtlichen Veröffentlichung zur „Zukunft der Kirche" erhalten, nun allerdings dezidiert funktional ausgerichtet:

> „Wir wollen sie [scil: die reformatorisch-protestantische Vielfalt des Leibes Christi] aber in einem stärker erkennbaren Gemeinschaftssinn umsetzen. Unsere Leitungskultur soll auf allen Ebenen darauf ausgerichtet sein, gelingende Gemeinschaft in der Pluralität zu eröffnen. Dafür sind diversitäts- und geschlechtssensible Rahmenbedingungen, eine klare Rolle und definierte Aufgaben für alle Verantwortlichen die zentrale Voraussetzung."[39]

Diversität ist für das Ziel von so verstandener Kirche, d. h. für die Kommunikation des Evangeliums, dabei eher hinderlich, jedenfalls institutional für die „Leitungsebene": „Interne Streitigkeiten, nebeneinander agierende und selbstbezügliche Institutionen schwächen durch mangelnde Rückbindung an die Gemeinschaft der Kirche die Erkennbarkeit des Evangeliums."[40]

4 Kirche in der Zwecklogik der Welt

Es zeigt sich: Kirche als „werklose Gemeinschaft" steht kirchentheoretischen, d. h. soziologischen wie kirchenpraktischen Hürden gegenüber, die nahezu unüberwindbar scheinen. Ich buchstabiere sie im Folgenden nicht aus und erinnere nur an drei Richtungen des kirchentheoretischen Diskurses der jüngeren Vergangenheit mit den Pointen, die ganz unterschiedlich mit den Gefahren eines nach Nancy falsch verstandenen, d. h. an einem Werk im Sinne eines Zwecks[41] orientierten Gemeinschaftsbegriff umgehen.

---

[36] A. a. O., 8.

[37] A. a. O., 25.

[38] A. a. O.

[39] A. a. O., 30.

[40] A. a. O.

[41] Vgl. zum Zweckbegriff in kirchentheoretischer Perspektive auch meine Überlegungen andernorts: Herzig, Zwecklose Kirche.

4.1 *Kirche als Inszenierungs-Organisation*

Jan Hermelinks Kirchentheorie aus dem Jahr 2011 brachte das theologische Spannungsfeld jeder Kirchentheorie schon im Titel auf den Punkt: Kirche steht zwischen Organisation und Glauben.[42] Unter den vier Leitbegriffen „Institution" – „Organisation" – „Gemeinschaft" / „Interaktion" – „Inszenierung" kommt dem letzten, systematischen die wichtigste Funktion zu, ist es doch die Gesamtheit institutionalisiert-organisierter Kirche (in Gottesdienst und Predigt, Verwaltung, aber auch auf allen anderen Ebenen wie der ihrer Finanzen oder ihres Rechts), die hier die Inszenierung im Sinne von „Erkennbarkeit" und „Prägnanz" in der Öffentlichkeit ermöglicht.[43] Gerade im Inszenierungsbegriff wird dabei die Spannung zwischen Machbarkeit(sinteresse) und Bedingtheit(seinsicht) deutlich, zumal genuin theologisch. Exemplarisch wird das in Hermelinks Bemerkungen zum „Zeichencharakter der Kirche". Denn einerseits gilt:

> „Die jüngsten Reformbewegungen messen der öffentlichen ‚Präsenz' der Kirche, ihrer ‚Erkennbarkeit' oder ‚Profilierung' in der gegenwärtigen Gesellschaft hohe Bedeutung zu; ‚Leuchtfeuer' oder ‚Leuchttürme' sollen Orientierung über die Anliegen und Handlungsziele der evangelischen Kirche geben."

Und zugleich gilt, jedenfalls „immer auch" und schlimmstenfalls als transzendentale Ablenkung:

> „Als Geschöpf des Wortes, als ‚creatura verbi' ist die vielfältig sichtbare Kirche immer auch ein Zeichen für die Wirkmacht jenes Wortes."[44]

4.2 *Kirche als Hybrid zur „Kommunikation des Evangeliums"*

Dass die Logiken der Gesellschaft die Logik von Kirche als Gemeinschaft in der Welt prägen, bringen Uta Pohl-Patalong und Eberhard Hauschildt mit dem theologisch unbefriedigenden, aber pragmatisch präzisen Begriff des „Hybrids" noch deutlicher auf den Punkt.[45] So verstanden ist Kirche immer *auch* „Organisation" und organisationalen Logiken der Produktion un-

---

42 Vgl. Hermelink, Kirchliche Organisation.

43 Vgl. a. a. O., 89–103.

44 A. a. O., 116.

45 Vgl. Pohl-Patalong / Hauschildt, Kirche.

terworfen, immer *auch* „Institution“ und verhält sich entsprechend repräsentativ, immer *auch* „Bewegung“ bzw. „Gemeinschaft“ in einem durchaus archaischen, vermeintlich ursprünglichen Sinn. Dahinter verbergen sich unterschiedliche, zuweilen kontradiktorische Logiken, die durch ein gemeinsames Ziel zusammengehalten werden: „Kommunikation des Evangeliums“ als „Auftrag der Kirche.“ Dabei verstehen Hauschildt und Pohl-Patalong diesen Auftrag durchaus dezidiert funktional, angelehnt an Ernst Langes Relevanzbegriff:

> „Die Kommunikation des Evangeliums als Auftrag der Kirche ist […] nicht von ihren *Resultaten* abzulösen. Ziel ist es, dass Menschen in diesem Kommunikationsvorgang dem Evangelium so begegnen, dass sie seine Bedeutung für sich und ihr Leben und Handeln erleben. Entscheidend ist also nicht, ob die Botschaft ausgerichtet wird, sondern ob sie ankommt.“[46]

4.3 Kirche missionarisch

Michael Herbst, der hier stellvertretend für eine explizit „missionarisch ausgerichtete Kirchentheorie“[47] steht, stellt in seiner entsprechenden Aufsatzsammlung aus dem Jahr 2018 einen dezidiert anderen Anspruch auf: „Das Problem vieler Kirchentheorien besteht darin, dass sie kein inneres Verhältnis zu einer tiefen, persönlichen, reflektierten und den Alltag durchdringenden Jesus-Beziehung haben“.[48] Mission als Leitbegriff soll hier streng als *Missio Dei* gedacht und nicht an menschlichem Aktionismus oder an (kirchen-)politischen Vorgaben orientiert werden.[49] Dieses genuin theologische Programm, das sich jeder Werkorientierung selbst als soziologisch einsichtiger Kompromiss versagt, zeigt dabei dennoch immer wieder eine bemerkenswerte Outcome-Orientierung, vor allem dort, wo Herbst sich gegen eine „Ekklesiologie des geordneten Rückbaus“[50] wendet und stattdessen die gelingenden Beispiele vitaler, wach-

---

[46] A. a. O., 414. Im nächsten Spiegelstrich markieren Pohl-Patalong und Hauschildt den Gegenpol dieses Spannungsfelds: „Gleichzeitig ist das positive Resultat der Kommunikation des Evangeliums ein unverfügbares Ereignis [sic!]“. Immer noch in teleologischem Duktus, aber der Grenzen der Machbarkeit sehr bewusst, schreiben sie das entsprechende Kapitel abschließend nach Rekursen auf Rezeptionsästhetik und den Heiligen Geist: „Das Ergebnis der Kommunikation des Evangeliums ist also für die Kirche nie machbar oder planbar, sondern ihre Wirkung muss sie Gott überlassen. Gleichwohl ist sie für ihren Part verantwortlich und kann diesen angemessener oder weniger angemessener gestalten“ (a. a. O., 414f.).

[47] Herbst, Aufbruch im Umbruch, 11.

[48] A. a. O., 205.

[49] Vgl. a. a. O., 80–84.

[50] A. a. O., 69.

sender Gemeinden und deren gewinn-bringenden Umgang – selbst und sogar mit spärlichen Ressourcen! – in den Fokus rückt, also technisch gesprochen ermutigen will, „von unten nach oben zu addieren und nicht von oben nach unten zu subtrahieren“[51]. Überhaupt ist der gesamte Fokus dieser Kirchentheorie – das liegt in der Sache begründet, allerdings nun doch kaum verdeckt der Sache nach als *missio hominum* – gewinnorientiert (im Sinne von Gemeindeglieder-Gewinn) und sollen sich die Formen etwa der Gottesdienstgestaltung daran orientieren.[52]

5 Kommunion des Evangeliums

Dass die insgesamt soziologische Logik, die die Kirchentheorie (wie auch die Praktische Theologie insgesamt) seit einiger Zeit bestimmt, ihre Aufgabe nicht nur an dem mehr und mehr psychologisch, semiotisch, soziolinguistisch, system- oder handlungstheoretisch bestimmten Begriff der „Kommunikation des Evangeliums“[53] ausrichtet, sondern – selbst oder gerade dann, wenn sie scheinbar aktiv dagegen denken will – damit vermehrt auch in einer produktiven, funktionalen Perspektive, gegen die gerade mit Nancys Gemeinschaftsbegriff *theologischer* Einspruch erhoben werden kann, soll abschließend skizziert werden.

Allein auf den ersten Blick ist m. E. bemerkenswert, wie Kirche sich selbst als „Hybrid“ der noch im vergangenen Jahrhundert dominanten unterschiedlichen Logiken von Gesellschaft und Gemeinschaft identifiziert: War noch für Tönnies die Gemeinschaft das organisch verstandene Idealbild zum als technokratisch karikierten Gegenbild der Gesellschaft, so will Kirche gegenwärtig selbst sehr gern als Institution und Organisation gesehen werden, die hier und da auch noch organische Anteile („Leib Christi“!) konzessiv erkennbar sein lässt.

Philipp Stoellger hat sicher Recht, wenn er Nancy so liest, dass in dessen oben hauptsächlich zitiertem Schlüsselwerk Gemeinschaft „weder als Werk noch als verlorene Kommunion“[54] dargestellt wird. Und dennoch – oder gerade deshalb – möchte ich den Begriff der „Kommunion des Evangeliums“ gegenüber der immer auch als zweckmäßig, verzweckt missverständlichen Rede von der „Kommunikation des Evangeliums“[55] stark machen. Denn mit Nancys Pointe der „Mit-Teilung“ verstehe ich demgegenüber den (je nach Autor:in unterschiedlich oder auch nicht inhaltlich bestimmten) „Leitbegriff Kommunikation des Evangeliums“ nicht

---

51 A. a. O., 70.

52 Vgl. a. a. O., 143.

53 Vgl. Grethlein, Art. Kommunikation des Evangeliums.

54 Stoellger, Mit-Teilung und Mit-Sein, 52.

55 Diesbezüglich sehr lesenswert ist m. E. die Replik des Engemannschülers auf dessen Text, der im jüngsten einschlägigen Sammelband zur „Kommunikation des Evangeliums“ abgedruckt ist: Kirchmeier, Drei Kommunikationsmodi – eine Funktion?

als Ziel oder Zweck, nicht als Gestus, sondern dann schon eher als Habitus, nicht als funktionale Mittel-, sondern als grundlegende Seinsbestimmung, und nicht als Absichtserklärung, sondern als Existenzeinsicht.

Denn Kirche „ist" nicht einfach „da", sondern mehr als das: mit Nancy mehr denn im Heidegger'schen Sinn von „Da-Sein", und auch mehr als „nur" für andere oder die Welt – und ich bin davon überzeugt, dass man auf dieser Linie auch die Gedanken von Dietrich Bonhoeffer und Ernst Lange weiterdenken kann und sollte.[56] Kirche ‚ist' präzise durch das „Mit-Sein" bestimmt, dessen Pointe, wie Dietrich Sagert treffend beobachtet, im Bindestrich liegt.[57]

Kirche kann dabei nur mit-teilen, was ihr mit-geteilt wurde. Und das kann sie nicht verwalten. Sie teilt sich mit, d. h. ihre genuine Seinsform ist Teilung mit anderen. Was sie allein kann und was zu teilen sie allein „hat", ist nicht sich selbst, sondern Christus als den, der ihr so fremd bleibt wie Maria am Grab.[58] D. h. kirchentheoretisch: Sie teilt, was sie nicht hat. Sie teilt nicht mit Gleichen – das wäre die Gefahr der Vergemeinschaftung als Vereinnahmung und In-Dividualiserung als Unteilbarkeit –, sondern sie teilt mit Fremden immer nur in dem schmalen Raum des Bindestrichs, der das Kommune von der Differenz trennt. Dabei ist die Richtung dieses Teilens nicht die der Vertikalen, sondern der Horizontalen, wirkliche statt nur behaupteter Immanenz zusammen mit dem Gott, der in seinem Wort Fleisch geworden ist. Sie holt also nicht Christus aus dem Himmel oder wird nackensteif im Blick nach oben, sondern schaut nach links und rechts. Und weil sie das, was sie mit-teilt, nicht hat, verschenkt sie es umso freigiebiger – und damit sich selbst. Das wäre Kommunion in der Denkfigur der Gabe[59], die jeder ökonomischen, d. h. gesellschaftlichen Logik widerspricht.

Wäre also m. E. „Kommunikation des Evangeliums" gegenwärtig noch Ziel und Zweck von Kirche, so würde „Kommunion des Evangeliums" in diesem präzisen Sinn m. E. zu ihrer Auf-Gabe werden müssen, vielleicht sogar bis zur Selbstauflösung in der Wechselseitigkeit von Gemeinschaft und Gesellschaft, vor allem aber im Annehmen des und der Anderen und in der Preisgabe einer ab-soluten Daseinsberechtigung, d. h. in der Differenz. Mit-Teilung des Evangeliums als Mit-Teilung des Gottes, der sich selbst in die Immanenz begeben hat und dessen Entschwinden daraus der Stiftungsgrund seiner Gemeinschaft wurde: „Und es geschah, als er sie segnete, schied er von ihnen und fuhr auf gen Himmel. Sie aber beteten ihn an und kehrten zurück nach Jerusalem mit großer Freude und waren allezeit im Tempel und priesen Gott" (Lk 24,51–53).

---

56 Vgl. Bonhoeffer, Widerstand und Ergebung, 560f., und Lange, Kirche für andere, sowie ders., Kirche für die Welt.

57 Sagert, minderheitlich werden, 15.

58 Vgl. auch Nancy, Noli me tangere.

59 Vgl. Mauss, Die Gabe; exemplarisch: Derrida, Falschgeld.

Literatur

Aristoteles, Politik, übersetzt und mit einer Einleitung sowie Anmerkungen hg. von Eckart Schütrump, Hamburg 2012.

Beck, Ulrich, Freiheit oder Kapitalismus. Gesellschaft neu denken (Ulrich Beck im Gespräch mit Johannes Willms), Frankfurt a. M. 2000.

Bonhoeffer, Dietrich, Widerstand und Ergebung. Briefe und Aufzeichnungen aus der Haft, hg. von Eberhard Bethge / Christian Gremmels / Ernst Feil (DBW 8), Gütersloh 1998.

Dahrendorf, Ralf, Homo Sociologicus. Ein Versuch zur Geschichte, Bedeutung und Kritik der Kategorie der sozialen Rolle, Köln / Opladen [5]1964.

Derrida, Jacques, Falschgeld. Zeit geben I. Aus dem Französischen von Andreas Knop und Michael Wetzel, München 1993.

Ebert, Patrick, Kirche als entwerkte Gemeinschaft, in: Friederike Rass / Anita Sophia Horn / Michael U. Braunschweif (Hg.), Entzug des Göttlichen. Interdisziplinäre Beiträge zu Jean-Luc Nancys Projekt einer „Dekonstruktion des Christentums", München 2017, 100–120.

Grethlein, Christian, Art. Kommunikation des Evangeliums, auf: WiReLex, online: https://www.bibelwissenschaft.de/wirelex/das-wissenschaftlich-religionspaedagogische-lexikon/wirelex/sachwort/anzeigen/details/kommunikation-des-evangeliums/ch/1a93a7fec6ff0efcf491f51e9f503ce1/#h9 (abgerufen am 23.01.2023).

Heidegger, Martin, Sein und Zeit, Tübingen [8]1957.

Herbst, Michael, Aufbruch im Umbruch. Beiträge zu aktuellen Fragen der Kirchentheorie (BEG 24), Göttingen 2018.

Hermelink, Jan, Kirchliche Organisation und das Jenseits des Glaubens. Eine praktisch-theologische Theorie der evangelischen Kirche, Gütersloh 2011.

Herzig, Ferenc, Zwecklose Kirche. Wozu man uns (nicht) braucht und warum die Frage falsch gestellt ist, in: PTh 111 (2022), 282–300.

Kirchenamt der EKD (Hg.), Hinaus ins Weite – Kirche auf gutem Grund. Zwölf Leitsätze zur Zukunft einer aufgeschlossenen Kirche, Hannover 2020.

– (Hg.), Kirche der Freiheit. Perspektiven für die evangelische Kirche im 21. Jahrhundert. Ein Impulspapier des Rates der EKD, Hannover 2006.

Kirchmeier, Bernhard, Drei Kommunikationsmodi – eine Funktion? Erwägungen zum Zweck der Kommunikation des Evangeliums, in: Michael Domsgen / Bernd Schröder (Hg.), Kommunikation des Evangeliums. Leitbegriff der Praktischen Theologie (APrTh 57), Leipzig 2014, 33–48.

Lange, Ernst, Kirche für andere, in: EvTh 10 (1967), 513–546.

–, Kirche für die Welt. Aufsätze zur Theorie kirchlichen Handelns, hg. von Rüdiger Schloz, München 1981.

Mauss, Marcel, Die Gabe. Form und Funktion des Austauschs in archaischen Gesellschaften, aus dem Französischen von Eva Moldenhauer, Frankfurt a. M. [12]2019.

Nancy, Jean-Luc, Noli me tangere, aus dem Französischen von Christoph Dittrich, Zürich / Berlin 2009.

–, singulär plural sein, aus dem Französischen von Ulrich Müller-Schöll, durchgesehene Neuauflage Zürich 2012/2016.

–, Von einer Gemeinschaft, die sich nicht verwirklicht, aus dem Französischen von Esther von der Osten, Wien / Berlin 2018.

Platon, Gorgias, in: Sämtliche Werke Bd. 1. In der Übersetzung von Friedrich Schleiermacher, Reinbek bei Hamburg ^{6}1963, 197–283.

–, Politeia, in: Sämtliche Werke Bd. 3. In der Übersetzung von Friedrich Schleiermacher, Reinbek bei Hamburg ^{8}1963, 67–310.

Plessner, Helmuth, Grenzen der Gemeinschaft. Eine Kritik des sozialen Radikalismus, Frankfurt a. M. ^{7}2018.

Pohl-Patalong, Uta / Hauschildt, Eberhard, Kirche (Lehrbuch Praktische Theologie 4), Gütersloh 2013.

Sagert, Dietrich, minderheitlich werden. Experiment und Unterscheidung, Leipzig 2021.

Scheler, Max, Das Ressentiment im Aufbau der Moralen, Frankfurt a. M. 1978.

Stoellger, Philipp, Mit-Teilung und Mit-Sein. Gemeinschaft aus „Neigung" zum Anderen. Zu Nancys Dekonstruktion der Gemeinschaft, in: Elke Bippus / Jörg Huber / Dorothee Richter (Hg.), „Mit-Sein". Gemeinschaft – ontologische und politische Perspektivierungen, Zürich 2010, 45–64.

Tönnies, Ferdinand, Gemeinschaft und Gesellschaft. Abhandlung des Communismus und des Socialismus als empirischer Culturformen, Leipzig 1887.

Spiritualität in Gemeinschaft als Aufgabe der Volkskirche

Herausforderungen und Möglichkeiten aus kirchentheoretischer Perspektive[1]

Von JOHANNES SCHÜTT

1 Spiritualität und Gemeinschaft bei Peter Zimmerling

Spiritualität und Gemeinschaft sowie die Verbindung beider Aspekte sind zentrale Themen von Peter Zimmerlings Praktischer Theologie. Evangelische Spiritualität wurzelt für ihn in der Rechtfertigung aus Gnade. Die Anlage des dritten Bandes seines Handbuchs Evangelische Spiritualität veranschaulicht, dass Zimmerling ein weites Spektrum sowohl individuell als auch gemeinschaftlich gelebter spiritueller Formen vor Augen hat.[2] Dabei handelt es sich nicht um ein loses Nebeneinander, sondern es ist gemäß Zimmerlings lutherischem Grundansatz ein Zentrum lokalisierbar: der liturgische Gottesdienst mit Wort und Sakrament, der in sich eine Vielfalt spiritueller Formen trägt.

Zimmerling möchte evangelische Spiritualität aus ihrer Nischenexistenz in der Praktischen Theologie und aus ihrer gesellschaftlichen Randständigkeit herausführen, sie soll nicht bloß ein Thema von Sondergruppen wie etwa Kommunitäten bleiben. Christlicher Glaube drängt für ihn zu spirituellem Leben hin. Die evangelische Kirche solle diesem Drang durch Traditionspflege, Spiritualitätsdidaktik und auch innovative Formen von Spiritualität im ökumenischen Horizont dienend zur Seite stehen. Zimmerling will das reichhaltige spirituelle Erbe der Christenheit zur Sprache bringen. Weiterhin versucht er durch das Spiritualitätsthema, Rationalismus und theologischem Reduktionismus in der evangelischen Theologie entgegenzuwirken.

Individuum und Gemeinschaft bilden bei Zimmerling zwei aufeinander bezogene Pole, die zwar in Spannung zueinander stehen, aber nicht voneinander isoliert werden können. Das Leitbild eines spirituell autarken, bindungslosen Individuums sieht Zimmerling als für die Praktische Theologie ungeeignet an, denn „[d]ie neuzeitliche Denkfigur von Gott und der Ein-

[1] Der folgende Beitrag greift auf die Dissertationsschrift Schütt, „Die Schäflein, die ihres Hirten Stimme hören" zurück und führt deren Gedanken weiter.

[2] Vgl. Zimmerling (Hg.), Handbuch Evangelische Spiritualität, Bd. 3.

zelseele stellt eine Abstraktion dar."[3] Das Individuum braucht für seine spirituelle Existenz die (damit auch gottesdienstliche) Gemeinschaft.

2 Spiritualität und Gemeinschaft in gegenwärtiger Kirchentheorie

In der gegenwärtigen Kirchentheorie kommt dem Thema Spiritualität keine eigenständige Rolle zu. Falls Spiritualität Erwähnung findet, wird sie mit Individualität, Subjektivität, Rationalitäts- und Institutionendistanz sowie einer Tendenz zum Synkretismus in Verbindung gebracht.[4] Offenbar dominiert in der Kirchentheorie ein Spiritualitätsparadigma, wie es von dem Soziologen Hubert Knoblauch formuliert wird. Dieser knüpft an die Typologie Ernst Troeltschs mit dessen Trias aus Kirche, Sekte und Mystik an und ordnet die Spiritualität der Mystik zu.[5] Spiritualität *im Rahmen* von Kirche und Gemeinschaft ist dabei nicht vorgesehen, sie stoße diese Größen tendenziell ab. Dabei bleibt außer Acht, dass Spiritualität bei allen Individualisierungstendenzen *auch* in Sozialisationsprozessen angeeignet und innerhalb sozialer Bezüge gepflegt wird. Vor dem Hintergrund von Zimmerlings Werk zu evangelischer Spiritualität erscheint Knoblauchs Verständnis von Spiritualität als eine Verengung. Verbindet man die Verständnisse Knoblauchs und Zimmerlings, legt sich eine Unterscheidung von individualistischer, institutionenferner Spiritualität einerseits und gemeinschaftlicher Spiritualität andererseits nahe.

Dennoch muss zur Kenntnis genommen werden, dass Knoblauchs Konzept einem populären Verständnis von Spiritualität nahekommt, wie es der Religionssoziologe Gert Pickel mittels quantitativer Sozialforschung herausgearbeitet hat. Demnach ist Spiritualität ein Minderheitenphänomen: Sogar über zwei Drittel der Evangelischen sehen sich selbst als wenig bis gar nicht spirituell an. Selbst persönliche Gotteserfahrungen führten nicht zwingend dazu, dass sich Menschen als „spirituell" bezeichneten.[6] Möglicherweise klingt „Spiritualität" für man-

---

[3] Zimmerling, Zur Geschichte, 32.

[4] Vgl. das Standardwerk zur Kirchentheorie Hauschildt / Pohl-Patalong, Kirche, 93f.

[5] Kennzeichnend für Spiritualität sei dabei zum einen eine dogmatische Distanz zu religiösen Institutionen, die auch zu einer Kritik an einer Liberalität solcher Institutionen führen kann. Zum anderen würden religiöse Großorganisationen skeptisch betrachtet. Das Streben der Spiritualität nach Ganzheitlichkeit verlaufe über einen ausgeprägten Subjektivismus. Jener stelle auf unmittelbare persönliche und außergewöhnliche Erfahrung ab. Vgl. Knoblauch, Populäre Religion, 124–130.

[6] Vgl. Pickels Beitrag in der vorliegenden Festschrift sowie Pickel, Evangelische Spiritualität, 640–645. Dort weist Pickel trotz der Institutionendistanz gesellschaftlicher Spiritualität darauf hin, dass Spiritualität oft mit religiösen Traditionen korrespondiert. Bei abnehmender Kirchenbindung nimmt er mittelbar auch einen Verlust von Spiritualität an. Wie die Kirchenbindung stehe auch die Spiritualität unter dem Druck einer sich fortwährend säkularisierenden Gesellschaft. Dennoch erblickt Pickel

che Ohren zu „esoterisch" oder Spiritualität suggeriert eine Intensität geistlichen Erlebens, die man für sich nicht beanspruchen will.

Lässt sich angesichts dieser Befunde dennoch für eine Relevanz des Spiritualitätsbegriffs für Praktische Theologie und Kirchentheorie plädieren? Die Frage lässt sich mit Zimmerling bejahen, sofern einem von Pickel adressierten populären ein theologischer Spiritualitätsbegriff zur Seite gestellt wird. Dadurch werden Spannungen hervorgerufen: zwischen un- bzw. antidogmatischer und mit der Rechtfertigungslehre verbundener Spiritualität; zwischen individualisierter und gemeinschaftlicher Spiritualität; zwischen einem engen Spiritualitätsbegriff der Selbstbezeichnungen und einem weiten, der auch das vielfältige spirituelle Leben der (evangelischen) Kirche inkludiert. Nimmt evangelische Theologie das spirituelle Leben der Kirche wahr, beschreibt und gestaltet es, so besteht auch die Chance, dass populäre Verständnisse um Dimensionen von evangelischer Spiritualität erweitert werden.

Ich schlage vor, im Hinblick auf Spiritualität im Rahmen sozialer Bezüge der Kirche von „gemeinschaftlicher Spiritualität" zu sprechen und damit eine Variante von evangelischer Spiritualität zu kennzeichnen.[7]

Damit wird als ein weiteres Problemfeld das der Kirche als Gemeinschaft betreten. Eberhard Hauschildt und Uta Pohl-Patalong ordnen diese in ihrem Hybridmodell neben Institution und Organisation.[8] Jan Hermelink entwirft einen vierfachen Kirchenbegriff aus Organisation, Institution, Interaktion und Inszenierung. Gemeinschaft lässt sich in dieser Ordnung mit der Kirche als Interaktion identifizieren.[9] Zudem spricht Hermelink von den Organisationstypen unter anderen „Vereinskirche" und „Konventskirche", in denen sich schwerpunktmäßig gemeinschaftliches Leben vollzieht.[10] Sowohl bei Hauschildt und Pohl-Patalong als auch bei Hermelink ist Gemeinschaft damit zwar integraler Bestandteil der Kirche, erscheint in beiden Entwürfen jedoch als besonders problembehaftet: milieuverengt, politisch eher konservativ,

in evangelischer Spiritualität eine „Chance für eine sozial und religiös gebundene Spiritualität": „Sie kann offen die Verbindung zwischen spiritueller Erfahrung, spiritueller Praxis und spiritueller Sozialgemeinschaft thematisieren. Dies birgt aber auch eine schwierige Aufgabe der Selbstdefinition – das Arrangement zwischen einer, im ersten Zugriff als zur Kirche distanziert verstandenen Spiritualität mit dieser Kirche als sie stabilisierender Sozialform." (Zitat 645) Damit unterstreicht Pickel die erwähnte Spannung zwischen Individuum und Gemeinschaft aus religionssoziologischer Sicht.

[7] Sie wird dabei nicht als bloß menschliche Gemeinschaft, sondern im Sinne von Rudolf Bohrens „theonomer Reziprozität" unter Einbeziehung Gottes gedacht. Die Kommunikation des Evangeliums im Rahmen von gemeinschaftlicher Spiritualität muss damit auch als Genitivus subjectivus verstanden werden, bei dem nicht nur Menschen kommunikativ tätig werden, sondern das Evangelium selbst zu Menschen „spricht".

[8] Vgl. Hauschildt / Pohl-Patalong, Kirche, 138–219.

[9] Vgl. Hermelink, Kirchliche Organisation, 89–123.

[10] Vgl. a. a. O., 144–160.

sich tendenziell nach außen hin verschließend, der Großkirche gegenüber oft ablehnend eingestellt. Hauschildt und Pohl-Patalong sowie Hermelink weisen damit auf reale Gefährdungen, Defizite und Schwundformen von Gemeinschaft hin. Jedoch wird Gemeinschaft in ihren empirischen und theologischen *Potenzialen und Qualitäten* nicht hinreichend beschrieben – anders die Intention der vorliegenden Festschrift. Der Begriff der gemeinschaftlichen Spiritualität beschreibt seinerseits Perspektiven, Gemeinschaft zu analysieren und zu orientieren: Als eine Pluralität spiritueller Formen, wie sie sich im gemeinschaftlichen Leben der Kirche vollziehen.

3 Gesellschaftlich: christliche Spiritualität im Abschwung, Gemeinschaft als Problem

Fortwährend niedrige Besuchsquoten von Gottesdiensten in den Großkirchen erweisen sich als problematisch für gemeinschaftliche Spiritualität. Sie haben im Verbund mit den abnehmenden Mitgliederzahlen zur Folge, dass christliche, gemeinschaftliche Spiritualitätspraxis immer weniger als Allgemeingut vorausgesetzt werden kann. Hintergründig, aber schwerwiegend wirkt der Rückgang familiärer Sozialisation in evangelische Spiritualität hinein. Weiterhin gestaltet sich die Sozialisation in den agendarischen Gottesdienst beständig als kulturell schwierig.

Einen tiefer reichenden Erklärungsansatz für den Abschwung von Religion allgemein, der aus meiner Sicht auch die Rückgänge christlicher Spiritualitäten betrifft, bietet Reiner Preul im Anschluss an Eilert Herms an. Er sieht die Bundesrepublik Deutschland als ein „Gemeinwesen mit rein ökonomischer Identität" an. In diesem greife der Leistungsbereich der Ökonomie auf andere Gebiete über, auch in den Bereich der Religion. Somit werde versucht, religiösen oder ethischen Fragestellungen mit der Logik des ökonomischen Leistungsbereiches zu begegnen – dieses Vorgehen stelle einen „Kurzschluss" dar. Die Folge dessen sei eine Marginalisierung des Funktionsbereichs Religion bei gleichzeitiger Enttäuschung von Menschen von den Antworten des ökonomisch dominierten Gemeinwesens. In Preuls Kirchentheorie stellt diese Situation eine Herausforderung für die Kirche dar, der sich jene aber entschlossen zu stellen habe.[11] Auch ein Vierteljahrhundert nach Preuls Kirchentheorie und trotz aller postmaterialistischen Bewegungen ist offenkundig, dass in der deutschen Gesellschaft im Großen und Ganzen das Streben nach irdischen Sicherheiten und Wohlstand hohe, wenn nicht gar höchste Priorität genießt. Angesichts derartiger Bestrebungen vermag Spiritualität, über deren positive Auswirkungen sich menschlich nicht verfügen lässt, keine unmittelbar relevanten Beiträge zu bieten und gerät deshalb leicht außer Acht.

[11] Vgl. Preul, Evangelische Bildungstheorie, 340–347.

Gemeinschaft wird gesellschaftlich als Idee zwar geschätzt, aber deren vorfindliche Ausprägungen zunehmend in Frage gestellt. Offenkundig wirken sich fortwährende Trends der Individualisierung zumindest *auch* zu Lasten sozialer Gemeinschaft aus: Staat, Nation und Kirche sehen sich – sieht man von Folklore und Romantik ab – beständig grundsätzlicher Kritik ausgesetzt, positive Konzepte und Beschreibungen lassen sich kaum finden. In abgeschwächter Form lässt sich dies auch bei Ehe, Familie und Heimat beobachten. Leitbild ist immer wieder das Individuum, das sich von hemmenden, potenziell diskriminierenden Formen von Gemeinschaft emanzipieren und distanzieren muss, um zu wahrer Eigenständigkeit, Freiheit und Entfaltung durchzubrechen.

Konzepte gemeinschaftlicher Spiritualität können somit zunächst kaum auf förderliche gesellschaftliche Gegebenheiten aufbauen. Die damit verbundenen kritischen Anfragen an gemeinschaftliche Spiritualität sollen hier jedoch als Herausforderung begriffen und angenommen werden. Sie muss erweisen, dass sie für eine Breite der Gesellschaft zugänglich ist, nicht nur für eine Sondergruppe spirituell Musikalischer. Gemeinschaftliche Spiritualität muss neben dominanten materiellen und politischen Kräften Gottes universelle Herrschaft verkörpern und das Leben von ihr ergriffener Menschen transformieren. Sie muss zeigen, dass sie auf heilsame, befreiende und befähigende Weise vergemeinschaftet. Sie muss sich konstruktiv und komplementär auf individuell gelebte Spiritualitäten beziehen.

4 Gemeinschaftliche Spiritualität – Auftrag der Kirche

Die Kommunikation des Evangeliums wird in der Kirchentheorie konsensual als Auftrag der Kirche angesehen. Damit ist jedoch noch nicht geklärt, inwiefern sich diese Kommunikation in *gemeinschaftlichen Bezügen* vollzieht. So werden häufig das Gegenüber von Großkirche und Individuum hervorgehoben und gemeinschaftliche Größen wie Ortsgemeinde, Gemeindegruppen oder Kommunitäten relativiert. So bedeutend die außerkirchliche Kommunikation des Evangeliums sowie die individuelle Perzeption des Evangeliums ohne die Inanspruchnahme von Gemeinschaft auch sind, so konstitutiv ist Gemeinschaft für die *kirchliche* Kommunikation des Evangeliums. Es erscheint als legitim, aus der „minimalistischen" Kirchendefinition von Confessio Augustana Artikel 7 eine weitgehende Freiheit in der Gestaltung kirchlichen Lebens und Handelns abzuleiten, wie es beispielsweise bei Reiner Preul geschieht.[12] Zugleich wird in CA 7 die gottesdienstliche Versammlung, eine Gemeinschaft von leiblich Anwesenden als zentraler Ort beschrieben, an dem der Heilige Geist – mittels evangeliumsgemäßer Wortverkündigung und Sakramentsgebrauch – den Glauben an Christus hervorruft. Somit lässt

[12] Vgl. Preul, Was bedeutet die kirchentheoretische These, 28.

sich ein Zentrum evangelischer Spiritualität beschreiben, ohne eine Vielfalt spiritueller Formen in verschiedensten Kontexten zu beschneiden – so auch Peter Zimmerling.[13]

Die Bedeutung gemeinschaftlicher Spiritualität hängt kirchensoziologisch – trotz geringer Besuchsquoten bei Gottesdiensten – nicht in der Luft, sondern findet einen Anhaltspunkt in der hohen Zahl Evangelischer, die sich ihrer jeweiligen Ortsgemeinde und der Kirche insgesamt verbunden fühlen. Gerhard Wegner hält in Auswertung der fünften Kirchenmitgliedschaftsuntersuchung der EKD eine Zahl von rund 10 Millionen Menschen fest, die sich über ihre Kirchengemeinde der Kirche insgesamt verbunden fühlen. Wegner erwartet in dieser Bevölkerungsgruppe verlässlich Resonanzen auf die Kommunikation des Evangeliums.[14] Es ist ebenso zu erwarten, dass diese Menschen mit gemeinschaftlicher Spiritualität im Gottesdienst zumindest bekannt, wenn nicht gar vertraut und beteiligt sind.

5 Transformative Potenziale gemeinschaftlicher Spiritualität

In der Kirchentheorie wird die Rolle der evangelischen Kirche als einer öffentlichen Kirche unterstrichen, die mit ihrer Theologie und ihrem Handeln gesellschaftlich relevant, sowohl bestätigend als auch kritisch auftritt. Greifbar wird dies beispielsweise bei Preul, welcher in der Rechtfertigungslehre eine gesellschaftskritische Funktion und in dem Kasualangebot der Kirche eine den Bedürfnissen von Menschen zugewandte Haltung der Kirche ausmacht. Gemeinschaftliche Spiritualität in Kasualien oder Weihnachtsgottesdiensten ist kulturell verankert und entspricht tendenziell vorherrschenden Bedürfnissen.

In diesem Beitrag soll jedoch auf die kritischen und transformativen Potenziale gemeinschaftlicher Spiritualität hingewiesen werden. Christian Grethlein identifiziert in „Christsein als Lebensform“ mit dem „*Homo faber*“, dem „*Homo oeconomicus*“ und dem „*Homo simultans*“ gesellschaftlich dominante Menschenbilder. *Homo faber* und *Homo oeconomicus* seien radikal auf das Irdische fixiert und zerstörten dabei auf Dauer die ökologischen Lebensgrundlagen. In Anlehnung an Hartmut Rosas Resonanztheorie versuche weiterhin der *Homo simultans*, Resonanz in Beschleunigung zu finden, was ihm jedoch nicht gelinge.[15] Demgegenüber markiere das Christsein als Lebensform, das in der Kommunikation des Evangeliums aktiv werde, Alternativen zu „letztlich suizidalen Tendenzen moderner Lebensformen“.[16]

---

[13] Preul spricht zum einen von einer zentripetalen Bewegung des kirchlichen Handelns zum Gottesdienst hin, zum anderen von einer zentrifugalen Bewegung in alle Teile der Bevölkerung hinein. Vgl. Preul, Kirche als Unternehmen, 60.

[14] Vgl. Wegner, Das Gespenst der Verkirchlichung, 304.

[15] Vgl. Grethlein, Christsein als Lebensform, 143–158.

[16] Vgl. a. a. O., 242.

Der indische Intellektuelle und Christ Vishal Mangalwadi macht ferner für den westlichen Kulturkreis ein Gefälle zum Nihilismus aus. Dieser verneine aufgrund seiner geistlichen Heimatlosigkeit das von Gott geschenkte Leben.[17] Im Kontrast zu den beschriebenen Tendenzen relativiert gemeinschaftliche Spiritualität (auch als Schöpfungsspiritualität!) das Irdische, Vorfindliche, Materielle. Sie zielt nicht auf unmittelbare Bedürfnisbefriedigung, sondern drückt menschliche Bedürftigkeit vor Gott aus. Sie nimmt Gottesferne an und versucht nicht, Gott menschlicher Verfügbarkeit zu unterwerfen. Sie trachtet nicht nach zunehmender Autonomie und Machtausbreitung des Egos, sondern bildet einen Zusammenschluss der Schwachen. Sie unterbricht Geschäftigkeit und Ergebnishunger. Sie sucht Gottes Zuwendung in Christus und das verheißene Leben in ihm, mitten in einer defekten Welt. Sie macht nicht den Menschen zu Gott, sondern unterwirft sich seiner gerechten und gnädigen Herrschaft. Sie hilft Menschen, den Blick auf die Ewigkeit zu richten und aus dieser Perspektive heraus das Hier und Jetzt zu gestalten. In diesem Sinne ist die Großkirche durch gemeinschaftliche Spiritualität in der Lage, eine unverwechselbare prophetische Stimme ertönen zu lassen.

Dieses geistig-geistliche Profil gemeinschaftlicher Spiritualität greift im Raum der evangelischen Großkirche auf privilegierte Möglichkeiten zurück. Sie verfügt weiterhin über ein zwar nicht in alle Subkulturen hineinreichendes, aber geografisch flächendeckendes Netz an Gebäuden sowie ehren- und hauptamtlichem Personal, mit denen gemeinschaftliche Spiritualität gelebt wird. Die Kirchensteuerfinanzierung ermöglicht es der Kirche wie selbstverständlich und anders als bei anderen Akteuren von Spiritualität, ohne kommerzielle Interessen spirituelles Leben zu gestalten.[18] Weiterhin betont die konstitutive Beteiligung und Verantwortung des allgemeinen Priestertums, dass es sich bei gemeinschaftlicher Spiritualität nicht um eine Experten-Spiritualität, sondern um eine Spiritualität für Jedermann handelt, die zudem mit dem Alltagsleben konvergiert, etwa in kleinsten Zellen wie Hauskreisen. Schließlich genießt die evangelische Kirche in einigen Bevölkerungsgruppen nach wie vor ein großes Vertrauen, wird in manchen Regionen sogar als *der* Akteur von Religion, damit auch von gemeinschaftlicher Spiritualität angesehen.

6 Gemeinschaftliche Spiritualität – Herausforderungen für die Volkskirche

Trotz verschiedener Rückgänge und Rückbauprozesse will die evangelische Kirche nach wie vor eine öffentliche Kirche sein, die sich an alle Menschen in ihrem jeweiligen Ein-

[17] Vgl. Mangalwadi, Das Buch der Mitte, 23–33.

[18] Damit soll nicht bestritten werden, dass nicht auch Spendenfinanzierung oder in begrenztem Rahmen Kostenbeteiligungen sinnvolle Finanzierungsvarianten spiritueller Angebote sein können.

zugsbereich wendet und sich zumindest potenziell aus diesen Menschen konstituiert – dafür steht der Begriff „Volkskirche“. Dass Spiritualität dabei kein Nebenthema ist, erweist das EKD-Papier „Zwölf Leitsätze zur Zukunft einer aufgeschlossenen Kirche“, das den Aspekt „Frömmigkeit“ an die erste Stelle setzt. In der Erläuterung werden der Spiritualitäts- neben den Frömmigkeitsbegriff gestellt und beide nahezu synonym verwendet. Das Papier führt ein breites Spektrum, einen „Reichtum“ von Spiritualitäten auf. Frömmigkeit wird gleichsam als Wurzelwerk des öffentlichen, auch des politischen Wirkens der Kirche beschrieben und dabei in eine positive Beziehung zu kritischer wissenschaftlicher Reflexion gesetzt.[19]

Die Gestaltung gemeinschaftlicher Spiritualität stellt für die Volkskirche eine komplexe Aufgabe dar, da beständig eine Vielzahl von Aspekten verbunden werden müssen. Zum Beispiel sind Menschengruppen mit ihren spezifischen Spiritualitäten involviert: So schließt etwa Jugendspiritualität kaum an den agendarischen Gottesdienst (mit Orgelmusik an), ein einfacher Anschluss Heranwachsender an traditionelle evangelische Spiritualität lässt sich nicht ohne Weiteres voraussetzen.[20] Weiterhin ist zwischen Vergangenheit und Gegenwart zu vermitteln: Zu den Spiritualitäten aus der Tradition treten die der Gegenwart, dazu bilden sich immer neue Mischformen. Neue Räume wie die digitalen Medien befördern besonders unter der Regie Nichtordinierter neue Spiritualitäten.

Angesichts der Vielfalt und des Variantenreichtums von (gemeinschaftlicher) Spiritualität sind zu ihrer Wahrnehmung und Beschreibung Ordnungen vonnöten – etwa hinsichtlich von Orten, Handlungsformen und theologisch-geistlichem Charakter. Praktisch-theologische Arbeit und vor allem Diskussionen dazu finden bisher leider kaum statt. Im Folgenden werden drei Ordnungen aufgeführt.

1) Peter Zimmerlings dritter Band des Handbuches Evangelische Spiritualität gliedert sich in die Handlungsfelder „Kirche und Gemeinde“, „Gottesdienst und liturgisches Leben“, „Gebet und Bibellese“, „Seelsorge und Begleitung“ sowie „Lebenswelt und Bildung“. Damit ist eine Priorisierung verbunden: Kirche und Gemeinde werden als „primärer Resonanzraum evangelischer Spiritualitätspraxis“ bezeichnet.[21]

---

19 Vgl. 12. Synode der EKD, „Hinaus ins Weite – Kirche auf gutem Grund“, 7f.

20 Tobias Faix und Tobias Künkler analysieren bei „hochreligiösen“ Jugendlichen, dass diese mehrheitlich moderner Lobpreis-Spiritualität zuneigen, die – anders als überkommene evangelische Spiritualität – kaum auf den Verstand, sondern stark auf emotionales Erleben abhebt. Vgl. Faix / Künkler, Generation Lobpreis. Kirchentheoretisch bisher nahezu unreflektiert ist die zunehmende Multikulturalisierung aufgrund fortwährender Zuwanderung. Sie pluralisiert das Spektrum der Spiritualitäten weiter.

21 Vgl. Zimmerling, Zur Praxis, 39f., Zit. 39.

2) Gregor Etzelmüller bietet eine theologische Systematik, die davon ausgeht, dass sich das dreifache Amt Christi als Prophet, König und Priester in der Kirche zu allen Zeiten widerspiegelt. Das königliche Amt werde in der Diakonie der Kirche fassbar. Das prophetische erwarte Alternativen zu gegenwärtigen Ordnungen aus dem Heiligen Geist. Das priesterliche werde durch den Gottesdienst, aber auch durch private Frömmigkeitsformen markiert. Die drei Dimensionen seien in einer „polyphonen Einheit" aufeinander bezogen.[22]

3) Christian A. Schwarz konzipiert ein trinitarisches Schema mit den Dimensionen Schöpfung, Wort und Geist, aus dem er neun Stile christlicher Spiritualität ableitet.[23] Diese kämen in jeder Konfession bzw. Denomination vor, wobei je nach Gruppierung bestimmte Spiritualitätsformen dominierten. In der evangelischen Kirche sei dies der „rationale Stil", den Schwarz der Dimension Schöpfung zuordnet.[24]

Diese drei so unterschiedlichen Ansätze zur Ordnung von Spiritualitäten zeigen zunächst an, wie fluide und vielgestaltig das Phänomen Spiritualität ist. Letztlich bleibt die theologische Reflexion von Spiritualität immer hinter der grenzüberschreitenden Vielfalt des Wirkens Gottes zurück. Zugleich erarbeiten sie Konturen, die evangelische Spiritualität davor bewahren, in nicht zu fassender Diffusität verborgen zu bleiben. Schließlich helfen sie dabei, Wesenszüge christlicher bzw. evangelischer Spiritualität herauszustellen und diese von Spiritualismus bzw. von außerchristlichen Spiritualitäten zu unterscheiden.

Die Gestaltung gemeinschaftlicher Spiritualität in der und durch die Volkskirche erfordert weiterhin eine konstruktive Relationierung von christlichen Bewegungen auf der einen Seite sowie verfasster Institutionen und Organisationen auf der anderen Seite. Evangelische Spiritualität ist seit ihren Anfängen von wechselnden Bewegungen geprägt, die unterschiedliche Arten von Spiritualitäten zur Geltung brachten. In der Gegenwart kommen vielerlei geistliche Bewegungen unter dem Dach der Volkskirche zusammen. Die verfasste Kirche ist permanent gefordert, in konstruktive Beziehungen zu diesen fluiden Strömungen zu treten. Dabei sind persönliche Begegnungen unabdingbar, auch durch Formen von geistlicher Begleitung, Mentoring und Coaching. Das Gegenüber von Bewegungen sowie Institutionen und Organisationen unterstreicht auch, warum sich Spiritualität weder Teilbereichen einer Kirchenorganisation noch dem privaten Christentum allein zuordnen lässt. Es bedarf vielmehr dem durch kirchliche Leitung wahrgenommenen und gestalteten Wechselspiel von Knotenpunkten der Spiritualität in den kirchlichen Organisationen einerseits und dem spirituellen Leben in der

---

22 Vgl. Etzelmüller, Die Bedeutung des Heiligen Geistes, 430–438.

23 Vgl. Schwarz, Die 3 Farben Deiner Spiritualität, 21f.

24 Vgl. a. a. O., 91–97.

Breite der Kirche andererseits. Eine derartige Koordination kann den Menschen in unserem Land zunehmend eine Hilfe sein, die Geheimnisse Gottes gemeinschaftlich zu entdecken.

Literatur

12. Synode der EKD, „Hinaus ins Weite – Kirche auf gutem Grund". Zwölf Leitsätze zur Zukunft einer aufgeschlossenen Kirche (Beschluss der 12. Synode der Evangelischen Kirche in Deutschland auf ihrer 7. Tagung), online: https://www.ekd.de/ekd_de/ds_doc/Beschluss-zu-Hinaus-ins-Weite-Kirche-auf-gutem-Grund-Zwoelf-Leitsaetze-zur-Zukunft-einer-aufgeschlossenen-Kirche.pdf (abgerufen am 02.12.2022).

Etzelmüller, Gregor, Die Bedeutung des Heiligen Geistes für die evangelische Spiritualität, in: Zimmerling (Hg.), Handbuch Evangelische Spiritualität, Bd. 2, 423–442.

Faix, Tobias / Künkler, Tobias, Generation Lobpreis und die Zukunft der Kirche. Das Buch zur empirica Jugendstudie 2018, Neukirchen-Vluyn 2018.

Grethlein, Christian, Christsein als Lebensform. Eine Studie zur Grundlegung der Praktischen Theologie (ThLZ.F 35), Leipzig 2018.

Hauschildt, Eberhard / Pohl-Patalong, Uta, Kirche (Lehrbuch Praktische Theologie 4), Gütersloh 2013.

Hermelink, Jan, Kirchliche Organisation und das Jenseits des Glaubens. Eine praktisch-theologische Theorie der evangelischen Kirche, Gütersloh 2011.

Knoblauch, Hubert, Populäre Religion. Auf dem Weg in eine spirituelle Gesellschaft, Frankfurt a. M. / New York 2009.

Mangalwadi, Vishal, Das Buch der Mitte. Wie wir wurden, was wir sind: Die Bibel als Herzstück der westlichen Kultur. Mitarbeit an der Übersetzung: Hildegund Beimdieke / Ute Mayer / Gabriele Pässler, Basel 2016.

Pickel, Gert, Evangelische Spiritualität und Säkularismus oder Atheismus, in: Zimmerling (Hg.), Handbuch Evangelische Spiritualität, Bd. 2, 627–647.

Preul, Reiner, Die soziale Gestalt des Glaubens. Aufsätze zur Kirchentheorie, Leipzig 2008.

–, Evangelische Bildungstheorie, Leipzig 2013.

–, Kirche als Unternehmen, in: ders., Die soziale Gestalt des Glaubens, 52–63.

–, Kirchentheorie. Wesen, Gestalt und Funktionen der evangelischen Kirche, Berlin / New York 1997.

–, Was bedeutet die kirchentheoretische These: Die Kirche wird durch die Auslegung ihrer Lehre geleitet?, in: ders., Die soziale Gestalt des Glaubens, 18–35.

Schütt, Johannes, „Die Schäflein, die ihres Hirten Stimme hören". Konzeptionen der Kirchentheorie im kritisch-theologischen Vergleich, Darmstadt 2023.

Schwarz, Christian A., Die 3 Farben deiner Spiritualität. 9 geistliche Stile: Wie drückt sich Ihr Glaube am natürlichsten aus?, Asslar / Glashütten 2009.

Wegner, Gerhard, Das Gespenst der Verkirchlichung. Zum Ertrag der 5. Kirchenmitgliedschaftsuntersuchung, in: Detlef Pollack / Gerhard Wegner (Hg.), Die soziale Reichweite von Religion und Kirche. Beiträge zu einer Debatte in Theologie und Soziologie, Würzburg 2017, 279–311.

Zimmerling, Peter, Zur Geschichte der Evangelischen Spiritualität. Eine Einführung in Band 1 des Handbuches Evangelische Spiritualität, in: ders. (Hg.), Handbuch Evangelische Spiritualität, Bd. 1: Geschichte, Göttingen 2017, 22–37.

–, Zur Praxis der Evangelischen Spiritualität. Eine Einführung in Band 3 des Handbuchs Evangelische Spiritualität, in: ders. (Hg.), Handbuch Evangelische Spiritualität, Bd. 3, 22–40.

– (Hg.), Handbuch Evangelische Spiritualität, Bd. 2: Theologie, Göttingen 2018.

– (Hg.), Handbuch Evangelische Spiritualität, Bd. 3: Praxis, Göttingen 2020.

Die Gemeinschaft der Ordinierten als Ort gelebter Spiritualität

Von Klaus Raschzok

Die Gemeinschaft der Ordinierten als Ort gelebter Spiritualität stellt eine ambivalent besetzte, häufig mit ideologiekritischen Vorbehalten verbundene und gerne unter dem Generalverdacht der damit einhergehenden Klerikalisierung stehende Fragestellung dar, die in der praktisch-theologischen Reflexion zum evangelischen Pfarrberuf nur zurückhaltende Bearbeitung findet.

1 Die Gemeinschaft der Ordinierten nach dem Pfarrdienstgesetz der EKD

Das aktuelle Pfarrdienstgesetz der Evangelischen Kirche in Deutschland (EKD) stellt ohne weitergehende Aussagen zur geistlichen Realisierung fest: „Pfarrerinnen und Pfarrer stehen als Ordinierte in einer Gemeinschaft untereinander. Sie sollen bereit sein, einander in Lehre, Dienst und Leben Rat und Hilfe zu geben und anzunehmen. Sie sind verpflichtet, regelmäßig am Pfarrkonvent und entsprechenden Einrichtungen teilzunehmen.“[1] Dabei üben sie „ihren Dienst in Verantwortung für die Einheit der Kirche und die ihr obliegenden Aufgaben aus“ und haben deshalb „insbesondere alles zu unterlassen, was den Zusammenhalt einer Gemeinde oder den Dienst anderer Ordinierter erschweren kann.“[2]

Ähnlich konzentrieren sich landeskirchliche Ausführungsbestimmungen zur Gemeinschaft der Ordinierten auf eine Regelung des sozialen Miteinanders. Für sie stehen beispielhaft die „Leitlinien zur Gestaltung der Gemeinschaft der Ordinierten in der Evangelischen Kirche im Rheinland“ und die „Konventsordnung der Evangelisch-Lutherischen Landeskirche Hannovers“. Die rheinischen Leitlinien bestimmen in presbyterialer Tradition die Gemeinschaft der Ordinierten

[1] § 26 Abs. 3 Pfarrdienstgesetz EKD.

[2] § 26 Abs. 4 Pfarrdienstgesetz EKD. Vgl. Hübner, Evangelisches Kirchenrecht in Bayern, 305: „Von wesentlicher Bedeutung für den Pfarrdienst und sein Gelingen ist die Gemeinschaft der Ordinierten. Durch ihre tägliche persönliche Auseinandersetzung mit dem Evangelium und ihre gemeinsame Aufgabe in der öffentlichen Verkündigung stehen Pfarrer und Pfarrerinnen so auch in einer geistlichen Gemeinschaft. Um nicht ‚allein zu stehen‘, sollen sie die Gemeinschaft der Ordinierten pflegen, indem sie regelmäßig am Pfarrkonvent teilnehmen und einander Rat und Hilfe geben – und auch bereit sind, Rat und Hilfe anzunehmen.“

auf die jeweilige Kirchengemeinde bezogen.[3] Neben den dort tätigen Gemeindepfarrerinnen und Gemeindepfarrern gehören die beruflich wie die ehrenamtlich mitarbeitenden Prädikantinnen und Prädikanten sowie diejenigen Pastorinnen und Pastoren, die in den Predigtdienst der Gemeinde eingebunden sind, dieser Gemeinschaft an. Auch ordinierte Gemeindemitglieder, die ihre Rechte und Pflichten aus der Ordination in Dienstverhältnissen außerhalb ihrer Wohnsitzgemeinde wahrnehmen, gehören dazu und können sich freiwillig einbinden lassen. Hinzu kommen die in der Kirchengemeinde lebenden Pfarrerinnen und Pfarrer im Ruhestand.[4] Die in den Verkündigungsdienst der Kirchengemeinde eingebundenen Ordinierten gestalten ihre Gemeinschaft durch „Förderung des geistlichen Lebens (Gebet, Bibelstudium etc.) sowie die Ermöglichung von Fortbildung", durch „inhaltliche Konzeption des ‚ordinierten Dienstes' im Rahmen der Gesamtkonzeption gemeindlicher Aufgaben (Absprachen, Dienste, Zuständigkeiten etc.)" und „Organisation des Dienstes der Ordinierten (Predigtplan, Gottesdienste, Kasualien etc.)"[5]. Die Kirchengemeinde führt eine Liste ihrer ordinierten Mitglieder.[6]

Die Hannoversche Konventsordnung bestimmt die Gemeinschaft der Ordinierten in lutherischer Tradition vom Pfarrkonvent her, der die „Gemeinschaft der Ordinierten eines Kirchenkreises" darstellt, „die in einer seiner Kirchengemeinden oder im Kirchenkreis pfarramtliche Aufgaben wahrnehmen oder dem Kirchenkreis zugewiesen sind, weil sie allgemeinkirchliche oder besondere kirchliche Aufgaben wahrnehmen oder Aufgaben übernommen haben, die im kirchlichen Interesse liegen."[7] Er hat „die Gemeinschaft seiner Mitglieder und der Teilnehmenden als Gabe und Aufgabe wahrzunehmen und diese Gemeinschaft im wechselseitigen Gespräch und in gegenseitiger Ermutigung und Ermahnung zu pflegen und zu fördern."[8] Dazu zählen (1) „Gemeinsame theologische Arbeit insbesondere zur geistlichen Zurüstung und zur Fort- und Weiterbildung der Ordinierten", (2) „Regelmäßiger Austausch zu den Fragen des gesamten pfarramtlichen Dienstes" und (3) „Förderung der Zusammenarbeit zur gemeinsamen Erfüllung gemeindeübergreifender Aufgaben und gegenseitige Beratung und Hilfe in der persönlichen Amts- und Lebensführung."[9]

---

3 In der Evangelischen Kirche im Rheinland wird wie in den uniert geprägten Teilen der Evangelischen Kirche in Mitteldeutschland die Beauftragung ehrenamtlich tätiger Prädikantinnen und Prädikanten wie beruflich in der Kirchengemeinde mitarbeitender Gemeindepädagoginnen und Gemeindepädagogen nicht wie in den Gliedkirchen der VELKD als „Beauftragung", sondern ebenfalls als „Ordination" bezeichnet.

4 Vgl. Gemeinschaft der Ordinierten in der EKiR, 79f.

5 A. a. O., 80.

6 Vgl. a. a. O.

7 Konventsordnung Hannover, 7.

8 A. a. O.

9 A. a. O., 7.

2 Aus der pastoraltheologischen Vorgeschichte einer „Gemeinschaft der Ordinierten"

Der Begriff „Gemeinschaft der Ordinierten" begegnet erst nach 1945 als Konsequenz aus den Erfahrungen des sogenannten „Kirchenkampfes". Zuvor bildet die Gemeinschaft der Ordinierten kein eigenständiges Thema der Pastoraltheologie und wird eher peripher unter „kollegialem" wie „amtsbrüderlichem" Miteinander behandelt.

Eine wichtige Station ist der durch Gustav Plieningers 1837 erschienene Übersetzung im deutschen Raum bekannt gewordene „Evangelische Geistliche" des Anglikaners Richard Baxter (1615–1691) von 1655. Dieser fordert seine Amtsbrüder um des Evangeliums willen zu Frieden und Einigkeit, zum gemeinsamen Studium und Gebet wie zur wechselseitigen Ermahnung auf.[10]

> „Anstatt mit unseren Brüdern zu streiten, müssen wir uns mit ihnen gegen die gemeinsamen Gegner vereinen, und alle Geistlichen sollten zu diesem Zwecke zusammenhalten und in beständigem schriftlichem und mündlichen Verkehre mit einander stehen, der durch unbedeutendere Verschiedenheit der Ansichten nicht unterbrochen werden dürfte."[11]

Die Sehnsucht nach echter, auf der Ordination zum geistlichen Amt beruhenden „Bruderschaft" unter den Amtsträgern kommt im Brief zum Ausdruck, den der Kieler Propst Claus Harms (1778–1855) am 16. Juli 1837 zum Tag der Ordination seinem Sohn schreibt:

> „Mein Sohn, mein lieber, theurer Sohn. Nach der leiblichen Gegenwärtigkeit bin ich nicht dabey, aber im Geiste bin ich da, singe mit, bete mit, lege die Hand mit auf, und schließe nach der Ordination Dich in meine Arme, drücke dich an mein Herz. Gehe hin in das Heiligthum Gottes, daß Du geheiliget werdest, ausgesondert von der Welt, zu einem Geistlichen gemacht. […]. Als Propst Leitheuser mich ordinirte und sprach die Worte, ungefähr diese: Nun nehme ich Dich aus der Welt und weihe Dich zum Dienst im Reich Christi, – ich erinnere klar wie mich das durchdrang und erfüllete. Israels Priestern wurden die Hände gefüllt, uns Priestern Christi die Herzen, werde Dein Herz überlaufend erfüllt! Stehe auch ich hier, liege hier, hebe meine Arme zum Himmel für Dich, mein Sohn, der Du jetzt mein Bruder werden sollst und wirst es in gleicher Weihe."[12]

---

[10] Vgl. Baxter, Der Evangelische Geistliche, 39.

[11] A. a. O., 102.

[12] Harms, Pastoraltheologie, FN 121f.

In seiner „Pastoraltheologie" geht Claus Harms auf das problematische bruderschaftliche, von ihm „collegial" genannte Verhältnis zwischen den Pastoren ein:[13]

> „Die Prediger heißen sich untereinander Bruder. [...] Das thun zwar einige andre Standesgenossen ebenfalls [...]; allein es ist doch, meine ich, unerhört, daß jüngere und ältere Männer einer den andern, daß weltliche Beamte, daß Schulmänner, Professoren sich Bruder heißen. Woher eben die Prediger? [...] allein ich halte dafür, dem liege die Idee einer gemeinschaftlichen, besonderen, aus dem Geist geschehenen Zeugung zum Grunde, in einem Sinn, wie Christen überhaupt aus dem Geist geboren werden, so die Geistlichen, nicht zu sagen, in einer höhern Geburt, denn wir bleiben uns alle als Christen gleich, sondern in einer nochmaligen Geburt, wozu die Confirmation bezogen auf die Taufe ein Gleichniß abgeben könnte. Da verstände es sich denn von selbst, wenn man sich ohne alle Rücksichten auf Alters- und Amtsverschiedenheit Bruder nennt. [...] Es hat sich, wenigstens in unserm Lande [...] damit anders gemacht, nämlich der so eben Ordinierte wirft noch nicht dem ältern Prediger einen Bruder zu, und einen Propst, einen Consistorialrath, so wie den Superintendenten reden alle Prediger mit seinem Amts- oder Rangtitel an."[14]

Wilhelm Löhe (1808–1872) beschreibt 1852/58 im „Evangelischen Geistlichen" das Verhältnis zwischen Vorgänger, Amtsinhaber und Nachfolger auf einer Pfarrstelle, ohne explizit auf die Ordination als Verbindung einzugehen, was seinem monarchischen Amtsverständnis und dem damit einhergehenden Verständnis von Kirche von der einzelnen Gemeinde aus entspricht:[15] „Schone deinen Vorfahr und deinen Nachfolger" und „Schone deinen Kollegen, dürfte man dazusetzen"[16]. „Aber oft ist der Vorfahr ein redlicher Mann gewesen, nur kein vollkommener. Einen solchen sollte man schonen."[17] Der Pfarrer habe sich immer „als Glied einer Reihe" zu denken, „das zwischen andern steht. Sein Sinn ist, dem Vorfahr nach-, dem Nachfolger aufs ersprießlichste vorzuarbeiten."[18]

Bei Hermann von Bezzel (1861–1917) wird 1916 im „Dienst des Pfarrers" die Gemeinschaft der Ordinierten ohne explizite Begriffsverwendung im Gebetsleben des Pfarrers verortet: „Vorab gedenkt der Diener der Kirche seiner Amtsbrüder und der Not ihrer Seele, ihres Ge-

[13] In der evangelischen Pfarrerschaft der deutschen evangelischen Landeskirchen war bis in die 1930er Jahre hinein die respektvolle gegenseitige Anrede mit „Herr Kollege" anstelle mit „Bruder" üblich.

[14] Harms, Pastoraltheologie, 124f.

[15] Vgl. Raschzok, Geistliches Amt nach Wilhelm Löhe.

[16] Löhe, Evangelischer Geistlicher, FN 59.

[17] A. a. O., 59.

[18] A. a. O., 61.

wissens, der Angst der Kirche über die ihr Entwichenen und Entweichenden und hält es nicht für schulmeisterliche Pedanterie, um die rechte reine Lehre zu bitten".[19] Georg Merz (1892–1959), der Hermann von Bezzel als Präsidenten des Protestantischen Oberkonsistoriums in München erlebte, schreibt im Rückblick über ihn: „Er war es wohl, der mit der Tradition brach, den Pfarrer als einen untergeordneten Beamten zu betrachten, und dafür auch dem jüngsten Vikar gegenüber davon ausging, daß er mit ihm durch das gleiche Ordinationsgelübde verbunden war."[20]

3 Die Entdeckung der geistlich-theologischen Bedeutung der „Bruderschaft" in der Bekennenden Kirche

Die Entdeckung der geistlich-theologischen Bedeutung der „Bruderschaft" in der Bekennenden Kirche hat Sabine Bobert-Stützel in ihrer Studie zu Dietrich Bonhoeffers Pastoraltheologie herausgearbeitet. „Frömmigkeit, gerade die der Pfarrer, ist nach Bonhoeffers Verständnis auf Bruderschaft angewiesen. In Analogie zu seiner Auffassung, daß es faktisch kein Heil außerhalb der BK gebe, gilt: extra communionem nulla pietas."[21] Die „Bruderschaft des Amtes" soll „über den beruflichen Umgang miteinander hinausreichen".[22]

Bonhoeffers Verständnis von Bruderschaft führt die „Erklärung zur praktischen Arbeit der Bekenntnissynode der Deutschen Evangelischen Kirche (Barmen 1934)" über den geistlichen Dienst der Brüder untereinander fort:

> „a) Die Pfarrer müssen sich in den einzelnen Synoden zu gegenseitigem Dienst aneinander, zur gemeinsamen Arbeit unter Gottes Wort und zum Gebet zusammenschließen und regelmäßig zusammenkommen. An solchen Zusammenkünften müssen von Zeit zu Zeit auch die Pfarrfrauen teilnehmen. b) Wir brauchen in unserer Kirche Männer, die das Mahn- und Trostamt ausrichten, auch gelegentlich freigemacht werden, um von Ort zu Ort die Brüder zu stärken und zu ermahnen, besonders die Vereinsamten, c) besondere Rüstzeiten von mehrtägiger Dauer, abseits vom Getriebe der großen Städte, möglichst auch für Pfarrfrauen, d) eine in regelmäßigen Abständen erscheinende geistliche Handreichung."[23]

---

[19] Bezzel, Dienst des Pfarrers, 75.

[20] Merz, Wege und Wandlungen, 185.

[21] Bobert-Stützel, Pastoraltheologie Bonhoeffers, 113.

[22] A. a. O., 117f.

[23] Heimbucher / Weth, Erklärung zur praktischen Arbeit, 72f.

Im „Gemeinsamen Leben“ entfaltet Dietrich Bonhoeffer 1939 auf dem Hintergrund der Arbeit im Predigerseminar Finkenwalde seine geistlich-theologische Konzeption von „Bruderschaft“: „Es wird leicht vergessen, daß die Gemeinschaft christlicher Brüder ein Gnadengeschenk aus dem Reiche Gottes ist, das uns täglich genommen werden kann“.[24] Dabei „liegt für die christliche Bruderschaft alles daran, daß es vom ersten Anfang an deutlich werde: *Erstens, christliche Bruderschaft ist kein Ideal, sondern eine göttliche Wirklichkeit. Zweitens, christliche Bruderschaft ist eine pneumatische und nicht eine psychische Wirklichkeit.*“[25] Mit der christlichen Gemeinschaft verhält es sich wie

> „mit der Heiligung der Christen. Sie ist ein Geschenk Gottes, auf das wir keinen Anspruch haben. Wie es um unsere Gemeinschaft, wie es um unsere Heiligung wirklich bestellt ist, das weiß allein Gott. Was uns schwach und gering erscheint, das kann bei Gott groß und herrlich sein. Wie der Christ sich nicht dauernd den Puls seines geistlichen Lebens fühlen soll, so ist uns auch die christliche Gemeinschaft von Gott nicht dazu geschenkt, daß wir fortgesetzt ihre Temperatur messen. […] Christliche Bruderschaft ist nicht ein Ideal, das wir zu verwirklichen hätten, sondern es ist eine von Gott in Christus geschaffene Wirklichkeit, an der wir teilhaben dürfen.“[26]

Konkret wird Bonhoeffers Gemeinschaft der Ordinierten als Ort gelebter Spiritualität in den „Finkenwalder Rundbriefen“, mit denen er den Einsatz seiner Seminaristen in den Gemeinden wie später als Soldaten im Zweiten Weltkrieg begleitet und betont, dass „die Ordination […] uns zum Trost und als Gnade eingesetzt“ ist, „um uns in unserm Amt gewiss zu machen.“[27] Instrumente der Pflege der Gemeinschaft der Ordinierten sind das unaufhörliche Gebet füreinander und die gemeinsame Arbeit an der Heiligen Schrift, zu der jedem Rundbrief Vorschläge für Meditationstexte beigefügt sind.

Die „Ordnung des geistlichen Amtes“ der Evangelisch-Lutherischen Kirche in Bayern vom 27. April 1939, das erste Pfarrdienstgesetz einer deutschen Landeskirche, nimmt diese Anstöße auf. Teil A ist in Bayern unabhängig vom Pfarrdienstgesetz der EKD bis heute als theologische Grundlage in Geltung[28] und versteht das geistliche Amt als „in unmittelbarem Auftrag des Herrn der Kirche ausgerichtet“ und darum als das „vornehmste Amt der Kirche. Die Autorität des geistlichen Amtes gründet allein im Wort Gottes. Es ist also nicht von der Gemeinde ab-

[24] Bonhoeffer, Gemeinsames Leben, 17.

[25] A. a. O., 22 (Hervorhebung im Original).

[26] A. a. O., 26.

[27] Tödt, Finkenwalder Rundbriefe, Nr. 45. Zwölfter „persönlicher“ Brief vom Mai 1940, 472.

[28] Vgl. Hübner, Evangelisches Kirchenrecht in Bayern, 282.

geleitet, sondern ist göttliche Stiftung, durch welche die Gemeinde gesammelt und aufgebaut wird." Daraus folgt für die Person des Amtsträgers, dass dieser „nicht für sich allein stehen wollen", „sondern treulich die Gemeinschaft mit den Brüdern im Amt pflegen und ihren brüderlichen Zuspruch"[29] suchen wird.

4 Die „Gemeinschaft der Ordinierten" und ihre Spiritualität nach 1945

Neben der rechtlichen Fixierung der Gemeinschaft der Ordinierten in den Pfarrdienstgesetzen entfalten nach 1945 nur wenige Stimmen deren Spiritualität näher. Christhard Mahrenholz (1900–1980) spricht 1951 die mit dem Begriff Ordination verbundene Problematik eines geistlichen Standes für die reformatorische Theologie an.

> „Ordinieren heißt ja ursprünglich nichts anderes, als die Aufnahme in einen bestimmten Ordo vollziehen. Auch die Ordination der Pfarrer schließt mit der Übertragung des gesamtkirchlichen Auftrages zur Verwaltung der Gnadenmittel die Aufnahme in den ‚geistlichen Stand', oder besser: in den ‚Stand zum pfarramtlichen Dienst verpflichteter Amtsträger', ein, und darin besteht praktisch der charakteristische Unterschied der Ordination von der Einführung. Zwar wird die Vokabel ‚Stand' als Bezeichnung der Gemeinschaft der Träger eines Amtes in Einklang mit der Heiligen Schrift der ev. Kirche nicht gern gebraucht, weil sie die Gefahr falschen Verständnisses in sich schließt. Für Luther aber gibt es neben dem Stand der Ehe [...] und dem Stand der Obrigkeit auch den ‚geistlichen' Stand. Die Stände sind für ihn ja die von Gott geschaffenen Ordnungen, deren Gliedern bestimmte Aufgaben und Dienste übertragen sind und die in der Erfüllung dieser Dienste eine Gemeinschaft, einen Stand oder ordo, bilden. Solange man diese Abzweckung im Auge behält, solange also auch der geistliche Stand nicht als ein in sich ruhender Habitus sondern als ein der Gemeinde verpflichtetes ministerium verstanden wird, solange mag man auch von der Ordination als von der aus der Vokation zum ministerium sich ergebenden Aufnahme in den ‚Geistlichen Stand' reden."[30]

Die deutschsprachige Kirchenordnung der Evangelisch-Methodistischen Kirche von 1954 nimmt eine dezidiert geistliche Füllung der Gemeinschaft der Ordinierten vor, indem sie die Amtsträger auffordert:

---

[29] Ordnung des geistlichen Amtes [der Evangelisch-Lutherischen Kirche in Bayern] vom 27.04.1939 (RS 506).

[30] Mahrenholz, Begleitwort, 195.

„1. Lasst uns aus Erfahrung lernen, was für ein großes Übel es ist, wenn wir uneins sind […].
2. Um eine engere Gemeinschaft untereinander herzustellen, müssen wir (1) tief überzeugt sein von deren unbedingter Notwendigkeit; (2) ernstlich füreinander beten; (3) wenn wir zusammenkommen, nie ohne Gebet voneinander gehen; (4) nie die Gaben des anderen verachten: (5) nie geringschätzig voneinander sprechen; (6) einer vereidige den guten Namen des anderen in jeder Hinsicht, so weit es mit der Wahrheit vereinbar ist; lasst uns bestrebt sein, einander mit Ehrerbietung zuvorzukommen.
3. Es ist wünschenswert, dass an den Konferenzen alles in der Gegenwart Gottes beraten werde und jeder seine Herzensmeinung frei ausspreche.
4. Damit wir unsere Zeit an den Konferenzen möglichst gut anwenden, lasst uns darauf bedacht sein, dass wir (1) beim Reden Gott stets vor Augen haben; (2) die freien Stunden soviel als möglich zum verborgenen Gebet benützen; (3) hierbei besonders füreinander beten und Gott um seinen Segen für unsere Arbeit anflehen."[31]

Werner Leich (1927–2022), der frühere Landesbischof der Evangelisch-Lutherischen Kirche in Thüringen, spricht von der einen Pfarrkonvent bildenden „Gemeinschaft der Gesandten":

„Überlagert von Verwaltungsaufgaben […] und vom Aufeinanderprallen gegensätzlicher theologischer und politischer Standpunkte wirken viele Pfarrkonvente auf die Teilnehmer frustrierend. […] Statt der bergenden Gemeinschaft erfahren sie, daß sie allein und unverstanden sind. Konvente, in denen das anders ist, leben von vier grundlegenden Aufgaben: vom gemeinsamen Gottesdienst, von theologischer Weiterbildung und geistlicher Zurüstung, von der Vorbereitung gemeinsamer Aufgaben in der Region und von der Pflege der geschwisterlichen Fürsorge."[32]

Für Werner Leich lässt der im Pfarrkonvent gefeierte gemeinsame Gottesdienst „Gemeinschaft wachsen. Nicht nur gegensätzliche Standpunkte, sondern auch charakterliche Gegensätze werden untereinander geachtet. […] Aber damit ist nur eine soziale Auswirkung angesprochen. Wesentlicher ist, daß der Herr selbst in der Mitte steht in seinem gepredigten Wort und in der Eucharistie. Er verbindet zum gemeinsamen Dienst."[33] Darüber darf die „Pflege der ge-

[31] Deutschsprachige Kirchenordnung der Evangelisch-Methodistischen Kirche von 1954/58, 83f. Die Passage basiert auf Auszügen aus den Besprechungen John Wesleys aus den seit 1744 abgehaltenen Konferenzen mit seinen Mitarbeitern (77, FN).

[32] Leich, Gesandt zum Dienst, 103.

[33] A. a. O., 104.

schwisterlichen Fürsorge […] nicht zu kurz kommen. Die Mitarbeiter einer Region müssen voneinander wissen. Nur so kann Geborgenheit des einzelnen in der Gemeinschaft verwirklicht werden. Nehmen wir uns die Zeit, einander vom eigenen Ergehen zu erzählen und zuzuhören."[34] Gemeinschaft der Ordinierten wird im Bild vom „Glied in der Kette" anschaulich: „Den Vorgängern gegenüber Achtung zu bezeugen, ist nicht nur aus sozialen Gründen wichtig. Auch geistliche legen es nahe. Wir sind alle nur Arbeiter auf dem Acker oder dem Bau Gottes […]. Unter dem Dach einer Kirchengemeinde sind wir ein kleines Glied in der Kette."[35] Deutlich zeigen dies die Pastorenporträts in den Sakristeien.[36]

Der Göttinger Neutestamentler und spätere Landesbischof der Evangelisch-Lutherischen Kirche Hannovers, Eduard Lohse (1924–2015), stellt in der 1985 erschienenen „Kleinen evangelischen Pastoralethik" die Ordination in den Kontext der Amtslehre: „Die lutherische Reformation kennt nur ein Amt, weil es nur einen einzigen Auftrag gibt, den der barmherzige Gott seiner Kirche gestellt hat: die frohe Botschaft mit Wort und Tat zu bezeugen."[37] Im Gegensatz zur römisch-katholischen Lehre vom Priesteramt kennt das evangelische Verständnis der Ordination keine grundsätzliche Gegenüberstellung von Priestern und Laien. „Vielmehr haben alle Christen als getaufte Glieder der Gemeinde an der Verantwortung dafür teil, daß in der Gemeinde recht gepredigt und stiftungsgemäß die Sakramente verwaltet werden".

> Die Ordination „hebt den Amtsträger nicht dadurch aus der Gemeinde heraus, daß ihm eine besondere Qualität, ein ‚character indelebilis' verliehen würde. Vielmehr wird ihm aufgetragen, daß er für die Erfüllung der Aufgabe sorgt, daß Gottes Wort lauter und rein bezeugt wird und die Sakramente so dargereicht werden, daß sie dem Wort Christi gemäß Gottes gnädige Zuwendung an jeden einzelnen Christen bezeugen."[38]

Deshalb darf und soll sich der Pfarrer „in allen Mühsalen des kirchlichen Alltags darauf verlassen, daß er kraft des ihm erteilten Auftrags an seiner Stelle steht."[39] Nach Lohse können Pfarrer zu guter Zusammenarbeit miteinander unter der Voraussetzung kommen:

> „Jeder Prediger des Evangeliums muß sich dessen bewußt bleiben, daß er nicht allein den Auftrag erhalten hat, die gute Nachricht auszurichten, sondern mit ihm zusammen auch

34 A. a. O., 105.
35 A. a. O., 101f.
36 Vgl. a. a. O., 101.
37 Lohse, Pastoralethik, 35.
38 A. a. O., 35f.
39 A. a. O., 38.

> alle anderen Boten. [...] Keiner möge ganz allein und ohne die Hilfe anderer seinen Weg suchen. Sondern jeder möge spüren, daß ihm Brüder und Schwestern zur Seite stehen, die bereit sind, ihm geduldig zuzuhören, wenn es Sorgen zu besprechen gibt, ihm einen Rat zu geben, wenn er ihn erbittet, oder auch ihn zu vertreten oder doch ihm zu helfen, wenn er allein nicht zurechtkommt."[40]

In die Kollegialität sollte auch der Superintendent bzw. Dekan einbezogen sein, denn „es gibt nach evangelischer Lehre keine hierarchische Gliederung in der Kirche, sondern nur das eine Amt, das in der Predigt des Evangeliums und der Verwaltung der Sakramente wahrzunehmen ist."[41]

Der Augsburger Evangelisch-Lutherische Regionalbischof Ernst Öffner (geb. 1943) spricht in seiner Predigt beim Ordinationsjubiläum 2007 der Evangelisch-Lutherischen Kirche in Bayern das Misstrauen gegenüber dem Begriff einer Gemeinschaft der Ordinierten an:

> „Ich bin sehr vorsichtig mit dem Begriff der ‚Gemeinschaft der Ordinierten'. Ich gehöre zu einer Generation, die diesem Begriff als ideologisch misstraut hat, darin Gängelung witterte und eher zurückhaltend war. Aber ich habe Kollegialität erlebt, wirkliche Geschwisterlichkeit, unter Pfarrern und Pfarrerinnen, auch über Konfessionsgrenzen hinweg übrigens. Ich glaube jetzt, am Ende meiner Dienstzeit, dass der Begriff Wahres und Hilfreiches enthält. [...] Als Kraftquelle stellt Gott uns auch Kolleginnen und Kollegen zur Seite."[42]

Neuere Positionen bieten Reiner Strunk und Helmut Maier-Frey. Strunk sieht die Dienstgemeinschaft als Testfall für die Gemeinschaft der Ordinierten.

> „Wenn sie zu einer Gemeinschaft unter dem Gesichtspunkt personaler Sympathiewerte wird, mag sie dem Sachverhalt von Freundschaftsbeziehungen unter Kollegen genügen, aber das erfüllt ekklesiologisch keinen eigenen Anspruch. Freundschaften sind gut und sinnvoll, auch unter Pfarrersleuten, aber sie rechtfertigen [...] kein Konzept einer Gemeinschaft von Ordinierten. Wenn schon Freundschaft, warum dann gezielt nur mit Standesgenossen? Halten wir daran fest, dass eine Gemeinschaft von Ordinierten sowohl was ihre Begründung (nämlich in der Christus-Wirklichkeit) als auch ihre Qualität in den persönlichen Beziehungen angeht, nichts anderes sein kann, als es die Dienstgemeinschaft der Gemeinde Jesu Christi im ganzen auch ist, bleibt trotzdem die Frage, ob

---

[40] A. a. O., 109f.

[41] A. a. O., 112.

[42] Öffner, Predigt beim Ordinationsjubiläum, Manuskript.

> in einer Gemeinschaft von Ordinierten nicht bestimmte Momente und Akzentuierungen aus einem Leben der gesamten Dienstgemeinschaft die Chance besonderer Pflege und damit auch nachhaltiger Bedeutung gewinnen können."[43]

Maier-Frey benennt, wie viel Gemeinschaft der Ordinierten erforderlich ist:

> „Man braucht soviel, um (pragmatisch) zur Kooperation befähigt zu werden, soviel (ekklesiologisch), um Teil, aber auch Gegenüber der Gemeinde zu werden, soviel, um (pastoraltheologisch) Pfarrerin oder Pfarrer für das größere Ganze zu sein, schließlich (spirituell) so viel, dass sich die Integration von Beruf und Person vollziehen kann."[44]

Relativierend fügt er hinzu:

> „Keine Frage: Die meiste Zeit in unserem Beruf gehören wir in die verschiedenen Dienstgemeinschaften unserer Gemeinde und unserer Kirche. Aber manchmal gehören wir als Kolleginnen und Kollegen zueinander, um einander zu vergewissern, dass der Horizont größer ist, als der Kirchturm anzeigt."[45]

5 Aktuelle Infragestellungen einer Spiritualität der Gemeinschaft der Ordinierten

Bisher bewährte Indikatoren einer Spiritualität der Gemeinschaft der Ordinierten erfahren zunehmend eine Infragestellung. Hier ist in erster Linie die Praxis des gemeinsamen Einzugs der Ordinierten im Talar bei einer Ordination oder Amtseinführung eines Pfarrers oder einer Pfarrerin zu nennen, die die Gemeinschaft der Ordinierten für alle Beteiligen zur symbolischen Darstellung brachte. Sie wird gegenwärtig sowohl von Pfarrerinnen und Pfarrern wie auch von engagierten Gemeindegliedern problematisiert, ebenso wie das als Trost für die Angehörigen praktizierte Geleit der Ordinierten im Talar bei der Bestattung eines Mitgliedes des Pfarrkonventes. Forderungen, dass nur liturgisch im Gottesdienst Handelnde den Talar tragen sollten, missachten die symbolisch durch die Amtskleidung zum Ausdruck gebrachte besondere Rolle des gemeinsamen Gebetes der Ordinierten in einem solchen Gottesdienst.[46] Hinzu kommt, dass bei

[43] Strunk, Dienstgemeinschaft, 399.

[44] Maier-Frey, Gemeinschaft der Ordinierten, 402.

[45] A. a. O.

[46] Vgl. Deeg, Von Pfarrern und Priestern, 108.

Trauergottesdiensten für Pfarrerinnen oder Pfarrer inzwischen die Berufung der Verstorbenen zum geistlichen Amt in der Ordination weder von den liturgischen Formulierungen im Dank- und Fürbittengebet noch in der Traueransprache eine Rolle spielt und Angehörige bei Traueranzeigen darauf verzichten, die Verstorbenen explizit als Pfarrer oder Pfarrerin zu bezeichnen und damit die Gemeinschaft der Ordinierten als tröstenden Raum der Trauer zurückdrängen.

In fränkischen Pfarrkapiteln war bis in die 1970er Jahre üblich, dass die Ordinierten im Talar nicht nur zum Grab geleiteten, sondern dort auch vor der Einsenkung des Sarges die dritte Strophe von Martin Schallings „Herzlich lieb hab ich dich, o Herr" (EG 397) gemeinsam anstimmten: „Ach Herr, lass dein lieb Engelein an meinem End die Seele mein in Abrahams Schoß tragen". Ebenso obsolet geworden ist die gegenseitige Anrede mit „Bruder" oder „Schwester", die lediglich noch im liturgischen „Du" der Berufungs- und Verabschiedungsagende ihren Ort behält und im dienstlichen Alltag kein verbindendes Zeichen mehr darstellt. Auch im Umgang zwischen Amtsvorgängern und Nachfolgern zeigt sich diese Zurückhaltung, wenn Vorgänger oder Vorgängerin nicht zur Amtseinführung der Nachfolger eingeladen werden und damit die Stellung als „Glied in der Kette" unsichtbar wird.

Die weitgehende Trennung zwischen „dienstlichem" und „privatem" Lebensvollzug im Pfarrberuf führt dazu, dass die Gemeinschaft der Ordinierten nicht mehr selbstverständlich die Ehepartner und Familienangehörigen mit einschließt. Unterstrichen werden diese Tendenzen durch die von vielen im Pfarrberuf als Kränkung empfundene, aus Angst vor einer Nivellierung des Allgemeinen Priestertums der Getauften sich vollziehende Marginalisierung des geistlichem Amtes und das vielerorts propagierte Miteinander der Berufsgruppen in der Kirche, das der Differenz zwischen Ordinierten und lediglich zum Verkündigungsdienst Beauftragten wenig Raum lässt.

6 Die Gemeinschaft der Ordinierten und ihre Spiritualität im Kontext einer reformatorischen Theorie des Pfarrberufes

Durch die Ordination wird kein gesteigerter persönlicher Gnadenstand begründet. Sie bestätigt die Heilsgenügsamkeit der Taufe, an der alle Christen im Glauben partizipieren. Nachdem Ordinierte über keinen spezifischen Heilsstatus anderen getauften Christen gegenüber verfügen, können sie auch kein Monopol authentischer Wahrnehmung des Christentums beanspruchen. Dennoch hat das ordinationsgebundene Amt[47] eine Aufgabe von gottgewollter Eigenständigkeit an der jeweiligen Gemeinde wahrzunehmen, zu deren Dienst es nach Maß-

47 Eine Zusammenfassung der Debatten findet sich in der Einführung zur Berufungsagende der UEK/VELKD, 10–16.

gabe des Zeugnisses der Schrift geordnet ist, indem es Sorge dafür zu tragen hat, „daß in der je besonderen Wahrnehmung des Priestertums aller Gläubigen [...] dessen Allgemeinheit nicht verlorengeht. Die Besonderheit des ordinationsgebundenen Amtes erfüllt sich im ‚Dienst an der Allgemeinheit des Priestertums aller'."[48] Dieses von Gott gewollte Amt (CA 5: institutum est) dient der Entdeckung und Pflege der charismatischen Gaben in der Gemeinde. Gemeinde und Amt stehen dabei zueinander in einem Verhältnis lebendiger pneumatischer Wechselwirkung. Beide gestalten ihre Kooperation unter Christus als dem gemeinsamen Herrn. Deshalb darf das allgemeine Priestertum gerade keine negative Spitze gegen das Amt bekommen, sondern musss sich innerhalb dieser lebendigen Kommunikation seiner apostolischen Sendung bewusstwerden. Pastorale Existenz bezeichnet eine Haltung im Pfarrberuf, die die Ordination auch in Bezug auf die persönliche Identität ernst nimmt. Sie verleiht den Berufenen die Gewissheit, ihr Amt von Gott selbst bekommen zu haben und von ihm in der Wahrheit befestigt zu werden. Amt und Person sind untrennbar miteinander verflochten bzw. werden es im Laufe eines Berufslebens. Der Ordinationsakt ist lediglich der Beginn eines Weges, auf dem sich die Ordination ähnlich der Taufgnade entfaltet.

> „Ordination beschreibt eine Integrationsleistung aus theologischer Qualifikation, Berufung und lebenslanger Verpflichtung bzw. Inanspruchnahme durch Christus. Sie stellt eine Integrationsleistung dar, die kontinuierlich zu vollziehen ist. In der Ordination entsteht eine neue, einer künstlerischen Leistung vergleichbare Einheit".[49]

> Und: „Ordination entfaltet sich als Lebensarbeit im Pfarrberuf. Sie umfasst die kontinuierliche Erarbeitung einer stimmigen Einheit aus göttlicher Berufung, theologischer Qualifikation, Persönlichkeit und Situation – im lebendigen Kontakt mit Menschen [...]. Ordination und die mit ihr verbundene öffentliche Verkündigung und Sakramentsverwaltung führen in eine kontinuierliche Christus-Beziehung, zum Handeln im Feld der Christusgegenwart. Dies hat Auswirkungen auf den, der sich diesem Feld aussetzt. Eine neue, biographisch vermittelte Einheit entsteht, die sich nicht auf eine bloße Addition von Kompetenzen reduzieren lässt."[50]

Amt und Allgemeines Priestertum stellen damit eine je eigene, individuelle und soziale wie spirituelle Rolle dar, ohne dass es einen exklusiven Vorbehalt der Christusrepräsentation im ordinationsgebundenen Amt gäbe.

---

48 Wenz, Er wirkt allein, 122.

49 Raschzok, Ordination, 150.

50 A. a. O.

Eilert Herms (geb. 1940) hat 2018 im von Peter Zimmerling herausgegebenen „Handbuch Evangelische Spiritualität" einen Beitrag verfasst, der für die Gemeinschaft der Ordinierten als Ort gelebter Frömmigkeit eine wichtige systematisch-theologische Basis bildet. Herms geht davon aus, dass jedem von Christen ausgeübten Beruf eine professions- und persönlichkeitsspezifische Spiritualität eignet[51] und diese generell der Pflege in der Gemeinschaft bedarf. Allgemein ist dies die Gemeinschaft der Kirche, im Falle der Ordinierten sowohl die aktuelle Gemeinschaft der Professionsgenossen wie auch die der Autorinnen und Autoren aus der Literatur des Glaubens. Die Spiritualität des ordinierten Amtes ist mit den Berufsaufgaben dieses Amtes verbunden und betrachtet diese betend im persönlichen Gebetsleben wie in der gottesdienstlichen Feier. In der ordnungsgemäß verpflichteten Person versammelt sich „im Gebet vor Gott das Ganze der ihr gewissen Aufgaben ihres Berufs und ihres ihr gewissen persönlichen Verhältnisses zu diesen ihr gewissen Aufgaben samt allen für dieses Verhältnis wesentlichen Spannungen."[52] Als „formale Eigenart der Gewissheit tritt hervor, dass sie gemeinsame Gewissheit ist. Praktische Konsequenz: Zum Pflegen dieser Gewissheit gehört wesentlich hinzu ihre Kommunikation."[53] Diese erfolgt in der Gemeinschaft der Amtsträger, sowohl mit den Professionsgenossen vor Ort wie auch „mit denjenigen klassischen Autoren, die in erhellender und orientierungskräftiger Weise das christliche Leben und das es inspirierende Gewissheitsfundament reflektiert und beschrieben haben, durch Lektüre ihrer Schriften."[54]

Die aszetische Trias von *oratio*, *meditatio* und *tentatio*[55] kann für die Pflege dieser berufs- und personbezogenen Spiritualität als strukturierendes Element herangezogen werden. Sie setzt die Gemeinschaft aller in der Kirche Mitarbeitenden nicht zurück. Berufsbezogen heißt: Sie ist keine private Spiritualität und Ausformung der Frömmigkeit, sondern an die auftragsgemäße Erfüllung der Aufgaben des pastoralen Berufs gebunden. Die in der Ordination zu vollziehende Lebensarbeit wird mit anderen Ordinierten geteilt und wechselseitig verantwortet. Der Gemeinschaft der Ordinierten kommt durch wechselseitige Ermutigung und Tröstung entlastende Funktion in den Anfechtungen des Pfarrberufs zu und ermöglicht einen Umgang mit berufsbedingten Kränkungen und Demütigungen.

Die *oratio* markiert dabei das Gebet und die Fürbitte für den gemeinsamen Dienst unter Einschluss von Vorgängern und Nachfolgern. Es geht um ein Beten für diejenigen, die in der gleichen, aus der Ordination begründeten geistlichen Verantwortung stehen, welche nur gemeinschaftlich wahrgenommen werden kann.

---

[51] Herms, Spiritualität, 494.

[52] A. a. O., 506f.

[53] A. a. O., 508.

[54] A. a. O., 508f.

[55] Vgl. Bayer, Kämpfender Glaube; Raschzok, Evangelische Aszetik.

Die *meditatio* steht für eine unter Ordinierten zu pflegende und gegenseitig zu teilende, nicht zur Verkündigung verzweckte geistliche Schriftbetrachtung und für das sie begleitende Gespräch mit den leiblich wie literarisch präsenten Glaubenszeugen, z. B. mittels der verweilenden und nicht verbrauchenden Lektüre von Predigtliteratur. Die gemeinsame Verantwortung für die Verkündigung und Verwaltung der Sakramente wird rückgebunden an den persönlichen betenden Umgang mit der Heiligen Schrift.

Die *tentatio* ist Ort der Ordinationserinnerung als Auseinandersetzung mit den Anfechtungen des geistlichen Amtes, sowohl durch seine Ausübung in Gestalt anderer Ordinierter, wie auch in Auseinandersetzung mit kirchenleitenden Personen. Sie vollzieht sich im gemeinsamen Gespräch mit dem Pfarrkonvent als Gesprächsraum. Das Gespräch der Ordinierten kann nur untereinander und nicht im Raum des Allgemeinen Priestertums geführt werden. Nicht notwendig ist dazu allerdings, dass der Gesprächsraum „Pfarrkonvent" an die konkrete Gemeinschaft eines Dekanates oder Kirchenbezirkes oder einer Landeskirche gebunden ist. Er kann auch für das freie Gespräch Ordinierter über kirchliche Verwaltungsgrenzen hinweg stehen.

Gelebte Spiritualität im Pfarrberuf ist in die Gemeinschaft der Ordinierten eingebettet und wird in horizontaler Verbundenheit mit den Berufskollegen und in vertikaler Verbundenheit mit den bereits verstorbenen Amtsträgerinnen und Amtsträger ausgeübt. Ihr Ziel ist die gemeinsame Sorge um das Priestertum der Getauften. Sie ist von daher keine ausgrenzende Sonderspiritualität, sondern auf alle Getauften bezogen. Analog zum Verständnis der Ordination als Lebensarbeit erfordert auch die Gemeinschaft der Ordinierten eine solche kontinuierliche Pflege. Sie bedeutet Beziehungsarbeit, wie sie auch für alle anderen menschlichen Beziehungen notwendig ist. Jedoch ist sie an die spezifische geistliche Verbundenheit der Amtsträger untereinander und gegenüber dem Herrn der Kirche zurückgebunden. Die aufzuwendende Zeit für die Pflege der Beziehungen der durch das eine Amt Verbundenen ist selbstverständliche Arbeitszeit und Teil des in der Ordination übernommenen Auftrags.

7 Ausblick

Die Gemeinschaft der Ordinierten als Ort gelebter Frömmigkeit bleibt auf die geistliche Klarheit Dietrich Bonhoeffers mit der Differenzierung zwischen menschlicher Schwäche und geistgeschenkter Realisierung von Gemeinschaft angewiesen. Gemeinschaft ist für Bonhoeffer ein Geschenk Gottes, auf das wir keinen Anspruch haben. „Christliche Bruderschaft ist nicht ein Ideal, das wir zu verwirklichen hätten, sondern es ist eine von Gott in Christus geschaffene Wirklichkeit, an der wir teilhaben dürfen."[56] Die Gemeinschaft der Ordinierten als Ort ge-

[56] Bonhoeffer, Gemeinsames Leben, 26.

lebter Spiritualität nimmt ihre Bestimmung als von Gott in Christus geschaffene Wirklichkeit im kontinuierlichen Ringen immer wieder neu ernst und lässt sich durch Enttäuschungen und Rückschläge im Miteinander nicht davon abbringen, im Gebet, in der gottesdienstlichen Feier und im Gespräch mit den anderen Ordinierten die sie verbindenden besonderen Herausforderungen und Erfahrungen des pastoralen Berufes in der Gegenwart des dreieinigen Gottes betend gemeinsam zu betrachten.

Literatur

Baxter, Richard, Der Evangelische Geistliche. Eine Pastoraltheologie (1655). Aus dem Englischen von Gustav Plieninger, Reutlingen 1837.

Bayer, Oswald, Kämpfender Glaube, in: Christian Eyselein / Christel Keller-Wentorf / Gerhard Knodt / Klaus Raschzok (Hg.), Evangelische Aszetik. Ein Programm macht Schule, Leipzig 2021, 9–26.

Berufung. Einführung. Verabschiedung. Agende 6 für die Union Evangelischer Kirchen in der EKD. Agende IV, Teilband 1 der VELKD für evangelisch-lutherische Kirchen und Gemeinden, Hannover und Bielefeld 2012.

Bezzel, Hermann, Der Dienst des Pfarrers. Mahnungen und Betrachtungen, Neuendettelsau ^{2}1916.

Bobert-Stützel, Sabine, Dietrich Bonhoeffers Pastoraltheologie, Gütersloh 1995.

Bonhoeffer, Dietrich, Gemeinsames Leben, 1939 (DBW 5).

Deeg, Alexander, Von Pfarrern und Priestern in der evangelischen Kirche oder: Was Kirche ist und was das für ihr Personal und all die anderen bedeutet, in: Korrespondenzblatt, hg. vom Pfarrer- und Pfarrerinnenverein in der evangelisch-lutherischen Kirche in Bayern 131 (2016), 104–112.

Die Gemeinschaft der Ordinierten in der Evangelischen Kirche im Rheinland – Leitlinien zur Gestaltung, in: Kirchliches Amtsblatt der Evangelischen Kirche im Rheinland Nr. 3/2018, 78–80.

Erklärung zur praktischen Arbeit der Bekenntnissynode der Deutschen Evangelischen Kirche (Barmen 1934), in: Martin Heimbucher / Rudolf Weth (Hg.), Die Barmer Theologische Erklärung. Einführung und Dokumentation, Neukirchen-Vluyn ^{7}2009, 72–75.

Harms, Claus, Pastoraltheologie. In Reden an Theologiestudirende, Kiel ^{3}1878.

Herms, Eilert, Die Spiritualität des ordinierten Amtes, in: Peter Zimmerling (Hg.), Handbuch Evangelische Spiritualität, Bd. 2: Theologie, Göttingen 2018, 485–509.

Hübner, Hans-Peter, Evangelisches Kirchenrecht in Bayern. Grundlegend überarbeitete Neuausgabe, München 2020.

–, Verfassung der Evangelisch-Lutherischen Kirche in Bayern in der Neufassung vom 6. Dezember 1999. Kommentar, München 2022.

Kirchengesetz zur Regelung der Dienstverhältnisse der Pfarrerinnen und Pfarrer in der Evangelischen Kirche in Deutschland (Pfarrdienstgesetz der EKD – PfDG.EKD) in der Bekanntmachung der Neufassung vom 15. Februar 2021, online: www.kirchenrecht-ekd.de (abgerufen am 23.11.2022).

Kirchenordnung der Methodistenkirche. Gekürzte Ausgabe, Frankfurt a. M. 1954.

Konventsordnung [der Evangelisch-Lutherischen Landeskirche Hannovers] vom 24. Januar 2000, in: KABl Hannover 2000, 7, online: www.kirchenrecht-evlka.de (abgerufen am 07.02.2022).

Leich, Werner, Gesandt zum Dienst, Weimar 2002.

Löhe, Wilhelm, Der evangelische Geistliche. Dem nun folgenden Geschlechte evangelischer Geistlicher dargebracht 1852–1858, Erstes Bändchen, in: Wilhelm Löhe, Gesammelte Werke, Bd. 3/2, Neuendettelsau 1958, 7–146.

Lohse, Eduard, Kleine evangelische Pastoralethik, Göttingen 1985.

Mahrenholz, Christhard, Begleitwort des Liturgischen Ausschusses, in: Agende für evangelisch-lutherische Kirchen und Gemeinden. Vierter Band: Ordinations-, Einsegnungs-, Einführungs- und Einweihungshandlungen, hg. von der Kirchenleitung der Vereinigten Evangelisch-lutherischen Kirche Deutschlands. Kleine Ausgabe, Neuendettelsau 1951, 186–208.

Maier-Frey, Helmut, Gemeinschaft der Ordinierten. Warum sie sein muss und wie viel man davon braucht, in: DtPfrBl 104 (2004), 400–402.

Merz, Georg, Wege und Wandlungen. Erinnerungen aus der Zeit von 1892–1922. Nach seinem Tode bearbeitet von Johannes Merz, München 1961.

Öffner, Ernst, Predigt beim Ordinationsjubiläum am 25.06.2007 in der St. Johanniskirche Ansbach (Manuskript).

Ordnung des geistlichen Amtes [der Evangelisch-Lutherischen Kirche in Bayern] vom 27.04.1939 (RS 506).

Raschzok, Klaus, Das geistliche Amt nach Wilhelm Löhe. Impuls in eine amtsvergessene Kirche, in: Dietrich Blaufuß (Hg.), Wilhelm Löhe: Erbe und Vision (Die Lutherische Kirche – Geschichte und Gestalten 26), Gütersloh 2009, 80–109.

–, Evangelische Aszetik. Zur Wiederentdeckung einer Disziplin der akademischen Praktischen Theologie und ihrer Forschungs- und Lehrgestalt, in: Christian Eyselein / Christel Keller-Wentorf / Gerhard Knodt / Klaus Raschzok (Hg.), Evangelische Aszetik. Ein Programm macht Schule, Leipzig 2021, 41–71.

–, Ordination als Berufung und Lebensarbeit. Zu einem vernachlässigten Aspekt gelebter Spiritualität im Pfarrberuf, in: Theologische Beiträge 22 (2002), 138–154.

Strunk, Reiner, Dienstgemeinschaft in der Gemeinde. Grundlage und Testfall für eine Gemeinschaft der Ordinierten, in: DtPfrBl 104 (2004), 396–400.

Tödt, Ilse, Die Finkenwalder Rundbriefe. Briefe und Texte von Dietrich Bonhoeffer und seinen Predigerseminaristen 1935–1946 (DBW Ergänzungsband), Gütersloh 2013.

Wenz, Gunther, Er wirkt allein durchs Wort. Vom Amt eines evangelischen Bischofs, in: Nachrichten der Evangelisch-Lutherischen Kirche in Bayern 49 (1994), 121–123.

Profile und Gemeinschaftsbildungen im konservativen Protestantismus

Von Reinhard Hempelmann

Offensichtlich vermittelt sich der christliche Glaube am besten in überschaubaren und kommunikativen Gemeinschafts- und Gemeindeformen. Jedenfalls haben sich eine ganze Reihe von historischen Kirchen diese Erfahrung und Einsicht zu eigen gemacht und zielgruppenorientierte Gemeinschaftsbildungen gefördert, um sich neuen pastoralen und missionarischen Herausforderungen zu stellen. Außerhalb Europas, in Lateinamerika, Afrika und Asien, ist unübersehbar, dass sich erwecklich geprägte Strömungen schnell und wirksam ausgebreitet haben. Evangelikale und vor allem pentekostale Frömmigkeitsformen sind in zahlreichen globalen Kontexten zur dominierenden Gestalt protestantischen Glaubens geworden. Ihr Ziel ist die Wiederentdeckung urchristlicher Missionsdynamik und Gemeinschaftsbildung. Auch der römische Katholizismus hat durch die Akzeptanz charismatischer Frömmigkeit protestantischem Erweckungschristentum in sich Raum gegeben und es eklektisch und moderierend aufgenommen.

Der in Mode gekommene Gebrauch des Wortes Protestantismus verkennt häufig, dass damit die gesamte Vielfalt derjenigen Ausprägungen des Christentums zusammengefasst wird, die sich auf die reformatorischen Bewegungen des 16. Jahrhunderts zurückführen, in Unterscheidung gegenüber den orthodoxen Kirchen und der römisch-katholischen Kirche.[1] Evangelikale und pfingstlich-charismatische Bewegungen nehmen für sich in Anspruch, von den grundlegenden Einsichten der Reformation bestimmt zu sein. Insofern darf das Wort Protestantismus – sofern es sich auf Glaubens- und Sozialgestalten des Christlichen heute bezieht – nicht allein mit Aufklärungs-, Vernunft- und Bildungsorientierung assoziiert werden, also mit modernitätskonformen Ausrichtungen. Der konservative Protestantismus evangelikaler und pfingstlich-charismatischer Prägung ist eher aufklärungskritisch ausgerichtet. Er hält den Kirchen und der Theologie vor, sich einem säkularen Humanismus zu sehr angepasst zu haben.

1 Evangelikalismus und nordamerikanische Erweckungsfrömmigkeit

Mit „evangelikal" wird eine Glaubenshaltung beschrieben, die durch persönliche Entschiedenheit charakterisiert ist und in der die verpflichtende Bindung an die Bibel als Wort Gottes

---

[1] So mit Recht Graf, Der Protestantismus, 115.

und höchste „Autorität in allen Fragen des Glaubens und der Lebensführung" hervorgehoben wird.[2] Charismatisch geprägte Christinnen und Christen unterstützen diese Anliegen, sie sind insofern ebenso evangelikal orientiert. Darüber hinaus praktizieren sie eine auf den Heiligen Geist und die Gaben des Geistes (vor allem Zungenrede, Prophetie, Heilung) bezogene Frömmigkeit. Schattenseiten dieser Frömmigkeit werden teilweise unter dem Stichwort „christlicher Fundamentalismus" beschrieben. Aus der Distanz betrachtet gehört die Ausbreitung „pentekostal-charismatischer" und „evangelikaler" Frömmigkeit zu den Tendenzen religiöser Revitalisierung und Fundamentalisierung. Die Globalisierung, die in Politik, Ökonomie und Kultur bestimmend geworden ist, hat auch religiöse, genauer christlich-religiöse Aspekte.

Geschichtliche Wurzeln haben evangelikale Bewegungen nicht allein in Europa. Die Präsenz erwecklicher Bewegungen aus dem angloamerikanischen Bereich im europäischen Kontext wird oft von kulturellen Differenzerfahrungen begleitet. Historisch gesehen kehren die einst aus Europa verdrängten spiritualistischen und täuferischen Strömungen zurück. Die Gestalt des Christentums, das sich im nordamerikanischen Kontext entwickelte, bleibt einflussreich auch in Europa. Im Blick auf erweckliche Strömungen Nordamerikas lassen sich folgende Charakteristika beobachten:

- das Auftreten plötzlicher Bekehrungen, nicht selten unter intensiven psychischen und leiblichen Begleiterscheinungen,
- ein der Bekehrung folgender intensiver Vollzug eines „heiligen" christlichen Lebens (kein Alkohol, kein Drogenkonsum etc.),
- Gemeinschaftsbildungen von hoher Bindekraft,
- gottesdienstliche Versammlungen mit elementaren Predigten und großen Zuhörerschaften,
- Betonung eines Laienchristentums und Verwurzelung im Volk (finanzielle Eigenverantwortung der Gemeinden und Gruppen),
- Zersplitterung in zahlreiche Denominationen, zugleich Wettbewerb in gegenseitiger Hochachtung.[3]

Der voluntaristisch geprägten nordamerikanischen Religionskultur gab das nordamerikanische Erweckungschristentum ein eigenes Gepräge, und zwar bis hinein in den politischen Bereich („Yes, we can"). Vielfältige Beziehungen und signifikante Unterschiede bestehen zum

---

[2] Vgl. die ältere Fassung der Glaubensbasis der Deutschen und Österreichischen Evangelischen Allianz (1972), abgedruckt in: Hempelmann (Hg.), Handbuch, 349. Die 2018 neu formulierte Glaubensbasis der Deutschen Evangelischen Allianz hat den zitierten Wortlaut beibehalten.

[3] Vgl. dazu Küng, Christentum, 722f.

Pietismus, der wichtigsten protestantischen Frömmigkeitsbewegung im kontinentalen Europa nach der Reformation. Der Pietismus blieb weitgehend im Umfeld kirchlicher Organisationen und landeskirchlicher Grenzen, seit dem 19. Jahrhundert auch innerhalb freikirchlicher Gemeinschaftsbildungen. Bis heute behielten pietistische Strömungen vielerorts den Charakter innerkirchlicher Erneuerungsbewegungen. Erweckungsbewegungen aus dem angloamerikanischen Bereich sind transkonfessionell geprägt. Sie überschreiten Konfessions- und Ländergrenzen.

In den historischen Kirchen werden heute Erneuerungsgruppen teils als Hoffnungszeichen, teils als Störung und Provokation empfunden. Für ein christliches Selbstverständnis, das sich eng mit der säkularen Kultur verbindet, sind pfingstlich-charismatisch und evangelikal geprägte Gemeinschaftsbildungen und Gruppen ein Thema, das als Infragestellung für ein modernes, aufgeklärtes Christentum empfunden wird. Die Berichterstattung von Teilen der säkularen Medien zielte in den letzten Jahren immer wieder darauf ab, evangelikale Bewegungen angesichts ihrer offensichtlichen Politisierung in den USA als Gefahr darzustellen. Zwar bestehen Wechselwirkungen zwischen der europäischen und nordamerikanischen Religionskultur. In Europa stellen evangelikale und pfingstlich-charismatische Bewegungen jedoch keinen politisch einflussreichen Faktor dar. Sie können zu seelsorglichen, kirchenpolitischen und ökumenischen Herausforderungen werden. Wo christlicher Glaube eine deutliche Gestalt gewinnt und mit persönlichem Einsatz gelebt wird, treten auch Gefährdungen und Schatten ans Licht: Religiöse Hingabebereitschaft kann missbraucht werden. Die Orientierung an charismatischen Führerpersönlichkeiten kann das Erwachsenwerden im Glauben verhindern. Die Berufung auf die Bibel und auf den Heiligen Geist kann für ein problematisches Macht- und Dominanzstreben funktionalisiert werden. Das gesteigerte Sendungsbewusstsein einer Gruppe kann in ein elitäres Selbstverständnis umschlagen, das sich scharf nach außen abgrenzt, im Wesentlichen von Feindbildern lebt und Gottes Geist nur in den eigenen Reihen wirken sieht. Die Ausbreitung des erwecklichen Christentums ist in den letzten Jahrzehnten von diesen Schatten begleitet worden. Es wäre jedoch falsch und verzerrend, die Wahrnehmung auf diese Schattenseiten zu konzentrieren. Kritische Auseinandersetzungen mit erwecklichen Frömmigkeitsbewegungen können an Kontroversen anknüpfen, die innerhalb dieser Bewegungen selbst sichtbar werden.

2 Ausprägungen und Anliegen

Die Wurzeln evangelikaler Bewegungen liegen im Pietismus, im Methodismus und in den Erweckungsbewegungen des 19. Jahrhunderts. Vorläufer haben sie in Bibel- und Missionsgesellschaften, in der Bewegung der Christlichen Vereine junger Männer und Frauen, in der Gemeinschaftsbewegung sowie in der 1846 gegründeten Evangelischen Allianz. Die geschichtliche Entwicklung belegt, dass der Evangelikalismus an vorfundamentalistische Strömungen anknüpft und innerhalb der Bewegung ein breites Spektrum an Ausprägungen der Frömmigkeit vorliegt.[4] Auf der einen Seite steht die Heiligungsbewegung, aus der die Pfingstfrömmigkeit erwuchs, auf der anderen Seite steht ein sozial aktiver Typus evangelikaler Frömmigkeit, der Beziehungen zum Social Gospel aufweist. Ähnlich weit wird das Spektrum, wenn die gegenwärtige evangelikale Bewegung in ihrer globalen Verbreitung und Verzweigung ins Blickfeld kommt. Sie hat in unterschiedlichen Kontinenten durchaus verschiedene Profile. In Europa geht es neben konfessionsübergreifenden missionarischen und evangelistischen Aktivitäten unter anderem auch darum, überschaubare Ergänzungen und Alternativen zu landes- bzw. volkskirchlichen Einrichtungen zu entwickeln. In Südafrika und Südamerika gibt es nicht nur Affinitäten charismatischer Bewegungen zu einem Wohlstands- und Gesundheitsevangelium, sondern auch evangelikale Kreise, die sich kritisch mit ihrer eigenen Tradition auseinandersetzen und darum bemüht sind, Evangelisation und soziale Verantwortung in einen engen Zusammenhang zu bringen.

Weder die Frömmigkeitsformen noch die theologischen Akzente im Schriftverständnis, in den Zukunftserwartungen und im Verständnis von Kirche und Welt weisen ein einheitliches Bild auf. Mit Recht wird in der umfangreichen Studie von Thorsten Dietz darauf hingewiesen, dass das, was Evangelikalismus ist, nicht durch eine einzige „Story“ abbildbar ist. „Evangelikalismus ist bunt. Sehr bunt“.[5] Gleichwohl lassen sich gemeinsame Anliegen benennen:

- Charakteristisch für evangelikale Theologie und Frömmigkeit ist die Betonung der Notwendigkeit persönlicher Glaubenserfahrung in Buße, Bekehrung / Wiedergeburt und Heiligung sowie die Suche nach Heils- und Glaubensgewissheit.
- In Absetzung von einem bestimmten Verständnis der Bibelkritik liberaler Theologie wird die unmittelbare und teils historisch und hermeneutisch nicht reflektierte Geltung der Heiligen Schrift als höchster Autorität in Glaubens- und Lebensfragen unterstrichen. Entsprechend der theologischen Hochschätzung der Heiligen Schrift ist eine ausgeprägte Bibelfrömmigkeit kennzeichnend.
- Als Zentrum der Heiligen Schrift wird vor allem das Heilswerk Gottes in Kreuz und Auferstehung Jesu Christi gesehen. Der zweite Glaubensartikel wird im theologischen Verständnis

4 Vgl. zum Folgenden die im Literaturverzeichnis genannten Publikationen zum Thema Evangelikalismus.

5 Dietz, Menschen mit Mission, 9.

und in der Frömmigkeit akzentuiert. Die Einzigartigkeit Jesu Christi wird pointiert hervorgehoben. Evangelikale Religionstheologie ist überwiegend exklusivistisch geprägt.

- Gebet und Zeugendienst stehen im Mittelpunkt der Frömmigkeitspraxis. Gemeinde bzw. Kirche werden vor allem von ihrem Evangelisations- und Missionsauftrag her verstanden.
- Die Ethik wird vor allem aus den Ordnungen Gottes und der Erwartung der Wiederkunft Jesu Christi und des Reiches Gottes heraus entwickelt.

Im Anschluss an den britischen Historiker David W. Bebbington lassen sich die Charakteristika auch mit den Begrifflichkeiten Bekehrung (conversionism), Aktivismus (activism), Biblizismus (biblicism), Kreuzeszentrierung (crucicentrism) zusammenfassen.[6] Mit solchen Akzenten in Theologie und Frömmigkeit ist der personale Aspekt des Glaubens betont, während die Sakramente in ihrer Bedeutung zurücktreten.

Das Verhältnis zwischen evangelikaler Bewegung und römisch-katholischer Kirche war über lange Zeit ausgesprochen distanziert. Inzwischen sind von beiden Seiten zahlreiche gemeinsame Anliegen entdeckt worden, unter anderem in ethischen Orientierungen, etwa zu den Themen Ehe und Familie, Homosexualität, Lebensschutz am Anfang und Ende des Lebens. Mit seiner Modernitäts- und Relativismuskritik hat der Ende 2022 verstorbene und emeritierte Papst Benedikt XVI. vielen Evangelikalen aus dem Herzen gesprochen, ebenso mit seinen hermeneutischen Anliegen und der Christuszentriertheit vieler seiner Predigten. Seine drei Bände zu „Jesus von Nazareth"[7] haben in evangelikalen Kreisen ein überaus positives Echo hervorgerufen. Die wechselseitigen Wahrnehmungen zwischen Evangelikalen und Katholiken haben sich verändert. Nicht die Abgrenzung steht im Vordergrund, sondern die Frage, wofür evangelische und katholische Christen gemeinsam öffentlich eintreten können. Neue geistliche Bewegungen, die ökumenisch ausgerichtete Spiritualität evangelischer Kommunitäten, die charismatische Bewegung etc. haben zu diesen Veränderungen mit beigetragen. Kontroversen und Grenzlinien verlaufen heute nicht allein entlang der Konfessionsgrenzen. Konservative und modernitätsorientierte Milieus sind in allen Kirchen auseinandergetreten. Für den Aufbau religiöser Identität hat die Milieuzugehörigkeit häufig eine wichtigere Bedeutung als die Zugehörigkeit zu einer Konfession.

Kristallisationspunkt der Sammlung der Evangelikalen im deutschsprachigen Raum ist die Deutsche Evangelische Allianz, die sich zunehmend in Richtung einer evangelikalen Allianz entwickelt hat. Zentrale Dokumente der Bewegung sind die Allianz-Basis (in Deutschland / Österreich und der Schweiz in unterschiedlichen Fassungen), die Lausanner Verpflichtung von 1974, die durch das Manila-Manifest (1989) bekräftigt und weitergeführt wurde durch

---

6 Vgl. Bebbington, The Nature of Evangelical Religion.

7 Vgl. Ratzinger, Benedikt XVI., Jesus von Nazareth, Bd. 1–3.

den Dritten Lausanner Kongress für Weltevangelisation in Kapstadt/Südafrika, der im Oktober 2010 stattfand. Vor allem mit der Lausanner Verpflichtung bekamen die weit verzweigten evangelikalen Bewegungen ein wichtiges theologisches Konsensdokument, welches zeigt, dass sie sich nicht allein aus einer antiökumenischen und antimodernistischen Perspektive bestimmen lassen, sondern in ihnen die großen ökumenischen Themen der letzten Jahrzehnte aufgegriffen werden (z. B. Verbindung von Evangelisation und sozialer Verantwortung, Engagement der Laien, Mission und Kultur). Im Unterschied zur ökumenischen Bewegung, in der Kirchen miteinander Gemeinschaft suchen und gestalten, steht hinter den evangelikalen Bewegungen das Konzept einer evangelistisch-missionarisch orientierten Gesinnungsökumene, in der ekklesiologische Eigenarten und Themen bewusst zurückgestellt und im evangelistisch-missionarischen Engagement und Zeugnis der entscheidende Ansatzpunkt gegenwärtiger ökumenischer Verpflichtung gesehen wird. Evangelikalen und pfingstlich-charismatischen Gruppen geht es weniger um die offizielle Kooperation und Gemeinschaft von Kirchen, wie dies in der Arbeitsgemeinschaft Christlicher Kirchen (ACK) geschieht, sondern um eine transkonfessionell orientierte Gemeinschaft auf der Basis gleichartiger Glaubenserfahrungen und -überzeugungen.

3 Vielfältige Profilierungen innerhalb des evangelikalen Spektrums

Der „Aufbruch der Evangelikalen“[8] im deutschsprachigen Raum konkretisiert sich in zahlreichen missionarischen Aktionen, Konferenzen, Gemeindetagen, in theologischer Forschung (die in den letzten Jahren einen deutlichen Kompetenzgewinn verzeichnen kann) und in publizistischen Aktivitäten (beispielsweise „idea“) und einer wachsenden medialen Präsenz. Zum Teil vollziehen sich diese Initiativen in Parallelstrukturen zu kirchlichen Angeboten. Das Profil evangelikaler Bewegungen in Deutschland ist einerseits durch das Gegenüber zu den pluralen Landeskirchen und durch Kritik an bestimmten kirchlichen Entwicklungen bestimmt, andererseits auch durch konstruktive Kooperation in verschiedenen Initiativen. Erich Geldbach weist darauf hin, dass die evangelikalen Bewegungen in steigendem Maße durch „intellektuelle Offenheit und irenischen Geist“ gekennzeichnet seien.[9] Diese Einschätzung trifft jedoch nicht gleichermaßen auf alle Ausdrucksformen des Evangelikalismus zu. Es gibt unterschiedliche Profilierungen und Typen evangelikaler Bewegungen, die sich berühren, überschneiden, teilweise auch deutlich unterscheiden.

---

[8] Vgl. dazu Laubach, Der Aufbruch der Evangelikalen.

[9] Geldbach, Art. Evangelikale Bewegung, 338.

- *Der klassische Typ*, der sich in der Evangelischen Allianz, der Gemeinschaftsbewegung und der Lausanner Bewegung konkretisiert und vor allem Landeskirchler und Freikirchler miteinander verbindet. Dieser Strang knüpft an die „vorfundamentalistische“ Allianzbewegung an und stellt den Hauptstrom der evangelikalen Bewegung dar.
- *Der fundamentalistische Typ*, für den ein Bibelverständnis charakteristisch ist, das von der absoluten Irrtumslosigkeit (inerrancy) und Unfehlbarkeit (infallibility) der „ganzen Heiligen Schrift in jeder Hinsicht“ ausgeht (vgl. Chicago-Erklärung[10]). Kennzeichnend ist ebenso sein stark auf Abwehr und Abgrenzung gerichteter Charakter im Verhältnis zur historisch-kritischen Bibelforschung, zur Evolutionslehre, in ethischen Fragen (Abtreibung, Pornographie, Feminismus, Gender etc.). Da ein fundamentalistisches Schriftverständnis unterschiedliche Frömmigkeitsformen aus sich heraus entwickeln kann, differenziert sich der fundamentalistische Typ in verschiedene Richtungen.
- *Der bekenntnisorientierte Typ*, der an die konfessionell orientierte Theologie, die altkirchlichen und die reformatorischen Bekenntnisse anknüpfen möchte und sich in der Bekenntnisbewegung „Kein anderes Evangelium“ und der „Konferenz Bekennender Gemeinschaften“ konkretisiert.
- *Der missionarisch-diakonisch orientierte Typ*, der die Notwendigkeit einer ganzheitlichen Evangelisation hervorhebt, in der Evangelisation und soziale Verantwortung in ihrer engen Zusammengehörigkeit akzentuiert werden. Dieser Typ ist unter anderem im Globalen Süden bei den „social concerned evangelicals“ verbreitet, im deutschsprachigen Raum ist er eher unterrepräsentiert. Er findet seinen Ausdruck z. B. in Projekten, die an einer Kontextualisierung von Evangelisation und Mission interessiert sind.
- *Der Emerging-Church-Typ*, der auf Herausforderungen der so genannten Postmoderne reagiert, sich vielfältig in seinen Anliegen darstellt und in Theologie und Frömmigkeit auch evangelikale und charismatische Orientierungen überschreitet. Stichworte sind Kontextualität, Pluralität, Partizipation, narrative Theologie, Universalität des Heils bzw. Heilsinklusivismus. Von konservativen Evangelikalen wird dieser Typ als zu modernitätskonform kritisiert. Evangelikale, die sich nur noch teilweise mit den Anliegen evangelikaler Bewegungen identifizieren, bezeichnen sich selbst auch als postevangelikal.[11]
- *Der pfingstlich-charismatische Typ,* dessen Merkmal eine auf den Heiligen Geist und die Gnadengaben bezogene Frömmigkeit ist und der sich seinerseits nochmals vielfältig ausdifferenziert und mindestens drei verschiedene Richtungen ausgebildet hat: innerkirchliche Erneuerungsgruppen, pfingstkirchliche Bewegungen, neocharismatische Zentren und

10 Vgl. die Chicago-Erklärung, abgedruckt in: Hempelmann (Hg.), Handbuch, 370–373.

11 Vgl. zum Thema Postevangelikalismus: Dietz, Menschen mit Mission, 306–319.

Missionswerke, die sich als konfessionsunabhängig verstehen, theologisch und in der Frömmigkeitspraxis eine große Nähe zur Pfingstbewegung aufweisen.

Zu den skizzierten Ausprägungen gibt es entsprechende Gruppenbildungen und Bezugstexte. Auch im deutschsprachigen Raum ist inzwischen das breite Spektrum evangelikaler Bewegungen offensichtlich geworden, unter anderem durch die Annäherung zwischen Evangelikalen und Charismatikern, die sich 1996 in einem gemeinsamen Dokument artikulierte und von zahlreichen Pfingstlern und Charismatikern als Jahrhundertereignis bewertet wurde.[12] Zur ökumenischen Bewegung, wie sie durch den Genfer Ökumenischen Rat der Kirchen (ÖRK) vertreten wird, haben der genannte missionarisch-diakonisch orientierte und der Emerging-Church-Typ die größte Affinität, während der fundamentalistische Typ die größte Distanz zu ihr hat. Eine deutlich skeptische Haltung gegenüber der Ökumene nehmen auch der bekenntnisorientierte Typ und der pfingstlich-charismatische Typ ein, vor allem der nicht konfessionsgebundene Teil der charismatischen Bewegung und bestimmte Ausprägungen der Pfingstbewegung. Das Selbstverständnis zahlreicher Gemeinschaftsbildungen und Aktionen als „überkonfessionell" oder „interkonfessionell" kann falsche Assoziationen wecken. Es suggeriert ökumenische Weite, dabei geht es eher um ein bestimmtes christliches Profil und weniger um die Anerkennung von Vielfalt.

4 Individualisierung und Gemeinschaftssuche

Soziologische Außenperspektiven erkennen in der Ausbreitung evangelikaler und pfingstlich-charismatischer Frömmigkeitsformen die fortschreitende Partikularisierung und Pluralisierung des Protestantismus. Die christliche Landschaft wird vielfältiger und unübersichtlicher. Austauschprozesse mit der angloamerikanischen Welt unterstützen solche Wandlungsprozesse. Die chancenreiche Ausbreitung des protestantischen Erweckungschristentums resultiert nicht nur aus beanspruchter Wiedergewinnung urchristlicher Glaubenserfahrung. Sie hängt auch mit der Kommunikationsfähigkeit dieser Gemeinschaftsbildungen mit der religiösen Alternativkultur zusammen und wird von verschiedenen Rahmenbedingungen unterstützt, wie etwa dem Schwinden der Selbstverständlichkeit und kulturellen Abstützung christlicher Glaubenspraxis oder den antiinstitutionellen Affekten vor allem junger Menschen. Andererseits wird man berücksichtigen müssen, dass evangelikale und charismatische Aufbrüche, die sich aus dem Gegenüber zu kirchlichen Strukturen herauslösen, selbst unweigerlich Ver-

[12] Deutsche Evangelische Allianz (DEA) und Bund Freikirchlicher Pfingstgemeinden (BFP), Erklärung zu Grundlagen der Zusammenarbeit, abgedruckt in: Hempelmann (Hg.), Handbuch, 380–382.

kirchlichungsprozesse durchmachen. Wo sie ihre ekklesiologische Enthaltsamkeit verlieren und die innere Dynamik ihres Interaktionsverhältnisses zu den verfassten Kirchen aufheben, werden sie selbst zu Institutionen bzw. müssen es werden. Damit aber verlieren sie ihren Charakter eines geistlichen Aufbruches, konfessionalisieren sich und werden Teil des von ihnen kritisierten Zustandes von Kirche. Die Entstehung immer neuer evangelikal und pfingstlich-charismatisch geprägter Gemeinden und Kirchen auch dort, wo verschiedene Kirchen bereits existieren, stellt in ökumenischer Hinsicht eine Herausforderung dar. Keine neue christliche Gemeinschaftsbildung kann langfristig außerhalb der Gemeinschaft mit der Gesamtkirche selber Kirche sein.

Obgleich oft antimodernistisch und antipluralistisch ausgerichtet, forcieren neue evangelikale und pfingstlich-charismatische Gemeinschaftsbildungen Pluralisierungsprozesse. Sie beziehen ihre Attraktivität auch aus den Ambivalenzen gesellschaftlicher Modernisierungsprozesse und der fehlenden Erneuerungskraft des institutionell verfassten Christentums. Während die Systeme institutioneller Absicherung des Glaubens heute zunehmend in Frage stehen, nimmt die Bedeutung von Gemeinschaftlichkeit, die emotional getragen ist, für gemeindliches und christliches Leben zu.[13] Fortschreitende Individualisierungsprozesse moderner Gesellschaften rufen paradoxe Effekte hervor. Je mehr sich Glaubenssysteme individualisieren, desto größer wird das Bedürfnis nach Bestätigung des eigenen Glaubens durch eine Gemeinschaft. Dies geschieht in überschaubaren Gemeinschaften, wo die Vermittlung christlichen Glaubens und Lebens biographienah und alltagsbezogen erfolgt. Verbindliche Wahlgemeinschaften auf Zeit ermöglichen neue Formen religiöser Vergewisserung und schaffen Räume des Austausches von Erfahrungen. Einerseits ist Modernitätskritik ein Merkmal neuer Gemeinschaftsbildungen, andererseits aber auch das Bemühen um eine neue Inkulturation des Christlichen in den Kontext der Moderne. Allerdings unterliegen neue Gemeinschaftsbildungen auch spezifischen Gefahren, nämlich das „Wir“ des Glaubens zu eng, zu begrenzt zu verstehen, sich auf das eigene Thema zu fixieren, sich gegenüber anderen Gruppen elitär abzugrenzen, sich selbst nicht genügend zu relativieren oder sich auch auf das eigene Milieu zurückzuziehen und gleichsam homogen zu werden. Homogenität aber ist kein Merkmal für eine christliche Gemeinde.

5 Megakirchen als Organisationsform

Als Megakirchen werden Organisationsgestalten von Kirche in urbanen Kontexten mit einem großen wöchentlichen Gottesdienstbesuch bezeichnet. Einige Megakirchen erreichen Besucherzahlen, wie sie von großen Sportveranstaltungen bekannt sind. Seit den 1950er Jahren

[13] Vgl. dazu Hervieu-Léger, Religiöse Ausdrucksformen der Moderne, 133–161.

lässt sich ein kontinuierliches Wachstum der Megakirchen beobachten. Im US-amerikanischen Kontext haben sie zu einem Wandel der Organisationsgestalt von Kirche beigetragen. Teils geschah dies auf Kosten etablierter Gemeinden, teils wurden durch neue Veranstaltungsformen von Kirche neue Zielgruppen angesprochen. Der Frömmigkeitsstil der Megakirchen ist oft evangelikal und pentekostal-charismatisch geprägt. Erwecklich geprägte gottesdienstliche Versammlungen mit großen Zuhörerschaften und eine Kultur der Musik, die auf die klassischen liturgischen Formen verzichtet, sind kennzeichnend. Leicht nachvollziehbare Anbetungslieder werden in einer Zeit des Lobpreises (worship) von professionellen Bands im Popstil intoniert und dargeboten. Die Spiritualität ist erlebnisorientiert. Programm und Kommunikationsstrukturen sind darauf ausgerichtet, starke Emotionen zu ermöglichen. Megakirchen sind darum bemüht, durch Kleingruppen und umfassende Angebote (Sportgruppen, Lebensberatung, Singlegruppen, Restaurant, Buchhandlung, Kinderbetreuung, Beratung für Suchtgefährdete etc.) dauerhafte Bindungen aufzubauen. Die Eventisierung der gottesdienstlichen Versammlung und die Einbindung der Teilnehmenden in überschaubaren Gruppen schaffen in der Organisationsform einen Kompromiss zwischen hoher Verbindlichkeit und einer nicht bedrängenden Offenheit in den gottesdienstlichen Versammlungen.

Konfessionelle Prägungen können eine Rolle spielen, müssen es aber nicht. Zahlreiche Megakirchen verstehen sich transkonfessionell bzw. nondenominational. Sie finden sich auf allen Kontinenten, vor allem in der südlichen Hemisphäre, wo ihre Verbreitung mit gesellschaftlichen Transformationsprozessen verbunden ist. Auch im europäischen Kontext formieren sich Megakirchen in urbanen Zentren. In Deutschland ist eine Reihe von Megakirchen aus den USA und aus anderen Teilen der Welt präsent, ohne dass diese sich in der Größe einer Megakirche etabliert haben. Das gilt auch für die 1983 in Sydney gegründete Hillsong-Kirche. Als Megakirche konnte sie sich bisher nicht etablieren. Hillsong ist in Deutschland eine Bewegung im Aufbau, mit begrenzter Resonanz. Der Einfluss dieser Kirche reicht jedoch weit. Ihre mediale Präsenz in sozialen Netzwerken, Youtube, TV etc. ist unübersehbar. Die intensive Rezeption ihrer Anbetungsmusik hat Hillsong zu einem Trendsetter für die Musikkultur des globalen Erweckungschristentums gemacht. Für zahlreiche pfingstlich-charismatisch und evangelikal geprägte Gemeinden ist Hillsong das Modell der Kirche von morgen.

Zahlreiche Impulse einer nordamerikanischen Megakirche auf freikirchliche Bewegungen und auf die evangelischen Landeskirchen gingen in Deutschland vor allem von der Willow Creek Community Church (Chicago) aus. Seit ca. 30 Jahren werden Kongresse mit Beteiligung der Willow Creek Association durchgeführt. Ehrenamtliche und hauptamtliche Mitarbeiterinnen und Mitarbeiter, die in der Praxis missionarischer Arbeit in Kirchen, Freikirchen und Gemeinschaften Verantwortung tragen, darunter viele Pastorinnen und Pastoren, haben Impulse dieser Megakirche aufgenommen. Der Willow-Creek-Gemeinde geht es um die Evangelisierung von entkirchlichten Menschen, die gegenüber religiösen Sprachformen, traditionellen Kirchenliedern und Liturgien ein Empfinden kultureller Fremdheit entwickelt haben. Die amerikanische Megakirche Willow Creek Community Church gründet in Deutschland keine eigenen Kirchen. Sie kooperiert mit Willow Creek Deutschland. Gemeinsam wird der regionale und internationale Austausch mit geistlichen Leitern, Führungspersonen, Autoren, Kirchengemeinden und christlichen Werken gefördert.

Die begrenzte Resonanz von Megakirchen in Deutschland hat u. a. kulturelle Gründe und steht im Zusammenhang mit gewachsenen landeskirchlichen und freikirchlichen Strukturen, deren Prägekraft zwar abnimmt, zugleich aber einflussreich und integrierend bleibt. Aus religionssoziologischer und politikwissenschaftlicher Perspektive zeigen sich in der Ausbreitung von Megakirchen gegenläufige Prozesse, die die heutige Religionskultur bestimmen: Säkularisierung und religiöse Pluralisierung, Entzauberung und Wiederverzauberung, Individualisierung und Gemeinschaftsbildung. Der Stil der Anbetungsmusik ist ein wichtiger Faktor für die Attraktivität von Megakirchen, noch vor der Reputation des Seniorpastors, von dem rhetorische Kompetenz ebenso erwartet wird wie Medientauglichkeit und Managementqualitäten. Die zahlreichen kritischen Diskurse zu Megakirchen beziehen sich auf ihre Wachstumsdoktrin, die Vermarktung des Heiligen, die Nähe einer Reihe von Kirchen zum Wohlstands- und Gesundheitsevangelium (Prosperity Gospel), die Verbindung einzelner Kirchen zu rechtspopulistischen politischen Bewegungen, die Fixierung auf die Person des Seniorpastors, dessen Aufstieg und Fall Gegenstand öffentlicher Berichterstattung werden kann.

Die Vielgestaltigkeit von Megakirchen nötigt allerdings zu differenzierten Urteilsbildungen. Jede Kirche bedarf einer je eigenen Wahrnehmung. Soziologen erkennen in Megakirchen einen möglichen Gestaltwandel des Religiösen. Im Anschluss an Ernst Troeltsch wird gefragt, ob seine Idealtypen relogiöser Vergesellschaftung erweitert werden müssen und sich jenseits klassischer Typologisierungen von „Kirche, Sekte und Mystik“ in Megakirchen eine neue Gestalt von Kirche ankündigt, die auch im europäischen Kontext langfristig größere Resonanz gewinnen könnte.[14]

In Ordnungs- und Gestaltungsfragen gibt es nach evangelischem Verständnis Freiheit, aber auch das Kriterium, dass die Sozialgestalt der Kirche dem Evangelium dienen und dem Inhalt des christlichen Zeugnisses entsprechen muss. Die Konkretion von Kirche wird dabei von kulturellen Kontexten mitbestimmt. Das Evangelium geht ein in die verschiedenen Kulturen, es geht aber nicht in ihnen auf. Ihren heutigen Auftrag darf die Kirche nicht mit der Festschreibung ihrer Organisationsgestalt von gestern verwechseln. Sie hat auf Erden keine Ewigkeitsgestalt, sondern eine Werdegestalt. Zugleich ist Gottes Geist kein traditionsloses Erneuerungsprinzip, und neu aufbrechende Erfahrungen des Geistes sind an geschichtlicher Kontinuität zu verifizieren.

---

14 Vgl. Kern / Schimank, Megakirchen als religiöse Organisationsform, 285–309.

Literatur

Bauer, Gisa, Evangelikale Bewegung und evangelische Kirche in der Bundesrepublik Deutschland. Geschichte eines Grundsatzkonfliktes (1945 bis 1989) (Arbeiten zur kirchlichen Zeitgeschichte, Reihe B: Darstellungen 53), Göttingen 2012.

Bebbington, David B., The Nature of Evangelical Religion, in: Mark A. Noll / David B. Bebbington / George M. Marsden u. a. (Hg.), Evangelicals. Who They Have Been, Are Now, and Could Be, Grand Rapids (MN) 2019, 31–55.

Dietz, Thorsten, Menschen mit Mission. Eine Landkarte der evangelikalen Welt, Holzgerlingen 2022.

Geldbach, Erich, Art. Evangelikale Bewegungen, in: EKL, Bd. 1, 1186–1191.

–, Art. Evangelikale Bewegung, in: Harald Baer (Hg.), Lexikon neureligiöser Gruppen, Szenen und Weltanschauungen. Orientierungen im religiösen Pluralismus, Freiburg i. Br. 2005, 338–344 (dort weitere Literatur).

Graf, Friedrich Wilhelm, Der Protestantismus. Geschichte und Gegenwart, München 2006.

McGrath, Alister, Evangelicalism and the Future of Christianity, London 1993.

Hemminger, Hansjörg, evan/ge/li/kal. Von Gotteskindern und Rechthabern, Gießen 2016.

Hempelmann, Reinhard, Evangelikale Bewegungen. Beiträge zur Resonanz des konservativen Protestantismus (EZW-Texte 206), Berlin 2009.

– (Hg.), Handbuch der Evangelistisch-missionarischen Werke, Einrichtungen und Gemeinden, Stuttgart 1997.

Hervieu-Léger, Danièle, Religiöse Ausdrucksformen der Moderne. Die Phänomene des Glaubens in den europäischen Gesellschaften, in: Hartmut Kaelble / Jürgen Schriewer (Hg.), Diskurse und Entwicklungspfade, Frankfurt a. M. / New York 1999, 133–161.

Hochgeschwender, Michael, Amerikanische Religion. Evangelikalismus, Pfingstlertum und Fundamentalismus, Leipzig 2007.

Jung, Friedhelm, Die deutsche Evangelikale Bewegung. Grundlinien ihrer Geschichte und Theologie, Frankfurt a. M 1992.

Kern, Thomas / Schimank, Uwe, Megakirchen als religiöse Organisationen: Ein dritter Gemeindetyp jenseits von Kirche und Sekte?, in: Kölner Zeitschrift für Soziologie und Sozialpsychologie 65 (2013), Supplement 1 (Sonderheft 53: Religion und Gesellschaft), 285–309.

Küng, Hans, Christentum. Die religiöse Situation der Zeit, München 1994.

Laubach, Fritz, Der Aufbruch der Evangelikalen, Wuppertal 1972.

Pally, Marcia, Die Neuen Evangelikalen in den USA. Freiheitsgewinne durch fromme Politik, Berlin 2010.

Ratzinger, Joseph, Benedikt XVI., Jesus von Nazareth, Bd. 1–3, Freiburg i. Br. 2007–2012.

Schlamelcher, Jens, Sozialgestalten im evangelikalen Spektrum, in: Frederik Elwert / Martin Rademacher / Jens Schlamelcher (Hg.), Handbuch Evangelikalismus, Bielefeld 2017, 242–259.

Tidball, Derek, Reizwort Evangelikal. Entwicklung einer Frömmigkeitsbewegung, Stuttgart 1999.

Wade, Matthew, Seeker-friendly: The Hillsong megachurches as an enchanting total institution, in: Journal of Sociology 52 (2016), 661–676.

IV Gottesdienst und Gebet

Größer ist der, der „Amen“ antwortet, als der, der den Segen sagt.[1]

Das Gebet eines Einzelnen und die Gemeinschaft der Betenden

Von Timotheus Arndt

1 Eine erste Form von Gebetsgemeinschaft: „Amen“ sagen

Auf der Westwand im Betraum der Altneuschul in Prag stehen die Schriftzeichen:

ג" ה" א"   י" מ" ה"

Sie sind aufzulösen:

גדול העונה אמן   יותר מן המברך

„Größer ist der, der Amen antwortet, als der, der den Segen sagt.“

Ein Mensch sagt ein Gebet und ein anderer reagiert. So entsteht eine elementare Form von Gebetsgemeinschaft. Die Halacha – das jüdische Recht – verpflichtet jeden, auf den Segen eines Israeliten, den er hört, mit *Amen* zu antworten.[2]

Segen (hebräisch: Beracha, Mehrzahl: Berachot) heißt in der rabbinischen Liturgie ein formalisierter Gebetsabschnitt. Viele alltägliche Gelegenheiten werden mit einem solchen kürzeren oder auch längeren Text bedacht, der mit den Worten „Gesegnet[3] bist Du …“ eröffnet bzw. „Gesegnet ist …“ abgeschlossen wird.[4] So wird z. B. jedes Essen oder Trinken mit einem

---

[1] bBer 53b = bNaz 66b, so die Kürzel für folgende Talmudstellen: Traktat Berachot/Segen, babylonische Gemara, Blatt 53, Kolumne/Seite b und Traktat Nazir/Enthaltsamer, babylonische Gemara, Blatt 66, Kolumne/Seite b.

[2] Maimonides, Mischne Tora/Zweit-Lehre, Buch der Ahava/Liebe, Hilchot Berachot/Vorgänge der Segen 1,13.

[3] Der schon im Psalter begegnende Ausdruck eines von Menschen zum Himmel gerichteten Segens wird in deutschen Übersetzungen meist durch die Übersetzung „gelobt“ statt „gesegnet“ verschleiert.

[4] Eine Texteinheit, die nur mit der angegebenen Formel eröffnet wird, heißt *kurzer Segen/kurze Beracha*. Wird sie außerdem mit der Schlussformel versehen, heißt sie *langer Segen/lange Beracha*, unabhängig vom Umfang des Textes. Eine dritte Variante „an ihren Gefährten *angeschlossener Segen*/ ihre Gefährtin *angeschlossene Baracha*“ heißt jedes Folgeglied einer Kette von Berachot, das nach der

kurzen Segen eröffnet. Handelt es sich um eine ganze Mahlzeit, wird diese mit einer Sequenz solcher Segen beendet. In der babylonischen Gemara zum Traktat Berachot und der genannten Parallele[1] dient der eingangs zitierte Satz als eine Antwort auf die Frage: Sollte ich bestrebt sein, das Tischgebet nach der Mahlzeit zu leiten, um selbst die Segen zu sprechen? Die oben gegebene Antwort entspannt die Situation: Am gemeinsamen Gebet teilnehmen und mit *Amen* einstimmen, sei spirituell wertvoller, als selbst das Gebet zu leiten und die Segen zu sprechen.

Die Gelegenheit, *Amen* auf einen Segen zu antworten, häuft sich im Versammlungshaus, in der Synagoge. Kommen dort zehn[5] Beter[6] oder mehr zusammen, bilden sie eine Gemeinschaft (ציבור), die öffentlichen Status bekommt,[7] und bestimmen einen von ihnen zum Boten der Gemeinde, zum Gesandten der Zusammenkunft (שליח ציבור), zum Vorbeter. Von ihm vorgetragene Segen beantwortet die Gemeinde jeweils mit *Amen.*

2 Die individuelle Pflicht und gemeinschaftliches Verrichten der Pflichtgebete

Die beiden Pflichtgebete, das Lesen des *Höre Israel* mit den zugehörigen umgebenden Segen und die *Amida*, das Hauptgebet,[8] sind sowohl bei den Einzelpersonen als auch in der Synagoge verankert, und zwar obliegen sie als Pflicht jeder Einzelperson, werden aber auch öffentlich in

Eröffnungsformel für die erste Beracha keiner weiteren Eröffnungsformel bedarf sondern nur noch die Schlussformel aufweist. Vgl. dazu tBer 1,7–10 (Zusatz/Tosefta zum Traktat Berachot, Kapitel 1, Absätze 7 bis 10), bBer 46a und Tosafim (d.i. die Raschi-Schule des 12. Jahrhunderts) dazu s. v. כל הברכות, par. bPes 104b (Traktat Pesachim) mit Tosafim s. v. חוץ מברכה.

5 Die Regelung ist bei Jakob Chasan im Ersten Kapitel der *Hilchot Bet ha-Kneset we-Zorche Zibbur / Vorgänge der Synagoge und der Bedürfnisse der Gemeinde* (Seite 56/נו) notiert. Die eine Öffentlichkeit konstituierende Anzahl von zehn Betern wird mit einem hebräisch Wort für „Zahl" bezeichnet: „Minjan". Zur männlichen Form vgl. die folgende Anmerkung. Bestimmte Gebete, etwa das *Kaddisch*, werden nur in der so definierten Öffentlichkeit gebetet. Zum *Kaddisch*-Gebet vgl. z. B. Lehnardt, Qaddish.

6 Traditionell werden Männer gezählt. Die hier und in den herangezogenen Texten verwendete männliche Form „Beter" bezeichnet Männer, d. h. über 13-jährige Personen männlichen Geschlechts. Es sei jedoch zumindest hier auf eine andere Praxis hingewiesen: In manchen jüdischen Gemeinden ist diese Einschränkung aufgehoben, wird eine (im Hinblick auf die Geschlechter) egalitäre Öffentlichkeit, ein egalitärer Minjan gebildet.

7 Hier sollen zu einem jeweiligen Großteil gleichbedeutende Wörter für Gemeinde-Öffentlichkeit: צבור/ציבור „Zusammenkunft", קהילה oder קהל „Gemeinde", עדה „Gemeinschaft", בית כנסת „Synagoge", רבים „Viele", möglichst auch in der Übersetzung unterschieden werden. Um die Übersetzung von „Viele", „die Vielen" gab es christlicherseits in den 2010er Jahren eine Diskussion über den liturgischen Zuspruch im Rahmen der Eucharistiefeier: Sollte die Wendung Mt 26,28 und Mk 14,24 „… Blut für viele vergossen" und sinngemäß an anderen Stellen weiterhin als „für alle" wiedergegeben werden?

8 Am Werktag auch „Achtzehn-Segen-Gebet" genannt, trotz der inzwischen 19 Segen.

der Synagoge vollzogen. Zwei Wege werden beschritten, um die individuelle Gebetspflicht mit der Zusammenkunft zu verbinden:

Das *Höre Israel mit seinen rahmenden Segen* wird in der Gemeinschaft so vollzogen, dass Passagen gemeinsam rezitiert werden, an anderen Stellen Vorbeter und Gemeinde sich abwechseln; mitunter hat das respondierenden Charakter. Die *Amida* aber wird zunächst auch in der Synagoge in einer Gebetsstille von jeder Person individuell gebetet und anschließend vom Vorbeter wiederholt. In die Wiederholung werden Responsorien eingefügt, an einer Stelle auch den Einzelnen in der Gemeinde eine Textvariante zugewiesen, während der Vorbeter eine andere Variante betet.[9]

Zu dieser Praxis fragen Lehrer der Mischna: „Warum betet die Gemeinde?“ In der Diskussion werden zwei mögliche Antworten bedacht: Der Vortrag des Vorbeters entledigt (1) des Betens *Unkundige* oder (2) von ihrer Arbeit *Unabkömmliche* ihrer Pflicht.[10] Jedenfalls wollen die Verantwortlichen wohl die Möglichkeit, im Gebet andere zu vertreten, so gestaltet wissen, dass der Aufruf an jeden Einzelnen zum eigenen Gebet dadurch nicht beeinträchtigt wird.

3 Der Vorzug des Gebets in Gemeinschaft vor dem in Einsamkeit

Beide Antworten nennen Gründe, warum es überhaupt ein Gemeindegebet gibt, lassen aber offen, ob und welche Gründe einen Einzelnen zu diesem Gemeindegebet bewegen sollen, statt die private Erfüllung seiner Gebetspflicht zu kultivieren. Der folgende Referenztext ist – ebenso wie einige weitere – dem 1287 abgeschlossenen *Ez Chajjim/Lebensbaum* des Jakob Chasan aus London entnommen. Die einzige erhaltene Handschrift dieses Werkes birgt die Leipziger Universitätsbibliothek.[11] Dort heißt es im zweiten Kapitel der *Hilchot Jir'a we-Kiddusch ha-Schem/Vorgänge der Achtung und Heiligung des DER NAME* (Seite 7/ז):

[9] In der Danksagung wird in der Gemeinde das *Wir danken* … „der Kundigen“ gebetet, während der Vorbeter die Fassung aus dem ersten stillen Gebet wiederholt. Balla, Schomer Jissrael. für Wochentage, 76f.

[10] bRH 34b zu mRH 4,9; vgl. dazu auch yBer 4,6,8c Rabban Gamaliël: Der Vorbeter enthebt die Menge (i. S. von „alle“) ihrer Pflicht.

[11] Jakob Chasan aus London, Ez Chajjim.

וראה כמה גדול שכר	Und sieh', wie groß der Lohn dessen ist,
המתפלל עם הצבור	der mit der Zusammenkunft betet.
כי בתפלה אחת שמתפלל עמהם	Denn für ein Gebet, das er mit ihnen betet,
נחשב לו שכר	wird ihm Lohn angerechnet,
כמתפלל	wie einem,
ערב ובוקר וצהרים ביחיד.	der am Abend und am Morgen und am Mittag allein betet.

Im ersten Kapitel der *Hilchot Tefilla/Vorgänge des Gebets* (Seite 35/לה) zitiert Jakob Chasan die Regel:

מי שאיחר בבקר לבא לבית הכנסת	Wer am Morgen verspätet in die Synagoge kommt –
עד סיום תפלה	solange das Gebet noch nicht beendet ist,
יאמר	sage er
ברוך שאמר	[den Eröffnungssegen der Gesangskapitel] „Gesegnet, der sagte"
ומדלג עד	und springt bis
תהלה לדוד	[Ps 145,1] „Ein Lob zu David"
ומדלג עד	und springt bis
הללויה אל בקדשו	[Ps 150,1] „Lobt den DER NAM', GEWALT in Seinem Heiligtum"
עד לשם תפארתך	bis [1Chr 29,13] „zum Namen Deiner Herrlichkeit"
ומדלג לישתבח	und springt zum [Schlusssegen der Gesangskapitel] „Gelobt sei"
ומתפלל עם הציבור,	und betet mit der Zusammenkunft.
אבל לאחר תפלה	Aber [kommt er] nach dem Gebet,
לא יאמר כלל זמירות.	sage er überhaupt keine Gesänge.

Um in den Takt mit der Gemeinde zu kommen, um im Takt mit der Gemeinde zu beten, dürfen im Vorspann eine Reihe Psalmverse übersprungen werden.

Ganz allgemein ist es von Nachteil, die Gemeinschaft zu meiden. Bei Jakob Chasan (Seite 201/רא), Zweites Kapitel der *Hilchot Teschuva/Vorgänge von Umkehr* lesen wir:

והפורש מדרכי ציבור,	Und wer sich von den Abläufen der Zusammenkunft fern hält,
אע״פ שלא עבר עבירות,	selbst wenn er keine Übertretungen beging,
אלא נבדל מעדת ישראל	sondern sich von der Gemeinschaft Israels trennt
ואינו עושה מצוה בכללן,	und überhaupt keine Aufgabe ausführt
ולא נכנס בצרתן	und nicht an ihrer Not teilnimmt
ולא מתענה בתעניתם,	und nicht an ihren Fasten teilnimmt,
אלא הולך בדרכו	sondern seinen Weg geht,
כאחד מגויי הארץ	wie einer von den Völkern des Landes/der Erde,

וכאלו אין מהן,	und als würde er nicht zu ihnen gehören –
[כל אלו] אין להם חלק לעולם הבא.	[alle diese] haben kein Teil an der kommenden Welt.

Und ein wenig weiter im Text heißt es noch:

אלו דברים מעכבין את התשובה:	Diese Dinge halten die Umkehr auf:
הפורש מן הצבור,	Wer sich von der Zusammenkunft trennt,
שאין זוכה בתשובתן,	da er den Vorteil ihrer Umkehr nicht nutzt.

Die Gemeinschaft erfährt im Himmel größere Berücksichtigung, als sie Einzelne erfahren. Jakob Chasan (Seite 58/נח), am Anfang des zweiten Kapitels der *Hilchot Bet ha-Kneset we-Zorche Zibbur/Vorgänge der Synagoge und der Bedürfnisse der Gemeinde*:

תפלת הצבור	Das Gebet der Zusammenkunft
נשמעת תמיד	wird stets erhört,
ואפילו היו בהן חטאים,	selbst wenn unter ihnen Fehlbehaftete wären.
לפיכך לא יתפלל יחידי	Darum bete einer nicht allein,
כל זמן שיכול להתפלל עם הצבור.	immer wenn er mit der Zusammenkunft beten kann.

Dies klingt zunächst wie ein Gegenstück zu der Mahnung in Hebr 10,25, die Versammlung nicht zu verlassen oder zu vernachlässigen. Im Hebräerbrief scheint nicht ganz klar, ob die anschließend genannte Ermahnung nur der Teilnahme an der Versammlung gilt oder der Versammlung als Gelegenheit zur gegenseitigen Ermunterung (und wohl auch Kontrolle). Die hier zitierte jüdische Tradition geht einen Schritt weiter und stellt die Chance heraus, durch die Gemeinschaft das Fehlen einer Einzelperson auszugleichen.

4 Die Rücksichtnahme auf die Gemeinschaft

Das Gemeinschaftsgebet und die Gemeinschaft überhaupt sind so wertvoll, dass ihre Beliebtheit nicht leiden soll. Auf die Gemeinde ist Rücksicht zu nehmen. Sie darf nicht übermäßig belastet werden. Die Verantwortlichen diskutieren den Umgang mit Fehlern im öffentlichen Gebet. Fehler beim Vorbeten erfordern die fehlerfreie Wiederholung des fehlerhaften Gebetes. Zunächst wird geklärt, wo diese Wiederholung beginnen soll. Uns aber interessiert besonders der Nachsatz: Im leisen Gebet vor dem öffentlichen Gebetsvortrag des Vorbeters unterbleibt solche Wiederholung, um die Gemeinde nicht durch den Verzug des Vorbeters zu belasten. Jakob Chasan (Seite 39/לט), Teil 10 *Hilchot Tefilla/Vorgänge des Gebetes*, Ende des ersten Kapitels:

מי שטעה בראשונות	Wer in den ersten [drei Segen] irrte,
חוזר לראש,	kehrt zum Anfang zurück;
באחרונות	in den letzten [drei Segen] –
חוזר לעבודה,	kehrt er zum „Dienst“ [dem drittletzten Segen] zurück,
באמצעיות	in den mittleren –
חוזר לתחלת ברכה	kehrt er zum Anfang des [jeweiligen] Segens zurück
שטעה,	in dem er irrte;
אחד יחיד ואחד שליח צבור	einerlei ob ein Einzelner oder der Vorbeter,
כשמתפלל בקול רם.	wenn er laut betet.
אבל כשמתפלל בלחש	Aber wenn einer leise betet,
אומר המיימוני[...] ע״ה,	sagt Maimonides[...] – Friede auf ihm,
שאין חוזר	dass er nicht zurückkehrt
מפני טורח צבור	wegen der Belastung der Zusammenkunft
ויסמוך על תפילתו מקול רם.	und sich auf das Gebet mit lauter Stimme verlässt.

Von Rabbi Akiba lesen wir in der babylonischen Gemara (bBer 31a), dass seine Rücksicht auf die Gemeinde noch weiter ging:

תניא	Gelehrt wird.
אמר רבי יהודה	Rabbi Juda sagt:
כך היה מנהגו של רבי עקיבא	So war der Brauch von Rabbi Akiba:
כשהיה מתפלל עם הצבור	Wenn er mit der Zusammenkunft betete,
היה מקצר	kürzte er
ועולה	und stieg [vom niedrigen Vorbeterplatz] herauf,
מפני טורח צבור	wegen der Belastung der Zusammenkunft.

Akiba verlässt den Vorbeterplatz zum Zeichen dafür, dass seine Aufgabe beendet ist. Dabei bemerken wir: Der Vorbeter befindet sich nicht auf „Augenhöhe“ mit der Gemeinde. Sein Platz ist niedriger als das Niveau der Gemeinde. Dieser Brauch wird aus der Formulierung Psalm 130,1b „Aus der Tiefe rufe ich …“ abgeleitet.

Zu Teil 11, *Hilchot Keri'at ha-Tora/Vorgänge des Lesens der Lehre*, Kapitel 2 (Seite 51/נא), schreibt Jakob Chasan:

אין גוללין ספר תורה בצבור	[Wir] rollen keine Tora in der Zusammenkunft
מפני טורח צבור	wegen der Belastung der Zusammenkunft,
להמתין שיגלל,	beim Warten während des Rollens.

לפיכך כשרוצין לקרות בשני ענינים	Darum, wenn [wir] zwei Themen lesen wollen,
מוציא שתי תורות נכונים.	holen [wir] zwei vorbereitete Torarollen heraus.

Pragmatisch werden auch zwei benachbarte Gebetszeiten, das letzte und das erste des Tages, am Übergang vom Tag zur Nacht für das Gemeindegebet zusammengelegt. Salomo Ganzfried, 1804–1886, schreibt in seiner *Kurzfassung des Gedeckten Tisches*, Kapitel 70, in Paragraph 1:[12]

ועכשיו נוהגין להתפלל בצבור מעריב	Und jetzt pflegen [wir] in der Zusammenkunft das Abendgebet
תיכף אחר מנחה,	sogleich nach dem Nachmittagsgebet zu verrichten,
אף על פי שעדיין אינו לילה	auch wenn noch nicht Nacht ist,
מפני טורח הצבור,	wegen der Belastung der Zusammenkunft,
שהוא טורח	da es eine Belastung wäre,
לאסוף הצבור שנית,	die Zusammenkunft ein zweites Mal zu versammeln,
ובלבד שלא יהא קודם פלג המנחה	und allein, dass es nicht vor dem halben Nachmittag sei,
כי אז אפילו בדיעבד	denn dann haben sie sich auch im Nachhinein
אינם יוצאין.	[ihrer Pflicht] nicht entledigt.

5 Das „Wir“ der Gebetssprache

Der Segen für das Lernen der himmlischen Lehre, der Tora, steht unter den ersten Segen beim Erwachen und Aufstehen am Morgen:[13]

---

[12] Ganzfried, Kizzur Schulchan Aruch.

[13] Zitate aus dem Gebetbuch können in vielen Ausgaben verifiziert werden. Ich nenne hier die Seiten nach dem in der Leipziger Synagoge vom hiesigen Rabbiner Zsolt Balla herausgegebenen Gebetbuch: ders., Schomer Jissrael. für Wochentage, 3.
Im Gebetbuch sind die Texte üblicherweise punktiert. So sind sie es auch hier, wenn wir sie aus dem Gebetbuch wiedergeben. Zitieren wir aus anderen Quellen, bleiben sie in der Regel unpunktiert.
Die hier gebotene Arbeitsübersetzung hält sich manchmal zu Lasten der deutschen Sprache eng an den hebräischen Ausdruck.
Das Tetragramm wird mit den Großbuchstaben DER NAME wiedergegeben, das gewöhnlich mit „Gott“ übersetzte Wort mit großbuchstabigem GEWALTEN.
Zur Anrede der himmlischen Majestät gehört eine stärker distanzierende Präposition, so dass es statt „Es sei (der) Wille von Dir“ bzw. „Es sei Dein Wille“ heißt: „Es sei (der) Wille vor Dir“ bzw. „Es sei vor Dir gewollt“.
Mit „aufgeben“ bzw. „Aufgaben“ ist hier übersetzt, was traditionell oft mit „gebieten“ und „Gebot“ (Mizwa) übersetzt wird.

בָּרוּךְ אַתָּה יְיָ	Gesegnet bist Du, DER NAME,
אֱלֹהֵינוּ מֶלֶךְ הָעוֹלָם,	unser GEWALTEN, König der Welt,
אֲשֶׁר קִדְּשָׁנוּ בְּמִצְוֹתָיו, וְצִוָּנוּ	der uns heiligte mit Seinen Aufgaben, und uns aufgab,
לַעֲסוֹק בְּדִבְרֵי תוֹרָה:	[uns] mit den Worten der Lehre/Tora zu befassen.
וְהַעֲרֶב־נָא יְיָ אֱלֹהֵינוּ	Bitte, DER NAME, unser GEWALTEN, mach angenehm
אֶת־דִּבְרֵי תוֹרָתְךָ בְּפִינוּ,	die Worte Deiner Lehre/Tora in unserem Munde
וּבְפִי עַמְּךָ בֵּית יִשְׂרָאֵל,	und im Munde Deines Volkes, des Hauses Israel,
וְנִהְיֶה אֲנַחְנוּ וְצֶאֱצָאֵינוּ,	so werden wir und unsere Nachkommen
וְצֶאֱצָאֵי עַמְּךָ בֵּית יִשְׂרָאֵל,	und die Nachkommen Deines Volkes, des Hauses Israel,
כֻּלָּנוּ יוֹדְעֵי שְׁמֶךָ,	wir alle, Kenner Deines Namens sein,
וְלוֹמְדֵי תוֹרָתְךָ לִשְׁמָהּ:	und Lerner Deiner Lehre/Tora um ihrer selbst willen.
בָּרוּךְ אַתָּה יְיָ,	Gesegnet bist Du, DER NAME,
הַמְלַמֵּד תּוֹרָה לְעַמּוֹ יִשְׂרָאֵל:	der Sein Volk Israel in der Lehre/Tora unterrichtet.

Dieses Gebet zeigt mustergültig, wie sich Einzelne in die Gemeinschaft stellen. Den einfachsten sprachlichen Ausdruck dafür nennt die lateinisch geprägte Grammatik erste Person Plural: Eine sprechende Person verwendet die Mehrzahl. Die Frage ist, ob die Person damit für eine Gemeinschaft spricht oder ob gar die Gemeinschaft insgesamt spricht oder sich nur ein Einzelner mit anderen in eine Reihe stellt.[14]

Die wie hier betende Person schließt sich mit anderen zusammen, die ihr Gebetsanliegen teilen bzw. mit denen sie ihr Gebetsanliegen teilt, unabhängig davon, ob diese anwesend sind oder nicht. Diese Mehrzahl wird auch dann nicht auf einzelne, d. h. auf die Form der Einzahl, reduziert, wenn ein Mensch bei diesem Gebet an Ort und Stelle, also „geophysisch", allein ist. Der zitierte Text geht – wie manch anderer – noch einen Schritt weiter und nennt nach dem einfachen „wir" ausdrücklich die Gemeinschaft Israels. So bindet dieser Gebetstext denjenigen, der das Gebet spricht, sowohl in eine nicht näher umschriebene Gebetsgemeinschaft ein, als auch in die konkret genannte Gemeinschaft Israels. Zusätzlich stellt der Text einen Zusammenhang in zeitlicher Tiefe über Generationen her. Weiter charakterisiert das ausdrückliche Thema dieses Gebetes Israel als Lerngemeinschaft, als solche, die sich gemeinsam vom Himmel her unterweisen lassen.

Dieses qualifizierte „Wir" ist von der bloßen Vermehrung von Einzelpersonen zu unterscheiden. In diesem letzterwähnten Falle bestünde kein sachlicher Unterschied, ob die sprechende

[14] Die hier eben verwendete Terminologie spricht die Beziehungen deutlicher aus als die Nummerierung der Personen von eins bis drei.
Diese Mehrzahl-Form ist in der rabbinischen Gebetsordnung sehr präsent. Ein weiteres Beispiel sind die Segen der *Amida* in allen ihren Varianten. Auch sie tragen alle Anliegen als Gemeinschaftsanliegen vor.

Person sich in der Einzahl oder in der Mehrzahl nennt. Ein Beispiel dafür werden wir unten (6.3.2) sehen.

6 Der Mensch setzt sich zu seiner Umgebung in Beziehung – vier Beispiele

In den folgenden vier Beispielen sehen wir, wie sich Einzelne im Verhältnis zur Gemeinschaft sehen können.[15]

(1) Am Ende der Reihe von Segen/Berachot, die Verrichtungen und Wahrnehmungen beim morgendlichen Erwachen und Aufstehen begleiten, steht ein Gebet, das ein Spektrum möglicher Alltagsbeziehungen zwischen Menschen in den Blick nimmt.[16] Die Vorlage für die gesamte Reihe samt diesem Gebet findet sich in der babylonischen Gemara, Traktat Berachot, Blatt 60, Kolumne b (bBer 60b):

וִיהִי רָצוֹן מִלְּפָנֶיךָ,	Und es sei vor Dir gewollt,
יְיָ אֱלֹהֵינוּ וֵאלֹהֵי אֲבוֹתֵינוּ,	DER NAME, unser GEWALTEN, und GEWALTEN unserer Väter,
שֶׁתַּרְגִּילֵנוּ בְּתוֹרָתֶךָ	dass Du uns mit Deiner Lehre vertraut machst
וְדַבְּקֵנוּ בְּמִצְוֹתֶיךָ,	und uns an Deinen Aufgaben haften lässt
וְאַל תְּבִיאֵנוּ	und uns bringst,
לֹא לִידֵי חֵטְא,	weder in die Hände von Fehl,
וְלֹא לִידֵי עֲבֵירָה וְעָוֹן,	noch in die Hände von Übertretung und Vergehen,
וְלֹא לִידֵי נִסָּיוֹן,	noch in die Hände von Versuchung,
וְלֹא לִידֵי בִזָּיוֹן,	noch in die Hände von Schmach.
וְאַל תַּשְׁלֶט בָּנוּ יֵצֶר הָרָע.	Auch lass die üble Neigung uns nicht beherrschen.
וְהַרְחִיקֵנוּ מֵאָדָם רָע וּמֵחָבֵר רָע.	Und lass uns fern sein von üblem Menschen
וְדַבְּקֵנוּ בְּיֵצֶר הַטּוֹב	und von üblem Gefährten.
וּבְמַעֲשִׂים טוֹבִים,	Und lass uns an der guten Neigung haften mit guten Werken.
וכוֹף אֶת יִצְרֵנוּ	Und beuge/zwinge unsere Neigung,
לְהִשְׁתַּעְבֶּד לָךְ.	sich in Deinen Dienst zu stellen.
וּתְנֵנוּ הַיּוֹם, וּבְכָל יוֹם,	Und gib uns heute und jeden Tag

15 Die *Amida* befasst sich mit der Gesellschaft als Ganzer und bekommt aus dieser Sicht gelegentlich auch Einzelne in den Blick. Demgegenüber stellen die hier ausgewählten Beispiele den einzelnen betenden Menschen vor, der sich in seine Umgebung einfügt.

16 Balla, Schomer Jissrael. für Wochentage, 12f.

לְחֵן וּלְחֶסֶד וּלְרַחֲמִים בְּעֵינֶיךָ,	zu Gefallen und Freundschaft und Erbarmen in Deinen Augen
וּבְעֵינֵי כָל רוֹאֵנוּ,	und in den Augen aller, die uns sehen.
וְתִגְמְלֵנוּ חֲסָדִים טוֹבִים:	Und vollbringe an uns gute Freundschaftserweise.
בָּרוּךְ אַתָּה יְיָ,	Gesegnet bist Du, DER NAME,
גּוֹמֵל חֲסָדִים טוֹבִים לְעַמּוֹ יִשְׂרָאֵל:	der gute Freundschaftserweise an Seinem Volke Israel vollbringt.

(2) Unmittelbar danach folgt im Gebetbuch ein Gebet von Rabbi[17] aus demselben Traktat, Blatt 16, Kolumne b (bBer 16b):[18]

יְהִי רָצוֹן מִלְּפָנֶיךָ,	Es sei vor Dir gewollt,
יְיָ אֱלֹהַי וֵאלֹהֵי אֲבוֹתַי,	DER NAME, mein GEWALTEN, und GEWALTEN meiner Väter,
שֶׁתַּצִּילֵנִי הַיּוֹם וּבְכָל יוֹם	dass Du mich heute und jeden Tag rettest
מֵעַזֵּי פָנִים	vor Frechen
וּמֵעַזּוּת פָּנִים,	und vor Frechheit,
מֵאָדָם רָע,	vor üblem Menschen
וּמֵחָבֵר רָע,	und vor üblem Gefährten
וּמִשָּׁכֵן רָע,	und vor üblem Nachbarn
וּמִפֶּגַע רָע,	und vor üblem Anschlag
וּמִשָּׂטָן הַמַּשְׁחִית,	und vor dem verderblichen Widersacher,
מִדִּין קָשֶׁה	vor hartem Urteil
וּמִבַּעַל דִּין קָשֶׁה,	und vor hartem Prozessgegner,
בֵּין שֶׁהוּא בֶן בְּרִית,	sei er ein Angehöriger des Bundes
וּבֵין שֶׁאֵינוֹ בֶן בְּרִית.	oder sei er kein Angehöriger des Bundes.

(3) Das folgende Gebet eröffnet die zitierte Sammlung bBer 16b:

רבי אלעזר	Rabbi Eleäsar,
בתר דמסיים צלותיה	nachdem er sein Gebet beendete,
אמר הכי:	sagte so:
יהי רצון מלפניך	„Es sei vor Dir gewollt,
ה׳ אלהינו	DER NAME, unser GEWALTEN,
שתשכן בפורינו אהבה ואחוה	dass Du in unserem Lose Liebe und Geschwisterlichkeit
ושלום וריעות,	und Frieden und Kameradschaft wohnen lassest,

17 Die Bezeichnung *Rabbi* wird wie ein Eigenname für Rabbi Juda, den Redaktor der Mischna um 200 christlicher Zeitrechnung (chr. Z.) verwendet.

18 Balla, Schomer Jissrael. für Wochentage, 13f.

ותרבה גבולנו בתלמידים,	und Du wollest unser Gebiet mit Schülern mehren,
ותצליח סופנו אחרית ותקוה,	und Du wollest unserem Ende Ausgang und Hoffnung schenken,
ותשים חלקנו בגן עדן,	und Du wollest unser Anteil in den Garten Eden tun,
ותקננו בחבר טוב	und Du wollest uns ausstatten mit gutem Gefährten
ויצר טוב בעולמך,	und guter Neigung in Deiner Welt,
ונשכים ונמצא	und wir wollen aufstehen und finden,
יחול לבבנו ליראה את שמך,	[dass] unser Herz bestrebt sei, Deinen Namen zu achten
ותבא לפניך קורת נפשנו לטובה.	und es komme vor Dich das Streben unserer Seele zum Guten.“

(4) Ein weiteres Gebet in derselben Sammlung lautet in der uns vorliegenden Gemara (bBer 17a):

מר בריה דרבינא	Mar, der Sohn von Ravina,
כי הוה מסיים צלותיה אמר הכי:	wenn er sein Gebet beendet hatte, sagte so:
אלהי,	„Mein GEWALTEN,
נצור לשוני מרע	bewahre meine Zunge vor Bösem
ושפתותי מדבר מרמה	und meine Lippen davor, Trug zu reden.
ולמקללי נפשי תדום	Und denen, die mir fluchen, schweige meine Seele;
ונפשי כעפר לכל תהיה,	und meine Seele soll jedem wie Erdkrume sein.
פתח לבי בתורתך	Öffne mein Herz mit Deiner Lehre/Tora
ובמצותיך תרדוף נפשי,	und nach Deinen Aufgaben jage meine Seele.
ותצילני מפגע רע	**Und rette mich vor bösem Anschlag,**
מיצר הרע	**vor böser Neigung**
ומאשה רעה	**und vor einer bösen Frau**
ומכל רעות המתרגשות לבא בעולם,	**und vor allen Übeln, die in die Welt kommen können,**
וכל החושבים עלי רעה	und alle, die Übles über mich denken/planen,
מהרה הפר עצתם וקלקל מחשבותם,	schnell vereitle ihren Rat und zerstöre ihre Gedanken.
יהיו לרצון אמרי פי	[Ps 19,15] ‚Zum Wohlwollen werden meines Mundes Reden.
והגיון לבי לפניך	und das Sinnen meines Herzens vor Dir,
ה׳ צורי וגואלי.	DER NAME, mein Fels und mein Erlöser.‘“

(4') Die Gebetbuchfassung hat eine Reihe Rettungswünsche weniger und einige himmlische Handlungsgründe zusätzlich:[19]

[…]	[…]
פְּתַח לִבִּי בְּתוֹרָתֶךָ,	Öffne mein Herz Deiner Lehre/Tora
וּבְמִצְוֹתֶיךָ תִּרְדּוֹף נַפְשִׁי.	und nach Deinen Aufgaben jage meine Seele.
וְכָל הַחוֹשְׁבִים עָלַי רָעָה,	und alle, die Übles über mich denken/planen,
מְהֵרָה הָפֵר עֲצָתָם	schnell vereitle ihren Rat
וְקַלְקֵל מַחֲשַׁבְתָּם.	und zerstöre ihre Gedanken/Pläne.
עֲשֵׂה לְמַעַן שְׁמֶךָ,	**Handle um Deines Namens willen,**
עֲשֵׂה לְמַעַן יְמִינֶךָ,	**handle um Deiner Rechten willen,**
עֲשֵׂה לְמַעַן קְדֻשָּׁתֶךָ.	**handle um Deiner Heiligkeit willen,**
עֲשֵׂה לְמַעַן תּוֹרָתֶךָ.	**handle um Deiner Lehre/Tora willen,**
לְמַעַן יֵחָלְצוּן יְדִידֶיךָ,	**damit Deine Lieblinge gerettet werden,**
הוֹשִׁיעָה יְמִינְךָ וַעֲנֵנִי.	**helfe Deine Rechte, und antworte mir.**
יִהְיוּ לְרָצוֹן אִמְרֵי פִי	[Ps 19,15] „Die Reden meines Mundes seien wohlgefällig
וְהֶגְיוֹן לִבִּי לְפָנֶיךָ,	und das Sinnen meines Herzen vor Dir,
יְיָ צוּרִי וְגוֹאֲלִי.	DER NAME, mein Fels und mein Erlöser.“

Die Frage, welche Vorgänge in der Überlieferung zu dieser Variation geführt haben, ist nicht Gegenstand dieser Untersuchung. Doch wollen wir uns kurz der Frage nach dem *Sitz im Leben* der Gruppe widmen.

6.1 *Antike Privat- oder Schulgebete*

Die babylonische Gemara im Traktat Berachot 16b–17a ordnet die Reihe von einem Dutzend von Gebeten – mit dem von Eleäsar beginnend – in den liturgischen Ablauf mit den Worten ein „nachdem er sein Gebet beendete“. „Sein Gebet“ ist das zuvor verrichtete Hauptgebet, die *Amida*. Das Gebet Eleäsars ist ebenso wie die Gebete der nach ihm genannten Rabbinen ein Gebetsanhang, der individueller Frömmigkeit entspringt. Insofern reden wir von Individual- oder Privatgebeten. Insofern solche Gebete gleich reihenweise von je einem Lehrer überliefert sind, dürften diese Lehrer je solch ein Gebet ihrer jeweiligen Schule übergeben haben. Das legt eine ähnliche Situation nahe, wie wir sie in der lukanischen Evangelienschrift Lk 11,1 finden. Dort bittet ein Schüler Jesus um so ein Gebet mit dem Hinweis, auch Johannes habe seiner Schule so ein Gebet übergeben.

19 Balla, Schomer Jissrael. für Wochentage, 81f.

6.2 Exkurs zur Jesus-Schule

Für das literaturhistorische Verhältnis von Evangelien- und Apostelüberlieferung einerseits zu rabbinischen Quellen andererseits, soweit es in diesem Beitrag eine Rolle spielt, genügt es, vereinfachend die Evangelientexte mit einer Erzählzeit am Anfang des zweiten Jahrhunderts chr. Z. und einer erzählten Zeit aus der ersten Hälfte des ersten Jahrhunderts chr. Z. gegenüber der Mischnaredaktion um das Jahr 200 chr. Z. anzunehmen. Wobei die Mischna Traditionen verarbeitet, die auch über das erste Jahrhundert chr. Z. zurückreichen. Die Gemara-Texte in den Talmuden sind noch später redigiert, verarbeiten aber ebenfalls frühere Stoffe. So fassen wir für diesen Bereich zusammen: Die christlich überlieferten Texte (hier vor allem kanonisch gewordene Evangelienschriften und Apostelgeschichte) geben uns Einblick in Verhältnisse und Debatten des ersten Jahrhunderts chr. Z. im Gewande des frühen zweiten Jahrhunderts, während uns die rabbinischen Texte Entsprechendes im Gewande des ausgehenden zweiten Jahrhunderts und später und teilweise anderer Orte – etwa Mesopotamien/Babylon – bieten.

Die matthäische Evangelienschrift überliefert in Mt 6,6 eine Aufforderung Jesu, die zu sagen scheint, zum Beten sei die Einsamkeit vorzuziehen. Die Mahnung Jesu ist allerdings gegen Veräußerlichung des Betens als Schau vor anderen gerichtet, wie der vorangehende Vers deutlich macht. Diese Mahnung berührt daher das Verhältnis des Gebets eines Einzelnen zum Gebet in der Gemeinschaft nur am Rande. Das Gebet in der Gemeinschaft hat zumindest Jesu Schule – etwa nach Ausweis der Apostelgeschichte des Lukas – gepflegt, und zwar sowohl das in der jüdischen Gemeinschaft am Tempel (Apg 3,1) als auch in der Gemeinschaft der Schule unter sich (Apg 1,14). Hätte die Jesus-Schule Jesu Aufforderung zum einsamen Gebet absolut gesetzt, wäre in ihr keine Gebetsversammlung möglich.[20] Ein dieser Schule eigentümliches Gebet ist das *Vaterunser*. Es weist den gleichen Selbstbezug in der Mehrzahl auf, den wir oben in Abschnitt 5 „Das ‚Wir‘ der Gebetssprache“ beobachtet haben.

Das *Vaterunser* kann ebenso wie die Gebete in bBer 16b–17a als im Anschluss an das öffentliche Gebet zu sprechendes Privat-Gebet betrachtet werden. Im Anschluss an die Jesus-Schule wird es allerdings in der Kirche auch vielfach öffentlich gebraucht, ja wird wohl oft als Hauptgebet wahrgenommen.[21] In der Synagoge bleiben die entsprechenden Gebete in der Regel dem stillen Gebet des Individuums überlassen.

---

20 Für das Gegenteil steht die Redewendung, dass etwas sicher sei, „wie das Amen in der Kirche.“ Das ist allerdings nicht so sicher, wie das oben im Abschnitt 5: *Das „Wir“ der Gebetssprache* besprochene Amen in der jüdischen Gemeinschaft. Vielmehr muss es in der evangelischen Praxis meist entweder durch die Orgel sicher gestellt werden, oder die das Gebet anstiftende Person antwortet sich selber mit *Amen*.

21 Das führt mancherorts dazu, dass die christliche Gemeinde zum Hauptgebet in der öffentlichen Feier zwar sitzt, zum *Vaterunser* aber unvermittelt aufsteht.

6.3 Zum Inhalt der vier Beispiele aus der babylonischen Gemara (bBer 16b–17a und bBer 60b)

Die drei ins Gebetbuch gelangten Individual- bzw. Schulgebete (1, 2, 4) geben den Schwierigkeiten menschlichen Zusammenlebens großen Raum. Das entspricht ihrer Position nach dem Hauptgebet, der *Amida*, in dem eine Reihe gesamtgesellschaftlicher Anliegen Israels thematisiert werden. Sie sprechen sowohl die eigene Fehlbarkeit an als auch die Herausforderung durch Übel aus der Umgebung. Dass die Sammlung bBer 16b–17a auch andere Akzente setzt, zeigt ihr Eröffnungsgebet (3). Dieses ist einzig auf gute Erwartungen und Hoffnungen ausgerichtet.

6.3.1 Beispiel (1) am Ende der Morgensegen nach bBer 60b

Das erste der vier oben angeführten Beispiele, das aus bBer 60b, beginnt mit dem, was das zuvor Abschnitt 5 „Das ‚Wir' der Gebetssprache" zitierte Beispiel füllt, mit dem Studium der Lehre, der Tora. Auch am Ende der Morgensegen soll die himmlische Lehre noch einmal angesprochen sein und mit den aus ihr folgenden Aufgaben den Tag bestimmen. Sie bilden einen Schutz angesichts der Probleme des Alltages, die jetzt in den Blick kommen. Der Bogen reicht von individuellen Fallstricken über eigene Neigungen, die zu bezwingen sind, üble Menschen, die zu meiden sind, zu Begegnungen mit Gefahren und Chancen, in eine Gesellschaft mit gegenseitiger Unterstützung, zu der wiederum die Unterstützung des Himmels tritt.

6.3.2 Beispiel (2) am Ende der Morgensegen das Gebet von Rabbi nach bBer 16b

Statt nach der *Amida* an das Ende der Morgenbenediktionen vorgezogen wurde dieses Gebet womöglich wegen seines ausdrücklichen Ausblickes auf den Tag. Eigentümlicherweise tritt in der Gebetbuchfassung die Sprechperson in der Einzahl auf, während die Sprechperson in der uns überlieferten Gemara die Mehrzahl benutzt. Das Gebet ist völlig auf die Abwehr von Gefahren und schlechter Gesellschaft ausgerichtet. Am Ende des Gebets zeigt sich ein Realismus, der wohl selten gern ausgesprochen wird: Böse Partner können auch in den eigenen Reihen auftreten.

6.3.3 Beispiel (3) die Eröffnung der Reihe in bBer 16b–17a durch Eleäsar

In der Gemara bBer 16b eröffnet ein Gebet von Rabbi Eleäsar die Reihe. Es lenkt seinen Blick in die entgegengesetzte Richtung und richtet seine Erwartungen völlig auf gute Gesellschaft aus. Das Gebet schlägt den Bogen von guter Begleitung und förderlicher Gesellschaft in dieser Welt zu einem Anteil an der kommenden Welt. Es sieht uns schon in dieser Welt „in Deiner Welt“. So reichen die Hoffnungen bis in den Garten Eden, das Paradies. Auch hier bezieht sich die Sprechperson in eine Mehrzahl ein.

Der Bezug zur Lehre, zur Tora, wird dezent angesprochen: Der Wunsch nach vielen Schülern steht sowohl an prominenter Stelle in der Mischna als auch im Evangelium. In der Mischna von den Vätern/Avot, Kapitel 1, Vers 1 (mAv 1,1) heißt es „stellt viele Schüler auf“. Und am Ende der matthäischen Evangelienschrift Mt 28,19 heißt es im jesuanischen Vermächtnis u. a.: „Macht alle Völker zu Schülern!“

6.3.4 Beispiel (4) Mar, Sohn Ravinas, bBer 17a

Was nach bBer 17a Mar, Sohn Ravinas, nach dem Hauptgebet betete, beten jetzt alle Israeliten an dieser Stelle. In diesem Punkt hat sich Israel gewissermaßen der Schule Ravinas angeschlossen. Was zeichnet nun dieses Nach-Gebet aus, welchen Übergang in den Alltag bahnt es?

Das Gebet ist individuell. Die Sprechperson spricht von sich allein. Erst einmal warnt sich der Mensch vor sich selbst, vor seinem Tun, das mit seinem Reden beginnt. Und wozu ich fähig bin, dazu sind andere mir gegenüber auch fähig. Also brauche ich zusätzlich Zurückhaltung.[22] Dabei hilft die Erinnerung an die biblische Darstellung der Schaffung des Menschen „DER NAME GEWALTEN formte den Menschen aus Krume vom Acker“ (Gen 2,7). Und natürlich gehört dazu auch der Satz: „Krume bist du nämlich. Und zur Krume wirst du zurückkehren“ (Gen 3,19b). Daraufhin wird das Leben in die Bahn der Tora und die aus ihr folgenden Aufgaben gelenkt, wie es auch an anderen Stellen fokussiert wurde.

Dann kommen die Rettungswünsche. In der uns vorliegenden Gemara tauchen zwei interessante theologische Momente auf:

(a) Die Rede von der „bösen Neigung“ verweist auf ein rabbinisches anthropologisches Konzept.[23]

(b) Die Rede von „einer bösen Frau“ gehört zu den problematischen Traditionen.

Beide Punkte finden sich nicht in der Gebetbuchfassung. Im Gebetbuch hingegen finden wir zusätzlich Motivationen für himmlisches Rettungshandeln: Der Himmel möge um Seiner Selbst willen handeln! Denn menschliche Frömmigkeit bietet offenbar nicht genügend Grund dafür.

---

22 Was *mutatis mutandis* z. B. an Mt 5,11 erinnert.

23 S. zum Einstieg Rosenblatt, Inclination, good and evil, 756f.

7 Gebete für das Wirken zugunsten der Gemeinschaft

Fürbitten für Kranke, für Staaten und deren Streitkräfte, für die Gemeinde und besonders in ihr aktive Menschen sind in der Synagoge mit der Liturgie der Tora-Lesung verknüpft. Der hier folgend zitierte Text aus diesem Bereich ist den mit der Synagoge verbundenen Menschen gewidmet:[24]

מִי שֶׁבֵּרַךְ אֲבוֹתֵינוּ,	Der unsere Väter
אַבְרָהָם יִצְחָק וְיַעֲקֹב,	Abraham, Isaak und Jakob segnete,
הוּא יְבָרֵךְ אֶת כָּל הַקָּהָל הַקָּדוֹשׁ הַזֶּה,	der segne diese ganze heilige Gemeinde,
עִם כָּל קְהִלּוֹת הַקֹּדֶשׁ,	mit allen heiligen Gemeinden,
הֵם וּנְשֵׁיהֶם וּבְנֵיהֶם וּבְנוֹתֵיהֶם.	sie und ihre Frauen und ihre Söhne und ihre Töchter,
וְכָל אֲשֶׁר לָהֶם.	und alle, die zu ihnen gehören.
וּמִי שֶׁמְּיַחֲדִים בָּתֵּי כְנֵסִיּוֹת לִתְפִלָּה.	Und wer Synagogen zum Gebet bestimmt
וּמִי שֶׁבָּאִים בְּתוֹכָם לְהִתְפַּלֵּל.	und wer in sie zum Beten kommt
וּמִי שֶׁנּוֹתְנִים נֵר לַמָּאוֹר,	und wer Lampen zur Beleuchtung gibt
וְיַיִן לְקִדּוּשׁ	und Wein zur Heiligung [von Sabbat und Feiertag]
וּלְהַבְדָּלָה.	und zum Abschied [von Sabbat und Feiertag],
וּפַת לָאוֹרְחִים וּצְדָקָה לָעֲנִיִּים,	und Brot den Gästen und Zuwendung den Armen
וְכָל מִי שֶׁעוֹסְקִים	und jed', der sich mit den Bedürfnissen der Zusammenkunft
בְּצָרְכֵי צִבּוּר בֶּאֱמוּנָה,	treu befasst,
הַקָּדוֹשׁ בָּרוּךְ הוּא יְשַׁלֵּם שְׂכָרָם,	der Heilige – Er ist gesegnet – zahle ihnen ihren Lohn
וְיָסִיר מֵהֶם כָּל מַחֲלָה.	und halte fern von ihnen jede Krankheit
וְיִרְפָּא לְכָל גּוּפָם, וְיִסְלַח לְכָל עֲוֹנָם,	und heile ihren ganzen Körper und verzeih' ihnen all ihr Vergehen
וְיִשְׁלַח בְּרָכָה וְהַצְלָחָה	und schicke Segen und Gelingen
בְּכָל מַעֲשֵׂה יְדֵיהֶם,	in alles Tun ihrer Hände
עִם כָּל יִשְׂרָאֵל אֲחֵיהֶם,	mit ganz Israel, ihren Geschwistern.
וְנֹאמַר אָמֵן:	Und wir wollen *Amen* sagen.

Der Text fächert schlichte Möglichkeiten auf, sich im Gemeindeleben zu engagieren. Jede Teilnahme fördert das Leben ganz Israels. Die ausdrückliche Nennung von Frauen weist darauf hin, dass das Gebet von Männern und für Männer formuliert wurde.

Am Sabbat vor dem Monatsbeginn wird der Neumond liturgisch angekündigt. Zu der knappen Zeremonie gehört der folgende Aufruf, der die Zusammengehörigkeit noch einmal unterstreicht:[25]

---

[24] Balla, Schomer Jissrael. für Schabbat und Feiertage, 268.

[25] Dieser Spruch ist zugleich Motto und hebräischer Name für die 1860 gegründete Alliance Israélite Universelle. Vgl. Schwarzfuchs, Alliance Israélite.

חֲבֵרִים כָּל יִשְׂרָאֵל,	Gefährten sind ganz Israel.
וְנֹאמַר אָמֵן:	Und wir wollen *Amen* sagen.

8 Schlussbemerkungen

Wer *Amen* sagt – und sich damit im Gebet mit anderen zusammenschließt, tut mehr als derjenige, der allein betet, so könnten wir diesen Gang durch einige jüdische Gebetsregeln zusammenfassen.

Die immer gleichen Gebete könnten Monotonie erzeugen. Vereinzelte Variationen nach Jahres- und Festzeit wirken der Monotonie ein wenig entgegen. Vor allem aber löst die Interaktion zwischen Betern als Einzelnen und der Gemeinschaft die Monotonie auf. Wir haben gesehen, wie unterschiedliche Formen von Gebetspflichten miteinander verflochten sind. Sie verbinden die Einzelnen zu einer Gemeinschaft im Wechsel von Aktivität und Passivität. In der Synagoge wechseln Interaktionen mit dem Vorbeter einander ab, aber auch das Zusammenwirken der Gemeinschaft und das Auflösen der Gemeinschaft zu einzelnen Betern, die eine Zeit lang für sich allein stehen. Diese Dynamik erleichtert es Einzelnen, sich nach ihrem jeweiligen Bedürfnis in der Gemeinschaft zu bewegen.

Die immer notwendige Begrenzung einer Durchsicht wie dieser lässt andere wichtige Fragen aus. Beispielsweise solche nach den Grenzen der Gemeinschaft wurden hier nicht berührt. Die hier vorgestellte Gebetssprache weist vor allem die Perspektive israelitischer Männer auf.[26]

Das sensible Beziehungsgeflecht zwischen Einzelnen und die sich daraus bildende Gemeinschaft ist von Israels Lehrern vielfältig berücksichtigt worden. Wie sind Menschen zu gemeinsamem Gebet zu bewegen? Welche Vorzüge liegen in der Gemeinschaft? Welche Interaktionen gestalten diese Gemeinschaft? Welche Probleme sind zu gewärtigen? Wieviel Rücksichtnahme ist nötig? Einige in der rabbinischen Gebetsüberlieferung gegebene Antworten wurden vorgestellt. Sie drücken auf die eine oder andere Weise aus, dass die Angehörigen der Gemeinschaft einander unterstützen, füreinander einstehen. Eine traditionelle Formulierung dafür lautet:[27]

כל ישראל ערבים זה בזה	Ganz Israel/Jeder Israelit – sie bürgen füreinander.

[26] Einen Einstieg in die hier notwendige Ergänzung bietet: Böckler, Jüdische Frauen beten.

[27] Als älteste Quelle dafür gilt der halachische Midrasch zu Lev 26,37 (Sifra be-chuqqotay 7,5), benachbart die babylonischen Gemara zu Sanhedrin Blatt 27, Kolumne b (bSan 27b). Selbst die Wikipedia-Seite zu diesem Satz kommt nach den Ursprungsbezügen zu dem Ausspruch auf die eingangs zitierte Gebetsregel zu sprechen: https://he.wikipedia.org/wiki/כל_ישראל_ערבים_זה_בזה (abgerufen am 08.12.2022).

Damit verbunden ist die Zuversicht des Einleitungssatzes aus der Mischna Sanhedrin zum 10. Kapitel (mSan 10,1). Er eröffnet an Sommersabbaten, an denen die Mischna-Avot als populäre Übung kapitelweise gelesen wird, die Lektüre:[28]

כל ישראל יש להם חלק לעולם הבא	Ganz Israel/Jeder Israelit – sie haben Teil an der kommenden Welt.

Literatur

Balla, Zsolt, Schomer Jissrael. für Wochentage, Leipzig ²2019.

–, Schomer Jissrael. für Schabbat und Feiertage, Leipzig ⁴2020.

Böckler, Annette M., Jüdische Frauen beten. Abriss einer Erfolgsstory, in: Schlangenbrut 23 (2005), 14–18; ausführlicher online: http://www.annette-boeckler.de/aboeckler/juedische_frauen_beten.htm (abgerufen am 19.01.2023).

Ganzfried, Schelomo, Kizzur Schulchan Aruch. Kurzfassung des „Gedeckten Tisches", Ungvár 1864.

Jakob Chasan aus London, Ez Chajjim. Hebräisch, 3 Bde, hg. von Israel Brodie, Jerusalem 1962.

Lehnardt, Andreas, Qaddish. Untersuchungen zur Entstehung und Rezeption eines rabbinischen Gebetes, Texte und Studien zum antiken Judentum 87, Tübingen 2002.

Rosenblatt, Samuel, Inclination, good and evil, in: Encyclopaedia Judaica, Bd. 9, Jerusalem ²2006, 756–757.

Schwarzfuchs, Simon R., Alliance Israélite Universelle, in: Encyclopaedia Judaica, Bd. 1, Jerusalem ²2006, 671–674.

28 Balla, Schomer Jissrael. für Schabbat und Feiertage, 399 und weiter vor jedem der sechs Kapitel.

Geist und Wahrheit

Spirituelle Aspekte der frühchristlichen Abendmahlsfeier im Horizont aktueller Herausforderungen

Von Jens Herzer

1 Evangelische Spiritualität in der Feier des Abendmahls

Zu den großen akademischen Verdiensten Peter Zimmerlings gehört zweifellos das „Handbuch Evangelische Spiritualität“.[1] Abgesehen von seinen eigenen Beiträgen zu diesem Handbuch – ein solches Werk in drei stattlichen Bänden zu konzipieren und zu organisieren, ist eine Leistung, die man kaum ermessen kann, und zwar nicht nur unter wissenschaftlich-theologischen, sondern auch unter editorischen und nicht zuletzt wohl auch seelsorglichen Gesichtspunkten angesichts der Vielzahl von verschiedenen Menschen aus ganz unterschiedlichen theologischen Prägungen, die hier zusammengebracht werden. Zu einem solchen Projekt gehört auch eine gehörige Portion Gottvertrauen, und das schließt eine spirituelle, vom Geist Gottes getragene Grundhaltung des akademischen Ethos ein. Mit dem vorliegenden Beitrag will ich – in Gestalt eines exegetisch-theologischen Essays – aus der Sicht eines Neutestamentlers diese Grundhaltung des Geehrten würdigen, von der ich selbst auf vielfältige Weise „profitiert“ habe, wenn man es in diesem Zusammenhang so ausdrücken kann (in Anlehnung an 1Tim 6,5f). Das betrifft insbesondere das Gespür dafür, in welch hohem Maße Aspekte von Spiritualität für gegenwärtige Fragen in Theologie und Kirche relevant sind. Angesichts der vielfach beschworenen Geistvergessenheit[2] in der Theologie einerseits und der Wiederentdeckung des Geistes und seiner Geschichte[3] andererseits ist dies eine Herausforderung, deren theologische Relevanz und deren geistlichen Impulse für eine wie auch immer zu gestaltende Zukunft der Kirche(n) man nicht unterschätzen sollte.[4]

Meine eigene Erfahrung ist es, dass diese geistliche oder spirituelle Perspektive in konkreten Handlungs- und Entscheidungszusammenhängen der Kirche oft nicht die Bedeutung hat, die sie haben sollte. Das betrifft nicht zuletzt auch den Umgang mit der biblischen Tradition und ihrem geistlich-performativen Potential. Zwar wird in Denkschriften und anderen Verlautbarun-

---

[1] Zimmerling (Hg.), Handbuch Evangelische Spiritualität, Bd. 1–3.

[2] Danz / Murrmann-Kahl (Hg.), Zwischen Geistvergessenheit und Geistversessenheit.

[3] Vgl. Lauster, Der Heilige Geist.

[4] Vgl. Herzer, Leben im Glauben; ders., Evangelische Spiritualität und das Neue Testament.

gen traditionsgemäß immerhin noch auf biblische Hintergründe verwiesen, aber sie werden – trotz des reformatorischen Schriftprinzips – nur selten hermeneutisch so ernst genommen, dass daraus auch exegetisch begründete und systematisch-theologisch reflektierte Orientierungen und Neuansätze für aktuelle Probleme und Herausforderungen abgeleitet würden.

Bei Peter Zimmerling ist das anders, wie ich in vielen Debatten und gemeinsamen Lehrveranstaltungen erfahren habe und es auch im aktuellen Gespräch mit ihm erlebe. In seinem Handbuch formuliert er programmatisch, inwiefern er einen „weiten Spiritualitätsbegriff" voraussetzt:

> „Ich verstehe unter Spiritualität den äußere Gestalt gewinnenden gelebten Glauben, der die drei Aspekte rechtfertigender Glaube, Frömmigkeitsübung und Lebensgestaltung umfasst. Evangelische, d. h. vom Evangelium geprägte Spiritualität wird dabei durch den Rechtfertigungsglauben sowohl motiviert als auch begrenzt. Die Erfahrung, durch Gott gerechtfertigt zu sein, befreit dazu, den Glauben in immer neuen Formen einzuüben und in der alltäglichen Lebensgestaltung zu bewähren. Umgekehrt bewahrt der Rechtfertigungsglaube davor, das eigene spirituelle und ethische Streben zu überschätzen."[5]

Motivation und Begrenzung – das ist das Spannungsfeld, in dem sich das Lebensgefühl eines sich gerechtfertigt wissenden Glaubens Geltung verschafft.[6] Dieses Lebensgefühl als Grundgestimmtheit christlicher Existenz richtet sich einerseits in zuversichtlichem Vertrauen auf Gottes Zukunft aus und findet dazu in freudiger Hoffnung den Mut, wie Zimmerling zu Recht betont, „den Glauben in immer neuen Formen einzuüben und in der alltäglichen Lebensgestaltung zu bewähren". Es weiß sich andererseits aber in seinem Gewissen auf die Verheißung Gottes bleibend angewiesen und bleibt so vor geistlicher Überheblichkeit bewahrt. Früher nannte man das Demut (ταπεινοφροσύνη), eine spirituelle Tugend, die ausweislich von Phil 2,3 für Paulus den Charakter eines Leitmotivs christlichen Umgangs miteinander hatte (vgl. auch Röm 12,16) und letztlich christologisch begründet ist (Phil 2,6).[7]

Zimmerling nennt aber noch ein weiteres Spannungsfeld christlichen Lebens, das für unsere Überlegungen hilfreich ist. Evangelische (und d. h.: reformatorische) Spiritualität bewege sich stets im Gegenüber von Konzentration und Grenzüberschreitung. Neben der Konzentration auf das, was reformatorisch die christliche Glaubensexistenz bestimmt (*solus Christus, sola scriptura, sola gratia, sola fide*), ermutige

---

[5] Zimmerling, Das Handbuch Evangelische Spiritualität. Idee und Vorgeschichte, 18f.

[6] Zum Begriff des Lebensgefühls als Thema der (praktischen) Theologie vgl. Engemann, Das Lebensgefühl im Blickpunkt der Seelsorge; ders., Lebensgefühl und Glaubenskultur; grundlegend aus philosophischer Sicht z. B. Fellmann, Lebensgefühle.

[7] Vgl. für einem neuen Zugang zu dieser spirituellen Tugend Becker, Der Begriff der Demut.

„die reformatorische Spiritualität durch eine Haltung der Weltbejahung und Weltverantwortung zum Überschreiten des binnenkirchlichen Raumes in Richtung auf Familie, Beruf und Gesellschaft, die als Felder gottesdienstlicher Lebensführung von den Reformatoren neu entdeckt wurden. Alltagsverträglichkeit und Demokratisierung werden dadurch zu herausragenden Merkmalen evangelischer Spiritualität."[8]

Was aber hat dies alles mit dem im Thema genannten Vollzug des Abendmahls zu tun? Peter Zimmerling, mit dem ich im Wintersemester 2022/23 ein Abendmahlsseminar gemeinsam gehalten habe, ahnt vermutlich schon, worauf es hinausläuft. Ich nehme hier das wichtige Stichwort „Überschreiten des binnenkirchlichen Raumes" auf. Aus meiner Sicht ist dabei nicht nur der Blick auf die alltäglichen „Felder gottesdienstlicher Lebensführung" von Bedeutung, sondern gerade diese offene, den Gegebenheiten zugewandte Haltung schließt die kritische Bestandsaufnahme von Tradition und Bekenntnis ein, wenn beides im wahren Sinne des Wortes *relevant*, d. h. bezogen auf das Leben der Menschen bleiben soll und nicht nur bloße Referenzgrößen einer unhinterfragbaren *fides quae* sind. Die im Titel dieses Essays genannten Begriffe Geist und Wahrheit repräsentieren in diesem Sinne die Spannung zwischen dem, was Tradition und Bekenntnis als Wahrheit geprägt haben, und dem Geist, in dem diese Wahrheit im Lebens- und Glaubensvollzug als Grundlage eines christlich zu nennenden Lebensgefühls zur Geltung zu bringen ist.

Dass in dieser Hinsicht das Abendmahl und seine liturgische Feier eine besondere Herausforderung darstellt, hat einmal mehr die Pandemiesituation gezeigt. Die alten und kirchentrennenden Kontroversen sind plötzlich wieder aktuell. Angesichts der Frage, ob man online Abendmahl feiern kann oder nicht, sind wir ganz neu konfrontiert mit den Auseinandersetzungen um die Bedeutung der Mahlhandlung als eines sakramentalen Vollzuges, um das Verständnis der Mahlworte im engeren Sinn, um die Weise der Präsenz Christi im Mahlvollzug und in der das Mahl feiernden Gemeinde.[9]

Wenn es schließlich um die Glaubwürdigkeit christlichen Zeugnisses in einer – gerade im ostdeutschen Kontext – mehr denn je nicht nur gottesvergessenen[10] sondern auch die Kirchen vergessenden Welt geht, liegt es nahe, im Diskurs auch auf Dietrich Bonhoeffer zu rekurrieren, jenen „evangelischen Heiligen", der Peter Zimmerling in besonderer Weise beschäftigt hat und den er in seinem geschichtlichen Überblick als ersten Gewährsmann zitiert.[11] Bemerkenswert für unser Thema ist, welche Anstöße Zimmerling in seinen Überlegungen zur Spiritualität

8 Zimmerling, Zur Geschichte der Evangelischen Spiritualität, 29.

9 Vgl. exemplarisch Deeg, „Solches tut …"; oder etwa das Pro (Ralf Peter Reimann) und Contra (Volker Leppin) unter dem Titel „Ist digitales Abendmahl sinnvoll?" Zum digitalen Abendmahl in zeitzeichen 2020, https://zeitzeichen.net/node/8326 (abgerufen am 05.12.2022).

10 Vgl. etwa Krötke, Gottes Klarheiten; ders., Die Freiheit Gottes.

11 Vgl. Zimmerling, Zur Geschichte der Evangelischen Spiritualität, 25–27.

aus der Lektüre Bonhoeffers gewinnt. In expliziter Abgrenzung zur „erkenntnistheoretischen Tradition des 19. Jahrhunderts, wonach die Lebens- und Glaubenspraxis eines Theologen ohne Relevanz für dessen Theologie sei", gehe Bonhoeffer „von der Interdependenz zwischen Erkenntnis und Existenz aus [...]. ‚Das bedeutet, dass eine Erkenntnis nicht getrennt werden kann von der Existenz, in der sie gewonnen ist'."[12]

Vor diesem Hintergrund gehöre für Bonhoeffer – und darauf will ich hier hinaus – die *gemeinsame Abendmahlspraxis* neben Schriftmeditation, Tagzeitengebeten und Beichte zu den Grundelementen spirituellen Lebens.[13] Zimmerling spricht in diesem Zusammenhang von „kerygmatischer Grundorientierung" der Theologie Bonhoeffers.[14] Kerygmatisch – das ist jener Aspekt, der für das paulinische Verständnis des Abendmahls und für die das Mahl feiernde Gemeinde zentral ist: „Wenn ihr von diesem Brot esst und aus diesem Kelch trinkt, *verkündet ihr den Tod des Herrn, bis er kommt*" (1Kor 11,26). Dass (und ob) dies geschieht, daran bemisst sich nach Paulus, ob die versammelte Gemeinde tatsächlich das Mahl des Herrn feiert oder nicht (1Kor 11,20).

2 Eine theologische und spirituelle Herausforderung – Das Abendmahl in einer gottesvergessenen Welt

An dieser Stelle setzen die folgenden, allzu knappen und eigentlich gar nicht neuen exegetischen Überlegungen an: Wenn das Abendmahl zu den maßgeblichen spirituellen Vollzügen der Kirche gehört (Bonhoeffer) und ein Grundmerkmal evangelischer Spiritualität das Überschreiten des binnenkirchlichen Raumes (Zimmerling) im Kontext einer gottes- und kirchenvergessenen Welt (Krötke) darstellt, dann muss gefragt werden, was diese Aspekte in ihrer Zusammenschau bedeuten und welche Konsequenzen sich daraus ableiten, und zwar speziell auch im Blick auf die Abendmahlspraxis. Der unerhörte Mut Luthers „unter Berufung auf die Freiheit seines Gewissens und seines Glaubens, eine mehr als tausendjährige Kirchen- und Theologiegeschichte in die Schranken zu rufen", auf den Peter Zimmerling in diesem Kontext und im Anschluss an Luthers Freiheitsschrift zu Recht hinweist,[15] sollte auch uns ermutigen, die eingefahrenen und inzwischen auch schon ein halbes Jahrtausend alten Gleise zu erneuern und neue Wege und Brücken zum Glauben und, ja, auch in die Kirche und

12 Zimmerling, Zur Geschichte der Evangelischen Spiritualität, 26; Zitat Bonhoeffer aus: Bonhoeffer, Nachfolge, 38; vgl. Zimmerling, Bonhoeffer als Praktischer Theologe.

13 Zimmerling, Zur Geschichte der Evangelischen Spiritualität, 26.

14 Vgl. auch Löhr, Bonhoeffer.

15 Zimmerling, Zur Geschichte der Evangelischen Spiritualität, 30.

zurück zur Kirche zu bauen, „auf dass mein Haus voll werde“ (Lk 14,23). Dabei gilt es, die alten dogmengeschichtlichen Vorgaben zu achten, sie aber eben auch *im Blick auf die Schrift als die höchste Autorität in der Kirche* und *norma normans* im reformatorischen Sinne kritisch zu hinterfragen und weiterzuentwickeln. Gerade im Blick auf das Abendmahl und die nach wie vor sogar zwischen Kirchen lutherischer Konfession strittigen Fragen seines rechten Verständnisses und der Unmöglichkeit einer gemeinsamen, konfessionsübergreifenden Abendmahlsfeier ist dies eine wichtige hermeneutische Herausforderung. Dabei spielt – das deutete sich bereits an – eine große Rolle, dass zur „evangelischen Spiritualität [...] seit Luthers Bekenntnis [sc. auf dem Wormser Reichstag, J. H.] grundlegend die Gewissensfreiheit des Einzelnen [gehört]“.[16] Peter Zimmerling spricht hier von einer „in besonderer Weise qualifizierte[n] Freiheit“ des Reformators, für den die Bibel „den unaufgebbaren Ermöglichungsgrund für die Freiheit des Gewissens“ darstelle.[17] Reformation ist danach, so könnte man sagen, die Emanzipation des Glaubens und des Gewissens durch das Evangelium gegen die Bevormundung und Entmündigung durch eine Kirche, die vor allem auf ihren Machterhalt ausgerichtet ist.[18] Angesichts der unübersehbaren Krise der Kirche(n), die hier nicht weiter thematisiert werden soll, stellt sich die Frage, inwieweit *wir* heute solchen reformatorischen Mut aufbringen, und zwar unter dem Vorzeichen, dass es uns wie Luther nicht um die Spaltung, sondern um den Erhalt der Kirche als *sanctorum communio* geht. Für Luther war damit auch eine Neubewertung der Sakramente für die Glaubens- und Frömmigkeitspraxis geboten. Abgesehen von der kühnen und aus der Schrift heraus begründeten reformatorischen Begrenzung auf zwei Sakramente stand vor allem die Neubestimmung des Verhältnisses von Taufe und Abendmahl auf der Tagesordnung mit all den kontroversen Konsequenzen, die das nach sich zog.[19]

3 Abendmahl als Verkündigung des Todes Jesu durch die *sanctorum communio* – Exegetische Beobachtungen in praktisch-theologischer Absicht

Das Abendmahl als Verkündigung des Todes Jesu durch die *sanctorum communio* – unter diesem Vorzeichen stehen die folgenden exegetischen Bemerkungen. Dabei werden nicht die

16 A. a. O.

17 A. a. O., 30f.

18 A. a. O., 31.

19 Vgl. dazu Kohnle, Vom Spätmittelalter zur Reformationszeit, 58f.

Abendmahlsworte im engeren Sinn ausgelegt,[20] sondern die Überlegungen des Paulus zur Bedeutung des Abendmahles *für die Gemeinde* in 1Kor 10 nachgezeichnet. Ein Ausgangspunkt für diesen Ansatz ist der siebte Artikel der Confessio Augustana *De ecclesia*, in welchem die „reine" Verkündigung und „rechte" Verwaltung der Sakramente (Taufe und Abendmahl) in einen Zusammenhang gestellt werden:

> *Item docent, quod una sancta ecclesia perpetuo mansura sit. Est autem ecclesia congregatio sanctorum, in qua evangelium pure docetur et recte administrantur sacramenta. Et ad veram unitatem ecclesiae satis est consentire de doctrina evangelii et administratione sacramentorum. Nec necesse est ubique similes esse traditiones humanas seu ritus aut cerimonias ab hominibus institutas; sicut inquit Paulus: Una fides, unum baptisma, unus Deus et pater omnium etc.*

> „Es wird auch gelehret, daß alle Zeit musse ein heilige christliche Kirche sein und bleiben, welche ist die Versammlung aller Glaubigen, bei welchen das Evangelium rein gepredigt und die heiligen Sakrament lauts des Evangelii gereicht werden. Dann dies ist gnug zu wahrer Einigkeit der christlichen Kirchen, daß da einträchtiglich nach reinem Verstand das Evangelium gepredigt und die Sakrament dem gottlichen Wort gemäß gereicht werden. Und ist nicht not zur wahren Einigkeit der christlichen Kirche, daß allenthalben gleichformige Ceremonien, von den Menschen eingesetzt, gehalten werden, wie Paulus spricht zun Ephesern am 4.: ‚Ein Leib, ein Geist, wie ihr berufen seid zu einerlei Hoffnung euers Berufs, ein Herr, ein Glaub, eine Tauf.'"[21]

Abgesehen von den Differenzen zwischen dem lateinischen Text und der deutschen Übersetzung geht es dogmatisch vor dem Hintergrund dieses Artikels vor allem um die Frage, wie das *consentire de doctrina evangelii* als die zur Einheit der Kirche hinreichende Voraussetzung im Blick auf die Möglichkeit einer gemeinsamen Mahlfeier von Christenmenschen unterschiedlicher konfessioneller Überzeugungen zu verstehen ist. Mit speziellem Blick auf das Abendmahl ist dies dann zu präzisieren und zu fragen, welche Schlussfolgerungen sich vor dem Hintergrund der oben skizzierten Problemstellung ergeben könnten. Der Zusammenhang dieses Artikels mit 1Kor 10 ergibt sich dadurch, dass hier Paulus ebenfalls die Bedeutung der Mahlfeier in der Gemeinde von der Taufe her entfaltet.

---

[20] In den synoptischen Evangelien Mk 14,22–25; Mt 26,26–29; Lk 22,19–20 sowie bei Paulus in 1Kor 11,23–25.

[21] Zitiert nach: BSLK, 61.

3.1 Eine kurze Orientierung – 1Kor 10–12 im Horizont des 1. Korintherbriefes

Der 1. Korintherbrief ist der einzige Paulusbrief, in dem wir Näheres über das Abendmahlsverständnis des Apostels und die Abendmahlsfeier in einer frühchristlichen Gemeinde erfahren.[22] Interessant ist dabei, dass Paulus' Argumentation im Zusammenhang mit Fliehkräften steht, die den Zusammenhalt und die Einheit der Gemeinde gefährden. Dazu gehören insbesondere die bekannten Gruppenbildungen, die in 1Kor 1,10–17 thematisiert werden und mit der Berufung auf besondere Persönlichkeiten und ihre Tauftätigkeit zu tun haben, die offenbar ein besonderes Zugehörigkeitsgefühl zu diesen Persönlichkeiten begründete.

In 1Kor 10 bekommen Taufe und Abendmahl in Bezug auf die Frage nach Einheit und Zusammenhalt der Gemeinde einen großen Stellenwert, den sie auch im Verlauf des Briefes weiter haben werden. Die Ausführungen von Kapitel 10 sind eingebettet in die Debatte über die *Freiheit des Gewissens*, die Paulus in Kapitel 8–10 führt. Ausgelöst wurde sie durch unterschiedliche Auffassungen über das Essen von Götzenopferfleisch (εἰδωλόθυτος, 8,1). Paulus beginnt die Erörterung dieser Thematik mit der sehr allgemein gehaltenen und grundsätzlichen Mahnung zu einer *angemessenen Erkenntnishaltung*. Er geht selbstverständlich davon aus, dass jede/r Glaubende Erkenntnis hat, aber Erkenntnis allein – wenn es um die Gemeinschaft der Glaubenden geht – im Konfliktfall nur „Blähungen" verursacht. „Erkenntnis bläht auf ..." (8,1), sie macht überheblich und ist darauf angelegt, sich über andere zu erheben: „Wenn jemand meint, etwas erkannt zu haben, dann hat er noch nicht erkannt, *wie* (καθώς) man erkennen muss" (8,2). Es geht also um die Art und Weise, wie man mit der eigenen Erkenntnis so umgeht, dass die Erkenntnisweise der anderen respektiert wird bzw. auf angemessene, d. h. in einer von der Liebe zu Gott (8,3) geprägten Weise zur Geltung kommt: „Erkenntnis bläht auf, die Liebe aber baut auf" (8,1). Ohne diese Orientierung an der die anderen respektierenden Liebe zerstört selbstgerechte Erkenntnis die Gemeinschaft, weil in der rücksichtslosen Durchsetzung eigener Erkenntnis die Gewissen anderer in Not gebracht werden und damit der Sünde als gemeinschaftszerstörender Kraft die Tür geöffnet wird (8,11f). Die Stärke der „Starken", die aufgrund ihrer geistlichen Erkenntnis in ihrem Gewissen eine größere Freiheit zu haben meinen, besteht vielmehr darin, auf die Durchsetzung ihrer Erkenntnis um der „Schwachen" willen verzichten zu können (8,13; 9). Wenn es in 10,14–22 erneut um die Bedeutung der εἰδωλόθυτα geht, dann wird dieser argumentative Faden aufgenommen und in der Reflexion über die Teilhabe am „Tisch des Herrn" und am „Tisch der Dämonen" konkret mit

[22] Zu den historischen, sozial-, religions- und wirkungsgeschichtlichen Hintergründen der biblischen Abendmahlstraditionen vgl. das umfassende Werk von Hellholm/Sänger (Hg.), The Eucharist.

der Art und Weise der Abendmahlsfeier verbunden. Wie Kapitel 8 so mündet auch Kapitel 10 folgerichtig in eine Reflexion über die Freiheit des Gewissens (10,23–30).[23]

3.2 *Auf dem Weg zum Herrn – Taufe und Abendmahl in 1Kor 10–12*

Im Blick auf die Abendmahlsthematik in 1Kor 10 ist die Verknüpfung dieses Kapitels mit der Götzenopferfleischthematik, ihrem erkenntnistheoretischen Vorzeichen und ihrer Konsequenz im Hinblick auf die Gewissensfrage zu berücksichtigen. Hier wie in Kapitel 8 geht es um die Frage nach der Möglichkeit der Teilnahme an paganen Kultmahlzeiten. Mit einem traditionsgeschichtlichen Rückblick auf die Exodusgeneration veranschaulicht Paulus diesen Zusammenhang: Die Teilhabe an den Heilserweisen Gottes ist keine Garantie für eine Bewahrung vor dem Untergang. Es handelt sich um eine typologisch-allegorische Auslegung, die transparent wird auf die Situation der korinthischen Gemeinde. Auch die aus Ägypten Flüchtenden sind „alle in der Wolke [= die wegweisende Wolkensäule des Exodus] und im Meer [= Durchzug durch das Schilfmeer] auf Mose getauft worden", ja sie haben in der Wüste alle „dieselbe *geistliche* Speise gegessen und denselben *geistlichen* Trank getrunken". Auf diese Weise hatten sie in Gestalt des wasserspendenden Felsens in der Wüste bereits am Christusgeschehen teil (10,1–4). Die allegorische Identifikation des Felsens mit Christus (10,4) setzt die Vorstellung von der Präexistenz Christi voraus bzw. präziser formuliert: Sie setzt dieselbe Heilsverheißung Gottes voraus, die in Christus auch für die mahlfeiernde Gemeinde in Korinth gilt und Wirklichkeit wird. Die Teilhabe am Heil Gottes wird durch diese typologische Analogie zum Kern der Mahlfeier und zum *geistlichen* Wesensmerkmal ihrer Elemente Brot und Kelch, die „am Tisch des Herrn" (τράπεζα κυρίου, 10,21) gereicht werden.

Allerdings macht die Analogie zur Exodusgeneration deutlich, dass der bloße Empfang der Heilsgüter keine Garantie für die dauerhaft rettende Teilhabe am Heil ist: „Wer meint[, in seiner Erkenntnissicherheit fest im Glauben] zu stehen, der sehe zu, dass er nicht falle" (10,12). Damit ist jedoch nicht die Frage nach einer Berechtigung zur bzw. einem Ausschluss von der Teilhabe an den dargereichten Gaben aufgeworfen, sondern es geht um die *Art und Weise*, in

[23] Hinsichtlich der Frage, was eine christliche Gemeinde eint bzw. worauf ihre innere und äußere Einheit beruht, wäre auch ein Blick auf spätere neutestamentliche (und wohl auch außerneutestamentliche) Texte interessant. Das Thema Einheit spielt im Epheserbrief eine zentrale Rolle, allerdings ganz ohne einen Bezug zum Abendmahl (vgl. bes. Eph 4,1–16; vgl. auch das Zitat von Eph 4,4–6 in CA VII). Die Mahnung zur „Einigkeit des Geistes durch das Band des Friedens" (4,3) konvergiert dabei in gewisser Weise mit der Rede vom *consentire* in CA VII. Auch im Johannesevangelium ist die Einheit bzw. das „Einssein" in Christus bzw. in Christus und dem Vater ein zentrales ekklesiologisches Thema (vgl. bes. Joh 17,21), das mit einer besonderen (und im Detail recht umstrittenen) Auslegung der Abendmahlstradition (Joh 6 und 13) auf sehr spezielle Weise vorbereitet wird (s. u. Anm. 25).

der diese Teilhabe in Bezug auf die darin mitgeteilte Heilsverheißung geschieht: Ist sie (die Weise der Teilhabe) dem durch die Gaben repräsentierten Heil angemessen und entsprechend oder diskreditiert sie womöglich die teilhabende Gemeinschaft insgesamt? Bezogen ist diese Warnung auf die offenbar in Korinth bei manchen nicht unübliche und sozialgeschichtlich plausible gleichzeitige Teilnahme an paganen Kultmahlzeiten und an der christlichen Mahlfeier. Diese Gleichzeitigkeit ist für Paulus deshalb gefährlich, weil man sich damit Kräften aussetzt, die auch den „stärksten Glauben" ins Wanken bringen können, so dass Paulus die klare Warnung ausspricht: „Flieht vor dem Götzendienst" (10,14).

Der Kerntext im Hinblick auf die Frage nach dem Abendmahlsgeschehen ist 1Kor 10,16–18. Darin stehen die Gemeinschaft der Essenden und die gemeinsame Teilhabe bzw. Teilnahme am Mahl im Mittelpunkt:

> „Der Kelch des Lobpreises, den wir preisen, ist er nicht Gemeinschaft (κοινωνία) des Blutes Christi? Das Brot, das wir brechen, ist es nicht Gemeinschaft des Leibes Christi? Weil (es) *ein* Brot ist, sind wir viele *ein* Leib, denn wir alle haben teil an dem einen Brot. Schaut auf das Israel nach dem Fleisch: Sind nicht diejenigen, die die Opfer essen, ‚Gemeinschafter' des Altars?"

Unabhängig davon, ob 10,16 eine in der Tradition geprägte liturgische Formulierung aufgreift,[24] ist die Struktur der Frage sicher von Paulus bewusst so gestaltet. Die rhetorische Absicht, die er damit verfolgt, ist auf den κοινωνία-Gedanken hin ausgerichtet, weil der Zusammenhalt der korinthischen Gemeinde als Glaubensgemeinschaft verloren zu gehen droht. In seinem Argument geht Paulus von den Elementen aus, die im Abendmahl gereicht werden. *Ein* Kelch, *ein* Brot. Die Betonung liegt unmissverständlich auf dem εἷς bzw. ἕν – das allen gereichte *eine* Brot ist Abbild des *einen* Leibes und damit der Einheit der Gemeinde, weil alle auf dieselbe Weise teilhaben an dem, was Kelch und Brot *repräsentieren*. Es ist die gemeinschaftliche Teilhabe an der Heilswirkung des Todes Jesu, durch die die Gemeinschaft der Glaubenden konstituiert und konsolidiert wird. „Blut" und „Leib" bringen – gleichsam als Hendiadyoin – grundsätzlich dasselbe Ereignis der Hingabe Christi bzw. seines Todes und der Teilhabe der Glaubenden an deren bzw. dessen Wirkung zum Ausdruck. Ausgehend von der ursprünglichen Mahlsituation des letzten Mahles Jesu mit den Jüngern legt die Symbolik des Essens (das Essen und Trinken umfasst) und damit die Symbolik der von Christus gedeuteten Elemente die zweifache Ausdrucksweise nahe, nicht eine substantielle Unterscheidung des mit den Elementen Bezeichneten. Vor diesem Hintergrund kommt dem *gemeinsamen* Essen und Trinken eine große Bedeutung im Hinblick auf den Zusammenhalt der Gemeinschaft zu. Eine

24 Vgl. dazu Wolff, Der erste Brief des Paulus an die Korinther, 226–228.

substantielle Vorstellung von einer Präsenz Christi in den Elementen des Mahles ist damit nicht verbunden.

Der Fokus auf die Gemeinschaft der am Mahl Teilnehmenden wird dadurch verstärkt, dass die Rede von der „Gemeinschaft des Leibes Christi" in 10,17 aufgenommen und transformiert wird auf die Gemeinde selbst als „*ein* Leib", der aus „den Vielen" besteht. Die Vorstellung von der Gemeinde als Leib, wie sie dann in Kapitel 12 weiter expliziert und auf die Formulierung zugespitzt wird, die Vielen in der Gemeinde seien „Leib Christi" (12,27), ist also nach 1Kor 10,17 aus der konstitutiven Bedeutung der gemeinsamen Teilhabe am „Tisch des Herrn" abgeleitet, an welchem die „Gemeinschaft des Leibes Christi" gefeiert wird. Zugleich ergibt sich daraus die Konsequenz, dass die Gemeinschaft *durch die gemeinsame Feier des Abendmahles* zustande kommt und als Gemeinschaft gestärkt wird, nicht umgekehrt, dass die Gemeinschaft als solche notwendige Voraussetzung der gemeinsamen Mahlfeier sei. Es geht also nicht um die Frage nach einer inhaltlichen Übereinstimmung im Blick auf die Qualität der Elemente, sondern um die Frage, *wie* das Mahl *so* gefeiert wird, dass die gemeinsame Teilhabe an den Wirkungen des Todes Jesu zur Geltung kommt. Entscheidend ist für Paulus dabei die Vorstellung, dass es der erhöhte Herr selbst ist, der zu diesem gemeinschaftsstiftenden Mahl an seinen Tisch einlädt.

Das ist explizit auch der Grundtenor von 1Kor 11,17–34. Hier geht es um sozial begründete Probleme, die durch die unangemessene Art und Weise des Zusammenkommens und das Verhalten beim gemeinsamen Essen (δεῖπνον φαγεῖν, δειπνῆσαι) aufkommen. Ohne dies hier im Detail ausbreiten zu können, geht es kurz gesagt darum, dass Paulus die Zustände bei den gemeinsamen Zusammenkünften kritisiert, durch die das, was in der liturgischen Mahlhandlung erinnert wird – nämlich der Tod Jesu und seine Lebenshingabe – in höchstem Maße diskreditiert wird. Es sind ganz offenkundig soziale Statusunterschiede, die dazu führen, dass sozial höher Stehende auf eine privilegiertere Weise an dem gemeinsamen Mahl teilhaben, während sozial niedriger Stehende zu kurz kommen: „… der eine hungert, der andere ist (bereits) betrunken" (11,21). Durch dieses *verfehlte Sozialverhalten* wird für Paulus die „erinnernde Vergegenwärtigung" (ἀνάμνησις) Christi diskreditiert. Darin, so resümiert Paulus, liege die „Unwürdigkeit" (11,27), in der manche am Mahl teilnehmen und damit schuldig werden „an Leib und Blut des Herrn", und zwar indem sie andere Teilnehmende geringachten, denen der Tod Jesu doch in gleicher Weise gilt.

Dem korrespondiert die Aussage über das Gericht in 11,29: „Wer in dieser Weise isst und trinkt, isst und trinkt sich selbst zur Verurteilung, weil er den Leib nicht ‚unterscheidet'". Mit κρίμα ist, wie zuvor beschrieben, die Feststellung des Schuldigwerdens in der Verachtung des anderen gemeint (nicht etwa das Endgericht). Diese Verachtung hat ihre Ursache darin, dass man „den Leib" missachtet, d. h. (*pars pro toto*) die Bedeutung des Mahles, die es für alle gleichermaßen hat. Implizit geht es auch dabei wieder um das Gewissen, das der individuellen und persönlichen Prüfung anbefohlen wird: „Ein *jeder prüfe sich selbst*, und unter dieser Voraussetzung esse er von dem Brot und trinke er aus dem Kelch" (11,28). Darum die scheinbar so banale abschließende Mahnung: „Wenn ihr zum Essen zusammenkommt, wartet aufeinander!" (11,33). Es geht nicht – um das hier deutlich zu sagen – um individuelle Sünden, die vor der Teilnahme am Mahl zu beichten sind oder andernfalls vom Mahl ausschließen, zu individueller Krankheit oder gar zum Tod führen, wie dies oft aus 11,30 abgeleitet wurde. Das wäre ein magisches Verständnis der Wirkung der Abendmahlselemente, das für Paulus zumindest ganz abwegig ist.[25]

Paulus betont zudem in 1Kor 11 vor allem zwei Aspekte der Mahlfeier, die für ihn angesichts der sozialen Missstände wichtig sind und die miteinander zusammenhängen: das vergegenwärtigende *Gedenken* an die Bedeutung des Todes Jesu sowie die *Verkündigung* seines Todes durch den Vollzug der Mahlfeier. Der Aspekt der Verkündigung des Todes Jesu wird nicht auf Predigt, Gebetsrezitationen oder ähnliches enggeführt, sondern bezieht die Mahlfeier als Teil der Verkündigung in diese ein. Das Abendmahl (oder präziser an dieser Stelle: das Herrenmahl) gewinnt damit in seinem liturgischen Vollzug eine verkündigende Funktion. An keiner Stelle geht es um die Frage nach einem realen (substantiellen) oder symbolischen (geistlichen) Verständnis der Elemente der Mahlfeier. Zugespitzt formuliert würde ich sogar behaupten, dass diese Frage angesichts dessen, was vom Mahl und seiner geistlichen Bedeutung gesagt wird, im Kontext des Neuen Testaments irrelevant ist.[26]

Es wäre darüber zu diskutieren, ob dieser Verkündigungsaspekt auch im Sinne einer *einladenden Außenwirkung* der Gemeinde verstanden werden kann. Der Grund dafür liegt in 1Kor 14,23–25. In 14,23 ist noch einmal abschließend vom „Zusammenkommen der ganzen Gemeinde an einem Ort" die Rede, und Paulus geht selbstverständlich davon aus, dass in dieser Versammlung auch „Unkundige und Ungläubige" (ἰδιῶται ἢ ἄπιστοι) anwesend sein können, die sich möglicherweise über die ungeordneten Zustände in der Gemeinde wundern

25 Vgl. a. a. O., 279.

26 Dabei wäre beispielsweise auch auf Joh 6 zu verweisen: Obwohl der johanneische Jesus zum „Zerkauen" seines Fleisches und zum Trinken seines Blutes auffordert (6,53–56), betont er zugleich, dass das Fleisch zu nichts nütze sei. Die unerhörte Zuspitzung dient als bewusst provozierende Übertreibung dazu, ein substantielles Verständnis der Elemente geradezu zu vermeiden bzw. abzuweisen und auf die *geistliche Dimension* der „Verinnerlichung" des Heils zum ewigen Leben hinzuweisen: „Der Geist ist's, der lebendig macht; das Fleisch ist nichts nütze. *Die Worte, die ich zu euch geredet habe*, die sind Geist und sind Leben" (6,68; vgl. 6,58). – Darüber hinaus ist zu berücksichtigen, dass die später dogmatisch wichtig gewordenen Attribute wie „wahr", „wahrhaftig" etc. in neutestamentlichen Mahlkontexten und Mahlworten in Bezug auf das Verhältnis von Brot/Leib und Blut/Wein bzw. Kelch nicht vorkommen, sondern diesen erst in der liturgischen Tradition unter dem Einfluss dogmatischer Auseinandersetzungen zugewachsen sind; die scheinbare Ausnahme davon in Joh 6,55 („Denn mein Fleisch ist die wahre Speise, und mein Blut ist der wahre Trank") bestätigt diesen Befund, weil sie im Licht von 6,68 zu verstehen sind.

könnten. Es gibt keinen Grund, dabei nicht auch die Mahlfeier bzw. das gemeinsame Essen im Blick zu haben. Wenn die Mahlfeier als liturgischer Vollzug Verkündigung des Todes Jesu ist, dann hat sie auch im Blick auf die „Unkundigen" eine zum Glauben einladende Funktion, die im Übrigen in Bezug auf das prophetische Reden auch in 14,25 anklingt. Dieser Überlegung entspricht die noch etwas weitergehende Beobachtung, dass es bei Paulus wie im Neuen Testament insgesamt weder Hinweise dafür gibt, dass die Teilnahme am Abendmahl an bestimmte Voraussetzungen gebunden ist, noch dafür, dass jemand in der Gemeinde von der Teilnahme am Abendmahl ausgeschlossen würde.[27] Dies wird erst in der frühchristlichen Literatur ab dem 2. Jahrhundert anders.

3.3 „Wie ein Leib, von Christus bestimmt" – Die Taufe als Grund der Einheit der Gemeinde nach 1Kor 12

Ohne einen erneuten Bezug zur Abendmahlspraxis, aber von den damit verbundenen Problemen in Korinth ausgehend bzw. daran anknüpfend, wird in 1Kor 12 grundlegend über die Frage reflektiert, wie der Zusammenhalt der Gemeinde trotz aller Unterschiede in Bezug auf Erkenntnis, soziale Stellung und geistliche Begabung funktionieren kann. Paulus kritisiert zwar die Mahlpraxis in Korinth, setzt aber selbstverständlich das gemeinsame Mahl als Vollzug der ganzen Gemeinde voraus. Alle Differenzen und Unterschiede (διαιρέσεις, 1Kor 12,4–11) stellen das gemeinsame Mahl nicht infrage, auch und schon gar nicht unterschiedliche Grade an geistlicher Erkenntnis bzw. an Einsicht in die Geheimnisse Gottes (vgl. 1Kor 4,1[28]). Auch hier gilt: „Die Erkenntnis bläht auf, die Liebe aber baut auf" (1Kor 8,1). Das verbindende Element in dieser Verschiedenheit der Gemeinde ist der Geist, dem unterschiedliche „Wirkungsgrade" zugeschrieben werden: „Das alles bewirkt ein und derselbe Geist, *der jedem einzelnen zuteilt, wie er will*" (1Kor 12,11).

Die Verschiedenheit der Gemeinde transformiert Paulus in die *Metapher* des „Leibes", die er für geeignet hält, diese geistliche Wirklichkeit lebensnah abzubilden: Aufgrund der Wirkung des Geistes hat jeder und jede in der Gemeinde eine Bedeutung und eine Funktion für das Ganze, so wie die Glieder eines Leibes, der gerade *durch* die Verschiedenheit seiner Glieder zu einer „funktionierenden" Einheit wird (1Kor 12,12). Paulus bezieht dies erneut auf die Taufe: Durch die (differenzierende) Wirkung des *einen* Geistes ist aus „den Vielen" durch die gemein-

[27] Davon zu unterscheiden ist der Vollzug eines *Gemeinde*ausschlusses, wie er in 1Kor 5 verhandelt wird (vgl. 1Tim 1,20), was faktisch einen Ausschluss vom Abendmahl einschließen wird.

[28] Vgl. auch Kol 2,2f.: „… damit ihre Herzen gestärkt und zusammengefügt werden in der Liebe und zu allem Reichtum an Gewissheit und Verständnis, zu erkennen das Geheimnis Gottes, das Christus ist, in welchem verborgen liegen alle Schätze der Weisheit und der Erkenntnis."

same Taufe ein solcher „Leib“ geworden: „Wir alle sind durch (den) einen Geist *zu* (dem) einen Leib getauft“. Deshalb werden die äußeren Unterschiede (Jude/Grieche etc.) obsolet. Doch es ist der Geist, durch den dieser „Leib“ eben nicht uniform ist, sondern viele verschiedene und unterschiedlich „begabte“ Glieder hat (12,14). Die Wirkung des Geistes in der Taufe begründet die Einheit der Gemeinde, macht aus „den Vielen“ – bildlich gesprochen – „einen Leib“. Taufe ist von daher nicht die Eingliederung in die Gemeinde als eines virtuellen Leibes Christi (*genitivus subjectivus*), sondern sie konstituiert die Gemeinde *wie einen Leib* als eine funktionale Einheit, die von Christus her bestimmt wird (*genitivus qualitatis*, vgl. Röm 12,5: „ein Leib *in/durch Christus*“). Die Einheit der Gemeinde kommt also durch die gemeinsame Taufe und die gemeinsame Teilhabe an der Heilswirkung des Todes Jesu zustande, die im Glauben angeeignet wird. Insofern ist die Taufe – wie gesagt – keine Eingliederung in die Gemeinde, sondern sie konstituiert die Gemeinde als Einheit der Vielen. Jede Taufe eines/r Einzelnen verändert die Gemeinde in ihrer Vielfalt, trägt zu ihrer inneren Dynamik bei. Damit wird die durch die Taufe konstituierte Gemeinde zum Freiraum des Geistes, an dem in der Konsequenz auch „Unkundige“ teilhaben können, in das Leben der Gemeinde einbezogen sind und auf diese Weise selbst zu Anbetung und Bekenntnis finden (1Kor 14,16–25) – um in der Konsequenz möglicherweise selbst die Taufe zu begehren.

Wichtig für unseren Zusammenhang scheint mir dabei die Beobachtung zu sein, dass nirgendwo davon die Rede ist, die Taufe (und damit mutmaßlich die Eingliederung in die Gemeinde) sei eine notwendige Voraussetzung für die Teilnahme am Leben der Gemeinde und damit auch am Abendmahl, das zu dessen regelmäßigen Vollzügen gehört. Diese Konstellation ergibt sich historisch erst aus einer bestimmten Auffassung vom Abendmahl und seinen Elementen als einem heiligen Mysterium, das man Unkundigen nicht überlassen dürfe: „Niemand aber soll essen und auch nicht trinken von eurer Eucharistie als die, die getauft worden sind auf den Namen des Herrn. Denn auch darüber hat der Herr gesprochen: Gebt nicht das Heilige den Hunden“ (Did 9,5). Diese Auffassung ist zugleich verbunden mit der Vorstellung von der Eucharistie als Opfer, dessen *Voraussetzung* eine individuelle Reinigung bzw. Vergebung der Sünden ist:

> „An jedem Herrentage, wenn ihr zusammenkommt, brecht das Brot und sagt Dank, nachdem ihr zuvor eure Verfehlungen bekannt hat, damit euer Opfer rein sei (καθαρὰ ἡ θυσία ὑμῶν ᾖ). Jeder aber, der Streit mit seinem Nächsten hat, soll nicht mit euch zusammenkommen, bis sie sich versöhnt haben, damit euer Opfer nicht entweiht werde (ἵνα μὴ κοινωθῇ ἡ θυσία ὑμῶν)“ (Did 14,1f).

Das aber geht bereits weit über das hinaus, was neutestamentlich vom Abendmahl zu sagen ist. Zugespitzt formuliert könnte man sogar sagen, dass eine derartige Konditionierung der Teilnahme am Abendmahl dem einladenden, verkündigenden und den Zuspruch der Sündenvergebung vermittelnden Aspekt der christlichen Mahlfeier gerade nicht entspricht, weil sie den Zugang zum Heil an menschliche Voraussetzungen und Qualitäten bindet.

4 Schlussüberlegungen

Eine kirchenrechtlich und pastoraltheologisch begründete Reglementierung des Zugangs und der Teilhabe am Heil, wonach der Glaube Voraussetzung zur Taufe ist, die Taufe die Kirchenmitgliedschaft begründet und schließlich (womöglich gar an ein Lebensalter gebunden) Taufe und Kirchenmitgliedschaft Bedingung für die Teilnahme am Abendmahl sind, mag historisch und dogmengeschichtlich gesehen begründet sein und einen pragmatischen Sinn haben. Sie lässt sich aber neutestamentlich nicht begründen. Ebenso wenig lässt sich neutestamentlich begründen, dass eine wie auch immer zu bestimmende „Kirchengemeinschaft", beruhend auf einem *in jeder Hinsicht identischen Verständnis* (wenn man das *consentire* so verstehen will) dessen, was im Abendmahl oder gar in und mit den Elementen geschieht, Voraussetzung für eine gemeinsame Abendmahlsfeier sei. Im Gegenteil: Taufe und Abendmahl begründen durch den ihnen gemeinsamen Bezug auf die Lebenshingabe Jesu für alle Menschen die Gemeinschaft der Glaubenden und setzen sie nicht bereits voraus. Aufgrund ihres Inhaltes sind Taufe und Abendmahl gleichermaßen als Abbildungen des Heilsgeschehens unverfügbar, allem menschlichen Vollzug vorgegeben und aller Reglementierung aus menschlichen Motiven heraus entzogen. Für die Taufe (Stichwort Säuglingstaufe) erscheint das (jedenfalls weithin im Luthertum) selbstverständlich; das sollte es auch für das Abendmahl sein.

Aus den neutestamentlichen Überlieferungen zum Abendmahl, insbesondere aus den Erörterungen des Paulus im Kontext der korinthischen Konfliktkonstellationen, ergibt sich eine andere Perspektive: Die gemeinsame Feier des Abendmahls kann im Sinne des Zeugnis- und Verkündigungscharakters zu einem Zeichen der Einheit werden, das dem Wirken des Geistes mehr vertraut und zutraut als dem menschlichen Ermessen in Gestalt kirchenrechtlicher und theologischer Argumentationen, die am Ende ohnehin in den entscheidenden Punkten unklar und stets strittig bleiben. Wenn die Kirchen bewusst im Wissen um die menschlich unausweichlichen Erkenntnisdifferenzen und das „Stückwerkhafte aller Erkenntnis" gemeinsam Abendmahl feierten, dann wäre das in Wahrheit ein Zeichen der Einheit im Geiste. Ein Zeichen, das alle Unterschiede mit Blick auf das je eigene Gewissen des anderen respektiert und der Welt gegenüber den Tod des Herrn als das verkündet, was er ist: Kein Arkanum für einen elitären Kreis von Erwählten oder besonders von der Wahrheit Erleuchteten, sondern eine Heilsverheißung für „die Vielen" in einer gottesvergessenen Welt. Darauf sollte sich – unter Anleitung durch die Argumentation des Apostels Paulus – das von CA VII betonte *consentire de doctrina evangelii et administratione sacramentorum* richten, nicht auf das, was sich Menschen im Hinblick auf Gestalt und Wandlung der Elemente vorstellen (um es etwas provokativ zu formulieren). Die Wahrheit des Evangeliums liegt dort, wo der Geist Menschen bewegt, sie zur Verkündigung des Todes Jesu befähigt und dadurch andere in die geistbestimmte Gemeinschaft einlädt. Wo, wenn nicht beim Abendmahl, käme diese Einladung in besonderer Weise zur Geltung? Um es in reformatorischer Kühnheit zu formulieren: Als Verkündigung der mit dem Tod Jesu verbundenen Heilsverheißung für die Welt könnte die Abendmahlsfeier sogar zu einer Einladung zur Taufe oder auch zur Rückkehr in die Kirche für die werden, die ihr *als Getaufte* den Rücken gekehrt haben. Angesichts der gegenwärtigen Lage der Kirchen und ihrer Verkündigung, die viele Menschen in ihrer Lebenssituation aus welchen Gründen auch immer nicht mehr erreicht, ja, die bei vielen aus vielfältigen und allseits bekannten Gründen in hohem Maße diskreditiert ist, ist dies dringend notwendig. Nicht, um die Kirchen und ihre Verkündigung dem Zeitgeist anzupassen und bestmöglich zu „vermarkten". Zu denken, dies sei eine realistische und erfolgversprechende Option, wäre dann doch allzu naiv. Es geht vielmehr darum, die Kirche *und ihre Verkündigung* wieder glaubwürdig zu machen und diese Glaubwürdigkeit nicht grundsätzlich durch gegenseitige Ab- und Ausgrenzungen weiter zu zerstören. Die längst überfällige und transkonfessionelle Abendmahlsgemeinschaft wäre *ein* mutiges und mutmachendes Zeichen, nach innen wie nach außen. Der nächste Kirchentag kommt bestimmt!

Es wird Zeit, die alten konfessionellen Grabenkämpfe zu sistieren, die Gewissen und die Erkenntnisse der Glaubensgeschwister (und damit ihre je andere Konfession) und damit vor allem die Einladung des Herrn an seinen Tisch zu respektieren – und endlich gemeinsam Abendmahl zu feiern. Nicht wir sind es, die „Herren" über das Mahl sind, sondern der auferstandene Gekreuzigte, dessen Tod wir verkünden sollen, ist der eine und einladende Herr.[29] „Der Herr ist der Geist, wo aber der Geist des Herrn ist, da ist Freiheit" (2Kor 3,17). So hat es Paulus im zweiten Brief an seine Gemeinde in Korinth dann formuliert. Erstaunlicherweise sagt es das Johannesevangelium ganz ähnlich: „Gott ist Geist, und die ihn anbeten, müssen im Geist und in der Wahrheit anbeten" (Joh 4,24). Das sagt der, der von sich sagt, er sei die Wahrheit (Joh 14,5), „und die Wahrheit wird euch frei machen" (Joh 8,32) – Sätze, wie in Stein gemeißelt, doch von einer Dynamik, die theologisch nicht leicht zu erschließen ist. Vielleicht können und sollen solche Sätze aber zum hermeneutischen Schlüssel werden, mit denen wir die theologischen Probleme unserer Zeit neu auf- und erschließen. Das Abendmahl könnte dabei eine solche Schlüsselfunktion bekommen, in viel stärkerem Maße als die Taufe und doch in engem Zusammenhang mit ihr. Und vor allem getragen von der *una sancta ecclesia*, die wir doch alle im Credo bekennen (oder soll man gar sagen: beschwören?), die durch die Taufe

[29] Vgl. dazu Gestrich, Welche Bedeutung hat das Abendmahl, bes. 253.

mit dem einen Geist entstanden ist und der die Verkündigung des Todes Jesu im Abendmahl aufgegeben ist. Vielleicht sogar (ich hatte es schon angedeutet) im Sinne des Gleichnisses vom „großen Abendmahl" in Lk 14. Als der Gastgeber ruft: „Kommt, denn es ist schon bereit", entschuldigen sich die Geladenen einer nach dem anderen (14,17f). Der einladende Herr ist konsequent: „Geh hinaus auf die Landstraßen und an die Zäune und nötige sie, hereinzukommen, dass mein Haus voll werde" (14,23).

Das ist nun zugegebenermaßen keine historische Exegese mehr, sondern biblische Theologie. Doch Geist und Wahrheit des Abendmahls – auch in dessen Zusammenhang mit der Taufe – erschließen sich von daher oder sie erschließen sich nimmermehr. Wer darin die Gefahr einer Profanierung des Abendmahls sieht, muss sich nicht nur mit diesen biblischen Worten auseinandersetzen, sondern konkret sagen, was er meint, und vor allem, wer ihn legitimiert, sich über die Gewissen anderer zu überheben und die Tür zum Abendmahl für sie zu verschließen. Ich meine, dass man CA VII durchaus in diesem Richtungssinn lesen kann, auch wenn natürlich klar ist, dass dieser Horizont unter den Bedingungen der Zeit im 16. Jahrhundert nicht im Blick ihrer reformatorischen Verfasser war bzw. sein konnte: „Dann dies ist gnug zu wahrer Einigkeit der christlichen Kirchen, daß da einträchtiglich nach reinem Verstand das Evangelium gepredigt und die Sakrament *dem gottlichen Wort gemäß* gereicht werden." Aus biblisch-theologischer Perspektive – d. h. „dem göttlichen Wort gemäß" – spricht nichts dagegen, sondern vieles dafür, dem Abendmahl des erhöhten und einladenden Herrn mehr zuzutrauen, und wir müssen ebenso mutig, unkonventionell und geradezu performativ fragen, wie einst der äthiopische Beamte zu seiner Taufe: τί κωλύει – „Was hindert's?"

Literatur

Becker, Eve-Marie, Der Begriff der Demut bei Paulus, Tübingen 2015.

Bonhoeffer, Dietrich, Nachfolge, hg. von Martin Kuske / Ilse Tödt (DBW 4), Gütersloh ^{2}1994.

BSLK = Die Bekenntnisschriften der evangelisch-lutherischen Kirche, hg. im Gedenkjahr der Augsburgischen Konfession 1930, Berlin ^{9}1982.

Danz, Christian / Murrmann-Kahl, Michael (Hg.), Zwischen Geistvergessenheit und Geistversessenheit. Perspektiven der Pneumatologie im 21. Jahrhundert (Dogmatik in der Moderne 7), Tübingen 2014.

Deeg, Alexander, „Solches tut ..." Sieben Thesen zur Feier des Abendmahls in der Corona-Pandemie, in: PTh 110 (2021), 123–138.

Engemann, Wilfried, Das Lebensgefühl im Blickpunkt der Seelsorge. Zum seelsorgerlichen Umgang mit Emotionen, in: WzM 61 (2009), 271–286.

–, Lebensgefühl und Glaubenskultur. Menschsein als Vorgabe und Zweck der religiösen Praxis des Christentums, in: WzM 65 (2013), 218–237.

Fellmann, Ferdinand, Lebensgefühle. Wie es ist, ein Mensch zu sein, Hamburg 2018.

Gestrich, Christof, Welche Bedeutung hat das Abendmahl für die Praxis einer evangelischen Spiritualität?, in: Zimmerling (Hg.), Handbuch, Bd. 3, 252–258.

Hellholm, David / Sänger, Dieter (Hg.), The Eucharist – Its Origins and Contexts. Sacred Meal, Communal Meal, Table Fellowship in Late Antiquity, Early Judaism, and Early Christianity (WUNT 376), 3 Bde., Tübingen 2017.

Herzer, Jens, Evangelische Spiritualität und das Neue Testament, in: Zimmerling (Hg.), Handbuch, Bd. 2, 335–357.

–, Leben im Glauben – Leben im Geist. Biblisch-theologische Aspekte der Geistesgegenwart Gottes, in: Die Rede von Gott Vater und Gott Heiligem Geist als Glaubensaussage. Der erste und der dritte Artikel des Apostolischen Glaubensbekenntnisses im Gespräch zwischen Bibelwissenschaft und Systematischer Theologie, hg. von Anne Käfer / Jens Herzer / Jörg Frey, Tübingen 2020, 283–319.

Kohnle, Armin, Vom Spätmittelalter zur Reformationszeit. Entwicklungslinien und Tendenzen in Spiritualität und Frömmigkeit, in: Zimmerling (Hg.), Handbuch, Bd. 1, 38–58.

Krötke, Wolf, Die Freiheit Gottes in der atheistischen Welt. Erwägungen zur Verbindlichkeit der christlichen Rede von Gott, in: ders., Die Universalität des offenbaren Gottes. Gesammelte Aufsätze (BEvTh 94), München 1985, 45–54.

–, Gottes Klarheiten. Eine Neuinterpretation der Lehre von Gottes „Eigenschaften", Tübingen 2001, 8–19.

Lauster, Jörg, Der Heilige Geist. Eine Biographie, München 2021.

Löhr, Christian, Dietrich Bonhoeffers (1906–1945). Entdeckung einer zweckgebundenen Spiritualität, in: Zimmerling (Hg.), Handbuch, Bd. 2, 764–782.

Wolff, Christian, Der erste Brief des Paulus an die Korinther (ThHK 7), Leipzig 32011.

Zimmerling, Peter, Bonhoeffer als Praktischer Theologe, Göttingen 2006.

–, Das Handbuch Evangelische Spiritualität. Idee und Vorgeschichte, in: ders. (Hg.), Handbuch Evangelische Spiritualität, Bd. 1: Geschichte, Göttingen 2017, 15–21.

–, Zur Geschichte der Evangelischen Spiritualität. Eine Einführung in Band 1 des Handbuches Evangelische Spiritualität, in: ders. (Hg.), Handbuch, Bd. 1, 22–37.

– (Hg.), Handbuch Evangelische Spiritualität, Bd. 1: Geschichte, Göttingen 2017.

– (Hg.), Handbuch Evangelische Spiritualität, Bd. 2: Theologie, Göttingen 2018.

– (Hg.), Handbuch Evangelische Spiritualität, Bd. 3: Praxis, Göttingen 2020.

Liturgie geistlich-leiblich

Liturgisch-theologische Überlegungen zu pfingstlich-charismatischen Anliegen

Von Dorothea Haspelmath-Finatti

1 Einführung

Eines der vielfältigen theologischen Anliegen des Jubilars Peter Zimmerling ist das Gespräch mit den pfingstlich-charismatischen Bewegungen. In seinem Festvortrag bei der Tagung „Kult des Volkes: Der Volksgedanke in den liturgischen Bewegungen und Reformen – eine ökumenische Revision", die vom 24.–27. November 2021 am Römischen Institut der Görres-Gesellschaft am *Campo Santo Teutonico* im Vatikan stattfand, ging es ihm einerseits darum, Impulse aus diesen Bewegungen in das akademische Gespräch und die gottesdienstliche Praxis der traditionellen Kirchen einzubringen, andererseits aber auch darum, diese Bewegungen und ihr Gottesdienstverständnis kritisch zu befragen.[1]

Wenn pfingstlich-charismatische Gemeinden und Gruppen von Erfahrungen der wirksamen Gegenwart des Heiligen Geistes sowie von spontanen Manifestationen verschiedener Charismen im Gottesdienst berichten, so ergeben sich Anfragen an das Gottesdienstverständnis der traditionellen Kirchen. Stellt die liturgische Ordnung mit ihren gewohnten Abläufen ein Hindernis für das Wirken des Heiligen Geistes und die Entfaltung der mit der Taufe empfangenen Geistesgaben dar? Braucht es ausführliche Lobpreisphasen mit wechselnden eingängigen Liedrufen, damit der Geist erfahrbar wird? Ist liturgische Leitung hilfreich oder gar hinderlich? Kann die Beteiligung der Gemeinde nur in charismatisch geprägten Gottesdienstformen gelingen?

Dieser Beitrag zur Festschrift nimmt ohne jeden Anspruch auf Vollständigkeit einige Argumente des Jubilars auf und bringt sie mit Gedanken zur leiblichen Bedingtheit des Gottesdienstes ins Gespräch, wie sie im Bereich der italienischen liturgischen Theologie zu finden sind.

1 In dem im November 2022 erschienen Tagungsband Heid / Schmidt (Hg.), Kult des Volkes, findet sich die für die Drucklegung angepasste Version des Festvortrags: Zimmerling, Befreiungsbewegung.

2 Gottesdienst epikletisch: Partizipation durch Lobpreis und Charismen

Für Zimmerling gehört zu den Grundanliegen der pfingstlich-charismatischen Bewegungen die Erneuerung des Gottesdienstes. Anstatt eines „monarchischen“ Amtsträgers soll eine demokratische Gemeinschaft von geistbegabten Menschen Trägerin der liturgischen Handlungen sein. Lobpreis und Anbetung sind hier das Gestaltungsprinzip des Gottesdienstes, in Abgrenzung von den vorgegebenen liturgischen Abläufen, die in den traditionellen Kirchen üblich sind.[2] Geistliche Erfahrung gilt hier als wichtiger als die Entwicklung von theologischen Konzepten. Dennoch ist inzwischen auch hier eine eigenständige pfingstlich-charismatische Theologie entstanden.[3] Das theologische Grundverständnis pfingstlich-charismatischer Kirchen und Gruppen ist nach Zimmerling geprägt von der Betonung der erfahrbaren Wirkung des Heiligen Geistes, wie sie besonders in den neutestamentlich beschriebenen Charismen zu finden ist und von denen charismatisch geprägte Christen auch aus eigenem liturgischem Erleben berichten. Nach Zimmerling übt diese Theologie Kritik an einem rationalistisch geschlossenen Weltbild. Der Aufbruch, den diese Gemeinschaften erleben und in dem sie sich in besonderer Weise als vom Heiligen Geist bewegt sehen, ist für sie nichts weniger als Teil eines weltweiten und ökumenischen[4] Neubeginns. Jeder Christ sei Charismatiker, und dies ließe sich mit Hilfe neuer Gottesdienstformen erleben. Besonders hervorgehoben werden hier oft außergewöhnliche Charismen, wie die Glossolalie oder Heilungen.[5] Die Gemeinde soll sich mit 1Kor 12–14 von den verschiedenen Charismen her konstituieren. Die Pfarrerzentriertheit soll endlich überwunden werden.[6] Entscheidend ist das aktuelle Geistgeschehen im Gottesdienst, in dem Menschen ihre Geistbegabung erfahren und einbringen. Mit Zimmerling geht es hier um das „hic et nunc“ und um die Bewegung hin zu einer bewusst epikletischen Ausrichtung des Gottesdienstes.[7]

In seiner Würdigung spricht Zimmerling bei aller Wertschätzung eine Reihe von kritischen Punkten an. So möge die pfingstlich-charismatische Gottesdiensttheologie nicht vergessen,

---

2 Vgl. Zimmerling, Befreiungsbewegung, 485.

3 Vgl. etwa Chan, Theology, wobei Chans liturgische Theologie eine Kritik seiner eigenen pfingstkirchlichen liturgischen Tradition ist. Chan bemängelt in erster Linie die defizitäre Ekklesiologie, die sich in den Gottesdiensten seiner Tradition auswirkt.

4 Vgl. Zimmerling, Befreiungsbewegung, 486. Zahlenmäßig ist nach Zimmerling die innerkatholische Gruppe die größte. Er differenziert innerhalb seiner Darstellung zudem zwischen den pfingstkirchlichen und den charismatisch geprägten Gruppen innerhalb der evangelischen und katholischen Kirche.

5 Vgl. a. a. O., 487.

6 Vgl. a. a. O., 488 und 489.

7 Vgl. a. a. O., 491.

dass auch die Charismen unter eschatologischem Vorbehalt stehen, dass sie zeitgebunden sind und dem kulturellen Wandel unterworfen. Charismen seien innerhalb einer trinitarischen Theologie zu verstehen und nicht unabhängig von Schöpfung und Erlösung. Auch die Charismen gehören zur geschaffenen Welt. Der Geist lässt sich gar nicht unmittelbar erfahren.[8] „Es gibt kein ‚pneumatisch reines' Charisma."[9] Auch lässt sich nicht von den Charismen auf den Glauben schließen. Zimmerling betont den ekklesiologischen Ort der Charismen: Sie existieren für die Kirche und für den Dienst an der Welt.

Niemand hat alle Geistesgaben für sich allein, alle sind aufeinander angewiesen. Darum ist bleibende Vielfalt zum Gelingen des Lebens notwendig. Unterschiedlichkeit darf gar nicht aufgelöst werden. Hier könnten beide, Kirche und Gesellschaft, von charismatischen Feiern lernen. Charismatische Kreise könnten hier wiederum lernen, dass spektakuläre Charismen nicht mehr wert sind als alltäglichere Geistesbegabungen.[10]

Anders als in der Darstellung innerhalb charismatischer Kreise dient der Gottesdienst nicht nur der Erwartung der außergewöhnlichen geistlichen Erlebnisse in der Gegenwart, sondern gerade auch der Erinnerung an die großen Taten Gottes.[11] Zimmerling betont aber gleichzeitig, dass die Erwartung gegenwärtiger Wirkungen des Heiligen Geistes eine notwendige Ergänzung zu traditionellen Gottesdiensten darstellt. Als eine weitere Stärke sieht er den partizipatorischen Charakter charismatischer Gottesdienste.[12] Zimmerling schlägt vor, Elemente aus charismatischen Gottesdiensten in die geprägten Gottesdienste aufzunehmen. Einerseits könnten traditionelle Liturgien durch die Aufmerksamkeit für das gegenwärtige Wirken des Geistes bereichert werden. Andererseits fänden charismatische gottesdienstliche Handlungen ihren Bezug zu ihrem eigenen trinitarischen „Quellgrund und Kriterium"[13], nämlich zur Schöpfung und zu ihrem Angewiesensein auf die Erlösung durch die Heilstat Christi.[14] Er empfiehlt der charismatischen Gottesdiensttheologie, den trinitarischen und ekklesiologischen Zusammenhang der Erfahrung des Heiligen Geistes nicht dauerhaft zu verdrängen.

---

8 Vgl. a. a. O., 495. Zimmerling bezieht sich hier auf Karl Rahner. Innerhalb der liturgischen Theologie hat sich besonders Andrea Grillo mit der nicht unkomplizierten Beziehung zwischen liturgischer Unmittelbarkeit und Vermittlung beschäftigt. Vgl. Grillo, Einführung, 143. Grillo fordert hier anthropologische Bemühungen ein und empfiehlt Bonaccorsos Forschungen zu liturgischer Anthropologie. Er erkennt in ihnen einen unverzichtbaren Beitrag zur „Reflexion über die Bedingungen des Glaubens". Vgl. Grillo, Einführung, 202.

9 Zimmerling, Befreiungsbewegung, 495.

10 Vgl. a. a. O., 496.

11 Hierher gehört über Zimmerlings Argumentation hinaus auch die anamnetische Dimension der Abendmahlsfeier.

12 Vgl. Zimmerling, Befreiungsbewegung, 497.

13 A. a. O., 498.

14 Vgl. a. a. O., 498.

Geisteswirkungen sind nicht Selbstzweck; sie beziehen sich immer auf die gesamte Kirche und sind dafür da, der Welt zu dienen.

Die liturgische Theologie kann diese Gedanken mit eigenen Forschungslinien ergänzen. Sie fragt besonders nach der Beziehung zwischen leiblichen und geistigen bzw. geistlichen Dimensionen der liturgischen Feier. Sie untersucht, inwiefern geistliches Leben nicht doch körpergebunden ist und was diese geistig-leibliche Verflochtenheit menschlichen Lebens für den Gottesdienst bedeutet. Im Folgenden beziehe ich mich besonders auf den Beitrag des liturgischen Theologen Giorgio Bonaccorso vom Pastoralliturgischen Institut Santa Giustina in Padua.

3 Liturgische Theologie: Gottesdienst leiblich

In seinem Aufsatz „Il culto nello spirito come culto incarnato"[15] weist Giorgio Bonaccorso auf die lange Tradition von Asketik im Zusammenhang mit der christlichen Spiritualität hin, in der die physische Dimension menschlichen Lebens als die dunkle und sündige Seite des Daseins betrachtet wurde – und immer noch wird. Diese Tradition neigt nach Bonaccorso dazu, den menschlichen Körper als etwas wie einen schönen Garten zu betrachten, der aber leider voller Fallstricke ist, die entweder vom Teufel aufgestellt wurden, um uns zu verfluchen, oder von Gott, um uns in Versuchung zu führen.[16]

Was wäre aber das Leben ohne den Körper? Wie könnten Menschen ohne ihren Körper das Wort Gottes hören? Und geschieht nicht die göttliche Offenbarung dadurch, dass Gott selbst Fleisch wird, ein menschlicher Körper, und dadurch, dass er leiblich aufersteht? Es ist dies eine Offenbarung „tra la carne e il corpo", ein Geschehen „zwischen dem Fleisch und dem Körper".[17] Für Bonaccorso ist es wichtig zu betonen, dass ein geistlicher Gottesdienst immer gleichzeitig und sogar primär ein leiblicher oder körperlicher[18] Gottesdienst ist. Dies liegt nicht nur in der geistig-leiblichen Verflochtenheit menschlichen Lebens begründet, sondern auch in der Tatsache, dass Gottes Primat oder Zuvorkommen gerade in der Leiblichkeit des Lebens zum Ausdruck kommt. Es besteht hier nichts weniger als ein unauflöslicher Zusammenhang zwischen Liturgie, Spiritualität und Theologie.

Als Geschöpfe kommen wir Menschen leiblich auf die Welt, noch bevor unser bewusstes Handeln und Denken erwacht. Wir sind leiblich, bevor wir geistig sein können. Leiblichkeit ist

---

15 Bonaccorso, Culto.

16 Bonaccorso, Culto, 4: „Che il corpo sia un bel giardino pieno di tranelli posti lì dal diavolo per dannarci o da Dio per provocarci."

17 Bonaccorso, Culto, 4.

18 Das Italienische kennt nicht die Unterscheidung der Begriffe „Leib" und „Körper", sondern nur das Wort „corpo". Darum wechsele ich in diesem Beitrag im Deutschen zwischen beiden Begriffen.

primär und grundlegend. Steht die Leiblichkeit allerdings in dem Ruf, von den vermeintlich wichtigeren geistigen Dingen abzulenken, so steht der ganze Gottesdienst auf dem Spiel, denn Leibliches und Geistig-Geistliches sind im Gottesdienst unauflöslich miteinander verwoben. Zur Leiblichkeit des Gottesdienstes gehört seine äußere Form, seine Ritualität. Bonaccorso schreibt:

> „Es besteht hier die Gefahr, den Primat des Handelns Gottes zu vergessen, der sich im Körper manifestiert, noch bevor der menschliche Geist sich dazu entschlossen hat, den Körper zu gebrauchen. Der Ritus ist dasjenige Handeln, das den Menschen den Primat Gottes erfahren lässt."[19]

Bonaccorso bezieht internationale humanwissenschaftliche Studien in seine Ritual- und Liturgieforschung ein.[20] In seinem Hauptwerk „Il corpo di Dio. Vita e senso della vita"[21] beschreibt er, wie sich das Verständnis der Beziehung von leiblichen und geistigen Aspekten des menschlichen Lebens seit der griechischen Antike entwickelt hat. Er zeigt, in welcher Weise gerade neuere Studien hier ständig komplexere Verflechtungen aufdecken, und zwar sowohl Verbindungen zwischen Gehirn und Körper als auch solche zwischen dem Menschen und seiner Mitwelt. Diese Studien belegen, wie Menschen nur als Körper, im ständigen physischen Austausch mit ihrer Umgebung, leben können, wie etwa beim Einatmen und Ausatmen. Dies geschieht im ständigen Überschreiten des eigenen Selbst. Als Körper leben Menschen Selbstüberschreitung. Transzendenzerfahrungen werden möglich. Für Bonaccorso ist hier der Ort des Glaubens.[22]

Bonaccorso zeigt, wie ästhetische Ausdrucksformen, gerade in der für die Liturgie typischen Vielfalt und Verflochtenheit, der *conditio humana* mit ihrer geistig-leiblichen Dynamik entsprechen und darum Transzendenzerlebnisse ermöglichen können.[23]

Weil also weder die göttliche Offenbarung noch der menschliche Glaube ohne die Dimension der Körperlichkeit zu verstehen sind, die Dimension des Leiblichen aber doch immer in Gefahr ist, aus der Theologie und dem Glaubensleben verdrängt zu werden, stellt sich Bonaccorso

---

19 Bonaccorso, Culto, 15: „Il rischio è di smarrire il primato dell'azione di Dio che si manifesta nel corpo prima che la mente umana decida di operare sul corpo. Il rito è il comportamento col quale l'uomo avverte il primato di dio." (dt. Übersetzung der Verf.)

20 Vgl. etwa: Bonaccorso, L'estetica.

21 Bonaccorso, Corpo.

22 Vgl. Bonaccorso, Fede e neuroscienze: il ruolo del corpo, http://www.credereoggi.it/upload/2019/articolo231_95.asp# (abgerufen am 17.08.2020).

23 Vgl. Bonaccorso, L'estetica, hier besonders 96–100.

in seinem Aufsatz über den Gottesdienst im Geist[24] der Aufgabe, die Rolle der Leiblichkeit nicht nur für die Liturgie, sondern auch für die Theologie und den Glauben nachzuzeichnen. Zur theologischen Perspektive des Gottesdienstes gehören dabei einerseits die Leiblichkeit Christi („Il corpo di Cristo")[25] und andererseits der Leib der Kirche („Il corpo della chiesa")[26].

Dass der Gottesdienst vom Leib Christi nicht zu trennen ist, ergibt sich aus den österlichen Erzählungen vom leiblichen Tod und der leiblichen Auferstehung Jesu. Das „Protomodell"[27] der engen Beziehung zwischen dem Körper Christi und dem Gottesdienst findet sich im letzten Abendmahl, dem Ritus, mit dem Jesus die entscheidenden Momente seines irdischen Lebens und seine Auferstehung „präfiguriert"[28]. Der Leib, mit dem Christus stirbt und aufersteht, ist auch der Leib, den er im Gottesdienst den Menschen gibt. Die Kirche ist wiederum der Leib Christi, der sich in der gottesdienstlichen Versammlung abbildet.

Diese unauflösliche Verbindung zwischen Gottesdienst und Körper ist auch unter geistlichem Gesichtspunkt wichtig, denn der Gottesdienst „im Geist und in der Wahrheit" (Joh 4,24) ist ohne die Beziehung zu Jesu leiblichem Leben nicht zu verstehen.[29]

Bonaccorso weist auch darauf hin, dass es die liturgische Theologie ist, die international und ökumenisch die Beziehung zwischen Christus und dem Gottesdienst beschrieben hat.[30] Die rituelle Form der liturgischen Feier erweist sich im Rahmen dieser Forschungen als konform („con-*forme*") mit dem Glauben und mit einer der leiblich-geistigen *conditio humana* entsprechenden Spiritualität.[31]

4 Wie kommt nun der Geist zu den Menschen?

Wenn pfingstlich-charismatisch geprägte Christen von ihren Erfahrungen in Lobpreis, Anbetung, mit spontan formulierten Gebeten und dem Aufleuchten von Charismen sprechen, geht es ihnen ausdrücklich um ganzheitliche Gottesdiensterfahrungen, die in charismatisch-theologischer Perspektive die Dimensionen des menschlichen Körpers und der Emotionen mehr zu ihrem Recht kommen lassen als die traditionellen Liturgien. Pfingstlich-charismatische Gruppen berichten davon, wie Menschen die wunderbaren Wirkungen des Heiligen Geistes

24 Bonaccorso, Culto.
25 A. a. O., 7.
26 A. a. O., 12.
27 A. a. O., 7.
28 A. a. O.
29 A. a. O., 8.
30 A. a. O., 12.
31 A. a. O., 6.

im Rahmen ganzheitlicher pfingstlicher und charismatischer Gottesdienstfeiern erleben, wie etwa in spontanen Äußerungen wie der Zungenrede oder bei Heilungserfahrungen. In der gottesdienstlichen Feier rechnen sie mit Erfahrungen des Wirkens des Heiligen Geistes in ihrer Mitte. Sie vermissen solche Erwartungen und Erlebnisse in den traditionellen Gottesdiensten.

Mit Erkenntnissen aus der liturgisch-theologischen Forschung ließe sich hier anmerken, dass der Möglichkeitsraum für Transzendenzerfahrungen überall dort eröffnet wird, wo Menschen ästhetische Erfahrungen machen, und vermehrt dort, wo vielfache Dimensionen ästhetischer Handlungen miteinander verwoben sind. Solche Verwobenheit ästhetischer Dimensionen gemeinsamen Handelns findet sich im charismatischen Gottesdienst: Beim gemeinsamen Singen stehen und bewegen sich sie die Teilnehmenden, sie heben die Hände oder sie tanzen. Der Einsatz von Instrumenten, die Call-and-response-Strukturen von Liedern oder die architektonische Gestaltung eines Versammlungsraumes können weitere ästhetische Dimensionen hinzufügen, welche die Wahrscheinlichkeit transzendenten Erlebens erhöhen. Dort, wo Menschen gemeinsam und regelmäßig bestimmte Handlungen vollziehen, bleiben diese Handlungen, auch wenn es anders intendiert ist, nicht ohne rituelle Dimensionen.

Ist es aber wirklich die Kraft des Heiligen Geistes, der sich in den hier erlebten Überschreitungen des alltäglich Erlebten als wirksam erweist? Die verschiedenen Humanwissenschaften, die von liturgischen Theologen wie Bonaccorso befragt werden, können nur die Bedingungen für menschliches Transzendenzerleben beschreiben. Zu der Frage, ob hier der Geist wirkt, lassen sich immer nur Glaubensaussagen machen. Liturgische Theologie hält fest, dass sich gerade im Rahmen liturgisch geprägter Gottesdienste eine solche Vielzahl verwobener ästhetischer Handlungen findet, dass Transzendenzerlebnisse möglich werden. Gerade im Rahmen der liturgischen Feier können Menschen überraschend die Erfahrung machen, dass Gott ihnen zuvorgekommen ist, dass sie glauben können. Gerade durch das gemeinsame leiblich-emotional-ästhetische Erleben wird Glauben ermöglicht.

Gottesdienstliche Feiern können in ihrer traditionellen Form ebenso zum Erleben der anderen Wirklichkeit führen wie pfingstlich-charismatische.

Für alle christlichen Gottesdienste, also auch für die pfingstlich-charismatischen, gilt: Transzendenzerlebnisse sind kein Beweis für die Gegenwart des Geistes. Sie müssen gedeutet und in den Dienst der Kirche und der Welt gestellt werden. Darum hat Paulus für die gottesdienstliche Zungenrede die Bedingung gestellt, sie müsse übersetzt werden. Und mit dem zwölften Kapitel des ersten Korintherbriefes gibt es keine Hierarchie in den Geistesgaben. Wichtig ist, was der Auferbauung der Kirche, ihrer Einheit und ihrem Dienst an der Welt dient.

Im Gottesdienst versammelt sich die Gemeinde im Namen des dreieinigen Gottes. Sie feiert die lebendige und wirksame Gegenwart ihres Herrn, der als leibhaftiger Mensch in diese Welt hineingeboren wurde, der leiblich starb und auferstanden ist. Bonaccorso betont diesen Aspekt der Leiblichkeit des Glaubens. Die Kirche wiederum ist der Leib Christi, zu dem alle

Christen durch ihre Taufe leiblich gehören. Wie eng der Leib Christi mit dem Leib der Kirche verbunden ist, wird nirgends so deutlich wie in der Feier des Abendmahles. Christus spricht hier: „Dies ist mein Leib“, und weiter: „Tut dies zu meinem Gedächtnis“. Hier sind beide, die Leiblichkeit und die Ritualität des Gottesdienstes, grundgelegt.

Vom Abendmahl ist in Zimmerlings kritischer Würdigung nicht ausdrücklich zu lesen. Die Kirche als Bezugsrahmen jedes Gottesdienstes ist für ihn aber wichtig. Er lädt die charismatischen Gruppen dazu ein, sich wieder auf den ekklesiologischen Zusammenhang der Rede vom Heiligen Geist zu besinnen. Mit Bonaccorso ließe sich sagen: Auch der traditionelle Gottesdienst ist als leiblich-ritueller Gottesdienst auch geistlicher Gottesdienst. Auch hier sprechen Menschen davon, dass sie je und je das Aufleuchten des Geistes erfahren. Mit Zimmerling ließe sich sagen: Gemeinden und Leitende dürfen ruhig noch aufmerksamer werden für das geistliche Erleben im leiblich-rituellen Gottesdienst. Weil sich „geistliche“ Transzendenzerlebnisse aber mit Hilfe der Humanwissenschaften als leibliches Geschehen „entzaubern“ lassen, gilt für alle Gottesdienstverantwortlichen: Die Geister sind nach bestem Wissen immer zu unterscheiden.

Literatur

Bonaccorso, Giorgio, Il culto nello spirito come culto incarnato, in: ders. / Godofredo Boselli / Sergio Ubbiali / Giuliano Zanchi (Hg.), Il culto incarnato. Spiritualità e liturgia, Mailand 2011, 3–27.

–, Critica della ragione impura. Per un confronto tra teologia e scienza, Assisi 2016.

–, Fede e neuroscienze: il ruolo del corpo, online: https://notedipastoralegiovanile.it/index.php?option=com_content&view=article&id=14830:fede-e-neuroscienze-il-ruolo-del-corpo&catid=168&Itemid=10 (abgerufen am 03.12.2022).

–, Il corpo di Dio. Vita e senso della vita, Assisi 2006.

–, L'estetica del rito. Sentire Dio nell'Arte, Turin 2013.

Chan, Simon, Liturgical Theology. The Church as Worshipping Community, Downers Grove 2006.

Grillo, Andrea, Einführung in die liturgische Theologie. Zur Theorie des Gottesdienstes und der christlichen Sakramente, Göttingen 2006.

Haspelmath-Finatti, Dorothea, Theologia Prima – Liturgische Theologie für den evangelischen Gottesdienst, Göttingen 2014.

Zimmerling, Peter, Eine „liturgische Befreiungsbewegung“? Der Volk-Gottes-Gedanke in (pfingstlich-)charismatischen Bewegungen, in: Stefan Heid / Markus Schmidt (Hg.), Kult des Volkes. Der Volksgedanke in den liturgischen Bewegungen und Reformen. Eine ökumenische Revision, Darmstadt 2022, 485–499.

Singen als Resonanzraum des Heiligen

Anmerkungen zu einer Grundform spiritueller Vergemeinschaftung

Von Peter Bubmann

1 Singen als spiritueller Grundvollzug

Verbinden sich viele Stimmen, entsteht Neues: Aus der Vielfalt der Einzelstimmen wird tönende Gemeinde. Dazu merkt der Kirchenvater und Bischof Ambrosius von Mailand im 4. Jahrhundert an:

> „[Der Kirchengesang] ist wirklich ein festes Band der Einheit: Die Schar des ganzen Volkes kommt in einem einzigen Chor zusammen. Es gibt verschiedene Saiten auf der Zither, aber es ergibt sich ein einziger Zusammenklang. Auch bei Instrumenten mit nur wenigen Saiten gehen die Finger des Musikers öfter fehl; beim Volk aber ist der Heilige Geist selbst der Musiker: Und der geht niemals fehl."[1]

Das ist sehr zuversichtlich formuliert. Die Unfehlbarkeit des Kirchengesangs im Heiligen Geist ist wohl nicht nur für Protestanten eine kleine Provokation. Immerhin wird hier die Qualität des Kirchengesangs des allgemeinen Kirchenvolkes zum Maßstab der Geistesgegenwart wie der Kircheneinheit erhoben. Da kann man schon fragen, ob der Heilige Geist in unseren Landen bisweilen etwas schwächelt.

Wer nach Formen und Praktiken gemeinschaftlich vollzogener singender Spiritualität fragt, kann unterschiedlich ansetzen. Etwa *historisch*:[2]

> „Sie versicherten jedoch, ihre ganze Schuld oder ihr ganzer Irrtum habe darin bestanden, dass sie sich an einem bestimmten Tage vor Sonnenaufgang zu versammeln pflegten, Christus als ihren Gott einen Wechselgesang zu singen […]."[3]

---

1 Zitiert bei Möller (Hg.), Kirchenlied und Gesangbuch, 28.

2 Vgl. als Überblick aus evangelischer Perspektive: Bubmann / Klek (Hg.), Davon ich singen und sagen will.

3 Kasten (Hg.), Plinius Caecilius Secundus Gaius, Briefe, Brief 96.

So schreibt der Statthalter Plinius der Jüngere in der Provinz Pontus et Bithynia wohl im Jahr 112 an Kaiser Trajan in einem Brief, der als eine der frühesten amtlich-dokumentarischen Erwähnungen der frühen Kirche gilt. Das (gemeinsame) Singen war offenbar ein Identitätsmerkmal der frühen Christenheit und ist es an vielen Orten bis heute geblieben. Das gilt für das gemeinschaftlich gesungene Stundengebet fast aller Ordensgemeinschaften, die den Psalter verteilt übers Kirchenjahr durchsingen. Es trifft zu für die Hochform der römisch-katholischen wie lutherischen Messe, in der der gemeinsame Gesang heute selbstverständlich praktiziert wird. Die Reformation verbreitete sich nicht zuletzt durch das gemeinsame Singen (z. B. lutherischer) Lieder und prägte im gemeindlichen Choral-Singen eine charakteristische Form christlicher Spiritualität aus. Man könnte auch an Nikolaus Ludwig Graf von Zinzendorf und die berühmten „Singstunden" der Herrnhuter Brüdergemeine erinnern wie an das gemeinschaftliche Singen bei den Treffen pietistischer Gemeinschaften. Zu Beginn des 20. Jahrhunderts lebte der religiöse Flügel der Wander-Vogel-Bewegung als „kirchenmusikalische Erneuerungsbewegung" vom gemeinsamen Chorgesang und dem Kanon-Singen. Für viele Christ:innen wurden die klingenden Gebetserfahrungen in der Communité de Taizé ab den 1970er Jahren zentral für die eigene Frömmigkeit. Kirchen- wie Katholikentage nahmen diese Traditionen auf und verstärkten sie durch einen eigenen gemeinschaftsorientierten Stil von rhythmisch bewegten Kirchentagssongs. Gospelkirchen und neopentekostale Megachurches setzen inzwischen ganz auf die Kraft des gemeinsamen rhythmischen Singens. Im 21. Jahrhundert bilden sich riesige medial unterstützte weltweite Communities von Praise-Song-Gemeinschaften (am bekanntesten ist die australische Hill-Song-Community). Daneben entstanden Initiativen zum spirituellen Singen in der religiösen Workshop-Szene.[4]

Diese bevorzugte Rolle des gemeinsamen Singens im Kontext christlicher Spiritualität fand jedoch lange Zeit nur geringe Beachtung in den wissenschaftlichen Studien zur christlichen Spiritualität.

Silke Harms verweist beispielsweise einerseits zu Recht auf die Bedeutung des geistlichen Singens (konkret: von Katechismusliedern) bei Martin Luther[5] und erwähnt Friedrich Schleiermachers Hochschätzung des Kirchengesangs als religiöses Bildungsmittel.[6] In ihren eigenen Empfehlungen zum geistlichen Üben spielt das Singen dann andererseits jedoch keine explizite Rolle mehr. Die polaren Spannungen, die Harms für das geistliche

4 Vgl. als Überblick zu Letzterem hinsichtlich der bundesdeutschen Szene: Deege (Hg.), Singe bis deine Seele tanzt.

5 Vgl. Harms, Glauben üben, 101–103.

6 Vgl. a. a. O., 152.

Üben im Allgemeinen markiert,[7] können dabei in gleicher (oder wie ich meine: in exemplarischer) Weise gerade auch fürs geistliche Singen gelten: Es oszilliert zwischen individueller Tätigkeit und sozialem Verhalten. Jede(r) Singende bleibt beim Singen auch immer bei sich selbst und schwingt sich doch in den Gesang der Gruppe mit ein. Es ist ein Geschehen, bei dem Passivität (Ergriffensein vom Gesamtklang) und Aktivität zusammenspielen (dazu unten mehr).

Erst im von Peter Zimmerling herausgegebenen Handbuch Evangelische Spiritualität erhält das gemeinsame Singen nach einigen historischen Anmerkungen in Band 1 und meinem Versuch eines systematischen Überblicks zur Bedeutung von Musik für Spiritualität in Band 2 im dritten Band mit weiteren Artikeln zum Singen von Konrad Klek und Christfried Brödel seine gebührende Aufmerksamkeit.[8]

Die *zweite Möglichkeit*, sich dem Phänomen singender gemeinschaftlicher Spiritualität wissenschaftlich zu nähern, sind *empirische Studien*: Sehr grundlegend haben sich mit einem komplexen Inventar ethnographischer Methodik zwei ehemalige Mitarbeiter meiner Professur diesen Fragen zugewandt: Jochen Kaiser hat sich phänomenologisch wie empirisch mit den Fragestellungen der kommunikativ-religiösen Wirkungen des Singens beschäftigt, Jonathan C. Kühn hat empirisch das Singen in Großchorprojekten untersucht, nachdem schon vorher die Gospelchorstudie des Sozialwissenschaftlichen Instituts der EKD nach dem Erleben beim Mitsingen im Gospelchor gefragt hatte.[9]

Diese Studien stehen im Hintergrund, wenn im Folgenden ein *dritter Zugangsweg* zur gemeinsamen singenden Spiritualität gewählt wird: Es geht um eine phänomenologische und zugleich *theologisch-systematisierende Annäherung* an das das spirituelle Phänomen des gemeinsamen Singens.

Die zugrundeliegende These lautet: Die religiöse Wirkung des gemeinsamen Singens lässt sich systematisieren, indem die jeweils einschlägigen Dimensionen der Realisierung christlicher Freiheit benannt werden. Ich greife dazu auf eine Systematisierung christlicher Freiheit zurück, die zwischen drei Existentialien, zwei Grundaspekten und vier Relationen der christlichen Freiheit unterscheidet:[10]

Christliche Freiheit ist verwoben in die *menschlichen Existentialien der Naturalität/Leiblichkeit bzw. Räumlichkeit, der Zeitlichkeit und der Sprachlichkeit.* Die spirituelle Wirkung des

---

7 Vgl. a. a. O., 218–228: die Spannung zwischen Individualität und Sozialität, zwischen Aktivität und Passivität und zwischen Alltag und besonderen Zeiten und Orten.

8 Vgl. Bubmann, „weil sie die Seelen fröhlich macht"; Klek, Spiritualität und Lied; Brödel, Kirchenmusik als Brücke in die Welt, hier vor allem 351f.

9 Vgl. die im Literaturverzeichnis genannten Studien von Ahrens, Kaiser und Kühn.

10 Vgl. Bubmann, Fundamentalethik als Theorie der Freiheit, 339–358. Auf das Musizieren bezogen: ders., Musik. Spiritualität. Lebenskunst, 53–55.

gemeinsamen Singens hängt daran, a) wie sich hier Leiblichkeit als gemeinschaftlich erlebtes Resonanz-Phänomen ergibt und gestaltet wird; b) wie sich Bezüge auf Vergangenes, unmittelbare Präsenz-Erfahrung und Vorgriff auf erst Kommendes verbinden; und c) wie sprachanaloge Kommunikation geschieht. Die leibliche-natural-räumliche Dimension christlicher Freiheit, ihre zeitliche wie sprachlich-kommunikative Dimension finden gerade im gemeinsamen Singen ihren charakteristischen Ausdruck.

Von den biblischen Zeugnissen bis zum neuzeitlichen Freiheitsverständnis sind zwei Grundaspekte der Freiheit zu beobachten: Sie ist einerseits *Ermächtigung* und *Begabung*, also Freiheit *zum* neuen Sein und Handeln. Andererseits bedeutet sie die *Befreiung von* falschen Bindungen und Mächten, seien sie innerlicher, etwa psychischer, oder äußerlicher, etwa politischer Art. In der Auferstehung Jesu Christi erhalten der positive wie der negative Aspekt des Freiheitsgeschehens ihren definitiven Gehalt: Die Auferstehung und ihre Offenbarung in der Kraft des Heiligen Geistes ermächtigt die Glaubenden zu einem neuen Leben in Übereinstimmung mit dem Willen Gottes und bricht gleichzeitig den Herrschaftsanspruch der Sünde, der Angst und des Todes über die Menschen. In der Vorstellung eines Herrschaftswechsels zwischen Sündenmacht und Geist Christi ist dieser Doppelaspekt der Freiheitserfahrung insbesondere von Paulus etwa in Röm 6 präzise erfasst worden. Aufgrund seines prozesshaften Charakters ist der Begriff der *Befreiung* in diesem Zusammenhang angemessener. Das Singen ist demnach unter diesen zwei Grundaspekten in seinem *befreiend-lösenden* und in seinem *transformatorischen* Charakter zu betrachten.

Die neue Freiheit der Glaubenden steht weiterhin in einer *vierfachen Relation*: zu Gott als dem Geber dieser Freiheit, zum Mitmenschen, zur Mitschöpfung und zu sich selbst. Singen kann zum Ausdrucksmittel aller dieser grundlegenden Beziehungen des Menschseins werden. Im Blick auf Gott erfährt sich der singende Mensch als durch ihn verdankt und auf ihn bezogen und mithin als *verdankte* Freiheit.

Singen verbindet zweitens im gemeinsamen Singen die Versammelten zur Gemeinde und bringt damit den *kommunikativ-kooperativen* Charakter christlicher Freiheit sinnenfällig zum Ausdruck. Dass christlicher Glaube auf eine Lebensform gemeinsam geteilter Freiheit zielt, wird besonders im gemeinsamen Gesang deutlich.

Dass Musik drittens auch eine Brücke zur Umwelt, insbesondere zu Tieren, schlagen kann, ist hingegen erst wieder neu zu entdecken. Hier geht es um den *konvivalen* Charakter christlicher Freiheit. Denn der Klang der Welt kann ebenfalls in ein Resonanzverhältnis zum eigenen Glauben treten.

Wie Nächsten- und Selbstliebe zusammengehören, so auch die kommunikative und die selbstbezüglich-reflexive Relation der Freiheit in der musikalischen Praxis. Musikalische Erfahrung hat immer auch mit Selbsterkundung und Identitätsbildung zu tun. Das Singen verändert die Selbstwahrnehmung und dient damit der *reflexiven*, selbstrelationalen Seite der Freiheit.

2 Singen als resonantes leiblich-kopräsentes Geschehen

Nähert man sich phänomenologisch dem Singen, so ist mit Christa Reich, Jochen Kaiser und anderen zunächst der Zusammenhang von Aktivität und Empfänglichkeit im Singen zu betonen.[11] Singen „als ein Phänomen von Eigenresonanz"[12] stellt eine Verbindung von stimmlichem Ausdruck und hörendem Eindruck dar. Singen ist „zuallerst *Eindruck*"[13], nicht nur Ausdruck. Es zeichnet sich durch ein spezifisches Rückkoppelungsphänomen aus, das eigene Stimmaktivität mit dem Hören verknüpft. Das Singen lebt elementar vom Hören. Und im Singen bildet sich zugleich das Hören.

> „Singen ist eine kulturelle Aktivität, die auf ästhetische und emotionale Weise Empfindungen und Bedürfnisse durch melodische Klänge beeinflusst und kommuniziert. Singen nutzt die Stimme als körpereigenes Organ, bindet Körper und Geist, Leib und Seele, also den ganzen Menschen, in den Singprozess ein. Singen wirkt auf die Singenden zurück und ebenso auf die Hörenden, die angeregt werden können einzustimmen. Singen als ästhetisches Erleben kann ein starkes und beglückendes Gefühl der Zusammengehörigkeit hervorrufen."[14]

Im Singen verdichtet sich die Wahrnehmung der selbst hervorgebrachten Klangschwingungen im eigenen Körper. Und es werden Resonanzen zwischen verschiedenen Personen erfahren und wiederum leiblich gespürt. Damit eignet sich dieser Vorgang der stimmlichen Resonanzerzeugung besonders dazu, starke Verbindungen zwischen Subjekten aufzubauen, die dabei dennoch nicht als Individuen ausgelöscht werden müssen. Leiblich-musikalische Ekstase kann zwar auch gleichschalten, wie der Missbrauch von Musik durch diktatorische Regimes, wie z. B. den Nationalsozialismus, eindrücklich belegt.

> „Gewaltsam wird die Stimme, wenn sie unbedingtes Zuhören, Gehorchen und Hörigkeit verlangt, wenn selbst dem Schweigen seine Aktivität bestritten wird. Gewalt verschließt die Möglichkeiten des anderen, der zur puren Passivität gezwungen wird. Stimmgewalten künden vom Majestätischen wie vom Grauen. Der Zauber der Stimme ermöglicht sie beide."[15]

---

11 Vgl. Reich, Singen heute, 164.

12 A. a. O.

13 Reich, Der Gemeindegesang, 364 (Hervorhebung im Original).

14 Kaiser, Singen in Gemeinschaft als ästhetische Kommunikation, 19.

15 Meyer-Drawe, Stimmgewalten, 129.

Wird der leiblich-stimmliche Einstimmungsprozess in ein Größeres jedoch verantwortlich gestaltet, bleibt es bei einer genuinen Freiheitserfahrung im Medium sinnlich-leiblicher Vorgänge. Es sind solche Vorgänge leiblicher Resonanz, die das mantrenartige gemeinsame Singen wie in Taizé oder beim spirituellen Chanting auszeichnen. Der klingende Leib wird – theologisch interpretiert – zum Ort des leiblichen Wirkens des Heiligen Geistes.

3 Singen als verdichtetes und vielfältig verknüpftes Resonanz-Phänomen zwischen den Zeiten

„Sauerkraut und Leberwurst, morgen kommt die Tante" sangen wir als kleine Jungs mit unserer Mutter und fassten mit dieser Parodie unsere Erwartung des Verwandtschaftsbesuchs in eine klingende Gestalt. Gesang kann adventliche Züge annehmen. Im Singen wird etwas „herbeigesungen", „herbeizitiert". Bei den Schamanen beispielsweise sind diese Gesangstechniken rituell verankert. Der Gesang als zeitliche Kunstform der Klanggestaltung schürt Erwartungen und fordert das Kommen jenseitiger Transzendenzmächte ein. Diese adventliche Dimension des Singens ist in der Phänomenologie des Gesangs als zeitlich geordnete Tonfolge implizit angelegt: So wie in einer Melodie der Fortschritt der Tonfolge innerlich erwartet und mitvollzogen wird, so ergibt sich durch diese innerliche Erwartungshaltung ein spiritueller Überschuss: Ins gemeinsame Singen ist eine Erwartungshaltung eingeschrieben, die noch etwas vom Leben erwartet.

„In, mit und unter" dem eigenen Singen mischen sich Klänge ein, die über die aktuelle Situation und die Beteiligten hinausreichen. Im Singen wird die Gegenwart überschritten – in Richtung Vergangenheit wie in die Zukunft hinein, anamnetisch wie proleptisch. So verbindet der Gesang alter Choräle etwa bei der Konfirmation mit den vorangegangenen Generationen, mit ihrem Glauben und Feierformen. Andere Klänge lassen Zukunftshoffnungen erklingen, bilden in ästhetischer Gestalt die Zuversicht auf eine Zukunft in Frieden und Gerechtigkeit ab. So eröffnet das Singen vielfältige Anschlüsse an alte wie neue Lebensräume einer anamnetischen wie proleptischen Freiheit. Theologisch bzw. religionsphänomenologisch mit Manfred Josuttis gesagt: Singen ist ein „Verhalten mit transzendenter Tendenz"[16]. Eine singende spirituelle Gemeinschaft ist sich im eigenen Klang zugleich selbst voraus und hinterher, in ihren Klang mischen sich Vor-Klänge des Ausstehenden ein wie Nach-Klänge tradierter Spiritualität.

16 Josuttis, Singen, 178. Josuttis konzentriert diese transzendierende Funktion dabei einseitig auf die Erfahrung fundamentaler Lebensordnungen: „Auf präverbale Weise gestalten Körper, Seele und Geist in der Ordnung der Töne die Einsicht, daß die Welt letztlich in Ordnung ist." Dass solches Transzendieren auch die Überschreitung oder Zerstörung überkommener Ordnungsstrukturen implizieren kann, wäre deutlicher zu benennen.

4 Singen als kommunikatives Sprachgeschehen

Im Falle geistlicher Lieder kommt die explizite Textebene geistlicher Texte beim Singen hinzu. Die Worte bringen auf den Begriff, worum es performativ geht: Transzendierung zu Gott hin, Lob und Preis, Klage und Dank. Und in alledem: die Kultivierung einer existentiellen Grundhaltung des Verdanktseins und damit des „Sinns und Geschmacks fürs Unendliche" (Friedrich D. E. Schleiermacher). Indem geistliches Singen auf gemeinsam geteilte Sprache rekurriert, verdichtet sich in ihm zugleich auch die grundlegende Sprachorientierung des Menschen. Worte sind vorgegeben, werden aufgenommen, interpretiert und weitergegeben.

In den glückenden Momenten ästhetisch-religiöser Erfahrung beim Singen kommt es zu Passungsverhältnissen zwischen den ästhetischen Gemeinschaftserfahrungen und religiösen Überzeugungen, wie sie die Texte und Kontexte des Singens nahelegen. Dabei bleiben notwendigerweise Unschärfen in der Benennung des Gemeinsamen, weil das Verstehen, d. h. das Erfahren dieser Erlebnisse immer in der subjektiven Hoheit der einzelnen Singenden liegt und nur über rationalisierend-kommunikative Verständigungsprozesse *post festum* abgeglichen werden kann. Die gesungenen Worte sind dem Verstehen voraus. Christliche Freiheit aber bedarf der Worte wie des Verstehens.

5 Singen als umstimmende Transformationserfahrung: Freiheit „von" und „zu"

Gemeinsames Singen verändert die Singenden. Nach dem gemeinsamen Liedgesang im Gottesdienst oder am Ende einer Chorprobe ist die singende Person eine andere als zuvor. Sie ist durchdrungen von anderen Stimmklängen und emotional erfasst von anderen Emotionen und Klangbewegungen. Singen kann daher *umstimmen*: als Transformation und Verwandlung von Gefühlen und Bewusstsein. Mit dem Choral „Jesu meine Freude" gesagt: „Weicht ihr Trauergeister": Trauer etwa wird zu Freude, Angst zu Hoffnung, Verkrampfung zu gelöster Heiterkeit.

Das Singen dient als Medium des Heiligen Geistes zur Katharsis, als Seelenbad und Trost. Der musikalische Vollzug energetisiert, dynamisiert und verwandelt so das Leben. Die transformatorische Kraft des Singens hat demnach eine erhebliche seelsorgliche Bedeutung, auf die Michael Heymel zu Recht immer wieder hingewiesen hat.[17]

[17] Vgl. Heymel, In der Nacht ist sein Lied bei mir; vgl. ders., Wie man mit Musik für die Seele sorgt.

6 Spirituelles Singen als Verschränkung der existentialen Grundrelationen des Menschseins und als Medium der Gotteserfahrung

„Wer singt, überschreitet […] die Grenzen seiner Befindlichkeit."[18] Das gilt in viererlei Hinsicht: Als Überschreitung zu Gott als der großen Transzendenz, zum Mitmenschen (als mittlerer Transzendenz), zur mitgeschöpflichen Umwelt und zu sich selbst.

Jonathan Kühn hält zusammenfassend fest,

> „dass im Singen eine Vielzahl von Grenzen überschritten werden kann: individuell-persönliche, einzelne Menschen voneinander trennende ebenso wie einen Rahmen, etwa raum-zeitlich, begrenzend absteckende et cetera. Demnach eignet dem Singen, zumal dem (christlich-) religiösen Singen in Gemeinschaft, das Potential des subjektiven Wachstums, der intersubjektiven Verständigung und intensiver kollektiver Gemeinschaftsbildung, die allesamt rational und kognitiv Fassbares übersteigen."[19]

Die soziale Dimension des Singens wurzelt darin, dass Embryo und Säugling die Stimme der Mutter bzw. der Hauptbezugsperson als Teil der eigenen Existenz verstehen und etwa beim Hören von Wiegenliedern die Erfahrung symbiotischer Einheit machen. Was hier ursprünglich im Hören der Stimme der Hauptbezugsperson geschieht, setzt sich später im gemeinsamen Singen fort. Es erzeugt eine Nähe, ein Verschmelzen im gemeinsamen Klang, die die Möglichkeit sprachlicher Interaktion weit übersteigt.

> „Singen braucht keine Worte, um Kommunikation zu sein. In der alltäglichen Welt wird dies am Lebensanfang und -ende besonders augenfällig. Väter und Mütter kommunizieren mit ihren Babys singend. Ebenso zeigt sich bei Demenzerkrankten das hilfreiche Potenzial der singenden Kommunikation."[20]

Als ästhetische Erfahrung ist das Singen immer auch eine Begegnung mit dem Widerfahrnis des von außen kommenden Klangs anderer (oder des Anderen im transzendenten Sinn). Das hörende und selbst singende Subjekt wird konfrontiert mit Re-Sonanzen, Mit-Klängen anderer Mitsingender und begegnet darin dem durch gemeinsamen Gesang konstituierten ästhetischen Gebilde: dem Lied oder Chorsatz. Dieses ästhetische „Objekt" gewinnt eine eigentüm-

---

18 Leube, Singen, 15.

19 Kühn, Klanggewalt und Wir-Gefühl, 46.

20 Kaiser, Singen in Gemeinschaft als ästhetische Kommunikation, 120.

liche Präsenz und damit gleichsam selbst Subjektstatus. Das Lied nimmt den Mitsingenden für sich ein, lässt einen eigenen „intermediären" Raum bzw. third space entstehen.[21]

Für nicht wenige Menschen schwingen in dieser ästhetisch-sinnlichen Begegnung durch Klangresonanzen Gotteserfahrungen mit. Im gemeinsamen Klingen wird eine höhere Geborgenheit wahrgenommen, ein Verdanktsein, eine übergeordnete „Harmonie" und „Liebe", oder auch ein großer Auf- und Ausbruch aus der Alltagswelt. All dies kann mit dem Göttlichen identifiziert werden. Das im gemeinschaftlichen Singen erzeugte Klingen wird dann zum Medium großer Transzendenzerfahrungen. In den eigenen Glauben werden solche Erfahrungen integrierbar, wenn sie nachträglich in Sprache gefasst werden und z. B. als „Gesang der Engel", „Himmelston" „Urklang der Zukunft" oder „Vorklang der Ewigkeit" symbolisch-theologisch benannt werden.[22] Diesen Erfahrungen korrespondierend wird das eigene Singen dann als (antwortender) Lobgesang zu Gott hin verstanden. Es gewinnt aufrufenden, ausrufenden und anrufenden Charakter.[23] In diesen Fällen gewinnt christliche Freiheit als Freiheit *vor* und *für* Gott ihre klingende Gestalt.

Unbestreitbar ist, dass Singen die *kommunikative Mitmensch-Relation* gestaltet. Das gemeinsame kirchliche Singen nimmt hinein in ein gemeindliches Übereinstimmungsgeschehen und entlastet die einzelnen davon, die Gemeinde erst noch konstituieren zu müssen.

> „Der Einzelne kann und muß nicht Gemeinde von sich aus zu verwirklichen suchen. Im Singen kann er teilnehmend in einer Entfaltungsweise von Gemeinde stehen."[24]

Im Singen entsteht Gemeinde und drückt sie ihr Sein aus – und sei es auch nur für vorübergehende Zeit.[25] Die christliche Freiheit realisiert sich als *kommunikative* und *kooperative* Freiheit – als Freiheit in Gemeinschaft.

> „Für das Singen christlicher Lieder wird im kommunikativen Prozess *die Freiheit* des Individuums, sich selbst zu bestimmen, zwar grundsätzlich bestätigt, aber trotzdem werden der Einfluss des kulturell-ästhetischen Objekts, also des Liedes, und der Einfluss der Situation – die anderen Singenden, eine transzendente Ebene, die rituelle Situation etc. – als gleichwertig angesehen. Im kommunikativen Prozess des Singens kann das

21 Zu den diesbezüglichen Theorien der Erzeugung ästhetischer Räume bei Homi K. Bhabha, Donald W. Winnicott u. a., vgl. a. a. O., 148–150.

22 Zu derartigen theologischen und philosophischen Deutungen vgl. Bubmann, Einstimmung ins Heilige; sowie im Blick auf esoterische Theorien: ders., Urklang der Zukunft.

23 Vgl. Bubmann, „Nun singe Lob, du Christenheit", 14.

24 Möller, Lehre vom Gemeindeaufbau, 210.

25 Vgl. dazu im Blick auf Chorevents Kühn, Klanggewalt und Wir-Gefühl.

> individuelle Subjekt Anteile seiner Freiheit verlieren oder selbst aufgeben und trotzdem selbstbestimmt und glücklich bleiben.“[26]

Durch den zeitweisen Verlust einer einseitig autonomistisch verstandenen Freiheit und den Gewinn sozialer Freiheit wird im gemeinsamen Singen die Grundhaltung christlicher Freiheit als kommunikativ-kooperative Freiheit eingeübt. Gemeinschaftliches Singen erweist sich damit auch als Nährboden einer christlichen Lebensform des guten sozialen Miteinanders. Gemeinsames Singen kann mithin auch zu einer Keimzelle des Friedens werden.[27]

Dass Musik auch eine Brücke zur Umwelt, insbesondere zu Tieren, schlagen kann, war lange Zeit vergessen bzw. nur mehr in esoterischen Traditionen einer *musica mundana* bzw. Weltenharmonie präsent.[28] Die Sängerin und Workshopleiterin Gila Antara etwa schreibt:

> „Jeder Baum, jeder Planet, jeder Grashalm, jeder Mensch hat seine ganz eigene Schwingung, die wiederum auf alle und alles sich auswirkt und sich immer neu zu einem Ganzen fügt. Dieses Ganze ist der Raum, ist die Welt, in der wir leben, wir alle – Menschen, Tiere, Pflanzen, Sonne, Mond und Sterne. Es gibt so etwas wie den heilen, den heiligen Klang, den Urlaut, das Om.“[29]

Martin Luther konnte sich am Gesang der Nachtigall erfreuen und vermochte auch in ihrem Gesang den guten Schöpfergott zu hören.[30] Das kann heute dazu motivieren, genauer auf die Klänge der nichtmenschlichen Natur zu hören, auf ihre Freudengesänge wie auf ihr bedrängtes Seufzen, das im solidarischen Mit-Seufzen der menschlichen Musik seinen Widerhall finden kann (Röm 8,22f). Der *konvivale* Charakter christlicher Freiheit in der Gemeinschaft mit der ganzen Schöpfung wäre beim christlichen Musizieren weithin erst wieder neu zu entdecken. Der Einbezug von Tierstimmen in Formen meditativen Musizierens und Singens kann dazu ein Weg sein.

Im Singen erschließt sich schließlich *Selbst-Bewusstheit* – körperlich-sinnlich und geistig. Singen bringt Identität zum Ausdruck und spielt mit ihr. Das Singen ist expressives Medium von *Identitätsfindungsprozessen*. Im Stimmklang lassen sich die Lebensgeschichte und die gegenwärtige Befindlichkeit wahrnehmen. Im Singen verdichtet sich die eigene Existenz. Singen ist damit zugleich Lebensbeweis. Es ist unsere Stimme und darin der Klang des ganz anderen,

---

26 Kaiser, Singen in Gemeinschaft als ästhetische Kommunikation, 119.

27 Vgl. Bubmann, Musik und Friedenserziehung, 418–422.

28 Zu den diesbezüglichen esoterischen Musiktheorien vgl. Bubmann, Urklang der Zukunft.

29 Antara, Singen Tönen Sein, 124.

30 Vgl. sein Gedicht „Vorrhede auff alle gute Gesangbücher“ von 1538.

die uns sicher sein lassen, dass wir leben. Das beginnt schon mit dem Schreien des Neugeborenen. Und setzt sich fort im gemeinsamen spirituellen Singen.

Karl Adamek beschreibt das Singen in seiner Studie zum „Singen als Lebenshilfe" als „effektive psychische Bewältigungsstrategie"[31] und empfiehlt es als elementares Bildungsgut. Singen diene zur Spannungsabfuhr und zur Energiegewinnung gleichermaßen und könne „die Selbstentfaltung bis hin zur spirituellen Dimension"[32] fördern. Das gilt nicht nur für das Singen allein, sondern in gesteigerter Weise für das gemeinsame Singen, zumal in religiösen Kontexten.

Das gemeinsame Singen bildet in den angesprochenen anthropologischen Grundvollzügen einer christlich verstandenen Freiheit die evangeliumsgemäße Verschränkung von Eigenresonanz, dialogischer Kommunikation und zugesprochener Identität ab. In ihm zeigt sich exemplarisch, was christliche Spiritualität sein könnte: eine transformierende und lebenserneuernde Krafterfahrung und sinnstiftende Praxis, die in leiblicher, zeitlicher wie sprachlicher Weise das Leben neu ausrichtet, so dass die Beziehung zu Gott, den Mitmenschen, der Mitwelt und sich selbst auf heilsame Weise neu belebt und orientiert wird.

Literatur

Adamek, Karl, Singen als Lebenshilfe. Zur Empirie und Theorie von Alltagsbewältigung. Plädoyer für eine „Erneuerte Kultur des Singens", Münster / New York ³2003.

Ahrens, Petra-Angela, Schlaglichter aus den Ergebnissen einer bundesweiten Befragung von Gospelchören, in: Peter Bubmann / Birgit Weyel (Hg.), Praktische Theologie und Musik (Veröffentlichungen der WGTh 34), Gütersloh 2012, 29–48.

Antara, Gila, Singen Tönen Sein, in: Deege (Hg.), Singe bis deine Seele tanzt, 123–128.

Brödel, Christfried, Kirchenmusik als Brücke in die Welt, in: Peter Zimmerling (Hg.), Handbuch Evangelische Spiritualität, Bd. 3: Praxis, Göttingen 2020, 341–356.

Bubmann, Peter, Einstimmung ins Heilige. Die religiöse Macht der Musik (Herrenalber Forum 31), Karlsruhe 2002.

–, Fundamentalethik als Theorie der Freiheit. Eine Auseinandersetzung mit römisch-katholischen Entwürfen (Öffentliche Theologie 7), Gütersloh 1995.

–, Musik und Friedenserziehung, in: Werner Haussmann u. a. (Hg.), Handbuch Friedenserziehung: interreligiös – interkulturell – interkonfessionell, Gütersloh 2006, 418–422.

–, Musik. Spiritualität. Lebenskunst. Studien zu Ästhetik und Musik aus theologischer Perspektive, hg. von Ann-Sophie Markert / Saskia von Münster (Beiträge zu Liturgie und Spiritualität 35), Leipzig 2022.

---

31 Adamek, Singen als Lebenshilfe, 40.

32 A. a. O., 231.

–, „Nun singe Lob, du Christenheit“ – zur Notwendigkeit des Hymnischen in christlicher Lebenskunst und Liturgie, in: ders. / Konrad Klek (Hg.) „Ich sing Dir mein Lied“, 11–19.

–, Urklang der Zukunft. New Age und Musik, Stuttgart 1988.

–, „weil sie die Seelen fröhlich macht“. Musik und Spiritualität, in: Peter Zimmerling (Hg.), Handbuch Evangelische Spiritualität, Bd. 2: Theologie, Göttingen 2017, 249–290.

Bubmann, Peter / Klek, Konrad (Hg.), Davon ich singen und sagen will. Die Evangelischen und ihre Lieder, Leipzig 2012.

– / – (Hg.), „Ich sing Dir mein Lied“. Kirchliches Singen heute. Analysen und Perspektiven, München 2017, 11–19.

Danzeglocke, Klaus u. a. hg. im Auftrag der Liturgischen Konferenz, Singen im Gottesdienst. Ergebnisse und Deutungen einer empirischen Untersuchung in evangelischen Gemeinden, Gütersloh 2011.

Deege, Alwine (Hg.), Singe, bis deine Seele tanzt. Die Nacht der spirituellen Lieder. Inspirierendes, Wissenswertes, Berührendes über die heilsame Kraft des Singens und eine neue Spiritualität, Goch [2]2019.

Harms, Silke, Glauben üben. Grundlinien einer evangelischen Theologie der geistlichen Übung und ihre praktische Entfaltung am Beispiel der „Exerzitien im Alltag“ (APTLH 67), Göttingen 2011.

Heymel, Michael, In der Nacht ist sein Lied bei mir. Seelsorge und Musik, Waltrop 2004.

–, Wie man mit Musik für die Seele sorgt, Ostfildern 2006.

Josuttis, Manfred, Singen, in: ders., Der Weg in das Leben. Eine Einführung in den Gottesdienst auf verhaltenswissenschaftlicher Grundlage, München 1991, 173–204.

Kaiser, Jochen, Religiöses Erleben durch gottesdienstliche Musik. Eine empirisch-rekonstruktive Studie, Göttingen 2012.

–, Singen in der evangelischen Kirche als emotionaler und begeisternder Glaubensausdruck, in: Bubmann / Klek (Hg.), „Ich sing Dir mein Lied“, 96–115.

–, Singen in Gemeinschaft als ästhetische Kommunikation. Eine ethnographische Studie (Systematische Musikwissenschaft), Wiesbaden 2017.

Klek, Konrad, Spiritualität und Lied, in: Zimmerling, Peter (Hg.), Handbuch Evangelische Spiritualität, Bd. 3: Praxis, Göttingen 2020, 320–340.

Kasten, Helmut (Hg.), Plinius Caecilius Secundus Gaius, Briefe, lateinisch-deutsch (Sammlung Tusculum), Zürich [7]1995.

Kühn, Jonathan C., Klanggewalt und Wir-Gefühl. Eine ethnographische Analyse christlicher Großchorprojekte (PrThh 157), Stuttgart 2018.

–, Singen in (Riesen-)Chorprojekten, in: Bubmann / Klek (Hg.), „Ich sing Dir mein Lied“, 116–123.

Lieberknecht, Ulrich, Gemeindelieder. Probleme und Chancen einer kirchlichen Lebensäußerung (Veröffentlichungen zur Liturgik, Hymnologie und theologischen Kirchenmusikforschung 28), Göttingen 1994.

Leube, Bernhard, Singen, in: Gotthard Fermor / Harald Schroeter-Wittke (Hg.), Kirchenmusik als religiöse Praxis. Praktisch-theologisches Handbuch zur Kirchenmusik, Leipzig 2005, 14–19.

Luther, Martin, Vorrhede auff alle gute Gesangbücher 1538, in: WA 35, 484f.

Meyer-Drawe, Käte, Stimmgewalten, in: Burkhard Liebsch / Dagmar Mensink (Hg.), Gewalt Verstehen, Berlin 2003, 119–129.

Möller, Christian, Lehre vom Gemeindeaufbau, Bd. 2: Durchblicke – Einblicke – Ausblicke, Göttingen 1990.

– (Hg.), Kirchenlied und Gesangbuch. Quellen zu ihrer Geschichte. Ein hymnologisches Arbeitsbuch, Tübingen / Basel 2000.

Reich, Christa, Der Gemeindegesang, in: Winfried Bönig (Hg., Koordination i. V. mit anderen), Musik im Raum der Kirche. Fragen und Perspektiven. Ein ökumenisches Handbuch zur Kirchenmusik, Stuttgart / Ostfildern 2007, 362–375.

–, Evangelium: klingendes Wort. Zur theologischen Bedeutung des Singens, Stuttgart 1997.

–, Singen heute. Vermischte Bemerkungen zu einem komplexen Phänomen, in: Irene Mildenberger / Wolfgang Ratzmann (Hg.), Klage – Lob – Verkündigung. Gottesdienstliche Musik in einer pluralen Kultur (Beiträge zu Liturgie und Spiritualität 11), Leipzig 2004, 159–171.

Communio digitalis

Gottesdienstliche Gemeinschaft im Spannungsfeld von unmittelbar leibhafter und digital vermittelter Begegnung

Von Wilfried Sturm

Anfang der 1980er Jahre erschien in einem evangelischen Monatsblatt unter dem Titel „Die vollautomatische Kirche" eine bemerkenswerte Satire.[1] Ein Herr mit dem bezeichnenden Namen „Diabello", Vertreter einer Firma mit dem nicht weniger bezeichnenden Namen „Mepp & Vistow", bietet auf einer Zusammenkunft von Pfarrern an, dem drängenden Problem des Mangels an Nachwuchs abzuhelfen. Freilich müsse dazu die „Kirche des Postkutschenzeitalters" in die „Kirche des elektronischen Zeitalters" überführt werden. Der Lösungsvorschlag des eingeladenen Experten besteht darin, anstelle von Altar und Kanzel eine Projektionswand zu errichten und den örtlichen Pfarrer durch einen Prediger auf der Leinwand zu ersetzen. Der angenehme Nebeneffekt dabei sei, dass durch das Schöpfen aus einem Pool rhetorisch besonders geschulter und telegener Redner das Ärgernis langweiliger Predigten entfalle. Da jedoch eine gute Predigt vor (fast) leeren Kirchenbänken eine Ressourcenverschwendung darstelle, empfehle es sich, der Projektionswand gegenüber einige zusätzliche Lautsprecher einzubauen, die für einen kraftvollen Gemeindegesang sorgen und die fehlende Gemeinde kompensieren. Damit – so der den Anwesenden immer suspekter werdende Experte – sei das Ziel erreicht: „Es findet Gottesdienst statt, ohne daß sich jemand aus dem Hause zu bemühen braucht."

Was dem Verfasser der Satire wie eine diabolische Versuchung vorkam – Gottesdienste, zu denen sich niemand mehr aufmachen muss; Gottesdienste, die auch ohne die physische Anwesenheit von Gemeinde funktionieren – schien mit der Umstellung auf reine Online-Formate während der Corona-Pandemie plötzlich Wirklichkeit zu werden, wenn auch in ganz anderer Weise als in der Satire: Nicht, indem Technik mit Technik kommunizierte, sondern indem Menschen *mittels Technik* miteinander kommunizierten. Trotzdem werfen auch die neuen digitalen Gottesdienstformate Fragen auf: Wie verhalten sich digital vermittelte Formen der Partizipation zur Erfahrung unmittelbar leibhafter gottesdienstlicher Gemeinschaft – defizitär, subsidiär, komplementär oder substitutiv? Worin besteht der Unterschied zwischen Online- und Präsenzformaten – ist die Differenz nur graduell oder qualitativ zu denken? In-

[1] Die Satire, verfasst von Erich Saal, erschien am 03.03.1983 in einem evangelischen Monatsblatt. Die genaue Quelle lässt sich leider nicht mehr rekonstruieren. Das generische Maskulinum wurde beibehalten.

wieweit erfüllen Online-Gottesdienste die Kriterien eines christlichen Gottesdienstes? Sind Online-Formate kompatibel mit traditionellen ekklesiologischen Entwürfen oder braucht es eine spezielle Ekklesiologie für eine digitale Kirche?

Es handelt sich hier um Fragen, die in der Anfangsphase der Corona-Pandemie aus pragmatischen Gründen eher zurückgestellt wurden: Vorrang hatte die Bewältigung der technischen Herausforderungen, die sich mit der Umstellung auf Online-Formate verbanden, erst nach und nach setzte der „Luxus" einer reflektierten Auseinandersetzung mit diesen Formaten ein.

> „Whereas most pastors and church leaders have been primarly focused on the pragmatic aspects of implementing technology for worship and creating mediated gatherings and hybrid worship events, there has been comparatively little reflection on the long-term implications of how their choices to use technology might shape or redirect their church's religious identity."[2]

Vorliegender Beitrag fokussiert sich auf die Frage nach dem Verhältnis von digital vermittelter und unmittelbar leibhafter christlicher Gemeinschaft. Sie wird nachstehend in Form von Thesen aufgegriffen und erörtert.[3] Dabei verstehen sich die Thesen weniger als Antwortversuche, sondern eher als Impulse, die zum Weiterdenken anregen, vielleicht auch zum Widerspruch reizen.

1. Die Covid-19-Pandemie führte nicht zur Etablierung völlig neuer Formate gottesdienstlicher Gemeinschaft, sondern zur Intensivierung, Modifizierung und Optimierung bereits bestehender Formen medial vermittelter Begegnung.

Längst bevor der Lockdown im Frühjahr 2020 die Frage nach alternativen Gottesdienstformen aufwarf, gab es bereits zahlreiche, teilweise experimentelle Angebote von Online-Gottesdiensten bzw. -Andachten im kirchlichen bzw. freikirchlichen Bereich. Die Varianz reichte von der Livestream-Übertragung bzw. der Aufzeichnung von Gottesdiensten über interaktive Formate wie Chat-Andachten, Sublan- und Twitter-Gottesdiensten bis hin zu Gottesdiensten in virtuellen Räumen wie z. B. Second Life.[4] Dementsprechend befasste man sich schon vor der Covid-19-Pandemie mit der Frage nach Chancen und Grenzen der Nutzung digitaler

---

2 Campbell / Dyer, Ecclesiology for a Digital Church, XIV (Introduction).

3 Nicht thematisiert werden können im Rahmen dieses Beitrags die vielfältigen digitalen Formen persönlicher und gemeinschaftlicher spiritueller Praxis wie z. B. Abide Prayer Stream, Beichthaus, Online rosary, Pray as You Go, Twittagsgebet, @Twomplet, EVERMORE (zuvor XRCS), vgl. u. a. Berger, @Worship, 134–138; Wiefel-Jenner, #Twomplet, 101–104; Merle, Kulturelle Adaptionen, 86f.

4 Eine hilfreiche Übersicht findet sich bei Merle, Kulturelle Adaptionen, 84.

Kommunikationswege im kirchlichen Kontext. Verwiesen sei hier vor allem auf die Tagung der EKD-Synode 2014 in Dresden, die unter dem Thema stand: „Kommunikation des Evangeliums in der digitalen Gesellschaft",[5] aber auch auf Fachgespräche auf liturgiewissenschaftlicher Ebene.[6] Heidi Campbell und John Dyer sprechen daher im Titel ihres Buches zur Frage einer Ekklesiologie für eine digitale Kirche zutreffend von „Theological Reflections on a New Normal"[7], d. h. neu sind nicht die digitalen Formate an sich, sondern neu ist – seit der Corona-Pandemie – die Normalität dieser Formate.

2. Virtualität und Simulation bzw. Fiktionalität sind begrifflich zu unterscheiden. Virtuelle Kommunikation kann auf der einen Seite mit einem realen, sich in Raum und Zeit befindlichen menschlichen Gegenüber erfolgen, auf der anderen Seite jedoch auch mit einem elektronisch simulierten Gegenüber.

Virtualität bzw. virtuelle Realität meint nach der Definition von Dirk Vaihinger „die Objektwelt, die Wirklichkeit zu sein verspricht, ohne sie sein zu müssen"[8]. Es handelt sich dabei um eine „quasi-wirkliche, nachgebildete Wirklichkeit", die der vorgegebenen Wirklichkeit „an Wirklichkeit gleichkommen *soll*"[9]. Sie „besteht aus Bildern, aber in einer Art, die den Schein des Bildseins verneint, nämlich so, daß der Betrachter meinen soll, es seien nicht nur die Bilder, sondern die Dinge selbst, die die Bilder meinen"[10]. Offen bleibt bei dieser Definition, inwiefern der erhobene Anspruch der Kongruenz von Bild und den Dingen selbst eingeholt wird. Daher wäre zu überlegen, ob nicht präzisierend zwischen realer Virtualität und virtueller Realität differenziert werden müsste. So würde man von realer Virtualität sprechen, wenn z. B. auf kirchlichen Webseiten die Online-Übertragung von Gottesdiensten – wie während der Corona-Pandemie geschehen – als „Virtueller Gottesdienst" angezeigt wird.[11] In diesem Fall handelt es sich um die digital vermittelte Teilhabe an einem Geschehen in Raum und Zeit mit realen menschlichen Akteuren. In diesem Rahmen kann die Online-Teilnahme an

5 Vgl. den dazu erschienenen Reader: Kirchenamt der EKD (Hg.), Kommunikation des Evangeliums in der digitalen Gesellschaft.

6 Zu erwähnen wäre in diesem Zusammenhang das vom Liturgiewissenschaftlichen Institut der VELKD organisierte Fachgespräch 2018 in Leipzig zum Thema „Liturgie – Medien – Körper. Herausforderungen für den Gottesdienst in der digitalen Gesellschaft", vgl. Deeg / Lehnert (Hg.), Liturgie – Körper – Medien.

7 Campbell / Dyer, Ecclesiology for a Digital Church. Vgl. Die Zusammenfassung der Ergebnisse der CONTOC2-Studie in: Schlag u. a., Digitalisierung in der Kirche, 206.

8 Vaihinger, Virtualität und Realität, 21.

9 A. a. O.

10 A. a. O.

11 Vgl. z. B. https://ev-kircherheinbach.de/virtueller-gottesdienst/ (abgerufen am 28.11.2022).

einem Gottesdienst ebenso real sein wie die Teilnahme in physischer Kopräsenz. Davon zu unterscheiden wäre der Begriff der virtuellen Realität (Virtual Reality), die laut Duden eine „vom Computer simulierte Wirklichkeit"[12] und damit letztlich eine künstlich generierte Welt darstellt. Unter diese Kategorie würden z. B. Gottesdienstangebote in Metaversen fallen, die von Avataren wahrgenommen werden (vgl. in diesem Zusammenhang die Einladung der von Cansteinschen Bibelanstalt Berlin zu Gottesdiensten im Rahmen des Computerspiels Minecraft[13] oder Projekte wie die Anglican Cathedral of Second Life[14]).

Eine ähnliche Differenzierung ist im Blick auf den Begriff der Präsenz vorzunehmen. Wie Alexander Deeg in seinem Aufsatz „Gottesdienst in ‚Corona'-Zeiten oder: Drei Variationen zum Thema *Präsenz*" darlegt, wäre es eine Verengung, den Begriff der Präsenz auf Gottesdienste im Offline-Modus zu beschränken. Unter Umständen – so Deeg anhand zweier eigener liturgischen Erfahrungen aus der Zeit der Corona-Pandemie – kann ein Gottesdienst per Zoom sogar mehr Interaktion und Partizipation ermöglichen als ein sogenannter „Präsenzgottesdienst" in einem großen Kirchenraum, in dem sich die ohnehin schon reduzierte Zahl von Gottesdienstbesucherinnen und -besuchern aufgrund der Abstandsregelung geradezu verliert.[15] Strenggenommen ist daher nicht zwischen Online-Modus und Präsenz-Modus zu unterscheiden, sondern zwischen Präsenz im digitalen Raum und physischer Kopräsenz.

3. Die digital vermittelte Begegnung hat einen ambivalenten Charakter: Sie bedeutet einerseits eine Erweiterung der menschlichen Gemeinschaft, indem sie die raumzeitliche Trennung überwindet. Insofern könnten vor allem hybride Gottesdienstformate ekklesiologisch als „Brücke" zwischen der lokal versammelten Gemeinde und der universalen Kirche verstanden werden.[16] Andererseits gehen digitale Kontakte mit einer Reduktion menschlicher Gemeinschaft einher, indem sie die Unmittelbarkeit und Ganzheitlichkeit der Begegnung mit einem leiblichen Gegenüber – in der Regel – auf die Wahrnehmung von Bild und Ton beschränken.

Schon im Neuen Testament umfasst der Begriff der ἐκκλησία mehr als die lokal versammelte Gemeinde. Das Bedeutungsspektrum des Begriffs reicht von der Hausgemeinde (Phil 1,2; Röm 16,5) über die Gemeinden in einer Stadt (1Kor 1,2; 1Thess 1,1; Offb 2,1 u. ö.) oder einer Region (Gal 1,2) bis hin zu der universal verstandenen Gemeinde Jesu im Sinne der Gemein-

12 https://www.duden.de/rechtschreibung/virtuell (abgerufen am 17.12.2022).

13 Schumacher, Spielen und Beten im Metaverse.

14 https://slangcath.wordpress.com/, letzte Aktualisierung Oktober 2020 (abgerufen am 08.01.2023).

15 Deeg, Gottesdienst in ‚Corona'-Zeiten, 139.

16 Vgl. Dyer, Exploring Mediated *Ekklesia*, 3: „I will show that technology has always functioned as a bridge between the local church and the church universal".

schaft der Heiligen (Mt 16,18; Apg 8,3; 20,28; Eph 5,23). Letztere ist nicht an einen bestimmten Ort oder an eine bestimmte Zeit gebunden, sondern „existiert global und zeitübergreifend im Glauben, im Hören auf Gottes Wort und in der Antwort darauf“[17]. Digitale Technik hat – wie andere Medien auch – in diesem Kontext eine überbrückende und damit zugleich eine entgrenzende Funktion: Sie vermag raumzeitliche Trennungen zu überwinden, indem sie die lokal und zu einem festgelegten Zeitpunkt versammelte Gemeinde mit Christen an anderen Orten – gegebenenfalls auch zeitübergreifend – verbindet. Dies führt dazu, dass die Gemeinschaft der Glaubenden „nicht nur eine theoretische, theologisch reflektierte und geglaubte Gegebenheit ist, sondern räumlich und zeitlich entgrenzt real erfahren wird. Neben die offline-Erfahrung der Gemeinschaft am eigenen Ort tritt nun die online-Beziehung zur globalen Gemeinde.“[18] In diesem Zusammenhang eröffnen sich Möglichkeiten, die ohne digitale Technik kaum oder nur mit sehr hohem Aufwand zu verwirklichen wären wie z. B. internationale Gebetsversammlungen mit über 1000 Teilnehmerinnen und Teilnehmern aus unterschiedlichen Ländern.[19] Insofern müssen Online-Gottesdienste nicht als defizitär empfunden werden, sondern können auch als Ausdruck dafür verstanden werden, „dass die Gemeinschaft der Heiligen auch im Hier und Jetzt zumindest örtlich nicht gebunden ist“[20].

Auf örtlicher Ebene ermöglicht digitale Technik vor allem die Inklusion von Personen, die aufgrund von Krankheit oder anderen Einschränkungen nicht in physischer Präsenz am Gottesdienst teilnehmen können. In gewisser Hinsicht steht damit die Online-Übertragung von Gottesdiensten in einer Linie mit der inkludierenden Funktion des Läutens der Vaterunser-Glocke, das Menschen in der Umgebung der Kirche mit der betenden Gemeinde im Gottesdienst verbindet.[21]

Freilich darf dabei nicht übersehen werden, dass digitale Techniken nicht nur eine inkludierende, sondern auch eine exkludierende Dimension haben. Während die Teilnahme an

---

17 Wiefel-Jenner, #Twomplet, 96.

18 A. a. O. Ähnlich Deeg, Gottesdienst in ‚Corona‘-Zeiten, 142: „Im Gegensatz zur lokalen Begrenztheit jeder Gottesdienstfeier einer Ortsgemeinde ist die Feier im Internet (jedenfalls potenziell) offen für die vielen und anderen. Die Tatsache, dass der ‚Leib Christi‘, um dessen Konstitution und Darstellung es in der Feier des Gottesdienstes geht, über jede sich physisch kopräsent versammelnde Gemeinde hinausweist, wird unmittelbar ansichtig.“

19 Vgl. das von der Evangelischen Allianz Deutschland und dem Netzwerk „Miteinander für Europa“ organisierte europaweite Gebet für Frieden in der Ukraine am 02.03.2022, https://www.ead.de/2022/maerz/04032022-ueberwaeltigende-resonanz-auf-gebetsaufruf-von-miteinander-fuer-europa-und-ead/ (abgerufen am 04.01.2023).

20 Reimann, Wertschätzung durch das Internet. Tchatchouang / Burkhardt, Digitale Gottesdienst- und Gemeindeangebote, 292, sprechen in ihrer Darstellung der BSZ-eChurch von einem „transnationalen Sozialraum“.

21 Vgl. https://www.ekd.de/Vater-unser-10784.htm (abgerufen am 04.01.2023).

Gottesdiensten und anderen öffentlichen Gemeindeveranstaltungen im „Präsenzmodus“[22] grundsätzlich allen offen steht, soweit sie nicht gesundheitlich, terminlich oder durch räumlichen Abstand verhindert sind, setzt die Online-Teilnahme das Verfügen über entsprechende Hard- und Software sowie einen Internetzugang voraus. Hinzu kommt als Voraussetzung ein Mindestmaß an technischer Kompetenz oder Unterstützung. Zu Recht macht Heike Springhart darauf aufmerksam:

> „Längst nicht alle, die das kirchliche Kernmilieu ausmachen, sind affin für Online-Formate. Das ist nicht nur eine Frage des Alters und der Rezeptionsgewohnheiten, es ist auch eine Frage der sozialen Ungleichheiten. [...] Mit den digitalen Angeboten werden einerseits Menschen erreicht und interessiert, die sich vorher nicht über die Schwelle der Kirche gewagt hätten oder denen das unmöglich war – zugleich sind auch digitale Angebote längst nicht für alle zugänglich.“[23]

Vor allem sollte die reduktionistische Wirkung digitaler Kommunikation nicht unterschätzt werden. So wird z. B. die Online-Übertragung eines Gottesdienstes immer nur den Ausschnitt des Geschehens vermitteln können, der von Kamera und Mikrofon erfasst wurde. Dies kann eine Hilfe sein, wenn es darum geht, sich auf die Akteure zu fokussieren,[24] ändert jedoch nichts daran, dass dabei ein Teil der Wirklichkeit ausgeblendet wird, auch wenn es vielleicht nur ablenkende visuelle Eindrücke oder Nebengeräusche sind. Insbesondere wird das menschliche Gegenüber auf Bild und Ton reduziert. Im Falle zusätzlicher Face-to-face-Begegnungen mag dies nicht so sehr ins Gewicht fallen. Bleibt es jedoch ausschließlich bei digital vermittelten Kontakten, stellt sich die Frage, wie kongruent und authentisch eine Person durch Bild und Ton repräsentiert wird.

4. Die Diskussion über digital vermittelte Formen gottesdienstlicher Gemeinschaft verdichtet sich in der Frage nach reinen Online-Abendmahlsfeiern bzw. hybriden Formen. Hält man die Online-Teilnahme für nicht oder nur schwer vereinbar mit der leiblichen Dimension des Abendmahlsgeschehens, so wird man darin ein massives Hindernis zumindest für die Substitution leibhafter gottesdienstlicher Gemeinschaft durch digitale Formate sehen. Dies gilt erst recht dann, wenn man der Meinung ist, dass in der Mahlfeier der Gottesdienst „seine Spitze

---

22 Zur Problematik der semantischen Verengung des Begriffs Präsenz vgl. Deeg, Gottesdienst in ‚Corona‘-Zeiten, 138–140.

23 Springhart, Gottesdienstliches digitales Neuland, 126.

24 Vgl. Walti, Digitalisierte Technik und liturgische Interaktion, 133–135, der in der Live-Übertragung auf Leinwände im Bühnenbereich, wie sie vor allem bei größeren Veranstaltungen üblich ist, eine Fokussierungshilfe sieht.

erreicht"[25]. Dagegen entfällt dieser Hinderungsgrund, wenn man die Online-Teilnahme am Abendmahl unter Wahrung bestimmter Voraussetzungen für grundsätzlich möglich hält.

Geradezu exemplarischen Charakter hat diesbezüglich die Diskussion zwischen Peter Reimann und Volker Leppin in der Zeitschrift „Zeitzeichen".[26] Während Reimann mit der Omnipräsenz Jesu Christi argumentiert, wonach dessen „Gegenwart nicht auf eine bestimmte räumliche Reichweite um den Altar beschränkt sein" kann[27], bezieht sich Leppin auf das lutherische Sakramentsverständnis, wonach Christus „für das Abendmahl seine leibliche Gegenwart verheißen hat"[28]. Davon ausgehend sieht Leppin die „Pointe des lutherischen Abendmahlsverständnisses [...] in der Materialität des Geschehens"[29]. Insbesondere hält er das Deutewort, das sich auf konkretes Brot (und konkreten Wein) bezieht, für nicht übertragbar, ohne dass die Einsetzungsworte ihre „gewissmachende Kraft" verlieren.[30] Die Durchführung von Online-Predigtgottesdiensten hält Leppin trotzdem für möglich, plädiert jedoch in diesem Fall für die Aussetzung des Abendmahls verbunden mit einer Neubelebung der Tradition von Agape-Feiern.

Eine vermittelnde Position findet sich in dem Aufsatz von Christoph Schrodt „Abendmahl: digital. Alte und neue Fragen – nicht nur in Zeiten der Pandemie". Schrodt hält zwar am Gedanken der Realpräsenz Christi im Abendmahl fest, bezieht sie jedoch nicht auf das einzelne Stück Brot bzw. den einzelnen Schluck Wein, sondern auf den Vollzug des Abendmahls als Ganzes. Die vergewissernde Externität sieht er in dem promissionalen Geschehen des Zuspruchs gewahrt, der die Teilnehmerinnen und Teilnehmer am Abendmahl das, was menschliche Hände bereitgestellt haben, aus Gottes Hand empfangen lässt. Dem Einwand fehlender leiblicher Kopräsenz begegnet er mit dem Hinweis auf den paradoxen Effekt partieller Intensivierungen der leiblichen Dimension und der Verstärkung gemeinschaftsstiftender Interaktionen gerade durch digitale Formate, hinzu kommen rezeptionsästhetische Überlegungen, die das subjektive Empfinden der am Abendmahl Teilnehmenden berücksichtigen.[31] Schrodt kommt in der Konsequenz zu dem Schluss, dass zumindest die synchrone Online-Teilnahme realer Personen (die Frage der Teilnahme als Avatar bleibt unberücksichtigt) an Abendmahlsfeiern unproblematisch sei.

---

[25] Karl Barth, KD IV/2, 722. Vgl. Gallus, Gotteswerk und Menschenwerk, 162–164.

[26] Vgl. Reimann / Leppin, pro und contra (mit Hinweisen auf weitere Texte der Autoren). Alle hier zitierten Texte von Reimann und Leppin ohne Seitenzahlen.

[27] Reimann / Leppin, pro und contra. Ausführlicher: Reimann, Wertschätzung durch das Internet.

[28] Leppin, Abendmahl und Agape.

[29] Leppin, In, mit und unter.

[30] Vgl. Reimann / Leppin, pro und contra.

[31] Vgl. Schrodt, Abendmahl: digital, 399–411.

Angesichts der skizzierten offenen Diskussionslage sollte die Möglichkeit digitaler Abendmahlsfeiern zumindest nicht zum Schibboleth der Bewertung von Online-Gottesdiensten gemacht werden, zumal auch Gottesdienste ohne Abendmahlsfeiern wesentliche Kriterien eines christlichen Gottesdienstes erfüllen (vgl. die Ausführungen zur nächsten These).

5. Die Frage nach dem Verhältnis von unmittelbar leibhafter und digital vermittelter gottesdienstlicher Gemeinschaft lässt sich nicht ohne Rekurs auf ekklesiologische Weichenstellungen beantworten. Geht man aus von reformatorischen Einsichten, so konstituiert sich die Gemeinschaft der Gläubigen im gemeinsamen Hören und Antworten auf das Evangelium von Jesus Christus. Dieses Geschehen ist jedoch nicht prinzipiell an die physische Kopräsenz der Beteiligten gebunden. Insofern erweist sich eine Ekklesiologie, die in der Ausrichtung auf das Wort Gottes in Jesus Christus das vorrangige gemeinschaftsstiftende Element der christlichen Gemeinde sieht, als durchaus anschlussfähig im Blick auf digital vermittelte Formen christlicher Gemeinschaft.

Im Kontext der ekklesiologischen bzw. liturgiewissenschaftlichen Reflexion digitaler gottesdienstlicher Formate stößt man immer wieder auf die bekannte Formulierung Martin Luthers, mit der er zu Beginn seiner Predigt anlässlich der Einweihung der Torgauer Schlosskirche 1544 das Ziel der Weihehandlung beschrieben hat: So soll das neue Gotteshaus darauf ausgerichtet werden, „das nichts anders darin geschehe, denn das vnser lieber Herr selbs mit uns rede durch sein heiliges Wort und wir widerumb mit jm reden durch Gebet vnd Lobgesang“[32]. Eine ähnliche Formulierung findet sich in der „Konstitution über die heilige Liturgie ‚*Sacrosanctum Concilium*‘“ des Zweiten Vatikanischen Konzils (1963): „[I]n der Liturgie spricht Gott zu seinem Volk; in ihr verkündet Christus noch immer das Evangelium. Das Volk aber antwortet mit Gesang und Gebet.“ (SC 33)[33] Kennzeichen des christlichen Gottesdienstes ist demnach die Präsenz Jesu Christi in der Verkündigung des Evangeliums und die Partizipation der Gemeinde an dieser Präsenz im Hören und Antworten (wobei auch die Verkündigung des Evangeliums eine Funktion der Gemeinde im Sinne einer „gottverordneten Tätigkeit *der Gemeinde für die Gemeinde*“[34] ist). Es ist die Partizipation an Christus, die die Glieder der Gemeinde miteinander verbindet und sie aneinander partizipieren lässt. „Die Christusgemeinschaft führt notwendig über in die *Christengemeinschaft*, die Gemeinschaft der Glieder untereinander.“[35]

32 WA 49, 588.

33 Zitiert nach DH 4033.

34 Bonhoeffer, Sanctorum communio, 155 (Hervorhebung im Original).

35 Hauck, κοινός, 807.

Nun hat Luther schon damals in seiner Predigt in Torgau darauf hingewiesen, dass das Hören auf das Evangelium nicht an einen bestimmten Ort gebunden ist. Sollte einmal der Kirchenraum nicht zur Verfügung stehen, kann die Predigt auch „draussen beim Brunnen oder anders wo“[36] gehalten werden. In der Weiterführung dieser Pragmatik könnte man berechtigterweise die Frage stellen, warum dieses „anders wo“ nicht auch ein digitaler Raum sein könnte, in dem sich Menschen um die Verkündigung des Evangeliums versammeln, nicht in physischer Kopräsenz, aber doch präsent im digitalen Raum.

Ein weiterer Gesichtspunkt ergibt sich aus der reformatorischen Zurückhaltung im Blick auf verbindliche Vorgaben für die formale Gestaltung von Gottesdiensten. So wird nach CA 7 keine Gleichförmigkeit der liturgischen Gestaltung gefordert. Auch wenn der Gottesdienst inhaltlich auf die letztgültige Wirklichkeit Gottes ausgerichtet ist, zählt seine formale Gestalt zu den vorläufigen und variierenden menschlichen Traditionen.[37] Und wenn auch im Gottesdienst „das Letzte, die Rechtfertigung unseres Lebens vor Gott“ zur Sprache kommt, gehört es nach Bonhoeffer zum Vorletzten, „daß ich dorthin gehe, wo es Gott gefallen hat, sein Wort zu geben“.[38] Sollte dies aus irgendwelchen äußeren Gründen nicht möglich sein, „muß zunächst für die äußere Ermöglichung Sorge getragen werden, daß der Ruf zur Predigt vernommen und befolgt werden kann“.[39] In diesem Sinne könnte die Nutzung digitaler Technik als „Wegbereitung“, d. h. als „Weg vom Letzten zum Vorletzten“[40] interpretiert werden.

6. Bei aller Wertschätzung der Chancen, die sich mit der Nutzung digitaler Kommunikation im kirchlichen Kontext verbinden, dürfen ihre möglichen problematischen „Nebenwirkungen“ nicht ausgeblendet werden. Zu nennen wären die Verarmung zwischenmenschlicher Begegnungen durch den Verlust an Ganzheitlichkeit („in den Arm nehmen geht digital nicht“[41]), die „Fiktionalisierung“ der Empathie und die „Phantomisierung“ des Gegenübers.

In seinem Buch „Verteidigung des Menschen“ verweist Thomas Fuchs unter der Überschrift „Der Schein des Anderen“ auf problematische Tendenzen der Virtualisierung, vor allem dort, wo sie sich mit einer neurokonstruktivistischen Erkenntnistheorie verbindet.[42] Es bestehe die

36 WA 49, 592.

37 Vgl. Springhart, Gottesdienstliches digitales Neuland, 127.

38 Bonhoeffer, Ethik, 158.

39 A. a. O., 159.

40 A. a. O.

41 Leppin, Abendmahl und Agape: „Der Kontakt mit der nun isolierten älteren Generation über Telefon und Bildschirm ist ein anderer als der persönliche. In den Arm nehmen geht digital nicht. Küssen auch nicht.“

42 Vgl. Fuchs, Verteidigung des Menschen, 119–145.

Gefahr, dass die Grenzen zwischen Realität, Fiktion und Illusion verschwimmen und „die Unterscheidung von Künstlichem und Natürlichem, von Bild und Original, Schein und Wirklichkeit immer mehr nivelliert wird".[43] In der Konsequenz führe dies zu einer Verschiebung von primärer zu fiktionaler Empathie. Während die primäre Empathie auf zwischenleiblicher Aktion beruht und auf die Wahrnehmung des Gegenübers als psychophysische und damit widerständige Ausdruckseinheit antwortet – Fuchs spricht in diesem Zusammenhang von „zwischenleibliche[r] Resonanz"[44] –, richtet sich die fiktionale Empathie auf ein fiktives Gegenüber, auch wenn damit dieselben Emotionen und Resonanzen verbunden sein können wie bei einem realen Gegenüber.

Unter „Phantomisierung" versteht Fuchs in Anlehnung an Günther Anders die Verdeckung der Wirklichkeit unter ihrer Abbildung, die zu einer Verdoppelung der Wirklichkeit führt. Wird diese Verdoppelung nicht mehr wahrgenommen, verschwindet die Grenze zwischen Abbild und Original. An dieser Stelle sei auf das 1929 entstandene paradoxe Bild des belgischen Künstlers René Magritte verwiesen, der die naturgetreue Darstellung einer (Tabak-)Pfeife mit dem Schriftzug versehen hat: „Ceci n'est pas une pipe" („Das ist keine Pfeife"). Offensichtlich wollte Magritte damit auf die Differenz zwischen Bild und dargestelltem Objekt aufmerksam machen, eine Problematik, die sich auch in der digitalen Kommunikation stellt. Ein Bild vermag zwar eine Person zu repräsentieren, kann jedoch ihre physische Präsenz nicht ersetzen. Spätestens in einer Beziehung der Liebe wird diese Differenz unbestreitbar. Zugespitzt formuliert: Wer möchte schon einen Bildschirm umarmen oder Pixel küssen?

Insofern sind digitale Medien „nicht bloße Transmissionsriemen zwischen Sender und Empfänger".[45] Ihre Nutzung birgt die latente Gefahr der Erzeugung einer Scheinwelt, die es erlaubt, Vorstellungen und Gefühle auf Bilder von Personen zu projizieren, ohne dass eine Korrektur durch die Widerständigkeit des leiblichen Gegenübers erfolgt. In der Sterilität des digitalen Raums bleibt den Gottesdienstbesucherinnen und -besuchern die Zumutung des unangenehm riechenden Sitznachbarn erspart, hier „muss ich niemandem den Frieden wünschen, der mir eigentlich suspekt erscheint, dem argwöhnischen Mann hinter mir in der Bank, der bestimmt nur seiner Frau zuliebe mit in den Gottesdienst gekommen ist".[46] Hier scheinen sich Alternativen zu eröffnen, die mich – um die provokative Formulierung Bonhoeffers aufzugreifen – der „fatale[n] Unerbaulichkeit einer äußeren Versammlung, in der man Gefahr läuft, einem bornierten Prediger gegenüber und geistlosen Gesichtern zur Seite zu sitzen"[47],

---

43 A. a. O., 121.

44 A. a. O., 124.

45 Deeg, Einführung, 18.

46 Mühleis, Der Gottesdienst im Zeitalter seiner digitalen Reproduzierbarkeit, 42.

47 Bonhoeffer, Sanctorum communio, 170.

entkommen lassen. Freilich entgeht mir aber auch dadurch nicht nur der aufmunternde Blick des andern, sein freundlicher Händedruck, seine spürbare Nähe, seine tröstliche Umarmung, sondern auch die Herausforderung, die gerade am Friedensgruß erkennbar wird. Dessen Sinn liegt ja gerade darin, dass ich mich auch dem Menschen, „der mir eigentlich suspekt erscheint", als dem von Gott geliebten Menschen zuwende.

7. Auch wenn digitale Formate gottesdienstlicher Gemeinschaft eine bereichernde Ergänzung sein können und ihre Nutzung in bestimmten Situationen sogar alternativlos erscheinen mag, ist zu beachten, dass das biblische Verständnis christlicher Gemeinschaft letztlich auf leibhafte Begegnung abzielt und jede medial vermittelte menschliche Nähe im Vorletzten bleibt. Insofern erscheint es grundsätzlich berechtigt, am Mehrwert und an der Priorität leibhafter Gemeinschaft gegenüber digitalen Formaten festzuhalten.

Vor einiger Zeit erreichte mich eine E-Mail mit folgenden Sätzen einer an Krebs erkrankten Person:

> „Es war uns ein ganz besonderes Geschenk Gottes, dass ich am letzten Sonntag zum ersten Mal wieder am Gottesdienst und der Abendmahlsfeier in unsrer Gemeinde präsent teilnehmen konnte. Das letzte Mal war es im April 2021, vor dem Beginn meiner Diagnose. Die ‚Gemeinschaft der Heiligen' findet normalerweise eben nicht digital auf dem Sofa statt, sondern in der persönlichen Begegnung, von ‚Angesicht zu Angesicht'."

Obwohl die Person sehr dankbar dafür war, per Online-Übertragung trotz ihrer schweren Erkrankung und der coronabedingten Kontaktreduzierung an den Gottesdiensten ihrer Gemeinde partizipieren zu können, hatte für sie die Teilnahme in physischer Präsenz offensichtlich eine besondere Bedeutung. Angesichts dieser persönlichen Erfahrung stellt sich die Frage, ob es biblisch-theologische Anhaltspunkte gibt, die für die – oft intuitive – Bevorzugung von Präsenzformaten sprechen, oder ob ihre Präferierung eher auf generationenspezifische Gesichtspunkte bzw. auf eine begrenzte Vertrautheit mit digitaler Technik zurückzuführen ist. Würden „digital natives" bzw. „digital residents" vielleicht den Unterschied zwischen online und offline gar nicht so stark empfinden wie „digital immigrants" bzw. „digital visitors"? Ist die Frage der Bewertung von Online-Formaten möglicherweise nur eine Frage der technischen Affinität?

An dieser Stelle sei daran erinnert, dass es schon vor Beginn der Corona-Pandemie zu einer Wiederentdeckung der körperlichen Dimension im Rahmen evangelischer Spiritualität kam. Unabhängig von gesellschaftlichen Entwicklungen, die diese neue Betonung der Körperlichkeit förderten, plädiert Peter Zimmerling in seinem Beitrag „Evangelische Spiritualität und

Körperlichkeit“ für eine Integration der körperlichen Dimension sowohl aus christologischen als auch aus schöpfungstheologischen Gründen:

> „Christologisch gesprochen, vom Gedanken der Inkarnation her, drängt der Glaube nach Verleiblichung. Glaube ist nicht nur eine Sache der Innerlichkeit, sondern betrifft das ganze Leben. Sonst bleibt es beim abstrakten Reden über ihn. Aber auch schöpfungstheologisch, vom ersten Glaubensartikel her, legt sich die Berücksichtigung der leiblichen Dimension des Menschen im Gottesdienst nahe. Der Glaube hat nicht nur mit der Seele zu tun, in der Nachfolge von Descartes ein Missverständnis besonders des Neuprotestantismus, sondern umfasst auch den körperlichen Bereich.“[48]

Die Wertschätzung unmittelbar leibhafter Begegnung lässt sich daher nicht nur rezeptionsästhetisch erklären, sondern entspricht dem ganzheitlichen Verständnis biblischer Anthropologie und Soteriologie. Es ist die leibliche Verfasstheit des menschlichen Daseins, die auf leibliche Begegnung drängt.

Wenn in der oben zitierten E-Mail die „persönliche Begegnung, von ‚Angesicht zu Angesicht‘“ hervorgehoben wird, so mag sich hier auch eine Assoziation ergeben zu dem biblischen Sachverhalt, dass die Geschichte Gottes mit der Menschheit letztlich auf unmittelbare Gemeinschaft zielt, auf das Wohnen Gottes bei seinen Menschen (Joh 1,14; Offb 21,3), auf das Schauen Gottes von Angesicht zu Angesicht, von „Face-to-face“ (Num 12,8; 1Kor 12,3; 2Kor 5,7; 1Joh 3,2). Dies bedeutet keine Abwertung der durch Geist und Wort vermittelten Gemeinschaft, verleiht ihr aber einen vorläufigen Charakter. Eine analoge Tendenz lässt sich auf zwischenmenschlicher Ebene in den neutestamentlichen brieflichen Aussagen hinsichtlich der Gestalt christlicher Koinonia erkennen. Es ist zwar richtig, dass sich die christliche Gemeinde von Anfang an medialer Kommunikationsformen bediente. Allein schon die Integration von Schriftlesungen in den Gottesdienstablauf bedeutete, dass „die Äußerungen von nicht korporal in der Gemeinschaft Anwesenden eine wichtige Rolle spiel[t]en“[49]. Insbesondere ermöglichte die Nutzung des damaligen Mediums von Brief und Tinte die Überwindung raumzeitlicher Abstände. Doch gleichzeitig lassen gerade die Verfasser der neutestamentlichen Briefe zumindest partiell erkennen, dass sie die leibhafte Begegnung mit den Adressaten dem brieflichen Kontakt vorziehen würden. So schreibt Paulus im Römerbrief: „Denn mich verlangt danach, euch zu sehen“ (Röm 1,1), ähnlich lesen wir in 2Joh 12: „Ich hätte euch viel zu schreiben, aber ich wollte es nicht mit Brief und Tinte tun, sondern ich hoffe, zu euch zu kommen und mündlich mit euch zu reden, damit unsere Freude vollkommen sei“ (vgl. 3Joh 3f: „[I]ch wollte nicht

---

48 Zimmerling, Evangelische Spiritualität und Körper, 17.

49 Vgl. Grethlein, Liturgia ex machina?, 47f (Zitat: 48).

mit Tinte und Feder an dich schreiben. Ich hoffe aber, dich bald zu sehen“).[50] Wohl gibt es auch Ausnahmefälle, in der vorübergehend der brieflich vermittelte Kontakt „aus der Ferne“ der leibhaften Begegnung vorgezogen wird (2Kor 13,10), doch ist dies den besonderen Umständen der jeweiligen Situation geschuldet.

Damit sollen unmittelbar leibhafte Gemeinschaft und medial vermittelte Begegnungen im gottesdienstlichen Kontext nicht gegeneinander ausgespielt werden, gleichzeitig gilt es aber auch ihre Unterschiede, mit denen sich unterschiedliche Chancen und Grenzen verknüpfen, wahrzunehmen und nicht zu nivellieren. Wenn in der Beurteilung digitaler Möglichkeiten im Raum der Kirche zwischen einer skeptisch-widerständigen, euphorisch-begeisterten und konstruktiv-kritischen Haltung zu unterscheiden ist,[51] dann dürfte die konstruktiv-kritische Haltung am ehesten der Ambivalenz digitaler Kommunikationsformen entsprechen. Digitale Technik kann Gemeinschaft fördern und niederschwellige Zugänge eröffnen, sie kann Beziehungen jedoch auch verarmen lassen und neue Barrieren errichten[52], vor allem aber kann sie die leibliche Gegenwart anderer Christen, in der Bonhoeffer „eine gnädige Vorwegnahme der letzten Dinge“ sah,[53] nicht ersetzen.

Literatur

Barth, Karl, Kirchliche Dogmatik IV/2, Zürich ²1964.

Berger, Teresa, @ Worship. Liturgical Practices in Digital Worlds (Liturgy, Worship and Society Series), New York, NY 2019.

Bonhoeffer, Dietrich, Gemeinsames Leben / Das Gebetbuch der Bibel (DBW 5), Berlin 1989.

–, Ethik (DBW 6), München 1992.

–, Sanctorum communio. Eine dogmatische Untersuchung zur Soziologie der Kirche (DBW 1), München 1986.

Campbell, Heidi A. / Dyer, John (Hg.), Ecclesiology for a Digital Church. Theological Reflections on a New Normal, London 2021.

Deeg, Alexander, Gottesdienst in ‚Corona'-Zeiten oder: Drei Variationen zum Thema *Präsenz*, in: EvTh 81 (2021), 136–151.

–, Liturgie – Körper – Medien. Herausforderungen für den Gottesdienst in der digitalen Gesellschaft. Eine Einführung, in: ders. / Lehnert (Hg.), Liturgie – Körper – Medien, 9–28.

---

50 Vgl. Le Duc, The Church's Online Presence, 29f.

51 Vgl. Deeg, Einführung, 13–17.

52 Sturm, Transhumanismus und Digitalisierung, 447f.

53 Bonhoeffer, Gemeinsames Leben, 16.

– / Lehnert, Christian (Hg.), Liturgie – Körper – Medien. Herausforderungen für den Gottesdienst in der digitalen Gesellschaft (Beiträge zu Liturgie und Spiritualität), Leipzig 2019.

Dyer, John, Exploring Mediated *Ekklesia*: How We Talk about Church in the Digital Age, in: Campbell / Dyer, Ecclesiology for a Digital Church, 3–16.

Fuchs, Thomas, Verteidigung des Menschen. Grundfragen einer verkörperten Anthropologie, Berlin ^{2}2020.

Gallus, Petr, Gotteswerk und Menschenwerk im Gottesdienst. Karl Barths Verständnis des Gottesdiensts, in: Hans-Peter Grosshans / Malte Dominik Krüger (Hg.), In der Gegenwart Gottes. Beiträge zur Theologie des Gottesdienstes, Frankfurt a. M. 2009, 161–188.

Grethlein, Christian, Liturgia ex machina? Gottesdienst als mediales Geschehen, in: Deeg / Lehnert (Hg.), Liturgie – Körper – Medien, 45–64.

Hauck, Friedrich, Art. κοινός, κοινωνός, κοινωνέω, κοινωνία, συγκοινωνός, συγκοινωνέω, κοινωνικός, κοινόω, in: ThWNT Bd. 3, Stuttgart 1950, 789–810.

Kirchenamt der EKD (Hg.), Kommunikation des Evangeliums in der digitalen Gesellschaft. Lesebuch zur 7. Tagung der 11. Synode der Evangelischen Kirche in Deutschland / 9. bis 12. November 2014 in Dresden, 2. korrigierte Aufl. mit Kundgebung, 2015, online: https://www.evrel.phil.fau.de/files/2019/02/synode2014-lesebuch.pdf (abgerufen am 31.08.2022).

Le Duc, Anthony, The Church's Online Presence and Ecclesial Communion: Virtual or Real?, in: Campbell / Dyer (Hg.), Ecclesiology for a Digital Church, 17–32.

Leppin, Volker, Abendmahl und Agape. Zu den liturgischen Möglichkeiten in der Krise, Zeitzeichen 23.04.2020, online: https://zeitzeichen.net/node/8291 (abgerufen am 02.01.2023).

–, In, mit und unter. Ein digitales Abendmahl widerspricht dem lutherischen Verständnis, online: zeitzeichen.net 08.04.2020, https://zeitzeichen.net/node/8223 (abgerufen am 02.01.2023).

Merle, Kristin, Kulturelle Adaptionen. Religiöse Rituale im (Medien-)Wandel, in: Deeg / Lehnert (Hg.), Liturgie – Körper – Medien, 77–94.

Mühleis, Volkmar, Der Gottesdienst im Zeitalter seiner digitalen Reproduzierbarkeit, in: Deeg / Lehnert (Hg.), Liturgie – Körper – Medien, 29–43.

Reimann, Ralf Peter, Wertschätzung durch das Internet. Warum das Online-Abendmahl keine Banalisierung eines Sakraments darstellt, zeitzeichen.net 22.04.2020, online: https://zeitzeichen.net/node/8290 (abgerufen am 02.01.2023).

– / Leppin Volker, pro und contra: Ist digitales Abendmahl sinnvoll?, zeitzeichen.net (ohne Datum), online: https://zeitzeichen.net/node/8326#pro (abgerufen am 02.01.2023).

Schlag, Thomas/ Nord, Ilona / Lämmlin, Georg / Yadav, Katharina, Digitalisierung in der Kirche. Aktivitäten, Potenziale, Chancen – und was jetzt fehlt, in: DtPfrBl 123 (2023), 203–207.

Schrodt, Christoph, Abendmahl: digital. Alte und neue Fragen – nicht nur in Zeiten der Pandemie, in: ZThK 118 (2021), 495–515.

Schumacher, Jörn, Spielen und Beten im Metaverse: Gottesdienst in Minecraft, PRO-Medienmagazin 09.08.2022, online: https://www.pro-medienmagazin.de/spielen-und-beten-im-metaverse-gottesdienst-in-minecraft/ (abgerufen am 31.12.2022).

Springhart, Heike, Gottesdienstliches digitales Neuland in Zeiten der Pandemie. Ein Erfahrungsbericht in theologischer Absicht, in: EvTh 81 (2021), 124–135.

Sturm, Wilfried, Transhumanismus und Digitalisierung, in: ztp 143 (2021), 425–451.

Tchatchouang, Chibiy / Burkhardt, Friedemann, Digitale Gottesdienst- und Gemeindeangebote, in: Friedemann Burkhardt / Simon Herrmann / Tobias Schuckert (Hg.), Stuttgarter Gottesdienst- und Gemeindestudie. Religionssoziologische Momentaufnahme christlicher Gemeinden einer europäischen Metropolregion in ökumenischer Perspektive, Leipzig / Baden-Baden 2022, 279–294.

Vaihinger, Dirk, Virtualität und Realität – Die Fiktionalisierung der Wirklichkeit und die unendliche Information, in: Holger Krapp / Thomas Wägenbaur (Hg.), Künstliche Paradiese – Virtuelle Realitäten: Künstliche Räume in Literatur-, Sozial- und Naturwissenschaften, München 1997, 19–46.

Walti, Christian, Digitalisierte Technik und liturgische Interaktion. Methodische Zugänge, Explorationen, Problematisierungen, in: Deeg / Lehnert (Hg.), Liturgie – Körper – Medien, 127–141.

Wiefel-Jenner, Katharina, „Betet heute jemand die #Twomplet vor?" oder Warum man Tagzeitengebete im Netz nicht allein betet, in: Deeg / Lehnert (Hg.), Liturgie – Körper – Medien, 95–112.

Zimmerling, Peter, Evangelische Spiritualität und Körperlichkeit, TEXT RAUM 26/52 (2020), 15–18.

V Seelsorge und Diakonie

Gleichzeitigkeit der Ungleichen

Ein Essay zum Zeitgeist in seelsorglicher Begleitung

Von Traugott Roser

1 Aus der Zeit geworfen sein: eine biographische Erinnerung

Zu meinen prägenden Kindheitserinnerungen gehört eine Erfahrung, die ich heute, bald ein halbes Jahrhundert später, als meine früheste Erfahrung von Ungleichzeitigkeit des Gleichzeitigen deute. Mein Vater kehrte von einer Dienstreise nach Bonn nicht nach Hause, eine kleine Gemeinde in der Nähe von Erlangen, zurück. Er musste wegen eines akuten Herzinfarkts die Heimreise in Frankfurt a. M. abbrechen, wo er notfallmäßig in ein Krankenhaus aufgenommen wurde. Ich wurde Zeuge des Telefonats meiner Mutter mit dem behandelnden Arzt in Frankfurt. Jetzt, im Zeitraum eines Telefonats, war meine Welt eine andere. Die Formulierung, die auf der medizinischen Schilderung des Arztes basierte und die meine Mutter in den anschließenden Telefonaten mit Familie, Freunden und dienstlichen Gesprächspartnern mehrfach wiederholte, hat sich mir tief eingebrannt: „Er ist noch nicht über den Berg." Mutter schien nur noch am Telefon zu sein, Dinge regelnd, um so schnell wie möglich nach Frankfurt zu kommen und die vier Kinder – ich war der jüngste Sohn – bei Nachbarinnen unterzubringen. Ich war etwa neun Jahre alt und sollte weiter Hausaufgaben für die Schule machen. Das normale Leben ging ja weiter, schon am nächsten Tag würde wieder Schule sein, und es stand außer Frage, dass ich, wie auch meine Brüder, den schulischen Alltag nicht unterbrechen sollte. Die Welt drehte sich weiter, mit Hausaufgaben am Jugendschreibtisch, mit Comedy-Spielchen im Bayerischen Rundfunk und dem unterhaltsamen Schlagergedudel. Nur *wir*, die Familie eines plötzlich auf den Tod Erkrankten, passten da nicht mehr hinein. Ich weiß genau, dass ich bei mir damals gedacht habe: Warum machen die weiter, wo doch die Welt stillsteht! Wir leben in derselben Zeit, aber unsere Leben sind völlig verschieden.

Erst viel später lernte ich den Begriff Kontingenzerfahrung kennen. Wie sich das anfühlt, habe ich an jenem Tag erlebt. Zwei Dinge bleiben mir aus dieser Zeit in Erinnerung: Das Hoffen, Bangen und Schweben in Ungewissheit, verbunden mit der Sorge um das „noch nicht über dem Berg sein" des Vaters dauerte fünf Wochen. Erst dann wurde mein Vater von der Intensivstation in Frankfurt nach Hause entlassen und konnte seinen Heimweg endlich fortsetzen. Im innerfamiliären Narrativ sind diese fünf Wochen eine Zeit, die anders und konträr zu allen anderen Zeiten vorher und nachher ist: Fünf Wochen lang stritten meine Brüder und ich nicht, fünf Wochen sorgten die Nachbarinnen und Tanten für Essen und Betreuung, wenn die Mutter ins Krankenhaus gereist war. Fünf Wochen beteten wir, dass der Papa bald wieder nach Hause kommt und gesund wird. Fünf Wochen lebten wir in einer Art Blase.

Dieser Empfindung eines besonderen, krankheitsbedingten Zeitgeistes, begegnet man in dem berühmten „Funeral Blues" von Wystan Hugh Auden, ursprünglich als Parodie auf den Tod eines Diktators verfasst, aber seit seiner Erstpublikation 1936 mehrfach neu aufgelegt. Die erste Strophe der Elegie beginnt mit dem Zeitmotiv: „Stop all the clocks".

> „Haltet die Uhren an, durchschneidet die Kabel der Telefone,
> Mit saftigem Knochen zeigt eurem Hund, daß es lohne,
> Nicht zu bellen; gebietet Klavieren zu schweigen; geleitet mit dumpfem
> Trommelrühren den Sarg: im Blick der Trauernden, dem stumpfen."[1]

2 Kirche als dynamische Gemeinschaft der Ungleichzeitigen

Zeit und Zeiterfahrung spielen in der Seelsorge, insbesondere in der Krankenseelsorge eine zentrale Rolle. Zeiterfahrungen und Zeitverständnis der einander in Gespräch und Begleitung Begegnenden sind unterschiedlich, wie ich im Folgenden darstellen will. In der Begegnung begegnen sich Individuen mit unterschiedlicher Erfahrung, Frömmigkeit, Alter, Bildung etc.; in der Begegnung ereignet sich aber – im Horizont christlich geprägter Spiritualität, präziser: im Horizont des Evangeliums – Kirche als der Raum, in dem Ungleichzeitiges gleichzeitig werden kann. Theologisch hat Trutz Rendtorff auf das spannungsvolle Begriffspaar von Ungleichzeitigkeit und Gleichzeitigem aufmerksam gemacht und damit Kirche (in seinen Überlegungen Volkskirche) als Institution der Freiheit bestimmt:

> „Die Volkskirche als die allgemeine Gestalt für vorhandene Kirchlichkeit und bestehendes Christentum ist das Haus, in dem das christliche Leben und Bewußtsein seinen geschichtlichen Erfahrungen und Voraussetzungen begegnet. Sie ist die Praxis, in deren Vollzug die Christenheit in Zuspruch und Widerspruch ihre je eigene christliche Identität findet. Sie ist der Raum, in dem die Ungleichzeitigkeit des Gleichzeitigen beisammenbleiben kann, ohne dem sektenhaften Druck zur Konformität zu unterliegen, jene Ungleichzeitigkeit, die sich in der Individualität von Frömmigkeit, Alter, Beruf, genauso ausdrückt wie in Bildung, gesellschaftlicher Stellung und Lebenserwartung."[2]

---

1 Auden, Liebesgedichte, 8f.

2 Rendtorff, Verantwortung, 31.

In der seelsorglichen Begegnung kommt es tatsächlich zu einer Dynamik differierender Erfahrungen von Zeit in einem konkret bestimmbaren Zeitfenster, das nicht nur chronologisch, sondern spirituell zu bestimmen ist und dem damit eine Dynamik eignet, die prozesshaft ist. Peter Zimmerling nimmt in seiner Beschreibung einer trinitarisch geprägten Seelsorge Bezug auf ein Wort Martin Luthers, das die Spiritualität der Seelsorge in der „Spannung zwischen ‚schon jetzt' und ‚noch nicht'" in Zeitdimensionen und Prozesse einträgt:

> „‚Das christliche Leben ist nicht Frommsein, sondern ein Frommwerden, nicht Gesundsein, sondern ein Gesundwerden, nicht Sein, sondern ein Werden, nicht Ruhe, sondern eine Übung. Wir sinds noch nicht, wir werdens aber. Es ist noch nicht getan und geschehen, es ist aber im Gang und Schwange. Es ist nicht das Ende, es ist aber der Weg. Es glühet und glänzt noch nicht alles, es bessert aber alles.'"[3]

Seelsorge, zumal Krankenseelsorge, geschieht auf diesem Weg, weshalb es sich lohnt, dem Zeitgeist etwas genauer nachzusinnen.

3 Einbruch der Endlichkeit als Moment der Ungleichheit

Betroffene im hier näher betrachteten Kontext der Palliativmedizin, Patient:innen und ihre Zugehörigen erleben die Mitteilung der Diagnose einer schweren Krankheit als eine zwar rein subjektiv empfundene, aber dennoch radikale Unterbrechung der Zeit: In einem Moment noch befinden sie sich mit Behandlern, etwa einer Fachärztin, in bester Synchronizität; der Besprechungstermin ist für beide im Kalender vereinbart. Nach der Mitteilung und einer ersten Beratung muss das Gespräch von Seiten der Ärztin oder des Arztes bald beendet werden, denn der Terminplan sieht andere Termine vor, die Zeit schreitet planungsmäßig voran, ist getaktet und wird nach Zeiteinheiten abgerechnet. Der Patient oder die Patientin muss sich nach einem solchen Gespräch erst einmal sortieren, sagt vorab Geplantes ab und nimmt gleichsam eine Auszeit in Anspruch. Mit der Diagnosestellung beginnt nicht nur eine andere Zeitrechnung, sondern die Zeitgestaltung richtet sich nun nach vorgegebenen Plänen: Während der Behandlungsphasen ist die Zeitplanung des Patienten oder der Patientin außerhalb der eigenen Kontrolle: Untersuchungs- und Labortermine, Beratungsgespräche, dazwischen viele Minuten und Stunden des Wartens, Maßnahmen, Eingriffe und Therapien folgen einem fallpauschalierten Zeitregime.

Wolfgang Schreiber, bis zum Sommer 2021 ärztlicher Direktor des Bezirksklinikums Mainkofen und Chefarzt der dortigen Klinik für Psychiatrie, Psychotherapie und Psychosomatik,

[3] Zitiert bei Zimmerling, Trinitarisch geprägte Seelsorge, 528.

hat, als er an einem Krebsleiden erkrankte, seine Erfahrung als Patient in 38 Notaten festgehalten und sie der Zeitschrift für Palliativmedizin zur Veröffentlichung zur Verfügung gestellt. In seiner Person vollzog er in nur wenigen Tagen den radikalen Perspektivwechsel vom Chef zum Patienten und beschrieb ihn auch als ein Zeiterleben, bestimmt von einem ihm neuen, gänzlich anderen Zeitgeist, der nun Einzug in sein Denken und Verhalten hält: auf Endlichkeit getrimmt, nicht mehr auf Rechthaben, Bestimmen.

> „Ich halte auf künftige Lebensdauer grundsätzliche Distanz zu mir selbst, in meinem Kopf ein tief reichender Riss, eine Spaltung, an deren Rand entlang ich jetzt zu leben versuche. Worauf kann ich von nun an vertrauen, kein Schutz, nirgendwo. Erosion des eigenen Lebens, als zukünftiger Auftrag, den ich zu erfüllen habe, wohin kann ich mich jetzt wenden? Die Schwelle des Rechthabens ist längstens überschritten, gnadenlos die Belanglosigkeit dieser Fragestellung, nichtig die vermeintlichen Antworten. Was passiert, wenn ich mich zurücklehne, an der sprichwörtlichen Tasse Tee nippe. Und was passiert gegebenenfalls nicht? Was macht den Unterschied aus? Gibt es denn überhaupt einen Unterschied? Und wie ist es um mein Feingefühl für diesen Unterschied, falls er denn existiert, bestellt?“[4]

Aus der Perspektive von Patient:innen und Zugehörigen kommt dem biblisch vertrauten Begriffspaar präsentischer Eschatologie, dem „schon jetzt“ und „noch nicht“, eine bedrängend andere Qualität zu: „Schon jetzt“ soll es mit dem gewohnten Leben vorbei sein? Gebete um Heilung und Bewahrung sind bestimmt durch ein banges „noch nicht“. Die Alltagszeit ist unterbrochen und bedroht durch konkrete, nicht abstrakte Endlichkeit. Begleiterinnen und Begleiter sind zwar zur gleichen Zeit vor Ort, aber haben dennoch eine gänzlich andere Zeiterfahrung, wenn sie am Ende des Tages nach Hause gehen können und ihrem Alltag nachgehen. Es ist eine Ungleichzeitigkeit im Gleichzeitigen, die nach Sensibilität im Umgang mit der Zeit der Gesprächspartner:innen, ihrer Wahrnehmung und Gestaltung verlangt. Dieser Umgang, diese Haltung und die Gestaltung soll im Folgenden als „Zeitgeist“ bezeichnet werden.

4 Zeitgeist als Ausdruck von Machtansprüchen und Ohnmachtserfahrung

Der Begriff Zeitgeist wird meist kulturkritisch, um nicht zu sagen, kulturskeptisch bis polemisch verwendet. In theologischen und anderen Standard-Lexika wird dem Begriff keine größere Aufmerksamkeit geschenkt, wenngleich er auch in der Wissenschaft oft verwendet wird.

4 Schreiber, Warten, 298.

Ein Blick in den Wikipedia-Artikel[5] klärt ansatzweise auf: Johann Gottfried Herder, Dichter und Philosoph, hat ihn erstmals 1769 verwendet, als Polemik gegen einen Zeitgenossen namens Christoph Adolph Klotz, der von einem „*genius saeculi*" sprach, einem für ein Zeitalter herrschenden Gedanken.[6] Das Drückende, Herrschende des Zeitgeistes ist es, was Herder stört, er sieht darin eine Gefahr für die Freiheit des Denkens. Auch der Zeitgeist verzichtet nicht auf normative Vorgaben, die zwar nicht mehr aus religiösen Traditionen stammen, aber dennoch konformes Denken und Verhalten erzwingen. Johann Wolfgang von Goethe spitzt im Faust I den Gedanken zu:

> „Was ihr den Geist der Zeiten heißt,
> Das ist im Grund der Herren eigner Geist,
> In dem die Zeiten sich bespiegeln."

Die kulturkritische Intention der Verwendung des Begriffs Zeitgeist zieht sich durch spätere Epochen hindurch. Nicht nur der Geltungsanspruch des Zeitgeists, sondern auch der Geist hinter dem Zeitgeist selbst, die Ideen und Vorstellungen werden zunehmend in Frage gestellt. Hans Magnus Enzensberger schreibt: „Etwas Bornierteres als den Zeitgeist gibt es nicht. Wer nur die Gegenwart kennt, muß verblöden." Und: „Wer sich ganz und gar dem Zeitgeist verschreibt, ist ein armer Tropf. Die Innovationssucht der ewigen Avantgarde hat etwas Kastrierendes."

Wenn der Begriff weder eigener theologischer lexikalischer Beiträge wert ist und dennoch gern in religiösen Sonntagsreden – gemeinhin Predigten genannt – negativ verwendet wird, wer will dann noch von einem Zeitgeist in der Begleitung reden?

4.1 Vom (Un-)Recht des Zeitgeistes

Zwei Perspektiven sind es, die eine positive Einordnung und Umsetzung ermöglichen. Die eine ist die Perspektive des Patienten oder der Patientin, die aufgrund ihrer besonderen Zeitperspektive in kritischer Weise den herrschenden, normierenden Zeitgeist im Medizin- und Gesundheitsbetrieb in Frage stellt. Denn dieser ist weniger an der subjektiven Erfahrung des kranken Menschen oder auch seines Familiensystems interessiert, sondern von evidenzbasierter Wirksamkeit, Pragmatik von Dienstplänen und ökonomischen Vorgaben wie Abrechenbarkeit oder Personal- und Ressourcenallokation bestimmt. Die Endlichkeitserfahrung des Patienten ist, dass ihm die Zeit davon

5 https://dewiki.de/Lexikon/Zeitgeist (abgerufen am 22.12.2022). Von dort stammen auch die folgenden Zitate.

6 Vgl. auch Oergel, Zeitgeist, 9.

läuft und jedes Warten auf eine diagnostische Untersuchung oder medizinische Maßnahme wertvolle Lebenszeit stiehlt. Und dennoch muss er sich dem herrschenden Zeitgeist, dem leitenden Paradigma von Praktikabilität und Rentabilität unterwerfen. Es war die Palliativmedizin, die hier zumindest einen Gegenentwurf wagte und die Zeittaktung medizinischer und pflegerischer Versorgung den subjektiven Bedürfnissen von Patientinnen und Patienten und ihren An- und Zugehörigen anzupassen versuchte. So zumindest verstehe ich den Cicely Saunders zugeschriebenen Leitsatz, der sich auf zahllosen Flyern der Hospiz- und Palliativbewegung wiederfindet: „Es geht nicht darum, dem Leben mehr Tage zu geben, sondern den Tagen mehr Leben."

Es handelt sich dabei um einen Versuch, durch ganzheitliche und patientenzentrierte Begleitung Gleichzeitigkeit herzustellen, sich ganz dem Erleben, den Belastungen und Bedürfnissen, aber auch den Ressourcen des Patienten oder der Patientin zuzuwenden und von da aus Betreuung, Versorgung und Behandlung zu gestalten. Dies ist in der Palliativversorgung nicht erst in der letzten Lebensphase – im Sterbeprozess – sinnvoll, sondern, wie im oben erwähnten Text von Wolfgang Schreiber zu erkennen, schon mit der Diagnosestellung angebracht. In der Palliativmedizin nennt man dies „Early Integration of Palliative Care": Eine möglichst frühzeitige Einbindung von Fragestellungen und symptomlindernden Maßnahmen sind vom Anfang eines chronischen oder letztlich zum Tode führenden Krankheitsverlaufs sinnvoll. Die Endlichkeit wird so von Anfang an mitbedacht, ohne alles zu beherrschen; aber gerade damit stellt sie den sonst herrschenden Zeitgeist in Frage durch konsequente Patientenzentrierung.

4.2 Das Einklagen von Zeitbedarf

Die zweite Perspektive ist damit schon benannt. Sie besteht in eben jener Patientenzentrierung, die das Herz der Palliativversorgung ist, die aber – mal als Subjektorientierung, mal als Klientenzentrierung – auch pastoralpsychologische Seelsorgekonzeptionen prägt. In der Begleitung berühren sich unterschiedliche Zeiterfahrungen. Der Zeitgeist ist dann nicht der generelle Arbeits- und Behandlungstakt des medizinischen Umfelds, sondern es ist der unmittelbar in einer Begleitung sich entwickelnde Geist der Zeit dieser einmaligen Begegnung zwischen (mindestens) zwei Personen, Patient bzw. Patientin mit Zugehörigen und Begleiterinnen und Begleitern. Das kann in einem streng geregelten Umfeld wie einer Klinik zu Konflikten, manchmal auch Reibungsverlusten führen, etwa dann, wenn eine Seelsorgeperson sich noch etwas Zeit zum Abschluss eines Besuchs erbittet, wenn die Chefarztvisite ins Patientenzimmer kommt. Das Bestehen auf der gemeinsam vereinbarten Besuchs- und Gesprächszeit kann aber auch Potential freisetzen, die dem Zeitregime der Station zugutekommt, weil auf diese Weise dem subjektiven Empfinden der Beteiligten Aufmerksamkeit gewidmet und dieses konstruktiv in die Betreuungsbeziehung eingebunden werden kann.

5 Lineare und zirkuläre Zeiterfahrungen

5.1 „Trajectories"

Für Patient:innen mit einer oder multiplen und in der Summe lebensbedrohlichen Erkrankungen und ihre An- und Zugehörigen stellt eine Krankheitserfahrung eine lineare Zeiterfahrung dar, einen Krankheitsverlauf mit einem in der Regel präzise benennbaren Anfangspunkt, der meist der konkreten Diagnose vorausliegt: einem ersten Unwohlsein oder Spüren, dass „etwas nicht stimmt", oder einem akuten Vorfall. Der Verlauf hat auch einen – oft gefürchteten, manchmal erwarteten, gelegentlich auch ersehnten und neuerdings (durch legale Suizidassistenz) aktiv kontrollierend setzbaren Endpunkt „Sterben". Die einzelnen Ereignisse auf der Zeitschiene werden von den Betroffenen als jeweils gänzlich *neu* erlebt. Fachärztinnen und Palliativmediziner aber fügen gehäuft auftretende und in der Literatur beschriebene „Marker" in eindrucksvollen „trajectories"[7] zusammen, bilden sie in stetig voranschreitenden Krankheitsverlaufskurven ab. Statistische Erhebungen in der Literatur und Beobachtungen aus eigenen Jahren der Betreuung und Behandlung von Patientinnen und Patienten mit vergleichbaren Krankheitsbildern lassen Muster erkennen, die sich wiederholen. Für die Behandelnden gibt es also ein zirkuläres Zeiterleben, ein seriell wiederkehrendes Muster. Patient:innen und ihre Angehörigen fragen deshalb die behandelnden Personen mitunter: „Wie lange habe ich denn noch?" und „Was steht mir noch bevor"? Hier schleicht sich aber eine Ungleichzeitigkeit ein, denn während für den Patienten oder die Patientin der eigene Krankheitsverlauf linear voranschreitet, befinden sich Behandler und Behandlerinnen in einer zirkulären Zeitstruktur. Auch wenn die je einzelne Begleitung singulär bleibt, wiederholen sich Muster, Einschnitte, Symptome, man erkennt sie wieder und weiß, wohin der Weg führt. Egal, wie man sich auf den Einzelfall konzentriert: Man weiß, dass ein Palliativbett oder ein Gästezimmer im Hospiz nach dem Versterben des aktuellen Gastes wieder mit einem neuen Gast belegt werden wird.

5.2 Liturgische Zeitzyklen

In der Theologie wird die Differenz zwischen Zirkularität von Zeit und Linearität von Zeit im Bereich der Liturgik[8] bearbeitet, genauer im Zusammenhang der geprägten Zeiten des Kirchenjahres. Christinnen und Christen feiern den Jahresverlauf als Kirchenjahr von Advent über Weihnachten, Passion und Ostern bis zum Totensonntag, den wir auch Ewigkeits-

---

7 Vgl. beispielsweise Ziegler u. a., Identifying.

8 Vgl. zum Folgenden vor allem Bieritz, Das Kirchenjahr.

sonntag nennen. Das Ganze nennt die Praktische Theologie, die sich dem Kirchenjahr in Geschichte und Gegenwart seit geraumer Zeit mit neuer Aufmerksamkeit widmet,[9] „Festkalender“ mit „Festkreisen“, „Jahresfestkreis“[10] mit drei geprägten Zeitabschnitten und der anschließenden Trinitatiszeit. An markanten Punkten werden Feste gefeiert, mit allem, was dazu gehört: Gemeinschaft, Musik, Essen und Trinken. Jedes Fest hat seine eigene Liturgie. Naturzeitliche Rhythmen und Traditionen des jüdischen Festkalenders finden sich ebenso wie Spuren der paganen Umwelt. Im Kirchenjahr bildet sich aber auch die Erfahrungswelt des Lebenslaufs der einzelnen Menschen ab, so dass sich „Resonanzräume“ bilden, „in denen sich je unterschiedliche Selbst- und Weltempfindungen zum Ausdruck bringen“[11]. Wenn der jährlich wiederkehrende kirchliche Festkalender an die „Phasenfolge eines Lebenszyklus“[12] erinnert, so widmen christliche Gemeinden eigene, spezielle Kasual-Gottesdienste und liturgisch begangene Feste einzelnen Ereignissen, die einer Lebenslinie folgen, von der Geburt über das Erwachsenwerden, die Partnerwahl bis zum Sterben und den Zeiten der Trauer. Diese Kasualien werden mit immer wiederkehrenden Ritualen als Feste begangen, deren Liturgien sich in Jahrzehnten und Jahrhunderten entwickelt haben und die Menschen durch Wiederholung – in unterschiedlichem Beteiligungsgrad – vertraut sind. Bevor man selbst als Braut vor den Altar tritt, war man meist mehrere Male bei anderen zu Gast oder hat kirchliche Trauungen in Filmen und Fernsehübertragungen mitverfolgt. Wenn es die eigene Person schließlich selbst trifft, dann ist sie mit dem Ritual bereits einigermaßen vertraut. So hat das Ritual im „Ernstfall“ orientierende, beruhigende und stabilisierende Funktion, es schafft Verlässlichkeit in einer ungewissen Situation, die ritualtheoretisch als liminal beschrieben wird.[13] Diese Praxis wirkt sich auch auf die Gestaltung der seelsorglichen Begleitung im Kontext von Krankheit und Sterben aus. Die Linearität des Lebens wird durch biographisches Erzählen eingeholt, das manchmal auch den Charakter einer Lebensbeichte annimmt. Seelsorgerinnen und Seelsorger begleiten die lineare Zeiterfahrung von Patient:innen und ihren Familien allerdings immer wieder durch Rituale, die an bestimmte Lebensereignisse und damit verbundene Bedürfnisse anknüpfen und zugleich die Endlichkeit des Lebens und den Verheißungscharakter des Glaubens in Szene setzen. Sie haben Wiedererkennungswert, weil sie zum Lebenskreis und zum Festkreis kirchlichen Lebens gehören. Die Ungleichzeitigkeit wird zu einer Gleichzeitigkeit im Handeln und Erleben. Die Begriffe der Feier und des Festes sind dabei wichtig, weil sie mit Gemeinschaft, Essen und Trinken, Musik und Gebet,

---

9 Vgl. Fechtner, Kirchenjahr.

10 A. a. O., 363.

11 A. a. O., 364.

12 A. a. O.

13 Vgl. Morgenthaler, Rituale.

mit Lebensfreude und grundlegenden Affekten wie Freude und Dankbarkeit, Schmerz und Sehnsucht verbunden sind.

5.3 Dynamische Spannungen im Festkreis

Der christliche Festkalender ist allerdings durch eine weitere Zeiterfahrung bestimmt, die auf Ungleichzeitigkeit als kosmologisches Prinzip aufmerksam macht: den solaren und den lunaren Kalender. Mondzyklus und Sonnenzyklus stehen im christlichen Festkalender in einer dynamischen Spannung: Das Christusgeschehen wird über das Jahr hinweg sowohl an feststehenden Tagen des Sonnenkalenders gefeiert wie Weihnachten, aber es richtet sich im Leidens- und Auferstehungsnarrativ nach dem Mondkalender: Ostern ist am Sonntag nach dem ersten Vollmond nach der Frühjahrs-Equinox und damit kalendarisch nicht fixiert. Es kommt zu Schwankungen, kein Jahr gleicht dem anderen. Leiden durchbricht Regelkreisläufe, und Auferstehung ist ein singuläres Ereignis, kein ewiger Zirkel von Reinkarnation. Die Übertragbarkeit dieser liturgischen Grunderfahrung des Christentums in die seelsorgliche Begleitung im Kontext von Krankheit, Gesundwerden und Sterben liegt auf der Hand. Im Krankenhaus und auch in der Seelsorge wiederholen sich Verläufe, aber das einzelne Leben passt nicht immer, wenn man es genau nimmt eigentlich nie, ins Schema. Und gerade das sind dann im Erleben der Kranken und ihres nahen Umfelds die zentralen, krisenhaft erlebten Ereignisse: Schmerzspitzen, überraschend akute Krisen, die zwar vom „trajectory" her erwartbar scheinen, aber dennoch keinem getakteten Therapieplan folgen.

6 Vom Kairos im Chronos

Das geht mit einer dritten Differenzierung im Zeiterleben einher, der schon in der Mythologie Gestalt gefunden hat in den beiden Figuren von Chronos und Kairos. Chronos ist die Herrscherfigur, Vater des Zeus, oft als bärtiger alter Mann dargestellt, verrinnende Zeit, unbarmherzig im Fortschreiten, alles verschlingend. Er entspricht der maschinellen Zeiterfahrung im industriellen und postindustriellen Zeitalter. Kairos dagegen wird meist als Jüngling dargestellt, als einmaliger Moment, göttlich festgesetzter Zeitpunkt. Doch der Kairos ist ein flüchtiger Moment, der sich unerwartet einstellt und nicht festgehalten werden kann. Er wird mit Flügeln an den Füßen dargestellt, weil er im Fluge vergeht. Er hat einen kahlen Hinterkopf, weil man den Kairos-Moment nicht festhalten kann, wenn er vorüber ist. Aber er trägt eine Haarlocke, die ihm in die Stirn fällt, damit man ihn ergreifen kann, wenn man ihn erkennt.[14] In der Seelsorge und im Ritual gibt es diesen besonderen Moment, in dem man den Patienten oder die Patientin an der Stirn berührt, ihn mit einem Kreuz bezeichnet, manchmal auch mit Salböl. Damit segnet man das Zeitliche – nicht das Ende des Lebens, sondern das Geschenk des Lebens, wie es ist, wie es war und wie es verheißen ist. In einer solchen rituell gestalteten Berührung ereignet sich Gleichzeitigkeit, als gemeinsam erlebter und ergriffener Kairos, der nicht festgehalten, aber erinnert werden kann.

7 Seelsorge als Geist des Kairos

Angesichts einer fortschreitenden Ökonomisierung des Gesundheitswesens und zunehmenden Tendenzen zu einer Verdrängung oder einem kirchenleitend selbstgewählten Rückzug von Seelsorge aus dem Gesundheitswesen stellt sich die Frage nach dem Zeitgeist in der Seelsorge in kritischer Weise. Welchem mythischen Geist folgen wir in der zeitlichen Gestaltung der Begleitung, sowohl im Gesundheitswesen, seinen Trägerinstitutionen als auch in den einzelnen Berufsgruppen: dem Chronos, dem unerbittlichen Regime der Taktung? Oder rechnen wir mit dem Kairos, einem besonderen Moment in der Zeit? In theologischer Sprache ist es ein eschatologischer Moment, der Einbruch von Ewigkeit in Zeitlichkeit. Diese Zeit ist geschenkte Zeit. Sie wird weder vom Patienten oder der Patientin hergestellt, noch von begleitenden Personen. Aber sie ist für beide Seiten spürbar als gleichzeitig erlebter Moment von Ewigkeit und von Wahrhaftigkeit. Kairos ist die besondere Qualität, die sich in der Begleitung ereignen kann, wenn sie nicht nach dem Konzept der Quantität arbeitet, der pauschalierten Zeittaktung eines nach Fallpauschalen abrechenden Gesundheitssystems. Der Kairos-Moment kann sogar völlig kontrafaktisch wirken, als Glücksmoment mitten in einem Umfeld, das sonst durch existenzielles Leiden geprägt ist. Wir können ihn weder festhalten noch herstellen, aber wir können Rahmenbedingungen schaffen, dass er sich ereignen kann und dass wir ihn erkennen. Es ist ein besonderer Geist, den zuerst die Seelsorge in das Krankenhaus gebracht hat, der dann aber von Palliativärzt:innen, Pflegekräften und Therapeut:innen aufgegriffen wurde, und der zu einer Haltung führt, die explizit den Satz „ich habe keine Zeit“ zu vermeiden sucht. Statt-

14 Vgl. den Abschnitt von Johannes Gründel zu Kairos im Lexikon für Theologie und Kirche: „Wer bist du? / Ich bin Kairos, der alles bezwingt! / Warum läufst du auf Zehenspitzen? / Ich, der Kairos, laufe unablässig. / Warum hast du Flügel am Fuß? / Ich fliege wie der Wind. / Warum trägst du in deiner Hand ein spitzes Messer? / Um die Menschen daran zu erinnern, dass ich spitzer bin als ein Messer. / Warum fällt dir eine Haarlocke in die Stirn? / Damit mich ergreifen kann, wer mir begegnet. / Warum bist du am Hinterkopf kahl? / Wenn ich mit fliegendem Fuß erst einmal vorbeigeglitten bin, / wird mich auch keiner von hinten erwischen / so sehr er sich auch bemüht. / Und wozu schuf Euch der Künstler? / Euch Wanderern zur Belehrung.“

dessen gehen sie mit einer Haltung in die Begleitung: „Ich nehme die Zeit, die ich habe“. Das mag man Achtsamkeit nennen. Es ist der Zeitgeist der Begleitung, ein Geist der Gleichzeitigkeit im Ungleichzeitigen.

Als mein Vater aus Frankfurt zurückkehrte, nach fünf Wochen Bangen und Sorgen, nahm er sich Zeit. Zum ersten Mal in unserem Familienleben nahm er sich Zeit, um täglich mit jedem einzelnen seiner Söhne einen gemeinsamen Spaziergang zu machen. Da erst lernte er seine Söhne kennen. Das war unser Zeitgeist der Begleitung. Die Uhren mussten nicht mehr stillstehen. Aber sie tickten anders. Es war der Beginn einer neuen, gemeinsamen Zeit, entsprungen dem Wissen um Endlichkeit.

Literatur

Auden, Wystan Hugh, Liebesgedichte. Englisch und deutsch. Ausgewählt von Rüdiger Görner (insel taschenbuch 3346), Frankfurt a. M. / Leipzig 2008.

Bieritz, Karl-Heinrich, Das Kirchenjahr. Feste, Gedenk- und Feiertage in Geschichte und Gegenwart, München [2]2005.

Fechtner, Kristian, Evangelische Spiritualität im Kirchenjahr, in: Peter Zimmerling (Hg.), Handbuch Evangelische Spiritualität, Bd. 3: Praxis, Göttingen 2020, 357–373.

Gründel, Johannes, Art. Kairos II. Theologisch-ethisch, in: LThK[3] 5, 1130f.

Morgenthaler, Christoph, V. Rituale, in: Klaus Eulenberger / Lutz Friedrichs / Ulrike Wagner-Rau (Hg.), Gott ins Spiel bringen. Handbuch zum Neuen Evangelischen Pastorale, Gütersloh 2007, 174–198.

Rendtorff, Trutz, Die Verantwortung der theologischen Forschung und Ausbildung für die Kirche, in: ders. / Eduard Lohse, Kirchenleitung und wissenschaftliche Theologie, München 1974, 14–41.

Oergel, Maike, Zeitgeist – How Ideas Travel. Politics, Culture and the Public in the Age of Revolution, Berlin / Boston 2019.

Schreiber, Wolfgang, Warten auf meine TACE. Achtunddreißig Notate von dem, was vor dem Ableben bleibt, in: Z Palliativmedizin 22:6 (2021), 296–298.

Ziegler, Lucy u. a., Identifying Psychological Distress at Key Stages of the Cancer Illness Trajectory: A Systematic Review of Validated Self-Report Measures, in: Journal of Pain and Symptom Management 41:3 (2011), 619–636.

Zimmerling, Peter, Trinitarisch geprägte Seelsorge. Skizze der Beziehung zwischen evangelischer Spiritualität und Poimenik, in: ders. (Hg.), Handbuch Evangelische Spiritualität, Bd. 3: Praxis, Göttingen 2020, 517–536.

Literatur

Gerechtigkeit und Güte

Zum biblischen Ursprung der Diakonie

Von Christian Möller

Peter Zimmerling in Dankbarkeit für seine Freundschaft

1 Diakonie und Tischgemeinschaft

1. Die Frage nach dem biblischen Ursprung von Diakonie führt an den Tisch. Schon in der hellenistischen Antike hieß *diakonein* „bei Tische aufwarten". So ist es leicht zu verstehen, dass wir auch im Neuen Testament in Tischzusammenhänge geraten, wenn wir den Begriffen *diakonia* und *diakonein* nachgehen: Martha machte sich über viel Tischdienst (*diakonia*) in der Küche zu schaffen und kann deshalb in der guten Stube dem Herrn nicht, wie Maria, zu Füßen sitzen (Lk 10,40). Die Urgemeinde hatte eine tägliche Diakonia zu besorgen, nämlich den Tischdienst für die Witwen der Gemeinde (Apg 6,1). Das Haus des Stephanas versah für die Heiligen eine Diakonia (1Kor 16,15). Vermutlich bekam man hier etwas Handfestes zu hören und zu essen. Auch der Streit der Jünger um die Rangordnung im Reiche Gottes und Jesu schlichtendes Wort, dass man die Größe im Reiche Gottes an der Bereitschaft zur Diakonia erkenne, gehört in Tischzusammenhänge. Der Ausgangspunkt dieses Streites war die Frage nach der Sitzordnung am Tisch Jesu: „Gib uns, dass wir sitzen, einer zu deiner Rechten und einer zu deiner Linken in deiner Herrlichkeit" (Mk 10,37). Jesu Fußwaschung als Inbegriff einer diakonischen Handlung gehört auch in den Zusammenhang einer Mahlzeit, der letzten Mahlzeit Jesu mit seinen Jüngern, bei der Jesus das neue Gebot der Liebe als Testament der Diakonia für die Seinen hinterließ: „Ein neues Gebot gebe ich euch, dass ihr einander liebt, wie ich euch geliebt habe, damit ihr euch einander lieb habt" (Joh 13,34).

Tischgemeinschaft hatte für Jesus, für die Urgemeinde und für die Antike eine ungleich tiefere, elementarere Bedeutung als in unserer Fast-Food-Gesellschaft. Mit wem ich in der antiken Gesellschaft das Brot teile, den akzeptiere ich als meinen Nächsten. Mit wem ich aus dem gleichen Becher trinke, den nehme ich sogar in seinen Krankheiten an. Deshalb erregte auch die Tischgemeinschaft Jesu mit Sündern, Zöllnern und Huren einen solchen Anstoß. Ein „Fresser und ein Weinsäufer, der Zöllner und der Sünder Geselle" (Mt 11,19) wird Jesus genannt. Er war offenbar mit der Tischsituation so identisch, dass seine Jünger ihn in Emmaus erst am Brotbrechen erkennen konnten (Lk 24,30f). Deshalb wurde auch der Tisch des Herrn für die Urgemeinde zum Mittelpunkt ihres Lebens und ihres Gemeindeaufbaus. Hin und her in den Häusern brachen sie das Brot, hielten Mahlzeiten mit Freude und lauterem Herzen und teilten Güter und Habe, wie Lukas es berichtet (Apg 2,46f). Tischgemeinschaft und Gütergemeinschaft gehörten so eng zusammen, dass um 150 n. Chr. von Justin berichtet wurde:

> „Wenn wir mit dem Gebet zu Ende sind, werden Brot, Wein und Wasser herbeigeholt, der Vorsteher spricht Gebete und Danksagung mit aller Kraft, und das Volk stimmt ein, indem es das Amen sagt. Darauf findet die Austeilung statt, jeder erhält sein Teil von dem Geweihten; den Abwesenden aber wird ihr Teil durch die Diakone gebracht. Wer aber die Mittel und guten Willen hat, gibt nach seinem Ermessen, was er will, und das, was da zusammenkommt, wird bei dem Vorsteher der Gemeinde hinterlegt. Dieser kommt damit Witwen und Waisen zu Hilfe, solchen, die wegen Krankheit und auch sonst einem Grunde bedürftig sind, den Gefangenen und Fremdlingen, die in der Gemeinde anwesend sind, kurz, er ist allen, die in der Stadt sind, ein Fürsorger“.[1]

Dieser Bericht zeigt, wie die Tischgemeinschaft des Abendmahls und die Diakonie zusammengehören, und wie eines aus dem anderen fließt. Es ist so selbstverständlich, dass Paulus in Röm 12,7f schreibt: „Hat jemand die Gabe des Dienens, dann diene er; ist einer zum Lehren berufen, so lehre er [...]; gibt jemand, dann gebe er, steht einer der Gemeinde vor, dann sei er sorgfältig, und wer Barmherzigkeit übt, der tue es gern“.

2. Dieser diakonische Zusammenhang eines selbstverständlichen, selbstvergessenen Gebens und Nehmens wird noch deutlicher in den sogenannten Kollektenbriefen des Paulus: „Gott aber kann machen, dass alle Gnade zu euch reichlich fließt, dass ihr in jeder Weise allezeit alles Nötige ausreichend habt und so überfließt zu jedem guten Werk“ (2Kor 9,8). Gut ist ein Werk, wenn es aus dem Überfluss der Gnade kommt und deshalb nicht eingeklagt werden muss, weil es viel früher, selbstvergessener und spontaner getan wird, als dass es angemahnt werden muss. So ein Überfließen (perisseuein) konzentriert sich für Paulus in der Eucharistia, deren Ursprung in dem „fröhlichen Wechsel“ (Luther) liegt, der in Christus in Gang gekommen ist: „Ihr kennt die Gnade unseres Herrn Jesus Christus: obwohl er reich ist, wurde er arm um euretwillen, damit ihr durch seine Armut reich würdet“ (2Kor 8,9). Von diesem „fröhlichen Wechsel“ ist die Eucharistia bestimmt; sie setzt ihn fort durch Geber, die fröhlich, gern, selbstverständlich und selbstvergessen geben.

Der „fröhliche Wechsel“ gestaltet auch die Gemeinde als Leib Christi. An diesem Leib haben alle etwas zu geben und zu nehmen: die Lachenden und die Weinenden, die Behinderten

[1] Krimm (Hg.), Quellen, 46f.

und die Nichtbehinderten, die Starken und die Schwachen usw. Einer braucht den anderen, einer vermisst die andere, einer umsorgt den anderen und lässt sich wiederum von ihm versorgen. Wie diese Gabengemeinschaft im Einzelnen funktioniert, lässt sich nicht ergründen, weil da Vieles im Verborgenen geschieht, so dass es weder geregelt werden muss noch kann. Es geht um ein Geschehen des Geistes: „Dies alles aber wirkt derselbe eine Geist und teilt einem jeden das Seine zu, was er, der Geist, will" (1Kor 12,11). Paulus meint den Geist dessen, der seinen Leib und sein Blut dahingegeben hat, damit andere durch seinen Geist in seinen Leib eingegliedert werden können, seien es Juden oder Griechen, Sklaven oder Freie, Frauen oder Männer. Sie alle werden im Abendmahl mit einem und demselben Geist an diesem Leib gestärkt (1Kor 12,13). Wer in diesen Leib eingegliedert worden ist, gehört nicht mehr sich selbst, sondern dem, der ihn mit seinem Geist dazu bewegt hat, selbstvergessen und selbstverständlich bei seinem Nächsten zu sein im Nehmen und Geben.

3. Solches selbstvergessene Teilen ereignet sich auch heute, wenn Menschen von dem Geist der Liebe Jesu erfasst werden. Ich denke etwa an den Kollektenkorb in einer Pfingstgemeinde, der jedes Mal prall gefüllt auf den Altar zurückkommt, obwohl – oder besser gesagt: weil – auf ihm ein Schild befestigt ist mit der Aufschrift: „Was du hast, das gib, was du brauchst, das nimm!"

Eine Gemeinde ist bereit, viel zu opfern, wenn man ihr frei lässt, was jeder z. B. für den gestifteten Kuchen zu spenden bereit ist, während dieselben Menschen sehr kleinlich werden können, wenn der Kuchen Stück für Stück zu einem festgelegten Preis verkauft wird.

Ich denke an das Phänomen, dass eine Mutter sich für ihr Kind bis zum Letzten aufopfert und sich zugleich dagegen wehren würde, wenn man ihr mit großen Worten wie „Opfer", „Hingabe" usw. käme. Sie ist selbstvergessen bei ihrem Kinde und tut selbstverständlich alles, was ihrem Kinde gut tut. Erst dann würde sie zu seufzen beginnen, wenn man ihr diese Selbstverständlichkeit problematisierte.

Was ich mit diesen Phänomenen meine, ist der Geist einer Liebe, der in der Person Jesu Christi seinen Namen gefunden hat und immer aufs Neue Gemeinde schafft, in der Diakonie aus dem verborgenen Überfluss der Liebe fließt. Diese Liebe hat sich mit dem Namen Jesu Christi verbunden, so dass schon um 140 n. Chr. ein athenischer Philosoph an den römischen Kaiser Antoninus Pius schreiben konnte:

> „Die Christen lieben einander. Die Witwen missachten sie nicht, die Waisen befreien sie von dem, der sie misshandelt, wer hat, gibt neidlos dem, der nicht hat, wenn sie einen Fremdling erblicken, führen sie ihn unter ein Dach und freuen sich über ihn wie über einen leiblichen Bruder. Denn sie nennen sich nicht Brüder dem Leibe nach, sondern Brüder im Geiste und in Gott. Wenn aber einer von ihren Armen aus der Welt scheidet und ihn irgendeiner von ihnen sieht, so sorgt er nach Vermögen für sein Begräbnis. Und

> hören sie, daß einer von ihnen wegen des Namens ihres Christus gefangen oder bedrängt ist, dann sorgen alle für seinen Bedarf und befreien ihn, wo möglich. Und ist unter ihnen irgendein Armer oder Bedürftiger, und sie haben keinen überflüssigen Bedarf, so fasten sie zwei bis drei Tage, damit sie den Bedürftigen durch ihren Bedarf an Nahrung decken".[2]

Mag dieser Bericht auch idealisiert sein, um die Christen beim Kaiser in Ansehen zu bringen und sie vor weiterer Verfolgung zu schützen, enthält er doch reale Anhaltspunkte dafür, dass der Geist der Liebe Jesu diakonische Zusammenhänge schafft. Auch in der Apostelgeschichte mischen sich Realität und Spiritualität, weil Lukas offenbar nur so zeigen kann, wie sich der Geist Jesu in Gemeinde und als Gemeinde realisiert: Ein Überfluss ist vorhanden, aus dem die Gemeinde so sehr schöpft, dass sie selbstverständlich und selbstvergessen miteinander teilen kann.

2 Wenn ein Ungeist in die Diakonie einzieht …

1. Nun erzählt Lukas auch davon, dass in die Diakonie ein Ungeist einzieht, der alles zu pervertieren droht: „In diesen Tagen aber, als die Zahl der Jünger zunahm, erhob sich ein Murren unter den griechischen Juden in der Gemeinde gegen die hebräischen, weil ihre Witwen übersehen wurden bei der täglichen Speisung" (Apg 6,1). Der Ungeist zieht in Gestalt einer Sprachen- und Nationalitätenfrage in die Diakonie ein und gefährdet auf vielerlei Weise die alltäglichen Tischzusammenhänge der Diakonie: z. B. in Gestalt des „Helfersyndroms", das mit einer Machterschleichung über den Hilflosen verbunden ist; oder in Gestalt einer fürsorglichen Haltung gegenüber Behinderten, die nicht wahrhaben will, dass auch Behinderte etwas zu geben haben; oder in Gestalt einer demütigen Dienstbereitschaft, hinter der sich in Wahrheit die Erwartung verbirgt: „Wer sich erniedrigt, *will* erhöht werden"; oder in Gestalt einer schamlosen Ausbeutung dessen, der sich der Diakonie verschrieben hat und einfach nur selbstvergessen dienen will; oder in Gestalt des scheinbar Hilfsbereiten, der aber um seine gute Tat in Wahrheit zu genau weiß und sich beim Helfen selber über die Schultern schaut.

Der Ungeist kann sich bis heute in immer neuen Gestalten in die nächstliegenden Zusammenhänge der Diakonie einschleichen und alles pervertieren. Mutterliebe kann zur Affenliebe werden, an der Kinder zugrunde gehen; Spendenbereitschaft kann sich in Geiz verkehren, und selbst der Opferteller mit der schönen Aufschrift kann leer zurückkommen und nur noch einen Hosenknopf enthalten.

---

2 A. a. O., 45.

Was ist zu tun, wenn sich so ein Ungeist in die Diakonie einschleicht und die Opferbereitschaft einer Gemeinde zu lähmen droht? Appelle fruchten dann wenig, mögen sie auch noch so raffiniert nach dem Geldbeutel der Leute greifen. Appelle können bestenfalls eine erlöschende Glut kurz wieder anfachen, um sie dann schnell wieder zum Verlöschen zu bringen. Auch Wicherns berühmter Appell, dass die rettende Liebe der Kirche das Werkzeug sei, mit dem sie die Tatsache des Glaubens erweise, ist wirkungslos, weil eben dort, wo in die Kirche der Ungeist einzieht und den Glauben verfälscht, auch Liebe nicht einzuklagen ist. Selbst die Devise, dass Diakonie nur wieder Gemeindenähe bekommen müsse und dann klappe alles wieder, ist dem Ungeist nicht gewachsen. Dann mögen zwar die Kindergärten offen sein; doch sie werden lustlos betrieben, und argwöhnisch wird Dienst nach Vorschrift getan. Die Kinder merken es genau, dass irgendwie die Luft raus ist. Dann mag auch Pflegedienst, Besuchsdienst und vieles andere angeboten werden: Ist der Ungeist einmal eingezogen, dann läuft alles nur noch vor sich hin. Hier flackert mal ein Streit zwischen Pfarrern auf, dort ein Rivalitätskampf zwischen Sozialarbeitern; der Wurzel des Übels aber ist nicht beizukommen, eben jenem Ungeist, der den Glauben zu halbherziger Liebe bringt und die Tat nicht fröhlich, selbstvergessen und gut macht, sondern zweckhaft, absichtsvoll und berechnend.

2. Was aber müsste geschehen, um jenem Ungeist beizukommen, der schon die griechisch sprechenden Juden in der Urgemeinde nachrechnen ließ, wieviel Gramm Essen die hebräisch sprechenden Witwen mehr als die griechischen bekamen? Gehen wir dieser Frage nach, indem wir noch einmal in die biblischen Zusammenhänge zurückgehen, wie Lukas sie in Apg 6 schildert: Hier wird Diakonie nunmehr organisiert, indem sieben Diakone eingesetzt werden. Von den Aposteln aber berichtet Lukas: „Da riefen die Zwölf die Menge der Jünger zusammen und sprachen: Es ist nicht recht, dass wir für die Mahlzeiten sorgen und darüber das Wort Gottes vernachlässigen" (6,2). Nach heutiger Soziallogik könnte man fragen: Was fehlt denn der Mahlzeit, wenn Gottes Wort vernachlässigt wird? Spöttischer gefragt: Müssen etwa sieben Diakone eingesetzt werden, damit sich die Apostel wieder ihren Privatstudien hingeben können?

Indessen sagen die Apostel: „Wir aber wollen am Gebet und am Amt des Wortes festhalten" (6,4). Von den sieben Diakonen wird jedoch berichtet, dass sie vor die Apostel gestellt wurden, damit die für sie beteten und ihnen die Hände auflegten. Merkwürdigerweise wird von einem Tischdienst der Diakone dann nichts mehr berichtet, als verstehe er sich nun wieder von selbst. Der kleine Abschnitt in Apg 6 schließt mit dem Satz: „Und das Wort Gottes breitete sich aus, und die Zahl der Jünger wurde sehr groß in Jerusalem. Es wurden auch viele Priester dem Glauben gehorsam" (6,7).

Mit der Ausbreitung des Wortes Gottes meint Lukas das Wachsen der Gemeinde als eines Tat-Wort- und eines Wort-Tat-Zusammenhangs. In der Ausbreitung des Wortes Gottes ist der Tischdienst der Diakone ebenso selbstverständlich enthalten wie die Diakonie des Wortes der

Apostel. Damit beides wieder zusammenkam, mussten die Apostel am Gebet und an der Diakonie des Wortes dranbleiben, weil in dem Murren der Griechen wider die Juden ein Ungeist spürbar wurde, der durch einen besser geregelten Tischdienst allein nicht auszutreiben war. Es brauchte vielmehr ein umso beharrlicheres Festhalten am Gebet und am Amt des Wortes. Auch von den Diakonen, die eigentlich nur für die Organisation der täglichen Speisung eingesetzt waren, wird berichtet, dass sie an der Diakonie des Wortes ebenso beteiligt wurden: Stephanus mit seinem Zeugnis im Angesicht des Todes (Apg 7) und Philippus mit seinem evangelistischen Dienst am afrikanischen Kämmerer (Apg 8). Diakonie der Tat (von Luther mit „Handreichung" übersetzt) und Diakonie des Wortes (von Luther mit „Amt des Wortes" übersetzt), fordern einander heraus: Die organisierte Diakonie der Tat bewahrt das Wort vor dem Verdacht, nur Gerede zu sein; die Diakonie des Wortes schützt die Tat vor der Verdinglichung und Aufrechnung, so dass sie absichtslose, zweckfreie Tat um des Nächsten willen bleibt, die so selbstvergessen geschieht, dass die Linke nicht mehr weiß, was die Rechte tut.

3. Das sagt sich so leicht und kann doch schwer werden, wenn sich das Nachrechnen und die Selbstreflexion dazwischen geschoben haben. Die Forderung der Bergpredigt, dass „deine linke Hand nicht wissen soll, was deine rechte tut, damit dein Almosen verborgen bleibe" (Mt 6,3f), scheint dann unerfüllbar zu sein. Und doch ist es schwer, sich der Evidenz dieser Forderung zu entziehen, zumal das Gegenbild von den Heuchlern, die ihre Almosentätigkeit auf den Gassen und in den Synagogen vor sich hertragen, uns aus christlichen Beispielen und aus dem profanen Showgeschäft mit der Nächstenliebe bestens vertraut ist.

Wir sind auch dadurch noch nicht aus der Klemme, in die uns die Bergpredigt mit ihrer Forderung bringt, wenn wir alles schön im Verborgenen tun, auf jeglichen Öffentlichkeitsrummel verzichten, still und bescheiden unsere Gabe geben oder einen alten Menschen pflegen und kein Aufheben davon machen. Unsere linke Hand kann dennoch sehr wohl wissen, was die rechte tut. Es gibt ja auch den frommen Selbstbetrug, mit dem ich mir in meiner Nächstenliebe über die Schultern schaue und mich dann ganz famos finde. Wie soll es möglich sein, dass meine Linke nicht weiß, was meine Rechte tut?

Mit der Bergpredigt wird es erst dann spannend, wenn wir uns eingestehen, dass wir sie aus eigenen Kräften nicht verwirklichen können. Nun begegnet uns der Bergprediger selbst und fängt an, mit der Diakonia seines Wortes in uns zu wirken. Hat er uns so weit gebracht, dass wir eingestehen müssen, wie wenig wir seiner Forderung nach absichtsloser, verborgener Barmherzigkeit aus eigener Kraft gerecht werden können, kann er uns sein Wort einprägen, dass der himmlische Vater in das Verborgene sieht. Wenn wir uns von diesem väterlichen Blick bis in unser Herz hinein bestimmen lassen, dann weiß unsere Linke tatsächlich nicht mehr, was die Rechte tut, so sehr sind wir gebannt von den Blicken des Himmels in der Nähe Jesu.

Das also ist die Diakonie des Wortes, ohne die die Diakonie der Tat nicht gelingen kann, dass Jesus selbst in seinem Wort an uns so tätig wird und uns mit seinem Wort so sehr durchdringt, dass er selbst der Täter der wahrhaft guten Tat in uns wird: „Gutes Denken, Tun und Dichten, musst du selbst in uns verrichten" (EG 161,2). Dass Jesus durch sein Wort in uns eindringt, wird besonders anschaulich, wenn wir an den Tisch des Herrn geladen werden und uns sein Leib und Blut in, mit und unter der Gestalt von Brot und Wein erfüllt. Hier kommt er uns näher, als wir uns selbst nahe sind. Er zieht uns in seine Diakonia hinein, so dass unsere Linke nicht mehr weiß, was die Rechte tut. Mit seinem Leib und seinem Blut belebt er unsere Gliedschaft an seinem Leibe und nimmt uns in die Gabengemeinschaft seines Leibes hinein. Alle haben hier voneinander zu nehmen und einander zu geben haben. Ein fröhlicher, absichtsloser, selbstvergessener Gabenwechsel geschieht hier.

Es reicht also schon in der Urgemeinde nicht aus, Diakonie mit sieben eingesetzten Diakonen gut zu organisieren, damit die tägliche Speisung der Witwen wieder gelingt. Die Apostel müssen zugleich im Gebet und in der Diakonie des Wortes bleiben. Nur so wird die Diakonie der Tat wieder geborgen und verborgen in diakonische Zusammenhänge, in denen sich Taten nicht mehr verdinglichen, weil die Linke nicht mehr weiß, was die Rechte tut. Alle miteinander leben davon, in der Nähe Jesu von einem himmlischen Vater angeblickt zu sein, der in das Verborgene sieht und jeden Einzelnen mit seiner Liebe so sehr erfüllt, dass nicht mehr der Mensch, sondern Gott selbst der wahre Täter aller guten Taten wird. Dann regiert eine Selbstvergessenheit, die alles Nachrechnen und alle Selbstreflexionen überflüssig macht.

3 Diakonische Gemeinde

Beim Gang zurück in die biblischen Texte hat sich gezeigt, wie Diakonie ursprünglich in Tischzusammenhänge hineingehört. Wo gibt es heute Tischzusammenhänge, in denen auf verborgene Weise viel mehr Diakonie geschieht, als es der Blick des Spezialisten feststellen kann?

1. Ich denke vor allem an den Altar, den Tisch aller Tische, an dem der auferstandene Herr mit seinem Leib und Blut in der Gestalt von Brot und Wein real präsent ist und als der Diakon aller Diakone die Mühseligen und Beladenen zu sich ruft. Was hindert uns daran, an diesem Tisch den Ursprung der Diakonie und den Ursprung einer neuen Diakonisierung von Gemeinde zu suchen? Das Hindernis scheint mir darin zu liegen, dass wir bei Diakonie wie bei Sozialarbeit immer gleich an das Tun von Menschen denken, an Nächstenliebe, an den Barmherzigen Samariter, an aktive, engagierte, hilfsbereite Helfer. Wo sich aber noch so gut gemeinte Nächstenliebe von der Gottesliebe abtrennt, wo im Samariter nicht primär Christus selbst als der uns Rettende gesehen wird, wo das Tun von Menschen nicht aus

einem Empfangen und Beschenktsein herkommt, stellt sich das Helfersyndrom der „hilflosen Helfer" ein. Nur wenn ich mich selber schon beschenkt weiß, kann ich wirklich beim Nächsten sein. Die Begegnung wird dann mit ihm nicht mehr durch die meist sehr verborgene Sucht nach Pluspunkten verhindert.

Diakonie will wie von selbst aus der Diakonia Jesu im Abendmahl fließen. Hier beginnt der Herr selbst ein Teilen, das sich bei uns fortsetzt, weil seine Liebe sich unendlich vermehren will. Die Kollekte etwa, die im Gottesdienst eingesammelt und auf den Altar gelegt wird, ist bereits ein erster Schritt auf dem Weg zu einem fortgesetzten Teilen. Die Fürbitten am Ende des Gottesdienstes öffnen den Gottesdienst zu den Nöten der Welt hin. Deshalb hießen sie ursprünglich „diakonische Fürbitten". Der Diakon nannte die Nöte der Menschen laut beim Namen, und der Priester rief Gott angesichts solcher Nöte um Hilfe an.

2. Wie könnte solches Geschehen an der Kirchentür innehalten!? Es will sich fortsetzen, vielleicht in einem gemeinsamen Essen der Gemeinde, in Gesprächen über den Zaun hinweg, oder in einem Vorbeischauen bei diesem Kranken oder bei jener Trauernden. Die zum Gottesdienst und zum Abendmahl versammelte Gemeinde, die sich von dem Diakon aller Diakone beschenkt weiß, lässt sich dann auf diese Hilfeleistung und jenen Dienst durchaus ansprechen, nicht bloß für die Zeit nach dem Gottesdienst, sondern für die ganze Woche, z. B. bei allen möglichen weiteren Zusammenkünften der Frauenhilfe, des Gemeindeausflugs, der Bibelstunde, und bei vielen anderen Gelegenheiten. Da wird der Tisch gedeckt und Kaffee gekocht. Da wird der Blick auf diesen und das Wort für jenen ausgetauscht. Da geht ein wunderbares Teilen unter Beschenkten weiter, das sie selber viel zu unscheinbar finden, als dass sie es „diakonisch" zu nennen wagten. Doch gerade in diesen alltäglichen Zusammenhängen ereignet sich Diakonisierung von Gemeinde.

3. Dass solche diakonischen Zusammenhänge einer Gemeinde auch gegenwärtig gesehen und geschätzt werden, erkenne ich an Krankenschwestern, die in den Zwängen einer Großklinik nicht mehr arbeiten möchten, aber durchaus bereit sind, einen begrenzten Auftrag als säkulare oder kirchliche Gemeindeschwester anzunehmen, weil sie hier nicht so viel verplant und vieles menschlicher ist, eine neue Chance für eine Diakonisierung der Gemeinde. Alltäglicher diakonischer Dienst in der Gemeinde und professionalisierte Diakonie schließen sich gegenseitig nicht aus.

Auch ein Theologe muss sich ja immer wieder fragen, wie er seine wissenschaftliche Arbeit in das Verhältnis zum Glauben der Gemeinde setzen kann. Den wissenschaftlich reflektierten Glauben über den einfachen Glauben eines Gemeindegliedes zu stellen, das die Bibel – so meint er, der Theologe – nicht richtig lesen kann, wäre wohl arrogant. Solche Theologenarroganz geht vorbei an der Kraft des unscheinbaren Glaubens, den schon Jesus bei einem heidnischen Hauptmann fand, so dass er erstaunt ausrief: „So einen Glauben habe ich in Israel bei keinem gefunden" (Mt 8,10).

Auch ein „Profi in Sachen Nächstenliebe" unterschätzt leicht, was sich alles in einer Nachbarschaft über den Zaun hinweg an Hingabe und an sozialem Engagement ereignen kann. Wer für diese alltägliche Diakonie blind ist, muss sich nicht wundern, wenn er eines Tages trotz seiner Professionalität am Ende ist.

4. So sehr ich der Betonung einer Doppelstrategie von Profi und Laie zustimme, finde ich die Rede vom „diakonischen Laien" unbefriedigend: Oben stehen die Profis, unten die Laien. Der Profi züchtet sich Laien als seine Hilfsmannschaft heran. Dabei weiß der Profi allemal Bescheid, während der Laie unkundig ist und zugerüstet, ausgebildet und geschult werden muss, und zwar immer so weit, wie es der Profi für richtig befindet. Aus der Kirchengeschichte ist dieses Gefälle ja sattsam bekannt: Der Priester und der Theologe wissen Bescheid, während die Laien unkundig sind. Deshalb haben sie auf den Priester zu hören und den Theologen als Gelehrten zu achten.

Martin Luther kehrte dieses Gefälle von der Taufe her um und überwand es, indem er vom Priestertum aller Getauften sprach: „Was aus der Taufe gekrochen ist, kann sich rühmen, schon zum Priester, Bischof oder Papst geweiht zu sein".[3] So versuche ich, das Gefälle von Profi und „diakonischem Laien" durch die Orientierung der Diakonie am Abendmahl zu überwinden: Am Tisch des Diakons aller Diakone empfangen alle dieselbe Diakonie und sind Teilhaber einer Diakonisierung von Gemeinde, die sich im Teilen der im Abendmahl empfangenen Liebe unendlich fortsetzt. Was sich da in verborgenen, alltäglichen Zusammenhängen an Diakonie fortsetzt, spontan, vereinzelt, kaum erkannt, das ist das primäre Geschehen von Diakonie, dem alle anderen Ämter und Dienste zu dienen haben, seien es Diakone, Gemeindeschwestern, Sozialarbeiterinnen und Sozialarbeiter, Sozialpädagoginnen und Sozialpädagogen usw. Sie alle haben diesem primären Geschehen von Diakonie je auf ihre Weise und mit ihrem Wissen an ihrem Platz zu dienen.

Wie der Glaube der Gemeinde die wissenschaftliche Reflexion der Theologie braucht, um sich nicht in fanatische Frömmigkeit zu verrennen, so braucht alltägliche Diakonie die Hilfe professioneller Sozialarbeit, um nicht vereinzelt und spontan zu bleiben, sondern gezielt und fachkundig der Not des Nächsten zu Hilfe zu kommen. Sozialarbeit verknüpft die Einzelansätze alltäglicher Diakonie zu einem großen sozialen Netz, um möglichst niemanden verloren zu geben, der Hilfe braucht. Auch eine Sozialstation hilft dazu, dass Hilfe verlässlich, kontinuierlich und möglichst professionell geschieht.

---

[3] Luther, Adel, 408.

Noch einmal sei aber vor der Arroganz des Profis gewarnt, der das unscheinbare Geschehen von Diakonie im Alltag einer Gemeinde unterschätzt, obwohl er doch, wenn er sensibel wäre, wahrnehmen müsste, dass viele Menschen heute immer weniger Patienten eines Großklinikums oder Klienten eines Therapeuten zu sein begehren, sondern so schnell wie möglich wieder in jenes primäre Geschehen von alltäglicher Diakonie, von Nachbarschaftshilfe, von alltäglichem Hin und Her zurückkehren möchten.

Diese Rückkehr nach Hause meine ich, wenn ich im Sinne des paulinischen Begriffs *oikodome* vom Aufbau einer diakonischen Gemeinde spreche. Sehe ich den Prozess dieses Aufbaus vor allem durch die Arroganz der Profis bedroht, die auch mich selbst als einen theologischen Profi ständig betrifft, so meine ich nicht nur den Hochmut einzelner, sondern eine strukturelle Arroganz, die in dem Anspruch der Wissenschaften, der Theologie wie der Humanwissenschaften, begründet sein kann, das Geschehen von Glaube und Liebe methodisch zu beherrschen und im Griff zu haben. Die andere Seite der strukturellen Arroganz ist eine Wissenschaftsgläubigkeit, die dem alltäglichen Geschehen von Glaube und Liebe nichts zutraut. In dieser strukturellen Arroganz sehe ich das größte Hindernis dafür, dass Diakonie wieder heimkehrt an jenen Tisch, wo der Diakon aller Diakone auf uns wartet, um uns mit der Diakonie seines Leibes und Blutes zu dienen. Von seinem Tisch her tun sich weitere Tischzusammenhänge auf, bis tief in den Alltag einer Gemeinde.

4 Gerechtigkeit und Güte

1. Weil ER an seinem Tisch den Zöllnern und Sündern stets auch Gleichnisse erzählt hat, die die Mahlzeiten Jesu zu wahren Reich-Gottes-Festen machten, will ich auf ein Gleichnis Jesu (Mt 20,1–16) zu sprechen kommen, in dem mir die Weite von Diakonie am klarsten wird. In einer Zeit großer Arbeitslosigkeit geht ein Weinbergbesitzer auf die Straße, um Arbeitslosen in seinem Weinberg Arbeit zu geben. Mehrmals geht er am Tage und sucht immer wieder neue Arbeiter. Endlich sieht er abends um 17 Uhr, eine Stunde vor Arbeitsschluss, immer noch einige auf der Straße herumstehen, die keine Arbeit gefunden haben und nicht wissen, wie sie Frau und Kinder am nächsten Tag ernähren sollen. Auch ihnen gibt er noch Arbeit in seinem Weinberg, und sei es nur für eine Stunde. Als es dann zur Auszahlung kommt, erklärt er zur Überraschung der Arbeiter, dass er allen so viel Lohn geben will, als hätten sie alle von morgens an in seinem Weinberg gearbeitet. Auch denen, die erst gegen Abend in seinen Weinberg gekommen waren, soll der Lohn ausgezahlt werden, den der Weinbergbesitzer mit den ersten morgens verabredet hat: ein Silbergroschen; das ist so viel, dass es gerade zum Lebensunterhalt für die Familie am nächsten Tag reicht. Die zuletzt Eingestellten bekommen auch so viel, als hätten sie von morgens an gearbeitet. Als endlich auch diejenigen einen Silbergroschen be-

kommen, die bereits seit morgens gearbeitet haben, fangen sie zu murren an, weil sie sich mit denen vergleichen, die erst gegen Abend Arbeit gefunden haben. Der Weinbergbesitzer aber erinnert sie daran, dass sie genau den verabredeten Lohn bekommen haben, so dass sie ihn vor keinem Arbeitsgericht der Welt verklagen könnten. Die zuletzt Gekommenen bekommen nur *mehr*, damit sie nicht mit Sorgen aus dem Weinberg zu ihren Familien zurückkehren müssen. Dieses Mehr geht aber nicht auf Kosten der Verabredung mit den zuerst Gekommenen, sondern auf Kosten des Weinbergsbesitzers. Es ist ein Mehr an Güte. Und eben dieses Plus zuzulassen – darum wirbt der Weinbergbesitzer bei denen, die gemurrt hatten: „Siehst du scheel drein, weil ich so gütig bin?“ (Mt 20,15).

2. Diakonie – das ist *Arbeit an gerechteren Verhältnissen* in dieser Welt, damit Menschen ihren gerechten Lohn bekommen und ein soziales Recht auf Hilfe in Anspruch nehmen können. Diakonie hat notwendig eine politische Dimension, die den Kampf um gerechtere Verhältnisse in der Welt einschließt. In diesem Sinn versteht sich Diakonie als Sozialarbeit und ermutigt kirchliche Sozialarbeiter dazu, dass sie mit allen zusammenarbeiten, denen an der Verlässlichkeit sozialer Verhältnisse in dieser Welt liegt. Statt sich in Konkurrenz zu anderen Wohlfahrtsverbänden oder gar im Gegensatz zu den Bemühungen des Staates um soziale Wohlfahrt zu verstehen, ist die Diakonie der Kirche gut beraten, wenn sie sich an allen Anstrengungen des Staates und anderer Wohlfahrtsverbände beteiligt, das soziale Netz dichter und fester zu knüpfen.

Diakonie – das ist aber auch *Freiheit zur Güte*, eine Güte, die nicht auf Kosten der Gerechtigkeit geht. Die Freiheit zur Güte mischt sich in den Kampf um gerechtere Verhältnisse auf unkonventionelle, überraschende und spontane Weise ein und insistiert dabei auf einem Mehrwert an Güte, der sogar dazu führen kann, dass aus Ersten Letzte und aus Letzten Erste werden. Oft hat es die Freiheit zur Güte mit dem Einzelnen zu tun, der durch das gut geknüpfte soziale Netz dennoch durchgefallen ist. Zuweilen kann aber auch ein struktureller Schritt zu einem Mehr an Güte nötig sein, um Verhältnisse zu erfassen, die im Rahmen sozialer Gerechtigkeit sonst ausgeblendet bleiben.

Für ein auf soziale Gerechtigkeit bedachtes Denken hat die Freiheit zur Güte nicht bloß etwas Überraschendes, sondern zuweilen etwas Ärgerliches, ja, Gefährliches an sich, weil sie sich auch dort Güte leisten kann, wo der Staat den Präzedenzfall scheut. Und doch ist ein auf soziale Gerechtigkeit bedachter Staat gut beraten, wenn er der Diakonie diese Freiheit zur Güte nicht nur lässt, sondern ihr sogar Mut zu solcher Freiheit macht. So kann viel Unkonventionelles, Überraschendes an Nächstenliebe geschehen, was am Ende dann der Verbesserung und Erweiterung sozialer Gerechtigkeit zugutekommen wird. Deshalb haben auch die staatlichen Gerichte in mehrfachen Urteilen der Diakonie eine Freiheit zu kirchlichem Handeln bestätigt und ausdrücklich eingeräumt. Es kommt dann eigentlich nur darauf an, dass auch die Diakonie sich selbst diese Freiheit zu kirchlichem Handeln immer wieder zutraut, die im Lichte des Gleichnisses von den Arbeitern im Weinberg nichts anderes ist als Freiheit zur Güte. Eine Diakonie, die nur ängstlich auf den Staat schaut und sich in dessen Bemühungen um soziale Gerechtigkeit nur einpassen lässt, kann die Freiheit zur Güte leicht verspielen.

3. Geht es um die Freiheit zur Güte, so hat der „Profi" keinen Vorsprung mehr vor dem „Laien". Es kann ja der „Laie" sein, der sich ein größeres Maß an Spontaneität bewahrt hat. Sie ist nötig, wenn es um den Einzelfall geht, um die unvorhersehbare Tat, um den im Voraus nicht zu planenden Schritt geht, der jetzt nötig wäre. Angesichts der Freiheit zur Güte wird die Unterscheidung von Profi und Laie nicht bloß fragwürdig, sondern letztlich überflüssig. Wichtiger ist hier das Priestertum aller Glaubenden, die sich die Freiheit zur Güte dort zutrauen, wo die Gesetze der Gerechtigkeit nicht mehr greifen oder schon längst versagt haben. Da braucht es einen Schritt ins Offene, einen Mut zum Risiko. Da wird das Priestertum aller Glaubenden zu einer Schar der Risikofreudigen, die es wagen, einen Schritt ins Offene zu tun, weil sie wissen, dass sie diesen Schritt nicht allein, sondern stets in der Gegenwart des Herrn tun, der sie auch dann wieder aufrichtet, wenn sie mit ihrem Risiko gescheitert sind. Kirche – das ist der Raum für die Freiheit zur Güte; sie geht nicht auf Kosten der Gerechtigkeit, sondern öffnet Lebensräume auch für die zuletzt Gekommenen.

Literatur

Krimm, Herbert (Hg.), Quellen zur Geschichte der Diakonie, Bd. 1, Stuttgart 1960, 46f.

Luther, Martin, An den Christlichen Adel deutscher Nation von des Christlichen standes besserung, in: WA 6, Weimar 1888, 404–469.

Diakonisches Handeln zwischen Verkündigung, Seelsorge und Gemeinschaft

Ausprägungen diakonischer Gemeinschaften in Ostdeutschland[1]

Von Markus Schmidt

> „Adolf von Harnack, den man handelsüblich als liberalen Theologen des 19. Jahrhunderts einstuft, hat eine bemerkenswerte Aussage gemacht: Eine jede Gemeinschaft braucht Persönlichkeiten, die ausschließlich ihrem Zwecke leben: ‚So braucht die Kirche Freiwillige, die jeden anderen Beruf fahren lassen, auf die ‚Welt' verzichten und sich ganz dem Dienst des Nächsten widmen, nicht, weil dieser Beruf ein ‚höherer' ist, sondern weil er notwendig ist und aus einer lebendigen Kirche auch dieser Antrieb hervorgehen muß'." *Heinz Wagner (1912–1994)*[2]

Die Diakonie und diakonisches Handeln in der DDR standen – bekanntermaßen – unter anderen Voraussetzungen als in der Bundesrepublik.[3] Diese divergenten Kontexte führten dazu, dass sich Diakonie und diakonisches Handeln in Ost und West, unbeschadet aller Gemeinsamkeiten, unterschiedlich ausprägten. „Während in der Bundesrepublik die Volkskirche mit allen überkommenen Traditionen fortbestand, zeigten sich in der DDR schon wenige Jahre nach dem Krieg deutliche Veränderungen."[4]

Mit der politisch bedingten Verkirchlichung der Diakonie in der DDR ging eine Konzentration diakonischen Handelns auf Verkündigung, Seelsorge und Gemeinschaft einher. Dies zeigt sich in herausragender Weise an den diakonischen Gemeinschaften, ist aber keineswegs auf diese begrenzt. Wenn in diesem Beitrag nach den inhaltlichen und prakti-

---

1 Dieser Beitrag geht zurück auf einen Vortrag beim Diakoniewissenschaftlichen Kolloquium des Instituts für Diakoniewissenschaft und Diakoniemanagement und des Instituts für Diakonie- und Sozialgeschichte am 06.04.2022 in Bethel. Ich danke den Teilnehmenden und darüber hinaus Frau Rektorin Pfrn. Dr. Anne-Kristin Kupke, Borsdorf, und Herrn Pfr. i. R. Christoph Grunow, Leipzig, für die engagierten Diskussionen.

2 Wagner, Verbindliche Lebensgemeinschaft, 140. Das Harnack-Zitat mit leichten Differenzen zum Original, vgl. Anm. 59.

3 Die spezifischen Merkmale der ostdeutschen Diakoniegeschichte sind anderenorts beschrieben worden; vgl. bes. Hübner / Kaiser (Hg.), Diakonie im geteilten Deutschland; Hammer, Geschichte der Diakonie, 318–326; Hübner, Diakonie im Sozialstaat.

4 Wolf, Männliche Diakonie, 162.

schen Ausrichtungen diakonischer Gemeinschaften in der DDR gefragt wird, haben diese zugleich exemplarische Aussagekraft für die ostdeutsche Diakonie respektive Innere Mission insgesamt. Was sich an ihnen zeigt, nämlich eine Verschiebung von der Arbeits- und Professionsgemeinschaft hin zur geistlichen Gemeinschaft, gilt mehr oder weniger für die gesamte Diakonie im Osten.

Schwingt bei der Rede von Arbeits-, Professions- oder geistlichen Gemeinschaft der Begriff der Dienstgemeinschaft mit, ist dessen historisch problematische Herkunft aus dem nationalsozialistischen Arbeitsrecht, welches aufgrund seines Führer- und Gefolgschaftsgedenkens Arbeitskampf und Streik ausschließen sollte, bewusst.[5] Dessen ideologischen Merkmale dürfen nicht theologisch zementiert werden, sondern sind kritisch zu reflektieren, was allerdings nicht Gegenstand des vorliegenden Beitrages ist. In meinem Zugriff auf den Gemeinschaftsbegriff geht es um eine Lesart im Sinne von Glaubensgemeinschaft und bestimmten Gemeinschaftsformen.

Um die These der Verschiebung von der Arbeits- und Professionsgemeinschaft zur geistlichen Gemeinschaft und die damit verbundenen Merkmale darzustellen, werden im Folgenden drei Schritte gegangen: Erstens ist die Situation der Diakonie in der DDR überhaupt in den Blick zu nehmen, wobei ich den Fokus auf den Kontext der Gemeinschaften richte (1). Anschließend sollen anhand von Beispielen diakonischer Gemeinschaften deren Entwicklung dargestellt und Ausprägungen ihres diakonischen Selbstverständnisses ermittelt werden. Dafür werden zunächst die aus dem 19. Jahrhundert stammenden diakonischen Gemeinschaften, d. h. die Diakonissenschwesternschaften und die Diakonenbrüderschaften, zur Zeit der DDR in den Blick genommen. Außerdem kommen die Diakonischen Schwesternschaften, vormals Verbandsschwestern bzw. Freie Hilfsschwestern, deren Wurzeln ins späte 19. Jahrhundert zurückreichen, in den Blick (2). Wenn bei vielen der vorzutragenden Beispiele deren regionale Verortung in Sachsen liegt, geschieht dies weniger aufgrund meiner persönlichen Herkunft, sondern aufgrund der von mir erschlossenen Datenlage, wobei allerdings davon auszugehen ist, dass die daraus folgenden Erkenntnisse repräsentativ für den gesamten Bereich Ostdeutschlands sein dürften. Abschließend versuche ich eine knappe Bündelung aus historischer und praktisch-theologischer Perspektive, in der Hoffnung, daraus auch Einsichten für heute zu gewinnen (3).

---

5 Vgl. Großbölting, „Christliche Dienstgemeinschaft", bes. 52f.

1 Zur Situation der Diakonie und der diakonischen Schwestern- und Bruderschaften in der DDR

1.1 „Diakonie als Modell in beschränktem Raum" (Georg-Hinrich Hammer)[6]

Um die Reichweite und Prägekraft der sozialistischen Ideologie zu erhöhen, galt es für die DDR-Religionspolitik, den Einfluss der Diakonie auf ihre sozialen bzw. wohlfahrtlichen Handlungsfelder zu reduzieren und

> „die Religionsgemeinschaften auf den Kult, d. h. auf Kasualien, Gottesdienste und Seelsorge zurückzudrängen. *Gesellschaftspolitische* Aktivitäten – in der Gestalt der Verlautbarungen der Kirchenleitungen und -führer sowie von den kirchlichen Verbänden – passten dagegen nicht ins Bild der Funktionäre des sozialistischen Weltanschauungsstaates. Das galt auch für die Diakonie, die allerdings einen Spezialfall darstellte, weil hier eine Arbeit am Rande der Gesellschaft getan wurde, die nicht zu den Kerninteressen der DDR-Gesundheitspolitik und -fürsorge zählte. Die von der Diakonie betreuten Menschen entsprachen dem sozialistischen Menschenbild insofern nicht, als sie für den Aufbau des Sozialismus keine Bedeutung im Sinne ihrer gesellschaftlichen ‚Verwertbarkeit' besaßen".[7]

Die Zielgruppenarbeit am „Rande der Gesellschaft", von welcher Jochen-Christoph Kaiser spricht, beruhte allerdings auf der sozialistischen Reduktion dieser Zielgruppen. Alle die Menschen, welche aus Sicht des SED-Staates ideologisch prägbar waren, sollten dem Zugriff der Diakonie und der Kirche entzogen werden, was besonders im pädagogischen Bereich zutage trat: „Die Idioten für die Kirche, alles, was förderungsfähig ist, zu uns".[8] Übrig blieb für die Diakonie im Wesentlichen die Arbeit mit schwerstbehinderten und mit alten, d. h. ideologisch praktisch ineffektiven Menschen. Aus Sicht der SED-Führung sollte alles dem Wohl der arbeitenden Bevölkerung und insbesondere der sozialistischen Produktion (worunter ich auch die Produktion ideologischer Übereinstimmungen verstehe) dienen.

Damit bekamen folglich die als arbeits- oder förderunfähig angesehenen Personen, die also nicht „verwertbar" waren und damit, aus materialistischer Sicht, praktisch wertlos wurden, eine nachgeordnete Priorität zugemessen – womit die DDR das nationalsozialistische Produk-

---

6 Hammer, Geschichte der Diakonie, 323.

7 Kaiser, Die große Krise 1952/53, 235 (Hervorhebung im Original).

8 Petzold, Eingeengt und doch in Freiheit, 181.

tivitäts- und Leistungsdenken nicht ablöste, sondern fortsetzte. Dies spiegelt sich markant in einer Aussage der früheren Oberin des Diakonissenmutterhauses Luise-Henrietten-Stift im Kloster Lehnin, Sr. Ruth Sommermeyer: „es durfte nicht gestorben werden! Man wurde gesund, um wieder zu arbeiten!“[9] In einem Staat, der die sozialen Probleme grundsätzlich als gelöst ansah, konnte und durfte es keine soziale / Soziale Arbeit, erst recht nicht in konfessioneller Trägerschaft, geben.[10] Real existierende Probleme wurden ignoriert oder verschwiegen, betroffene Personen aus dem gesellschaftlichen Wahrnehmungsfeld verdrängt oder in Heime abgeschoben.

Die Verdrängung der Diakonie aus dem öffentlichen Leben und die Reduktion ihrer diakonischen Handlungsfelder führte notgedrungen zu einer „Diakonie in beschränktem Raum“. Georg-Hinrich Hammer schreibt ihr sogar den Charakter eines „Modells“ zu. Modelle beruhen auf Definitionen. Die Diakonie in der DDR als eigenes Modell zu bezeichnen, meint auch, dass mit ihr die Entwicklung einer an die Situation angepassten diakonischen Selbstdefinition einhergegangen ist. Die von außen erzwungene Binnenfokussierung der Kirche und der Diakonie bedingte – und darauf liegt der Fokus in diesem Beitrag – eine bestimmte Konzentration ihres Profils. Diese Konzentration lässt sich m. E. an den diakonischen Gemeinschaften in der DDR ablesen.

1.2 Verkirchlichung der Diakonie in der DDR

Das Diktum Johann Hinrich Wicherns (1808–1881) von der Inneren Mission als „Lebensäußerung“ der Kirche,[11] das die Deutsche Evangelische Kirche (DEK) 1940 als Reaktion auf die nationalsozialistische Gleichschaltungspolitik mit der Formel „Wesens- und Lebensäußerung der Kirche“[12] erstmals selber ausgesprochen hatte und welches schließlich 1948 in Artikel 15 der Grundordnung der Evangelischen Kirche in Deutschland (EKD) verankert wurde,[13] erhielt im Osten Deutschlands die Färbung der institutionellen Deckungsgleichheit von Innerer Mission und Kirche. Da in der Sowjetischen Besatzungszone (SBZ) bzw. der DDR das Vereins-

---

9 Zit. Ruth Sommermeyer, nach Klose, Wurzeln der Hospizarbeit in der DDR, 54.

10 Vgl. Nöthling, Soziale Arbeit und Soziale Bewegungen in der DDR.

11 „Die innere Mission ist nicht eine Lebensäußerung außer oder neben der Kirche, […] sie will eine Seite des Lebens der Kirche selbst offenbaren, und zwar das Leben des Geistes der gläubigen Liebe“, Wichern, Die innere Mission, 137.

12 „Die Innere Mission ist Wesens- und Lebensäußerung der Kirche“, Erlaß des Leiters der Deutschen Evangelischen Kirchenkanzlei.

13 „[…] sind die diakonisch-missionarischen Werke Wesens- und Lebensäußerung der Kirche“, Grundordnung der Evangelischen Kirche in Deutschland.

wesen weitestgehend verboten war – genauer: praktisch seiner zivilgesellschaftlichen Funktionen (die der Staat an sich selbst zog) beraubt und in den Freizeitbereich abgedrängt wurde –, waren die ostdeutsche Diakonie respektive Innere Mission und die Landeskirchen gezwungen, die wohlfahrtlich-verbandliche Diakonie organisatorisch neu zu definieren. Die Innere Mission wurde an die Landeskirchen angegliedert; die Einrichtung von Landeskirchlichen Ämtern für Innere Mission etc. war die Folge.

Die begriffliche Unterscheidung zwischen Diakonie und diakonischem Handeln beruht darauf, dass beide organisatorisch bzw. organisationsrechtlich nicht identisch sein müssen, insofern diakonische Praxis auch außerhalb der Grenzen der institutionalisierten Diakonie respektive Inneren Mission, so etwa im Kontext von Kirchgemeinden oder in (nicht zur Diakonie zählenden) Geistlichen Gemeinschaften stattfinden kann. Doch diese organisatorischen Unterschiede begannen in der frühen DDR schon bald zu verschwimmen, da aufgrund der angedeuteten sozialpolitischen Bedingungen eine wohlfahrtliche Diakonie nicht erwünscht war. Dies drückt sich allgemein in der Rede von der sogenannten Verkirchlichung der ostdeutschen Diakonie aus.[14]

Der Begriff der Verkirchlichung der Diakonie in der DDR spricht einerseits von der organisatorischen Identifikation von Diakonie und Kirche (kirchliche statt wohlfahrtlich-verbandliche Diakonie). Zugleich ist darunter aber auch eine inhaltliche Identifikation zu verstehen. Denn über die organisatorischen bzw. organisationsrechtlichen Fragen hinaus bedeutete die Verkirchlichung der ostdeutschen Diakonie auch eine spezifisch *kirchliche* Ausgestaltung ihrer Praxis, womit ich ein stark an kirchlichen Praxisformen, d. h. insbesondere an *Verkündigung* und *Seelsorge* orientiertes diakonisches Handeln meine (in beiden ist auch *Gottesdienst* mitzuhören). Mit ihr geht außerdem die Ausgestaltung und Entwicklung diakonischer Berufsbilder sowie der diakonischen Gemeinschaften (Diakonissen, Diakone) einher.

1.3 Neuorientierung diakonischer Berufsbilder

Über das weitgehende Verbot des Vereinswesens und die Bedingungen sozialistische Sozialpolitik hinaus trugen auch bildungspolitische Nötigungen zur Verkirchlichung der Diakonie in der DDR bei, welche hier nur stichpunktartig zusammenzufassen sind: Bereits 1946 war in der SBZ der Religionsunterricht verboten und zur alleinigen Aufgabe der Kirchen erklärt worden. Für die nunmehr allein im Raum der Kirchen verortete religiöse Bildung als „Kirchliche Unterweisung“ und „Christenlehre“ mussten kirchliche pädagogische Berufe stärker mit

14 Bettina Westfeld hat diese Verkirchlichung an der Inneren Mission in Sachsen herausgearbeitet: Westfeld, Innere Mission und Diakonie in Sachsen, 167–170.

theologischen Ausbildungsanteilen verbunden werden. Dies hatte direkte Auswirkungen auf die Diakonenausbildung, die nun, je nach Ausbildungsort, katechetisch ausgerichtet wurde. Spätestens als 1955 die Jugendweihe in der DDR flächendeckend eingeführt wurde, weitete sich das katechetisch-diakonische Einsatzfeld vom Religionsunterricht bzw. dessen Ersatzformen auf die kirchliche Jugendarbeit insgesamt aus.

Eine herausragende Rolle spielt auf diesem Feld das Diakonenhaus Moritzburg.[15] Es hatte bereits 1942 seine diakonischen Einrichtungen durch Zwangsverkauf verloren und musste seine Handlungsfelder neu justieren. Auf die SED-Bildungspolitik reagierte die Moritzburger Diakonenausbildung mit ihrer Schwerpunktsetzung in Katechetik und Jugendarbeit sowie Kirchenmusik.[16] Es entstand die Verknüpfung der Berufsbilder von Diakon, Katechet und Kantor („Kantorkatechet").

Die kirchlich-diakonischen Berufe sowie die diakonischen Gemeinschaften werden durchzogen von einer Konzentration des diakonischen Handelns im Feld von Verkündigung und Seelsorge. Ebenso ist die verstärkte Zusammenarbeit (statt herkömmlicher Abgrenzung) kirchlicher Berufe und eine Praxis-Partnerschaft zwischen Pfarrer und Diakon sowie das neue Berufsbild des Pfarrdiakons (ordinierte und als Pfarrer eingesetzte Diakone) zu beobachten.

Augenfällig werden diese Entwicklungen an einer Bemerkung, die Hanns-Joachim Wollstadt (1929–1991), seinerzeit Vorsteher des Brüder- und Pflegehauses Martinshof in Rothenburg a. d. Neiße (1965–1979) und 1979–1985 Bischof der Evangelischen Kirche des Görlitzer Kirchengebietes (wie die Evangelische Kirche von Schlesien ab 1968 heißen musste), in seiner Funktion als Vorsitzender der Brüderhausvorsteherkonferenz 1969 dargelegt hatte: „Knapp 3/4 der Diakone stehen im Gemeinde- und Volksmissionsdienst […], etwas mehr als 1/4 befinden sich im Anstaltsdienst".[17]

1.4 Entwicklung diakonischer Gemeinschaften zu Kommunitäten

Zeitgleich zu diesen genannten Merkmalen und Prozessen lässt sich – m. E. zunächst ohne signifikante Ost-West-Unterschiede – ein verstärktes Interesse an Spiritualität im Kontext diakonischer Gemeinschaften beobachten. Sie waren damit Teil eines seinerzeit allgemeinen Phänomens der Entdeckung von Spiritualität im Protestantismus, die auch vor dem Hintergrund der Wiederentdeckung kommunitärer Lebensformen und der Entstehung evangelischer Kom-

[15] Vgl. Tietze / Beyer, Gemeinschaft Moritzburger Diakone und Diakoninnen.

[16] Vgl. die enzyklopädische Übersicht der konfessionellen, darunter auch der diakonischen Ausbildungsstätten in der DDR: Grelak / Pasternack, Parallelwelt; zu Moritzburg, vgl. a. a. O., 245f.

[17] Zit. Hanns-Joachim Wollstadt, nach: Neumann, In Zeit-Brüchen diakonisch handeln, 191.

munitäten seit der Nachkriegszeit zu sehen ist.[18] Diese Entwicklung schlägt sich in der 1979 erschienenen EKD-Studie „Evangelische Spiritualität" nieder, in welcher nicht nur der Begriff der Spiritualität kirchenamtlich rezipiert, sondern die Kommunitäten mit ihren Lebensformen als „Gnadenorte"[19] gewürdigt wurden und, wie Peter Zimmerling kommentiert, endlich als „legitime Ausformung biblisch-reformatorischen Christseins" anerkannt worden sind.[20] Die bestehenden, aus dem 19. Jahrhundert stammenden diakonischen Gemeinschaften wurden selber Teil dieses Phänomens und entwickelten sich immer weiter in Richtung von Geistlichen, d. h. kommunitären Gemeinschaften.

Diese Entwicklungen sind in West- und Ostdeutschland gemeinsam erkennbar. Ein Musterbeispiel dafür ist das im Januar 1973 eingeweihte Haus der Stille des Diakonissenmutterhauses Sarepta in Bethel. Im Osten erhielten diese Entwicklung aber eine Zuspitzung, insofern – dies ist meine These – die diakonischen Gemeinschaften vor dem Hintergrund der spezifischen politischen Situation und der Verkirchlichung der Diakonie bzw. Inneren Mission als kirchlich-kommunitäre Gemeinschaften existierten und dazu beitrugen, diakonisches Handeln zwischen Verkündigung, Seelsorge und Gemeinschaft zu profilieren. Hanns-Joachim Wollstadt brachte schon 1969 diese Entwicklung diakonischer Gemeinschaften auf die programmatische Formel: „Die Brüderschaften sollen geistliche Bruderschaften sein" (hier konkret bezogen auf die Diakonenbrüder- bzw. -Bruderschaften).[21]

Es wird damit die inhaltliche Verschiebung von der Arbeits- und Professionsgemeinschaft hin zur geistlichen Gemeinschaft erkennbar. Im Blick auf die Mitglieder der diakonischen Schwesternschaften und Brüderschaften führte diese Verschiebung zu einer kommunitären Konzentration. Doch auch bei den nicht zu einer verbindlichen Gemeinschaft gehörenden Mitarbeiterinnen und Mitarbeitern der Diakonie lässt sich diese gemeinschaftsorientierte Verschiebung beobachten. In beiden Fällen hat sie mit einem Verständnis von Diakonie als Glaubenszeugnis und Glaubenspraxis zu tun oder mit – wie es der Leipziger Diakoniker Heinz Wagner (1912–1994; 1945–1960 Direktor der Inneren Mission in Leipzig und Rektor des Diakonissenmutterhauses in Borsdorf, 1961–1978 Professor für Praktische Theologie u. a. mit dem Schwerpunkt Diakonik an der Karl-Marx-Universität Leipzig, Begründer der Diakonik an den Universitäten in Leipzig und Halle/Saale) in einem Wort auf den Punkt brachte: „Zeugenschaft".[22]

---

18 Vgl. Zimmerling, Die Bedeutung der Kommunitäten.

19 Evangelische Spiritualität, 54.

20 Zimmerling, Die Bedeutung der Kommunitäten, 22, bzw. schon früher: ders., Evangelische Spiritualität, 157.

21 Zit. Hanns-Joachim Wollstadt, nach: Neumann, In Zeit-Brüchen diakonisch handeln, 192.

22 Wagner, Zeugenschaft.

2 Die aus dem 19. Jahrhundert stammenden diakonischen Gemeinschaften in der DDR

2.1 These: Verschiebung von der Arbeits- und Professionsgemeinschaft hin zur geistlichen Gemeinschaft

Die Diakonissenschwesternschaften und die Diakonenbruderschaften in der SBZ bzw. der DDR brachten zunächst dieselben Voraussetzungen wie die westdeutschen Gemeinschaften mit. Unter ihnen ist u. a. die sogenannte Krise der Mutterhausdiakonie zu nennen,[23] welche Erich Beyreuther (1904–2003) nicht erst in der „sterbenden Mutterhausdiakonie“[24] der zweiten Hälfte des 20. Jahrhunderts sah, sondern bereits in das ausgehende 19. Jahrhundert datierte.[25] Diese Voraussetzungen standen nun aber unter besonderen Parametern. So hatte die eingangs erwähnte Rückdrängung der ostdeutschen Inneren Mission auf die Arbeit mit schwerstbehinderten oder alten Menschen insbesondere Auswirkungen auf die Diakonissenschwesternschaften. Das Verbot des Religionsunterrichts bzw. die Einführung der Jugendweihe hatten dagegen Folgen (nicht nur, aber) besonders für die Diakonenbruderschaften, wie am Diakonenhaus Moritzburg gezeigt. Dem Wandel von der diakonischen Gemeinschaft zur Kommunität – oder mit den Worten Wollstadts: von der Brüderschaft zur Bruderschaft – wurde dadurch Vorschub geleistet.

Dies kommt praktisch zum Ausdruck in einem Bericht der Oberin des Mutterhauses der Anhaltischen Diakonissenanstalt in Dessau, Sr. Brigitte Daase, von 1984 über „neue Formen gemeinsamen Lebens“ bei Diakonissen:

> „Wir haben erkannt, daß Zusammenkünfte in kleinen Gruppen von großer Bedeutung sind und die Möglichkeit des Austausches erleichtern […]. Das gilt auch für Rüstzeiten. Einerseits soll die Begegnung möglichst viele Schwestern zusammenführen, andererseits ist der Austausch im kleinen Kreis intensiver. Diese Erfahrung haben wir auch in den Rüstzeiten gemacht, die im Rahmen der Konferenz der Mutterhäuser in der DDR gehalten werden. Die fachspezifische Zurüstung tritt in diesen Zusammenkünften immer mehr zurück zugunsten des schwesternschaftlichen Elementes. Retraite, Abendmahlsgemeinschaft, Gebet, besonders das Mittagsgebet, haben neben Andacht und monatlichen [sic!] Fürbittgebet ihren festen Platz in den Schwesternschaften gefunden“.[26]

---

[23] Vgl. den Abschnitt „Die Krise der diakonischen Gemeinschaften“ in: Turre, Diakonik, 89–91.

[24] Leich, Sterbende Mutterhausdiakonie?.

[25] Vgl. Beyreuther, Geschichte der Diakonie, 81f.

[26] Daase, Ein Blick in das schwesternschaftliche Leben in der DDR, 216.

In diesem Zitat werden zunächst Veränderungen in der *praxis pietatis* des Gemeinschaftsalltages benannt. Insbesondere geht es um Formen geistlichen Lebens in Kleingruppen, dazu um eine verstärkte Konzentration auf regelmäßiges gemeinsames (Stunden-) Gebet und auf Einkehr (Retraite, Abendmahl).

Dabei ist die Formel „Austausch im kleinen Kreis" spiritualitätsgeschichtlich von hoher Aussagekraft, da in ihr die Tradition der Oxford-Gruppenbewegung enthalten ist. Die Oxford-Gruppenbewegung legte Wert auf „Austausch" (Bibellesen und Gespräch, Seelsorge- und Gebetsgemeinschaft) in kleinen „Gruppen" (Betonung des Allgemeinen Priestertums, Laienbeteiligung, regelmäßige kurze Treffen oder mehrtägige Rüstzeiten).[27] Typisch für die erwecklichen Gruppentreffen der Oxford-Gruppenbewegung, welche 1921 bei dem amerikanischen Lutheraner Frank Buchman (1878–1961) ihren Ausgang genommen hatten und von einer evangelistisch und seelsorglich akzentuierten Heiligungsfrömmigkeit gekennzeichnet waren, waren die Praxismerkmale „Stille Zeit", „Austausch", „Hören auf den Heiligen Geist", Laienbeteiligung und „Mannschaftsarbeit" (Team).

Die Aussage „Die fachspezifische Zurüstung tritt in diesen Zusammenkünften immer mehr zurück zugunsten des schwesternschaftlichen Elementes" schließlich bestätigt meine These der Verschiebung von der Arbeits- und Professionsgemeinschaft hin zur geistlichen Gemeinschaft. Die folgenden Beispiele konkretisieren nun diese Verschiebung.

2.2 Diakonissenmutterhaus Borsdorf

Das Evangelisch-Lutherische Diakonissenmutterhaus in Borsdorf bei Leipzig stellt einen besonderen Exponenten dieser Entwicklung dar. Das 1896 gegründete Mutterhaus der Leipziger Inneren Mission wurde in den 1930er Jahren (während eines Interims als „Neu-Borsdorf" in Lindhardt bei Naunhof 1927–1940) zu einem der Schauplätze der Oxford-Gruppenbewegung in Sachsen und in den 1960 bis 1970er Jahren der innerkirchlichen charismatischen Bewegung in Sachsen bzw. in der DDR. Rektor Wiemer (Rektorat 1899–1940) hatte die Kontakte zur sächsischen Gruppenbewegung geknüpft. Aus ihr ging der Volksmissionskreis Sachsen hervor, eine volksmissionarische Vereinigung innerhalb der sächsischen Landeskirche, die ihre Wurzeln neben der Oxford-Gruppenbewegung auch in der Posaunenmission und Volksmission der Bekennenden Kirche hatte, in der Nachkriegszeit der landeskirchlichen Inneren Mission angegliedert wurde und in den 1950er bis 1980er Jahren (in organisatorischer, inhaltlicher und

27 Zur Oxford-Gruppenbewegung vgl. Schmidt, Charismatische Spiritualität und Seelsorge, bes. 43–46, dort auch weitere Literatur.

personeller Hinsicht) deckungsgleich war mit der charismatischen Bewegung in der Landeskirche Sachsens.[28]

Die zu zeigende Entwicklung des Borsdorfer Mutterhauses ist erkennbar in einer Phase unter drei zum Volksmissionskreis Sachsen gehörenden Rektoren. Während des Rektorates von Martin Keil (1901–1995; Rektorat 1957–1968, Nachfolger Heinz Wagners) entwickelte sich das Mutterhaus zu einer seelsorgerlichen Anlaufstelle (in mündlich geäußerten Erinnerungen: „Beichtzentrale“) für Leipziger Theologiestudenten, unter welchen es einen erwecklichen Aufbruch gegeben hatte. Das aus der Oxford-Gruppenbewegung übernommene Motiv der Seelsorge (Einzel- und Gruppenseelsorge) und die für evangelische Verhältnisse exzeptionelle Hochschätzung der Einzelbeichte bilden bleibende Praxismerkmale in Borsdorf. Bis in die Gegenwart wird das Leben der Schwestern von den spirituellen und seelsorgerlichen Motiven der Gruppenbewegung (Bibellesen, Stille Zeit, Rüstzeiten) geprägt.[29]

Unter Rektor Helmut Günnel (1922–2015; Rektorat 1968–1988) verstärkten sich die spirituellen Aspekte. Meditativ-kontemplative Formen, wie sie etwa aus Taizé bekannt wurden, erreichten in dieser Zeit den Volksmissionskreis Sachsen.[30] Spätestens jetzt dürfte es unter den Borsdorfer Diakonissen einen Gebetskreis gegeben haben, der vom Volksmissionskreis Sachsen geprägt war.[31] Borsdorf wurde auch zu einem Ort der jungen evangelischen Exerzitien-

---

28 Vgl. a. a. O., zum Diakonissenmutterhaus Borsdorf bes. 76.244–247.

29 Vgl. Knüpfer, Diakonissen-Mutterhaus Borsdorf, 129.

30 Vgl. Brief von Pfr. Helmut Günnel, Markersbach, 14.12.1962, an die Ev.-Luth. Superintendentur Schneeberg, Aue, in: Ev.-Luth. Superintendentur Aue, Ephoralarchiv, G37, dort das Beispiel Taizé: „Die Gegenwart Christi wortlos ausstrahlen in die Umgebung.“ Dieses Zitat zeigt einen eindeutigen Neuansatz im Vergleich zur klassischen volksmissionarischen bzw. evangelistischen Prägung des Volksmissionskreises. Anhand weiterer Stichworte lässt sich die Aufnahme meditativer Arbeitsformen weiter nachvollziehen: „Michael Quoist ‚Herr, da bin ich‘; […] ‚Abenteuer im Heiligen Geist‘ (Taizé)“, Bericht über den Stand des kirchlichen Lebens in der Gemeinde Markersbach, Pfr. Helmut Günnel, 24.05.1963, in: Ev.-Luth. Superintendentur Aue, Ephoralarchiv, Markersbach.III.1; Stichwort „Schweigen“ in: VMK (Hg.), 4. Rundbrief 1964, Pfr. Helmut Günnel, 11/1964, in: Volksmissionskreis Sachsen e. V., Geschäftsstelle Dresden, Ordner 1964; Stichwort „wiederholendes Beten“ (kontemplativ-verweilendes Gebet bzw. Meditation kurzer Gebetssätze) in: VMK (Hg.), 1. Rundbrief 1972, Pfr. Helmut Günnel, 03/1972, in: Volksmissionskreis Sachsen e. V., Geschäftsstelle Dresden, Ordner 1972.

31 Mindestens eine Borsdorfer Schwester zählte zu den Rundbriefempfängerinnen und aktiven Korrespondenten des Volksmissionskreises, vgl. Antwortliste auf den VMK-Rundbrief vom 03.05.1979, in: Volksmissionskreis Sachsen e. V., Geschäftsstelle Dresden, Ordner Herrnhut 3.–4.6.1979. Vgl. die Notiz: „Lothar Köppe ist zu Diensten im Diakonissenhaus Borsdorf“, VMK (Hg.), Gebetsbrief Oktober 1976, Lothar Köppe, in: Volksmissionskreis Sachsen e. V., Geschäftsstelle Dresden, Ordner 1976. Schon 1966 schrieb Hans Prehn zum 50. Jubiläum des Hauses: „Unser Volksmissionskreis weiß sich Ihrem Haus gegenüber auch zu besonderem Dank verpflichtet, weil sich seine Tore immer wieder bereitwillig für die verschiedenen Treffen und Begegnungen geöffnet haben“, Brief von Pfr. Hans

arbeit.[32] Die seelsorgliche Begleitung von Theologiestudenten wurde von Günnel in Form von Rüstzeiten ebenfalls weitergeführt, die der dritte und letzte Rektor aus den Reihen des Volksmissionskreises Sachsen, Ernst Kimme (geb. 1938; Rektorat 1988–2002), noch intensivierte. Diese skizzierte Phase zeigt die starke Orientierung an Seelsorge, Begleitung und Einkehr.

Genau in dieser Zeit (ca. Mitte der 1960er bis Mitte der 1980er Jahre) entwickelte sich in Ost und West die evangelische Exerzitien- und Einkehrarbeit,[33] für welche in der DDR Paul Toaspern (1925–2012; 1959–1989 Hauptabteilungsleiter für missionarische Dienste bei Innerer Mission und Hilfswerk der Evangelischen Kirchen in der DDR, Hauptgeschäftsführer der Arbeitsgemeinschaft Missionarische Dienste in der DDR) die „Arbeitsgemeinschaft für Evangelische Einkehrtage" ins Leben gerufen hatte. Diese Arbeitsgemeinschaft bildet seit 1991 (mit dem Zusatz „in der EKD") einen Fachverband im Diakonischen Werk der EKD bzw. heute der Diakonie Deutschland.[34]

Das Diakonissenmutterhaus Borsdorf avancierte des Weiteren zu einem Begegnungs- und Tagungsort verschiedener erwecklicher und kommunitärer Gruppen aus der DDR und aus der Bundesrepublik. Für seine Geschichte von höchster Bedeutung ist dabei der infrastrukturelle Vorteil am geographischen Rand der Messestadt Leipzig, da westdeutsche Besucher mit einem Messevisum bis Borsdorf frei reisen konnten. So besuchten führende Personen aus der Christusbruderschaft Selbitz, der Bruderschaft vom gemeinsamen Leben, der Communauté de Grandchamp oder aus dem Marburger Kreis das Mutterhaus und trafen dort mit Vertretern ostdeutscher Gruppen zusammen. Aus den Gruppen bzw. leitenden Personen, die zur innerkirchlichen charismatischen Bewegung in der DDR zählten,[35] bildete sich in Borsdorf unter der Führung des Volksmissionskreises Sachsen der „Borsdorfer Konvent" als Netzwerk bzw. Leitungsgremium der charismatischen Bewegung in der DDR. Anfang der 1980er Jahre wurde dieser Konvent in „Arbeitsgemeinschaft für Geistliche Gemeindeerneuerung in den evangelischen Kirchen in der DDR" (kurz: GGE-Ost) umbenannt.

Prehn [1966] an die Oberin und an Rektor Pfr. Martin Keil, Borsdorf, in: Volksmissionskreis Sachsen e. V., Geschäftsstelle Dresden, Ordner 1966.

32 Vgl. Wolff, Zeiten mit Gott, 114.

33 Zur Entstehung der evangelischen Exerzitienarbeit in der DDR vgl. Schmidt, Charismatische Spiritualität und Seelsorge, 201f.

34 Die Ordnung von 1991 in: Herr, komm in mir wohnen, 53f.

35 Zu den teilnehmenden Gruppen gehörten: Volksmissionskreis Sachsen, Julius-Schniewind-Haus, Märkische Volksmission, Missionarische Dienste Südharz, Christusdienst Thüringen, Stendaler Kreis, überkonfessionelle Arbeitsgruppe Berlin, Mecklenburgische und Pommersche Bruderschaft, Kirchenwochenarbeit des Görlitzer Kirchengebietes. Diese Auflistung spiegelt den Stand von 1986 wider, nach: Bericht von dem 2. Europäischen Charismatischen Kongreß in Birmingham im Juli 1986, Pfr. Gottfried Rebner, Lauter, in: Ev.-Luth. Landeskirchenamt Sachsens, Landeskirchenarchiv Dresden, Best. 2.1525, 263–265.

Zwar dürfte diese Situation des Borsdorfer Mutterhauses aufgrund ihrer geographischen Bedingungen sowie der engen Kontakte zur Oxford-Gruppenbewegung bzw. dem Volksmissionskreis Sachsen und zur charismatischen Bewegung historisch einmalig sein, aber trotz dieser herausragenden Position spiegelt Borsdorf allgemeine Merkmale der Entwicklung von Diakonissenschwesternschaften in der DDR wider:

1) das Selbstverständnis der diakonischen Gemeinschaft als kommunitäre Gemeinschaft, deren Glaubenspraxis stets kirchliche Praxis sein soll (wobei „kirchlich" noch keine Aussagen über tatsächliche Verbindungen zu Kirchgemeinden beinhaltet),

2) das verbindliche geistliche Leben, welches

3) von Verkündigung, Gottesdienst, Gebet sowie Seelsorge und Beichte geprägt ist und

4) damit wiederum das diakonische Handeln prägt.

Diese Merkmale kommen ebenso in anderen Schwesternschaften in jeweils verschiedener Gewichtung zum Ausdruck, wie weitere drei Beispiele zeigen.

2.3 Weitere Beispiele: Julius-Schniewind-Haus Schönebeck, Gemeinschafts-Diakonissenhaus ZION Aue, Diakonische Schwesternschaften

2.3.1 Schwesternschaft des Julius-Schniewind-Hauses in Schönebeck

Auch in der Schwesternschaft des 1957 gegründeten provinzsächsischen Rüstzeitheimes „Julius-Schniewind-Haus" spiegelt sich die seit den 1960er Jahren wahrnehmbare Verbindung der Diakonissenschwesternschaften mit den neueren evangelischen Kommunitäten und mit der evangelischen Einkehrarbeit wider und ist als Wandel diakonischer Gemeinschaften hin zu geistlichen Gemeinschaften erkennbar.

Die Schwesternschaft ist älter als das Rüstzeitheim. 1914 war sie im niederschlesischen Schönberg (heute Sulików, südöstlich von Görlitz) als Diakonissenschwesternschaft gegründet worden, die nach dem Ende des Zweiten Weltkriegs von dort vertrieben wurde.[36] Die heimatlos gewordenen Diakonissen schlossen sich ca. 1950 im südthüringischen Sonneberg dem Pfarrer

[36] Zu den Daten vgl. https://www.schniewind-haus.com/ueber_uns/schwesternschaft.htm (abgerufen am 16.03.2022).

Bernhard Jansa (1901–1967) an, dem sie 1957 an das neue Julius-Schniewind-Haus nach Schönebeck/Elbe (südlich von Magdeburg) folgten. Der Beginn der Arbeit in diesem Seelsorge- und Tagungsheim markiert die Transformation von der Diakonissengemeinschaft zur evangelischen Kommunität. Die Praxisschwerpunkte der Schwesternschaft verlagerten sich, typisch für die Situation in der DDR, in die katechetisch und evangelistisch ausgerichtete Kinderarbeit und Gemeindediakonie[37] sowie in die Seelsorge-, Gäste- und Einkehrarbeit.[38]

2.3.2 Sächsisches Gemeinschafts-Diakonissenhaus ZION in Aue

Aus dem Bereich des landeskirchlichen Pietismus dient als signifikantes Beispiel das Sächsische Gemeinschafts-Diakonissenhaus ZION in Aue.[39] Die Landeskirchliche Gemeinschaft in Sachsen gründete 1919 ein eigenes Mutterhaus, das zunächst in Rathen in der Sächsischen Schweiz bestand und seit 1924 im westerzgebirgischen Aue angesiedelt ist. Typisch für die Nachkriegszeit in der SBZ bzw. der DDR ist, dass das Diakonissenhaus seiner Kinderklinik enteignet wurde, die noch bis 1996 staatlich geführt wurde. Von daher entstanden, wiederum typisch, neue Schwerpunkte: die Arbeit mit alten oder behinderten Menschen sowie die Katechetik (1947–1957 bibelschulähnliche Kurse für Schwestern; Christenlehre in Aue; ab 1971 Seminare für Gemeinde- und Kinderarbeit), ab 1972 auch die Gästearbeit, Seelsorge und Einkehr.

Im Selbstverständnis der Diakonissen wird bis heute die Verknüpfung von verkündigendem und diakonischem Handeln betont: „Die Erfüllung des Auftrags unserer Schwesternschaft zielte stets in diese beiden Richtungen, die miteinander verknüpft waren: *Wortverkündigung* und *Diakonie*".[40]

2.3.3 Diakonische Schwesternschaften (vormals Verbandsschwestern)

Nicht zuletzt muss auf die häufig übersehenen Diakonischen Schwesternschaften hingewiesen werden. Sie waren Ende des 19. Jahrhunderts als „freie / Freie Hilfen" der Diakonissen entstanden, wurden 1939 durch den Kaiserswerther Verband in Reaktion auf die nationalsozialistische Gleichschaltungspolitik als sogenannte „Verbandsschwesternschaft" unter dessen Fittiche

37 Vgl. Reimer, Verbindliches Leben, 149. Die Vorgängerpublikation enthielt noch keine Darstellungen von ostdeutschen Gemeinschaften: Reimer (Hg.), Alternativ leben.

38 Vgl. Toaspern / Wolff, Stille vor Gott, 141f.; Blischke, Das „Schniewind-Haus" in Schönebeck.

39 Vgl. Groß / Nowack, Sächsisches Gemeinschafts-Diakonissenhaus ZION e. V. Aue, bes. 205–207.

40 A. a. O., 206 (Hervorhebungen im Original).

genommen und entwickelten sich ab den 1950er Jahren zu eigenständigen Schwesternschaften, denen später schließlich auch Männer beitreten konnten.[41] An der Wende zum 21. Jahrhundert sind dann manche dieser „Schwesternschaften“ in „Gemeinschaften“ oder „Schwestern- und Bruderschaften“ umbenannt worden oder haben sich mit den jeweiligen Diakonissenschwesternschaften zu *einer* Gemeinschaft verbunden.[42]

So ist die heutige Diakonische Gemeinschaft der Evangelisch-Lutherischen Diakonissenanstalt Dresden im Jahr 2007 sogar aus drei Gruppen hervorgegangen: der Diakonissenschwesternschaft, der Diakonischen Schwestern- und Bruderschaft und der Evangelischen Mitarbeitergruppe.[43] Diese Dreierkonstellation verdeutlicht, wie sich neben den diakonischen Gemeinschaften (Diakonissen, Diakone oder Diakonische Schwestern) auch weitere Mitarbeitende des Krankenhauses der Dresdner Diakonissenanstalt in offenbar abgestufter Weise einen Verbindlichkeitsgrad zugemessen bzw. ihr diakonisches Handeln von einem gemeinschaftsorientierten Selbstverständnis her begriffen haben. Die Verschiebung von der Arbeits- und Professionsgemeinschaft hin zur geistlichen Gemeinschaft wird damit als ein Phänomen erkennbar, welches zwar exemplarisch an den diakonischen Gemeinschaften zum Ausdruck kommt, doch gerade nicht auf diese begrenzt ist.

Doch vor diesen Schritten zu diakonischen Gemeinschaftsbildungen der Gegenwart ist die für unser Thema interessante Transformation der Verbandsschwesternschaft zur geistlichen Gemeinschaft anzusiedeln. Als im Jahr 1969 die Trennung der Diakonie zwischen West- und Ostdeutschland durch die SED-Politik erzwungen wurde, konnten die ostdeutschen Mutterhäuser nicht mehr Mitglied im deutschen Kaiserswerther Verband bleiben, sondern bildeten selbstständig die „Konferenz der Mutterhäuser Kaiserswerther Prägung in der DDR“, welche Mitglied in der internationalen Kaiserswerther Generalkonferenz wurde. Davon waren auch die bis dato dem Kaiserswerther Verband zugeordneten ostdeutschen Verbandsschwestern betroffen. Auch sie mussten sich organisatorisch neu aufstellen und bildeten unter dem Namen „Diakonische Schwesternschaft“ jeweils einzelnen Diakonissenhäusern zugeordnete Gemeinschaften.[44] – Es war im selben Jahr, in dem Wollstadt die Formel „von der Brüderschaft zur Bruderschaft“ generierte.

---

[41] Die Geschichte der Diakonischen Schwesternschaft bis Ende der 1990 Jahre hat Günther Freytag ausführlich aufgearbeitet: ders., Unterwegs zur Eigenständigkeit.

[42] Siehe das Beispiel der Sarepta-Schwesternschaft in Bethel seit dem Jahr 2004 als Zusammenschluss von Diakonissenschwesternschaft Sarepta und Ravensberger Schwesternschaft (zuvor Verbandsschwesternschaft). Vgl. Lorentz / Frickmann, Sarepta-Schwestern, 14.

[43] Vgl. Selle, Diakonische Gemeinschaft der Evangelisch-Lutherischen Diakonissenanstalt Dresden, 95.

[44] Vgl. Freytag, Unterwegs zur Eigenständigkeit, 60f. Vgl. exemplarisch die episodische Schilderung bei: Sommermeyer, Die Diakonissengemeinschaft des Luise-Henrietten-Stifts, 22.

Mit der Bezeichnung „Diakonische Schwesternschaft“ wurde ein deutlich kommunitär lesbarer Name gefunden. Im Unterschied zum in der Bundesrepublik bis 1987 weiterhin bestehenden Begriff der Verbandsschwesternschaft trägt dieser weniger die Färbung einer reinen Arbeits- und Professionsgemeinschaft als vielmehr einer geistlichen Glaubens- und Lebensgemeinschaft, auch wenn die Mitglieder der Diakonischen Schwesternschaft kein gemeinsames Leben nach den drei Evangelischen Räten sowie nicht an einem verbindlichen gemeinsamen Wohnort führen.

Als sich fast zwei Jahrzehnte später in der Bundesrepublik die Verbandsschwestern den neuen Namen „‚Diakonische Schwesternschaft‘, Gemeinschaft evangelischer Frauen und Männer im Kaiserswerther Verband“ gaben, hatten sie den ostdeutschen Namen und die darin enthaltene Schwerpunktsetzung offenbar aufgegriffen: „Deutlicher als bisher möchte der neue Name hinweisen darauf, daß wir uns als eine geistliche Schwesternschaft innerhalb der Diakonie unserer Kirche verstehen“.[45]

Es bleibt ein Forschungsdesiderat, inwiefern sich die Verschiebung von der „Brüderschaft zur Bruderschaft“, d. h. von der Arbeits- und Professionsgemeinschaft hin zur geistlichen Gemeinschaft, die im Namenwechsel von der „Verbandschwesternschaft“ zur „Diakonischen Schwesternschaft“ wieder zum Ausdruck kommt, auch in der Praxis dieser Schwestern respektive Brüder niedergeschlagen hat. Vermutlich ist von ähnlichen Merkmalen, wie ich sie für die Diakonissenschwesternschaften beschrieben hatte, auszugehen, doch dafür fehlt mir bis jetzt das Quellenmaterial. Augenfällig bleibt, dass – ausgelöst durch politischen Druck – in der DDR knapp zwanzig Jahre früher als in der Bundesrepublik jene aussagekräftige Namensänderung vollzogen wurde.

2.4 Diakoniewissenschaftliche Reflexion und Konzeption in der DDR

Die gezeigten Entwicklungen schlugen sich in der ostdeutschen Diakonik nieder. Der kommunitäre Trend diakonischer Gemeinschaftsformen und ihrer Selbstverständnisse wurde durch den Leipziger Diakoniker Heinz Wagner reflektiert. Der einstige Rektor des Diakonissenmutterhauses Borsdorf konstatierte:

> „Die Mutterhausdiakonie erfüllt eine formative Funktion. Unter einer diakonischen Verkündigung, in der das Wort seine lebensgestaltende Kraft beweist, und auf dem Weg

---

[45] Zit. des Protokolls der Mitgliederversammlung des Kaiserswerther Verbandes vom 04.02.1987 nach: Freytag, Unterwegs zur Eigenständigkeit, 96.

> zum Altar geschieht eben jene Formierung, die nicht nur Privatereignis der einzelnen Herzen bleibt, sondern die Gemeinschaft als Gesamtheit der Dienstwilligen ergreift".[46]

Diese Aussage ist konzeptionell und programmatisch zu lesen. Wagner bezog sie auf die Mutterhausdiakonie generell, unabhängig von der Frage nach Ost und West; die ostdeutsche Perspektive ist jedoch deutlich erkennbar. *Nota bene* ist in diesem Zitat von „Mutterhausdiakonie" bzw. im unten folgenden Zitat von „schwesternschaftlicher Lebensgemeinschaft" die Rede, nicht aber *expressis verbis* von „Diakonissen". Wagner dürfte damit nämlich gleichermaßen Diakonissen und Diakonische Schwestern (und ggf. Brüder) gemeint haben.

Diakonische Gemeinschaften sind nach Wagner von Wort und Sakrament sowie von Gebet, Verkündigung und gemeinsamem geistlichen Leben bestimmte Gemeinschaften. Unter diesen Merkmalen sollen sie Prägekraft für die Diakonie insgesamt haben. Das heute viel besprochene und gesuchte diakonische Profil wäre also nach Wagners Gedankengängen keine Aufgabe, die im Wesentlichen an der geistlichen Authentizität von Einzelpersonen hinge (wie die Rede von „Ankermenschen"[47] im Konzept der diakonischen Unternehmenskultur nach Beate Hofmann verstanden werden kann), sondern getragen sei durch gottesdienstlich geprägte Gemeinschaftsformen. Wagner konzipierte die Schwesternschaften als *kommunitäre* Nachfolgegemeinschaften, deren diakonisches Proprium nur von Verkündigung, Gottesdienst und Gemeinschaft her verstanden werden könne. In ihnen sah er eine Vorreiterfunktion für die Diakonie als kirchliche Glaubenspraxis:

> „Die schwesternschaftliche Lebensgemeinschaft ist auch ein
> 1. *Übungsfeld* der Kirche. Es wird in dieser Gemeinschaft eine Erprobung und Bewährung des Glaubens versucht, gleichzeitig aber wird an einer gemeinsamen Aufgabe – Diakonie – festgehalten. Diese Einheit zwischen Leben und Dienst bringt einen anregenden Zug in das Angebot der Nachfolge Christi. […] Wenn es aber wahr ist, daß die Gemeinschaft unserem Christenglauben nicht fremd ist, dann muß an einer Stelle einmal auch auf lange Sicht der Mut zum *gemeinsamen Leben* aufgebracht werden.
> 2. Schwesternschaft ist eine *Gestalt der Kirche.* In dieser Gemeinschaft auf engstem Raum kann es gewagt werden, auch *Schuld* zu bejahen, weil die *Vergebung* froh und frei macht. […]
> 3. Auch die *Leidensgemeinschaft* gehört in dieses Übungsfeld der Kirche. Es ist Aufgabe und Entschluß dieser diakonischen Gemeinschaft, das Leiden anderer mitzutragen […],

[46] Zit. Heinz Wagner, nach: Betsch, Die Theologische Konferenz der Mutterhäuser, 236f.

[47] Vgl. Hofmann, Mitarbeitende im Diakonat; dies. (Hg.), Merkmale diakonischer Unternehmenskultur, 223–229.

auch offen für das Leid der *Kirche* und für das Leiden *an der Kirche*. Jeder elitäre Hochmut schwindet gegenüber dieser liebenden Verbundenheit mit der Kirche."[48]

Trotz der sogenannten Krise bzw. dem Sterben der Mutterhausdiakonie, die einerseits durch einen rasanten Rückgang bzw. die zunehmende Überalterung der Schwestern und damit durch ihren zunehmenden Rückzug aus der diakonischen Praxis geprägt war, welche sich in Ostdeutschland zudem in einer säkularisierten und damit das christliche Zeugnis verlangenden Umgebung befand, sah Wagner die Schwesternschaften in einer exemplarischen Rolle: „Heute könnte das *Proprium* dieser diakonischen Formationen [= der Gemeinschaftsformen] in der bewußten Entscheidung für eine verbindliche Lebensgemeinschaft liegen".[49]

Heinz Wagner dürfte darin eine Kontinuität (und keineswegs einen Abbruch oder radikalen Umbruch) zu den Wurzeln im 19. Jahrhundert gesehen haben, die von Anfang an durch den Aspekt der klösterlich orientierten Gemeinschaft geprägt waren, welcher insbesondere bei Johann Hinrich Wichern (1808–1881) eine der inhaltlichen Grundvoraussetzungen der Diakonenbrüderschaft bzw. bei Wilhelm Löhe (1808–1872) der Diakonissenschwesternschaft bildete.[50] Wagners Zuspitzung auf Gottesdienst, Verkündigung, Gebet und geistliches Leben ist aber vor dem Hintergrund der ostdeutschen Situation zu lesen und wird außerdem nicht ohne seine Erfahrungen als Rektor des Diakonissenmutterhauses Borsdorf zu verstehen sein. Die Verschiebung von der Arbeits- und Professionsgemeinschaft hin zur geistlichen Gemeinschaft beginnt bei den Gemeinschaftsformen. Von hier aus trägt sie Folgen für die gesamte Diakonie.

Ähnlich hatten sich 1979 die Bischöfe der evangelischen Landeskirchen – zu ihnen gehörte seit ebendiesem Jahr auch der bereits erwähnte Hanns-Joachim Wollstadt – sowie der Herrnhuter Brüdergemeine in der DDR positioniert:

> „Von der Bereitschaft der Mutterhäuser, für die Entstehung und die Lebenspraxis solcher Schwesternkommunitäten oder zumindest für das Erproben und Einüben kommunitärer Formen des gemeinsamen Lebens in ihrer Mitte Raum zu geben [...], wird nach unserem Dafürhalten für die Zukunft der weiblichen Diakonie Entscheidendes – wenn nicht alles – abhängen".[51]

---

48 Wagner, Verbindliche Lebensgemeinschaft, 139f. (Hervorhebungen im Original).

49 A. a. O., 136 (Hervorhebung im Original).

50 Vgl. Heinsius, Der schwesternschaftliche Gedanke; Halkenhäuser, Kirche und Kommunität.

51 Stellungnahme des Bischofskonventes [des Bundes der Evangelischen Kirchen in der DDR und der Evangelischen Brüder-Unität, Distrikt Herrnhut], 344.

Diese auf die Mutterhausdiakonie bezogene Aussage weiteten die Bischöfe im weiteren Text auf diakonische Gemeinschaften überhaupt, also auch auf Gemeinschaften von Männern, von Verheirateten und sogar von Familien aus.[52] Es scheint, als könne man diakonisches Handeln nur von *verbindlichem Christsein* her verstehen, wobei zu letzterem nicht ausschließlich, jedoch aber wesentlich verbindliche Gemeinschaftsformen gehören.

3 Profil und Identität diakonischen Handelns zwischen Verkündigung, Seelsorge und Gemeinschaft

Zum Schluss versuche ich eine kurze Zusammenschau von Einsichten aus den gezeigten Beobachtungen in historischer und praktisch-theologischer Perspektive. Meine These der Verschiebung von der Arbeits- und Professionsgemeinschaft hin zur geistlichen Gemeinschaft beruht auf exemplarischen Beobachtungen, die vorwiegend an weiblichen Gemeinschaftsformen ausgeführt, aber ansatzweise auch an männlichen Gemeinschaften entwickelt wurden. Zu prüfen wäre, ob und wie sich die formulierte Beobachtung an nicht zu einer diakonischen Gemeinschaft gehörenden Mitarbeitenden zeigen ließe, insbesondere im Kontext der evangelischen Krankenhäuser. Am Dresdner Diakonissenkrankenhaus, wo die später in der Diakonischen Gemeinschaft aufgegangene Evangelische Mitarbeitergruppe existierte, zeigte sich eine entsprechende Tendenz.

Die Diakonie im Osten Deutschlands fand sich – und findet sich, trotz veränderter Bedingungen, in gewissem Sinne weiterhin – in einer Situation, in welcher sie sich keineswegs auf eine gesellschaftliche Verankerung eines, in irgendeiner Weise vorhandenen, christlichen Menschenbildes verlassen konnte. Diakonisches Handeln war gezwungen, als kirchliches Handeln in Erscheinung zu treten. Dadurch kann die allgemeine Säkularisierung des Helfens im 20. Jahrhundert und speziell im Kontext der Diakonie in der DDR als gebremst beschrieben werden, insofern Diakonie bzw. diakonische Einrichtungen als „Orte relativer Freiheit"[53] dezidiert kirchlich profilierte Orte waren.

Die Betonung von Verkündigung, Seelsorge und Gemeinschaft als Ausdrucksformen diakonischen Handelns war einerseits Folge der neu zu sortierenden Handlungsfelder, wie dies an dem Einsatz diakonischer Gemeinschaften im Kontext katechetischer Kinder- und Jugendarbeit und der Entwicklung neuer Berufsbilder zum Ausdruck kommt. Diese von außen erzwungene Binnenfokussierung war andererseits aber nicht einfach ein bloßer Rückzug auf kirchliches Terrain. In der Konzentration des diakonischen Profils ist ein deutlicher missionarischer

---

52 Vgl. a. a. O., 345.

53 Haspel, Schrumpfende Kirche – wachsende Diakonie, 115.

Impetus erkennbar, der die – auch zivilgesellschaftliche – Relevanz der christlichen Botschaft nicht hinter Kirchenmauern versteckt, sondern selbst „in beschränktem Raum" nach außen zu tragen versuchte.

Dabei handelt es sich nicht um eine Neuerfindung von Diakonie, sondern es scheint eine Kontinuität oder gar eine Besinnung auf die diakonischen Wurzeln im erwecklichen 19. Jahrhundert zutreffend zu sein, die im spezifischen politischen Kontext in der DDR aktualisiert und weiterentwickelt, eben konzentriert, werden konnte. So bedeutet meine These der Verschiebung von der Arbeits- und Professionsgemeinschaft hin zur geistlichen Gemeinschaft keine Negation dessen, dass die Diakonie respektive Innere Mission schon seit dem 19. Jahrhundert das Anliegen in sich trug, geistliche Gemeinschaft zu sein und Geistliche Gemeinschaften auszuprägen, sondern meint die spezifische Konzentration mit Folgen sowohl für einzelne Gemeinschaften als auch für die gesamte Diakonie.

Dies dürfte ein wesentlicher Grund dafür sein, dass die ostdeutsche Diakonie den Begriff der Inneren Mission erst ein Vierteljahrhundert später als die westdeutsche fallen gelassen hat. Einzelne diakonische Werke tragen ihn – m. E. glücklicherweise – noch heute, wie das Diakonische Werk Innere Mission Leipzig e. V., welches nach seiner Satzung ausdrücklich „diakonische und missionarische Dienste im Kirchenbezirk Leipzig" wahrnehmen will.[54] Diakonie und Mission lassen sich, bei aller Unterschiedenheit, doch nicht sauber voneinander trennen, sondern sind vielmehr aufeinander bezogen.[55] Entsprechend scheint mir bis heute ungebrochen die von Sr. Brigitte Daase Anfang der 1980er Jahre geäußerte These diakonietheologisch aktuell zu sein: „Die Weite des Auftrags muß sich heute darin zeigen, daß aller Dienst Hinweis auf den Auftraggeber ist, der ‚die Welt liebt'."[56]

Heinz Wagner hat Diakonie als „Mitte, Inhalt und Kraft der Verkündigung und Seelsorge" bezeichnet.[57] Angesichts der gezeigten Schwerpunkte hätte er den Satz sicher ebenso umgekehrt formulieren und Verkündigung und Seelsorge als Mitte, Inhalt und Kraft der Diakonie bezeichnen können. Im Wagnerschen Sinne wäre dies wohl zutreffend. Doch die Denkrichtung, Diakonie als „Mitte, Inhalt und Kraft der Verkündigung und Seelsorge" zu verstehen, weist darauf hin, dass kirchliches Handeln keinesfalls bei einer Binnenfokussierung stehen bleiben darf, sondern erst durch sein diakonisches Handeln Ausstrahlungskraft gewinnt. Diese Perspektivierung bestätigt ein weiteres Mal das Selbstverständnis der ostdeutschen Diakonie als Innerer Mission und als kirchlichen Handelns zugleich.

---

54 https://www.diakonie-leipzig.de/organisation_satzung_de.html (abgerufen am 25.03.2022).

55 Vgl. Schmidt, Diakonie und Mission.

56 Daase, Ein Blick in das schwesternschaftliche Leben in der DDR, 215.

57 Wagner, Zeugenschaft, 82.

Der Trend der Kommunitäten-Werdung diakonischer Gemeinschaften ist im Laufe der zweiten Hälfte des 20. Jahrhunderts im Westen wie im Osten zu beobachten. Sie erhielt aber im Osten aufgrund der spezifischen Situation einen deutlichen Vorschub.

Die Transformation „von der Brüderschaft zur Bruderschaft" dürfte, um den Modellgedanken Georg-Hinrich Hammers aufzugreifen, auch als Modell für die gegenwärtige Diakonie gesehen werden können. Nach Adolf von Harnack (1851–1930) braucht „die Kirche Freiwillige, die jeden anderen Beruf fahren lassen, auf die ‚Welt' verzichten und sich ganz dem Dienst des Nächsten widmen, nicht weil dieser Beruf ein ‚höherer' ist, sondern weil er notwendig ist".[58] Verbindliches geistliches Leben – unabhängig von der konkreten formalen Ausgestaltung der jeweiligen Lebensordnungen – hat Modellcharakter. Modelle beruhen auf Definitionen. Sie vermögen nicht die gesamte Wirklichkeit widerzuspiegeln, aber weisen auf wesentliche Kernmerkmale hin. Zu den Kernmerkmalen des christlichen Glaubens und seines diakonischen Handelns zählen aus meiner Sicht auch im 21. Jahrhundert Freiwilligkeit, Berufung, Hingabe bzw. Verzicht und Stellvertretung.

In Modellen geistlicher Gemeinschaften werden diese Kernmerkmale weder für alle Christen noch für alle Menschen verpflichtend gemacht. Sie werden dadurch aber institutionalisiert und in Zeiten des Wandels verobjektiviert.[59] Dadurch können sie dazu beitragen, den Zusammenhang von Diakonie mit Verkündigung, Seelsorge und Gemeinschaft zu verdeutlichen.

Literatur

Berthold, Johannes / Schmidt, Markus, Geistliche Gemeinschaften in Sachsen. Evangelische Kommunitäten, Geistliche Gemeinschaften und Netzwerke stellen sich vor, völlig überarbeitete und erweiterte Neuausgabe, Norderstedt 2020.

Betsch, Gotthold, Die Theologische Konferenz der Mutterhäuser des Kaiserswerther Verbandes vom 19.–23. Februar 1958 in Freudenstadt, in: Übergänge, 230–240.

Beyreuther, Erich, Geschichte der Diakonie und Inneren Mission in der Neuzeit, Berlin 1983.

Bieber, Marianus, Objektivität als Korrektiv – ein Plädoyer für den diskreditierten Wert von Institutionalität am Beispiel des Klosters, in: Una Sancta 76 (2021), 118–125.

Blischke, Dieter, Das „Schniewind-Haus" in Schönebeck, in: Herr, komm in mir wohnen, 22–24.

Daase, Brigitte, Ein Blick in das schwesternschaftliche Leben in der DDR, in: Übergänge, 213–219.

Drechsler, Sieglinde, Die Burgarbeit. Unsere Zeit in Liemehna, in: Schmidt, Markus (Hg.), Ein Haus aus lebendigen Steinen. 40 Jahre Bruderschaft Liemehna. Festschrift, Berlin 2013, 71–76.

[58] Harnack, Das Wesen des Christentums, 161.

[59] Vgl. Bieber, Objektivität als Korrektiv.

Erlaß des Leiters der Deutschen Evangelischen Kirchenkanzlei betr. die Innere Mission der Deutschen Evangelischen Kirche, in: Gesetzblatt der Deutschen Evangelischen Kirche, Ausgabe B, 1940, Nr. 11, 17.07.1940, 39.

Evangelische Spiritualität. Überlegungen und Anstöße zu einer Neuorientierung, vorgelegt von einer Arbeitsgruppe der Evangelischen Kirche in Deutschland, hg. von der Kirchenkanzlei im Auftrag des Rates der Evangelischen Kirche in Deutschland, Gütersloh ²1980.

Freytag, Günther, Unterwegs zur Eigenständigkeit. Von den „freien Hilfen" zur „Diakonischen Schwesternschaft", Gemeinschaft evangelischer Frauen und Männer im Kaiserswerther Verband deutscher Diakonissenmutterhäuser e. V. (Leiten. Lenken. Gestalten. Theologie und Ökonomie 4), Gütersloh 1998.

Grelak, Uwe / Pasternack, Peer, Parallelwelt. Konfessionelles Bildungswesen in der DDR. Handbuch, Leipzig 2019.

Groß, Frauke / Nowack, Gisela, Sächsisches Gemeinschafts-Diakonissenhaus ZION e. V. Aue, in: Berthold / Schmidt, Geistliche Gemeinschaften in Sachsen, 205–211.

Großbölting, Thomas, „Christliche Dienstgemeinschaft" – Transformationen des religiösen Feldes und Profildebatten von Caritas und Diakonie im Nachkriegsdeutschland, in: Soziale Passagen (8) 2016, 49–63.

Grundordnung der Evangelischen Kirche in Deutschland vom 13. Juli 1948, in: ABlEKD 1948, 109–113, online: https://www.kirchenrecht-ekd.de/kabl/41348.pdf (abgerufen am 25.03.2023).

Halkenhäuser, Johannes, Kirche und Kommunität. Ein Beitrag zur Geschichte und zum Auftrag der kommunitären Bewegung in den Kirchen der Reformation (Konfessionskundliche und Kontroverstheologische Studien 42), Paderborn ²1985.

Hammer, Georg-Hinrich, Geschichte der Diakonie in Deutschland, Stuttgart 2013.

Harnack, Adolf von, Das Wesen des Christentums. Sechzehn Vorlesungen vor Studierenden aller Fakultäten im Wintersemester 1899/1900 an der Universität Berlin gehalten von Adolf v. Harnack, hg. von Claus-Dieter Osthövener, Tübingen 2005.

Haspel, Michael, Schrumpfende Kirche – wachsende Diakonie. Ekklesiologische Herausforderungen in Ostdeutschland, in: Evangelische Theologie 82 (2022), 108–124.

Heinsius, Maria, Der schwesternschaftliche Gedanke bei Johann Hinrich Wichern und Wilhelm Löhe, in: Lydia Präger (Hg.), Frei für Gott und die Menschen. Evangelische Bruder- und Schwesternschaften der Gegenwart in Selbstdarstellungen, Stuttgart 1959, 423–454.

Herr, komm in mir wohnen. Orte der Einkehr in der DDR. Erinnerungen und Berichte aus der „Arbeitsgemeinschaft für Evangelische Einkehrtage" bis 1989. Eine Dokumentation, gesammelt und hg. vom Leitungskreis der „Arbeitsgemeinschaft für Evangelische Einkehrtage", Fachverband im Diakonischen Werk der Evangelischen Kirche in Deutschland, als Manuskript gedruckt, [Reutlingen] 1996.

Hofmann, Beate, Mitarbeitende im Diakonat als Anker diakonischer Unternehmenskultur – eine kritische Bestandsaufnahme, in: Mathias Hartmann / Peter Schwarz (Hg.), Zukunftsperspektiven diakonischer Unternehmenskultur. Beauftragung von Mitarbeitenden in der Diakonie mit dem Diakonat, Stuttgart 2019, 9–15.

Hofmann, Beate (Hg.), Merkmale diakonischer Unternehmenskultur in einer pluralen Gesellschaft. Unter Mitarbeit von Heike Schneider, Carolin Brune und Tim Hagemann (DIAKONIE 21), Stuttgart 2020.

Hübner, Ingolf, Diakonie im Sozialstaat – Diakonie im sozialistischen Staat. Ein deutsch-deutscher Vergleich, in: Zeitschrift für evangelische Ethik 43 (1999), 201–211.

Hübner, Ingolf / Kaiser, Jochen-Christoph (Hg.), Diakonie im geteilten Deutschland. Zur diakonischen Arbeit unter den Bedingungen der DDR und der Teilung Deutschlands, Stuttgart 1999.

Kaiser, Jochen-Christoph, Die große Krise 1952/53, in: Jan Cantow / Jochen-Christoph Kaiser (Hg.), Paul Gerhard Braune (1887–1954). Ein Mann der Kirche und Diakonie in schwieriger Zeit, Stuttgart 2005, 235–251.

Klose, Gabriele, Die Wurzeln der Hospizarbeit in der DDR (Schriftenreihe des Wissenschaftlichen Beirats im DHPV e. V. 11), Esslingen 2022.

Knüpfer, Christa, Evangelisch-Lutherisches Diakonissen-Mutterhaus Borsdorf, in: Berthold / Schmidt, Geistliche Gemeinschaften in Sachsen, 127–130.

Leich, Heinrich, Sterbende Mutterhausdiakonie? Zur gegenwärtigen Lage der Mutterhausdiakonie in Deutschland (Leben und Wahrheit 16), Bielefeld ²1956.

Lorentz, Susanne / Frickmann, Anke, Sarepta-Schwestern, hg. von der Stiftung Sarepta / Sarepta-Schwesternschaft, 3. Aufl. Bielefeld-Bethel 04/2019.

Neumann, Reinhard, In Zeit-Brüchen diakonisch handeln. 1945–2013. Mit Beiträgen von Wilfried Brandt, Carl Christian Klein, Gert Müssig, Reinhard Neumann, Gottfried Schubert, Erhard Schübel, Martin Wolff, Thomas Zippert, Bielefeld 2013.

Nöthling, Carsten, Soziale Arbeit und Soziale Bewegungen in der DDR, in: Leonie Wagner (Hg.), Soziale Arbeit und Soziale Bewegungen, Wiesbaden 2009, 207–230.

Petzold, Ernst, Eingeengt und doch in Freiheit. Diakonie der Evangelischen Kirchen in der DDR, in: Jochen-Christoph Kaiser (Hg.), Soziale Arbeit in historischer Perspektive. Zum geschichtlichen Ort der Diakonie in Deutschland, Stuttgart 1998, 152–190.

Reimer, Ingrid, Verbindliches Leben in evangelischen Bruderschaften und kommunitären Gemeinschaften, Gießen 1999.

Reimer, Ingrid (Hg.), Alternativ leben in verbindlicher Gemeinschaft. Evangelische Kommunitäten, Lebensgemeinschaften, Junge Bewegungen. Eine Publikation der Evangelischen Zentralstelle für Weltanschauungsfragen, Stuttgart 1979.

Schmidt, Markus, Charismatische Spiritualität und Seelsorge. Der Volksmissionskreis Sachsen bis 1990 (Kirche – Konfession – Religion 69), Göttingen 2017.

–, Diakonie und Mission. Ansätze für eine Verhältnisbestimmung, in: Theologische Beiträge 52 (2021), 354–368.

Selle, Esther, Diakonische Gemeinschaft der Evangelisch-Lutherischen Diakonissenanstalt Dresden, in: Berthold / Schmidt, Geistliche Gemeinschaften in Sachsen, 93–99.

Sommermeyer, Ruth, Die Diakonissengemeinschaft des Luise-Henrietten-Stifts. Ein Rückblick zur 100-Jahrfeier im Jahr 2011, in: 100 Jahre Diakonissenmutterhaus Luise-Henriette in Lehnin, hg. vom Evangelischen Diakonissenhaus Berlin Teltow Lehnin, Unna 2011, 13–29.

Stellungnahme des Bischofskonventes [des Bundes der Evangelischen Kirchen in der DDR und der Evangelischen Brüder-Unität, Distrikt Herrnhut] zur Mutterhausdiakonie, gez. Dr. Werner Krusche [Oktober 1979], in: Übergänge, 341–347.

Tietze, Klaus / Beyer, Friedemann, Gemeinschaft Moritzburger Diakone und Diakoninnen, in: Berthold / Schmidt, Geistliche Gemeinschaften in Sachsen, 131–137.

Toaspern, Paul / Wolff, Gottfried, Stille vor Gott. Eine Einführung in evangelische Einkehrtage, hg. von Innerer Mission und Hilfswerk der Evangelischen Kirchen in der DDR von Gerhard Bosinksi, Berlin ²1980.

Turre, Reinhard, Diakonik. Grundlegung und Gestaltung der Diakonie, Neukirchen-Vluyn 1991.

Übergänge. Mutterhausdiakonie auf dem Wege, hg. vom Präsidium der Kaiserswerther Generalkonferenz [Redaktion: Günther Freytag / Heinz Miederer / Heinz Wagner], Breklum 1984.

Wagner, Heinz, Verbindliche Lebensgemeinschaft als Herausforderung von Kirche und Gesellschaft, in: Übergänge, 132–142.

–, Zeugenschaft. Glaubenserfahrungen in meinem Leben. Mit einem Geleitwort von Martin Petzoldt, Leipzig 1992.

Westfeld, Bettina, Innere Mission und Diakonie in Sachsen 1867–2017, Leipzig 2017.

Wichern, Johann Hinrich, Die innere Mission der deutschen evangelischen Kirche. Eine Denkschrift an die deutsche Nation (1849), in: Maaser, Wolfgang / Schäfer, Gerhard K. (Hg.), Geschichte der Diakonie in Quellen. Vom Anfang des 19. Jahrhunderts bis zur Gegenwart, Neukirchen-Vluyn 2016, 133–140.

Wolf, Christoph, Männliche Diakonie im Osten Deutschlands 1945–1991, Stuttgart 2004.

Wolff, Gottfried, Zeiten mit Gott. Evangelische Exerzitien (Calwer theologische Monographien, Praktische Theologie und Missionswissenschaft 6), Calw 1980.

Zimmerling, Peter, Die Bedeutung der Kommunitäten und geistlichen Gemeinschaften für die evangelische Kirche, in: Berthold / Schmidt, Geistliche Gemeinschaften in Sachsen, 21–33.

–, Evangelische Spiritualität. Wurzeln und Zugänge, Göttingen ²2010, 157.

Seelsorge in Erwachsenenbildung

Eine Erinnerung an die „Gruppenorientierte Gemeindearbeit“ in der sächsischen Landeskirche (1969–1992)

Von Wolfgang Ratzmann

1 Von der individuellen Idee zur Organisation

Initiativen in Kirche und Gesellschaft verdanken sich unterschiedlichen Impulsen. Die einen werden von einflussreichen Trends und von Leitungsgremien angeregt und „von oben“ beschlossen und gefördert. Die anderen entstehen eher in einzelnen Persönlichkeiten oder in kleinen Gruppen, und es ist von vielen Umständen abhängig, ob sie sich „von unten“ her durchsetzen und eine breitere Wirkung entfalten können.

Die Gruppenorientierte Gemeindearbeit, die „GoG“, wie sie von den damals Beteiligten mit ihrer Abkürzung genannt wurde, ist vor allem eine Initiative „von unten“. Eine Person stand ganz zu Beginn: Regine Thierbach (1924–2012). Ihr war schon im jugendlichen Alter von 20 Jahren, bald nach dem Ende des Zweiten Weltkriegs, eine Stelle als Neulehrerin an einer Schule zugewiesen worden. Dabei geriet sie an einen Mentor, der von der Reformpädagogik der 1920er Jahre, speziell von der „Arbeitsschule“,[1] geprägt war und der hoffte, seine pädagogischen Ideale im neu entstehenden Schulsystem der Sowjetischen Besatzungszone bzw. der DDR realisieren zu können. Sie beschäftigte sich mit den Ideen einzelner reformpädagogischer Autoritäten wie Georg Kerschensteiner (1854–1932) und Hugo Gaudig (1860–1923)[2] und begann sich zu fragen: „Warum die Schüler mit Wissen vollstopfen? Ist es nicht viel wirksamer und menschenwürdiger, wenn wir sie anregen, selbst zu entdecken, zu lernen und so eigen-

[1] Die Arbeitsschulpädagogik versuchte, handwerklich-praktische Elemente in den Unterricht einzuführen und – z. B. durch Gruppenarbeit – die Selbsttätigkeit der Schüler zu ermöglichen; vgl. den Wikipediaartikel Arbeitspädagogik, online: https://de.wikipedia.org/wiki/Arbeitspädagogik (abgerufen am 31.08.2022).

[2] Vgl. die Wikipediaartikel Hugo Gaudig, online: https://de.wikipedia.org/wiki/Hugo_Gaudig, und Georg Kerschensteiner, online: https://de.wikipedia.org/wiki/Georg_Kerschensteiner (beide abgerufen am 31.08.2022).

aktive Menschen zu werden?"[3] Die Begeisterung der jungen Lehrerin stieß freilich bald an die Grenzen eines autoritär strukturierten Staats- und Schulsystems, das selbständig denkende Pädagoginnen ebenso wenig fördern wollte wie Schülerinnen und Schüler, die in ihren Schulen selbständiges Denken lernten. Die Konsequenzen waren hart: Die junge Deutschlehrerin Regine Thierbach wurde bereits 1950 aus dem Schuldienst entlassen.

Zeitlich parallel zu ihrem Konflikt mit der DDR-Schule kam sie in Kontakt mit kirchlichen Aktivitäten und Personen in der damaligen Ephorie Borna, südlich von Leipzig. So engagierte sie sich zunehmend in der evangelischen Jugendarbeit (Junge Gemeinde), anfangs ehrenamtlich, später hauptamtlich als Jugendwartin des Kirchenbezirks Borna. Nach einer kurzen Ausbildung als „Gemeindehelferin" erhielt sie eine Anstellung in der damaligen „Landesstelle für Mädchenarbeit" im Landesjugendpfarramt. Hier war sie für Rüstzeiten, Seminare und Gesprächsabende mit Oberschülerinnen der 9.–12. Klasse in der Landeskirche zuständig. Die Kirchenleitung versuchte, mit einer zielgerichteten landeskirchlichen und ephoralen Jugendarbeit – neben der Mädchenarbeit gab es die Jungmännerarbeit und die von vornherein koedukativ konzipierte Schülerarbeit – das pädagogische Defizit eines fehlenden Religionsunterrichts an den Erweiterten Oberschulen etwas auszugleichen. In diesem pädagogisch relativen Freiraum der Kirche experimentierte Regine Thierbach mit einigen ähnlich gesinnten Kolleginnen und Kollegen, wie Bibelarbeit mit Gruppen so gestaltet werden konnte, dass die Jugendlichen nicht nur autoritativ ‚angepredigt' wurden, sondern wie sie selbst als Gruppe und als Einzelne das Evangelium in dem „alten Buch Bibel"[4] entdecken könnten.

Doch in der mehrgliedrig strukturierten Jugendarbeit der Landeskirche Sachsens kam es auch zu kritischen Anfragen an eine „Gruppenbibelarbeit", die dazu anleitete, sich selbständig mit biblischen Texten auseinanderzusetzen. Vor allem in der Jungmännerarbeit erwartete man von den Leitern, dass diese eher autoritativ das in der Bibel zu entdeckende Evangelium den jungen Menschen zu verkündigen hätten. Dabei stützte man sich bewusst oder unbewusst auf vorbildhafte Bibelauslegungen aus der pietistischen und dialektisch-theologischen Tradition. Sie sei mit ihrer Bibelarbeit damals gelegentlich „an den Rand des Verdächtigen" geraten, erinnerte sich Regine Thierbach noch 1997.[5] Was in Sachsen in den 1960er und 1970er Jahren gelegentlich zu innerkirchlichen Kontroversen und Debatten führte, waren grundlegende theologische und pädagogische Fragen, die auch im Westen Deutschlands hart und leidenschaftlich diskutiert wurden. Ein Stichwort stand dabei oft im Vordergrund: die „Gruppendy-

3 Thierbach, Wie ist es damals dazu gekommen?, 2. Archiv-Material zur GoG findet sich im Landeskirchenarchiv Dresden (zit.: LKA DD) und ungeordnet in den Beständen der Evangelischen Erwachsenenbildung (EEB) Sachsen in der Dreikönigskirche Dresden (zit.: GoG mit Titel der jeweiligen Akte).

4 A. a. O., 3.

5 A. a. O.

namik". Der Begriff geht ursprünglich auf den Psychologen Kurt Lewin zurück. Er betrachtete die Gruppe als ein soziales Kraftfeld, deren innere Prozesse er zu erforschen suchte und mit der er viele pädagogische, politische und therapeutische Hoffnungen verband, durch gruppendynamische Kräfte individuelles Verhalten konstruktiv verändern zu können – z. B. in Richtung einer besseren Demokratiefähigkeit des Einzelnen.[6] Damit geriet die „Gruppendynamik" in den Verdacht, in Zusammenkünften solcher Art sollten Menschen psychisch manipuliert werden. Im Kontext der damaligen Bundesrepublik entstand eine heiße Diskussion darüber, ob die Gruppendynamik abzulehnen sei, weil sie in ihrem Wesenskern eine Art „Psychonautik" sei, die man stoppen müsse,[7] oder ob sie nicht vielmehr anthropologische Einsichten eröffnete, die man auch im Bereich kirchlicher Arbeit kennen und für kirchliche Gruppenarbeit nutzen sollte, wie z. B. Einsichten in die verschiedenen Rollen in Gruppen, in die Kommunikation zwischen Leitung und Gruppe, in Entwicklungsstufen von Gruppen usw.[8] Wenn diese Grundsatz-Debatten in den evangelischen Landeskirchen in der DDR nicht ähnlich scharf geführt wurden wie im Westen Deutschlands, dann verdankt sich das wohl vor allem der Tatsache, dass es hier zwischen den Anhängern verschiedener theologischer und pädagogischer Konzeptionen in der Regel immer eine letzte Solidarität gab, von der man ausging: Man gehörte bei aller Unterschiedlichkeit der Meinungen gemeinsam zur Kirche, die man innerhalb eines kirchenfeindlichen Staates nicht durch destruktive interne Kämpfe gefährden durfte.[9]

Unter dem damaligen Landesjugendpfarrer Reinhold Fritz wurde 1969 Frau Thierbach mit einem Projekt „Arbeit mit Gruppen in der Kirche" betraut, mit dem nun stärker die Arbeit mit Erwachsenen in den Blick genommen werden sollte. Im ökumenischen Aufwind nach dem Zweiten Vatikanischen Konzil gelang es ihr sehr bald, Kontakte zur römisch-katholischen Kirche und zu ähnlich gesinnten erwachsenenbildnerischen Persönlichkeiten zu knüpfen, vor allem zu Wolfgang Bartel, einem katholischen Theologen, der damals in Leipzig als Pasto-

---

6 Rebell, Psychologisches Grundwissen, 100–106.200–207.

7 „Psychonauten kennzeichnen sich dadurch, dass sie unter Einsatz tiefen- oder verhaltenspsychologischer Forschungsergebnisse im Beziehungsfeld seelischer Tiefenschichten manipulieren, manövrieren und umstrukturieren … Wer Psychonautik einsetzt, verletzte Würde und Freiheit der Menschen und schadet der Gemeinde Jesu Christi", so Hofmann, Psychonautik, 14.

8 In einer „Konzeption Gruppenorientierte Gemeindearbeit" von 1977 nennen Wolfgang Bartel und Regine Thierbach als ihre Ziele: Sich besser mitteilen und verstehen lernen; sich realistischer sehen lernen; sich durch die Hilfe anderer bewusst verändern; lernen, den anderen offener zu begegnen; lernen, das Gruppengeschehen bewusster zu erleben; brüderlich leiten lernen; partnerschaftlich zusammenarbeiten und fair streiten lernen (Akte GOG-GESCH der EEB Sachsen, „Konzeption Gruppenorientierte Gemeindearbeit", 12–15).

9 Auch die GoG hat sich dennoch gelegentlich mit Vorwürfen der „Manipulation" in Kursen auseinandersetzen müssen, so z. B. im Blick auf einen Kurs in Sehlis bei Leipzig im April 1985 (Brief einer Teilnehmerin an die damalige Kursleiterin Wiltraut Schmidt (GOG-GESCH, s. Anm. 8, Brief vom 09.07.1985).

ralassistent tätig war.[10] Er arbeitete zunächst nur gelegentlich für die GoG, bis sich die beiden für Sachsen zuständigen Bischöfe Gerhard Schaffran (röm.-kath.) und Johannes Hempel (ev.-luth.) auf eine je fünfzigprozentige Anstellung von Wolfgang Bartel einigten. Beide Personen – Thierbach und Bartel – bildeten fortan ein Team, das 1978 zur vollen Übernahme von Wolfgang Bartel in den Dienst der Landeskirche führte und das bis 1989/90 den Weg der GoG maßgeblich bestimmte. Um Wolfgang Bartels Mitarbeit in der evangelischen Kirche habe sie gekämpft, schrieb Frau Thierbach später.

> „Ohne ihn wäre meine schöne bunte Konzeption geplatzt. Wenn wir zusammenarbeiteten, bauten wir auf unsere gemeinsame Grundorientierung und spürten gleichzeitig unsere Verschiedenheit. Er ein drängender Vorwärtsdenker, ich langsamer, mehr meditativ und weniger risikofreudig. Dabei sind wir beide reich an Kreativität".[11]

Beide Persönlichkeiten bereicherten die Arbeit durch ihre Unterschiedlichkeit, und sie hatten zugleich auch ein umfangreiches Arbeitspensum zu erledigen. Denn die Arbeit mit Gruppen entwickelte sich in der Landeskirche auf verschiedenen Ebenen intensiv weiter.

2 Die gefragte Kompetenz für Gruppenarbeit

Auf der Arbeit mit Gruppen ruhte seit den 1970er Jahren die Hoffnung vieler ökumenischer und landeskirchlicher Gemeindeaufbaukonzepte, auch in der DDR. Auf unterschiedlichen Ebenen hatte man die Chancen der Gruppenarbeit entdeckt und suchte man nach Fachleuten, die in der Arbeit mit Gruppen erfahren waren und ihre Kompetenzen weitergeben könnten. In Sachsen stand dafür mit der GoG schon ein Team zur Verfügung, das man dafür in Anspruch nehmen konnte. Im Einzelnen ging es dabei um folgende Initiativen:

- Bibelarbeit und themenzentriertes Gespräch, Gruppenarbeit, geleitet durch Laien – das war die Grundbedingung, unter der sich zunehmend *Hauskreise* in der Landeskirche bildeten. Es gehörte zu einem wesentlichen Kennzeichen der damaligen missionarischen Gemeindeaufbau-Konzeptionen, Hauskreise oder andere Gesprächskreise zu bilden, die beispielhaft

[10] Wolfgang Bartel (1941–2017) studierte nach einer Ausbildung als Gärtner katholische Theologie in Erfurt von 1961–1966. Von 1969–1973 war er Pastoralassistent in der KSG, von 1974 an Pfarrassistent in Leipzig-Großzschocher (vgl. LKA DD, Best. 2, Nr. 7747, Bl. 105).

[11] Thierbach, Wie ist es damals dazu gekommen?, 8.

darstellen sollten, „wie Christen miteinander leben", und die zugleich auch Nichtchristen helfen sollten, Christen zu werden.[12]

- Die Hauskreisarbeit wirkte sich in ihrer Weise auf den sächsischen *Kirchentag* aus, der sich nicht länger allein auf die Großformate von Foren, besonderen großen Gottesdiensten und Vorträgen für viele Menschen in Kirchen und möglichst auch im öffentlichen Raum konzentrierte, sondern der nach Kombinationen solcher Großveranstaltungen mit kleinen Gesprächsgruppen suchte. So entstand in Sachsen die besondere Verbindung von Kirchentag und *Kirchentagskongress*. Für Hauskreisleitungen und Personen zur Gesprächsgruppenleitung im Rahmen der Kirchentagskongresse wurden von der GoG spezielle Gesprächsleitungskurse angeboten.
- Aus den Studentengemeinden und aus der Entwicklung von „Kongress und Kirchentag" heraus entwickelte sich das Projekt „*Stud. Christ.*" Dabei ging es nicht um berufliche Fortbildung, sondern man nutzte die bekannte Struktur eines Fernstudiums zur Entwicklung eines Bildungsprozesses in Fragen des Glaubens. Dabei wurden im Winterhalbjahr vier bis sieben Lehrbriefe an die 300 bis 2000 Interessenten geschickt, die an den jeweiligen Kursen teilnahmen. Die Lehrbriefe waren durchzuarbeiten, und über deren Inhalt wurde auf Konsultationen diskutiert. Auch im Rahmen dieser Konsultationen wurde Gruppenleitung erlebt und zugleich Kommunikation in Gruppen ein wenig trainiert.
- Im Laufe der Zeit wurde die GoG in vielfältiger Weise in die *kirchliche Aus- und Weiterbildung* integriert: Sie bekam in den damals existierenden beiden sächsischen Predigerseminaren Lückendorf und Leipzig und in der Diakonenausbildung Gelegenheit, ihre Arbeit vorzustellen und einzelne Projekte von Gruppenarbeit zu begleiten. Dabei erlebten die GoG-Verantwortlichen viel Anerkennung und Zustimmung, aber gelegentlich auch Widerstände durch die Teilnehmenden bei „aufgenötigten" Werkwochen.[13] In Zusammenarbeit mit der GoG bot das Pastoralkolleg in Krummenhennersdorf bei Freiberg Bibliodramakurse und spezielle Kursfolgen zum Thema „Erwachsene Gemeinde" an. Auch diese Präsenz in den offiziellen landeskirchlichen Bildungsprogrammen zeigte, dass die GoG in der Landeskirche, aber vor allem auch auf der Ebene der Kirchenleitung offensichtlich anerkannt war. Regine Thierbach nannte im Rückblick auf die Entwicklung der GoG als Förderer im Landeskirchenamt die theologisch durchaus unterschiedlich geprägten Oberkirchenräte Werner Tannert, Dietrich Mendt, Hermann Schleinitz und Reinhold Fritz, den früheren

[12] So heißt es in Dietrich Mendts „Thesen zur Hauskreisarbeit" von 1977 (Drucksache D.308.1.77.200, masch., in: GOG GESCH, Anm. 7); vgl. zur damaligen Konzeption Ratzmann, Missionarische Gemeinde, bes. 191–217.

[13] Thierbach, Wie ist es damals dazu gekommen?, 10.

Landesjugendpfarrer, aber auch Landesbischof Johannes Hempel, den LKA-Präsidenten Johannes und den damaligen Finanzdezernenten Dr. Heimbold.[14]

Insgesamt nahm die Arbeit der GoG in den kirchlichen Strukturen, in denen Gruppenarbeit gefragt war, zu, aber auch unabhängig davon in den weiteren freien Kursen für Leiterinnen und Leiter von Gemeindegruppen, für Pfarrerinnen und Pfarrer, für engagierte Kirchenvorsteherinnen und Kirchenvorsteher und engagierte Gemeindeglieder. Um alles bewältigen zu können, setzte das Team Bartel-Thierbach deshalb auch auf die weitere Zusammenarbeit mit anderen Persönlichkeiten und Initiativgruppen, nicht zuletzt auch in der römisch-katholischen Kirche, die ähnliche Kurse veranstalteten.

Die publizistische Wirkung der GoG war, vor allem nach heutigen Maßstäben geurteilt, eher bescheiden. Es gelang ihr, im Laufe der Zeit eine Methoden-Kartei zu entwickeln, die in bescheidener hektographierter Gestalt bezogen werden konnte und die in der Jugend- oder Erwachsenenarbeit von ehrenamtlichen oder beruflich in der Kirche tätigen Gruppenleiterinnen und -leitern angewandt wurde. Für das Jahr 1989/90 hatte man die Publikation einer eigenen umfangreicheren Arbeitshilfe unter dem Titel „Zwischenfälle“ geplant. Sie war gedacht für Personen, die in Gemeinden Gruppen zu leiten hatten. Sie sollte kein theoretisches Buch über Gruppenarbeit werden, sondern anhand einer Mischung von Arbeitsberichten über reale Gruppenzusammenkünfte und deren kritischer Reflexion wesentliche Bereiche gemeindlicher Gruppenarbeit behandeln. Dazu zählten u. a.: „Eine Gruppe entsteht“, „Kommunikation in Gruppen“, „Gruppenentwicklung“, „Gruppe im Konflikt“, „Lernen in Gruppen“, „der Gruppenleiter/die Gruppenleiterin“. Interessant ist, dass das Manuskript auch ein Kapitel „Seelsorge/Beratung in der Gruppe“ vorsah, das ich anschließend noch besonders vorstellen möchte. Die Verfasser dieser Arbeitshilfe waren neben Wolfgang Bartel, der vier Kapitel verfasst hatte, und Regine Thierbach, die die Gesamtbearbeitung des Manuskripts verantwortete, der sächsische Pfarrer und Krankenhaus-Seelsorger Werner Biskupski und die sächsische Pfarrerin Ingrid Albani, die beide je drei Kapitel beisteuerten.[15]

3 Friedliche Revolution: Ende und Neubeginn

Die Arbeitshilfe „Zwischenfälle“ war leider zu einem falschen Zeitpunkt fertiggestellt und bei einem Verlag eingereicht worden. In den revolutionären Veränderungen der Jahre 1989/90 zog der Verlag seine Zusage zurück, das Manuskript zu drucken, so dass es die Öffentlichkeit nicht

[14] Thierbach, Wie ist es damals dazu gekommen?, 14.

[15] Zwischenfälle. Arbeitshilfe für Gruppenleiter in den Gemeinden, masch. Ms., GoG 1989/90.

mehr erreichen konnte. „Nach 1990 landete unser Manuskript in irgendeinem süddeutschen Reißwolf. Wir bekamen nicht einmal Nachricht", beklagte sich Regine Thierbach 1997.[16]

Die personelle und strukturelle Situation der GoG veränderte sich 1989/90 sehr stark: Regine Thierbach war bereits seit 1984 im Ruhestand, auch wenn sie in unterschiedlicher Weise weiter für die GoG tätig blieb. Wolfgang Bartel wechselte kurzzeitig in die Kommunalpolitik. Bevor er wieder zurückkehrte, wurde die Arbeit allein von Wiltraut Schmidt weitergeführt, die seit 1984 in der GoG tätig geworden war, unterstützt bis Mitte 1990 von Barbara Nathan bzw. ab Januar 1991 von Kristin Döring im Büro. Im Zuge der Eingliederung der östlichen Landeskirchen in die gesamtdeutschen kirchlichen und pädagogischen Strukturen suchten die Verantwortlichen nach einer nun angemessenen Struktur. Dazu gründeten sie 1992, u. a. inspiriert von Kontakten mit der EEB Niedersachsen, die Evangelische Erwachsenenbildung Sachsen, in der die wesentlichen Anliegen der GoG aufgenommen und fortgesetzt werden konnten. Deren erster Leiter wurde Peter Vogel, ehemaliger Rektor des Pastoralkollegs und späterer Leiter der Evangelischen Akademie Meißen, der sich selbst wesentliche gruppenpädagogische Kompetenzen im Rahmen der GoG erworben hatte. Die Eingliederung der GoG in die neue Struktur der Evangelischen Erwachsenenbildung verband sich mit vielen Hoffnungen: „Zunächst wollten wir, dass die befreienden Erfahrungen, die wir mit dem Lernen in der Kirche gemacht hatten, möglichst vielen Menschen außerhalb der Kirche zugänglich würden".[17]

4 Erwachsenenbildung oder Seelsorge?

Strukturell war die GoG immer schon vor allem eine Bildungsinitiative. Es war folgerichtig, dass sie sich 1992 als „Evangelische Erwachsenenbildung Sachsen" neu formierte. Was in den Seminaren der GoG geschah, waren Bildungsprozesse mit Jugendlichen oder Erwachsenen, in denen sie sich mit biblisch-theologischen oder philosophisch-theologischen Fragen in Gesprächsgruppen auseinandersetzten. Aber meine These ist, dass sich die Gruppenorientierte Gemeindearbeit in der DDR als Bildungsinitiative zugleich immer wieder auch zu einem Ort lebendiger Seelsorge entwickelte. Diese These möchte ich in vier Argumentationsgängen erläutern.

„Raum der Freiheit"

Eine erste Überlegung ist grundsätzlicher Art. Peter Zimmerling vertritt den überzeugenden Standpunkt, dass sich Seelsorge nur „in einem Raum der Freiheit" ereignen könne. Dabei be-

[16] Thierbach, Wie ist es damals dazu gekommen?, 12.

[17] Vogel / Panzig, Von der Nische auf den Markt, 15.

ruft er sich auf die Seelsorge Jesu und führt aus: „Der Messias Jesus überwältigt in der Seelsorge niemanden. Er respektiert die Freiheit des Menschen und fordert ihn auf, selbst aktiv zu werden […]. Jesus bricht nicht gewaltsam in das Leben eines Menschen ein, sondern wartet, bis er eingeladen wird".[18] An welche Überwältigungsstrategien Zimmerling dabei denkt, wird hier nicht gesagt. Es könnte sich sowohl um Begegnungen handeln, in denen Personen aus einem missionarischen Übereifer heraus Menschen bedrängen, um von ihnen Bekenntnisse oder Zusagen zu erlangen, zu denen sie eigentlich (noch) nicht bereit sind. Es kann sich aber ebenso um fragwürdige gruppenpsychologische Manipulationen (im Stil der „Psychonautik") handeln, die die Würde der Person missachten.

Doch die Metapher vom „Raum der Freiheit" berührt auch gesellschaftlich-politische Dimensionen. In der totalitären DDR-Gesellschaft und ihren überall von der SED kontrollierten Räumen erlebten Menschen Freiheit schon dadurch, dass sie sich in einen nicht vom Staat beherrschten „anderen Raum" begaben. Hier trafen sie auf Personen, die ihnen als Leiterinnen und Leiter oder als Teilnehmende offen und vertrauensvoll begegneten. Peter Vogel erklärte in der Rückschau die Attraktivität von Gesprächsgruppen in Hauskreisen, auf den sächsischen Kirchentagskongressen oder in Kursen der GoG in den 1970er und 1980er Jahren mit der „Gesprächs-Unkultur der DDR-Gesellschaft", in der offene und vertrauensvolle Gespräche normalerweise nur im familiären Rahmen oder im engen Freundeskreis möglich waren.[19] Die Kirche selbst galt für viele als „Freiraum", und dieser Freiraum konnte gerade in Gesprächsgruppen erfahren werden. So konnte es zu Begegnungen kommen, die das Prädikat „seelsorglich" verdienten.

Der seelsorglich unverzichtbare „Raum der Freiheit" ist freilich nicht nur ein Schutzraum vor staatlicher Kontrolle oder vor kommunikativer Bemächtigung. Er ist wohl auch ein Raum der Einladung und *Ermöglichung* zur Kommunikation. Verstummte sollen Mut bekommen, sich zu äußern. Fragen, die man bisher unterdrückt hatte, sollen ausgesprochen werden dürfen. Schwächen, die man gern zu verbergen suchte, dürfen zugegeben, und Trost, den man vorher als unnötig abgewehrt hatte, darf empfangen werden.[20] Das Bildwort vom Raum der Freiheit ließe sich, sucht man nach biblischen Belegen von Seelsorge Jesu, beispielsweise gut

---

18 Zimmerling, Hirte, Meister, Freund, 127.

19 Panzig / Vogel, Von der Nische auf den Markt, 12.

20 In der Konzeption der GoG von 1977 heißt es, dass sich der kirchliche Mitarbeiter selbst in Gesprächen einbringen solle, „dass er als fragender, hoffender und glaubender Mensch den anderen begegnet. Vieles macht uns diese freie Unmittelbarkeit schwer. Wir bleiben gern allgemein oder verstecken uns hinter Autoritäten. Wir geben uns sachlich und wollen uns selbst dabei heraushalten. Wir bleiben hinter unserer Rolle verborgen. Im vertrauensvollen Miteinander einer Gruppe können kleine Schritte in Richtung größerer Offenheit riskiert werden. Dieses Erlebnis kann mich ermutigen, auch in anderer Gruppen ein Stück mehr zu riskieren", Konzeption der GoG, vgl. Anm. 8, 13f.

auf das Gespräch Jesu mit den Emmaus-Jüngern und seiner Einkehr bei ihnen anwenden. Aus vertrauensvollen Gesprächen, in denen Enttäuschungen ausgesprochen werden und Rat gegeben wird, in denen Gemeinschaft gewährt und Spiritualität erlebt wird, gehen die Emmausjünger „regelrecht elektrisiert" hervor. Ihre Hoffnungslosigkeit ist wie „weggeblasen", so interpretiert Peter Zimmerling diese Ostererzählung. [21] Die GoG hat nach meinem Eindruck die von ihr verantworteten Begegnungen als Freiräume zu solcher Ermutigung und Einladung an die Teilnehmenden verstanden, ohne die Würde der einzelnen Personen und den Respekt vor ihnen zu missachten. Die Leiterinnen und Leiter haben hier „Bildung nicht von Seelsorge und Beratung trennen müssen. Menschen haben dort gelernt, ihren Glauben zu artikulieren und engagiert zu leben. Sie haben Demokratie geübt und sich gegenseitig zur Zivilcourage Mut gemacht. [...] Für viele Menschen auch außerhalb der Kirche waren diese Veranstaltungen Geheimtipp, Überlebensraum und Hoffnungszeichen in einer ansonsten sehr gleichförmigen und ideologisch gleichgeschalteten Bildungslandschaft".[22]

Wechselnde Zielgruppen

Offenbar haben die Verantwortlichen der GoG trotz aller kirchlich-offiziellen Aufträge und Verpflichtungen immer wieder auch persönlich erkannt, wo ihr Dienst gegenwärtig besonders gebraucht wurde. Wenn man vom Leitmotiv der Seelsorge als Raum der Freiheit ausgeht, dann betrifft das auch die Leitungspersonen und ihre Wahrnehmungen. Sie haben nach meinem Eindruck nicht nur gehorsam ihre vielen Verpflichtungen erfüllt, sondern auch die kirchliche und gesellschaftliche Situation selbständig und kritisch wahrgenommen. Sie haben dabei immer wieder Personenkreise entdeckt, die gerade jetzt seelsorgerlichen Beistand und kommunikative Gespräche nötig hatten. Das waren anfangs vor allem die Jugendlichen, die in der sozialistischen Schule mehr und mehr der marxistischen Propaganda ausgesetzt waren, zu der auch der Kampf gegen Religion und Kirche hinzugehörte. Gerade für sie gestaltete man Bibelarbeiten und biblisch-theologische Kurse, um sie mit biblisch-theologischem Wissen auszustatten, damit sie auch in strittigen Gesprächssituationen in der Schule oder in der Lebenswelt der Jugendlichen argumentativ standhalten konnten. Hierin sah auch die „Schülerarbeit" als Zweig der landeskirchlichen Jugendarbeit ihre besondere Aufgabe. Später waren es mehr und mehr Erwachsenengruppen, die teils aus eigenem Antrieb, teils auf kirchliche Anregung hin (als Mitglieder von Kirchenvorständen, als Hauskreisleiter usw.) in Kurse der GoG kamen. In ihren letzten Dienstjahren initiierte Regine Thierbach zusätzlich spezielle Besinnungstage für Männer und Frauen in der zweiten Lebenshälfte und für Mitarbeiterinnen in der kirchlichen

[21] Zimmerling, Hirte, Meister, Freund, 52.

[22] Panzig / Vogel, Von der Nische auf den Markt, 14.

Verwaltung, z. B. in den kircheneigenen Kirchensteuerämtern. „Für viele Menschen der DDR waren sie die einzigen Vertreter der Kirche, mit denen sie ins Gespräch kamen, kurze, kostbare Gespräche im Stehen. Dafür brauchten die Mitarbeiter Anerkennung und Unterstützung, z. B. in Gesprächsführung."[23]

Es ist offenkundig: Die Verantwortlichen in der GoG verfolgten nicht nur ein intellektuelles und katechetisches Bildungsziel, sondern sie konzipierten ihre Bildungsangebote auch situativ und seelsorglich. „Wir hatten die Freiheit, das Ohr an die Gemeinde zu legen und auf aktuelle Bedürfnisse einzugehen (so bescheiden wir es auch vermochten). Manche Bedürfnisse waren offenkundig, andere mehr verborgen. Wir waren Wegbegleiter, auch Mitbetroffene, keine Experten" – so die spätere Bilanz von Regine Thierbach.[24]

Raum für Spiritualität

Ein drittes Merkmal der Zusammenkünfte im Rahmen der GoG war, dass die Kurse, in denen viel geredet und diskutiert wurde, wenn irgend möglich immer mit gemeinsamen Mahlzeiten, dem Singen von Liedern, gemeinsamen Gebeten oder regelrechten Andachten verbunden wurden. Die regionalen Konsultationen zu „Stud. Christ." seien „Begegnung, Bildung, gemeinsames Leben und Glaubensstärkung in einem" gewesen, urteilte Peter Vogel.[25] Ganztätige oder mehrtägige Kurse der GoG zeichneten sich auch durch eine geistliche Tagesstruktur aus. Dass hierbei spürbare Unterschiede zwischen westdeutscher Evangelischer Erwachsenenbildung und den Kursen der GoG bestanden, erlebte Peter Vogel bei einer ersten Tagung von ostdeutschen „Erwachsenenbildnern" (die in der DDR so nicht heißen durften) mit ihren Kolleginnen und Kollegen aus den alten Bundesländern nach 1989.

> „Fast alle Teilnehmenden kamen aus Westdeutschland und gehörten alle einer Kirche an – aber fast alle waren von dieser Institution verletzt. Sie waren innerlich auf Distanz zu ihr gegangen, hatten Kirche als repressive Verwaltung und disziplinierende Ordnungsmacht erlebt. […] Ich erzählte von meinen Erfahrungen mit DDR-Kirche: Kirche als Freiraum, in der ich Geschichten und Lieder, Spiele und den aufrechten Gang gelernt hatte."[26]

Die je unterschiedliche Nähe und Distanz zur Kirche wirkte sich konzeptionell oft auch darin aus, dass Verantwortliche sich entweder eher scheuten, Formen überlieferten geistlichen

[23] Thierbach, Wie ist es damals dazu gekommen?, 16.

[24] Thierbach, a. a. O., 16.

[25] Panzig / Vogel, Von der Nische auf den Markt, 13.

[26] Panzig / Vogel, a. a. O., 14.

Lebens anzubieten oder dass sie bewusst auch dazu einluden. Als vor und nach der „Wende“ 1989/90 viele Nichtchristen in Kurse der GoG bzw. der neu gegründeten Evangelischen Erwachsenenbildung Sachsen kamen, z. B. viele Lehrerinnen und Lehrer, zogen die Verantwortlichen nicht die Konsequenz, Andachten künftig aus dem Programm zu nehmen. Sie versuchten statt dessen, „eine Spiritualität zu entwickeln, die andere nicht vereinnahmte und zugleich unsere christliche Tradition aufzuschließen half.“[27]

Die gemeinsam praktizierten Formen spiritueller Besinnung eröffnen in ihrer Weise den „Raum der Freiheit“, in dem Seelsorge geschehen kann: Sie können einen Rollenwechsel ermöglichen, insofern Leitende jetzt spürbar nur Teilnehmende – Glieder der Gemeinde Jesu Christi – sind. Sie können in ihrer Weise unterschwellige Tendenzen eines hierarchischen Empfindens und Verhaltens in Lernvollzügen unterbrechen. Und sie stellen Worte, Bilder, Lieder und Gestaltungsformen zur Verfügung, die Lernprozesse – wo es gut geht – in ihrer Weise transzendieren, die sie für Neues und Überraschendes, aber auch für bewährte spirituelle Überlieferung öffnen können. Es sei an der Zeit, eine „evangelische Spiritualitätsdidaktik“ zu entwickeln, fordert Peter Zimmerling, und er fügt hinzu: Entscheidend sei aber auf jeden Fall der „Gestus der Einladung“.[28] Das Miteinander von Lernprozessen und gestalteter Spiritualität und die dabei gewährte Freiheit für die, die andere Prägungen mitbringen, prägte die Arbeit der GoG und sorgte in ihrer Weise mit dafür, dass sich hier inmitten des gemeinsamen Lernens auch Seelsorgerliches ereignen konnte.

Das Thema Seelsorge

Interessant ist, dass in der ungedruckt gebliebenen Ausarbeitung der GoG „Zwischenfälle“ auch die Seelsorge als Thema behandelt wird. Ein Kapitel steht unter dem Thema „Weil man doch allein sich oft nicht so den Rat weiß“ und behandelt anhand eines Hauskreisabends Fragen von Seelsorge und Beratung.

Zunächst wird ein nachträglich angefertigtes Protokoll des Abends mit wörtlichen Äußerungen der Teilnehmenden abschnittweise zitiert und kritisch kommentiert. Man erhält Einblick in die Zusammenkunft einer kleinen Gruppe von acht Personen, die unter Leitung des Pfarrers zusammengekommen ist. Dabei stand deren Thema zunächst noch nicht fest, so dass ein Ehepaar den Wunsch einbringt, einmal über eine schwierige Situation mit ihrer Tochter sprechen zu können, die in der letzten Zeit schlechte schulische Leistungen zeigt und von ihrer Lehrerin unter Druck gesetzt wird. Auch die Eltern werden von der Lehrerin unter Druck gesetzt, indem sie ihnen restriktive Verhaltensregeln ihrer Tochter gegenüber nahelegt. So

27 Panzig / Vogel, a. a. O., 16.

28 Zimmerling, Zur Praxis der Evangelischen Spiritualität, 38.

empfiehlt sie, sie nicht mehr in Arbeitsgemeinschaften gehen zu lassen, die sie liebt, oder auch Märchenlektüre zu verbieten, die sie zur Flucht in eine unwirkliche Welt verführen würde. Nach einer Rückversicherung des Leiters, ob denn die Gruppe und das Ehepaar es für möglich hielten, jetzt nicht in eine Themenbesprechung wie sonst, sondern eine Beratungsrunde einzusteigen, beginnt die Erzählung des Paares. Der Leiter bittet dann die Gruppe, nicht sofort weitere Informationsfragen zu stellen, sondern ihre spontanen Eindrücke mitzuteilen. Dabei äußern Einzelne ihr Mitgefühl – dem Kind gegenüber, aber auch den Eltern gegenüber. Auch andere kennen Unsicherheit und Druck in ähnlichen Situationen und sprechen das aus. Es kommt zu einem kleinen Streitgespräch in der Gruppe, das damit endet, dass der Leiter zwei kontroverse Meinungen aus der Gruppe dem Elternpaar als mögliche Wege anbietet, mit den Problemen umzugehen. So kommt es noch einmal zu einem vertieften abschließenden Gesprächsgang, in dem z. B. erwogen wird, ob das Leistungstief der Tochter auch ein Signal für Defizite an Zuwendung und Anerkennung darstellen könnte. Dabei spielt der jüngere Bruder des Mädchens eine Rolle, von dem anfangs nie die Rede war, aber der offensichtlich von den Eltern viel Aufmerksamkeit absorbiert. Der Abend endet, indem zunächst alle Teilnehmenden mitteilen können, wie sie den Abend erlebt haben und was ihnen daran wichtig war. Mit einem Gebet und einem Abendlied wird der offizielle Schlusspunkt gesetzt. Aber die Gruppe bleibt noch ein wenig beieinander, denn „ihnen ist noch nicht nach Gehen."[29]

Dem Protokoll und seinem Kommentar fügt der Autor des Kapitels, Werner Biskupski, weitere allgemeine Schlussfolgerungen an, die vom konkreten Fall ausgelöst wurden, aber relativ unabhängig von ihm generell gelten dürften, wenn es um Seelsorge bzw. Beratung in einer Gruppe geht. Diese seien hier teilweise zitiert (kursiv):[30]

- *Klarheit über das Ziel.* Dabei wird anfangs darauf aufmerksam gemacht, dass es jetzt nicht um eine Sachfrage geht, die man diskutieren will, sondern um eine persönliche Frage. „Darum reden die Gruppenmitglieder nun nicht *über* etwas, sondern *mit* denen, die Rat brauchen und ihn suchen."[31]
- *Der Wunsch heißt: Persönliche Beratung.* Dafür muss das Einverständnis aller Mitglieder festgestellt werden.
- *Formulierung der Leitfrage.* Es ist hilfreich, zu Beginn oder zwischendurch zu klären, was die geklärt wissen wollen, die die Beratung suchen.
- *Kompetenz des Leiters.* Ob das Gespräch gelingt, hängt nicht zuletzt von der Kompetenz des Leiters, der Leiterin ab. Sie sollten hilfreiche Schritte in beratenden Gesprächen kennen

29 Zwischenfälle, 159–172, Zitat 171.

30 A. a. O., 173–181.

31 A. a. O., 173.

und zu einer freien und offenen Kommunikation ermutigen – „vor allem durch das eigene Beispiel".

- *Hilfreiche Schritte* sind: Helfen bei der Entscheidung zu Beginn, dem Problem durch Erzählen ausführlich Raum zu geben, spontane Eindrücke der Zuhörer abzurufen, die Leitfrage zu benennen, die Ratsuchenden zu verstehen („Wie ginge es mir an ihrer Stelle?"), und schließlich eigene Möglichkeiten entdecken zu lassen.

5 Seelsorge in Erwachsenenbildung

Lebendige Gemeindearbeit wird immer wieder auch durch Zusammenkünfte in Gruppen erfahren. Dabei spielen unterschiedliche Ziele eine Rolle: Es geht um die Leitung der Gemeinde und die Klärung vieler organisatorischer Fragen, z. B. in einem Kirchenvorstand. Oder man trifft sich in einem Bibelkreis, um Bibelarbeit zu betreiben. Oder ein Gesprächskreis stellt ein Thema in den Mittelpunkt, das vereinbart und vorbereitet worden ist. Auch übergemeindliche Gruppen sind in der Regel erkennbar als Lern- und Arbeitsgruppen, als Weiterbildung oder freies theologisches Bildungsangebot. Wer Beratung sucht, wendet sich in der Regel an eine Beratungsstelle.

Doch so sinnvoll solche Unterscheidungen im Prinzip sind, so einleuchtend ist es, dass es im Rahmen kirchlicher Gruppenarbeit zu Grenzüberschreitungen kommen kann. Intensive Lernprozesse führen Teilnehmende oft zu persönlichen Fragen. Sie entdecken Versagen bei sich selbst und würden auch einmal von ihren Schwächen sprechen. Sie spüren Solidarität mit den Empfindungen und Handlungen anderer. Die hier gegebene Atmosphäre des Vertrauens macht ihnen Mut, mehr von sich zu zeigen als bisher. Dabei kann es auch um den Mut gehen, die vertraute Gruppe einmal einen ganzen Abend lang als Beratungsrunde zu nutzen.

Ich halte es für eine Stärke der GoG, dass sie als erwachsenenbildnerisches Projekt gelegentlich die festen Grenzen zu Seelsorge und Beratung überschritten hat. Oft wird es sich eher um eine Art „seelsorgliche Dimension" gehandelt haben, in der Einzelne sich ermutigt fühlten, sich zu öffnen. Aber gelegentlich kann es auch einen bewussten Schritt von einer Sachthematik zu einer Beratungsrunde gegeben haben, wie es in der Arbeitshilfe „Zwischenfälle" dargestellt wird. Theologisch kann man – mit Werner Biskupski – dabei an die Urgemeinde erinnern. Die Christen, die sich hier in den Häusern trafen, „teilen nicht (nur) das Brot, sondern geben, einander geschwisterlich zugewandt, innere Erfahrungen einander ab. Ihre christliche Gemeinschaft bleibt nicht an der Oberfläche; sie wird ernstgenommen, sowohl in den eigenen Fehlern und Schwächen, als auch in der gemeinsamen Hoffnung".[32] Erinnert sei auch an die

[32] A. a. O., 181.

Schmalkaldischen Artikel mit ihrer Überzeugung, dass sich der Zuspruch des Gotteswortes auch durch das wechselseitige Gespräch und den Trost der Brüder (und Schwestern) ereigne.[33] Überspitzt gesagt: Wenn in evangelischen Gemeinde- und übergemeindlichen Bildungsgruppen nur Sachfragen scheinbar neutral behandelt werden und es nie zu persönlichen Äußerungen kommt, fehlt eine entscheidende Dimension in der gemeindlichen Kommunikation.

Und dennoch ist es gut, auch um die Gefahren zu wissen, wenn aus Sachdiskussionen unter der Hand eine seelsorgliche Beratung in der Gruppe wird. Hier braucht es Teilnehmende mit dem entsprechenden Gespür und vor allem eine Leitung, die solche Grenzüberschreitungen kompetent und im Einverständnis mit der Gruppe vollzieht. Nur so bleibt Seelsorge – auch in Gruppen – ein Raum der Freiheit.

Literatur

Die Bekenntnisschriften der Evangelisch-Lutherischen Kirche, hg. im Gedenkjahr der Augsburgischen Konfession 1930, Berlin [2]1978 (kurz: *BSLK*).

Hofmann, Horst-Klaus, Psychonautik – Stop. Kritik an der „Gruppendynamik" in Kirche und Gemeinde, Wuppertal 1977.

Ratzmann, Wolfgang, Missionarische Gemeinde. Ökumenische Impulse für Strukturreformen, Berlin 1980.

Rebell, Walter, Psychologisches Grundwissen für Theologen, München 1988.

Thierbach, Regine, Wie ist es damals dazu gekommen?, in: Schriftenreihe „Blätter" der Evangelischen Erwachsenenbildung, Dresden 1997.

Vogel, Peter / Panzig, Erik, Von der Nische auf den Markt, in: forum erwachsenenbildung Nr. 1/19, 15.

Zimmerling, Peter, Hirte, Meister, Freund. Überrascht von der Seelsorge Jesu, Gießen 2022.

–, Zur Praxis der Evangelischen Spiritualität, in: ders. (Hg.), Handbuch Evangelische Spiritualität, Bd. 3: Praxis, Göttingen 2020, 20–44.

[33] „*per mutuum colloqium et consolationem fratrum*", Schmalkaldische Artikel III, Vom Evangelio, in: BSLK 449.

Räume eröffnen und gestalten

Diakonische Spiritualität und gelebte Religion im „inklusiven“ Sozialraum

Von Anika Christina Albert

1 Zugänge: Kirche und Diakonie im Sozialraum

1.1 Räume eröffnen

> „Mache den Raum deines Zeltes weit, und breite aus die Decken deiner Wohnstatt; spare nicht! Spanne deine Seile lang, stecke deine Pflöcke fest. Denn du wirst dich ausbreiten zur Rechten und zur Linken.“ (Jes 54,2–3a)[1]

Räume öffnen und gestalten – das war, ist und bleibt eine zentrale Aufgabe für Kirche und Diakonie inmitten der sich wandelnden Gesellschaft. Das gilt auch und besonders in Zeiten, in denen Kirche zunehmend an Mitgliedern und Bedeutung verliert, Diakonie aber angesichts drängender sozialer Probleme an Zulauf und Relevanz gewinnt. Damit kommt zugleich eine scheinbar gegensätzliche Bewegung in den Blick, die zu der Frage führt, ob Kirche und Diakonie in diesem Zusammenhang gemeinsam oder getrennt voneinander betrachtet werden müssten.[2] Gemeinsam erscheint im Kontext des Sozialraums mindestens eines: Auf viele Menschen wirken kirchliche und auch diakonische Räume befremdlich. Demgegenüber steht der kirchliche und diakonische Anspruch, die eigenen Räume einladend zu gestalten, damit Menschen Zugänge finden können, sich willkommen, vielleicht sogar zuhause fühlen. Doch für wen sollen die Räume eigentlich offenstehen: für alle Menschen oder nur eine exklusive Gruppe? Und wie sollen die Räume gestaltet werden: Geht es um eine angenehme Atmosphäre oder um konkrete Inhalts- und Anspruchsvermittlung? Sollen Bildungs- und Gesprächsange-

---

1 Vgl. auch Kirchenamt der EKD (Hg.), Inklusion gestalten, 22.

2 Kirchensoziologische Befunde zeigen, dass Kirche und Diakonie weitgehend miteinander identifiziert werden, und zwar sowohl von Mitgliedern als auch Nichtmitgliedern. Theologisch und diakoniegeschichtlich gibt es tiefgreifende Diskussionen über eine angemessene Verhältnisbestimmung von Kirche und Diakonie – und auch deutliche Fremdheitserfahrungen zwischen beiden. Vgl. dazu z. B. Böckel, Spiritualität und diakonischer Auftrag, 180–186, und Hofmann, Ekklesiologische Begründungsansätze.

bote im Mittelpunkt stehen oder Raum sein für eigene Themen der Menschen, die sich dort treffen? Geht es um Spiritualität oder Rationalität? Und was davon wirkt authentisch, was aber inszeniert? Und schließlich: Wer sind eigentlichen die Akteur*innen?

Mit den aufgeworfenen Fragen ist das Spannungsfeld aufgezeigt, in dem sich der vorliegende Beitrag bewegt. Er schlägt Brücken zwischen den großen Begriffen Inklusion, Spiritualität und Sozialraum und fragt danach, wie Diakonie und Kirche geistliches Leben und ihre Rolle im Gemeinweisen zeitgemäßer, einladender und inklusiver gestalten können. In diesem Sinne geht es also beim Aufspannen des Zeltes weniger um ein Investment in Immobilien, sondern um die „Investition in eine Kultur der gleichberechtigten Einbeziehung, in der Teilhabe und Teilgabe Selbstverständlichkeiten sind."[3]

1.2 Wahrnehmung des Sozialraums

Sozialraum ist mehr als nur der Wohnort im städtischen oder ländlichen Kontext. Sozialraum ist kein fest definierter Ort, sondern ein dynamischer Prozess. Sozialraum kann und muss gestaltet und von den Menschen vor Ort subjektiv angeeignet werden. Dabei geht es darum, ein relationales Raumverständnis zu entwickeln, bei dem Räume erst durch die Interaktionen mit Menschen entstehen und somit letztlich die Trennung von Raum und Subjekt überwunden wird:[4]

> „Das Konzept der Sozialraumorientierung […] zielt darauf, unter der aktiven Mitwirkung der dort Lebenden Wohnquartiere, Lebenswelten und soziale Beziehungen so zu gestalten, dass sich die Menschen ihren sozialen Raum aneignen und an ihm entsprechend ihrer Interessen teilhaben können."[5]

Sozialraum lebt also von den mitwirkenden Akteur*innen, ist ausgerichtet auf ihre Bedürfnisse und durch ihre sozialen Praktiken geprägt. Im Sozialraum wird Gemeinschaft gestaltet. Nimmt man die aktive Mitwirkung aller ernst, so lässt sich konstatieren, dass das Konzept der Sozialraumorientierung auf Inklusion zielt. Und auch andersherum gilt: „Inklusion wird stets in konkreten sozialen Räumen gestaltet."[6] Das Gestalten von Gemeinschaft kann nur gelingen, wenn alle Menschen vor Ort beteiligt sind und sich mit ihren individuellen Interessen

---

3 Kirchenamt der EKD (Hg.), Inklusion gestalten, 22.

4 Vgl. Löw, Raumsoziologie.

5 Kirchenamt der EKD (Hg.), Inklusion gestalten, 20.

6 A. a. O.

und Wünschen, aber auch mit ihren Fähigkeiten, Ressourcen und Begrenzungen einbringen können. Auf die Balance von Teilhabe und Teilgabe kommt es also an. Doch stellt sich dieses Gleichgewicht in der Praxis tatsächlich ein?

Wer sich am Sozialraum orientiert, geht von dem aus, was ist, nimmt also zunächst wahr, was es dort gibt: Menschen und Orte, Organisationen und Initiativen, Infrastruktur und kulturelle Angebote, aber auch Barrieren, die das Leben im eigenen Wohnumfeld und im öffentlichen Leben erschweren. Damit öffnet sich auch der Blick für Inklusions- und Exklusionsprozesse. Wer kann woran teilhaben – und wer nicht? Was fördert, was behindert die individuellen Möglichkeiten für Teilhabe? Wer ist – auch und gerade für Kirche und Diakonie – im Blick, gut hör- und sichtbar? Oder anders herum: Welche Menschen werden gar nicht erst wahrgenommen, weil sie sich selbst nicht genügend bemerkbar machen oder bewusst abwenden?

Bei der Beantwortung dieser Fragen kommen zugleich auch die strukturellen Bedingungen in den Blick: Welche Akteur*innen vor Ort haben einen analytischen Blick, um Inklusions- und Exklusionsprozesse wahrzunehmen? Inwiefern können gerade Kirche und Diakonie eine Scharnierfunktion einnehmen, um zwischen unterschiedlichen Interessenlagen zu vermitteln?

Dabei steht die These im Hintergrund, dass Kirche und Diakonie als „intermediäre Instanzen" eine besondere Funktion zwischen Staat und Markt erfüllen, die sie ihrer spezifischen Verortung „zwischen Religion und Sozialwesen"[7] verdanken. Diese intermediäre Funktion lässt sich mit Blick auf das Thema Inklusion konkretisieren, indem man – beispielsweise mit Gerhard Wegner – davon ausgeht, dass „Kirchen [...] nicht nur als Anwälte der Teilhabe- und Teilnahmeinteressen der Menschen in den Blick [kommen], die diese Anliegen bei anderen gesellschaftlichen Akteuren einfordern, sondern als selbst solche Interessen befördernde"[8] Akteurinnen. In diesem Sinne sind Kirche und Diakonie als „enabling communities" zu verstehen, die sich einerseits selbst in all ihren Strukturen und Ebenen zu Inklusion befähigen (lassen) müssen, um auf dieser Basis in einem größeren Kontext wiederum befähigend wirken zu können.[9] Diesen Gedanken gilt es im Blick auf die Frage, welche Rolle eine spezifisch diakonische Spiritualität im inklusiv gedachten Sozialraum spielen kann, weiterzuentwickeln. Hierfür werden zunächst einige grundlegende Überlegungen zum Thema Inklusion in Gesellschaft, Kirche und Diakonie angeführt, die es in einem zweiten Schritt mit den Dimensionen der Verwirklichung geistlichen Lebens, diakonischer Spiritualität und gelebter Religion in Beziehung zu setzen gilt.

7 Böckel, Spiritualität und diakonischer Auftrag, 179.

8 Wegner, „Enabling Churches", 220.

9 Vgl. a. a. O., 211.

2 Inklusion denken und leben

2.1 Komplexität und Dynamik der Inklusionsdebatte

Das Thema Inklusion ist im 21. Jahrhundert zum Trend geworden. Für manche verbirgt sich hinter dem vermeintlichen Modewort ein inhaltsloser Containerbegriff, für andere ist es das zentrale Thema, wenn es darum geht, Gesellschaft – auch und gerade im Blick auf konkrete Sozialräume – in Gegenwart und Zukunft verantwortlich zu gestalten.

Der Begriff „Inklusion" selbst ist deutlich älter und hat seine entwicklungspolitische globale Bedeutung vor allem durch die 1994 in der Salamanca-Erklärung fixierte und auf den Menschenrechten basierende Forderung der UNESCO nach „Bildung für alle" gewonnen.[10] Aufgrund der Zunahme an Relevanz hat der Begriff „Inklusion" einerseits an Offenheit und Anknüpfungsfähigkeit gewonnen, zugleich aber an Klarheit eingebüßt. Rechtliche Relevanz hat das Konzept mit der UN-Behindertenrechtskonvention[11] bekommen, die Deutschland im Jahr 2007 unterzeichnet hat und somit seit 2009 rechtlich verbindlich ist. Allerdings hat dies bisher nur wenig sichtbare Veränderungen im gesellschaftlichen Leben bewirkt.[12] Auch deshalb wurden seitens des Bundesministeriums für Arbeit und Soziales in den Jahren 2011 und 2016 Nationale Aktionspläne Inklusion[13] entwickelt, die die konkrete Umsetzung von Inklusion vorantreiben sollen. Sie beinhalten vor allem Maßnahmen, die Menschen mit Beeinträchtigungen ein selbstbestimmtes Leben in Gemeinschaft ermöglichen. Der Grundgedanke ist dabei, Teilhabe für alle Menschen in allen Lebensbereichen zu ermöglichen – dies betrifft also nicht nur Menschen mit körperlichen oder geistigen Behinderungen, sondern geht alle Menschen in ihren jeweils individuellen Lebenslagen an.

Aus der Forschungsperspektive betrachtet, ist Inklusion ein interdisziplinäres Thema, das nur in einer multiperspektivischen Betrachtung unter Wahrnehmung bestehender Spannungen, Ambivalenzen und Paradoxien angemessen betrachtet werden kann. Hier spielen erziehungswissenschaftliche, soziologische bzw. sozialwissenschaftliche sowie kulturwissenschaftliche Perspektiven eine zentrale Rolle.[14] Ein gemeinsamer Fokus ist, in einem ersten Schritt durch Machtstrukturen bedingte Ungleichheiten und Ungerechtigkeiten sichtbar zu machen und in einem zweiten Schritt praktische Lösungsansätze zur Überwindung zu entwickeln. Dabei ist es neben dem Aufzeigen gelungener Beispiele von Inklusion wichtig, auch Exklu-

---

[10] Vgl. https://www.unesco.de/sites/default/files/2018-03/1994_salamanca-erklaerung.pdf (abgerufen am 08.01.2023).

[11] Vgl. https://www.behindertenrechtskonvention.info/ (abgerufen am 08.01.2023).

[12] Kirchenamt der EKD (Hg.), Inklusion gestalten, 17.

[13] Vgl. https://www.bmas.de/DE/Soziales/Teilhabe-und-Inklusion/Nationaler-Aktionsplan/nationaler-aktionsplan-2-0.html (abgerufen am 08.01.2023).

[14] Vgl. Witten, Inklusion und Religionspädagogik, Teil I.

sionsprozesse aufzudecken, die häufig schwierig zu greifen sind. Das gilt auch und gerade hinsichtlich der Wahrnehmung konkreter Sozialräume. Denn auch die formale Zugehörigkeit zu bestimmten Institutionen oder Systemen schließt soziale Ausgrenzung keineswegs aus. Inklusion erschöpft sich also nicht in der Umsetzung rechtlicher Standards. Vielmehr bedarf es daneben einer Anerkennung der kommunikativen Relevanz eines jeden Menschen, wenn ein soziales Miteinander gelingen soll.[15] Diese beinhaltet auch, zunächst zu klären, welche Rolle Begriffe wie Heterogenität und Normalität spielen und wer darüber entscheidet, wie diese inhaltlich gefüllt und zu Maßstäben oder Zielvorstellungen werden.

Somit wird deutlich, wie komplex das Thema Inklusion ist. Inklusion ist mehr als eine visionäre Idee, wie das Zusammenleben in einem konkreten Sozialraum oder sogar der gesamten Gesellschaft praktisch gestaltet werden kann. Sie ist zugleich ein politisches Programm und eine theoretisch fundierte Zielvorstellung, die aus unterschiedlichen Perspektiven nach konkreter Umsetzung verlangt. Zugleich ist Inklusion ein Analyseinstrument, das den Blick schärft für eine kritische Betrachtung vergangener und aktueller Entwicklungen – und kann daher mit Ulrike Witten zutreffend als „dynamisches Theorem“[16] bezeichnet werden.

Daher lässt sich festhalten: Inklusion ist nicht statisch, sondern stets dynamisch zu denken und weist einen Prozesscharakter auf. Sie ist kein bereits erreichter Zustand, aber durchaus mehr als reine Utopie. Sie bedarf der dauerhaften kritischen Überprüfung des eigenen Denkens und Handelns und der konkreten Anwendung in unterschiedlichen Handlungsbereichen, wobei korrigierende Maßnahmen, Rückschritte und Scheitern in den einzelnen Prozessschritten eingeschlossen sind. Ein zentraler Aspekt ist dabei die Bereitschaft und die Fähigkeit zur Selbstreflexion als Grundvoraussetzung einer inklusiven Grundhaltung.[17] Allerdings ist zu betonen: Inklusion ist nicht nur, aber eben auch eine Frage der Haltung.[18] Diese zielt auf eine positive Wahrnehmung von Vielfalt und die Ermöglichung der Teilhabe aller an einer inklusiven Gesellschaft. Damit verbunden sind menschliche Anerkennung und die Wertschätzung von Individualität in einer beziehungsfördernden Gemeinschaft, die sich im jeweils konkreten Sozialraum verwirklicht.

2.2 Inklusion als Grunddimension von Kirche und Diakonie

Da Inklusion ein gesellschaftlich überaus relevantes Thema ist, kann es auch Kirche und Diakonie nicht unberührt lassen, insbesondere wenn diese weiterhin den Anspruch haben, „ena-

15 Vgl. a. a. O., 75f.

16 A. a. O., 206.

17 Vgl. a. a. O., 122.

18 Vgl. a. a. O., 188; vgl. dazu auch Hofmann, Vom „entdiakonisierten diakonischen Blick“, 244.

bling communities“[19] und somit wichtige Akteurinnen im Gemeinwesen zu sein. Zugespitzt lässt sich zur Verhältnisbestimmung und inhaltlichen Ausrichtung mit Barbara Eschen sogar formulieren: „Diakonische Kirche ist inklusive Kirche.“[20]

Aus diesem Grund hat der Rat der EKD im Jahr 2014 eine Orientierungshilfe herausgegeben mit dem Titel „Es ist normal, verschieden zu sein: Inklusion leben in Kirche und Gesellschaft“. Sie beschreibt Inklusion als gesellschaftlichen Auftrag und somit auch als zentrales Anliegen von Kirche und Diakonie: „Inklusion ist Menschenrecht und zugleich christliche Selbstverständlichkeit.“[21] Dieser hohe Stellenwert ist einerseits theologisch begründet und von unmittelbarer praktischer Relevanz: „Es geht um das Kirche-Sein der Kirche, es geht um eine Gesellschaft, die Partnerschaft und Gemeinschaft auf Augenhöhe verwirklicht.“[22] Die zentralen biblisch-theologischen Argumentationen zum Thema Inklusion reichen hier von der Vielfalt der Schöpfung über die Universalität des Reiches Gottes, wie es u. a. im Handeln Jesu deutlich wird, bis hin zum paulinischen Bild des einen Leibes mit vielen verschiedenen Gliedern.[23]

So eindeutig die theologisch fundierte Konturierung auch erscheint, ergeben sich im Blick auf die Tragweite der praktischen Umsetzung jedoch bislang deutliche Einschränkungen. Das zeigt sich vor allem darin, dass Inklusion im Bereich der Diakonie noch immer stark auf Menschen mit Behinderung fokussiert ist, die – so die weit verbreitete Ansicht – Schutz und Fürsorge benötigen. Dementsprechend erscheinen die speziellen Einrichtungen, in denen sie wohnen, und die eigenen Werkstätten, in denen sie arbeiten, eher als exklusive Sonderwelten anstatt als Leuchttürme für Inklusion. Auch insgesamt lässt sich beobachten, dass der EKD-Text stark „vom Anderen her“ denkt, wobei die Frage, welche Machtkonstellationen und Ungleichheiten diese Differentsetzung bewirken kann, weitgehend unreflektiert bleibt.

Inzwischen wird die acht Jahre alte Orientierungshilfe durch eine von EKD und Diakonie Deutschland gemeinsam herausgegebene Veröffentlichung ergänzt. Unter der Überschrift „*Inklusion gestalten – Aktionspläne entwickeln*“[24] werden konkrete Umsetzungsmöglichkeiten für Inklusion in einem breiteren Kontext aufgezeigt. Dabei wird deutlich: Inklusion gilt es sowohl in übergreifenden Kategorien als auch in konkreten Handlungsfeldern zu denken und umzusetzen. Anhand der Breite der konkreten Handlungsfelder wird das Spektrum kirchlich-diakonischer Relevanz in der Gesellschaft deutlich: Sie reichen von den großen Bereichen Arbeit, Kultur, Bildung, Gesundheit und Generationenfragen bis hin zu Aspekten wie Wohnen,

---

19 Vgl. Wegner, „Enabling Churches“.

20 Barbara Eschen im Grußwort zur Eröffnung des Forums Diakonische Kirche 2005; vgl. Eschen / Herrmann, Forum Diakonische Kirche.

21 Kirchenamt der EKD (Hg.), Inklusion gestalten, 17.

22 Kirchenamt der EKD (Hg.), Es ist normal, verschieden zu sein, bes. 53–57.

23 Vgl. Kirchenamt der EKD (Hg.), Es ist normal, verschieden zu sein, Kapitel 2.

24 Kirchenamt der EKD (Hg.), Inklusion gestalten.

Mobilität und Digitalität. Auch Fragen von politischer Teilhabe, Bewusstseinsbildung und interreligiöser Dialog spielen eine zentrale Rolle und bedürfen einer konkreten Ausgestaltung.

Als übergreifende Dimensionen benennt der EKD-Text 141 „Inklusion gestalten – Aktionspläne entwickeln": „Verantwortung gestalten", „Strukturen schaffen" und „Geistliches Leben". Alle drei Dimensionen sind für die Frage nach der Rolle von Kirche und Diakonie im Sozialraum von besonderem Interesse. Der dritte Aspekt schlägt dabei zugleich die Brücke zum Thema Spiritualität. Er geht von der Grundannahme aus, dass geistliches Leben alle Lebensbereiche durchdringt.[25] Vor diesem Hintergrund setzt er die Ziele:

> „geistliches Leben in seiner Differenziertheit wahrnehmen",
> „die Vielfalt und Unterschiedlichkeit evangelischer Spiritualität respektieren und würdigen",
> „allen Menschen im kirchlichen Leben unter Berücksichtigung ihrer besonderen Bedürfnisse Teilhabe und Teilgabe ermöglichen."

Ein inklusives Kirchen- und Diakonieverständnis beinhaltet somit auch, geistliches Leben so zu gestalten, dass alle willkommen sind.[26] Das betrifft die klassischen kirchlichen Ausdrucksformen wie Gottesdienst, Seelsorge und Bildungsarbeit, zeigt sich aber auch in der Haltung, wie Kirche und Diakonie im konkreten Sozialraum auftreten und wahrgenommen werden. Fühle ich mich von Kirchengebäuden und diakonischen Orten angezogen oder abgestoßen? Sind sie offen und laden sie zum Hineingehen und Bleiben ein – oder gehen Menschen an ihnen vorüber, vielleicht auch, weil sie sie (nicht) als solche erkennen? Bieten sie mir Orientierung in zentralen Fragen des Lebens – und gilt das ggf. nur in alltagspraktischer Hinsicht des Lebens oder auch im Hinblick auf mögliche Tiefendimensionen? Damit stellt sich die Frage, welche Rolle Spiritualität – und insbesondere evangelische und diakonische Spiritualität – im Kontext eines inklusiv gedachten Sozialraums spielen kann.

3 Spiritualität im „inklusiven" Sozialraum

3.1 Evangelische Spiritualität zwischen Individualität und Gemeinschaft

Spiritualität im weiten Verständnis lässt sich als individuelle Sinnsuche im religiösen oder vermehrt auch nicht-religiösen Kontext bezeichnen, die darauf zielt, Orientierung zu finden.

[25] A. a. O., 41.

[26] A. a. O. Vgl. Kirchenamt der EKD (Hg.), Es ist normal, verschieden zu sein, Kapitel 5.

Holger Böckel qualifiziert sie als „Suche nach vertikaler Tiefenresonanz“ und meint damit die „Sehnsucht danach, das etwas in uns zum Klingen kommt, das größer ist als wir selbst und das Ganze der Wirklichkeit umfasst.“[27] Diese Sehnsucht nach etwas, das im Leben und durch das Leben trägt, ist bei vielen Menschen ebenso groß wie der Markt der Möglichkeiten, auf dem sie heutzutage fündig werden können. Die Zeiten, in denen die christliche Kirche hier Marktführerin war, gehören längst der Vergangenheit an. Und ohnehin ist Spiritualität eine Ausdrucksform des Glaubens, die insbesondere aus evangelischer Perspektive nicht selbstverständlich ist.

Was also ist das Spezifische an evangelischer Spiritualität? Peter Zimmerling skizziert hier eine doppelte Bewegung, die er durch „Konzentration“ einerseits und „Grenzüberschreitung“ andererseits näher bestimmt. Gemeint ist damit die Konzentration „auf Jesus Christus, auf die Bibel, auf Gottes Handeln und auf den (persönlichen) Glauben“[28]. Diese korrespondiert mit einer „Haltung der Weltbejahung und Weltverantwortung zum Überschreiten des binnenkirchlichen Raumes in Richtung auf Familie, Beruf und Gesellschaft“.[29] Sie ist geprägt von der „Freiheit des Gewissens“ einerseits und der „Hochschätzung des Individuums“ andererseits. Evangelische Spiritualität changiert also im Spannungsfeld von individueller Freiheit und der Übernahme von Verantwortung im Bereich der Gemeinschaft.

Dabei ist die im Wortsinn „geistliche“ (lat. *spiritualis, spiritus*) Dimension jedoch häufig wenig greifbar. Zimmerling konstatiert vor dem Hintergrund der christologischen Fokussierung sogar eine „Geistvergessenheit“, die im persönlichen und kirchlichen Leben, aber auch in der wissenschaftlichen Theologie[30] wahrzunehmen sei. Sie komme darin zum Ausdruck, dass angesichts der starken Individualisierung die Schöpfung Gottes – oder neutraler formuliert: die natürliche Umgebung – nur begrenzt wahrgenommen werde.[31] Dies betreffe auch die „Kategorie der Sozialität“[32], also die Wahrnehmung der Menschen im Kontext der konkreten Umwelt und der zwischenmenschlichen Gemeinschaft.[33] Dabei könnte doch gerade Kirche als „Gemeinschaft der Heiligen“ den Rahmen dafür bilden, dass der Heilige Geist erlebbar wird. In diesem Zusammenhang fordert Zimmerling einerseits eine Rückbesinnung auf reformatorische Wurzeln und Formen evangelischer Spiritualität, regt zugleich eine konstruktive Weiterentwicklung angesichts aktueller gesellschaftlicher Herausforderungen an. Für die konkrete Umsetzung bedeutet dies: „Menschen wollen den Glauben heute nicht nur denken, sondern auch spüren.“[34] Dabei gelte es

27 Böckel, Spiritualität und diakonischer Auftrag, 25; 42ff.

28 Zimmerling, Evangelische Spiritualität, 284, 27–44.

29 A. a. O., 284.

30 A. a. O., 16–22.

31 A. a. O., 284.

32 A. a. O.

33 A. a. O., 228–242.

34 A. a. O., 285.

auch, „das zweifellos vorhandene ökumenische Potential der Spiritualität“[35] und die „Wiederentdeckung des Gemeinschaftsaspektes“[36] zu nutzen. Die wird bei Zimmerling zwar vor allem auf unterschiedliche Formen christlicher Gemeinschaft bezogen, kann sicherlich aber auch über diese hinausgedacht werden. In diesem Sinne möchte ich im Folgenden einerseits spezifisch diakonische Ausprägungen evangelischer Spiritualität in den Blick nehmen und diese dann in einem weiteren Schritt im Kontext des inklusiv gedachten Sozialraums verorten.

3.2 Diakonische Spiritualität und ihre Care-Dimension

Spiritualität gilt in evangelischer Perspektive anknüpfend an den genuinen Wortsinn als „Lebensgestaltung in der Kraft des Heiligen Geistes“[37], was auch und besonders die Zuwendung zu den Mitmenschen im Sinne gelebter Nächstenliebe umfasst. Theologisch begründen lässt sie sich in der allumfassenden und bedingungslosen Liebe Gottes, die alle menschlichen Liebesbemühungen umspannt und ihnen grundlegend vorausgeht. Insofern ist ihr eine inklusive Grunddimension inhärent. Diese beinhaltet auch das Angenommensein durch Gott trotz aller menschlichen Unzulänglichkeiten und Fragmenthaftigkeiten, wie es die Rechtfertigungslehre grundlegend beschreibt. Gottes Liebe bezieht sich auf den ganzen Menschen, hat also nicht nur eine seelische, sondern auch eine leibliche Dimension. Und sie betrifft den Menschen nicht nur als Individuum, sondern nimmt ihn in all seinen Beziehungen wahr, in die der Mensch bewusst oder unbewusst eingebunden, mitunter auch verstrickt ist. Diese umfassen das Verhältnis jeder Person zu sich selbst und zu Gott, aber auch zu ihren Mitmenschen im näheren und weiteren Umfeld. So sind es vor allem die Aspekte von Anerkennung und Gemeinschaft, die die diakonische Dimension von Spiritualität offenlegen:

> „Christliche Spiritualität lebt […] aus der Beziehung zu Gott und den Menschen. Sie lebt im Geist der Gemeinschaft und hat immer auch eine diakonische Dimension. Ganz auf der Spur Israels als des Gottesvolks kommt sie zum Ausdruck in der Sorge um Arme, Kranke, Fremde und Kinder.“[38]

Die damit angesprochene Care-Dimension legt eine Verbindung von Spiritualität und zentralen Vorstellungen von Familie nahe, selbst wenn sich damit neben positiven Assoziationen

---

35 A. a. O.

36 A. a. O., 228.

37 Eurich, Evangelische Spiritualität in der Diakonie, 549.

38 Coenen-Marx/Hofmann (2022), 261.

stets auch Ambivalenzen verbinden.[39] Darin bildet sich vor allem die Sehnsucht nach einem heilsamen Miteinander ab: Vertrauen, Schutz und Geborgenheit, füreinander dasein, gemeinsam Sorge tragen – oder auf einen moderneren Begriff gebracht: Care verwirklichen.

Spiritualität kommt somit über den familiären Kontext hinaus auch in „Caring Communities"[40] zum Tragen. Es handelt sich bei diesen sorgenden Gemeinschaften um lokale Verantwortungsgemeinschaften, die Menschen miteinander verbinden – in Familien und Nachbarschaften, aber auch im Zusammenspiel von professionellen Kräften und freiwilligem Engagement. Hier wird nicht nur praktisch gehandelt, sondern „Caring Communities" leben auch „aus einem gemeinsamen ‚Spirit'" und „geteilten Werten", in denen sich Für-, Selbst- und Mitsorge miteinander verschränken.[41] „Wo das gelingt, machen Menschen spirituelle Erfahrungen in den alltäglichen Sorgebeziehungen."[42]

Versteht man mit Fulbert Steffensky[43] Spiritualität als „geformte Aufmerksamkeit" und zugleich als „Handwerk", so kann diese dazu beitragen, einen achtsamen und sensiblen Blick für Menschen und Strukturen im konkreten Sozialraum zu entwickeln. Dies beinhaltet einerseits, notwendige Veränderungen vor Ort anzustoßen. Andererseits gilt es aber auch auszuhalten, was sich akut nicht ändern lässt, ohne die Hoffnungsperspektive aufzugeben, dass weitreichende Verbesserungen in Zukunft möglich sein werden. Dietrich Bonhoeffer hat aufgrund seiner persönlichen Erfahrungen die Unterscheidung zwischen Letztem und Vorletztem stark gemacht und auf die Fragmenthaftigkeit allen menschlichen Handelns verwiesen. Das Spannungsfeld zwischen einer radikalen Diesseitigkeit einerseits – „nämlich in der Fülle der Aufgaben, Fragen, Erfolge und Misserfolge, Erfahrungen und Ratlosigkeiten leben"[44] – und dem Vertrauen auf Vollendung bei und durch Gott andererseits hat Bonhoeffer aufgezeigt und daraus eine Haltung der Wachsamkeit in gesellschaftlicher Verantwortung abgeleitet.

In diesem Sinne lässt sich mit Johannes Eurich konstatieren: „Spiritualität befördert ein inneres Sensorium, mit dem immer wieder neu das Lebensdienliche von dem Lebensabträglichen unterschieden werden kann."[45] Damit liegt die diakonische Dimension von Spiritualität keineswegs im Rückzug in die Innerlichkeit, sondern sie ist vielmehr ein Analyseinstrument, um den konkreten Sozialraum kritisch wahrzunehmen. Darüber hinaus liegt in der diakoni-

---

39 Vgl. EKD (2013); vgl. auch die bei Zimmerling (2003) ausgeführten Modelle der „geöffneten Familie/des geöffneten Hauses" und der „geistlichen Vater- bzw. Mutterschaft, 236–242.

40 Vgl. exemplarisch Klie, Caring Community; https://www.sorgenetzwerke.at/; https://caringcommunities.ch/ (abgerufen am 08.01.2023).

41 Coenen-Marx / Hofmann, Spiritualität und Sorge, 264.

42 A. a. O., 269.

43 Steffensky, Suche nach spiritueller Erfahrung, 225.

44 Bonhoeffer, Widerstand und Ergebung, 248.

45 Eurich, Spiritualität und Inklusion, 29.

schen Dimension von Spiritualität eine Zielperspektive, die es ermöglicht, individuelle Haltungen und strukturelle Prozesse im Sozialraum zu verändern und diesen inklusiv zu gestalten – und somit dem umfassenden Verständnis von Inklusion gerecht zu werden.

Denn – wie oben bereits skizziert wurde – schützen rechtliche und soziale Einschließung nicht vor sozialer Exklusion. Es geht also um mehr als die Festlegung lebensnotwendiger Standards, rechtlicher Rahmenbedingungen und staatlicher Vorkehrungen: Es geht um kommunikative Anerkennung und das Eingebundensein in zwischenmenschliche Netzwerke und Strukturen, die nur dann tragfähig sind, wenn sie sich für das Individuum und die Gemeinschaft als tragfähige „Sorgenetze“[46] (Beate Hofmann) erweisen.

Daher lässt sich zusammenfassend mit Holger Böckel festhalten: „Spiritualität kann zum allgemeinen Wohlbefinden beitragen. Damit ist sie eng verbunden mit dem Ziel ‚ganzheitlicher Gesundheit‘ oder ‚gelingendem Leben‘ […] im Angesicht seiner Fragmentarität und Endlichkeit.“[47] Angesichts der aktuellen gesellschaftlichen Entwicklungen sei dabei stets das Spannungsfeld in der „Frage nach diakonischer Identität einerseits und religiöser Pluralität andererseits“[48] zu berücksichtigen.

4 „Gelebte Religion“ als inklusive Dimension im Sozialraum

Ordnet man die obigen Ausführungen zu Sozialraum, Inklusion und Spiritualität in den praktisch-theologischen Kontext ein,[49] so erinnern sie an die von Dietrich Rössler bereits 1986 getroffene Unterscheidung zwischen individueller, kirchlicher und öffentlicher Gestalt des neuzeitlichen Christentums.[50] Dabei erscheinen – gerade unter den aktuellen Bedingungen eines Abschieds von der Volkskirche – vor allem die individuelle und öffentliche Ausrichtung

[46] Vgl. exemplarisch den Vortrag von Beate Hofmann beim Neujahrsempfang des Bathildisheim in Bad Arolsen am 12.02.2020: https://www.ekkw.de/media_ekkw/downloads/bischoefin_200212_vortrag_Sorgenetze_knuepfen_bathildisheim.pdf (abgerufen am 08.01.2023).

[47] Böckel, Spiritualität und diakonischer Auftrag, 103.

[48] A. a. O.

[49] Vgl. Schweiker, Inklusive Praxis, 137–140. Er konstatiert, dass das Thema Inklusion (und damit verbunden die Themen Differenz und Pluralismus) in der theologischen Wissenschaft im Allgemeinen und der praktisch-theologischen Reflexion im Besonderen längst nicht flächendeckend verankert ist, wie es der Sache angemessen wäre. Diese Beobachtung gilt in meiner Wahrnehmung bis heute, auch wenn es inzwischen zahlreiche Veröffentlichungen zum Thema gibt, vgl. exemplarisch Witten, Inklusion und Religionspädagogik, sowie die von Johannes Eurich und Andreas Lob-Hüdepohl herausgegebene Buchreihe „Behinderung – Theologie – Kirche. Beiträge zu diakonisch-caritativen disability studies“ im Kohlhammer-Verlag.

[50] Vgl. Rössler, Grundriß.

keineswegs an Relevanz zu verlieren, wie insbesondere die Überlegungen zu evangelischer und diakonischer Spiritualität deutlich gemacht haben.

Aber auch der kirchliche Aspekt ist nicht zu vernachlässigen. Ein zentraler Auftrag von Kirche ist – nach Christian Grethlein[51] – die Kommunikation des Evangeliums.[52] Diese verwirklicht sich in den Dimensionen Feiern, Lehren und Helfen zum Leben und hat insbesondere in Letzterem eine genuin diakonische Ausprägung. Der Auftrag zur Kommunikation des Evangeliums richtet sich nach dem theologischen Grundverständnis nicht nur an einen exklusiven Kreis von Kirchenmitgliedern oder Christ*innen, sondern hat alle Menschen als Adressatenkreis. Insofern liegt in ihm ein inklusiver Grundimpuls, den es wahrzunehmen und in allen Dimensionen explizit zu machen gilt – auch und gerade im konkreten Sozialraum. Vor dem Hintergrund der vorausgehenden Überlegungen zu Spiritualität und Inklusion soll daher fokussierend gefragt werden, inwiefern eine spezifisch diakonisch verstandene Spiritualität dazu beitragen kann, den konkreten Sozialraum inklusiver zu gestalten.

Weiterführend erscheint mir in diesem Zusammenhang das Konzept „gelebter Religion".[53] Es hat zum Ziel „Religion in ihrer individuell gelebten Vielfalt wahrnehmend zu verstehen und diese Vielfalt als theologisch legitime Form modernen Christentums zur Geltung zu bringen".[54] Es setzt also – wie auch das Konzept der Sozialraumorientierung – bei dem an, was ist bzw. was sich vor Ort konkret wahrnehmen lässt und verkörpert zugleich die Grundhaltung, Vielfalt wertschätzend zu begegnen. Betrachtet man aus dieser Perspektive die diakonischen Angebote, die es im konkreten Sozialraum gibt bzw. geben sollte, so wird schnell die Verbindung von alltagspraktischer Notwendigkeit und individueller Haltung sichtbar.

> Denn diakonische Angebote kommen nach Beat Hofmann vor allem dort zum Tragen „wo die Netze sozialer Anerkennung porös werden, und darin liegt ihre eindrückliche Erfahrungsdichte: Was latent unser Leben trägt, wird hier fraglich und dadurch explizit und setzt in der Begegnung mit dem Anderen ein selbsttranszendierendes Potential frei. [...] Diakonie, so legt der Gedanke der Anerkennung nahe, ist unter modernen, säkulari-

---

51 Grethlein, Praktische Theologie.

52 Vgl. dazu auch Hofmann, Ekklesiologische Begründungsansätze, 107: Hofmann versteht die „Kommunikation des Evangeliums" als gemeinsame Klammer zwischen Kirche und Diakonie, wobei der kirchliche Schwerpunkt auf verbaler Kommunikation durch Verkündigung des Wortes, der diakonische Schwerpunkt auf nonverbaler Kommunikation durch helfendes Handeln liegt. Dabei sind Kirche und Diakonie nicht als Sonderwelten, sondern als Teil der Gesellschaft zu verstehen. Zugleich ist Diakonie „als kirchlicher Ort und ein Ort gelebter Spiritualität" zu verstehen, der auch Lernpotential für die Kirche beinhalten kann. Vgl. dazu auch Böckel, Spiritualität und diakonischer Auftrag, 180–186.

53 Braune-Krickau, Die gelebte Religion der Diakonie, 387f.

54 A. a. O., 387.

> sierten Bedingungen vor allem ein prägnanter Ort religiöser Erfahrung. Darin liegt [...] die Grundstruktur der ‚gelebten Religion der Diakonie'."[55]

Wo aber diakonische Angebote im konkreten Sozialraum als Orte „gelebter Religion" wahr- und ernstgenommen werden, wird auch (diakonische) Spiritualität erfahrbar. Zugleich greift hier die vermittelnde Funktion von Diakonie im Sozialraum: Kirche und Diakonie sind nicht nur intermediäre Instanzen zwischen Staat und Markt, sondern auch zwischen Individuum und Gemeinschaft. Dabei sind sie mehr als „Inklusionsagenturen"[56], die lediglich vermitteln, was sie selbst nicht grundlegend angeht. Vielmehr sind sie Botschafterinnen und Akteurinnen für Inklusion,[57] weil sie selbst Teil des Gemeinwesens sind und sich grundsätzlich an alle Menschen wenden. Dabei verfolgen sie das zentrale Anliegen, Raum für Vielfalt zu bieten und Anerkennung aller Menschen trotz individueller Verschiedenheiten zu praktizieren. Grundbedingungen hierfür sind, dass es Zeiten und Orte gibt, die Begegnungen und Kommunikation ermöglichen – durch gemeinsames Lernen, gegenseitiges Helfen und miteinander Feiern.[58] Diese Aspekte sind nicht nur von praktisch-theologischer Relevanz, sondern auch unabdingbar für gelingendes Leben im Sozialraum. Dabei ist von entscheidender Bedeutung, dass die damit verbundenen Prozesse offen und partizipativ gestaltet werden und somit Anerkennung und Teilhabe aller ermöglichen und verwirklichen.

5 Fazit

Räume zu eröffnen und Räume zu gestalten waren, sind und bleiben Grundaufgaben von Diakonie und Kirche. Gerade in Zeiten schwindender Kirchenmitgliedschaft und abnehmender volkskirchlicher Prägung bleibt es umso wichtiger, Kirche und Diakonie nicht ab- und ausgrenzend, sondern inklusiv zu denken und zu leben. „Inklusion ist der Spezial-Fall einer neuen Form der Mitglieder-Orientierung in Kirche insgesamt."[59] Um Menschen mit ihren individuellen Bedürfnissen zu verstehen und zu erreichen, muss das inklusive Bewusstsein von Kirche und Diakonie im Kontext des Sozialraums und ihre Bedeutung als „enabling communities"[60] noch deutlich verstärkt werden. Das betrifft professionell Mitarbeitende ebenso wie ehrenamt-

55 A. a. O., 400.

56 Vgl. Schäper, Kirche als Inklusionsagentur, 154.

57 Vgl. hierzu auch a. a. O.

58 Vgl. Grethlein, Praktische Theologie.

59 Latzel, Inklusive Kirche gestalten, 10.

60 Vgl. Wegner, „Enabling Churches".

lich Engagierte. Diakonie wird in persönlichen Begegnungen und Beziehungen erfahrbar, die ihre religiöse Prägung nicht dadurch erhalten, weil sie von außen gesetzt, sondern von innen erlebt wird. Wenn dies geschieht, kann diakonische Spiritualität im Sozialraum erfahrbar werden – im kirchlichen Räumen, aber auch an Orten, die auf den ersten Blick nichts mit Kirche zu tun haben, aber von einem besonderen Geist erfüllt werden. Nicht zuletzt bieten sich hier auch digitale Möglichkeiten, die spätestens seit den Erfahrungen mit der Corona-Pandemie für viele Menschen neue Zugänge geschaffen haben.

Entscheidend scheint mir zu sein, den Blick offen zu halten und nicht im Vorfeld festzulegen, wie diakonische Spiritualität aussehen und gelebt werden muss. Das sozialwissenschaftliche Konzept der Sozialraumorientierung, das dynamische Theorem Inklusion und der praktisch-theologische Ansatz gelebter Religion machen gemeinsam darauf aufmerksam, dass es nicht darum geht, ein vorgegebenes Ziel zu verfolgen, sondern sich gemeinsam auf den Weg zu machen. Dabei ist von zentraler Bedeutung, eine Sensibilität zu entwickeln für das, was an den konkreten Orten vorhanden bzw. möglich ist und den dort lebenden Menschen am Herzen liegt. Davon ausgehend können Haltungen und Wirkungen entstehen, die bisher verschlossene Räume öffnen und zum gemeinsamen Gestalten einladen. Wo dies gelingt, werden diakonische Spiritualität und gelebte Religion im Sozialraum individuell und gemeinschaftlich erfahrbar und die angestrebte Verwirklichung von Inklusion rückt spürbar näher.

Literatur

Böckel, Holger, Spiritualität und diakonischer Auftrag. Praktisch-theologische Grundlagen für christliche Organisationen, Berlin 2020.

Bonhoeffer, Dietrich, Widerstand und Ergebung. Briefe und Aufzeichnungen aus der Haft, München [10]1961.

Braune-Krickau, Tobias, Die gelebte Religion der Diakonie. Praktisch-theologische Perspektiven auf diakonisches Handeln, in: ZThK 113 (2016), 384–406.

Coenen-Marx, Cornelia / Hofmann, Beate, Art. Spiritualität und Sorge, in: Andreas Lob-Hüdepohl / Gerhard K. Schäfer (Hg.), Ökumenisches Kompendium Caritas und Diakonie, Göttingen 2022, 259–270.

Eschen, Barbara / Herrmann, Volker, Forum Diakonische Kirche. Über eine Vision in einem zehnjährigen Lernprozess. Selbstvergewisserung der Entwicklung und Perspektiven, in: Gisela Kubon-Gilke / Willehad Lanwer (Hg.), Übergänge. Festschrift zum 65. Geburtstag von Prof. Dr. Alexa Köhler-Offierski, Freiburg i. Br. 2014, 385–403.

Eurich, Johannes, Evangelische Spiritualität in der Diakonie, in: Peter Zimmerling (Hg.), Handbuch Evangelische Spiritualität, Bd. 2: Theologie, Göttingen 2018, 543–565.

–, Spiritualität und Inklusion, in: Bundesverband evangelische Behindertenhilfe / Jürgen Armbruster / Nicole Frommann / Astrid Giebel (Hg.), Geistesgegenwärtig begleiten. Existenzielle Kommunikation, Spiritualität und Selbstsorge in der Psychiatrie und in der Behindertenhilfe, Neukirchen-Vluyn 2014, 17–31.

– / Lob-Hüdepohl, Andreas (Hg.), Inklusive Kirche (Behinderung – Theologie – Kirche 1), Stuttgart 2011.

Grethlein, Christian, Praktische Theologie, Berlin / Boston ^{2}2016.

Hofmann, Beate, Ekklesiologische Begründungsansätze von Diakonie, in: Christoph Sigrist / Heinz Rüegger (Hg.), Helfendes Handeln im Spannungsfeld theologischer Begründungsansätze, Zürich 2014, 95–110.

–, Vom „entdiakonisierten diakonischen Blick" und seinen Konsequenzen im Inklusionsgeschehen, in: Michaela Geiger / Matthias Stracke-Bartholmai (Hg.), Inklusion denken. Theologisch, biblisch, ökumenisch, praktisch, Stuttgart 2018, 243–255.

Kirchenamt der EKD (Hg.), Es ist normal, verschieden zu sein. Inklusion leben in Kirche und Gesellschaft. Eine Orientierungshilfe des Rates der Evangelischen Kirche in Deutschland, Gütersloh 2014.

–, Inklusion gestalten – Aktionspläne entwickeln. Ein Orientierungsrahmen der Evangelischen Kirche in Deutschland und der Diakonie Deutschland (EKD-Texte 141), Hannover 2022.

–, Zwischen Autonomie und Angewiesenheit. Familie als verlässliche Gemeinschaft stärken. Eine Orientierungshilfe des Rates der Evangelischen Kirche in Deutschland, Gütersloh 2013.

Klie, Thomas, Caring Community. Leitbild für Kirchengemeinden in einer Gesellschaft des langen Lebens?, in: Kirche im ländlichen Raum 64 (2013), H. 3, 16–21.

Latzel, Thorsten, Inklusive Kirche gestalten, in: EKD-Fachforum „Inklusive Kirche gestalten". Aktionspläne Inklusive Kirche, 11. und 12. Oktober 2021 (digital), EPD-Dokumentation Nr. 19, Frankfurt a. M., 10. Mai 2021, 6–10.

Löw, Martina, Raumsoziologie, Frankfurt a. M. 2009.

Rössler, Dietrich, Grundriß der Praktischen Theologie, Berlin u. a. ^{2}1986.

Schäper, Sabine, Kirche als Inklusionsagentur und/oder -akteurin? Chancen und Widersprüche auf der Suche nach einer neuen Rolle, in: Eurich / Lob-Hüdepohl (Hg.), Inklusive Kirche, 146–162.

Schweiker, Wolfhard, Inklusive Praxis als Herausforderung praktisch-theologischer Reflexion und kirchlicher Handlungsfelder, in: Eurich / Lob-Hüdepohl (Hg.), Inklusive Kirche, 131–145.

Steffensky, Fulbert, Suche nach spiritueller Erfahrung, in: Neue Wege 99 (2005) H. 7/8, 221–228.

Wegner, Gerhard, „Enabling Churches" – Kirchen als Inklusionagenten, in: Florian Barth / Klaus Baumann / Gerhard Wegner / Johannes Eurich (Hg.), Kirchen aktiv gegen Armut und Ausgrenzung, Stuttgart 2010, 211–231.

Witten, Ulrike, Inklusion und Religionspädagogik. Eine wechselseitige Erschließung, Stuttgart 2021.

Zimmerling, Peter, Evangelische Spiritualität. Wurzeln und Zugänge, Göttingen 2003.

VI Kommunitäten und Geistliche Gemeinschaften

Gemeinschaft in der Seelsorge – Seelsorge in der Gemeinschaft

Praktisch-theologische Studien in Taizé

Von Ralph Kunz

„Taizé" ist der Name einer idyllisch gelegenen *Kommune* auf einem Hügelzug im Burgund und für viele zum Symbol für eine lebendige Kirche geworden. „Taizé" beherbergt nämlich die *Kommunität*, die seit den 1940er Jahren die Una Sancta inspiriert hat.[1] Im Unterschied zu jenem sagenhaften gallischen Dorf, das dem römischen Imperium zu trotzen wagte, sieht sich diese Gemeinschaft berufen, mit Rom verbunden zu bleiben. Welches Adjektiv passt am besten zu dieser Berufung? Ökumenisch? Katholisch? Apostolisch? Evangelisch? Wer einmal dort gewesen ist und die Gesänge im Ohr hat, gehört jedenfalls zur größeren Gemeinschaft der Freundinnen und Freunde dieser Communauté, die sich der *communio sanctorum* verpflichtet weiß.[2]

Ich bin ein Pilger, der seit vierzig Jahren regelmäßig den Ort aufsucht, dankbar für das, was ich aus den Begegnungen gelernt habe und mit nach Hause nehmen durfte – mit dem Gefühl, auch in Taizé zuhause zu sein und in der Diaspora zu wohnen. Der Beitrag zur Festschrift für Peter Zimmerling ist eine schöne Gelegenheit, einige Souvenirs, die ich diesem Hin und Her verdanke, zu betrachten und dabei über (verborgene) poimenische Verbindungen zwischen Ökumenizität, Spiritualität und Kommunität nachzudenken.

1 Kommunitaristisches Credo

Seit einigen Jahren „müssen" unsere Studierende in Zürich, die im Bachelor Theologie studieren, eine Pilgerreise nach Taizé machen. Es ist Teil des Curriculums. Selbstverständlich wird der Besuch in der Communauté als akademische Übung gestaltet. Wir theologisieren in Taizé. Ich meine damit die Aufgabe, praktische Pneumatologie zu treiben, d. h. die „Frucht des Geistes" und den „Wandel im Geist" mit empirischen Methoden zu studieren. Man kann diese

---

1 Das deutsche Kunstwort „Kommunität" haben wir der Communauté de Taizé zu verdanken.

2 Vgl. hierzu auch den lesenswerten Artikel von Peter Zimmerling, Die Communauté von Taizé, in dem er neben den ökumenischen Weichenstellungen in der Geschichte der Kommunität auch ökumenische Aspekte der Theologie und Spiritualität von Taizé sowie die gelebte ökumenische Praxis anschaulich beschreibt.

Übung unter „Spiritualität" abbuchen, muss dann aber sogleich klarstellen, dass diese Art des Studiums nur für Studierende geeignet ist, die bereit sind, sich am Experiment zu beteiligen, also sich mit sich selbst in einer Situation zu beschäftigen, in der sich das Selbst mit Gott beschäftigt. Nicht alle wollen das *Studium spirituale* als Bestandteil des akademischen Bildungsauftrags sehen, aber ich weiß von mindestens einem Theologen im Osten Deutschlands, der diese Sicht teilt.

Geben wir dem Programm dahinter den Namen „*Intellectus quaerens fidem*". Es ist die Umkehrung der anselmischen Formel „*Fides quaerens intellectum*". Die Kombination der beiden Bewegungen steht für *das Studium Spirituale*, das dem Freund im Osten Deutschlands auch am Herzen liegt und der in seinen Publikationen – viele davon sind Gemeinschaftswerke – in beide Richtungen denkt und forscht. Die Doppelbewegung von der Intellektualität zur Spiritualität und wieder retour beschreibt einen hermeneutischen Zirkel. Es ist jenes Hin und Her zwischen der *scientific community* und der *sanctorum communio*, das typisch ist für eine Theologie, die sich in den Dienst der Kirche stellt – auch und gerade mit der Gabe der kritischen Reflexion.

Die Studierenden bekommen für ihren Selbstversuch in Taizé keine Punkte fürs Frommsein, sondern weil sie etwas leisten, was von anderen Gästen nicht verlangt ist. In der Haltung der teilnehmenden Beobachtung beten und singen sie in den Gottesdiensten mit und beteiligen sich an Bibelgruppen – immer mit dem Auftrag, zu erkunden, wahrzunehmen und zu ergründen, was mit ihnen, in ihnen und um sie herum geschieht. Wir gehen als Lerngemeinschaft in eine Lebens- und Gebetsgemeinschaft, um ihr beim Sprechen zuzuhören und selbst mitzusprechen. Wir studieren unsere eigene Muttersprache. Schließlich sind wir Theologinnen und Theologen, die sich für den Kirchendienst vorbereiten.

2 Seelsorge als Muttersprache der Kirche

Seelsorge, sagt Petra Bosse-Huber, sei die „Muttersprache der Kirche".[3] Ich stimme ihr zu. Es ist eine oft zitierte Formel und ein schöner Vergleich, ein Bild für das ureigene Idiom der kirchlichen Praxis, weil sich in der Sorge für das Leben der Menschen ein konstitutives Moment in der Kommunikation des Evangeliums ausdrückt. Doris Nauer sieht in dieser weit und groß verstandenen „Sorge" das, was Seelsorge glaubwürdig macht:

> „Glaubwürdige Seelsorge ist vielmehr *Sorge um den ganzen gottgewollten Menschen* in all seinen Möglichkeiten und Begrenzungen, in all seinen (un)veränderbaren strukturellen

---

[3] Bosse-Huber, Seelsorge.

> Lebens- und Arbeitskontexten. Glaubwürdige Seelsorge zielt darauf ab, einzelnen Menschen oder ganzen Menschengruppen trotz aller Nöte und Probleme bereits hier und jetzt auf Erden zumindest ein wenig mehr gottgewolltes *Leben in Fülle* (Joh 10,10) im Sinne spürbaren *Anbruchs von Reich Gottes* zu ermöglichen."[4]

Seelsorge als „Muttersprache" knüpft an die Metapher der *Mutterkirche* an. Das hat etwas Warmes und Seelsorgliches. Die mütterliche Kirche ist etwas anderes als die effiziente Organisation, die Dienstleistungen erbringt, oder die Bewegung, die zum Dienst ruft. Sie ist sorgende Gemeinschaft.[5]

Wenn ich an meine leibliche Mutter denke, spüre ich allerdings das Bedürfnis, mir unterschiedliche Sprechsituationen vorzustellen, in der sich *mütterliche* Sorge manifestiert. Mütter trösten, aber sie ermahnen, belehren, fordern, ermutigen und segnen auch. Weil sie ihre Kinder lieben, sind sie nicht immer nur „lieb". Zu sagen, Seelsorge sei die Muttersprache der Kirche und dann diese Sorge nur mit Trost gleichzusetzen, würde das schöne Bild kippen lassen. Was wäre das für eine Mutter, die nur eine Sprache kennt? Was wäre das für eine Umarmung, die nicht wieder freigibt?[6]

Taizé hätte sich schon längst in Luft aufgelöst, wenn die Brüder ihr gemeinsames Leben nicht als ständige Herausforderung begreifen würden, ein Miteinander von Erwachsenen zu üben, die sich in gegenseitiger Sorge tragen und hin und wieder auch ertragen müssen. „Muttersöhnchen" können nicht kommunitär leben. Taizé hätte schon längst seine Anziehungskraft verloren, wenn es die jungen Menschen, die zu Gast kommen, bemuttern wollte. Mit mehr oder weniger versteckten Erziehungsabsichten kann man bei jungen Erwachsenen nicht punkten. Es sei denn, sie kommen mit ihrem Professor im Rahmen einer universitären Übung …

Um die Muttermetapher nicht zu überstrapazieren, wenden wir uns der symmetrischen Beziehung im familialen System zu. Um die gegenseitige Seelsorge näher zu umschreiben, bietet

4 Nauer, Glaubwürdig seelsorglich handeln, 32 (Hervorhebungen im Original).

5 Zum Begriff der sorgenden Gemeinschaft, wie er u. a. von Andreas Kruse und Thomas Klie geprägt wurde: Im Blick ist einer gegenseitige Sorgekultur als wichtige gesellschaftliche Aufgabe der nächsten Jahrzehnte, aber auch ein Menschenbild mit den Dimensionen: Selbständigkeit, Selbstverantwortlichkeit (gegenüber sich selbst), Mitverantwortlichkeit (gegenüber anderen), Akzeptanz der eigenen Abhängigkeit. Diese letzte Dimension steht in einem gewissen Widerspruch zum Leistungsdenken und Selbstbestimmungsethos, welches unser Denken beherrscht.

6 Volf, Exclusion and Embrace, 142–150. Das Drama der Umarmung besteht aus vier Schritten: Es beginnt mit dem Öffnen der Arme, das Verlangen nach dem Anderen ausdrückt. Es folgt das *Warten*, das dem Anderen die Freiheit lässt, sich selbst zu öffnen oder nicht. Darauf folgt das *Schließen* der Arme, eine reziproke Handlung, und am Schluss steht wieder das Öffnen der Arme, das Gehen-Lassen, um die eigene Identität und die des Anderen zu wahren.

sich Luthers Formel *per mutuum colloquium et consolationem fratrum* an.[7] Diese Wendung taucht in der zweiten Auslegung der Bußpsalmen (1525) auf und steht auch am Ende des Artikels „Vom Evangelio" in den Schmalkaldischen Artikeln.[8] Die fundamental-poimenische Bedeutung des geschwisterlichen Kolloquiums für die Kirche lässt sich daran erkennen, dass sie eine auf das Zweiergespräch konzentrierte Seelsorge weitet und nach der Bedeutung der größeren Gemeinschaft fragt. Im Kern geht es um *Fraternität* als einem *Entstehungszusammenhang* der gegenseitig geübten Seelsorge. In der Mutualität wird die Kohäsionskraft einer kollektiven Identität erfahren, die hinter oder unten dem Hilfssystem der klassischen Seelsorge steht. Das geschwisterliche Miteinander kann auch als *Ziel* der Gemeinschaft verstanden werden, als ein Ideal, nach dem sie strebt und von dem her sie lebt.

Von einer geweiteten und in der Gemeinschaft gegründeten Seelsorge ist zu sprechen, insofern diese *mehr* ist als die geistliche Verlängerung einer therapeutischen Intervention. Damit ist auch eine Erweiterung des *pastoralen Paradigmas* gegeben, die Seelsorge in erster Linie als eine Handlung begreift, die eine Seelsorgerin qua ihrer Kompetenz ausrichtet. Was in der geschwisterlichen Gemeinschaft trägt, wird in Beziehungen erfahrbar, die Sorge indirekt, in unterschiedlichen Handlungen und symbolischen Gesten vermitteln. Care „für mich" ist eingebettet im Gefüge einer Caring Community „durch uns". Sorgende Gemeinschaft erfahre ich als eine Dimension der Seelsorge, die mich am gemeinsamen Leben partizipieren lässt. Ich bin weder Patient noch Klient noch irgendein Sujet der Fürsorge anderer, sondern unterwegs mit anderen, die für andere und sich selbst sorgen. Was im Verborgenen schon erschienen ist, „das Heil, für das ich geschaffen bin", ist der Trost, auf den meine aufgeschreckte Seele wartet, ein Zuspruch, den ich durch Christus über die Geschwister mitgeteilt bekomme. Der Sitz im Leben dieser Seelsorge ist die geschwisterliche Gemeinschaft der Kirche, ein Organismus, der biblisch gesprochen Leib Christi ist, ein Lebewesen, das einatmet und ausatmet, zu dem ich gehöre und dessen Präsenz ich in mir spüre, wenn ich mich auf den Geistatem (spirit) einlasse.

3 Gemeinsames Leben

Um über solche Zusammenhänge nachzudenken, geht man am besten an Orte, wo diesem Zusammenhang nachgelebt wird. Und man wählt mit Vorteil eine Lektüre, die das Nachdenken und Nacherleben begleiten kann. Ein treuer Begleiter ist das 1939 erschienene Büchlein „Gemeinsames Leben" von Dietrich Bonhoeffer. Es macht Sinn, im Seminar in Taizé darauf einzugehen. Das im Buch beschriebene Modell des gemeinsam gelebten Glaubens in Finken-

[7] Luther WA 49, 714, 10F. Zur Formel siehe auch: Rolf, Vom Sinn zum Trost, 100.

[8] BSLK 449,5 ff. Vgl. Kossatz, Zeichen im System, 179–233.

walde hat die Brüder nachhaltig inspiriert. Es gibt also einen „Tiefenzusammenhang“, der dazu einlädt, über die Verbindungen von Glauben, sorgender Gemeinschaft und Studium in dieser Kombination nachzudenken. Ziel der Lektüre ist also nicht in erster Linie eine zünftige Bonhoeffer-Exegese, sondern die Klärung der Frage, wie sich das Zeugnis des Glaubens, Spiritualität und akademische Theologie in dieser Schrift zueinander verhalten.[9]

Das kleine Bändchen hat man schnell gelesen. Es wurde auch schnell geschrieben. Wie Eberhard Bethge 1979 in einem Nachwort schildert, verfasste Bonhoeffer „die ca. hundert Seiten in einem Zuge […], und zwar im September/Oktober 1938 während eines merkwürdigen vierwöchentlichen Ferienaufenthalts im Göttinger Haus seiner eben emigrierten Zwillingsschwester Sabine Leibholz in der Herzberger Landstraße.“[10] Es war eine Niederschrift der Erinnerungen und der Erfahrungen, die Bonhoeffer mit einer Theologengruppe von 1935 bis 1937 im „Bruderhaus“ machte, das im Winter 1937 von der Gestapo aufgelöst wurde.

Für das rechte Verständnis ist die Kenntnis des Kontextes der Schrift wichtig. Der Erfahrungsbericht will kein Programm und keine Vorschriftensammlung für die rechte *praxis pietatis* sein. Bethge betont dies in seinem schon erwähnten Nachwort.[11] Freilich muss auch dieses Nachwort zeitgeschichtlich interpretiert werden. Ende der 1970er Jahre war die evangelikale Bewegung recht dominant. Man merkt den Zeilen eine gewisse Irritation und Frustration über die fromme Vereinnahmung Bonhoeffers an. Bethge stört, dass das, was in den Kampfjahren erlitten und erstritten wurde, mit dem religiösen Weichspüler behandelt und mit frommen Brillen gelesen einerseits harmlos und andererseits gesetzlich zu werden droht. Eine historisch und theologisch sensible Lektüre meide beide Lesarten. Insbesondere die trennscharfe Unterscheidung von „geistlich“ und „natürlich“ und die psychologiekritischen Passagen würden in unkritischen Lektüren verzerrt wahrgenommen. Bethge fürchtet, dass „die Benutzung Bonhoefferscher Waffen zum Weg in doketische Bilder von christlicher Gemeinschaft“[12] werden könne. Das Büchlein wird auch schnell missverstanden. Eine historisch-kritisch sensible Auslegung von Bonhoeffers Schrift achtet darauf, die einzigartigen Umstände ihrer Entstehung zu respektieren.

Der Aufbau und Inhalt von „Gemeinsames Leben“ ist einfach. Ein kurzes Vorwort erinnert an die „gemeinsame kirchliche Verantwortung“[13], über das Thema Gemeinschaft nachzudenken. Es folgen grundsätzliche Überlegungen zur Theologie und Anthropologie der christlichen

---

9 Ich beziehe mich u. a. auf Forschungsarbeiten von Kohli-Reichenbach, Gleichgestaltet dem Bild Christi; Hermisson, Spirituelle Kompetenz. Vgl. auch Hermisson, Modelle.

10 Bethge, Nachwort, 108.

11 A. a. O., 109.

12 A. a. O., 112.

13 Bonhoeffer, Gemeinsames Leben, 14.

Gemeinschaft und eine idealtypische Beschreibung des gemeinsamen Tages, in der Bonhoeffer vom Singen, Beten, Bibellesen, aber auch von der Arbeit und der Tischgemeinschaft in der Abfolge der Tageszeiten spricht. Im folgenden Kapitel ist unter dem Titel „Der einsame Tag" vom Schweigen und der täglichen Meditation die Rede. „Drei Dinge sind es, für die der Christ am Tage eine feste Zeit für sich allein braucht: *die Schriftbetrachtung, das Gebet, die Fürbitte.*"[14] Im Kapitel „Der Dienst" wendet sich Bonhoeffer der brüderlichen Seelsorge zu und verweist – wenig überraschend – auf Luthers Formel von der Seelsorge als *mutuum colloquium et consolationem fratrum*. Wie stark lutherisch geprägt Bonhoeffers Ausführungen sind, wird auch im Schlusskapitel deutlich. In der Beichte geschehe der *„Durchbruch zur Gemeinschaft"*[15] und der Tag des Abendmahls sei ihr Freudentag. Die Gemeinschaft im Herrenmahl ist die „Erfüllung der christlichen Gemeinschaft" überhaupt.[16]

So viel zum inhaltlichen Aufriss. Was auf diesen hundert Seiten präsentiert wird, ist bemerkenswert konservativ, nüchtern, streng und traditionell. Immer wieder kommen Hinweise auf das katholische bzw. apostolische oder monastische Erbe. Originell ist es nicht, was hier steht. Aber einige Dinge werden in großer Klarheit und provozierender Schärfe gesagt.

4 Christus lebt in der Gemeinschaft – die Gemeinschaft lebt in Christus

Drei theologische Pointen möchte ich hervorheben: Eine erste Pointe ist die überaus starke Christuszentriertheit. Auch die Nächstenliebe ist christologisch qualifiziert. In dieser radikalen Bestimmtheit hat Bonhoeffers Ekklesiologie ihren Grund und Boden. Sie bildet den *cantus firmus* der kleinen Schrift.

> „Christliche Gemeinschaft heißt Gemeinschaft durch Jesus Christus und in Jesus Christus. Es gibt keine christliche Gemeinschaft, die mehr, und keine, die weniger wäre als dieses. [...] Wir gehören einander allein durch und in Jesus Christus."[17]

Das reformatorische *solus christus* ist also kein *Solo* für den Christen, sondern wird gemeinschaftlich dekliniert zum sozialen Prinzip. Der Bonhoeffer des *Gemeinsamen Lebens* konkretisiert hier Gedanken seiner Dissertation und Habilitation. Man könnte auch sagen: Die Theologie Bonhoeffers ist unvermischt und ungetrennt christologisch und ekklesiologisch. Sie kreist

---

[14] A. a. O., 69. (Hervorhebung im Original)

[15] A. a. O., 94.

[16] A. a. O., 102.

[17] A. a. O., 18.

um die Kirche als Akt und Sein und übersetzt das *simul iustus et peccator* in das Ineinander der *sanctorum communio* und *peccatorum communio*. Gemeinsames Leben ist darum christozentrisch, weil Christus realisiert hat und sein Geist fortwährend realisiert, was die christliche Gemeinschaft nur immer je und je gebrochen aktualisieren kann.[18] Diese Auslegung findet ihre Zuspitzung im Verständnis der Nächstenliebe. Wir lieben einander nur dann, wenn wir den Christus im Anderen lieben. Vielleicht sind es die klarsten Worte der kleinen Schrift – und die gefährlichsten.

> „Es liegt für die christliche Bruderschaft alles daran, dass es vom ersten Anfang an deutlich werde: Erstens, christliche Bruderschaft ist kein Ideal, sondern eine göttliche Wirklichkeit. Zweitens, christliche Bruderschaft ist eine pneumatische und nicht eine psychische Wirklichkeit."[19]

Die überscharfe Trennung ist ganz im Sinne einer Klärung zu verstehen. Gemeinschaft ist kein „Werk". Man wird aber Bonhoeffers absoluter Rückweisung des Ideals insofern widersprechen müssen, als letztlich auch der Ansatz, den *Christus* im Anderen zu lieben, ein theologisches Ideal vorstellt. Gegen diesen Einwand hätte Bonhoeffer wohl nichts einzuwenden, solange nur klar ist, dass wir auch an diesem Ideal scheitern müssen, also immer wieder aus der Gnade heraus ins Machen fallen. Wir bleiben auch und gerade im frommen Versuch, unsere natürliche Beschränktheit zu überwinden, gescheiterte religiöse Existenzen. Was Bonhoeffer später in den Tegeler Briefen mit einer pointierten Religionskritik verbinden wird, ist in „Gemeinsames Leben" an Praktiken des Glaubens gebunden: dem Beten, Lesen, Singen und Feiern. Man kann zwischen dem einen und dem anderen „Bonhoeffer" einen Bruch ausmachen. Ich betone stärker den inneren Bezug. Ob in der Fraternität der christlichen Gemeinschaft oder in der Profanität der religionslosen Welt – der Übung des *Glaubens* geht das Scheitern voran. Die Betonung des täglichen gemeinsamen Betens und anderer religiöser Praktiken ist so gesehen nicht Pflichtübung, die den Glauben härtet, und auch nicht Ausdruck eines Gefühls, das den Glauben aufweicht. Weder das fromme Gesetz noch die religiöse Erbauung begründen Glauben. Es ist gerade umgekehrt. Der Glaube der Kirche als ihr *Akt* ist auch ihr *Sein*, bildet so verstanden das Fundament des einsam *und* des gemeinsam geführten Lebens. Was die Brüder in Finkenwalde üben, ist also nicht einfach die geselligere Variante des individuellen Christenlebens und keine *praxis pietatis* zum Selbstzweck. Wer nicht allein sein kann, wird die christliche Gemeinschaft nicht ertragen. Sie *praktiziert* Glaube, indem sie aus dem gemeinsamen Gebet und dem gegenseitigen Dienst lebt. Darum wird Glauben als Lebenspraxis und Leben

---

[18] Vgl. dazu Soosten, Die Sozialität der Kirche.

[19] Bonhoeffer, Gemeinsames Leben, 22 (kursiv im Original).

als Glaubenspraxis so intensiv und konzentriert in einem Haus geübt: um die Freude zu erfahren, die in der Gemeinschaft erfahren wird, und dem Erschrecken nicht auszuweichen, das unweigerlich einkehrt, wenn die Eintracht der Brüder auch einmal zwieträchtig werden sollte.

Im Ernstfall der Übung wird nämlich erst offenbar, was durch Christus in und zwischen uns realisiert worden ist. Erst im Empfang der Sakramente werden wir nach Bonhoeffer dessen gewiss, dass das, was in uns gebrochen ist, geheilt und das, was wir verbrochen haben, vergeben wird. Darum ist die Buße so zentral und wird das Abendmahl die Erfüllung der Gemeinschaft genannt. Dass Bonhoeffer in „Gemeinsames Leben" die Praktiken für den Einzelnen und die Gemeinschaft sozusagen bis zum Sakrament hin durchbuchstabiert, ist nicht nur liturgisch bedeutsam. Es ist ekklesiologisch relevant. Wenn Christus das Haupt ist und wir die Glieder, werden wir in, mit und durch ihn Gemeinde – oder wir bleiben, was wir sind: ein Haufen, der sich mehr oder weniger religiös gebärdet. Christus aber heiligt die Gemeinschaft und ist mit einem Zitat von Martin Luther gesagt „noster episcopus, pfarrherr, seelsorger."[20] Die sakramentalen Akte machen sichtbar, was der Kirche das Wort Gottes zu Gehör bringt: Sie ist nur eine Gemeinschaft *gerechtfertigter Sünder*, aber gleichwohl eine *Gemeinschaft* der Heiligen. Darin liegt ihre Kraft, daraus nährt und zehrt die Seelsorge, davon singt und betet die Gemeinde.

5 Was bewirkt die Seelsorge (in) der Gemeinschaft?

Von Bonhoeffer lerne ich, dass die konzentrierte Form des gemeinsamen Lebens einer Form von Erprobung des Glaubens dient. Was dabei gelernt wird, lässt sich als *christliche Spiritualität* begrifflich fassen, sofern man unter dem Spirituellen das durch Christus ermöglichte und durch den Geist bestimmte Leben versteht. Diese Spiritualität gibt sich als Seelsorge zu erkennen, insofern erst in der geschwisterlichen Sorge füreinander Geistkraft erfahren wird. Spiritualität ist die Arbeit des Geistes *in uns* und *an uns*, aber auch *zwischen uns* und *durch uns*. So verstanden ist die *Gemeinschaft mit Christus* als Ernstfall der Glaubenspraxis Anfang, Ziel und Mitte der Seelsorge zugleich.

Was Bonhoeffer schon als Doktorand und Habilitand beschäftigte, wird in „Gemeinsames Leben" konkretisiert und als zentrales Thema seines theologischen Konzeptes identifizierbar. Das Leben der Kirche ist – in der berühmt gewordenen Formel – *Christus als Gemeinde existierend*.[21] Man würde aber Bonhoeffers Betonung der Spiritualität in der Gemeinschaft fehldeuten, wenn man daraus einen Vorrang des Sozialen vor dem Individuellen ableitete. Sozialität

20 Luther, Martin, WA 49, 714, 10f.

21 Zur Formel Bonhoeffers vgl. Soosten, Die Sozialität der Kirche, 74–75.

und Individualität sind bei Bonhoeffer gleichursprünglich gedacht.[22] Schließlich ist Spiritualität als die von Christus inspirierte gemeinsame und einsame Praxis an Praktiken gebunden, die man sowohl in der Gruppe als auch allein üben muss. Die Gemeinschaft praktiziert Glauben, indem sie singt, betet, die Schrift liest und die Sakramente feiert.

Von einem Primat des Gottesdienstes zu sprechen, wäre mit Blick auf die Seelsorge verkürzt. Aber es ist angemessen, in den gemeinsam geübten geistlichen Praktiken das Primäre der Theologie zu sehen. Eben darin besteht das Mütterliche, das nicht bemuttert.

Ein solcher theologischer Ansatz, kann weder von der Kirche noch Theologie naiv religiös denken. Also sieht die Theologie auch keinen Anlass, das Religiöse überstrikt vom Studium zu trennen. Die Unterscheidung der Geister verbindet Beten und Denken. Eine solche Theologie ist biblisch fundiert und in der Tradition verankert. Sie ist postkritisch und nicht vorkritisch. Sie ist nachdenklich und zugleich eingebettet in das Glaubensleben.

Das erkenntnisleitende Interesse einer Theologie der Spiritualität, die die Seelsorge der Gemeinschaft im Blick behält, sehe ich darin, der Auf- und Abspaltung von Wissen und Erfahrung zu wehren und am Grundsatz *experientia facit theologum* festzuhalten.[23] Bonhoeffers Theologie für den Kontext des Studiums fruchtbar zu machen, ist kein „wissenschaftliches" Projekt. Es wurde deutlich, dass es weder um korrekte Bonhoeffer-Exegese noch um einen Akt blinder „Bonhoeffer-Verehrung" gehen kann – geschweige denn darum, aus einer zeitgebundenen Schrift ein umfassendes „Programm" zu zimmern. Wir hören auf die Erfahrung eines Lehrers der Kirche und lernen, was es heißt, im Kontext des akademischen Studiums gemeinsam zu beten, das Gerechte zu tun und damit Gott die Ehre zu geben. Darum gehen wir in eine Gemeinschaft hinein – und reden nicht nur darüber.

6 Mothering God

Wichtig ist mir, die Theologie der Seelsorge als etwas zu entdecken, das im Entstehen begriffen ist. Sie entsteht, wenn diejenigen, die sich Theologinnen und Theologen nennen, offen bleiben für Erfahrungen mit dem Gegenüber des Studiums. So gesehen ist das „Studium" im Sinne von Psalm 1 ein *Habitus* des Glaubens. Während das akademische Studium als Phase in diesem Werdegang gesehen wird, hört das Studieren mit dem Übertritt in die Berufsphase nicht auf. Zur Entstehung kommt darum die Entwicklung.[24]

---

[22] Vgl. a. a. O.

[23] Mit Bezug auf Luther, Martin, Tischrede 1531, WA.TR 1, 16,13. Vgl. dazu Barth, Erfahrung, 568.

[24] Inspiriert von Martin, Ich möchte glauben lernen. Von Martin sind weitere Artikel zur geistlichen Biographie Bonhoeffers in der Zeitschrift Verantwortung 27/28 (2001) und 33 (2004) erschienen.

Natürlich ist eine Kommunität keine Akademie und die Akademie kein Bruderhaus, aber gleichwohl ein Haus der Bildung, in dem Wissen und Erfahrung vermittelt werden. Insofern ist die *Bildung* das Verbindungsstück zwischen der spirituellen, der persönlichen und der theologischen Existenz. Akademische Bildung ist zwar nicht geistlich definiert, aber sie hat auch eine geistliche und gemeinschaftliche Dimension. Erstens sehen und erleben sich die Studierenden als Kommilitonen – als Mitstreitende in einer Lerngemeinschaft und nicht (nur) als einsame Kämpfer. Zweitens sind auch die Professoren Lernende und nicht nur Lehrende. Bonhoeffer warnt in seiner Finkenwalder Schrift über die Seelsorge davor, das Arzt-Patienten-Gefälle der Psychotherapie auf diese zu übertragen.[25] Ich sehe Parallelen zum Gefälle zwischen Lehrer und Schüler. In einer geschwisterlichen Gemeinschaft hören Dozierende auf Studierende, weil sie eine Lerngemeinschaft in Christus bilden. Wer auf denselben „episcopus, pfarrherr, seelsorger" vertraut, sitzt demselben Lehrer zu Füßen. Insofern bleibt der Weg der Theologie mit der geistlichen Praxis einer Weggemeinschaft verbunden und es ist didaktisch dafür Sorge zu tragen, dass diese Verbindung nicht aus den Augen verloren wird. Es ist die Verbindung zu dem, der Lehrer und Seelsorger zugleich ist.

Frère Rogers geistliche Aphorismen kreisen um diese Verbindung. Bei ihm ist es der Auferstandene, der spricht und zu dem er spricht:

> „Wärst du nicht auferstanden, wären wir nicht zusammen, um deine Gemeinschaft zu suchen. Fänden wir bei dir weder Verzeihen noch Versöhnung, diese Quellen eines Neubeginns. Wärst du nicht auferstanden – wo sollten wir die Kraft schöpfen, um dir bis zum Ende unseres Lebens nachzufolgen, uns immer wieder von neuem, bis ins Alter, für dich zu entscheiden."[26]

Vielleicht muss man von der Seelsorge des Auferstanden *singen*, um sie zu erfahren? Von Jean Janzen und Carolyn Jennings gibt es ein wunderschönes Lied, das in Iona gesungen wird. Es basiert auf Worten der englischen Mystikerin Julian of Norwich. In seiner trinitarischen Verschränkung von Gott und Gemeinschaft erscheint hier das Mütterliche als innerer Zusammenhang, mehr noch als ein spiritueller Quellgrund, aus dem die Fülle des Lebens fließt. Darauf verlässt sich die Sängerin. Sie sieht sich einem Subjekt gegenüber, das in sich Gemeinschaft ist, dem sie sich verdankt und dem sie als Mutter in geburtlichen, nährenden und tröstlichen Bildern gedenkt, einer mütterlichen Macht, die ihre Kinder freigibt und ihnen Wachstum und Aufblühen schenkt. Und so singt sich Seelsorge in ihrer Gemeinschaft:

[25] Bonhoeffer, Seelsorge, 371f.

[26] Frère Roger, Blühen wird Deine Wüste, 62.

Mothering God, you gave me birth
in the bright morning of this world.
Creator, source of every breath,
you are my rain, my wind, my sun.

Mothering Christ, you took my form,
offering me your food of light,
grain of life, and grape of love,
your very body for my peace.

Mothering Spirit, nurturing one,
in arms of patience hold me close,
so that in faith I root and grow
until I flower, until I know.

Literatur

Barth, Hans Martin, Erfahrung, die der Glaube bringt, in: WPKG 68 (1980), 567–579.

Bethge, Eberhard, Nachwort, in: Bonhoeffer, Dietrich: Gemeinsames Leben, München [17]1980, 106–113

Bonhoeffer, Dietrich, Gemeinsames Leben. Das Gebetbuch der Bibel (DBW 5), Gütersloh 1987.

–, Seelsorge, in: ders., Gesammelte Schriften Bd. V, hg. v. Eberhard Bethge, München 1972, 363–414.

Bosse-Huber, Petra, Seelsorge – „Muttersprache" der Kirche, in: Anja Kramer / Freimut Schirrmacher (Hg.), Seelsorgliche Kirche im 21. Jahrhundert, Neukirchen-Vluyn 2005, 11–17.

Hermisson, Sabine, Spirituelle Kompetenz. Eine qualitativ-empirische Studie zu Spiritualität in der Ausbildung zum Pfarrberuf, Göttingen 2016.

–, Modelle zur Förderung von Spiritualität in Vikariat und kirchlicher Studienbegleitung. Eine qualitativ-empirische Analyse, in: Kunz, Ralph / Kohli-Reichenbach, Claudia (Hg.), Spiritualität im Diskurs. Spiritualitätsforschung in theologischer Perspektive, Zürich 2012, 143–157.

Kohli-Reichenbach, Claudia, Gleichgestaltet dem Bild Christi. Kritische Untersuchungen zur geistlichen Begleitung als Beitrag zum Spiritualitätsdiskurs, Berlin / Boston 2011.

Kossatz, Lydia, Zeichen im System. Eine ästhetische Poimenik in systemtheoretischer und semiotischer Perspektive, Berlin / Boston 2017.

Luther, Martin, D. Martin Luthers Werke. Kritische Gesamtausgabe, Schriften, 49. Bd.: Predigten der Jahre 1540–1546, Weimar 1913.

Luther, Martin, D. Martin Luthers Werke. Kritische Gesamtausgabe, Tischreden 1531–1546, 1. Bd., Weimar 1912.

Martin, Karl, Ich möchte glauben lernen. Die Wandlungsprozesse in der Biographie Dietrich Bonhoeffers, in: DtPfrBl 105 (2005), H. 5, 246–250, http://pfarrerverband.medio.de/pfarrerblatt/archiv.php?a=show&id=1657 (abgerufen am 30.11.2022).

Nauer, Doris, Glaubwürdig seelsorglich handeln! Wie geht das?, in: ZPTh 41 (2021), H. 2, 25–39.

Rolf, Sibylle, Vom Sinn zum Trost. Kritik einer an grundsätzlicher menschlicher Autonomie orientierten Poimenik unter der Perspektive der theologischen These des servum arbitrium, Münster 2003.

Schütz, Roger, Blühen wird Deine Wüste, 5. Bd. Tagebuch 1975–1977, Taizé 1983.

Soosten, Joachim von, Die Sozialität der Kirche. Theologie und Theorie der Kirche in Dietrich Bonhoeffers „Sanctorum Communio", München 1992.

Volf, Miroslav, Exclusion and Embrace. A Theological Exploration of Identity, Otherness, and Reconciliation. Revised and Updated, Nashville 2019, 142–150.

Zimmerling, Peter, Die Communauté von Taizé – eine ökumenische Herausforderung an den deutschen Protestantismus, in: Una Sancta 62 (2007), 199–209.

Gemeinsam den Willen Gottes suchen

Zur Spiritualität evangelischer Communitäten[1]

Von Nicole Grochowina CCB

> „Der Mangel an Bruderschaft ist Armut und Krankheit der Kirche, Blöße und Schmach; und keine korrekte Theologie, keine schriftgemäße Predigt, kein schöner Gottesdienst, keine herrliche Kirchenmusik, keine erhabene Kunst […], kein missionarischer Eifer […] kann diese Blöße bedecken und diesen Mangel ersetzen. Die feierliche Anrede ‚liebe Brüder' eignet sich schlecht als Dekoration. Wir werden beim Wort genommen, und wenn wir uns betend Gott nahen, so werden wir gefragt: Wo ist dein Bruder?"[2]

So klar und letztlich auch forsch formulierte es 1940 der Mitbegründer der Evangelischen Michaelsbruderschaft und spätere Landesbischof von Oldenburg, Wilhelm Stählin (1883–1975).[3] Im Kontext des NS-Regimes war dies ein klarer Vorwurf an die Formen der Vergemeinschaftung im totalitären System des „Dritten Reiches". Nun jedoch galt es nach Stählin, der „geistigen und politischen Barbarei des Nationalsozialismus" eine neue Form von Vergemeinschaftung entgegenzusetzen, sei doch genau in dieser Zeit ein „tiefes existentielles Verlangen nach einem Leben aus der Ewigkeit inmitten der Zeit geweckt"[4] worden. Dies bedeutete für Stählin, dass nun geistliche Gemeinschaften geradezu neu erfunden werden mussten, da diese in besonderer Weise auf Gottes Wort hin ausgerichtet sein sollten und es deshalb vermochten, mitten in der Zeit aus der Ewigkeit zu leben – und so der Bruderschaft, der Geschwisterlichkeit, zu einem neuen, dringlich erforderlichen Glanz zu verhelfen.[5] Dies so zu formulieren, erschien Stählin als nachgerade notwendig, denn neue Gemeinschaften hätten immer den Auftrag, einen „fühlbaren Mangel", also eine „gefährliche Erkrankung [des]

---

1 Von „Communitäten" und nicht von „Kommunitäten" zu sprechen, verweist auf die Selbstbeschreibung der Gemeinschaften. Diese ist ernst zu nehmen, auch wenn sich die 1978 gegründete „Konferenz evangelischer Kommunitäten" der Einfachheit halber für „Kommunitäten" als Bezeichnung entschieden hat.

2 Stählin, Bruderschaft, 39.

3 Zur Michaelsbruderschaft vgl. Lilie, Zur Spiritualität der Regel der Evangelischen Michaelsbruderschaft; vgl. auch Jansen, Michaelsbruderschaft; Haebler; Hage (Hg.), Michaelsbruderschaft; Plank, Michaelsbruderschaft; Hüneburg, Erneuerung der Kirche.

4 Joest, Spiritualität, 90.

5 Zum Terminus des Erfindens, der einem Akt der Konstruktion gleichkommt, vgl. Anderson, Imagined Communities.

Lebens" zu beheben. Schließlich ginge es bei ihnen darum, eine „wesentliche Funktion des Leibes Christi" wiederzubeleben, eine bestehende „Lücke auszufüllen […] und eben das mit Eifer zu tun, was in der Welt, auch in der ‚christlichen' Welt ringsum kaum als Aufgabe gesehen wird."[6] Eben dies sei durch das Wirken des NS-Regimes und der damit einhergehenden Transformation von Gesellschaft dringend erforderlich geworden.

Von der nun neu zu erfindenden Gemeinschaft hatte Stählin dezidierte Vorstellungen: Sie sollte von dem Gedanken getragen sein, eine ausgeprägt „christliche Bruderschaft" zu sein. Dies sei wichtig, denn eine solche Gemeinschaft zeichne sich eben nicht, so Stählin, durch die Zusammengehörigkeit der „Gleichgearteten und Blutsverwandten", sondern durch „die Bruderschaft der Verschiedenen und Getrennten" aus.[7] Gleichwohl hätten diese „Getrennten" in Christus eine gemeinsame Mitte, ergänzten also einander und unterschieden sich so in guter Weise von den Formen der Vergemeinschaftung, die es in der Zeit des NS-Regimes gegeben hätte.

Mit seiner Forderung nach einer neuen und zudem auch christlichen Gemeinschaft stieß Stählin ein Thema an, das nach der existentiellen Erschütterung des Zweiten Weltkrieges noch größere Bedeutung erhielt – und dies auch und gerade in den Kreisen derer, die just in dieser Zeit für Gründungen von evangelischen Communitäten verantwortlich zeichneten. Klar war fortan, dass Gemeinschaft eine neue Konnotierungen zu erfahren hatte – und dass diese dann auch die Spiritualität der nun entstehenden Communitäten wesentlich durchdringen würde. Schließlich war in diesen neuen Gemeinschaften auch explizit das Bewusstsein vorhanden, durch Existenz und geistliches Leben das von Stählin geforderte „Leben aus der Ewigkeit" in die Kirche und in die Gesellschaft einzutragen.

Um deutlich zu machen, dass die Spiritualität evangelischer Communitäten nicht ohne eine solche Vorstellung von „Bruderschaft" und damit von Geschwisterlichkeit zu verstehen ist, ist nach einem kursorischen Blick auf die evangelischen Communitäten und damit auf Orden innerhalb der evangelischen Kirche zwei wesentlichen Protagonisten im theologischen Diskurs aus den Gemeinschaften das Wort zu geben. Diese sind Walter Hümmer (1909–1972, neben Hanna Hümmer [1910–1977] der Mitbegründer der Communität Christusbruderschaft Selbitz, gegründet 1949) und Johannes Halkenhäuser (geb. 1929, Spiritual der Communität Casteller Ring auf dem Schwanberg, gegründet 1950).[8] Beide haben gerade in der Zeit der Anfänge evangelischer Ordensgemeinschaften diesen eine wichtige Stimme im theologischen Diskurs gegeben und dabei auch wegweisend die Spiritualität der Gemeinschaften akzentuiert. Zudem ist es nicht zuletzt ihrem Engagement zu verdanken, dass die Bischofskonferenz der

---

6 Vgl. Stählin, Bruderschaft, 55f.

7 A. a. O., 28.

8 Vgl. Halkenhäuser, Kirche und Kommunität.

Vereinigten Evangelisch-Lutherischen Kirche Deutschlands (VELKD) vom 9. bis zum 13. Mai 1976 auf dem Schwanberg[9] zusammengekommen ist und hier mit ihrem Nachdenken über neue Formen geistlichen Lebens innerhalb der Kirche und über zeitgemäße Spiritualität einen wichtigen Anstoß dazu gegeben hat, dass evangelische Communitäten innerhalb der Evangelischen Kirche in Deutschland (EKD) als vierte Sozialform von Kirche anerkannt wurden.[10]

Sowohl bei Hümmer als auch bei Halkenhäuser spielte – analog zu Stählin – das Momentum der „Bruderschaft" und damit der geschwisterlich verfassten Gemeinschaft eine wichtige Rolle. Sie ist somit aus ihrem Verständnis heraus als Grundzug communitärer Spiritualität zu werten, der sich nicht zuletzt in der Bezeichnung „Communität" niedergeschlagen hat, welche die evangelischen Ordensgemeinschaften für ihre Lebensform gewählt haben. Dabei ordnete dieser Grundzug das Miteinander innerhalb der Gemeinschaft und ist gleichzeitig als eine entscheidende Motivation zu sehen, um sich überdies als Gemeinschaft mit einem hohen Maß an Offenheit im ökumenischen Diskurs zu verankern, hier also ebenfalls die Gemeinschaft und mehr noch: die Einheit zu suchen. Dem entsprechend sind diese beiden Seiten der einen Spiritualität der Gemeinschaften im Folgenden auszudifferenzieren und als tragendes Element zu benennen.

1 Evangelische Communitäten als Gemeinschaft

„Sie leben anders als wir. Sie stellen unsere Gesellschaft in Frage. […] Es sind Gruppen, die in einer engen Gemeinschaft leben. Daher stammt ihr Name: Man nennt sie Kommunitäten."[11] So hielt Siegfried von Kortzfleisch (1929–2014), stellvertretender Leiter der Evangelischen Zentralstelle für Weltanschauungsfragen, seine erste Einschätzung der Communitäten fest. Darin leuchtet gerade mit dem Verweis auf das gemeinschaftliche Leben eine Andersartigkeit auf, die insbesondere in den 1960er Jahren in der evangelischen Kirche durch Publikationen und in Gesprächen deutlich benannt worden ist.[12]

Dieser Eindruck von einer anderen und damit bisweilen auch befremdlich erscheinenden Gemeinschaft hat eine gewichtige Vorgeschichte, mit der die evangelischen Communitäten in ihrem Werden explizit konfrontiert worden sind – und diese Vorgeschichte geht bis auf Martin Luther zurück.[13] Diesem wurde insbesondere im Diskurs der 1950er und frühen 1960er Jahre

---

[9] Vgl. Mohaupt (Hg.), Modelle gelebten Glaubens.

[10] Vgl. Kirchenamt der EKD (Hg.), Verbindlich leben, im Anschluss an: Dombois, Das Recht der Gnade, 35–51.

[11] Kortzfleisch, Strukturen und Ziele der Gemeinschaften, 13.

[12] Vgl. etwa Ising, Kräftige Irrtümer.

[13] Vgl. hierzu Grochowina, Evangelische Communitäten.

unterstellt, das Ordenswesen als gemeinschaftliche Lebensform abgelehnt zu haben. Daraus wurde dann der Schluss gezogen, dass es auch im 20. Jahrhundert keine evangelischen Ordensgemeinschaften geben dürfe. Walter Hümmer hat diesen Vorwurf wiederholt aufgegriffen und schließlich rückblickend für diese Zeit der Auseinandersetzung formuliert: „Innerhalb der protestantischen Mauer war kein Bauplatz da, auf dem in legitimer Weise, vom lutherischen Ansatz her, etwa das Gebäude einer Bruderschaft hätte errichtet werden können."[14]

Die Communitäten sahen dies erwartungsgemäß anders: Von ihrer Seite aus hatten sie eine Existenzberechtigung – und dies auch und gerade innerhalb der Kirche. Dem entsprechend machte Johannes Halkenhäuser schon frühzeitig deutlich, dass die Berufung zum gemeinsamen Leben – und damit zu einem wesentlichen Zug ihrer Spiritualität – kein Selbstzweck sei, sondern immer auch eine ekklesiale Dimension in sich berge.[15] Mit anderen Worten: Diese Form des gemeinsamen Lebens sei ohne die Verortung innerhalb der Kirche überhaupt nicht zu denken. Communitäten seien deshalb in der Kirche angesiedelt, aber zugleich – und dies wird von Seiten der Communitäten bis in die Gegenwart betont – seien sie auch ein Gegenüber der Kirche. Damit war immer eingeschlossen, dass sie durch ihre Formen von Leben und Spiritualität eine der wesentlichsten „Herausforderungen [...] für die Einlösung des Evangeliums in der Kirche" darstellten.[16] Neben Johannes Halkenhäuser hat auch Walter Hümmer dies betont – und dies ebenfalls frühzeitig. Bereits am 16. September 1948 hatte er seinem Landesbischof Hans Meiser (1881–1956) geschrieben, dass ihm am „väterlichen, segnenden Ja [des Landesbischofs] viel gelegen" sei, denn, so Hümmer, „wir möchten in der Einheit mit unserer evangelisch-lutherischen Kirche weiterleben, die wir lieben, der unser Dienst gilt, deren Kinder wir sind und auf alle Fälle bleiben möchten."[17] Diese Kirche hatte sich dann allerdings zu dieser besonderen Form gemeinschaftlichen geistlichen Lebens zu verhalten.

Das Bemühen, das nun einsetzte, war erfolgreich: Als „Gnadenorte" innerhalb der evangelischen Kirche, die einen „Protest gegen die Eindimensionalität des modernen Lebens" darstellten, weil hier „radikale Zeichen für das Leben angesichts einer anderen Wirklichkeit gesetzt würden"[18], hat schließlich die EKD im Jahr 1979 die evangelischen Communitäten bezeichnet und damit auch explizit das gemeinschaftliche verbindliche Leben gewürdigt. Und mehr noch: Gerade wegen ihrer gemeinsam und zugleich verbindlich gelebten Spiritualität seien die Communitäten Orte, an denen sowohl Glaubende als auch Suchende die Chance erhielten, ihre „spirituelle

---

14 Hümmer, Bruderschaft, 11.

15 Vgl. Halkenhäuser, Das Evangelium, 496.

16 A. a. O., 499.

17 Walter Hümmer an Landesbischof Hans Meiser (16. September 1948), in: Archiv CCB, Korrespondenz Walter Hümmer, 1948.

18 Kirchenkanzlei (Hg.), Evangelische Spiritualität, 53.

und persönliche Identität"[19] zu entwickeln und zu vertiefen. Insofern seien diese Gemeinschaften in besonderer Weise zu fördern. Mit diesen Einschätzungen wurde nichts weniger als ein Paradigmenwechsel eingeleitet, der schlussendlich in dem von Peter Zimmerling mitverfassten und 2007 erschienenen EKD-Text 88 „Verbindlich leben" zum Ausdruck kam. Nun war endgültig klar, dass evangelische Orden mit ihrer je eigenen Spiritualität und damit auch mit ihrem Verständnis von Gemeinschaft einen festen Platz in der evangelischen Kirche haben würden.[20]

Gegenwärtig gibt es in Deutschland etwa 21 evangelische Communitäten, in denen Schwestern und Brüder nach den drei evangelischen Räten Armut, Keuschheit und Gehorsam leben. Schwerpunktmäßig sind diese Gemeinschaften in der bayerischen Landeskirche zu finden.[21] Alle evangelischen Communitäten sind zusammen mit Gemeinschaften aus der Schweiz und Frankreich[22] in der 1978 gegründeten „Konferenz evangelischer Kommunitäten" verbunden; hierzu zählen auch die Diakonissenhäuser, die den Weg vom Werk zur Communität gegangen sind,[23] indem sie *vita communis* gefördert und ihre Strukturen entsprechend verändert haben.[24] Darüber hinaus gehören auch Gemeinschaften zur „Konferenz evangelischer Kommunitäten", die entweder reine Familien-Communitäten sind oder sowohl einen zölibatären als auch einen Familienzweig haben.[25] Gegenwärtig ist deshalb von insgesamt etwa 60 evangelischen Gemeinschaften und Communitäten auszugehen.[26]

2 Spiritualität von Gemeinschaft

Der frühere württembergische Landesbischof und Ratsvorsitzende der EKD, Helmut Claß (1913–1998), der nach seiner Amtszeit von 1979 bis 1992 beauftragt war, für die EKD den Kon-

19 A. a. O.

20 Vgl. Kirchenamt der EKD (Hg.), Verbindlich leben.

21 In Bayern finden sich beispielsweise die Christusträger-Brüder und -Schwestern, die Schwestern vom Casteller Ring (Schwanberg), die Schwestern der Christusbruderschaft Selbitz und die Schwestern vom Johannis-Konvent.

22 Hier ist sowohl die Gemeinschaft von Taizé als auch von Grandchamp gemeint. Aus der Schweiz sind es beispielsweise die Gemeinschaften von El Roi und die Communität Diakonissenhaus Riehen.

23 Vgl. dazu auch den Beitrag von Markus Schmidt in diesem Band.

24 Damit akzentuieren die zölibatär lebenden Communitäten eine Lebensform von Gemeinschaft, die als Konzentration zu verstehen ist, denn grundsätzlich ist mit Eilert Herms davon auszugehen, dass die Zumutung des gemeinschaftlichen Lebens für die Menschen eine „Unvermeidbarkeit" darstellt. Vgl. Herms, Kirche als gestiftete Gemeinschaft, 213.

25 Ein Beispiel für beide Zweige ist die Jesus-Bruderschaft in Gnadenthal: https://www.kloster-gnadenthal.de/ (abgerufen am 03.02.2023).

26 Vgl. https://www.evangelische-kommunitaeten.de/home/ (abgerufen am 03.02.2023).

takt zu den Communitäten zu pflegen, hielt als Grundlage ihrer *communio* die „freiwillige Anbindung des Dreieinigen Gottes an uns Menschen" fest.[27] Erst dieses Zuneigen Gottes mache den Menschen dauerhaft gemeinschaftsfähig, so Claß, und allein in diesem Wissen sei eine Antwort auf die Krisen der Zeit möglich,[28] die in den ausgehenden 1970er Jahren für die Kirche deutlich zu greifen seien. Gemeinschaftliches Leben wurde von Claß also als eine konkrete Antwort auf die „Anbindung" Gottes verstanden, der in sich selbst wiederum Gemeinschaft ist – und eben dies sollte in Zeiten der Krise seine Kraft entfalten.

Diese Spur hatten auch Johannes Halkenhäuser und Walter Hümmer schon vor Claß gelegt. Halkenhäuser hat diesen Ansatz zur *communio* dahingehend präzisiert, dass nach seiner Auffassung „christusorientiere[s] Leben", das um die Zugeneigtheit Gottes wisse, nur dann gelingen könne, wenn die Gemeinschaften den Grundgedanken der *communio* als „Urfunktion des Glaubens" entdeckten, in dem sich deutlich auch das „Grundgeschehen der Kirche realisiert."[29] Vor diesem Hintergrund sei es den Communitäten möglich, eine „brüderlich-offene" und positive „Weggefährtenschaft mit allen Christen" einzugehen. Und mehr noch: Täten sie dieses, sei dies ein starkes Zeichen in einer – nach Halkenhäusers Verständnis – nachchristlichen Gesellschaft, weil sich dadurch mitten in der „sich verschärfenden Diaspora-Existenz der Christen Kommunikationsräume und Handlungsfelder"[30] auftäten, in denen der einzelne Christ gestärkt würde. Das Wissen um die Gemeinschaft und das Leben in ihr im Sinne einer Weggefährtenschaft gehört also zu Halkenhäusers wesentlicher Beschreibung von communitärer Spiritualität.

Walter Hümmer hat dies ebenfalls benannt und weiterführend betont, dass deshalb auch unter den Gliedern des Leibes Jesu ein Ergänzungs- und kein Konkurrenzverhältnis bestehe. Tatsächlich sei die Gemeinschaft zuallererst der Ort, an dem der „Häuptlingskomplex", aber auch „das geistliche Managertum oder [das] geistliche Spießertum"[31] in guter Weise Korrektur erführen und so Raum für eine fundierte Gottesbeziehung geschaffen werde. Insgesamt kommt Hümmer vor diesem Hintergrund zu dem Schluss, dass kein Christ ohne die „Nestwärme" der Gemeinschaft auf Dauer recht als geistliches Wesen existieren könne, im Gegenteil: Hätte er diese Wärme nicht, „fängt [er] […] an zu frieren und wird seelisch eigenartig." Und mehr noch: Dieses „Nest", das Hümmer beschreibt, könne seine Funktion als „Nest" nur erfüllen, weil es nach oben hin – und damit zu Gott hin – offen und deswegen nicht „muffig" sei.[32]

---

27 Claß, Gelebte Bruderschaft, 19.

28 Vgl. a. a. O., 18.

29 Für alle Zitate: Halkenhäuser, Das Evangelium, 500.

30 A. a. O.

31 Hümmer, Grundstrukturen, 28.

32 A. a. O., 29.

Die *communio*, die um die Anbindung des Einzelnen und der Gemeinschaft an Christus weiß, weil dieser sich zuerst an die Menschen verschenkt hat, war die Antwort zahlreicher evangelischer Communitäten auf die „barbarischen Formen“ der Gemeinschaft im „Dritten Reich“. Zugleich markiert sie ein zentrales Element ihrer Spiritualität, die sich nicht nur auf die „Nestwärme“ im Hümmerschen Sinne, sondern auch und gerade auf ein klares Christusbekenntnis und ein klares Rechnen mit Gottes Gegenwart und Handeln in der Welt gründet. Damit einher geht konsequenterweise die Aufforderung, *communio* nicht als Weltflucht zu verstehen, sondern diese quasi als *„cantus firmus“* christlichen Seins in der Welt zu leben und so die immer nur situativ zu erkennende Gratwanderung zwischen Weltflucht und Weltsucht auch und gerade als geistliches Geschehen zu verstehen und entsprechend zu handeln.

Insgesamt haben also die Communitäten eine eigene Antwort auf die vorgefundenen „Zeichen der Zeit“ nach dem Zweiten Weltkrieg gegeben, weil sie in ihrer Diktion die Gemeinschaft als wesentlichen Raum geistlicher Existenz wiederbelebt und mit ihrem Verständnis für Geschwisterlichkeit gefüllt haben. Dieses Verständnis war kein säkulares, im Gegenteil: Aus der Rückbindung an den Dreieinigen Gott hat sich die Notwendigkeit ergeben, Gemeinschaft im Sinne einer geistlich konnotierten Weggefährtenschaft zu leben, die – verankert in Gott – den Schritt in die Welt machte und nicht zuletzt darin eine antizipierte „Diaspora-Existenz“ des Christentums ernstnahm. Genau dies ist als wesentlicher Zug der Spiritualität evangelischer Communitäten zu werten, die bis in die Gegenwart schon qua Existenz eben dieses Verständnis von Gemeinschaft in Kirche und Welt eintragen.

3 Spiritualität von Gemeinschaft im Volk Gottes

Mit dem Verweis darauf, dass und wie sich die Communitäten in und mit der Kirche verorten, hat sich bereits angedeutet, dass ihre Form von Vergemeinschaftung kein Selbstzweck war und dies letztlich auch nicht sein konnte, denn: Neben der Stärkung der eigenen Gemeinschaft ging und geht es immer auch darum, eine „Weggefährtenschaft mit allen Christen“ einzugehen und diese zu gestalten. Das bedeutet zunächst, dass von Anfang an das betende Eintreten füreinander und für die Einheit des Leibes Christi nicht als Notwendigkeit, sondern geradezu als eine „ökumenische Pflichtübung“[33] in dieser Weggefährtenschaft verstanden und gelebt wurde, wie Johannes Halkenhäuser mit Blick über die evangelischen Communitäten hinaus betont hat.

Vor diesem Hintergrund konnte auch Walter Hümmer bereits in den 1960er Jahren, als er auf die inzwischen bestehenden evangelischen Gemeinschaften schaute, zu dem Schluss kom-

[33] Halkenhäuser, Das Evangelium, 496.

men: „Ein ökumenischer Zug erfüllt sie alle!“[34] Konkret hieße dies für die Communitäten, dass sie allen neu entstehenden Gemeinschaften, aber eben auch den bereits existierenden Orden und Kirchen in „herzlicher Liebe“ zugetan seien.[35] Dies verstand Hümmer als einen geradezu zwingenden Bestandteil ihrer Spiritualität, der sich unmittelbar aus ihrem Verständnis von „Bruderschaft“ ergab. Und mehr noch: Walter Hümmer benannte zudem als Grund und Mitte aller Begegnungen zwischen den Konfessionen und innerhalb des Protestantismus Jesu Gebet um die Einheit aus Joh 17. Hieraus gehe der „ökumenische Herzschlag“[36] hervor, der sie alle verbinde – auch wenn sie im Einzelnen unterschiedliche Charismen hätten. Eben dieser Herzschlag sollte, so Roger Schütz (1915–2005), der Gründer der Gemeinschaft von Taizé, in seiner Beschreibung der Aufgaben der Communitäten, auf keinen Fall verhindern, die Spaltung der Christenheit realistisch und nüchtern zu erkennen und wahrzunehmen. Tatsächlich sollte genau dies geschehen. Dann aber galt es, die Spaltung auszuhalten oder, wo möglich, zu beheben.[37] In dieser Spur haben sich auch Hümmer und Halkenhäuser und mit ihnen die evangelischen Communitäten verortet. Jesu Ruf zur Einheit ist als ihre gemeinsame Leitlinie zu verstehen.

Ökumene in dieser Weise zum geistlichen Fundament zu machen und dem „ökumenischen Herzschlag“ in geschwisterlicher Gestalt zur Kraft zu verhelfen, gelang auch deshalb leichter, weil die Gemeinschaften im Grunde frei waren, unterschiedliche Spiritualitäten kennenzulernen, um sich dann einer Richtung zuzuordnen bzw. mit diesen ihr eigenes Gründungscharisma zu bereichern. Diese Freiheit bestand nicht zuletzt deshalb, weil die Landeskirchen die neu gegründeten evangelischen Gemeinschaften zunächst mit einer ausgeprägten skeptischen Distanz betrachteten und so dem „kleinen Pflänzchen“, wie beispielsweise die Christusbruderschaft in der bayerischen Landeskirche genannt wurde,[38] auf diese Weise einen Wachstumsraum schenkten, der es möglich machte, im Dienst der Einheit das „Recht ökumenische[r] Grenzüberschreitungen“ zu beanspruchen, wie Helmut Claß es rückblickend formuliert hat.[39] Zugleich sorgten die Skepsis in den Landeskirchen und die bisweilen offene Ablehnung

---

34 Hümmer, Brauchen wir evangelische Orden?, 102.

35 A. a. O., 102.

36 Hümmer, Das Leben, 118.

37 Vgl. Halkenhäuser, Kirche und Kommunität, 373. „Eine solche Spaltung widerspricht […] ganz offenbar dem Willen Christi“, zitiert Halkenhäuser aus der Regel von Taizé, a. a. O. Der Gründer von Taizé hatte schon 1944 über die Gründung einer Gemeinschaft nachgedacht. In einem Dorf bei Taizé wurde diese schließlich Realität. Vgl. hierzu die Selbstbeschreibung der Gemeinschaft: Frère Richard, Der geistliche Weg von Taizé.

38 Bewertung der Christusbruderschaft durch Kreisdekan Karl Burkert (Amtszeit 1947–1961), 15.02.1950, in: Landeskirchenarchiv der Evangelisch-Lutherischen Kirche Bayern (= LKAB), Bestand 50101, Personalakte Hümmer, unpag.

39 Claß, Gelebte Bruderschaft, 32.

in den Gemeinden dafür, dass die Communitäten sich zügig zu profilieren hatten – und in dieser Situation der Anfechtung sowie angesichts des Vorwurfs der Kirchenspaltung fast schon konsequent das Anliegen der Einheit aufnahmen und es als Teil ihres Gründungscharismas und damit auch ihrer Spiritualität verstanden.[40]

Dies sorgte dafür, dass fortan die Einheit auf unterschiedlichen Ebenen gesucht wurde: Dies geschah in der Vielfalt der neu gegründeten evangelischen Communitäten und damit innerhalb einer „dynamischen Minderheit“[41], wie Halkenhäuser diese Gemeinschaften nannte. Hier galt es, einen gemeinsamen Weg zu finden. Dies erschien möglich, weil sich viele der späteren Ordens- oder Gemeinschaftsgründer schon vor oder während des Zweiten Weltkrieges in Netzwerken zusammengeschlossen hatten, die auf die Einheit der Kirche und ihre Erneuerung zielten. Deshalb ging es hier nicht darum, die eigene Identität zugunsten einer harmonischen Einheit aufzugeben. Vielmehr galt es, den Reichtum der jeweils anderen Gemeinschaft, der jeweils anderen Konfession oder Denomination zu erkennen und als Bereicherung und Ergänzung zu verstehen.[42] In eben dieser Einheit konnten die Gemeinschaften dann auch zum Gegenüber der verfassten Kirche werden.

Mit Blick auf die katholische Kirche stellte sich die Frage nach der Ökumene als Grundzug communitärer Spiritualität allerdings mit größerer Intensität. Wie wurden hier also bruderschaftliche und das meint: geschwisterliche Perspektiven eingetragen? Die Antwort hierfür liefert Walter Hümmers weiterführendes Nachdenken zum „ökumenischen Herzschlag“, der alle evangelischen Ordensgemeinschaften erfülle. Dieser sei nach Hümmer nicht allein in der vorreformatorischen Tradition,[43] sondern zuallererst in der „demütigen Konfessionalität“[44] zu finden, an welcher sich nicht nur die Communitäten, sondern alle Christen beständig ausrichten sollten. Gleichwohl seien die Communitäten in der gegenwärtigen Zeit – und damit in der Zeit Hümmers – besonders gerufen, sich einer solchen Konfessionalität zu befleißigen.

Was aber ist mit „demütiger Konfessionalität“ als Grundzug communitärer Spiritualität gemeint? Im Juni 1964 und 1965 verfasste Hümmer zwei Meditationen zur Bibel und zum ökumenischen Anliegen. In diesen Schriften formulierte er klare Setzungen und Perspektiven zum konfessionellen Erbe, zur Ökumene, aber auch – und dies ist im hiesigen Kontext entscheidend – zur „demütigen Konfessionalität“ als Kernbestand communitärer Spiritualität. Hümmer erklärt: In der Konzentration auf den Einen, der Anfang, Mitte und Ende sei, könnten Dogmen und Konfessionen allein gar nicht aus sich heraus wirkmächtig und lebensgestal-

---

40 Vgl. Hümmer, Die Christusbruderschaft, 180.

41 Halkenhäuser, Kirche und Kommunität, 214.

42 Vgl. hierzu auch Zimmerling, Persönlichkeitsbildung und Glaubensvermittlung, 381.

43 Vgl. hierzu Grochowina, „Die Hütte Gottes bei den Menschen“.

44 Zum Begriff der „demütigen Konfessionalität“ vgl. Hümmer, Was wollte Luther?, 161.

tend sein.[45] Vielmehr seien „Dogmen und Konfessionen herrliche Gebilde, Transparente für das Licht Jesu. Aber sie können nur Fenster sein, durch die hindurch wir auf das Geheimnis Jesu Christi blicken."[46]

Mit diesen Setzungen macht Walter Hümmer deutlich, wo der eigentliche Fokus liegen sollte: nicht auf den Ausformungen der Konfessionen, die verglichen mit der Bedeutungskraft der Bibel zeitbedingt und deshalb variabel erschienen, sondern auf der Heiligen Schrift selbst. Hier sei für die christliche Kirche sowie für alle Christen in den Evangelien und im Leben Jesu die eigentliche Orientierung und damit die Grundlage eines jeden Glaubenslebens gegeben. Mit anderen Worten: Alles Christsein und alle Kirchtürme seien nach Walter Hümmer beständig auf „Jesus allein"[47] zurückzuführen. Christen hätten sich und ihre Konfession deshalb immer wieder ernsthaft zu hinterfragen, wo sie sich auf dem Feld zwischen Glauben und Unglauben, Dankbarkeit und Undankbarkeit, Liebe und Lieblosigkeit, formelhaftem und rechtem Leben, Selbstgerechtigkeit und Glaubensgerechtigkeit bewegten[48] und wo auch die verfasste Kirche ihren Anteil daran hätte. Auch diese Ernsthaftigkeit sollte dauerhaft in jedes geistliche Leben eingetragen werden – die Communitäten indes hätten die Chance, dies in exemplarischer Weise zu leben.

So pointiert wie Walter Hümmer hat dies nicht jede Communität formuliert. Gleichwohl ist das Anliegen hinter dieser Aussage durchaus zu verallgemeinern, besteht es doch darin, dass in der Konzentration auf das Leben Jesu konfessionelle Grenzen zu transzendieren seien. Diese Grundausrichtung, dieser „ökumenische Zug", so Walter Hümmer, sei in allen Gemeinschaften zu finden. Das heißt: In einer „demütigen Konfessionalität", die um das eigene Profil, die eigene Identität weiß und diese sowohl im geistlichen Leben als auch im weltlichen Tun Gestalt gewinnen lassen will, besteht das Fundament für ökumenisches Miteinander sowohl mit den unterschiedlichen evangelischen Gemeinden, geistlichen Bewegungen und Gemeinschaften als auch mit der katholischen und der reformierten Kirche. Eben diese „demütige Konfessionalität" markiert zudem auch einen geistlichen Grundsatz der Gemeinschaften, der ihre Ausrichtung und ihr geistliches Leben nachhaltig gestaltet.

Wie sehr dieses im besten Sinne demütige Miteinander gewollt war und sich zugleich auch geradezu unspektakulär ergeben konnte, zeigt beispielshaft eine kleine Mitteilung aus dem Rundbrief der Communität Christusbruderschaft Selbitz vom August 1969. Darin berichtet Walter Hümmer von einer Romreise, die dazu gedacht gewesen sei, Vertreter der geistlichen Bewegung der Fokolare zu treffen. Dies geschah auch, doch dann hält Hümmer

45 Vgl. Hümmer, Die Bibel und das ökumenische Anliegen, 175.

46 A. a. O.

47 A. a. O.

48 Vgl. a. a. O., 174.

den weiteren Verlauf des Tages recht genau fest, da dieser offenbar nicht wie geplant verlief: „Ohne mein Zutun wurde ich [dann] dem Papst vorgestellt. Er sagte mir, wie sehr er die evangelische Frömmigkeit schätze und daß wir um das Zusammengeführtwerden beider Kirchen in Christus beten müßten. Dabei faltete er beide Hände zeichenhaft zu einem Spitzbogen.“[49] Es verwundert nicht, dass die Ökumene in dem kurzen Gespräch mit Papst Paul VI. Thema war, das legte die Begegnung zwischen dem Papst und einem oberfränkischen evangelischen Pfarrer fast schon nahe. Dennoch deutet sich hier auch eine Begegnung jenseits kirchenpolitischer Erwägungen an, die auf die gemeinsame Aufgabe des Gebetes für die Einheit verweist.

Dass der Auftrag der Gemeinschaften, mit allen im Gespräch zu sein, auch weiterhin besteht, wird nicht zuletzt am gegenwärtigen Engagement zahlreicher Communitäten in ökumenischen Netzwerken wie „Miteinander für Europa“[50], beim internationalen Ordenskongress CIR[51] oder in der Arbeitsgemeinschaft Christlicher Kirchen[52] deutlich. Stellvertretend für die evangelischen Orden und geradezu zeitlos heißt es deshalb auch in der Regel der Communität Christusbruderschaft Selbitz:

> „‚Wisset, Ihr seid eins!‘ Durch die Versöhnung, die Christus am Kreuz erworben hat, bist du eins mit deinen Schwestern und Brüdern. Eins seid ihr auch mit allen, die an Jesus Christus glauben und die getauft sind, in der evangelischen Kirche, ja in allen Kirchen der Oekumene. […] Lass das Gebet Jesu um die Einheit seines Leibes in dir brennen. Vermeide, was die Einheit stört, und setze dich ein, wo du kannst, für das, was die Einheit fördert. Halte den Schmerz aus, dort, wo heute noch Trennung ist, doch gib dich nie mit der Trennung zufrieden. Christus will, dass wir miteinander eins sind, so wie er mit dem Vater eins ist.“[53]

Damit ist der Auftrag umrissen, im Gebet auch die Trennungen in der christlichen Weggefährtenschaft auszuhalten und weiter zu hoffen, zu glauben und zu lieben. Zu diesem konfessionsüberspannenden Dienst wissen sich evangelische Ordensgemeinschaften in besonderer Weise gerufen, so dass gleichermaßen gesetzt werden kann, dass das Gebet für die Einheit sowie die konkrete ökumenische Tat im Sinne der „demütigen Konfessionalität“ als ein fester Bestandteil communitärer Spiritualität zu verstehen ist.

---

[49] Hümmer, Kleine Mitteilungen, 3.

[50] www.together4europe.org (abgerufen am 03.02.2023).

[51] Vgl. Zahn, CIR.

[52] www.oekumene-ack.de (abgerufen am 03.02.2023).

[53] Communität Christusbruderschaft Selbitz, Regel, 12.

4 Spiritualität in Gemeinschaft

Gemeinsam den Willen Gottes zu suchen, ist die Aufgabe, die sich evangelische Communitäten gestellt haben. Dabei – so die Überzeugung – ist die Gemeinschaft und mehr noch: die geschwisterliche Gemeinschaft von immenser Bedeutung. Sie ist der Ort der gemeinsamen Suche, die durch die Zusammenführung von Charismen unter dem Signum der Einheit steht, die in Joh 17 allen Christ:innen aufgegeben wird. Sie ist aber auch Ausdruck ihrer geistlichen Verortung, denn sie versteht sich als Stiftung des Dreieinigen Gottes, der in sich selbst Gemeinschaft ist und dann in die Gemeinschaft mit sich ruft. Somit ist Gemeinschaft immer auch ein wesentliches Element von Spiritualität.

Allerdings hat dies in der Zeit nach dem Zweiten Weltkrieg noch eine besondere Konnotation erfahren. Dies lag an der Korrumpierung des Begriffs von Gemeinschaft unter dem NS-Regime. Insofern haben es sich die Communitäten, die in den 1940ern und 1950er Jahren entstanden sind, auch und gerade zur Aufgabe gemacht, dieser Vorstellung die Idee einer geistlichen Gemeinschaft entgegenzusetzen, die sich erneut und ausschließlich in Gott gründet. Dieser Gemeinschaft wohnte dann notwendigerweise ein starker ökumenischer Zug inne, der dadurch noch verstärkt wurde, dass die neu gegründeten Communitäten ihren Platz innerhalb der evangelischen Kirche erst finden mussten und deshalb die Freiheit hatten, sich das Recht „ökumenischer Grenzüberschreitungen" zu nehmen.

Das Gebet für die Einheit und eine Ökumene, die die Komplementarität der Charismen von Kirche und Gemeinschaften betont und lebt, ist deshalb als wichtiger Wesenszug communitärer Spiritualität zu verstehen, der bis in die Gegenwart erkennbar ist. Gewandelt hat sich indes die Rede von der Gemeinschaft als Grundlage: Wo nach dem Zweiten Weltkrieg in erster Linie von „Bruderschaft" gesprochen worden ist, ist inzwischen die Geschwisterlichkeit und mehr noch: der gemeinsame Wille zur Einheit in den Vordergrund getreten. Gleichwohl gilt weiterhin, dass der „ökumenische Herzschlag" in den Communitäten wesentlich ist und ihr geistliches Leben und Wirken in besonderer Weise prägt.

Literatur

Anderson, Benedict, Imagined Communities. Reflections on the Origin and Spread of Nationalism, 3., rev. Aufl., London / New York 2006.

Claß, Helmut, Gelebte Bruderschaft. Sie blieben aber beständig …, Gnadenthal 1983.

Communität Christusbruderschaft Selbitz, Regel, Selbitz 1999.

Dombois, Hans, Das Recht der Gnade. Ökumenisches Kirchenrecht II, Grundlagen und Grundfragen der Kirchenverfassung in ihrer Geschichte, Bielefeld 1974.

Frère Richard, Der geistliche Weg von Taizé, in: Materialdienst des Konfessionskundlichen Instituts Bensheim 70 (2019), 130–134.

Grochowina, Nicole, „Die Hütte Gottes bei den Menschen". Traditionslinien evangelischer Ordensspiritualität, in: ProOriente Jahrbuch (2012), 124–134.

–, Evangelische Communitäten – Unfall oder reformatorisches Erbe? In: ordenskorrespondenz. Zeitschrift für Fragen des Ordenslebens 58 (2017), 5–14.

Haebler, Hans Carl von, Geschichte der Evangelischen Michaelsbruderschaft von ihren Anfängen bis zum Gesamtkonvent 1967, Marburg 1975.

Hage, Gerhard (Hg.), Die Ev. Michaelsbruderschaft. 50 Jahre im Dienst an der Kirche, Kassel 1981.

Halkenhäuser, Johannes, Das Evangelium in Gemeinschaft leben. Zur ekklesialen Dimension des Christseins in Kommunitäten, in: Josef Schreiner / Klaus Wittstadt (Hg.), *Communio sanctorum*. Einheit der Christen, Einheit der Kirche. Festschrift für Bischof Paul-Werner Scheele, Würzburg 1988, 490–503.

–, Kirche und Kommunität. Ein Beitrag zur Geschichte und zum Auftrag der kommunitären Bewegung in den Kirchen der Reformation (KKTS 42), Paderborn 1978.

Herms, Eilert, Kirche als gestiftete Gemeinschaft durch das Wort, in: Elisabeth Gräb-Schmidt / Ferdinando G. Menga (Hg.), Grenzgänge der Gemeinschaft. Eine interdisziplinäre Begegnung zwischen sozial-politischer und theologisch-religiöser Perspektive, Tübingen 2016, 199–214.

Hümmer, Walter, Brauchen wir evangelische Orden?, in: ders., Neue Kirche, 101–111.

–, Bruderschaft als Herausforderung an die Gemeinde, in: ders., Neue Kirche, 9–22.

–, Das Leben evangelischer Komunitäten [sic!] in Deutschland, in: ders., Neue Kirche, 111–123.

–, Die Bibel und das ökumenische Anliegen. 2 Meditationen an ökumenischen Tagen, in: ders., Neue Kirche, 173–177.

–, Die Christusbruderschaft in Selbitz, in: Präger (Hg.), Frei für Gott, 178–188

–, Grundstrukturen und Wesenszüge lebendiger Gemeinde, in: ders., Neue Kirche, 23–33.

–, Kleine Mitteilungen aus der Bruderschaft, in: Rundbrief der Christusbruderschaft 40 (Aug. 1969), 3f.

–, Neue Kirche in Sicht?, Marburg a.d.L. ^{2}1970.

–, Was wollte Luther? Vortrag vor der Kolpingfamilie Weiden, in: ders., Neue Kirche, 149–163.

Hüneburg, Martin, Erneuerung der Kirche durch eine neue Spiritualität. Die Spiritualität der Evangelischen Michaelsbruderschaft, in: Peter Zimmerling (Hg.), Handbuch Evangelische Spiritualität, Bd. 1: Geschichte, Göttingen 2017, 711–732.

Ising, Rudolf, Kräftige Irrtümer. Eine Stellungnahme zum Thema „Schwärmer einst und jetzt", Berlin 1965.

Jansen, Ernst, Die Evangelische Michaelsbruderschaft. Ein Bericht im Auftrage der Evangelischen Michaelsbruderschaft, Kassel 1949.

Joest, Christoph, Spiritualität evangelischer Kommunitäten. Altkirchlich-monastische Tradition in evangelischen Kommunitäten von heute, Göttingen 1995.

Kirchenamt der EKD (Hg.), Verbindlich leben. Kommunitäten und geistliche Gemeinschaften in der Evangelischen Kirche in Deutschland. Ein Votum des Rates der EKD zur Stärkung evangelischer Spiritualität (EKD-Texte 88), Hannover 2007.

Kirchenkanzlei im Auftrag des Rates der EKD (Hg.), Evangelische Spiritualität. Überlegungen und Anstöße zur Neuorientierung, Gütersloh 1979.

Kortzfleisch, Siegfried von, Strukturen und Ziele der Gemeinschaften, in: Ingrid Reimer (Hg.), Alternativ leben in verbindlicher Gemeinschaft. Evangelische Kommunitäten, Lebensgemeinschaften, Junge Bewegungen. Eine Publikation der Evangelischen Zentralstelle für Weltanschauungsfragen, Stuttgart 1979, 13–21.

Lilie, Frank, Zur Spiritualität der Regel der Evangelischen Michaelsbruderschaft, in: Erbe und Auftrag 75 (1999), 171–182.

Mohaupt, Lutz (Hg.), Modelle gelebten Glaubens. Gespräche der Lutherischen Bischofskonferenz über Kommunitäten und charismatische Bewegungen, Hamburg 1976.

Plank, Oskar, Die Evangelische Michaelsbruderschaft, in: Lydia Präger (Hg.), Frei für Gott und die Menschen. Evangelische Bruder- und Schwesternschaften der Gegenwart in Selbstdarstellungen, Stuttgart 1959, 283–310.

Stählin, Wilhelm, Bruderschaft, im Auftrag der Evangelischen Michaelsbruderschaft hg. von Frank Lilie, mit einem Vorwort von Frank Lilie und einer Einleitung von Peter Zimmerling, Leipzig 2010.

Zahn, Mirjam, CIR. Internationaler, interkonfessioneller Ordenskongress, in: ordenskorrespondenz 58 (2017), 55–59.

Zimmerling, Peter, Persönlichkeitsbildung und Glaubensvermittlung. Zum Potential geistlicher Gemeinschaften, in: Erbe und Auftrag 86 (2010), 376–389.

Geordnete gemeinschaftliche Spiritualität zwischen Inspiration und Institution

Die Kommunitätsregel der „Offensive Junger Christen" als „Grammatik"

Von Paul Geck

1 Einleitung

Zu den Aspekten evangelischer Spiritualität, die in der Geschichte des Protestantismus in den Hintergrund getreten sind, zählt Peter Zimmerling die „grundlegende Bedeutung der christlichen Gemeinde" für eine reformatorische Spiritualität.[1] Die Hochschätzung von Individualität und Freiheit des Gewissens habe im Protestantismus zu einer Überbetonung der subjektiven Seite des Glaubens geführt. Dafür dass der Glaube miteinander, und nicht neben- oder sogar gegeneinander gelebt wird, kämpfte allerdings schon Paulus in seinen Gemeinden. Die Loslösung einzelner Gruppen aus der „Welt", die in der Kirchengeschichte von heterodoxen Bewegungen, aber auch von monastischen Orden vollzogen wurde, kann als ein Versuch verstanden werden, den christlichen Glauben gemeinschaftlich zu leben: Abgrenzung gegen ein gemeinsames „Außen" fördert den Zusammenhalt im „Inneren". Martin Luther dagegen „wies der reformatorischen Spiritualität Familie und Ortsgemeinde, Beruf und Gesellschaft als primäre Verwirklichungsfelder zu".[2] Auf der einen Seite sollte die Familie das Kloster als Ort der gelebten Frömmigkeit ablösen,[3] auf der anderen Seite galt weiterhin das „Ortsprinzip" der mittelalterlich-katholischen Kirchspiele, in denen kirchliches und gesellschaftliches Leben ineinander überging.[4] Diese Verwobenheit von Familie, Beruf und Ortsgemeinde wurde mit der im 19. Jahrhundert beginnenden funktionalen Differenzierung der modernen Gesellschaft aufgesprengt. Eine schichtenförmig organisierte Gesellschaft, in der Menschen über Familie und Stand in die Gesellschaft integriert wurden, wandelte sich zu einer dezentralen Gesellschaft, in der funktional ausdifferenzierte Bereiche Menschen je für sich und damit immer nur partiell in die Gesellschaft integrieren: als juristische Person in das Recht der Gesellschaft;

[1] Zimmerling, Evangelische Spiritualität, 284.

[2] Zimmerling, Bedeutung der Kommunitäten, 174.

[3] A. a. O.

[4] Rendtorff, Soziale Struktur, 34.

als Konsument in die Wirtschaft der Gesellschaft; als Wähler in die Politik der Gesellschaft. Individuelle Eigenschaften, finanzielle Situation oder religiöser Glaube spielen an der Wahlurne keine Rolle; an der Kasse zählt die Zahlungsfähigkeit, nicht aber das Vorstrafenregister. Nirgendwo, so Niklas Luhmann, kommt es „zur Inklusion von Gesamtpersonen in die Gesellschaft".[5] Der Mensch, folgt man Luhmann, verschwindet aus der Gesellschaft, zurück lässt er unterschiedliche, den Funktionsbereichen zugeordnete „soziale Adressen".

Die von Zimmerling konstatierte Abnahme der „spirituellen Durchdringung von Familie, Beruf und Ortsgemeinde" in der Moderne[6] steht im Zusammenhang dieser Entwicklung. Früher war nicht alles besser und geistlicher – die „spirituelle Durchdringung" von Familie, Beruf und Ort wurde aber durch den einheitlichen Lebenszusammenhang gefördert. Die immer schon durch das Konfliktpotential menschlicher Beziehungen gefährdete Sozialität des Glaubens wird durch die Aufsprengung dieser Einheit zusätzlich problematisch, weil sie ihre angestammten Orte verliert. Eine Vereinheitlichung der diversen Lebensbereiche gelingt nur noch dem Individuum. Entsprechend wird die subjektive, individuelle Seite des Glaubens zum dominanten Aspekt christlichen Lebens. Freiheit und Autonomie werden zum herausragenden Merkmal protestantischer, reformatorischer Spiritualität. Gemeinschaftliche Spiritualität kann dann sogar als Schwundstufe dieser Spiritualität verstanden werden, weil sie den Menschen nicht in seiner Ganzheit und Individualität erfasst, ohne ihn in seinem Selbstausdruck einzugrenzen.

Ist gemeinschaftliche Spiritualität deshalb für den evangelischen Glauben irrelevant geworden? Dagegen hat die fünfte Kirchenmitgliedschaftsuntersuchung gezeigt, dass Spiritualität und Kirchenbindung miteinander korrelieren. Jenseits der Institution wächst nicht ein „undogmatisches Christentum" (Trutz Rendtorff), sondern Indifferenz. Ohne gemeinschaftliche Spiritualität, wie sie insbesondere in Kirchengemeinden praktiziert wird, gibt es keine Reproduktion von Spiritualität.[7]

Deshalb braucht es eine neues Interesse für die Institutionalisierung evangelischer Spiritualität. Ein besonderes Beispiel dafür stellen die evangelischen Kommunitäten dar, die seit dem Ende des Zweiten Weltkriegs im Bereich der evangelischen Kirchen entstanden sind. Besonders sind sie deshalb, weil sie auch unter den Bedingungen der Moderne den Anspruch erheben, Menschen in allen sozialen Bezügen in ihre Gemeinschaft zu integrieren. Dies drückt sich in diesen Gemeinschaften, zu denen Zölibatäre, teilweise auch Familien gehören, insbesondere in der Aufnahme der – je nach Gemeinschaft modifizierten – evangelischen Räte Armut, Keuschheit und Gehorsam aus. Handelt es sich bei ihnen um vormoderne religiöse Virtuosen,

5 Luhmann, Sozialsystem Familie, 198.

6 Zimmerling, Bedeutung der Kommunitäten, 174.

7 Vgl. Wegner, Verkirchlichung, 303ff.

die das Rad der Zeit zurückdrehen wollen? Während die theologischen, mit der Ablehnung monastischer Lebensformen in der Reformationszeit verbundenen Vorbehalte heute seltener formuliert werden und in zwei EKD-Denkschriften („Evangelische Spiritualität" von 1979 und „Verbindlich leben" von 2007) „vorbehaltlos" ausgeräumt wurden,[8] ist die Frage nach der Möglichkeit kommunitären Lebens unter den Bedingungen der Moderne weiterhin virulent. Als Ausdruck einer verbreiteten Skepsis in der (Praktischen) Theologie kann der Kommentar von Eberhard Hauschildt und Uta Pohl-Patalong zu „Lebensgemeinschaftsgruppen in ordensähnlichen Gemeinschaften" gelten: „Solche Gruppen verkörpern Verbindlichkeit; fraglicher ist, wie sie mit individueller Freiheit und biographischem Wandel umgehen."[9]

Im Folgenden soll der Frage nachgegangen werden, wie sich die Spannung von individueller Freiheit und verbindlicher Gruppenzugehörigkeit in der Ordensregel einer bestimmten Kommunität – der Offensive Junger Christen (OJC) – niederschlägt, und welche Lösungen sie vorschlägt. Dafür wird neben den konkreten Regelungen, die die Lebensgestaltung betreffen, der zentralen „Grammatik"-Metapher Aufmerksamkeit geschenkt. Indem sich die Gemeinschaft eine „Grammatik" anstatt einer „Regel" gibt, stellt sie die Grundsätze ihres gemeinsamen Lebens in den Horizont einer vorgegebenen Ordnung, die der individuellen und kreativen Aneignung bedarf. Sie beansprucht, das Gegenüber von Theorie und Praxis, Regulierbarem und Unverfügbarem, Institution und Inspiration und auch Individuum und Gemeinschaft nicht aufzulösen, sondern in Spannung zu halten. Damit kann sie bei aller Besonderheit der kommunitären Situation Anregungen für eine gemeinschaftliche Spiritualität bieten, die für die Anfragen und Herausforderungen der gesellschaftlichen Bedingungen der Moderne sensibel ist. Dazu trägt auch bei, dass die „Grammatik" einen Institutionalisierungsprozess der Kommunität verkörpert, in dem insbesondere der Zusammenhang von Individualität, Spiritualität und Institutionalität reflektiert wurde. Zu Beginn soll die OJC kurz vorgestellt werden.

2 Die Kommunität „Offensive Junger Christen"

Die Anfänge der OJC liegen in den Studentenunruhen von 1968. Horst-Klaus Hofmann (1928–2021), zum damaligen Zeitpunkt CVJM-Sekretär in Mannheim, begann mit seiner Frau Irmela Hofmann (1924–2003) eine Konferenzarbeit für junge Erwachsene. Deren drängenden Fra-

---

8 Zimmerling, Bedeutung der Kommunitäten, 169f.

9 Hauschildt / Pohl-Patalong, Kirche, 146. Vgl. auch das von Peter Zimmerling benannte Risiko einer „Überbetonung der Gemeinschaft" in Kommunitäten. Es sei für „jede christliche Gemeinschaft notwendig, ihren Mitgliedern ein möglichst hohes Maß an Selbstbestimmung, Partizipation und Initiative in Fragen des Glaubens und des gemeinsamen Lebens einzuräumen.", Zimmerling, Bedeutung der Kommunitäten, 176.

gen – die deutsche Nazi-Vergangenheit, das Misstrauen zwischen den Generationen, autoritäre Strukturen in Familien und Institutionen, Sexualethik, Kapitalismuskritik – sollte ein Forum geboten und aus christlicher Perspektive begegnet werden. Selbstbewusst wurde das Motto formuliert: „Alle reden von Revolution – wir auch". Schon bald nahm die Familie Hofmann junge Erwachsene als Mitlebende auf Zeit in ihr Haus auf. So entstand die „Großfamilie" – eine „kleine, bewegliche Lebensgemeinschaft von Mitarbeitern", die im hessischen Bensheim zunächst als „‚lebendiges Herz' für alle kommenden Einsätze" vorgesehen war.[10] Daraus wuchs bald eine eigenständige Gemeinschaft aus Familien mit Kindern, unverheirateten Mitarbeitern und jeweils für ein Jahr mitlebenden jungen Frauen und Männern. In den 1980er Jahren zog man nach Reichelsheim im Odenwald. Zentral für die Spiritualität der OJC ist die Verbindung von gesellschaftspolitischem Engagement und einer persönlichen, kontemplativen Spiritualität.[11] Stille und Meditation, geschwisterlicher Austausch und Tagzeitengebete gehören bis heute zum Alltag der Gemeinschaft, in der rund hundert Menschen leben.

2002 wurde Horst-Klaus Hofmann als Leiter der Gemeinschaft von Dominik Klenk (*1968) abgelöst. Klenk hatte seine Kindheit und Jugend in der OJC verbracht, wo seine Eltern Mitarbeiter waren. Nach einem Journalistik- und Philosophiestudium und anschließender Promotion kehrte er nach Reichelsheim zurück und übernahm – als jüngster Mitarbeiter – die Leitung der OJC. Er leitete einen Generationenwechsel ein und initiierte auch die Kommunitätsgründung, die 2008 stattfand. Bis dahin war die OJC Großfamilie, Gemeinschaft, aber – zumindest offiziell – keine Kommunität.

3 Die „Grammatik der Gemeinschaft" als Ausdruck der Institutionalisierung der OJC

Laut Dominik Klenk befand sich die OJC-Gemeinschaft „nach zweieinhalb Jahrzehnten dynamischen Wachstums und breiter Wirkung in Kirche und Gesellschaft [...] gegen Ende der Jahrtausendwende als geistliche Lebensgemeinschaft in keiner guten Verfassung".[12] Man habe zu viele Aufgaben übernommen und unter fehlenden Strukturen und beschädigten Vertrauensverhältnissen zwischen den Mitarbeitern gelitten. Es sei an der Zeit gewesen, sich intensiv mit dem Zustand der Gemeinschaft zu beschäftigen, und „den allzu oft überhörten Wahrnehmungen der Einzelnen endlich Gehör zu verschaffen".[13]

10 Hofmann, Kein Tag wie jeder andere, 18.

11 Zimmerling, Spiritualität der „Offensive Junger Christen", 161.

12 Klenk, Wechseljahre, 184.

13 A. a. O., 185.

> „Wir haben unseren Auftrag neu formuliert und ein Leitbild miteinander entwickelt, um auch in Zukunft jungen Menschen in Jesus Christus Heimat, Freundschaft und Richtung geben zu können. Wir haben eine innere Ordnung des gemeinsamen Lebens formuliert und als eine ‚Grammatik der Gemeinschaft' aufgeschrieben. Dies soll uns helfen, unsere Formation immer wieder um eine richtige Mitte zu ordnen und uns einander zuzuordnen, Freiheit und Verbindlichkeit in ein schöpferisches Verhältnis zu setzen, damit unsere Berufung zum Zuge kommt."[14]

Die „Grammatik der Gemeinschaft" wurde Anfang des Jahres 2008 von Dominik Klenk verfasst, von der Gemeinschaft auf einer Klausurtagung durchgearbeitet und am 13. April 2008 der Kommunitätsgründung zugrunde gelegt. Der veröffentlichten Version von 2013 gingen noch einmal „drei Jahre[] des inneren Umgehens und des intensiven Gesprächs unter den Geschwistern" voraus.[15] Mit dem Soziologen Winfried Gebhardt kann die Abfassung der „Grammatik" und die Kommunitätsgründung als Prozess der „Institutionalisierung" verstanden werden. Ausgelöst wurde er durch das Ende „einer langen Epoche unter der Leitung einer dominanten Leiterstimme".[16] Strukturen sollten geklärt, Abläufe vereinheitlicht werden. Zugleich sollte die „Grammatik" den „Sinn für die eigene Tradition" und die eigene „kulturelle Atmosphäre" schärfen.[17] Gebhardt spricht – im Anschluss an Max Weber – vom „Charisma", das „alternative Gemeinschaften" ins Leben ruft. Es handelt sich dabei um eine besondere „Qualität", die Personen, aber auch Ideen und Gegenständen anhaftet und eine begeisterte Anhängerschaft zum Ausbruch aus den „institutionellen und normativen Zwängen und Bindungen des Alltagslebens" zu motivieren vermag.[18] Es spricht viel dafür, dass der Gründer der OJC, Horst-Klaus Hofmann, in der Gemeinschaft als Charismaträger anerkannt war. Nach seinem Tod 2021 schrieben fünf Urmitglieder der OJC über ihren „charismatischen Gründer":

> „Wir haben von Horst-Klaus Hofmann viel empfangen. Er war Lehrer, Ernährer, väterlicher Freund und Leiter unserer Gemeinschaft. Er hatte geniale Züge, wie viele andere Gründer auch, und das fanden wir großartig. Wir waren jung und offen für alles, was wir lernen konnten. Wir waren begeisterungsfähig, kannten aber uns selbst nicht in unseren Gaben, Grenzen und Gefährdungen. Wir haben unseren Gründer idealisiert, bewundert und tolle Erfahrungen mit ihm gemacht. Wir wollten über uns selbst hinausleben, merk-

---

14 A. a. O., 186.

15 OJC Kommunität / Klenk, Wie Gefährten leben, 8.

16 Klenk, Wechseljahre, 186.

17 A. a. O., 187.

18 Gebhardt, Charisma als Lebensform, 42.

> ten aber im Lauf der Jahre: Immer mehr, immer schneller, immer größer – das schaffen wir nicht! Und das führte zu Konflikten. Manche konnten wir ansprechen und austragen, viele nicht. Wir wollten mündig und unabhängiger entscheiden können. Normalerweise bleibt man ja nicht ein Leben lang im Elternhaus. Aber wir hatten die Berufung, den Auftrag der OJC mitzutragen. Darum blieben wir und mussten daran wachsen."[19]

Die Übertragung der Leitungsfunktion auf Dominik Klenk war noch als persönliche Entscheidung von Horst-Klaus Hofmann vonstatten gegangen – Beispiel einer „unmittelbare[n] Übertragung charismatischer Ansprüche auf Personen [...], die zumeist in irgendeiner Form selbst als charismatisch qualifiziert gelten".[20] In der „Grammatik" wird nun die Intention deutlich, das Charisma, das hier als „Auftrag der OJC"[21] und „Identität"[22] bezeichnet wird, zu „ordnen".[23] Die Grammatik soll „der Befestigung der Gemeinschaft" dienen, ihr über „Krisen" hinweghelfen und „Multiplikation durch Auspflanzungen" ermöglichen.[24] Man kann hier von einer „Institutionalisierung des Charismas" sprechen, die dann geschieht, „wenn soziale Dauergebilde, also Institutionen, geschaffen werden, an denen Charisma unabhängig von einer konkreten Person haftet".[25]

Die Spannung, die dieser Prozess für die OJC bedeutete, wird dann verständlich, wenn man ihren Ursprung als Protest gegen verkrustete Strukturen in Familie, Politik, Kirche und Gesellschaft bedenkt. Der in heutigen Ohren fremde Klang des Weberschen Charismabegriffs erscheint legitim, wenn man die Worte Horst-Klaus Hofmanns liest, die dieser als „Urberufung der OJC"[26] am 1. Januar 1968 notiert hatte: „Schafft und schult eine geeinte, revolutionäre Mannschaft, die Menschen von Gott abhängig macht und in unserer Welt die brennenden Probleme wirksam anpackt".[27] Noch zwanzig Jahre nach seiner Ablösung als Leiter wünscht Hofmann der OJC zum 50. Jubiläum „ungeplante, spontane Aufbrüche des geistlichen ‚Vulkans'".[28]

Daneben ist die paradoxe Formulierung aufschlussreich, die Dominik Klenk bei derselben Gelegenheit an die OJC richtet: „Wer als Organismus vital bleiben will, der muss dem Strom

---

19 Geister / Klenk / Klenk / Pechmann / Pechmann, Kein Licht ohne Schatten, 25.

20 Gebhardt, Charisma als Lebensform, 54.

21 OJC Kommunität / Klenk, Wie Gefährten leben, 21f.

22 A. a. O., 18.

23 A. a. O., 20.

24 A. a. O., 22.

25 Gebhardt, Charisma als Lebensform, 54.

26 Mascher / Heymann, Urauftrag, 16.

27 A. a. O., 15.

28 Hofmann, Grußwort.

folgen, der immer wieder an die Quellen führt."[29] Neues und Bewährtes, Aufbruch und Rückkehr sollen ein und dieselbe Bewegung bilden. Deshalb spricht Klenk nicht von einem einmaligen Institutionalisierungsprozess, sondern von einem kontinuierlichen Prozess der Expansion, Deformation, Reformation und Inkarnation einer Gemeinschaft.[30] Dieser Prozess ist eingebettet in ein umfassenderes Geschehens, nämlich das Ringen um „Vitalität und Dauer" in der Dauerspannung zwischen Institution und Inspiration, das die Kirche als ganze betrifft:

> „Bleibt es alleine bei charismatischer Inspiration läuft sie [die Gemeinde; P.G.] Gefahr, den erdigen Auftrag der Kirche zu verlieren. Nehmen die Bestrebungen zur institutionellen Sicherung des Bestandes überhand, bleibt die notwendige Inspiration und das Angewiesensein auf Gottes entscheidendes und überraschendes Handeln häufig auf der Strecke."[31]

Damit ist eine der Grundspannungen benannt, denen sich die „Grammatik" widmet und dessen Ausdruck sie selber ist. Sie soll nicht bloßer Verwalter des Erbes der OJC sein, sondern zugleich Aufbrüche und Kontinuität ermöglichen.

4 „Grammatik" statt „Regelwerk"

Die „Grammatik" stellt sich zwar in die Tradition traditioneller monastischer Ordnungen wie der Benedikt-Regel, will aber „kein Regelwerk, sondern Anregung; nicht Anweisung, sondern Anstiftung" sein.[32] Sie will die „Frucht aus vier Jahrzehnten gemeinsamen Lebens der OJC" sammeln und „klare Richtungsanweisungen" geben, die aber „unscharf" genug sind, „um dem eigenen Gewissen Gespür abzuverlangen".[33] Anders als „Regel" lässt der Begriff Grammatik an eine bereits vorgefundene Ordnung denken, nämlich an die menschlicher Sprachen. Die Grammatik einer Sprache ist natürlich, nicht erzwungen, sie bringt Ordnung in die Worte und ermöglicht damit, zu sprechen und verstanden zu werden. Indem die „Grammatik" der OJC diesen Begriff aufnimmt, stellt sie die Ordnung ihrer Gemeinschaft in den weitestmöglichen Horizont, nämlich den des Menschseins überhaupt. Entsprechend formuliert sie:

---

[29] Klenk, Grußwort.

[30] Klenk, Wechseljahre, 187.

[31] A. a. O., 183.

[32] OJC Kommunität / Klenk, Wie Gefährten leben, Klappentext.

[33] A. a. O., 22.

> „Grammatik beschreibt, was wir brauchen für ein gemeinsames Leben, in dem es primär um ein Hören und Sprechen, Verstehen und Tun geht: um das Hören und Sprechen mit Gott, um das Hören und Sprechen miteinander und um das Hören und Sprechen, das über die Gemeinschaft hinaus in die Welt hineinwirkt."[34]

Die Regeln und Grundsätze, die den spezifischen „Auftrag" der OJC fassen sollen, werden mit dem „Grammatik"-Begriff auf „Quellen" zurückgeführt, die dem geschichtlichen Charakter der Gemeinschaft vorausgehen. Diese Spannung von Universalität und Partikularität – man könnte auch sagen, zwischen dem „Wesen" menschlichen Lebens und seiner „Gestalt" – tritt zur bereits genannten Spannung von Inspiration und Institution, von vorgegebener Regel und gelebter Ordnung hinzu.

4.1 Der Ursprung der Grammatik-Metapher

Wie kommt die OJC-Gemeinschaft zur Bezeichnung ihrer Ordnung als „Grammatik"? Die Grammatik gehörte neben der Dialektik und der Rhetorik zum Trivium, das an den mittelalterlichen Universitäten ein Teil des Grundstudiums bildete. Sie wurde von Luther hochgeschätzt, weil sie die Bedingung für die Verkündigung des Evangeliums darstellt, weshalb der Heilige Geist seine eigene Grammatik, eine *„nova Grammatica*" habe.[35] Johann Georg Hamann verwendete den Begriff dann, um das Verhältnis von Theologie und Bibel zu beschreiben: Theologie ist „Grammatick zur Sprache der hl. Schrift".[36] Die Grammatik sperrt sich gegen eine Scheidung von Theorie und Praxis: Sie ist beides zugleich. Sie sperrt sich zudem gegen die augustinische Unterscheidung von *res* und *signum*, zwischen Wesen und Erscheinung: Denn „das *Wesen* ist in der Grammatik ausgesprochen" (Ludwig Wittgenstein).[37] Für Luther drückte sich in dieser Übereinstimmung der Charakter des Evangeliums aus: Der (sprachliche) Zuspruch der Sündenvergebung im Namen Jesu *ist* Sündenvergebung, und nicht dessen bloße „Erscheinung".[38]

Die Aufnahme des Grammatik-Begriffs in der OJC erklärt sich aber vor allem mit dem Einfluss des deutschen, 1933 nach Nordamerika emigrierten Philosophen Eugen Rosenstock-Huessy (1888–1973) auf Dominik Klenk, der mit einer Arbeit über dessen Werk promoviert wur-

34 A. a. O., 20.

35 WA 39 II,104,24, zitiert nach: Bayer, Theologie, 123.

36 Großhans, Grammatik II., 1247.

37 Ludwig Wittgenstein, Philosophische Untersuchungen § 371, zitiert nach: Bayer, Theologie, 451.

38 Bayer, Theologie, 451.

de. Rosenstock-Huessy bezeichnete sich selbst als „Sprachdenker", seine Philosophie gilt als früher Entwurf einer „Dialogphilosophie", wie sie u. a. von Rosenzweig und Buber ausgeprägt wurde.[39] Die Sprachfähigkeit des Menschen dient Rosenstock-Huessy als Ansatzpunkt, von dem aus alle wesentlichen philosophischen, soziologischen und ethischen Grundsätze entwickelt werden müssen. Die Abkehr vom abstrahierenden, von äußeren Einflüssen gereinigten Denken als Quelle der Vernunft hin zur Sprache bezeichnet Klenk als „Wegbereitung vom icheinsamen Denken der neuzeitlichen Philosophie zur gelebten Sprachvernunft".[40]

Zentral für Rosenstock-Huessy ist – wie schon für Hamann – der biblische Gedanke der Fleischwerdung des Wortes (Joh 1,14). Wenn das Wort Fleisch geworden ist und darin das „Wesen der Wirklichkeit" enthalten ist, „dann muss die Sprache dem Menschen Aufschluss über seine Stellung in der Wirklichkeit geben".[41] Die Sprache ist „Offenbarung vor der Offenbarung".[42] Durch die Sprache erfährt sich der Mensch als Angesprochener. Das „Ich" des Menschen entwickelt sich erst dann, wenn er durch ein „Du" als „Du" angesprochen wird. Auch seine Sprach- und Denkfähigkeit entsteht erst aus dieser Anrede und Benennung, die von Kindheit an sein ganzes Leben durchzieht. Der „Vokativ" ist die „erste Erfahrung, die sich an mich wendet. Und der Vokativ meines Namens wird in dem Fürwort ‚*Du*' abgekürzt".[43] Das Angesprochenwerden findet in Raum und Zeit statt. Deshalb greift die herkömmliche Subjekt-Objekt-Unterscheidung zu kurz, weil sie nur die räumliche Dimension des Menschen erfasst. Die Beziehung Innen-Außen bzw. Ich-Es muss durch die zeitliche Beziehung von Vergangenheit und Zukunft ergänzt werden. Der Mensch ist als „Präjekt" in Richtung Zukunft gewendet, und als „Trajekt" von der Vergangenheit geformt. Dem entspricht die Beziehung von Du und Wir: Als Präjekt ist der Mensch Angesprochener, er erfährt sich in seiner „Geworfenheit" als noch nicht Vollendeter: „Er liegt noch nicht fertig vor!" Als Trajekt blickt er zurück und erkennt seine Verwobenheit mit anderen Menschen, die der Selbstwerdung voranging.[44]

Die Raumachse von Subjekt und Objekt wird durchkreuzt von der Zeitachse des Trajekts und Präjekts. An diesem Punkt bildet sich das „Kreuz der Wirklichkeit". Im Alltag pendelt der Mensch zwischen diesen „vier ursprünglichen Annäherungen an die Wirklichkeit".[45] Die vier Punkte des Kreuzes können mit Präjekt/Subjekt/Trajekt/Objekt, Vorwärts/Innen/Rückwärts/Außen oder Du/Ich/Wir/Es benannt werden. Sprache verbindet den präjektiven Anruf,

39 Heinze, Einführung, 17–40.

40 Klenk, Metanomik.

41 Schmid, Grammatik, 130f.

42 Rosenstock-Huessy, Atem des Geistes, 37.

43 Rosenstock-Huessy, Universität, 154, zitiert nach: Klenk, Metanomik, 141.

44 A. a. O., 148.

45 Rosenstock-Huessy, Sprache, 546, zitiert nach: a. a. O., 146.

die subjektive Wahrnehmung, die trajektive Erfahrung und die objektive Aufzählung. Rosenstock-Huessy illustriert diese Erfahrungen von Wirklichkeit an einer indischen Legende:

> „Wenn der Vater [...] die Kinder in den Wald schickt, so sagt er: ‚Brecht mir Zweige!' Nun hat es dich also getroffen. Dich hat er gehen geheißen, du kleiner Holzsucher. Unter dieses namentlichen Auftrages Druck gehen die Kinder. Und nun sprechen sie zueinander: ‚Ich gehe rechts', sagt wohl der eine. ‚Laß mich links halten', sagt wohl der andere. Hier zwingt dich der Druck des Auftrages, von dir als ‚ich' zu reden. Das präjektive Du, der in die Zukunft hinausgeworfene Hörer des Gebots, wird während der Ausführung zum Subjekt abgewandelt. Aber es bleibt nicht dabei. Dem Präjekt und dem Subjekt folgt das Trajekt. Denn stolz kehren die Kinder zurück und melden: ‚Wir haben die Zweige gebrochen. [...] Nun kann der Vater zählen: hundert Reiser. Die sind nun *objektiv* da."[46]

Diesen Prozess, bei dem aus einem Anruf ein Objekt wird, versteht Rosenstock-Huessy als „elementare[n] Grundvorgang für das Erkennen und das Weiterschaffen der Einheit und der Wirklichkeit eines Menschenlebens und damit auch der Menschheitsgeschichte".[47] Es handelt sich um eine „leibhaftige Grammatik", die den Menschen in eine geschichtliche, räumliche, soziale und geistige Wirklichkeit einbindet. Die Einheit von Vergangenheit und Zukunft, Individualität und Sozialität ruht in der Sprache. Ihr gilt es Aufmerksamkeit zu widmen, denn dort, wo „wahr gesprochen wird und das gesprochene Wort Bewährung findet, finden wir [...] Anschluß an die Urquelle schöpferischen Lebens".[48]

4.2 Der innere Aufbau der „Grammatik" der OJC

Die „Grammatik" der OJC ist in drei Teile unterteilt, denen eine Präambel vorangeht. Der erste Teil, „Sprechhorizonte", versammelt „geistliche Grundlagen" – Glaube, Liebe, Hoffnung als „Grundgeschenke", Herz, Kopf, Hände, Füße als „Resonanzboden unserer Antwort", Tugenden und „Zerstörungskräfte" des gemeinsamen Lebens sowie Ausführungen zu den evangelischen Räten. Der zweite Teil, „Zeiten und Rhythmen", betrifft das gemeinschaftliche geistliche Leben der OJC, insbesondere ihre „Liturgie des Alltags". Der dritte Teil, „Unregelmäßige Verben – Formationen im Miteinander" versammelt die Grundlagen der gemeinschaftlichen Organisation. Hier geht es um die unterschiedlichen „Stände" und „Lebensalter" in der Kom-

[46] Rosenstock-Huessy, Ja und Nein, 30, zitiert nach: a. a. O., 148f.

[47] A. a. O., 149.

[48] A. a. O., 57.

munität, um die Regelung von Eintritt (und Austritt), um Leitung und Ämter und um Fragen des Zusammenlebens – Freundschaften, Vermögen und Erbschaften, Konflikte, etc. Durchbrochen wird die in den Teilen vollzogene Bewegung vom Allgemeinen ins Konkrete durch den – anschließend an Rosenstock-Huessy – kreuzförmigen „innere[n] Aufbau" der „Grammatik":[49] Die vier Punkte des Kreuzes sind die „letzten Dinge", die „vorletzten Dinge", „Atmosphären" und „Regeln". Die letzten Dinge sind außerhalb menschlicher Verfügung und können nur empfangen werden. Die vorletzten Dinge sind „vornehmlich pragmatisch zu klärende Fragen und Aufgaben unseres Lebens." Gute „Atmosphären" prägen Lebensräume und lassen menschliches Leben darin wachsen und gelingen, ihre Formulierung gelingt am ehesten in „poetischer Sprache". Regeln geben „dem gemeinsamen Leben einen gedeihlichen Rahmen". Sie erinnern daran, „dass wir in einer gefallenen Welt an wesentlichen Punkten der Klarheit bedürfen. Dabei gilt der Grundsatz: Je weniger Regeln, desto besser".[50] Diese vier Bereiche „durchdringen und ergänzen einander" und bilden die Grundlagen eines „Sprech- und Lebensraums".[51] In der Präambel wird es als „Geschenk" bezeichnet, „Räume zu betreten, die von Menschen belebt und vom Geist Gottes mitgestaltet sind. Die OJC Kommunität ist ein solcher Raum und will es immer neu werden."[52] Regeln sind nur ein Bestandteil, der diesen Lebensraum gestaltet. Die Balance zwischen Institution und Inspiration durch den Heiligen Geist soll durch die klare Unterscheidung von letzten und vorletzten Dingen, von nicht regulierbaren Atmosphären und klaren Grenzziehungen durch Regeln in immerwährender Spannung gehalten werden. Zwei Beispiele: Seit ihren Anfängen trifft sich die OJC zum „Austausch", in dem unkommentiert einander „Herzensanliegen" mitgeteilt werden. Die „Grammatik" formuliert im Modus von „Atmosphären": „Wenn wir einander aufrichtig in Gottes Gegenwart begegnen, wächst die Wahrhaftigkeit in uns und zwischen uns."[53] Aufrichtigkeit kann nicht verordnet werden. Die „Grammatik" bestimmt deshalb nur das regelmäßige Stattfinden vom Austausch einmal in der Woche, wenigstens aber einmal im Monat.[54] Nicht reguliert ist der Umgang mit Besitz und Erbschaften, die „jedem persönlich" anvertraut sind. Mit Blick auf „Atmosphären" formuliert die „Grammatik": „Bring deine Fragen dazu ins Gespräch mit der Leitung. Trage dafür Sorge, dass die Verwaltung deines Vermögens dich weder innerlich noch äußerlich von der Klarheit und Entschiedenheit deiner Berufung abbringt."[55]

---

49 OJC Kommunität / Klenk, Wie Gefährten leben, 23.

50 A. a. O., 24.

51 A. a. O.

52 A. a. O., 18.

53 A. a. O., 61.

54 Der Austausch fand seit den Anfängen der OJC über dreißig Jahre „fast täglich statt, im Anschluss an unsere persönliche Stille am Morgen", Klenk, Perle, 46.

55 OJC Kommunität / Klenk, Wie Gefährten leben, 109.

Die Spannung zwischen Individualität und Sozialität wird am deutlichsten durch das „Kreuz der Wirklichkeit" in den Paragraphen 71 bis 74 der Grammatik illustriert. Ohne namentlichen Bezug wird hier Rosenstock-Huessys vierfaches Modell der Wirklichkeit leicht verändert übernommen: „Vierfach ergreift dich das Leben und moduliert dich weiter: Du wirst angesprochen von einem Du. Du antwortest als ein Ich. Du machst dich mit anderen auf zu einem Wir. Du gewinnst Abstand und reflektierst das Gemeinsame." Diese vier Modi formen einen „Rhythmus der Zeiten" und werden an den vier Punkten des Kreuzes mit „Kontemplation", „Konspiration" (Miteinander-Sein), „Aktion" und „Rekreation/Reflexion" bezeichnet. Dabei handelt es sich um eine zeitliche Abfolge: „Achte darauf, dass du nicht zu lange in einer Tonart verharrst".[56] Daneben steht ein weiteres Bild für die Einheit von Alleine- und Gemeinsamsein, Passiv- und Aktivsein: der „Römische Brunnen" mit seinen drei Schalen, die sich jeweils füllen, wenn die obere Schale überfließt. „Leben wie ein Brunnen" bedeutet, dass die höchste Priorität der Stille vor Gott gehört: „Täglich neu meine Hände ausstrecken wie eine Schale, empfangen von dem, der alles gibt".[57] Die zweite Schale bezeichnet das, „was mir durch meine Gefährten zufließt", die dritte geht über die Gemeinschaft hinaus: „Beherzt austeilen, was wir empfangen haben, den Durst der Feldwege nicht fürchten, dem Geist des Herrn Bahn bereiten, die Frucht der Ernte erwarten und staunen."[58] Wir wirkt sich das als Regel aus? Unter dem Stichwort „Verfügbarkeit" liest man: „Geh keine langfristigen Verpflichtungen gegenüber Dritten ein, es sei denn, du hast vorher mit den verantwortlichen Geschwistern gesprochen". Wer sind die „verantwortlichen Geschwister" und welche Befugnisse haben sie? Sie werden vom Kommunitätsrat, zu dem alle Vollmitglieder gehören, als Priorat (geistliche Leitung) und Vorstand (politische Leitung) gewählt. Prior bzw. Priorin steht beiden Gremien vor und werden für vier Jahre (insgesamt höchstens 12 Jahre) gewählt.[59] Ihre Autorität und Handlungsmacht werden funktional bestimmt: Sie sind „kein Selbstzweck, sondern stehen im Dienst der Geschwister als notwendige und zweckmäßige Führungselemente der Kommunität".[60] Gehorsam bezeichnet die „Grammatik" als „Beziehungsgeschehen", das „aus dem gegenseitigen Vertrauen" lebt. Nicht als Imperativ, sondern im Modus eines gemeinsamen Wunsches wird formuliert:

> „Wir wollen bereit sein, Weisung anzunehmen und Autorität auszuüben im Sinne von Jesu Gebot: Der Erste unter euch soll aller Diener sein. Leiten bedeutet dabei, den Weg der Gruppe und ihrer Glieder hörend zu begleiten und Entscheidungen zu treffen und

56 A. a. O., 67.

57 A. a. O., 58.

58 A. a. O.

59 A. a. O., 96–100.

60 A. a. O., 95.

> zu verantworten. Folgen heißt, sich ins Gespräch der gemeinsamen Weg- und Entscheidungsfindung einzubringen und dann der Weisung zu vertrauen."[61]

Die gelebte Praxis von Gehorsam und Verbindlichkeit beschreibt ein Mitglied der OJC im Interview folgendermaßen:

> „Es gibt nicht viele Verbindlichkeiten. Jeder Bereich des Lebens hat verbindliche Anteile, andere wiederum sind frei verfügbar. Wir sind nicht ordensmäßig strukturiert in unseren Gehorsamsstrukturen. Aber ich glaube, im Vollzug des Lebens verlangen wir einander schon auch Gehorsam ab – oder nachgeben, einlenken, sich einsortieren oder unterordnen unter ein Kollektives, unter ein Mehrheitliches oder ein Notwendiges. Aber es ist sehr heikel. Es gibt keine Institutionalisierung von Gehorsam bei uns. Es wird unglaublich viel, *un*glaublich viel diskutiert, unglaublich viele Entscheidungsprozesse geschehen über Stille und Konspiration, Austausch, wägen, abwägen, unterscheiden." (Interview vom 13.12.2021)

Wie steht es nun um „biographischen Wandel"? Der Eintritt in die OJC, der anschließend an eine drei- bis sechsjährige „Assoziiertenzeit" erfolgen kann, ist in der Regel lebenslänglich. Eine Trennung ist „möglich, aber eigentlich nicht vorgesehen."[62] Unter dem Titel „Lebendiges Opfer" formuliert die „Grammatik":

> „Wenn du dich für ein Leben in der Kommunität entscheidest, legst du deine ganze Existenz neu in Gottes Hand und verbindest den wesentlichen Teil deiner Freiheit sichtbar mit den Geschwistern. Das kann nur auf der Basis der Verbundenheit in Christus gelingen. Aufgrund der erfahrenen Barmherzigkeit geben wir unsere Leben hin als lebendiges Opfer (Röm 12,1). Wir wollen unsere Hingabe beherzt leben: freiwillig, entschieden, mündig."[63]

---

61 A. a. O., 38.

62 A. a. O., 85.

63 A. a. O., 82.

5 Fazit: Der Ertrag der Grammatik-Metapher für die Ordnung der OJC

Die „Grammatik" der OJC ist von dem Gedanken getragen, dass es Gemeinschaft braucht, „damit menschliches Leben gelingen kann".[64] Unter dieser Prämisse versucht sie, das Leben einer menschlichen Gemeinschaft zu beschreiben, in dem persönliche Gottesbeziehung, Ich-Du-Beziehungen, Wir-Beziehung und Selbstbeziehung in einem fruchtbaren Verhältnis stehen. Anders als Rosenstock-Huessys „leibhaftige Grammatik" beansprucht die „Grammatik der Gemeinschaft" jedoch nicht, die Ordnung der Wirklichkeit an sich auszudrücken, so als ob in ihren Regeln Wesen und Gestalt des inkarnierten Wortes übereinstimmten. Die „Grammatik" ist nicht das Evangelium. Die OJC stellt einen Sonderfall von Gemeinschaft dar, einen „Raum" neben vielen anderen, der eine besondere Verbindlichkeit und Ordnung erfordert. Daran erinnert die Unterscheidung von letzten und vorletzten Dingen, von Atmosphären und Regeln. Was die „Grammatik" als Regel formuliert, dient der Ordnung der OJC-Gemeinschaft und gilt nur hier. Eine Entscheidung zum lebenslangen Eintritt, zu Gehorsam und zur Verbindung des „wesentlichen Teil[s]" der individuellen Freiheit mit der Gemeinschaft gehört zu den vorletzten Dingen. Nur vorletzte Dinge können reguliert werden. Aber auch hier unterscheidet die „Grammatik" noch einmal zwischen Regeln und Atmosphären. Nur das Nötigste an Strukturen und Abläufen wird in Regeln gefasst. Weitaus umfangreicher sind die Teile der „Grammatik", die „Atmosphären" beschreiben, die einem ausgewogenen Leben in den vier Beziehungsdimensionen dienen. Die in der Geschichte der OJC erprobten Formen – persönliche Stille, Austausch, Stundengebete, regelmäßige Treffen in Kleingruppen, Kommunitätstage und -retraiten usw. – sollen lebensförderliche Atmosphären begünstigen. Sie entstehen jedoch nicht durch Regulierung. Die „Grammatik" regelt deshalb nur das Zustandekommen dieser Formen. Die Ordnung der institutionellen Formen soll Raum für Atmosphären schaffen, in denen sich das unverfügbare Wirken Gottes entfalten kann. Der Raum wird begrenzt, damit er nicht beliebig wird, seine Begrenzung aber im Mindestmaß gehalten. Damit sind Institution und Inspiration verbunden und doch getrennt. Den letzten Dinge – dem Kommen des Reich Gottes – dienen institutionalisierte Räume, die selbst vorletzte Dinge sind. Die poetische Sprache, in der große Teile der „Grammatik" formuliert sind, illustriert dieses Bewusstsein. Hier liegt der theologische Kern der „Grammatik", der sich auch in der Intention ausdrückt, den Auftrag der OJC und ihre institutionellen Strukturen unabhängig vom Einfluss einzelner Personen zu machen.

In diesem Bewusstsein wird auch das Verhältnis von Individualität und Sozialität in der „Grammatik" bedacht. Der Prozess des Eintritts ist detailliert geregelt. Die Ausgestaltung des kommunitären Engagements in Fragen der Arbeit, des Besitzes und der Tagesgestaltung wird

[64] A. a. O., 21.

dagegen nicht reguliert. Das biblische Bild des „lebendigen Opfers“ (Röm 12,1) des eigenen Lebens wird in keine Handlungsanweisungen übersetzt. Die „Grammatik“ vermittelt eine hohe Wertschätzung individueller Freiheit und Mündigkeit. Sie reagiert damit auch auf einen in der Vergangenheit der Gemeinschaft wahrgenommenen Mangel an Mitbestimmung. Die „Grammatik“ ist von der Überzeugung getragen, dass „Mündigkeit und Vielstimmigkeit der Mitarbeiter […] ausgesprochene Landeflächen für das Wirken des Heiligen Geistes“ darstellen – dass also in Gemeinschaft gelebte Individualität Räume für Inspiration eröffnen kann.[65]

Die Bezeichnung als „Grammatik“ signalisiert auch eine Einschränkung: Erst wenn gesprochen wird, erfüllt sie ihren Sinn. Ob die Bestimmungen der „Grammatik“ dem gemeinschaftlichen Leben dienen, kann sich nur im konkreten Leben der OJC zeigen. Als schriftliches Dokument und als Metapher für die Ordnung gemeinschaftlichen Lebens erweist sich die „Grammatik“ als sensibel für die Herausforderungen eines gemeinschaftlichen Lebens unter den Bedingungen der Moderne. Das gelingt ihr vor allem dadurch, dass sie Spannungen benennt, ohne sie einseitig aufzulösen: Zwischen „wirklichkeitsgemäßer“ Ordnung und konstruierten Regeln, zwischen kollektiver Verbindlichkeit und individueller Gestaltung, zwischen institutionalisierter Form und inspirierter Geistoffenheit soll ein Raum bleiben, in dem sich das Leben der Gemeinschaft *und* der Einzelne entwickeln kann.

Literatur

Bayer, Oswald, Theologie (Handbuch Systematischer Theologie 1), Gütersloh 1994.

Gebhardt, Winfried, Charisma als Lebensform. Zur Soziologie des alternativen Lebens, Berlin 1994.

Geister, Cornelia / Klenk, Friederike / Klenk, Hermann / Pechmann, Elke / Pechmann, Ralph, Kein Licht ohne Schatten. Wachsen an den Zumutungen unseres charismatischen Gründers, in: Salzkorn 4 (2021), 24f.

Großhans, Hans-Peter, Art. Grammatik II. Fundamentaltheologisch, in: RGG^4, Bd. 3, 1247.

Hauschildt, Eberhard / Pohl-Patalong, Uta, Kirche (Lehrbuch Praktische Theologie 4), Gütersloh 2013.

Heinze, Eva-Maria, Einführung in das dialogische Denken, Freiburg i. Br. / München 2011.

Hofmann, Horst-Klaus, Grußwort zum 50. Jubiläum der OJC, in: Salzkorn Nr. 274 (2018), Jubiläumsausgabe, 0.

Hofmann, Irmela, Kein Tag wie jeder andere. Tagebuch aus zehn Jahren einer Bensheimer Großfamilie, Wuppertal 1978.

Klenk, Dominik, Metanomik – Quellenlehre jenseits der Denkgesetze. Eugen Rosenstock-Huessys Wegbereitung vom ich-einsamen Denken der neuzeitlichen Philosophie zur gelebten Sprachvernunft, Münster 2003.

[65] Klenk, Wechseljahre, 186.

–, Die Wechseljahre der Gemeinde. Deformation und Reformation in der Nachfolge – Ein Versuch über Gruppenbewegungen, in: Johannes Berthold / Markus Schmidt (Hg.), Geistliche Gemeinschaften in Sachsen. Kommunitäten, Gemeinschaften und Netzwerke stellen sich vor, Berlin 2016, 182–190.

–, Grußwort zum 50. Jubiläum der OJC, in: Salzkorn Nr. 274 (2018), Jubiläumsausgabe, 0.

Klenk, Friederike, Die Perle im Gemurmel. Vom Gewinn der Aufrichtigkeit: Austausch – eine geistliche Übung, in: Salzkorn Nr. 274 (2018), Jubiläumsausgabe, 46f.

Luhmann, Niklas, Sozialsystem Familie, in: ders., Soziologische Aufklärung 5. Konstruktivistische Perspektiven, Wiesbaden [3]2005, 189–209.

Mascher, Daniela, Interview mit Simon Heymann, Vom Herzschlag des Urauftrags: Entschlossen, selbstlos und verrückt, in: Salzkorn 4 (2021), 15–18.

OJC Kommunität / Dominik Klenk, Wie Gefährten leben. Eine Grammatik der Gemeinschaft, Basel 2013.

Rendtorff, Trutz, Die soziale Struktur der Gemeinde. Die kirchlichen Lebensformen im gesellschaftlichen Wandel der Gegenwart – eine kirchensoziologische Untersuchung, Studien zur evangelischen Sozialtheologie und Sozialethik, Bd. 1, Hamburg 1958.

Rosenstock-Huessy, Eugen, Der Atem des Geistes, Frankfurt a. M. 1950.

–, Das Geheimnis der Universität, Stuttgart 1958.

–, Die Sprache des Menschengeschlechts. Eine leibhaftige Grammatik in vier Teilen. Erster Band, Heidelberg 1963.

–, Ja und Nein, Heidelberg 1968.

Schmid, Manfred A., Grammatik statt Ontologie. Eugen Rosenstock-Huessys Herausforderung der Philosophie, Freiburg i. Br. / München 2011.

Wegner, Gerhard, Das Gespenst der Verkirchlichung. Zum Ertrag der 5. Kirchenmitgliedschaftsuntersuchung, in: Detlef Pollack / ders. (Hg.), Die soziale Reichweite von Religion und Kirche. Beiträge zu einer Debatte in Theologie und Soziologie, Würzburg 2017, 279–312.

Zimmerling, Peter, Evangelische Spiritualität. Wurzeln und Zugänge, Göttingen 2003.

–, Die Bedeutung der Kommunitäten und geistlichen Gemeinschaften für die evangelische Kirche, in: Johannes Berthold / Markus Schmidt (Hg.), Geistliche Gemeinschaften in Sachsen. Kommunitäten, Gemeinschaften und Netzwerke stellen sich vor, Berlin 2016, 169–181.

–, Die gesellschaftsbezogene Spiritualität der „Offensive Junger Christen“, in: ders., Evangelische Spiritualität. Wurzeln und Zugänge, Göttingen 2003, 160–162.

VII Praktiken, Übung und Mystik

Atem

Notizen und Einfälle zum spirituellen Ich

Von Christian Lehnert

1 Ostwetterlage, Sturm aus dem böhmischen Becken

Der Wind ums Haus, wo ich hocke, ist unmenschlich, kratzt am Schiefer, schürft über die Firstbleche, nagt am Holz, am Selbstwertgefühl, am Urvertrauen. Er will das Gebäude nicht. Er will mich nicht darin, er will gar nichts. Ich bin ihm gleichgültig, wie ich mich im Obergeschoss in einen Winkel ducke, in eine Decke gehüllt. Das Haus am Kamm ist für ihn ein x-beliebiger Widerstand, nichts anderes als ein Felsaufwurf oder Geröll. Sie werden verschliffen. Sie werden ausgeblasen, zerrieben über Jahrhunderte. Seien sie auch Gestein, sie verlieren allmählich an Prägnanz und Gestalt, werden runder, flacher und sind irgendwann nicht mehr erkennbar.

Im Wind ist Wildnis, doch eine unbestimmte, die nichts sagt, nichts bedeutet, die sich nicht einverleiben lässt in romantische Sprachflocken. Nein: Der Wind ist *claritas, veritas* – in brutaler Gleichgültigkeit für uns sinnbedürftige Menschen. Schneidendes, frostklares Sirren. Es gibt diesen Wind im Grunde nicht für uns, er ist ein haltloses Ding-an-sich, ein Atemzug Nichts, formlose Materie, die keine Mutter ist, sondern ein kalter Brocken Ewigkeit. Ob ich lebe oder nicht, schert keinen Ostwind. Er belächelt nicht einmal meine Flüchtigkeit. Wenn ich sterbe – dann fehlt nichts. ‚Es ist immer das Gleiche', zischt er am Giebel, knirscht, heult: ‚Ein *Ich* ist auch nur ein Grat, der irgendwann verwittert bricht. Unten im Garten siehst du morgens die schwarzen Schieferschuppen liegen.'

Unterricht des Dunkels: Ich pfeife die Luft durch die Zähne, gleiche mich dem Wind im Schweigen an, hülle mich lauschend in sein gleichgültiges Vorhandensein im Verströmen. Bald bin ich in ihm, undenkbar, unpersönlich. Niemand weiß mehr etwas von ihm oder von mir, indem ich für den Augenblick nichts unterscheide, nicht einmal den Atem vom Windsein.

Die Sommerlinde (Tilia platyphyllos)

Der Lungenbaum / die Linde / atmet ein.
Die Blätter zittern / und der Wind dringt tief.
Weit draußen war der Baum und drinnen schlief
Die Wurzel / das Erinnern im Gestein:

Dort ist die Luft im Haargewirr zu Haus.
Dort ruhen / ungeschieden / Tag und Nacht.
Dort ist das Wachsende schon stumm gedacht.
Der Lungenbaum / die Linde / atmet aus.

2 Atemholen

Atmen ist niemandes Können oder Fähigkeit. Der Atem kommt aus mir, und zugleich bin ich in ihm, er geschieht unwillentlich, ist kaum zu steuern, ein fremder Impuls. Innerste Lebenskraft seit dem ersten Schrei, aber sie steht mir nicht zur Verfügung, durchzieht mich als ein Wehen, das ich nicht mein eigen nennen kann und das mich doch erhält. Atem holt Fremdes nach innen und lässt Inneres verströmen, doch löst sich der Atmende dabei nicht auf, verliert sich nicht, sondern findet erst seine Gestalt in rhythmischer Bewegung, eine Balance im Fließen. Im Atem erscheint die transzendentale Offenheit allen Lebens: Was immer lebt, hat seinen Anfang außerhalb seiner selbst, und es ist nie völlig abzugrenzen, nie ganz bei sich.

Wo Menschen in ihrer Atmungsfähigkeit beschränkt sind, werden sie krank. Wo das Fremde nicht mehr ungehindert eindringen kann, bleibt auch das Eigene zunehmend äußerlich. Wenn sich das geistige Ich zum ontologischen Punkt verschließt, zum abgepufferten, methodisch verpanzerten Selbstbehauptungsraum, wenn es alles misst an sich selbst, an Nutzen und Lustgewinn und Erkenntnis, dann verlässt es die gemeinsame Strömungsform mit allem Lebendigen und mit dem Unsichtbaren. Wenn sich alle Wahrheit im „Ich" erweisen muss, wird es in ihm stickig. Dann sammeln sich Keime und schlechte Atmosphären. Dann bringen bereits kleinste Störungen die Balance aus dem Gleichgewicht, führen zu abstrusen Reaktionen, überschießenden Entzündungen. Der Eingeschlossene sucht dann geradezu die Infektion, die Verletzung, weil er sich wieder öffnen will, weil er Luft braucht, um zu atmen und um sich zu finden als den, der er ist und doch *für sich* nicht sein kann. Denn er muss strömen, muss werden und in der Welt sein, eingesenkt, einwohnend, eingetaucht.

3 Was ist ein Gebet?

Unbestritten gebetserfahrene griechisch-orthodoxe Athosmönche schrieben so: „Du aber, wenn du in deiner stillen Zelle sitzt und deinen Geist sammeln willst – ziehe diesen durch die Nase ein, durch die der Atem zum Herzen kommt, […] dränge ihn ins Herz hinunter, zusammen mit der eingeatmeten Luft …". Für jene Ausgesonderten, die zurückgezogen auf einer Halbinsel in der Ägäis leben, ist ein Gebet zunächst nichts als Hocken und Atmen. Jeder

Gedanke wird zurückgebunden an den einfachen Puls des Lassens und Empfangens. Vor der Sprache liegt der Atem. Von *hier*, aus dem Innersten, weist die Geste nach *dort*, ins Geheimnis Gottes.

In dieser eigenen Gebetsart liegt mehr verborgen als eine Methode der Meditation. Es zeigt sich ein besonderes christliches Selbstverständnis. Christlicher Glaube entsteht in einem Puls, im Atem, im Nehmen und Geben, im Empfangen und Lassen. Christen können nie „an und für sich" sagen, wer sie sind und was sie ausmacht, da das Wesentliche immer von außen kommt und empfangen wird, in aller Unverfügbarkeit. Ein Außen bildet das Innen. Christen erwarten Gott, und sie fühlen sich zugleich von ihm getragen und durchdrungen, und diese Geborgenheit ist letztlich doch eine Daseinsform, die aussteht. Sie wird erhofft im gekommenen, im erwarteten Christus.

Darum sind auch die christliche Liturgie und ihre Gebetspraxis nie aus sich selbst gegeben oder normativ zu bestimmen. Sie waren und sind seit der Frühzeit des Christentums offen, sie atmeten, sie nahmen auf und gaben, sie ließen sich prägen und formten zugleich Kulturen. Das Christentum ist gewachsen aus dem Judentum, ist durchdrungen von griechischem Denken, es formte seine Gestalt in Auseinandersetzung mit vielfältigen spätantiken Kulten, es war und ist immer im Werden. Denn es ist lebendig, und zum Leben gehören Atmung und Bewegung. Das Christentun war immer eingetaucht in eine Umgebung, und *in* dieser entfaltete es seine Gestalt in dauernder Wechselwirkung. Genau d. h. ja Gestaltwerdung: Sich abgrenzen und zugleich öffnen, sich unterscheiden und zugleich kommunizieren. Die Grenzen des „Leibes Christi", seine Haut ist atmungsaktiv, sie schirmt ab und sie hat Poren und Öffnungen, Membranen, durch die Fremdes eindringt, um abgewehrt oder verwandelt zu werden. Als Organismus ist er sensibel, offen in seiner Natur und verdankt sich Fremdem.

Das heutige Christentum in Mitteleuropa steht vor zwei fundamentalen Herausforderungen, die seine Gestalt prägen. Da ist einerseits ein grundlegender Bedeutungsverlust in bestimmten Kultursegmenten, die mit weltimmanenten Vorstellungsräumen zurecht zu kommen scheinen und Religion als Störfaktor gerade noch tolerieren. Da ist anderseits die Pluralität von religiösen Wegen, die sich im Nebeneinander der großen Weltreligionen innerhalb unserer Gesellschaft zeigen, vor allem aber auch in der explosiven Vielzahl subjektiver Glaubensvorstellungen, in denen ein „expressiver Individualismus" (Charles Taylor) die Sphäre der Religion erreicht. Das Christentum in Mitteleuropa, verunsichert nach innen und außen, neigt zum Rückzug – und das ist eine natürliche Reaktion.

Die Konzentration auf den eigenen Atem aber, das Nehmen und Geben, stärkt nicht nur Einzelne, sondern auch Gemeinschaften. „In jedem Raum des Eintauchens verschmelzen formal *Tun* und *Erfahrung*, Handeln und Erdulden. […] Vor allem ist der Zustand des Eintauchens der metaphysische Ort einer noch radikaleren Identität, nämlich der von Sein und Tun", so schreibt Emanuele Coccia in seinem Buch *Die Wurzeln der Welt. Eine Philosophie der Pflan-*

zen. Er beschreibt, wie Pflanzen durch ihre Atmung die Atmosphäre der Erde veränderten und sich ein Klima bildeten, in dem sie leben können. „In-der-Welt-Sein bedeutet zwangsläufig *Welt machen: Jede Aktivität* der Lebewesen ist ein Akt des *Designs* im lebendigen Leib der Welt." Das Christentum ist kein Gewächs, aber es verändert Atmosphären, es atmet. Seine Identität besteht darin, *hinauszugehen* in die Welt.

Die Wiesenweihe (Circus pygargus)

Die Weihe öffnet sich dem Sturm / fast ohne Regung.
In Böen steigt sie auf und ruht in der Bewegung.

Literatur

Coccia, Emanuele, Die Wurzeln der Welt. Eine Philosophie der Pflanzen, aus dem Französischen von Elsbeth Ranke, München, 2016, 56f.

Die Centurie der Mönche Kallistus und Ignatius anthopouloi genannt, Die Meditation des Herzensgebets, hg. von Alfons Rosenberg, Bern, München 1983, 51ff.

Die zitierten Gedichte stammen aus dem Band:

Lehnert, Christian, opus 8. Im Flechtwerk, Berlin, 2022, 8.9.

Bild, Imagination und Beziehung

Zur mystischen Kommunikation bei Heinrich Seuse

Von MICHAEL BANGERT

Die Schriften des Dominikaners Heinrich Seuse (1295/97–1366) zeichnen sich durch feinfühlige Wahrnehmung, geistliche Pädagogik und kreative Sprachkompetenz aus.[1] In seinem Werk entwickelt er eine Art „ikonologischer Mystagogie", die durch intensive Imagination und affektorientiertes Vertiefen biblischer bzw. liturgischer Abläufe sowie durch das Entwerfen innerer Bildsequenzen gekennzeichnet ist. Auch wenn sich eine Vielzahl von Bedeutungen des Wortes „bild" im Mittelhochdeutschen findet,[2] lässt sich festhalten, dass Seuses mystagogische Weisung über die imaginative Relation zu einem Bild bzw. einer liturgischen Szene in eine innige Beziehung mit dem Göttlichen führen kann. Bilder und Bildsequenzen sind wesentliche Komponenten seiner Kommunikation über innere Erfahrungen, die sich der linearen Darstellung entziehen.

1 Person und Umfeld

In Bezug auf viele Persönlichkeiten der geistlichen Tradition im Christentum gibt es nur ein sehr beschränktes Maß an lebensgeschichtlichen Informationen. Das trifft in wichtigen Punkten auch auf Heinrich Seuse zu. Doch sind über ihn einige persönliche Angaben – zumindest in der biographischen Konstruktion seiner „vita" – überliefert, die immerhin die charakteristischen Züge seiner Mentalität, seiner Frömmigkeit und seiner Theologie erkennen lassen.[3] Allerdings ist zu dem Konzept der „vita" festzuhalten, dass Seuse eine Art biographischen Masterplan für die geistliche Entwicklung entwirft, die es dem potentiellen Leser erlaubt, sich selbst und die eigene spirituelle Kultur in ein kreatives Verhältnis zu dem inneren Prozess Seuses zu bringen. Seine Lebensgeschichte ist in bemerkenswerter Weise selbst das Muster für den von ihm gelehrten mystischen Gebetsweg. In mancher Hinsicht scheint sich Seuse in seiner „vita" mit der historischen Gestalt des Kirchenlehrers Augustinus in Relation zu setzen, denn wie dem Bischof von Hippo geht es auch ihm um die Schilderung der Gegenwart Gottes

---

1 Ruh, Geschichte, 473f.

2 Bara Bancel, „Gottheit" und „Gott", 65.

3 Williams-Krapp, Literatur, 66f.

in seiner Lebensgeschichte, die einerseits in ihrer Individualität verstanden wird und sich andererseits als ein Exempel für die geistliche Entwicklung versteht.

Heinrich Seuse kommt um 1295 am Bodensee (vermutlich in Konstanz oder in Überlingen) als Sohn eines Patriziers, Heinrich von Berg, und einer Landadeligen, Mechthild von Süs, zur Welt. Der Tag der Geburt, ein 21. März, das Fest des heiligen Ordensgründers Benedictus, ist im Kontext der „vita" als eine theologische Deutung zu verstehen: Von der Geburt an steht dieser Mensch in Relation zum monastischen Leben und kann als ein „Gesegneter" verstanden werden.

Es ist mehr als ein äußerliches Zeichen, dass sich der Mystiker später immer nach seiner Mutter nannte, denn die Eltern waren von einer für ihn bedrückenden Ungleichheit. Der Name Süs wurde latinisiert zu Suso; erst in späterer Zeit wird daraus Seuse. Heinrich Seuse, der sich selbst in die Rolle des „Dieners" versetzt, bemerkt dazu in seiner „vita":

> „Auch des Dieners leibliche Mutter war all ihre Tage eine große Dulderin. Und das kam von der gegensätzlichen Ungleichheit zwischen ihr und ihrem Gatten. Sie war von Gott erfüllt und hätte gern gottesfürchtig gelebt; er aber war der Welt verhaftet und bekämpfte das Verlangen seiner Gattin mit harter Strenge, und daraus erwuchs ihr viel Leiden."[4]

Es scheint, als sieht Heinrich Seuse im geistlichen Leben seiner Mutter das normative Beispiel für eine intensivierte und entwickelte Frömmigkeit. Die Beziehung zu seiner Mutter prägt auch seine eigene spirituelle Entwicklung. Diese grundlegende Bezugnahme zeigt sich nicht zuletzt darin, dass Mechthild von Süs das starke merkantile Erwerbsstreben ihres Gatten zwar ablehnt, jedoch nicht offen gegen die durch ihn erlittenen Einschränkungen ihres geistlichen Lebens aufbegehrt. Vielmehr verinnerlicht sie ihr Schicksal und synchronisiert es mit dem Leiden Jesu Christi. Ihr Sohn schildert diesen Weg passionsorientierter Spiritualität mit großer Empathie:

> „Sie hatte die Gewohnheit, all ihr Leiden in das bittere Leiden des Heilandes zu legen, und damit überwand sie ihr eigenes. Sie bekannte vor ihrem Tod, daß sie in dreißig Jahren keine Messe besucht habe, ohne sich bitterlich auszuweinen aus herzlichem Mitleid, das sie mit unseres Herren Leiden und seiner treuen Mutter habe. [...] Sie ging einst zu Beginn der Fastenzeit in das Münster, wo die Abnahme des Heilandes vom Kreuz in Holz geschnitzt auf dem Altar steht. Und vor diesem Werk überkam sie, wie, ich weiß nicht, in mitfühlender Weise der große Schmerz, den Gottes liebe Mutter unter dem Kreuz litt. Und davon erfasste die gute Frau ein solcher Schmerz vor Erbarmen, dass ihr

4 Seuse, Schriften, 150.

das Herz fühlbar fast wie zerbrach, sie ohnmächtig auf die Erde sank und nichts mehr sah noch sprach. Als man sie nach Hause gebracht hatte, lag sie krank darnieder bis zum Karfreitag: Da starb sie, während die Leidensgeschichte des Herrn verlesen ward."[5]

Diese spirituelle Ausrichtung auf den leidenden Christus wird auch für den Sohn Heinrich von größter Bedeutung werden. In Bezug auf die Erziehung der Kinder – es lassen sich zwei sicher erschließen – scheint Mechthild von Süs immerhin durchsetzungsfähig gewesen zu sein: Sowohl ihr Sohn Heinrich als auch die Tochter wurden Ordenshäusern anvertraut. Heinrich kam dreizehnjährig in das Dominikaner-Kloster in Konstanz, seine Schwester, um die er sich in späterer Zeit intensiv kümmern musste, in eine Schwesterngemeinschaft im nahen St. Gallen.[6] Der frühe Eintritt in den Predigerorden, der eine Ausnahmebewilligung voraussetzt, wird von Seuses Eltern durch eine größere Geldspende „unterstützt". In späterer Zeit hat Heinrich Seuse diese Zuwendung schwere Gewissensbisse bereitet, da er befürchtet, unrechtmäßig an ein kirchliches Amt gelangt zu sein. Auch hier zeigt sich der außerordentlich empfindsame Charakter Seuses, der sich zudem durch eine Neigung zu Skrupulosität auszeichnet. Sein Streben nach dem rechten geistlichen Weg ist in der Konzeption der „vita" von einer gewissen Unerbittlichkeit gekennzeichnet. Der Beginn des Leidensbezugs wird schon in die frühe Kindheit verlegt. Die grundsätzliche Fragilität bildet Zeit seines Lebens an eine Konstante. Seuse stellt fest: „So hast Du es mit mir seit meiner Kindheit getrieben, in der Du meine jungen Jahre mit schwerer langwieriger Krankheit plagtest."[7]

Die Ausbildung Seuses, die er mit großer Wahrscheinlichkeit in Konstanz und Straßburg absolviert, verläuft entsprechend der dominikanischen Studienordnung. Die Studien, die er mit Erfolg besteht, scheinen seine religiösen Bedürfnisse allerdings nicht wirklich zu stillen. So hält er konsequenterweise die scholastischen Diskurse für nutzlos. Nach dem spirituellen Entwicklungskonzept der „vita" geht es ihm zentral um die unmittelbar-subjektive Christusbegegnung, die sich jenseits von Sprache und Bildern ereignet. Auch wenn die Vertiefung von Bildern und Sprache den geistlichen Weg befördern, stellt die Biographie im Nachhinein fest, dass Seuse in den ersten Kloster- und Studienjahren einfachhin „ungesammelt" geblieben sei. Oder anders gewendet: Er ist nicht in der Lage, eine tragfähige Beziehung zu Themen, Menschen und Konzepten zu entwickeln. Zudem lässt ihn eine innere Unruhe in seinem achtzehnten Lebensjahr keine Stetigkeit finden. Plötzlich aber erlebt er sich selbst als neu orientiert, und erst diese Erfahrung einer „geswinden ker", d. h. einer „raschen Umkehr", gab seinem Leben eine Wendung in Richtung auf eine Erfüllung:

5 A. a. O., 150.

6 Seuse betont, dass er verschiedentlich Sorgen wegen der Deviationen seiner Schwester hatte. Durch seine Intervention sei sie aber auf den Weg der Tugend zurückgekehrt (a. a. O., 79–83).

7 A. a. O., 66.

> „Das geistliche Leben des Dieners nahm seinen Anfang in diesem achtzehnten Lebensjahr. Zwar trug er bereits damals fünf Jahre das Kleid des Ordens, sein Geist aber war ungesammelt geblieben. Wenn ihn Gott, so dünkte ihm, nur vor den größten Mängeln, die seinem Ruf hätten schaden können, bewahre, so könne es mit ihm gar nicht zu schlimm werden. […] Zwar mühte er sich allzeit innerlich widerstrebend ab, vermochte aber nicht, sich zu helfen, bis ihn der gütige Gott durch rasche Umkehr befreite. […] Auf geheimnisvolle, strahlende Weise hatte Gott ihn gezogen, und dies hatte die rasche Abkehr von allem Äußeren bewirkt.“[8]

In der folgenden Phase seines Lebens beschäftigt sich der junge Dominikaner besonders intensiv mit den Weisheitsbüchern der Bibel und den Lebensbeschreibungen der Wüstenväter. Der Bezug zu diesen Schriften realisiert Seuse in einer besonderen Form der Relationalität: Im Konstanzer Kloster richtet er sich gleichsam eine „innere Wüsten-Zelle“ ein. Dieser imaginäre Sonderraum besteht in seinem Kern aus seiner Klosterzelle, einer von ihm eingerichteten und gestalteten Kapelle und dem Mönchschor. Um sie herum werden in konzentrischen Kreisen alle anderen Lebensbereiche geordnet. Nach dem Entwurf der „vita“ ist es Seuses Ziel, sich mit Hilfe der „Göttlichen Weisheit“ geistlich zu entwickeln. Zu diesem Zweck unterwirft er sich – den Erziehungsmethoden seiner Zeit entsprechend – einer überaus strengen Schule. Auf diesem Weg der Askese will er zur Schau der „Ewigen Weisheit“ gelangen. Mit Beginn des ersten Umkehrerlebnisses gewinnt seine Frömmigkeit mehr und mehr mystische Züge. Eine zweite Bekehrung, die wenige Jahre später folgt, wird wieder mit der Festchronologie der Kirche allegorisiert. Diese innere Wandlung wird auf einen 21. Januar, den Festtag der heiligen Märtyrerin Agnes, fixiert. Neben diesem heilsgeschichtlichen Zusammenhang, der Jungfräulichkeit und Askese thematisiert, verlegt Seuse in seiner literarisch hochstehenden Selbstdeutung das innere Ereignis in den liturgisch definierten Kontext des Chorgestühls seines Klosters:

> „Und wie er da so stand, des Trostes bar, und niemand in seiner Nähe war, da ward seine Seele entrückt, ob im Leib, oder außer ihm, das wußte er nicht [vgl. 2Kor 12,3]. Was er da sah und hörte, lässt sich nicht in Worte fassen. Es hatte weder Form noch bestimmte Art und hatte doch aller Formen und Arten freudenreicher Lust in sich. Des Dieners Herz verlangte danach und fühlte sich doch gestillt, sein Sinn war freudvoll und bewegt; Wünschen war ihm entfallen, Begehren entschwunden. Er starrte nur in den hellen Abglanz, in dem er sich selbst und alles um sich vergaß. War es Tag oder Nacht? Er wußte

---

8 A. a. O., 18.

> es nicht. Ein Ausbruch war es, von des ewigen Lebens Lieblichkeit, seinem Wahrnehmen gegenwärtig, bewegungslos, ruhig."[9]

Die innere Begegnung verändert nach Aussage der „vita" den Ordensmann tiefgreifend und nachhaltig. Die mystische Begegnung dauert zwar nach seinen Angaben nur zwischen einer halben und einer ganzen Stunde, doch ihre Wirkung erstreckte sich über viele Jahre. Diese Erfahrung beschreibt Seuse als eine Schau jenseits jedes Begriffes, jedes Bildes, jeder Empfindung, jedes Diskurses und jeder Vorstellung. Hier liegt es nahe, die spirituelle Konzeption des geistlichen Weges, die prinzipiell aus einem Dreischritt besteht und die auf Pseudo-Dionysios Areopagita zurückgeht, als Grundlage anzunehmen. An die beiden Bekehrungserfahrungen schließen sich nach Auskunft der „vita" Jahre mit strengen asketischen Übungen an.

Im Zeitraum von 1324 bis 1327 geht Heinrich Seuse zum Generalstudium der Dominikaner nach Köln. Spätestens hier lernt er Meister Eckhart kennen und gehört bald zu seinem Schülerkreis. Eckhart hat vermutlich auch als sein Spiritual fungiert. Seuse erlebt den Anfang des gegen seinen Ordensbruder eröffneten Prozesses, der mit einer Klostervisitation einsetzt. Er ergreift nachdrücklich Partei für seinen unter Häresieverdacht geratenen Lehrer. Demonstrativ schildert seine „vita", Meister Eckhart sei nach dem Tod dem ehemaligen Schüler erschienen und habe ihn wissen lassen: „Er lebe in der überströmenden Herrlichkeit, in der seine Seele ganz in Gott aufgegangen sei."[10]

Die Auseinandersetzung mit der Theologie seines Ordensbruders Eckhart von Hochheim ist für Seuse auch in Bezug auf seine Bildtheologie ein einschneidendes Ereignis. So rezipiert er an einer zentralen Stelle Eckhartsche Auffassungen: In einer mystischen Vereinigung werden nicht nur Gott, sondern alle Dinge ohne Bilder erfasst. Seuse übernimmt hier die Unterscheidung Eckharts zwischen zwei Formen der Erkenntnis. Einerseits beschreibt er die „Abenderkenntnis", die sich folgendermaßen liest: „wann immer man die Geschöpfe in sich selbst erkennt […] denn so sieht man die Geschöpfe mit Bildern und Formen verstehen". Auf der anderen Seite steht die „Morgenerkenntnis": „Da schaut man die Geschöpfe ohne allerlei Unterschiede, aller Bilder entbildet und aller Gleichheit entkleidet in dem Einen, das Gott selber in sich selbst ist."[11]

Im Anschluss an seine Rückkehr nach Konstanz um 1327 erhält Seuse in seinem Ursprungskloster die Funktion eines „Lesemeisters", d. h. eines Dozenten, und war damit zuständig für die Studien seiner Mitbrüder. In der Zeit von 1329 bis 1334 wird Seuse allerdings aufgrund von Anschuldigungen als getreuer Eckhart-Anhänger des Amtes enthoben. Er wird verdäch-

---

9 A. a. O., 20f.

10 A. a. O., 33.

11 A. a. O., 350f. Vgl. Bara Bancel, Bild, 76f.

tigt, ketzerische Schriften verfasst und verbreitet zu haben. Für ihn stellen die Denunziationen und der nachfolgende Prozess – vermutlich auf dem Ordenskapitel 1330 in Maastricht – eine schwerwiegende Belastungsprobe dar. Auch diese Station seiner Biographie verschweigt er in seiner Lebensbetrachtung nicht. Allerdings entwirft die „vita" eine Art „Trost-Generator", dessen Funktionsweise darin besteht, das eigene Leiden ins Gespräch mit Gott zu bringen bzw. es in Beziehung zum Leiden Christi zu setzen.[12]

Heinrich Seuse wird auf dem Ordenskapitel zwar nicht verurteilt, doch die Absetzung vom Amt des „Lesemeisters" in Konstanz wird auch nicht rückgängig gemacht. Erst 1334 rehabilitiert ihn eine neue Ordensleitung. Fortan liegt der Schwerpunkt seiner Arbeit im Bereich von Verkündigung und Seelsorge vor allem in Dominikanerinnen-Klöstern des Oberrheingebietes. Zudem hält er engen Kontakt zu den sogenannten „Gottesfreunden", einer Bewegung von Personen, die eine besondere, von mystischen Elementen geprägte spirituelle Kultur pflegen. Hauptziele seiner Reisen bilden dabei Sankt Katharinenthal bei Diessenhofen und Töss bei Winterthur. In diese Phase verlegt sein biographischer Selbstentwurf die Wandlung vom „Lesemeister" zum „Lebemeister". Im Dominikanerinnen-Kloster Töss lebt Elsbeth Stagel (ca. 1300 – ca. 1360), eine ebenfalls literarisch tätige und mystisch begabte Ordensfrau, deren geistlicher Begleiter Seuse wird. Eine Reihe von Briefen, Schriften und literarischen Kooperationen erwächst aus dieser Freundschaft – auch die „vita" hat in Elsbeth Stagel ihre idealtypische Rezipientin. Seine zahlreichen Seelsorgereisen bringen weitere erfreuliche, aber auch bedrohliche Begegnungen zuteil, über die seine „vita" detailliert und im Stile einer ritterlicher „âventiure" berichtet.[13]

In den turbulenten Zeiten der Kirchenspaltung, des Interdikts und einer sprunghaften Inflation wird Heinrich Seuse 1342 zum Prior des Klosters in Konstanz gewählt. Nach einer Strafversetzung widmet er sich dort wieder der Predigttätigkeit, der Evangelisierung und der spirituellen Förderung. Am 25. Januar 1366 stirbt er in Ulm. Die Beisetzung erfolgt in der Dominikanerkirche, die später in lutherischen Besitz übergeht. Bald nach seinem Tod setzt eine gewisse Verehrung Seuses vor allem im südwestdeutschen Raum ein. Die katholische Romantik des 19. Jahrhunderts idyllisiert Seuse und konstruiert seine hingebungsvolle Frömmigkeit zum Inbegriff des christlich-frommen Mittelalters.

Insgesamt ermöglicht der literarische Entwurf der „vita" höchst unterschiedliche Formen der Identifikation mit dem geistlichen Prozess Seuses. Der geistliche Weg hat den Charakter eines Lebensabenteuers, das in durchaus dramatischen Voluten verläuft. Die Beziehungsaufnahme zwischen dem Autor, Heinrich Seuse, und der Person, die sich mit Hilfe der geistlichen Erzählung entwickeln will, ist ein basales Anliegen und zugleich ein Grundthema des biographischen Modells der „vita".

---

[12] Seuse, Schriften, 77f.

[13] A. a. O., 78.

2 Die „vita" und Seuses Gesamtwerk

Seuse ist ein Autor, der in seinen Schriften großen Wert auf poetische Innovation und literarische Qualität legt. Zudem ist er um deren weitreichende und authentische Verbreitung bemüht. Er selbst stellt in Ulm ein Muster seines Werkes zusammen. Dieses Exemplar umfasst vier verschiedene Teile, die sich unterschiedlich präsentieren und den wesentlichen Teil des literarischen Werks darstellen:

1. Die „vita". Im ersten Teil dieser deutschsprachigen Autobiographie erzählt Heinrich Seuse die eigene spirituelle Entwicklung beispielhaft als dreigliedrigen Aufstieg eines „Geistlichen Ritters" im Dienst der „Göttlichen Weisheit". Der zweite Teil der „Lebensbeschreibung" fokussiert sich auf die religiöse Unterweisung. Formal fungiert die Dominikanerin Elsbeth Stagel als „Schülerin". Diese Rollenaufteilung muss auf dem Hintergrund gesehen werden, dass die Priorin selbst an der redaktionellen Bearbeitung maßgeblich beteiligt war. Integraler Bestandteil seiner Lebensbeschreibung sind die von Seuse entworfenen Illuminationen. Die „vita" ist eine komplexe Schrift. Seuse nutzt mit dem Motiv des „Dieners" einen hagiographischen Topos, wodurch eine Distanz zum persönlichen Ich ermöglicht und eine Objektivierung seiner religiösen Existenz vollzogen wird.[14] Mit seiner „vita" steht Seuse in literarhistorischer Sicht im Kanon der wichtigsten deutschsprachigen Prosa des europäischen Mittelalters.[15]

2. Das „Büchlein der Wahrheit". Diese kleine Schrift in deutscher Sprache ist in Dialogform aufgebaut, die eine Person, welche „der Jünger" genannt wird, mit der „Ewigen Wahrheit" führt. „Der Jünger" ist wohl als literarische Rolle des Autors zu verstehen. Thematisch werden theologische Fragen (u. a. Schöpfung der Welt und des Menschen, Wesen Gottes) bearbeitet. Darüber hinaus stehen praktische Fragen der Frömmigkeit im Blickpunkt (besonders Gelassenheit und Einkehr). Ein Ziel der Schrift ist die Verteidigung Meister Eckharts und die Klärung strittiger Punkte aus dessen Lehre.

3. Das „Büchlein der Ewigen Weisheit" und das „Horologium Sapientiae". In mehrjähriger Arbeit entsteht vermutlich zwischen 1327 und 1334 das „Büchlein der Ewigen Weisheit". Den Grundbestand bilden 100 deutschsprachige Betrachtungen zur Passion Christi, die um einige Meditationen und spirituelle Anleitungen erweitert wurden. Auch werden Gespräche geschildert, die der „Diener" mit der „Ewigen Weisheit" führt. Das Werk will vor allem eine Lebens-

14 Vgl. Ruh, Geschichte, 422.

15 A. a. O., 468.

lehre im Sinne der Wüstenväter sein. Die lateinische Übersetzung greift im Wesentlichen auf das Grundmaterial der deutschen Ausgabe zurück und schafft eine neue Struktur analog der 24 Stunden eines Tages. In diesem „Horologium“ tritt die Sprache der Minne deutlich in den Vordergrund, – so erhält der Diener von seiner Geliebten einen neuen Namen: „Amandus“, der ihn zugleich als Liebenden und als Geliebten ausweist.

4. Das „Kleine Briefbüchlein“. Es ist eine Auswahl aus dem „Großen Briefbüchlein“, das zwei Predigten und 27 geistliche Lehrbriefe enthält. Hierbei handelt es sich um eine traditionelle Sammlung von seelsorglich orientierten Briefen.

Seuses gesamtes Werk verfügt über ein weites Spektrum sprachlicher Ausdrucksmittel. Mit hoher sprachschöpferischer Kompetenz entwickelt er Sprachbilder bzw. Bildsequenzen, um eine innere Annäherung an das Geheimnis Gottes zu eröffnen. Nicht zuletzt deshalb gewinnen Seuses Schriften große Verbreitung und intensive Rezeption.

3 Lebendige Beziehung durch innere Bilder

Die mystische Kommunikation innerhalb seiner Schriften lässt Seuse vielfach mit der Verinnerlichung konkreter Bilder oder Bildprogramme beginnen.

Die „Bildung in Christus“, die sich bei Seuse durchaus als Imagination vollzieht, erstreckt sich besonders intensiv auf den Bereich der Liturgie. Seine bildreichen Visionen haben als tragende Elemente oftmals liturgische Handlungen zum Thema. Es geht also nicht nur um die manifeste Liturgie eines Festes, sondern die Zelebration kann sich ganz und gar im inneren Raum der Bildkreation ereignen. Die eigentliche Beziehung zur Liturgie ist eine innere, die sich in Analogie zur äußeren Feier ereignet. Die liturgischen Inhalte können sich zu einem imaginären Spiel formen, das sich als Seuses subjektives Erlebnis vollzieht. So inszeniert er das Fest „Darstellung des Herrn“ – in der Tradition als „Mariä Lichtmess“ – mit einem starken marianischen Fokus. Die innere Beziehung zum biblischen Text erwächst einer genauen Inszenierung, die von eigenem Bildschaffen und Bilderleben geprägt ist. Seuses Imaginationsprogramm beginnt zunächst mit der allegorischen Konstruktion einer Lichtmess-Kerze, die ihm einige Zeit zuvor als Vorbereitung dient. Es handelt sich also nicht nur um eine kurzfriste Anmutung, sondern um einen planvollen Ablauf:

> „Zum Tage ‚Mariä Lichtmeß‘ bereitete er unter Gebet drei Tage zuvor der himmlischen Gottesmutter eine Kerze, aus drei Strängen gewunden: der eine in Gedanken an ihre reine, jungfräuliche Lauterkeit, der andere an ihre unergründliche Demut, der dritte

> an ihre mütterliche Würde, welche drei Eigenschaften gemeinsam sie allein unter allen Menschen besaß. Dieses geistliche Licht bereitete er täglich vor unter dreimaligem Gebete der ‚Hochpreisung Mariens'."[16]

Die Vorbereitung besteht zunächst in der eher konventionellen Herstellung einer geflochtenen Kerze. Die Flechtkerzen, die auch aus drei unterschiedlich gefärbten Einzelkerzen gefertigt wurden, gehörten seit dem 13. Jahrhundert zum Standard der christlichen Liturgie und fanden zudem als kunstvolle Hawdala-Kerze in der jüdischen Tradition Verwendung. Doch das Materielle der Kerzen wird mit marianischen Tugenden verbunden: „jungfräuliche Lauterkeit", „unergründliche Demut" und „mütterliche Würde". Es geht um eine spirituelle Vertiefung des Brauchtums in Hinsicht auf die Seinsweise der Gottesmutter. Im nächsten Schritt der Vorbereitung wird die innere Präparation der Kerze mit dem dreifachen Gebet des Magnificat verbunden. Seuse potenziert die göttliche Drei-Zahl um sich selbst und kommt so auf neun, die Zahl absoluter Vollkommenheit. Die geistliche Übung führt Seuse direkt zur imaginierten Feier des Festes, das mit einer Lichterprozession beginnt.[17] Diese wird mit der Ankunft der Heiligen Familie zur Beschneidung Jesu in Jerusalem identifiziert. Der Entwurf Seuses sieht vor, dass er zunächst im Kirchengebäude wartet, um die Prozession, welche offensichtlich ein Kultbild Marias mit dem Jesuskind mitführt, zu erwarten. Mit diesem retardierenden Motiv erhöht er die Spannkraft des Geschehens. Diese löst sich, als die liturgische Regieanweisung vorsieht, das Warten aufzugeben und der Prozession entgegenzulaufen. Die Fortsetzung der Sequenz sieht dann ein Niederwerfen und eine gesangliche Begrüßung durch einen marianischen Hymnus vor:

> „Er sank vor ihr auf die Straße nieder und bat sie ein wenig stillzuhalten mit ihrer Schar, bis er ihr ein Lied gesungen habe. Er erhob sich und sang mit frommem stillem Klange, so daß sich seine Lippen bewegten und es doch niemand hörte, die Worte: ‚Unverletzt, unberührt und rein bist du, Maria!' so liebevoll er nur konnte, und neigte sich gar tief vor, wenn er zu den Worten kam: ‚O Gütige, die du allein unverletzt geblieben bist.' Dabei bat er sie, sie möge einem armen Sünder ihre milde Güte erzeigen."[18]

16 Seuse, Schriften, 39.

17 A. a. O.: „Kam dann der Tag der Kerzenweihe heran, so ging er, bevor jemand zur Kirche kam, zum Hochaltar und wartete da in Betrachtung der Gottesmutter, bis sie sich mit ihrem Kind, dem Schatz des Himmels, nahte. Kam der Zug (der Kerzenprozession) zum äußeren Stadttor, so eilte er in seines Herzens Begehr allen voran und lief ihr entgegen."

18 A. a. O.

Mit dem Eintritt in diese Prozession ist die Zugehörigkeit zu der Gruppe derjenigen, die Gott lieben, verbunden.[19] Seuse identifiziert die Mitglieder des imaginierten Festzugs als die Frommen der christlichen und der biblischen Geschichte. Das konkrete Kirchengebäude nimmt die Rolle des Jerusalemer Tempels ein! Das verschafft dem Betrachtenden die Möglichkeit, sich nicht nur in die biblische Tradition und in das christliche Erbe einzureihen. Vielmehr kann er sich unmittelbar mit der Kultur der Liebesmystik in Beziehung setzen. Sein Beitrag zum Festgeschehen besteht wiederum in einem gesanglichen Element. Gehen wir davon aus, dass die „vita" eine mystagogische Intention hat, so zeigt sich hier, wie sich ein übender Mensch während der Betrachtung betätigen kann. Durch den Gesang verschiedener Hymnen aktualisiert sich das Geschehen in der Gegenwart. Seuse schlägt vor, lautlos zu singen, aber dies doch körperlich zu tun, indem die Lippen bewegt werden. Auf diese innerliche Zurüstung folgt der Höhepunkt des imaginierten Geschehens. Die geistliche Betrachtung bringt mit dem ungeduldigen Drängeln eine weitere Dramatisierung des Geschehens, das sogar den Ablauf der biblischen Vorgabe unterbricht. Seuse sieht sich in der Lage, zum einen das biblische Geschehen in Bildsequenzen umzusetzen, die dann – vergleichbar mit filmischen Arbeiten unserer Epoche – frei verändert und personalisiert werden. Sogar der Prophet Simeon, den das Lukasevangelium (Lk 2,25–35) als großen Frommen Israels vorstellt, muss in dieser Imagination warten. Es folgt eine Intensivierung der Beziehung durch Verehrung und Kuss:

> „Danach trat er mit einem Herzen voll Verlangen hinzu, ehe daß die Gottesmutter hineinkäme und Herrn Simeon das Kind reichte, kniete vor ihr nieder, hob die Augen und Hände zu ihr auf und bat sie, ihm das Kind zu zeigen, und ihm zu erlauben, es zu küssen. Und da sie ihm das Kind voll Güte darreichte, dehnte er seine Arme in die endlose Weite der Welt, nahm und umarmte den Geliebten dann gar vielmals."[20]

In dieser intimen Begegnung kommt das dramatisierte Geschehen zu seinem Höhepunkt, da Maria das göttliche Kind zum mystischen Kuss hinhält. Die Bildsequenz führt zu einer Form von Realpräsenz des göttlichen Kindes, die in einer Vereinigung mit der universellen und unfassbaren Dimension der Liebe führt. Hier zeigt sich ein wesentlicher Punkt für das Bildverständnis und die Bildbeziehung Seuses, in dem er sich von einem starren Aufstiegsschema löst. Auch der „anfangende Mensch", der noch der äußeren Bilder bedarf, kann auf diesem

[19] A. a. O., 39f: „Dann stand er auf und folgte ihr mit seiner geistigen Kerze voll des Sehnens, daß sie die brennenden Flammen göttlichen Lichtes in ihm nimmer erlöschen lasse. Wenn er dann zur Schar der Gottliebenden kam, so begann er zu singen: ‚Schmücke dein Gewand, Sion, und empfange Christus, den König', und ermahnte sie, liebevoll den Heiland zu empfangen und voll Verlangen seine Mutter zu umfassen; und führte sie mit Lob und Gesang zum Tempel."

[20] A. a. O., 40.

Wege bereits zu einer vollständigen Einheitserfahrung gelangen. Die mystische Erfahrung der Einheit ist keineswegs an eine geistliche Leistung oder eine lange Erfahrung gebunden. Die göttliche Gegenwart eröffnet sich auch dem „anfangenden Menschen" auf dem Weg der Betrachtung äußerer Bilder: Das Bild selbst kann – unabhängig von innerer oder äußerer Betrachtung – in eine vitale Beziehung zur suchenden Person treten![21]

Im konkreten Fall der Imagination der Liturgie von „Lichtmess" folgt auf die einheitsstiftende Begegnung eine eher konventionelle Betrachtung der Schönheit des Kindes und seiner einzelnen Körperteile. Die Vereinigung verliert an Intensität und geht in eine Bewunderungsbewegung über.[22] Um die Qualität der Begegnung zu vertiefen, empfiehlt Seuse eine weitere Verehrung des Kindes u. a. mit expressiven Affekten wie dem Weinen.[23] Die Beziehung soll nach Seuses Konzept auf einem emotionalisierten Niveau gehalten werden. Die Tränen werden dafür zu einem wesentlichen Ausdruck. Den Abschluss in diesem Prozess der Bildverinnerlichung, die den Weg zur mystischen Begegnung eröffnen soll, bildet der Rückgriff auf das biblische Geschehen, das mit einer raschen Wendung zu einem Ende geführt wird. Mit dieser vielschichtigen Handlungs- und Erlebnissequenz, in der das verinnerlichte Bild zentrale Aufgaben hat, verwirklicht Heinrich Seuse auf der psychisch-spirituellen Ebene eine wichtige Funktion gotischer Bildwerke. Auch wenn diese Bildfolge nicht zu dem traditionellen Programm „handelnder Bildwerke" der Gotik, wie sie Johannes Tripps erschlossen hat, gehört, so ergibt sich doch ein hochkomplexer Ablauf, der durchaus mit der ikonographischen Ordnung im Kontext der „*Annuntiatio Mariae*" vergleichbar ist.[24]

4 Die Bedeutung der Bilder für den inneren Weg

Die Bilder und Bildsequenzen entfalten in der Konzeption Heinrich Seuses eine psychische Dynamik, in der sie einen neuen Beziehungsraum zwischen sich und der „Seele" eröffnen. Das während der Betrachtung inwendig gewordene – ehemals äußere – Bild löst sich in seiner inneren Gegenwärtigkeit von seiner materiellen Dimension und gewinnt eine Funktionsana-

---

[21] A. a. O., 343.

[22] A. a. O., 40: „Er betrachtete seine hübschen Augen, sah seine kleinen Händlein, begrüßte seinen zarten Mund, erkannte jedes kindliche Glied des himmlischen Schatzes, hob dann die Augen auf, und sein Herz war voll des Wunderns, daß der Träger des Himmels so groß und zugleich so klein ist, so schön im Himmel und so kindlich auf Erden."

[23] A. a. O.: „Dann befaßte er sich mit ihm, wie jener ihm Gelegenheit bot, mit Singen, Weinen und geistlicher Übung und gab ihn geschwind seiner Mutter wieder und ging mit ihr hinein (in den Tempel), bis alles vollbracht war."

[24] Tripps, Bildwerk, 84–88.

logie zu den sakramentalen Zeichen. Die Wirkung der inneren Bilder wird allerdings nicht unter dem scholastischen Parameter der isoliert betrachteten Wirksamkeit – also „*ex opere operato*" – verstanden, sondern im Sinne des heteronomen Satzes „*ex opere operantis*". Die tatsächliche Verfasstheit des Menschen bildet die Bedingung der Wirksamkeit.

Diese Wirkweise zeigt sich nicht zuletzt im Kontext der sakramentalen Feiern selbst. Denn neben der konkreten Kultpraxis spielen in seinen Schriften innere Bilder und Visionen im Kontext der Liturgie der Eucharistie eine überaus wichtige Rolle. Wie seinem Werk zu entnehmen ist und wie es der dominikanischen Kultur entspricht, zelebriert Heinrich Seuse in seiner Amtsfunktion als Priester regelmäßig die Eucharistie. In seiner „vita" empfiehlt er allerdings – entsprechend der neutestamentlichen Vorgabe – ausdrücklich einen spirituellen Weg, der nach einer Erfahrung strebt, die jenseits von Bild, Wort oder Form liegt:

> „Wer sich selbst nun noch weiter Raum zum Voranschreiten schaffen kann und wem Gott sehr in besonderem Maße helfen will – wie er es mit Paulus tat und es jetzt noch geschehen kann – dessen ungeschaffener Geist wird von dem überwesentlichen Geist dahin gezogen, wohin er aus eigener Kraft nicht kommen konnte. Die Entrückung nimmt ihm Bild, Form und alle zerstreuende Vielfalt ab."[25]

An anderer Stelle spricht er auf dem Hintergrund des bekannten Dreischrittes Reinigung, Erhebung und Einung von der „Entbildung", der „Gebildung" und der „Überbildung": „Ein gelassener Mensch muss dem Geschöpflichen entbildet, in Christus gebildet, in der Gottheit überbildet werden."[26]

Diese spirituelle Entwicklung der Neuformung führt nach Seuse allerdings nicht in den Zustand des Beziehungsverlustes oder der Beziehungslosigkeit. Die „Entbildung" ermöglicht überhaupt erst, in ein neues Verhältnis zur Schöpfung einzutreten. Wer in diesen Prozess eintritt, wird so verwandelt, dass er die Schöpfung nicht mutwillig verändern muss, sondern die Ordnung der Welt mit Gelassenheit zu akzeptieren vermag. Hier wird die göttliche Bildlosigkeit (Ex 20,4) nicht zu einem relationalen Vakuum, sondern sie begründet eine neue Form zustimmenden Da-Seins. Der bejahende Impuls erweitert sich über das Eigene hinaus auf die Gemeinschaft aller Menschen, die durch das Existential, „ein Spiegel der Gottheit, ein Abbild der Dreifaltigkeit und Musterbild der Ewigkeit"[27] zu sein, verbunden sind. Die „Entbildung" vereinzelt die Menschen nicht und fördert keine spirituell induzierte Beziehungslosigkeit. Vielmehr führt sie durch das „Bild Jesu Christi" zurück in die Gemeinschaft derer, die durch

---

[25] Seuse, Schriften, 198f.

[26] A. a. O., 174.

[27] A. a. O., 245.

ihn das Heil gefunden haben.[28] Insofern fordert Seuse von der Mystik eine neue Form der Vergesellschaftung.

Auch wenn Seuse als Methode einmal die paradoxe Formel „Bilder mit Bildern austreiben“[29] angibt und er um die theologische Maßgabe der Tradition weiß, dass alle Vergleiche in Bezug auf das Geheimnis Gottes „tausendmal ungleicher als gleich“ sind, so pflegte er doch unterhalb der übersinnlich-bildlosen Entrückung eine Visionskultur, die er in seinen Schriften als menschliche Wahrnehmungsweise und notwendige Bildrede kennzeichnet. Neben der notwendigen „Entbildung“ als Voraussetzung mystischer Begegnungen und der „Überbildung“ als deren höchster Stufe tritt die „Bildung in Christus“ als bedeutende Weise der Gestaltung des geistlichen Weges. Das Bild bzw. die Bilder und deren sequentielle Konstruktion werden als göttlich induziert verstanden; sie entziehen sich der Hermeneutik der äußeren Sinne:

> „Und je vernünftiger und bildloser und ähnlicher solch unmittelbarer Schauung ein Gesicht ist, um so edler ist es. [...] Solche [bildreichen Visionen] werden noch oft Gottes vertrauten Freunden zuteil, sei es wachend oder schlafend, in stiller Ruhe und losgelöst von den äußeren Sinnen. Und ein Lehrmeister sagt, Erscheinungen von Engeln zeigten sich im Schlaf häufiger als im wachen Zustand, weil der Mensch im Schlaf von der äußeren, vielfältigen Wirklichkeit weniger beunruhigt ist als während des Wachseins.“[30]

Die Bilder, Imaginationen und visionären Bildprogramme können den geistlich suchenden Menschen behilflich sein, den Weg in das göttliche Geheimnis zu finden. Allerdings ist der von Seuse favorisierte Weg, das Mysterium Gottes zu begreifen, die Betrachtung der Inkarnation. Sie ist der Königsweg, auf dem die Beziehung zwischen Gott und Mensch gelebt werden kann: „Wie könnte der Mensch Gottes Geheimnis besser erkennen als in seiner angenommenen Menschheit.“[31] Aber der Dominikaner Seuse will nicht so verstanden sein, dass der Lebensweg Christi simpel „imitiert“ werden solle – in dem Sinne, dass seine Gesten buchstäblich reproduziert werden; vielmehr spricht er davon, Christus nachzufolgen und zwar nicht äußerlich, sondern innerlich der Dynamik Christi Raum zu geben, um von innen vom Bild Christi überformt zu werden.[32] Das Festhalten an einer sichtbaren Gegenwart Christi in Bildern macht die ihm nachfolgenden Menschen – so Seuse in Analogie zum Johannes-Evangelium (Joh 16,7) – unfähig, die Erfahrung des Parakleten zu machen. Die Bilder tragen durch ihre

28 A. a. O., 397.

29 A. a. O., 196.

30 A. a. O., 198.

31 A. a. O., 214.

32 Bara Bancel, Bild, 74.

Trostkompetenz eine Dynamik in sich, die den geistlichen Weg elementar hemmen kann.[33] Mit der Bildbeziehung ist gerade am Anfang eines spirituellen Weges, die Gefahr verbunden, im Bildbezug zu erstarren. Es braucht das Wagnis, sich je und je zu „entbilden“ und sich neu überformen zu lassen. Denn die göttliche Wahrheit ist „bildlos“ bzw. durch kein Bild fassbar: „Die Wahrheit ist von formloser und unerkennbarer Einfachheit“.[34] Aber Heinrich Seuse weiß, dass er um der Beziehungsmöglichkeit zu den Personen, die einen Weg der spirituellen Nachfolge wagen, versuchen muss, „Bilder durch Bilder auszutreiben“ und das Unnennbare mit „gleichnishaften Worten bildlich“ zu zeigen.[35]

Literatur

Bara Bancel, Silvia, Das Bild bei Heinrich Seuse, in: Der Bildbegriff bei Meister Eckhart und Nikolaus von Kues, hg. von Harald Schwaetzer / Marie-Anne Vannier, Münster 2015, 65–80.

–, „Gottheit“ und „Gott“, Einheit und Dreifaltigkeit. Heinrich Seuses Gottesverständnis, in: Heinrich-Seuse-Jahrbuch 4 (2011), 79–111.

Bangert, Michael, Mystik als Lebensform. Horizonte christlicher Spiritualität, Münster 2003.

McGinn, Bernard, Die Mystik im Abendland, Bd. 4: Die Mystik im mittelalterlichen Deutschland (1300–1500), Freiburg i. Br. 2008, 341–411.

Ruh, Kurt, Geschichte der Abendländischen Mystik, Bd. 3, München 1996.

Seuse, Heinrich, Deutsche mystische Schriften, hg. und übertragen von Georg Hofmann, Düsseldorf 1999.

Steineck, Christian, Grundstrukturen mystischen Denkens, Würzburg 2000.

Tripps, Johannes, Das handelnde Bildwerk in der Gotik, Berlin 1998.

Williams-Krapp, Werner, Geistliche Literatur des späten Mittelalters. Kleine Schriften, hg. von Kristina Freienhagen-Baumgardt / Katrin Stegherr, Tübingen 2012, 65–82.

[33] A. a. O., 160.

[34] A. a. O., 199.

[35] A. a. O., 196.

Am wichtigsten ist „wahre Demut“

Die Bedeutung der mystischen Erfahrung Teresas von Ávila für eine neue Art von Ordensleben

Von Mariano Delgado

Oft wird der mystische Weg Teresas von Ávila (1515–1582)[1] dem klassischen Schema von *via purgativa* (Reinigungsweg), *via illuminativa* (Erleuchtungsweg) und *via unitiva* (Einungsweg) zugeordnet. Ich denke, dass wir ihr und ihrer neuen spirituellen Sprache besser gerecht werden, wenn wir ihre Erfahrung als Weg von der *humilitas* (Demut als Anerkennung der *conditio humana* im Lichte des Glaubens) über die *conformatio* (Verwandlung oder Christusförmigkeit, wozu unser Beitrag vor allem das innere Beten ist) zur *actio* (Nachfolge Jesu als neuer Mensch und Mitarbeit an der Verwandlung / Christusförmigkeit von Kirche und Welt) verstehen. So gesehen hätten wir bei ihr den christlichen Weg zu Gott schlechthin, „der die für alle normative Gotterfahrung enthält“.[2] Gerade dies macht sie wirklich zu einer „Kirchenlehrerin“.

Teresa wusste, dass im mystischen Erkenntnisvorgang Erfahren, Verstehen und Beschreiben zusammenhängen: „Denn ein Gnadengeschenk ist es, wenn der Herr die Gnade schenkt, ein weiteres, zu verstehen, was für eine Gnade und welcher Segen das ist, und noch ein weiteres, sie beschreiben und verständlich machen zu können, von welcher Art sie ist“ (V 17,5). Mystische Texte sind eher solche, deren Autoren oder Autorinnen diese drei „Gnaden“ empfangen haben.

---

1 Teresas Werke werden nach dieser Ausgabe zitiert: *Teresa von Ávila, Werke und Briefe*. Gesamtausgabe. – Für das spanische Original vgl. *Santa Teresa de Jesús, Obras completas*. – Die Werke werden in der üblichen Weise (mit dem ersten Buchstaben des spanischen Originals) abgekürzt: CE (Camino de perfección: El Escorial / Weg der Vollkommenheit); CV (Camino de perfección: Valladolid / Weg der Vollkommenheit); CC (Cuentas de Conciencia / Geistliche Erfahrungsberichte); Ct (Cartas / Briefe); F (Libro de las Fundaciones / Buch der Klostergründungen); M (Moradas del Castillo interior / Wohnungen der Inneren Burg); MC (Meditaciones sobre los Cantares / Gedanken zum Hohenlied); P (Poesías / Gedichte); V (Libro de la vida / Buch meines Lebens).
Die Werke des Johannes vom Kreuz werden nach dieser Ausgabe zitiert: *Johannes vom Kreuz, Gesammelte Werke. Vollständige Neuübertragung*. Werke, die darin noch nicht ediert wurden, werden nach der spanischen Originalausgabe zitiert: *San Juan de la Cruz*. Die Gedichte des Johannes vom Kreuz werden in meiner eigenen Übertragung zitiert. – Die Werke werden in der üblichen Weise (mit dem ersten Buchstaben des spanischen Originals) abgekürzt: CB (Cántico espiritual / Geistlicher Gesang, 2. Fassung); D (Dichos de luz y amor / Worte von Licht und Liebe); N (Noche oscura / Dunkle Nacht); P (Poesías / Gedichte); S (Subida del Monte Carmelo / Aufstieg auf den Berg Karmel).

2 Balthasar, Herrlichkeit, 528.

Der Kern mystischer Erfahrung ist uns nicht zugänglich, sondern nur deren Versprachlichung vor dem Hintergrund der Glaubenstradition bzw. der Religionslogik oder des „Verstehenshorizonts" der jeweiligen Mystiker oder Mystikerinnen.

Für christliche Mystik ist der Gedanke der „Vergöttlichung" (théosis) des Menschen durch Teilhabe an Gottes Sein (nicht durch Setzung des Menschen anstelle Gottes) grundlegend. Johannes vom Kreuz (1542–1591) hat es auf den Punkt gebracht: „Was Gott beansprucht, ist, uns zu Göttern durch Teilhabe zu machen, wie er es von Natur aus ist, so wie das Feuer alle Dinge in Feuer verwandelt" (D 106; vgl. u. a. auch CB 39,6 und 2N 20,5). Mag dieser zentrale Gedanke der Vätertheologie (Athanasios, Gregor von Nyssa, Pseudo-Dionysius Areopagita) formell durch den Neuplatonismus beeinflusst worden sein: Durch die Menschwerdung und die Lehre von der hypostatischen Union der zwei Naturen in Jesus Christus hat er eine genuin christliche Prägung erhalten, die für die christliche Mystik von zentraler Bedeutung ist. So verweist Johannes vom Kreuz ausdrücklich auf die Korrelation zwischen der hypostatischen Union „der menschlichen Natur mit dem göttlichen Wort" und der „Vereinigung der Menschen in Gott" (CB 37,3). Bei der Menschwerdung findet „der wunderbare Tausch" statt, von dem die Vätertheologie sprach und den Johannes vom Kreuz in seinen Romanzen (P 1) so ausdrückt:

> „Dann die Menschen plötzlich sangen,
> und die Engel musizierten,
> weil sie feierten die Hochzeit,
> die von beiden dort vollzogen;
> aber Gott in seiner Krippe
> weinen und auch seufzen musste,
> denn das waren die Juwelen,
> die sein' Braut zur Hochzeit brachte;
> und die Mutter musste staunen,
> als sie diesen Tausch betrachtet':
> wie im Gott des Menschen Weinen,
> Gottes Freud' im Menschen wurde,
> was dem einen wie dem andren
> äußerst fremd bisher erschienen".

Vor diesem theandrischen und christologischen Hintergrund sind die Verse in der fünften Strophe des Gedichtes „Die dunkle Nacht" des Johannes vom Kreuz (P 5) verständlich:

> „O Nacht, die du geführt hast,
> o Nacht, voll Liebreiz mehr als Morgenröte!

O Nacht, die du verbunden
Geliebten und Geliebte,
Geliebte dem Geliebten gleichgestaltet!“[3]

Johannes vom Kreuz und Teresa von Ávila haben die *conformatio* als Liebesvereinigung mit Gott erfahren, aber sie beschreiben dies, wie es dem christlichen Sprachspiel entspricht: Indem sich der Geliebte in der Menschwerdung der Nacht zu Bethlehem mit der Geliebten vereinigte, ermöglichte er die Gleichgestaltung dieser mit dem Geliebten. Nicht zuletzt aus diesem Grund spielt die Betrachtung des Menschgewordenen bei Teresa eine so zentrale Rolle. Und beide drücken den wunderbaren Tausch der *théosis* mit dem Stilmittel des Chiasmus aus, wie dies auch im Hohelied der Fall ist: „Ich bin meines Geliebten, mein Geliebter ist mein“ (Hld 6,3).[4]

Die mystischen Schriften der Teresa von Ávila (und des Johannes vom Kreuz) wollen nicht so sehr die Martin Luther bewegende Frage beantworten, wie wir denn einen gnädigen Gott bekommen, sondern wie wir von der wesenhaften Gotteinung, an der wir als Menschen durch den freien Schöpfungsakt Gottes und die Menschwerdung seines Sohnes immer schon teilhaben, da „Gott in jeglicher Menschenseele, und sei es die des größten Sünders der Welt, wesenhaft wohnt und gegenwärtig ist“, zu jener Gotteinung oder Umformung in Gott gelangen können, „die nicht immer gegeben ist, sondern nur wenn es dazu kommt, dass es eine Verähnlichung aus Liebe gibt. […] Sie gibt es, wenn Wollen und Empfinden von beiden, nämlich des Menschen und Gottes, miteinander ganz übereinstimmen, so dass es in dem einen nichts mehr gibt, das dem anderen widerstrebt“ (2S 5,3). Und sie sagen uns, dass der „Glaube“ (bei Teresa die „Demut“ oder die „Geduld“ als Chiffre auch für den Glauben, s. u.) der Weg zu dieser zweiten, übernatürlichen Vereinigung ist, zur bewussten Annahme der Einladung zur *conformatio* oder Hochzeit mit dem Sohn, weil nur der Glaube uns Gott vorstellt, wie er wirklich ist: „Gott ist die Liebe, und wer in der Liebe bleibt, bleibt in Gott, und Gott bleibt in ihm“ (1Joh 4,16).

1 Demut (*humilitas*) als Fundament

Auf der einen Seite spricht Teresa vielfach von der Demut (und dem Gehorsam) in der spirituell-asketischen Tradition, die im katholischen Barock allgemein wirksam war. So wird in einem Fresko der Wiener Karlskirche die *humilitas* allegorisch als Jungfrau mit Bußgürtel und Geisel in der Hand dargestellt. Auf der anderen Seite bricht bei Teresa immer wieder eine

[3] Hier in der Übersetzung von Günter Stachel und mir, erstmals publiziert in: Stachel, In einer Nacht ganz dunkel, 61.

[4] Diese Stelle wird von Teresa u. a. zitiert in MC 4,8.

neue Sprache und ein neues Verständnis der Demut durch: „wahre Demut“ ist für sie, oft im Zusammenhang mit „Selbsterkenntnis“, die spirituelle Grundtugend.[5] Sie ist unentbehrlich, um vor Gott die Frage „Wer bin ich?“ zu beantworten: „Beim Anblick seiner Größe mag uns unsere Unzulänglichkeit aufgehen, und beim Anblick seiner Reinheit werden wir unseren Schmutz sehen; bei der Betrachtung seiner Demut sehen wir, wie viel uns fehlt, um demütig zu sein“ (1M 2,9). Demut ist eine Chiffre für unsere Erlösungsbedürftigkeit („meine Erbärmlichkeit“, sagt Teresa immer wieder), für unsere Angewiesenheit auf die Liebe und Gnade Gottes, aber auch für die Anerkennung unserer Würde und unserer Berufung zur Gottesfreundschaft: „Was ist der Mensch, dass du an ihn denkst, des Menschen Kind, dass du dich seiner annimmst? Du hast ihn nur wenig geringer gemacht als Gott, hast ihn mit Herrlichkeit und Ehre gekrönt“ (Ps 8,5f). Demut ist auch eine Chiffre für den Glauben, der uns zu Gott führt. Wenn Teresa Demut als „in der Wahrheit leben“ definiert, so meint sie damit die Wahrheit unserer menschlichen Existenz: „Ich ging einmal mit dem Gedanken um, warum unser Herr wohl so sehr Freund der Tugend der Demut sei, und da kam mir – m. E. ganz plötzlich, ohne Überlegung – dies: Weil Gott die höchste Wahrheit und Demut leben in der Wahrheit ist“ (6M 10,7). Anderswo hat es Teresa so ausgedrückt: Wahre Demut ist „zu erkennen, was er [Gott] vermag, und was ich vermag“ (CC 64, s. auch V 40,1–4) – also sich der Differenz zwischen Schöpfer und Geschöpf bewusst zu werden.

Die Demut ist für Teresa das „Fundament“ der inneren Burg (7M 4,8) und so auch des christlichen Lebens. Demut ist für sie auch ein Synonym für die Geduld (oder den Glauben), die „alles“ erreicht, d. h. die uns auf dem Weg der Christusförmigkeit voranbringt: „die Demut wirkt nämlich immer wie die Biene, die im Stock den Honig bereitet (denn ohne das ist alles umsonst)“ (1M 2,8). Die Demut ist „die Salbe für unsere Wunden“ (3M 2,6), mangelnde Demut ist „der Haken bei denen, die nicht vorankommen“ (3M 2,8) auf dem Weg der Christusförmigkeit. Als „Freund der Demut“ (M Nachwort 2) lässt sich Gott durch Demut „alles abringen, was wir uns nur von ihm wünschen“ (4M 2,9). Daher gibt es für uns „nichts Wichtigeres als die Demut“ (1M 2,9), solange wir auf Erden weilen.

Demut ist anerkennen, dass wir von Gott kommen und zur Gemeinschaft mit ihm berufen sind, weil nur er uns retten kann: Er ist die „Quelle, an der unser Seelenbaum gepflanzt ist“, die Sonne, die uns „Wärme spendet“ (1M 2,5). Demut ist damit das Gegenteil von der Hybris der gefallenen Engel, das Gegenteil von der bleibenden Versuchung des Menschen, nicht in die Christusförmigkeit hinein zu wachsen, sondern wie Gott sein zu wollen. Demut ist das Gegenteil eines prometheischen (oder pelagianischen) Menschenverständnisses, das die Fähigkeiten

5 Zur Bedeutung der Demut bei Teresa von Ávila vgl. u. a.: Güntensperger, Das Demutsverständnis bei Benedikt von Nursia und Teresa von Ávila; De Jesús, „Verdadera humildad“; Herraíz, La humildad es andar en verdad; Laurier, Andar en humildad; Malax, Humildad.

menschlicher Natur überbewertet, ungeachtet unserer „Erbärmlichkeit“. Demut heißt „glauben“, dass der Sohn Gottes „für mich“ (*pro me*) ganz konkret Mensch geworden und gestorben ist, dass das Heil von ihm her kommt (*extra nos*), dass wir darauf angewiesen sind. Wenn jede mystische Gnade mehr Demut zurück lässt (6M 5,10; 8,4; 9,11), so bedeutet dies auch „mehr Glauben“, mehr Selbsterkenntnis, mehr Dankbarkeit und mehr Tugendhaftigkeit.

2 Christusförmigkeit (*conformatio*) durch inneres Beten als Weg der Vollkommenheit

Teresas mystischer Weg steht und fällt mit ihrer Praxis des inneren Betens. Inneres Beten im Bewusstsein unserer „Demut“ ist für sie nicht nur die Grundform des Betens überhaupt, also das, was wahres christliches Beten vom klappmühlenartigen „Gebete-Verrichten“ oder dem „Plappern wie die Heiden“ (Mt 6,7) unterscheidet, sondern der „Weg der Vollkommenheit“ schlechthin, d. h. „unser Beitrag“ zur *conformatio* oder Christusförmigkeit – wohlwissend, dass diese letztlich ein Gnadengeschenk ist und nicht das automatische Ergebnis des inneren Betens. Teresa hat das innere Beten (das mentale oder kontemplative Beten in der Sprache ihrer Zeit) nicht erfunden, wohl aber hat sie es mit eigenen Akzenten geprägt und damit eine unverwechselbar „teresianische“ Gebetsform geschaffen.

Spanien war zur Zeit Teresas ein spirituell hochproduktives, dem inneren Beten „ergebenes“ Land, wie Marcel Bataillon angemerkt hat.[6] Eine Fülle von geistlichen Büchern förderte diesen Trend. Die spirituell Interessierten im Umfeld der *alumbrados*, *dejados* und *recogidos* als Laien und Laiinnen in der Welt fühlten sich zum kontemplativen inneren Beten hingezogen, was üblicherweise dem (männlichen) Ordensstand reserviert war. Die scholastischen Theologen und die Inquisition gingen dagegen vor, am deutlichsten etwa der Dominikaner Melchior Cano in seinem Gutachten von 1559 über den Katechismus-Kommentar seines Mitbruders Bartolomé Carranza, der das innere Beten der Laien und Laiinnen befürwortete. Für Cano hingegen sollte das gemeine Kirchenvolk, einschließlich der Ordensfrauen, Marta sein und nicht versuchen, es Maria nachzumachen.[7]

Unter diesem Misstrauen ging Teresa ihren Weg des inneren Betens. Sie definiert es als *un trato de amistad*, einen „freundschaftlichen, vertrauten Umgang“ mit Gott, oder wie es in der neuen deutschen Ausgabe heißt: „als Verweilen bei einem Freund, mit dem wir oft allein zusammenkommen, einfach um bei ihm zu sein, weil wir sicher wissen, dass er uns liebt“ (V 8,5). Damit meint sie, dass wir nicht vergessen, was der Herr aus Liebe „für uns“ auf sich genommen

6 Bataillon, Erasmo y España, 573.

7 Vgl. Caballero, Conquenses ilustres, 577.

hat, und dass wir ihm – nicht zuletzt im Ölgarten – liebevolle „Gesellschaft" leisten als Ausdruck unserer Freundschaft.

Bereits vor ihrem Klostereintritt 1535 begann Teresa, „inneres Beten zu halten, ohne zu wissen, was das war" (V 9,4):

> „Ich hatte folgende Art zu beten: Da ich mit dem Verstand nicht diskursiv nachdenken konnte, versuchte ich, mir Christus in meinem Innern vorzustellen, und – wie mir schien – ging es mir damit an jenen Stellen besser, wo ich ihn am einsamsten erlebte. Mir schien, dass er mich, wenn er einsam und niedergeschlagen war, als einer, der in Nöten ist, zu sich lassen müsste. Von diesen simplen Vorstellungen hatte ich viele. Besonders gut ging es mir mit dem Gebet Jesu im Ölgarten. Dort war es, wo ich ihn begleitete. Ich dachte an den Schweiß und die Not, die er dort durchgemacht hatte, sofern ich das konnte. Gern hätte ich ihm jenen Angstschweiß abgewischt. Aber ich erinnere mich, dass ich es niemals wagte, mich zu entschließen, das zu tun, da mir immer wieder meine großen Sünden in den Sinn kamen. Ich verweilte bei ihm, so gut es meine Gedanken zuließen, denn es waren viele, die mich da quälten. Viele Jahre lang dachte ich an den meisten Abenden vor dem Einschlafen, wenn ich mich zum Schlafen Gott empfahl, immer wieder eine Weile an diesen Abschnitt des Gebetes Jesu im Ölgarten, noch bevor ich im Kloster war, denn man hatte mir gesagt, dass man damit viele Ablässe gewinnen würde. Und ich bin überzeugt, dass meine Seele sehr großen Gewinn davon hatte, denn so begann ich, inneres Beten zu halten, ohne zu wissen, was das war, und die so eingespielte Gewohnheit bewirkte, dass ich das nicht unterließ" (V 9,4).

Nach dem Klostereintritt blieb Teresa jahrelang bei dieser Gewohnheit, denn auch im Kloster lernte sie nicht, „wie ich beim Beten vorgehen, noch wie ich mich sammeln sollte" (V 4,7). Sie hatte „große Plage" mit dem inneren Beten, „weil der Geist nicht als Herr, sondern als Sklave wirkte. So konnte ich mich nicht in mein Inneres einschließen (worin die ganze Methode bestand, die ich beim Beten hatte), ohne zugleich tausend Nichtigkeiten mit einzuschließen" (V 7,17). Eine Hilfe bekam sie erst, als sie wegen ihrer Erkrankung 1537 zur Behandlung nach Becedas geschickt wurde, bei ihrem Onkel Pedro in Hortigosa vorbeischaute und von diesem das Buch *Tercer abecedario espiritual* von Francisco de Osuna zu lesen bekam, einem der meistgelesenen Autoren der Bewegung der *recogidos*. Darin wird der Weg der Sammlung, die augustinische Suche Gottes im Inneren des Menschen nach Joh 14,23 befürwortet,[8] wobei der Weg dazu das schweigende, kontemplative Gebet unter Hintanstellung des Denkens und der Sinnestätigkeit ist: nichts zu denken („no pensar nada"), sondern für Gottes Geschenk

8 Místicos franciscanos españoles II, 417 (16,1), ähnlich 271 (9,1).

empfänglich zu sein, lautet die Devise. Dieses Buch nahm Teresa als „Lehrmeister“, zumal sie, wie sie sagt, zwanzig Jahre lang im Kloster trotz ihrer Suche keinen Beichtvater fand, „der mich verstanden hätte“ (V 4,7). Teresa fühlte sich nicht zuletzt zu Osuna hingezogen, weil er die Betrachtung der Menschheit Jesu am Anfang des inneren Betens befürwortete. Gleichwohl wird Teresa später im Gegensatz zu ihm mit Nachdruck festhalten, dass dies in allen Stufen des inneren Betens nötig sei, auch auf der höchsten Stufe des Gebets der Ruhe.

Das bei Osuna Gelernte verinnerlicht und versprachlicht Teresa auf eigene Art, indem sie durch einige Krisen hindurch ihre eigene Form des inneren Betens findet: als *un trato de amistad*, bei dem man nicht viel denken, sondern viel lieben soll. Dies kommt ihren Schwierigkeiten mit der diskursiven Meditation der Menschheit Jesu entgegen, wie sie in der Tradition der Franziskaner und der Jesuiten praktiziert wurde. Aber sie erlebt immer wieder Krisen. Sie war zwar zum inneren Beten entschlossen, aber sie gab es zeitweise auf, weil ihre Liebe noch nicht so stark war, ihr „ganzes Vertrauen auf Gott“ zu setzen (V 9,3), und weil sie warten wollte, „bis ich ganz von Sünden rein wäre. Auf was für einen Irrweg war ich mit dieser Hoffnung geraten!“ (V 19,11).

Trotz ihrer Schwierigkeiten mit dem inneren Beten befand sich Teresa in einem „Bekehrungsprozess“, den sie mit einer punktuellen Erfahrung aus dem Jahr 1554 illustriert. Die augustinischen Anklänge sind nicht zufällig, denn im selben Jahr konnte sie die *Bekenntnisse* lesen:

> „Da geschah es mir, dass ich eines Tages beim Eintritt in den Gebetsraum ein Bild sah, das man zur Verehrung dorthin gebracht und für ein Fest, das im Haus gefeiert wurde, aufgestellt hatte. Es war das Bild eines ganz mit Wunden bedeckten Christus und so andachterweckend, dass es mich beim Anblick zuinnerst erschütterte, ihn so zu sehen, denn es stellte gut dar, was er für uns durchlitten hatte. Das, was ich empfand, weil ich mich für diese Wunden kaum dankbar gezeigt hatte, war so gewaltig, dass es mir war, als würde es mir das Herz zerreißen. Aufgelöst in Tränen warf ich mich vor ihm nieder und flehte ihn an, mir ein für alle Mal Kraft zu geben, ihn nicht mehr zu beleidigen. Ich war eine große Verehrerin der glorreichen Magdalena und dachte sehr oft an ihre Bekehrung, vor allem, wenn ich kommunizierte. Da ich nämlich wusste, dass der Herr dann sicher in mir weilte, fiel ich ihm zu Füßen, weil ich glaubte, dass es nicht möglich war, meine Tränen zurückzuweisen. Ich wusste da nicht, was ich sagte, denn derjenige, der zustimmte, dass ich sie seinetwegen vergoss, tat damit schon genug, weil ich diesen Schmerz immer wieder schnell vergessen habe. Ich empfahl mich dann dieser glorreichen Heiligen, damit sie mir Vergebung erlangte. Aber dieses letzte Mal, ich meine mit diesem Bild, scheint mir doch mehr genützt zu haben, denn ich hatte zu mir kaum noch Vertrauen, sondern setzte mein ganzes Vertrauen auf Gott. Ich glaube, ich habe ihm

> damals gesagt, dass ich von dort nicht mehr aufstehen würde, bis er tat, worum ich ihn anflehte. Ich glaube sicher, dass mir das geholfen hat, denn seitdem ging es viel besser mit mir" (V 9,1–3).

Teresa entdeckt das *pro me* der Menschwerdung und Leidensgeschichte Jesu und zwar *experimentaliter* durch eine innere Erschütterung beim Anblick des Schmerzensmannes, nicht durch ein „Tag und Nacht währendes Nachsinnen" über die Schriftworte Röm 1,17, wie dies bei Luther der Fall war.[9] Teresas Bekehrung folgt eher dem Muster der Magdalena: Sie fällt dem Herrn zu Füßen, weil sie weiß, dass er nun ihre „Tränen" nicht zurückweisen wird (V 9,2). Sie darf sich nun zu Jesus im Ölgarten gesellen und ihm den „Angstschweiß" abwischen (V 9,4). Das Ergebnis ist ähnlich wie bei Luther: Sie spürt eine Befreiung, weil ihre Last nun auf Jesus liegt, und setzt von nun an ihr „ganzes Vertrauen auf Gott" (V 9,3). Die Heilsangst, mit der sie ins Kloster eintrat, weicht der Zuversicht, in ihrer „Erbärmlichkeit" bei Gott geborgen zu sein.

Anders als Luther, für den der leidende Heiland vor allem unseren Glauben braucht, will ihn Teresa also auch „trösten". Die Christusbeziehung gewinnt so den Charakter einer gegenseitigen Tröstung, wie dies in einer Freundschaft der Fall ist:

> „Wenn ihr in Nöten oder traurig seid, betrachtet ihn an der Geißelsäule, schmerzerfüllt, ganz zerfleischt wegen der großen Liebe, die er zu euch hat, von den einen verfolgt, von den anderen angespien, von wieder anderen verleugnet, ohne Freunde und ohne, dass irgendjemand für ihn einträte, vor Kälte zu Eis erstarrt, großer Einsamkeit ausgesetzt, wo ihr euch gegenseitig trösten könnt. Oder schaut ihn im Garten an, oder am Kreuz, oder

[9] Luther beschreibt so sein „Turmerlebnis" aus dem Jahr 1519: „Ich war von einer wundersamen Leidenschaft gepackt worden, Paulus in seinem Römerbrief kennenzulernen, aber bis dahin hatte mir nicht die Kälte meines Herzens, sondern ein einziges Wort im Wege gestanden, das im ersten Kapitel steht: ‚Die Gerechtigkeit Gottes wird in ihm [d. h. im Evangelium] offenbart' (Röm 1,17). Ich hasste nämlich dieses Wort ‚Gerechtigkeit Gottes', das ich nach dem allgemeinen Wortgebrauch aller Doktoren philosophisch als die sogenannte formale oder aktive Gerechtigkeit zu verstehen gelernt hatte, mit der Gott gerecht ist, nach der er Sünder und Ungerechte straft. […] Endlich achtete ich in Tag und Nacht währendem Nachsinnen durch Gottes Erbarmen auf die Verbindung der Worte, nämlich: ‚Die Gerechtigkeit Gottes wird in ihm offenbart', wie geschrieben steht: ‚Der Gerechte lebt aus dem Glauben' (Hab 2,4). Da habe ich angefangen, die Gerechtigkeit Gottes als die zu begreifen, durch die der Gerechte als durch Gottes Geschenk lebt, nämlich aus Glauben: ich begriff, dass dies der Sinn ist: Offenbart wird durch das Evangelium die Gerechtigkeit Gottes, nämlich die passive, durch die uns Gott, der Barmherzige, durch den Glauben rechtfertigt, wie geschrieben steht: ‚Der Gerechte lebt aus dem Glauben'. Nun fühlte ich mich ganz und gar neugeboren und durch offene Pforten in das Paradies selbst eingetreten. Da zeigte sich mir sogleich die ganze Schrift von einer anderen Seite", WA 54,185,12–186,20. Zu Teresa und Luther vgl. Delgado, Teresa von Ávila und Martin Luther; Moltmann, Die Wendung zur Christusmystik bei Teresa von Ávila.

> damit beladen, wo sie ihn kaum verschnaufen ließen. Er wird euch mit seinen schönen, mitfühlenden, tränenerfüllten Augen anschauen, und auf seine eigenen Schmerzen vergessen, um euch über eure hinwegzutrösten, und nur, weil ihr zu ihm kommt, um ihn zu trösten, und den Kopf wendet, um ihn anzuschauen“ (CE 42,5).

Teresas Mystik ist natürlich auch eine Glaubensmystik. Ihre Betrachtung des gegeißelten Jesus ist selbstverständlich durch die Meditation der Schrift mit den Augen des Glaubens geprägt. Aber sie zeigt die Konturen einer empathischen Liebe, die im Fortschreiten der ekstatischen *conformatio* die felsenfeste existentielle Erfahrung der unbegreiflichen Größe Gottes macht und die Rolle des Glaubens relativiert:

> „[…] doch erkenne ich, dass dieser [liebenden] Seele einige Wahrheiten über die Größe Gottes so fest eingeprägt bleiben, dass sie Gott von jenem Augenblick an als solchen anbeten würde, wie es Jakob tat, als er die Leiter sah (Gen 28,12), auch wenn sie keinen Glauben hätte, der ihr sagte, wer er ist, und dass sie verpflichtet sei, an ihn als Gott zu glauben“ (6M 4,6).

Gestärkt durch diese Erfahrung von 1554 wird Teresa zur Apostelin ihrer Form des inneren Betens: demjenigen, der mit dem inneren Beten begonnen hat, empfiehlt sie, es ja nicht mehr aufzugeben, „mag er noch so viel Schlechtes tun, denn es ist das Heilmittel, durch das er sich wieder bessern kann, während ohne es alles sehr viel schwieriger wird“ (V 8,5). Demjenigen, der mit dem inneren Beten noch nicht begonnen hat, den bittet sie, „um der Liebe des Herrn willen, sich ein so großes Gut doch nicht entgehen zu lassen. Hier gibt es nichts zu verlieren, sondern nur zu gewinnen“ (V 8,5). Ihre „Gebetslehre“ beschreibt sie – ohne Systematik, aber mit Blick auf das Wesentliche – in drei Werken nacheinander: „Buch meines Lebens“ (1962/65), „Weg der Vollkommenheit“ (1565/66) und „Wohnungen der inneren Burg“ (1577). Das Wesentliche ist, inneres Beten als *un trato de amistad* mit Gott zu verstehen, bei dem es auf die persönliche Beziehung zu Jesus ankommt; es geht darum, innerlich den anzuschauen, „der mich anschaut“ (V 13,22), um die liebevolle Hinwendung zum Herrn – unabhängig von Orten und Zeiten, aber immer im Bewusstsein des Unterschiedes zwischen uns und ihm. Es ist ihr so wichtig, dass sie es immer wieder verteidigt, so etwa im „Weg der Vollkommenheit“:

> „Wer möchte denn behaupten, dass es falsch sei, beim Beginn des Betens des Stundengebetes oder des Rosenkranzes mit dem Nachdenken darüber zu beginnen, mit wem er spricht und wer der ist, der spricht, um zu sehen, wie er mit ihm umgehen soll? Ich sage euch, Schwestern, wenn man das Viele, das in Bezug auf diese zwei Punkte zu tun wäre, gut täte, dann würdet ihr, bevor ihr mit dem mündlichen Beten – also mit dem Ver-

> richten des Stundengebetes oder des Rosenkranzes – anfangt, viele Stunden im inneren Beten verbringen" (CE 37,3).

Teresa empfiehlt manchmal Betrachtungsweisen, vor allem des Leidens Jesu, aber sie ermutigt „zur freien Themenwahl je nach Gemütslage des konkreten Menschen und besteht in keiner Weise auf einem rigiden Schema, wie es damals üblich war".[10] Teresas inneres Beten unterscheidet sich, wie Ulrich Dobhan sagt, von vielen Meditationsübungen: „[…] ihr kommt es nicht auf die Weitergabe bestimmter Gebetsmethoden, Übungen, Körperhaltungen oder auf geistreiche Erwägungen an, sondern auf die Ermutigung zur gelebten Liebesbeziehung zu Gott bzw. Christus. Alles, was dazu beiträgt, diese Beziehung zu vertiefen, dient dem geistlichen Fortschritt."[11]

Im Grunde hat Teresa nach Klostereintritt und Bekehrungserlebnis 1554 die wesentliche kindliche Intuition ihrer Gebetspraxis beibehalten, Jesus Gesellschaft leisten zu wollen, nun aber ohne die übertriebene Sünden- und Heilsangst und ohne die Annahme, man müsse dabei einem bestimmten, diskursiven Meditationsschema folgen.

> Teresa hat verstanden, „dass Beten nicht die Ableistung einer Pflicht ist, um Gott zu gefallen, und auch nicht ein punktuelles Ereignis, das man möglichst oft wiederholen und ausdehnen sollte, sondern ein Beziehungsgeschehen, das sich nicht auf bestimmte Zeiten beschränken lässt, sondern das ganze Leben durchdringt. Von daher ist es absurd, das Leben in Zeiten des Betens (*contemplatio*) und des Tuns (*actio*) und die Menschen in Beter und solche, die dazu keine Zeit haben, aufzuteilen".

Wenn Beten eine Frage des Vertrauens und der Liebe und nicht der Zeit und des Ortes ist, so kann jeder ein Beter sein, „denn die Freundschaft mit Gott kann und muss jeder selbst leben".[12] Das Ziel teresianischen inneren Betens ist, dass das ganze Leben zu einem Gebet wird, weil Gott, „ob wir nun wachen oder schlafen" (1Thess 5,10), bei uns weilt und bleibt – und wir uns dessen bewusst geworden sind.

3 Nachfolge Jesu als Einsatz für das Reich Gottes (*actio*)

Die Nachfolge Jesu in der Einheit von Gottes- und Nächstenliebe ist die naheliegende Wirkung der erfahrenen *conformatio* und zugleich das untrüglichste Zeichen ihrer Echtheit. Wer die

---

10 Dobhan, Teresas Weg, 295, 313, 309.

11 A. a. O., 302. Zum inneren Beten bei Teresa von Ávila vgl. auch Körner, Was ist inneres Beten?

12 Dobhan, Teresas Weg, 306.

Christusförmigkeit erfahren hat, fühlt sich in die „Jüngerschaft“ des guten Hirten berufen. Dabei gibt es bei Teresa keinen Konflikt zwischen Aktion und Kontemplation. Denn die Aktion wird nicht verstanden als umtriebige Tätigkeit bzw. Aktivismus, sondern als Einsatz für das Kommen des Reiches Gottes in uns, in der Kirche und in der Welt aus dem inneren Beten heraus: „Marta und Maria müssen zusammengehen“ (7M 4,12).

Auf den persönlichen Aspekt legt Teresa viel wert, denn die Christusförmigkeit soll zur Tugendhaftigkeit (zur „Stärkung in der Tugend“: 6M 9,11) und zur vermehrten Nächstenliebe als Ausdruck der Gottesliebe führen. Wie in den ersten Wohnungen das Mangeln an Demut und Nächstenliebe ein untrügliches Zeichen unserer Unvollkommenheit ist, so ist ihr vermehrtes Vorkommen in den letzten Wohnungen der beste Beleg für unsere Verwandlung in Jünger und Jüngerinnen Christi.

Biblisch schreibt Teresa: „[…] ob wir Gott lieben, kann man nie wissen (auch wenn es deutliche Anzeichen gibt, um zu erkennen, ob wir ihn lieben), die Liebe zum Nächsten erkennt man aber sehr wohl“ (5M 3,8). Sie lässt die Einheit von Gottes- und Nächstenliebe nie aus dem Auge: „Begreifen wir, meine Töchter, dass die wahre Vollkommenheit in der Gottes- und Nächstenliebe besteht, und dass wir umso vollkommener sind, mit je größerer Vollkommenheit wir diese beiden Gebote halten“ (1M 2,17; vgl. auch 5M 3,7). Und sie ist mit augustinischen Anklängen davon überzeugt, dass „die Nächstenliebe in Vollkommenheit […] aus der Wurzel der Gottesliebe erwächst“ (5M 3,9). Sehr präsent hat Teresa die Gerichtsrede aus dem Matthäusevangelium als „Ernstfall“ (vgl. F 5,3): „Was ihr für einen dieser Geringsten getan habt, habt ihr für mich getan (Mt 25,40).“

4 Eine neue Form des Ordenslebens im Zeichen der Demut

Spätestens seit der Bekehrungserfahrung von 1554 bzw. der Erfahrung der geistlichen Verlobung von 1556 denkt Teresa daran, wie sie eine andere, christusförmigere Art des Ordenslebens anstoßen könnte. In einem Alter, in dem sich bei Frauen die biologische Uhr bemerkbar machen kann, wollte sie „fruchtbar“ sein, geistliche Töchter und Söhne haben. Neben ihrem Verständnis des inneren Betens sind die ab 1562 gegründeten Klöster ihr Beitrag zur Kirchenreform. Sie waren geprägt von einigen Merkmalen, die sie als einzigartigen Kontrast zu manchen Entwicklungen in Kirche und Gesellschaft ihrer Zeit erscheinen lassen:

Sie waren kleine Gemeinschaften von Schwestern in kleinen Gebäuden („estos palomarcitos“, „diese kleinen Taubenschläge“, nennt sie Teresa: F 4,5), in denen ein Leben in der Einheit von Gebet, Handarbeit und Gemeinschaftssinn unter dem Primat der Demut entstehen sollte – gemäß den drei Punkten, die sie für die Lebensform hervorhebt: „Das Erste ist die gegenseitige Liebe, ein Weiteres das Loslassen alles Geschaffenen, und noch ein Weiteres wahre

Demut, die, auch wenn ich sie an letzter Stelle nenne, die wichtigste ist und alle anderen umfasst" (CE 6,1).

Die spanische Gesellschaft der Zeit war bei allem Bewusstsein des prinzipiellen Egalitarismus unter dem König („unter dem König sind wir alle gleich", war ein geflügeltes Wort und ein Thema des Theaters des „Siglo de Oro") eine Kastengesellschaft, in der die soziale Herkunft oder „die Ehre" bzw. das Prestige („la honra", auch dies im Theater des Barocks allseits präsent) einer altchristlichen Abstammung ohne Vermischung mit jüdischem oder maurischem Blut eine wichtige Rolle spielte. Teresas Klöster hingegen sollten frei von Standesdünkel sein und nur das ehrenvolle Ansehen der wahren Armut anstreben: „ich meine die, bei der es nur um Gott geht, und die es nicht nötig hat, jemanden zufriedenzustellen, außer ihn" (CE 2,6). Darin zeigt sich das Revolutionäre am teresianischen *solus Deus*. Ihre Klöster sollten auch für die Neuchristen und Neuchristinnen jüdischer oder islamischer Herkunft offen sein, während die meisten anderen Ordensgemeinschaften unter Berufung auf die Statuten der *limpieza de sangre* (Blutsreinheit)[13] einen radikalen Ausschluss derselben verfügt hatten. Von dieser Ursprungsidee wird sich die Familie des Karmels allerdings wenige Jahre nach dem Tod Teresas entfernen. Unter dem sozialen Druck im damaligen Spanien werden die Jesuiten (1593) und die Karmeliter (1595) die Ausschluss-Statuten einführen, obwohl sie sich bis dahin standhaft geweigert hatten. Teresa hätte danach in ihren eigenen Orden nicht eintreten können!

Für die Frauen waren die Klöster „Freiheitsinseln" in doppelter Hinsicht: zum einen, weil sie darin eine sinnvolle Alternative zu ihrem Schicksal in der Welt als dem Mann immer nach seinen Launen gehorchende und dienende Ehefrau fanden: „schaut, von welcher Unterordnung ihr euch befreit habt, Schwestern!" (CV 26,4, vgl. auch F 31,46). Zum anderen, weil Teresa die Klausur als weiblichen Freiraum gegenüber dem Klerus versteht: „Es soll niemals einen Vikar [Ordensobere oder Bischof] geben, der den Auftrag hat, ein- und auszugehen und Aufträge zu erteilen, noch einen Beichtvater, der Aufträge erteilt, vielmehr sollen sie dazu da sein, um über den guten Ruf des Hauses und die innere und äußere Zurückgezogenheit zu wachen" (CE 8,6; vgl. auch CV 5,6).

Teresa kennt sehr gut die in ihren Klöstern vorkommenden „Pathologien" des Ordenslebens. Mit praktischer Klugheit erteilt sie dann Ratschläge zur Überwindung derselben. Sie, die immer wieder eine Neigung zum Alleinsein spürte, rät z. B. zugleich davon ab, sich zum inneren Beten immer wieder in die „Schlupfwinkel" zurückziehen und das soziale Gemeinschaftsleben gering zu schätzen: „Denn ein Mensch, der immer zurückgezogen lebt, weiß doch nicht, selbst wenn er seiner Meinung nach noch so heilig sei, ob er Geduld oder Demut hat, noch hat er etwas in der Hand, um es zu wissen" (F 5,15). Gegenüber denjenigen, die der Kontemplation ein zu großes Gewicht beimessen, rückt Teresa die Verhältnisse zurecht: „nicht die Länge der Zeit

---

13 Vgl. dazu Delgado, Das Spanische Jahrhundert, 43–54.

macht es aus, dass die Seele im inneren Beten vorankommt; denn wenn man sie ebenso gut auf Werke verwendet, so ist das eine große Hilfe, um in ganz kurzer Zeit eine bessere Voraussetzung zu haben, um in Liebe zu entflammen, als in vielen Stunden der Betrachtung“ (F 5,17). Teresa versucht, die krankhafte Suche der kontemplativen Wonnen zu Lasten der alltäglichen Arbeit zu korrigieren und betont die zentrale Bedeutung der tätigen Nächstenliebe für „die wahre Einung“ mit dem Willen Gottes:

> „Werke will der Herr! Und wenn du eine Kranke siehst, der du ein wenig Linderung verschaffen kannst, dann mache es dir nichts aus, diese Andacht zu verlieren, und ihr dein Mitgefühl zu zeigen; und wenn ihr etwas wehtut, dann soll es dir wehtun, und wenn nötig, sollst du fasten, damit sie zu essen hat, nicht so sehr ihretwegen, sondern weil du weißt, dass dein Herr das möchte. Das ist die wahre Einung mit seinem Willen“ (5M 3,11).

Das innere Beten bzw. die geistliche Vermählung dient dazu, „dass ihr immerfort Werke entsprießen, Werke!“ (7M 4,6), d. h. für Teresa, „wenn es sich anbietet“ (F 5,3) in unserem alltäglichen Leben. Und dabei kommt es „nicht so sehr auf die Größe der Werke“ an „als vielmehr auf die Liebe, mit der sie getan werden“ (7M 4,15).

Literatur

Balthasar, Hans Urs von, Herrlichkeit. Eine theologische Ästhetik. Bd. 2: Fächer der Stile, Teil 2: Laikale Stile, Einsiedeln 1962.

Bataillon, Marcel, Erasmo y España. Estudios sobre la historia espiritual del siglo XVI., México ³1986.

Caballero, Fermín, Conquenses ilustres. Vol. 2: Melchor Cano, Madrid 1871, 536–615.

D. Martin Luthers Werke. 120 Bde., Weimar 1883–2009 [= WA].

De Jesús, Blas, „Verdadera humildad“ en los fundamentos de la ascética teresiana, in: REsp 22 (1963) 681–722.

Delgado, Mariano, Das Spanische Jahrhundert. Politik, Religion, Wirtschaft, Kultur (1492–1659), Darmstadt 2016.

–, Teresa von Ávila und Martin Luther. Einige Gemeinsamkeiten und Unterschiede, in: Catholica (M) 70 (2016) 1–22.

Dobhan, Ulrich, Teresas Weg des inneren Betens, in: Mariano Delgado / Volker Leppin (Hg.), „Dir hat vor den Frauen nicht gegraut“. Mystikerinnen und Theologinnen in der Christentumsgeschichte (Studien zur christlichen Religions- und Kulturgeschichte 19), Fribourg/Stuttgart 2015, 295–313.

Güntensperger, Josef, Das Demutsverständnis bei Benedikt von Nursia und Teresa von Ávila. Eine vergleichende spiritualitätstheologische Studie, Freiburg/Schweiz 2022 (gedruckte Dissertation).

Herraíz, Maximiliano, La humildad es andar en verdad, in: REsp 50 (1991) 243–263.

Johannes vom Kreuz, Gesammelte Werke. Vollständige Neuübertragung, hg. und übersetzt von Ulrich Dobhan / Elisabeth Hense / Elisabeth Peeters, Freiburg i. Br. 1995ff.

Körner, Reinhard, Was ist inneres Beten?, Münsterschwarzach 2002.

Laurier, Jean-Marie, Andar en humildad. La experiencia espiritual de santa Teresa de Jesús y la teología de la justificación, in: MCarm 113 (1/2005) 25–38.

Malax, Félix, Humildad, in: Álvarez, Tomás (Hg.), Diccionario de Santa Teresa de Jesús, Burgos 2000, 774–782.

Místicos franciscanos españoles II: Tercer abecedario espiritual de Francisco de Osuna, hg. von Saturnino López Santidrián, Madrid 1998.

Moltmann, Jürgen, Die Wendung zur Christusmystik bei Teresa von Ávila. Oder: Teresa von Ávila und Martin Luther, in: Stimmen der Zeit 200 (7/1982) 449–463.

San Juan de la Cruz, Obras completas, hg. von José Vicente Rodríguez / Federico Ruiz Salvador, Madrid ^{5}1993.

Santa Teresa de Jesús, Obras completas, hg. von Efrén de la Madre de Dios / Otger Steggink, Madrid ^{9}1997.

Stachel, Günter, In einer Nacht ganz dunkel. Die mystischen Gedichte des Johannes vom Kreuz – neu übersetzt, in: Christ in der Gegenwart 48 (8/1996) 61–62.

Teresa von Ávila, Werke und Briefe. Gesamtausgabe. 2 Bände, hg. von Ulrich Dobhan / Elisabeth Peeters, Freiburg i. Br. 2015.

Schöpfung als Raum kosmischer Gemeinschaft

Übungswege einer kommunikativen kosmischen Spiritualität

Von Brigitte Enzner-Probst

1 Der Blick von außen

Es war 1968. Die Besatzung von Apollo 8 schickte ein spektakuläres Foto zur Bodenstation in Cape Canaveral. Es hatte den Titel „Erdaufgang". Vom Mond aus gesehen „geht die Erde auf".[1] Halb von der Sonne beleuchtet, halb im Schatten des Mondes sehen wir die Erdkugel. Blau geäderte Ozeane, Wolkenfelder, die Kontinentalplatten. Ein zerbrechlich wirkender kleiner Planet zieht in einem riesigen, dunkelschwarzen Universum seine Bahn. Eine neue Perspektive. Der Blick von außen!

Der Blick von außen zeigt uns die Erde als Teil eines so viel größeren Universums. Die Weltraumperspektive ist die „Linse eines Mikroskops", mit der wir die Weltgeschichte neu lesen müssen.[2] Auch die ökologische Krise, wie sie sich gegenwärtig immer dramatischer zeigt, zwingt uns zu diesem Blick auf das Ganze. Sie stellt uns die Frage, wohin unser Planet Erde, ein Staubkorn im Unternehmen Kosmos, steuert. Können wir als Menschheit in diesem kosmischen Prozess überhaupt noch etwas steuern? Auf die Frage jedoch nach dem Wohin der kosmischen Evolution, dem Platz der Menschheit darin, hat eine auf einen weltlosen Gott bezogene Spiritualität keine Antwort. Erst wenn die kollektiv längst erfolgte kosmische Ausweitung unserer Perspektive auch in christlicher Spiritualität als Horizont integriert worden ist, werden sich Antworten einstellen.

Doch wie ist eine solche kosmisch ausgeweitete Spiritualität zu skizzieren? Welche Elemente sind dafür essentiell? Wie lassen sie sich theologisch begründen und vor allem – wie lassen sie sich einüben und erfahrbar machen? Die folgenden Überlegungen nennen einige Aspekte, die für die Kontur einer solchen kosmisch ausgeweiteten Spiritualität in christlicher Tradition wichtig sind.

---

1 Bei Google zu finden unter http://www.astrofoto.de/download/kalender.pdf: Bildnummer: er002-13 Aufgang der Erde über der Mondoberfläche (APOLLO 8, 1968) (abgerufen am 04.12.2012).

2 Vgl. Saint Exupéry, Wind, 193: „Das Flugzeug hat uns die wahre Luftlinie kennengelehrt. […] Wir beurteilen den Menschen mit Weltraumperspektive. Das Fenster am Führersitz ist die Linse eines Mikroskops, und mit neuen Augen lesen wir darin die Weltgeschichte."

2 Kosmische Gemeinschaft

2.1 Die Änderung der Perspektive (Röm 12,1–2)

Das mechanistisch-reduktionistische Weltbild, das wir seit mehr als 200 Jahren verinnerlicht haben und fortwährend industriell-technisch umsetzen, versperrt uns den Zugang zu einer neuen Wahrnehmung der kosmischen Schöpfung. Renaissance und Aufklärung, so segensreich sie für das Freiheitsstreben der Menschen waren, haben die Natur entspiritualisiert. Alles in ihr läuft angeblich nach mathematisch zu berechnenden Gesetzen ab.[3] Die technische Umsetzung dieses Weltbildes, ihr tagtägliches „Funktionieren", scheint auch heute noch grundsätzlichere Fragen zu erübrigen.[4] Dabei haben Astrophysik, Relativitätstheorie und Quantenphysik,[5] um nur einige Ansätze zu nennen, dieses „Weltbild" schon seit Beginn des vorigen Jahrhunderts ins Wanken gebracht.[6] Das Universum hat einen Anfang und ist seither in einem immer komplexeren Ausdehnungsprozess begriffen. Alles ist mit allem verbunden, wie die quantenphysikalische „Verschränkung" auf der tiefsten Ebene von Wirklichkeit zeigt.[7] Wir sind, wie die Heisenbergsche Unbestimmtheitsrelation zeigt, nicht nur objektive Beobachtende, sondern Mitspielende in der großen kosmischen Performance, ob wir wollen oder nicht.

2.2 „Gleichnisse" für den kosmischen Evolutionsprozess

Deutlich wird, dass sich aus diesen neuesten naturwissenschaftlichen Erkenntnissen neue Anschlussmöglichkeiten für eine theologische und spirituelle Interpretation des kosmischen Ganzen ergeben. Um dies reflektiert zu tun, braucht es, zusätzlich zur Hermeneutik der Hei-

---

3 Isaac Newton (1643–1727) formulierte als erster das Gesetz der Schwerkraft, d. h. der gegenseitigen Anziehung von Körpern, eines der Grundgesetze moderner Naturwissenschaft. Er zeigte darüber hinaus, dass sich die von Johannes Kepler (1571–1630) gefundenen Gesetze der Planetenbewegung aus dem Gravitationsgesetz ableiten lassen. Alles schien sich zu einer mathematischen Formel vereinigen zu lassen. Die bis in jüngste Zeit fortgesetzte Suche nach einer einheitlichen Weltformel folgt dieser Linie.

4 Vgl. Müller, Das unbekannte Land, 293–296.

5 Dies ließe sich ausweiten auf die Ergebnisse von Chaostheorie, Biologie, Systemtheorie usw.

6 Und schon vorher wurde dieses Weltbild durch Kepler und Galilei erschüttert, die zeigten, dass die Erde keineswegs im Zentrum des Kosmos steht. Ebenso hatte Darwin das Selbstbewusstsein der Menschen erschüttert, indem er nachwies, dass alles in der Schöpfung aus einem gemeinsamen Evolutionsprozess hervorgegangen ist. Zuletzt war es Freud, der die Vernunftsteuerung des Menschen in Frage stellte. Es sind weit mehr die instinktgebundenen Handlungsweisen und die unbewusste Dimension, die das Denken und Handeln beeinflussen.

7 Zur Verschränkung vgl. Benz, Universum, 145.

ligen Schriften, nunmehr eine kosmologisch-theologische Hermeneutik. Sie bietet Gleichnisse an, um naturwissenschaftliche Erkenntnisse zu übersetzen.[8] Aus der Vielzahl der gegenwärtig diskutierten kosmischen Narrative wähle ich einige wenige aus.

Paulus beschreibt in seiner Areopagrede den kosmischen Zusammenhang, die „Welt", im Bild eines *Gewebes*. Er greift dabei auf die stoische Philosophie zurück, nach der es eine allen Menschen gemeinsame Quelle von Gotteserkenntnis gibt. In Gott „leben, weben und sind wir" (Apg 17,28).

In Röm 8,20–22 dagegen vergleicht Paulus den kosmischen Entwicklungsprozess mit einem *Schwangerschafts- und Geburtsprozess*. Dieses Gleichnis bietet für viele Frauen und mittlerweile auch Männer Anknüpfungspunkte an eigenes Erleben, an Freude, erinnert aber auch an Momente von Angst und Gefährdung.[9] Das Gelingen des kosmischen Geburtsprozesses ist nach Paulus an eine Bedingung geknüpft: Die ganze (kosmische) Schöpfung wartet auf die „Entbindung" der Menschen, d. h. auf die Auflösung ihrer Verstrickungen und Traumata. ChristInnen sind aufgerufen, darin hoffnungsstiftende Vorbilder zu sein.

In der Frauenmystik des 10. bis 12. Jahrhunderts wurde dieses Narrativ häufiger aufgenommen. Die italienische Mystikerin Angela di Foligno (1249–1309)[10] hatte Visionen, in denen sie den Kosmos als gänzlich erfüllt von göttlicher Präsenz wahrnahm. „Der Kosmos ist schwanger mit Gott!", ruft sie aus. Oder: „Der Kosmos ist der Bauch Gottes!"[11] Auch Hildegard von Bingen (1098–1179) verwendet das Schwangerschaftsbild, um die innige Beziehung zwischen göttlicher Weisheit und kosmischer Wirklichkeit zu zeigen.[12] Ähnlich visualisiert dies Herrad von Landsberg (1130–1195), eine zeitgenössische Visionärin.[13]

Ein weiteres prozessuales Narrativ interpretiert den kosmischen Prozess als *„Entdeckungsreise"*,[14] auf der das Universum unterwegs ist. Die göttliche Weisheit bahnt den Weg und geht mit.[15] Die kosmische Entwicklung ließe sich auch mit einer *Performance*, mit Impro-Theater oder Tanz vergleichen.[16] Dieses Narrativ nimmt auf, dass auf der tiefsten Ebene von Wirk-

---

8 Vgl. Dürr, Wissenschaft.

9 Vgl. Bergmann, Childbirth.

10 Vgl. Rotzetter, Foligno, 143–166.

11 A. a. O., 153.

12 Vgl. Gössmann, Spiritualität, 374–378.

13 Vgl. a. a. O., 375.

14 Vgl. Schmid, Abenteurer.

15 Die Selbstbezeichnung des johanneischen Christus als „Weg" (Joh 14,6) zeigt in diese Richtung. Im Hebräischen kann damit „Bewegung, Gang, Prozess" gemeint sein; vgl. Num 9,10, wo *däräch* mit „Reise" zu übersetzen ist, https://www.bibelwissenschaft.de/stichwort/34599/ (abgerufen am 26.04.2023).

16 Vgl. Moltmann, Schöpfung, 306–308; Peters, Dancing.

lichkeit alles ein Energie-Tanz, ein „Wirbel“ ist.[17] Es motiviert Menschen, an diesem Tanz bewusst teilzunehmen.[18]

Deutlich wird, dass wir Narrative brauchen, um diesen gigantischen kosmischen Entwicklungsprozess zu verstehen und nach unserem Platz darin zu fragen.[19]

2.3 Kosmische Kommunion

Im Folgenden möchte ich ein Narrativ aufgreifen, das kosmologische Erkenntnisse mit der Art und Weise verknüpft, wie Jesus die kommende Gottesherrschaft vorwegnahm. Jesus lud Menschen an seinen Tisch und ließ sich auch umgekehrt einladen, ohne auf deren Frömmigkeitsstufen zu achten. Er sammelte die „Zöllner und Sünder“ um sich und hat mit ihnen gegessen, wie ihm vorgeworfen wurde (Mt 9,11). Wichtig war ihm, die Verbundenheit untereinander *und* mit der göttlichen Liebe erlebbar zu machen. Damit aber feierte Jesus in seinen Mahlgemeinschaften das, was der kosmischen Schöpfung als Grundgesetz eingeschrieben ist, nämlich deren durchgängige Relationalität. In seinen Gleichnissen erzählte er von seiner Vision, dass am Ende der Zeit das Hochzeitsfest Gottes mit seiner Schöpfung stehen wird, Feier der innigsten Gemeinschaft. Nicht von ungefähr ereignete sich das erste Zeichen seiner Berufung bei einer Hochzeit (Joh 2). In der Tradition der Agapefeiern wurde diese Mahlpraxis Jesu von der Frühen Kirche noch lange fortgeführt, bis sie von der liturgisch geprägten und stilisierten Form des Abendmahls verdrängt wurde.[20] Gehen wir auf die mit dem Leben Jesu verknüpfte Bedeutungsrichtung zurück, so wird darin deutlich, dass nicht in erster Linie das sakramentale „Zeichen“ zentral ist, sondern die Konstitution von Gemeinschaft durch die Verbundenheit mit Christus. Der kosmische Entwicklungsprozess lässt sich in dieser Perspektive deshalb als ein fortwährender Prozess der Kommunion, der wechselseitigen Verbindung und Verbundenheit interpretieren. „In, mit und unter“ den naturwissenschaftlich beschreibbaren Vorgängen erahnen wir das Wirken der göttlichen Weisheit.[21] Die *communio* also, die Verbundenheit und

---

17 Vgl. Boff, Bestand, 22, der sich auf David Bohm und dessen Buch „Wholeness and the Implicate Order“ bezieht, in dem Bohm diesen Energiewirbel beschreibt.

18 Vgl. Moltmann, Schöpfung, 209ff.

19 Vergleichen könnten wir diesen Überschritt mit dem Übergang vom Foto über den Stummfilm zum Ton-Film und schließlich zu einer Film-Weise, in der wir selbst als MitspielerInnen den Plot mitgestalten.

20 Noch vor aller liturgischen Stilisierung waren die Agapefeiern in den frühen christlichen Gemeinden wichtig. Diese Tradition hat sich in der orthodoxen Tradition der Artoklasia erhalten; vgl. Eigenmann / Hahne / Mennen, Agape.

21 Das Wie der göttlichen Präsenz in den Sakramenten wird durch diese Formel offengelassen. Dafür wird die Gemeinschaft betont. Vgl. Luther, Sermon, 54: „Zum vierten. Die Bedeutung oder das Werk

Bezogenheit, sowie der Austausch und die Teilhabe aller an diesem kosmischen Werdeprozess wird dadurch konkret. Sie will jeweils neu realisiert und gelebt werden.[22] Teilhard de Chardin hat dies in unvergleichlicher Weise beschrieben.[23]

Als Teilhard in der chinesischen Wüste bei einer Ausgrabung tätig ist, fehlen ihm für die tägliche Eucharistiefeier Wein und Hostie. In einer mystischen Schau sieht er, dass die ganze Schöpfung der eigentliche Altar ist, auf dem Wandlung geschieht und in der die Einladung zur Kommunion immer schon ausgesprochen wird. Er sieht sich als Priester gerufen, darüber die Einsetzungsworte zu sprechen. „Alles, was an diesem Tag geboren wird und wächst – darüber, Christus, sprich: Das ist mein Leib! Und alles, was an diesem Tag schwindet und stirbt, darüber, Christus, sprich: Das ist mein Blut!“[24]

Zusammenfassend lässt sich sagen, dass eine solcherart christlich fundierte kosmische Spiritualität uns dazu einlädt, über liturgisch-kirchliche Grenzen und menschliche Gemeinschaftserfahrungen hinaus alles in diesem Kosmos als eine Kommunions-Gemeinschaft wahrzunehmen.[25]

Welche Konsequenzen sind daraus nun aber für die Beschreibung kosmischer Spiritualität zu ziehen? Wie sieht die Kontur einer solchen kosmisch ausgeweiteten Spiritualität aus, die sich auf diese Mahlpraxis Jesu beruft? Und welche spirituellen Übungswege lassen sich daraus ableiten?

3 Kosmische Spiritualität als Einübung in die von Gott geschenkte „Kommunion des Seins“ und in die dadurch begründete Gemeinschaft

Gemäß der spirituellen Tradition der Kirche werden die verschiedenen Dimensionen spiritueller Praxis unterschieden in eine Via Positiva, Via Negativa/Empathica[26] und Via Transformativa. Diese Dimensionen wollen anregen, auf diesem Weg eigene Erfahrungen zu machen.

dieses Sakraments ist die Gemeinschaft aller Heiligen. Darum nennt man es auch mit seinem alltäglichen Namen Synaxis oder Communio, das ist Gemeinschaft. Und communicare heißt im Lateinischen ‚diese Gemeinschaft empfangen‘, wofür wir auf deutsch sagen ‚zum Sakrament gehen‘.“

22 Das englische *community* zeigt diesen Zusammenhang deutlicher.

23 Vgl. Chardin, Messe.

24 Diese Formulierung ist eine Adaption des ursprünglichen Textes von Chardin; vgl. Probst, Kosmische Liturgie, 229.

25 Vgl. Moltmann, Politische Theologie, 236ff.

26 Wobei ich die *Via Negativa* anders als in der Tradition nicht als Leerwerden oder Nicht-Anhaften deute, auch nicht als Unmöglichkeit, die göttliche Wirklichkeit anhand der Schöpfung zu erkennen, sondern als ein Sich-Einlassen auf Verletzlichkeit, Mitleiden und Fühlen – als eine *Via Empathica* also!

Übertragen auf kosmische Spiritualität bedeutet dies, hineinzuwachsen in einen großen, über die menschliche Gemeinschaft hinausgreifenden schöpferischen Zusammenhang.[27]

3.1 Der Übungsweg der Via Positiva *in kosmischer Spiritualität*[28]

Den „kosmischen Sinn" in uns stärken

Schon Maria Montessori ging in ihrem Programm der „Kosmischen Erziehung" davon aus, dass in der Entwicklung des Kosmos wie in der Entwicklung jedes Menschen ein „kosmischer Sinn", ein Organisationsprinzip am Werk ist, das alles zu immer größerer Verbundenheit führen will.[29] Kinder haben ein besonderes Gespür dafür, dass und wie sich der Kosmos entwickelt. Alles braucht einander, dient einander. Auch jedes Kind, jeder Mensch ist aufgerufen, einen Beitrag zu leisten. Erst wenn dieser „kosmische Sinn" in einem Kind mit dem „Sinn" des Kosmos verbunden wird, fühlt es sich in der kosmischen Schöpfung zuhause.[30] Wie kann dieser „kosmische Sinn" gefördert werden?

Das Mit-Sein mit allen Mitgeschöpfen im kosmischen Ganzen lernen und einüben

Kosmische Spiritualität macht Ernst damit, dass alles mit allem verbunden ist. Das bedeutet jedoch auch, die konkret-alltägliche Überheblichkeit menschlichen Denkens und Handelns aufzugeben und sich stattdessen als ein Mitgeschöpf unter Mitgeschöpfen zu verstehen. Es geht dabei um eine personal zu leistende erneute „Verschwisterung" mit allen Mitgeschöpfen. Dies wird im „kinship"-Modell deutlich, das sowohl naturwissenschaftlich wie spirituell diskutiert wird.[31]

Das vielfältige Netzwerk der kosmischen Schöpfung bestaunen

Kosmische Spiritualität lehrt uns das staunende und demütige Wahrnehmen des auf der einen Seite mikroskopisch winzigen Geflechts von Molekülen, Zellen, kleinsten Lebewesen und auf

---

27 Vgl. Wartenberg-Potter, Kleid, 27–40. Fox nennt dagegen vier Dimensionen; neu ist in seinem Konzept die *Via Creativa*. Vgl. Fox, Segen, 199ff.

28 Vgl. Enzner-Probst, Erziehung, 197–214.

29 Montessori nimmt damit das platonische Konzept einer „Entelechie" auf, die in jedem Organismus als Prinzip inhärent ist und nach Entfaltung strebt. Vgl. Montessori, Erziehung.

30 Auch Teilhard de Chardin spricht von diesem „kosmischen Sinn", dem Verlangen, Einheit und Ziel der kosmischen Entwicklung zu finden; vgl. Chardin, Lobgesang, ebenso Boff, Bestand, 24–48.

31 Vgl. Polkinghorne, Quantum Physics; Tinker, Creation; McFague, Models, 7f; Boff, Bestand; zur Diskussion außerhalb der Theologie Sahlins, Kinship.

der anderen Seite des gigantisch großen, alle Vorstellungen sprengenden kosmischen Entwicklungsprozesses, in dem wir Menschen und unsere vielfältigen Kulturen, Religionen, Sprachen nur ein winziger Teil sind!

Kosmische Spiritualität lädt uns ein zu vertrauen, dass die Erde, alle Mitgeschöpfe, wir selbst und der ganze wachsende Kosmos von göttlicher Weisheit und Liebe durchdrungen sind. Da ist die Wildheit und Unberührtheit der Natur, die manche mit ihrer Schönheit, Kraft und Kreativität erschüttert, berührt und uns ins Gespräch zieht.[32] Es gibt jedoch auch Ansätze, die diese Verschwisterung als Grundlage von Spiritualität auch im Getümmel einer Megacity wahrnehmen und einüben.[33] Sie machen ernst damit, dass auch, was wir als Menschen erbauen und konstruieren, ein Teil der kosmischen Schöpfung ist.

Unsere Mitgeschöpfe als „Subjekte mit eigenem Recht" wahrnehmen

Alles in dieser kosmisch riesigen Schöpfung ist aufeinander abgestimmt und miteinander vernetzt. Alles trägt zur Entwicklung bei und dient einander. Wir Menschen sind die letzten und bedürftigsten aller Geschöpfe.[34] Wir leben nur, weil wir von anderen genährt werden. Nach Latour müssen wir deshalb neu „Natur" als Subjekt mit eigener Würde sehen und behandeln lernen.[35] Insbesondere jedoch muss dies gegenüber den Tieren neu gelernt werden.

> Nach Kant sind Tiere „Sachen". Das Töten von Tieren, die sich im Privatbesitz anderer befinden, ist „Sachbeschädigung". Zwar stehen Tiere in unserem Grundgesetz (GG 3,2) immerhin im Rang von „Mitgeschöpfen", was so von Pflanzen z. B. nicht gesagt wird. Tiere dürfen deshalb nur mit „vernünftigem Grund" getötet werden. Was eingangs so würdigend klingt, wird jedoch sofort eingeschränkt. Ein vernünftiger Grund liegt nämlich dann vor, wenn Gewinn erzielt werden kann. Für den finanziellen Gewinn werden Tiere wieder zu verwertbaren „Dingen", was in der Massentierhaltung und den entsprechenden Schlachtindustrien industriell umgesetzt wird. Der Begriff der „Fleischproduk-

---

32 Vgl. Berry, Wilde.

33 Vgl. die Zen-Richtung, die der Zen-Meister Bernie Glassmann, ein ehemaliger Projektverantwortlicher für den ersten Flug zum Mars, begründete. Seine Anfangserfahrung war, dass man angesichts von 3,5 Millionen Obdachlosen nicht auf einem Kissen meditieren kann! Er gründete in New York u. a. eine Bäckerei, die Obdachlosen, Alleinerziehenden und Strafentlassenen Arbeit gibt.

34 Vgl. Moltmann, Theologie, 247–252.

35 So wurde 2017 dem Atrato River vom kolumbianischen Verfassungsgericht in Kolumbiens Chocó Region der juristische Status eines „Lebewesens" zugesprochen. Auch für Bruno Latour ist die Natur ein Subjekt, menschliche und nichtmenschliche Existenzen sind miteinander verwoben; vgl. Latour, Gaia.

tion" simuliert eine technische Leistung der in dieser Industrie arbeitenden Menschen und Firmen und macht die dafür getöteten Tiere unsichtbar.

Eine „Würde" für Tiere gesetzlich festzulegen, wie dies etwa für (männliche) Menschen seit der Französischen Revolution[36] und für Männer und Frauen im deutschen Grundgesetz gilt,[37] liegt noch in weiter Ferne. Kosmische Spiritualität lehrt uns dagegen, unsere Mitgeschöpfe schon jetzt als Subjekte mit eigenem Recht zu würdigen. Die industrielle Misshandlung von Tieren lässt sich nur als eine Abspaltung der animalischen Seite in uns Menschen interpretieren. Die Massentierhaltung muss als letzte Form der Sklaverei auf Erden bezeichnet werden. Unsere Nachkommen werden sich erschüttert fragen, warum wir diese Quälerei so lange dulden konnten.[38]

Bedanken – Das Grundprinzip der „ehrenhaften Ernte" befolgen[39]

Im kosmischen Netz-des-Seins ist Austausch und Verbundenheit eines der Grundgesetze. Wir sollten deshalb in unserem Handeln den Maßstab der „ehrenhaften Ernte" anlegen. In indigener Schöpfungsspiritualität bedeutet dies, nicht *mehr* aus dem Vorhandenen herauszunehmen, als nachwächst und sich erneuert. Darüber hinaus ist es wichtig, mit Dank etwas „vom Unsrigen" der kosmischen Schöpfung zurückgeben. Nur so, in diesem wechselseitigen Austausch, bleibt das Ganze im Gleichgewicht. Dies betrifft nicht nur das Fühlen und Wahrnehmen, sondern auch unser Erkennen. Erst durch die „kognitive Kraft der Liebe" (Sölle) erkennen wir, was verändert werden muss, in uns, aber auch strukturell in den Umständen, in denen wir und alle Mitgeschöpfe leben.[40]

Kosmische Kommunikation einüben

Wenn es stimmt, dass alles mit allem verbunden ist und alle Mitgeschöpfe „Subjekte mit eigenem Recht" sind, dann müsste es möglich sein, mit unseren Mitgeschöpfen „im Himmel

---

36 Erst durch Olympe de Gouges wurde eine Ausweitung dieses Menschenrechtes auch auf Frauen gefordert. Sie musste es mit ihrem Leben bezahlen; vgl. Gerhard, Menschenrechte. Durch die große Zahl von Femiziden auch in Deutschland wird die Gleichstellung von Frauen auf tödliche Weise ungültig gemacht. Die Gesetzgebung hinkt einer wirklichen Gleichstellung hinterher.

37 Der Einschluss von Frauen in GG Art. 3.2 wurde nur aufgrund des Votums von Elisabeth Selbert und weiteren zwei Frauen erreicht. Der Wortlaut von GG 2 lautet: Absatz 1: Alle Menschen sind vor dem Gesetz gleich. Absatz 2: Männer und Frauen sind gleichberechtigt. Der Staat fördert die tatsächliche Durchsetzung der Gleichberechtigung von Frauen und Männern und wirkt auf die Beseitigung bestehender Nachteile hin.

38 Vgl. Singer, Animal Liberation, 3. Kapitel „In der Tierfabrik".

39 Vgl. Wall, Süßgras, 204–236.

40 Vgl. Sölle, Lieben, 203.

und auf Erden" zu kommunizieren. Aus der Kommunion folgt die Kommunikation. Joseph Cornell,[41] Begründer der Naturpädagogik, hat deshalb schon in den 80er Jahren des vorigen Jahrhunderts begonnen, diese Kommunikation mit Kindern und Erwachsenen neu einzuüben. Durch die Aktivierung unserer Sinne nehmen wir Kontakt auf zur „Seele" unserer Mitgeschöpfe. Durch die industriell-technische Abspaltung nehmen wir das Wesen eines Mitgeschöpfs, der Erde, des Kosmos[42] nicht mehr wahr. Was wir als Bio-Resonanz unseres Körpers etwa in der Beziehung zu Sonne und Mond beschreiben, ist nicht nur ein biochemischer Vorgang, sondern die Grundlage einer tiefen seelischen und geistigen Verbundenheit. Erst wenn wir wieder „barfuß im Herzen" werden,[43] wird die Kommunikation mit unseren Mitgeschöpfen zu einem wirklichen „Gespräch", begegnen wir ihnen auch auf der seelischen und geistigen Ebene.

Rituale, Liturgien und Tänze als Stärkung der kosmischen Gemeinschaft

Auch kosmische Spiritualität braucht Ausdrucksformen, um Erfahrungen zu festigen und Verbundenheit zu stärken. In Ritualen, Liturgien, Tänzen[44] und Gesängen geben wir der kosmischen Schöpfung und der göttlichen Weisheit etwas zurück von dem, was wir in der Kommunikation mit ihnen erfahren haben. Wenn wir die grundlegende Verbundenheit nur für unsere Zwecke ausnützen, beschädigen wir die Kommunion des Seins.[45]

Solche Rituale und Schöpfungsliturgien[46] finden sich im christlichen Kontext in großer Zahl in der Frauenliturgiebewegung,[47] aber auch in den Texten der seit 20 Jahren eingeführten Schöpfungszeit in den Kirchen Europas.[48] Die Messe des Kosmos verknüpft zentrale

---

41 Vgl. Cornell, Natur.

42 Der Naturbegriff hat sich im Lauf der Jahrhunderte grundsätzlich gewandelt. Was zunächst synonym für das „Wesen" eines Geschöpfs stand, wurde schließlich zur Beschreibung empirischer Sachverhalte; vgl. Schiemann, Natur, 86f; 209ff.

43 Genau dies ist das Anliegen der „franziskanischen Lebensschule". Hier lernen Menschen, sich mit unseren Mitgeschöpfen zu befreunden und das Gespräch mit ihnen aufzunehmen Vgl. Frerichs, Hocker, 12–27. Mittlerweile gibt es eine Vielzahl von Angeboten in dieser Richtung. Dabei ist die Frage entscheidend, in welchen Deutungshorizont diese Angebote eingebettet sind.

44 Dies wird geübt in den vielen Formen des sogenannten Kirchentanzes; vgl. https://www.christliche-ag-tanz.org/ (abgerufen am 26.04.2023). Tanz würdigt die Geschöpflichkeit des Menschen und übt ein in die Verbundenheit mit allem Lebendigen, führt zur Erfahrung von communio. Vgl. Schnütgen, Tanz, 506f.

45 Es kann sich dabei nicht nur um Austauschflächen für „genutzte" Flächen handeln!

46 Vgl. Zink / Hufeisen, Feier.

47 Vgl. Enzner-Probst, Frauenliturgien, 169–177; vgl. die um den Quellenband erweiterte Neuauflage: Enzner-Probst, Frauenliturgien neu entdeckt, 323–343.

48 Vgl. zur Schöpfungszeit Schönstein / Vischer, Zeit.

Schöpfungstexte in einer symphonischen Vertonung.[49] Auch in der englischsprachigen Welt gibt es zahlreiche Liturgien zu diesem Thema.[50]

3.2 Verletzlichkeit wagen – die Via Negativa *oder* Empathica[51]

Mitleiden – Verletzlichkeit wagen

Insofern wir Teil eines gigantischen „Web-of-Being-in-Evolution" sind, das sich in immerwährendem Austausch befindet, in einem Vorwärtsdrängen und Suchen nach neuen Entwicklungsmöglichkeiten, bringt eine Störung an einer Stelle das Ganze in ein Ungleichgewicht (1Kor 12,26 f). Heute sind wir AugenzeugInnen massivster Störungen als Folge der Verletzungen der Erde. Die *Via Empathica* mutet uns zu, sich wieder berühren zu lassen vom Leiden unserer Mitgeschöpfe und der Erde. Sie mutet uns zu, selber verletzlich zu werden, statt sich zu panzern. Es braucht Mut, sich betreffen zu lassen von der Not derer, denen der Lebensraum genommen wird, von der Qual der Massentierhaltung. Es braucht unsere Empörung, wenn wir sehen, wie Wildtiere wie Gebrauchsgegenstände auf Facebook angeboten werden oder das Quälen und Töten von Tieren gezeigt wird.[52] Wir sollten uns fragen, wie unsere kirchlich-christliche Rede vom „Leib Christi" mit dem geschundenen Leib der Erde zusammengebracht werden kann. Der kosmische Entwicklungsprozess als Communio-Geschehen muss mit dem sich selbst dahingebenden, verletzlichen und getöteten Jesus identifiziert werden.[53]

Sich verbünden und sich engagieren

Wer etwas an der gegenwärtigen Amnesie gegenüber der Verletzung kosmischer Gemeinschaft ändern will, braucht Verbündete. Es müssen neue Paradigmen und gangbare Wege gezeigt werden, um politisch-gesellschaftliche wie kirchliche Veränderungen zu erreichen. Ebenso ist die Vernetzung auf europäischer Ebene und weltweit im Rahmen der Vereinten Nationen

---

49 Komponiert wurde die Messe des Kosmos von Michael Lippert, Teile daraus wurden beim Deutschen Evangelischen Kirchentag in Nürnberg im Juni 2023 aufgeführt. Die Uraufführung wird im Herbst 2023 in Bayreuth stattfinden.

50 Vgl. etwa McCarthy, Earth; Duncan, Harvest; Neu, Blessings.

51 Gegenüber der traditionellen Übung des „Leerwerdens" in der *Via Negativa* der spirituellen Übungsschule bzw. der theologischen Unmöglichkeit, Gott durch die Schöpfung zu erkennen, möchte ich diesen Schritt als „Mitleiden", als *Via Empathica* bezeichnen.

52 Vgl. Kimmel, Tiere; Lintner, Mensch.

53 Vgl. Boff, Erde.

wichtig. Zwar gibt es ratifizierte Dokumente und politische wie kirchliche Verlautbarungen in großer Zahl. Gerade junge Menschen dringen aber darauf, endlich konkrete Schritte der Änderung herbeizuführen. Sie leben kosmische Spiritualität – oft ohne kirchlichen Bezug. Es gibt aber auch innerhalb der Kirchen zahlreiche Kampagnen und Netzwerke, in denen diese Veränderungen angestrebt werden.

> An kirchlichen Netzwerken, Kampagnen, Denkschriften[54] sind u. a. zu nennen: die Schöpfungszeit im September;[55] Christians for Future, der Grüne Gockel, die Charta Oecumenica, der neue Katakomben-Pakt in der römisch-katholischen Kirche;[56] im englischsprachigen Bereich sind dies etwa Green Spirit, EarthBeat oder Wildchurch.[57]
>
> Als säkulare Netzwerke und Kampagnen sind u. a. zu nennen: die Erdcharta, der Global Marshall Plan,[58] Fridays for Future, Extinction Rebellion; die juristischen Netzwerke Stop Ecocide und EarthClient.

Liturgien der Klage

Auch dieser Übungsweg will immer wieder liturgisch gestaltet werden. In Liturgien der Klage wird etwa der Schrei der Tiere, ihr lautloses Verschwinden, die profitgierig abgeholzten Bäume in den Regenwäldern dieser Erde laut.[59] Ihre Situation wird beschrieben, um Umkehr und Befreiung gebetet. Tänze und rituelle Klage machen die Leerstellen deutlich, in denen bislang Mitgeschöpfe lebten und die nun verwaist sind.

3.3 Auf Verwandlung hoffen – der Übungsweg der Via Transformativa

Die Teilhabe an der Christuswirklichkeit, konkret-leiblich erfahrbar im Abendmahl, die die Gemeinschaft und Verbundenheit der Glaubenden untereinander stärkt, erinnert uns zu-

---

[54] Der im vorigen Jahrhundert sehr lebendige „Konziliare Prozess für Frieden, Gerechtigkeit und Bewahrung der Schöpfung“ ist mittlerweile Geschichte, doch wirkt er in vielen Kampagnen weiter.

[55] Vgl. Schönstein / Vischer, Schöpfung.

[56] Während der Amazonien-Synode erneuerten die Teilnehmenden die Verpflichtung, die Erde als „gemeinsames Haus“ zu bewahren; vgl. Deutsche Bischofssynode, Amazonien.

[57] In Deutschland hat sich dieses Netzwerk als „Wildnis-Kirche“ etabliert.

[58] Anlässlich der Jahrtausendwende wurden von der UN Milleniumsziele formuliert; vgl. dazu die „Global Marshall Plan Initiative“ in: Enzner-Probst, Einklang, 280f; zur Erdcharta, a. a. O., 282–284.

[59] Vgl. die Liturgien in Linzey, Rites.

nächst an das Leiden und Sterben Jesu. Von Ostern her wird dadurch aber die aller Gewalt und allem Tod widersprechende Hoffnung auf Verwandlung, auf eine erneuerte kosmische Schöpfung genährt. Eine kosmische Spiritualität als *Via Transformativa* lädt ein, dies einzuüben.

Die Kraft der Visionen – Heilvolle Bilder in uns nähren

Um von dem gegenwärtigen, technisch-industriellen „Verbrauch" der Schöpfung wegzukommen, brauchen wir eine tiefgreifende Erneuerung unseres eigenen wie des gesellschaftlichen Denkens, Lebensstils, Glaubens und Handelns (Röm 12,1f). Wagen wir es, in uns Visionen der Erneuerung zu nähren, Bilder einer geheilten und im Gleichgewicht lebenden Erde zu entwickeln? Eine Menschheitsfamilie, in einem globalen Kommunikationsnetz integriert, die ihre Konflikte gewaltfrei lösen lernt – ohne Krieg. Solche großen, wahrhaft kosmischen Visionen vor Augen geben Kraft, vor Ort konkret und kreativ zu handeln.

Verstrickungen lösen – Er-lösung wagen

Wie Paulus in Röm 8 darlegt, ist Erlösung ein tiefgreifender, erneuernder Prozess, einer Geburt vergleichbar.[60] Der Apostel mahnt uns zurecht, alles zu investieren, damit wir ererbte oder selbst erlebte Traumata oder Verstrickungen auflösen. Dies ist unser individueller Beitrag zur „Entbindung" der neuen und verwandelten Schöpfung. Insofern hat unser ganz alltägliches Leben geradezu kosmische Konsequenzen. Mit allem, was wir tun, denken und äußern, senden wir Botschaften in das kosmische Netz-des-Seins, mit unseren negativen Haltungen, Gewohnheiten, unserer Gleichgültigkeit wie auch mit unseren Visionen, Hoffnungen und unserem Glauben. Umgekehrt ist alles, was uns hilft, unsere Lebensgeschichte durchzuarbeiten, anzunehmen und heilen zu lassen, ein Beitrag zum Vorankommen des kosmischen „Geburtsprozesses"! Es nützt wenig, umweltbezogene Tugendkataloge aufzustellen.[61] Erst Verwandlungserfahrungen im eigenen Leben lassen auf Wandlung auch im gemeinschaftlichen und kosmisch-großen Kontext hoffen. Erst wenn wir es selbst erfahren, dass Lösungsprozesse möglich sind und heilsame Folgen haben, schöpfen wir Hoffnung, dass dies auch für die Menschheitsfamilie und für den kosmischen Evolutionsprozess im Ganzen zutreffen könnte. Erst dann werden wir bereit für die große gesellschaftliche Verwandlungsaufgabe, die nur in „planetarischer Solidarität" bewältigt werden kann.[62]

---

60 Vgl. Enzner-Probst, Erlösung.

61 Vgl. Boff, Tugenden; Ibrahim, Leben, 311f; aus der Tatsache des Geborenseins als eines Grunddatums der Schöpfung folgt die Notwendigkeit der Pflege von Beziehungen, von Liebe.

62 Vgl. Eaton, Solidarity, 19–44.

Nicht-Tun als Raum der Achtsamkeit einüben

Als Vorbereitung darauf wird es immer wichtiger, das Nicht-Tun[63] zu üben. Das bedeutet, aus dem Geschirr des Handelns, der To-do-Listen, aus dem Hamsterrad der Gedanken auszusteigen. In der jüdischen und christlichen Religion und der davon geprägten Kultur ist die Feier des Sabbat und des Sonntags ein solcher geschenkter Zeitraum.[64] Wir sind eingeladen, im Nicht-Tun das göttliche Sein zu schmecken,[65] als Mitgeschöpf mit anderen zu ruhen und uns am Geschaffenen und am Geschafften zu freuen. Es geht darum, in sich selbst große Bereiche „urbar zu machen für die Stille".[66] In den biblischen Sabbat-Geboten sind Tiere in diese Ruhe mit einbezogen. Auch sie haben ein Anrecht darauf, in Ruhe gelassen zu werden. Der Sabbat/Sonntag ermöglicht die Balance zwischen „Wildnis", die einfach da ist, und dem „Acker", der zu bebauen ist. Jeder Sonntag nimmt zudem das große Fest vorweg, von dem der Seher Johannes sagt, dass dann kein Schmerz und kein Geschrei mehr sein wird.[67] Dieses kostbare Erbe der jüdisch-christlichen Schöpfungstheologie will in Zeiten der grenzenlosen Vernutzung der Schöpfung besonders gehütet werden.

„Den Kosmos umarmen" – Kosmische Liebe leben[68]

Wir sind aufgerufen, unsere Beziehungsfähigkeit, unsere Fähigkeit zu lieben, im Denken und Handeln kosmisch zu erweitern. Auch der Kosmos ist, wie dies schon Maximus der Bekenner beschreibt, von Liebe durchzogen.[69] Teilhard de Chardin war überzeugt, dass nur im Prozess der kosmisch ausgeweiteten Liebesfähigkeit (Amorisation) die Transformation der Menschheit in eine Menschheitsfamilie möglich wird. Starez Sosima in Dostojewskis „Die Brüder Karamasow" weitet diese Perspektive noch einmal aus. Er ruft dazu auf, jedes Wesen dieser kosmischen Schöpfung zu lieben.[70] Wir können nur das schützen, was wir lieben.[71] Es gilt deshalb, unsere alltägliche Liebesfähigkeit so auszuweiten, bis wir fähig werden, den „Kosmos

63 Nicht-Tun bedeutet, ganz aus dem Modus des „Machens" auszusteigen.

64 Vgl. die Aktion der EKD „Ohne Sonntag gibt's nur noch Werktage".

65 Vgl. Moltmann, Schöpfung, 281ff.

66 Etty Hillesum, zitiert nach Helge Burggrabe, Recreation, online-Meditation jeden Sonntagabend unter „helge@burggrabe.de (abgerufen am 07.11.2022).

67 Vgl. Ingram, Liturgics, 258.

68 Vgl. Dürr / Panikkar, Liebe.

69 Maximus der Bekenner (580–662) beschreibt den „erotischen Kosmos"; vgl. Moltmann, Gott, 154ff.

70 Vgl. Moltmann, Gott, 90.

71 Bouma-Prediger, Steven, For the Beauty of the Earth. A Christian Vision for Creation Care, Grand Rapids, Michigan 2010, 21; zit. nach Ibrahim, Geschaffen zum Leben, 256.

zu umarmen". Dies ist ein „Be-greifen" über alle menschlichen Sinne hinaus, die uns die Heiligkeit des eigenen Seins wie die des ganzen Kosmos erahnen lässt.[72]

4 In eine Kosmische Spiritualität hineinwachsen

Im Bestaunen also, im Mit-Sein und Mitleiden, in kosmischer Demut,[73] im erneuten Einüben der Kommunikation mit unseren Mitgeschöpfen „im Himmel und auf Erden", im alltäglichen „Lieben und Arbeiten", in der Veränderung des eigenen Lebensstils und im gesellschaftlichen Eintreten für die Würde unserer Mitgeschöpfe üben wir Kosmische Spiritualität, erproben wir unsere „kosmische Liebesfähigkeit" jeden Tag ein wenig mehr. Dann werden wir gewahr, dass nicht wir es sind, die etwas tun, sondern dass wir antworten auf eine Präsenz, „die alle Dinge zusammenhält"[74], die „in, mit und unter" diesem kosmischen Geschehen erfahrbar wird. Es ist die schöpferische Liebe des Kosmischen Christus, die alles in der Schöpfung zum eigentlichen Wesen und Leuchten bringt, eine Liebe, die vereint, verwandelt und auch für die Opfer eine Zukunft hat.[75] Diese Liebe lockt uns, in die grundlegende Transformation unseres Denkens und Handelns einzuwilligen. Und wir dürfen andere dazu einladen, diesen Übungsweg mitzugehen, um gemeinsam zu so etwas wie „Kommunion-HelferInnen" im kosmischen Entwicklungsprozess zu werden.

Literatur

Benz, Arnold, Das geschenkte Universum. Astrophysik und Schöpfung, Ostfildern 2009.

Bergmann, Claudia D., Childbirth as a Metaphor for Crisis. Evidence from the Ancient Near East, the Hebrew Bible, and 1QH XI, 1–18, Berlin 2009.

Berry, Thomas, Das Wilde und das Heilige. Unser Weg in die Zukunft, Uhlstädt-Kirchhasel 2011.

Boff, Leonardo, Befreit die Erde. Eine Theologie für die Schöpfung, Stuttgart 2015.

–, In ihm hat alles Bestand. Der kosmische Christus und die modernen Naturwissenschaften, Kevelaer 2013.

–, Tugenden für eine bessere Welt, Kevelaer 2009.

72 Vgl. Hüther, Bedeutung, 28.

73 Vgl. Moltmann, Demut.

74 Berry, Wilde, 28.

75 Vgl. zum Begriff des „Kosmischen Christus" Rohr, Namen; zur Rehabilitierung der Opfer vgl. Moltmann, Gott, 10.

Chardin, Pierre Teilhard de, Lobgesang des Alls. Die Messe über die Welt – Christus in der Materie – Die geistige Potenz der Materie, Olten 1964.

Cornell, Joseph, Auf die Natur hören. Wege zur Naturerfahrung, Mülheim 1991.

Deutsche Bischofssynode (Hg.), Amazonien – Neue Wege für die Kirche und für eine ganzheitliche Ökologie, Schlussdokument, Vatikan 2019.

Dürr, Hans-Peter, Auch die Wissenschaft spricht nur in Gleichnissen. Die neue Beziehung zwischen Religion und Naturwissenschaften, Freiburg i. Br. 2016.

Duncan, Geoffrey, Harvest for the World. A Worship Anthology on Sharing in the Work of Creation, Norwich 2002.

Dürr, Hans-Peter / Raimon Panikkar, Liebe – Urquelle des Kosmos. Ein Gespräch über Naturwissenschaft und Religion, Freiburg i. Br. 2008.

Eaton, Heather, An Earth-Centric Theological Framing for Planetary Solidarity, in: Grace Ji-Sun-Kim / Hilda P. Koster (Hg)., Planetary Solidarity. Global Women's –Voices on Christian Doctrine and Climate Justice, Minneapolis 2017, 19–44.

Eigenmann, Urs / Werner Hahne / Claudia Mennen (Hg.), Agape feiern. Grundlagen und Modelle, Zürich 2002.

Enzner-Probst, Brigitte, Kosmische Erziehung. Über die Möglichkeit, Schöpfungsspiritualität zu lehren angesichts der ökologischen Krise, in: Enzner-Probst / Moltmann-Wendel (Hg.), Im Einklang mit dem Kosmos, 197–214.

–, Frauenliturgien als Performance. Die Bedeutung von Corporealität in der liturgischen Praxis von Frauen, Neukirchen 2008.

–, Frauenliturgien neu entdeckt. Performative Potenziale in der liturgischen Praxis von Frauen, mit einem Quellenanhang, Berlin 2019.

–, Kreative Erlösung, in: Enzner-Probst / Moltmann-Wendel (Hg.), Im Einklang mit dem Kosmos, 22–42.

Enzner-Probst, Brigitte / Moltmann-Wendel, Elisabeth (Hg.), Im Einklang mit dem Kosmos. Schöpfungsspiritualität lehren, lernen und leben. Theologische Aspekte – Praktische Impulse, Ostfildern 2013.

Fox, Matthew, Der Große Segen. Umarmt von der Schöpfung. Eine spirituelle Reise auf vier Pfaden durch sechsundzwanzig Themen mit zwei Fragen, München 1991.

Frerichs, Jan, Runter vom Hocker, raus in die Wildnis – theologische Leitlinien und praktische Ideen für franziskanische Exerzitien in der Natur, in: Tauwetter, Franziskanische Zeitschrift für Frieden, Gerechtigkeit und Bewahrung der Schöpfung, 31 (2016), 12–27.

Gerhard, Ute, Menschenrechte auch für die Frauen: der Entwurf der Olympe de Gouges, in: Kritische Justiz, 20 (1987), 127–149.

Gössmann, Elisabeth, Art. Spiritualität, in: Wörterbuch der Feministischen Theologie, Gütersloh 1991, 374–378.

Hüther, Gerald, Die Bedeutung emotionaler Bindungen an die Natur als Voraussetzung für die Übernahme von Verantwortung gegenüber der Natur, in: Michael Gebauer/ Ulrich Gebhard (Hg.), Naturerfahrung. Wege zu einer Hermeneutik der Natur, Zug 2005, 219–233.

Ibrahim, Isis, Geschaffen zum Leben, Entwurf einer (Schöpfungs-) Theologie des Geborenseins, Freiburg i. Br. 2015.

Ingram, Beryl, Eco-Justice Liturgics, in: Dieter T. Hessel (Hg.), Theology for Earth Community. A Field Guide, New York 1996, 258–264.

Kadavil, Mathai, The World as Sacrament. Sacramentality of Creation from the Perspectives of Leonardo Boff, Alexander Schmemann and Saint Ephrem, Leuven 2005.

Kimmel, Wolfgang, Gott der Tiere. Theologisch-ethische Grundlagen im Gespräch mit Andrew Linzey, Diss. Wien 2011.

Latour, Bruno, Kampf um Gaia. Acht Vorträge über das neue Klimaregime, Frankfurt a. M. 2017.

Laudato Sì – Über die Sorge für das gemeinsame Haus, dt. Ausgabe Katholisches Bibelwerk Stuttgart 2015.

Lintner, Martin M. (Hg.), Mensch – Tier – Gott. Interdisziplinäre Annäherungen an eine christliche Tierethik, Baden-Baden 2021.

Linzey, Andrew, Animal Rites. Liturgies of Animal Care, London 2015.

Luther, Martin, Ein Sermon von dem hochwürdigen Sakrament des heiligen wahren Leichnams Christi und von den Bruderschaften, 1519, in: Martin Luther, Ausgewählte Schriften, hg. Karin Bornkamm, Gerhard Ebeling, Frankfurt a. M. 1982, 53–77.

McCarthy, Scott, Celebrating the Earth. An Earth-Centered Theology of Worship with Blessings, San Jose 1987.

McFague, Sallie, Models of God, An Ecological Theology, London 1993.

Moltmann, Jürgen, Kosmische Demut, in: Enzner-Probst / Moltmann-Wendel (Hg.), Im Einklang mit dem Kosmos, 60–67.

–, Gott in der Schöpfung. Ökologische Schöpfungslehre, Gütersloh [5]2002.

–, Politische Theologie der modernen Welt, Gütersloh 2021.

–, Der lebendige Gott und die Fülle des Lebens. Auch ein Beitrag zur Atheismusdebatte unserer Zeit, Gütersloh / München 2014.

Montessori, Maria, Kosmische Erziehung. Die Stellung des Menschen im Kosmos, hg. von Paul Oswald / Günter Schulz-Benesch, Freiburg i. Br.1988.

Müller, A. M. Klaus, Das unbekannte Land. Konflikt-Fall Natur, Stuttgart 1987.

Neu, Diann L., Return Blessings. Ecofeminist Liturgies Renewing the Earth, ed. by Women's Alliance for Theology, Ethics and Ritual (WATER), Prayers and Rituals, Cleveland 2002.

Peters, Karl, Dancing with the Sacred. Evolution, Ecology and God, Harrisburg 2002.

Polkinghorne, John, Quantum Physics and Theology: An Unexpected Kinship, New Haven / London 2008.

Probst, Hermann M., Kosmische Liturgie, in: Enzner-Probst / Moltmann-Wendel (Hg.), Im Einklang mit dem Kosmos, 227–229.

Rohr, Richard, Alles trägt den einen Namen. Die Wiederentdeckung des Universalen Christus, Gütersloh 2019.

Rotzetter, Anton, Angela von Foligno. Das gottschwangere All und der geerdete Gott, in: Studies in Spirituality 10 (2000), 143–166.

Saint Exupéry, Antoine de, Wind, Sand und Sterne, Düsseldorf 1966.

Sahlins, Marshall, What Kinship Is – And Is Not, Chicago 2013.

Schiemann, Gregor (Hg.), Was ist Natur? Klassische Texte zur Naturphilosophie, München 1996.

Schmid, Manuel, Gott ist ein Abenteurer. Der Offene Theismus und die Herausforderungen biblischer Gottesrede, Göttingen 2019.

Schnütgen, Tatjana, Tanz zwischen Ästhetik und Spiritualität, Theoretische und empirische Annäherungen (Research in Contemporary Religion 26), Göttingen 2018.

Schönstein, Isolde / Vischer, Lukas (Hg.), Eine Zeit für Gottes Schöpfung, Genf 2006.

Singer, Peter, Animal Liberation. Die Befreiung der Tiere, übersetzt von Claudia Schorcht / Harald Fischer, Erlangen 2015.

Sölle, Dorothee, Lieben und Arbeiten. Eine Theologie der Schöpfung, Hamburg ^{2}1999.

Tinker, George, Creation as Kin: An American Indian View, in: Dieter Hessel, After Nature's Revolt: Ecojustice and Theology, Minneapolis 1992, 144–153.

Wall Kimmerer, Robin, Geflochtenes Süßgras, Die Weisheit der Pflanzen, Berlin 2021.

Wartenberg-Potter, Bärbel von, Gottes grünes Kleid – Gotteserfahrungen im 21. Jahrhundert, in: Michael Biehl / Bernd Kappes / Bärbel Wartenberg-Potter (Hg.), Grüne Reformation, Ökologische Theologie, Hamburg 2017, 27–40.

Zink, Jörg / Hans-Jürgen Hufeisen, Feier der Schöpfung. Vier Liturgien für die Erde, Stuttgart 1993.

„Noch cooler und krasser …"

Zur Spiritualität gemeinsamer Bibellektüre

Von Alexander Deeg

„Ich habe überall nach Glück gesucht,
aber ich habe es nirgends gefunden
außer in einem Eckchen mit einem kleinen Büchlein."
Thomas von Kempen[1]

1 Praktiken des Lesens und der Spiritualität oder: Zwischen Individualität und Gemeinschaft

Lesen – ich denke an Ernst Barlachs „Lesenden Klosterschüler" (1930), der durch Alfred Anderschs Roman „Sansibar oder der letzte Grund" ein bleibendes literarisches Denkmal erhalten hat.[2] Versunkenheit, eigenständiges Denken und kritische Distanz – das erkennt Andersch in dieser Skulptur; und meint, dass sie den Machthabern in der nationalsozialistischen Diktatur genau deshalb gefährlich schien.[3]

1 Zitiert bei Manguel, Eine Geschichte des Lesens, 216.

2 Ernst Barlach, Der Lesende Klosterschüler (1930), Güstrow, Gertrudenkapelle; vgl. https://de.wikipedia.org/wiki/Lesender_Klostersch%C3%BCler#/media/Datei:G%C3%BCstrow_Gertrudenkapelle_-_Barlachsammlung_Lesender_Klostersch%C3%BCler_1.jpg (CC BY-SA 4.0) (abgerufen am 10.12.2022). Vgl. Andersch, Sansibar.

3 Vgl. auch Manguel, Eine Geschichte des Lesens, 46, der auf die Angst totalitärer Regime vor der Praxis des Lesens verweist. Generell erschien „[d]as stille Lesen" als „eine unüberwachte Kommunikation zwischen Buch und Leser" (85).
Ein berühmtes Bild für die stille Widerstandskraft des Lesens zeigt die Holland House Library in London nach einem deutschen Luftangriff 1940. Drei Männer sind zu sehen, die in dem Gebäude, das voller Trümmer liegt und kein Dach mehr hat, nach Büchern suchen bzw. in ihnen lesen. Das Bild ist u. a. auf Wikipedia greifbar.

Lesen – wer daran denkt, hat wohl zunächst individuelle Praktiken im Blick: Lesen mit einer Taschenlampe unter der Bettdecke,[4] Lesen im Sessel oder auf dem Sofa und heute ganz bestimmt auch unterwegs mit dem Smartphone.[5]

Lesen – das steht für Rückzug und eine qualifizierte Form des Alleinseins. Lesen bedeutet, in Relation zu treten zu einem Buch (oder zu seinen digitalen Derivaten). Schon der Kauf eines Buches ist das Angeld auf eine lesende Aus-Zeit aus den sonstigen kommunikativen Vernetzungen und alltäglichen Verpflichtungen; und wer ein Buch schenkt, schenkt auch Zeit (oder den Druck, sich diese Zeit zu nehmen; dass dies in nochmals gesteigerter Form für das Geschenk einer Festschrift gilt, sei mit einem Augenzwinkern angemerkt!). Lesen und Individualität gehören – jedenfalls *prima facie* – zusammen.

Damit teilt das Lesen ein Charakteristikum, das auch für die Spiritualität gilt: Auch bei dieser denken viele zuerst an individuelle Praktiken der Frömmigkeit von Gebet bis Stiller Zeit, von Fasten bis Meditation. Es ist eines der vielen Verdienste von Peter Zimmerling, Spiritualität in der Weite ihrer Ausprägungen wahrgenommen, entdeckt, beschrieben und dabei auch gemeinschaftliche Formen bedacht zu haben. Das monumentale dreibändige „Handbuch Evangelische Spiritualität" zeigt vor allem im dritten Band, dass und wie Spiritualität gemeinschaftliche Praxis ist. Es finden sich Artikel zu „Gemeinde als Ort von Spiritualität", zu „Evangelischer Jugendarbeit", zu Kirchentagen und Kommunitäten, Gottesdiensten und Freizeiten etc.

Der Leipziger Religionssoziologe Gert Pickel macht immer wieder (und so auch in seinem Beitrag in diesem Band) eindrucksvoll deutlich, dass Glaube und Religiosität auf gemeinschaftliche Praktiken angewiesen sind. Die Sozialisation erweist sich für Praktiken des Glaubens ebenso bedeutsam wie gemeinsame Lebensformen, womit Pickel ein allzu lineares Individualisierungsparadigma, das in bestimmten Spielarten gegenwärtiger Systematischer und Praktischer Theologie immer noch sehr beliebt ist, kritisch hinterfragt.

Im Folgenden blicke ich auf eine spezifische, für evangelischen Glauben aber sehr grundlegende Praxis der Spiritualität: das Lesen der Bibel.[6] Und ich frage, ob und inwiefern die-

---

4 Das Lesen im Bett wurde im 18. Jahrhundert in bürgerlichen Kreisen populär; vgl. Manguel, Eine Geschichte des Lesens, 25f.; vgl. insgesamt 213–229.

5 Vgl. auch Alberto Manguel, der in seiner „Geschichte des Lesens" autobiographisch beschreibt, was Lesen für ihn bedeutete: „Das Lesen lieferte mir einen Vorwand für das Alleinsein" (Manguel, Geschichte des Lesens, 31). Wobei für dieses Alleinsein gilt: „Ich kann mich nicht entsinnen, jemals einsam gewesen zu sein." (32) „Da mein Vater im diplomatischen Dienst war, reisten wir viel; meine feste Heimstatt waren die Bücher [...]" (32).

6 Peter Zimmerling definiert den „Containerbegriff" Spiritualität als „den äußere Gestalt gewinnenden gelebten Glauben, der die drei Aspekte rechtfertigender Glaube, Frömmigkeitsübung und Lebensgestaltung umfasst" (Zimmerling, Handbuch, 18). Im Blick auf die Bibel müsste in lutherischem Verständnis wohl noch pointierter gesagt werden, dass „Glaube" überhaupt erst durch das Wort der

ses Lesen als *gemeinschaftliche spirituelle Praxis* beschrieben werden kann. In dem bereits erwähnten dritten Band von Peter Zimmerlings „Handbuch Evangelische Spiritualität“ steht der dritte Teil unter der Überschrift „Gebet und Bibellese“; in ihm finden sich zwei Beiträge, die sich dezidiert mit der Bibellektüre beschäftigen, beide von Dietrich Meyer: „Bibellese und Stille Zeit“ und „Die Herrnhuter Losungen“. In diesen Beiträgen zeigt Meyer, wie diese beiden ursprünglich einmal durchaus primär gemeinschaftlich gedachten Praktiken nach und nach eher individualisiert wurden – und es stellt sich die Frage: Hat auch das Bibellesen an der neuzeitlichen Individualisierung Anteil? Ist das, was früher einmal mehrheitlich in Gemeinschaft geschah, inzwischen bestenfalls die Praxis Einzelner? Und ist vielleicht gerade diese Entwicklung ein Grund für die nachlassende Bibelbegeisterung ausgerechnet in der evangelischen Kirche – der Kirche, die sich ja nicht nur Kirche des Wortes nennt, sondern in der Reformation davon ausging, dass in, mit und unter dem Wort der Bibel Kirche allererst konstituiert wird?

Freilich: Es gibt eine Praxis des Bibellesens, die unmittelbar in die Gemeinschaft weist: den Gottesdienst. Seit den Anfängen gehört nicht nur das gemeinsame Mahl, sondern auch das Lesen der Schriften in der Gemeinschaft der Versammelten dazu. Einst freilich waren diese liturgischen Lesungen allein deshalb nötig, weil die wenigsten lesen konnten und noch weniger biblische Texte besaßen. Das hat sich inzwischen geändert und dennoch sind die „Lesungen“ ein eigentlich selbstverständlicher, in den vergangenen Jahren immer wieder aber auch kritisch hinterfragter Teil evangelischer Gottesdienste. „Hört da eigentlich jemand zu?“, so fragen sich manche. Wird nicht viel zu viel Bibel gelesen? Könnten Gemeindeglieder nicht ganz gut auf diese teilweise zur liturgischen Pflichtübung verkommenen Lesungen verzichten?[7] Diese Praxis ist im Folgenden nicht Gegenstand der Wahrnehmung, obwohl es lohnend wäre, sie bewusst als „Lesen in Gemeinschaft“ vorzustellen.[8]

Im Folgenden ordne ich das Bibellesen zunächst kurz historisch ein und frage dann anhand einer aktuellen empirischen Studie, inwiefern gegenwärtig Bibel gelesen wird und wer das in Gemeinschaft tut (2). Dann nehme ich zwei Formen gemeinschaftlicher Bibellektüre exemplarisch und als eine Stichprobe in den Blick (3) und leite einige hermeneutische Thesen ab, die sich aus den Beobachtungen ergeben und für den Umgang mit der Bibel generell bedeutsam

Bibel und das sich in, mit und unter diesem Wort ereignende *verbum externum* direkter göttlicher Anrede entsteht und „Glaube“ so mindestens auch als grundlegend lektorale Praxis beschrieben werden kann.

7 Diese und ähnliche kritische Anfragen begleiteten auch den Prozess der Revision der Lese- und Predigtperikopen; vgl. dazu Deeg, Neue Speisen am Tisch des Wortes. Besonders kritisch äußerte sich Christian Grethlein (ders., Was gilt in der Kirche).

8 Vgl. zu den Lesungen im Gottesdienst: Deeg, Vom Lesen der Heiligen Schrift. Philipp Schulz-Mews hat im Jahr 2023 seine praktisch-theologische Dissertation „Verbum Dei Recitatum“ abgeschlossen, in der er sich grundlegende Gedanken zur liturgischen Lesung macht.

erscheinen (4). Ein weiter, theologisch-eschatologischer Ausblick schließt die Erkundungen dieses Beitrags ab (5).

2 Wie die Bibel gelesen wurde und wird. Oder: Historisches und Empirisches

Die Geschichte des Lesens biblischer Texte wurde noch nicht geschrieben und kann auch nicht geschrieben werden. Aber in den vergangenen Jahren wuchs das Interesse der Forschenden an den konkreten Lesepraktiken (wer hat eigentlich aus welchen „Büchern" wie, wo und ggf. für wen gelesen?) und es sind allein im Jahr 2021 zwei größere Studien erschienen, die sich mit der Praxis des Lesens in der Antike beschäftigen und so der Entwicklung des Bibellesens auf die Spur kommen. Beide Studien finden sich nicht damit ab, dass es in der Forschung zwar immer wieder große Behauptungen gab, diese aber nicht im Blick auf die Materialität des Lesens (Rollen, Papyri, Codices, Bücher), die Lesefähigkeit der Menschen und die sozialen und individuellen Praktiken, Orte und Zeiten des Lesens genauer untersucht wurden.

Jonas Leipziger fragt nach Lesepraktiken im antiken Judentum,[9] Jan Heilmann untersucht das „Lesen in Antike und frühem Christentum".[10] Dabei hält Heilmann grundlegend fest: „Das Christentum war von früher Zeit an eine Buch-, aber vor allem eine Lesereligion."[11] Er hinterfragt die klassische These, wonach die Bücher des Neuen Testaments zunächst primär und beinahe ausschließlich in den gottesdienstlichen Versammlungen, nicht aber darüber hinaus gelesen wurden und verweist u. a. auf Adolf Harnacks Aufsatz „Über den privaten Gebrauch der heiligen Schriften in der Alten Kirche" (1912).[12] Wie immer, wenn man genauer hinsieht, erweist sich die Entwicklung als durchaus komplex. Es gab gemeinschaftliches Lesen in der Antike – ein Vorlesen vor allem im Kontext von Mahlversammlungen.[13] Zweifellos bedeutete dies einen Anknüpfungspunkt für die Praxis bei Mahlversammlungen der frühen „christlichen Gemeinden".[14] Aber es gab auch individuelle Lektüren – und dies sogar leise oder still. Auch die häufig formulierte These, wonach das Lesen in der Antike und bis ins Mittelalter hinein nur (!) laut geschah und damit eine völlig andere Sozialität implizierte, wogegen die in-

9 Vgl. Leipziger, Lesepraktiken.

10 Vgl. Heilmann, Lesen; vgl. auch González, The Bible.

11 Heilmann, Lesen, 538.

12 Vgl. a. a. O., 26f.

13 Vgl. Heilmann, Lesen, 295f.299.

14 Angesichts der langen Geschichte des „parting of the ways" setze ich „christliche Gemeinden" hier in Anführungszeichen. Es handelt sich für lange Zeit um einen Anachronismus, da sich das spezifisch „Christliche" und damit gegenüber dem Judentum „Unterscheidende" erst nach und nach ausbildete.

dividualisierende Praxis des leisen Lesens eine späte Entwicklung sei, hinterfragt Heilmann.[15] Er zeigt, dass in der Forschung mindestens fünf unterschiedliche Thesen für diesen Übergang vom lauten zum leisen Lesen diskutiert wurden: die frühe Mönchskultur, die Erfindung der Schrift mit Wortzwischenräumen statt der *scriptio continua*, der Übergang zur Scholastik (berühmt und einflussreich vertreten von Ivan Illich[16]), der Buchdruck, das 18. Jahrhundert.[17]

Es gab wohl schon immer beides – lautes und leises Lesen – wobei es sicher auch nicht ganz falsch ist, bei den meisten Menschen in der Antike und im Mittelalter von einer primär gemeinschaftlich-indirekten Textrezeption auszugehen. Ihnen wird – in Gemeinschaft (!) – vorgelesen, wobei es natürlich überaus spannend wäre zu wissen, ob sie – etwa in den gottesdienstlichen Versammlungen – einfach zuhörten oder interagierten. Besonders bei den Klerikern und im Mönchtum gab es aber auch individuell-direkte Weisen der Textrezeption, seit der Scholastik wohl zunehmend leise. Gerade auf diesem Hintergrund ist es bedeutsam, dass Luther für das Lesen der Bibel darauf dringt, dass dieses laut geschehe. Es ging ihm gerade darum, dass das Wort durch den Mund selbst wieder zum Ohr komme und so zum *verbum externum* werde.[18]

Auch als Menschen in der Neuzeit zunehmend selbst lesen konnten, gab es – nicht nur in Schulen, Universitäten und Gottesdiensten – Kontexte, in denen vorgelesen wurde – etwa in Fabriken im 19. Jahrhundert, worauf Alberto Manguel in seiner lesenswerten „Geschichte des Lesens“ hinweist.[19]

Springen wir von diesen Wahrnehmungen zur Geschichte des Lesens in die gegenwärtige Praxis des Bibellesens. Im Rahmen eines DFG-Projekts zu Gebrauch und Verstehen der Bibel[20] führten wir, Anika Mélix, Yvonne Jaeckel, Gert Pickel und ich, im Jahr 2022 eine quan-

---

15 Dabei geht er ausführlich auch auf die häufig als Beleg für das überwiegend *laute* Lesen angeführte Stelle aus den Confessiones Augustins ein, in der er den *leise* lesenden Ambrosius beschreibt. Vgl. Heilmann, Lesen, 42 (dort findet sich auch das Zitat der Quelle aus den Confessiones); vgl. dazu auch Manguel, Eine Geschichte des Lesens, 73.

16 Vgl. Illich, Im Weinberg des Textes. In einem Text von Hugo von St. Victor (1097–1141) erkennt Illich den für ihn entscheidenden Wendepunkt. Sein „*Didascalion de studio legendi*“ markiere den Umbruch vom monastischen zum scholastischen Lesen. Monastisches Lesen nämlich sei keine stille und in aller Regel keine einsame Praxis gewesen. Man las meist mit und neben anderen in den Bibliotheken der Klöster. Vielerorts wurde vorgelesen – etwa bei den Mahlzeiten. Viele Klöster waren auch Produktionsstätten für Bücher; und bei diesem Prozess der Kopie ging es erst recht laut zu: Es wurde vorgelesen, geschrieben und korrigiert. Dabei wäre es möglich gewesen, leise zu lesen – jedenfalls, so Illich, seit die *scriptio continua* aufgegeben wurde. Dennoch wandelte sich die Lesekultur erst auf dem Weg zum scholastischen Lesen, das nun ein verinnerlicht-individuelles Lesen bedeutete.

17 Vgl. Heilmann, Lesen, 45–47.

18 Vgl. WA 50, 659, 22–25.32f. und dazu Nicol, Meditation bei Luther.

19 Vgl. Manguel, Eine Geschichte des Lesens, 167f.

20 Das Projekt trägt den Titel „Multiple Bibelverwendung in der spätmodernen Gesellschaft. Einstellungen zur Bibel und Gebrauch der Bibel sowie ihrer kulturellen und medialen Derivate“,

titative Studie unter evangelischen sowie katholischen Christ:innen sowie Konfessionslosen durch, um Antworten auf die Frage zu erhalten, wer eigentlich (noch) Bibel liest,[21] mit welcher Motivation Menschen das tun und wie dieses geschieht.[22] Eine deutliche Mehrheit der Christ:innen und Konfesssionslosen in Deutschland sagt, sie lese „nie" in der Bibel (54,7 Prozent). Nur insgesamt rund 12 Prozent sagen von sich, dass sie etwa einmal im Monat oder häufiger in der Bibel lesen; 1,6 Prozent der Deutschen behaupten, „täglich" in der Bibel zu lesen.

Nicht verwunderlich erscheint dabei auch, dass der Anteil der Konfessionslosen bei der Gruppe derer, die nie in der Bibel liest, am größten ist. Aber auch 47 Prozent der Katholik:innen und 37 Prozent der Evangelischen sagen von sich, dass sie das nie tun (und 500 Jahre nach der Reformation lässt sich durchaus fragen, was aus dem Bildungs- und Bibelenthusiasmus der Reformatoren geworden ist). Am intensivsten wird die Bibel im Kontext der Freikirchen gelesen; der Anteil derjenigen, die jede Woche oder täglich lesen, ist hier signifikant höher als in allen anderen Konfessionsgruppen (31 bzw. 39 Prozent), wobei die sehr kleine absolute Zahl in der Befragung keine sichere Auswertung dieser Gruppe zulässt.

Auch nach den Sozialformen der Bibellektüre haben wir diejenigen gefragt, die wenigstens gelegentlich Bibel lesen. Dabei zeigte sich, dass Bibellektüre sowohl eine individuelle als auch eine gemeinschaftliche Praxis ist. 82,2 Prozent sagen, dass sie allein in der Bibel lesen, 37,2 Prozent sprechen davon, dass sie das „mit einer Gruppe" tun. Das heißt: Ein reichliches Drittel der Bibelleser:innen kennt Bibellesen als soziale Praxis, wobei das Lesen mit Partner:in bzw. mit Kindern als eigene Items abgefragt wurden, wie die folgende Abbildung zeigt.

Durchaus auffällig war ein Blick auf die Geschlechterverteilung derjenigen, die mit einer Gruppe Bibel lesen. Hier sagen deutlich mehr Männer als Frauen, dass sie das tun. Gleiches gilt für die Lektüre mit einem:r Partner:in.

Keinen signifikanten Unterschied hingegen gibt es hier zwischen evangelischen und katholischen Bibelleser:innen; lediglich bei der Frage nach der Lektüre mit Kindern stimmen etwas mehr Katholik:innen (36 Prozent) als Evangelische (31 Prozent) zu.

Blickt man auf Einstellungen zur Bibel bei Christ:innen insgesamt und vergleicht sie mit jenen, die von sich sagen, dass sie (auch) in einer Gruppe Bibel lesen (vgl. Tab. 1), so wird deutlich, dass bei den „Gruppenleser:innen" die Erwartung an die Bibel höher ist: Signifikant unterscheiden sich die Aussagen zur Bibel als „heiliges Buch": 59 Prozent im Vergleich zu 82 Pro-

https://gepris.dfg.de/gepris/projekt/439630984?context=projekt&task=showDetail&id=439630984& (abgerufen am 16.02.2023).

21 Es ist mir bewusst, dass die Begriffe „Bibel lesen", „die Bibel lesen" bzw. „in der Bibel lesen" in unterschiedlichen Kontexten durchaus Verschiedenes bedeuten können; im Folgenden verwende ich sie jedoch ohne spezifische Differenzierung.

22 An die quantitative Studie schließt sich in den nächsten Monaten eine qualitative Studie an, die die Möglichkeit zu präziseren Wahrnehmungen der Leselogiken bieten wird.

zent, oder zu dem Item, ob sich Gott in der Bibel zu erkennen gebe: 62 Prozent zu 78 Prozent. Auch die gegenwärtige Relevanz der Bibel wird in dieser Gruppe höher eingeschätzt (vgl. die Items zur Politik auf der Grundlage der Bibel, zur Bibel als Lieferantin von zentralen Werten und Normen für die Gesellschaft). Hermeneutisch sind die Gruppenleser:innen tendenziell konservativer; 32 Prozent von ihnen sagen, die Bibel sei wortwörtlich zu verstehen, im Vergleich zu 22 Prozent bei den Christ:innen insgesamt; 62 Prozent halten das Neue Testament für bedeutsamer als das Alte (im Vergleich zu 52 Prozent bei den Christ:innen insgesamt).

Abb. 1: Sozialformen der Bibellektüre

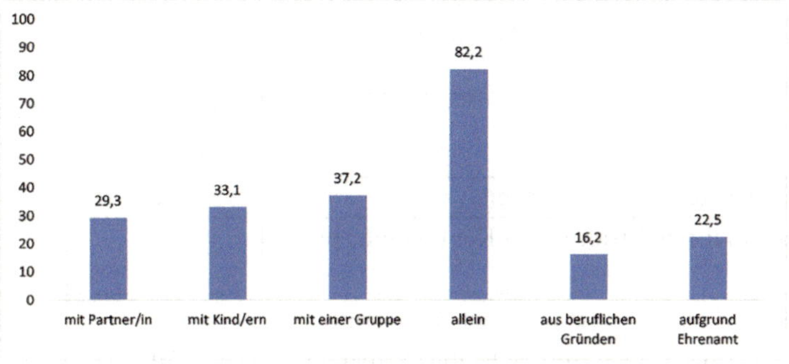

Quelle: Eigene Berechnung auf Basis der Bibelumfrage 2022;
Frage: „In welchen Situationen lesen Sie Bibel? Bitte antworten Sie mit ja oder nein“;
nur Bibellesende (mindestens einmal pro Jahr): N=334–345, Angaben in Prozent.

Abb. 2: Sozialformen der Bibellektüre – differenziert nach weiblich und männlich

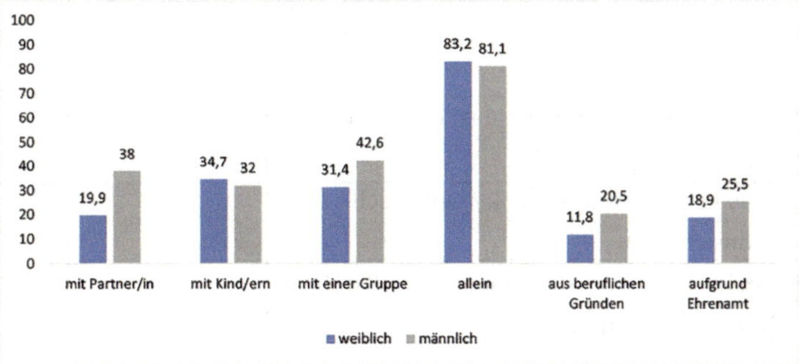

Quelle: Eigene Berechnung auf Basis der Bibelumfrage 2022;
Frage: „In welchen Situationen lesen Sie Bibel? Bitte antworten Sie mit ja oder nein“;
nur Bibellesende (mindestens einmal pro Jahr): N=334-345, Angaben in Prozent.

Insgesamt kann ihnen in der Mehrheit aber keineswegs eine fundamentalistische Haltung der Bibel gegenüber unterstellt werden: Der historische Kontext erscheint für die Interpretation biblischer Texte bei den Gruppenleser:innen bedeutsamer als bei den Christ:innen insgesamt (88 Prozent im Vergleich zu 74 Prozent), sogar mehr Gruppenleser:innen als sonstige Christ:innen meinen: „Die Bibel ist ebenso wahr wie andere Heilige Schriften" (75 Prozent zu 70 Prozent), und 84 Prozent halten es für bereichernd, wenn es unterschiedliche Auslegungen der Bibel gibt.

Tabelle 1: Einstellungen zur Bibel bei Christ:innen insgesamt und bei jenen, die von sich sagen, die Bibel in Gruppen zu lesen; Quelle: Eigene Berechnung auf Basis der Bibelumfrage 2022; Angaben in Prozent, gewichtet.

	Christ:innen gesamt	Bibelleser:innen in Gruppe
Die Bibel ist wortwörtlich zu verstehen.	22	32
Die Bibel muss in ihrem historischen Kontext interpretiert werden.	74	88
Politik sollte auf Grundlage der Bibel betrieben werden.	28	56
Die Bibel ist ebenso wahr wie andere Heilige Schriften.	70	75
In der Bibel geht es entscheidend um Jesus Christus. Daran sollte jede Auslegung gemessen werden.	48	73
Die Bibel ist für mich ein heiliges Buch.	59	82
Das Neue Testament ist bedeutsamer als das Alte.	52	62
Die Bibel überliefert zentrale Werte und Normen für die Gesellschaft.	75	90
Es ist bereichernd, wenn es unterschiedliche Bibelauslegungen gibt.	73	84
Für die Bedeutung der biblischen Texte ist es egal, ob das Erzählte historisch so passiert ist.	61	68
Die Bibel ist etwas Privates und sollte keinen gesellschaftlichen Einfluss haben.	56	48
Man muss sich beim Verstehen der Bibel an der Kirche und ihrer Tradition orientieren.	45	59
Gott gibt sich in der Bibel zu erkennen.	62	78
Einige Texte der Bibel sind zentraler als andere. An diesen sollte man sich orientieren.	64	76

In der quantitativen Studie konnte nicht nachvollzogen werden, an welche Gruppenkonstellationen die Befragten konkret denken und wie sich die jeweilige Praxis gestaltet. Ich blicke daher im Folgenden auf zwei Fallbeispiele und nehme unterschiedliche Phänomene einer Bibellektüre in Gruppen wahr.

3 Gemeinsam die Bibel lesen oder: Zwei Fallbeispiele

3.1 Hauskreise. Oder: Gemeinschaftliche Bibel-Spiritualität als spezifische Sozialform anhand zweier Fallstudien

Seit den 1975er Jahren haben „Hauskreise“, so Thomas Popp und Michael Wolf, eine neue Karriere gemacht.[23] Es gibt sie in vielen Gemeinden und in äußerst unterschiedlichen Formen. Historisch beziehen sie sich selbst gerne auf die „Häuser“ als einen der Orte der Versammlung in den ersten Jahrhunderten des Entstehens christlicher Gemeinden (vgl. Apg 2,46: „Und sie waren täglich einmütig beieinander im Tempel und brachen das Bort hier und dort in den Häusern …“).[24] Als eine zweite Wurzel lässt sich die Familie ausmachen, die vor allem Martin Luther als primären Ort gelebten Glaubens unter Leitung des „Hausvaters“ konzipierte.[25] Für diese „Hauskirchen“ wurden eigene Andachtsbücher geschaffen, in denen auch die Bibel eine entscheidende Rolle spielte, wie etwa das Werk von Heinrich Arnold Stockfleth aus dem Jahr 1698 „Tägliche Haußkirche Oder Morgen- und Abend-Opffer zur Übung wahrer Gottseligkeit und Täglicher Außübung der Gottesdienste, So ein Christlicher Hauß-Vater oder Hauß-Mutter Morgens und Abends mit ihren Kindern und Gesinde oder auch andern halten kann“.[26] In diesem Buch finden sich über weite Strecken Erläuterungen dazu, wie ein Hausvater oder eine Hausmutter die Bibel lesen und erklären könne.[27] Auf dem Weg in die Neuzeit lösten sich die großen Hausgemeinschaften auf, die Familien wurden kleiner. Wer nun Bibel lesen wollte, tat es eher allein oder im engsten Familienkreis bzw. in einem der sich in Pietismus und Erweckungsbewegung neu entwickelten Hausgemeinschaften, die sich als dritte Wurzel gegenwärtiger Hauskreise benennen lassen.

---

23 Vgl. Popp / Wolf, Bibelbezogen, 104.

24 Vgl. zu Synagoge, Tempel und Haus als den Sozialformen frühchristlicher Gottesdienste: Wick, Die frühchristlichen Gottesdienste.

25 Vgl. allerdings Hofmann, Martin Luther, der auf die neuzeitlichen Verschiebungen verweist, die auch bedeuten, dass beide historische Linien nur bedingt belastbar erscheinen.

26 Münchberg 1698.

27 Vgl. Meyer, Bibellese, 476.

In mehr oder weniger loser Anknüpfung an diese Linien entstand etwas Neues, das Michael Herbst durch drei Aspekte charakterisiert sieht: „persönliche Gemeinschaft, Einübung in christliche Spiritualität und gegenseitige Hilfe und Seelsorge".[28] Hauskreise sind so mehr als nur Bibelkreise; es geht auch um ein häufig durch relativ hohe Verbindlichkeit und hohe Vertrautheit innerhalb des Kreises gekennzeichnete Gemeinschaft. Die Bibel aber nimmt eine besondere Rolle ein. Thomas Popp und Michael Wolf betonen: „Die Beschäftigung mit biblischen Texten oder Themen bildet bei aller Bandbreite der spirituellen Praxis von Hauskreisen mehrheitlich das Zentrum."[29] Hermeneutisch erkennen Popp und Wolf die Chance, die persönliche Glaubensgeschichten im Licht der „fremden Geschichten der Bibel" und der „Lebens- und Glaubensgeschichten der Anderen" neu wahrzunehmen.[30]

Hermeneutisch erscheinen mir solche Hauskreise spannend. Im Sinne einer ersten Exploration habe ich stichprobenartig einen Blick in einen Hauskreis im Kontext einer Freikirche in Dresden und einen Hauskreis innerhalb einer landeskirchlichen Gemeinde in Leipzig geworfen – und jeweils die Tonaufnahme nur eines Treffens ausgewertet.[31] Das Material eignet sich nicht, um belastbare Aussagen zu treffen, aber durchaus als eine Vorstudie zur Generierung von Hypothesen, die in weiteren empirischen Studien verifiziert oder falsifiziert werden müssten.

Ich spreche im Folgenden von dem „Hauskreis Offenbarung" (Dresden) und dem „Hauskreis Hebräerbrief" (Leipzig) aufgrund dessen, was an dem mitgeschnittenen Abend gelesen wurde. Der „Hauskreis Hebräerbrief" beginnt mit einer Begrüßung durch die Moderatorin, einem Gebet und Liedern. Die Moderatorin verteilt dann mehrere Zitate zum Thema „Glaube und Gemeinschaft", die vorgelesen werden. Im Anschluss wird Hebr 10,24f gelesen: „... und lasst uns aufeinander achthaben und einander anspornen zur Liebe und zu guten Werken und nicht verlassen unsre Versammlungen, wie einige zu tun pflegen, sondern einander ermahnen, und das umso mehr, als ihr seht, dass sich der Tag naht." Die Teilnehmenden werden nun aufgefordert, sich fünf Minuten Zeit zu nehmen und für sich selbst zu klären: „Was spricht mich an? Was kann ich unterstreichen? Was fällt mir schwer zu verstehen? Was könnte das in meinem Leben bringen?" Die durch die Moderation vorgegebene Hermeneutik ist also eine klar applikative. Das Leben der einzelnen soll im Spiegel des biblischen Textes wahrgenommen werden. Die folgenden Gespräche bieten die Möglichkeit, von eigenem Leben/Erleben zu erzählen, die eigene Frömmigkeit/Spiritualität im Rahmen der Gruppe ins Spiel zu bringen, aber

[28] Herbst, Hauskirche, 1482.

[29] Popp / Wolf, Bibelbezogen, 105.

[30] A. a. O.

[31] Ganz herzlich danke ich den beiden Hauskreisen für die Möglichkeit zu dieser Aufnahme und die Bereitschaft zur Mitwirkung an dieser Studie.

auch im Hauskreis über den Hauskreis zu reflektieren und seine Bedeutung für den:die einzelne:n zu bedenken. Im Anschluss an den knapp 20-minütigen Austausch werden die Impulse erneut verlesen und auf das bisherige Gespräch bezogen. Die Moderatorin liest eine Geschichte und fasst wesentliche Aspekte des Gesprächs zusammen. Ein gemeinsames Gebet mit Kerzen schließt den Abend ab.

Der Hauskreis „Offenbarung“ beschäftigt sich an dem Abend mit einem schon vom Umfang her völlig anderen Textkorpus: Gelesen werden zwei (!) Kapitel aus der Offenbarung (Offb 10f), die in der Lutherbibel die Überschriften tragen: „Der Engel mit dem Büchlein“; „Die beiden Zeugen“ und „Die siebente Posaune“. Der Hauskreis besteht aus Menschen, die teilweise hörbar viel Bibelwissen mitbringen und zahlreiche intertextuelle Verbindungen in das Gespräch eintragen können, und anderen, die eher wenig Hintergrundwissen haben. Er wird von einer ebenfalls sehr kundigen Moderatorin geleitet. Die Arbeit am biblischen Text und die Suche danach, ihn zu verstehen, bestimmen die ca. 70 Minuten, die das Bibelgespräch dauert. Es beginnt mit der Frage, ob die Teilnehmenden Bücher lesen würden. Nach einigen Assoziationen zu diesem Thema wird Offb 10 in verschiedenen Übersetzungen gelesen und dann der Reihe nach anhand von der Moderatorin ausgewählter Kernworte (Engel; Wolke; Regenbogen; Buch …) besprochen. Das elfte Kapitel wird von der Moderatorin mit den Worten eingeleitet, was jetzt komme, sei „noch cooler und krasser“; auch dieses Kapitel wird in einzelnen Abschnitten und anhand von der Moderatorin herausgegriffener Verse und Versteile besprochen. Die Teilnehmenden steuern ihre Assoziationen und Fragen bei, die tendenziell an die Moderatorin gerichtet sind, die allerdings keineswegs immer eine Antwort hat oder gibt. Am Ende meint die Leiterin, sie würde niemals empfehlen, die „Offenbarung zu lesen als jemand, der nicht bekehrt ist, oder überhaupt alleine“. Mit dem Hinweis, dass die Offenbarung inmitten der Zerstörungen, die angekündigt oder bereits vollzogen werden, „coole Zusagen“ biete, leitet die Moderatorin zu einem Gebet über.

Es ist eine reine Hypothese, aber es könnte sein, dass es durch diese beiden Hauskreise gelungen ist, das Spektrum von Bibellektüren, das in Hauskreisen stattfindet, weit abzubilden zwischen einer eher applikativ-biographiebezogenen Logik und einer verstehend-schriftbezogenen Logik. Aus der Wahrnehmung dieser beiden Hauskreise leite ich sieben vorläufige Hypothesen zur Bibellektüre in diesem Kontext ab.

(1) Die Bibel bietet die Möglichkeit, das eigene Leben und Erleben zur Sprache zu bringen. Dies geschieht vor allem in dem Hauskreis „Hebräerbrief“, in dem die Moderatorin zu Beginn exakt dazu auffordert. Einzelne Versteile werden assoziativ und applikativ mit dem (Er-)Leben der Teilnehmenden verschränkt. So betont eine Teilnehmerin im Ausgang von dem Versteil „lasst uns aufeinander achthaben“, wie wichtig es sei, einander am Arbeitsplatz wahrzunehmen – und erzählt dann die „tragische Geschichte“ von einer Kollegin, die schwanger war und

mit ihrem Partner ein Haus baute und deren Vater noch vor der Geburt seines Enkelkinds verstarb; und von der Kollegin, „die schon länger krank ist".

(2) Im Hauskreis kommen *mit* der Bibel und angeregt durch die gelesenen biblischen Texte die eigene Frömmigkeit und Glaubenspraxis zur Sprache und erfahren Bestätigung oder Korrektur durch die anderen im Hauskreis. So sagt ein:e Teilnehmer:in im Hauskreis „Hebräerbrief":

> „[...] wie unser Hauskreis, die Vertrautheit, die Losungen, Bibellesen, das sind so Sachen, die man eigentlich (.) auch nicht so regelmäßig, also ich jetzt, ähm, machen, wo man aber immer wieder dann merkt, okay, wenn man es dann wieder aktiviert oder gemacht hat, dann, ja ist es eigentlich gut, ne?"[32]

Auch im Hauskreis „Offenbarung" ist die eigene Frömmigkeit und der eigene Glaube – hier gerade im Gegenüber zu anderen Vorstellungen – Thema. So wird etwa der Umgang mit dem Thema „Endzeit" in Freundes- oder Familienkreisen zum Thema:

> „[...] und ich merke das auch jetzt so, in meinem Umfeld so bei einigen, ähm, also, die sind ja gar nicht gläubig, bei mir im Umfeld, aber ein paar, ja und ähm, dass da auch also etliche jetzt so ganz dolle in den Zeiten, in denen wir leben und so, sich mit der Endzeit beschäftigen und da ganz fest daran glauben."

(3) Die Bibel lesende Gemeinschaft erweist sich im Hauskreis als eine Gemeinschaft wechselseitiger Seelsorge. Es wird möglich, vom eigenen Leben und Erleben zu erzählen, Fragen eines Lebens im Glauben zu thematisieren, „aufeinander acht zu haben", wie es im Hebräerbrief heißt – und mit- sowie füreinander zu beten. Das „*mutuum colloquium*" und die „*consolatio fratrum* [*sororumque*; A. D.]"[33] wird in beiden wahrgenommenen Hauskreisen konkret.

---

[32] In diesem Hauskreis ist auch die Frage nach dem Gottesdienstbesuch in und nach Corona-Zeiten ein Thema. Man ist sich einig, dass die Gemeinschaft durch die Corona-Pandemie gelitten und dass auch der regelmäßige Gottesdienstbesuch an Selbstverständlichkeit verloren habe. Aber gleichzeitig wird an dieser Stelle ein Defizit verspürt. Jemand bemerkt: „[...] wenn man halt nicht im Gottesdienst ist, ist der Sonntag kein Fest mehr", eine Aussage, der viele andere sofort zustimmen. Es herrscht auch Übereinstimmung, dass solche regelmäßigen Praktiken Mühe kosten, aber einen „Benefit" bringen – etwa auch der Gottesdienstbesuch: „aber eigentlich immer, wenn du da dann wieder rausgehst, hat man ja meistens irgendwie was für sich, also rausgezogen, also das heißt, dass Gott, Gott, ähm, gibt einem dann ja was mit."

[33] Vgl. Martin Luther, Schmalkaldische Artikel, ASm III, 4; BSLK 449.

(4) Hauskreise erscheinen als eine verlässliche soziale Struktur mit einer bestimmten Frömmigkeitsprägung und einem sich daraus ergebenden recht konsonanten Verstehen der Bibel. Sie sind ein Viertes neben Familien- und Freundeskreisen sowie Kreisen von Kolleg:innen in der Arbeit. Im Hauskreis „Hebräerbrief“ lädt der Text aus Hebr 10 unmittelbar zu einer Selbstthematisierung des Hauskreises ein. Jemand sagt:

> Ich war „damals auf der Suche gewesen nach [...] einem Hauskreis [...], sozusagen einer Gruppe oder nach [...] Menschen, die sozusagen/mit denen ich mich unterhalten kann, wo man sich treffen kann, regelmäßig und was jetzt so ein bisschen außerhalb von Arbeit und Freundeskreis und Familienkreis ist.“

(5) Hauskreise sind Orte, in denen gemeinsam um das Verstehen der Bibel gerungen wird. Interessant erscheint dabei, dass die Bibel für die Teilnehmenden von sich aus „interessant“ ist. Zwar gibt es in beiden Hauskreisen „Motivationsphasen“ vor dem Beginn der Lektüre; aber im Lauf der Gespräche wird – vor allem im Kreis „Offenbarung“ – deutlich, dass die Teilnehmenden wissen wollen, wie die Worte und Bilder des Textes zu „verstehen“ sind – ganz unabhängig von der individuellen Relevanz des biblischen Wortes für das je eigene Leben. Oder anders formuliert: Die Relevanz liegt exakt *in* dem Verstehen dessen, was die Bibel sagt und meint. Hier spiegelt sich, was in der repräsentativen Studie bereits deutlich wurde: Der Bibel wird als „heiliges Buch“ bzw. als Buch, durch das potentiell Gott zu den Menschen spricht, eine grundlegende Erwartung entgegengebracht. Das ist in der Gruppe der Christ:innen (vgl. Tab. 1) allgemein weit weniger der Fall.[34]

Dabei spielen im Hauskreis „Hebräerbrief“ Fragen der Autorschaft sowie eine Einordnung in historische Kontexte kaum eine Rolle. Nur einmal erwähnt jemand kurz die Wendung „umso mehr, als ihr seht, dass sich der Tag naht“ und bezieht diese auf die „frühchristlichen Gemeinden“; aber das würden „wir [...] heutzutage“ kaum noch „an uns heran[lassen]“.

---

[34] Im Hauskreis „Hebräerbrief“ wird intensiv über die Wendung „ermahnt euch gegenseitig“ (*parakaleo*) nachgedacht. Die Worte werden als „ein bisschen sehr streng“ empfunden und in den knapp zwanzig Minuten der Gesprächszeit immer wieder von unterschiedlichen Mitgliedern der Runde aufgegriffen. Dabei zeigt sich die Suche nach semantischen Umschreibungen: „Ladet euch ein ...“ Auch das Wort „Ermutigung“ erscheint als möglicher Ersatz für „Ermahnung“. Und hierzu finden sich dann wieder Beispiele aus dem Leben – etwa von einem Paar, zu dessen eigener Frömmigkeit das abendliche gemeinsame Lesen der Losungen gehörte. Aber durch Corona sei dies so nicht mehr die Regel: „[...] weil man müde ist oder weil man sich mal angemuffelt hat oder so abends, keine Ahnung, dann machen wir das dann nicht. Ist auch blöd [...].“ Stattdessen lese sie dann alleine in der Bibel, habe aber jetzt durch die Lektüre von Hebr 10 und das Gespräch die Ermutigung, die alte Praxis der Losungen doch wieder aufzunehmen: „Warum gehe ich denn nicht und sage: ‚Komm, lass uns das zusammen machen [...].‘ [...] also das muss jetzt keine Ermahnung sein, aber so, hey, du hast das zum Beispiel auch lange nicht mehr gemacht oder so. [...] eher so eine, ähm, ja so ein Beispiel, ich mache das jetzt, komm mach mit.“

Im Hauskreis „Offenbarung" zeigt sich der Wunsch, die Bibel zu verstehen, an vielen Fragen der Teilnehmenden, etwa der: „[…] was, was heißt das jetzt? Hat ja wohl kaum ein Buch gegessen, ne, also um was geht es denn jetzt?" Darauf lachen die anderen – und suchen gemeinsam nach Antworten. Im Kontext dieses Gesprächsgangs fragt eine Teilnehmerin dann auch explizit nach anderen Übersetzungen. Die Gemeinschaft der Lesenden profitiert davon, dass die Teilnehmenden unterschiedliche Bibelausgaben dabei haben und daraus lesen können. Im gemeinsamen Gespräch werden die Bilder der Offenbarung aufgenommen und kritisch befragt. Zu dem in Offb 11 beschriebenen Engel bemerkt ein Teilnehmer: „das sind aber krasse Bilder, oder?"

> Und eine andere führt diesen Gedanken weiter: „Voll so ambivalent finde ich das, also du hast zum einen den, der auf Wasser *und* Land steht, dann ist der umhüllt, und gleichzeitig hat er da den Regenbogen, dann donnert der übelst von der Stimme, dann ist er irgendwie so ein Stück weit fürsorglich […]. […] ganz komisch."

(6) Entscheidend ist – in beiden Hauskreisen – die Rolle der Moderatorin; der hermeneutische Rahmen, in dem die Bibel wahrgenommen wird, wird durch die Moderation eröffnet. Die Unterschiedlichkeit der beiden Bibelgespräche resultiert zweifellos aus der verschiedenen Zusammensetzung der Kreise und dem, was in ihnen üblich ist, sowie nicht zu geringen Teilen aus den jeweils unterschiedlichen biblischen Vorgaben; aber es zeigt sich doch auch: Die Art und Weise der Moderation entscheidet über die Art und Weise der Bibelwahrnehmung.

(7) Die Leitenden verhalten sich als Moderatorinnen eines Gesprächs; bringen die anderen dazu, sich zu äußern. Dabei sind unterschiedliche Positionen durchaus erwünscht. In beiden Hauskreisen geht es nicht darum, die Botschaft des biblischen Textes so herauszuarbeiten, dass sich die eine klare Aussage ergäbe – trotz der Lenkung. So betont die Moderatorin im Kreis „Offenbarung", dass es „bei allen Sachen viele Interpretationen" gibt – und relativiert die eigene Kenntnis: „und ich habe, glaube ich, auch nicht alle Interpretationen". Damit ermutigt sie die Teilnehmenden andere und divergierende Positionen vorzutragen. Sie betont: „Es gibt nicht die *eine* Auslegung. […] Deswegen, da könnt ihr euch jetzt einfach selbst Gedanken machen, was *ihr* denkt."

3.2 Dialogical Bible Reading oder: Die Bibel als Dritter Raum jüdisch-christlicher Begegnung

Eine andere Art gemeinschaftlicher Bibellektüre begleitet mich seit 2017. Im Sommer des Reformationsjubiläums fand eine Summer School in Wittenberg als gemeinsames Projekt der

Universitäten Leipzig und Bar Ilan (Ramat Gan, Israel) sowie der Augustana-Hochschule in Neuendettelsau statt. Die Idee war schlicht, eine Woche lang im internationalen und jüdisch-christlichen Dialog gemeinsam Bibel zu lesen. Mit unserem „Dialogical Bible Reading“ waren wir keineswegs die ersten. Es gibt die jüdisch-christliche Bibelwoche in Bendorf (und Osnabrück), die österreichische christlich-jüdische Bibelwoche in Graz, die christlich-jüdische Sommeruniversität in Berlin oder das christlich-jüdische Ferienkolleg in Nettetal, Aachen und Baesweiler-Puffendorf,[35] um sicher nur einige Beispiele zu erwähnen.

Vielleicht war das Besondere an unserer Wittenberger Unternehmung, dass wir uns dezidiert wenig vornahmen und viel, eigentlich alles, dem Prozess überlassen wollten. Die Idee war nicht, dass Jüdinnen und Juden Christinnen und Christen die Bibel neu zeigen oder erklären bzw. Einblicke in jüdische oder christliche Deutungskulturen gewonnen werden sollten. Es sollte überhaupt keine Lehrende auf der einen Seite und Lernende auf der anderen Seite geben, sondern die Idee war: die Bibel wie einen Raum gemeinsam zu betreten, der sich für uns – verschieden wie wir sind – weit öffnet.

Die „Spielregeln“ waren einfach und wurden im Lauf unseres Miteinanders immer wieder unterschiedlich formuliert. Eine Variante lautete: Der Text der Bibel ist wie ein Wald. Jede:r darf sich darin frei bewegen – und es gibt dabei nur eine Grundregel: Fälle keine Bäume! Eine andere Variante: Der Text ist wie eine Stadt, in der wir uns bewegen und uns gegenseitig zeigen, was uns begeistert. Wir werden einander zu Fremdenführern. Und obwohl wir alle die Stadt schon zigmal besucht hatten, sollten wir doch so in sie hineingehen, als sähen wir sie zum allerersten Mal. Eine dritte: Der Text ist unser Spielfeld. Wir können uns frei bewegen – nur verlassen sollten wir das Spielfeld nicht. Und niemand hat das Recht, allein zu entscheiden, wie das Spiel funktioniert. Eine vierte und letzte Variante ließe sich wie folgt formulieren: Der Text ist unser Dritter Raum, zu dem wir gemeinsam aufbrechen und dazu unsere ersten und zweiten Räume verlassen – die Räume, in denen wir uns auskennen und zuhause sind.

Besonders diese Metapher erwies sich als hilfreich. Sie wurde in der postkolonialen Theorie geprägt von Denkern wie Stuart Hall und Homi K. Bhabha.[36] Der Dritte Raum markiert bei Hall, Bhabha und anderen einen Ort der Begegnung, der nicht schon durch die Dominanz und Macht *einer* bestimmten Perspektive geprägt ist. Die Frage lautete: Wie kommen wir heraus aus solchen machtförmigen Wahrnehmungen, aus dem hermeneutischen Gefangensein in ersten und zweiten Räumen? Die Antwort: Nicht anders als so, dass es zu einem Sprung in den Dritten Raum kommt, der mit einem Riss der Perspektiven einhergeht und eine Begegnung ermöglicht, die Menschen verändert. Die Bibel kann sich, so unsere Wittenberger Erfahrung,

[35] Vgl. dazu Petschnigg, Biblische Freundschaft.

[36] Vgl. Hall, Ideologie – Identität – Repräsentation; vgl. Bhabha, Die Verortung der Kultur.

immer neu als Dritter Raum der Begegnung erweisen, wenn sie nicht in der schon immer geprägten Tradition gelesen, sondern zum Raum gemeinsamer Begegnung wird.

In Wittenberg lasen wir die Abrams- bzw. Abrahamsgeschichten und spürten, wie uns die darin geschilderte Dynamik des Aufbruchs (Gen 12,1: „Und der HERR sprach zu Abram: Geh [*lech lecha*] aus deinem Vaterland und von deiner Verwandtschaft und aus deines Vaters Haus in ein Land, das ich dir zeigen will ...") auch in eine hermeneutische und spirituelle Aufbruchsdynamik versetzte.[37]

Das Besondere der Wittenberger Erfahrung lag eher nicht an einzelnen Erkenntnissen, die Teilnehmende hätten „mitnehmen" können, oder gar an Texten, die sich als Ergebnis unserer Bibelstudien hätten publizieren lassen. Im reflektierenden Rückblick wurde deutlich, dass es um mehr und etwas Anderes ging. Viele sprachen danach von einem „spirit of Wittenberg", um die besondere Atmosphäre dieser Begegnung zu beschreiben. Vielleicht beschreibt auch der von Hartmut Rosa in die Diskussion gebrachte Begriff der „Resonanz" das Phänomen ganz gut:[38] Es kam uns etwas entgegen und löste etwas in uns aus. Wir entdeckten Neues – inhaltlich und menschlich. Der Text erwies sich als Gewebe, in das wir uns verstricken konnten. Menschen, die auf ganz unterschiedliche Weise eine Erwartung an die Bibel haben, begegneten einander auf dem Boden der Texte. Wittenberg erwies sich – ebenfalls ungeplant – als Startschuss für eine Reihe weiterer Summer Schools und für mehr oder weniger regelmäßige Treffen via Zoom, in denen wir weitere Texte lasen. Es zeigte sich dabei, dass sich besonders biblische Erzählungen herausragend für eine solche dialogische Begegnung eignen. Die Hebräische Bibel erzählt, worauf etwa Erich Auerbach in zahlreichen Texten hingewiesen hat,[39] auf äußerst reduzierte Weise; vor allem gewährt sie selten Einblick in das Gefühlsleben und dass innere Erleben der Protagonist:innen. Genau dies bietet unendliche Möglichkeiten, dass sich Lesende durch die Zeiten mit ihren Fragen und Erfahrungen in die Leerstellen der biblischen Texte begeben und sich mit ihrem Leben in die – in den biblischen Geschichten immer explizit oder implizit gesetzte – Gottesrelation eintragen. So kommen in, mit und unter den Geschichten der Bibel die Lebensgeschichten, die Erfahrungen, Empfindungen, Reflexionen und Fragestellungen der Lesenden ins „Spiel". Fragen an die Texte werden – auch wenn sie gerade *nicht* so gestellt werden – zu Fragen an das eigene Leben und den eigenen Glauben.

37 Übrigens lasen wir auf Englisch – für fast alle von uns eine Fremdsprache und somit auch sprachlich eine Art dritter Raum.

38 Vgl. Rosa, Resonanz.

39 Vgl. Auerbach, Mimesis.

4 Besser gemeinsam als allein (Pred 4,9)!? Oder: Fünf hermeneutische Konsequenzen und eine Inspiration

In fünf Aspekten versuche ich, die bislang recht ungeordneten Beobachtungen und die vielen Fäden dieses Beitrags zu bündeln und deute an, warum nicht nur für manche Kapitel der Johannesoffenbarung gelten könnte, dass sie „noch cooler und krasser“ sind als andere, sondern dies auch für die gemeinsame gegenüber der individuellen Bibellektüre zutreffen könnte.

(1) Wenn einzelne die Erwartung verlieren oder längst verloren haben, ist sie bei anderen vielleicht noch da und kann so neu geweckt werden. Es gibt Menschen (wie auch die empirische Studie zeigt), für die die Bibel ein Buch ist, das nicht nur „alte“ Texte, sondern für die Gegenwart relevante Worte, Bilder und Geschichten enthält; und es gibt reichlich andere, die das nicht so sehen. Im gemeinsamen Lesen können die Begeisterten und Entdecker:innen die anderen anstecken – wie umgekehrt die Stimmen der Kritischen und Fragenden die begeisterten Leser:innen vor Enthusiasmus bewahren können.

(2) Wenn einzelne schon längst wissen, was der Text sagt, weil sie gefangen sind in ihren eigenen Lektüren, Vorannahmen und Interpretationen, bringen andere diese Vorverständnisse verwirrend und öffnend durcheinander. Durch die Wahrnehmungen der anderen werden meine Vorannahmen und Vorurteile (im Idealfall) unterbrochen – und ich entdecke mehr, als ich schon selbst wusste, und Dinge, auf die ich nie alleine gekommen wäre. Dies gilt meiner Wahrnehmung nach besonders für das „Dialogical Bible Reading“, bei dem die aus einem anderen Kontext formulierten Aussagen der Christ:innen bzw. Jüd:innen die eigenen Deutungshorizonte immer neu aufbrechen.

(3) Besonders die Hauskreise zeigen: Wenn Einzelne resignieren angesichts der Unverständlichkeit eines Textes, helfen sich die vielen Verschiedenen gegenseitig mit ihren Fragen und Interpretationen. Gerade Texte, die sich nicht sofort erschließen, können reizvoll sein; allerdings erweist sich die Lektüre nur dann als nicht frustrierend, wenn andere dabei sind, die gegebenenfalls Antworten wissen, gemeinsam nach Antworten suchen oder zumindest die Offenheit und Unverständlichkeit mit „mir“ aushalten.

(4) Wenn die Relevanz eines Textes in der individuellen Lektüre nicht aufscheint, können andere Relevanzen entdecken und bei dieser Entdeckung helfen. Die Erfahrung, dass ein Text für eine Person in einer bestimmten Situation spricht, wird bei der Wahrnehmung der zwei Gesprächsabende in den Hauskreisen immer wieder deutlich. Und der Reiz dieser Art gemein-

samer Lektüre dürfte zu wesentlichen Teilen auch darin bestehen, dadurch selbst auf Lebenssituationen gestoßen zu werden, in denen diese Texte auch für „mich" zu sprechen beginnen.[40]

(5) Wenn es „mir" schwerfällt, Bibellektüre in einen geistlichen Rahmen einzubetten, gelingt dies im Miteinander leichter. Nicht für jeden ist die Stille Zeit am Morgen oder Abend ein Ritual, das er oder sie gerne praktiziert. Nicht allen fällt es leicht, Orte bzw. Zeiten zu finden für Gebet, Meditation, Bibellektüre etc. Gemeinsame Bibellektüre kann solche Orte bieten. Bei den Hauskreisen wird dabei deutlich, dass es unterschiedliche Weisen eines geistlichen Rahmens gibt, die zum Ritual der gemeinsamen Treffen gehören: gemeinsames Gebet, gemeinsam gesungene Lieder etc. Wenn es stimmt, dass die Texte der Bibel nicht einfach „heilige Schrift" sind, sondern in ihrem (primär liturgischen) Gebrauch immer neu dazu werden,[41] dann sind Orte gemeinsamen Bibellesens solche transformativen und zugleich die Bibel immer neu in ihrer Bedeutung stabilisierenden Orte.

Gerade angesichts der empirisch nachweisbaren relativ geringen Bedeutung des Lesens der Bibel – auch bei evangelischen Christenmenschen – könnten diese Hinweise auf Möglichkeiten gemeinschaftlicher Lektüre helfen, die Bibel wiederzuentdecken. „Hauskreise" adressieren dabei – allein durch den Begriff – wohl eher bestimmte Menschen und Frömmigkeiten, denen eine verbindlichere spirituelle Gemeinschaft wichtig ist. Es gibt – etwa im Digitalen – auch andere und weniger verbindliche Weisen gemeinschaftlicher Lektüre; und es würde sich m. E. lohnen, über diese und viele weitere Sozialformen nachzudenken.

Ein Projekt in Israel zeigt, wie gemeinschaftliche Lektüre im digitalen Raum Gestalt gewinnen kann. Es trägt den Titel „929",[42] wobei die Zahl der Anzahl der Kapitel entspricht, die der Tanach in seiner jüdischen Kanongestalt hat. Die Idee ist es, den gesamten Tanach zu lesen, jeden Tag *ein* Kapitel. Dazu erhalten Lesende Anregungen auf einer Homepage und die Möglichkeit, sich im digitalen Raum zum Austausch und zum Gewinn von Anregungen auf unterschiedliche Weise zu verbinden. Die Anregungen auf der Homepage sind vielfältig: Es finden sich Kinderzeichnungen ebenso wie die Betrachtungen von Rabbiner:innen oder Philosoph:innen, Fragen und Impulse „ganz normaler" Leser:innen, die keine Fachexpertise mitbringen, aber auch archäologische oder historische Hinweise, Videos und Musikstücke. Jeweils nach fünf Kapiteln ist Wochenende und am Freitag (am Vorabend des Schabbat) werden die

[40] Wobei sich freilich bei jeder die Bibel auf den Alltag und das eigene Leben beziehenden Lektüre die Frage stellt, ob und inwiefern in der gemeinsamen Lektüre auch das widerständige Potential biblischer Texte gehört werden kann – oder ob sie soweit in ein allgemeines ‚Verstehen' eingezeichnet werden, dass sie ihre Schärfe verlieren.

[41] Vgl. Deeg, The Unmaking.

[42] Vgl. www.929.org.il (abgerufen am 26.04.2023).

Kapitel der zurückliegenden Woche noch einmal im Überblick gezeigt – in der Regel in einer graphischen Darstellung. Am Schabbat ruht die gemeinsame Aktion. Das Projekt war bereits beim ersten Durchgang 2014 so erfolgreich, dass es immer wieder von Neuem begonnen wurde und bis heute fortgesetzt wird. Hier entsteht eine individuell-soziale, verbindlich-unverbindliche Lesegemeinschaft, die die Faszination der Texte des Tanach teilt und in unterschiedlichen sozialen Kontexten und ohne jede Hierarchie normativer Deutung erschließt.

Es könnte sein, dass sich nicht nur Texte aus der Johannesoffenbarung als „noch cooler und krasser" erweisen, sondern auch die gemeinsame Bibellektüre im Vergleich zur individuellen. Freilich konnte dieser Beitrag eher ein Forschungsfeld eröffnen, als belastbare Ergebnisse bieten. Dennoch ist es höchste Zeit für einen letzten Gedankengang und einen Ausblick.

5 *Deus legens.* Oder: Der lesende Gott und die Ewigkeit als gemeinsame Lesezeit

Im Babylonischen Talmud wird die Frage gestellt, was eigentlich Gott den ganzen Tag über mache. Eine der Antworten ist recht detailliert: In den ersten drei Stunden des Tages, so heißt es, sitze er und lerne Tora; dann richte er die ganze Welt in den nächsten drei Stunden, in den folgenden drei Stunden ernähre er sie und schließlich spiele er mit dem Leviathan (und weil Gott ja bekanntlich nicht schläft noch schlummert, mache er das dann nochmals in der Nacht). Dass Gott spielt, ist sicher eine Spitzenaussage (die aber gut biblisch begründet ist; vgl. Ps 104,26); aber auch die Behauptung, dass Gott selbst Tora lese und lerne ist aufregend.[43] Gott beschäftigt sich selbst mit seiner Weisung, die nach rabbinischer Auffassung zugleich Bauplan der Welt ist.

Und so sitzt Gott da und liest – und hat neben der Tora auch noch andere Bücher. Magdalene Frettlöh ist dem „lesenden Gott" und seiner Bücher im Kontext der Bibel intensiv nachgegangen: Er liest das Buch des Lebens bzw. der Lebenden, aber auch bereits pränatal geführte Tagebücher aller Menschenkinder (Ps 139,16) oder die erschreckenden bzw. erfreulichen menschlichen Werkverzeichnisse (Dan 7,10; Jes 65,6; Offb 20,12).[44]

Immer wieder wurden auch Verstorbene als Lesende dargestellt. Berühmt ist etwa das Grabmal der Eleonore von Aquitanien (1124–1204) – Herzogin von Aquitanien, Königin von Frankreich, Königin von England und eine der einflussreichsten Frauen des Mittelalters. In der Abtei Fontevrault wurde sie neben ihrem Mann Heinrich II. und ihrem Sohn Richard Löwenherz bestattet. Die Grabplatte zeigt die Herzogin lesend mit einem Buch in beiden Händen.[45]

---

43 bT Avodah Zarah 3b.

44 Vgl. Frettlöh, Buch des Lebens.

45 Bilder dieser Grabplatte sind im Internet vielfach zu greifen.

Wenn Gott liest und Verstorbene als Lesende dargestellt werden, dann drückt das die eschatologische Hoffnung auf eine Gott-menschliche Lesegemeinschaft aus, eine nochmals ganz andere und pointierte Art *gemeinsamen Lesens* (und vor allem ein anderes Bild vom „Himmel" als einer Gemeinschaft der mehr oder weniger lustvoll auf einzelnen Wölkchen „Halleluja" singenden Menschen). Es bleibt die Hoffnung, dass auch das letzte und ewige Lesen gerade kein einsames sein möge, sondern in eine lektorale Gemeinschaft führt. Vielleicht ist dies aber auch nur die Phantasie eines Liebhabers des Lesens – gewidmet einem Lese-Freund, dem ich unzählige Entdeckungen christlicher Spiritualität verdanke.

Literatur

Andersch, Alfred, Sansibar oder der letzte Grund. Roman, Zürich 2012 [1957].

Auerbach, Erich, Mimesis. Dargestellte Wirklichkeit in der abendländischen Kultur, Bern 1946.

Bhabha, Homi K., Die Verortung der Kultur, mit einem Vorwort von Elisabeth Bronfen (Stauffenburg Discussion 5), Tübingen 2000.

Blohm, Johannes, „Die dritte Weise". Zur Zellenbildung in der Gemeinde. Betrachtungen und Überlegungen zur Hauskreisarbeit unter Zugrundelegung einer empirischen Erhebung (CThM.PT 18), Stuttgart 1992.

Deeg, Alexander, Neue Speisen am Tisch des Wortes. Zehn Thesen zur evangelischen Perikopenrevision und ihren liturgischen Implikationen, in: JLH 57 (2018), 11–40.

–, The (Un)Making of the ‚Holy' Bible. Praktisch-theologische Beobachtungen und Fragen in enzyklopädischer Perspektive, in: Christoph Landmesser / Andreas Schüle (Hg.), Eigenanspruch – Geltung – Rezeption. „Heilige Texte" in der Bibel (ABG 72), Leipzig 2023, 226–249.

–, Vom Lesen der Heiligen Schrift oder: Wie Bibel-Lese-Lust verloren geht und neu gewonnen werden kann, in: LuThK 39 (2015), 105–128.

Frettlöh, Magdalene M., Buch des Lebens. Zur Identifikation und vieldeutigen Aktualität einer biblischen Metapher, in: dies., Worte sind Lebensmittel. Kirchlich-theologische Alltagskost (Erev-Rav Hefte. Biblische Erkundungen 8), Wittingen 2007, 147–160.

Geis, Robert Raphael (1906–1972), Leiden an der Unerlöstheit der Welt. Briefe, Reden, Aufsätze, hg. von Dietrich Goldschmidt in Zusammenarbeit mit Ingrid Ueberschär, München 1984.

González, Justo L., The Bible in the Early Church, Grand Rapids (MI) u. a. 2022.

Grethlein, Christian, Was gilt in der Kirche? Perikopenrevision als Beitrag zur Kirchenreform, Leipzig 2013.

Hall, Stuart, Ideologie – Identität – Repräsentation. Ausgewählte Schriften 4, hg. von Juha Koivisto und Andreas Merkens, Hamburg 2004.

Heilmann, Jan, Lesen in Antike und frühem Christentum. Kulturgeschichtliche, philologische sowie kognitionswissenschaftliche Perspektiven und deren Bedeutung für die neutestamentliche Exegese (TANZ 66), Tübingen 2021.

Heine, Heinrich, Sämtliche Werke, hg. von Hans Kaufmann, Bd. 13, München 1964.

Herbst, Michael, Art. Hauskirche/Hauskreise, in: RGG[4] Bd. 3, 1482.

Hofmann, Frank, Martin Luther als Vater der Hauskreis-Idee? Kritische Anmerkungen zu einer evangelikalen Inanspruchnahme des Reformators, in: Luther 75 (2004), 150–157.

Illich, Ivan, Im Weinberg des Textes. Als das Schriftbild der Moderne entstand. Ein Kommentar zu Hugos Didascalion, aus dem Englischen übertragen von Ylva Eriksson-Kuchenbuch, München 2010.

Leipziger, Jonas, Lesepraktiken im antiken Judentum. Rezeptionsakte, Materialität und Schriftgebrauch, Berlin u. a. 2021.

Manguel, Alberto, Eine Geschichte des Lesens, aus dem Englischen von Chris Hirte, Frankfurt a. M. [3]2018.

Markschies, Christoph, Liturgisches Lesen und die Hermeneutik der Schrift, in: Peter Gemeinhardt / Uwe Kühneweg (Hg.), Patristica et Oecumenica (FS Wolfgang A. Bienert) (MThSt 85), Marburg 2004, 77–88.

Meyer, Dietrich, Bibellese und Stille Zeit, in: Zimmerling (Hg.), Handbuch, Bd. 3, 476–480.

–, Die Herrnhuter Losungen, in: Zimmerling (Hg.), Handbuch, Bd. 3, 481–493.

Nicol, Martin, Meditation bei Luther, Göttingen [2]1991.

Petschnigg, Edith, Biblische Freundschaft. Jüdisch-christliche Basisinitiativen in Deutschland und Österreich nach 1945 (SKI.NF 12), Leipzig 2018.

Popp, Thomas / Wolf, Michael, Bibelbezogen und biografienah. Hauskreise als Erfahrungsräume evangelischer Spiritualität, in: Zimmerling (Hg.), Handbuch, Bd. 3, 101–115.

Rosa, Hartmut, Resonanz. Eine Soziologie der Weltbeziehung, Berlin 2018.

Wick, Peter, Die urchristlichen Gottesdienste. Entstehung und Entwicklung im Rahmen der frühjüdischen Tempel-, Synagogen- und Hausfrömmigkeit (BWANT 150), Stuttgart 2003.

Zimmerling, Peter, Das Handbuch Evangelische Spiritualität. Idee und Vorgeschichte, in: ders. (Hg.), Handbuch, Bd. 1, Göttingen 2017, 15–21.

–, (Hg.), Handbuch Evangelische Spiritualität, Bd. 3: Praxis, Göttingen 2020.

Imaginationen und Praktiken der Gemeinschaft von Pilgernden – Explorationen in Kirchen im ostdeutschen ländlichen Raum

Von Kerstin Menzel

1 „Etwas, was man […] auswerten müsste": Gemeinschaft in Pilgerbüchern?

> „[D]as sind schätzungsweise fünfhundert oder inzwischen auch mehr Pilger, die jeden Sommer hier durch die Gegend ziehen und fast alle gucken in die Kirchen […]. Wir haben Gästebücher in den Kirchen liegen und […] immer, wenn ich in die Kirchen komme, sind neue Eintragungen. Was die Pilger da rein schreiben, das ist faszinierend, ja aus welchen Gründen sie pilgern, was sie gerade für Erfahrungen gemacht haben, und ob die Schuhsohle gerade durch ist oder die Schmerzen an den Füßen groß sind oder ich bin auf dem Weg für den und den Freund, der verstorben ist. Das habe ich mir vorgenommen, darum bin ich hier in der Kirche und halt meine Andacht hier so. Das ist ganz toll, ne. Das ist ähm etwas, was man […] eigentlich in gewisser Weise auswerten müsste, äh weil da ja eine, eine, eine ganz breite äh Vielfalt von religiösen Erfahrungen auch mit aufgeschrieben wird. Das ist ja etwas, was ähm nicht einfach in den Raum gesprochen wird und dann vermutlich weg ist, also das wird aufgeschrieben. […] Und alle, die in die Kirche kommen, lesen das auch, was andere geschrieben haben, und nehmen davon wieder etwas mit. Also es ist ja im Grunde genommen auch so ein Buch des Gedankenaustausches geworden, wo Pilger und sicherlich auch andere Besucher etwas einschreiben und ich, ich kann davon wieder ein Stückchen zehren, also das nehm ich auf, diese, diese Offenheit der Menschen. Klasse ist das." (Interview Pfr. Weber, 1422–1449)

In gewisser Weise folge ich mit diesem Aufsatz einer Spur, die einer der Pfarrer, die ich für meine Dissertation vor gut zehn Jahren interviewt habe, gelegt hat. Gemeinschaft in langfristigen, lebensweltbezogenen Gruppen, aber auch in Gruppen passagerer und projektförmiger Weise ist die Leitperspektive seines pastoralen Selbstverständnisses.[1] Sie entsteht situativ und ist in seinem Verständnis immer religiös-spirituell fundiert, wird angeregt von biblischen Texten oder religiösen Praktiken und Erfahrungen. Er selbst ist Teil dieser Gemeinschaft und gewinnt aus ihr berufliche

[1] Vgl. hierzu ausführlich: Menzel, Kleine Zahlen, 375–379, und dies., Bildungsprozesse, 97–99.

Zufriedenheit und religiöse Erfüllung. Das Bild der Gemeinschaft, die asynchron durch ein Gästebuch in einer brandenburgischen Dorfkirche entstehen kann, hat mich seitdem nicht losgelassen.

Im Rahmen der Forschung zu veränderter Nutzung von Kirchengebäuden im Kontext der Forschungsgruppe „Sakralraumtransformation" begegnete mir das Thema Pilgern und Gemeinschaft erneut: In einem Gespräch sagte der Pilgerbeauftragte einer von uns untersuchten Kirche, Pilgern sei Seelsorge in dreierlei Hinsicht: Herbergseltern sorgen sich um die Pilger, Pilger sorgen sich um die Gastgebenden und die Pilger sorgen sich umeinander. Pilgernde seien eine „eingeschworene Gemeinschaft".

Wie lässt sich diese Gemeinschaft jedoch näher beschreiben? Mit welchen Praktiken ist sie verbunden? Und manifestiert sie sich vielleicht auch jenseits der konkreten zwischenmenschlichen Begegnung, asynchron und translokal? Diesen Fragen will ich anhand von Eintragungen in Gästebüchern nachgehen, die wir in zwei der im Rahmen der Forschungsgruppe untersuchten Kirchen im mitteldeutschen Raum dokumentiert haben. Dabei ist klar: Diese Gemeinschaft ist eng verbunden mit den körperlichen und naturräumlichen Erfahrungen des Pilgerns, die sich, mit Peter Zimmerling, auf dem Hintergrund postmoderner Beziehungs-, Berufs-, Technik- und Alltagserfahrung als Suche nach im Alltag unterrepräsentierten Dimensionen verstehen lässt.[2] Sie ist auch situiert im Kirchenraum, schlägt sich nieder in den Büchern, die dort ausliegen. „Und alle, die in die Kirche kommen, lesen das auch, was andere geschrieben haben, und nehmen davon wieder etwas mit. Also es ist ja im Grunde genommen auch so ein Buch des Gedankenaustausches geworden.", hieß es im eingangs wiedergegebenen Zitat. Ich verstehe diese Bücher selbst als Medium einer interaktiven, gemeinschaftsbezogenen Praxis, was ich im Blick auf das Material noch genauer erläutern werde.

Nach einführenden Bemerkungen zu gegenwärtigen Tendenzen der Gemeinschaftsbildung in der soziologischen und praktisch-theologischen Forschung (1.) werde ich einige Ergebnisse der Pilgerforschung zu diesem Aspekt skizzieren (2.). Die Analyse der Gästebücher im Blick auf Praktiken und Imaginationen von Gemeinschaft (3.) schließe ich mit einigen Beobachtungen zur Rolle des Kirchenraums (4.).

2 Passagere Gemeinschaft – an konkreten Orten

Die Gemeinschaft wandelt sich. Diese Diagnose wird von der Soziologie im Blick auf die Gesellschaft und in der Theologie im Blick auf die Religion einhellig vertreten. So dominieren Andreas Reckwitz zufolge im Zeitalter der Singularisierung (außer den antimodernistischen

2 Zimmerling, Evangelische Spiritualität, 263–269, hier 267. Vgl. hierzu aus soziologischer Perspektive Pott, Die Raumordnung des Tourismus.

Neogemeinschaften) „partikularistische und temporäre Formen des Sozialen", etwa „ästhetische oder hermeneutische Wahlgemeinschaften mit sehr spezifischen Interessen oder Weltbildern", also „Szenen, politischen Subkulturen und Freizeit- wie Konsum-Communities […] als ästhetische oder hermeneutische Wahlgemeinschaften".[3] Diese Diagnose der Partikularisierung, der Kulturalisierung und der Affektintensivierung von Gemeinschaft gilt ihm zufolge auch im Feld der Religion, deren gegenwärtige Formen sich durch „eine gemeinsame kulturelle Praxis und ein intensives subjektives Erleben" auszeichnen.[4]

Auch für Ronald Hitzler und andere sind Gemeinschaften heute „posttraditional", und das bedeutet auch hier freiwillig, zeitlich begrenzt und vorläufig, sowie ästhetisch und affektiv fundiert.[5] Als solche ist Gemeinschaft immer mit der Idee ihrer selbst verbunden: Sie existiert „nur durch den und im *Glauben* an ihre Existenz; sie besitzt nur Autorität, weil ihr und solange ihr Autorität *zugestanden* wird."[6]

Auch in der Praktischen Theologie werden passagere und fluide Formen von Gemeinschaft schon seit längerem in den Blick genommen. Kristian Fechtner etwa bemüht sich angesichts spätmoderner Differenzierung und Fragmentierung der Lebenswelten um die Weitung des Gemeindebegriffs jenseits des „Familienmythos".[7] Neben „personale Interaktion", die auch punktuell und auf gemeinsame Interessen begrenzt sein kann, tritt bei ihm als zweites Kennzeichen der „konkrete Ortsbezug".[8] Mit Bernhard Waldenfels hält er fest, dass eine „konkret-gegenständliche Örtlichkeit" wesentlich ist, „weil sie […] als gelebter Raum für die einzelne, den einzelnen zu einem ‚signifikanten Ort' werden kann, zu einem Ort, der mit solchen Erfahrungen und Erinnerungen gefüllt ist, denen gleichsam identitätsbildende Kraft zukommen kann."[9]

Eine Vielfalt von Räumen und Sozialformen kirchlicher Gemeinschaft im Kontext einer mobilen Gesellschaft ist etwa auch bei Ulrike Bittner im Blick, die Chats und Foren, Kleingruppen und Events untersucht.[10] Ein weiteres Beispiel ist das größere Forschungsprojekt „Gemeinde auf Zeit", das auf Anregung der bayrischen Landeskirche in drei Dissertationsprojekten Kirche im Kontext von Reisen, Großchorprojekten und besonderen Gottesdienstformaten auf

3 Reckwitz, Die Gesellschaft der Singularitäten, 10.

4 A. a. O., 410. Vgl. zu einer Auseinandersetzung mit Gemeinschaft als mittlerer Transzendenz in der ostdeutschen Gesellschaft und im Kontext der Singularisierung, Menzel, Pluralität von Bindung.

5 Hitzler / Honer / Pfadenhauer, Zur Einleitung, 12f.

6 A. a. O., 12 (Hervorhebungen im Original), vgl. 18.

7 Fechtner, Späte Zeit der Volkskirche, 94f.

8 A. a. O., 96f.

9 A. a. O., 99, unter Bezug auf Waldenfels, In den Netzen der Lebenswelt, 209.

10 Bittner, Eine Untersuchung der evangelischen Kirche als Gemeinschaft.

ihre Gemeindeförmigkeit erkundete.[11] Auch hier wird die Örtlichkeit als wesentlicher Aspekt der Vergemeinschaftung betont:

> „Die Beteiligten gestalten und inszenieren soziale, kommunikative und religiöse Räume, die in ‚Szenerien' (Bernhard Waldenfels) zur Darstellung kommen. Zugleich ist auch Gemeinden auf Zeit eine konkrete Örtlichkeit eigen; als festliches Ereignis oder als Pilgerweg, als gottesdienstliche Feier oder fokussiert auf eine Tourismuskirche sind sie ortsbezogen."[12]

Fluide und vergänglich, aber zugleich konkret verortet und in der Bindungskraft nicht zu unterschätzen. So stellen sich Gemeinschaften heute dar. Das gilt auch für Gemeinschaft, die im Kontext des Pilgerns entsteht.

3 Zwischen *Communitas* und Konflikt – Gemeinschaft in der Pilgerforschung

Praktisch-theologische, religionswissenschaftliche und religionssoziologische Forschung zu gegenwärtigem Pilgern[13] entwickelt sich parallel zu den steigenden Zahlen registrierter Pilger:innen auf dem Jakobsweg seit Ende der 1990er Jahre.[14] Die Frage, ob es sich um ein religiöses Phänomen handelt, wurde dabei differenziert im Blick auf unterschiedliche Typen von Pilgermotiven oder unterschiedlich im Blick auf das jeweils zugrunde gelegte Religionsverständnis beantwortet. Fest steht: Pilgern als Ausdruck expliziter Religiosität trifft nur für einen Teil der Pilgernden zu, biografische Motive spielen eine wesentliche Rolle.[15]

---

11 Vgl. zusammenfassend Bubmann / Fechtner / Merzyn / Nitsche / Weyel (Hg.), Gemeinde auf Zeit.

12 A. a. O., 14. Digitale Räume werden hier aufgrund fehlender personaler Präsenz vorerst ausgeschlossen (a. a. O., 12), was sich nach den Diskussionen der Corona-Pandemie wohl anders darstellen würde.

13 Für einen Forschungsüberblick vgl. Schwaderer, Pilgern; Lienau, Der erforschte Pilger; Gamper, Pilgern und soziale Gemeinschaften.

14 Für Deutschland ist das Buch von Hape Kerkeling ein wichtiger Verstärker, vgl. u. a. Heiser / Kurrat, Pilgern, 136. Der erste Jakobsweg in Deutschland wurde bereits 1992 wieder eingerichtet, vgl. Antz, Spirituelle Reisen, 22. Vgl. auch die Übersicht bei Lienau, Sich fremd gehen, 78–86, die weiteren Beiträge in Antz / Bartsch / Hofmeister (Hg.), „Ich bin dann mal auf dem Weg!", sowie Gach, Pilgern als alternative Reiseform. Ein Verzeichnis vieler Pilgerwege findet sich etwa hier: http://www.pilgerweg.de/index.html (abgerufen am 26.02.2023).

15 Vgl. etwa Heiser / Kurrat, Pilgern, 156: „Eine biografische Ausnahmesituation als Auslöser, eine spezifische Form außeralltäglicher Askese, ein fortwährender Transzendenzbezug, eine hohe Bedeutung eopchenübergreifender Communitas, traditionales Handeln und der Vollzug von Ritualen – die im vorliegenden Beitrag diskutierten empirischen Daten und ihre religionssoziologische

Besonders Markus Gamper und Julia Reuter haben unter Rückgriff auf Émile Durkheims Überlegungen zur integrativen Kraft religiöser Erfahrung und das Konzept posttraditionaler Gemeinschaft darauf hingewiesen, dass die Pilgerrealität eine kollektive Dimension hat:

> „Während neuere religionssoziologische Theorie und einzelne Wanderstudien den Pilger häufig als Einzelgänger in Gestalt des individualisierten Sinnsuchers konzeptualisieren, zeigen kleinere qualitative Studien, dass es neben der Außeralltäglichkeit des Urlaubs und der körperlichen Grenzerfahrung des Langstreckenwanderns vor allem die ‚unspezifische Suche nach (Selbst-)Veränderung' und die ‚authentischen' Begegnungen und sozialen Kontakte mit anderen Pilgern sind, die beim Pilgern eine besondere Rolle spielen. Sie werden nicht selten auch als spirituelle Erfahrung gedeutet. Es wird behauptet, dass die Erfahrung der Einheit in der Differenz ein unsichtbares Band zwischen den Pilgern knüpft."[16]

Diese Begegnungen ergeben sich oft spontan auf dem Weg, bleiben dann aber stabil, wenngleich sie den Tag über in großer Freiheit gestaltet werden (etwa in getrenntem Laufen, aber Verabredungen für Pausen oder in der Herberge)[17] und nach dem Ende des Pilgerwegs meistens nicht (lange) fortgesetzt werden.[18] Die Gemeinschaft wird, so Gamper und Reuter, „kommunikativ konstruiert", „sinnlich erlebt"[19] und „konstituiert sich [...] durch den körperlich-ästhetischen Vollzug von symptomatischen Zeichen, Symbolen und Ritualen".[20] Grundsätzlich unterscheiden Gamper und Reuter aufgrund ihrer Untersuchungen typologisch den „spirituellen Pilger", den „religiösen Pilger", den „Sportpilger", den „Abenteuer- und Spaßpilger" und den „kultur- und landschaftsinteressierten ‚Urlaubspilger'".[21] Der Typus des „religiösen Pilgers", dessen Motivation der Ausdruck des eigenen Glaubens ist, reist häufiger in größeren, kirchlich organisierten Gruppen,[22] während der „spirituelle Pilger", eher auf der religiösen Suche, zumeist allein reist, die Gemeinschaft aber durchaus zu schätzen weiß:

Interpretation deuten darauf hin, dass es sich bei einer Pilgerschaft um ein *religiöses* Handlungsformat handelt. Allerdings sind genuin religiöse Motive nur bei den wenigsten unmittelbarer Auslöser ihrer Pilgerschaft. Vielmehr sind es individuelle biografische Gegebenheiten [...]."

16 Gamper, Pilgern und soziale Gemeinschaften, 123.

17 A. a. O., 129f.

18 A. a. O., 131f.

19 Gamper / Reuter, Sinnsuche per pedes, 166.

20 A. a. O., 167, vgl. insgesamt 165–168.

21 Gamper / Reuter, Pilgern als spirituelle Selbstfindung oder religiöse Pflicht?, 225.

22 A. a. O., 225.

> „[...] [E]s ist die Ungebundenheit und Überschaubarkeit der Beziehungen untereinander, die für den Pilger dabei zählen. Nichtsdestotrotz ist diese ‚zwanglose Gemeinschaftsatmosphäre' der Gesprächskultur untereinander durchaus zuträglich [...]: Sie hilft, sich zu öffnen und sich ohne großes ‚Drumherum' über die ‚großen Sinnfragen' auszutauschen; mehr noch: Die Begegnungen mit anderen Pilgern wurden selbst auf ihre Einmaligkeit und Besonderheit hin gedeutet. Auf die Frage nach der Bedeutung der Pilgergemeinschaft betonten viele der Pilger die besondere ‚spirituelle Atmosphäre', die ‚Authentizität der Menschen' auf dem Weg, ihre ‚so noch nie erfahrene Hilfsbereitschaft' und ‚Unvoreingenommenheit', die den Jakobsweg auch zu einem einzigartigen Gemeinschaftserlebnis mache."[23]

In anderen Studien wird die entstehende Gemeinschaft mit Turners *communitas*[24] gefasst: So halten Patrick Heiser und Christian Kurrat fest, dass sich zwischen gemeinsam Wandernden oder in Herbergen sehr schnell und sehr intensiv eine „synchrone *Communitas*" entwickle. Pilgernde seien an vielen Stellen – praktisch, aber auch im Blick auf psychische Herausforderungen – aufeinander angewiesen, um den Weg erfolgreich zu bewältigen, aber auch die geteilte Erfahrung sorge für einen schnellen Einstieg in die Kommunikation.[25]

> „In und vor Pilgerherbergen lässt sich daher gut beobachten, dass der Beginn annähernd jedes Pilgergesprächs um die drei Fragen kreist: Woher kommst du? Wohin willst du morgen gehen? Wie viele Blasen hast du an den Füßen?"[26]

Andererseits beschreiben die beiden Autoren auch eine „diachrone *Communitas*", die sich sowohl auf die Vergangenheit bezieht (Orte, an denen schon viele Pilger:innen vorher waren) als auch auf die Zukunft (Botschaften an Nachkommende, Devotionalienstände, an denen sich Andenken und nicht mehr benötigte Ausrüstungsgegenstände sammeln oder die von anderen Pilgern niedergelegten Steine am *Cruz de Ferro*).[27]

---

23 A. a. O., 223f.

24 Dieser beschreibt diese ja gerade anhand des Phänomens Pilgern, vgl. Turner / Turner, Image and Pilgrimage.

25 Heiser / Kurrat, Pilgern, 154. Auch Lienau beschreibt die „tiefe Vertrautheit", die durch „den gleichen Erfahrungskontext" sowie die in reduzierter Intimsphäre sich ergebende körperliche Nähe entstehe, Lienau, Sich fremd gehen, 150.

26 Heiser / Kurrat, Pilgern, 154.

27 A. a. O., 155f. Vgl. zu Turner auch Schwaderer, Pilgern, 101–103, sowie die Zitate bei Haab, Weg und Wandlung, 121ff.

Gegenüber idealisierten Bildern einer solchen *communitas* betont Megan E. Harvard in Filmen, Reiseberichten und Interviews zu findende Konkurrenz, Abgrenzungen unter unterschiedlichen Gruppen von Pilger:innen, Konflikte zwischen gemeinsam pilgernden Paaren oder Freund:innen.[28] Gerade die Nähe und die fehlenden Distanzierungsmöglichkeiten verstärkten solche Konflikte im liminoiden Raum des Pilgerns.[29] Nicht nur diese sich auf dem Pilgerweg selbst formende Gemeinschaft wird von der Forschung betrachtet, sondern auch die sozialen Dynamiken unter gemeinsam Reisenden, was ich hier jedoch zurückstelle.[30]

Was lässt sich zusammenfassend beobachten? In der Forschung zum Pilgern stehen vor allem real erlebte Formen von Gemeinschaft unter Pilgernden im Zentrum. Wie aber lässt sich die im eingangs zitierten Interviewausschnitt vorgestellte indirekte Gemeinschaft beschreiben, die nicht unbedingt synchron, sondern zeitversetzt stattfindet und auf einer vorgestellten Verbindung beruht? Welche andere Formen von Gemeinschaft könnten eine Rolle spielen? Des Weiteren spielen die Kirchengebäude in der Pilgerforschung nur am Rande eine Rolle.[31] Inwiefern tragen sie zur Vergemeinschaftung bei? Welche Funktion können sie im Kontext der Gemeinschaft der Pilgernden übernehmen? Zur Beantwortung dieser Fragen sollen im Folgenden Gästebücher aus zwei als Pilgerkirche ausgewiesenen Kirchen analysiert werden.

4 Imaginationen und Praktiken der Gemeinschaft

4.1 Zum Untersuchungskontext

Der *Ökumenische Pilgerweg Görlitz – Vacha*, folgt der mittelalterlichen Handelsstraße Via Regia mit Stationen etwa in Bautzen, Wurzen, Leipzig, Merseburg, Naumburg, Erfurt und Eisenach und wurde 2002/03 auf Initiative von Esther Zeiher etabliert, die während ihres Religionspädagogik-Studiums Hintergründe und Wegverlauf recherchiert hatte und mit Förderung der Robert-Bosch-Stiftung ein Jahr lang eine Stelle im Landesjugendpfarramt Sachsens zum Projektanschub innehatte. Der Weg wird betreut vom Verein Ökumenischer Pilgerweg e. V. und 150 ehrenamtlichen Wegbetreuer:innen und Herbergseltern.[32]

---

28 Havard, When Brother Becomes Other.

29 A. a. O., 90.

30 Vgl. etwa Haab, Weg und Wandlung, 124–126; Jenkins, Walking the Way Together.

31 Vgl. etwa Hofmeister, Offene Kirchen am Weg.

32 https://www.oekumenischer-pilgerweg.de/verstehen/interview.html (abgerufen am 27.02.2023). Etwa zeitgleich entstand der Pilgerweg zwischen Loccum und Volkenroda, in derselben Region einige Jahre später der Lutherweg, vgl. Steinhäuser, Pilgern auf dem Lutherweg. Lienau, Sich fremd gehen, 83, schätzt den „Ökumenischen Pilgerweg" als einen der größten Jakobswege in Deutschland ein.

Beide hier verhandelten Kirchen sind im Pilgerführer des Ökumenischen Pilgerwegs verzeichnet.[33]

Die erste Kirche ist Rastplatz und Herberge zugleich: Die *Neumarktkirche St. Thomae Cantuarensis in Merseburg*, eine zwar mehrfach umgebaute, aber in der Raumwirkung heute weitgehend wiederhergestellte romanische Kreuzbasilika aus dem 12. Jahrhundert, 1973 in der gottesdienstlichen Nutzung aufgegeben.

Immer wieder die Kirche erreichendes Hochwasser führte dazu, dass der Fußboden um zwei Meter aufgeschüttet wurde. Sie wurde dann an die Stadt verpachtet und zur Lagerung von zur Devisenbeschaffung zu verkaufenden Kunstwerken genutzt, aufgrund eines Dachschadens war sie 1989 in der Bausubstanz jedoch stark beschädigt. In den 1990er Jahren wurde die Kirche „ausgegraben" und saniert, die fehlende Ausstattung wurde durch große, zeitgenössische Werke ersetzt (etwa ein Kruzifix oder eine Kreuzigungsgruppe). Heute wird die Kirche vor allem für besondere Gottesdienste und Konzerte genutzt, seit der Pandemie ist sie täglich geöffnet.

Auf der Empore ist eine Pilgerherberge mit einfachen Liegen, Tisch, Stühlen, Bücherregal sowie Toiletten und Waschmöglichkeit eingerichtet. Die Pilger erhalten dafür unkompliziert den Kirchenschlüssel im Pfarramt oder über einen der Verantwortlichen. In den letzten Jahren haben etwa 160 Pilger pro Jahr in der Kirche übernachtet. Sowohl im Kirchenraum selbst als auch auf der Empore finden sich Gästebücher, in die sich Besucher:innen und Pilger:innen eintragen können.

Die zweite Kirche, die *Marienkirche Horburg*, ein Bau des 13. Jahrhunderts in einem Dorf am Rande der Auenlandschaft zwischen Elster, Luppe und Saale, etwa sechs Kilometer westlich der Leipziger Stadtgrenze, ist nur Rastplatz. Von hier nach Merseburg sind es etwa 16 Kilometer. Seit ca. 2011 wird die Kirche nicht nur von der Gemeinde, sondern auch vom „Freundeskreis Horburger Madonna e. V." genutzt.

Dieser Verein gründete sich im Blick auf die Marienfigur in der Kirche, die dem Naumburger Meister zugeschrieben wird. Neben der gemeindlichen und gottesdienstlichen Nutzung hat der Verein die Geschichte der Kirche als Pilgerzentrum, in dessen Zentrum die „weinende Madonna" stand, mit der sich wiederbelebenden touristischen Infrastruktur verknüpft, bietet kunstgeschichtlich fokussierte Führungen für Reisegruppen und Schulklassen an.

Mindestens 650 Einzel-Pilger:innen haben nach Auskunft des Vereins vor der Corona-Pandemie jährlich die Kirche besucht. Monatlich wurde vor der Pandemie ein Pilgercafé angeboten, das etwa 40 bis 50 Personen aus der Umgebung und überregional erreichte. Zum Programm gehören weitere kirchenpädagogische Angebote für Kinder sowie (partizipative) Konzerte, Theateraufführungen, Bastelnachmittage, Lesenächte u. ä. mit Kindern und Familien als

[33] Der Ökumenische Pilgerweg, 88–90.

Hauptzielgruppe. Die Kirche ist tagsüber geöffnet. Das Gästebuch liegt hier auf dem Lesepult im Altarraum mit Blickrichtung in die Gemeinde, an einem Band hängt eine Jakobsmuschel und neben ihm liegt der Pilgerstempel.[34]

4.2 Digitale Gemeinschaft

Im Hintergrund der Kommunikation vor Ort stehen zum einen gelegentliche Treffen von Gastgebenden und Wegbereiter:innen und von Pilgernden, zum anderen eine digitale Vernetzung, die sprachlich und inhaltlich vielfältig mit den Kommunikationen in den Gästebüchern verknüpft ist.

Bereits hier, im digitalen Feld wird greifbar, dass es sich bei dem hier analysierten Phänomen um eine „deterritoriale Vergemeinschaftung" handelt, die Andreas Hepp im Blick auf den medialen Wandel, in Abgrenzung zum Begriff „virtuelle Gemeinschaft", mit folgenden Kriterien bestimmt:[35]

1. „Netzwerke lokaler Gruppen": Solche lokalen Knotenpunkte bilden die Vereine, die miteinander vernetzten Gastgeber:innen sowie die Gruppen von gemeinsam Pilgernden, die sich unter anderem digital koordinieren.

2. „Translokaler Sinnhorizont", der durch personale oder Massenkommunikation vermittelt wird: Im Zentrum steht das Pilgern selbst, das sich als Praxis in personaler Kommunikation vollzieht, aber auch durch Bücher, Websites und Filme geprägt wird.

3. „Deterritoriale Erstreckung": Diese wird in den Gästebüchern und den sozialen Medien durch genannte Orte in Deutschland und darüber hinaus greifbar.

Die öffentliche[36] Facebook-Gruppe „Ökumenischer Pilgerweg von Görlitz nach Vacha – Via Regia", erstellt im Dezember 2017, hat im Februar 2022 1036 Mitglieder. Neue Mitglieder werden in kleineren Blöcken namentlich begrüßt und eingeführt. Außerdem werden Veranstaltungshinweise, etwa auf das Jahrestreffen, gepostet. Vor allem besteht die Kommunikation

---

34 Vgl. ausführlicher Menzel, Einrichten ist Aneignen.

35 Zum Folgenden Hepp, Medienkommunikation, 133f. Die Gemeinschaft der Pilgernden bewegt sich dabei zwischen einer populärkulturellen und einer religiösen Vergemeinschaftung, a. a. O., 136–138. 141–144, bes. 142f.

36 Alle Beiträge sind auch ohne Mitgliedschaft zugänglich.

jedoch aus konkreten Anfragen, etwa zu Kartenmaterial, Unterkünften, Fotos von bestimmten Punkten, sowie Nachrichten, die zum Austausch einladen, etwa nach der Herkunft der Mitglieder, aktuellen Plänen zum Pilgern und möglichen Verabredungen, dem Teilen von konkreten Erlebnissen mit einer Frage nach ähnlichen Erfahrungen oder dem Ausblick auf Reiseberichte im öffentlichen Rahmen. Unter fast allen Beiträgen finden sich Interaktionen, d. h. sowohl Emojis als auch Kommentare. Die hilfsbereite, freundliche und wertschätzende Kommunikation fällt gegenüber anderen Kommunikationskontexten auf Facebook deutlich auf.

In den sozialen Medien stellt sich die Gemeinschaft also zunächst als Hilfs-, Lern- und Erinnerungsgemeinschaft dar und zeigt eine enge Verwobenheit von individuellen Pilgerwegen mit Online-Vernetzung. Neben der Facebook-Gruppe gibt es auf der Website des Ökumenischen Pilgerwegs auch ein internes Forum, eine „Mit-Geh-Zentrale" sowie ein digitales Gästebuch. Auch Informationen und geistliche Impulse (Lieder und geistliche Worte als Brevier) werden digital vermittelt angeboten.

4.3 Imaginationen und Praktiken: Zum Material

Bevor ich ins Material einsteige, zunächst einige methodische Vorbemerkungen. Die Auswertung von Gästebüchern ist im Rahmen der Besucher- und Rezeptionsforschung bereits seit etlichen Jahren eingeführt. Im musealen Kontext werden Gästebücher als interaktiver Teil der Ausstellung selbst hervorgehoben, welche den Besucher:innen die Möglichkeit geben, sich und ihre Perspektiven in die Ausstellung einzuschreiben.[37] Als „partizipativer Erinnerungsraum" geben sie die Möglichkeit, sowohl mit anderen Gästen als auch mit den Kurator:innen in einen begrenzten Austausch zu gehen.[38] Gästebücher entstehen nicht wie Interviews o.ä. im Kontext der empirischen Forschung, sondern sind natürliche Daten, wobei die Rahmung dessen, was für ein solches Buch angemessen erscheint, jeweils kulturell geprägt ist und die Schreibenden unterschiedliche Rollen spielen (etwa die „konforme Bürgerin", der „höfliche Gast" oder ein „eigensinniges Individuum").[39] Auch für die Gästebücher in Kirchen sind solche Konventionen und Performanzen in Rechnung zu stellen.[40]

---

37 Macdonald, Accessing audiences, 121.

38 Krüger, Gästebücher einer Ausstellung, 154.158.

39 Macdonald, Accessing audiences, 122 (Übersetzung K. M.). Vgl. auch Körs, Gesellschaftliche Bedeutung, 384f.

40 Gross, Wahrnehmung von Kirchenräumen, 98, verweist etwa auf den Einfluss der Positionierung des Buches, auf die Intimität und Gebetsförmigkeit der Einträge.

Praktisch-theologisch und religionspädagogisch wurden Anliegen- und Fürbittbücher in Kirchen schon vielfach rezipiert.[41] Kathrin Sauer analysiert in ihrer Studie zu christlichen Reisen, Radwegekirchen und Gottesdiensten im Grünen unter anderem Anliegenbücher aus vier Radwegekirchen. Sie versteht die Anliegenbücher durchaus auch als eine sich vollziehende Schreib-, Lese- und Gebetsgemeinschaft, lehnt jedoch den Begriff der Gemeinde für dieses Phänomen ab, weil die Begegnungen vor Ort – wie sie in ihren Interviews herausarbeitet – eher selten stattfinden und „[d]ie gemeinsame Präsenz vor Ort und eine Interaktion fehlen."[42] Letzteres stellt sich mir im Blick auf die hier analysierten Bücher anders dar, was vor allem am spezifischen Kontext der Wegekirche liegen mag (Fahrradtourismus statt Pilgern).

Grundlage der Analyse sind mehrere Gästebücher aus den o. g. Kirchen, etwa im Zeitraum 2018 (Merseburg) bzw. 2019 (Horburg) bis 2022. Dabei sind die Bücher, die in Merseburg auf der Empore liegen, durch längere und vertiefte Einträge gekennzeichnet gegenüber den Gästebüchern im Kirchenschiff und in der Horburger Kirche. In den letzteren finden sich dagegen deutlich häufiger Einträge regelmäßiger Besucher:innen. In allen Büchern reagieren einzelne Einträge auf andere,[43] zu beobachten sind etwa auch Stichwortverbindungen und mimetische Effekte. Zuweilen entspinnt sich wirklich ein Gespräch: „Ich kann mich den Pilgern vor mir nur anschließen. Es ist hier ein Erlebnis." (Merseburg 10/2019) oder die Ergänzung eines Eintrages „Von guten Mächten wunderbar geborgen" im nächsten durch: „erwarten wir getrost was kommen mag" (Merseburg 12/2021). Zugleich sind solche mimetischen Effekte im Material auch in Rechnung zu stellen (etwa für eine quantitative Auswertung).

Die Einträge haben unterschiedliche Sprechrichtungen. Manche haben eine tagebuchförmige Struktur, sind ganz deutlich „Medium der Selbstthematisierung":[44]

> „Ich sitze am Tisch und frühstücke und denke so über meinen Pilgerweg nach. […] Das Alleinsein war wieder meine größte Herausforderung, der ich oft nicht gewachsen bin." (Merseburg 06/2022)

Andere Einträge richten sich explizit oder implizit an nachkommende Besucher:innen, andere an die Gastgeber:innen. Außerdem finden sich auch gebetsförmige, an Gott adressierte Einträge. Zuweilen ist die Sprechrichtung, gerade zwischen Gott und den Gastgebenden, nicht einfach zu entscheiden:

---

41 Einen ausführlichen Überblick über bisherige Forschung liefert Sauer, Unterwegs, 249–261. Darüber hinaus noch die Untersuchung der Gästebücher der hannoverschen Marktkirche bei Skuljan, Kirchen geben Kunsttherapie Raum.

42 Sauer, Unterwegs, 371, vgl. 369.

43 Vgl. auch Macdonald, Accessing Audiences, 126f.

44 Vgl. auch Ponisch, Pilgerbücher, 201, sowie Sauer, Unterwegs, 317–320.

> „Schöne Augenblicke im Lichterglanz, Ruhe und Besinnung. Vielen Dank!" (Horburg 12/2020)

Die meisten, die sich eintragen, nennen ihre Vor- oder vollen Namen sowie ihren Herkunftsort, viele verorten sich auf dem Pilgerweg, den sie teilweise über mehrere Jahre in Etappen gehen[45] oder der sie gar bis Santiago führen soll. Die große Mehrzahl der Einträge ist mit Verortungen in Deutschland versehen (mit einem Schwerpunkt in der Region, aber mindestens ebenso vielen Einträgen aus ganz anderen Orten), es gibt aber auch viele Einträge aus anderen europäischen Ländern bis hin zu Grüßen aus Thailand oder Neuseeland, auch etliche fremdsprachliche Einträge.

Ich begrenze das Material hier nicht auf die Einträge, die sich eindeutig im Kontext von Pilgern verorten (wobei hier interessante Aushandlungen zu beobachten sind, wer auch als „Pilger" gelten kann), sondern nehme den durch interne Bezüge gekennzeichneten Gesprächskontext in den Gästebüchern als im Kontext von Pilgern entstandenen wahr. Die Gästebücher liegen öffentlich aus, daher ist ihre Auswertung forschungsethisch verantwortbar.[46] Dennoch habe ich Namen und Orte gekürzt oder weggelassen und nur Ergänzungen notiert, die inhaltlich bedeutsam sind. Sprachlich habe ich die Einträge nur minimal geglättet. Zumeist zitiere ich Auszüge aus längeren Einträgen, ohne das ausdrücklich durch Auslassungszeichen in eckigen Klammern zu kennzeichnen.

Inwiefern aber bieten die Bücher nun Zugang zu Praktiken? Zum einen werden diese direkt benannt und beschrieben:

> „Wir haben gegessen, gesungen (herrlicher Klang!) und gut geschlafen. Jetzt geht's noch mal zum Bäcker und in den Dom." (Merseburg 10/2018)

Weitere Beschreibungen umfassen etwa das Hören von Konzerten, während man auf der Empore im Feldbett liegt, lange abendliche Gespräche, nächtliches Aufschrecken durch unerwartete Geräusche. Zum zweiten lassen manche Einträge implizite Schlussfolgerungen auf Praktiken zu, so etwa zitierte Liedtexte auf Gesang. Zum dritten lassen sich manche Einträge selbst als Praktiken im Schreiben verstehen, so etwa Segnen, Beten, Tagebuch Schreiben.

Die Frage nach Imaginationen und Praktiken von Gemeinschaft diente mir als heuristische Linse, weshalb ich zunächst relativ weit nach Ausdrucksformen eines „Netzwerkes subjektiv

---

45 So findet sich in Horburg etwa eine Seite, wo die Einträge wesentlich aus der Nennung des Herkunftsortes, des Start- und Zielortes sowie ggf. der Etappe des mehrjährigen Pilgervorhabens besteht, s. o. zu mimetischen Effekten.

46 Vgl. Macdonald, Accessing audiences, 124.

gefühlter Zusammengehörigkeit"[47] und nach (Berichten von) direkten Interaktionen gesucht habe.

Die Ergebnisse schildere ich in drei Schritten: Zunächst beschreibe ich, wie sich Gemeinschaft zwischen Anwesenden vor Ort in den Gästebüchern niederschlägt (4.4), dann gehe ich auf Gemeinschaft ein, wie sie auch ohne Face-to-Face-Begegnung vorgestellt und praktiziert wird (4.5) und schließlich werfe ich einen Blick auf die transzendenten Dimensionen der Gemeinschaft in den Gästebüchern (4.6).

4.4 Physisch kopräsente Gemeinschaft

(1) Face-to-Face-Gemeinschaft bildet sich zunächst zwischen denen, die gemeinsam unterwegs sind. Das sind, so lässt sich aufgrund der Einträge sagen, Freund:innen, Familienmitglieder sowie Gemeindegruppen, Pilgergruppen mit religiösen (auf Initiative einer Diözese oder Gemeinde) oder politischen Anliegen (Pilgerweg für Klimagerechtigkeit). Mehrfach werden auch die Hunde erwähnt, mit denen die Übernachtenden zusammen unterwegs sind.

Abb. 1: Selbstportrait Reisegemeinschaft (Merseburg 08/2022)

[47] Vgl. Hepp, Medienkommunikation, 133.

(2) Daneben entsteht aber auch Gemeinschaft spontan in der Herberge. Dafür zwei Beispiele:

> Der Eintrag einer einzelnen Pilgerin: „7 Pilgerinnen waren wir in dieser Nacht, fanden Schlaf, Erholung, Liebe und Segen!", und mit demselben Datum von zwei Frauen: „Wir haben eine erholsame Nacht in netter Gesellschaft verbracht und konnten Kraft schöpfen." Sowie einer weiteren, die ihren Eintrag so beginnt: „Auf einem besonderen Weg gibt es besondere Begegnungen […]." (Merseburg 08/2022)

Ein zweites Beispiel:

> „B. habe ich erfolgreich eingeholt, nachdem ich seinen Pilgereintrag in S. gelesen habe, in dem er sich wünscht andere Pilger zu treffen. Allen eine gute Weiterreise! S. aus E." Und direkt im nächsten Eintrag mit demselben sDatum: „Endlich habe ich eine Gleichgesinnte getroffen! Allen Pilgern buen camino! PS. S. hat der Kaffee gefehlt." (Merseburg 09/2018)

Die am häufigsten erwähnten Praktiken dieser Gemeinschaft wurden oben schon benannt: schlafen, essen, ruhen, miteinander sprechen. Überraschend in der Häufigkeit, in der es erwähnt wird, ist das gemeinsamen Singen, das als besonders berührend erlebt wird.[48] Offenbar erweisen sich die ausgelegten Liederbücher und die Aussicht von der Empore als überaus anregend.

> „Mit fröhlichem Gesang ist es eine Wonne, die Akustik dieses Gebäudes zu nutzen. Auch an kalten Nächten erwärmend. M. und S." (Merseburg 10/2022)

> „Ansonsten war die Akustik umwerfend. Noch nie haben wir so wohl klingende Gutenachtlieder aus dem Bett gesungen!" (Merseburg 07/2018)

(3) Die Gemeinschaft in der Herberge bildet sich aber auch zwischen Pilger:innen und Gastgebenden.[49] Vielleicht ist hier Gemeinschaft an manchen Stellen ein zu starker Begriff, aber Momente der Fürsorge und Zuwendung werden zumindest als berührend und als intensive Begegnung wahrgenommen:

---

[48] Auch Kathrin Sauer findet in den Radwegekirchen viele notierte Liedverse, bedenkt jedoch nicht explizit, dass diese auch mit der Praxis des Singens vor Ort verbunden sein könnten, sondern versteht sie mit biblischen und weiteren geistlichen Textzitaten als „schriftliches Zeugnis der inneren Einstellung", Sauer, Unterwegs, 306, vgl. 300ff.

[49] Vgl. auch Sauer, Unterwegs, 230f, sowie Haab, Weg und Wandlung, 122f.

> „Völlig durchnässt und durchgefroren erreichte ich Merseburg. Im Dompfarramt bekam ich Kartoffelsuppe, Leberwurstbrötchen und Salat. So ein warmherzigen Empfang ist unglaublich. Gelebte Nächstenliebe, die das Herz berührt." (Merseburg 09/2022)

> „Danke für die freundliche Aufnahme und das herrliche Essen im Garten. Eine glückliche Fügung für uns. Der Herr segne ihre Gabe." (Merseburg 06/2022)

> „Vielen Dank für das unerwartete Frühstück und das Interesse. Ich bin von B. nach M. unterwegs." (Horburg 09/2019)

Gemeinschaft ist hier vor allem eine des geteilten Mahls. Auch auf andere Kommunikationen der Gastgebenden wird eingegangen:

> „Vielen Dank für Ihre offene Kirche und die schöne Ausstattung! Und vor allem für Ihren Reisesegen, den ich mir dann nach Ende meines Weges in Erinnerung rufen will und werde." (Horburg 06/2019)

Segen wird auch erwidert:

> „[…] Danke für die Weggefährten – J. und U. – danke für die liebevollen Unterkünfte u. fleißigen Wegbereiter. Seid gesegnet, hier und auf eurem Weg." (Merseburg 07/2022)

Zuweilen vermittelt sich die Verbindung zu den Gastgebenden nur über Gegenstände, wie etwa den vorhandenen Wärmflaschen, die mehrfach als Akt der Fürsorge benannt werden. Noch ausführlicher schildert es dieser Eintrag:

> „So viel Gutes durfte ich erleben. Gastfreundschaft, geöffnete Gemeindehäuser u. Kirchen, wie auch hier. So schön, dass diese Kirche ihrem Auftrag gerecht bleibt, ein Asylort zu Leib und Seele zu sein. Sie haben Liegen aufgestellt, Kaffee und Tee mitsamt den erforderlichen Utensilien, Tücher, Wärmflasche, Decken, Tisch und Stühle, Bücher und Liedhefte. […] Danke für alle Fürsorge. […]" (Merseburg 06/2022)

Am Beginn dieses Eintrags steht die oben bereits zitierte tagebuchähnliche Reflexion über das Alleinsein. Die Dinge, die zur Verfügung gestellt werden, erlebt der Pilger als eine Fürsorge, die der Erfahrung, das Alleinsein schwer auszuhalten, eine Pause verschafft. Jedenfalls wechselt der Eintrag mit dem Satz „So viel Gutes durfte ich erleben" vom Tagebuch-Stil in das gängige Format des Danks und kommt in Relation.

In Horburg tragen sich auch die Gastgebenden ein (Mitglieder des Kirchenvorstandes, die Pfarrerin u. a.) und gehen so das Gespräch über das Gästebuch explizit ein:

> „Geh aus mein Herz und suche Freud…‘ Wir haben gerade frische Blumen gebracht und genießen den Moment.“ (Horburg 07/2019)

Diese Gemeinschaft hat mindestens implizit auch religiöse Dimensionen.[50] Sie wird als Nächstenliebe gedeutet und hat im Bild des geteilten Tischs eucharistische Anklänge. Unverhoffte Begegnungen werden als Geschenk empfunden und im gemeinsamen Singen werden die Strapazen in einen anderen Horizont gestellt (s. dazu unten 4.5).

4.5 Imaginierte Gemeinschaft[51]

„In der Tat sind alle Gemeinschaften, die größer sind als ursprüngliche Dörfer mit Face-to-Face-Kontakt (und vielleicht sogar diese), imaginär.“[52] Das gilt nicht nur für die Nation, die Benedict Anderson in seinem grundlegenden Werk analysiert. Die Gemeinschaft, die sich in den Gästebüchern niederschlägt, basiert nicht nur auf synchroner und direkter Interaktion, sondern auch auf Imaginationen von Zusammengehörigkeit und Praktiken zeitversetzter und durch das Buch selbst mediatisierter Interaktion.[53]

(1) Dies gilt wiederum für das Verhältnis zu den Gastgebenden. So kann die Praxis des Segnens auch ohne vorherige direkte Interaktion im Buch selbst vollzogen werden:[54]

> „Der Herr wird nicht zulassen, dass du fällst. Er, dein Beschützer, schläft nicht! Ps 121,3 In diesem Sinne sagen wir Danke u. Gottes reichen Segen für die Gemeinde u. diesen Schlafplatz!“ (Merseburg 06/2018)

> „Danke, dass wir in dieser Herberge ausruhen durften. Es hat uns gut getan. Gott segne und behüte sie und alle, die hier zu Hause sind“. (Merseburg 06/2018)

---

50 Vgl. Zimmerling, Hat das Pilgern ein Heimatrecht, 146.

51 Wertvolle Anregungen verdanke ich hierzu Anne Gilly.

52 Anderson, Imagined Communities, 6, Übersetzung K. M.

53 Vgl. in diesem Zusammenhang auch die durch die Pandemie aktualisierten Diskussionen um den Gemeinschaftscharakter von digitalen Gottesdiensten.

54 Vgl. auch Sauer, Unterwegs, 283, zu Grüßen an die Gastgebenden.

Der Segen erstreckt sich dabei immer wieder über die konkrete Gruppe der Gastgebenden hinaus auf den Ort:

> „Mögen von diesem Ort Segensströme hinausgehen, in diese Stadt u. unser Land!" (Merseburg 08/2022)

> „Danke für die offene Kirche voller Engel. ‚Er hat seinen Engeln befohlen über dir, dass sie dich behüten auf allen deinen Wegen!' Gott segne dieses Dorf mit allen seinen Menschen und Gästen. AMEN" (Horburg 10/2020)

(2) Neben den Gastgebenden initiiert der Raum aber auch Imaginationen einer Gemeinschaft mit Pilgernden vor und nach dem eigenen Besuch:

> „Was für ein wundervoller Ort der Stille in der Zeit, lange vor uns, mit uns und mit denen, die nach uns kommen werden." (Horburg 10/2020)

> „Es ist gut zu lesen und zu wissen, dass sich viele, egal welchem Glauben sie angehören, – oder auch nicht – auf dem Weg der inneren Einkehr begeben. Wir freuen uns sehr, dass diese Kirche für ‚uns' geöffnet ist!" (Horburg 09/2020)

Auch im Blick auf nachfolgende Pilger:innen ist der Segen überall zu finden, etwa immer und immer wieder im Wunsch „Buen Camino" oder dem Pilgergruß „Ultreya", nach einem englischen Eintrag etwa auch: „Ultreia e suseia. Deus ad Juvenos!" (Merseburg 09/2019).[55] Auch in weniger geprägten Formeln wird gesegnet: „Gesundheit und Frieden allen, die hier vorbei kommen." (Merseburg 05/2018) Oder: „Liebe Grüße & Gottes Segen!" (Merseburg 08/2018). „Sonne für alle Herzen!" (Horburg 07/2021) und am selben Tag: „Licht in jedes Herz" (Horburg 07/20121).

Daneben finden sich auch ganz praktische Hinweise an die Nachkommenden, die Hilfsgemeinschaft wird in die Zukunft verlängert: „Für die Nachfolger: Wundert euch nicht darüber, wenn nachts das Licht ständig angeht. Es sind gute Geister. :-)" (Merseburg 11/2019)

(3) Gelegentlich weitet sich diese Imagination in eine Vorstellungswelt, die man mit dem Begriff der *communio sanctorum* bezeichnen könnte.[56]

---

[55] Vgl. etwa: http://www.pilger-weg.de/jakobspilgerinfofaq/ultreia.html (abgerufen am 27.02.2023).

[56] Auch Sauer deutet diese Dimension an: „Vor Ort sind sie aber durch ihr Gebet oder ihre Anliegen, die sie vor Gott bringen, mit allen Christen in allen Kirchen auf der Welt verbunden.", Sauer, Unterwegs, 371, vgl. 376.

> „Denn er hat seinen Engeln über dir befohlen, dich auf allen deinen Wegen zu behüten.' (Psalm 91,11) Das ist Gottes Zusage an euch und uns. Wir sind seine geliebten Kinder und unter dem Schutz des Herrn. Friede sei mit euch allen!" (Merseburg 07/2018)

> „Wir sind so dankbar, dass die Kirche offen ist! Und die Frömmigkeit der Generationen vor uns erreicht die Besucher unmittelbar. Was für ein Adventserlebnis!" (Horburg 12/2020)

> „Die Kraft des Glaubens, der Dankbarkeit und der Demut klingt seit Jahrhunderten in diesem Gotteshause nach. In frohem Gottvertrauen herzlichen Dank an alle, die es ermöglichen, hier zu sein und von dieser Kraft zu schöpfen und hinzuzufügen." (Merseburg 08/2018)

> Mit eucharistischen Anklängen entsteht im folgenden Beitrag die Imagination einer horizontal wie vertikal qualifizierten Gemeinschaft: „Noch nie haben wir in einer Kirche geschlafen, obwohl sie uns vertraut sind. Ein besonderer Ort. Ein besonderes verbunden sein mit den Pilgern früherer Zeiten. Das besondere Kreuz. Wir sind erinnert an die Worte aus dem Abendmahl: Christi Leib für uns gebrochen. Die Linie vom Boden zum Kirchendach. Von der Tiefe in die Höhe, vom Tod zum Leben. Danke. Es war bewegend, hier zu sein." (Merseburg 07/2019)

> Oder sehr lokal imaginiert: „Liebe Gemeinde, Gott segne Ihre schöne Kirche und alle, die hier beten und feiern." (Horburg 05/2021)

Auch mit zitierten Liedern und Bibeltexten schreiben sich die Autor:innen in die Kontinuität der Glaubenden ein.

4.6 Gemeinschaft zwischen Immanenz und Transzendenz

Mit dem Segen und den Anklängen an eine die Zeiten umfassende *communio sanctorum* sind Transzendenzbezüge bereits aufgerufen. Diese lassen sich auch in weiteren Hinsichten finden.

(1) Zunächst erstreckt sich die Gemeinschaft in manchen Einträgen auch auf die Toten, derer gedacht, die aber zuweilen auch direkt adressiert werden. In einem Eintrag wird die Gemeinschaft über Gott vermittelt imaginiert: „Lieber Gott, wenn du meinen V. da oben siehst, nimm ihn in die Arme und sag ihm wie sehr ich ihn liebe und vermisse." (Merseburg 10/2021).

(2) Der Kirchenraum ruft aber auch weitere Transzendenzerfahrungen auf. Diese werden zum einen in nicht christlich determinierter Sprache aufgerufen: „Ein guter Energie-Ort!“ (Merseburg 06/2019) oder „Hey, hey! Mich alleine in dieser klaren Kirche aufzuhalten, öffnet mir den Geist. […]“ (Merseburg 06/2019). Zuweilen finden sie in kleinen Ausdrücken des Staunens Ausdruck:

> „Das hat man auch nicht alle Tage, übernachten in einer Kirche. Erst zweifelte ich etwas und dann doch wahr. Wow, klasse! Diese Erfahrung wird mir keiner nehmen. Ich bin Atheist, aber sehr gerne in Kirchen, und nun auch noch in einer übernachten, mit meinem Hund. Ich wünsche Ihnen alles Liebe für die Zukunft.“ (Merseburg 10/2022)

Auch in Einträgen mit stärker konventionell religiöser Sprache kann sich die Transzendenzdimension in nur einzelnen Wörtern andeuten: „After a long and difficult day, I was so glad to reach this sanctuary.“ (Merseburg 09/2018) Oder: „Nach einer schwierigen Tagesetappe solch ein beeindruckender Ort zum schlafen. Bin überwältigt von dieser Aura und hatte einen gesegneten Schlaf.“ (Merseburg 06/2019) Oder: „Es war eine himmlische Nacht. Danke.“ (Merseburg 09/2018)

(3) Zum anderen wird es nicht selten auch expliziter formuliert: die Beschreibung einer Gemeinschaft mit Gott:

> „Danke für die Nacht auf der Empore dieser Kirche. Es war etwas besonderes für mich als Pilgerin, weil ich mich Gott besonders nahe gefühlt habe.“ (Merseburg 05/2018)

> „Ruhe hat auf dieser Empore eine große Bedeutung. Schlaf zu finden in der Fülle eines kühlen, weitläufigen Raumes gibt ein Gefühl der Präsenz etwas Größerem. Ich danke für die Erfahrung!“ (Merseburg, 06/2018)

> „Von guten Mächten wunderbar geborgen, erwarten wir, was kommen mag. Vielen Dank für die außergewöhnliche Erfahrung, in einer Kirche zu schlafen.“ (Merseburg 07/2019)

Im folgenden Eintrag changieren wiederum die Adressaten, der Dank gewinnt im Fortgang jedoch Analogien zu Jakobs Bezeichnung des Ortes nach dem Traum von der Himmelsleiter (Gen 28,10–22):

> „Durch einen Unfall des Diakons kam die [dieses Jahr in der genannten Diözese geplante] Pilgerreise nicht zustande. Nun laufe ich alleine. Stimmt nicht!! Einer begleitet

> uns immer. Auch wenn wir nur ein paar Spuren erkennen können. In den schwierigen Situationen hat Gott uns getragen: [vier gezeichnete Fußumrisse] Buon Camino, Dein T. Danke für Deinen Schlafplatz!!! Herr, du bist wunderbar und wahrhaftig. Danke für deine Liebe, und Güte und Gnade." (Merseburg 06/2018)

Nicht nur für das Erleben zwischenmenschlicher Gemeinschaft, sondern auch im Blick auf eine Gemeinschaft, die über das Irdische hinausgeht, spielt das Singen eine wichtige Rolle, wie etwa in den Zitaten aus Liedern deutlich wird, die vielleicht nicht nur dort, wo es explizit benannt ist, auf eine ausgeübte Praxis (meditativen) Gesangs verweisen.

> „Neige deines Herzens Ohr, suche den Frieden. Diese Kirche ist genau dafür geschaffen." (Merseburg 05/2028)

> „Gott sei Dank für – auch meine – Kirche, die immer wieder Neues entdeckt und Altes neu wagt. Nun lege ich mich zur Ruhe: Der Tag, mein Gott, ist nun vergangen … Schön, dass ich dieses und ein paar andere Abendchoräle allein für Gott, mich und wer weiß wen singen durfte." (Merseburg 06/2018)

5 Ein „besonderer Ort": Kirchengebäude als Ankerpunkte von Gemeinschaft im Kontext des Pilgerns

> „Eine besondere Nacht
> ein besonderer Ort
> ein Klang ganz besonders
> bei jedem Wort
> gesungen, getönt, gespielt
> [?] am Abend
> war der Schlaf auch hier
> erquickend und labend." (Merseburg 05/2019)

Die Verwendung des Wortes „besonders" fällt in den Büchern deutlich auf, auf manchen Seiten wird es in jedem Beitrag verwendet. Es verweist darauf, dass diese Räume als emotionale[57], außeralltägliche, hervorgehobene Räume erfahren werden. Sie entsprechen damit der Logik der *Singularisierung*, die Reckwitz für gegenwärtige Gemeinschaften als zentral erachtet. Zu-

57 Vgl. Sauer, Unterwegs, 361ff.

gleich bildet das Besondere auch eine wichtige Dimension des *Touristischen*, in dessen Logik nicht-alltägliche Differenzerfahrungen das „Besondere“ auszeichnen.[58] Nicht zuletzt aber lässt sich dieses Wort auch als Ausdruck der *Religionsproduktivität* von Kirchenräumen lesen, die sich mit den dargestellten Gästebucheinträgen konkretisiert als Orte eines zeitlich und räumlich übergreifenden Horizonts, als Schutz- und Erholungsräume, als Segens- sowie als Klangräume.

1. Räume zeitlicher und räumlicher Transzendierung: Die Kirchengebäude rufen durch ihre Materialität, der man das Alter ablesen kann, offenbar Assoziationen eines langen zeitlichen Horizonts auf, verbunden mit Erinnerungen an die Toten und Imaginationen früherer Nutzer:innen, auf die sich der geteilte Erlebnisraum in der Vorstellung ausdehnt (s. o. „diachrone Communitas“). Dieser zeitliche Horizont gewinnt als Traditionslinie des geteilten Glaubens auch eine religiöse Dimension – die *communio sanctorum* über die Zeiten hinweg. Mit der zeitlichen Ausdehnung auf die Nachfolgenden und der Bewegung auf den Pilgerwegen (zwischen Görlitz und Santiago de Compostela) kommt auch ein räumlich erweiterter Horizont zum Tragen. Die Gemeinschaft, die in diesen Räume entsteht, ist also tatsächlich eine zeitlich und räumlich weite, asynchron und translokal.

2. Schutz und Erholungsräume: Die Gemeinschaft jenseits der konkret miteinander Gehenden entsteht, darauf haben auch andere Untersuchungen zum Pilgern hingewiesen, vorrangig im Kontext von Erholungsorten wie Herbergen oder Rastplätzen. Die Kirchenräume kommen in den analysierten Texten auch als solche in den Blick. Mit ihrer Kühle und Stille bilden sie Schutzräume in der Vulnerabilität des Reisens. Verstärkt wird diese Dimension der Räume durch Gesten der Fürsorge und Gastfreundschaft – von Bett über Suppe bis Wärmflasche.[59] Kirchengebäude werden hier als „Orte der Verlässlichkeit“[60] in der eigenen Begrenztheit erlebt.

3. Segensräume: Eindrücklich ist im Blick auf die Gästebücher die Praxis des gegenseitigen Segnens. Die Räume in ihrer Offenheit und gastlichen Gestaltung werden als Segen gedeutet, Gastgebende, Orte und nachfolgende Pilger:innen werden gesegnet.

---

58 Vgl. Sammet / Karstein, Touristifizierung. Entsprechend spielen Kirchen in touristischen Strategien oft eine nicht unbedeutende Rolle.

59 Vgl. Hofmeister, Offene Kirchen am Weg, 106–108, sowie grundlegend Siegl, Gast – Raum – Kirche.

60 Zimmerling, Kirchenräume, 390f.

4. Klangräume: Ebenso augenfällig ist insbesondere in Merseburg die sich in den Büchern niederschlagende Praxis des Singens. Diese bildet Gemeinschaft unter den Anwesenden, verbindet diese jedoch in mehrfacher Weise mit früheren und nachkommenden Menschen sowie mit Gott und der Gemeinschaft des Glaubens. Offenbar reichen dafür wenige Impulse wie die ausliegenden Liederbücher aus. Das Hören spielt aber auch in anderer Weise eine zentrale Rolle. Beschrieben wird die Stille ebenso wie merkwürdige Geräusche, die in der Kirche einen durchaus beunruhigenden Klang annehmen können. Auch stattfindende Konzerte, denen man in Merseburg aus dem Bett auf der Empore folgen kann, tragen zum klanglichen Erleben der Räume wesentlich bei.

Diese vier Aspekte beschreiben nur die augenfälligsten Dimensionen, eine vertiefte Betrachtung könnte etwa auch bei der Wirkung mittelalterlicher (Madonna in Horburg) und Gegenwartskunst (Poensgen-Fenster in Horburg, zeitgenössische Kunstwerke in Merseburg) ansetzen und sich daraus ergebende Imaginationen von Gemeinschaft bedenken.[61] Festzuhalten bleibt: Als solche mehrfach codierten Räume spielen Kirchengebäude für die im Kontext des Pilgerns entstehenden Praktiken und Imaginationen von Gemeinschaft eine wesentliche Rolle.

Literatur

Anderson, Benedict, Imagined Communities. Reflections on the Origin and Spread of Nationalism, London ^{3}2006.

Antz, Christian, Spirituelle Reisen. Können Kirchen und Tourismus gemeinsam Gäste finden, in: ders. / Sebastian Bartsch / Georg Hofmeister (Hg.), „Ich bin dann mal auf dem Weg!". Spirituelle, kirchliche und touristische Perspektiven des Pilgerns in Deutschland, Konstanz 2018, 13–32.

Antz, Christian / Bartsch, Sebastian / Hofmeister, Georg (Hg.), „Ich bin dann mal auf dem Weg!". Spirituelle, kirchliche und touristische Perspektiven des Pilgerns in Deutschland, Konstanz 2018.

Bittner, Ulrike, „Und wenn sich die Lebenssituation ändert, ist das o.k." Eine Untersuchung der evangelischen Kirche als Gemeinschaft unter den Bedingungen postmoderner Mobilität, Göttingen / Bristol 2016.

Bubmann, Peter / Fechtner, Kristian / Merzyn, Konrad / Nitsche, Stefan Ark / Weyel, Birgit (Hg.), Gemeinde auf Zeit. Gelebte Kirchlichkeit wahrnehmen, Stuttgart 2019.

Cordes, Martin / Wustrack, Simone (Hg.), Pilger – Wege – Räume. Historische, religionspädagogische und kunsttherapeutische Reflexionen, Hannover 2005.

Der Ökumenische Pilgerweg durch Sachsen, Sachsen-Anhalt und Thüringen, hg. vom Ökumenischer Pilgerweg e. V., ^{11}2020.

Erne, Thomas, Hybride Räume der Transzendenz. Wozu wir heute noch Kirchen brauchen, Leipzig 2017.

[61] Vgl. Erne, Hybride Räume.

Fechtner, Kristian, Späte Zeit der Volkskirche. Praktisch-theologische Erkundungen, Stuttgart 2010.

Gach, Gabriel, Pilgern als alternative Reiseform – Chancen zur Erschließung von neuen touristischen Räumen, dargestellt am Pommerschen Jakobsweg (Diss. Masch.), online: https://nbn-resolving.org/urn:nbn:de:gbv:9-002790-1 (abgerufen am 26.02.2023).

Gamper, Markus, Pilgern und soziale Gemeinschaften. Eine triangulative Studie über die soziale Integration von Pilgern auf dem Jakobsweg, in: St. Jakobusbruderschaft Trier (Hg.), Abenteuer Pilgern. Ein populäres Thema interdisziplinär erforscht, Würzburg 2017, 117–139.

Gamper, Markus / Reuter, Julia, Pilgern als spirituelle Selbstfindung oder religiöse Pflicht? Empirische Befunde zur Pilgerpraxis auf dem Jakobsweg, in: Anna Daniel / Franka Schäfer / Frank Hillebrandt / Hanns Wienold (Hg.), Doing Modernity – Doing Religion, Wiesbaden 2012, 207–231.

–, Sinnsuche per pedes. Pilgern als körperliche Herausforderung und spirituelles Erlebnis, in: St. Jakobusbruderschaft Trier (Hg.), Abenteuer Pilgern. Ein populäres Thema interdisziplinär erforscht, Würzburg 2017, 151–177.

Gross, Gisela, „Man kann Gott in jeder Kirche etwas sagen“. Zur Wahrnehmung von Kirchenräumen, in: Friedemann Green, / Gisela Gross / Ralf Meister / Torsten Schweda (Hg.), Um der Hoffnung willen. Praktische Theologie mit Leidenschaft (FS für Wolfgang Grünberg zum 60. Geburtstag), Schenefeld 2000, 96–103.

Haab, Barbara, Weg und Wandlung. Zur Spiritualität heutiger Jakobspilger und -pilgerinnen, Freiburg i. Br. 1998.

Havard, Megan E., When Brother Becomes Other: Communitas and Conflict Along the Camino de Santiago, in: International Journal of Religious Tourism and Pilgrimage 6 (2018) 2, 89–97.

Heiser, Patrick / Kurrat, Christian, Pilgern zwischen individueller Praxis und kirchlicher Tradition, in: Von der Last und der Lust der Askese (BThZ 2015/1), 133–158.

Hepp, Andreas, Medienkommunikation und deterritoriale Vergemeinschaftung. Medienwandel und die Posttraditionalisierung von translokalen Vergemeinschaftungen, in: Hitzler / Honer / Pfadenhauer (Hg.), Posttraditionale Gemeinschaften, 132–150.

Hitzler, Ronald / Honer, Anne / Pfadenhauer, Michaela, Zur Einleitung: „Ärgerliche“ Gesellungsgebilde?, in: dies. (Hg.), Posttraditionale Gemeinschaften, 9–31.

– (Hg.), Posttraditionale Gemeinschaften. Theoretische und ethnografische Erkundungen, Wiesbaden 2008.

Hofmeister, Georg, Offene Kirchen am Weg. Welche touristischen und kirchlichen Potentiale sind noch zu heben?, in: Antz / Bartsch / Hofmeister (Hg.), „Ich bin dann mal auf dem Weg!“, 102–119.

Jenkins, Kathleen E., Walking the Way Together. How Families Connect on the Camino de Santiago, Oxford 2021.

Körs, Anna, Gesellschaftliche Bedeutung von Kirchenräumen. Eine raumsoziologische Studie zur Besucherperspektive, Wiesbaden 2012.

Lienau, Detlef, Der erforschte Pilger: Was wissen wir über die Sinnsucher von gestern, heute und morgen?, in: Antz / Bartsch / Hofmeister (Hg.), „Ich bin dann mal auf dem Weg!“, 77–99.

–, Sich fremd gehen. Warum Menschen pilgern, Ostfildern 2009.

Macdonald, Sharon, Accessing audiences. Visiting visitor books, in: museum and society 3 (2005) 3, 119–136.

Menzel, Kerstin, Bildungsprozesse in der Gemeindearbeit – Potentiale der Gemeindepädagogik für pastorales Handeln im Kontext peripherer ländlicher Räume; in: Michael Domsgen / Ekkehard Steinhäuser (Hg.), Identitätsraum Dorf. Religiöse Bildung in der Peripherie, Leipzig 2014, 78–112.

–, Einrichten ist Aneignen. Gegenstände als Zugang zur Erforschung einer veränderten Nutzung von Kirchengebäuden, in: Sonja Keller/ Antje Roggenkamp (Hg.), Die materielle Kultur der Religion. Interdisziplinäre Perspektiven auf Objekte religiöser Bildung und Praxis (Rerum Religionum. Arbeiten zur Religionskultur 12), Bielefeld 2023, 169–193.

–, Kleine Zahlen, weiter Raum. Pfarrberuf in ländlichen Gemeinden Ostdeutschlands (Praktische Theologie heute 155), Stuttgart 2019.

–, Pluralität von Bindung. Gemeinschaft im Raum der Kirche jenseits von Homogenität und Essenzialisierung, in: Rainer Bucher (Hg.), Pastoral im Kapitalismus, Würzburg 2020, 141–158.

Ponisch, Gabriele. „Danke! Thank You! Merci!". Die Pilgerbücher der Wallfahrtskirche Mariatrost bei Graz (Grazer Beiträge zur Europäischen Ethnologie 9), Frankfurt a. M. / Berlin / Bern 2001.

Pott, Andreas, Die Raumordnung des Tourismus, in: Soziale Systeme 17 (2011) 2, 255–276.

Reckwitz, Andreas, Die Gesellschaft der Singularitäten. Zum Strukturwandel der Moderne, Berlin 2017.

Sammet, Kornelia / Karstein, Uta, Touristifizierung von Religion und Spiritualisierung von Tourismus. Erkundungen am Beispiel von religiösen Wanderwegen im Schwarzwald, in: Zeitschrift für Religion, Gesellschaft und Politik 5 (2021), 1–29; online: https://doi.org/10.1007/s41682-021-00079-9 (abgerufen am 26.04.2023).

Sauer, Kathrin, Unterwegs mit Gott. Radwegekirchen, Gottesdienste im Grünen und christliche Reisen als Gelegenheiten für „Gemeinde auf Zeit" (Praktische Theologie heute 159), Stuttgart 2019.

Schwaderer, Isabella, Pilgern – eine religionswissenschaftliche Einordnung, in: Theologie der Gegenwart 62 (2019) 2, 95–106.

Siegl, Christine, Gast – Raum – Kirche. Nutzungserweiterung von Dorfkirchen als kirchliches Handeln (Praktische Theologie und Kultur 28), Freiburg i. Br. 2018.

Skuljan, Isabella, Kirchen geben Kunsttherapie Raum. Philosophische, theologische und kunsttherapeutische Erörterungen in Bezug auf ästhetisch-therapeutische Erfahrungen im Kirchenraum, in: Cordes / Wustrack (Hg.), Pilger – Wege – Räume, 199–261.

Steinhäuser, Ekkehard, Pilgern auf dem Lutherweg: Sind Reformation und Wallfahrt doch vereinbar?, in: Antz / Bartsch / Hofmeister (Hg.), „Ich bin dann mal auf dem Weg!", 215–227.

Turner, Victor / Turner, Edith L. B., Image and Pilgrimage in Christian Culture. Anthropological Perspectives, New York 1978.

Waldenfels, Bernhard, In den Netzen der Lebenswelt, Frankfurt a. M. 1994.

Zimmerling, Peter, Evangelische Spiritualität. Wurzeln und Zugänge, Göttingen 2003.

–, Hat das Pilgern ein Heimatrecht in der lutherischen Spiritualität?, in: Cordes / Wustrack (Hg.), Pilger – Wege – Räume, 137–148.

–, Kirchenräume als Orte der Verlässlichkeit. Zur Bedeutung des Raumes im Rahmen evangelischer Spiritualität, in: ders. (Hg.), Handbuch Evangelische Spiritualität, Bd. 3: Praxis, Göttingen 2020, 374–394.

Zwischenräume bespielen

Tanz und Spiritualität in der Kirche

Von Tatjana K. Schnütgen

Tanz ist Kontakt. Tanz stellt Beziehungen her. Tanz existiert im Zwischenraum. Im Tanz ereignet sich eine sinnliche Wanderung zwischen Räumen, bei der es darum geht, „die Erstarrungen zu lösen und wieder frei zu atmen und sich frei zu bewegen, das Schweigen zu durchbrechen und die Einsamkeit zu überwinden“[1]. Tanz bietet spirituell Suchenden Räume für Begegnung und Berührung.

Die folgenden Überlegungen konturieren Tanz als Medium einer spirituellen Praxis, die beständig im Begriff ist, Orte und Räume in christlich-religiöser Gegenwartskultur zu bespielen und sich zunehmend als unverzichtbar erweist. Im geistlichen Leben der Kirchen sind Praktiken, die auf Tanzbewegung basieren, in Bildungshäusern, in Gemeinden, auf Festivals und Workshopwochenenden, in Fort- und Weiterbildungen, auf Kirchentagen und Katholikentagen, in kirchlichen Erprobungsräumen[2] und besonderen Gottesdiensten angesiedelt. Welche Bedeutung Tanz für geistliches Leben in Beziehungen hat, möchte ich anhand eines knappen Einblicks in die Forschung zu Tanzspiritualität und durch die Darstellung des Potenzials konkreter Tanzformen für die Einübung in Beziehungsgestaltung entfalten.

1 Von der elementaren Spiritualität des Tanzes

Tanz bewegt sich grundsätzlich zwischen Spiel und Ernst. Ähnlich wie Romano Guardini Liturgie versteht – in der Spannung von zweckfreiem spielerischem Dasein vor Gott und dem Ernst der Hingabe gemeinsam mit den Mitfeiernden[3] – sehe ich die tänzerisch-spirituelle Praxis. Christliche Tanzspiritualität bietet zwischen den Polen von Spiel und Ernst ein Erfahrungsfeld, in dem Menschen sich öffnen, in Kontakt kommen, in Beziehung sind, ohne Worte kommunizieren und in dem sich *Communio* im Sinne einer unverfügbaren Gemeinschafts-

---

[1] Steinmeier, Individualität und Expression im Tanz, 204.

[2] Einer dieser Erprobungsräume findet sich in der Evangelischen Kirche im Rheinland, Kirchenkreis Krefeld-Viersen, vgl. unter https://danceflowspirit.de/ (abgerufen am 10.12.2022).

[3] Vgl. Guardini, Vom Geist der Liturgie, 65.

erfahrung ereignen kann. Tanz kommuniziert darin mit einer eigenen Sprache, ein durchaus fragiles Geschehen, wie Anne Steinmeier anmerkt.

> „Tanz ist ein je individuell, je eigen sensuell erfahrbarer und geschaffener und zugleich gemeinsam erfahrener und geteilter, ein mit-geteilter Geschehens-Zeit-Raum. Aber es kommt alles darauf an, ob die Tanzenden, im Tanz und im Zuschauen, das Transitorische, das transitorische Phänomen des Geschehens, miteinander teilen. Je individuell anders und unterschieden und doch gemeinsam erfahren."[4]

Qualitativ-empirische Forschung zu den Erfahrungen Tanzender in den kirchlichen Tanzszenen (Kirchentanz) beschreibt, was Tanz in der Perspektive der Befragten für das Leben bedeuten kann.[5] Tanz hat demnach Wirkungen in der Biographie, im Alltag, im Glauben und in der geistlichen Praxis der Tanzenden. Was aber ist Tanzspiritualität? Gibt es Gemeinsames in der vielgestaltigen Praxis der Kirchentänzer:innen? Im Rückblick auf die Forschung und weitere Praxiserfahrungen im Feld komme ich zur Annahme mehrerer Schichten und Spielarten von Tanzspiritualität.

Tanzspiritualität ermöglicht ästhetische Erfahrung, die aus ästhetischen Wahrnehmungen hervorgeht. Diese bildet die religiös ungebundene Grundschicht der Erfahrungsmöglichkeiten mit Tanz. Von Hans Ulrich Gumbrecht wird diese Art der Erfahrung als „Träumen mit dem Körper" und „Schwingen im Rhythmus mit den Dingen dieser Welt" bezeichnet.[6] Tanzende erleben Momente intensiver Gegenwärtigkeit, die ihnen ein spezifisches Seinsgefühl verschaffen, welches sich von dem vorherrschenden Seinsgefühl in einer Kultur der Bedeutungen und Repräsentanzen unterscheidet. Tanzende gehören, in Fortschreibung von Gumbrechts Gedanken, der Sphäre einer Präsenzkultur an, in der auch der Kultus und Rituale wie das Abendmahl angesiedelt sind.[7] Tanzende werden von Atmosphären, d. h. transpersonalen Gefühlszuständen ergriffen.[8] Tanz entsteht aus dem Kontakt mit der geschöpflichen Natur des Menschen und mit dem Lebendigen der Erde. Er führt eine Fülle von sinnlichen Wahrnehmungen mit sich. Tanzspiritualität ist mitten in der leibseelischen Ganzheit des Menschen angesiedelt.

Wenn Menschen Choreografien leiblich nachvollziehen oder beim Ansehen von Tanzdarbietungen ästhetische Wahrnehmungen machen, kommt Tanz auch als Medium von Kunst-

4 Steinmeier, Individualität und Expression im Tanz, 206.

5 Vgl. Schnütgen, Tanz.

6 Vgl. Gumbrecht, Präsenz, 138f.

7 Vgl. zum Unterschied von Präsenzkultur und Repräsentationskultur die Darstellung in Schnütgen, Tanz, 48.

8 Vgl. Böhme, Atmosphäre.

erfahrung in den Blick. Tanz ist Kunst. „Wenn man die Kunst ohne den Tanz versteht, versteht man sie vielleicht gar nicht."[9] Wird die Kunst des Tanzes als „Spur vom Finger Gottes" (Wackenroder) aufgefasst, eröffnet sie einen Weg zum Erlebnis religiöser Begeisterung. Ästhetische Erfahrung kann sich als „immanente Glückserfahrung"[10] im Tanz aussprechen. Das unnennbar Religiöse mancher Tanzerfahrung kann mit dem jüdischen Theologen Michael Fishbane als ein – in unser Humanum eingeschriebener – Zugang zu unserer Existenz beschrieben werden. Dieser entzieht sich der Einordnung in eine positive Religion. Die lebendige Beziehung zu den Dingen, die sich durch das Tanzen einstellt, nach Fishbane „attunement" oder Einklang, eröffnet den Kontakt zum „Kern unseres Lebensprozesses"[11]. Fishbane geht so weit, dass er der erfahrenen Existenz einen Platz im gesamten Wirken der Offenbarung einräumt. Sie ist eine Form von Torah, neben der geschriebenen und mündlichen Torah.[12] Die Sprache des Tanzes kann außerdem eingezeichnet werden in das elementare Phänomen Sprache, die einen Zugang zu Spiritualität ermöglicht: „Language is thus both a symbolic form that abstracts us from the ‚brute' facticity of things and the means for their ‚spiritual' appropriation and internalization."[13]

In Form einer ästhetischen Erfahrung kann Tanz einen Raum für Gottes Wirken offenhalten. Beziehungen, die sich im Tanz erfahren und gestalten lassen, bilden Räume, an denen sich auf eine elementare Weise Begegnung mit Gottes Offenbarung ereignen kann. Dazu ist der Kontakt zum Gegenüber der Schlüssel. „Christianity is a contact, before it is a message."[14] Die Arbeit von Akke van der Kooi und Magda Misset-van de Weg zeigt, wie die in religiösen Gemälden dargestellten menschlichen Beziehungen (am Beispiel von Maria und Elisabeth), das irdische Wirken Gottes als Offenbarungshandeln, erschließen können.[15] Dazu nehmen sie Bezug auf Paul Ricœurs Verständnis von der offenbarenden Macht der Bilder. Bilder eröffnen eine Realität, da sie mehr tun, als etwas Vorhandenes zu beschreiben, sondern ein „display of a possible world"[16] bieten. Die Autorinnen gehen von der Teilhabe der Kunst an einem fortgesetzten Prozess der Offenbarung aus. Kunst wird darin als Einladung verstanden, offen zu sein für Gott, das lebendige Mysterium, das sich der Menschheit zuwendet und mit ihr die Göttlichkeit teilt, ohne eine Gegenleistung zu verlangen.[17] Sensorische Wahrnehmungsfähig-

---

9 Steinmeier, Individualität und Expression im Tanz, 202.

10 Gräb, Kunst und Religion, 66.

11 Fishbane, Theologie, 388.

12 Vgl. a. a. O., 391f.

13 Fishbane, Sacred Attunement, 15.

14 Rowan Williams, An Introduction, 92, zitiert in Van der Kooi / Misset-van de Weg, 56.

15 Van der Kooi / Misset-van de Weg, A rencontre of Women.

16 Paul Ricœur, zitiert in: a. a. O., 51f.

17 Van der Kooi / Misset-van de Weg zitieren eine Äußerung von David Brown auf der Conference of the American Academy of Religion 2011 in dies., A rencontre of Women, 35: „Art is participation in

keit gehört zweifellos zu den anthropologischen Bedingungen, unter denen sich Gottes Selbstmitteilung ereignet. Der Raum der Offenbarung ist das Humanum.

Tanzen ist eine Praxis, die Menschen umfassend in ihrer Leiblichkeit anspricht und einnimmt. Daher sehe ich im Tanz einen unverzichtbaren Weg, das Humanum subjektiv zu erschließen. Die US-amerikanische Kirchentänzerin Carla de Sola unterstreicht dies, indem sie Tanz bezeichnet als „a vision to others of human potentialities for wholeness in body, mind and spirit."[18] De Sola weiß um die Offenbarung im Geschöpflichen und die damit korrespondierende elementare Spiritualität des Tanzes:

> „Movement is all around us, every day, and the sacred and the profane are held together in the dimensions of space, time, rhythm, dynamic energy and beauty. From their spiritual depths, dancers can perceive such movement as expressions or manifestations of God's activity."[19]

2 Tanz zwischen Ästhetik und Spiritualität

Tanzspiritualität im Sinne einer durch den christlichen Glauben begründeten Orientierung und Lebenspraxis eines Menschen kann, aber muss sich nicht mit verbalen Gebeten, Bibeltexten oder gottesdienstlichen Praktiken verbinden. Während der Duden das Wort Spiritualität mit „Geistigkeit; inneres Leben, geistiges Wesen" im Gegensatz zu „Materialität" erklärt,[20] geht es in christlicher Spiritualität gerade nicht um die Abwendung von der Welt mit ihren leibhaften Phänomenen. Wenn Martin Luther sich vor Gott als Bettler bezeichnet, scheint darin das Vertrauen in Gottes entgegenkommendes Wirken ebenso auf, wie das Wissen um die Widerständigkeit des Menschen in seiner leiblichen Lebenssituation.

Tanz hat mit materiellen Körpern zu tun, mit Bewegung, mit Räumen und Energien. Er wird nicht vorwiegend als geistige, sondern als körperliche Bewegung im Zusammenspiel mit Geistestätigkeit erlebt. Der Körper wird in der Tanzwissenschaft als „lebendiges Konglomerat"[21] bezeichnet, in der biblischen Schöpfungsgeschichte als נפש חיה (*näfäsch haja* – lebendige Seele).

an ongoing process of revelation." Die Autorinnen beziehen sich hier auf Karl Rahner, a. a. O., 49: „In Rahner's view ‚revelation' does not mean receiving particular information about God, captured in propositions, but he sees it as an invitation to be open to God as the living mystery turned towards and gratuitously sharing the divine with humanity."

18 De Sola, Introduction, 4.

19 A. a. O., 3.

20 https://www.duden.de/rechtschreibung/Spiritualitaet (abgerufen am 28.11.2022).

21 Vgl. Huschka, Moderner Tanz, 25.

„Our bodies are not material vessels in which we dwell. They are *movement* – the dynamic and selfcreating source of our ability to think and feel and act at all", betont die Religionswissenschaftlerin und Tänzerin Kimerer L. LaMothe.[22] Tanzbewegte Körper bilden also Räume, die weder rein materiell, noch rein geistig sind. Körper sind bewegte, durchgeistigte, beseelte Materie und Teil der Schöpfung Gottes. Sie sind verletzlich, endlich und gleichzeitig in ihrer Lebendigkeit ein Zeichen von göttlicher Präsenz. Körper, die in der philosophischen Tradition der Phänomenologie auch als Leib bezeichnet wurden, bilden die Existenzform des Menschen. Während Menschen Leib *sind*, erfahren sie gleichzeitig ihren Körper als *Habe*. Beide Erfahrungen, Leib-Sein und Körper-Haben, sind miteinander verschränkt.[23]

Jeder Körper, der sich zeigt, ist prinzipiell ein Angebot zum Kontakt. Menschen treten stets auf dem Weg ihrer körperlichen Aktion in Beziehung zueinander, sei es durch die Aktivität der Stimme beim Sprechen, durch die Bewegung der schreibenden Hand bei schriftlicher Kommunikation, sei es durch wortlose Gesten wie im Winken oder Händereichen. Tanz verdichtet diese Lebensbewegungen, die zum Kontakt und zur Beziehung führen. Einerseits bietet Tanz durch Aufführungen die Möglichkeit, die Themen von Kontakt und Beziehung deutend wahrzunehmen. Andererseits bietet Tanz den Tanzenden Kontaktpunkte und -flächen mit Anderen und gestaltet Beziehungen rituell sowie künstlerisch. Tanzspiritualität entwickelt im wahrsten Sinn des Wortes „berührende" Praktiken aus dem Medium körperlicher Bewegung. Menschen können die Erfahrung machen, dass sie tanzend mit Gott in Kontakt treten. Dies ist ein religionsübergreifendes Phänomen, das sich in den Spielarten Enthusiasmus und Trance zeigen kann. Religionssoziologische Forschung verortet enthusiastische Erfahrungen vorwiegend bei weiblichen Gläubigen in wirtschaftlich entwickelten, komplexen Gesellschaften.[24] Tanz und Mystik weisen enge Beziehungen auf. Gugutzer berichtet vom mystischen Erlebnis einer Ordensschwester, die angibt, sie sei beim Tanzen „mit dem ganzen Körper offener" und dadurch auch „von den seelischen Einstellungen her offener" sei, wodurch nach Gugutzer ein Gefühl der Weite (Hermann Schmitz) und Aufnahmebereitschaft für Gott entstehe.[25] Das Beispiel dieser Nonne, die mystische Gotteserfahrungen macht, indem sie tanzend ganzkörperlich von Gottes Gegenwart ergriffen wird, verweist auf die mannigfachen religiösen Erfahrungen von Menschen in den Kirchentanz-Szenen.[26]

---

22 LaMothe, Body, 1 (Hervorhebung im Original).

23 Vgl. Gugutzer, Leib, 141.

24 Vgl. a. a. O.

25 Gugutzer, Leib, 159. Hermann Schmitz erforscht die Leiberfahrung phänomenologisch. Vgl. ders., Leib.

26 Schmitz spricht vom Auftreten des Heiligen als Atmosphäre, die mit der Autorität von Gefühlen auftritt und so ernst erscheine, dass es eine Verpflichtung mit sich bringe. Vgl. Schmitz, Der unerschöpfliche Gegenstand, 442.

Im Blick auf verschiedene im christlichen Kontext verbreitete Körperpraktiken fragt Julia Koll, was in den Übungen geschieht, wenn das Denken still wird. Sie beschreibt auf der Grundlage der Leibphänomenologie Schmitz' Erfahrungen des leiblichen Spürens beim Beten mit dem Körper und beim Tanzen und zeigt damit die Bedeutung des Körpers für spirituelle Praxis im Christentum auf.[27] Tanzspiritualität dient dem geistlichen Leben der Kirche(n) in besonderen Räumen, die ich hier Zwischenräume nennen möchte.

Durch Tanz entstehen spezifische relational bestimmte Zwischenräume, die ich für das bessere Verständnis der Rolle des Tanzes für geistliches Leben in Beziehungen näher betrachte. Tänzerische Praxis gestaltet Beziehungen: die Beziehung zum Raum, zur Dimension der Zeit, zur Musik, zu sich selbst und zwischen Menschen. Im Raum von Kirchen, ihrer Botschaft, der Bibel und in christlicher Spiritualität gibt sich der Tanz in jene Kontexte hinein und symbolisiert Konstellationen.

2.1 Raum

Eine Tänzerin sagt über die Raumerfahrung beim Tanzen in der Kirche rückblickend:

> „Es war gigantisch, es war so … ich habe mich so stark gefühlt, habe gedacht, ich bin die Stärkste hier, ich habe so viel Raum, ich habe so viel Kraft, aber die Kraft kommt von irgendwo her, die kommt von oben […].“[28]

Raum ist etwas anderes als eine durch messbare Dimensionen bestimmbare Örtlichkeit. Das, was Menschen in einem Raum tun, konstituiert seine Wirkung. Tanz wird von Körpern in Räume eingebracht, die ihrerseits Räume haben, den Brustraum, Unterleib, Kopf und den Umraum, der durch die Bewegungen der Gliedmaßen erreicht wird. Tanz gestaltet den Raum durch die Spuren, die die Bewegung hinterlässt. Tanzende qualifizieren Räume durch ihre leibliche Präsenz als Begegnungsräume.

2.2 Zeit

Der Tanz ermöglicht eine spezifische Zeiterfahrung. In einem Moment kann „alles“ enthalten sein:

---

27 Vgl. Koll, Körper.

28 Schnütgen, Tanz, 486.

> „[…] wenn ich jetzt Balance tanze, viermal wiegen, vier Schritte gehen, das ist alles und ich bin mit dieser Spirale im Körper beschäftigt, mit dem Öffnen, das dadurch entsteht, dann kann mir da total heiß werden und es kann alles, ein Schritt kann alles enthalten.“[29]

Tanz findet in einem Zwischenraum statt, der durch eine andere Qualität von Zeit gekennzeichnet ist. Die Zeit kann stillstehen. Zwar spielen sich die Bewegungen in einer messbaren Zeit ab, doch sie gestalten auch Zeit als Erfahrungsqualität. Tanz kann die Zeit raffen oder dehnen. Tanz versetzt Menschen in den gegenwärtigen Augenblick und lässt sie ganz da sein.

2.3 Musik

Eine Tänzerin beschreibt ihr Verhältnis zur Musik beim Tanz:

> „Spür deinen eigenen Rhythmus, ist für viele sehr befremdlich, so: da ist doch nichts. Doch da ist was. Du spürst den Impuls. Und das finde ich, also für mich eine ganz ganz spannende Sache, weil ich so merke, da ist so viel Musik in mir oder in uns und Impulse, die auch raus möchten, wenn wir es nur wahrnehmen oder zulassen.“[30]

Tanz ist nicht auf Musik angewiesen. Tanz kann sich zur Musik unterschiedlich verhalten. Die Musik kann den Tanz in seiner Wirkung unterstreichen. Umgekehrt kann der Tanz die Wirkung der Musik intensivieren. Tanz und Musik können sowohl harmonieren als auch kontrastieren, beide können sich gegenseitig interpretieren.

2.4 Beziehung zu sich selbst

Eine Choreographin erzählt über sich:

> Es „hat schon so richtig gekribbelt in mir, dass ich gemerkt hab, ja, wenn ich diesen Vers gehe, also wenn ich das Wort gehe, kommt plötzlich das zurück. […] ich muss mich dem entgegenstrecken, also da spür ich, dass das körperlich mehr dann im Herz ankommt, als wenn es nur im Kopf bleibt.“[31]

---

29 A. a. O., 355.

30 A. a. O., 398f.

31 A. a. O., 391.

Tanz schafft einen Zwischenraum, in dem Menschen intensiv mit sich selbst im Sinne ihres gegenwärtigen leibseelischen Daseins in Kontakt kommen können. Beim Tanzen geht es um die achtsame Wahrnehmung der eigenen Positionalität im Raum und zu anderen, aber auch um das Spüren des Atems, die Wahrnehmung des Körperschwerpunkts und der Balance. Die verschiedenen Teile des Körpers werden miteinander in Beziehung gebracht und verbunden. Gefühle und Gedanken, die die Bewegungen auslösen, treten über einen vorsprachlichen Weg ins Bewusstsein.

> „Was im Körper empfunden, wahrgenommen wird und zum Ausdruck kommt, sind unendliche Bilder, Bilder, die sich nicht dem einmaligen und schnellen Blick erschließen. Erst recht nicht dem eindeutigen."[32]

2.5 Miteinander der Tanzenden

Ein Kirchentänzer erzählt von der Bedeutung, die das gemeinsame Tun für ihn hat:

> „Also im Moment des Tanzens ist es schön, einfach also zum einen, um eine gemeinsame Mitte zu tanzen, dann auch im Kreis zu spüren, dass da irgendwie eine gute Energie fließt […]."[33]

Tanzende bewegen sich in einem fluiden Feld von sich immer neu konstituierenden Beziehungen zu den Mittanzenden. Grundsätzlich ist das gemeinsame Tun vom Mitahmung, dem gemeinsamen sich gegenseitig beeinflussenden Tanz, der über bloße Imitation hinausgeht, geprägt.[34] Selten wird Tanz als individuelle spirituelle Übung vollzogen, was keineswegs ausgeschlossen ist. In der Regel spielt im Tanz die Begegnung mit Anderen eine wichtige Rolle. Tanz ist nicht nur die Geste Einzelner, er ist „geteilte Geste"[35].

2.6 Christlicher Kontext

Eine Tänzerin, die sich mit Bibeltexten tanzend beschäftigt, sagt:

---

[32] Steinmeier, Individualität und Expression im Tanz, 205.

[33] Schnütgen, Tanz, 436.

[34] Vgl. Liebau / Klepacki, Getanzte Zeit, 72.

[35] Steinmeier, Individualität und Expression im Tanz, 207.

> „Mehr als mit Körper kann ich mich mit dem Wort nicht auseinandersetzen. Das möchte ich gerne, dieses Glücksgefühl oder diese Erlebnismöglichkeit, die habe ich sehr gerne weitergegeben.“[36]

Tanz tritt im Kontext spirituell geprägter Räume wie Kirchen oder Kapellen und Handlungen wie Bibelstudium oder Gebet in Beziehung zu Inhalten. Zwischenräume entstehen, in denen die christlichen Symbole einer Kirche oder die biblischen Texte dem Tanz begegnen und umgekehrt. Worte und Bilder finden in neuen Konstellationen zu neuen Bedeutungen.

Die Kirche ist ein Raum, in dem Begegnungen durch den Gottesdienst hervorgebracht und erhofft werden. Der Raum und die Menschen in ihm erschließen sich wechselseitig.[37] Im Kirchenraum können sich Erfahrungen des Heiligen einstellen. In der Kirche erscheint Gottes Gegenwart durch die Wortverkündigung. Das Wort ist keineswegs körperlos, wie es die verbreitete Vorstellung nahelegt. In der lutherischen Theologie wird es leiblich vorgestellt, es wird durch menschliche Stimmen zum Leben erweckt und ganzheitlich durch Menschen verkörpert, ob sie nun sprechen oder tanzen. Darüber hinaus entfalten auch die im Raum vollzogenen Handlungen wie Schreiten, einen Kreis bilden, das Teilen der Abendmahlselemente Wirkung. Die materiell angebundenen Handlungen eröffnen das Feld für Erfahrungen des Heiligen, die Menschen auch in ihrer Körperlichkeit erreichen. Tanz im Kirchenraum nutzt nicht nur den Platz, den eine Kirche bietet, sondern gestaltet durch die Bewegung der im Tanz beteiligten Körperräume Räume im Raum. Tanz gestaltet den Raum durch die Spuren, die die Bewegung hinterlässt. Durch Tanz wird die Wirkung des Kirchenraums transformiert. Umgekehrt wirkt die Kirche auf den Tanz. Der Kontext liefert Ankerpunkte für die Deutungstätigkeit der Tanzenden und Zusehenden. Wird Tanz als *site-specific-performance* im Kirchenraum im oder außerhalb des Gottesdienstes gestaltet, ergeben sich Wechselwirkungen mit den Raumachsen, dem Zentrum, dem liturgischen Mobiliar, Figuren und Gemälden im Raum. Der Tanz schafft neue Zonen, in die Lebendigkeit einzieht.[38]

3 Potenziale des Tanzes für das Gestalten von Beziehung

Tanzspiritualität kann ein Weg zu geklärter Selbstbeziehung sein, ebenso wie ein Möglichkeitsraum für die Begegnung von Mensch zu Mensch. Dabei kann Tanz einerseits mit der Erwartung eingesetzt werden, ein Lebensthema durch Tanzerfahrungen zu erschließen. Ein

---

36 Schnütgen, Tanz, 361.

37 Vgl. Raschzok, *Feier*, bes. 112–127; Vgl. Umbach, Heilige Räume, 304.

38 Vgl. Schnütgen, Räume.

Tanzseminar, das sich mit dem Thema Trauer beschäftigt, wird Deutungsangebote machen und Tänze bieten, denen ein Gefühlsspektrum zugeschrieben wird. Andererseits ist Tanz auch ein Medium der Bewegungsforschung, die ganz offen mit dem umgeht, was sich im Moment zeigt. Die im Folgenden vorgestellten Tanzräume *Contact Improvisation*, *Tango Argentino* und *bibliodans* setzen ihre Schwerpunkte auf dem Kontinuum zwischen Gefühlsausdruck bzw. Gefühlserfahrung und Bewegungsforschung jeweils unterschiedlich. Dies zu wissen, ist zum Verständnis der Intention der Tanzenden bedeutsam. In allen Räumen ist ein spezifisches Potenzial für spirituelle Praxis erkennbar.

3.1 Tanzraum I: Contact Improvisation *und Meditation*

In der *Contact Improvisation* wird der Tanz als Medium in einem Begegnungsfeld aufgefasst, in dem Menschen lernen, mit dem umzugehen, was geschieht. Die Tanzbewegung wird nicht geplant, sondern entsteht als Antwort auf etwas, das im Raum wahrgenommen wird (Atmosphäre, Energie) oder auf das Bewegungsangebot eines Tanzpartners. In der Improvisation mit einer Tanzpartnerin, bei der die Tanzenden auf verschiedene Weisen in Körperkontakt kommen – entweder an einem Punkt oder flächig, mit leichter oder schwerer Gewichtsverlagerung oder einer Hebefigur –, ergeben sich Eindrücke, die ganz nebenher auch Ausdruckskraft haben. Die Partner spielen mit ihren körperlichen Möglichkeiten und Begrenzungen in einem Rahmen, der durch die achtungsvolle und umsichtige Wahrnehmung der Impulse und Antworten des oder der Mittanzenden bestimmt ist. Eine hochsensible Wahrnehmungspraxis wird dabei spielerisch geübt. Der Umgang im Tanzraum ist stets von Regeln geprägt, zu denen beispielsweise gehört, dass man oder frau jederzeit aus dem Kontakt herausgehen kann und die eigenen Grenzen selbst bestimmt. Distanz und Nähe, Gewichtsverlagerungen, das Abgeben und Übernehmen des Gewichts des Tanzpartners, die Energie und die Geschwindigkeit werden in jedem Augenblick nonverbal ausgehandelt. Bei geübten Tanzenden entsteht ein Bewegungsfluss, der durch die immer neu wortlos verhandelte Beziehung der Tanzenden gebildet wird. Berührung intensiviert die Erlebnis-Qualität. So sagt eine Tänzerin: „[Die] Kontaktimprovisation geht tiefer, wobei ich viel mit Berührung mach' […] durch das Tanzen [habe ich] auch gelernt, Berührung zuzulassen.“[39] Durch das Annehmen und Gestalten dessen, was im Moment geschieht, stellt sich häufig eine Erfahrung intensiver Präsenz ein. Im Rückblick kann das, was erlebt wurde, als Geschenk gedeutet werden. Der unthematische Bewegungsfluss erlaubt ein Eintauchen in einen Seinszustand, der jenseits aller denkbaren Gedanken angesiedelt ist und als meditativ bezeichnet werden kann. Dem Geist Gottes wird Raum gegeben. Ein

[39] Schnütgen, Tanz, 351.

Spiel der Freiheit mit der Schöpfungsgabe Tanz setzt ein.[40] Vom Leben wird nichts gefordert, sondern Unverfügbares von ihm empfangen. In kirchlichen Tanzräumen wird *Contact Improvisation* als Meditationsform eingesetzt oder als Übung, die eine Tanzgruppe zueinanderkommen lässt, um mit anderen Tanzformen wie Tanztheater oder Bewegungsforschung in einem biblischen Textraum fortzufahren.

3.2 Tanzraum II: Tango Argentino *und Kommunikation*

Tango Argentino transportiert eine Vielfalt von Themen. Ein Kirchentänzer schildert seinen Zugang zum größeren Ganzen durch den Tango:

> „Ich glaub', dass [beim Tangotanzen] die Sehnsucht einsetzt, jedenfalls bei mir, wenn ich merke, dass mehr da ist als oder mehr da sein sollte als das, was ich real erlebe, anfassen kann, sehen kann, wahrnehmen kann. Und dann ist da eine Sehnsucht da, mich neu nochmal wieder einzuordnen in ein größeres Ganzes, sag ich mal."[41]

Heike Walz identifiziert im Argentinischen Tango Bilder menschlicher Würde und schreibt ihm das Potenzial zu, gegen Verletzungen der Menschenwürde Widerstand zu leisten, insbesondere, wenn er in einem kirchlichen Kontext getanzt wird.[42] Tango wird als Paartanz ausgeführt. Mit Merleau-Ponty nenne ich den leiblichen Aspekt der Beziehung, die zwischen den Tanzenden entsteht, *intercorporeité*,[43] mit Waldenfels kann von Zwischenleiblichkeit[44] gesprochen werden. Die Tanzenden spüren dabei nicht nur ihre eigenen Körperräume, z. B. bei Drehungen des Torsos oder der Hüfte, sondern sie erschaffen auch einen Raum zwischen sich. Sie bewegen sich als raumeinnehmende Figur im Miteinander der anderen Tanzpaare und sie zeichnen durch ihre Schritte Figuren auf den Tanzboden, flüchtige Eindrücke, die für Momente von dem nonverbalen Gespräch der Tanzpartner erzählen. Basierend auf einer körperlich-sinnlichen Form der Kommunikation improvisieren die Tanzenden Schritte und Bewegungsfolgen. Beide Partner kreieren in jedem Moment neu die Achse zwischen sich und

---

40 Peter Bubmann bezeichnet die Musik als Schöpfungsgabe und autonome Kunst als Spiel der Freiheit, in: Klänge des Heiligen, 11,13.

41 A. a. O., 355.

42 Vgl. Walz, Le tango argentin. Die Figur des Tanzens als Widerstand findet sich ebenfalls in einer neueren Arbeit von Kristina Stein-Hinrichsen, die den Tanz der Bewegung „One Billion Rising" und ihre Wirkung im öffentlichen Raum untersucht. Vgl. dies., Tanzen als Widerstand.

43 Vgl. Merleau-Ponty, Phänomenologie.

44 Vgl. Waldenfels, Sichbewegen, 19f. Zu Zwischenleiblichkeit siehe auch: Eberlein, *Zwischenleiblichkeit.*

balancieren ihre Haltung in gegenseitigem Antwortgeben aus. Das Paar kommt in Bewegung, wenn die Partner sich gegenseitig Räume für Schritte und Drehungen anbieten und diese voneinander empfangen.

Tango, der in kirchlichen Seminaren oder in speziellen Tangogottesdiensten angeboten wird, profitiert vom Potenzial dieses Tanzes zur Einübung des Aufeinander-Eingehens und Miteinander-Unterwegsseins. Nicht unähnlich einem Gespräch in geistlicher Begleitung lebt die Kommunikation davon, Atmosphären zu spüren, angebotene Räume anzunehmen und in den Antworten mit dem, was kommunikativ geschieht, umzugehen. Wie in der geistlichen Begleitung kann Gott als dritter Gesprächspartner, als liebende Präsenz, eingeladen werden, in der Kommunikation zu begleiten oder zu führen. Die Tanzenden sind einander Begleiter oder Führende. Beide Rollen werden in glückender menschlicher Kommunikation gebraucht. Wo dies ohne die Fixierung fester Rollen gelingt, entsteht so etwas wie ein *Third Space*[45], ein dritter Raum zwischen vorgegebenen Mustern. In der Begegnung kann etwas Neues entstehen.

3.3 Tanzraum III: Bibliodans *und spirituelle Übung*

Riëtte Beumanjer entwickelte *bibliodans* als Methode spiritueller Bildung. Sie veröffentlichte nach dem Theologiestudium ein Buch zur feministischen Exegese des Johannesevangeliums und schloss außerdem Ausbildungen in Modernem Tanz und Tanzpädagogik sowie in Ignatianischen Exerzitien ab. 2019 veröffentlichte sie ihre Doktorarbeit zu *bibliodans*.[46] Mit sowohl exegetischer Methodik als auch mit dem Tanzvokabular und den Vermittlungsmethoden des modernen Ausdruckstanzes bietet sie Workshops und Seminare bei kirchlichen Veranstaltern in mehreren Ländern Europas an. Außerdem leitet sie eine Weiterbildung zur Leitung von *bibliodans*.[47]

Beurmanjer versteht Spiritualität als Beziehung des Menschen zu sich selbst, zu anderen, zu Gott und die Beziehung zwischen allen. Im *bibliodans* wird in der Regel eine Gruppe, manchmal in einem seelsorglichen Kontext eine einzelne Person, von einer Begleiterin in die Begeg-

---

45 Vgl. Walz, Dance.

46 Beurmanjer, Tango.

47 Andere Methodiken und Fortbildungen, die zur Begegnung von Tanz und Bibel anleiten, wurden von Astrid Thiele-Petersen entwickelt (Bibliotanz, Vgl. das dazu erschienene Praxisbuch „Biblische Texte im Tanz erleben“) und Sr. Monika Gessner, OP, die ihr Konzept und Fortbildung „Bibel getanzt“ nennt, vgl. https://www.bibelgetanzt.org/ (abgerufen am 02.01.2023). Beide sind Mitglied in der Christlichen Arbeitsgemeinschaft Tanz in Liturgie und Spiritualität e. V., die aus einem breiten Spektrum von Tanzstilen und Spielarten von Tanzspiritualität Impulse in die Kirchentanzszenen hineingibt, vgl. https://www.christliche-ag-tanz.org/ (abgerufen am 02.01.2023).

nung mit einem biblischen Text geführt. Der Tanz der Teilnehmenden gibt einem biblischen Text eine Gestalt. Den Teilnehmenden wird die Sprache des Tanzes in Übungen erschlossen, um sich in der Begegnung mit dem Text selbständig in ihren eigenen Improvisationen ausdrücken zu können. Tanzaufgaben eröffnen ein Spektrum von Möglichkeiten, den Text darzustellen durch „*imitation*, *resemblance* und *replication*"[48]. Auch die Beziehung zu Gott kann im Tanz mit diesen Vorstellungsmodi Gestalt bekommen. Mit *imitation* ist die Nachahmung von Handlungen und Verhaltensweisen gemeint, mit *resemblance* die Ausgestaltung der Intensität, mit der sie ausgeführt werden, mit *replication* die Beziehungsentwicklung zwischen den verschiedenen handelnden Personen im Text.

Die Begleiterin lässt den Tanzenden einen weiten Spielraum der Umsetzung und gibt keine Ergebnisse vor. Immer wieder können die Tanzenden die Ich-Positionen des Gestaltens und Beobachtens der Bewegung oder des Mitgehens mit der Bewegung einüben. Im Tanz können mediale Erfahrungen oder phänomenale Erfahrungen gemacht werden. In der medialen Erfahrung erleben Tanzende, wie aktives und inaktives Dasein zusammenfallen im Gefühl, in der Bewegung bewegt zu werden. Dies kann sich auch auf die Beziehung zu Gott beziehen: sich für Gott bewegen und von Gott bewegt werden. Bei der phänomenalen Erfahrung fallen Bilder und Assoziationen weg. Die Teilnehmenden „erleben Tanz pur als Bewegung im Hier und Jetzt von Raum und Zeit können so ‚sein mit Gott, der ist'."[49] Beim *bibliodans* wird Tanz als spirituelle Lektüre (*lectio divina*), als spirituelle Übung und als spirituelle Bildung eingesetzt. Die Tanzenden werden auf mystagogische Art spirituell begleitet. Menschen, die sich darauf einlassen, lernen dabei, in einer Welt der Möglichkeiten zu verweilen, die sie nicht vorhergesehen haben.[50] Darin wird m. E. auch ein Potenzial spürbar, in spiritueller Übung Möglichkeitssinn[51] als geistliche Tugend zu entwickeln.

3.4 Im Tanz Beziehungsräume gestalten

Der Blick in die Zwischenräume, die Tanz in der spirituellen Praxis des Christentums der Gegenwart bespielt, zeigt den Beitrag des Tanzes für die Gestaltung von geistlichem Leben in Beziehungen auf. Die Chance des Mediums Tanz ist die ganzheitliche Ansprache des Menschen in seiner leibseelischen Situiertheit, die Begrenzungen und Glück, Schmerzen und Schönes beinhaltet. Tanz kann Momente intensiver Gegenwärtigkeit entstehen lassen, in Enthusias-

48 Beurmanjer, Tango, 254.

49 A. a. O.

50 Vgl. a. a. O., 255.

51 Vgl. Bauer / Stockhammer, Phantasie und Phantastik.

mus und Trance. Tanz ist ebenso ein Weg spiritueller Übung, die wie jede geistliche Praxis nicht nur in Zwischenräumen Wirkung entfalten soll, sondern im gelebten Leben. Tanzpraktiken leiten zur Sensibilität in Begegnungen an. So kreiert *Contact Improvisation* einen offenen Übungsraum für gleichberechtigte Beziehungen. *Tango Argentino* übt Kommunikation im wechselseitigen Antworten auf die Impulse des Gegenübers ein. *Bibliodans* begleitet Menschen bei der Erkundung ihrer Möglichkeitsräume in der Beziehung zu Gott und Menschen.

Tanz ist Kontakt, ist Begegnung und Communio. Noch weitere Tanzstile und Übungsmethoden sind im Feld des Kirchentanzes zu entdecken, welche durch ihre vielfältigen Impulse für spirituelle Übung und mystagogische Bildung geistliches Leben in Beziehung gestalten. Allerdings begegnet Tanz immer noch selten in der kirchlichen Spiritualitätspraxis und die Frage drängt sich auf, ob Tanz wirklich schon in der Kirche angekommen ist. Der Weg zur Selbstverständlichkeit von Tanz in Kirche bringt Ungleichzeitigkeiten und manchmal Ungeduld auf Seiten der Tanzenden:

> „Tanzbewegung im Kirchenraum ist im Werden, es geht wesentlich langsamer voran, als wie bei mir persönlich sozusagen, weil's vielleicht mit Mutter Kirche oder Vater Geist oder Vater Kirche oder so, dass ja die etwas behäbig sind so als Eltern."[52]

Zwischenräume, die durch Tanz entstehen, belüften, beleben, vertiefen und erfrischen die kirchliche Spiritualitätspraxis. Die Kirchentänzerinnen und -tänzer werden sie weiterhin unermüdlich bespielen und in Zukunft mehr denn je für Suchende eröffnen.

Literatur

Bauer, Gerhard / Stockhammer, Robert, Phantasie und Phantastik in der Literatur des 20. Jahrhunderts. Möglichkeitssinn, Wiesbaden 1999.

Beurmanjer, Riëtte, Tango met God? Een theoretische verheldering van bibliodans als methode voor spirituelle vorming (Quaestiones Infinitae 120), Gorinchem 2019.

Böhme, Gernot, Atmosphäre. Essays zur neuen Ästhetik, Berlin 2013.

De Sola, Carla, Introduction, in: Ronald Gagne / Thomas Kane / Robert VerEecke, Introducing Dance in Christian Worship, Revised Edition, Portland ^{2}1999.

Eberlein, Undine, Zwischenleiblichkeit und bewegtes Verstehen. Intercorporeity, Movement and Tacit Knowledge, Bielefeld 2016.

Fishbane, Michael, Sacred Attunement. A Jewish Theology, Chicago 2008.

–, Theologie, Einklang und spirituelle Praxis, in: Evangelische Theologie 72 (2012), 387–397.

---

52 Aussage eines Kirchentänzers in: Schnütgen, Tanz, 311.

Gräb, Wilhelm, Kunst und Religion in der Moderne. Thesen zum Verhältnis von ästhetischer und religiöser Erfahrung, in: Herrmann, Jörg / Mertin, Andreas / Valtink, Eveline (Hg.), Die Gegenwart der Kunst. Ästhetische und religiöse Erfahrung heute, München 1998, 57–72.

Guardini, Romano, Vom Geist der Liturgie, Mainz / Paderborn [20]1997.

Gugutzer, Robert, Der Leib, die Nonne und der Mönch. Zur leiblich-affektiven Konstruktion religiöser Wirklichkeit, in: Kornelia Hahn / Michael Meuser (Hg.), Körperrepräsentationen. Die Ordnung des Sozialen und der Körper, Konstanz 2002, 137–163.

Gumbrecht, Hans Ulrich, Diesseits der Hermeneutik. Die Produktion von Präsenz, Frankfurt a. M. 2004.

Huschka, Sabine, Moderner Tanz. Konzepte, Stile, Utopien, Hamburg [2]2012.

Koll, Julia, Körper beten. Religiöse Praxis und Körpererleben (Praktische Theologie heute 85), Stuttgart 2007.

LaMothe, Kimerer L., What a Body Knows. Finding Wisdom in Desire, Ropley Hants/UK 2009.

Liebau, Eckart / Klepacki, Leopold, Die getanzte Zeit, in: Klepacki, Leopold / Liebau, Eckart (Hg.), Tanzwelten. Zur Anthropologie des Tanzens (Erlanger Beiträge zur Pädagogik 6), Münster / New York / München / Berlin, 65–69.

Merleau-Ponty, Maurice, Phänomenologie der Wahrnehmung (Phänomenologisch-Psychologische Forschungen 7), 6. Aufl., Nachdruck Berlin 1974.

Raschzok, Klaus, Der Feier Raum geben. Zu den Wechselbeziehungen von Raum und Gottesdienst, in: Thomas Klie (Hg.), Der Religion Raum geben. Kirchenpädagogik und religiöses Lernen. Grundlegungen (Veröffentlichungen des Religionspädagogischen Instituts Loccum 3), Münster 1998, 112–135.

Schmitz, Hermann, Der Leib, Berlin / Boston 2001.

–, Der unerschöpfliche Gegenstand. Grundzüge der Philosophie, Bonn 1990.

Schnütgen, Tatjana K., Tanz erschließt Räume. Gedanken zu einem Tangoprojekt in der Regensburger Dreieinigkeitskirche, in: kirchenpädagogik. Zeitschrift des Bundesverbandes Kirchenpädagogik e. V. 22 (2022), 21–23.

–, Tanz zwischen Ästhetik und Spiritualität. Theoretische und empirische Annäherungen (Research in Contemporary Religion 26), Göttingen 2019.

Stein-Hinrichsen, Kristina, Tanzen als Widerstand. „One Billion Rising“ und choreographische Interventionen im öffentlichen Raum (TanzScripte 64), Bielefeld 2022.

Steinmeier, Anne, Individualität und Expression im Tanz, in: Wilhelm Gräb / Lars Charbonnier, Wer lebt mich? Die Praxis der Individualität zwischen Fremd- und Selbstbestimmung, Berlin 2015, 200–269.

Thiele-Petersen, Astrid, Bibliotanz. Biblische Texte im Tanz erleben. Das Praxisbuch, Neukirchen-Vluyn 2018.

Umbach, Helmut, Heilige Räume – Pforten des Himmels. Vom Umgang der Protestanten mit ihren Kirchen, Göttingen 2005.

Van der Kooi, Akke / Misset-van de Weg, Magda, A rencontre of Women and Disciples in Relation to Luke 1:39–56, in: Agnethe Siquans u. a.: About Shelters and Encounters. An Array of Theological Voices (Journal of the European Society of Women in Theological Research 30), Leuven / Paris / Bristol 2022, 33–59.

Waldenfels, Bernhard, Sichbewegen, in: Brandstetter, Gabriele / Wulf, Christoph (Hg.), Tanz als Anthropologie, München 2007, 14–30.

Walz, Heike, Dance as Third Space. Interreligious, Intercultural, and Interdisciplinary Debates on Dance and Religion(s) in the Perspective of Religious Studies and Intercultural Theology in: dies. (Hg.), Dance as Third Space. Interreligious, Intercultural, and Interdisciplinary Debates on Dance and Religion(s) (Research in Contemporary Religion 32), Göttingen 2022, 27–67.

–, Le tango argentin comme langage spirituel transculturel: rêve d'une vie meilleure en situations de migration et d'ambiguïtés de genre. Übersetzung aus dem spanischen Original von Michèle Bolli, online: https://sites.google.com/site/lisiere2/home/theologie-et-cultures/ (abgerufen am 28.12.2022).

Williams, Rowan, Tokens of Trust: An Introduction to Christian Belief, London 2007.

Autorinnen und Autoren

Albert, Anika Christina, Dr. theol., ist seit 2021 Juniorprofessorin und seit 2022 geschäftsführende Direktorin am Institut für Diakoniewissenschaft und Diakoniemanagement (IDWM) der Universität Bielefeld. Sie studierte Evangelische Theologie und Diakoniewissenschaft in Marburg und Heidelberg, war langjährige wissenschaftliche Mitarbeiterin am Diakoniewissenschaftlichen Institut (DWI) in Heidelberg und wurde dort im Jahr 2009 promoviert. Nach dem Vikariat in Bad Hersfeld ist sie seit 2011 als der Evangelischen Kirche von Kurhessen-Waldeck im ehrenamtlichen Pfarrdienst tätig. Seit 2014 ist sie Fellow im Margarete von Wrangell-Habilitationsprogramm für Frauen. Von 2018 bis 2020 absolvierte sie den Masterfernstudiengang „Management in Gesundheits- und Sozialeinrichtungen“ an der TU Kaiserslautern / Universität Witten-Herdecke.

Arndt, Timotheus, Dr. theol., ist seit 1988 wissenschaftlicher Mitarbeiter in der Forschungsstelle Judentum am Theologischen Seminar bzw. der Kirchlichen Hochschule Leipzig, seit 1993 an der Theologischen Fakultät der Universität Leipzig.

Bangert, Michael, Dr. theol., geb. 1959, Deutsch-Schweizer Doppelbürger; Studium von Geschichte, Theologie und Biologie in Münster, München und Bern. Promotion in Münster mit einer Studie zur Mystik im Mittelalter, Habilitation in Bern mit einer Studie zum Verhältnis von Ästhetik und Spiritualität. Seit 2002 Pfarrer an der christkatholischen Predigerkirche in Basel und seit 2003 Lehrtätigkeit an den Universitäten Basel und Bern; Publikationen zu Mystik, Kulturgeschichte des Christentums und Führungsethik.

Barth, Roderich, Dr. theol., seit 2017 Inhaber des Lehrstuhls für Systematische Theologie unter bes. Berücksichtigung der Dogmatik an der Theologischen Fakultät der Universität Leipzig. Davor Professuren und Vertretungen in Gießen, Essen, München und Hamburg; Promotion und Habilitation im Fach Systematische Theologie an der Martin-Luther-Universität Halle-Wittenberg. Zu seinen Forschungsschwerpunkten gehören die interdisziplinäre Emotionsforschung, Religionsphilosophie unter besonderer Berücksichtigung des deutschen Idealismus, interkulturelle Theologie der Religionen, neuere Theologiegeschichte, insbesondere Aufklärungs- und liberale Theologie.

Bubmann, Peter, Dr. theol., geb. 1962, Studium der Evangelischen Theologie und der Kirchenmusik in München und Heidelberg, Professor für Praktische Theologie an der Friedrich Alexander Universität Erlangen/Nürnberg, Mitglied im Kirchenmusikerverband der Evangelisch-Lutherischen Kirche in Bayern (ELKB) und im Verband für christliche Popmusik in Bayern, Mitglied der Landessynode der ELKB, Forschungsschwerpunkte liegen in der Erforschung des Verhältnisses von Musik und Religion der Kirchen- und Gemeindetheorie und der christlichen Lebenskunst.

Dahlgrün, Corinna, Dr. theol., hatte von 2001 bis 2004 den Lehrstuhl für Praktische Theologie an der Kirchlichen Hochschule Bethel inne. Seit 2004 lehrt sie in Jena. Von 2005 bis 2020 war sie Universitätspredigerin. Von 2010 bis 2017 arbeitete sie an der Revision der Lutherbibel mit. Zu ihren Forschungsschwerpunkten gehören Christliche und ökumenische Spiritualität, Homiletik, Liturgik und Kirchenmusik (Avantgarde), Seelsorge und die Fresh Expressions-Bewegung.

Deeg, Alexander, Dr. theol., lehrt Praktische Theologie an der Theologischen Fakultät der Universität Leipzig und leitet das Liturgiewissenschaftliche Institut der Vereinigten Evangelisch-Lutherischen Kirche Deutschlands. Nach Studien der Evangelischen Theologie und Judaistik in Erlangen und Jerusalem (Hebrew University) war er Vikar der Evangelisch-Lutherischen Kirche in Bayern und wurde 2000 zum Pfarrer ordiniert. 2000–2009 arbeitete er als Assistent für Praktische Theologie am Lehrstuhl von Martin Nicol in Erlangen, 2009–2011 leitete er das neu gegründete „Zentrum für Evangelische Predigtkultur“ in Lutherstadt Wittenberg. 2011 wurde er zum Professor in Leipzig ernannt. Seit 2017 ist er Vorsitzender des Liturgischen Ausschusses der VELKD und amtiert derzeit als Präsident der *Societas Homiletica*.

Delgado, Mariano, Dr. theol., Dr. phil., Dr. theol. h.c., geb. 1955, Professor für Mittlere und Neuere Kirchengeschichte und Direktor des Instituts für das Studium der Religionen und den interreligiösen Dialog an der Universität Freiburg Schweiz, Dekan der Klasse VII (Weltreligionen) in der Europäischen Akademie der Wissenschaften und Künste (Salzburg).

Enzner-Probst, Brigitte, Dr. theol., ist Pfarrerin der bayerischen Landeskirche. Nach mehreren Stationen im Gemeindepfarramt wurde sie als Theologische Referentin des neu errichteten Frauenreferats ihrer Kirche berufen. Von 1996 bis 1997 war sie Gastprofessorin für Feministische Theologie in der Praktischen Theologie an der Humboldt-Universität zu Berlin. Anschließend habilitierte sie sich an der Berner Theologischen Fakultät mit einer Arbeit über die Bedeutung der Frauenliturgiebewegung im deutschsprachigen Bereich als einer ökumenisch ernstzunehmenden liturgischen Reformbewegung. Bis zu ihrer Emeritierung 2013 lehrte sie an der Berner Fakultät mit den Schwerpunkten Rituelle Seelsorge und Schöpfungsspiritualität.

Frenschkowski, Marco, Dr. theol., geb. 1960, Inhaber des Lehrstuhls für Neues Testament unter besonderer Berücksichtigung der Religionsgeschichte der hellenistisch-römischen Welt an der Universität Leipzig. Forschungsgebiete: antike Religionsgeschichte, frühes Christentum, Evangelien, neue religiöse Bewegungen der Gegenwart, Magie und andere kulturelle Alteritäten, Wissensdiskurse, Bibliotheksgeschichte.

Geck, Paul, geb. 1991, ist Doktorand der Praktischen Theologie an der Universität Leipzig. Sein Dissertationsprojekt widmet sich dem Thema Gemeinschaft in der Kirchentheorie.

Grochowina, Sr. Nicole, Dr. phil., geb. 1972, ist evangelische Ordensschwester (Communität Christusbruderschaft Selbitz), Historikerin und Privatdozentin am Lehrstuhl Geschichte der Frühen Neuzeit und am Lehrstuhl Neuere Kirchengeschichte II an der Friedrich-Alexander-Universität Erlangen-Nürnberg. Ihre Forschungsschwerpunkte sind: Evangelische Communitäten, aktuelle Fragen der Ordenstheologie, konfessionelle Ambiguität, radikale Reformation sowie Frauen- und Geschlechtergeschichte.

Haspelmath-Finatti, Dorothea, Dr. theol., ist seit 2011 als evangelische Theologin Lehrbeauftragte für Ökumene an der Katholisch-Theologischen Fakultät der Universität Wien. In Forschung und Lehre ist sie mit der Evangelisch-Theologischen Fakultät der Universität Wien sowie mit den Universitäten Zürich und Bern verbunden. Sie ist Secretary der Societas Liturgica und Sachverständiges Mitglied der Liturgischen Konferenz. Zu ihren Forschungsschwerpunkten gehören die internationale Liturgische Theologie, die Ökumene und das Liturgische Singen in anthropologischer Perspektive.

Hempelmann, Reinhard, Dr. theol., Pfarrer i. R. der Evangelischen Kirche von Westfalen, von 1999 bis 2019 Leiter der Evangelischen Zentralstelle für Weltanschauungsfragen, einer Einrichtung der EKD in Berlin, seit 2003 Lehrbeauftragter an der Theologischen Fakultät der Universität Leipzig.

Herbst, Michael, Dr. theol., war nach zwölf Jahren im westfälischen Pfarrdienst von 1996 bis 2021 Professor für Praktische Theologie und von 2004 bis 2022 Direktor des Instituts zur Erforschung von Evangelisation und Gemeindeentwicklung an der Theologischen Fakultät der Universität Greifswald. Er war von 1996 bis 2018 Universitätsprediger, von 2003 bis 2006 und von 2008 bis 2009 Dekan sowie von 2009 bis 2013 Prorektor für Studium und Lehre an der Universität Greifswald.

Herzer, Jens, Dr. theol., ist seit 1999 Professor für Neues Testament an der Theologischen Fakultät der Universität Leipzig. Er ist Domherr zu Meißen. Zu seinen Forschungsschwerpunkten gehören paulinische Briefliteratur, antikes Judentum sowie Theologie und Hermeneutik des Neuen Testaments.

Herzig, Ferenc, Dr. theol., geb. 1987, ist Wissenschaftlicher Assistent bei Alexander Deeg am Lehrstuhl für Praktische Theologie der Universität Leipzig sowie Referent des Regionalbischofs der Evangelischen Kirche in Mitteldeutschland im Sprengel Magdeburg sowie Pfarrer im Ehrenamt. Zu seinen Forschungsschwerpunkten gehören Homiletik, Liturgik, Kirchentheorie und poststrukturalistische Philosophie.

Köpf, Ulrich, Dr. theol., geb. 1941, nach Lehrtätigkeit in München und Heidelberg seit 1986 Professor für Kirchengeschichte an der Evangelisch-theologischen Fakultät der Universität Tübingen und Direktor des Instituts für Spätmittelalter und Reformation. Nach der Emeritierung 2007 bis zum Projektabschluss 2009 Leiter der Forschungsstelle „Luther-Register". Forschungsschwerpunkte: Frömmigkeitsgeschichte und Theologiegeschichte.

Kunz, Ralph, Dr. theol., geb. 1964, Studium der Theologie in Basel, Los Angeles und Zürich, seit 2004 Professor für Praktische Theologie an der Theologischen Fakultät Zürich mit den Schwerpunkten Homiletik, Liturgik und Poimenik.

Lehnert, Christian, Dr. theol. h.c., geb. 1969 in Dresden, ist Dichter und Theologe. Acht Gedichtbücher und drei Prosabände erschienen im Suhrkamp Verlag. 2012 erhielt er den Hölty-Preis für sein lyrisches Gesamtwerk, 2016 den Eichendorff-Literaturpreis und 2018 den Deutschen Preis für Nature Writing. Er ist wissenschaftlicher Geschäftsführer des Liturgiewissenschaftlichen Institutes der VELKD an der Universität Leipzig.

Menzel, Kerstin, Dr. theol., ist seit 2020 wissenschaftliche Assistentin am Institut für Praktische Theologie der Universität Leipzig sowie wissenschaftliche Mitarbeiterin und Koordinatorin in der DFG-Forschungsgruppe 2733 „Sakralraumtransformation". Promoviert mit einer Arbeit über das Pfarramt in ausgedehnten Verantwortungsbereichen in ländlichen Räumen, arbeitet sie aktuell an einer Habilitation zur Öffentlichkeit des Gottesdienstes. Ihre Forschungsschwerpunkte liegen in den Bereichen Liturgiewissenschaft, Kirchenräume, Kirchenentwicklung, Pastoraltheologie im Horizont kirchlicher Mitarbeit sowie Empirischer Religionsforschung.

Meyer, Dietrich, Dr. theol. war Pfarrer und von 1976 bis 2000 Archivleiter der Evangelischen Kirche im Rheinland. Er erforscht die Geschichte der Brüdergemeine, die Theologie von Nikolaus Ludwig von Zinzendorf, die Hymnologie und die schlesische Kirchengeschichte.

Möller, Christian, Dr. theol., geb. 1940 in Görlitz/Neiße, 1959–1965 Theologiestudium bei Ernst Fuchs und Gerhard Ebeling in Berlin, Zürich und Marburg; 1968 promoviert an der Universität Marburg mit einem hermeneutisch-homiletischen Thema: „Von der Predigt zum Text"; 1968 ordiniert in der Kurhessischen Kirche, 1968–1972 Pfarrer in Wolfhagen b. Kassel; 1972–1988 als Nachfolger von Rudolf Bohren an der Kirchlichen Hochschule Wuppertal mit Schwerpunkten Predigtlehre und Seelsorge; 1988–2005 Ordinarius für Praktische Theologie mit Schwerpunkten Gemeindeaufbau, Homiletik und Hymnologie an der Theologischen Fakultät der Universität Heidelberg; 2005–2022 Professor emeritus an der Universität Heidelberg mit Schwerpunkten Spiritualität, Hymnologie, Predigtlehre und Seelsorge.

Müller, Andreas, Dr. theol., seit 2009 Professor für Kirchen- und Religionsgeschichte des 1. Jahrtausends an der Christian-Albrechts-Universität zu Kiel; Studium der Evangelischen und Orthodoxen Theologie in Bethel, Bern, Heidelberg und Thessaloniki; 1995 Promotion in Heidelberg, 2003 Habilitation in München; seit 2016 Vorsitzender der Fachgruppe Kirchengeschichte der Wissenschaftlichen Gesellschaft für Theologie; Forschungsschwerpunkte im Bereich der Diakoniegeschichte der Spätantike, der Kirchlichen Zeitgeschichte und der Ostkirchenkunde.

Pickel, Gert, Dr. phil., ist seit 2009 Professor für Religions- und Kirchensoziologie am Institut für Praktische Theologie der Theologischen Fakultät der Universität Leipzig. Er ist Co-Sprecher des Kompetenzzentrums Rechtsextremismus- und Demokratieforschung der Universität Leipzig (KReDo), Mitglied des Beirats des Konfessionskundlichen Institutes der EKD, Mitglied des Beirates des Hannah-Arendt-Institutes Dresden, Co-Leiter des Standortes Leipzig des Forschungsinstitutes Gesellschaftlicher Zusammenhalt, Leiter des vom BMI geförderten Forschungsverbundes „Institutionen und Rassismus" (InRa) an der Universität Leipzig. Zu seinen Forschungsschwerpunkten zählen empirische Studien der Religion, die Säkularisierungstheorie, Religion in Ostdeutschland, politische Kultur- und Demokratieforschung, Forschungen zu Vorurteilen, Rassismus, Antifeminismus und Sexismus innerhalb religiöser Gemeinschaften.

Raschzok, Klaus, Dr. theol., war von 2003 bis zur Emeritierung 2020 Professor für Praktische Theologie und Gründungsdirektor des Instituts für evangelische Aszetik an der

Augustana-Hochschule Neuendettelsau. Zu seinen Forschungsschwerpunkten gehören im Rahmen einer kulturwissenschaftlich konnotierten Praktischen Theologie Homiletik, Liturgiewissenschaft, Pfarrberufstheorie, Seelsorge, Diakoniewissenschaft und evangelische Frömmigkeit (Aszetik).

Ratzmann, Wolfgang, Dr. theol., war nach Tätigkeit als Pfarrer in Plauen/V. und Studienleiter am Leipziger Predigerseminar Dozent für Praktische Theologie am Theologischen Seminar Leipzig, der späteren Kirchlichen Hochschule Leipzig. Von 1992 bis 2010 wirkte er als Professor für Praktische Theologie an der Theologischen Fakultät Leipzig, seit 1994 zugleich als Leiter des Liturgiewissenschaftlichen Instituts der VELKD. Schwerpunkte seiner Forschungen waren Gemeindeaufbau und Gottesdienst. Von 2006 bis 2022 war er Domherr zu Wurzen. Er lebt im Ruhestand in Leipzig.

Roser, Traugott, Dr. theol., evangelischer Pfarrer, ist seit 2013 Professor für Praktische Theologie mit Schwerpunkt Seelsorge, Homiletik, Liturgik und Pastoraltheologie an der Evangelisch-Theologischen Fakultät der Westfälischen Wilhelms Universität Münster. Zu seinen Forschungsschwerpunkten gehören Seelsorge, Spiritual Care, Queer Theology in der Pastoraltheologie, Religion und Film sowie Praxis und Theorie des Pilgerns.

Schmidt, Markus, Dr. theol., Pfarrer im Ehrenamt der Evangelisch-Lutherischen Landeskirche Sachsens, ist Professor für Praktische Theologie und Diakoniewissenschaft an der Fachhochschule der Diakonie in Bethel. 2016 wurde er bei Peter Zimmerling an der Theologischen Fakultät Leipzig promoviert. Nach seinem Vikariat und dem Auslandsvikariat an der Evangelisch-Lutherischen Christuskirche in Rom war er Assistent bei Peter Zimmerling. In seinen Forschungsschwerpunkten bearbeitet er u. a. Fragen der Liturgiewissenschaft, die Verbindung von Diakonie und geistlichem Leben, Seelsorge und Diakonie in der DDR und charismatische Spiritualität.

Schnütgen, Tatjana K., Dr. phil., ist geschäftsführende Pfarrerin und Kurseelsorgerin an der Evangelisch-Lutherischen Erlöserkirche Bad Wörishofen. 2017 promovierte sie an der Universität Regensburg und veröffentlichte die Arbeit 2019 unter dem Titel „Tanz zwischen Ästhetik und Spiritualität“. 2021 erhielt sie dafür den Wissenschaftspreis der Hanns-Lilje-Stiftung. Bei Barbara J. Lins, Maihingen, Wilma Vesseur, Trogen CH, Sosani Tanztheater, Regensburg sowie als Mitglied der Company RaumB, Regensburg erhielt sie ihre tänzerische Bildung. Sie choreographiert und hält Tanzworkshops und Tanzgottesdienste. Seit 2019 hat sie den Vorsitz der Christlichen AG Tanz in Liturgie und Spiritualität e. V. Sie ist Mitglied der Liturgischen Konferenz der EKD.

Schütt, Johannes, Dr. theol. und Dipl.-Betriebswirt (BA), hat bei Peter Zimmerling zu Kirchentheorie promoviert. Er arbeitet als Seelsorger in der Evangelischen Lukas-Stiftung Altenburg, Fachklinik für Psychiatrie, Psychotherapie und Psychosomatik.

Sturm, Wilfried, Dr. theol., geb. 1958, Pfarrer; Studium der evangelischen Theologie in Krelingen, Tübingen und Erlangen; Vikariat und Pfarrvikariat in der Evangelischen Landeskirche in Württemberg; ab 1988 Dozent für Dogmatik und Ethik am Theologischen Seminar der Liebenzeller Mission; 2013 Promotion bei Prof. Dr. Peter Zimmerling an der Universität Leipzig zu einem Thema im Grenzbereich von Seelsorge und Ethik; seit 2015 Professor für Systematische Theologie in pastoraler Praxis an der Internationalen Hochschule Liebenzell.

Stütz, Felix, ist wissenschaftlicher Mitarbeiter am Lehrstuhl für Systematische Theologie der Theologischen Fakultät der Martin-Luther-Universität Halle-Wittenberg. Zu seinen Forschungsschwerpunkten gehören Fragen der Religionsphilosophie, Fundamentaltheologie und Ekklesiologie.

Swarat, Uwe, Dr. theol., geb. 1955, Promotion in Erlangen, Professor i. R. für Systematische Theologie und Dogmengeschichte an der Theologischen Hochschule Elstal, Mitherausgeber beider Auflagen des Evangelischen Lexikons für Theologie und Gemeinde; Forschungsschwerpunkte: Baptistische Theologie und Ökumene.

Tietz, Christiane, Dr. theol., ist seit 2013 Professorin für Systematische Theologie am Institut für Hermeneutik und Religionsphilosophie der Universität Zürich. 2008–2018 war sie Vorsitzende der deutschsprachigen Sektion der Internationalen Bonhoeffer-Gesellschaft. Sie ist Vorsitzende des Theologischen Ausschusses der Union Evangelischer Kirchen in der EKD. Zu ihren Forschungsschwerpunkten gehören Dietrich Bonhoeffer, Karl Barth, Fragen der klassischen Dogmatik, die Schrifthermeneutik und der interreligiöse Dialog.

Utsch, Michael, Dr. phil., Diplom-Psychologe, Wissenschaftlicher Referent der Evangelischen Zentralstelle für Weltanschauungsfragen in Berlin, Leiter des DGPPN-Referats „Religiosität und Spiritualität", Honorarprofessor für Religionspsychologie an der Evangelischen Hochschule Tabor in Marburg, Privatpraxis als psychologischer Psychotherapeut in Berlin.

Vogt, Peter, Dr. theol., Studienleiter der Evangelischen Brüder-Unität und Gemeindepfarrer in Herrnhut. Seit 2010 Präses der Synode der Brüderunität (EBU). Forschungsschwerpunkte sind die Theologie Zinzendorfs, Geschichte der Herrnhuter Brüdergemeine, sowie Pietismus und Judentum. Zahlreiche Veröffentlichungen, unter anderem: Von Goethe bis Grass. Herrnhuter in der Literatur (Dresden 2016), Zwischen Bekehrungseifer und Philosemitismus. Texte zur Stellung des Pietismus zum Judentum (Leipzig 2007), und mit Konrad Fischer: Aufbruch – Netz – Erinnerung. 300 Jahre Herrnhut (Dresden 2022).

Welker, Michael, Dr. theol. Dr. phil. Dres. h.c., ist Seniorprofessor für Systematische Theologie und Direktor des Forschungszentrums Internationale und Interdisziplinäre Theologie an der Universität Heidelberg. Er ist Mitglied der Heidelberger und der Finnischen Akademie der Wissenschaften und Honorarprofessor an der Seoul Theological University.

Ziemer, Jürgen, Dr. theol., geb. 1937, nach Studentenpfarramt in Dresden und Leitung des Predigerseminars in Leipzig Dozent für Praktische Theologie am Theologischen Seminar / an der Kirchlichen Hochschule Leipzig, 1992 Professor an der Universität Leipzig, seit 2003 emeritiert. Arbeitsschwerpunkte u. a.: Seelsorge und Pastoralpsychologie, Gemeindeaufbau, Wüstenmönchtum.